Yann Arthus-Bertrand

DIE ERDE VON OBEN TAG FÜR TAG _ 2

Aus dem Französischen von Bertold Galli

KNESEBECK

Während der Durchführung dieses Projekts, das mehr als zehn Jahre in Anspruch nahm, habe ich begriffen, dass unsere Lebensgrundlage langfristig zerstört wird, wenn wir weiterhin in der gewohnten Weise konsumieren, produzieren und die natürlichen Ressourcen ausbeuten. Ich möchte mit Nachdruck darauf hinweisen, dass wir uns heute in einer entscheidenden Phase befinden: Nur wenn umgehend mit den notwendigen Veränderungen hin zu einer nachhaltigen Entwicklung begonnen wird, werden wir »die Bedürfnisse der Gegenwart erfüllen können, ohne den zukünftigen Generationen die Möglichkeit zur Erfüllung ihrer Bedürfnisse zu nehmen«. Die nachfolgenden Artikel und Bilder bilden mit den Begleittexten eine feste Einheit. Sie laden uns alle ein, über die Entwicklung unseres Planeten und das weitere Schicksal seiner Bewohner nachzudenken. Im Interesse unserer Kinder kann und muss jeder von uns in seinem alltäglichen Bereich handeln.

Yann Arthus-Bertrand

Januar Die nachhaltige Entwicklung – ein Kulturprojekt	Dominique Bourg
Februar Klimaveränderung … oder Klimaschock?	Jean-Marc Jancovici
März Verwaltung, Pflege und nachhaltige Verwertung der Wälder	Hosny El-Lakany
April Biosphäre und Biodiversität	Brian Groombridge
Mai Meere und Ozeane	Alain Simcock
Juni Süßwasser	Dr. Peter H. Gleick
Juli Pluralität in der Landwirtschaft – eine kontrollierte Globalisierung	Laurence Tubiana
August Erneuerbare Energieformen	Alain Liébard
September Globale Transportprobleme	John Whitelegg und Gary Haq
Oktober Armut – eine Verletzung der Menschenrechte	Pierre Sané
November Wachstum und nachhaltige Entwicklung	René Passet
Dezember Auf dem Weg zu größerem Verantwortungsbewusstsein und stärkerer Nachhaltigkeit	Christian Balmes

Unsere Erde in Zahlen

DERZEITIGE SITUATION

Die Weltbevölkerung hat sich in den letzten 50 Jahren mehr als verdoppelt. Bis 2050 wird sie voraussichtlich noch einmal um das 1,5fache zunehmen.

Jahr	Gesamtbevölkerung in Milliarden
1950	2,5
2002	6,2
2050	8 bis 9[1]

Würde man die Verhältnisse auf unserer Erde auf ein Dorf mit 100 Einwohnern übertragen, würden 60 von diesen Einwohnern in Asien leben, 14 in Afrika, 9 in Südamerika, 9 in Europa, 5 in Nordamerika und 1 in Ozeanien.[2]

Ein großer Teil der Weltbevölkerung kann auf keine medizinische Versorgung und auf kein ausreichendes Bildungssystem zurückgreifen.

- 815 Millionen (d. h. jeder siebte Erdenbürger) sind unterernährt.[3]
- 1,1 Milliarden (d. h. jeder sechste Erdenbürger) haben keinen Zugang zu Trinkwasser.[4]
- 133 Millionen Kinder (d. h. jedes fünfte Kind) besuchen keine Schule.[5] Von diesen Kindern leben 97 Prozent in den Entwicklungsländern.
- 860 Millionen Erwachsene (d. h. jeder fünfte Erwachsene) können weder lesen noch schreiben.[6] 544 Millionen dieser Analphabeten sind Frauen.
- 19 Prozent der Kinder zwischen fünf und 14 Jahren gehen einer Lohnarbeit nach.[7]

Angesichts des wachsenden Energiebedarfs und des hohen Verbrauchs an fossilen, nicht erneuerbaren Energieformen, stellt sich die dringliche Frage der Nachhaltigkeit.

Energieform	Anteil an der weltweiten Energieproduktion
Erdöl	34,9 Prozent
Erdgas	21,1 Prozent
Kohle	23,5 Prozent
Kernenergie	6,8 Prozent
Erneuerbare Energie	13,8 Prozent (davon 10,7 Prozent aus biologischer Masse, vorwiegend Holz)

- Bis 2020 steigt der Energiebedarf voraussichtlich um 1,5 Prozent pro Jahr.[8]
- Im Jahr 2000 deckten die fossilen Energieträger 79,5 Prozent der weltweiten Energieproduktion.[9]
- Heute wird weltweit in sechs Wochen so viel Erdöl verbraucht wie 1950 innerhalb eines ganzen Jahres.[10]

DIE ALLGEMEINEN ZAHLEN KASCHIEREN SCHWERE MISSVERHÄLTNISSE

Eine gute medizinische Versorgung ist nicht für jedermann gewährleistet.

	Ärmste Länder	**Entwicklungsländer**	**Industrieländer**	**Weltweit**
Sterblichkeitsrate der Kinder unter fünf Jahren[11]	157 Promille	89 Promille	7 Promille	82 Promille
Sterberisiko der gebärenden Mutter[12]	1:16	1:61	1:4085	1:75

- 2002 lag die durchschnittliche Lebenserwartung weltweit bei 67 Jahren. In Afrika lag sie bei 53 Jahren, in Nordamerika bei 77 und in Japan bei 81 Jahren.[13]
- 2002 waren 42 Millionen Menschen[14] mit HIV/AIDS infiziert. 90 Prozent von ihnen lebten in den Entwicklungsländern, 75 Prozent in den afrikanischen Ländern südlich der Sahara.[15]

Die meisten Ressourcen werden von einer Minderheit verbraucht.

20 Prozent der Weltbevölkerung leben in den hoch entwickelten Industrieländern:
- Sie verbrauchen 53 Prozent der Energie weltweit.[16]
- Sie konsumieren 44 Prozent des Fleisches weltweit.[17]
- Sie besitzen 80 Prozent aller Kraftfahrzeuge.

Die unterschiedliche Verfügbarkeit von Trinkwasser schlägt sich auch in den unterschiedlichen Verbrauchszahlen nieder.

	Der tägliche Pro-Kopf-Verbrauch an Trinkwasser[18]:
Deutschland	190 Liter
Frankreich	290 Liter
USA	590 Liter
China	88 Liter
Mali	12 Liter

Trotz dieser Ungleichheiten muss sich die gesamte Menschheit gleichermaßen mit den Folgen der Klimaveränderung auseinander setzen. Ausschlaggebend für die Klimaveränderung ist der so genannte Treibhauseffekt. Er ist auf den Menschen und seine Aktivitäten zurückzuführen.

– Seit über 150 Jahren gibt die Industrie Kohlendioxid an die Atmosphäre ab, und zwar Millionen Mal schneller, als die Erde sie zu binden vermag.
– Man schätzt, dass die Temperaturen bis zum Jahr 2100 um sechs Grad Celsius ansteigen, wenn es nicht gelingt, diese Entwicklung durch entsprechende Maßnahmen zu bremsen. Dies hätte nicht nur einschneidende Folgen für die Umwelt, sondern auch für Wirtschaft und Gesellschaft.
– Um die fatalen Folgen der Klimaerwärmung abzumildern, müssten die Kohlendioxidemissionen auf die Hälfte reduziert werden. Dies würde bedeuten, dass die reichen Länder ihre Kohlendioxidabgase um 80 Prozent drosseln müssten.

Wenn wir unseren Energieverbrauch nicht einschränken wollen, müssen wir auf erneuerbare Energieformen umstellen.

	CO_2-Emissionsmenge pro Einwohner im Jahr 2000[19]	**aktueller Emissionswert im Vergleich zum umweltverträglichen Höchstwert** (500 Kilogramm pro Einwohner und Jahr)
USA	6718 Kilogramm	das 13,5fache
Deutschland	3292 Kilogramm	das 6,5fache
Frankreich	2545 Kilogramm	das 5fache
Mexiko	1000 Kilogramm	das Doppelte
Mosambik	416 Kilogramm	liegt unter dem Höchstwert

Die Abnahme der Artenvielfalt erschwert nicht nur die Entdeckung neuer Medikamente, sondern wirkt sich auch negativ auf die Fruchtbarkeit des Ackerbodens aus.

– 2002 waren 24 Prozent der Säugetiere, 12 Prozent der Vögel und 30 Prozent der Fische vom Aussterben bedroht.
– Obwohl die Mangrovenwälder für drei Viertel der kommerziell genutzten Wassertierarten die Lebensgrundlage bilden, sind sie bereits auf die Hälfte reduziert.
– Die Tropenwälder, der wichtigste Garant der globalen Artenvielfalt, werden unaufhörlich – und zwar in einem Besorgnis erregenden Tempo – abgeholzt. Jedes Jahr fallen 15 Millionen Hektar (das entspricht der doppelten Größe von Irland[20]) den Motorsägen zum Opfer.

TROTZDEM MEHREN SICH DIE ZEICHEN EINES VERÄNDERTEN BEWUSSTSEINS

– Seit dem Umweltgipfel in Rio 1992 reagieren die verantwortlichen Politiker sowohl im »Norden« als auch im »Süden« mehr und mehr auf die schlimmsten Bedrohungen für die Ressourcen der Natur.
– Die Zahl und die Aktionen der sich mit ökologischen und sozialen Fragen beschäftigenden internationalen Organisationen nehmen stetig zu (seit 1990 wurden über 7000 solcher Organisationen neu gegründet[21]).
– Die wachsende Verbreitung der Gütesiegel für umweltschonend hergestellte Produkte macht dem Verbraucher das umweltbewusste Einkaufen immer leichter.

ES BLEIBT NOCH ZEIT ZUM HANDELN

Unser Wohlstand stützt sich auf ein Wirtschaftswachstum, das die Verknappung der natürlichen Ressourcen beharrlich ignoriert. Bei der Festsetzung der aktuellen Preise werden die tatsächlichen Kosten für die Umwelt und die Gesellschaft nicht mit berücksichtigt. Beim Verkaufspreis beispielsweise für Getreide sind die Kosten für die Reinigung des durch die Düngung belasteten Wassers nicht einkalkuliert. Für Amartya Sen, den Wirtschaftsnobelpreisträger von 1998, sind »die Grundprinzipien des Marktes dringend zu überdenken«.

Nun müssen wir handeln: Wir alle können unseren überflüssigen Konsum abbauen und so die Regierungen und Unternehmen zu einer Politik der Nachhaltigkeit zwingen. Noch haben wir die Wahl zwischen selbst festgelegten und von oben diktierten Maßnahmen.

Maximilien Rouer, Vorstandsvorsitzender von BeCitizen,
einer im Jahre 2000 gegründeten Gesellschaft, die sich die Förderung
der Nachhaltigkeit zum Ziel gesetzt hat.

---

1 Total Midyear Population for the World 1950–2050. U.S. Bureau of the Census, International Data Base
2 World Population Data Sheet 2002, Population Reference Bureau, www.prb.org.
3 Die Zahlen wurden 1997/1999 von der FAO (Ernährungs- und Landwirtschaftsorganisation der UNO) veröffentlicht.
4 Joint Monitoring Programme, September 2002, UNO
5 UNDP-Bericht über die Entwicklung der Menschheit 2002
6 Diese Zahlen wurden 2002 von der UNESCO veröffentlicht.
7 UNICEF
8 EIA (Energy Information Administration), www.eia.doe.gov
9 IEA (Internationale Energie-Agentur), www.iea.org
10 Vital Signs 2001, Worldwatch Institute (Ölverbrauch von 1950)
11 Die Zahlen wurden von UNICEF für das Jahr 2001 veröffentlicht.
12 UNICEF
13 World Population Data Sheet 2002, Population Reference Bureau
14 Die Daten wurden von der UNO veröffentlicht.
15 Bericht über die weltweite Entwicklung der Menschheit von 2002, UNDP
16 IEA (Internationale Energie-Agentur), die Zahlen stammen von der OECD (Organisation für wirtschaftliche Zusammenarbeit und Entwicklung) 2000.
17 Die Zahlen wurden von der FAO (Ernährungs- und Landwirtschaftsorganisation der UNO) 2002 veröffentlicht. Http://www.fao.org/WAICENT/faoinfo/economic/giews/english/fo/fo0205/y6668e13.htm
18 http://www.fao.org/ag/agl/aglw/aquastat/main/index.stm
19 Die Daten für Mosambik und Mexiko stammen vom IPCC 2001, die übrigen Daten vom UNFCCC.
20 Oder der Größe von Florida
21 UNDP-Bericht über die Entwicklung der Menschheit 2002

Die nachhaltige Entwicklung – ein Kulturprojekt

Mit der nachhaltigen Entwicklung verhält es sich wie mit dem Gottesbegriff in der Theologie: Von bestimmten formelhaften Wendungen einmal abgesehen, wissen wir nicht wirklich, was sich hinter der Idee verbirgt. Wir können hingegen ziemlich genau sagen, was die nachhaltige Entwicklung nicht ist und was sie niemals sein kann: Beispielsweise die Verewigung der großen Tendenzen unserer Gesellschaft. Unter nachhaltiger Entwicklung ist vielmehr der Aufbau einer neuen Kultur zu verstehen, die zumindest teilweise mit unserer bisherigen bricht.

Die allgemein anerkannte Definition der nachhaltigen Entwicklung stammt von der Weltkommission für Umwelt und Entwicklung, die 1983 auf Initiative der UNO ins Leben gerufen wurde. Den Vorsitz führte die ehemalige norwegische Ministerpräsidentin Gro Harlem Brundtland. 1987 wurden die Ergebnisse der Kommissionsarbeit in einem Bericht mit dem Titel *Unsere gemeinsame Zukunft* veröffentlicht. Danach definiert sich die nachhaltige Entwicklung als eine »Entwicklung, die den Bedürfnissen der Gegenwart gerecht wird, ohne den zukünftigen Generationen die Möglichkeit zu nehmen, ihren Bedürfnissen gerecht zu werden«. Dazu gehört auch der Schutz der »natürlichen, uns am Leben erhaltenden Systeme: Atmosphäre, Wasser, Boden und Lebewesen«. Der Gegensatz zu unserer aktuellen Entwicklung liegt auf der Hand: Wir haben in alle großen bio-geo-chemischen Kreisläufe der Biosphäre eingegriffen. Der Kohlenstoffkreislauf beispielsweise wurde so stark verändert, dass uns heute fatale Klimaveränderungen drohen; der Stickstoffkreislauf belastet den Boden und das Wasser, von dem ganze Wälder destabilisierenden Schwefelkreislauf ganz zu schweigen. Unser Hang zu kurzlebigen Reichtümern verursacht langfristige Störungen des Erdsystems: Schon gegen Ende dieses Jahrhunderts wird selbst an den obersten Breitengraden die Durchschnittstemperatur die Marke von zehn Grad Celsius voraussichtlich weit überschreiten. Die Ozeane können voraussichtlich mehrere tausend Jahre lang keinen Kohlenstoff mehr aufnehmen, und die Entwicklung neuer Tier- und Pflanzenarten ist wahrscheinlich für Millionen von Jahren beeinträchtigt. Wir haben es eindeutig mit dem Gegenteil von nachhaltiger Entwicklung zu tun: Wir ignorieren oder leugnen die langfristigen Folgen unseres Handelns oder verweisen zynisch auf die angeblich umfassenden technischen Möglichkeiten unserer Nachkommen, mit denen die von uns verursachten Probleme zu lösen seien.

Was hingegen sind die wichtigsten Merkmale einer nachhaltigen Gesellschaft? Es ist mit Sicherheit eine Gesellschaft, deren Produktionssysteme nicht mehr auf die ständige Zunahme des Material- und Energieflusses bauen, deren Konsumverhalten sich am Nutzen und an der Haltbarkeit der Gegenstände und nicht an der kurzlebigen Mode orientiert, deren Handelsmodalitäten nicht mehr so viel Energie verschwenden und deren Forschung mehr die Bedürfnisse der Menschen und weniger die Verlockungen des Marktes berücksichtigt.

Die nachhaltige Entwicklung setzt auch ein neues Verständnis des Allgemeininteresses voraus. Denn die Interessen zukünftiger Generationen gilt es genauso zu berücksichtigen wie diejenigen der anderen Geschöpfe unseres Planeten.

Noch ein Wort zu den grundlegenden Orientierungen und Kollektiventscheidungen, die die Basis einer jeden Zivilisation ausmachen: In unserer Gesellschaft ist offensichtlich alles auf zwei Prinzipien zurückzuführen: auf das Prinzip des Marktes und das des Fortschritts. Doch weder das eine noch das andere Prinzip ist wirklich zufrieden stellend. Von außergewöhnlichen

Umständen – beispielsweise einem Referendum – einmal abgesehen, hat der kollektive Wille in unserer Gesellschaft keine konkreten Ausdrucksmöglichkeiten. Das Individuum ist gehalten, entweder nach eigenem Gutdünken direkt zu entscheiden oder indirekt über den Markt. Aber kann man angesichts der drohenden Klimaveränderung glücklich sein, wenn man weiß, dass das Verhalten der anderen sich gegen die eigene Gesundheit, ja gegen die menschliche Natur richtet? Oder angesichts eines technischen Fortschritts, der sich immer mehr im Geschwindigkeits- und Machtrausch verliert und den meisten Menschen keine besseren Lebensbedingungen bringt? Manche der heutigen Fortschrittsvisionen haben mit denen des Philosophen Francis Bacon, der von einer Rückkehr zu Adam und Eva vor dem Sündenfall – den vor Lebenskraft strotzenden ersten Menschen – träumte, nichts mehr gemein. Die Vorstellung von einem Menschen, der mehrere Jahrhunderte alt werden kann und auf der Suche nach Energie das ganze Universum zu Grunde richtet, löst eher Schrecken als Begeisterung aus.

Eine nachhaltige Gesellschaft müsste sich diesen Problemen stellen und vor allem den Gegensatz zwischen den sich widersprechenden Einzelinteressen aufheben können. In einer nachhaltigen Gesellschaft sollte es uns möglich sein, uns für die Zukunft zu entscheiden, die wir wirklich wollen. Es sollte auch denkbar sein, uns gegen jene auszusprechen, die wir auf keinen Fall wollen. In der nachhaltigen Gesellschaft sind Einzelentscheidungen jederzeit möglich, ohne dass dadurch die Kollektiventscheidungen infrage gestellt werden. Denn die Kollektiventscheidungen machen die Realisierung zahlreicher Einzelentscheidungen überhaupt erst möglich. In der natürlichen Umgebung des Menschen galt schon immer folgender Grundsatz: Die individuellen und kollektiven Freiheiten müssen sich notwendigerweise ergänzen.

Dominique Bourg

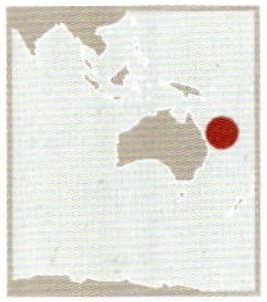

Das »Herz von Voh« im Jahr 2002, Neukaledonien, Frankreich

(20° 57′ südlicher Breite – 164° 41′ östlicher Länge)

Nein, die Lichtung wurde nicht von Menschenhand geschaffen. Die herzförmige Freifläche in der Nähe von Voh ist eine reine Naturerscheinung: Unbewachsene kahle Stellen sind in den Mangrovenwäldern keine Seltenheit. Die Formen dieser Lichtungen sind eine Laune der Natur, sie fallen deshalb sehr unterschiedlich aus. Es handelt sich aber stets um erhöhte, folglich weniger oft überschwemmte Gebiete, in denen das verdunstete Meerwasser den Boden so versalzte, dass die gesamte Vegetation abstarb. Die Aufnahme aus dem Jahr 2002 zeigt, dass sich das »Herz« seit seiner Entdeckung im Jahr 1990 gewandelt hat: Auf Grund veränderter Überflutungsbedingungen hatte die Salzkonzentration im Boden abgenommen. Folge: Innerhalb der vier Hektar großen, herzförmigen Lichtung begannen wieder Mangrovenbäume zu wachsen. Falls der Salzgehalt weiter sinkt, wird der Mangrovenwald das Herz erneut völlig ausfüllen. Nimmt die Salzkonzentration jedoch zu, wird das Herz sich wieder deutlich von der grünen Vegetation abheben. In jedem Fall ist es die Natur, die über den Fortbestand des Herzens entscheidet.

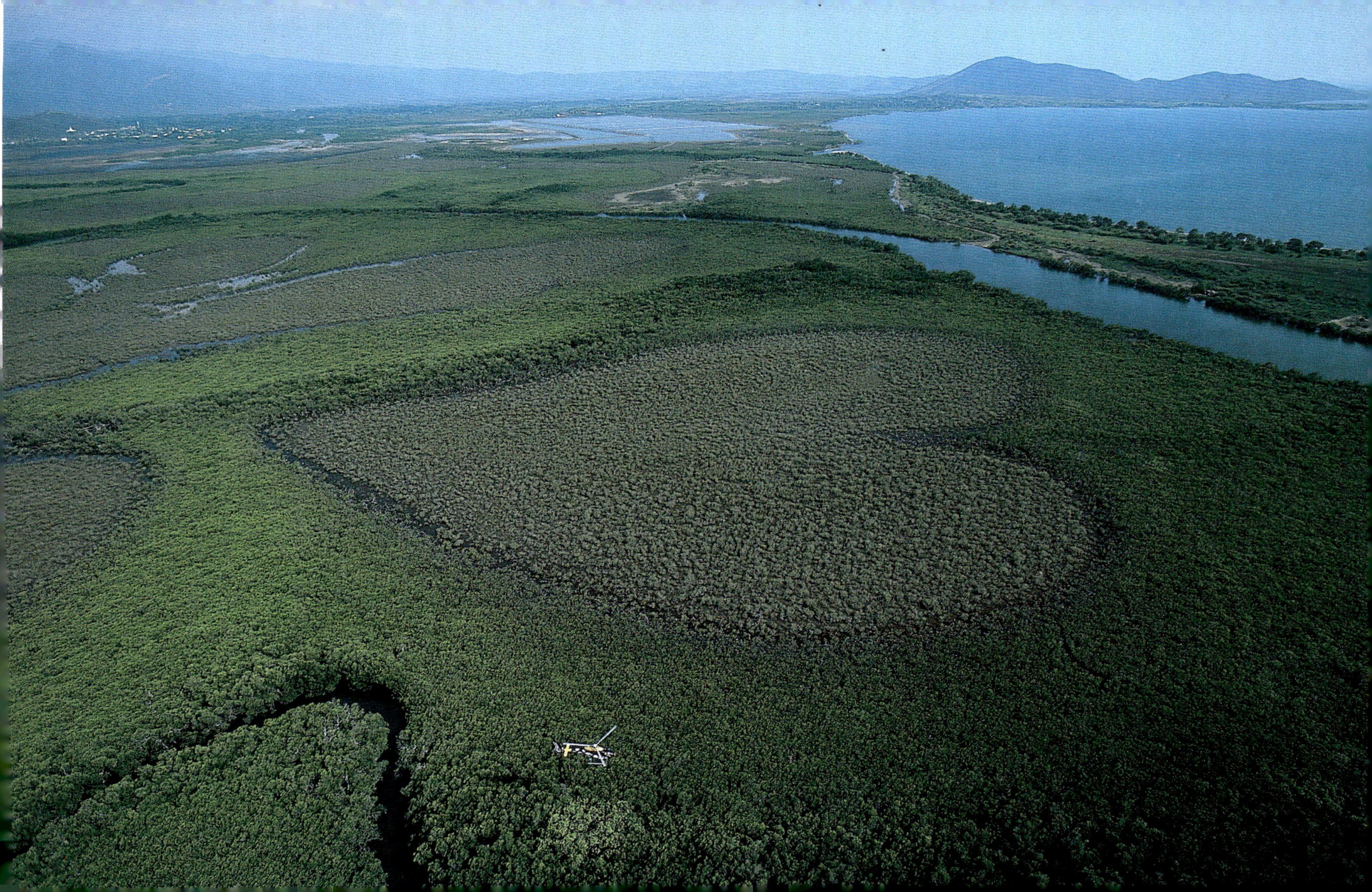

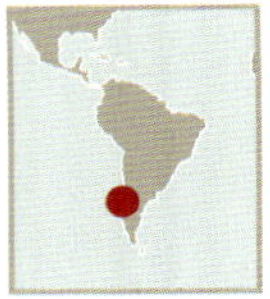

Schneebedeckte Spitze des Vulkans Villarrica, Chile

(39° 25′ südlicher Breite – 71° 57′ westlicher Länge)

Der Villarrica zählt zu den aktivsten Vulkanen unseres Planeten. Die Schwefelgase, die er ununterbrochen ausstößt, sind ein deutlicher Hinweis auf die kochenden Lavamassen in seinem Krater. Seine letzten Ausbrüche (1964, 1971 und 1984) kosteten jedes Mal rund 30 Menschenleben. Zukünftige Eruptionen werden wahrscheinlich noch mehr Opfer fordern, denn die Zahl der Skitouristen, die in dieser Region ihr Vergnügen suchen, wird von Jahr zu Jahr größer. Doch der Vulkan wird stets von einer Behörde überwacht. Jede noch so kleine Explosion gefolgt von einer schwarzen Rauchwolke löst sofort einen Alarmzustand aus: Die Skisportler sind angehalten, die Pisten zu meiden. Und die Bewohner der umliegenden Ortschaften werden im Notfall nach einem mehrfach erprobten Plan evakuiert. Chile zählt 2085 Vulkane und wird häufig von seismischen Erschütterungen heimgesucht. Deshalb hat das Land in den letzten 30 Jahren mit der Hilfe von internationalen Experten und in enger Zusammenarbeit mit den anderen südamerikanischen Staaten ein effizientes Hilfsprogramm für solche Naturkatastrophen ausgearbeitet. Damit konnte man die Opferzahlen, die in Südamerika in diesen Fällen durchschnittlich registriert werden, um zwei Drittel reduzieren.

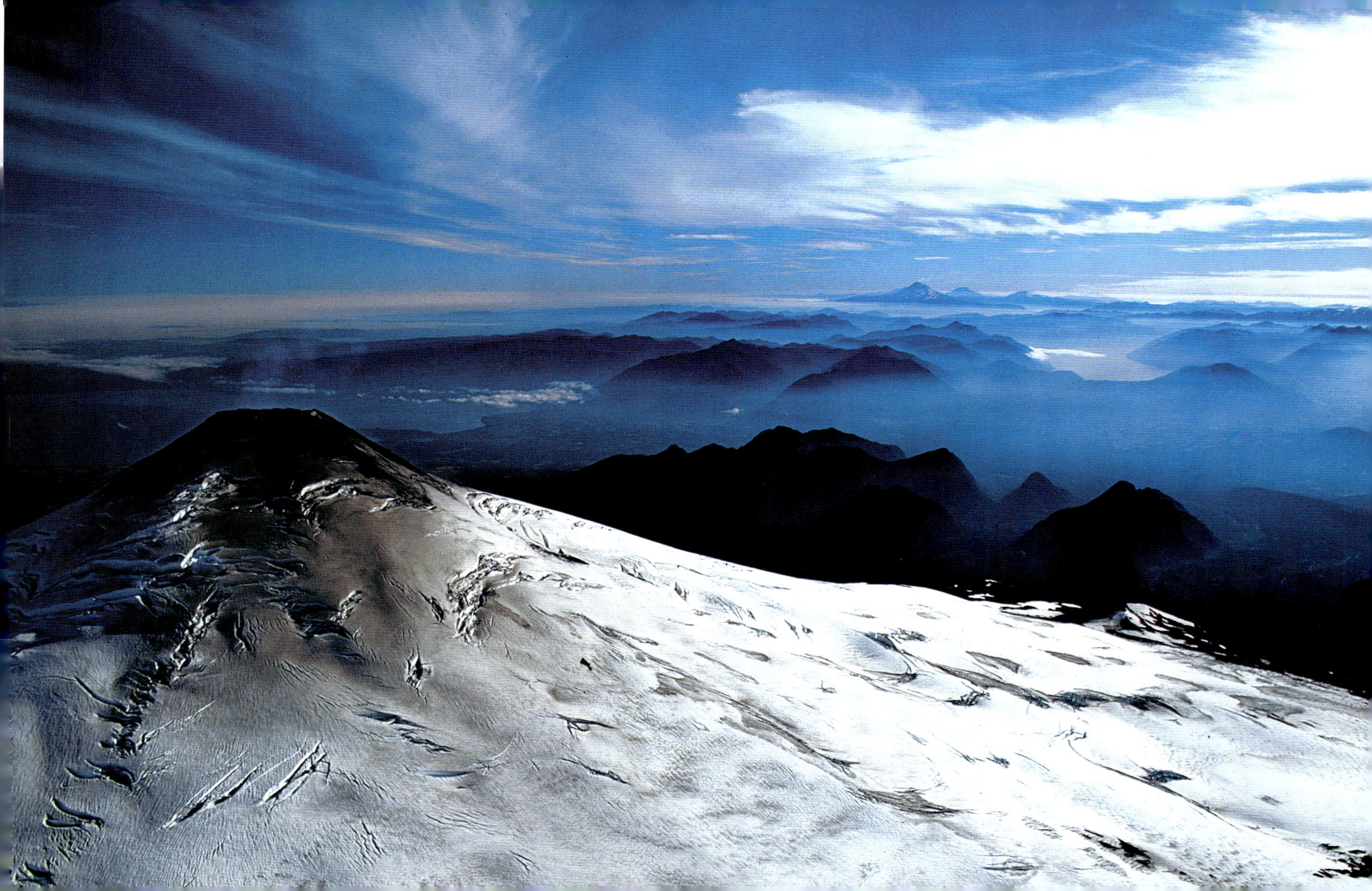

3. Januar

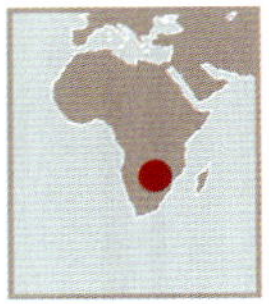

Boot im Okavango-Binnendelta, Botswana

(18° 45′ südlicher Breite – 22° 45′ östlicher Länge)

Nur mit dem *mokoro*, dem traditionellen Einbaum, kann sich die einheimische Bevölkerung im sumpfigen Flusslabyrinth des Okavango fortbewegen. Der drittlängste Fluss des südlichen Afrikas entspringt in Angola und endet nach 1300 Kilometern im nördlichen Botswana, wo er sich in einem 15 000 Quadratkilometer großen Binnendelta verliert, ohne das Meer erreicht zu haben. Seine zwölf Milliarden Kubikmeter Wasser werden von der Kalahari-Wüste aufgesaugt oder verdunsten in der trockenen Luft. Bevor der Fluss sich jedoch endgültig in Luft auflöst, bildet er ein großes Feuchtgebiet, in dem zahlreiche Tiere leben. Durch den Besuch von rund 45 000 Touristen im Jahr und ein geplantes Dränage-Projekt ist der Lebensraum dieser Tiere jedoch ernsthaft bedroht. Weltweit ist die Fläche der Feuchtgebiete seit 1990 auf die Hälfte geschrumpft. Eine fatale Entwicklung, denn für die Menschheit spielen sie eine entscheidende Rolle: Sie vermindern Überschwemmungsrisiken und stellen einen beachtlichen Trinkwasservorrat dar.

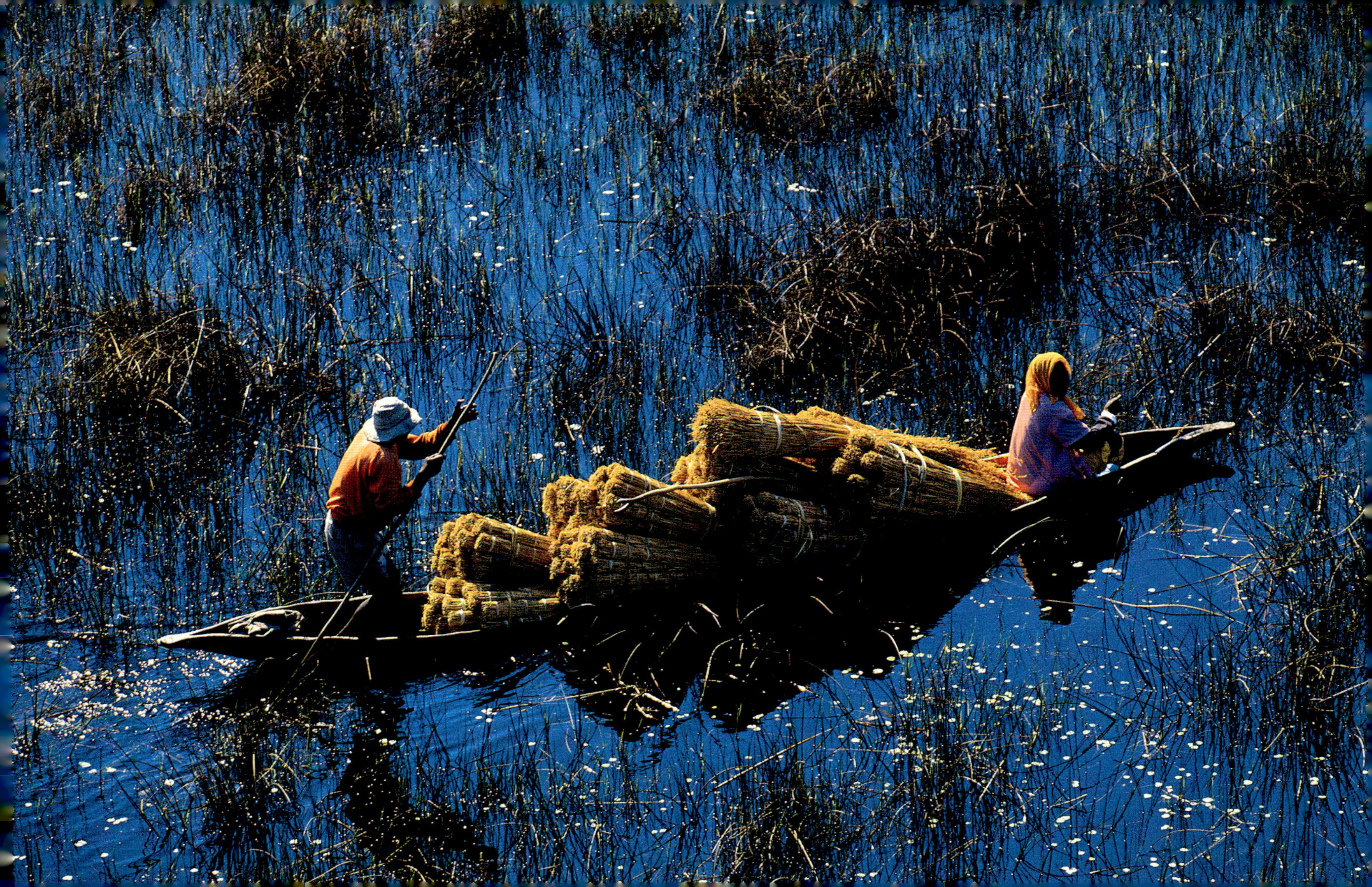

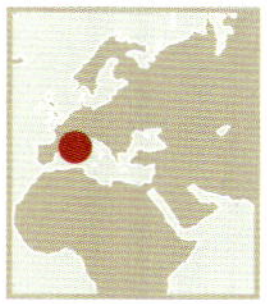

Dachterrasse des Kongresszentrums »Auditorium«, Monte Carlo, Monaco (43° 44′ nördlicher Breite – 7° 25′ östlicher Länge)

Die Lavablöcke von Volvic haben eine lange Reise hinter sich, denn von den Steinbrüchen im Massif Central brachte man sie erst einmal zum Emaillieren in die Provence. Heute schmücken die 24 000 Rauten in 14 kräftigen Farben das 1500 Quadratmeter große Dach des monegassischen Kongresszentrums »Auditorium«. Der sechseckige Bau ruht auf Betonpfeilern direkt über dem Mittelmeer – wie eine Knospe, die sich inmitten der stark urbanisierten Meeresfront von Monte Carlo öffnet. Die Dachterrasse mit den Fliesen in geometrischen Formen ist eine Komposition von Victor de Vasarély und wurde 1979 von dem Architekten Jean Ginsberg realisiert. Ihre Form findet sich häufig im Werk Vasarélys. Plastische Schönheiten in die Stadtlandschaft zu integrieren, war ein Hauptanliegen des Künstlers. Der avantgardistische Bau der Vasarély-Stiftung aus dem Jahr 1976 in Aix-en-Provence ist ein hervorragendes Beispiel dafür. Dort ist Vasarélys Lebenswerk ausgestellt. Der Künstler der abstrakten geometrischen Form und der Kinetik starb 1997 im Alter von fast 89 Jahren.

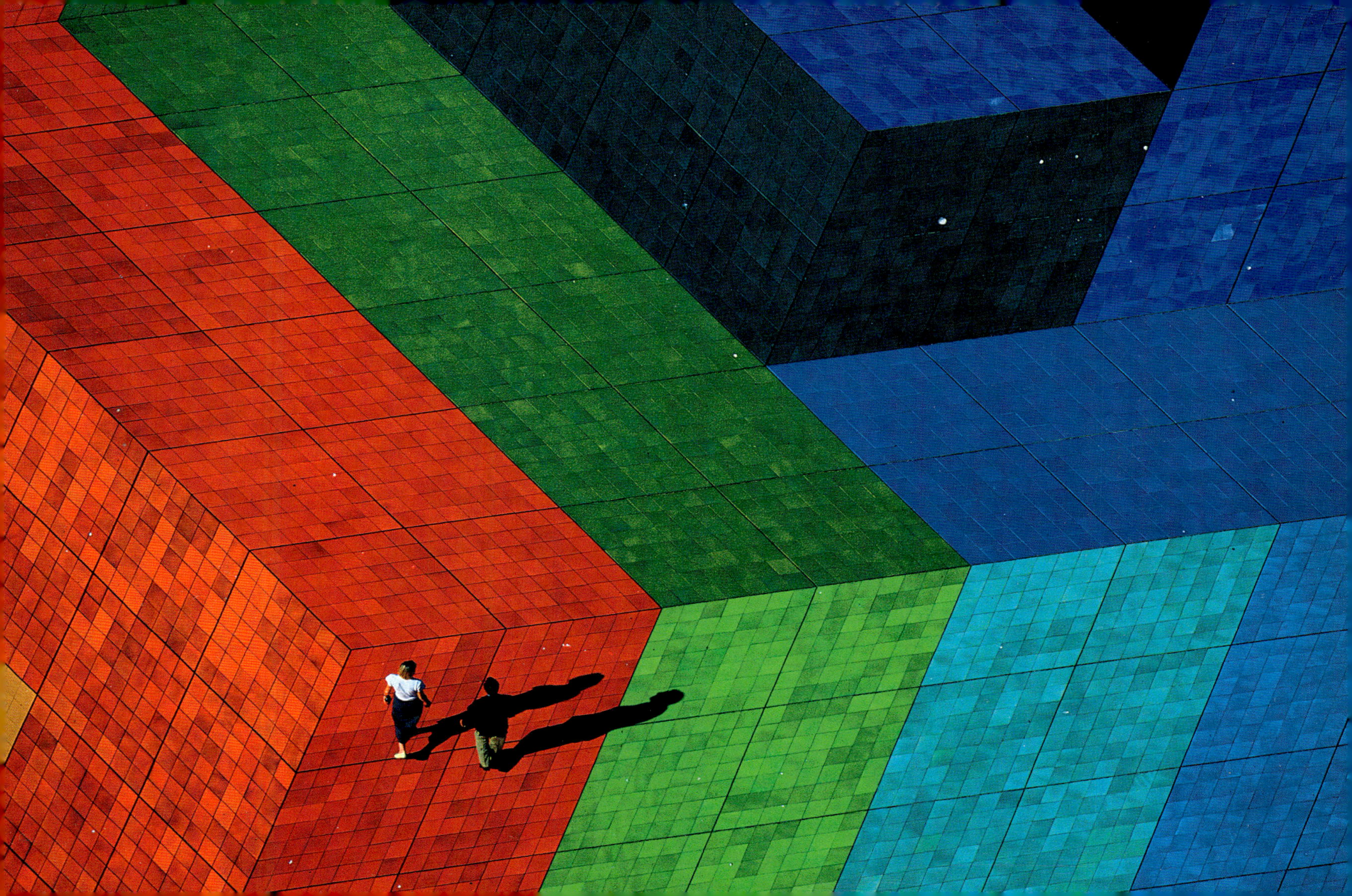

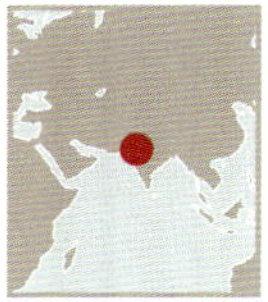

Trocknen von Textilien, Jaipur, Rajasthan, Indien

(26° 54′ nördlicher Breite – 75° 48′ östlicher Länge)

In der nordwestindischen Region Rajasthan hat das Textilgewerbe eine lange Tradition. Mit der Rinde des Granatapfelbaums werden die für den Sari bestimmten Stoffe gelb gefärbt, dann in der Sonne getrocknet und anschließend zur Fixierung der Farbe in eine spezielle Lösung getaucht. Nach zwei bis drei Waschvorgängen und dem Trocknen kommen die Saris in den Verkauf. Das indische Frauengewand steht für den traditionellen Status der Frau: Viele verheiratete Inderinnen leben heute noch – wie es die Konvention vorschreibt – nach der *purda*, d. h. zurückgezogen und fern vom öffentlichen Leben. 90 Prozent aller in Indien geschlossenen Ehen werden nach wie vor von den Eltern bestimmt. Und die in der Sonntagszeitung veröffentlichten Heiratsanzeigen sind weiterhin nach Kasten geordnet. Zahlenangaben zu geschiedenen Frauen oder allein erziehenden Müttern gibt es in Indien nicht, denn diese Frauen werden von der indischen Gesellschaft nicht akzeptiert.

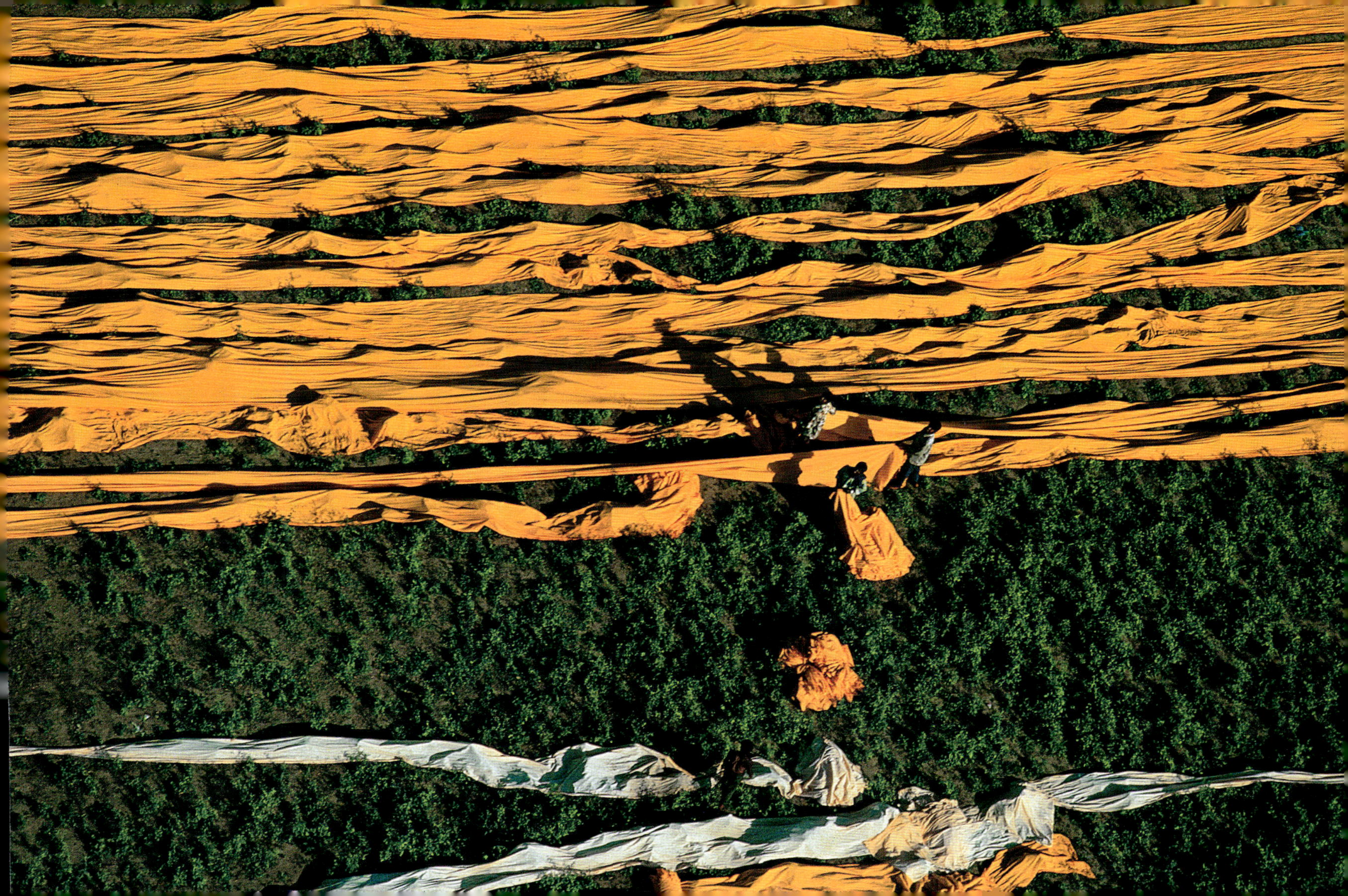

6. Januar

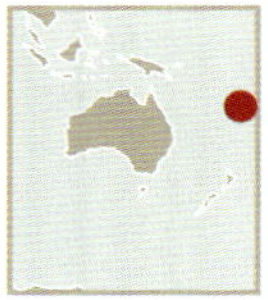

Katamaran vor den Gesellschaftsinseln, Französisch-Polynesien, Frankreich (17° 00′ südlicher Breite – 150° 00′ westlicher Länge)

18 Prozent der Korallen unseres Planeten wachsen in indonesischen Gewässern, 17 Prozent in Australien, neun Prozent auf den Philippinen und fünf Prozent in den französischen Überseegebieten. Insgesamt machen die Korallenriffe der Erde 14 280 Quadratkilometer aus. Das Foto zeigt einen Korallenteppich im Niedrigwasser des polynesischen Atolls (Pazifik). Der Katamaran scheint darüber hinwegzuschweben. Kleine Algen leben in einer Symbiose mit diesen Korallen und fördern auch deren Kalkbildung. Doch ihr eigentlicher Wachstumsvorgang ist für die Wissenschaft nach wie vor ein Rätsel. Zerstörung, Umweltverschmutzung und Schlammbildung sind große Gefahren für die Korallenwelt. Der Mensch kennt lokale Lösungsansätze, doch ihre Umsetzung bleibt eine Herausforderung. Gegen die wachsenden Kohlendioxidmengen in der Atmosphäre gibt es bisher keine Maßnahmen: Sie verändern möglicherweise das für die Skelettbildung der Korallen notwendige chemische Gleichgewicht des Meerwassers. Mit dem Rückzug der Eismassen vor rund 15 000 Jahren hob sich der Meeresspiegel um 120 Meter. Dieser Veränderung passten sich die Korallen geschickt an. Werden sie auch den nächsten Klimawechsel überleben?

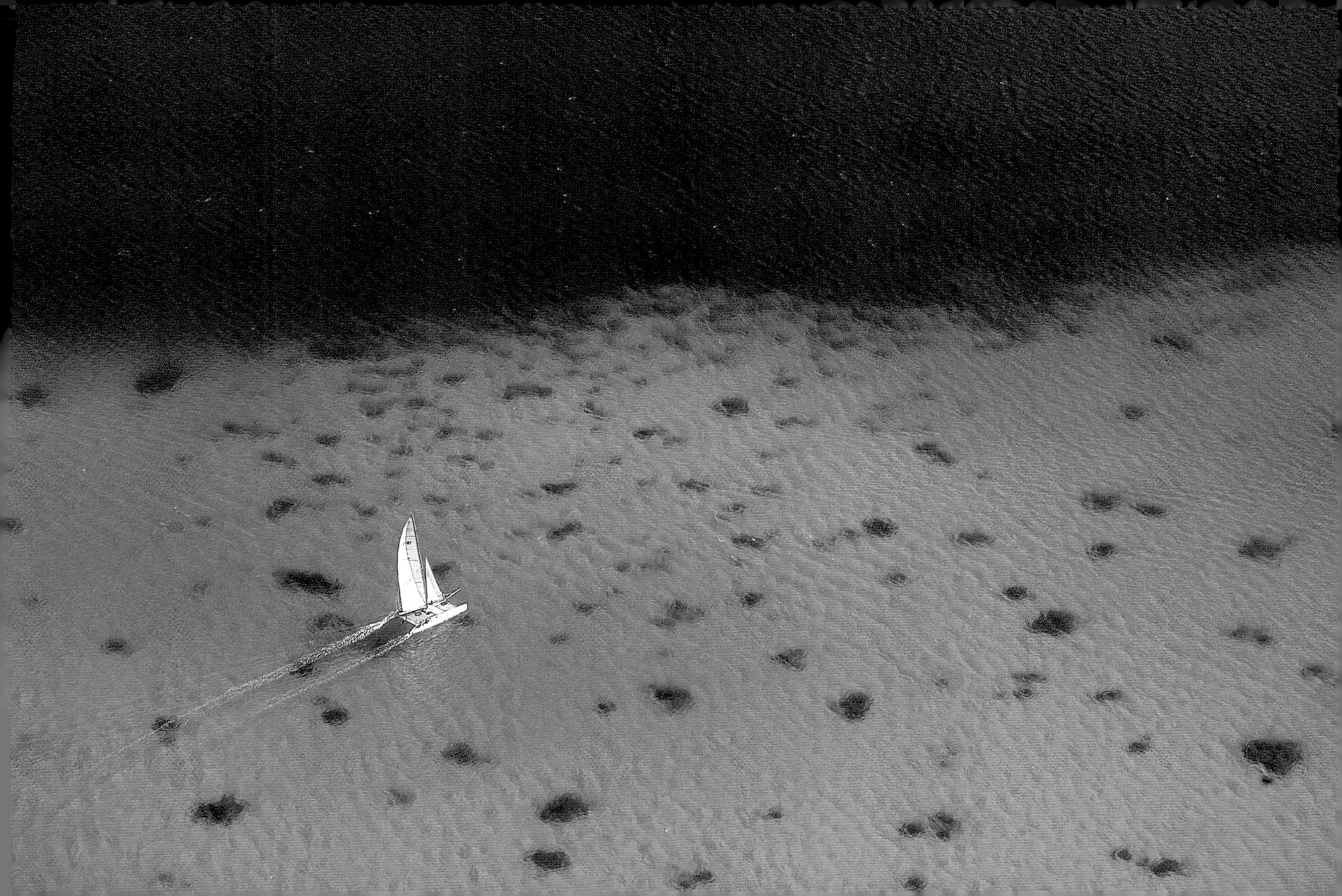

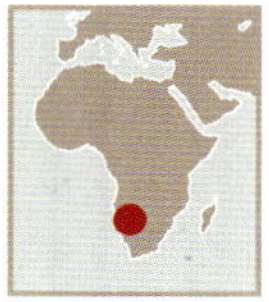

Spitzkoppe-Massiv bei Sonnenuntergang, Damaraland, Namibia

(22° 03′ südlicher Breite – 17° 02′ östlicher Länge)

Die große und kleine Spitzkoppe (1728 Meter und 1584 Meter) zählen zu den höchsten Erhebungen des wilden und trockenen Damaralands im Nordwesten Namibias. Die beiden Granitkuppeln wurden vor 120 Millionen Jahren durch die Erosionskraft von Wind und Regenwasser von den oberen Erdschichten befreit. Damals berührte die brasilianische Küste noch die von Namibia. Hier lag die Mitte des Kontinents Gondwana. Die zahlreichen frühgeschichtlichen Zeugnisse dieser Region sind wesentlich jüngeren Datums: An Höhlenwänden entdeckte man 27 000 Jahre alte Malereien und Ritzungen. Das Damaraland hat seinen Namen von einer der ältesten Volksgruppen Namibias, den Damaras. Sie machen sieben Prozent der heutigen Bevölkerung aus und leben zu einem Viertel immer noch in der Region. Das Damaraland ist dünn besiedelt und deshalb eines der letzten afrikanischen Gebiete, in denen die Antilope, die Giraffe, der Elefant und das schwarze Nashorn außerhalb der Nationalparks und Schutzzonen ungestört leben können.

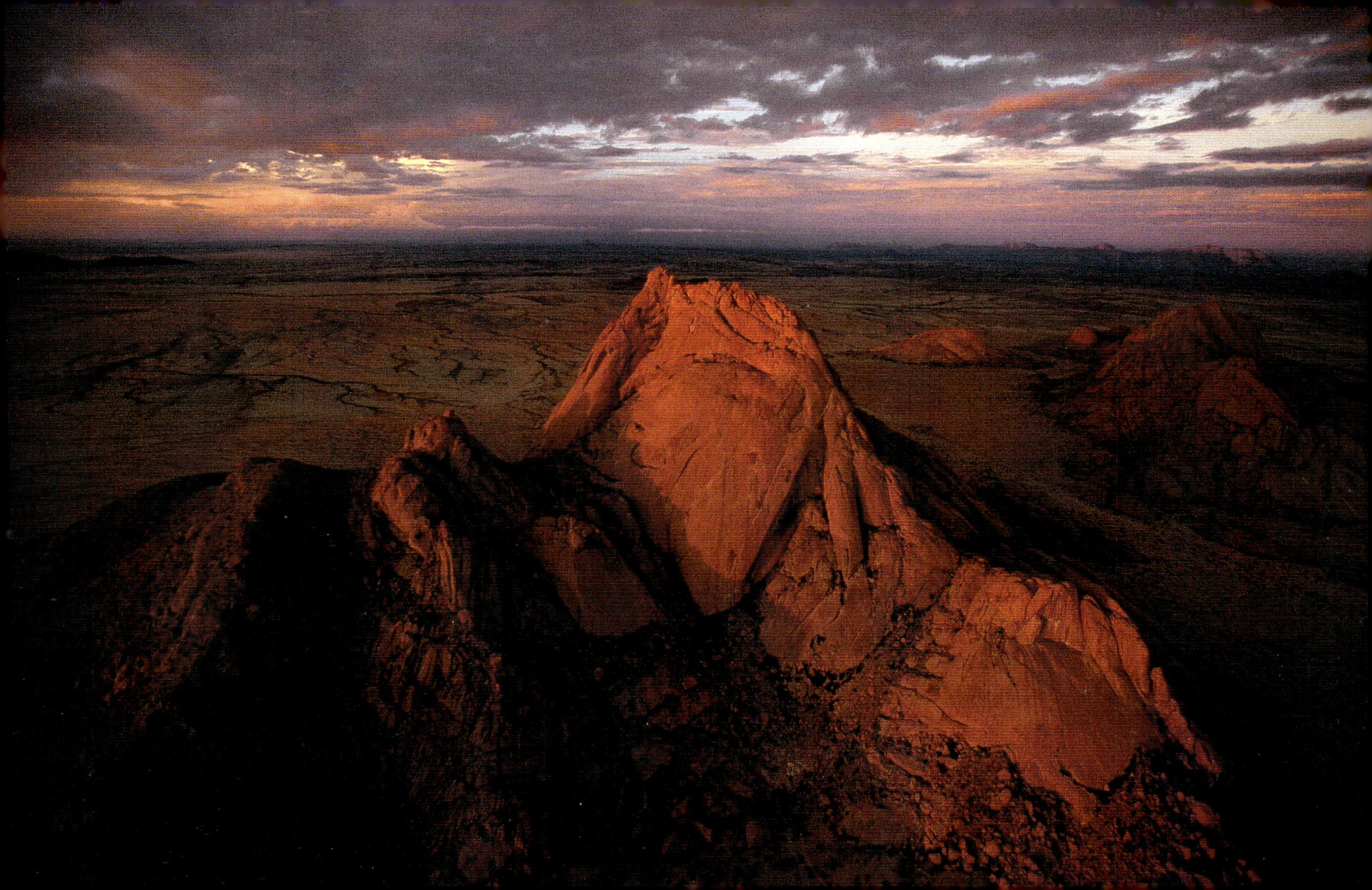

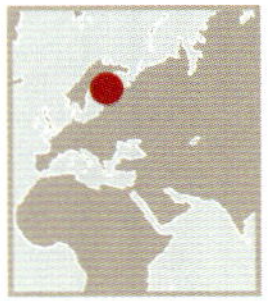

Packeis beim Archipel Turku, Finnland

(60° 27′ nördlicher Breite – 22° 00′ östlicher Länge)

Die Splitter der dünnen Packeisschicht auf der Ostsee erinnern an einen zerbrochenen Spiegel. Bei stark gegensätzlichen Strömungen bricht das Eis. Die Bruchstücke des Eises werden von den Wellen und Strömungen getrieben und reflektieren das sanfte Licht des finnischen Winters. Dann sammeln sich die Splitter wieder und bilden eine neue Eisschicht, die Anfang April ihre Maximalstärke (durchschnittlich 50 bis 65 Zentimeter) erreicht. Dann kommt der Frühling: Das Eis schmilzt und gibt die Inseln des Turku-Archipels frei. Ewiges Eis gibt es in Finnland nicht. Das Land liegt zwar auf den gleichen Breitengraden wie Alaska oder Grönland, profitiert aber vom relativ milden Klima des atlantischen Golfstroms, der ganz Westeuropa erwärmt. Mit den klimatischen Veränderungen verschwindet der warme Meeresstrom möglicherweise und das europäische Klima würde sich dem kanadischen angleichen, denn Kanada liegt auf derselben Höhe wie Europa.

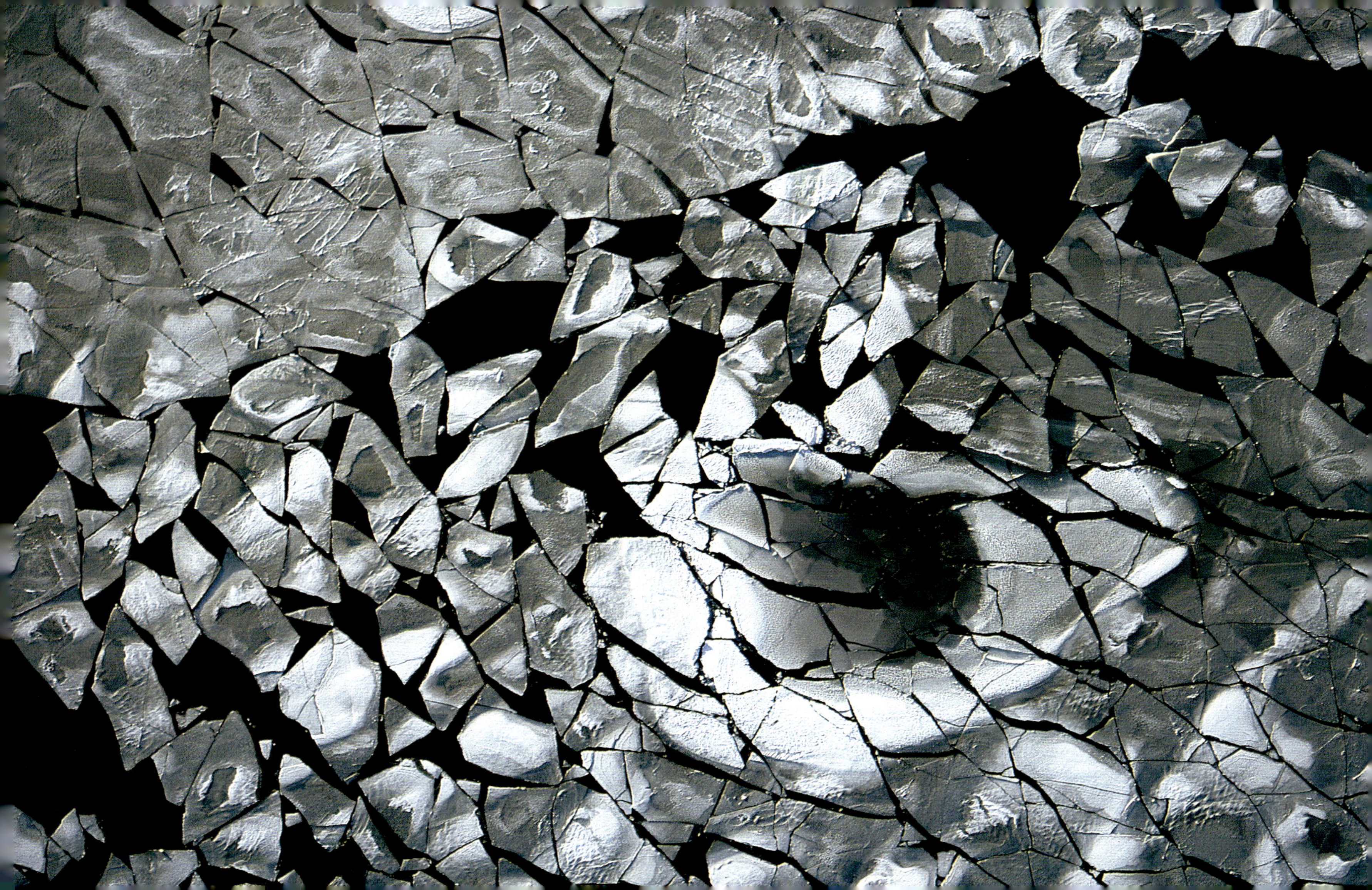

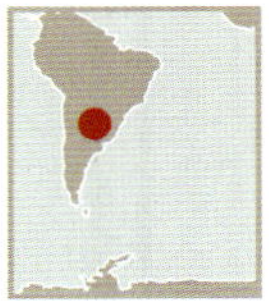

Kuhherde beim Fluss Chimehuin, Provinz Neuquén, Argentinien

(40° 03′ südlicher Breite – 71° 04′ westlicher Länge).

Unter der Führung von Gauchos, Viehhirten, kehrt diese Kuhherde von ihren Hochweiden in den Anden zurück. Wie in ganz Patagonien eignet sich das Dornengestrüpp der Steppenlandschaft von Neuquén besser für die Schaf- als für die Rinderzucht. Der argentinische Rinderbestand von 55 Millionen Tieren weidet hauptsächlich in den saftigen Prärien der weiter nördlich gelegenen Pampa. Argentinien ist der viertgrößte Rindfleischexporteur der Welt. Mit einem jährlichen Pro-Kopf-Verbrauch von 65 Kilogramm Rindfleisch liegen die Argentinier im internationalen Vergleich an erster Stelle, gefolgt von den US-Amerikanern (45 Kilogramm) und den Australiern (38 Kilogramm). In der westlichen Welt zählt Rindfleisch zu den nährstoffreichen Nahrungsmitteln. Ein Philippiner hingegen nimmt im Jahr durchschnittlich 6,5 Kilogramm Rindfleisch zu sich. In China, wo sich der Rindfleischkonsum in den letzten fünf Jahren verdoppelt hat, liegt der jährliche Pro-Kopf-Verbrauch bei 4,2 Kilogramm und in Indien bei 1,5 Kilogramm.

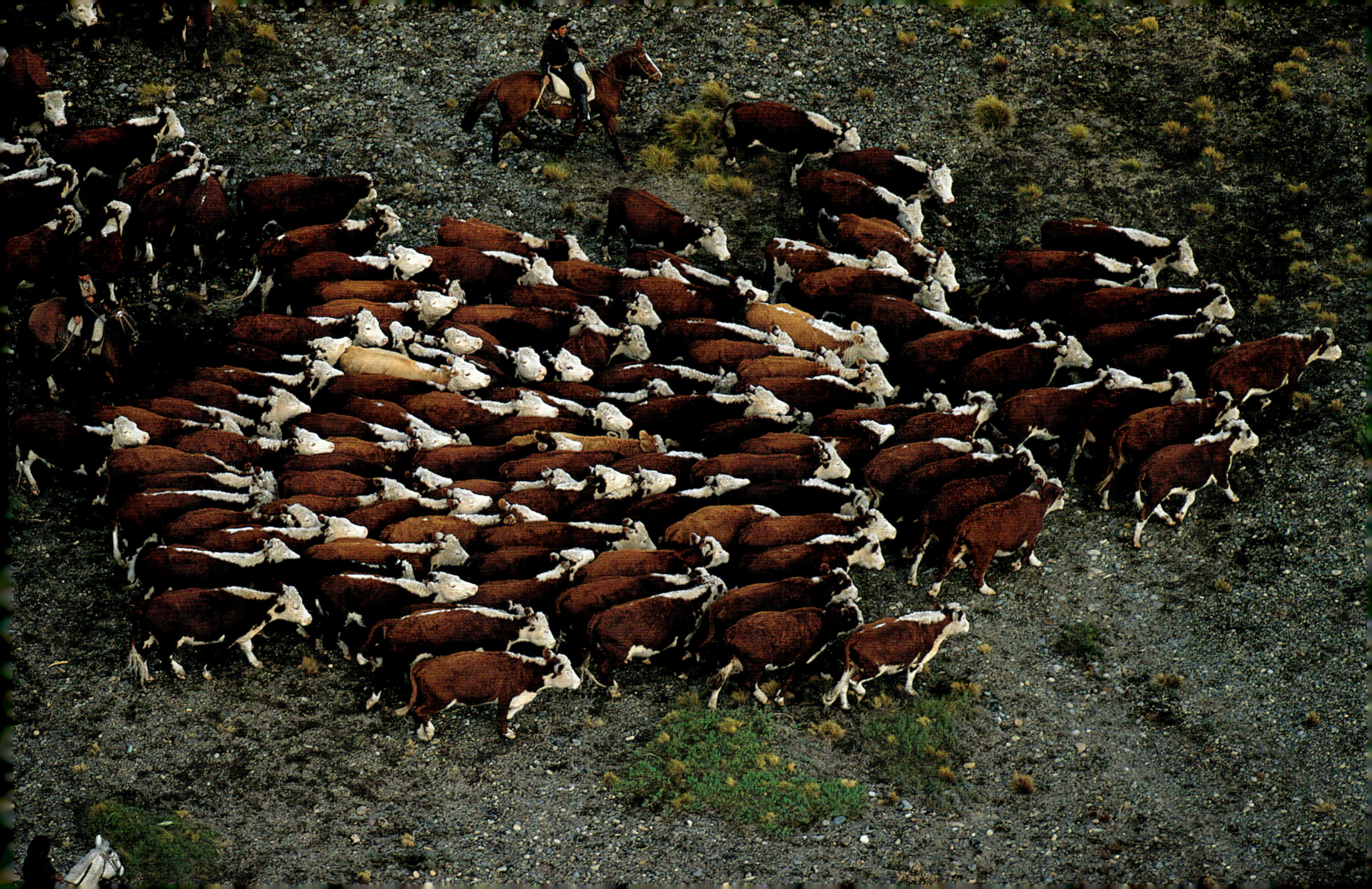

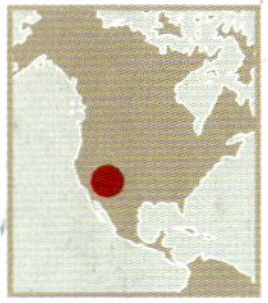

Staatsforst Prescott in der Nähe von Williams, Arizona, USA

(35° 14′ nördlicher Breite – 112° 11′ westlicher Länge)

Auf den Bäumen des Staatsforstes liegt noch Schnee. Sie wären schon längst verschwunden, wenn der Wald nicht bereits 1898 zum Schutzgebiet erklärt worden wäre. Denn die Goldsucher, die Mitte des 19. Jahrhunderts in Scharen nach Arizona kamen, sparten nicht an Brennholz. Inzwischen sind 75 von den 226 Millionen Hektar Wald der USA vor den Holzfällern geschützt, sei es aus ästhetischem, touristischem oder ökologischem Interesse. Weltweit sind zwölf Prozent des globalen, insgesamt 3866 Millionen Hektar umfassenden Waldbestands unter Naturschutz gestellt. Doch das Fällen geht weiter: In den letzten 15 Jahren gingen 200 Millionen Hektar Wald verloren, das entspricht der doppelten Fläche von Südafrika oder der vierfachen Fläche von Spanien.

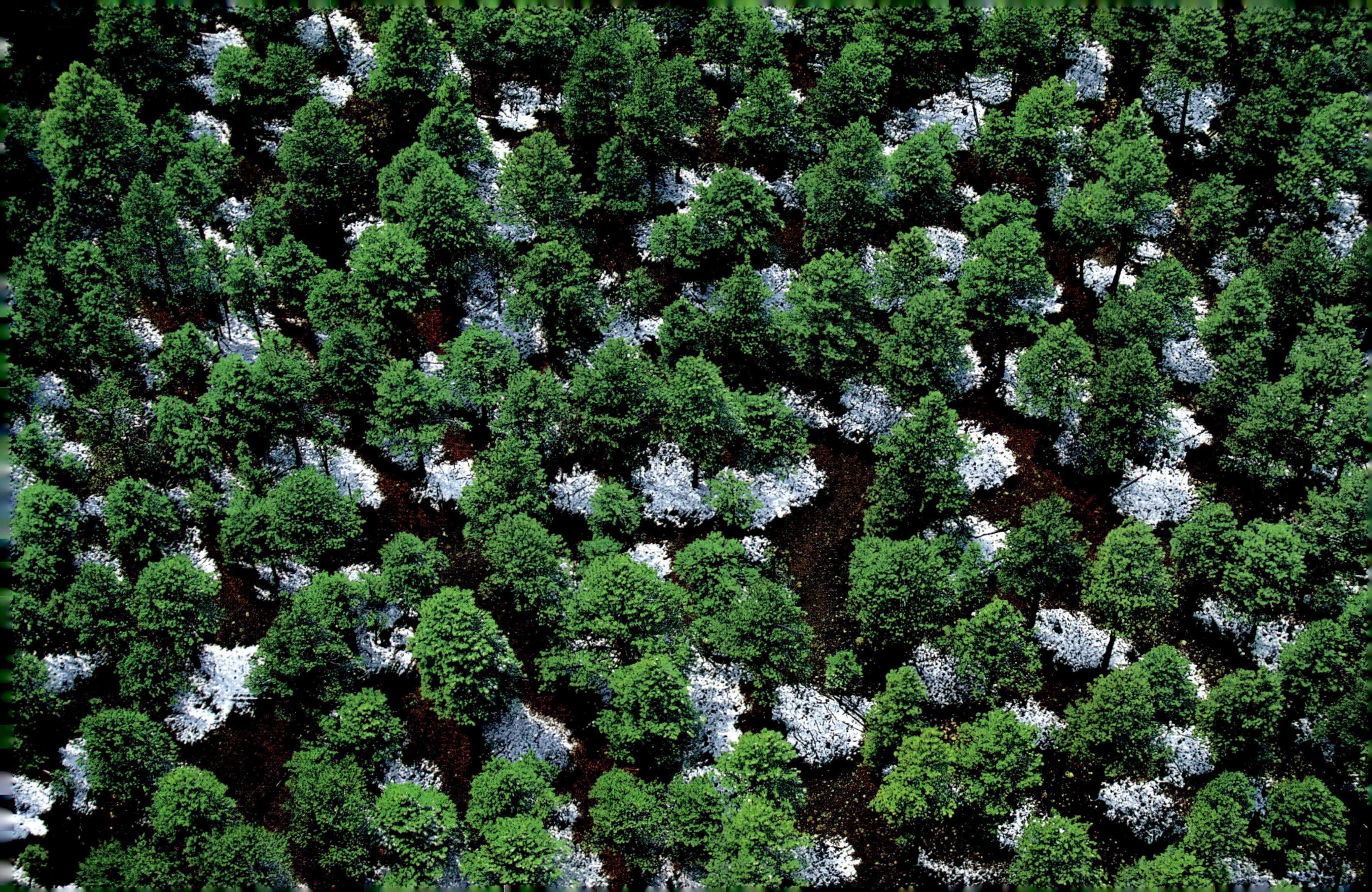

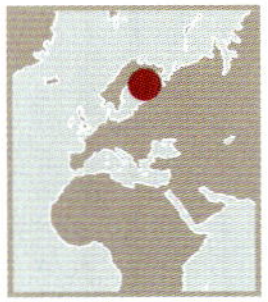

Erleuchtetes Gewächshaus bei Sauvo, Region Varsinais-Suomi, Finnland (60° 18′ nördlicher Breite – 22° 36′ östlicher Länge)

Finnland zählt zu den nördlichsten Ländern Europas, ein Viertel seiner Fläche liegt nördlich des Polarkreises. In diesen Breiten ist die Landwirtschaft eine ständige Herausforderung. Im Winter herrscht fast zwei Monate lang rund um die Uhr nächtliches Dunkel. Selbst im Süden des Landes geht die tägliche Sonnenscheindauer dann nicht über sechs Stunden hinaus, und das Sonnenlicht ist in diesen Wochen schwach. Während der Dämmerung leuchtet das Licht aus den Gewächshäusern im Schnee. Auch in der Gegend von Sauvo im Südwesten des Landes (siehe Foto) wird mit künstlichem Licht der tägliche Fotosyntheseprozess verlängert. Im Mai 2002 hat Finnland den Bau seines fünften Kernreaktors bekannt gegeben. Damit will der finnische Staat die den Treibhauseffekt auslösenden Abgase verringern. Es ist europaweit – Frankreich ausgenommen – der erste Reaktor, der seit dem Unfall von Tschernobyl im Jahr 1986 gebaut wird. Mit ihm wird der Atomstromanteil des finnischen Stromhaushalts auf 35 Prozent anwachsen, die erneuerbaren Energien liefern nur 29 Prozent der Energie. Die finnische Entscheidung wird die ohnehin hitzige Debatte um die Zukunft der europäischen Atomenergie erneut anheizen.

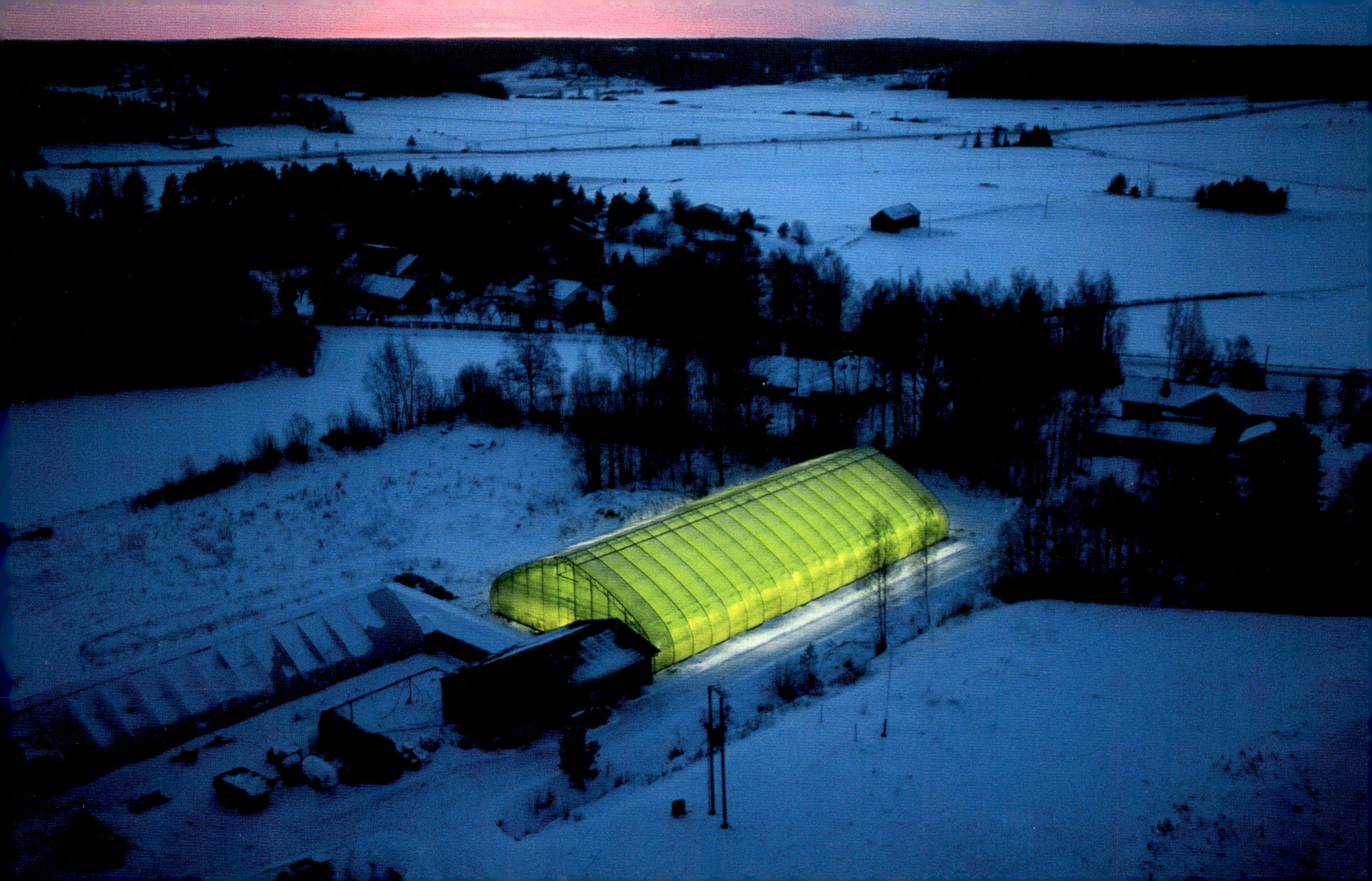

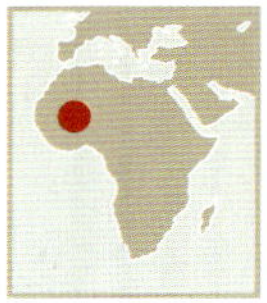

Gemüseanbau am Ufer des Senegal, Region Kayes, Mali

(14° 34′ nördlicher Breite – 11° 46′ westlicher Länge)

In der Handelsmetropole Kayes im Westen der Republik Mali nahe der senegalischen und mauretanischen Grenze lebte schon immer ein buntes Völkergemisch. Der Fluss Senegal ist die Segen bringende Wasserader der zur Sahelzone gehörenden Region. Das Flusswasser wird von den Frauen in den unterschiedlichsten Behältern zu den kleinen Obst- und Gemüseparzellen transportiert. Ihr Ertrag ist für den lokalen Markt bestimmt. Der Fluss Senegal entsteht durch den Zusammenfluss von Bafing (»Schwarzer Fluss«) und Bakoy (»Weißer Fluss«) südlich von Kayes. Er hat eine Länge von 1600 Kilometern und durchquert vier Länder. An seinen Ufern wurden hydraulische Anlagen gebaut, mit denen 600 Quadratkilometer Land bewässert werden können. Viel wichtiger jedoch ist der Wasserstand des eigentlichen Flusses, denn er garantiert die Wasserversorgung von rund zehn Millionen Menschen.

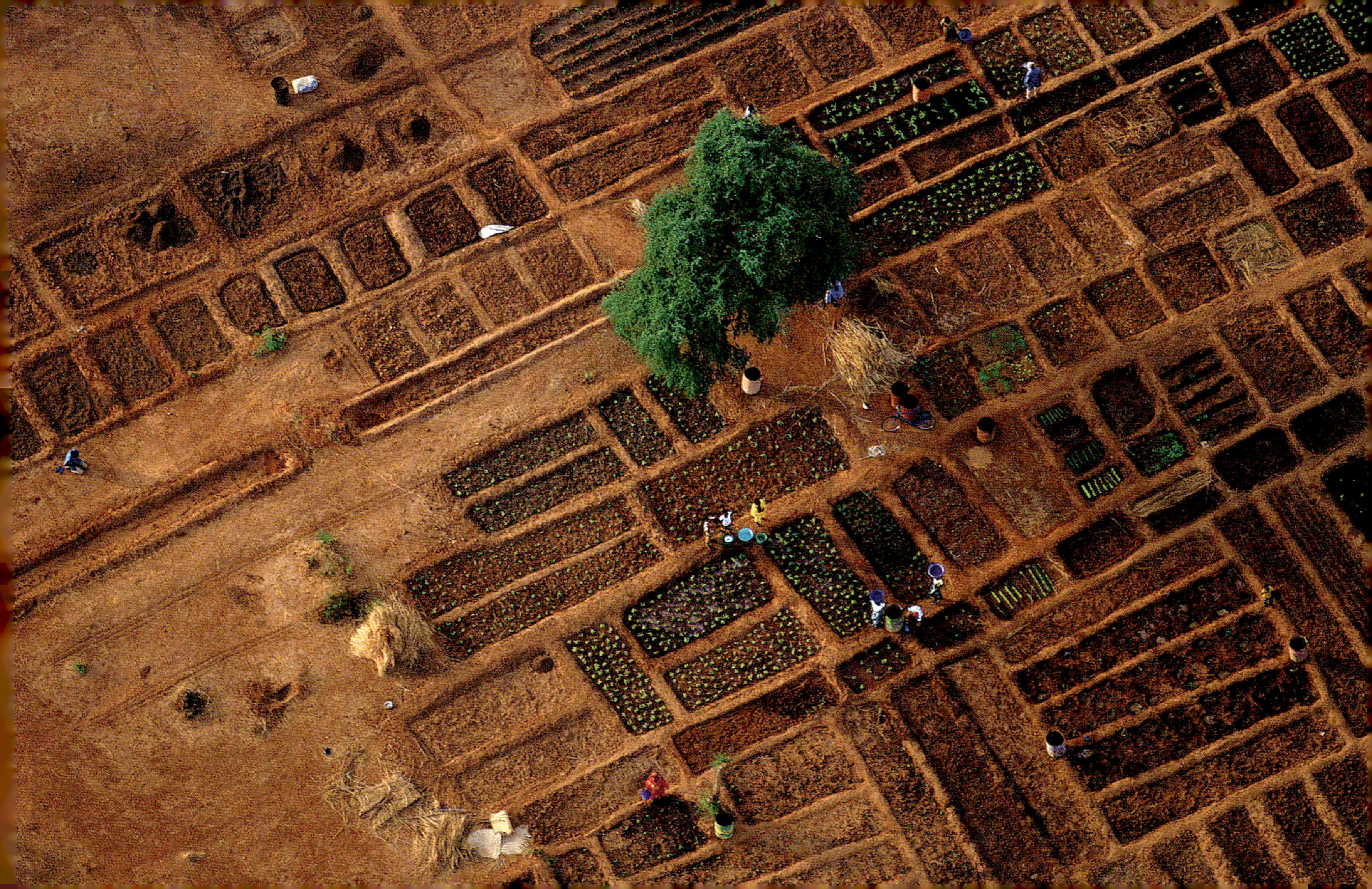

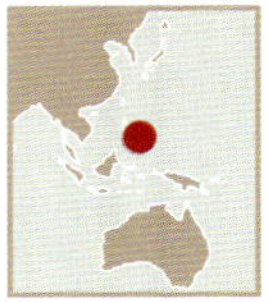

Boot vor der Bohol-Insel, Visaya-Archipel, Philippinen

(9° 50′ nördlicher Breite – 124° 10′ östlicher Länge)

Das behelfsmäßige Boot, das hier in den Wassern des Visaya-Archipels schaukelt, sagt mehr als tausend Worte über die Ressourcen dieser Inseln. Erstens: Die Philippinen sind ein Seefahrervolk. Rund 20 Prozent aller Matrosen weltweit sind philippinischer Abstammung. Zweitens: Das bunte Segel weist auf die in dieser Region fest verankerte Textilbranche hin. Die Salago-Faser, das Basismaterial für Papiergeld, Seile, Fischernetze, Schals und Hüte, kommt aus Ostasien, genauer gesagt von den Inseln Bohol und Cebu. Das Holz, das hier transportiert wird, zählt zu den wichtigsten Naturressourcen des Landes. Früher zählten die Philippinen weltweit zu den größten Holzexporteuren. Doch in Anbetracht der schwer wiegenden Folgen der unmäßigen Abholzung hat der Staat die Holzproduktion eingeschränkt. Und schließlich als letzter Punkt: Die Tierwelt des kristallklaren Wassers mit Tunfisch, Makrele, Sägebarsch, Hai, Delfin und Wal ist beeindruckend.

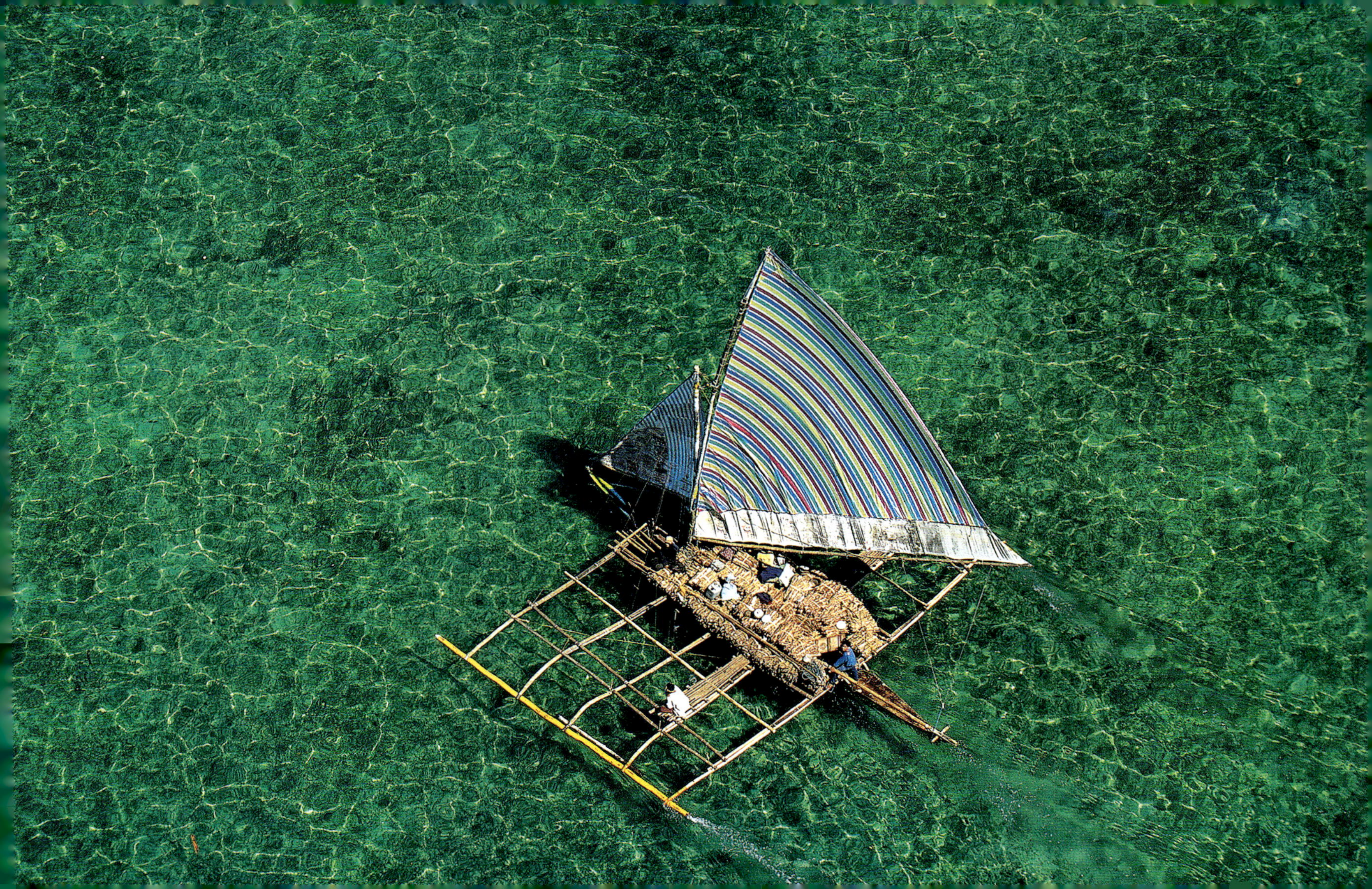

14. Januar

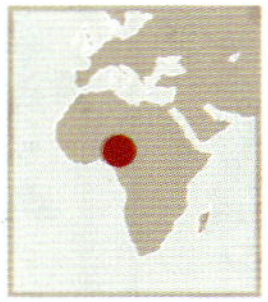

Kirdi-Dorf im Mandara-Gebirge, Kamerun

(10° 55′ nördlicher Breite – 14° 00′ östlicher Länge)

Jede Familie besitzt ihr eigenes Gehöft: Mehrere aneinander gebaute Hütten, deren Zahl sich nach der Familiengröße richtet. Der Grundriss dieser Gehöfte ist immer gleich: sechs Räume für das Familienoberhaupt (ein Wohnraum, ein Schlafraum und vier Getreidespeicher), vier Räume für jede Ehefrau (ein Schlafraum, eine Küche, ein Getreidespeicher und ein Hühnerstall) und ein paar Räume für die Kinder. Das Ganze ist von Erdwällen umgeben, die den kostbaren Ackerboden an den Abhängen des Mandara-Gebirges vor der Erosion schützen sollen. Als Anhänger des Animismus waren die Kirdi bereits im frühen 19. Jahrhundert von den islamischen Fulbe ins Gebirge vertrieben worden und haben dort ihre traditionelle Lebensweise bewahrt. Heute werden sie jedoch durch den Massentourismus empfindlich gestört: Die in Scharen auftretenden Touristen zeigen wenig Respekt und besichtigen die Kirdi wie die Tiere im benachbarten Wasa-Nationalpark. Ihre Mitbringsel (Geldstücke, Kugelschreiber usw.) vermitteln den Kirdi-Kindern den Eindruck, dass Betteln lohnender ist als ein regelmäßiger Schulbesuch.

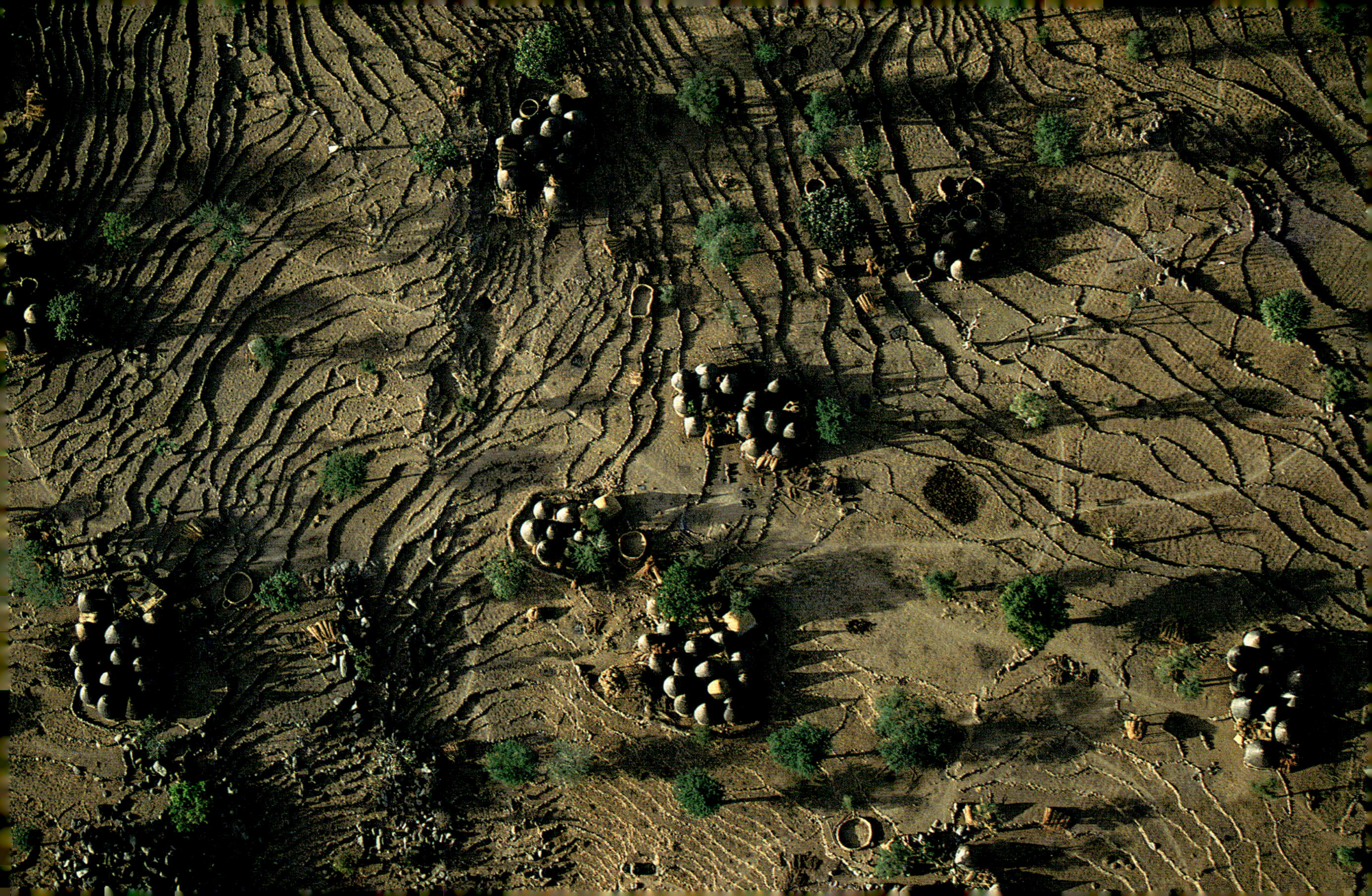

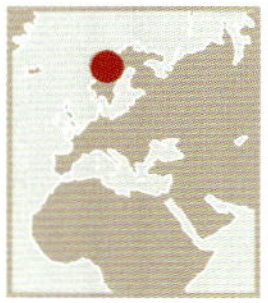

Fischzuchtanlage Boknafjorden, Norwegen

(59° 10′ nördlicher Breite – 5° 35′ östlicher Länge)

Der erste große Fjord im südlichen Norwegen ist der Boknafjorden zwischen Stavanger und Bergen. Es waren Gletscher, die diese tiefen Küsteneinschnitte formten. Als die skandinavische Halbinsel sich langsam senkte, füllten sie sich nach und nach mit Meerwasser, das in diesen geschützten Buchten viel ruhiger ist als im offenen Meer. Durch den regelmäßigen Zufluss von Regenwasser erhalten die Algen und das Plankton die notwendigen Mineralien für eines der produktivsten Ökosysteme unseres Planeten. Der warme Golfstrom ist eine weitere günstige Voraussetzung für die Aquakultur (Fischzucht). In Norwegen werden jährlich mehr als 450 000 Tonnen Lachs und Forellen gezüchtet. Der gesamte Fischfang auf den Weltmeeren liefert heute rund 100 Millionen Tonnen Fisch. Dem stehen 33 Millionen Tonnen aus den Fischfarmen gegenüber. Jeder vierte Fisch stammt also aus Züchtungen. In der Nahrungsmittelproduktion weist der Sektor Aquakultur weltweit die höchste Wachstumsrate auf: Seit 1984 ist die Produktion jährlich um etwa elf Prozent gestiegen.

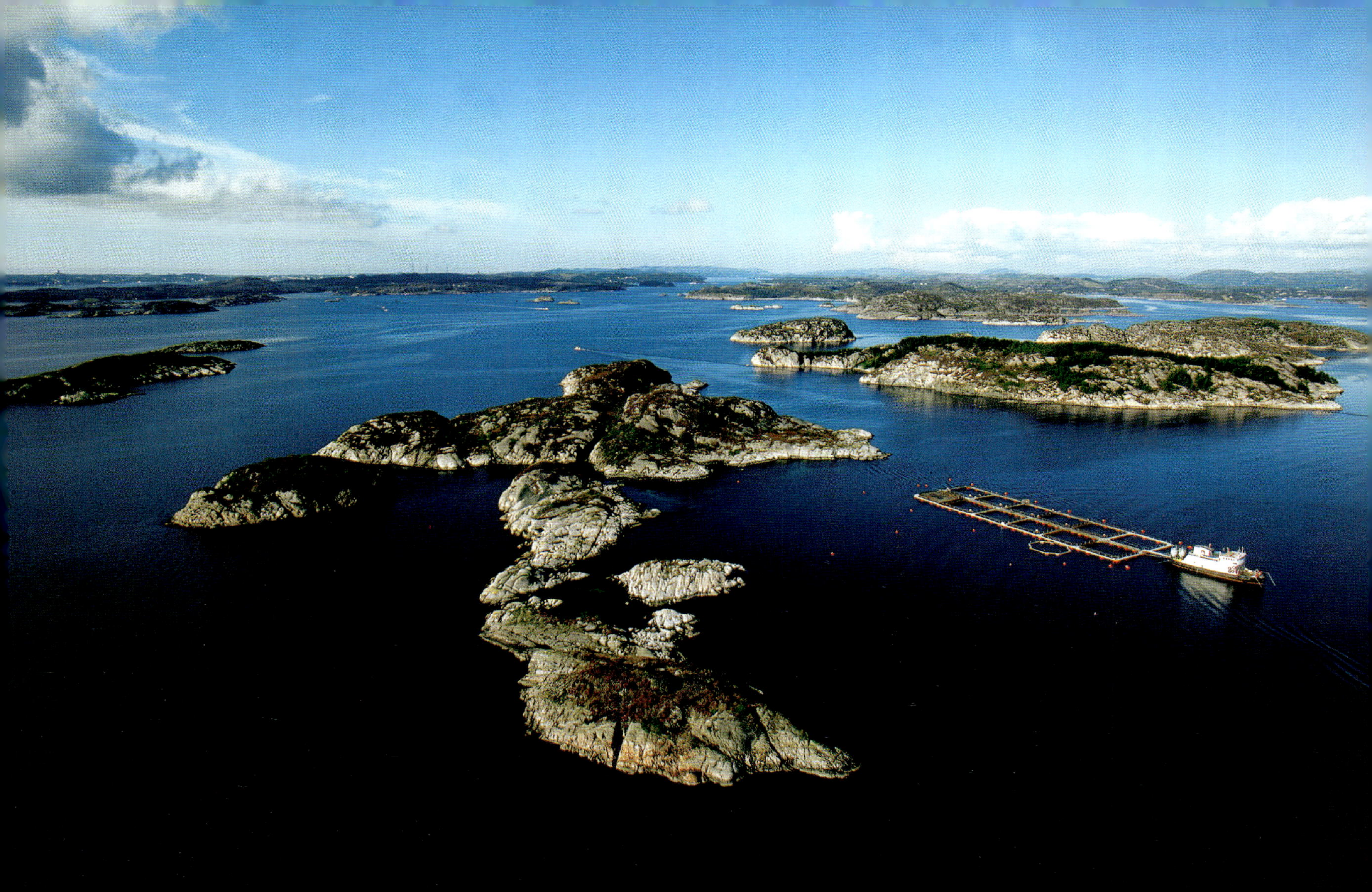

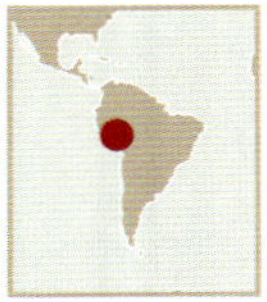

Der »Astronaut« von Nazca, Ica, Peru

(14° 50′ südlicher Breite – 74° 00′ westlicher Länge)

Der »Astronaut« von Nazca gehört zu jenen rätselhaften Riesenfiguren, die in den Pampa-Ebenen von San José und an den Hügeln des Rio-Grande-Tals zwischen Palpa und Nazca ins Auge springen. In einer über 1000 Quadratkilometer großen Felsenwüste findet man noch weitere Spuren dieser Nazca-Kultur. Es handelt sich um Zeichnungen von Tieren oder geometrischen Figuren aus den ersten sechs Jahrhunderten unserer Zeitrechnung. Sie leben vom Kontrast zwischen einer braunen Oberschicht aus oxidiertem Eisen und einer Unterschicht aus gelblichem Sand. Dank des trockenen, regenarmen Klimas haben die Bilder die Zeiten überdauert. Die Bedeutung der einzelnen Formen bleibt im Dunkeln. Sicherlich spielen sie auf uns unbekannte Riten und Zeremonien an. Möglicherweise handelt es sich um ein groß angelegtes Gebet, um einen Aufruf an die Götter aus dem Jahr 550, einem extrem trockenen Jahr. Denn für das alte Indianervolk mit seinen Astronomen und Wasserbauingenieuren galt die gleiche Erkenntnis wie für uns moderne Menschen: Wasser ist kostbarer als Gold.

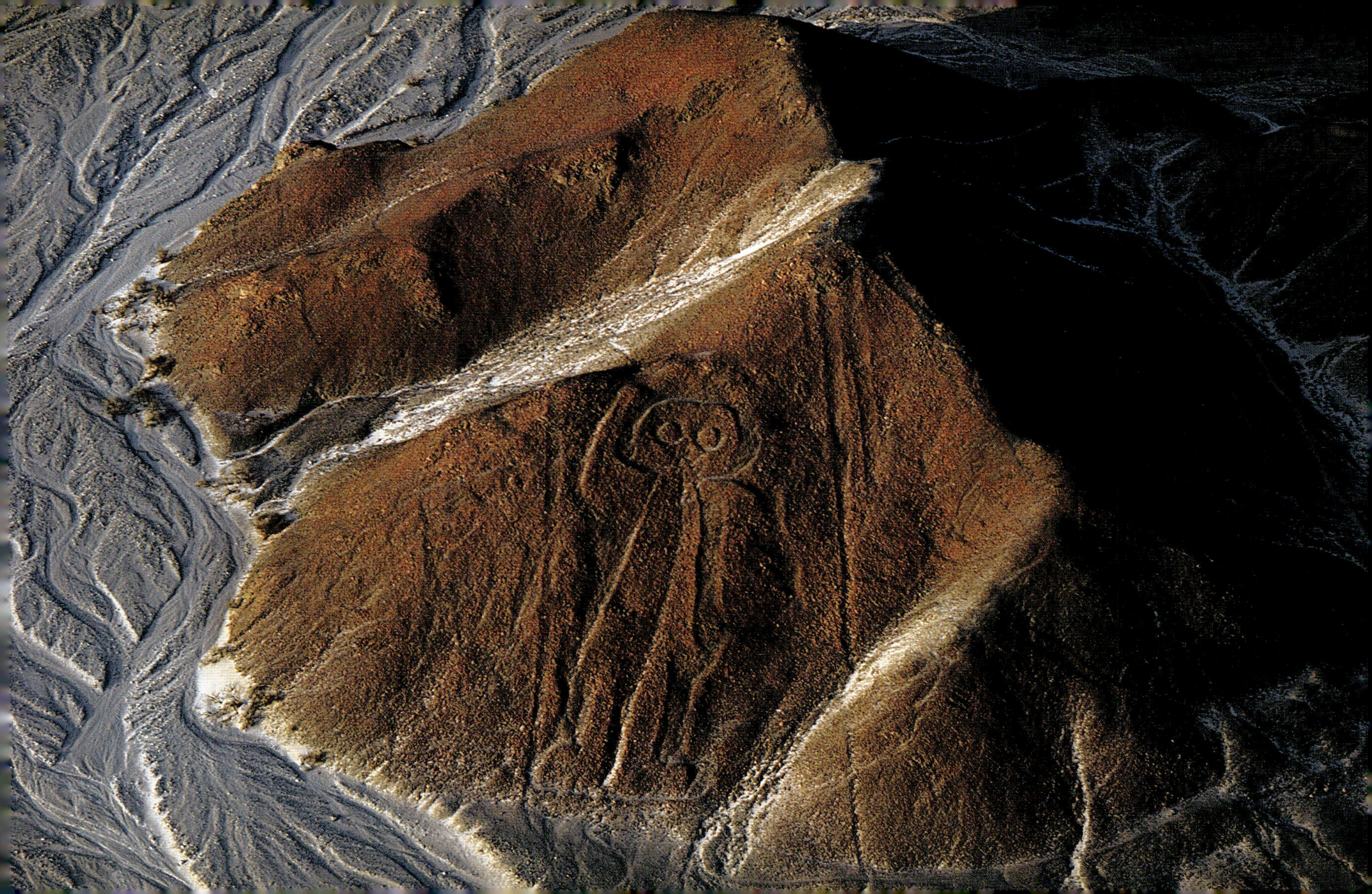

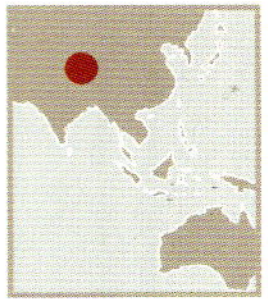

Terrassenanbau nördlich von Katmandu, Region Bagmati, Nepal

(27° 40′ nördlicher Breite – 85° 20′ östlicher Länge)

In Nepal finden sich nicht nur die höchsten Berge der Welt, auch das Bevölkerungswachstum des Landes ist vergleichsweise mit am höchsten. Die nepalesische Bevölkerung lebt zu 80 Prozent von der Landwirtschaft und muss das für ihren Lebensunterhalt notwendige Ackerland dem Gebirge Quadratmeter für Quadratmeter abringen. Doch trotz des raffinierten Bewässerungssystems, der Beseitigung der Erosionsgefahr und einer intensiven, den Boden auslaugenden Landwirtschaft mit bis zu vier Ernten im Jahr kann die wachsende Bevölkerung nicht hinreichend ernährt werden. Die Menschen zu ernähren und den Boden zu erhalten, ist nicht nur für Nepal das wichtigste Ziel. Weltweit sind 23 Prozent der landwirtschaftlich genutzten Flächen von einer immer schlechter werdenden Qualität: Übertriebene Weidewirtschaft, übermäßige Rodung, schlechte Bewässerung, die Umwelt belastende Chemikalien und eine zunehmende Verstädterung sind die hauptsächlichen Gründe für die rückläufige Produktivität der Landwirtschaft. Im Jahre 2025 muss unser Planet jedoch acht Milliarden Menschen ernähren.

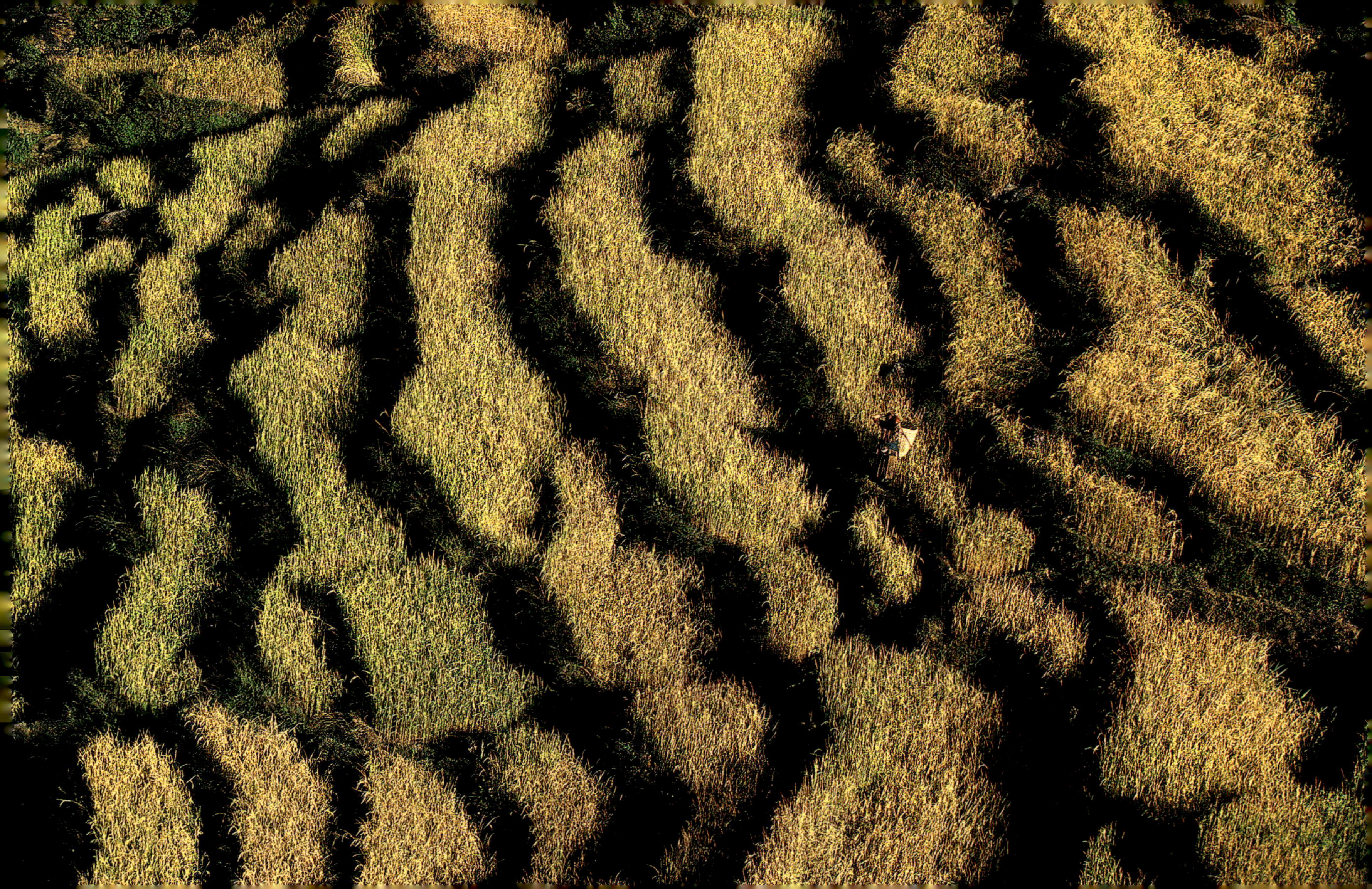

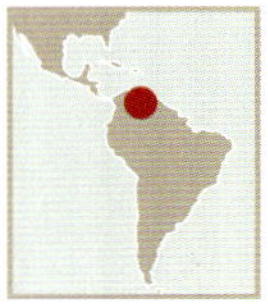

Die *Barrios* von Caracas, Venezuela

(10° 30′ nördlicher Breite – 66° 56′ westlicher Länge)

Caracas wurde 1567 vom spanischen Eroberer Diego de Lozada gegründet. Der Name der Stadt leitet sich von dem in dieser Gegend siedelnden Indianerstamm der *Caracas* ab. In den letzten 40 Jahren erfuhr die venezolanische Hauptstadt einen ungeheuren Aufschwung: Für viele Südamerikaner war sie seit jeher ein Anziehungspunkt. Sie wuchs schnell über das enge Tal hinaus und dehnte sich auf die umliegenden Hügel aus. In diesen neuen Vierteln, den *Barrios* oder *Ranchos* – so die lokalen Bezeichnungen für die Slums – wohnt über die Hälfte der 3,8 Millionen Bewohner von Caracas. Wie in Sao Paulo oder Bogotà sind ganze Straßenzüge privatisiert und werden von Milizen bewacht. Nicht nur in den Ballungszentren der Dritten Welt, auch in Industrieländern wie den USA oder Großbritannien wächst die Kluft zwischen Arm und Reich. 1979 verfügte ein Prozent der wohlhabendsten Familien über ein Einkommen, das 10-mal so hoch war wie das der amerikanischen Durchschnittsfamilie. 1997 war das Einkommen dieser Familien 23-mal so hoch.

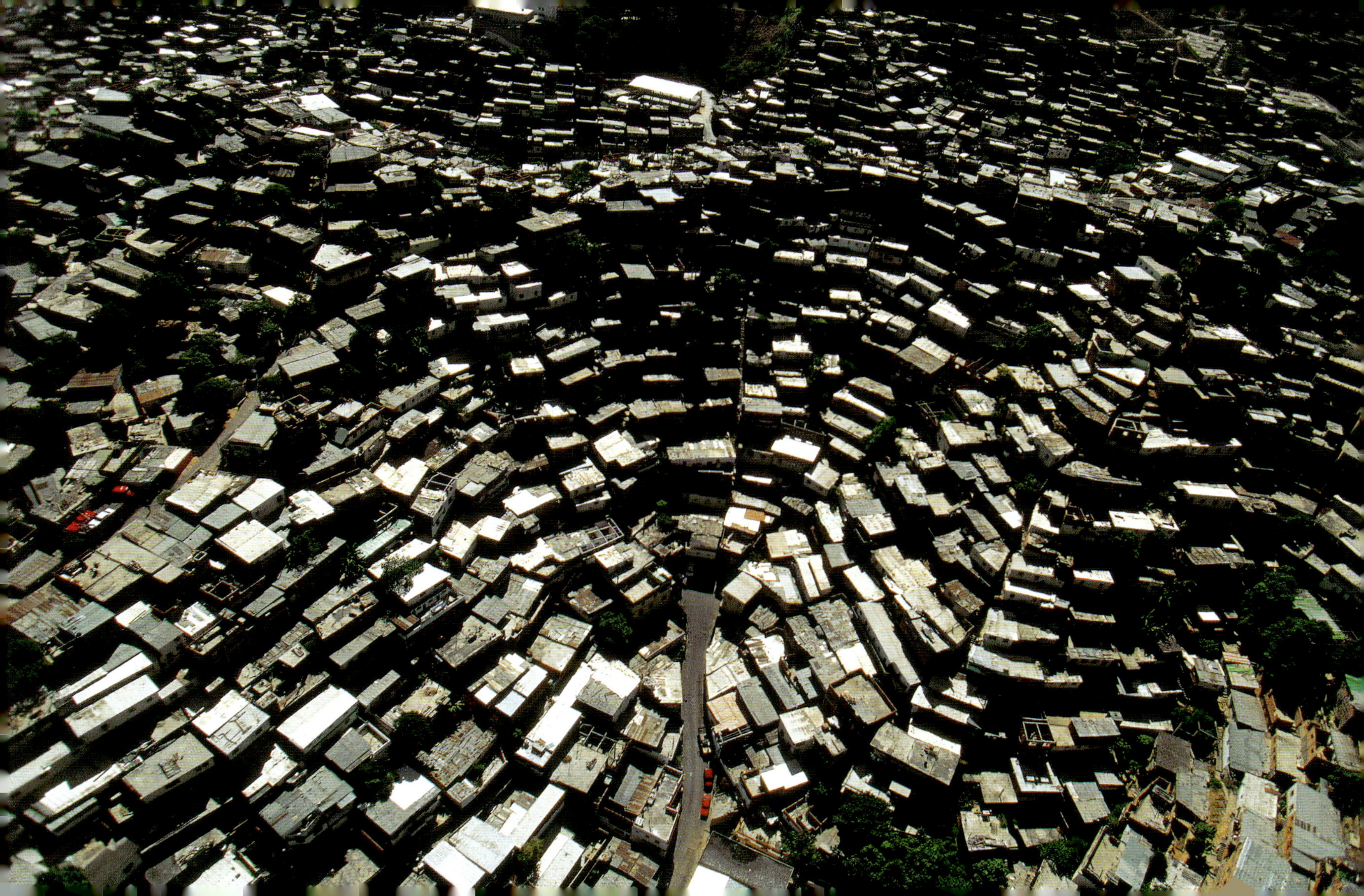

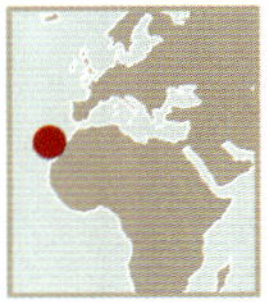

Hotelresidenz bei Arrecife auf Lanzarote, Kanarische Inseln, Spanien

(28° 56′ nördlicher Breite – 13° 35′ westlicher Länge)

Bereits im 18. und 19. Jahrhundert zog es europäische Wissenschaftler, fasziniert von Flora und Geologie dieser Vulkaninsel vor der marokkanischen Küste, nach Lanzarote. Die meist stabile Schönwetterlage und die grandiosen Landschaften brachten jedoch bald auch Touristen auf die Insel. Ab 1960 schnellten die Übernachtungszahlen deutlich in die Höhe. Heute wird der Archipel jährlich von zehn Millionen Touristen besucht, die meisten kommen aus Deutschland (29 Prozent) und Großbritannien (37 Prozent). Viele Rentner verbringen dort auch das ganze Jahr. Dies führte zu einer massiven Verstädterung der Küsten. Angesichts der Folgen für Ökologie und Landschaft organisierte man auf Lanzarote bereits zwei Weltkongresse zum Thema »Sanfter Tourismus«. Die Zeit drängt, und die Lösung des Problems wird immer dringlicher, denn für die nächsten 20 Jahre rechnet die Tourismusbranche weltweit mit einem durchschnittlichen Wachstum von 4,3 Prozent pro Jahr. Insgesamt würde die Zahl der Touristen um 130 Prozent zunehmen.

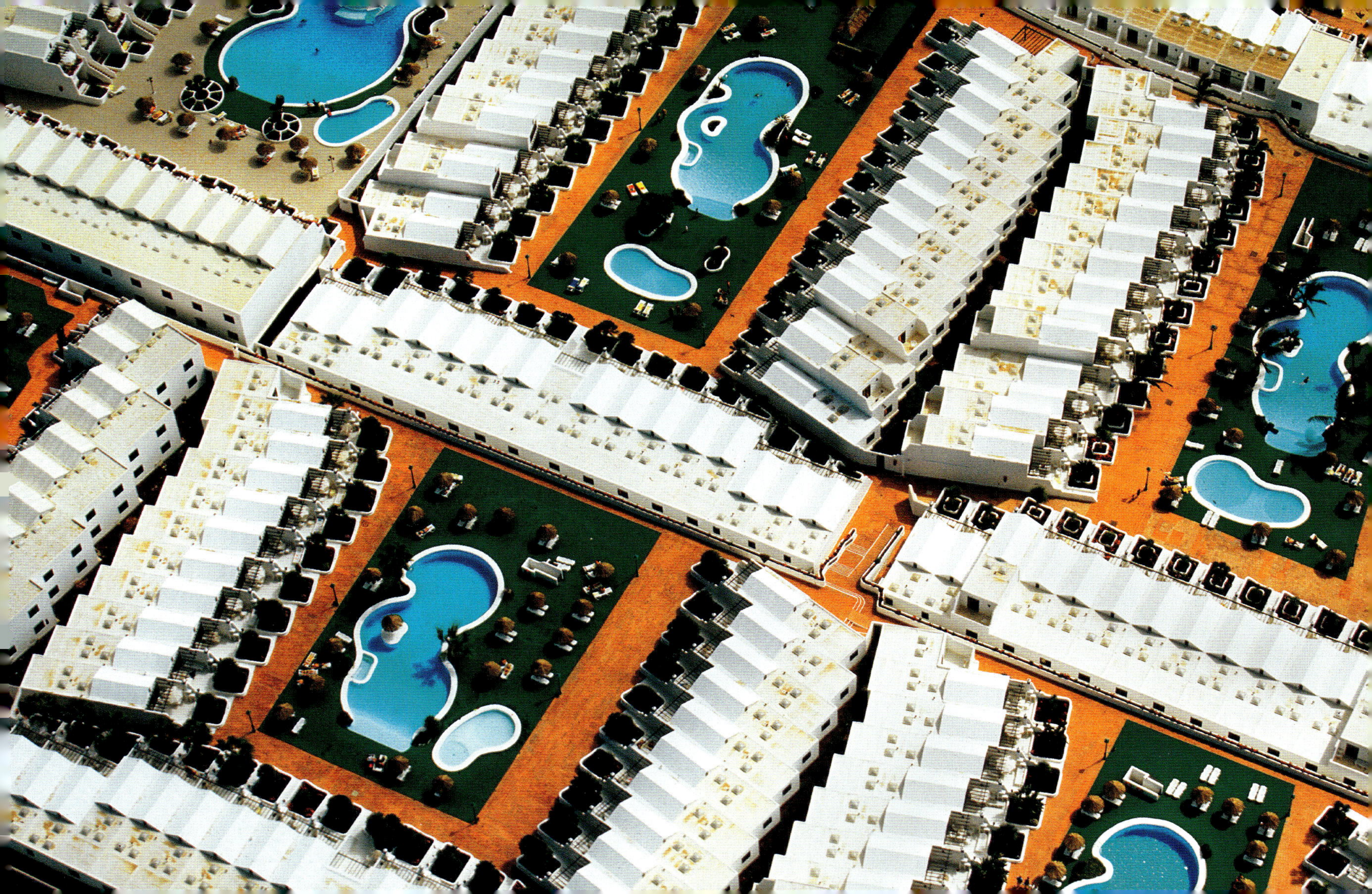

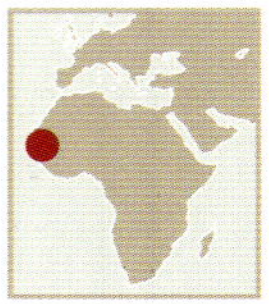

Fischmarkt in Saint Louis, Senegal

(16° 02′ nördlicher Breite – 16° 30′ westlicher Länge)

In der senegalesischen Wirtschaft steht der Fischfang an erster Stelle. Mit dem Export der Fische sichert sich das afrikanische Land 66 Prozent seiner Einnahmen. Auch die heimische Bevölkerung ernährt sich vorwiegend von den Meerestieren. Diesen Bedarf können die senegalesischen Fischer mit den traditionellen Einbäumen ausreichend decken. Doch die ausländischen Fischkutter sind für sie eine starke Konkurrenz. Seit den späten 1980er Jahren verkaufen die senegalesischen Behörden Fischfanglizenzen an ausländische Fischerflotten vor allem aus der EU. Als Folge davon gingen die Fischbestände seit den 1970er Jahren um 75 Prozent zurück. Umso schlimmer wiegt die Tatsache, dass 30 Prozent der gefangenen Fische auf Grund der fehlenden Konservierungsmittel bereits auf den Hafenkais verderben. Manche Fischer haben außerdem einen Hang zu radikalen Methoden und verwenden beim Fischfang Explosionsmittel. Die Zerstörung des maritimen Ökosystems ist die Folge. Die Ernährungs- und Landwirtschaftsorganisation der Vereinten Nationen (FAO) veröffentlichte 2001 in Reykjavik eine Erklärung, in der auf die fatalen Folgen der verantwortungslosen Fischfangmethoden hingewiesen wird.

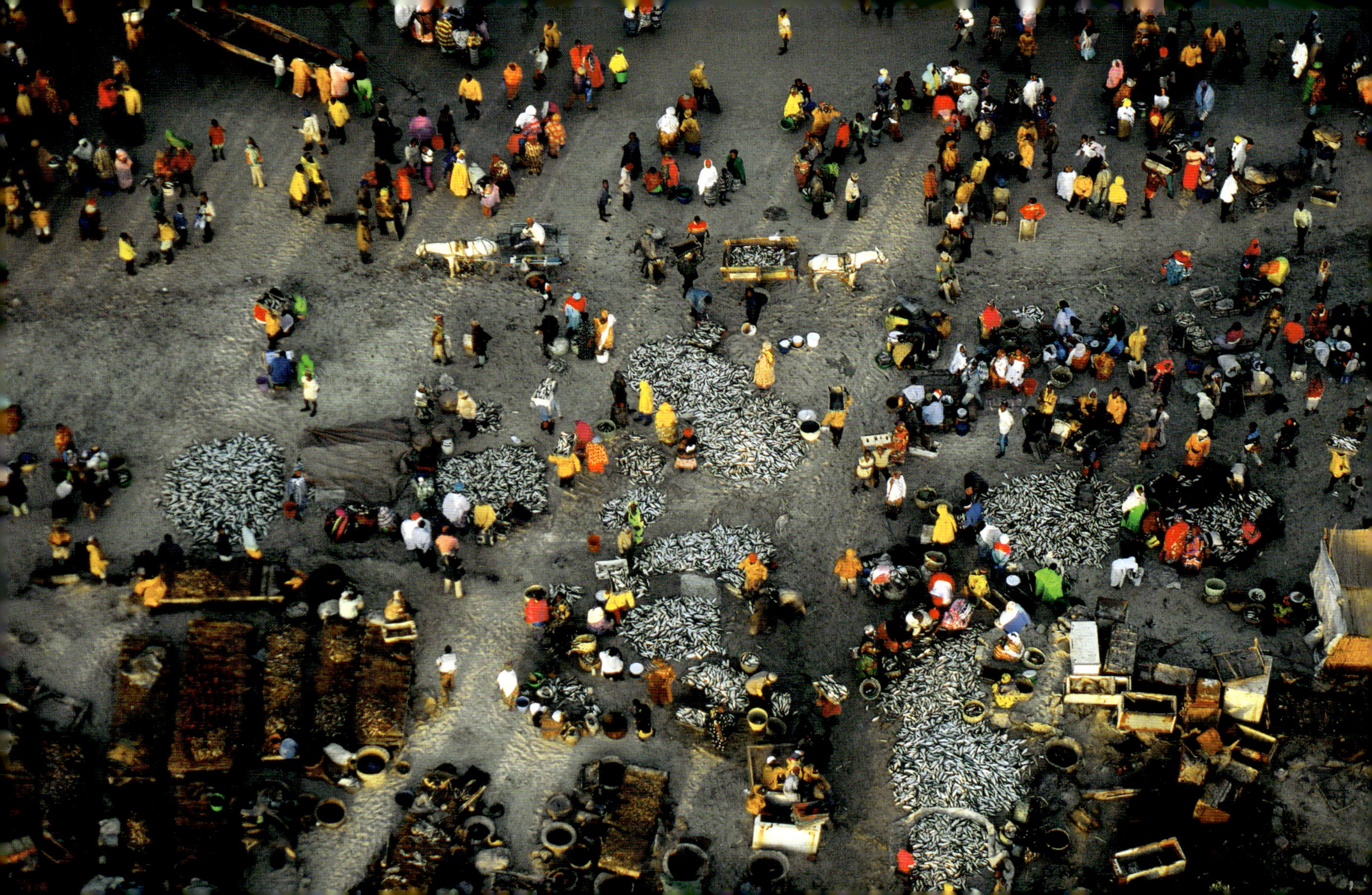

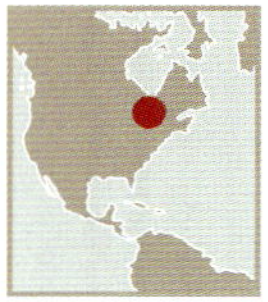

Hubschraubertransport von Eisbären, bei Churchill in Manitoba, Kanada

(58° 47′ nördlicher Breite – 94° 12′ westlicher Länge)

Die Stadt Churchill an der Hudsonbai nennt sich auch die Stadt des Eisbären, *ursus maritimus*. Am Westufer der Bucht leben schätzungsweise 1000 bis 1200 Exemplare dieser Bärenart, das sind fünf Prozent des weltweiten Eisbärenbestands (rund 25 000 Tiere). Die durch die Abfälle der Stadt Churchill angelockten Tiere sind eine potenzielle Gefahr für den Menschen und werden deshalb von den Behörden wieder in die Natur zurückgebracht. Angeblich häufen sich die Bär-Mensch-Begegnungen in letzter Zeit, und die Wissenschaftler machen dafür die globale Erwärmung verantwortlich. Bei einem Vergleich der letzten 20 Jahre setzt heute die Eisbildung in der Hudsonbai anderthalb Wochen später ein und die Eisschmelze zwei Wochen früher. Da die Bären für ihre Seehundjagd auf das Packeis angewiesen sind, müssen sie entweder länger hungern oder sich nach anderer Nahrung umschauen. Nach Angaben des kanadischen Tierrettungsdienstes wiegen die Bären bereits heute 80 bis 85 Kilogramm weniger als 1985. Man geht davon aus, dass die Eisfläche der nördlichen Hemisphäre im Sommer 2001 bis zu 15 Prozent kleiner war als in den Sommermonaten des Jahres 1950.

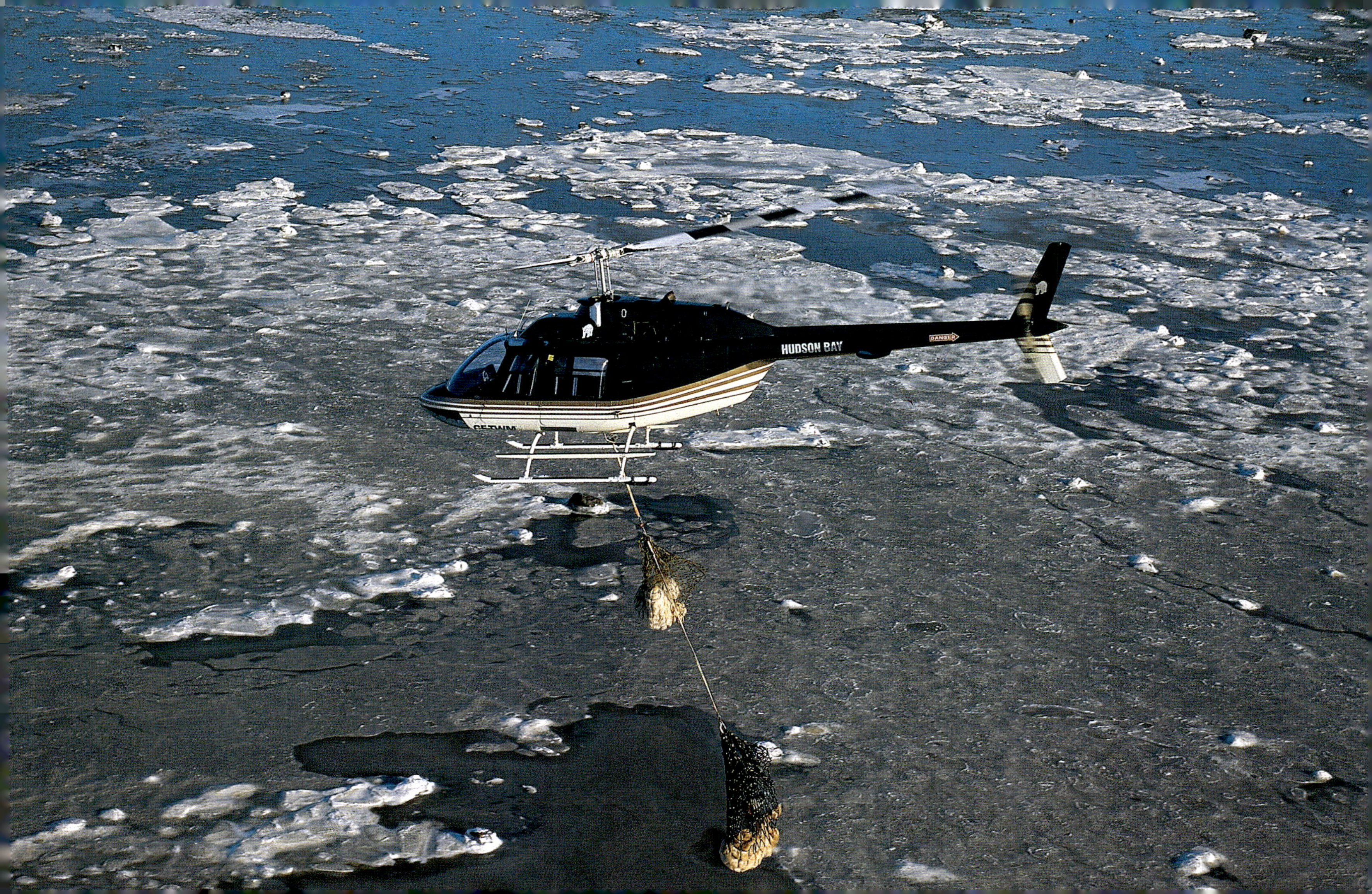
HUDSON BAY
DANGER

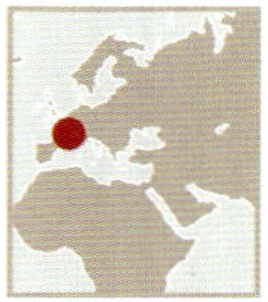

Schiffsfriedhof Kerhervy, Lanester, Morbihan, Frankreich

(47° 45′ nördlicher Breite – 3° 20′ westlicher Länge)

Wo der Fluss Blavet kurz vor seiner Mündung noch einmal eine Schleife zieht, liegen dutzende von Schiffswracks. Es ist der Schiffsfriedhof von Kerhervy. Die ältesten Wracks stammen von der Insel Groix, einem kleinen Eiland wenige Meilen vor der Atlantikküste. Sie wurden erst in den 1920er Jahren nach Kerhervy gebracht, wo sie nun für immer im Schlamm festsitzen. Die letzte »Beisetzung« fand im Januar 2001 statt, als der Fischkutter »Ouragan« aus Port Louis seinen Ankerplatz am Ufer des Blavet fand. Zahlreiche Schiffe auf den Weltmeeren kennen kein »Pensionsalter«. 40 Prozent aller Wasserfahrzeuge sind über 15 Jahre alt, und an 80 Prozent aller Unfälle sind diese Schiffe beteiligt. Trotzdem ist das Baujahr eines Schiffes nicht die entscheidende Unfallursache: An den ältesten Schiffen wird einfach am meisten gespart, sowohl am Material als auch an der Mannschaft (Arbeitsbedingungen, Ausbildung). 80 Prozent aller Schiffsunglücke sind auf menschliches Versagen zurückzuführen.

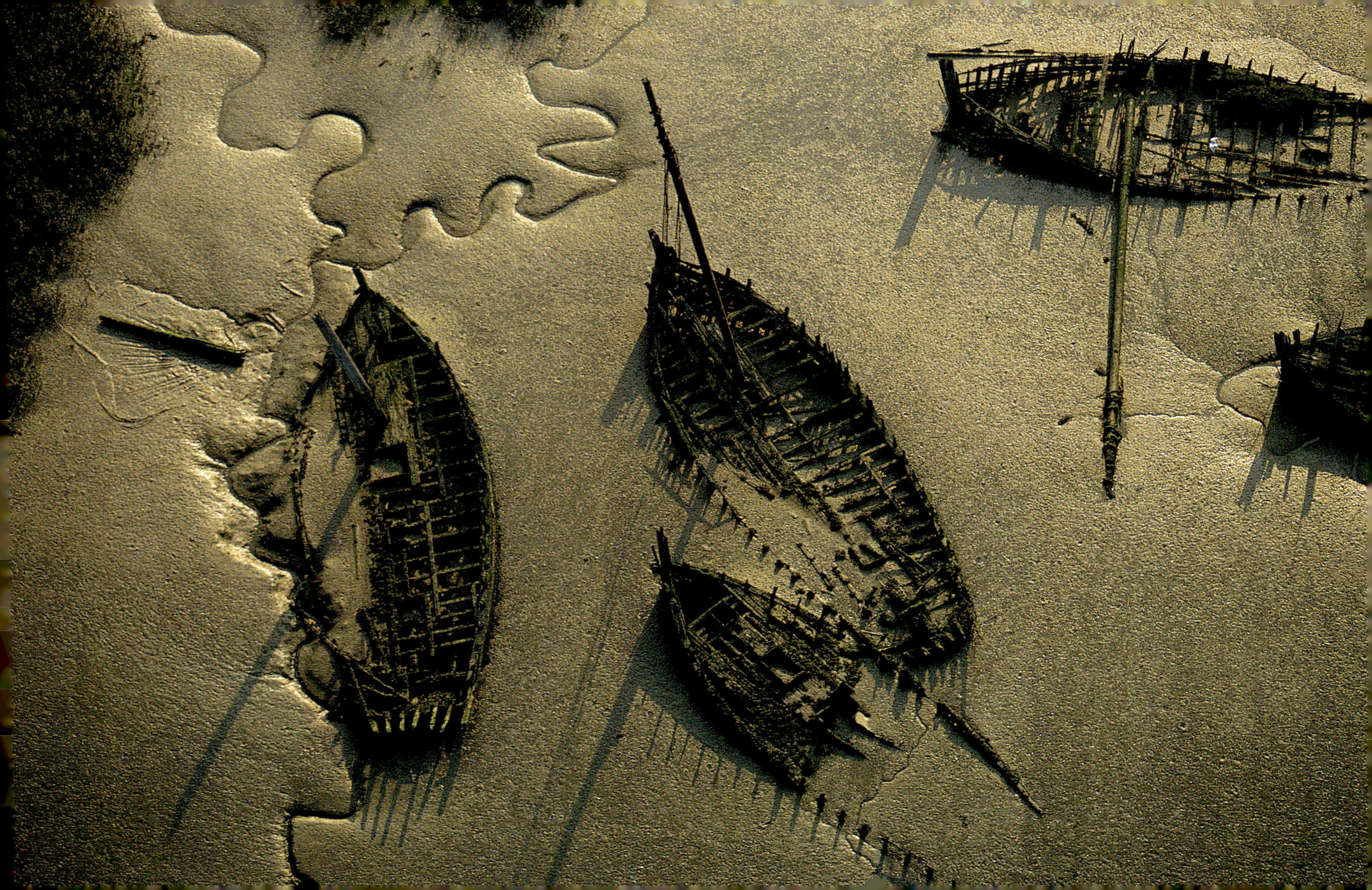

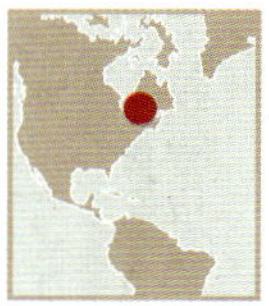

Der Wald von Saint Hyacinthe, Montérégie, Quebec, Kanada

(45° 37′ nördlicher Breite – 72° 57′ westlicher Länge)

Das Gebiet von Montérégie stößt im Norden an den Sankt-Lorenz-Strom und im Süden an die Grenze zu den USA. Etwa ein Drittel seiner Fläche besteht aus Mischwald: Weiße und rote Kiefern, Fichten und die für den borealen Wald des Nordens typischen Balsamtannen finden sich neben der Wildkirsche, dem Ahorn, der Birke und der in gemäßigten Breiten heimischen Zitterpappel. Die waldreiche Provinz Quebec trägt entscheidend zum wirtschaftlichen Wohlstand des Landes bei: Kanada nimmt in der Produktion von Zeitungspapier weltweit den ersten Platz ein. In der Zell- und Holzstoffproduktion steht es an zweiter und in der Fertigung von Bauholz an dritter Stelle. Lange Zeit gingen die kanadischen Wälder beträchtlich zurück. Rücksichtsloses Abholzen, Parasitenbefall und saurer Regen waren die Gründe. Seit 1992 ergreift Kanada jedoch forstwirtschaftliche Maßnahmen, die ökologische, ökonomische, soziale und kulturelle Ziele aufeinander abstimmen. Mehr als 50 Millionen Hektar, d. h. zwölf Prozent der gesamten kanadischen Waldfläche, wurden unter Naturschutz gestellt.

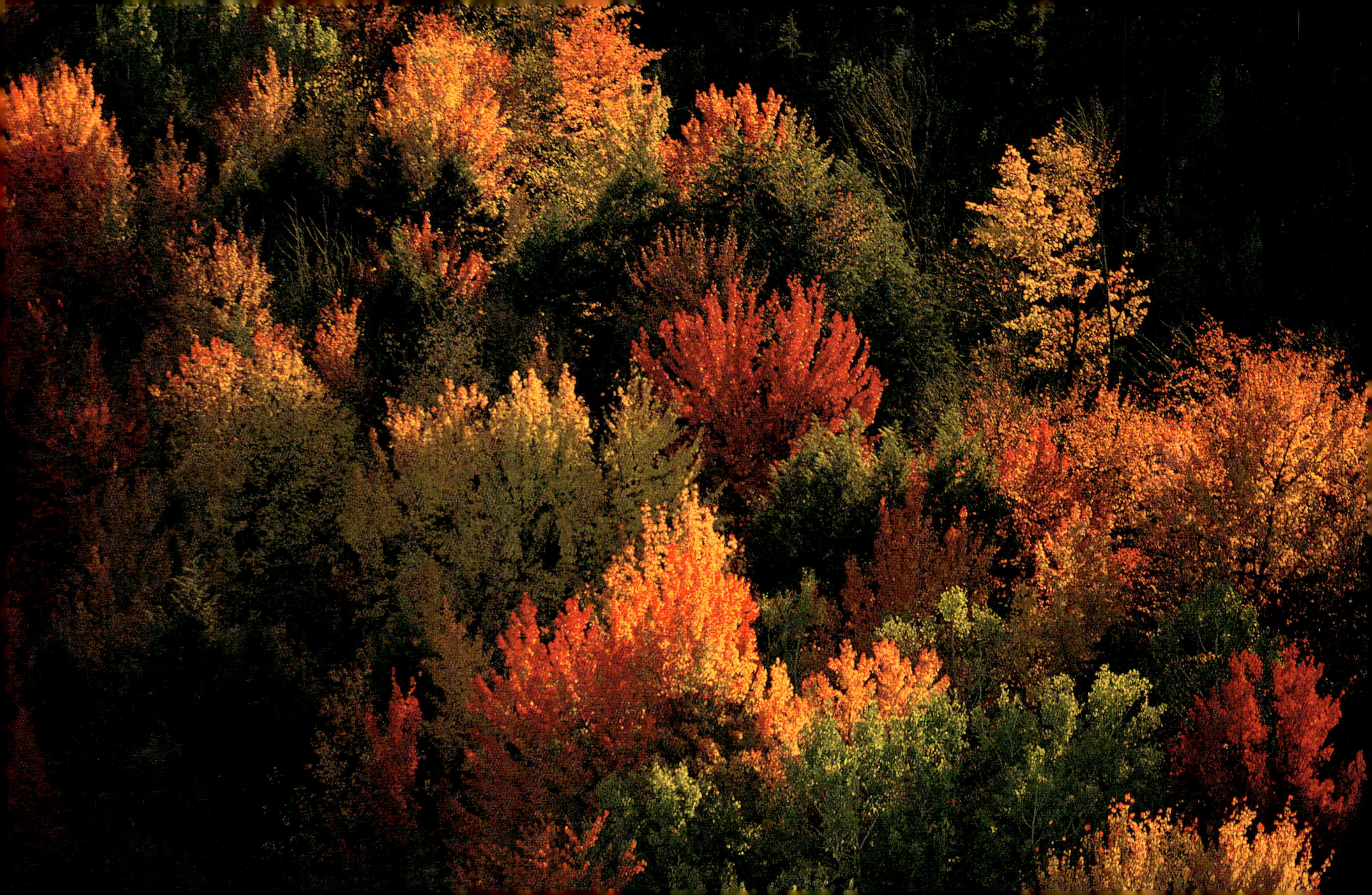

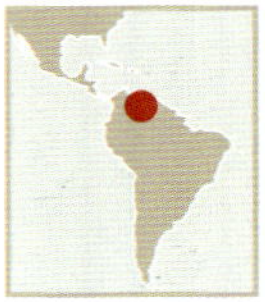

Goldwäscherboote auf dem Caroni, Bolivar, Venezuela

(5° 20′ nördlicher Breite – 62° 40′ westlicher Länge)

Mit einem speziellen Saugrohr suchen die Goldwäscher den Fluss Caroni nach Gold ab. Das kostbare Metall wird über ein Sieb ausgesondert. Der Rest landet wieder im Wasser und bildet eine lange Schlammspur hinter den Booten. Man geht davon aus, dass am Tapajós in Nordbrasilien rund eine Million Goldwäscher sich die Arbeit mit Quecksilber erleichtern und jedes Jahr rund 130 Tonnen verseuchten Abfall in der unmittelbaren Umgebung des Flusses hinterlassen. Das hochgiftige Schwermetall verursacht beim Menschen schwere Atem-, Magendarm- oder Nervenstörungen, in der Region hauptsächlich durch den Verzehr verseuchter Fische oder Krebstiere. Rund ein Viertel des auf dem Weltmarkt angebotenen Goldes wird mithilfe von Quecksilber gewonnen, das die Flussläufe auf hunderten von Kilometern belastet.

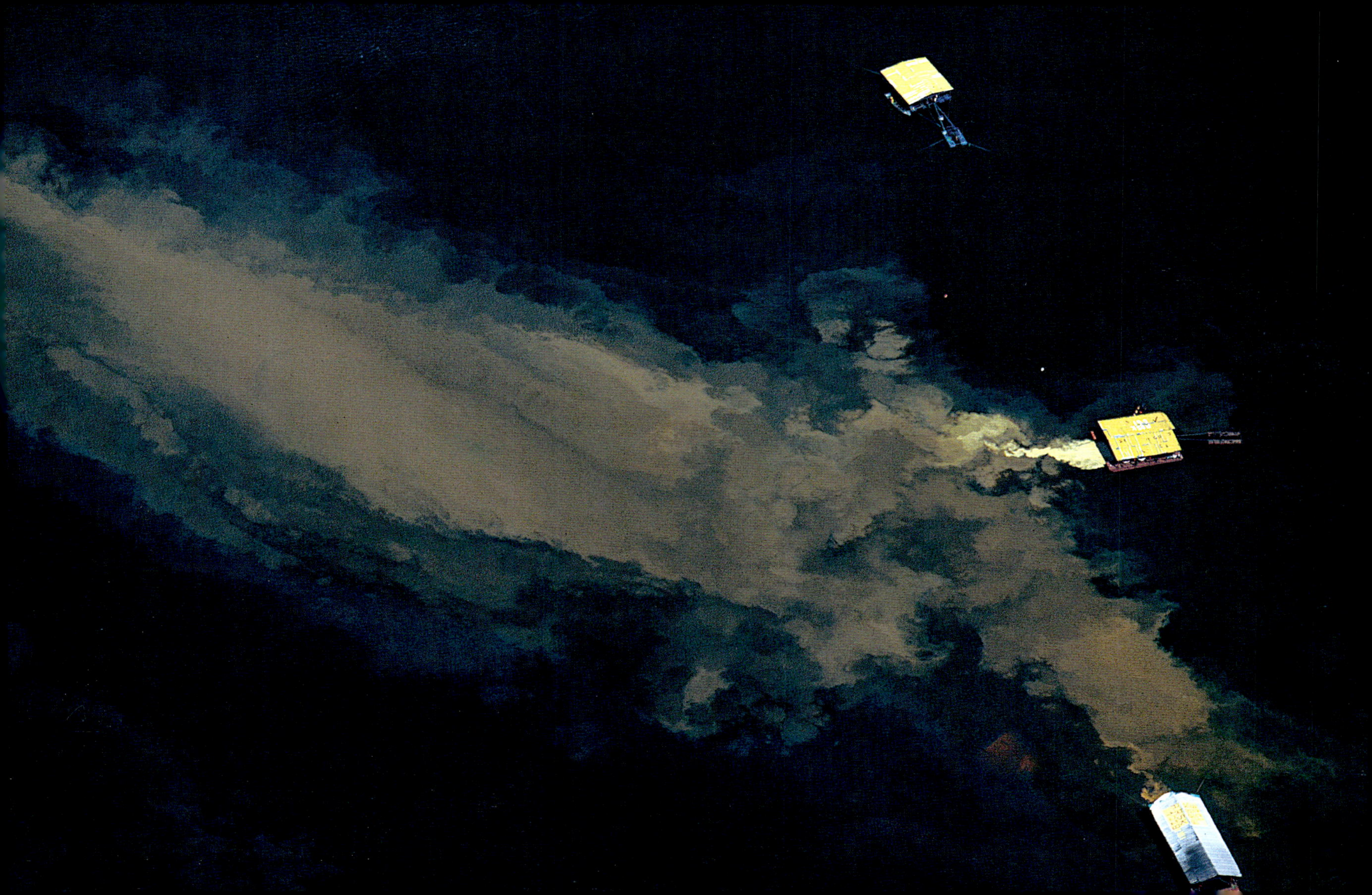

25. Januar

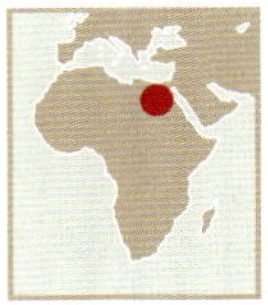

Konturen des Salzsees Birket Maraqi, Oase Siwa, Ägypten

(29° 12′ nördlicher Breite – 25° 31′ östlicher Länge)

Unter der brennenden Sonne des nordwestlichen Ägyptens ist das Wasser an den niedrigen Stellen des salzhaltigen Sees vollständig verdunstet. Die Furchen des schlammigen Untergrunds sind steinhart. An manchen Stellen bildet das getrocknete Salz eine weiße Schicht, die dem bläulichen See deutliche Konturen verleiht. Wegen der hohen Salzkonzentration kann sich im Wasser kein Leben entwickeln. Doch am Ufer stehen Palmen und Olivenbäume, deren Wasserversorgung dank der 230 Süßwasserquellen der Oase gesichert ist. Die 15 000 Einwohner der Oase Siwa unterhalten auf diese Weise 300 000 Dattelpalmen und 70 000 Olivenbäume. Das Süßwasser zählt zu den knappsten Naturressourcen. Es macht nur 3,6 Prozent des gesamten Wasservolumens unseres Planeten aus, 50 Prozent davon sind im Eis der Pole und in den Gebirgsgletschern festgefroren. Der flüssige Teil des Süßwassers ist ungleichmäßig verteilt: In den Subtropen ist es rar, in den gemäßigten Zonen und am Äquator hingegen fließt es reichlich, bleibt aber trotzdem ein kostbares Gut. Denn durch das Übermaß an organischen Stoffen, Düngemitteln und chemischen Produkten wird seine Qualität immer schlechter.

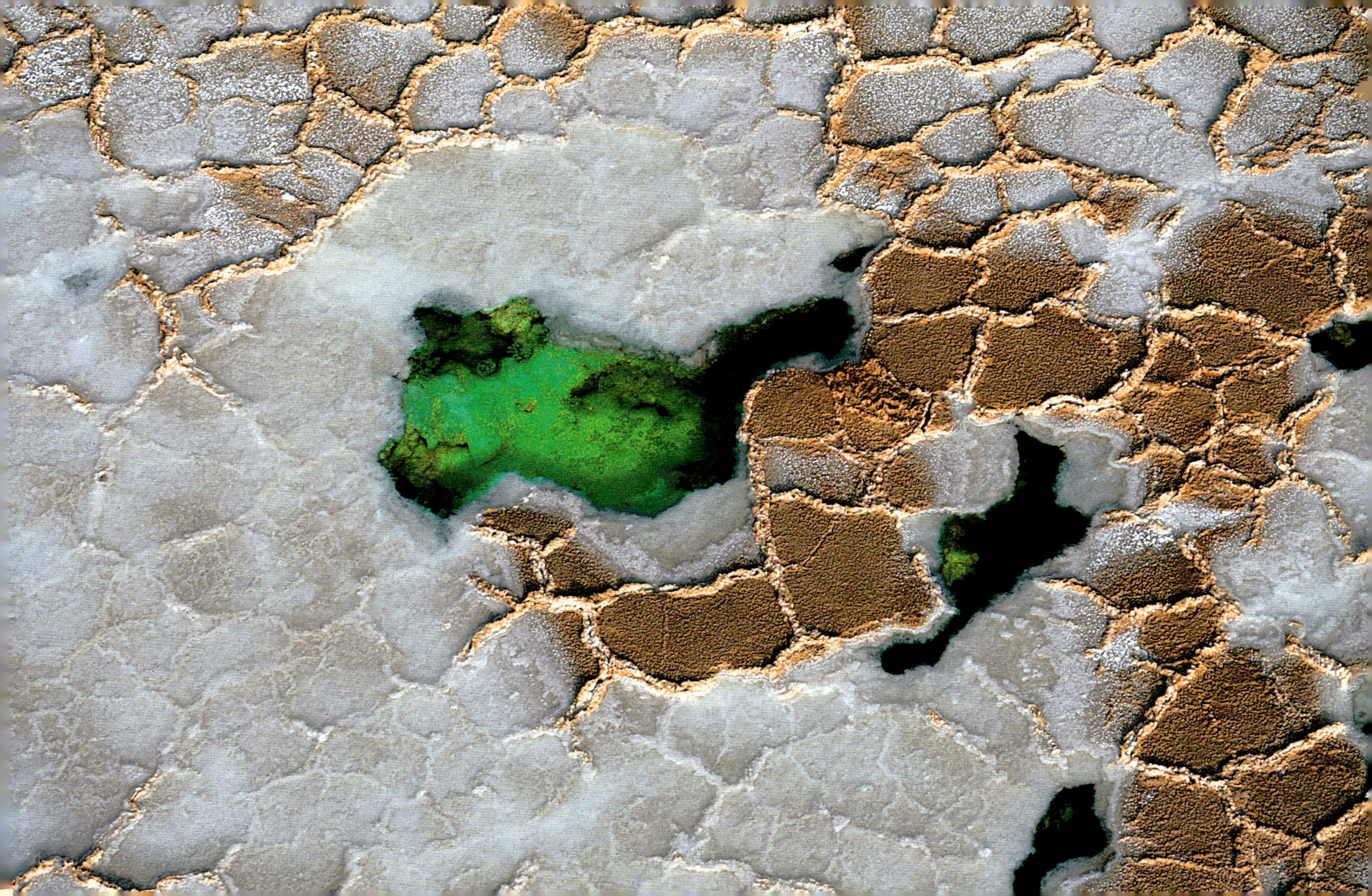

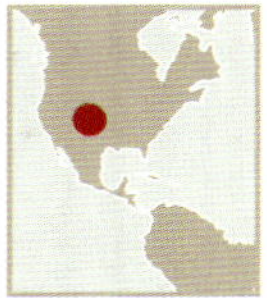

Vorort von Denver, Colorado, USA

(39° 44′ nördlicher Breite – 104° 59′ westlicher Länge)

Die uniformen Häuserreihen unterstreichen die Monotonie des Asphalts. Dieser Vorort von Denver ist ein deutliches Beispiel für das galoppierende Wachstum der nordamerikanischen Städte. Der Wirtschaftsaufschwung der Nachkriegszeit weckte bei vielen die Sehnsucht nach einem Eigenheim und hat auch die Investitionen in den Straßenbau spürbar gefördert. Die Bevölkerung in den Vororten nimmt seitdem stetig zu (um zwölf Prozent zwischen 1990 und 1998) auf Kosten der Stadtzentren (minus 4,7 Prozent im gleichen Zeitraum). Die so genannten »Satellitenstädte« zeichnen sich durch eine weiträumige Bebauung aus und sind ohne Auto überhaupt nicht bewohnbar. Die Abhängigkeit von diesem Transportmittel, einer der wichtigsten Quellen des schädlichen Treibhausgases, ist sicherlich ein Grund, warum die US-Amerikaner die größten Mengen davon produzieren. Die Einwohner Nordamerikas machen zwar nur fünf Prozent der Weltbevölkerung aus, erzeugten aber 1998 rund ein Viertel des von den Menschen produzierten Kohlendioxids.

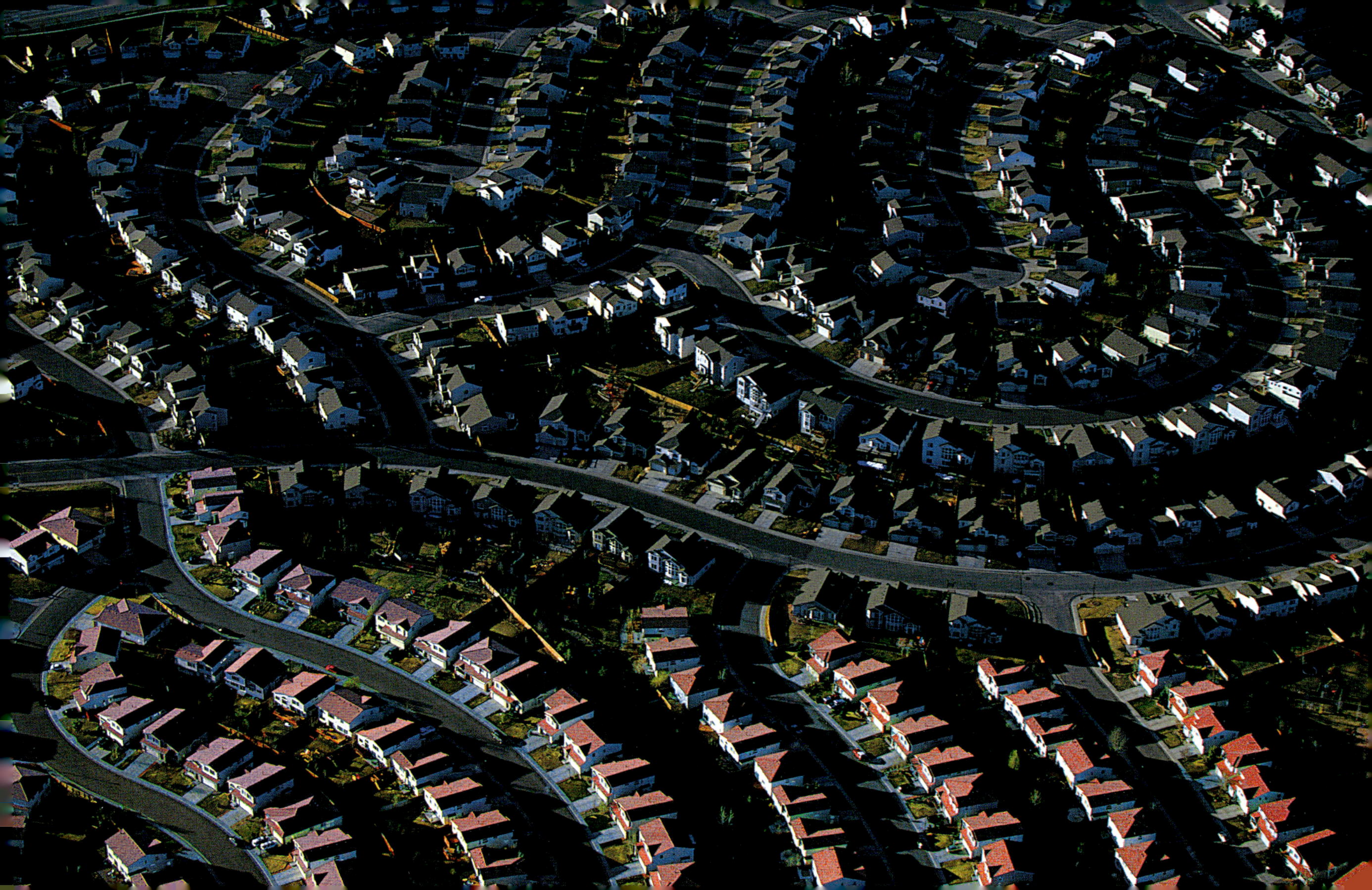

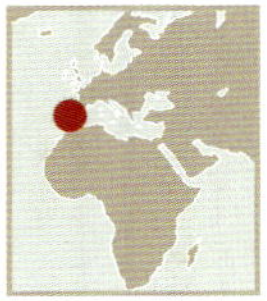

Stierkampf in Sevilla, Andalusien, Spanien

(37° 23′ nördlicher Breite – 5° 59′ westlicher Länge)

Der Stier auf der Plaza de Toros de la Real Maestranza in Sevilla ist zwischen dem *picador* auf dem Pferd und dem *matador* hin- und hergerissen. Die harte, gelbliche Erde stammt aus den benachbarten Steinbrüchen von Alcalá de Guadaira. 1761 begann man mit dem Bau der Stierkampfanlage, der sich über 120 Jahre hinzog. Die Arena ist leicht oval und hat eine Länge von 63 Metern, die Sitzreihen fassen 14 000 Besucher. In einem Abstand von sieben und zehn Metern laufen zwei rote Linien parallel zum *callejón*, einer Schutzbarriere aus weißen Trittstufen, hinter die sich die Toreros flüchten können. Die jahrhundertealte Stierkampftradition wird von ihren Anhängern als Kunst gefeiert, ist jedoch bei den Gegnern als grausame Schlächterei verschrien. Die Polemik nimmt zu. Seit 1997 stützen sich die Gegner auf den Vertrag von Amsterdam, der Tiere zu »empfindsamen Wesen« erklärte, deren Wohlbefinden immer zu respektieren sei. Auch bestimmte Praktiken in der Landwirtschaft (Stopfen der Gänse, Massentierhaltung) stoßen zunehmend auf Widerstand.

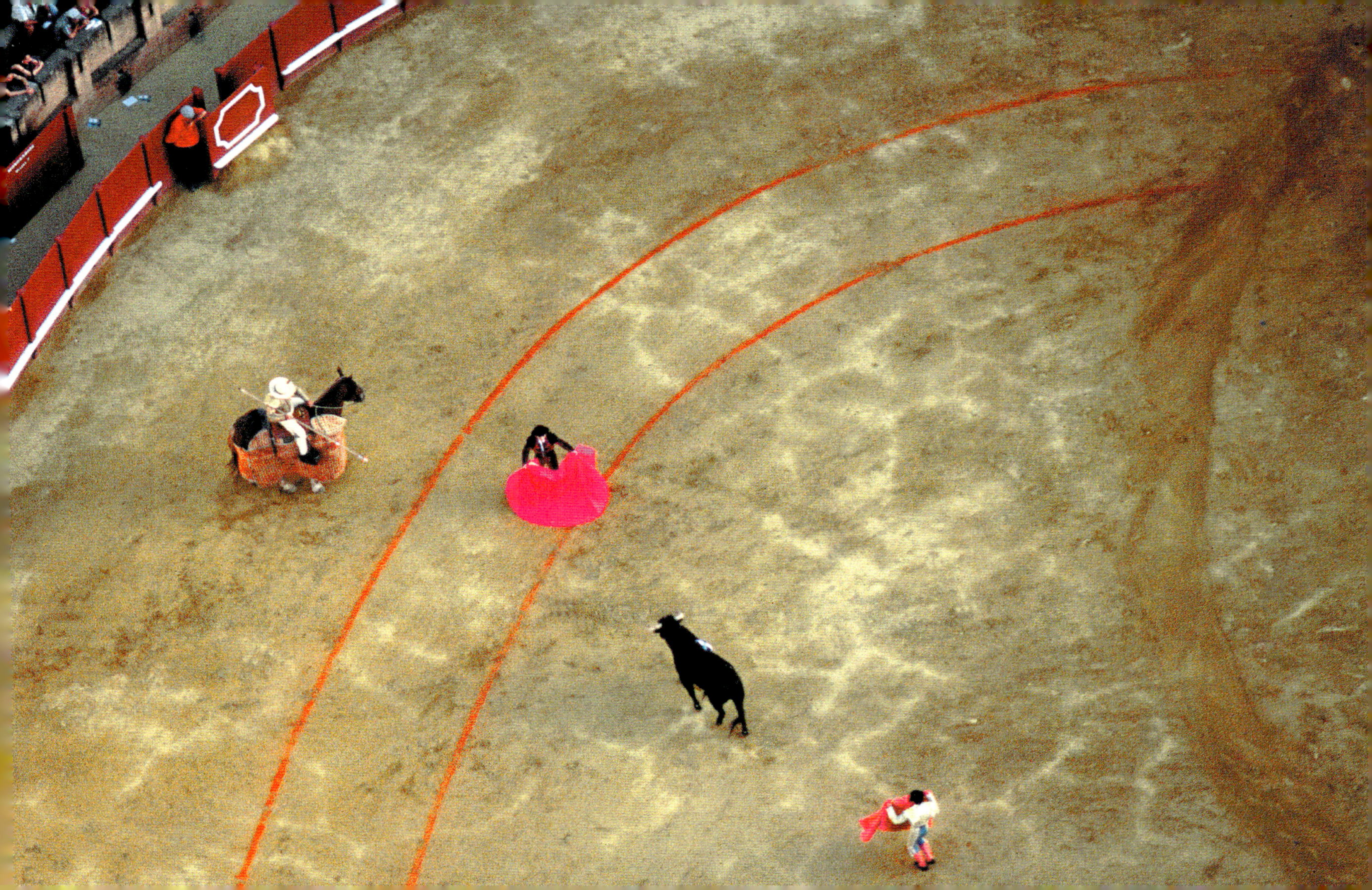

28. Januar

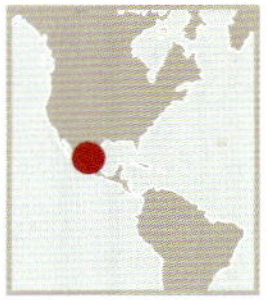

Tomatenfelder bei Tepic, Bundesstaat Nayarit, Mexiko

(21° 30′ nördlicher Breite – 104° 54′ westlicher Länge)

Die Tomate ist die am häufigsten angebaute Pflanze der Welt. Sie stammt ursprünglich aus Mexiko und zählt über 1700 verschiedene Arten. Die großen Entdeckungsfahrer brachten den kostbaren »Goldapfel« im 16. Jahrhundert nach Europa. Bereits kurze Zeit später war die Tomate ein fester Bestandteil der italienischen Küche. Anders bei den Franzosen: Sie glaubten mehr als ein Jahrhundert lang an giftige Bestandteile in der Tomate und verwandten die rote Frucht ausschließlich zu Zierzwecken. In Mexiko steht die Tomate als agrarisches Exportprodukt an vierter Stelle. Sie bringt dem mexikanischen Staat jährlich 300 Millionen Dollar ein. Doch die Gewohnheit der westlichen Länder, Früchte und Gemüse nicht nur während der eigentlichen Saison, sondern das ganze Jahr hindurch zu konsumieren, führt zu einer starken Umweltbelastung durch Warenverkehr und beheizte Gewächshäuser. Die dadurch entstehende Menge an Treibhausgasen ist beträchtlich. Um im Winter in Europa ein Kilogramm frische grüne Bohnen anbieten zu können, werden schätzungsweise 13 Kilogramm Kohlendioxid in die Atmosphäre abgegeben.

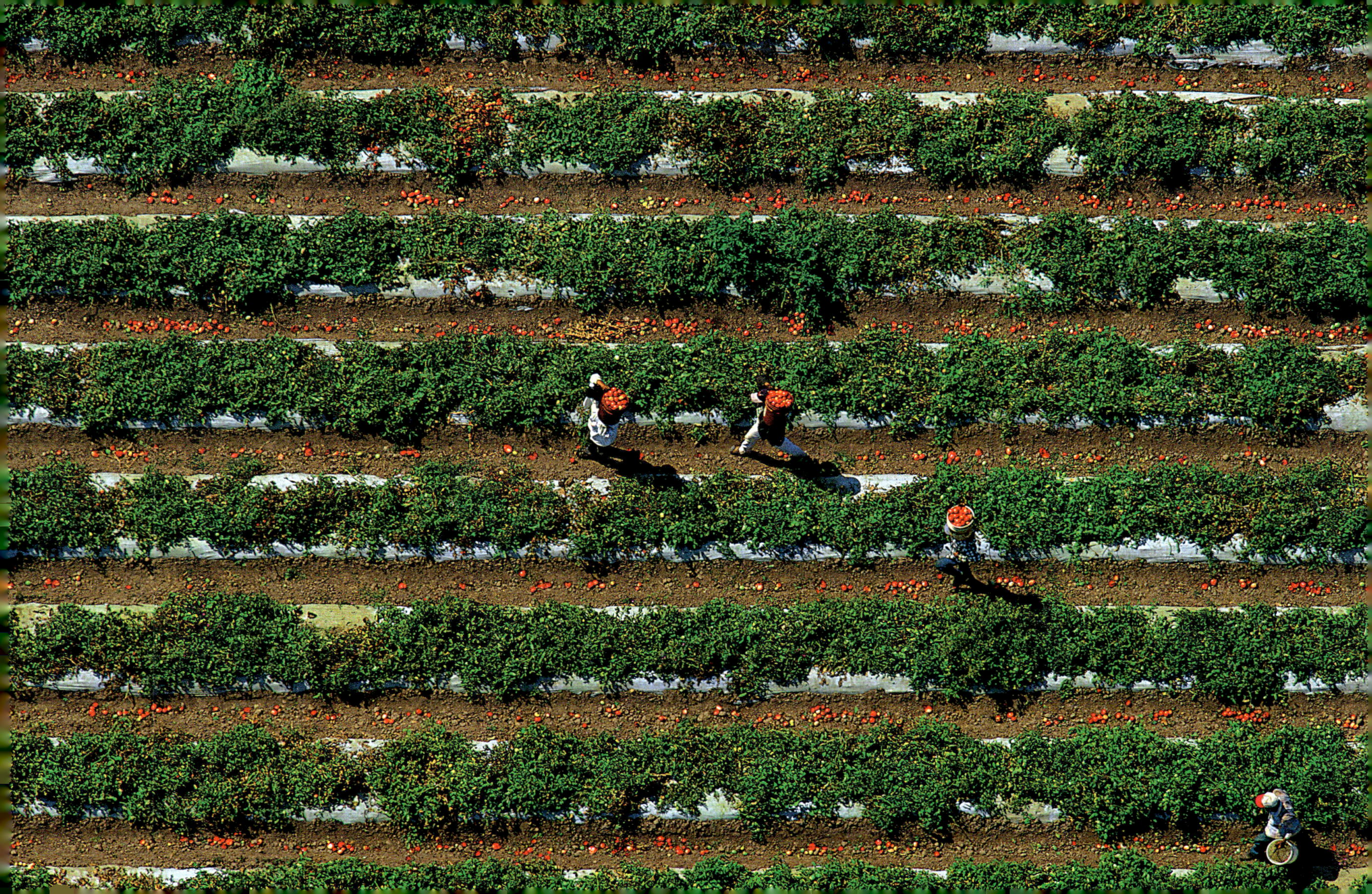

29. Januar

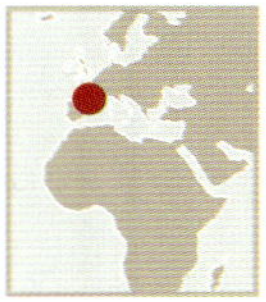

Junge Bäume bei Seix, Pyrenäen, Frankreich

(42° 50′ nördlicher Breite – 01° 30′ östlicher Länge)

Die frisch gepflanzten Bäume sind Teil eines Wiederaufforstungsprogramms zur Bekämpfung der Bodenerosion. Sie erfüllen jedoch noch eine weitere Funktion: Sie sind Schutz und Lebensraum für zwei junge Braunbären aus Slowenien mit ihren beiden Muttertieren. Die Umsiedlung der Tiere ist Teil eines Programms, das vorsieht, den Braunbären wieder sesshaft zu machen. Jagd und Umweltverschmutzung, aber auch die immer stärkere Beschneidung des Lebensraums durch den Bau von Straßen hatten das Ende für den ursprünglichen Bärenbestand in den Pyrenäen bedeutet. Die Erhaltung der Artenvielfalt und der verstärkte Schutz für bedrohte Tierarten wurden 1992 auf der UN-Konferenz in Rio zu den vordringlichsten Zielen erklärt. 2002, so schätzt man, war jede fünfte Säugetierart bedroht oder zumindest in einer prekären Situation. Das gilt auch für ein Viertel der Reptilien, ein Drittel der Fische, für fast 60 Prozent der Insekten und für mehr als die Hälfte aller Pflanzenarten.

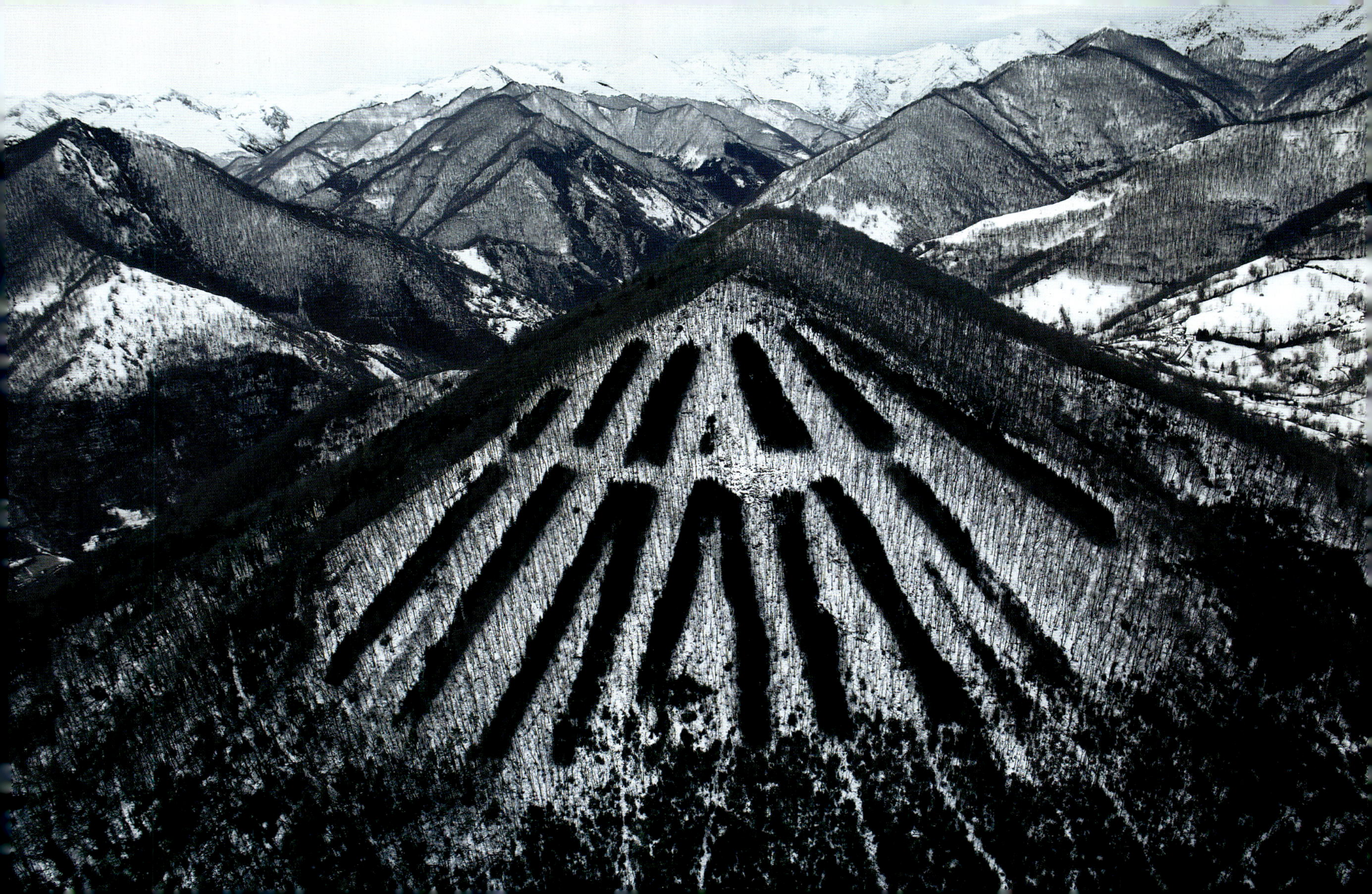

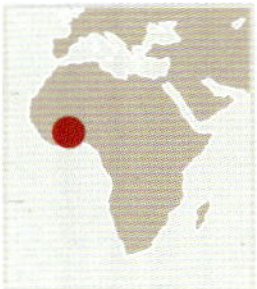

Kuppel der Friedensbasilika von Yamoussoukro, Elfenbeinküste

(6° 49′ nördlicher Breite – 5° 17′ westlicher Länge)

1983 wurde Yamoussoukro zur Hauptstadt der Elfenbeinküste erklärt. Früher war Abidjan das politische Zentrum des Landes. Der 1993 verstorbene Präsident Félix Houphouët-Boigny verwandelte sein Heimatdorf in eine moderne Stadt mit breiten – quasi leeren – Autostraßen und monumentalen Einrichtungen, wie u. a. einem internationalen Flughafen, Luxushotels, einem Golfplatz und Hochschulen. Obwohl die katholische Konfession an der Elfenbeinküste nur an zweiter Stelle nach dem Islam steht, hat Papst Johannes Paul II. 1990 in Yamoussoukro die größte Basilika der Welt eingeweiht. Der frühere Präsident versicherte, dass er die horrenden Summen für den Kirchenbau aus eigener Tasche bezahlt habe und vermachte das Gebäude dem Vatikan. Ein Teil der Bevölkerung hält den Bau für reine Verschwendung, zumal das Land einen großen Bedarf an Schulen und Krankenhäusern hat. Auf 100 000 Einwohner kommen lediglich neun Ärzte. In Norwegen beispielsweise sind es 413 Ärzte.

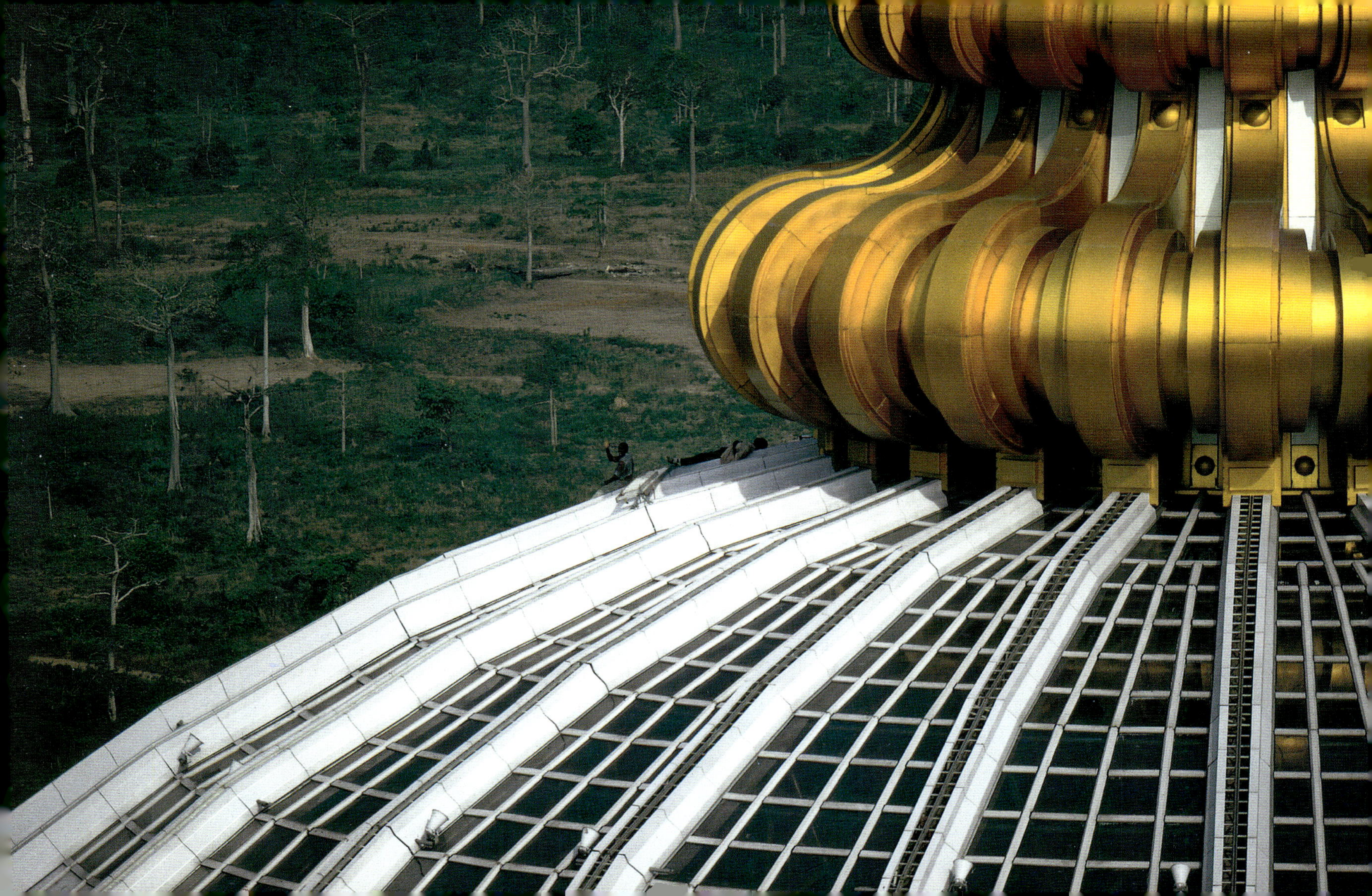

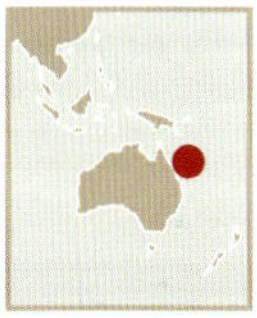

Great Barrier Reef, Queensland, Australien (16° 55′ südlicher Breite – 146° 03′ östlicher Länge)

Im Korallenmeer vor der australischen Nordostküste trifft man auf einer Länge von 2500 Kilometern auf über 400 verschiedene Korallenarten. Die größte Korallenformation der Welt ist seit 1979 als Schutzgebiet ausgewiesen. Sie macht 15 Prozent der weltweit geschützten Meeresgebiete aus und steht seit 1981 auf der UNESCO-Liste des Weltkulturerbes, denn sie bietet Lebensraum für 1500 Fisch- und 4000 Weichtierarten. Auch der vom Aussterben bedrohte Dugong, ein Meeressäugetier des Indischen Ozeans und westlichen Pazifiks, und sechs der sieben weltweit bekannten Arten von Wasserschildkröten finden dort Zuflucht. Die Korallen sind Polypen, die mit fotosynthesefähigen Algen, den so genannten Zooxanthellen, eine Symbiose eingehen: Die Algen liefern der Koralle Kohlenstoff und die für den Aufbau des Kalkskeletts notwendige Energie. Für den Schutz der Küste und der Meeresfauna sind die Korallen unerlässlich. Bereits bei geringen Temperaturschwankungen bleichen sie jedoch aus und sterben ab. Besonders im Jahre 1998 wurde im Zusammenhang mit dem Wirbelsturm El Niño ein großes Korallensterben beobachtet. Viele betroffene Korallenkolonien beginnen jedoch bereits, sich wieder zu regenerieren. Doch durch die globale Klimaerwärmung ist mit einem stärkeren Ausbleichen der Korallen zu rechnen.

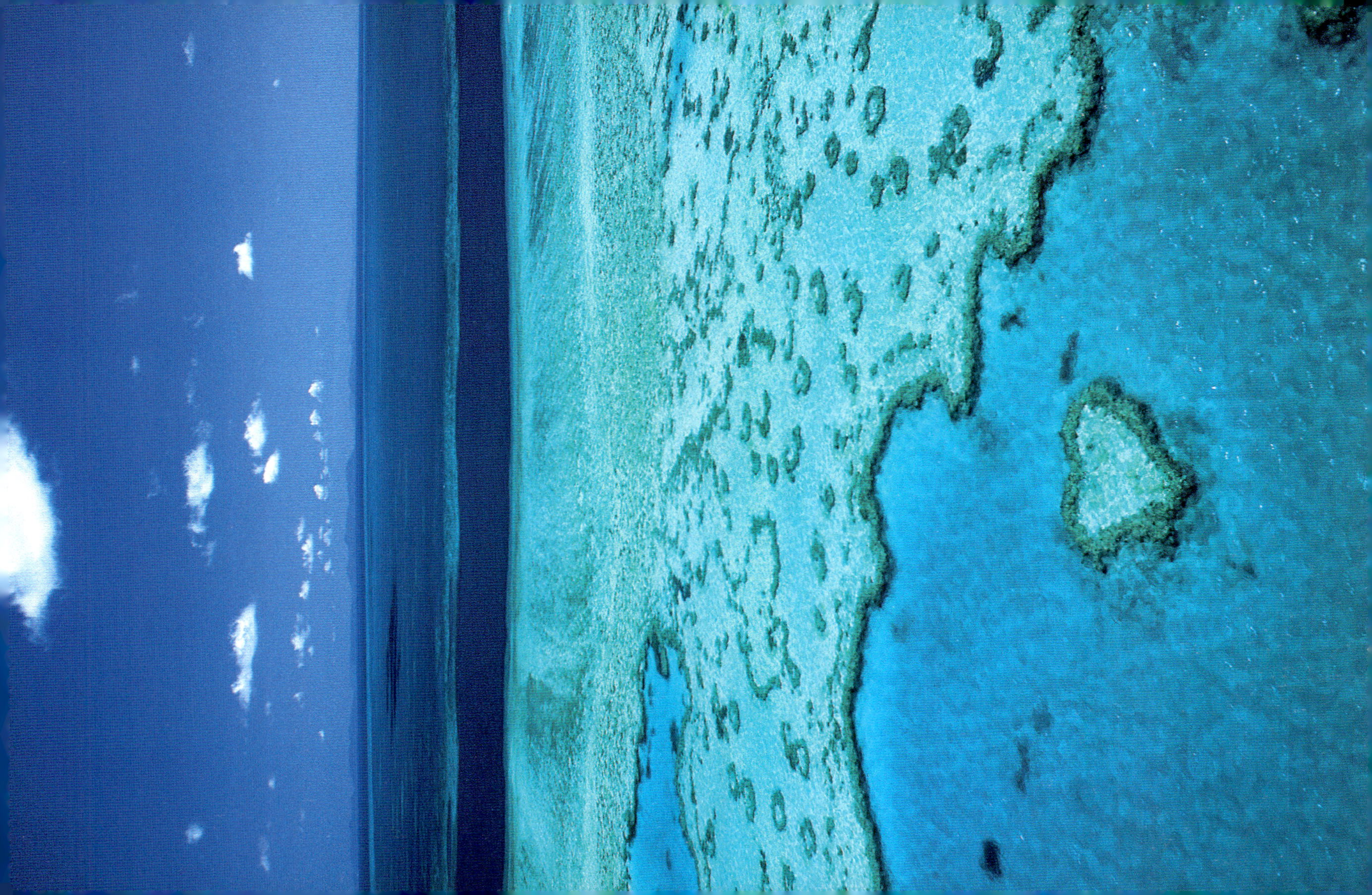

Klimaveränderung ... oder Klimaschock?

Das Klima empfanden unsere Vorfahren vor 10 000 oder 20 000 Jahren sicherlich als einen unsicheren Faktor, doch beeinflussen konnten sie es beim besten Willen nicht: Auch wenn sie die Naturkräfte mit noch so vielen Mammutopfern zu besänftigen versuchten, am Klima der darauf folgenden Jahrhunderte änderte dies nichts.

Doch wir in der Gegenwart haben leider die Möglichkeit, das Klima zu unserem Nachteil zu verändern. Zum ersten Mal in der Geschichte der Menschheit kann es der Mensch aktiv mitgestalten. Wie? Indem er große Gasmengen in die Erdatmosphäre entlässt. Diese Gasemissionen verstärken auf fatale Weise einen seit Milliarden von Jahren auf unserer Erde existierenden Treibhauseffekt. Ohne diesen Effekt läge die Durchschnittstemperatur auf unserer Erde bei -15 Grad Celsius. Das Leben, so wie wir es kennen, wäre bei solchen Temperaturen auf unserem Planeten nicht möglich.

Die Treibhausgase – es handelt sich hauptsächlich um Wasserdampf (0,3 Prozent der Atmosphäre), Kohlendioxid (0,04 Prozent) und Methan (0,0002 Prozent) – sind in hohem Maße durchlässig für die einfallende Sonnenstrahlung, die von der Erdoberfläche absorbiert wird. Sie sind jedoch nicht durchlässig für die infrarote Wärmestrahlung, die von der Erde wieder an die Atmosphäre abgegeben wird. So kann die Wärmeenergie nicht mehr so leicht in den Weltraum entweichen.

Der Mensch hat dieses Gleichgewicht empfindlich gestört: Seit 1850 hat der Anteil an Kohlendioxid in der Atmosphäre um 30 Prozent zugenommen, der an Methan hat sich sogar verdoppelt. Beide Phänomene sind seit mindestens 400 000 Jahren einmalig in der Weltgeschichte. Wenn die Emissionen weiterhin zunehmen, könnte die globale Durchschnittstemperatur, die seit 10 000 Jahren stabil war, innerhalb eines Jahrhunderts um mehrere Celsiusgrade steigen. Dass der Treibhauseffekt sich in dieser Größenordnung bewegen wird, ist schon seit langem bekannt: Der schwedische Chemie-Nobelpreisträger Svante Arrhenius war der Erste, der 1896 dieses Phänomen beschrieb.

Ein globaler Temperaturanstieg von mehreren Celsiusgraden ist keine Kleinigkeit: Er entspricht dem Temperatursprung, der den Unterschied zwischen einer »warmen« Periode, wie wir sie heute haben, und einer Eiszeit ausmacht. Während der letzten Eiszeit waren Nordeuropa und Kanada von einer mehrere Kilometer dicken Eisschicht bedeckt, der Meeresspiegel lag 120 Meter tiefer und Mitteleuropa bestand lediglich aus einer vereisten Steppenlandschaft, die unmöglich Millionen von Menschen ernähren konnte. Im Übrigen zieht sich eine Eisschmelze über 10 000 Jahre hin. Wir können heute noch nicht genau abschätzen, welche Folgen der globale Temperaturanstieg um mehrere Celsiusgrade wirklich hat. Es geht sicherlich nicht nur um zwei oder drei Pullover, die wir weniger oder mehr brauchen. Es ist vielmehr ein Klimaschock zu befürchten.

Eine so schnelle Veränderung der globalen Temperatur führt sicherlich auch zu schweren Störungen des Wasserkreislaufs: Sowohl die Überschwemmungen als auch die Dürreperioden werden an Intensität zunehmen, auch die Orkanstürme werden heftiger werden. Innerhalb der nächsten fünf bis zehn Jahrhunderte werden möglicherweise sowohl Grönland als auch ein Teil der Antarktis dahinschmelzen, und der Meeresspiegel wird sich um zwölf Meter heben. Innerhalb weniger Jahrzehnte könnte der Golfstrom verschwinden, was in Westeuropa einen durchschnittlichen Temperatursturz von fünf bis sechs Grad Celsius zur Folge hätte. Dies wäre das Ende der dortigen Landwirtschaft. Möglicherweise erwartet uns auch ein allgemeines

Korallensterben, und diverse Tropenkrankheiten wie das Geldfieber oder die Malaria würden schnell in Richtung der Erdpole wandern. Wir haben natürlich keine Ahnung von all den bösen Überraschungen, die in diesem Fall auf uns warten würden. Es handelt sich hier nicht um Horrorvisionen der Science-Fiction-Literatur, sondern um seriös dokumentierte Wissenschaftsberichte.

Was können wir tun, wenn wir reagieren wollen? Die Lebensdauer der Treibhausgase reicht weit über ein Jahrhundert hinaus. Schon nach wenigen Monaten haben sie sich gleichmäßig in der Atmosphäre verteilt. Der konkrete Ort der Emissionsquelle ist also für die klimatischen Störungen unerheblich. Folglich ist die Menschheit zu einem gemeinsamen Beschluss gezwungen, wenn sie die Emissionen wirklich reduzieren will. Denn ein einziger »Quertreiber« macht sämtliche Bemühungen der anderen Länder zunichte. Trotzdem sollte man meines Erachtens mit gutem Beispiel vorangehen. Um wie viel Prozent soll man die Emissionen reduzieren? Um eine weitere Zunahme des Kohlenstoffdioxids in der Atmosphäre zu verhindern, müssten die Emissionen dieses Gases auf mindestens die Hälfte verringert werden. Wenn wir davon ausgehen, dass jeder Erdenbürger die gleichen »Emissionsrechte« besitzt (und dass auf der Welt eine absolute Gerechtigkeit herrscht!), müssten die Franzosen ihre Emissionen auf ein Viertel reduzieren. Das bedeutet: Auch der Öl-, Gas- und Kohleverbrauch müsste auf ein Viertel verringert werden (die Kernenergie und die erneuerbaren Energien dürften weiterhin im vollen Umfang zur Verfügung stehen). Die US-Amerikaner müssten ihre Emissionen auf ein Zwölftel reduzieren. Die Chinesen hingegen bräuchten zwar nichts einzusparen, dürften ihre gegenwärtige Emissionsmenge aber auch nicht wesentlich erhöhen. Beim augenblicklichen Stand der Technik hätte jeder Erdenbürger mit einem einzigen Transatlantikflug das ihm zustehende Emissionsquantum voll ausgeschöpft. Statt des Transatlantikflugs dürfte er auch für wenige Monate mit Gas heizen oder eine Strecke zwischen 5000 und 10 000 Kilometern mit dem Auto zurücklegen. Oder er dürfte sich einige hundert Kilo Industrieprodukte kaufen (die Produktion und der Transport dieser Erzeugnisse setzen ja auch Emissionen frei). Oder er entscheidet sich für den Verzehr von 100 Kilogramm Rindfleisch (auf Grund der chemischen Düngung und der landwirtschaftlichen Maschinen kleben die »Treibhausgase« inzwischen nahezu an allem, was wir essen). Kurz: Wenn wir die klimatischen Störungen wirklich in den Griff bekommen wollen, müssen wir die Gesellschaft grundlegend verändern. Mit einigen wenigen Randkorrekturen ist es nicht getan. Aber haben wir wirklich die Wahl, wenn wir unseren Kindern eine lebenswerte Welt hinterlassen wollen?

Jean-Marc Jancovici

1. Februar

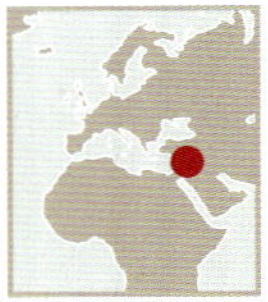

Masada, Wüste von Judäa, Israel

(31° 18′ nördlicher Breite – 35° 20′ östlicher Länge)

Die jüdische Festung Masada am Westrand der Wüste von Judäa wurde zwischen 37 und 31 v. Chr. von König Herodes errichtet. Der Geschichtsschreiber Flavius Josephus liefert in seinem *Krieg der Juden* das einzige schriftliche Zeugnis über die Festung. Im Jahre 66 n. Chr. beteiligte sich Flavius am jüdischen Aufstand gegen die römische Besatzung. Wenige Jahre später – der Aufstand wurde niedergeschlagen – zeichnete er seine Erinnerungen an diesen Kampf auf und tauchte die Geschichte der Festung in ein verklärtes Licht: Im Jahre 70 n. Chr. fiel Jerusalem, doch Masada konnte sich noch drei Jahre halten. 10 000 römische Legionäre waren notwendig, um die 967 Zeloten, die sich in Masada verschanzt hatten, in die Knie zu zwingen. Als die Verteidiger der Festung keinen Ausweg mehr sahen, wählten sie den Freitod. Sie wollten lieber die Ehre als das Leben retten. Die archäologischen Grabungen haben den Bericht des Flavius im Großen und Ganzen bestätigt. »Masada wird nie wieder fallen« lautet der Schwur, auf den die Rekruten der israelischen Panzereinheiten an dieser symbolhaften Stätte des jüdischen Widerstands vereidigt werden.

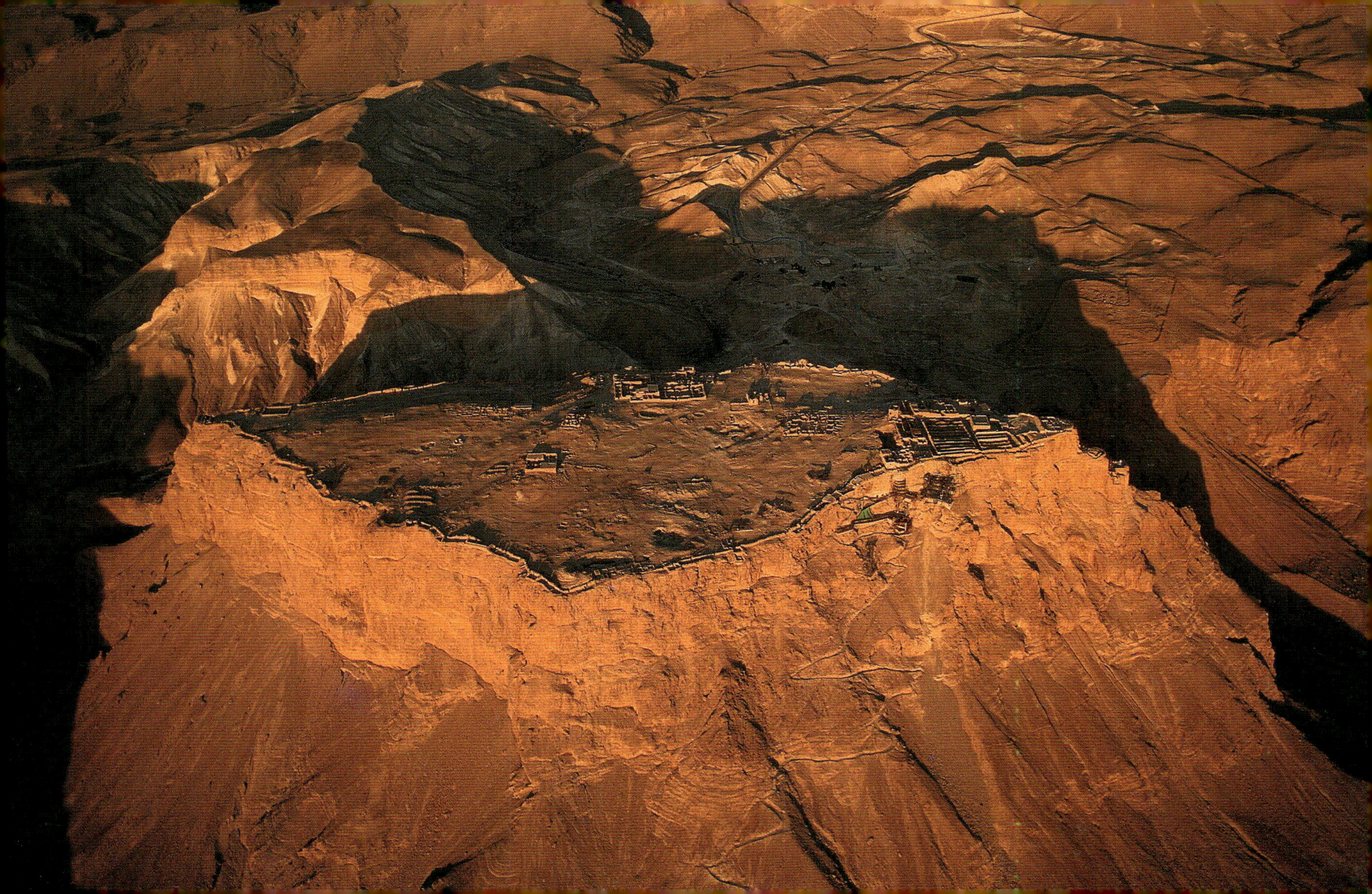

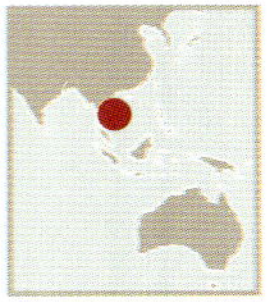

Schwimmendes Dorf auf dem Tonle Sap, Kambodscha

(13° 00′ nördlicher Breite – 104° 00′ östlicher Länge)

Die Bewohner der auf dem See Tonle Sap schwimmenden Häuser orientieren sich am Wasserstand und den Wanderbewegungen der Fische. Parallel zum Fischfang betreiben sie auch Fischzucht in eigens dafür mit Bambusstangen errichteten Anlagen. Der Tonle Sap ist der viertgrößte Süßwasserfischlieferant der Welt, und etwa 60 Prozent des nationalen Fangs stammen aus dem See. Die Fische werden meistens zu *prahok* verarbeitet, einer fermentierten Fischpaste, die in Kambodscha sehr beliebt ist. Der hohe Nährwert der Fische ist für die Bevölkerung von entscheidender Bedeutung. Er deckt mehr als 75 Prozent des Tagesbedarfs an tierischem Eiweiß. Obwohl die Feuchtgebiete ein Drittel der Landesfläche ausmachen, haben 70 Prozent der Kambodschaner keinen Zugang zu Trinkwasser. Den durch unreines Wasser ausgelösten Durchfallerkrankungen erliegen weltweit jährlich 4 500 000 Menschen.

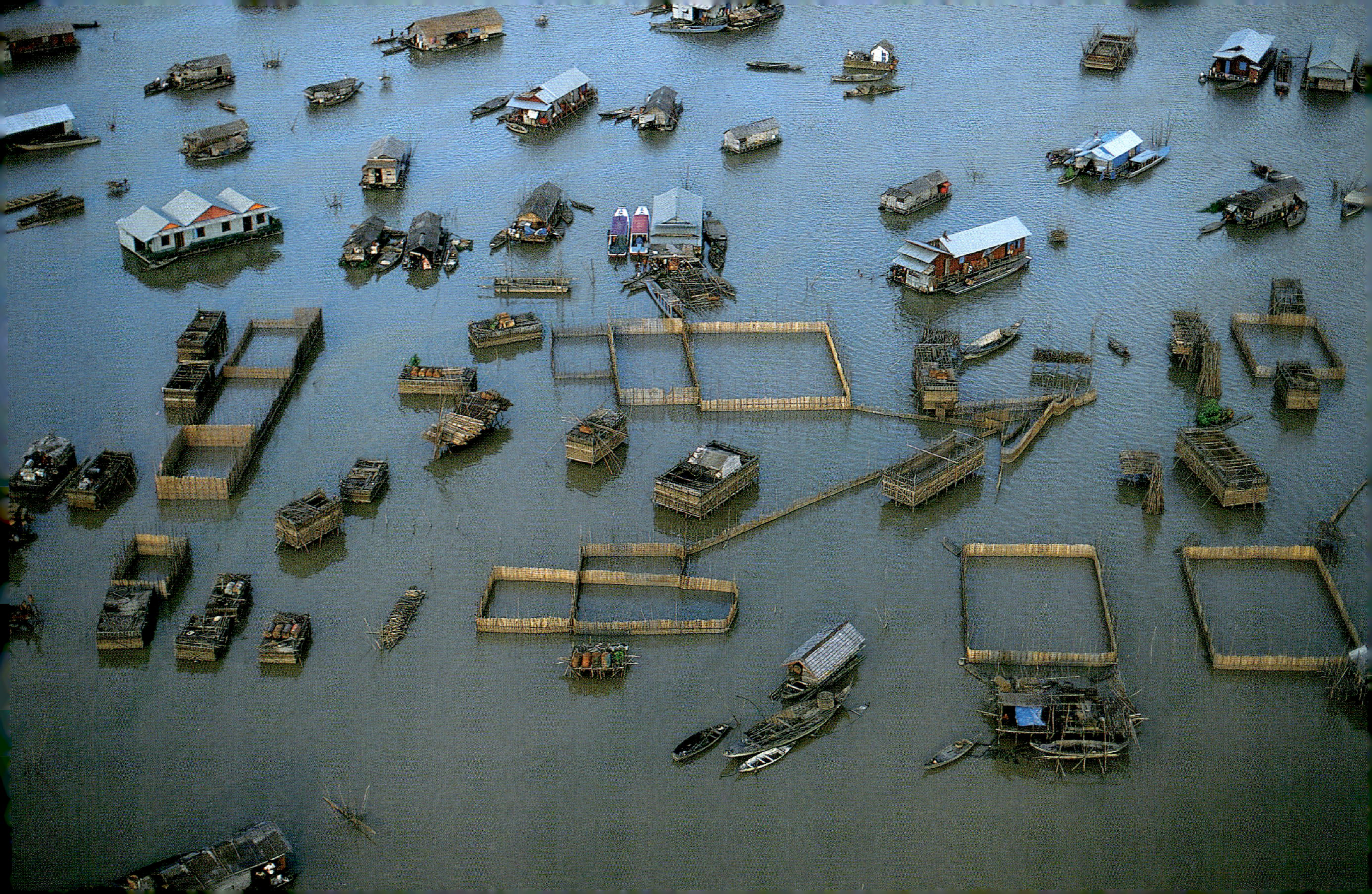

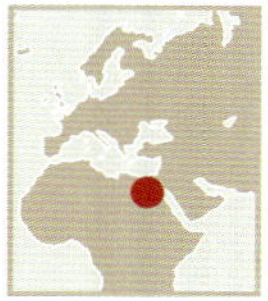

Ruinen der mittelalterlichen Festung Sidi Shali, Siwa, Ägypten

(29° 12′ nördlicher Breite – 25° 31′ östlicher Länge)

Die im 13. Jahrhundert erbaute Festung Sidi Shali schützte ihre Bewohner lange Zeit vor Plünderungen. Doch den sintflutartigen Regenfällen von 1926 hielten die Mauern aus Salz, Lehm und Gips nicht mehr stand. Nach dreitägigem Dauerregen zeugten nur noch Ruinen von der einstigen Architektur. Trotzdem sind einige Häuser innerhalb der Festung immer noch bewohnt. Das moderne Siwa mit seinen Betonbauten entwickelte sich allerdings außerhalb der Altstadt. Mithilfe eines 1998 eingerichteten UNO-Förderprogramms versucht man nun bei den jungen Bauunternehmern der Stadt ein Interesse für das kulturelle und architektonische Erbe des Landes zu wecken. Dem schloss sich auch die Lokalpolitik mit entsprechenden Maßnahmen an: Ab sofort sind bei Bauprojekten um die Festung Sidi Shali herum nur noch traditionelle Bautechniken erlaubt.

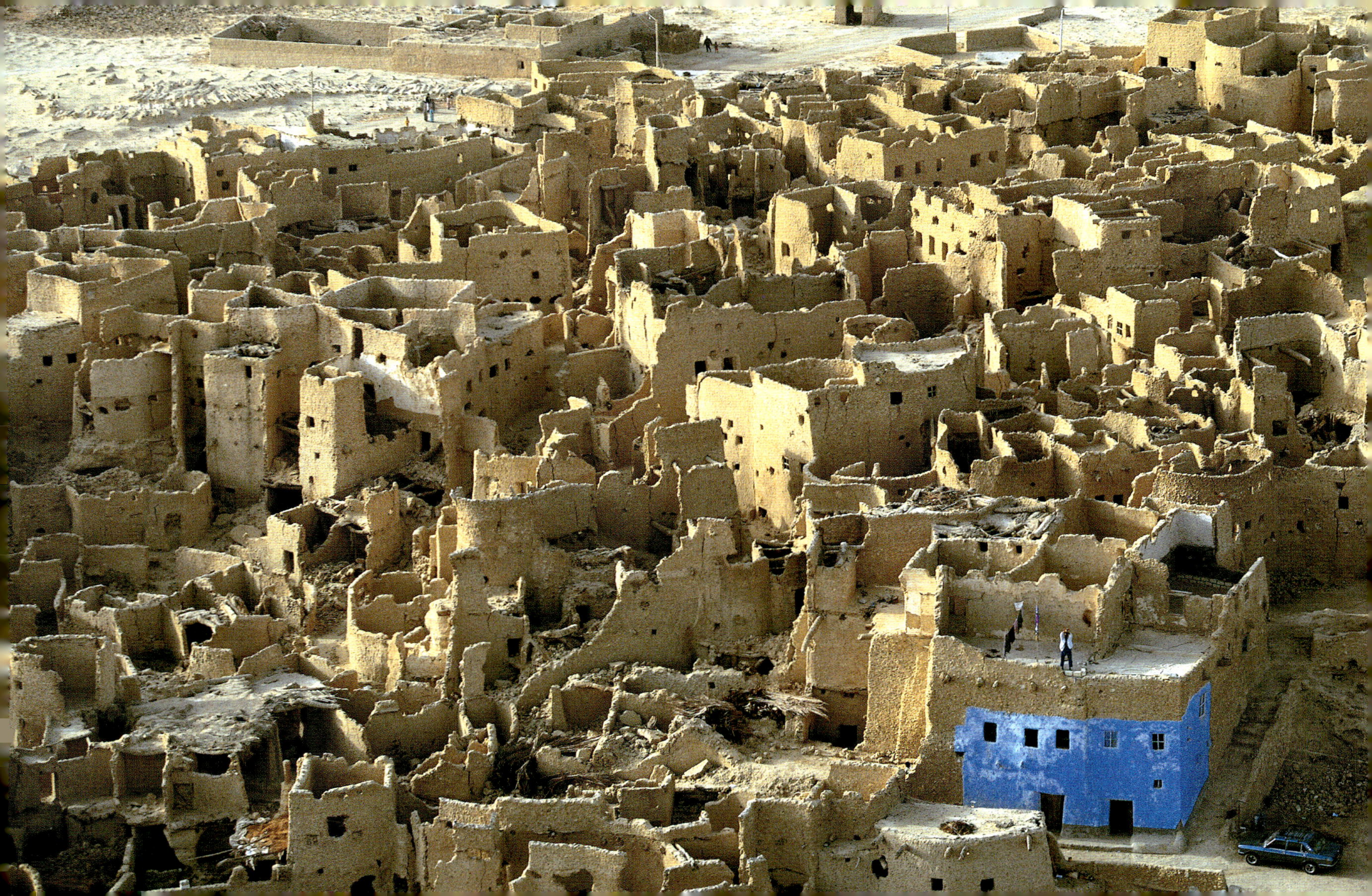

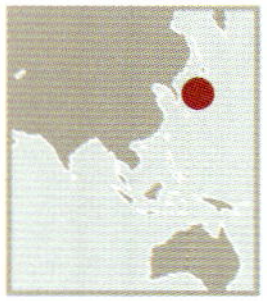

Burg von Osaka, Honshu, Japan

(34° 40′ nördlicher Breite – 135° 30′ östlicher Länge)

Auf der Südseite bildet die Insel Honshu eine große Bucht, die durch die Insel Shikoku von der offenen See abgetrennt ist. Im Schutz der beiden zum japanischen Archipel gehörenden Inseln wird der Pazifik zu einem ruhigen Binnenmeer. Hier, am Mündungstrichter des Flusses Yodo, liegt Osaka, mit elf Millionen Einwohnern Japans drittgrößter Ballungsraum. Die wirtschaftlich florierende Hafenstadt erlebte von 1582 bis 1598 unter der Regierung von Toyotomi Hideyoshi eine Blütezeit. In diese Jahre fiel auch der Bau der Burg. Heute ist Osaka eine Industrie- und Handelsstadt, in der die Geschäftsleute mit dem *soroban*, der traditionellen Rechenmaschine, geschickt umgehen können. Die jetzige Burg, eingebettet in einen weiträumigen Park im Osten der Stadt, ist nur ein Betonabguss aus dem Jahr 1931, der 1970 für die damalige Weltausstellung renoviert wurde. Die Messeleitung registrierte in jenem Jahr 65 Millionen Besucher. In den 150 Jahren seit der ersten Weltausstellung in London 1851 fanden zahlreiche dieser Großveranstaltungen statt. Heute diskutiert man jedoch über den Sinn, die Folgen und die unüberschaubar gewordenen Kosten dieser Megaveranstaltung. Die Ausgaben für die Expo 2000 in Hannover beliefen sich auf 1,7 Milliarden Euro. Statt der erwarteten 40 Millionen Besucher kamen jedoch nur 18 Millionen.

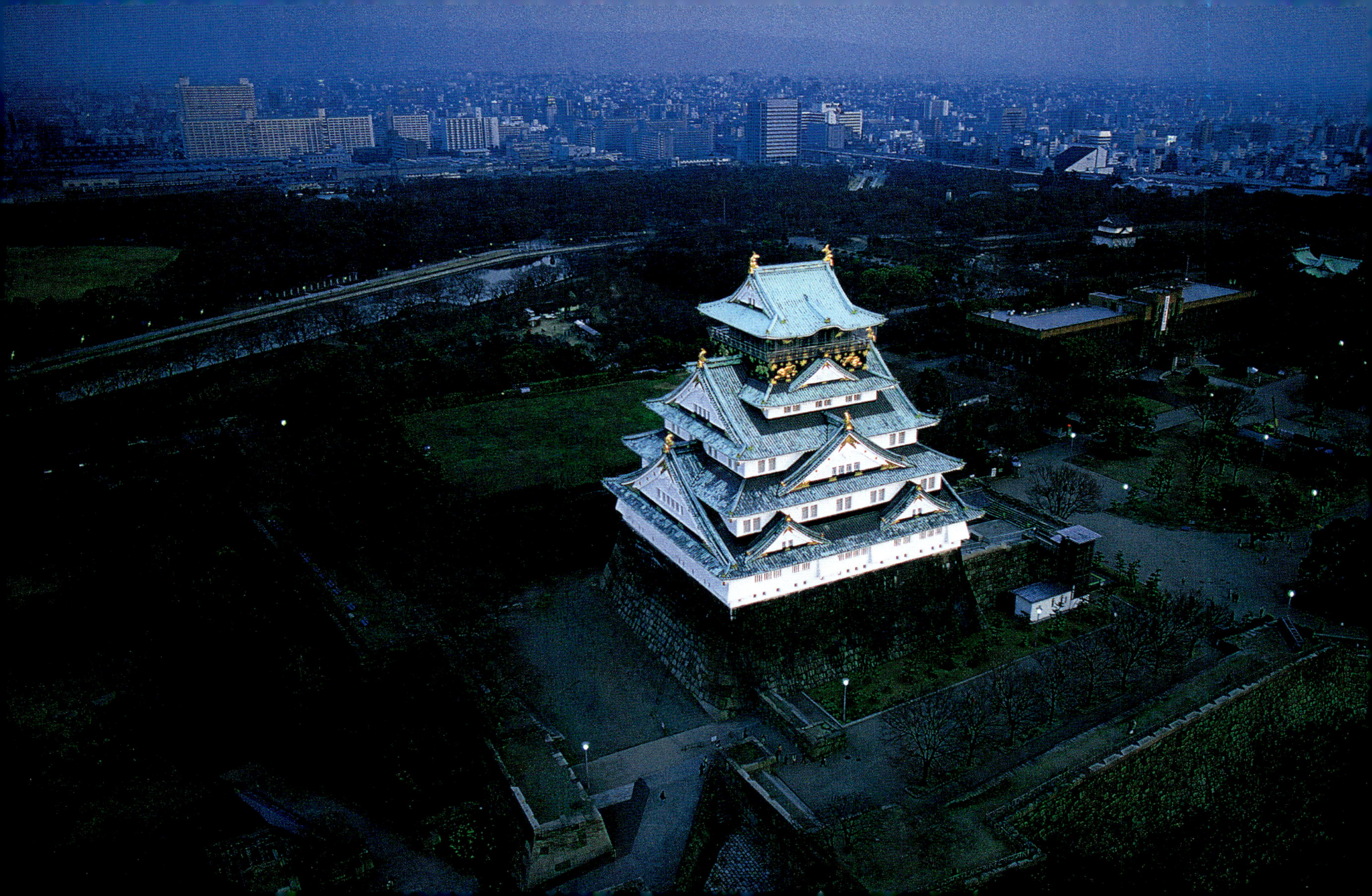

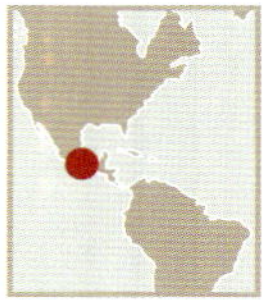

Vögel über einer Lagune in der Nähe der Mangrovenküste von San Blas, Nayarit, Mexiko (21° 60′ nördlicher Breite – 105° 30′ westlicher Länge)

Mexiko bietet die unterschiedlichsten Landschaften und Klimazonen: Wüste, Gebirge, Laubwälder oder – wie auf der Aufnahme – Lagunenlandschaften am Rande subtropischer Mangrovenwälder. Es wachsen dort etwa 600 Kakteenarten und 1000 verschiedene Orchideen. Auch unterscheidet man knapp 500 Arten von Säugetieren. Noch faszinierender ist jedoch die Vielfalt der mexikanischen Vogelwelt: Das Land zählt über 750 Vogelarten, darunter den berühmten Quetzal, auch »Aztekenvogel« genannt. Die Mangrovenwälder werden von den Vögeln gern aufgesucht, denn dort finden sie reichlich Nahrung: Insekten, Weichtiere, Muscheln, Garnelen und kleine Fische. Die Mangrovenbäume, deren Wurzeln bei Niedrigwasser deutlich aus dem Nass ragen, sind typisch für dieses gemischte Ökosystem (halb Land, halb Wasser). Ihr Beitrag zum Küstenschutz ist unbestritten: Sie halten das von den Flüssen angeschwemmte Erdmaterial und widersetzen sich als Wellenbrecher der Erosionskraft des Meeres.

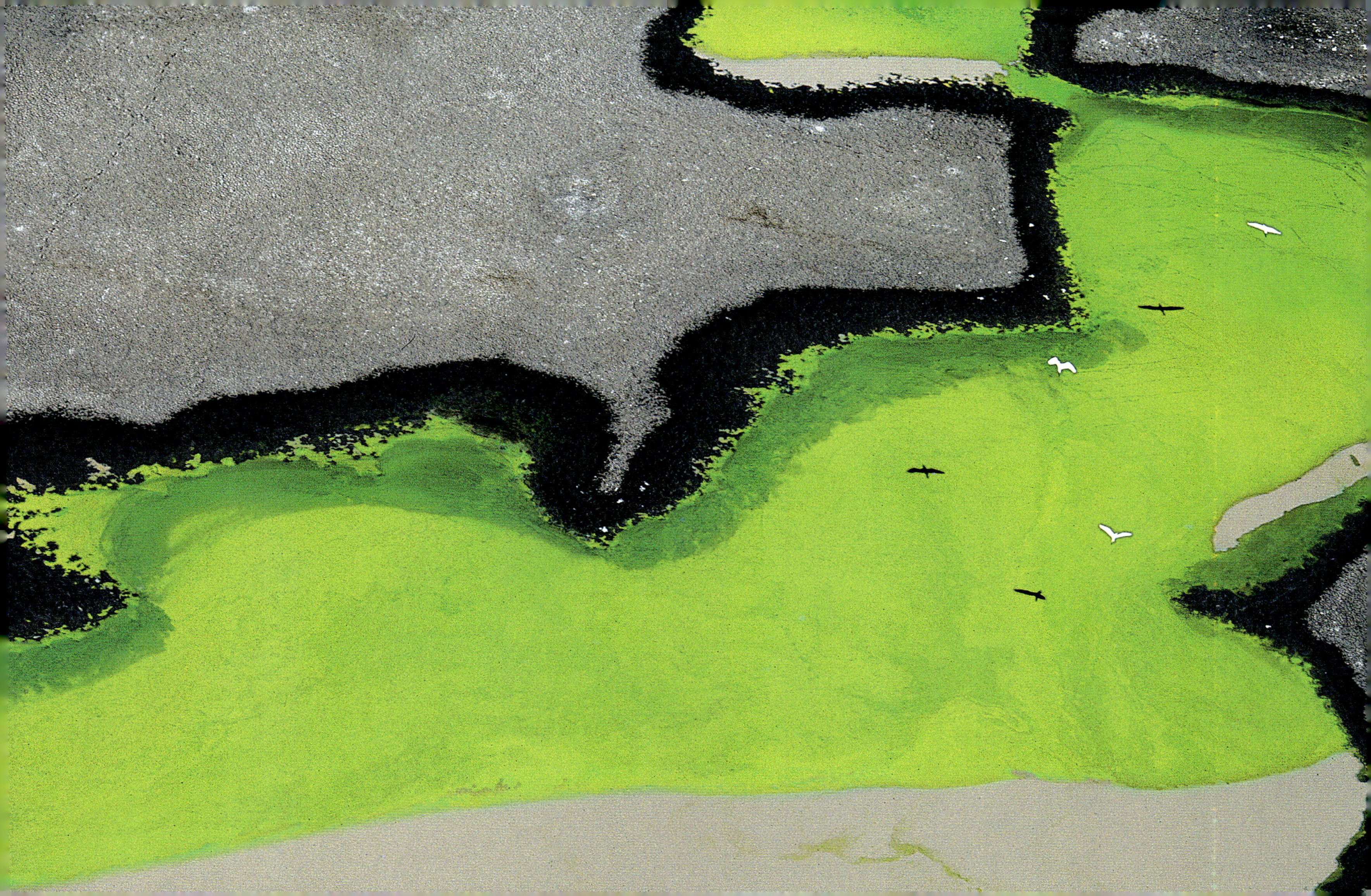

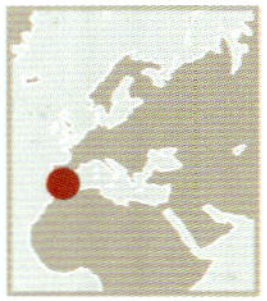

Flugplatz von Gibraltar, britisches Territorium Gibraltar

(36° 08′ nördlicher Breite – 05° 21′ westlicher Länge)

Die Hinweisschilder und Ausbesserungen der Start- und Landebahn sind für das Fotografenauge ein hübsches abstraktes Kunstwerk. Mit 28 Millionen Arbeitsplätzen und einem Gesamtwert von 1400 Milliarden Dollar ist die Luftfahrt von entscheidender Bedeutung für die Weltwirtschaft. Durch die Insolvenzerklärung mehrerer Luftfahrtgesellschaften und den Abbau von 120 000 Stellen Ende 2001 wurde dies überdeutlich. Seit zehn Jahren meldet die Luftfahrt ein durchschnittliches Jahreswachstum von sechs Prozent (1,5 Milliarden Passagiere im Jahre 2000). Bei gleich bleibender Tendenz würden sich 2010 rund 20 000 Flugzeuge mit 2,3 Milliarden Passagieren am Himmel drängen. Riesenflugzeuge mit bis zu 600 Sitzplätzen werden bereits eingeführt.

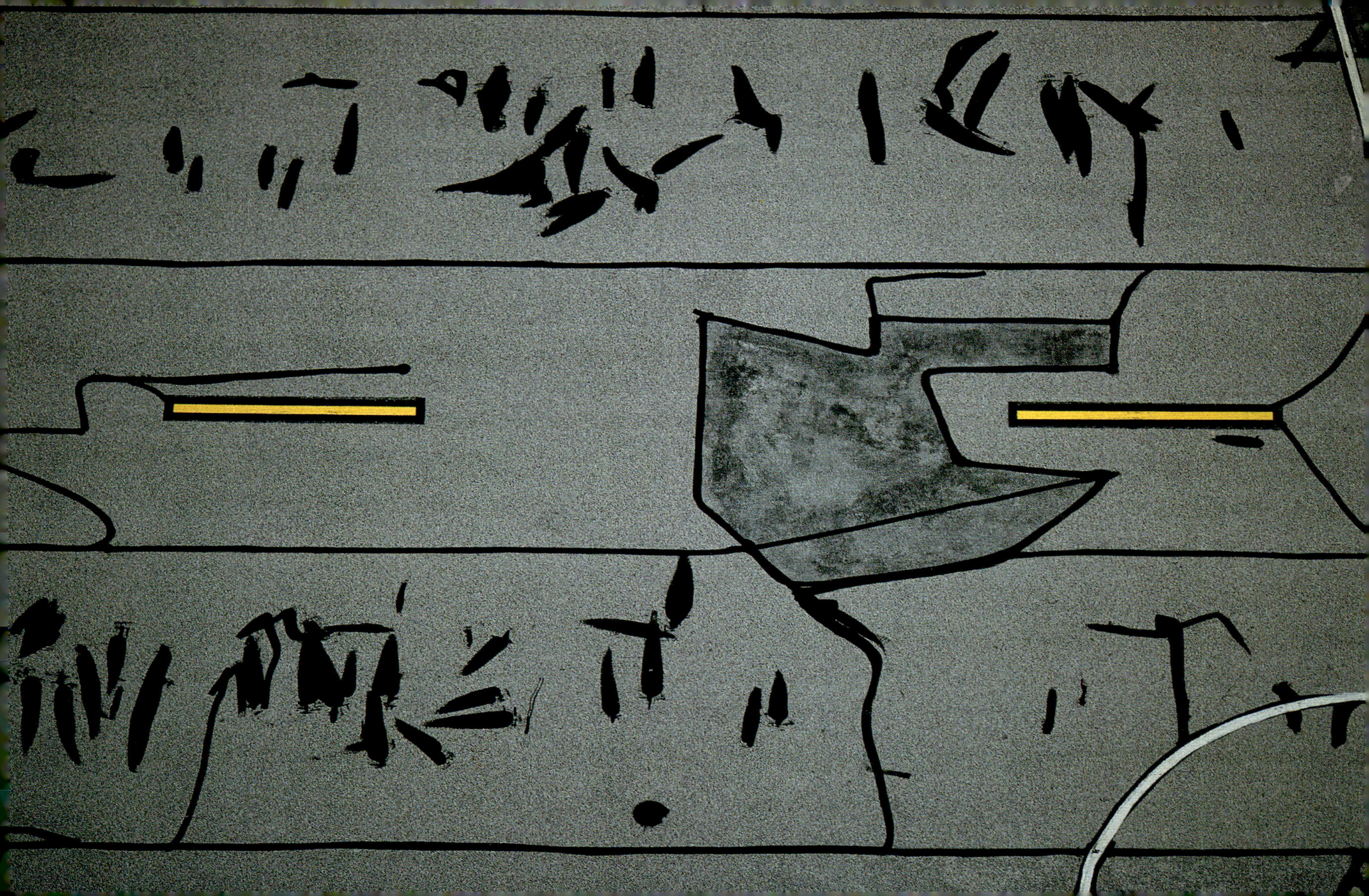

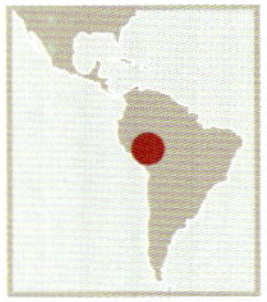

Felder bei Anta, Region Cuzco, Peru

(13° 29′ südlicher Breite – 72° 07′ westlicher Länge)

Auf einer Höhe von 3600 Metern, mitten in den Anden, liegen die fruchtbarsten Felder des Landes. In den Talsohlen werden Weizen und Roggen angebaut, auf den Hügeln Kartoffeln und Luzernen. Vor 500 Jahren war diese Region die Kornkammer des Inkareiches. Die Stammeshäuptlinge achteten streng auf eine gerechte Landverteilung. Heute herrscht in der peruanischen Landwirtschaft ein extremes Ungleichgewicht: 0,1 Prozent der Betriebe kontrollieren zwei Drittel der landwirtschaftlich genutzten Fläche, auf jeden dieser Großbetriebe kommen über 1000 Hektar. Im Kampf ums Überleben sind zehntausende von Bauern zum illegalen Koka-Anbau übergegangen. Auch wenn die Kokain-Produktion zwischen 1995 und 2000 um 65 Prozent zurückgegangen ist, nimmt Peru nach Kolumbien immer noch den zweiten Platz im internationalen Kokain-Handel ein. Die Drogenhändler haben bestimmte Täler des nordperuanischen Amazonas-Gebiets wieder fest unter Kontrolle.

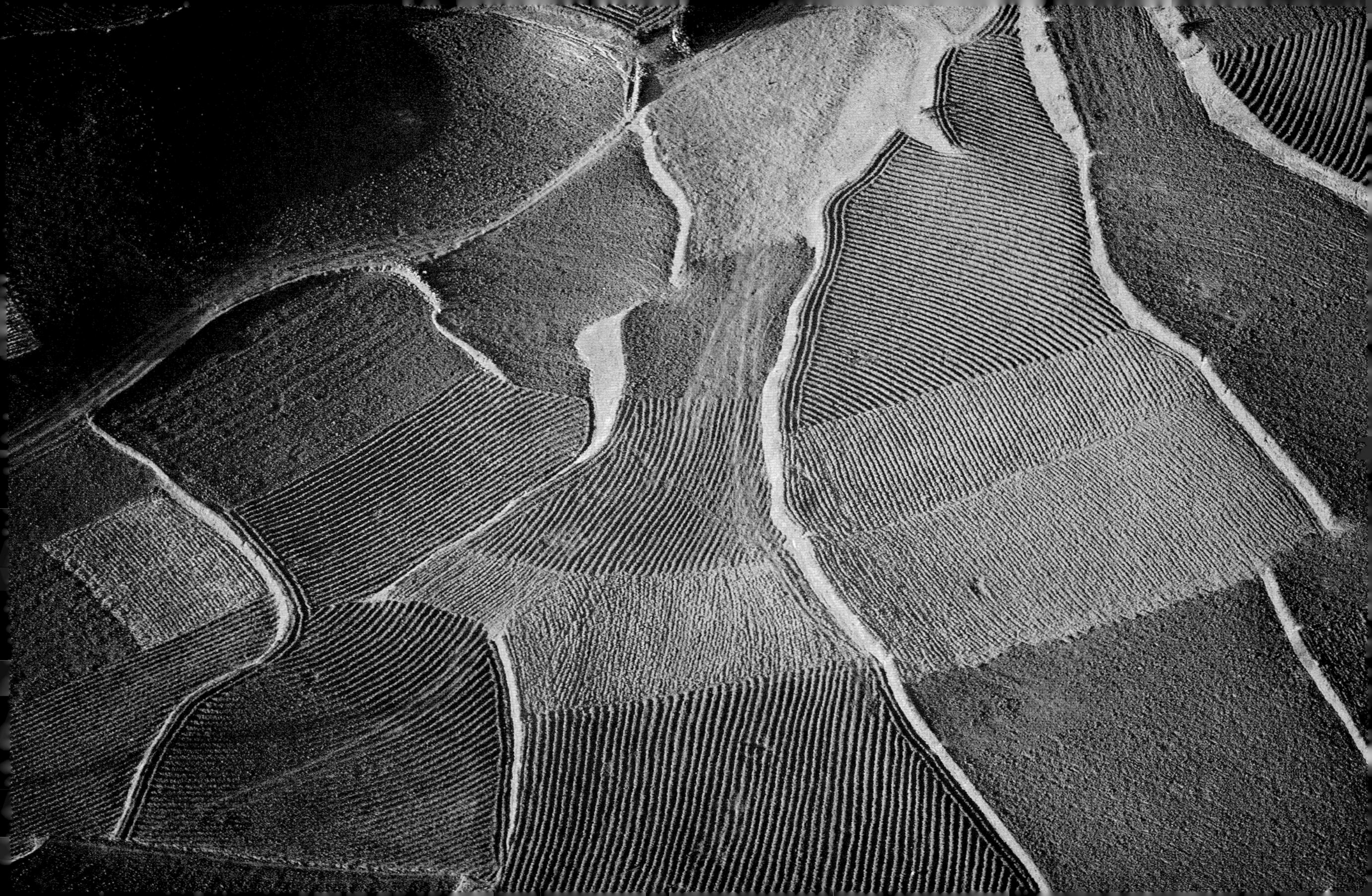

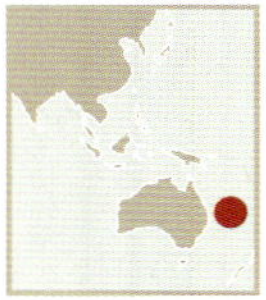

Korallenriff Neuika, Neukaledonien, Frankreich

(22° 50′ südlicher Breite – 167° 25′ östlicher Länge)

Das die blaue Lagune von Neukaledonien einfassende Korallenriff ist bedroht. Die Verschmutzung durch den Nickelerzabbau ist so stark, dass die Korallen eine weiße Farbe annehmen und absterben. Pro Jahr werden in Neukaledonien 118 000 Tonnen Nickelerz abgebaut, das entspricht einem Zehntel der weltweiten Nickelerzförderung. Der Nickelerzbergbau ist der wichtigste Wirtschaftszweig des Archipels. Fatalerweise schädigt er jedoch die Lagune: Das Regenwasser schwemmt nämlich den bei der Förderung anfallenden Abfall ins Meer, wo er sich auf den Korallen festsetzt. Die Korallenriffe machen zwar nur 0,09 Prozent der Weltmeere aus, bilden aber den Lebensraum für zwei Millionen Tier- und Pflanzenarten. Mehr als die Hälfte der weltweiten Korallenbestände sind vom Menschen u. a. durch Verschmutzung, Abbau oder Fischfang mit Dynamit bedroht.

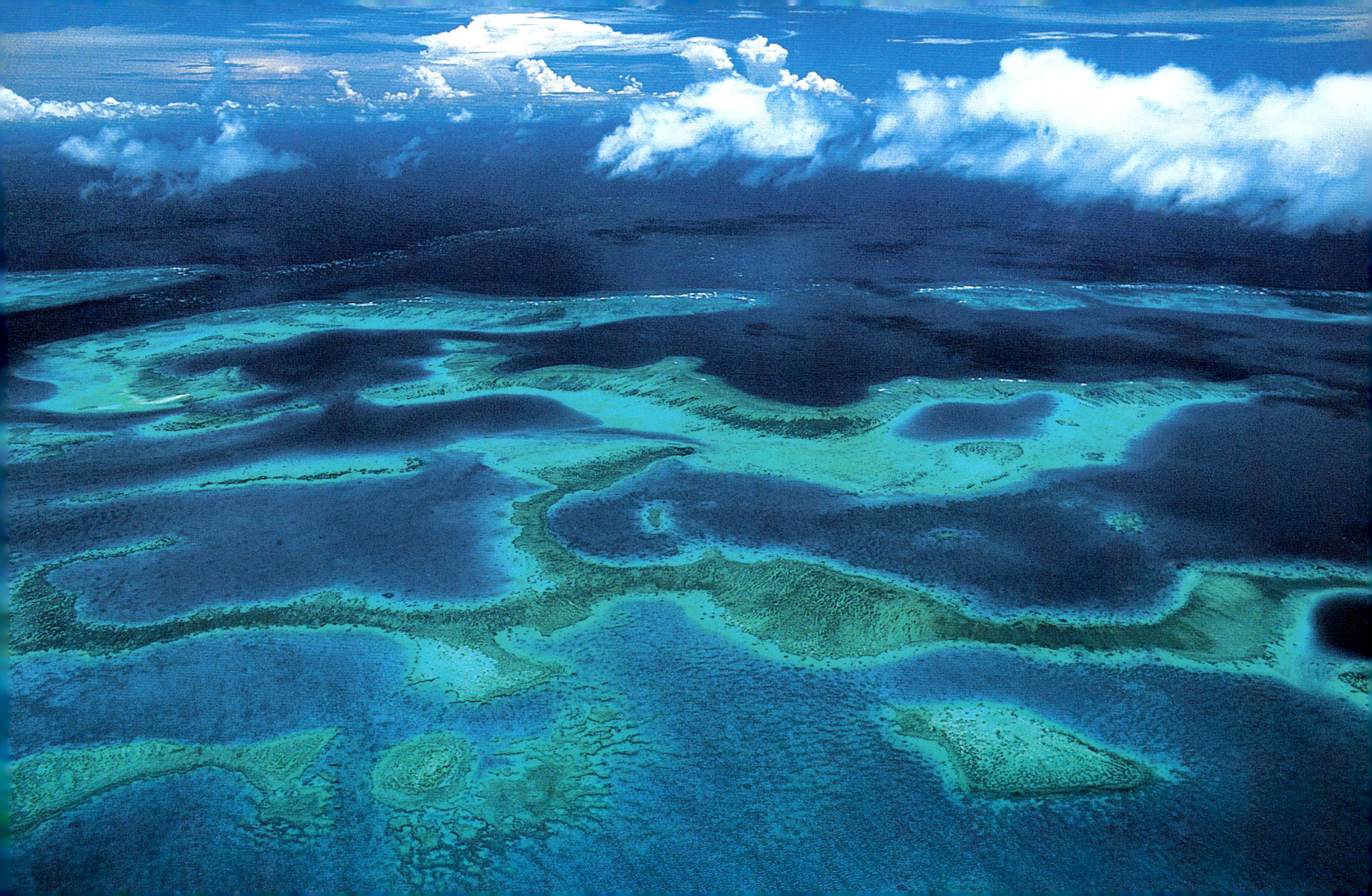

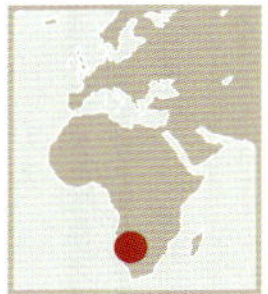

Eingezäunte Weide eines Himba-Dorfes, Kaokoland, Namibia

(18° 15′ südlicher Breite – 13° 00′ östlicher Länge)

Die größte Hütte gehört dem Stammesoberhaupt. Von dort aus bewacht man das heilige Feuer und den *kraal*, die eingezäunte Weide mit dem Vieh. Die Hütten der anderen Dorfbewohner sind kleiner. Sie bestehen aus einem Gerüst aus Ästen, das mit Schlamm und Kuhfladen abgedichtet wird. Die 10 000 bis 15 000 Himba des Kaokolandes leben in kleinen Verbänden über das ganze Land verteilt, denn nur so können sie in dieser wüstenhaften Region ihren Viehbestand durchbringen. Doch diese Aufteilung in kleine Gruppen war für die von der Viehzucht lebenden Halbnomaden nicht immer von Vorteil: Im 19. Jahrhundert nutzten andere Stämme deren zahlenmäßige Unterlegenheit und plünderten sie aus. Deshalb mussten sie zeitweise von der Jagd und vom Betteln leben. Darauf spielt auch der Name Himba an: »Diejenigen, die um die Dinge bitten.« Heute leben sie wieder von ihren Herden und sind sich ihres Wertes als touristische Attraktion durchaus bewusst. Ihre herkömmliche Lebensweise hindert sie allerdings nicht daran, Schmuck zu verkaufen und sich als Fremdenführer zu verdingen. Im Blickpunkt der Medien steht ihnen auch ein Forum zur Formulierung ihrer Interessen und Verteidigung ihrer Rechte zur Verfügung. Auf diese Weise kann man die moderne Welt und die Traditionspflege miteinander vereinbaren.

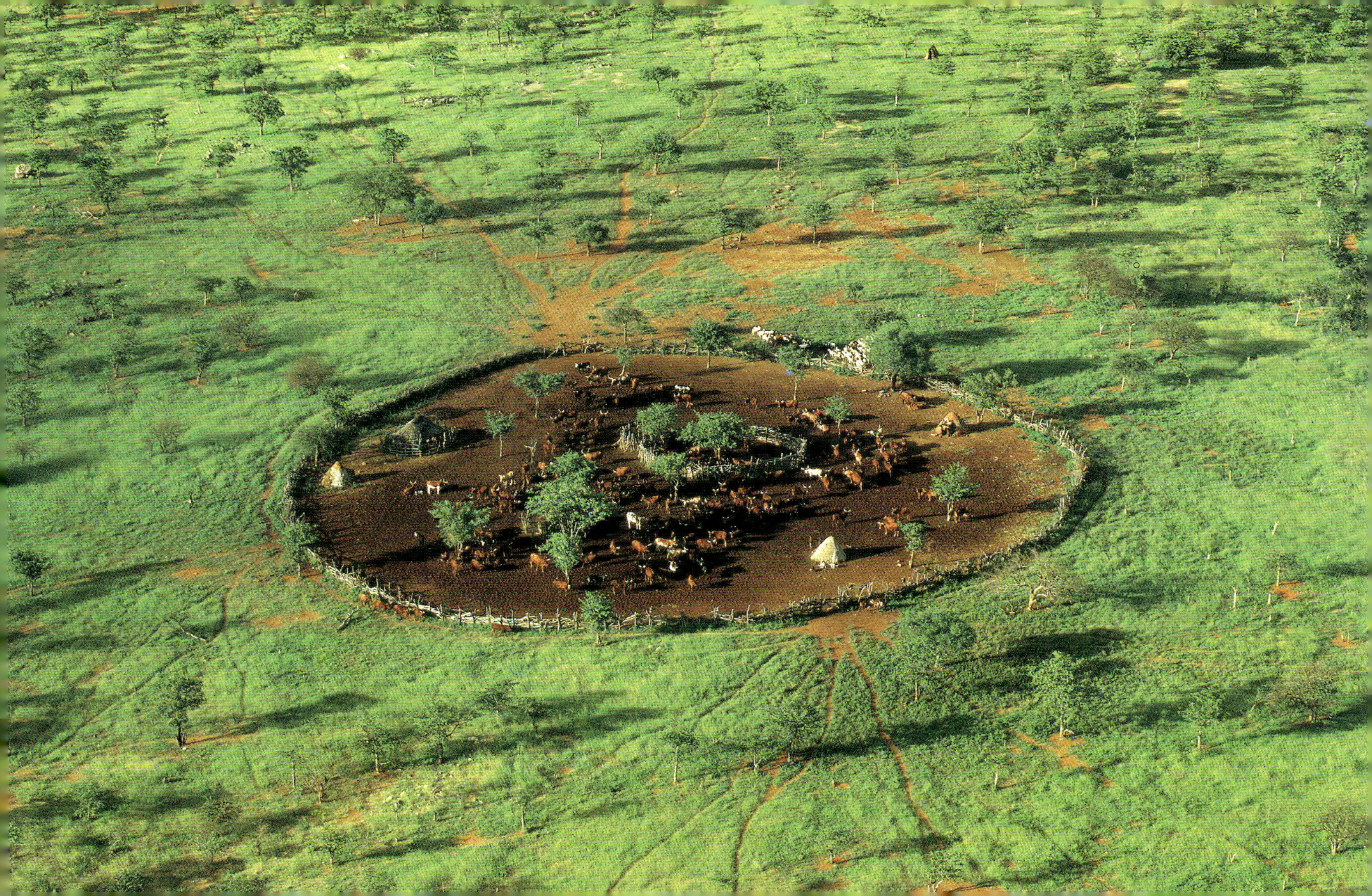

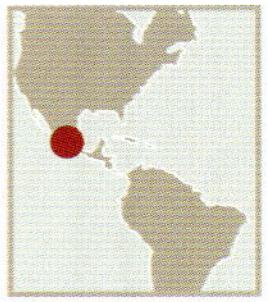

Salztrockenanlage an der Küste von Quemaro, Jalisco, Mexiko

(19° 36′ nördlicher Breite – 105° 18′ westlicher Länge)

Die Salzvorkommen auf der Erde sind groß: Ein Liter Meerwasser enthält rund 30 Gramm Salz, von den Steinsalzablagerungen ehemals vom Meer überfluteter Gebiete ganz zu schweigen. Die Salzgewinnung über Verdunstung oder Filterung ist einfach. Deshalb laufen auch nur 20 Prozent der weltweit geförderten 200 Millionen Tonnen über den internationalen Handel. Der Anteil der USA an der weltweiten Salzproduktion liegt bei 20 Prozent, der chinesische Anteil bei 15 Prozent. Mexiko steht mit einer Jahresförderung von acht Millionen Tonnen an siebter Stelle und exportiert vor allem nach Japan und Nordamerika. Die mexikanische Salzindustrie an der Pazifikküste wird weitgehend maschinell betrieben, nur wenige »Handarbeitsbetriebe« haben überlebt. Die Salzkristalle werden, wie hier auf dem Bild, von Hand eingesammelt. Auf die chemische Industrie entfallen 60 Prozent des jährlichen Salzverbrauchs, zehn Prozent benötigt der Straßenwinterdienst. Der Rest landet in der Fisch- und Nahrungsmittelindustrie (Konservierung) oder in den Salzstreuern auf dem Esstisch. Der tägliche Pro-Kopf-Verbrauch liegt zwischen sieben und acht Gramm. Übermäßiger Salzgenuss ist gesundheitsschädlich und führt zu hohem Blutdruck. Sehr viel Salz enthalten die industriell verarbeiteten Lebensmittel.

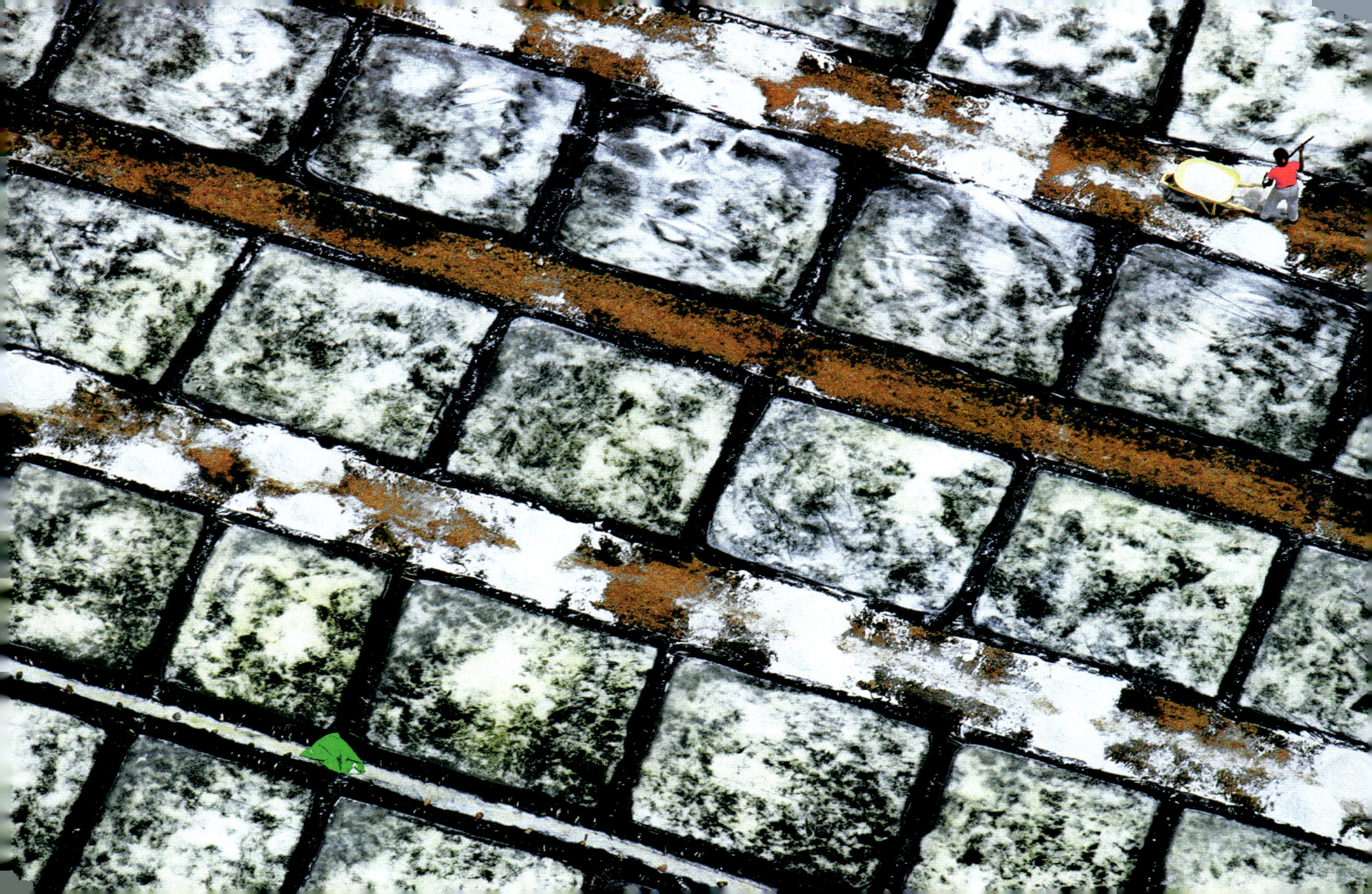

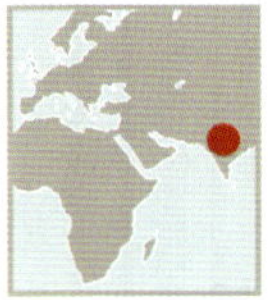

Unter der Sonne von Jaipur trocknende Baumwollstoffe, Rajasthan, Indien (26° 55′ nördlicher Breite – 75° 49′ östlicher Länge)

Der nordwestindische Bundesstaat Rajasthan ist eine Hochburg des Textilgewerbes. Vor allem die dort entwickelten Druck- und Färbetechniken für Baumwoll- und Seidenstoffe sind seit Jahrhunderten weltberühmt. Die traditionellen Dekorationsmethoden mit Wachs und Stempeldruck sind heute weitgehend durch den industriellen Siebdruck ersetzt worden, auch die Naturfarben sind in vielen Bereichen den chemischen Farbstoffen gewichen. Doch die mehrfachen Textilbäder zur Fixierung der Farbe und das anschließende Trocknen an der Sonne sind in Jaipur, der Hauptstadt des Bundesstaates Rajasthan, immer noch allgemein üblich. Diese Arbeitsgänge werden meist von Frauen ausgeführt. In Indien liegt der Anteil der arbeitenden Frauen bei 32 Prozent, und die Tendenz ist weiterhin steigend. In den letzten Jahrzehnten hat sich die Situation der Frau in der Arbeitswelt deutlich verbessert. Trotzdem ist noch viel zu tun, denn in vielen Ländern werden Frauen nach wie vor stark benachteiligt.

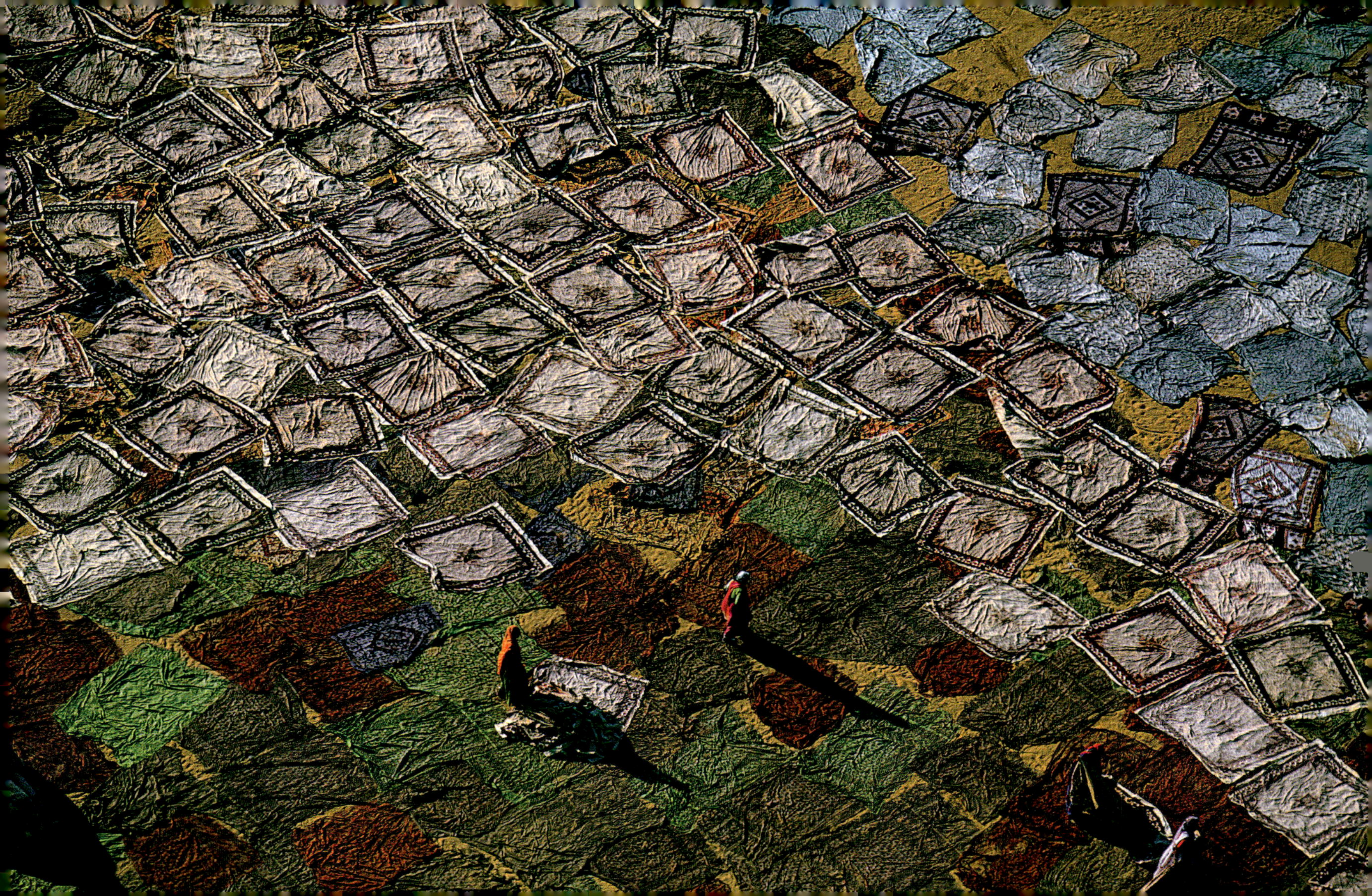

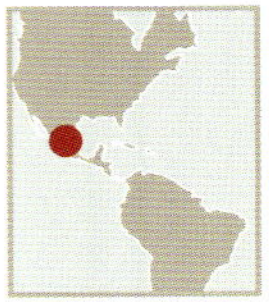

Markt in der Nähe des Xochimilco-Viertels, Mexiko-Stadt, Mexiko

(19° 20′ nördlicher Breite – 99° 05′ westlicher Länge)

Unter dem Mosaik aus bunten Sonnenschirmen verbirgt sich ein lebhafter, volkstümlicher Straßenmarkt in der mexikanischen Hauptstadt. Vor der Sonne geschützt werden nicht nur Früchte und Gemüse, Heilpflanzen und Gewürze angeboten, sondern auch Stoffe und kunstgewerbliche Artikel. Die Märkte blühen im ganzen Land Tag für Tag und sind für Mexiko eine regelrechte Institution. Das Kunsthandwerk, die Kleidung und die Fassaden der Häuser verraten die Vorliebe des Mexikaners für lebendige, fröhliche Farben. Im internationalen Vergleich gehört Mexiko zu den Ländern mit dem höchsten Wirtschaftswachstum. Durch die wirtschaftliche Liberalisierung hat sich das Bruttosozialprodukt pro Kopf zwischen 1985 und 1999 zwar verdoppelt, doch die ungerechte Verteilung der Einnahmen hat zugenommen: Die heimische Landwirtschaft kann mit den importierten Produkten nicht konkurrieren. Das nationale Durchschnittseinkommen ist viermal so hoch wie der Monatsverdienst eines mexikanischen Bauern. Die sozialen Unruhen, die seit 1994 den Bundesstaat Chiapas erschüttern, hängen zum Teil damit zusammen.

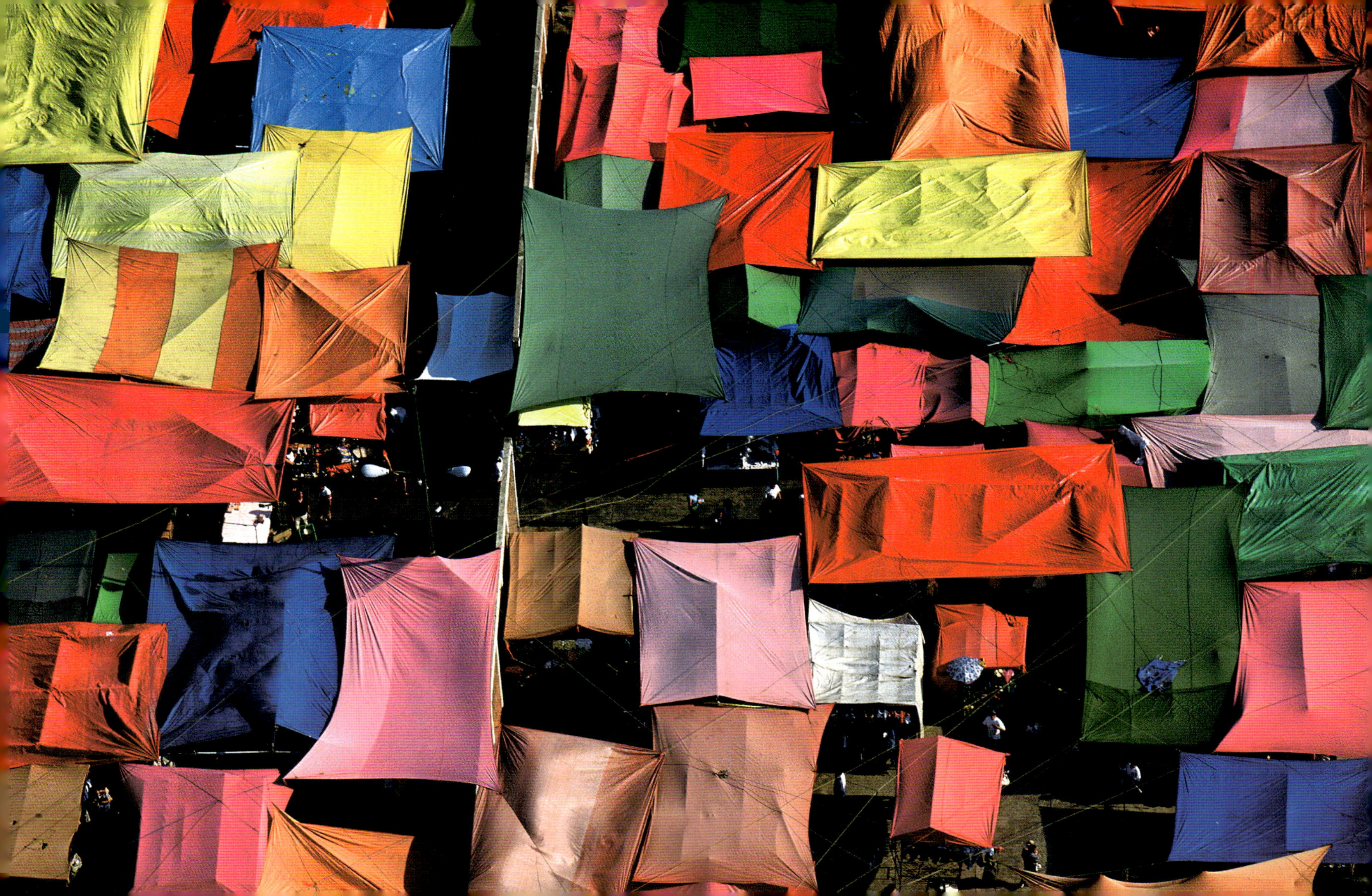

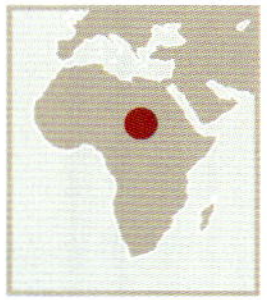

Nomadenlager im Gebiet des Tschadsees, Tschad

(13° 15′ nördlicher Breite – 15° 12′ östlicher Länge)

Die Sümpfe und das fruchtbare Schwemmland des Tschadsees dienen sowohl den Kanembu- und Fulbe-Nomaden, als auch den auf den Inseln lebenden Budumas als Weideland. In der Dämmerung zünden die Züchter Feuer an, wie auf dieser Aufnahme von einem Lager an der Nordostküste. Sofort sucht das Vieh im dicken Rauch Schutz vor den Mücken, einer wahren Landplage, die gefährliche Krankheiten überträgt. Doch der heute 400 000 Tiere zählenden Rasse mit dem Namen Kuri droht noch von einer ganz anderen Seite Gefahr. Mit ihren gewaltigen Hörnern, die ihnen beim Schwimmen von großem Nutzen sind, ist ihr Lebensraum auf die Inseln im Tschadsee beschränkt. Ihr Schicksal ist eng verbunden mit dem des Sees, der sich in den letzten 30 Jahren merklich verkleinert hat. Die Oberfläche des viertgrößten afrikanischen Sees sank von 25 000 Quadratkilometern auf 2500 Quadratkilometer. Der schwache Niederschlag (210 Millimeter jährlich) konnte die schweren Dürren von 1972 und 1982 nicht ausgleichen. Außerdem hat nicht zuletzt durch die landwirtschaftlichen Bewässerungsmaßnahmen die Wassermenge der beiden den See speisenden Flüsse Chari und Komadugu abgenommen. Zur Rettung des Sees planen die vier Anrainerstaaten Tschad, Niger, Nigeria und Kamerun die Umleitung eines zentralafrikanischen Flusses.

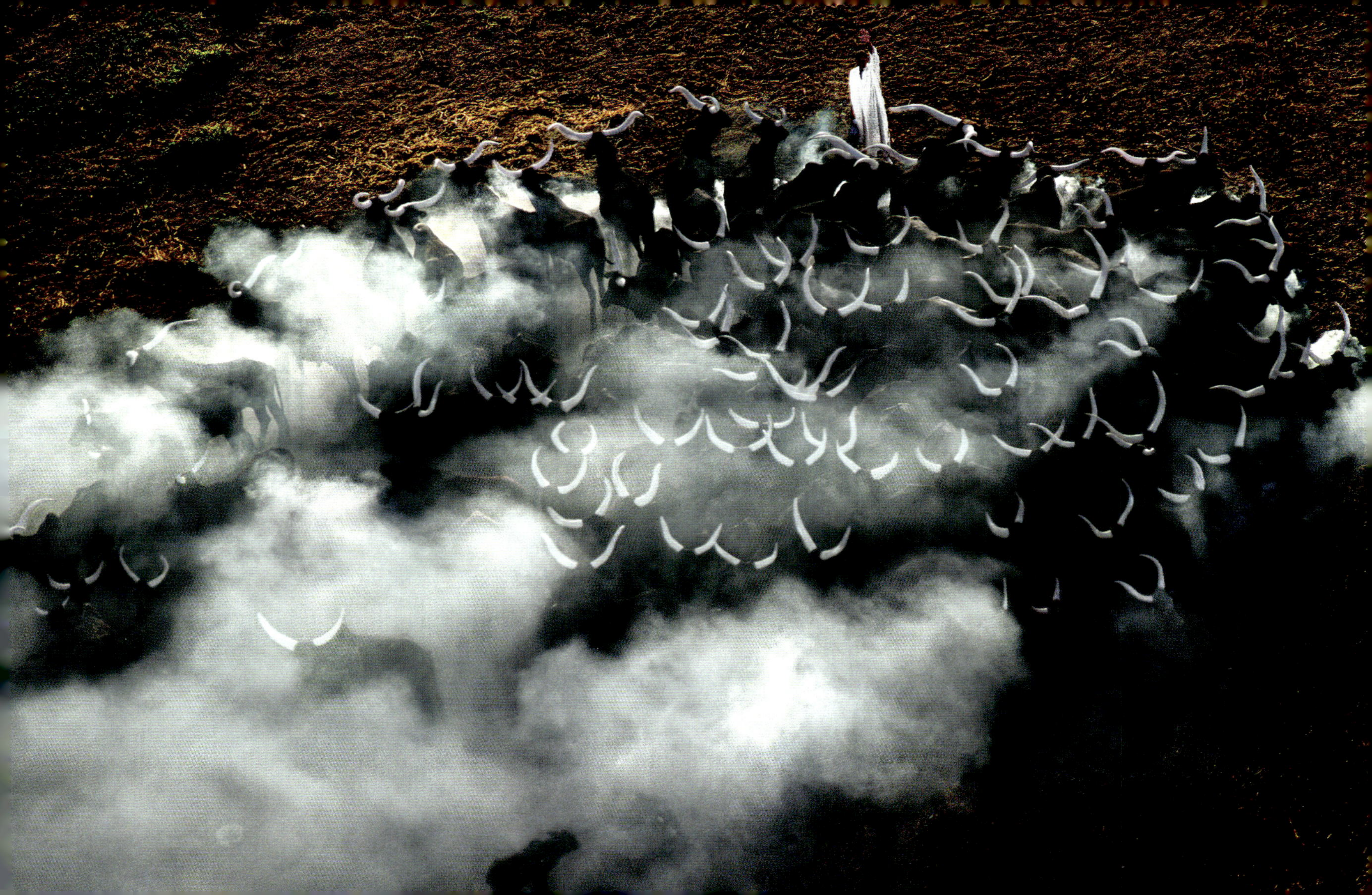

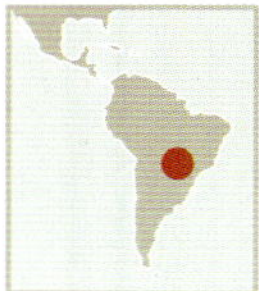

Zebuherde auf einer Straße bei Cáceres, Mato Grosso do Norte, Brasilien (16° 05′ südlicher Breite – 57° 40′ westlicher Länge)

Die Landwirtschaft von Mato Grosso ist ergiebiger als in den meisten anderen Regionen Brasiliens. Das Land ist in riesige Güter, die so genannten *fazendas*, aufgeteilt. Rund zwei Drittel des brasilianischen Ackerlandes gehören einigen Reichen, die weniger als drei Prozent der Bevölkerung ausmachen. Die Hälfte davon liegt brach. Andererseits leben in Brasilien über 25 Millionen Bauern, die über kein eigenes Land verfügen und sich deshalb als abhängige Tagelöhner durchschlagen müssen. Eine Situation, die in den letzten zehn Jahren zu gewalttätigen Auseinandersetzungen mit über 1000 Todesopfern führte. Der Kampf um eine gerechtere Verteilung des Ackerlandes wird hauptsächlich vom Movimento dos sem terra (Bewegung der Landlosen) getragen. Über Landbesetzungen konnte man Druck auf den Staat ausüben, und so kamen seit 1985 mehr als 250 000 Familien zu eigenem Grund und Boden. Doch nur eine Agrarreform kann eine wirkliche Besserung herbeiführen. Bis jetzt hat sich jedoch noch keine Regierung ernsthaft damit beschäftigt – aus Angst vor einem Konflikt mit den reichen Großgrundbesitzern und den in Brasilien investierenden internationalen Konzernen.

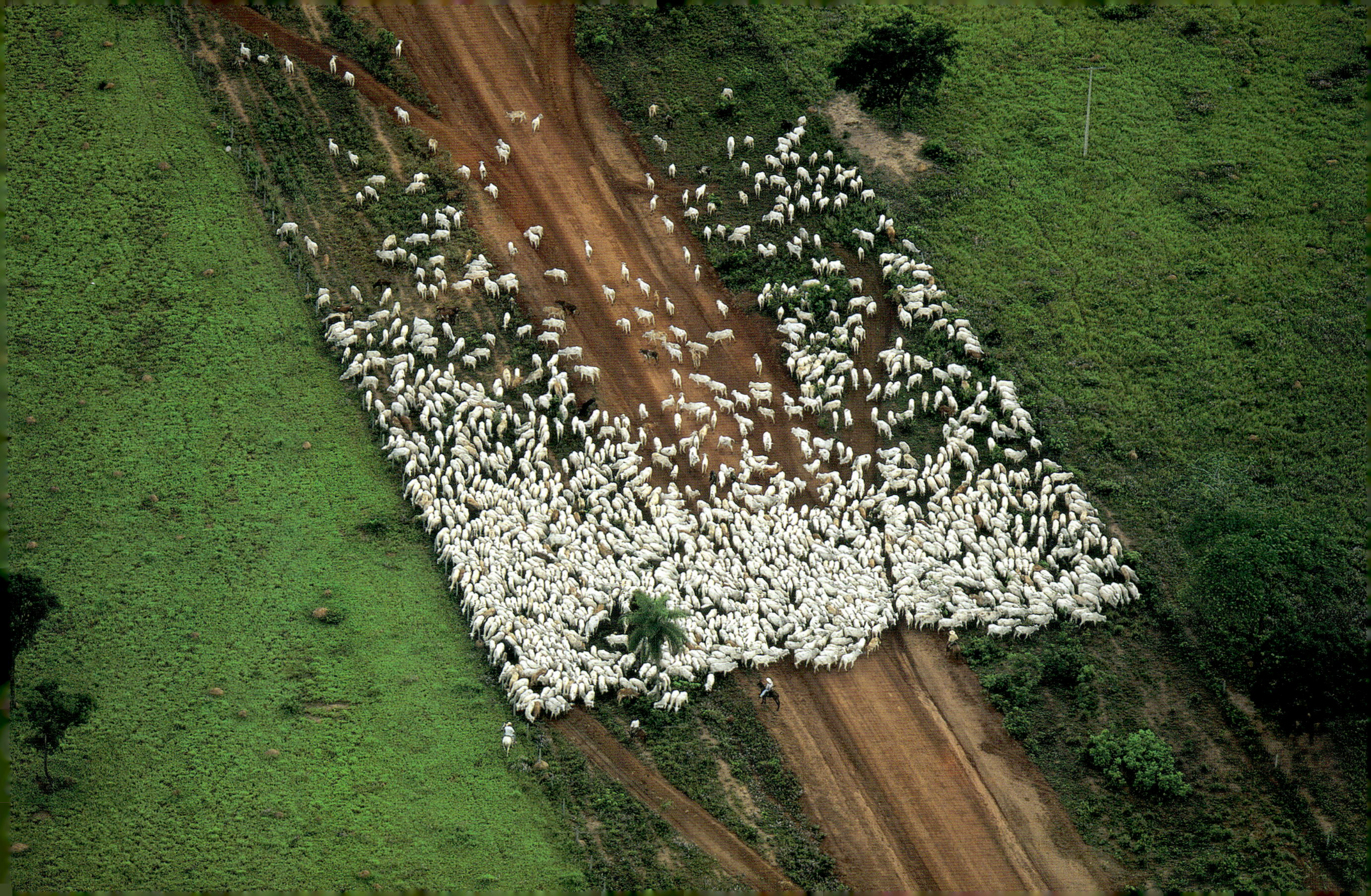

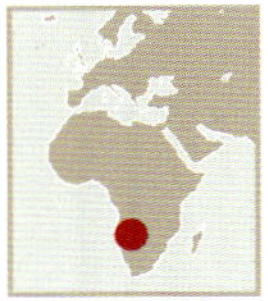

Gestrandetes Schiff bei Lüderitz, Namibia

(26° 42′ südlicher Breite – 15° 04′ östlicher Länge)

Der Benguela-Strom aus der Antarktis fließt entlang der namibischen Küste in Richtung Äquator. Der Temperaturgegensatz zwischen den kalten Auftriebsströmungen und dem tagsüber erhitzten Festland führt häufig zu Küstennebel. Durch die zahlreichen Riffe der südwestafrikanischen Küste kommt es außerdem häufig zu Strudeln und heftigen Gegenströmungen. Kein Wunder also, wenn die Route zum Kap der Guten Hoffnung, der Südspitze des afrikanischen Kontinents, unter den Seeleuten berühmt-berüchtigt ist: »Höllensand« oder »Skelettstrand« sind viel sagende Bezeichnungen für diesen Küstenabschnitt. Der triste Strand ist übersät mit verrosteten Wrackteilen. Sie stammen nicht nur von Schiffen, sondern auch von Flugzeugen oder Geländewagen. Sogar Walfisch- oder gar Menschenknochen findet man. Manche Überreste liegen mehrere hundert Meter von der Küste entfernt, wie etwa jenes Schiffswrack in der Nähe der Stadt Lüderitz. Dies lässt auf einen ganz besonders dramatischen Hergang der Katastrophe schließen. Auch wenn die Rettungstechniken heute deutlich besser sind als noch vor 50 Jahren, ist die Zahl der Opfer, die das Meer fordert, immer noch hoch: Weltweit werden jeden Tag mindestens 65 Hochseefischer vermisst, und jede Woche kentern im Durchschnitt zwei große Schiffe.

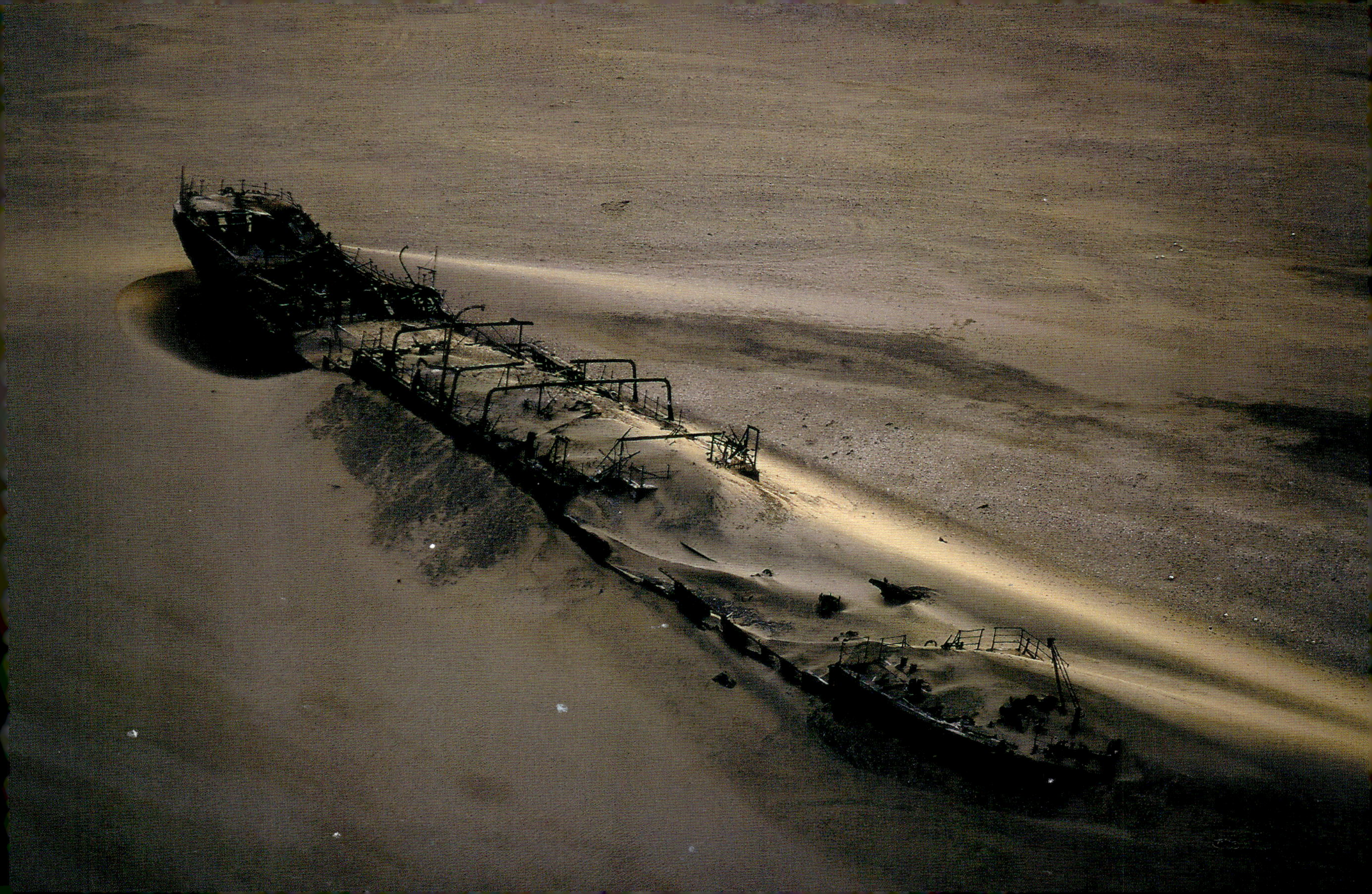

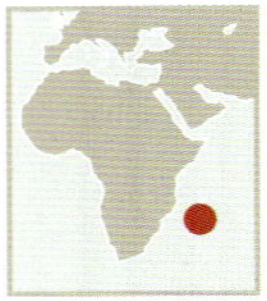

Wagenkolonnen im Südwesten von Antananarivo, Madagaskar

(18° 55′ südlicher Breite – 47° 31′ östlicher Länge)

Jeden Tag ziehen die Buckelrinder ganze Wagenkolonnen über schlammige, kurvenreiche Wege in die madagassische Hauptstadt Antananarivo. Angesichts dieser Landflucht platzt die Hauptstadt aus allen Nähten und dehnt sich bereits auf die sumpfigen Ebenen des Umlandes aus. Mit einem Bruttoinlandsprodukt von 250 Dollar pro Kopf zählt Madagaskar zu den 15 ärmsten Ländern der Welt. Zum Vergleich: Das Pro-Kopf-BIP der EU liegt im Durchschnitt bei 21 300 Dollar. Die Armut macht sich hauptsächlich bei den Kleinbauern breit: 70 Prozent der Madagassen leben unterhalb der Armutsgrenze, davon arbeiten 85 Prozent in der Landwirtschaft. Mehrere Faktoren sorgen für eine zusätzliche Verschlechterung der Lage: ungerechte Landverteilung, eine hohe Geburtenrate und eine nur unzureichende medizinische Versorgung. Besonders benachteiligt sind die Frauen: Sie dürfen weder Land besitzen noch Kredite aufnehmen.

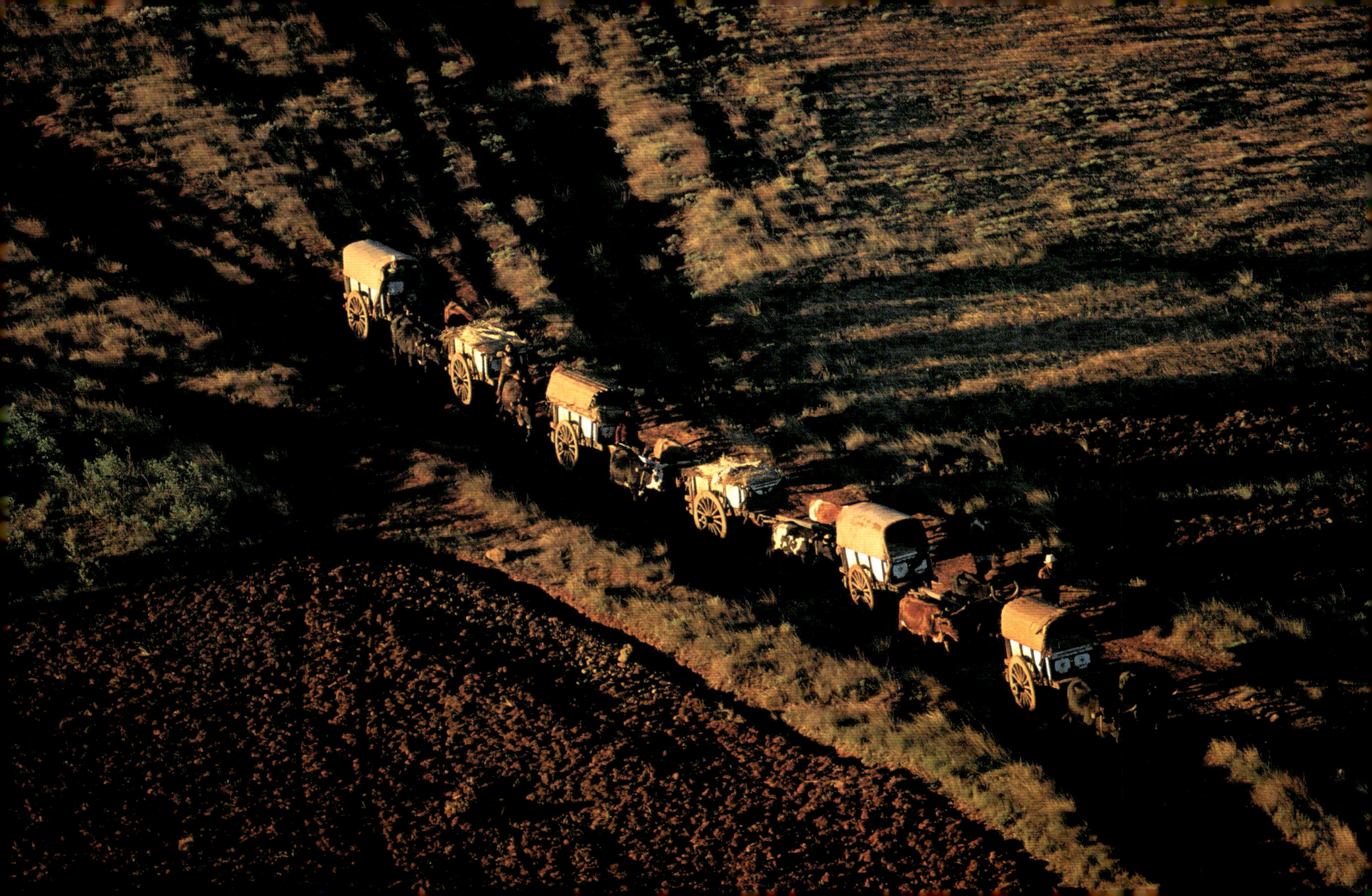

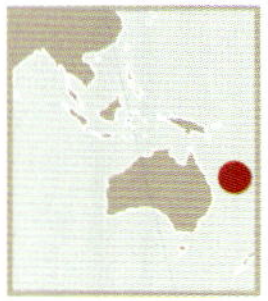

Die Nokanhui-Inseln südlich von der Île des Pins, Neukaledonien, Frankreich (22° 43′ südlicher Breite – 167° 30′ östlicher Länge)

Als Kapitän Cook 1774 eine längliche Insel entdeckte, nannte er sie in Anlehnung an seine schottische Heimat Neukaledonien. Mit ihrer unberührten, üppigen Vegetation vermittelte die Inselgruppe das Bild eines ozeanischen Paradieses. Dieser Eindruck verflüchtigte sich jedoch schnell, als die Franzosen 1863 mehrere von diesen Inseln in ein Straflager verwandelten. 22 000 Menschen wurden nach Neukaledonien deportiert, darunter auch die ehemaligen Kämpfer für die Pariser Kommune von 1871. Viele von ihnen blieben nach dem Ende ihrer Haftzeit dort. Doch für den damaligen Gouverneur war diese erste Besiedlung nicht ausreichend. Ab 1894 ließ er weitere 500 Familien kommen und teilte ihnen 25 000 Hektar Land zu. Erst 1946 erhielten die Melanesier die französische Staatsbürgerschaft, bis dahin waren nur die Sträflinge und Siedler von Frankreich anerkannt worden. Heute werden der kanakischen Bevölkerung immer größere Autonomierechte zugestanden. Seit der Volksabstimmung von 1998 teilt sie sich mit der französischen Regierung die Souveränität über Neukaledonien.

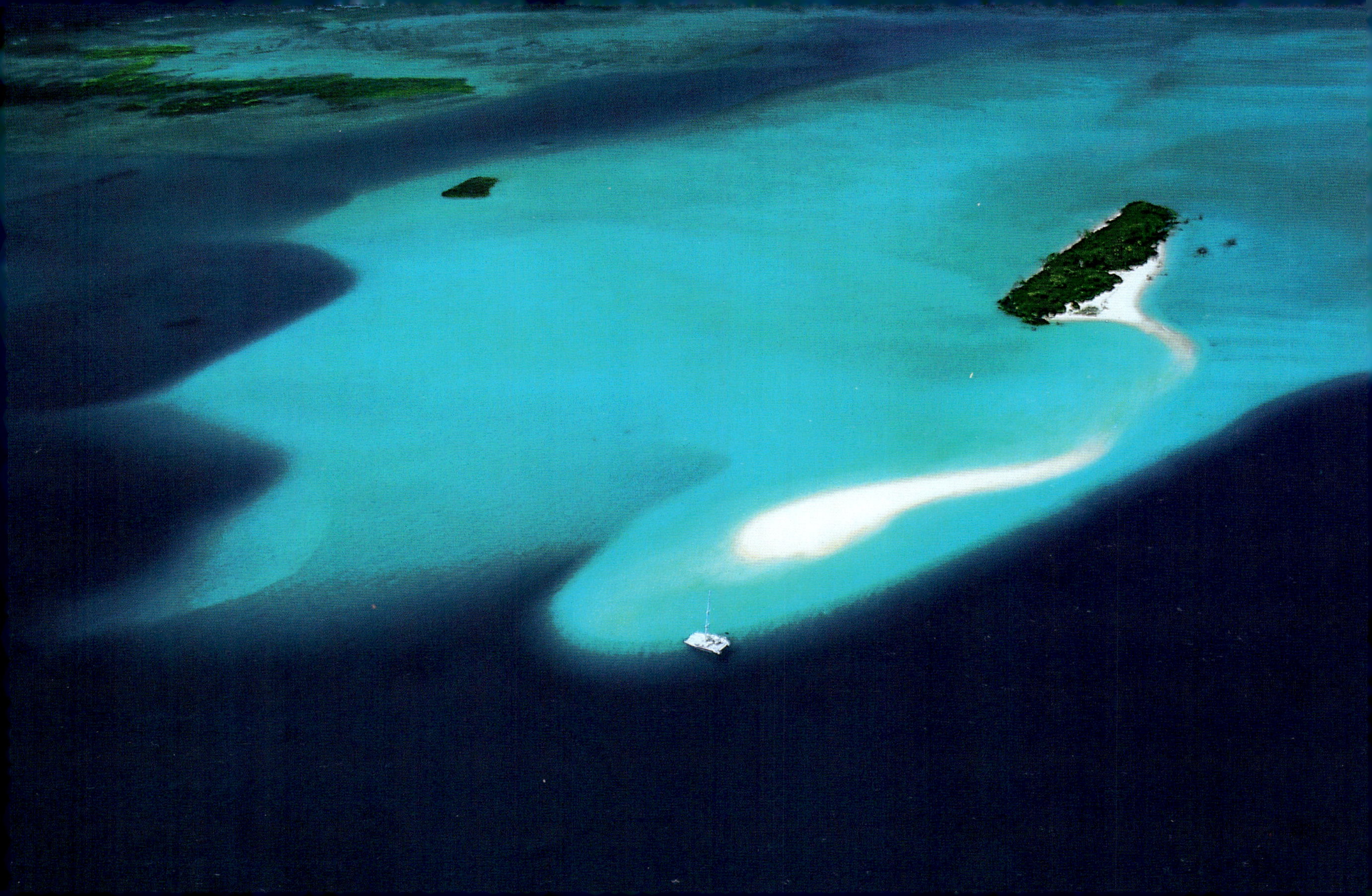

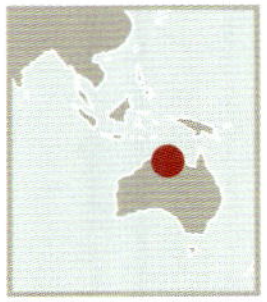

Sumpfgebiet im Kakadu-Nationalpark, Bundesstaat Northern Territory, Australien (13° 00′ südlicher Breite – 132° 30′ östlicher Länge)

Mit seinen 20 000 Quadratkilometern ist der Kakadu-Nationalpark einer der größten Naturparks Australiens. Nicht nur wegen seiner Naturschätze, sondern auch wegen seiner kulturellen Besonderheiten wurde er 1981 in die UNESCO-Liste des Weltkulturerbes aufgenommen. Das Gebiet ist seit 40 000 Jahren bewohnt und ist deshalb von ungeheurem archäologischem und ethnologischem Interesse. Man findet Spuren von steinzeitlichen Jägern und Fischern, von den Höhlenmalereien der Eingeborenen ganz zu schweigen. Die Sumpfebene des Kakadu-Nationalparks bietet einen einzigartigen Artenreichtum: Man unterscheidet rund 1300 Pflanzen-, 80 Fisch-, 117 Reptilien-, 280 Vogel- und 60 Säugetierarten. Australien ist seit 150 Millionen Jahren vom übrigen Festland getrennt und brachte deshalb Gattungen hervor, die sonst nirgendwo auf der Welt vorkommen, beispielsweise den Koala oder das Känguru.

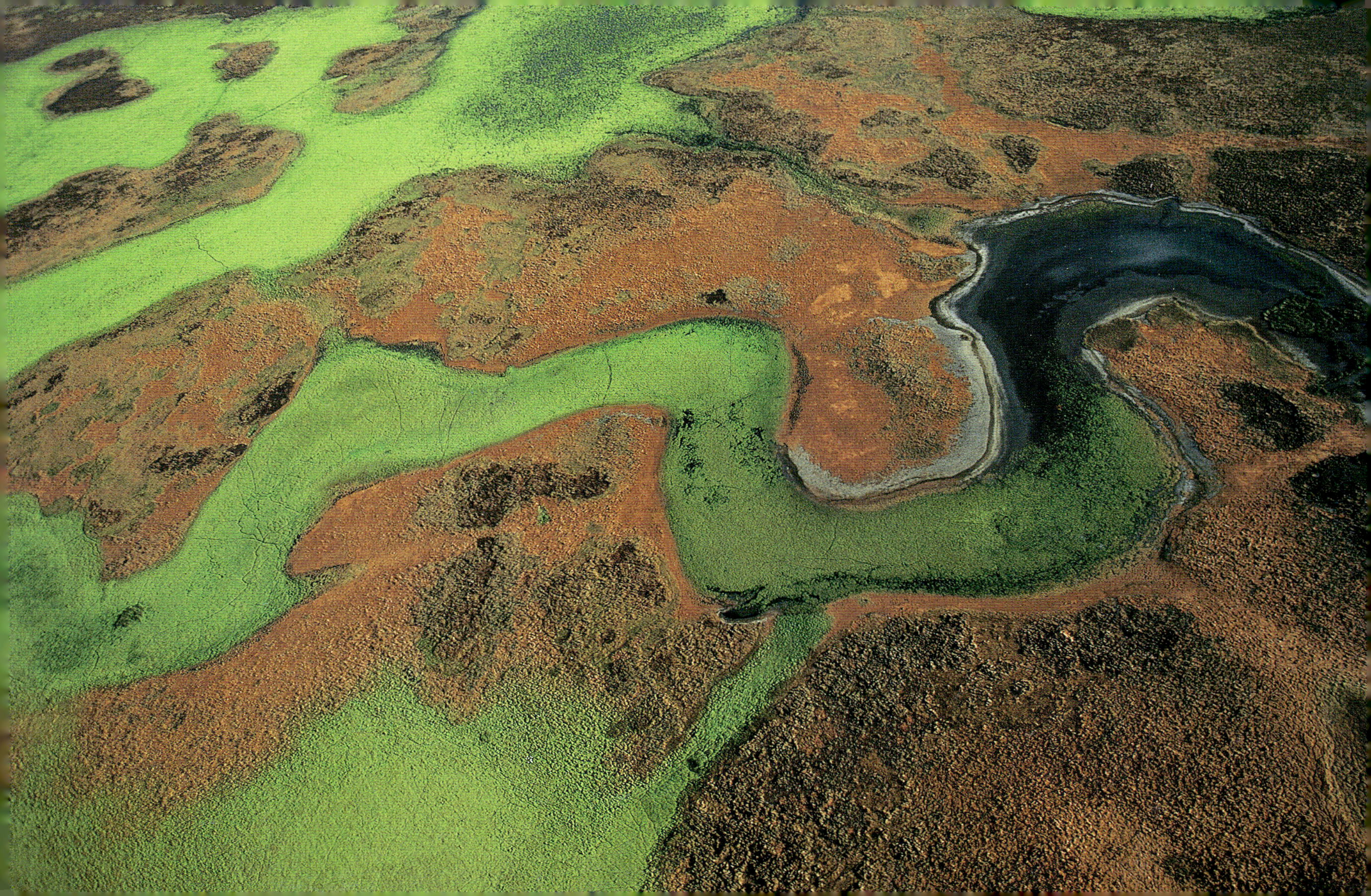

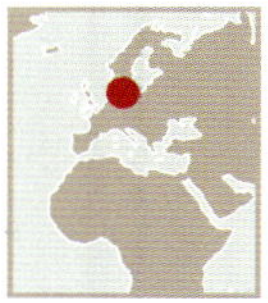

Windmühlenpark Middelgrunden im Küstengewässer vor Kopenhagen, Dänemark (55° 40′ nördlicher Breite – 12° 38′ östlicher Länge)

Im Øresund, der Meerenge zwischen Dänemark und Schweden, liegt der größte Off-Shore-Windmühlenpark der Gegenwart. Er befindet sich zwei Kilometer östlich des Kopenhagener Hafens, das Wasser in diesem Bereich ist zwischen drei und fünf Meter tief. Die 20 Windmühlen bilden einen 3,4 Kilometer langen Bogen. Die Rotoren haben einen Durchmesser von 76 Metern, der Drehpunkt liegt 64 Meter über dem Wasserspiegel. Der Park hat eine Leistung von 40 Megawatt und produzierte im Jahr 2000 rund 89 Millionen Kilowatt pro Stunde, also rund drei Prozent des Strombedarfs von Kopenhagen. Bis 2030 wird Dänemark 50 Prozent seines Stromverbrauchs durch Windenergie abdecken können. Heute sind es zehn Prozent. Im Augenblick machen die erneuerbaren Energien weltweit nur zwei Prozent der Primärenergie aus, doch wegen ihrer ökologischen Vorteile stoßen sie auf ein deutliches Interesse. Dank fortschreitender Technik ist die Lärmbelästigung durch die Windmühlen deutlich zurückgegangen. Außerdem beträgt der Mindestabstand zu Wohngebäuden 500 Meter. Folglich haben die Widerstände abgenommen. In den letzten vier Jahren vermehrten sich die Windkraftanlagen jährlich um rund 30 Prozent.

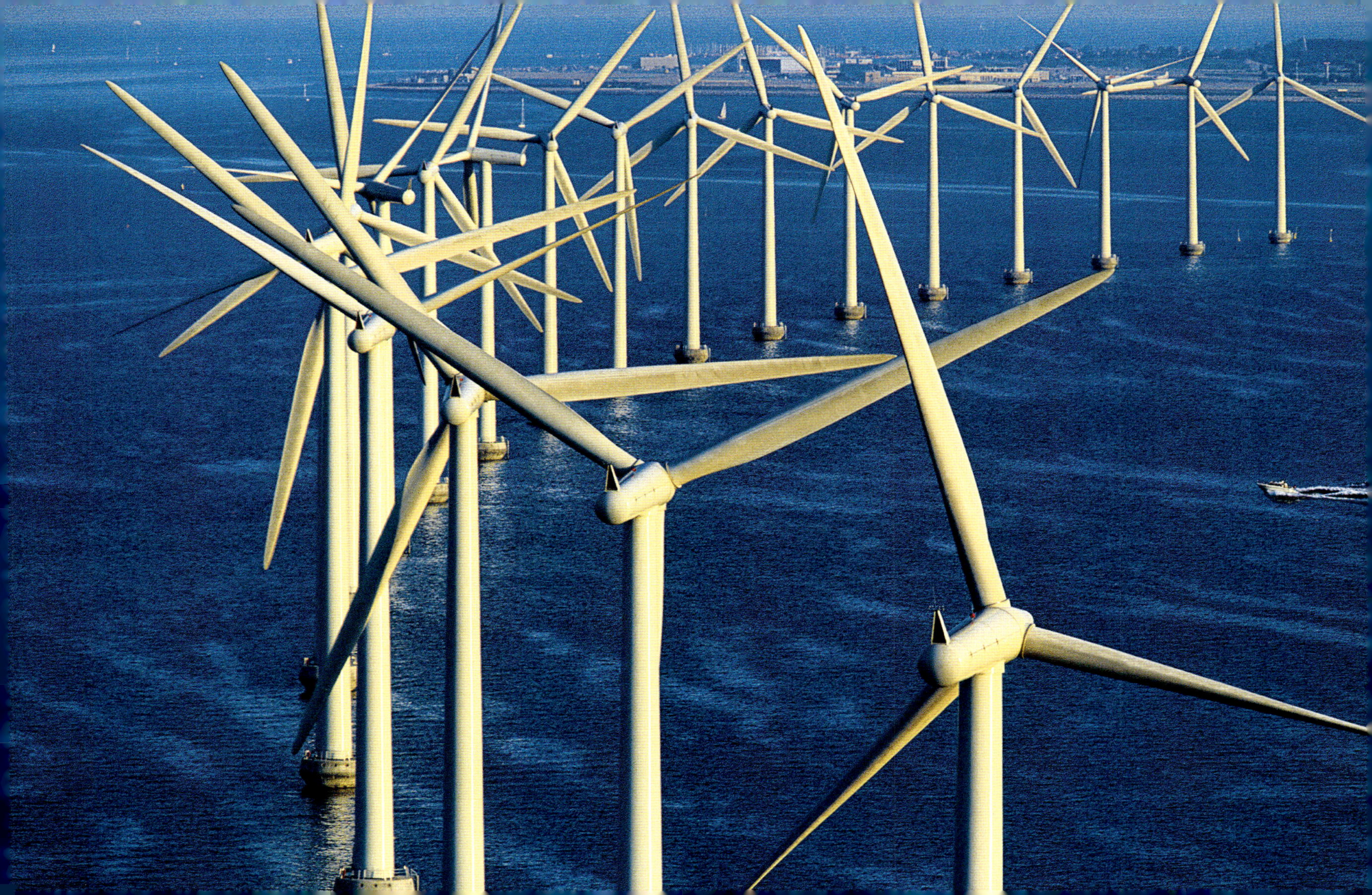

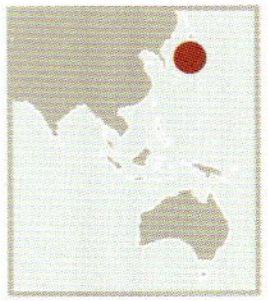

Wasserturm Kizuminami, südlich von Kyoto, Honshu, Japan

(34° 41′ nördlicher Breite – 135° 47′ östlicher Länge)

Der 1999 in Kizu, südlich von Kyoto, errichtete Wasserturm ist 47 Meter hoch und garantiert die Trinkwasserversorgung von 16 000 Menschen. Die Inspirationsquelle für seine zylindrische Architektur ist der in dieser Region weit verbreitete Bambus. Die Graspflanze wird bis zu 40 Meter hoch, erlangt einen Durchmesser von bis zu 60 Zentimetern und wurde schon vor 200 Millionen Jahren von den Dinosauriern begehrt. Man unterscheidet rund 1250 verschiedene Bambusarten. Dank des schnellen Wachstums (zwischen 75 und 400 Millimeter täglich) kann alle zwei Jahre geerntet werden. Den Rekord hält eine Sorte, die auf japanischem Boden innerhalb von 24 Stunden um 1,2 Meter wuchs. Eine einzige Bambuspflanze kann in 35 Jahren bis zu 15 Kilometer Bambusrohr produzieren. Man kennt über 1500 verschiedene Nutzungsarten vom Bau (Gerüste, Wohnhäuser, Brücken) über die Einrichtung (Möbel, Geräte) bis hin zur Nahrung (junge Sprossen) und zur Medizin. Die Wurzeln des Bambus schützen den Boden vor Erosionsschäden. Zurzeit untersuchen Forscher, inwieweit der Bambus eine Alternative zu Holzprodukten ist, um so in den Entwicklungsländern die Abholzung der tropischen Wälder eindämmen zu können.

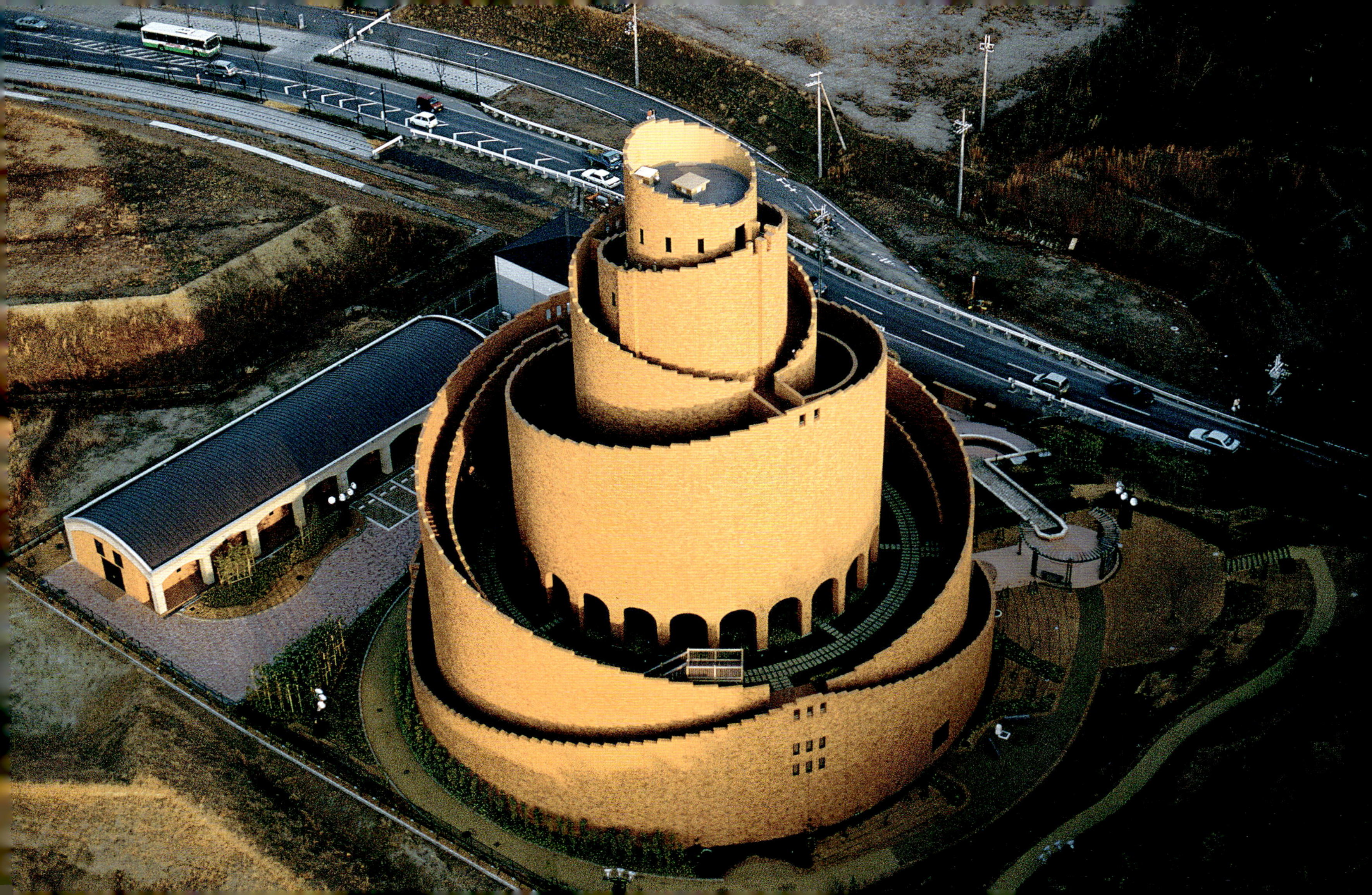

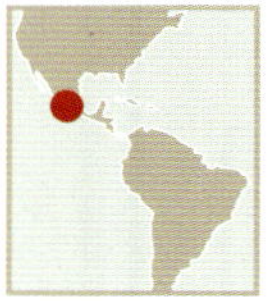

Touristen in Badegesellschaft mit Delfinen, Puerto Vallarta, Bundesstaat Jalisco, Mexiko (20° 37′ nördlicher Breite – 105° 15′ westlicher Länge)

Die Stadt Puerto Vallarta an der pazifischen Westküste ist schon seit Jahrzehnten eine Hochburg des mexikanischen Tourismus. Im städtischen Vergnügungspark können die Urlauber beim Baden mit Delfinen Kontakt aufnehmen. Diese Praxis wird von verschiedenen Tierschutzverbänden verurteilt. Bei der großen Zahl der Besucher und dem engen Kontakt mit den Tieren ist die Übertragungsgefahr von Krankheiten zwischen Tieren und Menschen deutlich höher. In allen Parks, in denen diese Meeressäuger gefüttert und gestreichelt werden können, wurden gestresste, übergewichtige und häufig auch verletzte Delfine gemeldet. Auch die Besucher können sich nicht immer sicher fühlen und werden oft Opfer von Bissen oder unfreiwilligen Schlägen. Immer wieder melden sich Naturschutzverbände zu Wort und fordern die Schließung dieser »Pettingpools«.

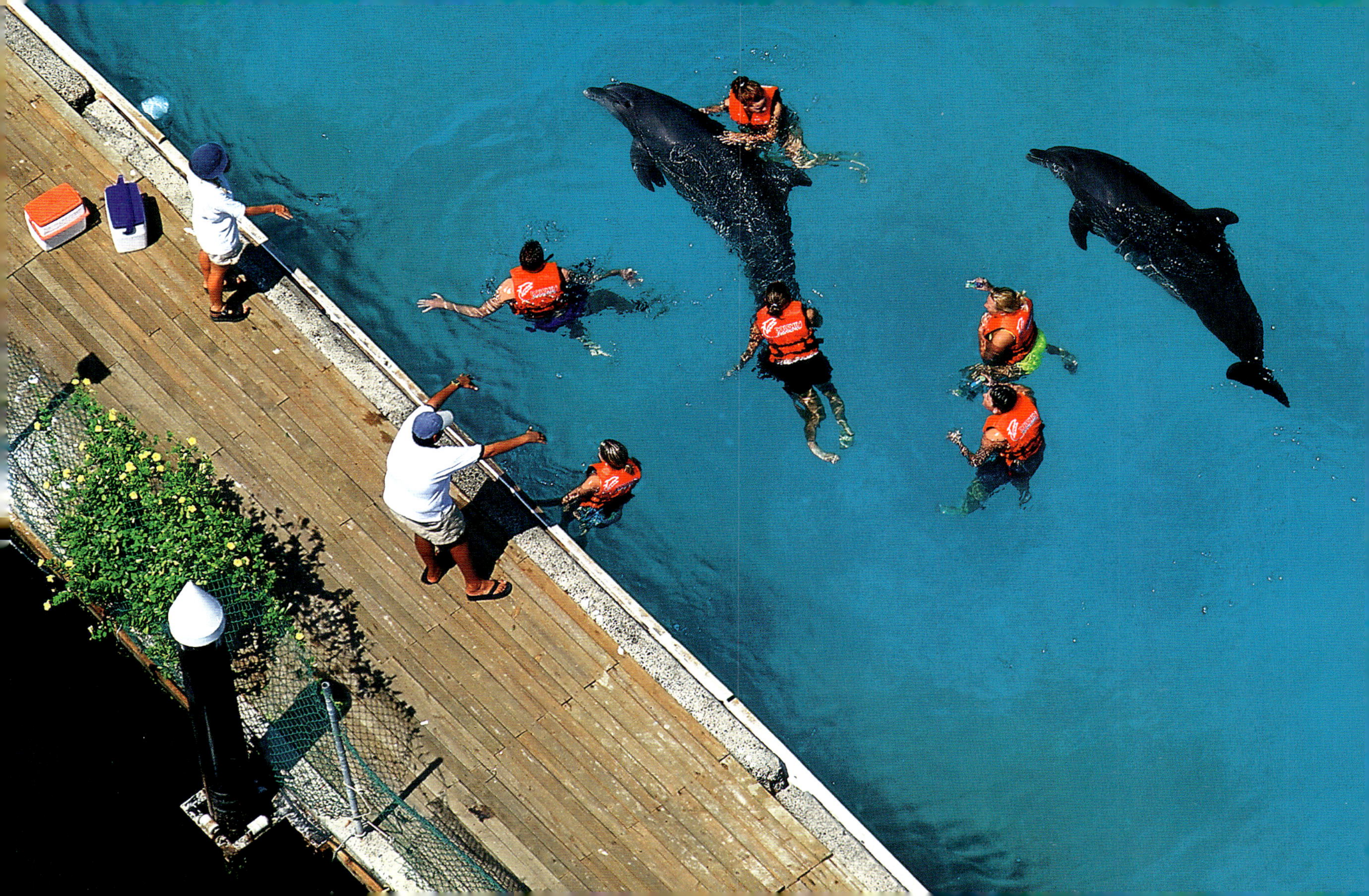

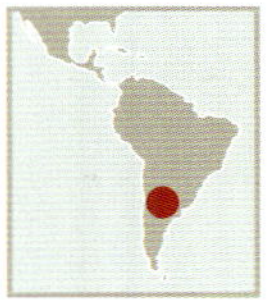

Herbstfarben in der Region Neuquén, Argentinien

(40° 55′ südlicher Breite – 71° 37′ westlicher Länge)

Auf Grund ihrer Ähnlichkeit mit den Alpen werden die Anden im südlichen Teil der Region Neuquén auch als »Argentinische Schweiz« bezeichnet. Dieses Waldgebiet gemäßigten Klimas ist in Lateinamerika einzigartig. Der größte Teil der »Argentinischen Schweiz« liegt allerdings im benachbarten Chile: Im Norden grenzt sie an die Wüste Atacama, im Osten an die Pampa und im Westen an den Pazifik. Die Flora ist einmalig: 90 Prozent der Pflanzen wachsen sonst nirgendwo auf der Welt. Doch die beiden südlichsten Länder Amerikas haben bereits die Hälfte ihres Waldbestandes verloren. In Argentinien wurde der natürliche Wald an vielen Stellen durch Kiefer- oder Eukalyptus-Monokulturen ersetzt. Diese einheitlichen Pflanzungen sind biologisch arm und gegenüber Krankheiten und Unwettern wesentlich anfälliger.

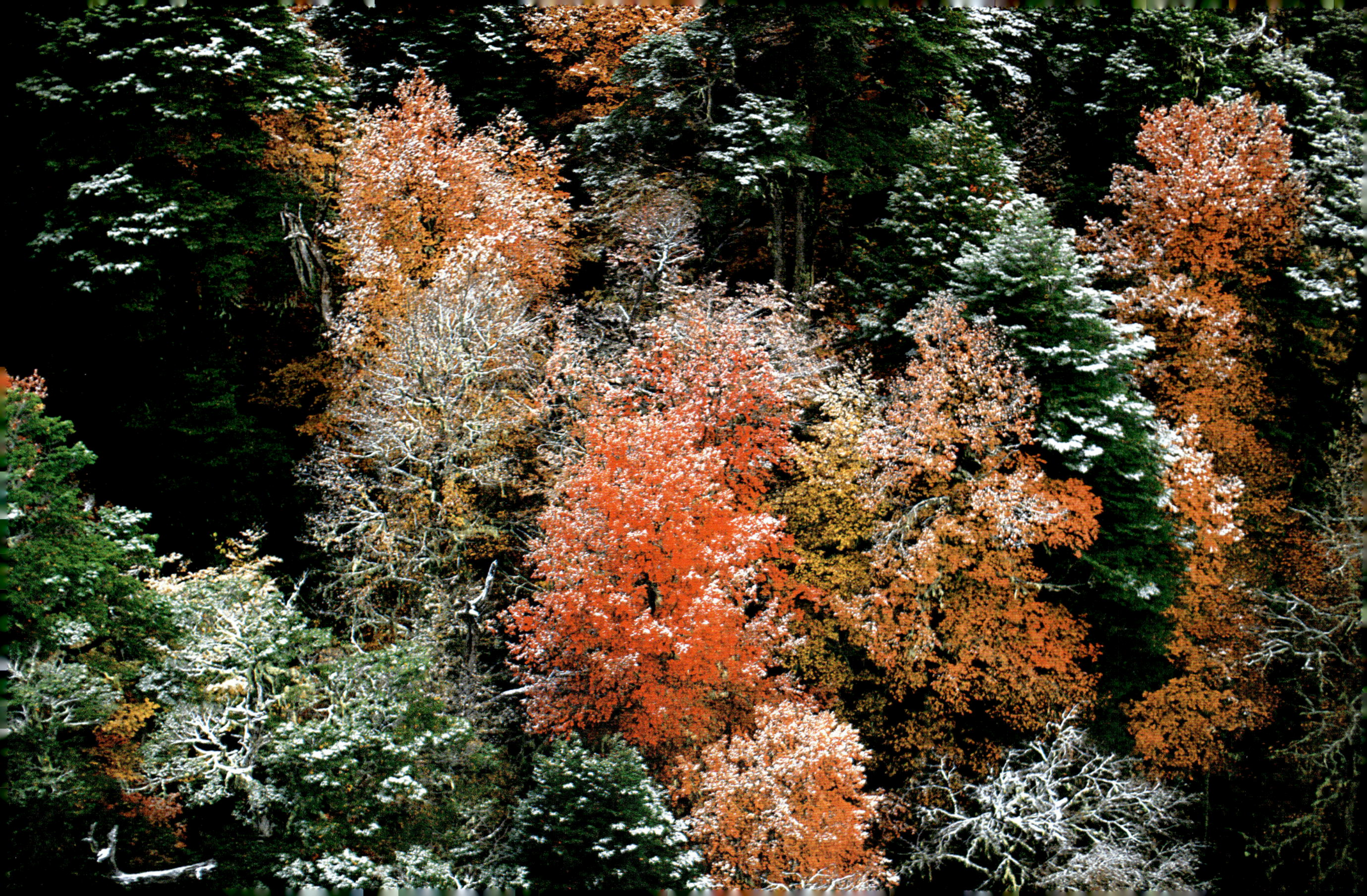

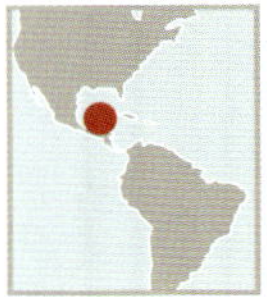

Punta Cancún, Quintana Roo, Mexiko

(21° 05′ nördlicher Breite – 86° 46′ westlicher Länge)

An der Nordostspitze der Halbinsel Yucatán schiebt sich eine schmale Landzunge zwischen die breite Lagunenküste und das offene Karibische Meer. Erst 1972 entstanden die ersten Häuser an diesem außergewöhnlichen Ort. Heute ist er Mexikos Touristenziel Nr. 1 und zählt mit seinen Direktflügen in die USA und nach Europa zu den größten Seebädern der Welt. Auf einer Strandlänge von 15 Kilometern reiht sich ein luxuriöser Hotelkomplex an den anderen. Der Tourismusboom erstreckt sich über ein Gebiet, das von Cancún aus 70 Kilometer weit in den Süden reicht und Riviera Maya genannt wird. Die Tourismusindustrie brachte im Jahr 2000 8,3 Milliarden Dollar ein und zählt zu den wichtigsten Einnahmequellen des Landes. Cancún ist aber nicht nur eine Hochburg des Massentourismus (drei Millionen Besucher im Jahr, davon 74 Prozent aus dem Ausland). 1999 veranstaltete dort eine nordamerikanische Expertengruppe eine Tagung zum Thema »Sanfter Tourismus«. Ein richtungsweisender Ansatz, der den Schutz der natürlichen Ressourcen und der oft vom Massentourismus bedrohten Landschaft mit einer gerechten Verteilung der Einnahmen zu verbinden sucht.

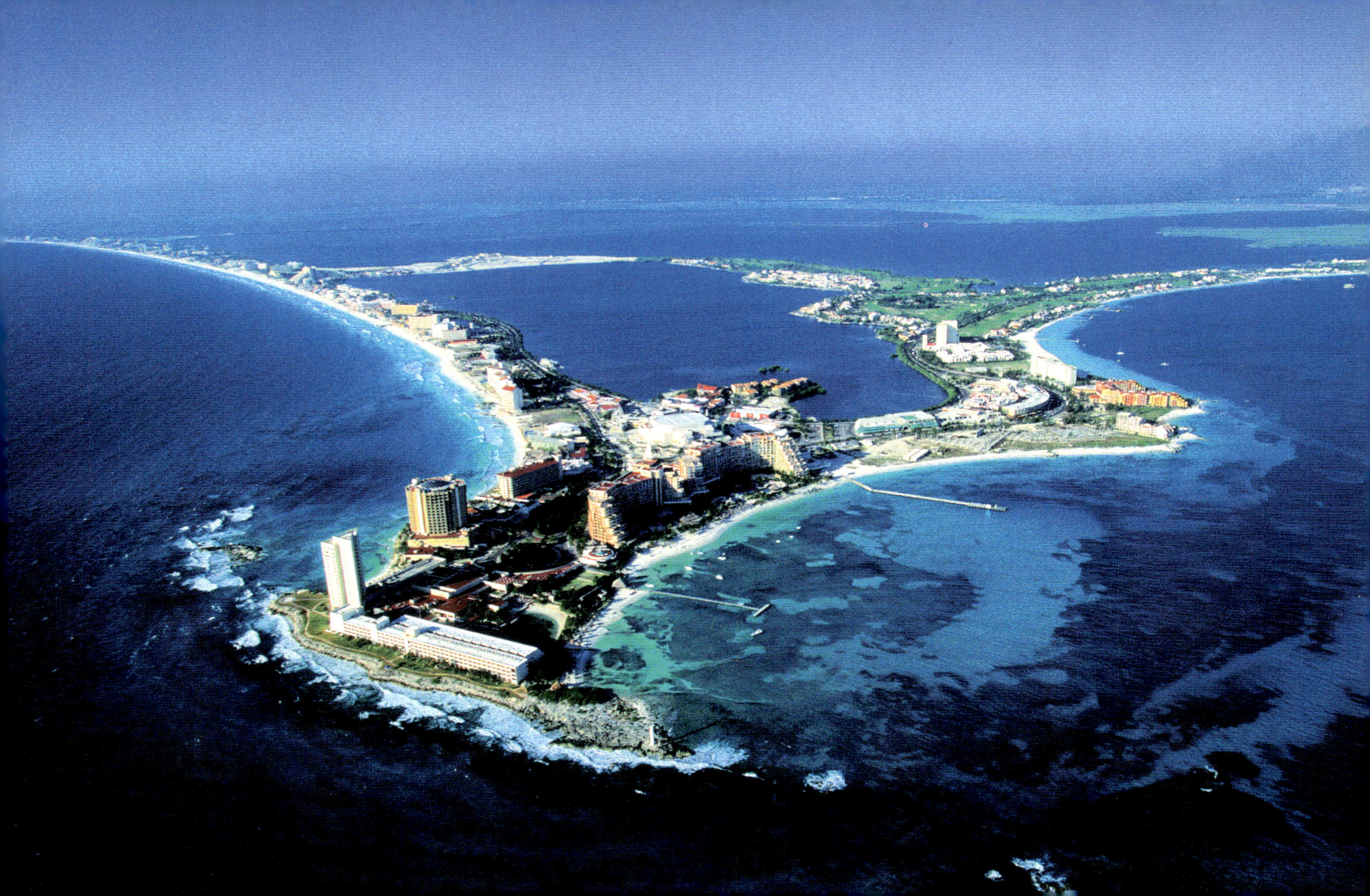

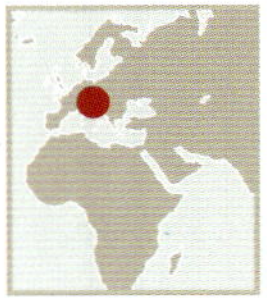

Insel Dugi Otok, Kroatien

(43° 58′ nördlicher Breite – 15° 04′ östlicher Länge)

Die kahlen Hügel der Insel Dugi Otok sind mit kilometerlangen Steinmauern überzogen. Es sind die Überreste einer vergangenen Weide- und Landwirtschaft. Bis ins frühe 20. Jahrhundert hinein betrieb man auf der Adria-Insel eine intensive Schafzucht. Eine starke Abnahme des Waldbestands war die Folge. Die Mauern dienten deshalb nicht nur zur Begrenzung der Weideflächen (oder der Felder, auf denen damals noch Rebstöcke und Ölbäume wuchsen), sondern auch zum Schutz vor den Erosionskräften des Windes und des Regens. Mit dem Rückgang der Schafzucht und der Landwirtschaft im Allgemeinen bekam die Vegetation wieder breiteren Raum. Doch der ausgelaugte Boden war schon allzu sehr von Menschenhand gezeichnet, und so wachsen auf der Insel nicht mehr alle Pflanzen, die man sonst in den »versteppten« Regionen des Mittelmeerraums findet. Die Vegetation ändert sich mit dem Ökosystem – oder besser gesagt: mit dem Agrosystem.

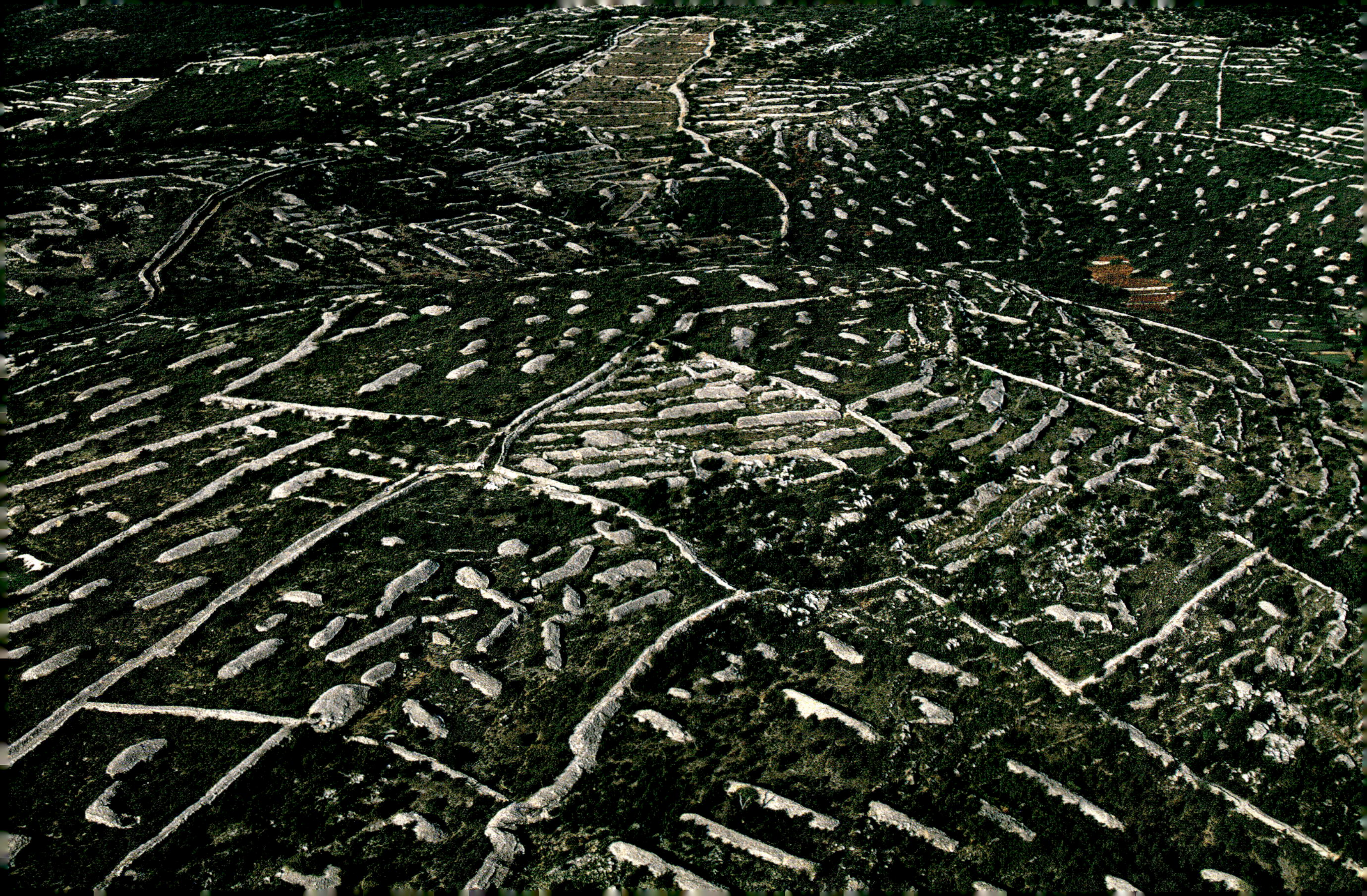

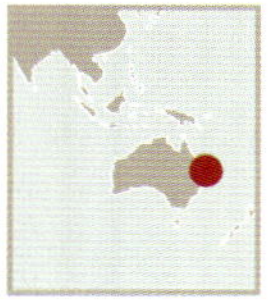

Sanddüne auf Fraser Island, Queensland, Australien

(25° 15′ südlicher Breite – 153° 10′ östlicher Länge)

Fraser Island vor der Küste von Queensland trägt seinen Namen nach einer Frau, die sich 1836 nach einem Schiffbruch auf diese Insel retten konnte. Mit einer Länge von 120 Kilometern und einer Breite von 15 Kilometern ist sie die größte Sandinsel der Welt. Kurioserweise entwickelte sich auf dem wenig fruchtbaren Boden ein Tropenwald mit mächtigen Wanderdünen. Fraser Island verfügt durch rund 200 Süßwasserseen über reichliche Wasservorräte und eine vielfältige Tierwelt mit Beuteltieren, Vögeln und Reptilien. Ab 1860 war die Insel vor allem wegen ihrer Waldbestände interessant: Man brauchte das Holz für den Bau des Suez-Kanals. In den 1970er Jahren war es dann der Sand, der die großen internationalen Handelsgesellschaften anzog. Heute ist die Insel als Naturschutzgebiet ausgewiesen und steht seit 1992 auf der UNESCO-Liste des Weltkulturerbes.

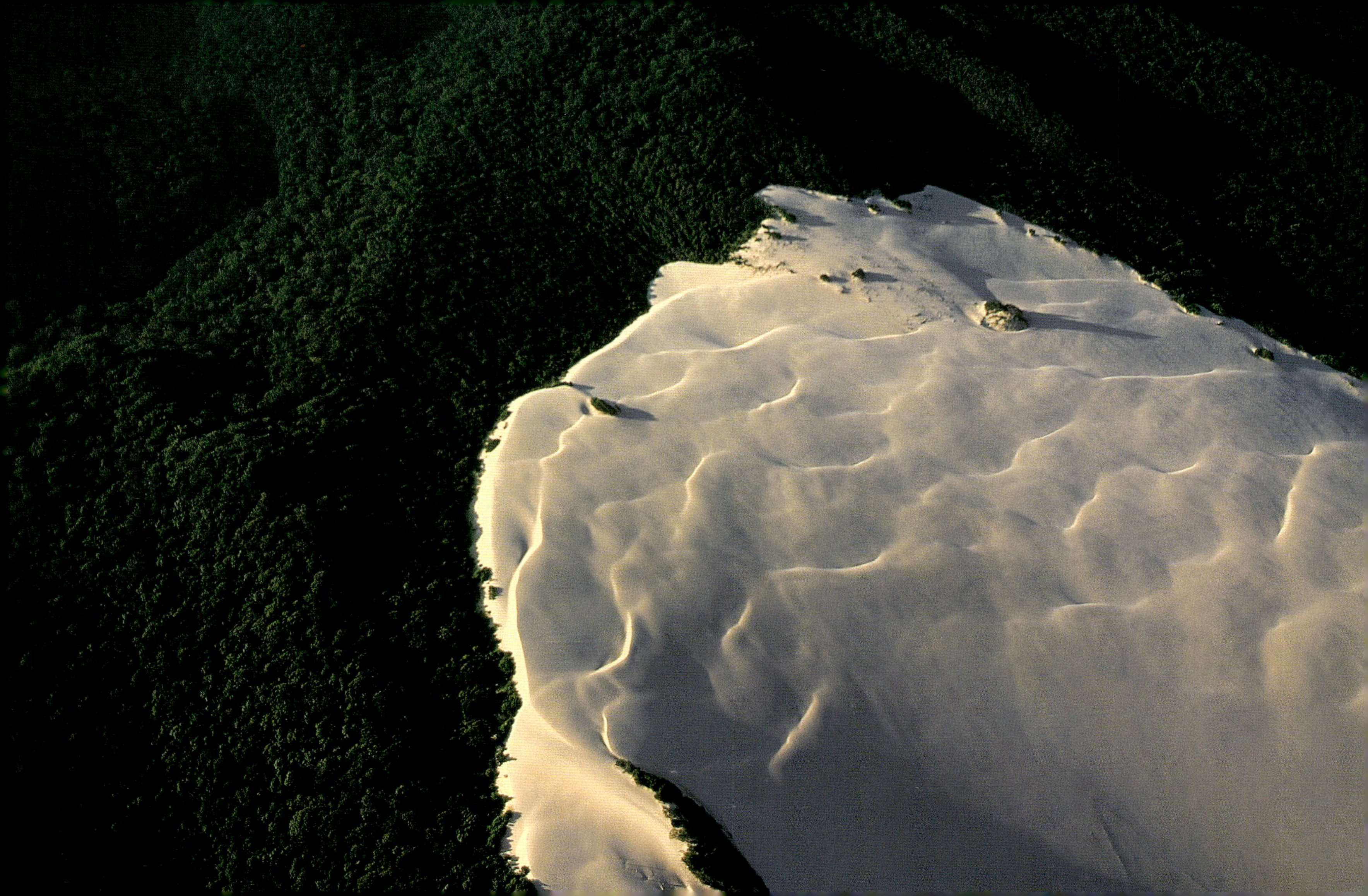

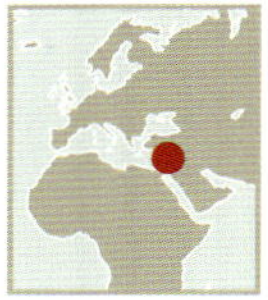

Fischer am Kap Ras Beirut, Libanon

(33° 53′ nördlicher Breite – 35° 30′ östlicher Länge)

Die Felsspitze Ras Beirut am nordwestlichen Ende der Stadt ist für die Sportfischer eine abenteuerliche Herausforderung. Mutig wagen sie sich in die schäumende Brandung. Neben diesen Freizeitsportlern besitzt der Libanon allerdings auch ein stattliches Heer von Berufsfischern. An seiner 210 Kilometer langen Küste finden sich zahlreiche Fischereihäfen. Trotz der starken türkischen Konkurrenz (30 Prozent der 1,3 Millionen Fische, die jährlich im Mittelmeer gefangen werden, landen in türkischen Netzen) spielt der Fischfang im Libanon nach wie vor eine wichtige soziale und kulturelle Rolle. Im Gegensatz zu dem im Nordatlantik konzentriert sich der mediterrane Fischfang vor allem auf den Küstenbereich. Folglich besteht die libanesische Fischfangflotte zu 85 Prozent aus Booten, die sich ausschließlich für den Küstenfischfang eignen. Trotzdem nimmt der Bestand bestimmter Fischarten (Seehecht, Seezunge, Seebarsch) merklich ab. Dies führte in den letzten Jahren zu mehreren internationalen Abkommen zum Schutz der mediterranen Fischressourcen.

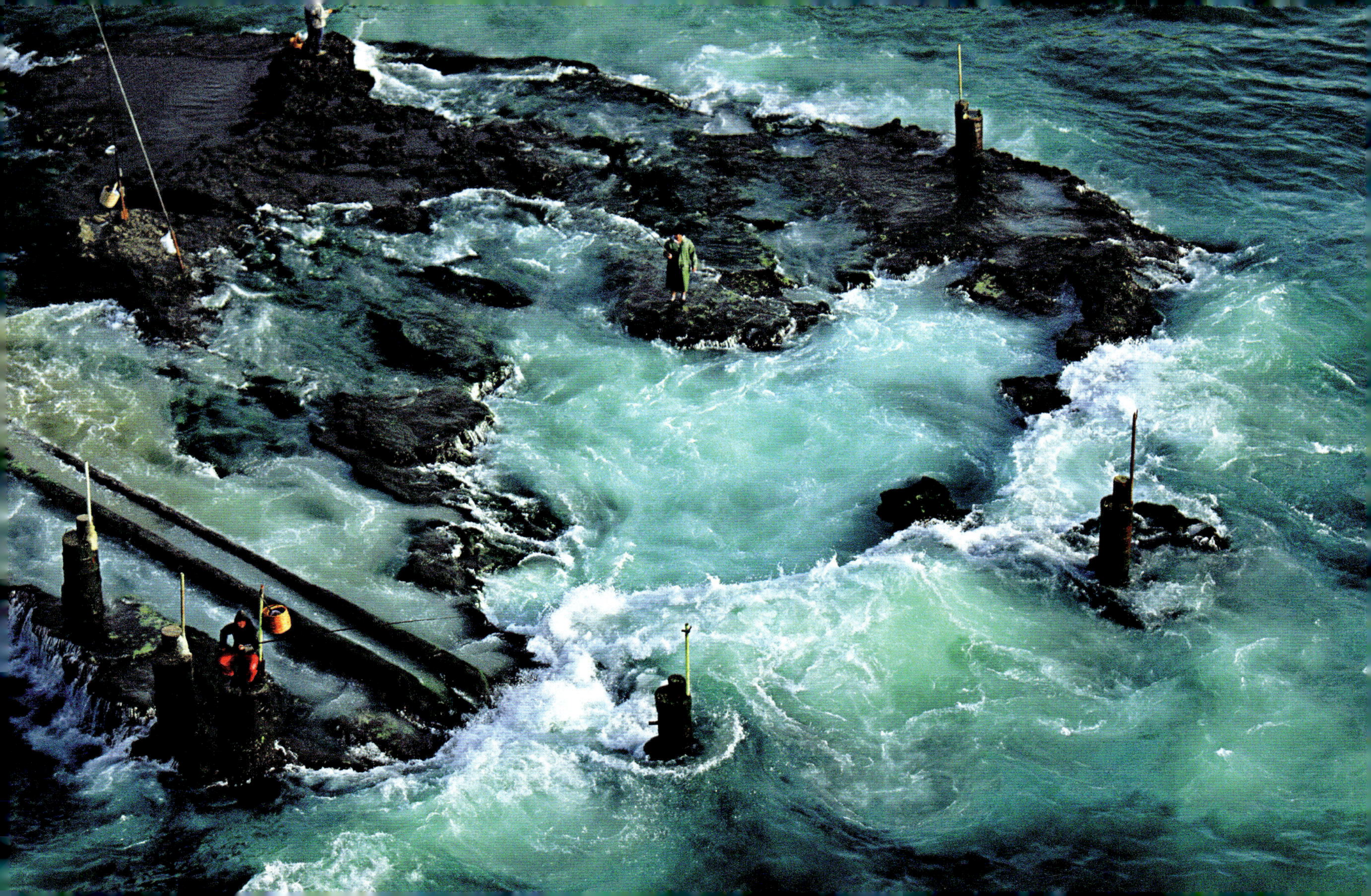

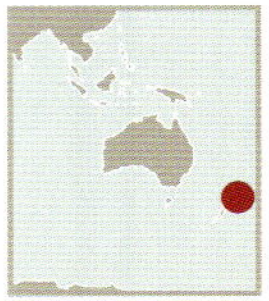

Geothermik-Zentrum von Waiotapu auf der Nordinsel von Neuseeland (38° 20′ südlicher Breite – 176° 21′ östlicher Länge)

Über dem kochend heißen Wasser, dessen Temperatur unter Druck auf über 300 Grad Celsius ansteigt, stehen ständig Dampfwolken. Waiotapu bedeutet in der Maori-Sprache »heiliges Wasser«. Die neuseeländische Touristenattraktion liegt im Zentrum einer sehr aktiven Vulkanzone: Das Wasser wird in 4000 Meter Tiefe von einem 17 Quadratkilometer großen Magmafeld permanent erhitzt. Die Farben der Wasserbecken stammen von den Mineralien und anderen chemischen Elementen, mit denen sich das aufsteigende Wasser und die Dämpfe anreichern. Das Gelb deutet auf Schwefel hin, das Rot auf Eisenoxid und das zarte Grün auf das gefährliche Arsen. Neuseeland liegt auf dem Feuergürtel des Pazifiks. Vor allem die Nordinsel – auch Rauchinsel genannt – profitiert von dieser Energie: 1999 belegte Neuseeland den siebten Platz unter den Ländern, die Strom mittels Erdwärme erzeugen.

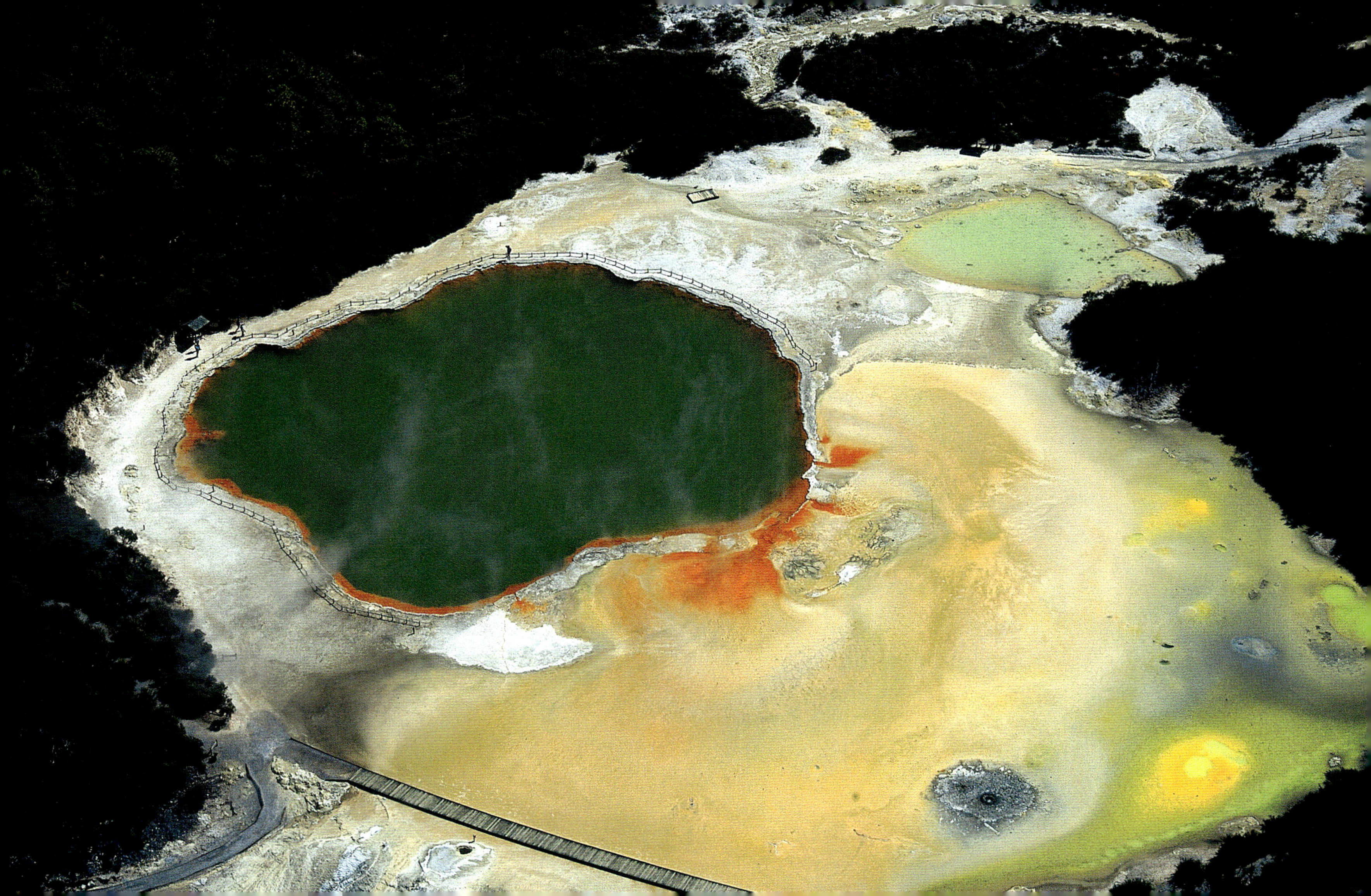

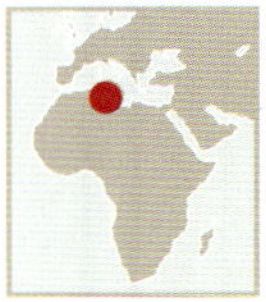

Im Tal der Ksurs zwischen Matmata und Tataouine, Gouvernement Tataouine, Tunesien (33° 00′ nördlicher Breite – 10° 15′ östlicher Länge)

Ksur oder *ksars* ist der offizielle Name für die vor allem in Südtunesien zahlreichen Berberfestungen: Die aus strategischen Gründen oft auf Bergkämmen errichteten Festungsanlagen gruppieren sich meist um einen Innenhof und sind zum Teil von einer zehn Meter hohen Umfassungsmauer umgeben. Sie stehen für den starken Widerstand, den die Berber zwischen dem 7. und 12. Jahrhundert der arabischen Invasion entgegensetzten, und dienten meistens als Gemeinschaftsspeicher, in denen Getreide, Öl und Viehfutter sicher gelagert werden konnten. Aus diesem Grund sind sie in kleinere Einheiten (vier bis fünf Meter tief und zwei Meter hoch) und mehrere Etagen unterteilt. In kriegerischen Zeiten dienten sie auch als Schutzwohnungen. Heute sind diese »Bergspeicher« leer, beherrschen aber mit ihrer Größe immer noch die Landschaft und erinnern daran, dass es bei dem weniger trockenen Klima der früheren Jahrhunderte auch in den inzwischen zu den Randgebieten der Sahara zählenden Regionen möglich war, eine große Gruppe von Menschen zu ernähren.

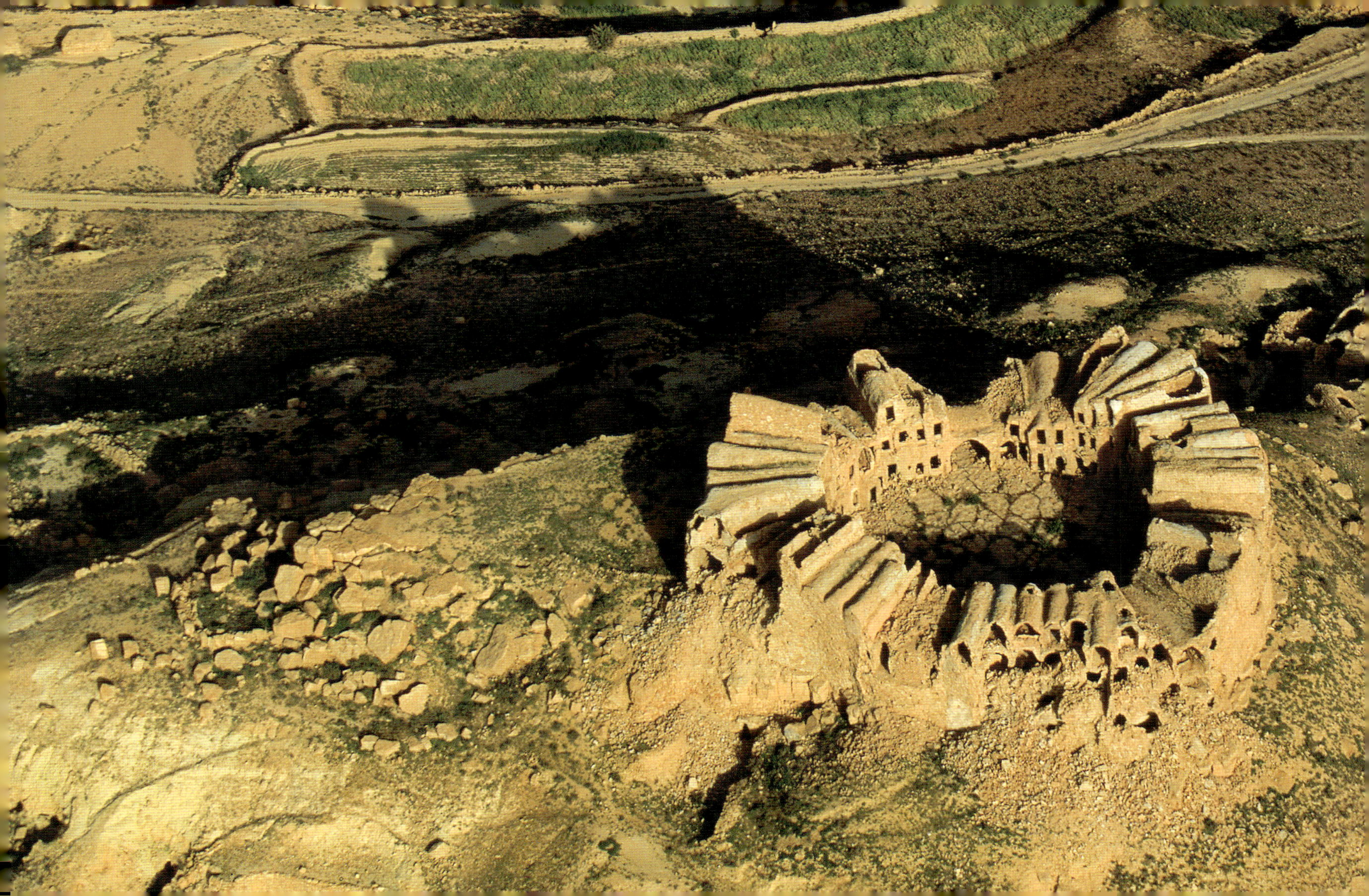

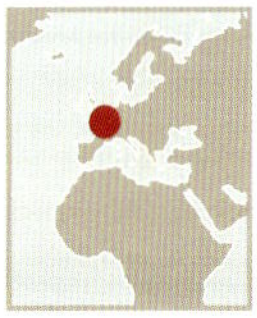

Pferde auf der Weide bei Zelzate, Belgien (51° 12′ nördlicher Breite – 3° 49′ östlicher Länge)

Nördlich von Gent, nicht weit von der niederländischen Grenze entfernt, vermitteln die Pferde in der Morgenfrische das Bild einer bäuerlich geprägten Landschaft. Doch 97 Prozent der Belgier leben in der Stadt, nur drei Prozent auf dem Land. In der gesamten EU gibt es immerhin 20 Prozent Landbewohner. Auf Grund des steten Agrarrückgangs schwindet ihr Anteil jedoch mehr und mehr. 1960 arbeiteten in der Europäischen Union noch 21 Prozent der aktiven Bevölkerung in der Landwirtschaft, 1996 waren es nur noch fünf Prozent. Die jungen Leute wandern in die Städte ab. In den wirtschaftlich benachteiligten Regionen zeichnet sich diese Tendenz noch deutlicher ab, nicht so jedoch in den weniger abseits liegenden ländlichen Gebieten. Dort lassen sich wegen der niedrigeren Grundstückspreise wieder verstärkt junge Familien und Rentner nieder. Ländliche Gegenden haben nicht mehr – wie noch in den 1960er Jahren – den Beigeschmack von Langeweile, sondern stehen für Authentizität, Natur, Ruhe und Sicherheit. In ganz Europa ziehen die Leute aufs Land.

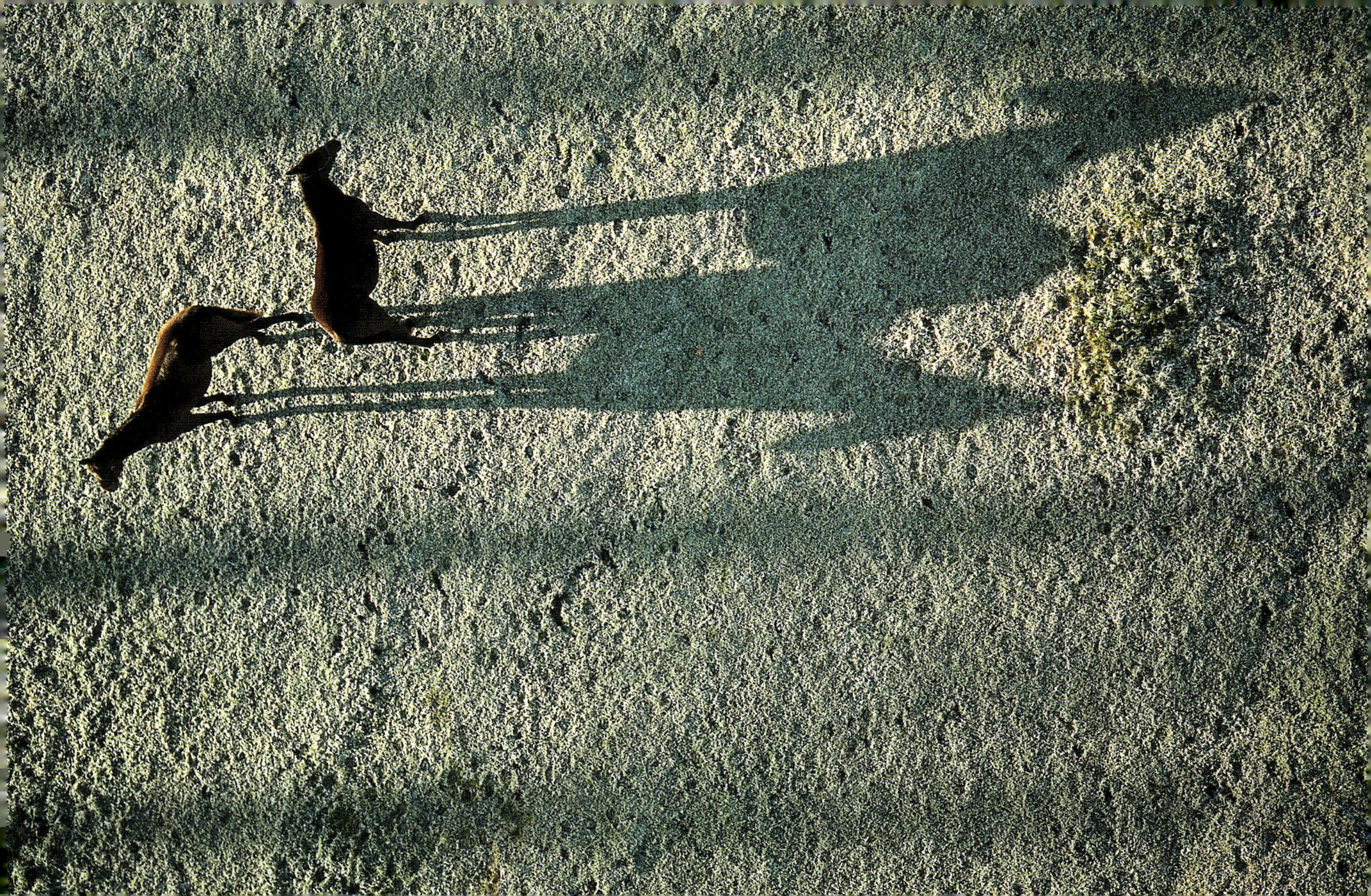

Verwaltung, Pflege und nachhaltige Verwertung der Wälder

Der Wald ist ein komplexes Ökosystem, das einer auf Nachhaltigkeit und Ausgeglichenheit ausgerichteten Pflege bedarf. Die Waldgebiete unserer Erde bedecken etwa ein Drittel der Landflächen. Sie nehmen jedoch stetig ab. Auch die Ökosysteme unserer Wälder werden zusehends labiler.

Doch der Wald spielt bei den Problemen, denen wir uns in diesem Jahrhundert zu stellen haben, eine entscheidende Rolle, vor allem wenn es um die Ursachen und Folgen der Klimaveränderung, um die Bekämpfung der Armut, den Schutz unserer Trinkwasserressourcen und die Erhaltung der Artenvielfalt geht. Ohne entscheidende wissenschaftliche und technische Fortschritte werden wir diese schwer wiegenden Probleme nicht meistern können.

In den neunziger Jahren gingen weltweit rund 94 Millionen Hektar Wald verloren, das sind zwei Prozent der gesamten Waldfläche. In den Entwicklungsländern ist der Waldverlust besonders alarmierend. Vor allem in den tropischen Regenwäldern, die etwa die Hälfte des globalen Waldbestandes ausmachen, sind die Verluste hoch (jährlich etwa ein Prozent des Gesamtbestands). In den entwickelten Ländern hingegen nimmt die Waldfläche zu. Eine Ausnahme bildet lediglich der Mittelmeerraum mit häufigen Waldbränden im Nordosten sowie andauernden Rodungsarbeiten und der zunehmenden Verschlechterung der Bodenqualität im Südosten.

Der 2003 veröffentlichte Bericht der Ernährungs- und Landwirtschaftsorganisation der Vereinten Nationen (FAO) über die Situation der Wälder in der Welt unterstreicht die wichtige Rolle, die der Wald im Zusammenhang mit der Klimaveränderung spielt: Seine Zerstörung oder Verminderung setzt große Mengen von

Kohlendioxid frei. Bekanntermaßen gehört es zu jenen Gasen, die für den Treibhauseffekt verantwortlich sind. Wird Wald jedoch nachhaltig gepflegt, kann er große Mengen von Kohlenstoff binden. Wie alle Pflanzen brauchen auch die Bäume Kohlendioxid, um wachsen zu können. Vor allem junge Bäume entziehen der Luft sehr viel Kohlendioxid. Mehr als die Hälfte des weltweiten Kohlenstoffvorkommens ist in den Bäumen gespeichert.

Dass der Wald auch eine Hilfe im Kampf gegen die Armut ist, rückte erst in den letzten Jahren wieder stärker ins Bewusstsein. Vor allem die arme Bevölkerung der Entwicklungsländer ist für ihren Bedarf an Brennmaterial, an Nahrungsmitteln und Verdienstmöglichkeiten auf die Wälder angewiesen. Dies wird in offiziellen Statistiken meist nicht berücksichtigt. Nur wenn man die Bedeutung des Waldes als Existenzgrundlage für die ländliche Bevölkerung erkannt hat, kann man aber nach brauchbaren Lösungen suchen. Die Tatsache, dass vor allem die örtliche Bevölkerung schwer unter dem Verlust des Waldes zu leiden hat, liefert wichtige Argumente für den Kampf um seine Erhaltung, vor allem wenn dieser Kampf politischen Einflüssen unterliegt.

Die Ende des 20. Jahrhunderts laut gewordenen Warnungen vor einer Verknappung des Trinkwassers haben sich bereits bestätigt. Die Wasserknappheit stellt nicht nur eine Gefahr für die Trinkwasserversorgung dar, sondern gefährdet auch die Gesundheit und letztlich die Existenzgrundlage der Menschheit. Auch der Wald kann keine Wunder bewirken, aber seine wirtschaftlichen und ökologischen Vorteile zeigen sich vor allem in den Hanglagen von Flusstälern. Waldschutz ist Wasserschutz: Die bewaldeten Gebirgshänge zählen zu den wichtigsten Trinkwasserproduktionsstätten unseres Planeten. Werden sie abgeholzt, nehmen auch von dort aus Erosion und Überschwemmungen ihren Anfang.

Wasser darf nicht mehr als frei verfügbar betrachtet werden, sondern ist ein Wirtschaftsgut, das einen

Preis hat. Dies sollte der Grundgedanke aller politischen Maßnahmen zum Schutze unserer Grundwasserressourcen sein. Auch die Nutzung des Bodens sollte sich nach dieser Maxime richten. Eine neue Wasserwirtschaftsform muss mit einer interdisziplinären Zusammenarbeit und einer breiteren Wirtschaftsanalyse einhergehen. Nur so gelingt ein gerechter Ausgleich zwischen denjenigen, die zahlen, und denjenigen, die den Nutzen daraus ziehen. Jene, die den Wald pflegen und so andernorts Überschwemmungen verhindern helfen, gilt es für ihre Mühen zu entschädigen.

Man schätzt, dass die Hälfte aller Tier- und Pflanzenarten weltweit in den Wäldern zu Hause ist, vor allem in den tropischen Regenwäldern. Eine Studie an 39 verschiedenen Orten in Asien und im Pazifikraum hat gezeigt, dass der Fortbestand der Wälder nur dann gesichert ist, wenn die Behörden, der Privatsektor, die Wissenschaft, die regierungsunabhängigen Organisationen und örtlichen Verbände eines Landes gemeinsam handeln. Der Waldschutz muss selbstverständlich auch äußere Faktoren berücksichtigen, etwa den Zugang zu internationalen Märkten.

Um die augenblicklichen Maßnahmen der Waldpflege verbessern zu können, müssen Indikatoren erarbeitet werden, die über die Folgen der menschlichen Eingriffe auf die Artenvielfalt Auskunft geben. Dies ist äußerst schwierig, denn Artenvielfalt lässt sich nicht in Maßeinheiten angeben, von dem extrem unterschiedlichen Charakter der einzelnen Ökosysteme ganz zu schweigen. Außerdem kann jede Forstmaßnahme sehr unterschiedliche Auswirkungen auf die einzelnen Elemente dieser Artenvielfalt haben. Was für die einen gut ist, ist für die anderen schädlich.

Ob die Wälder unserem Bedarf an Waren und Dienstleistungen genügen werden, hängt auch vom wissenschaftlichen und technischen Fortschritt ab. Mit einer stärkeren Förderung der Forschung allein ist es allerdings nicht getan: Die Unterschiede zwischen den Entwicklungsländern und den entwickelten Ländern, zwischen dem öffentlichen und privaten Sektor, ja sogar zwischen den einzelnen Bereichen der Forstwirtschaft sind groß. In vielen Tropenländern gehört die Forstwirtschaft zu jenen Wirtschaftsbereichen, die nur wenig in die Forschung investieren.

Wenn wissenschaftliche und technische Entwicklung innerhalb der Forstwirtschaft weiterhin zu wünschen übrig lassen, wird sich die Kluft zwischen Entwicklungsländern und entwickelten Ländern wahrscheinlich unaufhaltsam vertiefen.

Hosny El-Lakany

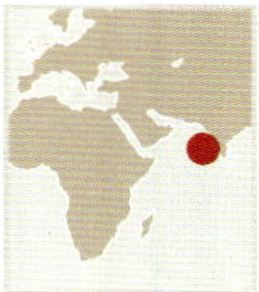

Malediveninsel, nördliches Male-Atoll, Malediven

(4° 16′ nördlicher Breite – 73° 28′ östlicher Länge)

Die Malediveninsel ist eine auf felsigem Untergrund gewachsene Korallenkolonie. Mit der Zeit sank der Felsen ab, und es entstand ein ringförmiges Riff mit einer eingeschlossenen Lagune. Die höchste Erhebung des im Indischen Ozean liegenden Malediven-Archipels misst ganze 2,50 Meter. Falls der Meeresspiegel sich wirklich hebt, wäre es das erste Land, das in den Fluten versinken würde. Nicht verwunderlich also, dass mit dem Bau der ersten Deiche bereits begonnen wurde. Die 1190 Inseln gruppieren sich zu 26 großen Atollen, 300 der Inseln sind ständig oder zeitweise bewohnt. 1972 begann man auf der Insel Kurumba mit dem für den Tourismus unerlässlichen Ausbau der Infrastruktur. In den darauf folgenden Jahren nahm der Fremdenverkehr einen rasanten Aufschwung. Heute liegen die Gästezahlen im Jahresdurchschnitt bei 300 000. Was überall gilt, gilt auch für die Malediven: Der Tourismus soll die Wirtschaft fördern, aber das Natur- und Kulturerbe des jeweiligen Gastgeberlandes nicht zerstören. Ob dies gelingt, hängt in erster Linie vom Verhalten der Touristen ab.

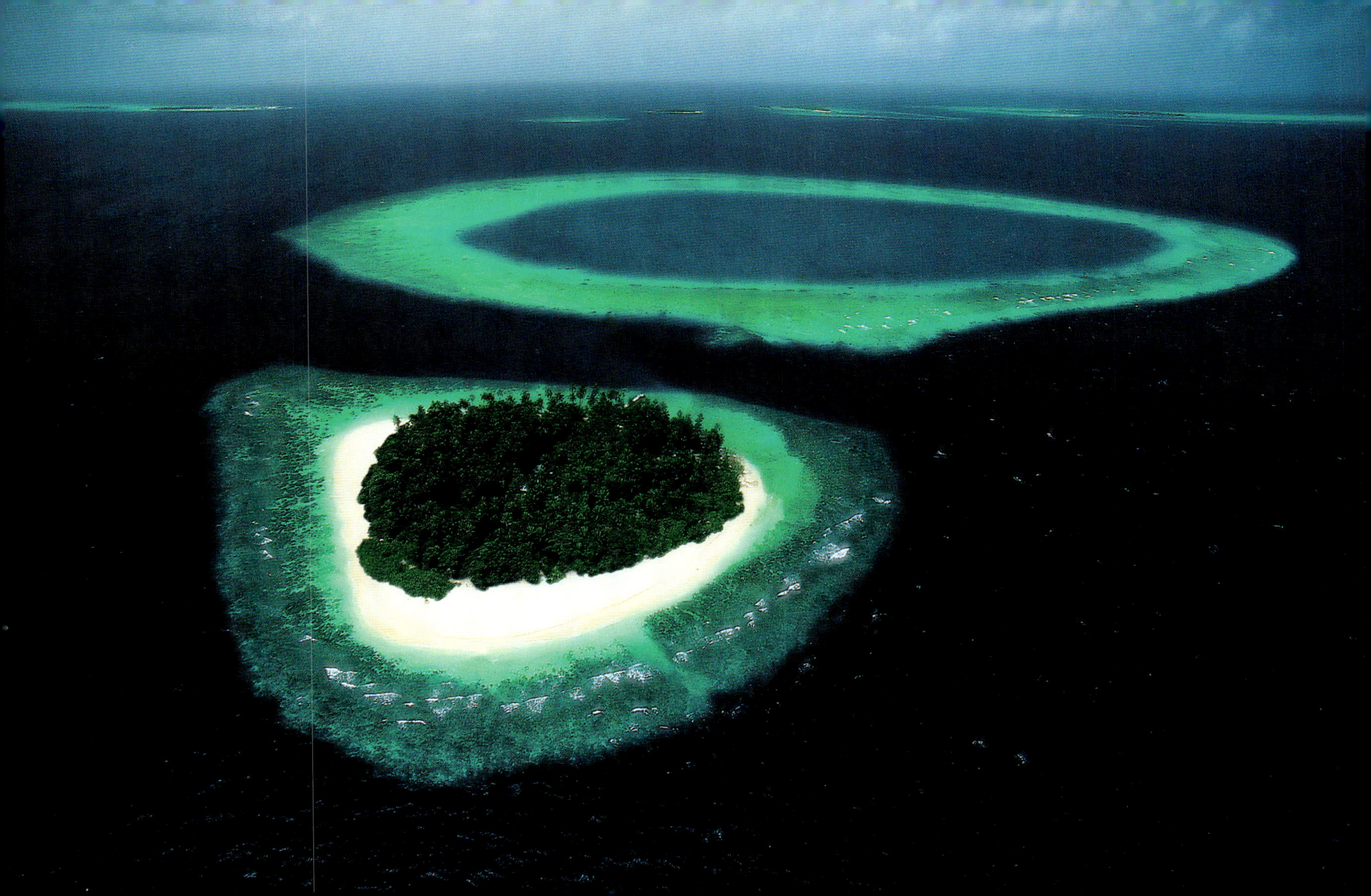

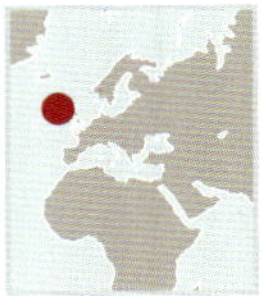

Arbeiterviertel in Belfast, Provinz Antrim, Nordirland (Ulster), Großbritannien (54° 35′ nördlicher Breite – 5° 55′ westlicher Länge)

Seit dem 12. Jahrhundert wurde Irland vom englischen Königshaus beherrscht. 1916 erhob sich die katholische Bevölkerung gegen die protestantischen Machthaber und erlangte 1921 die Unabhängigkeit. Die Grafschaft Ulster im Norden der Insel behielt die britische Krone jedoch in ihrer Hand und wies sie der protestantischen Minderheit zu. Seit 1972 kam es dort wiederholt zu schweren Auseinandersetzungen zwischen Protestanten und den sich benachteiligt fühlenden Katholiken. Die Grafschaft Ulster ist 14 000 Quadratkilometer groß und zählt 1,6 Millionen Einwohner, davon leben 300 000 in Belfast. Die Stadt selbst ist zwar überwiegend protestantisch, doch in den von der Industrie geprägten Arbeitersiedlungen der Vororte überwiegt der katholische Bevölkerungsanteil.

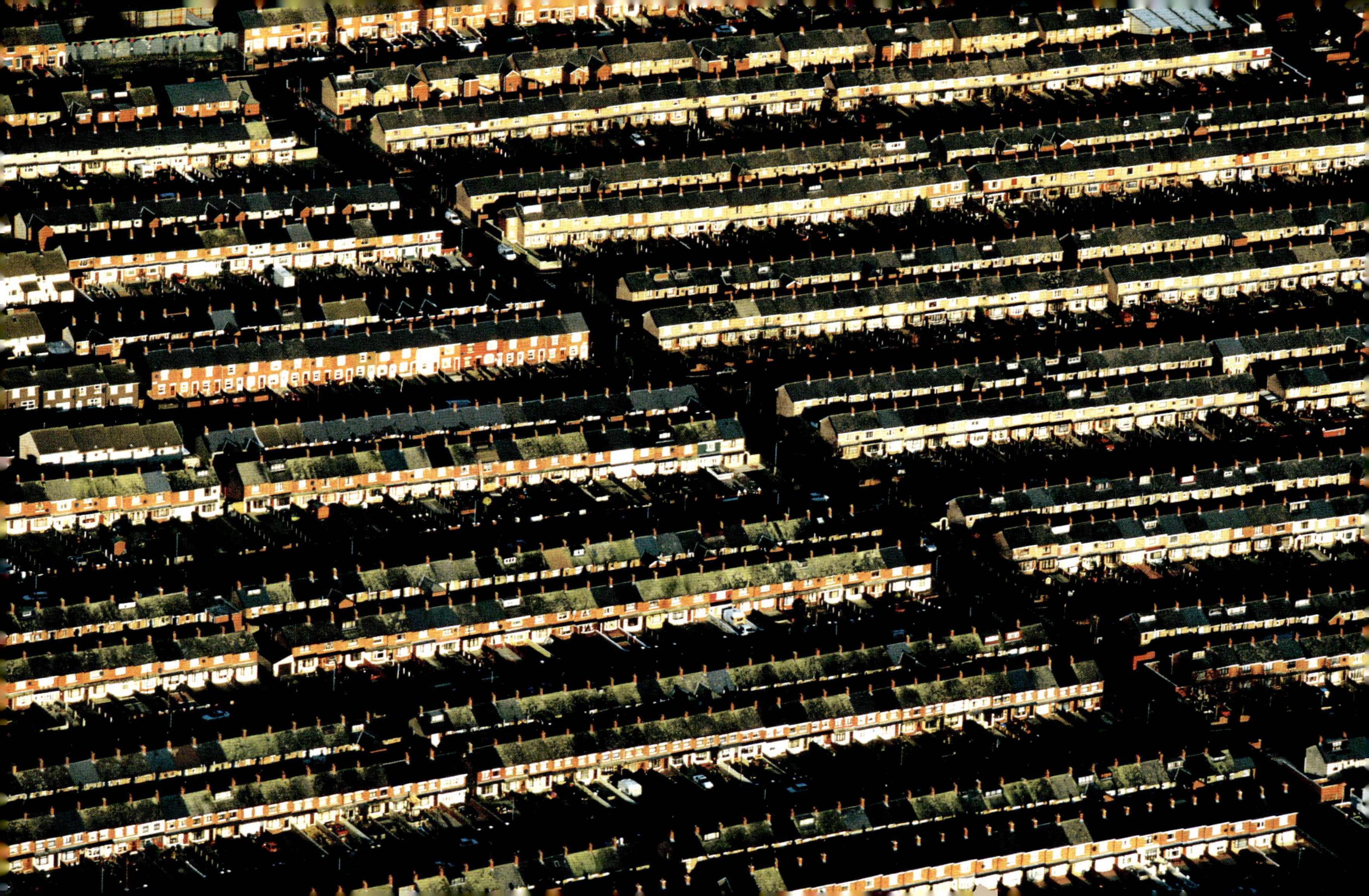

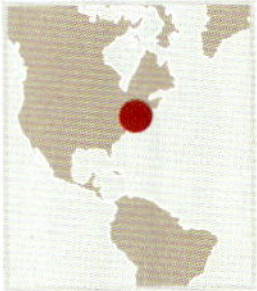

Eisstadion im Central Park, New York, USA

(40° 45′ nördlicher Breite – 73° 57′ westlicher Länge)

Im Central Park können die New Yorker ihre Alltagssorgen vergessen. Die 341 Hektar große Grünfläche zwischen der 59. und 110. Straße ist seit 1859 das Naherholungsgebiet für Manhattan. Fünf Millionen Dollar hatte die Stadt damals für die Trockenlegung des sumpfigen Geländes ausgegeben. Im Sommer ist der Park ein Eldorado für Radfahrer und Skater. Im Winter kommen die Freunde des Eiskunstlaufens auf ihre Kosten. Der Park fügt sich so harmonisch in die Landschaft Manhattans ein, dass nur wenigen Besuchern bewusst wird, dass er durch Menschenhand künstlich geschaffen wurde. Bei der ursprünglichen Gestaltung konnten die Architekten Fréderick Law Olmsted und Calvert Vaux noch nicht ahnen, wie sehr sich die New Yorker mit dem Central Park identifizieren würden. An einem Wochenende im Frühling flanieren über 250 000 Menschen auf den Parkwegen. Die Öffnung des Parks löste in der Freizeitwelt einen Demokratisierungsprozess aus, der alle sozialen Schichten erfasste.

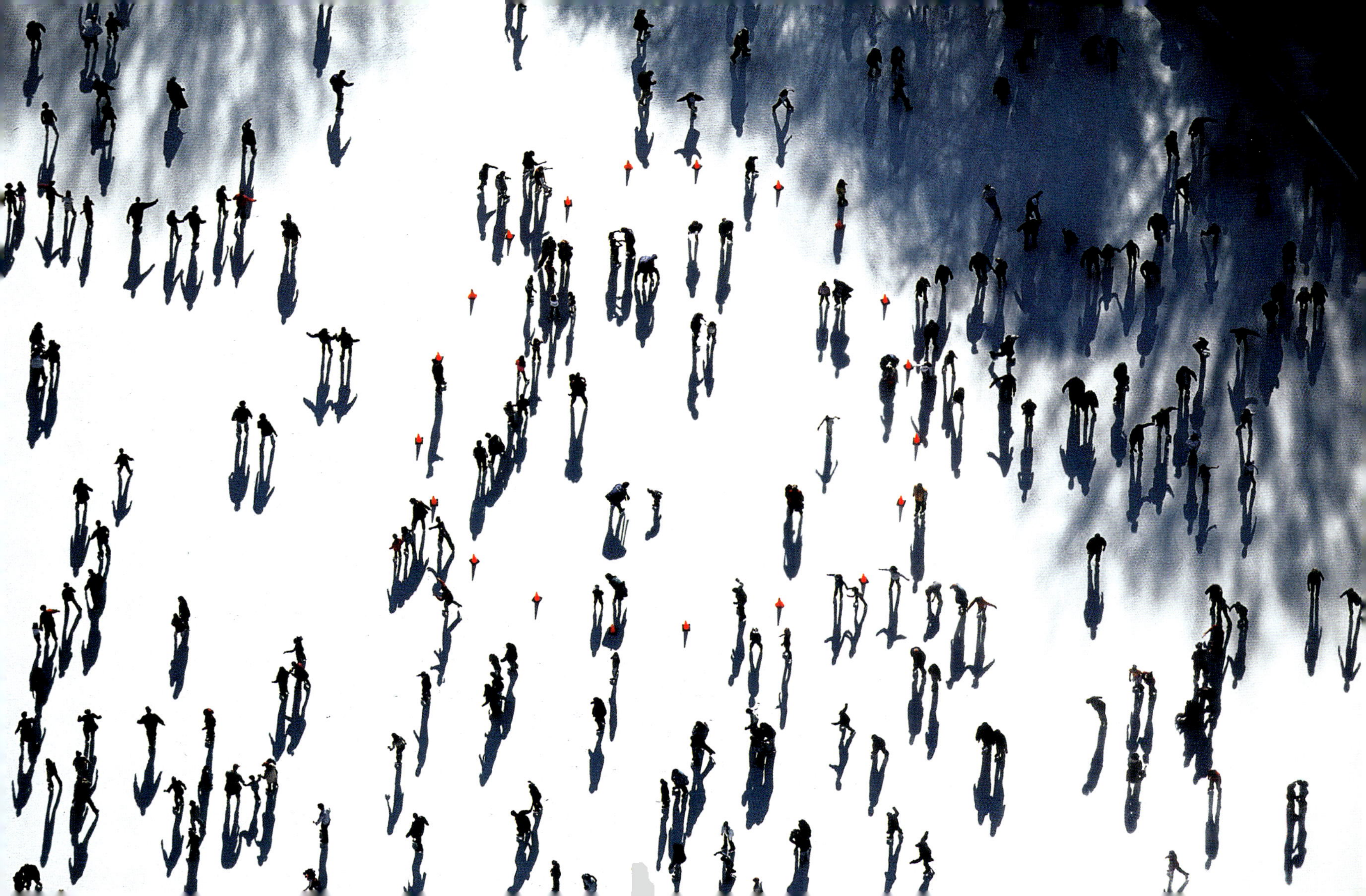

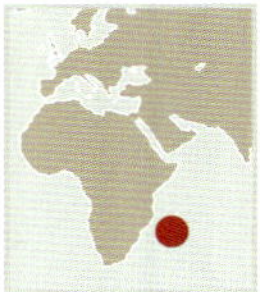

Heuschreckenplage bei Ramohira, Region Ihosy, Madagaskar

(22° 27′ südlicher Breite – 45° 21′ östlicher Länge)

Seit Jahrhunderten fallen mehrere Kilometer lange Schwärme von Wanderheuschrecken mit bis zu 50 Milliarden Insekten in Madagaskar in die Getreide- und Weidefelder ein. Sie fressen alles kahl und legen dabei im Durchschnitt 40 Kilometer pro Tag zurück. Im Kampf gegen diese Plage werden vom Flugzeug aus ganze Landstriche mit Insektiziden besprüht. Dieses Verfahren ist allerdings auch für den Menschen und die Umwelt schädlich, außerdem entwickeln die Insekten eine zunehmende Resistenz. Anlass zur Hoffnung gibt ein neues, auf der Basis von Pilzen entwickeltes Pestizid, mit dem man die Heuschreckenplage auf biologische Weise bekämpfen kann.

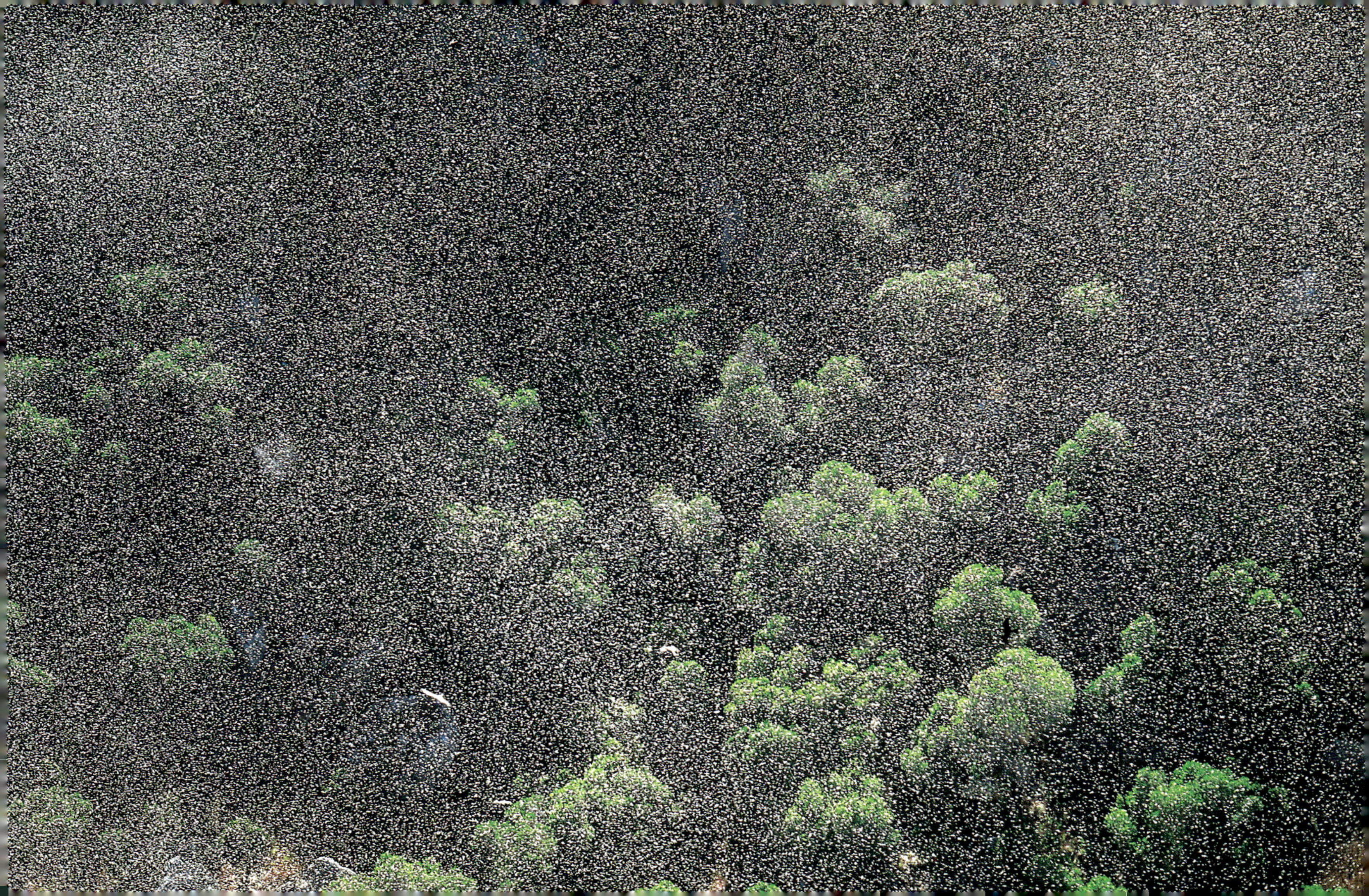

5. März

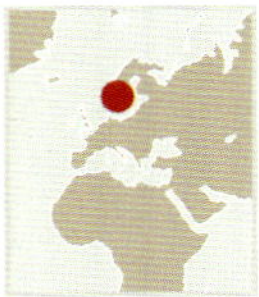

Das Dorf Gullholmen nördlich von Göteborg, Schweden

(58° 10′ nördlicher Breite – 11° 24′ östlicher Länge)

Die zahlreichen Inseln vor der schwedischen Westküste sind vor allem des milden Klimas und der hübschen Fischerdörfer wegen berühmt. In Gullholmen bestand schon im 13. Jahrhundert eine Fischersiedlung. Die traditionellen, eng aneinander gebauten roten Fischerhäuschen bestimmen auch heute noch das Ortsbild. Ende des 19. Jahrhunderts erlebte das Fischerdorf seine Blütezeit: Es war die Phase, in der man mit dem Heringsexport in die USA sehr viel Geld verdienen konnte. Von dieser Wirtschaftsblüte künden immer noch die großen weißen Villen. Das moderne Schweden kennt solche Klassenunterschiede nicht mehr. Seit der Krise von 1930 ist das schwedische Sozialsystem auf Kontrolle und Chancengleichheit ausgerichtet. Schweden ist das Musterbeispiel eines sozialdemokratischen Staates. Mit hohen Steuerbeiträgen finanziert das Land eines der umfassendsten Sozialsysteme der Welt. 2002 lag die Arbeitslosenquote bei 2,9 Prozent. Nach seinem norwegischen Nachbarn gilt Schweden als das in sozialer und menschlicher Hinsicht fortschrittlichste Land.

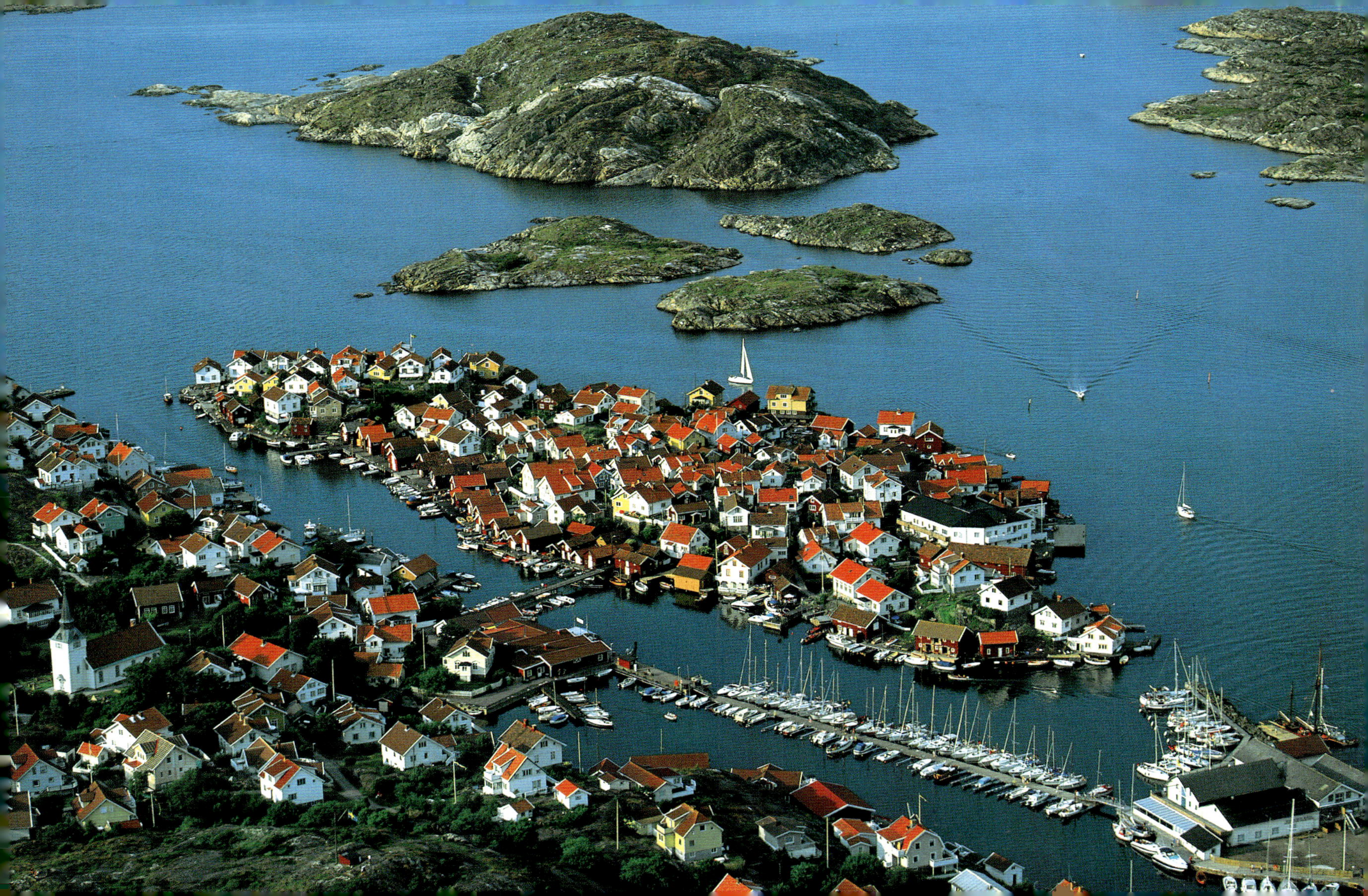

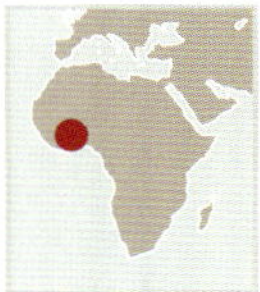

Wäscherei im Adjamé-Viertel, Abidjan, Elfenbeinküste

(5° 19′ nördlicher Breite – 4° 02′ westlicher Länge)

Im Adjamé-Viertel im Norden Abidjans arbeiten ganze Armeen von professionellen Wäschern, die *fanicos*. Jeden Tag bringen sie Berge von ihnen anvertrauten Kleidungsstücken zu einem toten Flussarm am Eingang des Tropenwaldes Banco, der 1953 zum Nationalpark erklärt wurde. Gewaschen wird mit der Hand. Felsen und mit Sand gefüllte Reifen dienen als Hilfsmittel beim Schleudern und Reiben. Adjamé, einst ein kleines Fischerdorf, wurde längst vom Ballungszentrum Abidjan, dem wirtschaftlichen und kulturellen Zentrum des Landes, geschluckt. Die Metropole wächst in rasanter Geschwindigkeit: Die Einwohnerzahl stieg in den letzten 50 Jahren um das 50-fache und liegt heute bei drei Millionen. In diesem Ballungsraum bieten viele Menschen – wie die *fanicos* – einfache Dienstleistungen an. Für die ärmsten Bevölkerungsschichten ist ein solches Gewerbe die einzige Ernährungsgrundlage.

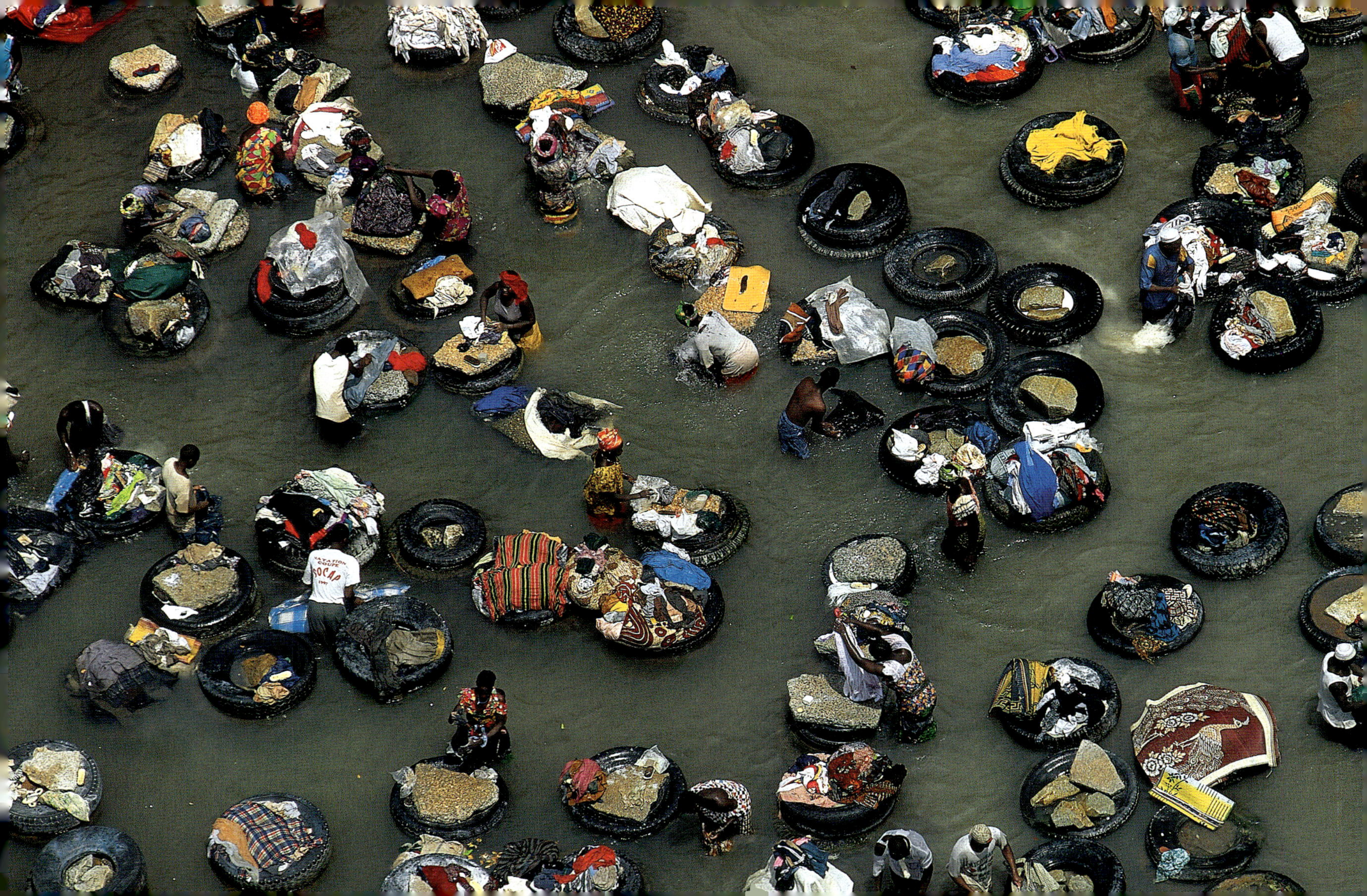

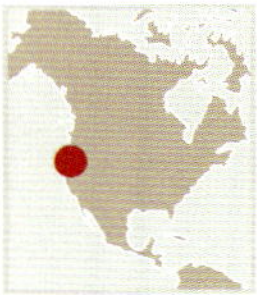

Agrarlandschaft bei Pullman, Bundesstaat Washington, USA

(46° 42′ nördlicher Breite – 117° 12′ westlicher Länge)

Der Bundesstaat Washington hatte sich jahrzehntelang dem Getreideanbau verschrieben und wird nicht zuletzt deshalb auch »Evergreen State« genannt. Heute bemühen sich die landwirtschaftlichen Behörden um eine stärkere Berücksichtigung der Topografie, um den durch die herkömmlichen Agrarpraktiken erosionsgeschädigten Boden zu schonen. Das amerikanische »Agro-Business« verbindet Landwirtschaft, Industrie, Forschung und Finanzmanagement. Ihm verdanken die USA ihren unbestrittenen Weltrang im Getreideexport (rund 35 Prozent der weltweiten Produktion) und im Mais- und Sojaanbau (rund 40 Prozent bzw. 50 Prozent der Weltproduktion). Die besonders bei Mais- und Sojakeimlingen durchgeführten gentechnischen Manipulationen führten zu Sorten, die sich gegenüber Parasiten und Herbiziden als resistent erwiesen und deshalb höhere Erträge erwarten lassen. In vielen Gebieten sind diese genmanipulierten Produkte allerdings immer noch verboten, und sie lösen weltweit heftige Diskussionen über die Folgen für die Umwelt und Gesundheit aus. Trotzdem werden genmanipulierte Pflanzen in Argentinien, Kanada und den USA bereits im großen Stil angebaut.

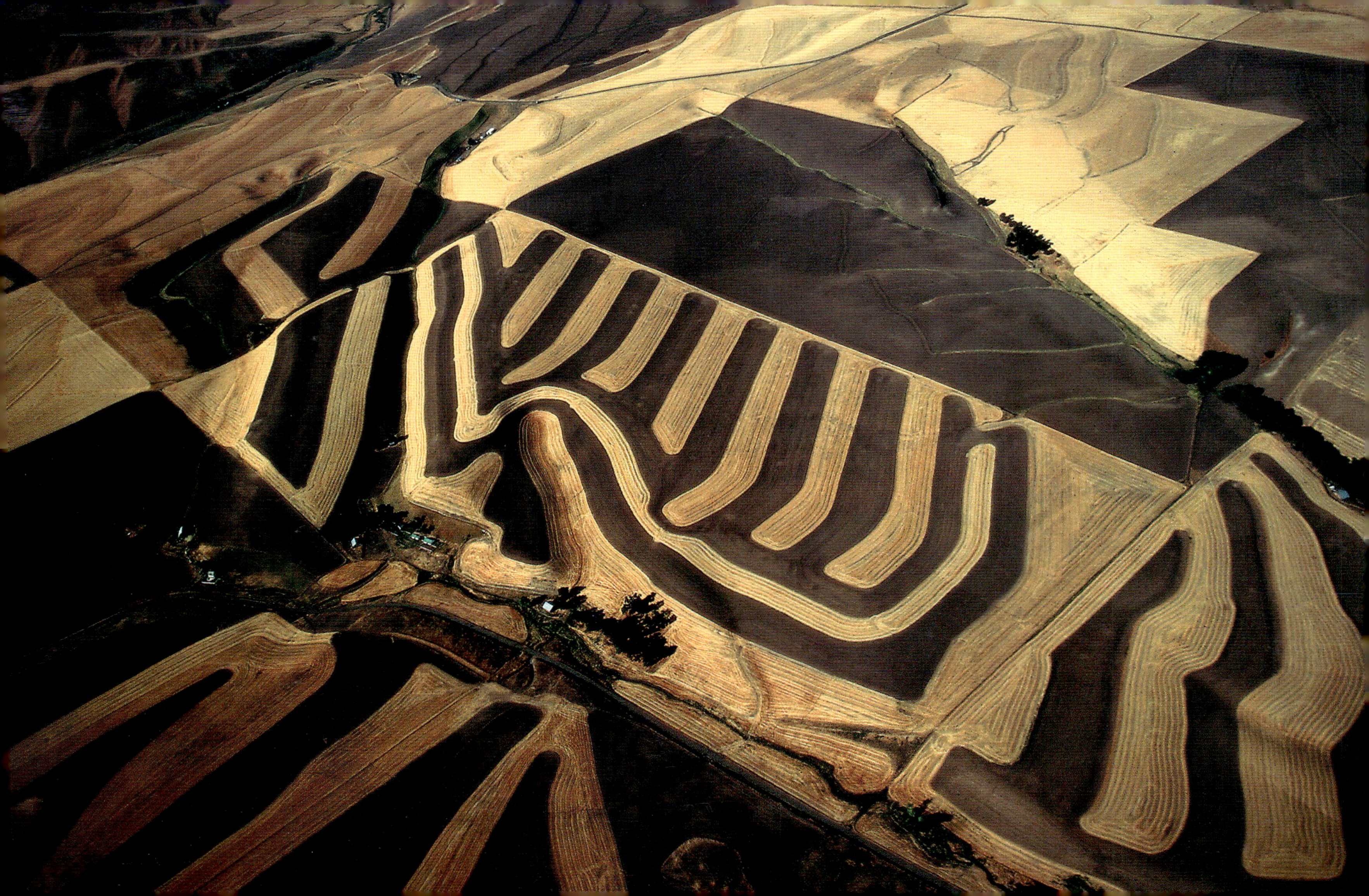

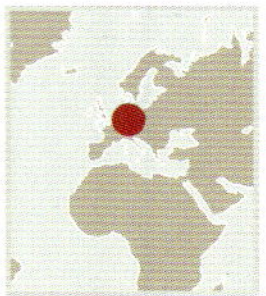

Das Konzentrationslager Dachau, Bayern, Deutschland

(48° 15′ nördlicher Breite – 11° 27′ östlicher Länge)

Die Kleinstadt Dachau in der Umgebung von München war bis 1933 ein bei Malern und Schriftstellern beliebter Wohnort. Am 22. März 1933, wenige Tage nach ihrem Wahlsieg, errichteten die Nationalsozialisten dort das erste Konzentrationslager. Wenig später kamen die Strafgefangenen: Regimegegner, Kommunisten, Monarchisten, Parteidissidenten, aber auch persönliche Feinde der neuen politischen Führung, schließlich – in immer größerer Zahl – Juden, Zigeuner und Homosexuelle. Insgesamt wurden mehr als 200 000 zur Zwangsarbeit verurteilte Häftlinge nach Dachau gebracht. 31 591 kamen dort zu Tode. Zwischen den Pyramidenpappeln findet man heute nur noch die Spuren der 34 lang gestreckten Blockbauten. In den letzten zehn Jahren kamen weltweit 3 600 000 Menschen bei innenpolitischen Auseinandersetzungen ums Leben, entweder weil sie eine andere Meinung vertraten oder auch nur, weil sie zu einem anderen Volksstamm gehörten. Die Zahl liegt weit über den bei internationalen Kriegen registrierten Opferzahlen.

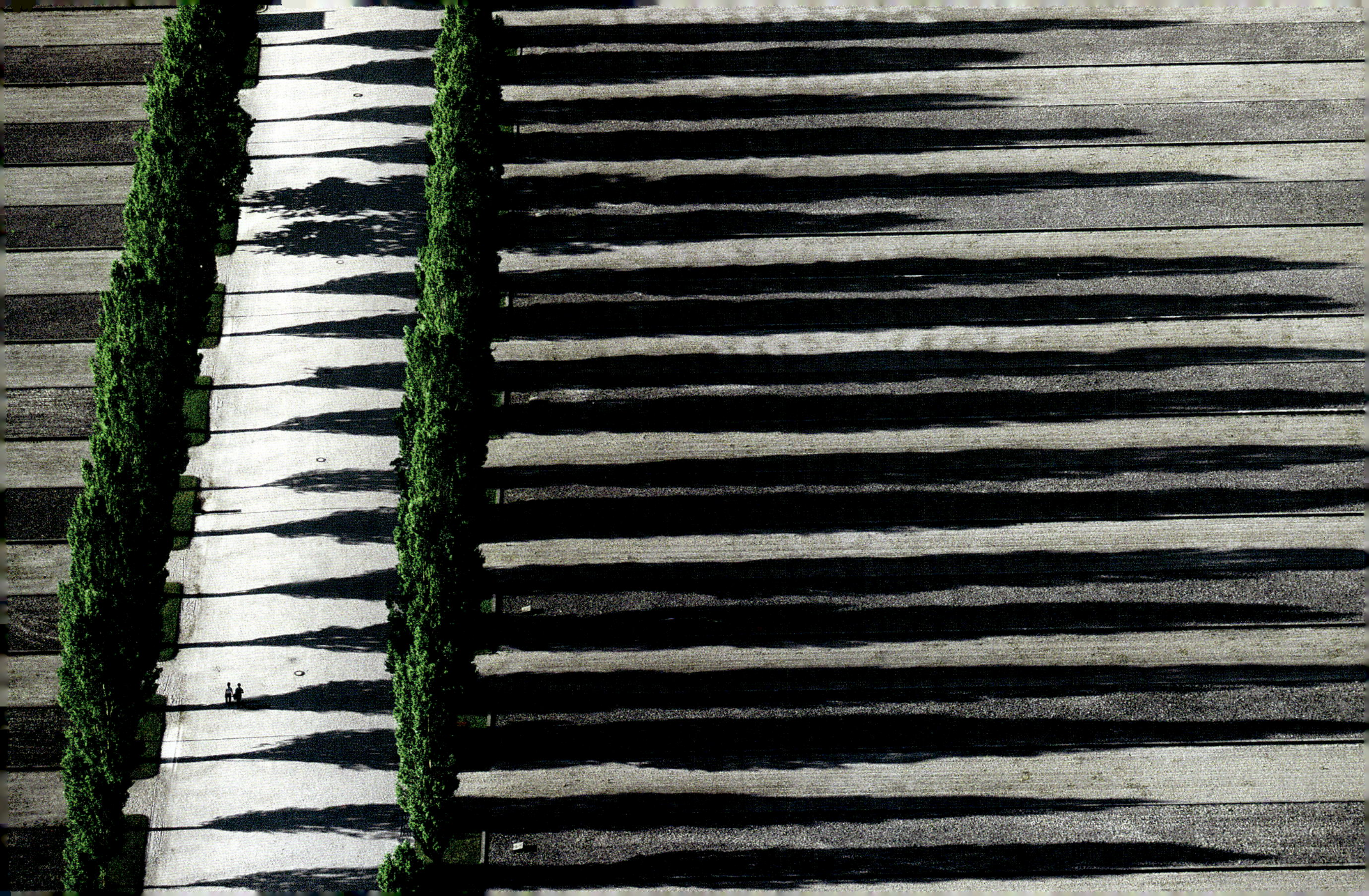

9. März

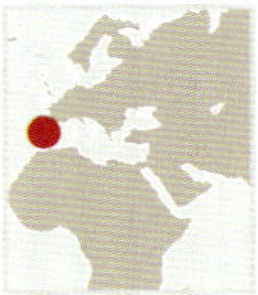

Wolkenkratzer von Benidorm an der Costa Blanca, Provinz Valencia, Spanien (38° 32′ nördlicher Breite – 00° 08′ westlicher Länge)

Europa ist nach wie vor Reiseziel Nr. 1 für 58 Prozent der weltweit registrierten 700 Millionen Touristen. Allein an der Mittelmeerküste verbringen jedes Jahr 250 Millionen Menschen ihre Ferien. Benidorm, auch »Klein-Manhatten« genannt, ist mit seinen unzähligen Vergnügungsmöglichkeiten ein Beispiel für Massentourismus im Mittelmeerraum. Die Hochhäuser an der Meeresfront mit dem Blick auf zwei helle Sandstrände haben das alte Fischerdorf, das noch in den 1950er Jahren existierte, völlig verschluckt. Die außergewöhnliche Anzahl der Sonnentage (mehr als 300 im Jahr) ist sicherlich ein Haupttrumpf der dicht besiedelten Costa Blanca, des südostspanischen Küstenstreifens am Golf von Alicante. Benidorm allein nimmt in jeder Saison bis zu eine Million Gäste auf. Die Menschen zieht es mehr und mehr an die Küsten. Von den weltweit 19 Metropolen mit über zehn Millionen Einwohnern liegen 13 am Meer. Die rasante Verstädterung der Küsten lässt wenig Zeit, um nach Lösungen für das enorme Abwasserproblem zu suchen. Nur jede zehnte Stadt der Welt verfügt – wie Benidorm – über eine Kläranlage.

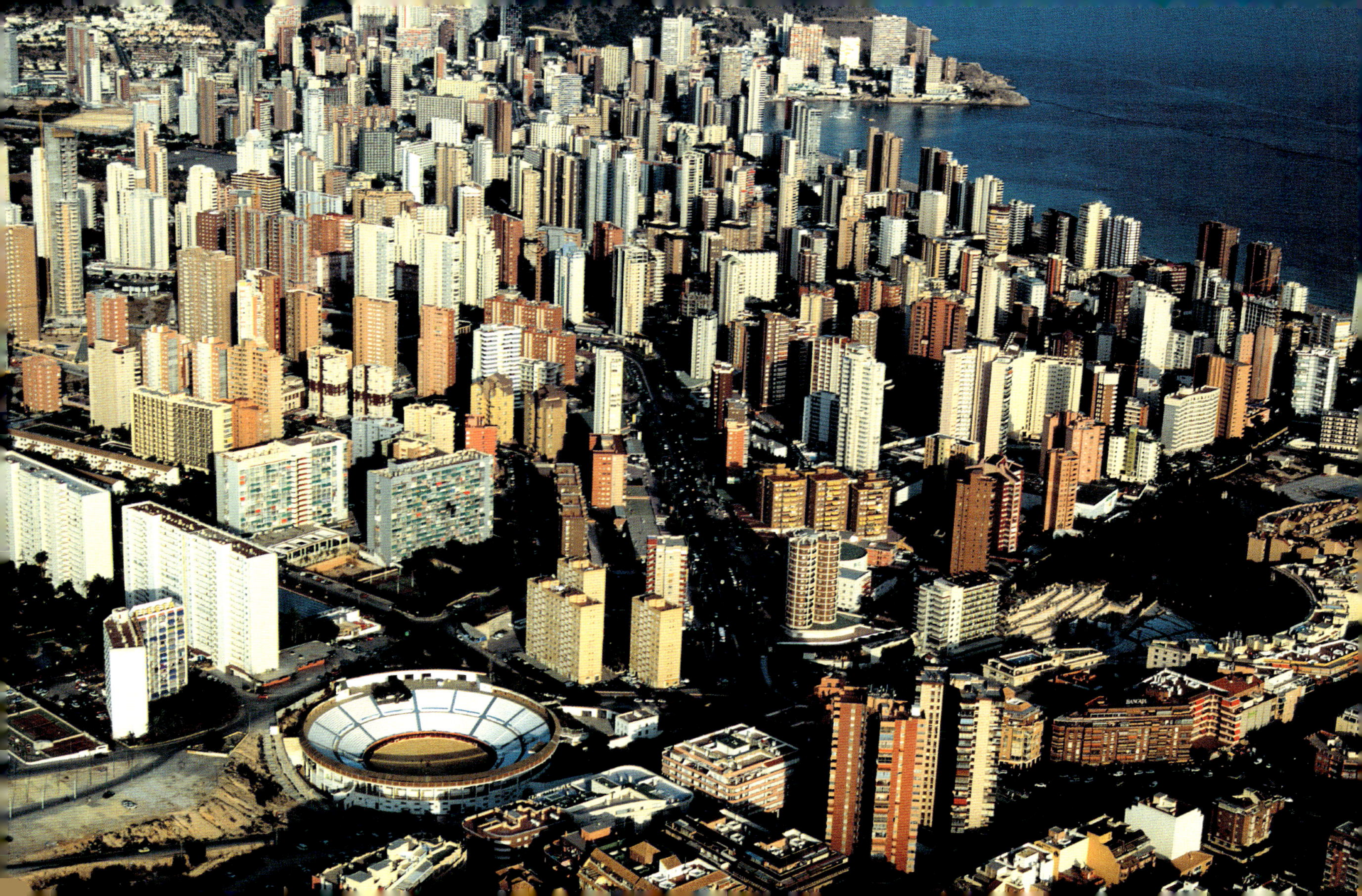

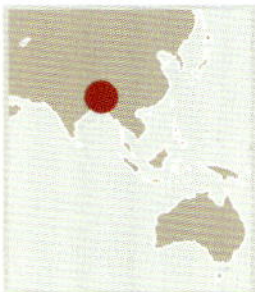

Überschwemmtes Dorf südlich von Dhaka, Bangladesch

(23° 43′ südlicher Breite – 90° 25′ östlicher Länge)

Bangladesch liegt im breiten Deltagebiet der Flüsse Ganges und Brahmaputra. Jedes Jahr steht die Hälfte des Landes während der Monsunzeit unter Wasser. Das Trinkwasser müssen sich die 135 Millionen Bangladescher allerdings aus der Tiefe holen. Mit den Geldern von internationalen Organisationen (beispielsweise UNICEF) wurden in den 1970er Jahren zahlreiche Brunnen gebohrt. Man wollte der Bevölkerung damit zu »sauberem« Wasser verhelfen. Nach Angaben der Weltgesundheitsorganisation war diese Aktion jedoch »die größte Massenvergiftung aller Zeiten«. Denn bei einem guten Viertel der Brunnen wird ein Arsenik-Gehalt registriert, der dem 70-fachen Wert der nationalen Trinkwassernorm entspricht. Den Planern der Bohrungsprojekte war entgangen, dass dieses Schwermetall seit Jahrtausenden im Boden des Schwemmlandes schlummert. Von der »natürlichen« Vergiftung sind 75 Millionen Menschen betroffen. Sie verursacht Brustkrebs, führt zu Erkrankungen der Nieren, der Leber und der Atemwege und hat nicht selten tödliche Folgen. Die Wissenschaftler der UNO rechnen mit 20 000 Todesfällen pro Jahr.

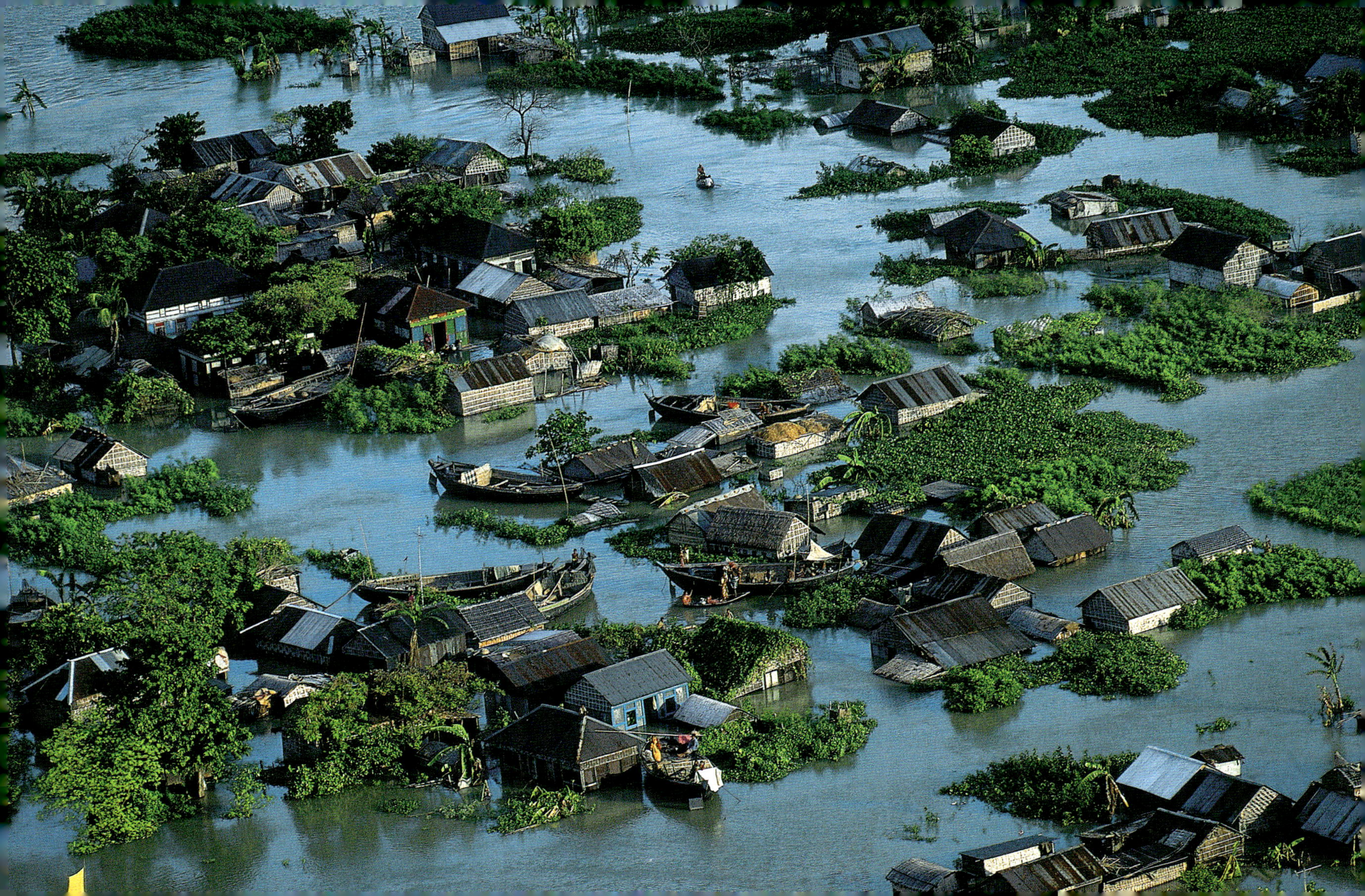

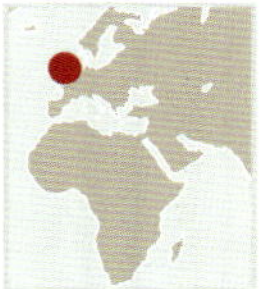

Cropcircle in der Grafschaft Wiltshire, England, Großbritannien

(51° 15′ nördlicher Breite – 1° 50′ westlicher Länge)

Kunst oder Hinweis auf Außerirdische? Diese Frage löst in der britischen Presse in jedem Frühling aufs Neue eine spöttische Diskussion aus. Die Zeichnungen in den Feldern von Wiltshire, die so genannten *crop-circles*, werden von Jahr zu Jahr komplexer und zahlreicher. 2002 waren es 108 Spiralen, Ellipsen, Rosetten, ja selbst Porträts bekannter Stars, die aus der englischen Landschaft ein rätselhaftes Territorium machten. Die geheimnisvollen, zum Teil riesigen Figuren entstehen in einer einzigen Nacht, und jeder hat für ihr Zustandekommen eine andere Erklärung. Selbst ernannte Wissenschaftler sprechen von elektromagnetischen Kräftefeldern, andere wiederum vermuten dahinter Aktivitäten militärischer Satelliten. Nicht wenige sehen in den Zeichnungen einen Beweis für die Kommunikation mit außerirdischen Wesen. Es sind jedoch in erster Linie Werke von jungen, talentierten Künstlern, die in der ganzen Welt ihre Nachahmer finden. Nicht immer gehen die betroffenen Bauern leer aus: 1996 zog ein *cropcircle* mehr Touristen an als das nahe gelegene Stonehenge-Denkmal und brachte dem glücklichen Künstler 50 000 Euro ein.

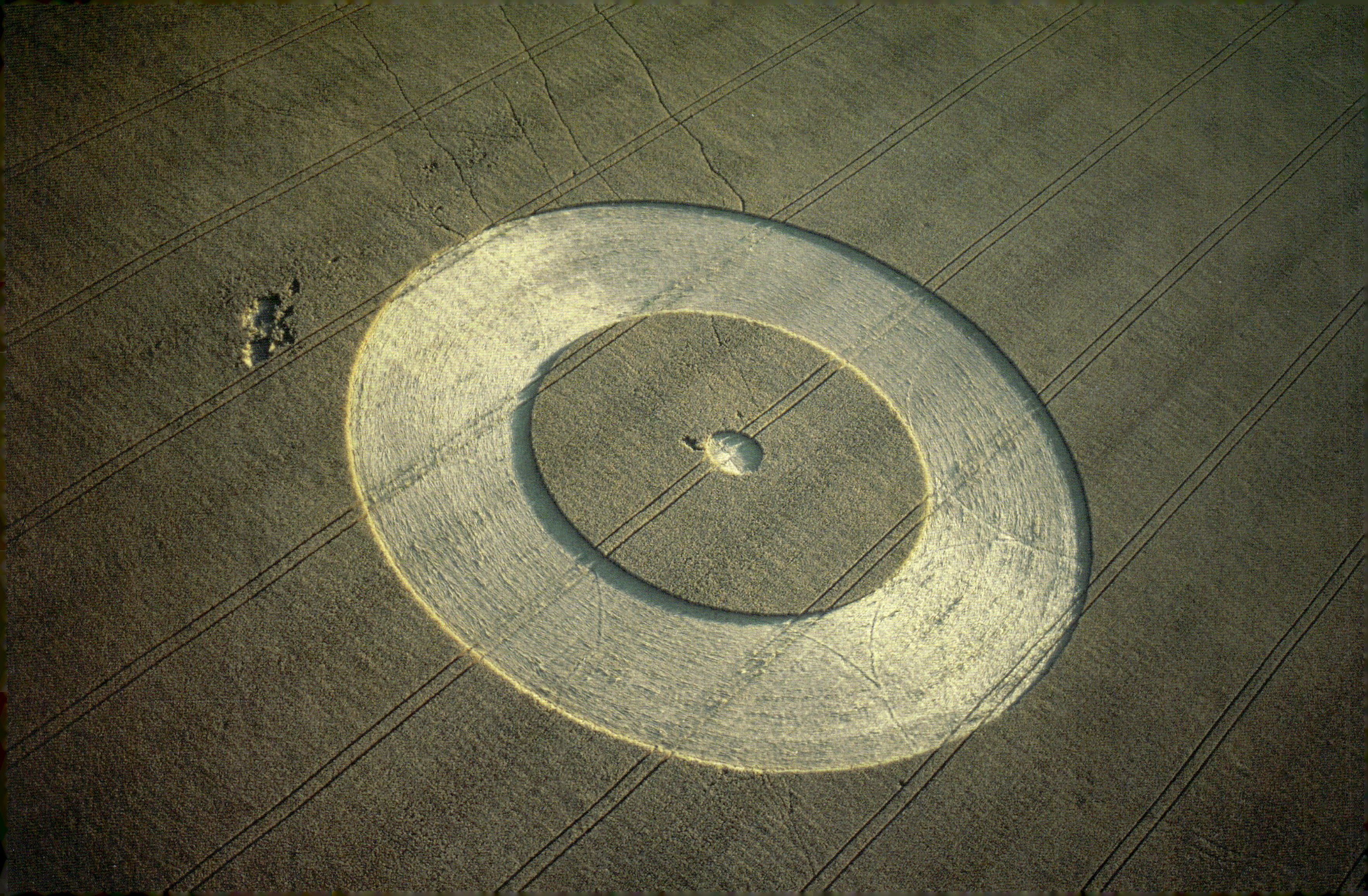

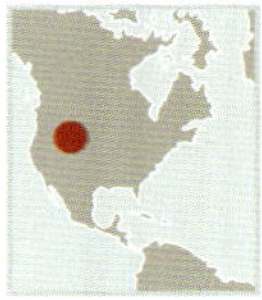

Großer Prisma-Geysir, Yellowstone-Nationalpark, Wyoming, USA

(44° 26′ nördlicher Breite – 110° 39′ westlicher Länge)

Yellowstone wurde 1872 gegründet und ist damit der älteste Nationalpark der Welt. Er liegt auf einer Vulkanplatte, an der die drei US-Staaten Montana, Idaho und Wyoming Anteil haben, und bietet auf seinen 9000 Quadratkilometern die weltweit höchste Dichte an geothermischen Besonderheiten – über 10 000 Geysire und Schwefelquellen. Beim großen Prisma-Geysir steht man vor dem riesigsten Thermalbecken des Parks und dem drittgrößten der Welt. Es hat einen Durchmesser von 112 Metern. Das Farbenspektrum, das dem Geysir auch seinen Namen gab, geht auf winzige Algen zurück, die im heißen Zentrum des Beckens schneller wachsen als am kühleren Beckenrand. Seit 1976 versteht sich der Yellowstone-Nationalpark auch als Biosphärenreservat. Zwei Jahre später wurde er in die UNESCO-Liste des Weltkulturerbes aufgenommen. Er wird jedes Jahr von rund drei Millionen Menschen bewundert. Nordamerika mit den fünf meistbesuchten Natursehenswürdigkeiten der Welt registriert über 70 Millionen Touristen pro Jahr – das ist ein Zehntel des weltweiten Tourismus – und kann dadurch ein Fünftel der durch touristische Dienstleistungen in aller Welt erzielten Gelder einnehmen.

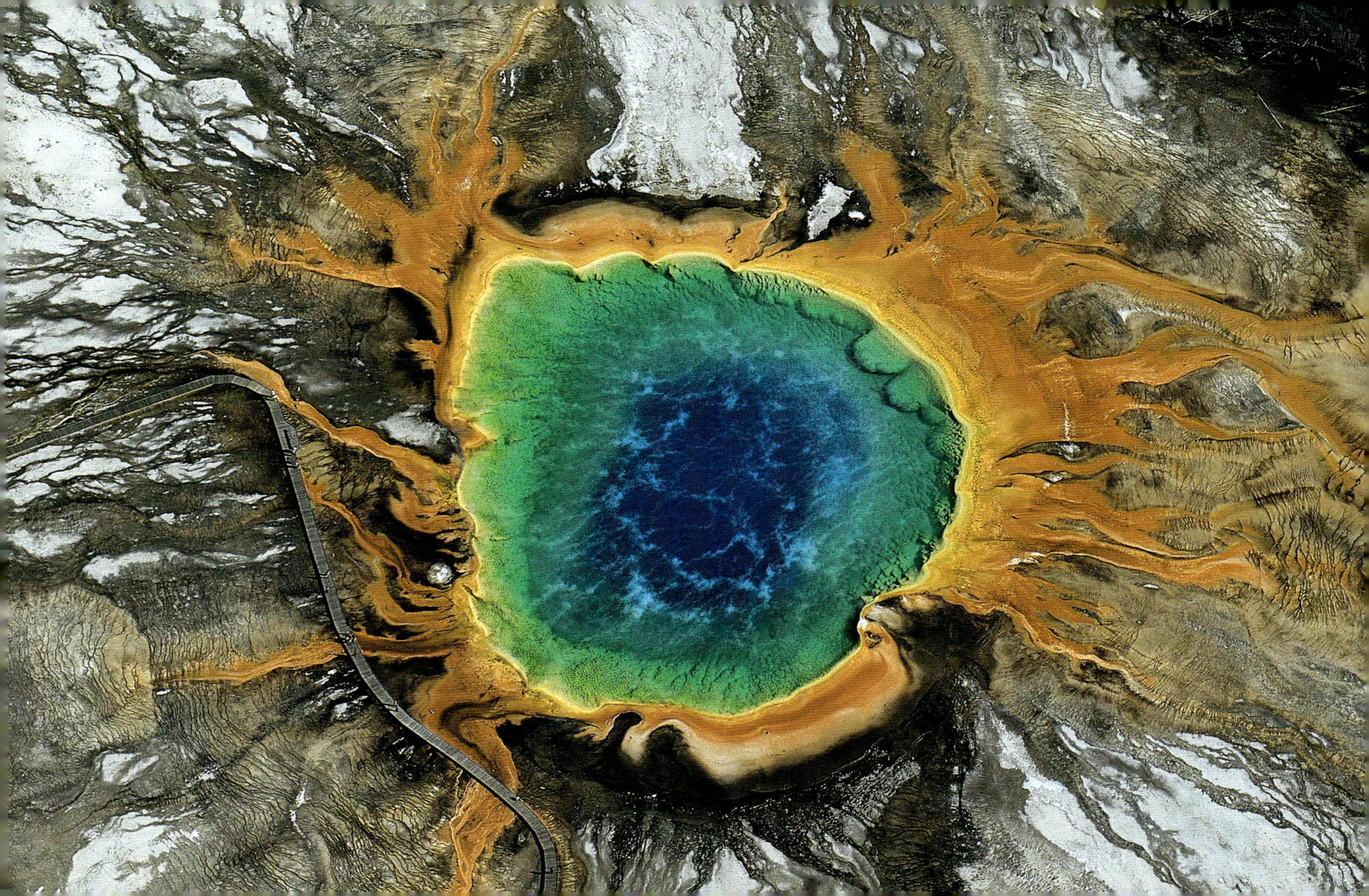

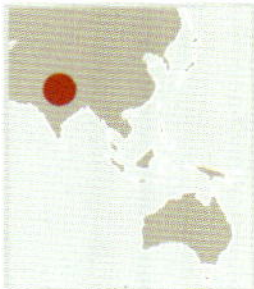

Der Stupa von Bodnath, Katmandu, Nepal

(27° 43′ nördlicher Breite – 85° 22′ östlicher Länge)

In der Stadt Bodnath steht das meistverehrte buddhistische Heiligtum Nepals. Vor allem für die vielen aus dem Nachbarland vertriebenen Exil-Tibeter ist der 40 Meter hohe Grabhügel mit dem Knochenfragment Buddhas von besonderer Bedeutung. Er ist der höchste Stupa Nepals. Die Architektur des Reliquienhügels ist voller Allegorien: Die Augen der Buddha-Statue fixieren die vier Kardinalpunkte. Die 13 Stufen zum Turm stehen für die verschiedenen Stadien auf dem Weg zur höchsten Bewusstseinsstufe, dem Nirvana. An hohen Festtagen ist das Heiligtum mit gelber Tonerde und Gebetsfahnen geschmückt. Mit 350 Millionen Anhängern (davon 99 Prozent in Asien) liegt der Buddhismus nach Christentum, Islam und Hinduismus auf Platz vier unter den Weltreligionen. In Europa bekennen sich 2,5 Millionen Menschen zur buddhistischen Religion.

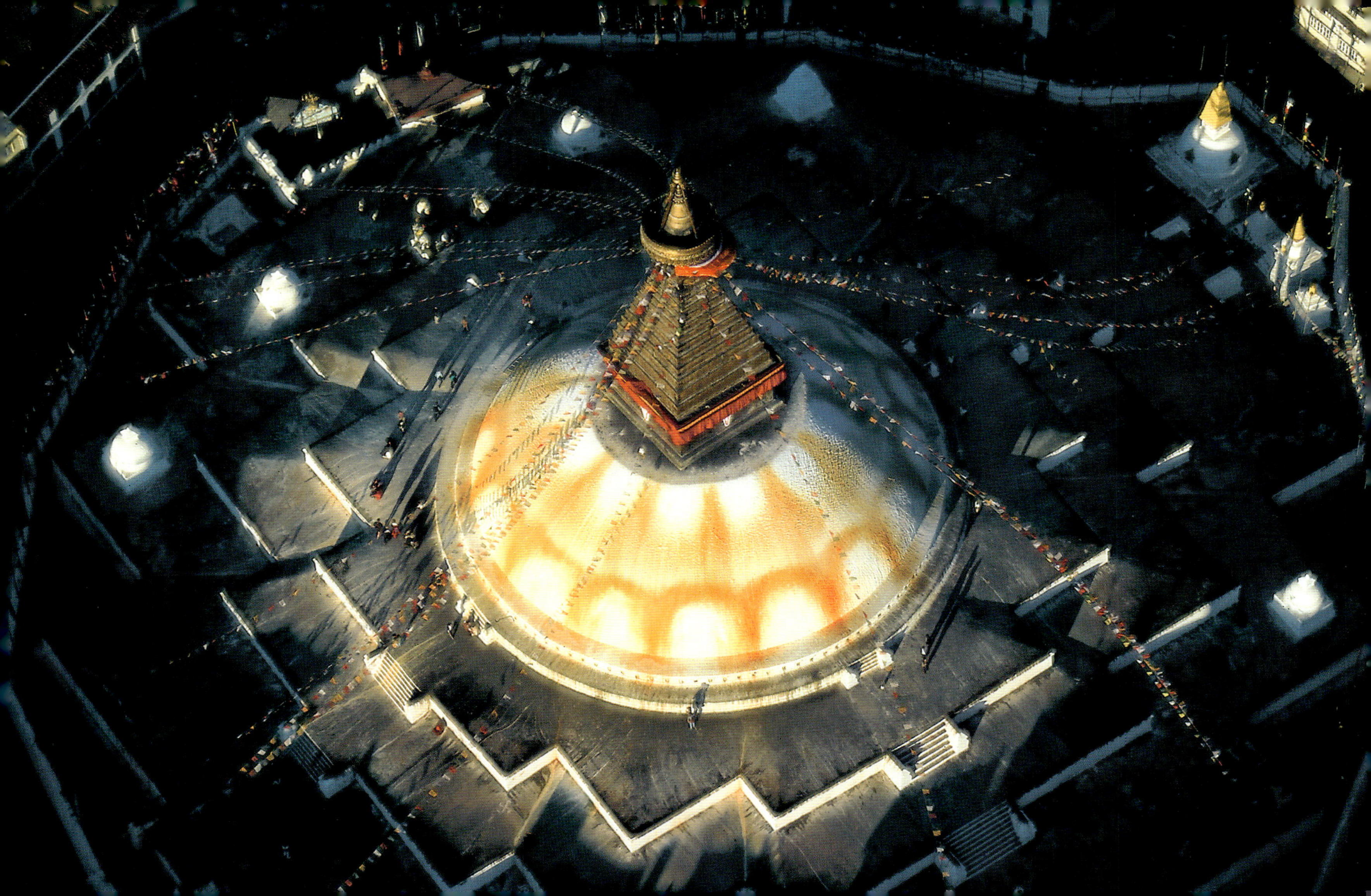

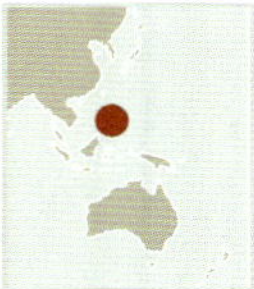

Goldgräber bei Davao, Insel Mindanao, Philippinen

(7° 04′ nördlicher Breite – 125° 36′ östlicher Länge)

Die Goldgräber der Philippinen-Insel Mindanao haben ihre notdürftigen Behausungen aus Ästen und Planen an den Abhängen in allernächster Nähe der Goldminen aufgeschlagen. Die durch zahllose Grabungen ausgehöhlten Berghänge rutschen bei starken Monsunregenfällen regelmäßig ab und begraben dutzende von Goldgräbern unter sich. Mit primitiven Werkzeugen wie Hammer und Meißel werden hier angeblich jeden Tag rund 40 Kilogramm dieses Edelmetalls zu Tage gefördert. Seit prähistorischen Zeiten wurden weltweit 150 000 Tonnen Gold abgebaut. Ein Drittel davon wurde zu Schmuck- und Gebrauchsgegenständen verarbeitet, ein weiteres Drittel wird von einigen Staaten als Reserve eingelagert, und der Rest ging verloren. Jedes Jahr werden weltweit 2500 Tonnen Gold gefördert. Die wichtigsten Förderländer sind Südafrika (20 Prozent), die USA (15 Prozent) und Australien (13 Prozent).

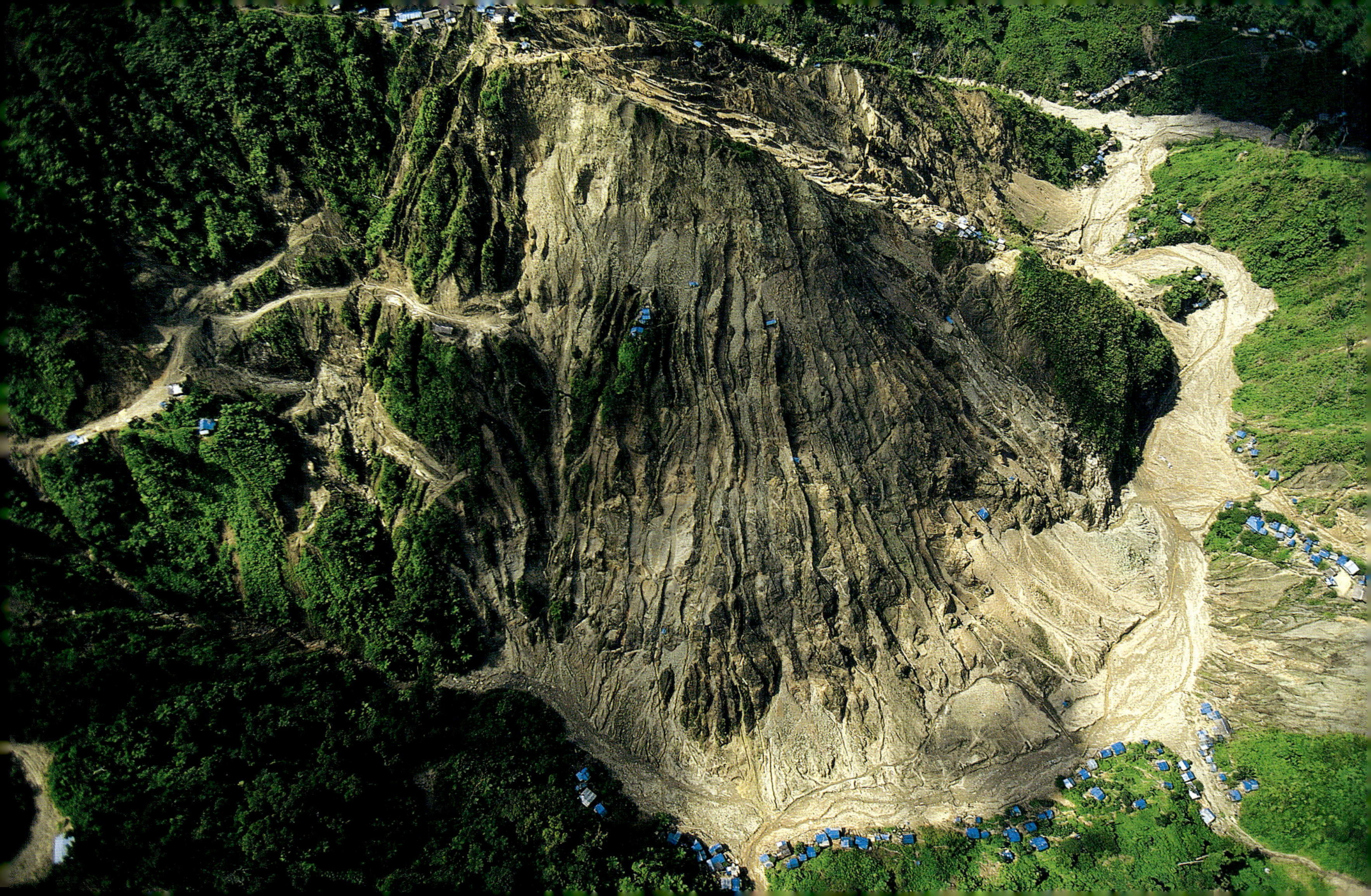

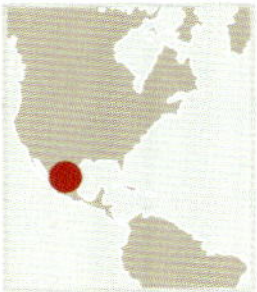

INFONAVIT-Wohnungen, Toluca, Bundesstaat Mexiko, Mexiko

(19° 17′ nördlicher Breite – 99° 40′ westlicher Länge)

Mexiko zählt heute 103 Millionen Einwohner, vor 20 Jahren waren es noch 70 Millionen. Auf Grund des rasanten Bevölkerungswachstums sind die Wohnungen knapp. Allein im Bundesstaat Mexiko kommen jeden Tag 1000 Menschen hinzu. Dank des INFONAVIT-Systems können Familien über einen subventionierten Kredit zu gemäßigten Preisen eine Wohnung in den seriell erstellten Wohnbauten an der Peripherie der großen Städte erhalten. Aber für viele Mexikaner bleibt auch INFONAVIT ein unerfüllbarer Traum. Selbst in der Industriemetropole Toluca verfügen nur 21 Prozent der arbeitenden Bevölkerung über einen sicheren Arbeitsplatz. 40 Prozent der mexikanischen Gesamtbevölkerung leben unterhalb der Armutsgrenze. Trotz der großen sozialen Unterschiede bahnt sich eine positive Entwicklung an: Innerhalb der letzten 20 Jahre stieg die allgemeine Lebenserwartung von 66 auf 73 Jahre, und das Analphabetentum konnte um die Hälfte reduziert werden.

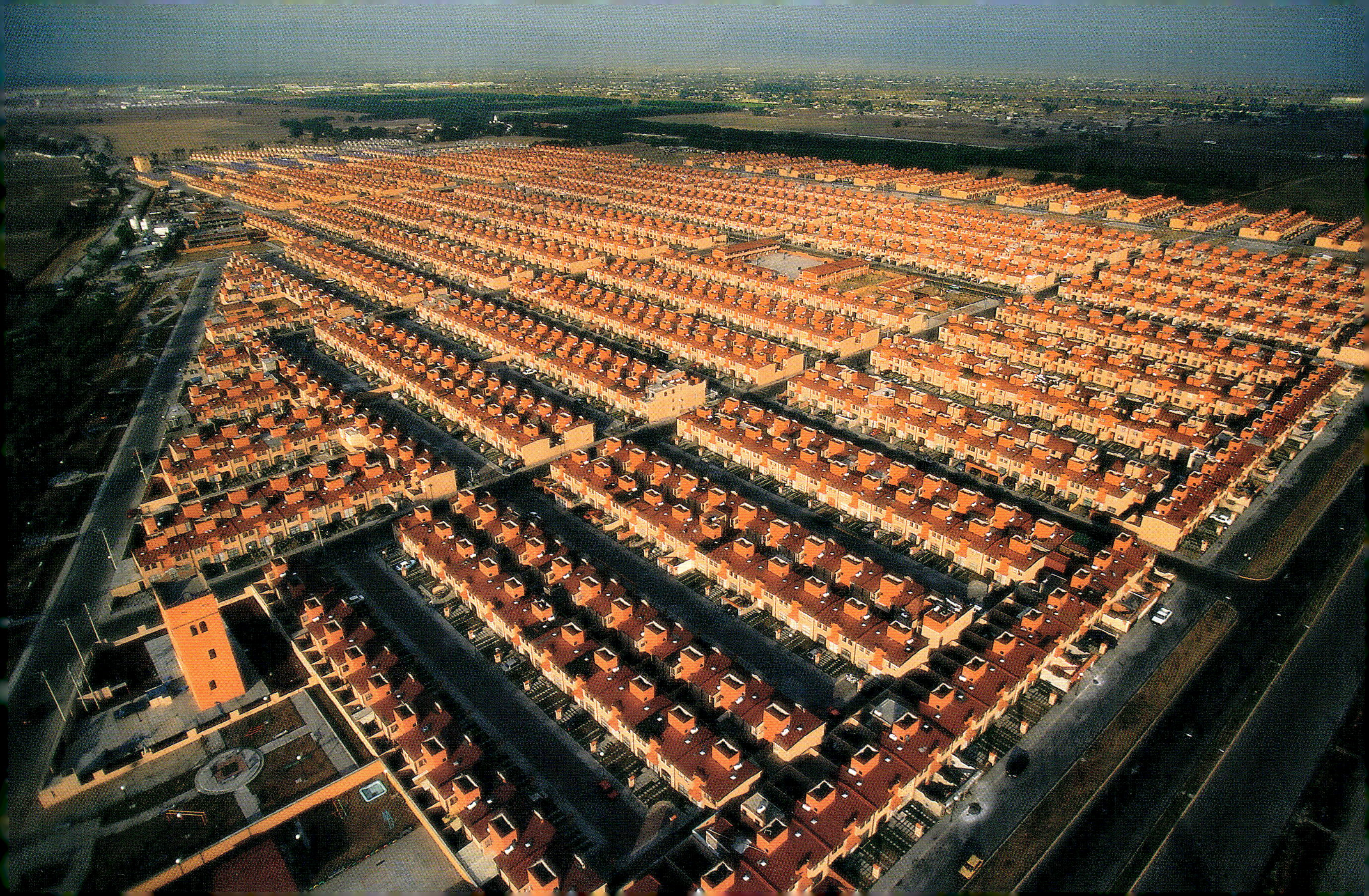

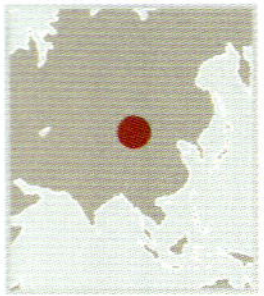

Kaschmirziegen im Naturreservat Khustaïn Nuruu, Mongolei

(47° nördlicher Breite – 107° östlicher Länge)

Die Mongolei zählt 2,5 Millionen Einwohner und ebenso viele Pferde. Schon in jungen Jahren sitzen die Nomaden im Sattel und treiben ihre Herden auf die Weiden. Die Kaschmirziegen mit ihrer kostbaren, für den Export bestimmten Wolle stellen ein gutes Drittel des Herdenbestandes. Weidewirtschaft und Viehzucht sind in Anbetracht der Trockenheit der Steppen die umweltverträglichsten Wirtschaftsformen der Region. Das Gras ist kurz, und die Sträucher sind mager, deshalb müssen die Weidegebiete sehr groß sein. Trotzdem sind bis zum Jahr 2003 zehn Prozent des mongolischen Viehbestands (zwei bis drei Millionen Tiere) verendet. Nach drei trockenen Sommern und extrem kalten Wintern waren 64 Prozent der 24 000 Brunnen des Landes versiegt und die meisten Wasserläufe ausgetrocknet. Der Pflanzenwuchs lässt spürbar nach. Eine allzu intensive Beweidung der mongolischen Ebenen ist die Folge.

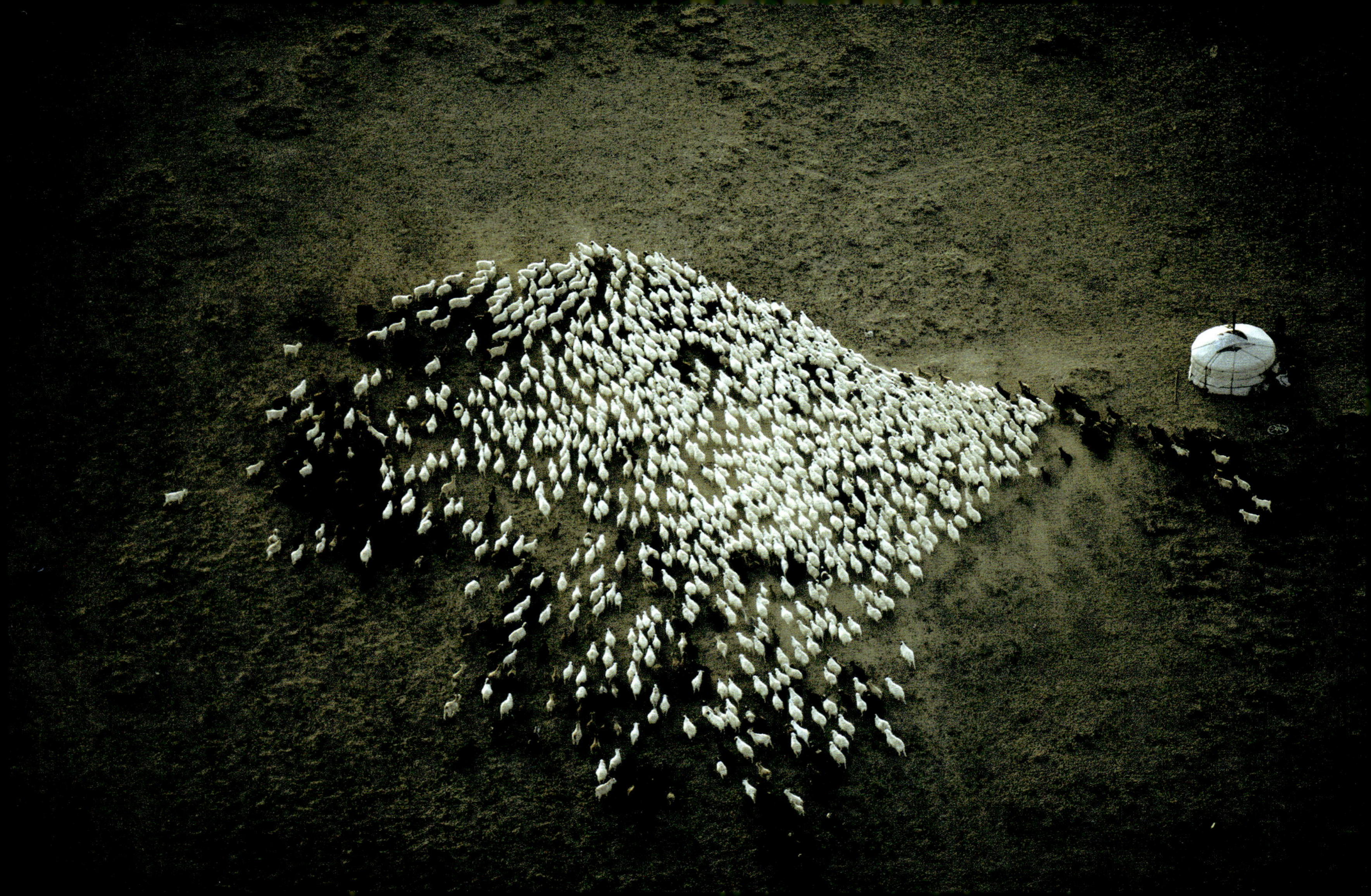

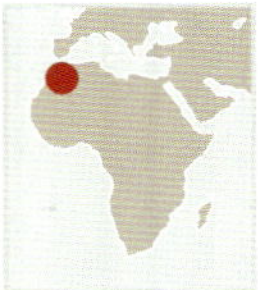

Schiffsbau in Larache, Marokko

(35° 12′ nördlicher Breite – 6° 10′ westlicher Länge)

Nur die Hälfte des weltweit gefällten Holzes ist für Industrie und Handwerk bestimmt. Der andere Teil dient nach wie vor als Brennholz, denn für die meisten Menschen unseres Planeten ist es immer noch die einzige verfügbare Energiequelle. In Ländern wie Tansania, Uganda und Ruanda werden 80 Prozent des Energieverbrauchs durch das Holz abgedeckt. Der hohe Brennholzbedarf ist der Hauptgrund für den schwindenden Waldbestand in Asien, Afrika und Lateinamerika. In den Entwicklungsländern ist die Situation besonders kritisch, denn sowohl für die Landbevölkerung als auch für die ärmsten Schichten der städtischen Ballungszentren bietet sich keine alternative Energiequelle. Weltweit werden jedes Jahr neun Millionen Hektar Wald abgeholzt.

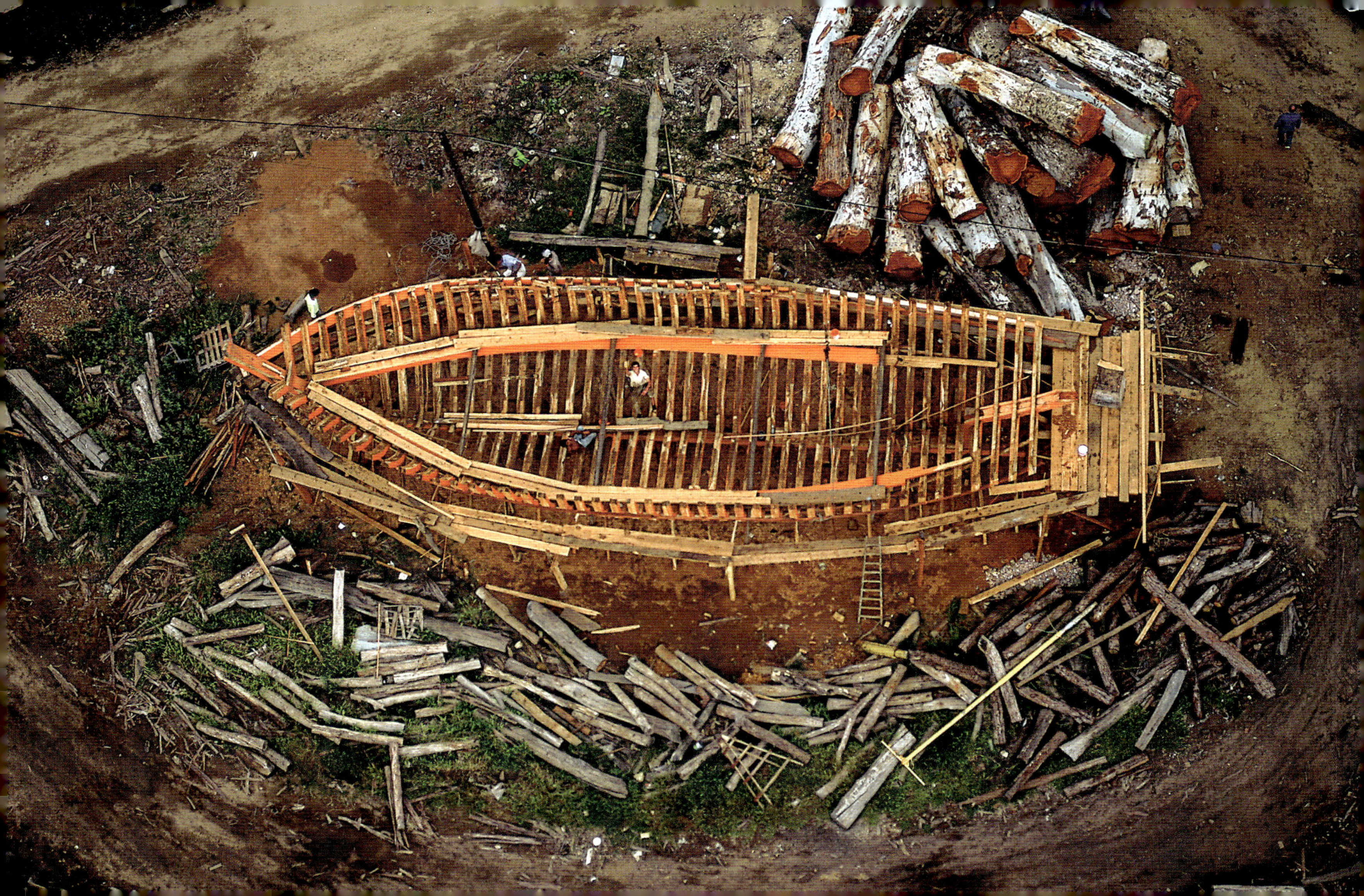

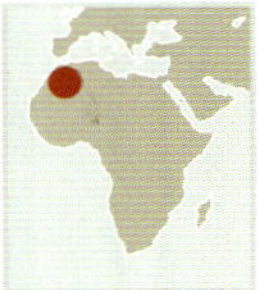

Bauerndorf im Rhéris-Tal, Marokko

(30° 44′ nördlicher Breite – 5° 09′ westlicher Länge)

Der Rhéris fließt südlich des Hohen Atlas in der Nähe der algerischen Grenze. In seinem Flusstal genießen zahlreiche Dörfer Schutz vor Hitze und Staub. Doch Südmarokko ist extrem trocken. Kein Wunder also, wenn in der südmarokkanischen Landwirtschaft die ältesten Bewässerungssysteme zu finden sind. Durch unterirdische Kanäle wurde das Quell- und Grundwasser auf die Felder geleitet. Da dieses Bewässerungssystem jedoch einen stark manuellen Einsatz erfordert, wich es mehr und mehr modernen Methoden, die allerdings ein Vielfaches an Wasser verbrauchen und zu verstopften Kanälen und versalzten Feldern führen. Durch diese Bewässerungstechniken verbraucht die Landwirtschaft 70 Prozent des Süßwassers weltweit und verliert jedes Jahr zwei Prozent der bewässerten Fläche wegen Übersalzung. Aus diesem Grund sind heute die altbewährten, von Hand gesteuerten Bewässerungsmethoden wieder auf dem Vormarsch. Denn die künstliche Bewässerung ist nach wie vor von existenzieller Bedeutung: 20 Prozent aller landwirtschaftlich genutzten Flächen werden künstlich bewässert, sie decken 40 Prozent des weltweiten Nahrungsbedarfs.

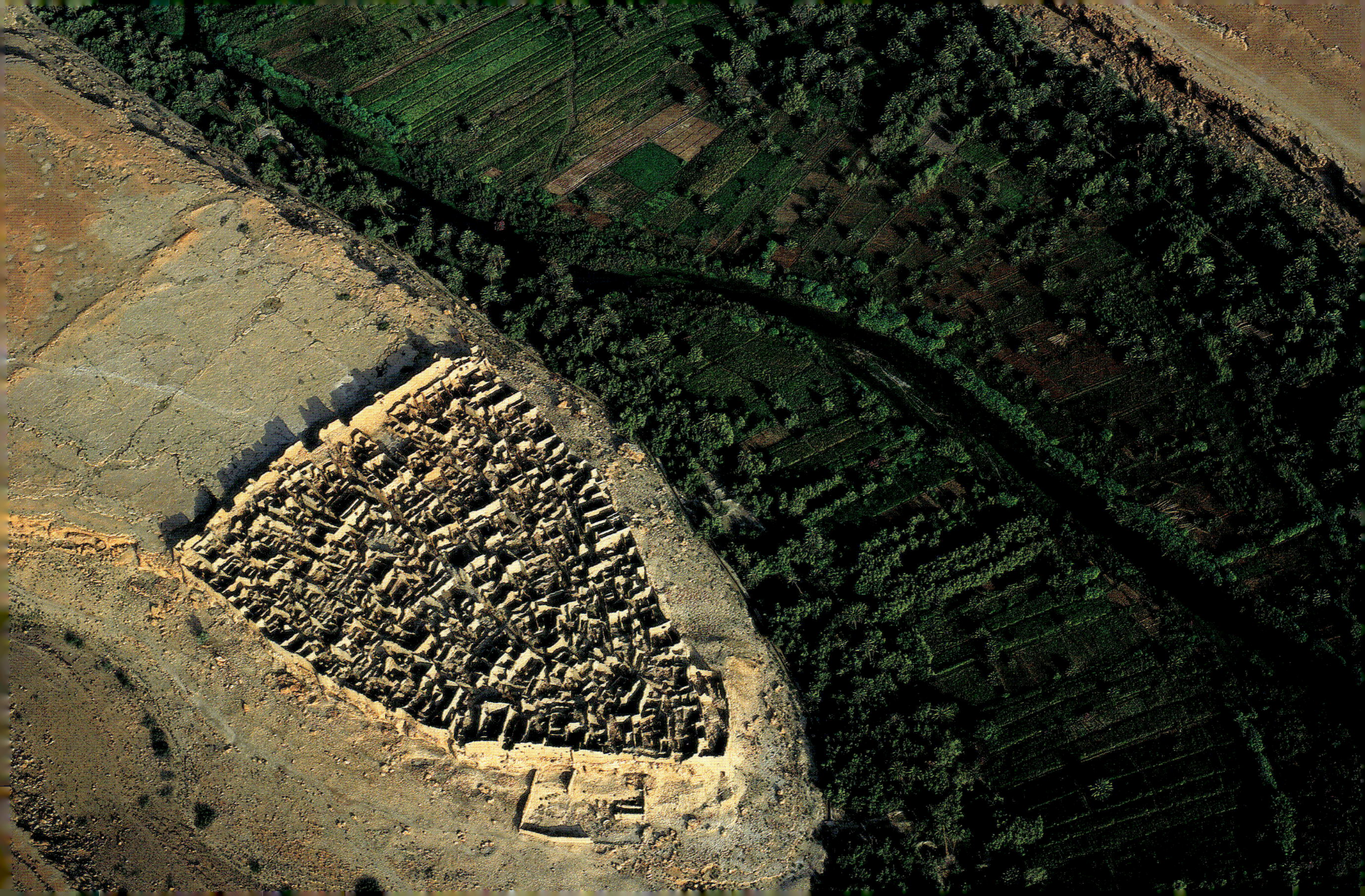

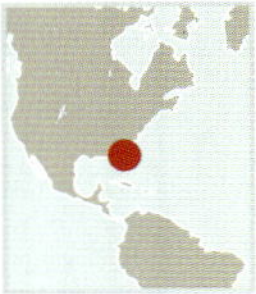

Eine Rinderherde durchquert den Kissimmee-See, Florida, USA

(27° 55′ nördlicher Breite – 81° 16′ westlicher Länge)

Es kommt vor, dass die Kühe am Ufer des Kissimmee-Sees mit den Beinen im Wasser stehen. Das Weidegebiet grenzt an das Seeufer, und oft halten die Weidezäune den kräftigen Tieren nicht stand. Doch die Kühe sind so zahlreich, dass sie den See mit ihrem Kot überdüngen. Eine starke Algenvermehrung ist die Folge. Die Zersetzung abgestorbener Algen nimmt den Wasserpflanzen und Tieren den lebensnotwendigen Sauerstoff. Seit den 1980er Jahren bemüht man sich in Florida, die Rinderherden von allen Gewässern fern zu halten. Auch der Einsatz von phosphathaltigen Düngemitteln ist per Gesetz beschränkt, denn vom Regenwasser fortgespült finden diese Stoffe sehr schnell den Weg zum nächsten Fluss oder See. Von der seit 1993 geplanten Sanierung der Sumpfgebiete verspricht man sich gleichfalls erhebliche Verbesserungen: Denn die Feuchtgebiete können Phosphat aus dem Wasser besser abbauen als Kläranlagen.

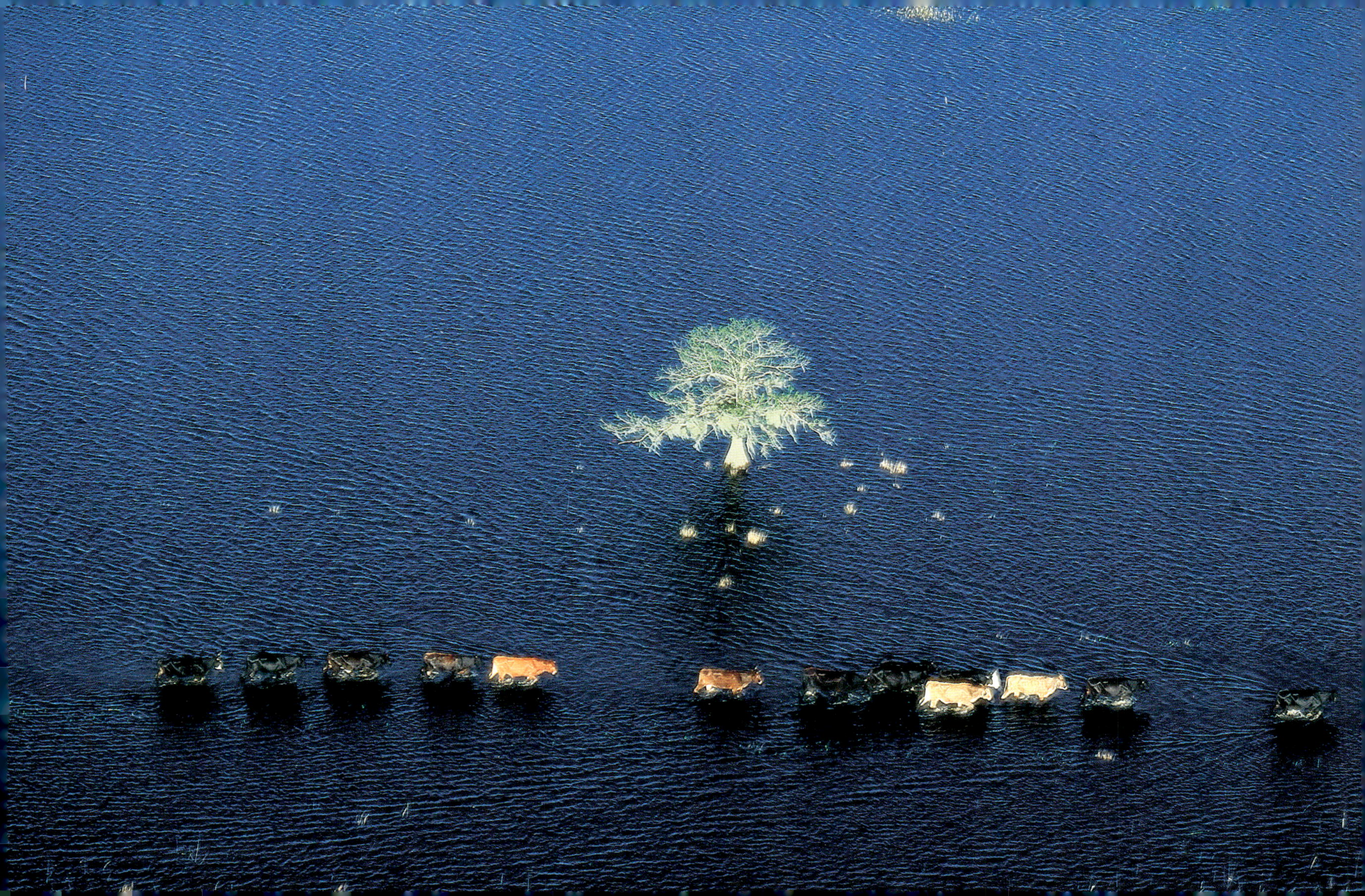

20. März

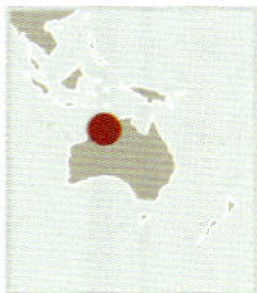

Salzwasserkrokodil, Buccaneer-Archipel, West Kimberley, Australien

(16° 17′ südlicher Breite – 123° 20′ östlicher Länge)

Die rund 1000 Inseln und Inselchen des Buccaneer-Archipels vor der nordwestaustralischen Küste bilden den Abschluss der King-Sound-Meerenge. Die meisten von ihnen sind – abgesehen von einigen Aborigine-Gemeinschaften – unbewohnt. Es handelt sich um ein Ökosystem aus feuchten Mangroven- und Tropenwäldern, in dem die Grenze zwischen Salz- und Süßwasser im wahrsten Sinne des Wortes fließend ist – je nach den Gezeiten, die hier einen Unterschied von zwölf Metern ausmachen. Hier lebt bevorzugt das Salzwasserkrokodil, eine Unterspezies des gefürchteten Reptils, das mithilfe von Drüsen Salz ausscheiden und deshalb auch im Salzwasser überleben kann. Die Jungen kommen zwar im Süßwasser zur Welt, werden aber bald von den älteren männlichen Artgenossen in salzhaltigere Wasserregionen gejagt. Das Leder des Salzwasserkrokodils ist sehr begehrt. Trotzdem kann sich diese Krokodilart in Australien hervorragend halten, denn ihr Lebensraum ist geschützt. Außerdem wird der Bestand durch künstliche Zuchtfarmen gesichert.

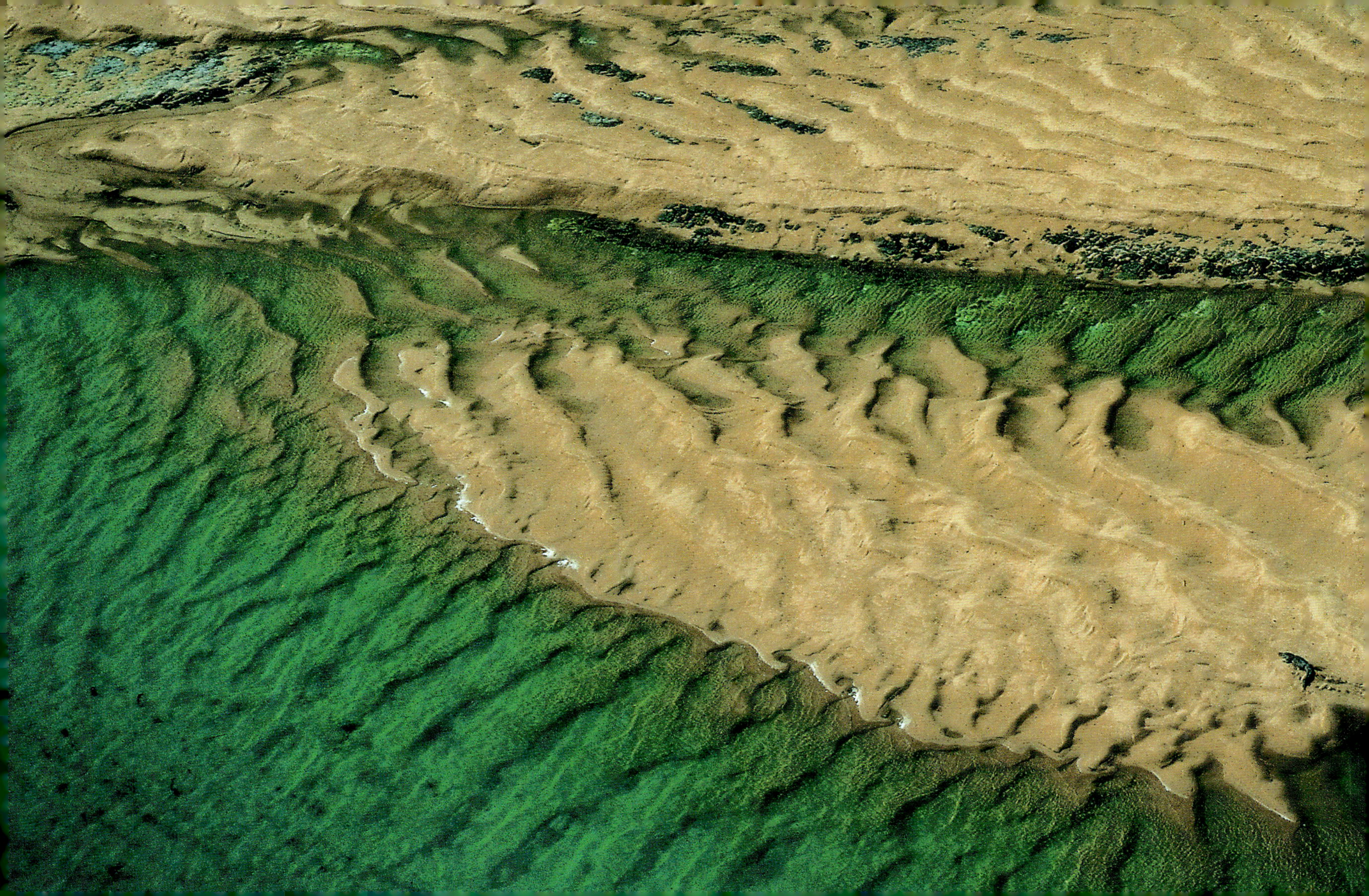

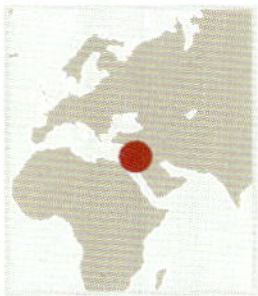

Felsendom, Jerusalem, Israel

(31° 45′ nördlicher Breite – 35° 15′ östlicher Länge)

Der Jerusalemer Felsendom ist nach der Kaaba in Mekka und dem Prophetengrab in Medina das wichtigste islamische Heiligtum. Er steht auf den Überresten des jüdischen Tempelbergs, wo einst die Gesetzestafeln aufbewahrt wurden. Von diesem Tempel stehen nur noch Teile der Westmauer, die heutige Klagemauer. Dieser sowohl den Muslimen als auch den Juden heilige Ort zeigt deutlich das schwierige Unterfangen, für den israelisch-palästinensischen Konflikt eine Lösung zu finden. Bei den Camp-David-II-Verhandlungen ging es auch um den zukünftigen Status von Jerusalem und dem Tempelberg. Nach einem Vorschlag des damaligen US-Präsidenten Clinton sollten die Palästinenser die Souveränitätsrechte über die christlichen und jüdischen Viertel einschließlich des oberen Tempelbergs bekommen. Der Unterteil des Tempelbergs hingegen sollte im israelischen Einflussbereich bleiben. Für die palästinensische Delegation war dieser Vorschlag inakzeptabel.

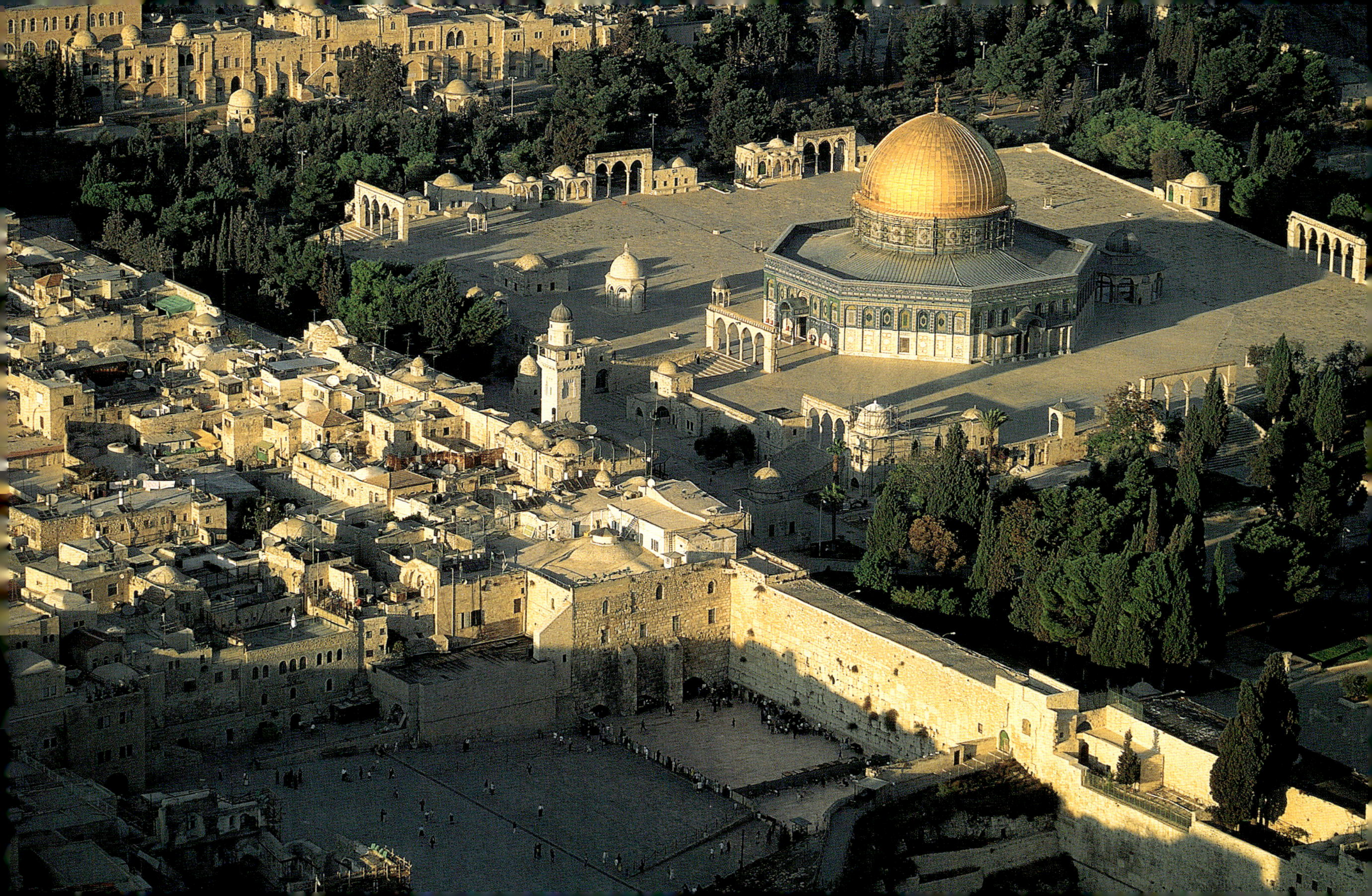

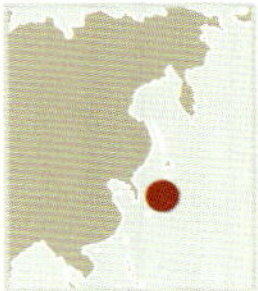

Genbaku in Hiroshima, Honshu, Japan

(34° 24′ nördlicher Breite – 132° 27′ östlicher Länge)

Genbaku, die ehemalige Niederlassung des japanischen Industrieverbandes, ist das einzige Gebäude im Stadtzentrum von Hiroshima, das die Explosion der von der US-amerikanischen Luftwaffe am 6. August 1945 gezündeten Atombombe zumindest teilweise überstanden hat. Man ließ die Ruine stehen, zur Erinnerung an die Brutalität dieses Kriegsaktes. Seit 1996 ist Genbaku auf der UNESCO-Liste des Weltkulturerbes. Der Abwurf der Bombe kostete etwa 200 000 Menschen das Leben. 40 Prozent der Stadt wurden dem Erdboden gleichgemacht. Heute sind es mehrere Einrichtungen, die im Zentrum von Hiroshima die Erinnerung an diese Tragödie wach halten: wie die Friedenskathedrale, die Gedenkstätte des Friedens und das Museum, dessen Exponate das grauenvolle Geschehen nur erahnen lassen. Es zeigt unter der Hitzeeinwirkung geschmolzene Ziegel oder Uhren, die um 8.16 Uhr stehen geblieben sind, dem Zeitpunkt der Bombenzündung. Drei Tage später zündeten die Amerikaner eine weitere A-Bombe. Diese zerstörte Nagasaki völlig und zwang Japan zur Kapitulation. Der Einsatz der Atombombe war ein Akt der Barbarei. Doch die Furcht vor weiteren Atombomben begünstigte zurzeit des Kalten Krieges (1945 bis zur Perestroika im Jahre 1989) zwischen den USA und der UdSSR die politische Stabilität.

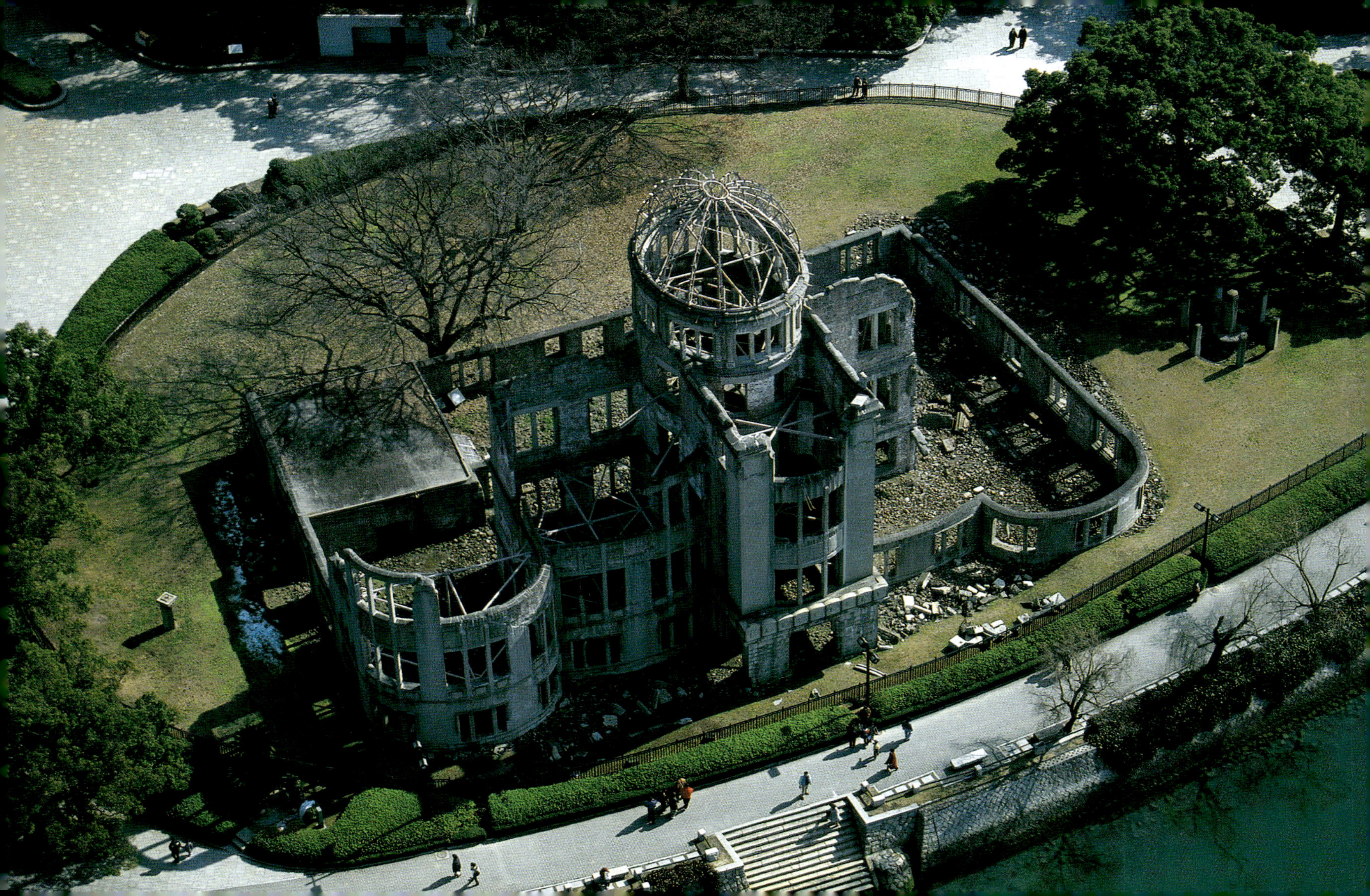

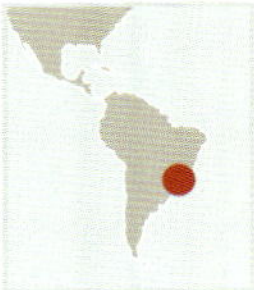

Surfer vor dem Strand Copacabana, Rio de Janeiro, Brasilien

(22° 58′ südlicher Breite – 43° 11′ westlicher Länge)

Die Bucht von Rio läuft auf beiden Seiten in kilometerlangen Stränden aus. Dort brechen sich die ein bis drei Meter hohen Wellen und glitzern im immer währenden Sonnenlicht. Eine unwiderstehliche Versuchung für tausende von Surfern. Bereits 1770 hatte Kapitän Cook auf den Sandwich-Inseln (heute Hawaii-Inseln) Wellenreiter beobachtet. Damals war das Wellenreiten allerdings ein Ritus, mit dem die jungen Männer in den Kreis der Krieger aufgenommen wurden. Anfang des 20. Jahrhunderts setzte sich in Kalifornien das Surfen als Wassersport durch. Erst in den 1960er Jahren allerdings wurde daraus das Symbol für einen neuen Freizeit- und Lebensstil. Eine immer stärkere Zunahme und Gewichtung der Freizeit ist übrigens in den hoch entwickelten Industrieländern eines der wichtigsten sozialwirtschaftlichen Phänomene des vergangenen Jahrhunderts. Die durchschnittliche jährliche Arbeitszeit ist jedoch auch in der Ersten Welt von Land zu Land sehr unterschiedlich: 2100 Stunden in Japan, 1800 Stunden in den USA und 1500 Stunden in Schweden.

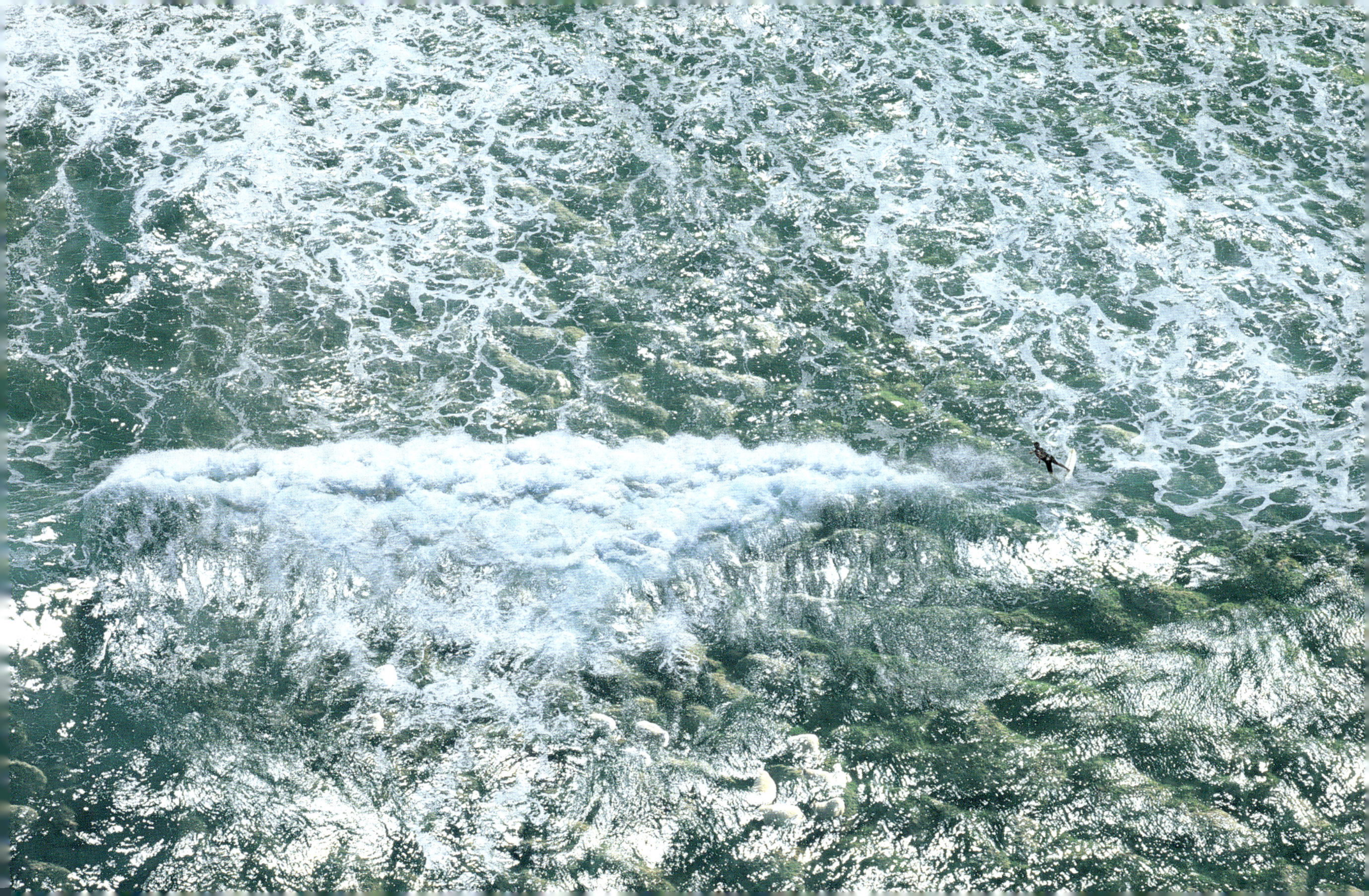

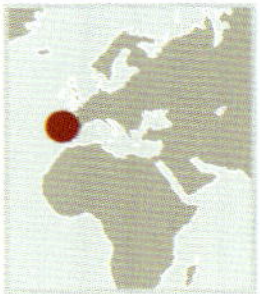

Der Öltanker »Le Prestige« vor der galizischen Küste, Spanien

(43° 00′ nördlicher Breite – 11° 50′ westlicher Länge)

Am 13. November 2002 lief der 26 Jahre alte Tanker »Le Prestige« vor der spanischen Küste auf Grund und verlor 77 000 Tonnen Öl. Tausende von Freiwilligen sammelten an den Stränden die festen Rückstände wieder ein. Mit dieser Katastrophe rückt die schreckliche Gewissheit ins Bewusstsein, dass mehr als zwei Drittel der 40 000 zurzeit auf See fahrenden Großtanker nicht den Sicherheitsnormen entsprechen. Jeder zweite Tanker ist über 20 Jahre alt und hat im Vergleich zu den modernen Tankermodellen einen zehnmal so hohen Ladungsverlust. Alle drei Tage kommt es auf unseren Ozeanen zu einer Havarie. Doch die spektakulären Tankerunglücke sind nur die Spitze eines großen Eisbergs: Die unzulässigen Ölrückstände des regulären Schiffsverkehrs setzen zehnmal so viel Kohlenwasserstoff frei. Zwei Drittel der Meeresverschmutzung verursachen die Kontinente. Die großen Städte im Mittelmeerraum beispielsweise leiten 85 Prozent ihrer Abwässer unaufbereitet direkt ins Meer.

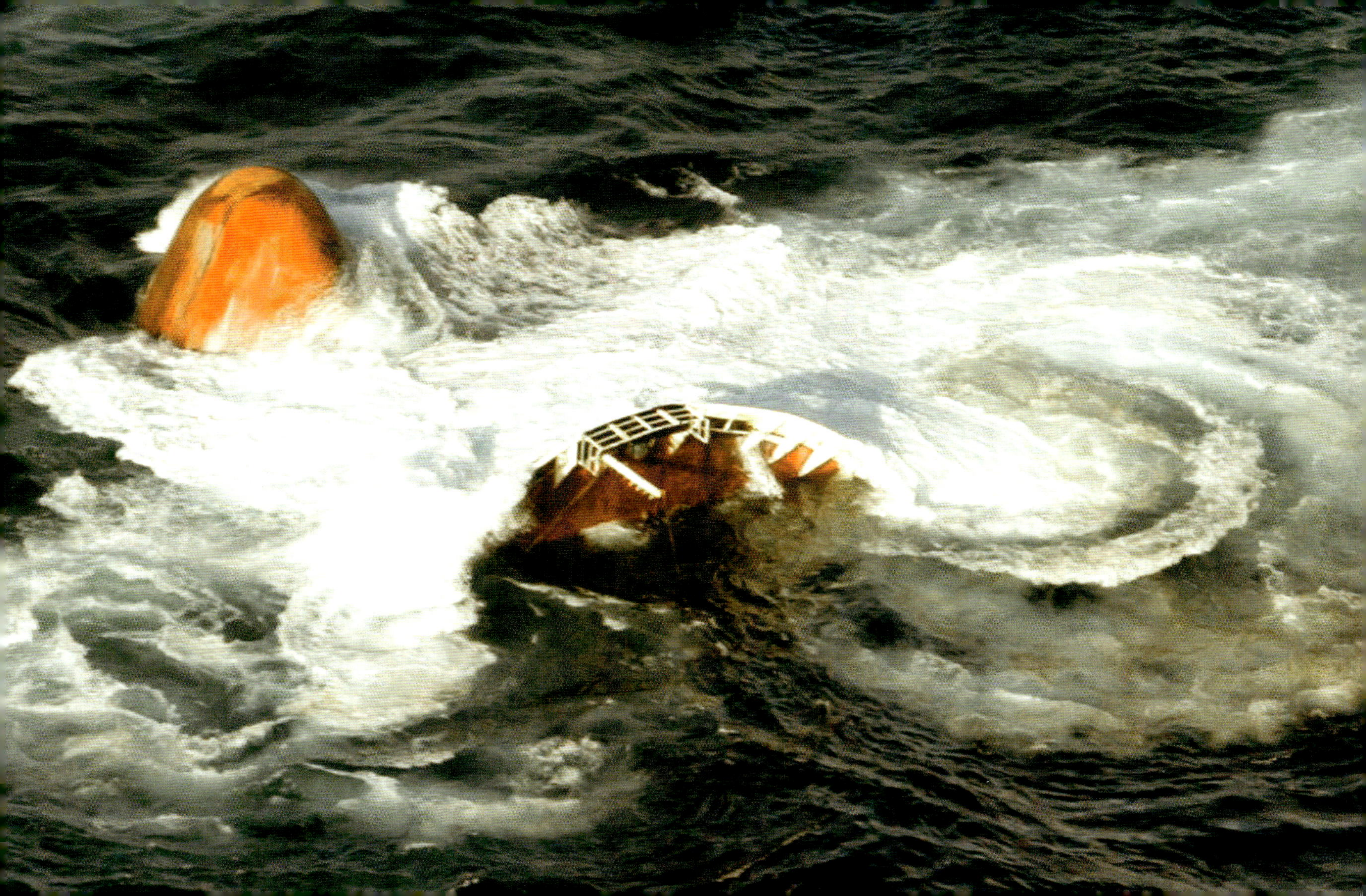

25. März

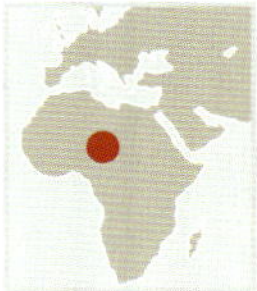

Die »Krebsschere« des Arakaou-Vulkans in der westlichen Ténéré-Wüste, Niger (18° 06′ nördlicher Breite – 9° 57′ östlicher Länge)

Die über 200 Meter hohen Dünen der Ténéré-Wüste rücken mithilfe des Windes gegen das Aïr-Gebirge vor. Doch dort werden sie von der offenen »Krebsschere« des Arakaou-Vulkans verschluckt. Der Krater dieses erloschenen Vulkans hat einen Durchmesser von zehn Kilometern. Der Kontrast zwischen dem dunklen Vulkanrücken und dem leuchtenden Sand ist beeindruckend. Dies war jedoch nicht immer so: Noch vor 20 000 Jahren glich diese Region einer grünen Prärielandschaft, in der Antilopen und Nashörner zu Hause waren. Doch die Sahelzone trocknete aus und wurde mehr und mehr zu einer Wüste. Diese immer noch anhaltende Entwicklung ist nicht nur auf Klimaveränderungen, sondern auch auf den Menschen und seine Landwirtschaftspraktiken – Überweidung und Rodung – zurückzuführen. In den letzten 50 Jahren gewann die Sahara, zu der auch die Ténéré-Wüste gehört, um 650 000 Quadratkilometer an Fläche: Kostbares Ackerland geht dem afrikanischen Kontinent verloren.

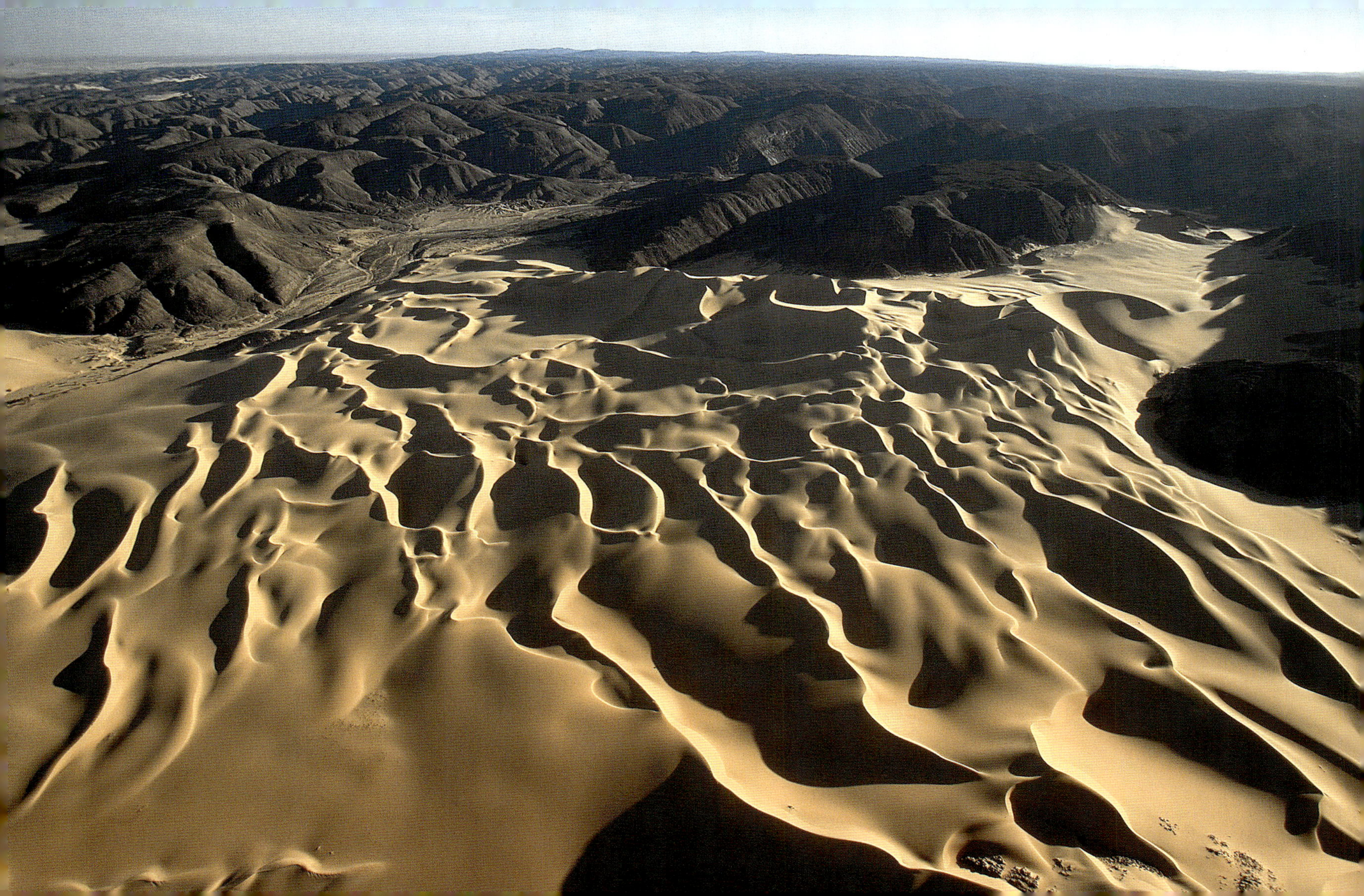

Verschneite Hänge des Kronotskaya-Vulkans, Kamtschatka, Russland (54° 45′ nördlicher Breite – 160° 31′ östlicher Länge)

Die 370 000 Quadratkilometer große Halbinsel Kamtschatka liegt im äußersten Osten Sibiriens. Sie ist nicht einmal eine Million Jahre alt. 30 ihrer insgesamt 160 Vulkane sind noch aktiv. Seit 1996 steht die Halbinsel auf der UNESCO-Liste des Weltnaturerbes. In dieser Region ist die Natur noch intakt und der Mensch kaum präsent: Auf jeden Einwohner kommt mehr als ein Quadratkilometer. Mit seinen 3528 Metern zählt der Kronotskaya-Vulkan zu den höchsten Erhebungen des in den Pazifik hineinragenden Feuergürtels. Auch zahlreiche heiße Quellen, Geysire, reißende Flüsse und tosende Wasserfälle finden sich auf der Halbinsel Kamtschatka. Im 9000 Quadratkilometer großen Naturschutzgebiet von Kronotski leben Braunbären, Luchse, Zobel und Füchse. Das Landschaftsbild von Alaska – auf der anderen Seite der Beringstraße – ist identisch. Vor rund 26 000 Jahren verband im Gebiet der heutigen Beringstraße eine Landbrücke den asiatischen mit dem nordamerikanischen Kontinent. Über sie zogen die Vorfahren der Sioux, Inkas und Guarani in kleinen Gruppen nach Alaska. Die erste Besiedlung Nordamerikas ereignete sich also von Asien aus.

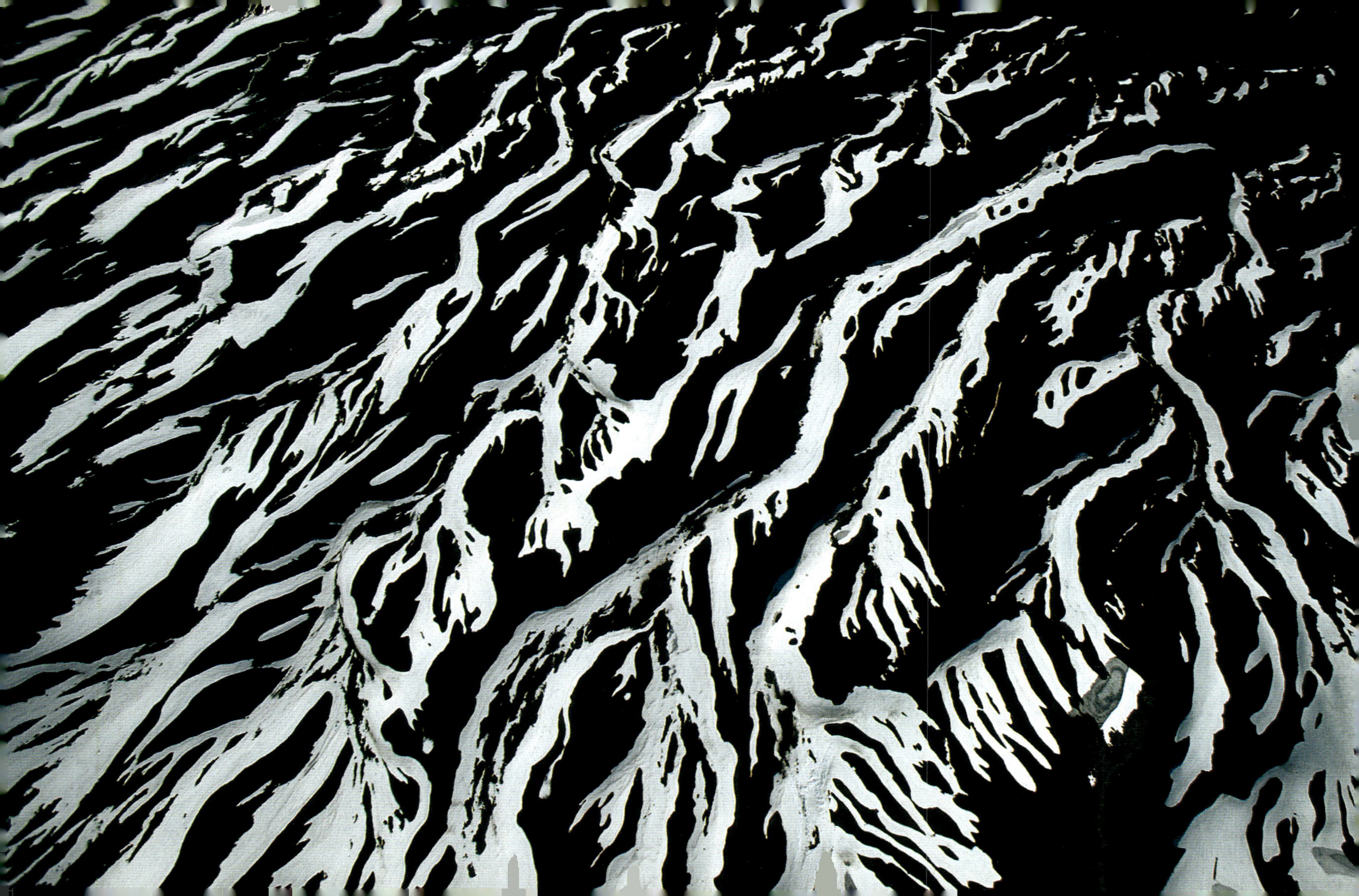

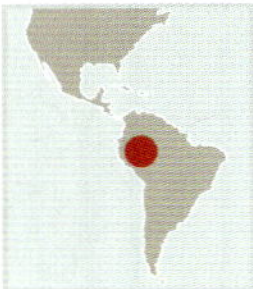

Die Hiram-Bingham-Route zum Machu Picchu, Region Cuzco, Peru

(13° 05′ südlicher Breite – 72° 35′ westlicher Länge)

1911 entdeckte der amerikanische Historiker Hiram Bingham den Machu Picchu, eine Inkasiedlung, die von den spanischen Eroberern verschont blieb. Die 1948 eröffnete Straße zu diesem Siedlungsgebiet trägt seinen Namen: Sie ist acht Kilometer lang, aber keine fünf Meter breit und windet sich in engen Serpentinen in Schwindel erregende Höhen. Es geht den 800 Meter hohen, steilen Hang des Salccantay hinauf zum beeindruckenden »Wolkenkratzer« der Inkas. Ein Zugangsweg zur Inkakultur, der leise erahnen lässt, wie viel durch die spanische Eroberung verloren ging, auch wenn das wahre Ausmaß dieses Verlustes niemals zu ermessen sein wird. Mancher Indianer denkt mit Wehmut an die alte Sozialstruktur der Inkas: Der gegenseitige Beistand *(ayni)* und die Lebens- und Arbeitsgemeinschaft *(ayllu)* zählten zu den wichtigsten Grundsätzen. 2001 machte die peruanische Regierung unter Alejandro Toledo einen entscheidenden Schritt zur Neubewertung der Inka-Kultur: Der Präsident erklärte die Wiedereinführung der Inka-Sprachen zu einem Hauptanliegen seiner Politik.

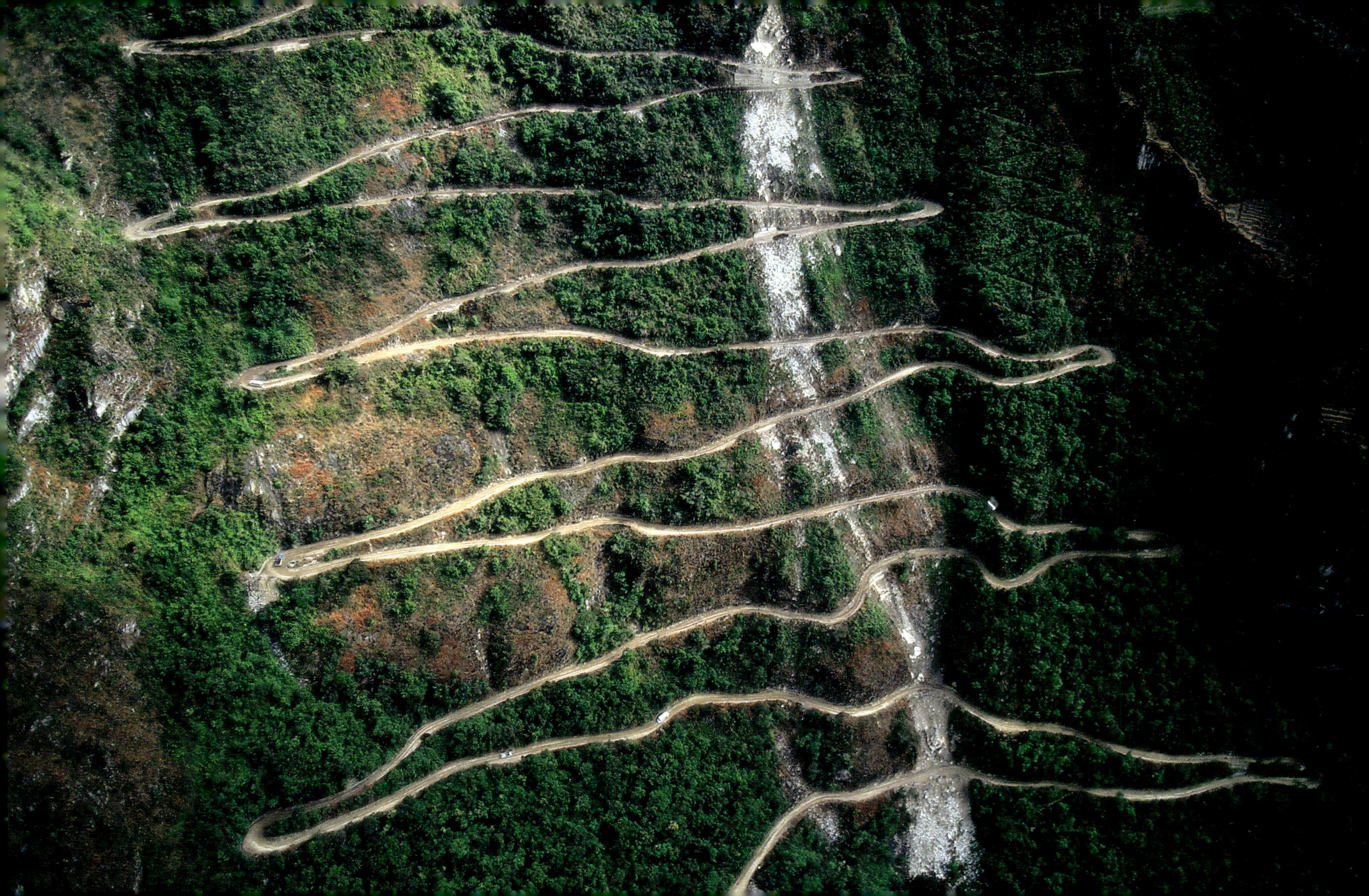

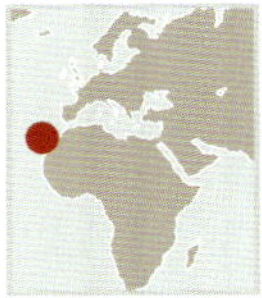

Weinberge in der Region Geria, Lanzarote, Kanarische Inseln, Spanien (28° 48′ nördlicher Breite – 13° 41′ westlicher Länge)

Von den sieben Kanarischen Inseln liegt Lanzarote nach Fuerteventura der afrikanischen Küste am nächsten. Auf der 813 Quadratkilometer großen Insel gibt es keine Quellen, und es herrscht Wüstenklima – keine guten Voraussetzungen für landwirtschaftliche Projekte. Dank ihres vulkanischen Ursprungs bietet die Insel jedoch einen fruchtbaren dunklen Boden aus Asche und Lapili, kleinen vulkanischen Auswürflingen. Die darunter liegende Schicht ist stark lehmhaltig und wenig wasserdurchlässig. Unter Berücksichtigung dieser Bedingungen wurde eine spezielle Rebkultur entwickelt: Damit der Weinstock mehr Feuchtigkeit auffangen kann, wird er in einen in der vulkanischen Erde eingegrabenen Trichter eingepflanzt. Mit einer halbkreisförmigen Steinmauer schützt man ihn vor den trockenen Winden aus Nordost und der Sahara. Die Weinberge der Region Geria liefern einen lieblichen Rotwein. Von den rund 275 Millionen Hektolitern Wein, die jedes Jahr weltweit produziert werden, stammen 13 Prozent von den spanischen Weinbergen. Spanien belegt nach Frankreich und Italien den dritten Platz auf der Liste der Wein produzierenden und exportierenden Länder.

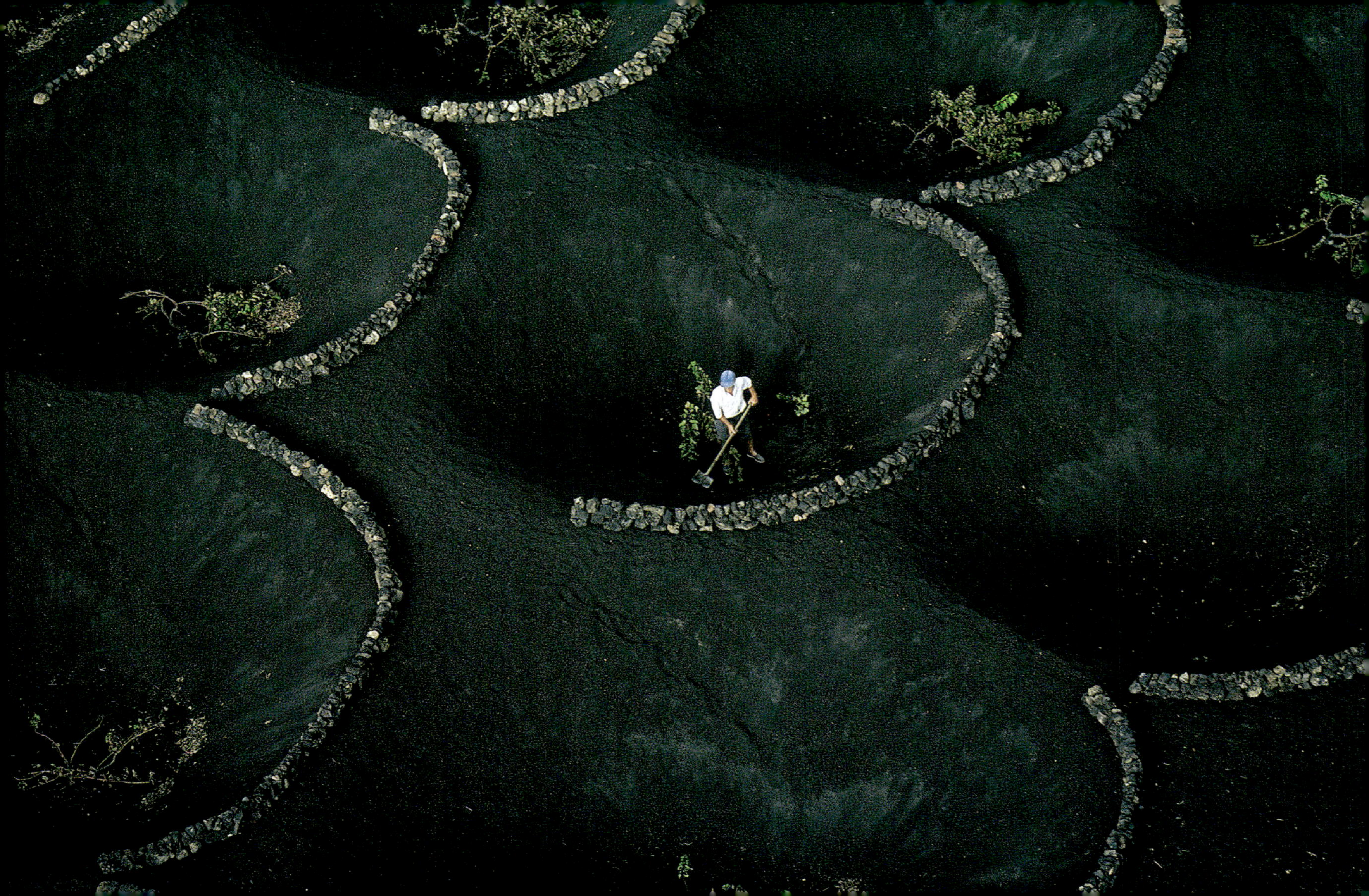

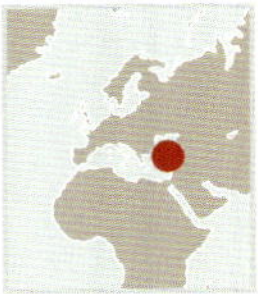

Feldlandschaft zwischen Ankara und Hattousa, Anatolien, Türkei

(40° 00′ nördlicher Breite – 33° 35′ östlicher Länge)

Nördlich der Linie von Ankara nach Sivas sind die Felder der anatolischen Hochebene beeindruckend gleichmäßig geschnitten. Der Anbau ist vielfältig: Weizen, Roggen, Zuckerrüben und andere Früchte. 48 Prozent der arbeitenden Bevölkerung sind in der Landwirtschaft beschäftigt. Vor allem der Frauenanteil in der Landwirtschaft ist mit 72 Prozent ausgesprochen hoch. In vielen Ländern der Welt (sogar in den hoch entwickelten) verrichten die Frauen nach wie vor traditionelle, schlecht bezahlte Arbeiten. Besonders der unterschiedliche Bildungsstand (26 Prozent der Frauen sind Analphabeten, bei den Männern sind es lediglich sieben Prozent) führt zu großen sozialen Unterschieden zwischen den beiden Geschlechtern. Deshalb ist die starke Abwanderung in die Arbeit bietenden Großstädte vor allem für die jungen Frauen eine schwere Herausforderung, denn auf Grund ihrer mangelnden Schulbildung sind sie auf ihre neue Umgebung wesentlich schlechter vorbereitet.

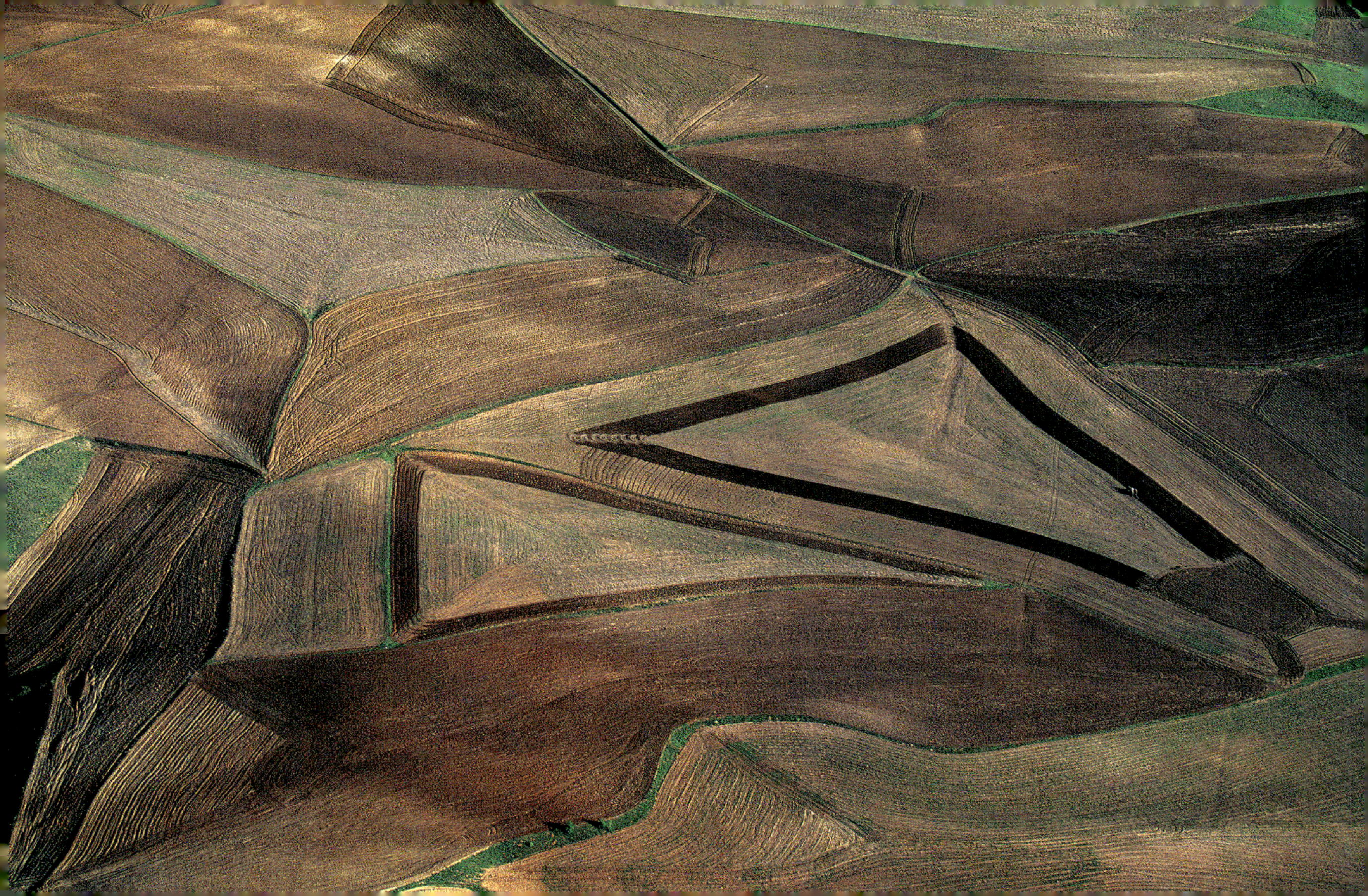

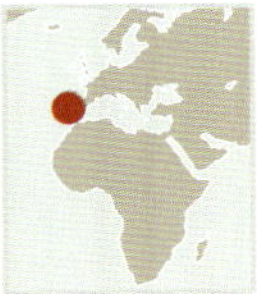

Seefahrerdenkmal am Ufer des Tejo, Lissabon, Portugal

(38° 43′ nördlicher Breite – 9° 08′ östlicher Länge)

Mit seinen 50 Höhenmetern beherrscht das stolze Denkmal den Mündungstrichter des Tejo. Es geht auf eine Initiative des ehemaligen portugiesischen Ministerpräsidenten Salazar zurück und wurde 1960 anlässlich des 500. Todestags von Heinrich dem Seefahrer (1394–1460) eingeweiht. Das Monument zeigt den berühmten Entdeckungsreisenden, der mit einem Karavellenmodell in der Hand am Schiffsbug steht. Hinter ihm drängen sich die bedeutendsten Seefahrer des 15. und 16. Jahrhunderts: Vasco da Gama, der 1497 das Kap der Guten Hoffnung, die Südspitze Afrikas, umsegelte; Magellan, der 1521 den Pazifik überquerte, sowie der Brasilienentdecker Pédro Álvares Cabral. Portugal konnte sich 50 Jahre vor Spanien von der maurischen Fremdherrschaft befreien und hatte so bei seinen weltweiten Entdeckungs- und Eroberungsfahrten gegenüber der Konkurrenz aus Madrid einen gewaltigen Vorsprung. Dank seiner Seefahrtspioniere konnte Portugal im frühen 16. Jahrhundert seine Reichsgrenzen bis Indien ausdehnen. Die portugiesischen Eroberer – wie anschließend die spanischen, holländischen, englischen und französischen – brachten den fernen Völkern allerdings nicht nur den christlichen Glauben und die moderne Wissenschaft, sondern oft auch Krieg und Sklaverei.

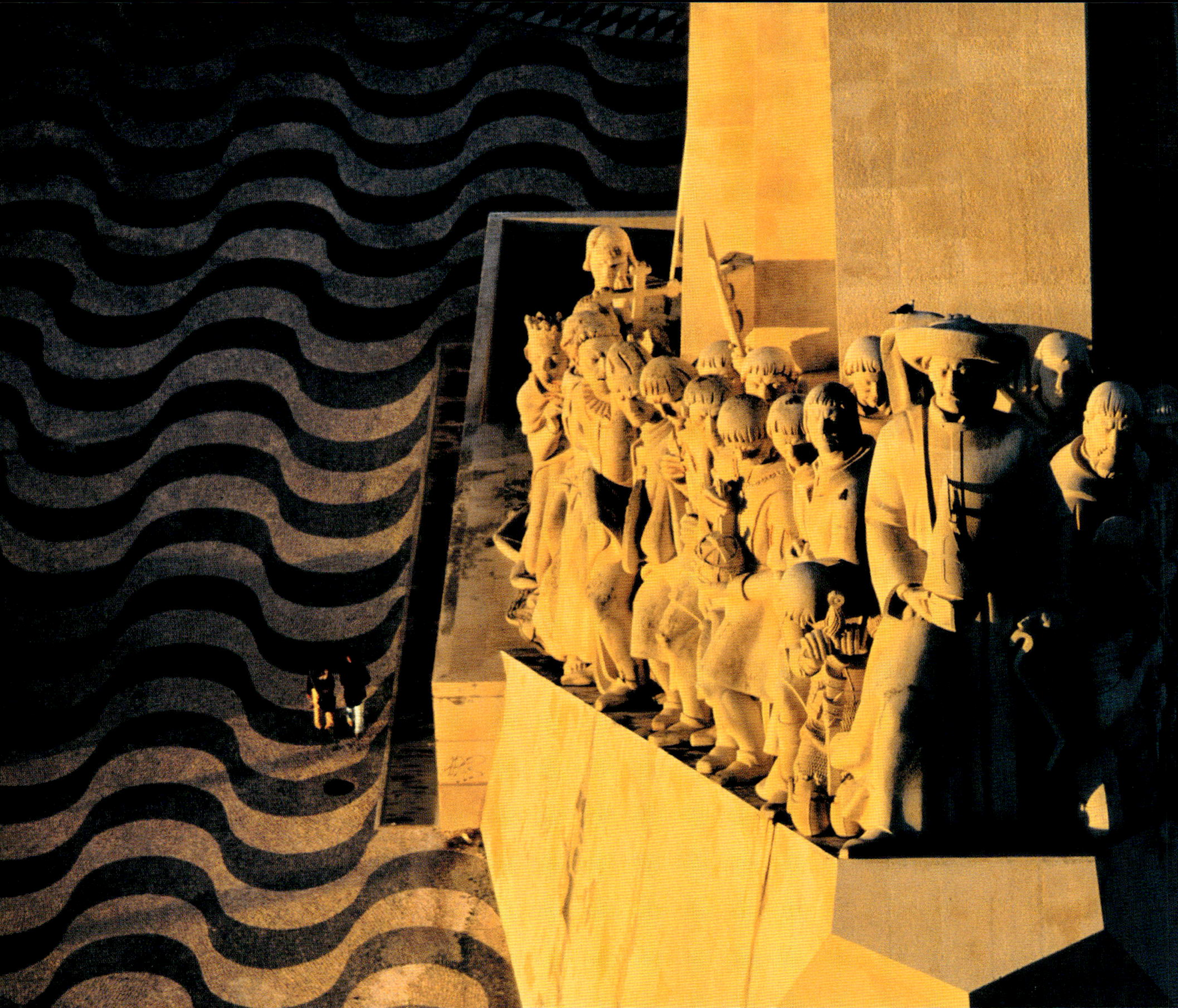

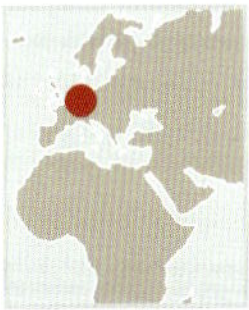

Getränkemarkt bei Braunschweig, Deutschland (52° 20′ nördlicher Breite – 10° 20′ östlicher Länge)

Eine regelrechte Flut aus Mineralwasser, Bier, Fruchtsaft und sonstigen kohlensäurehaltigen Getränken bricht über das Lager dieses Großhändlers herein. Spitzenreiter der internationalen Getränkeindustrie ist das in Flaschen abgefüllte Mineralwasser. Das Elementargetränk erfreut sich wachsender Beliebtheit. Sein weltweiter Verbrauch nimmt jedes Jahr um rund sieben Prozent zu. Zurzeit werden weltweit pro Jahr etwa 90 Milliarden Liter Mineralwasser verkauft. Für den Vertrieb werden 1,5 Millionen Tonnen Kunststoff benötigt. Der übertriebene Konsum alkoholischer Getränke führt zu Alkoholsucht. Gründe für den Missbrauch von Alkohol sind oft Frustration und soziale Unzufriedenheit. In Russland liegt die durchschnittliche Lebenserwartung der Männer wegen des übermäßigen Alkoholkonsums bei 59 Jahren. Zum Vergleich: Die durchschnittliche Lebenserwartung der Russinnen liegt bei 72 Jahren.

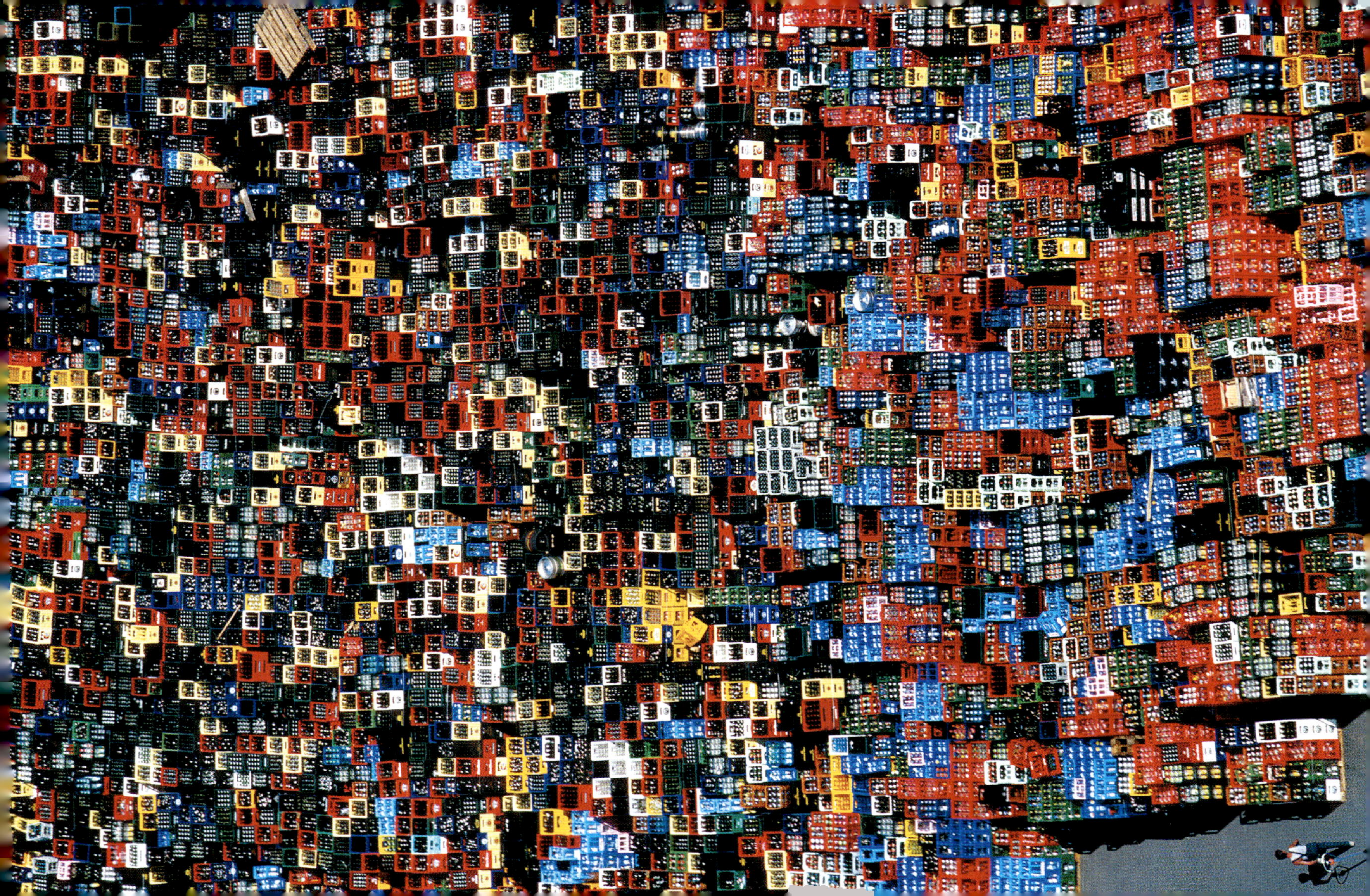

Biosphäre und Biodiversität

Die Biosphäre ist die nur wenige Kilometer dicke Hülle um die Erdoberfläche, deren Radius über 6300 Kilometer beträgt. Dies ist der Lebensraum aller Organismen. Es existieren zwar Mikroben im Tiefengestein, und mikrobielle Sporen finden sich noch hoch in der Atmosphäre, aber die meisten Organismen können nur in den sonnenbeschienenen Regionen zwischen den oberen Wasserschichten der Meere und den alpinen Regionen der Gebirge leben. Hier wird die Energie des Sonnenlichts von Grünpflanzen und anderen fotosynthetischen Lebensformen zur Herstellung von organischen Verbindungen genutzt, die die Bausteine aller Organismen sind. Unter biologischer Vielfalt oder »Biodiversität« versteht man die Fülle dieser Organismen einschließlich ihrer Gene und der Ökosysteme, in denen sie in gegenseitiger Abhängigkeit existieren.

Biodiversität nützt uns auf vielen verschiedenen Ebenen. Auf der rein physischen Ebene liefern uns die natürliche und die domestizierte Biodiversität Nahrungsmittel, Arzneimittel und andere Produkte. Vielfalt auf der genetischen Ebene ist in diesem Bereich besonders wichtig. Ihr verdanken wir die verschiedenen Arten und Rassen, die uns in der Landwirtschaft dienen. Biodiversität ist der Motor vieler lebenserhaltender Prozesse, die in Ökosystemen ablaufen, wie z. B. Befruchtung, Wasserreinigung und die Wiederverwertung von abgestorbenem Material. Viele Menschen schätzen Vielfalt um ihrer selbst willen, und es bereichert ihr Leben, dass es auf der Erde noch gesunde Ökosysteme mit einer Fülle von Arten gibt.

Letztlich ist auch der Mensch Teil der biologischen Vielfalt. Durch seine Evolutionsgeschichte ist er mit den Affen und den davor liegenden Entwicklungsstufen bis hin zu den Anfängen des Lebens verbunden. Physiologisch ist er von den Grünpflanzen und anderen

Organismen abhängig: Diese erzeugen lebenserhaltende Stoffe, die sein Körper selbst nicht bilden kann.

Der Planet Erde ist über 4,5 Milliarden Jahre alt. Fossilienfunde beweisen, dass es bereits vor rund 3,5 Milliarden Jahren erstes Leben gab. In den darauf folgenden drei Milliarden Jahren bestand dieses Leben – so viel man weiß – nur in einfachen mikroskopischen Organismen. Verschiedene frühe Pflanzen und Wirbellose tauchen in den Fossilienfunden vor 550 bis 500 Millionen Jahren relativ plötzlich auf.

Alle Arten scheinen letztlich das Schicksal des Aussterbens (Extinktion) zu erleiden. Ihre durchschnittliche Lebensspanne beträgt gemäß den Fossilienfunden etwa vier Millionen Jahre, und die heute noch existierenden Arten machen noch höchstens fünf Prozent der jemals auf der Erde lebenden Arten aus. Die Extinktionsrate unterlag starken Schwankungen und erreichte zu bestimmten Zeiten durch Massensterben einen Höhepunkt. Es entstanden jedoch immer wieder neue Arten, die die ökologischen Lücken füllten und die Verluste mehr als wettmachten. Trotz ihres regelmäßigen Untergangs scheint die Biodiversität insgesamt stetig gewachsen zu sein. Die Arten fanden neue Möglichkeiten, sich unter den gegebenen ökologischen Umständen zu behaupten. Zugleich schufen sie für andere Arten, die von ihnen oder in ihnen lebten, ein günstiges Umfeld. Die globale Biodiversität dürfte vor etwa 1,8 Millionen Jahren, vor dem Beginn der Eiszeiten des Pleistozäns, einen Höhepunkt erreicht haben.

Die ersten Menschen erschienen im ausgehenden Pliozän – vor etwas mehr als zwei Millionen Jahren – in Afrika. Der im anatomischen Sinne moderne Mensch entwickelte sich vor 100 000 Jahren dort, und vor mindestens 40 000 Jahren erreichte er Eurasien. Am Ende des Pleistozäns – vor etwa 10 000 Jahren – hatte er alle Kontinente mit Ausnahme der Antarktis besiedelt. Diese Entwicklung sollte ungeahnte Folgen für die Arten und Ökosysteme der Welt haben.

Es besteht ein direkter Zusammenhang zwischen der Ankunft des Menschen in neuen Gebieten und dem darauf folgenden Aussterben größerer Tierarten, der so genannten Megafauna. Etwa 40 Arten von Großsäugern, Vögeln und Reptilien starben vor rund 46 000 Jahren in Australien aus – wenige tausend Jahre nach der Ankunft des Menschen. Säbelzahntiger, Riesenfaultier, Mammut und andere Tiere verschwanden vom amerikanischen Kontinent, als der Mensch das Land eroberte. Desgleichen gingen Riesenvögel und Großsäuger unter, als man nach Neuseeland, Madagaskar und auf die großen Inseln der Karibik vordrang. Man nimmt an, dass Überjagung ein Hauptgrund für diese Entwicklung war. Einem ähnlichen Druck sind heute wieder viele Arten ausgesetzt. Durch die niedrige Reproduktionsrate vieler größerer Arten sind diese auch trotz einer weniger intensiven Bejagung durch die native Bevölkerung gefährdet. Bis zum Ende des Pleistozäns ernährten sich die Menschen von Jagd, Fischfang und dem Sammeln von Wildfrüchten. Dann, vor etwa 10 000 Jahren, kam in Eurasien, Afrika und Amerika der Ackerbau auf. Es ist eine Technik, durch die eine größere Vielfalt aus dem Angebot der Biosphäre vom menschlichen Körper aufgenommen werden kann. Dies brachte es jedoch mit sich, dass die natürliche Umgebung eines wachsenden Teils der Erdoberfläche mit ihrer großen Artenvielfalt in eine Agrarlandschaft mit nur noch wenigen Arten verwandelt wurde. Der ständig steigende Bedarf des Menschen geht mit einer konstant hohen Landrodung einher. An die Stelle von Wäldern treten Acker- und Weideflächen bis hinauf in die empfindlichen alpinen Regionen. Der Verlust natürlicher Lebensräume und die durch die landwirtschaftliche Nutzung bedingte Zersplitterung sind zusammen mit der Bodenversiegelung die Hauptursache für den weltweiten Artenrückgang.

Viele Wissenschaftler sind heute davon überzeugt, dass das derzeitige Artensterben zehn- bis hundertmal schneller verläuft als jemals zuvor in der Geschichte des Lebens. Unsere Erkenntnisse sind noch nicht endgültig, aber es steht fest, dass im 18. und 19. Jahrhundert, als die Menschen in immer entlegenere Teile der Welt vordrangen, der Artenschwund auffällig zunahm.

Mindestens 16 Säugetier- und 25 Vogelarten starben im letzten Drittel des 19. Jahrhunderts aus; ähnliche Zahlen gelten für den Anfang des 20. Jahrhunderts. Meist handelte es sich um Arten mit begrenztem Verbreitungsgebiet, z. B. auf Inseln. Während sich einerseits das Artensterben verlangsamt hat, vermutlich auch auf Grund von Erhaltungsmaßnahmen, ist andererseits die Zahl der gefährdeten Arten gestiegen: Derzeit sind etwa 24 Prozent der Säugetiere und zwölf Prozent der Vögel bedroht. In vielerlei Hinsicht sind der verbreitete Verlust von Populationen und der allmähliche Schwund der genetischen Vielfalt schwer wiegender als die Auslöschung lokaler Arten. Dieser allgemeine Rückgang der Biodiversität trägt wesentlich zur Verschlechterung des Zustands der Ökosysteme bei. Darunter wird vor allem die ländliche Bevölkerung in den ärmeren Weltregionen zu leiden haben.

Seit zehn Jahren ist die Konvention über die biologische Vielfalt in Kraft. Dank ihrer Zielsetzungen und Maßnahmenkataloge und der bereitgestellten Mittel konnten viele Länder auf dem Weg zu einer nachhaltigen Entwicklung die Auswirkungen auf die Biodiversität mildern. Die auf dem Weltgipfel für nachhaltige Entwicklung 2002 vertretenen Staaten bekannten sich zu dem Ziel einer erheblichen Eindämmung des Artensterbens bis zum Jahr 2010, und dieser neue Anlauf zum Handeln gibt Anlass zur Hoffnung. Viele Beobachter sind jedoch der Ansicht, dass die Erhaltung der gegenwärtigen Artenvielfalt der Erde und der Unversehrtheit der Biosphäre ein noch viel weiter gehendes Umdenken im Umgang mit den Ressourcen der Erde erforderlich macht.

Brian Groombridge

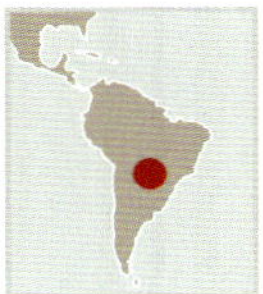

Das Dorf Purmamarca, Provinz Jujuy, Argentinien

(23° 43′ südlicher Breite – 65° 29′ westlicher Länge)

Der Nordwesten Argentiniens ist das Gebiet der Puna, einer endlos scheinenden Region karger und kühler Hochtäler und Hochebenen, die in Bolivien in den Altiplano übergeht. Ein Königreich der Mineralien, das eine ganze Palette fein abgestufter Farben bietet. Das Indianerdorf Purmamarca kauert am Fuße des *cierro de los siete colores*, des »Berges der sieben Farben«. Seine Bewohner sind Mestizen, indianisch-europäische Mischlinge. Sie leben hauptsächlich von der Viehzucht und bauen in den Tälern auch in bescheidenem Maß Gemüse an. Die Menschen der Provinz Jujuy (die Hälfte des Landes ist im Besitz von vier Familien) leben unter besonders schwierigen Bedingungen und lehnen sich deshalb seit den frühen 1990er Jahren zunehmend gegen die Zentralregierung auf. Die seit 2001 anhaltende Rezession hat die Situation noch verschlimmert: 2002 lebten 63 Prozent der Bevölkerung in Armut, rund 30 Prozent entbehrten selbst das Notwendigste. Im selben Jahr nahm das öffentliche Krankenhaus der Region täglich mehr als 700 unterernährte Kinder auf.

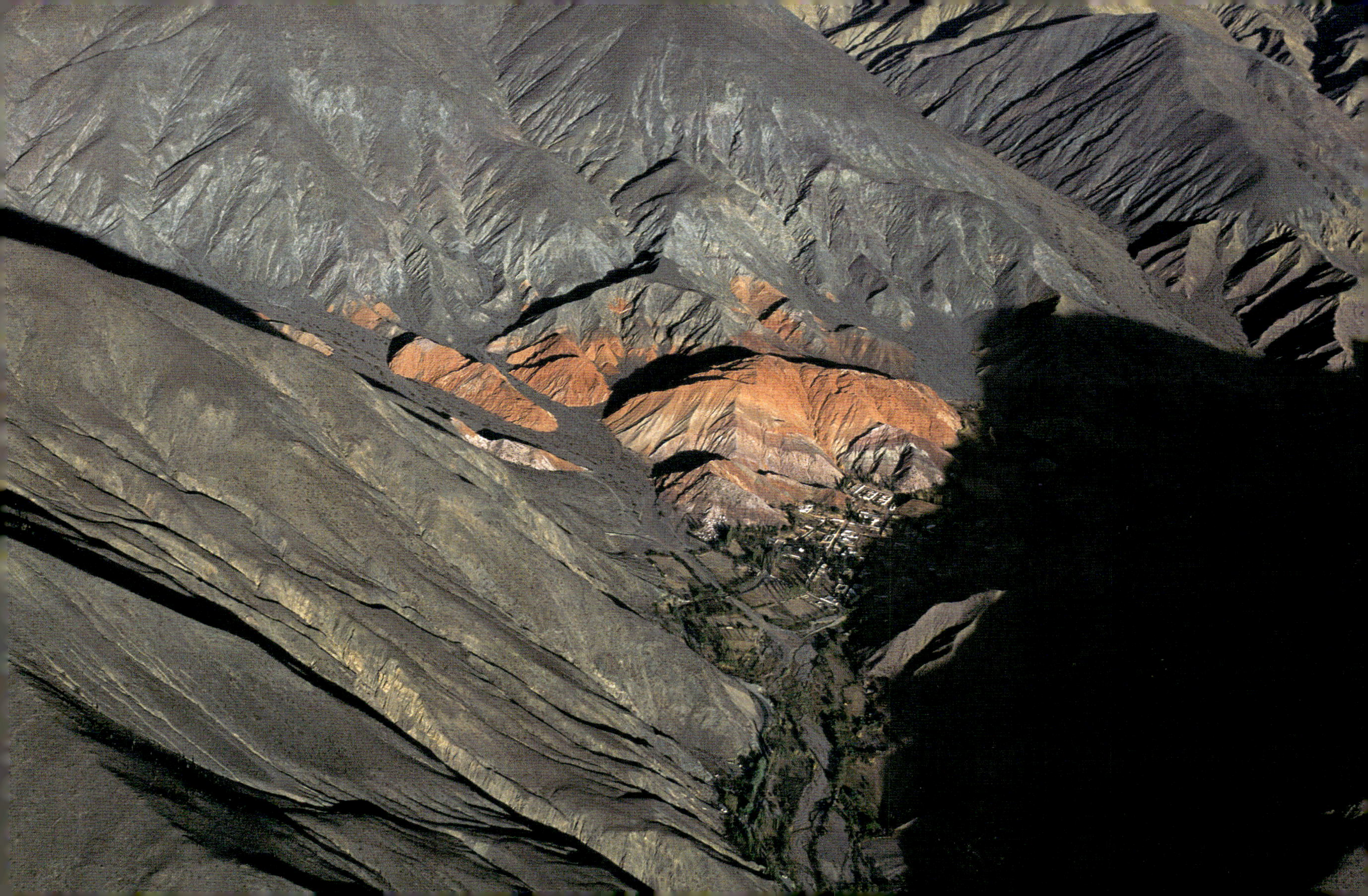

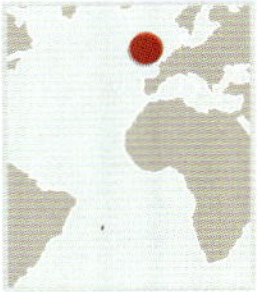

Fort Dun Moher auf der Insel Inishman, Grafschaft Clare, Irland

(53° 04′ nördlicher Breite – 09° 34′ westlicher Länge)

Das Fort Dun Moher beherrscht die flache Rasenlandschaft der vor Irland liegenden Aran-Inseln Inishmore, Inishman und Inisheer mit ihren einzigartigen prähistorischen Zeugnissen. Die Steilküste der drei Inseln fällt stellenweise bis zu 90 Meter ab. Durch sie ist die Galway-Bucht an der westirischen Küste vor dem Wind und den heftigen Strömungen des Atlantiks geschützt. Seit Jahrhunderten bemüht sich die Bevölkerung um einen fruchtbaren Boden: Auf den felsigen Untergrund wird regelmäßig eine Mischung aus Sand und Algen aufgetragen. Dies ergibt eine dünne, aber für die Landwirtschaft ausreichende Humusschicht. Zum Schutz gegen die Erosionskraft des Windes schufen die Insulaner ein insgesamt 12 000 Kilometer langes Mauersystem, das die Felder wie ein Riesenmosaik erscheinen lässt. Die Menschen auf den Aran-Inseln leben hauptsächlich vom Fischfang, von der Landwirtschaft und Viehzucht. Eine weitere Einnahmequelle sind die in immer größeren Scharen kommenden Touristen, die sich vor allem für die vielen archäologischen Sehenswürdigkeiten der Inseln interessieren.

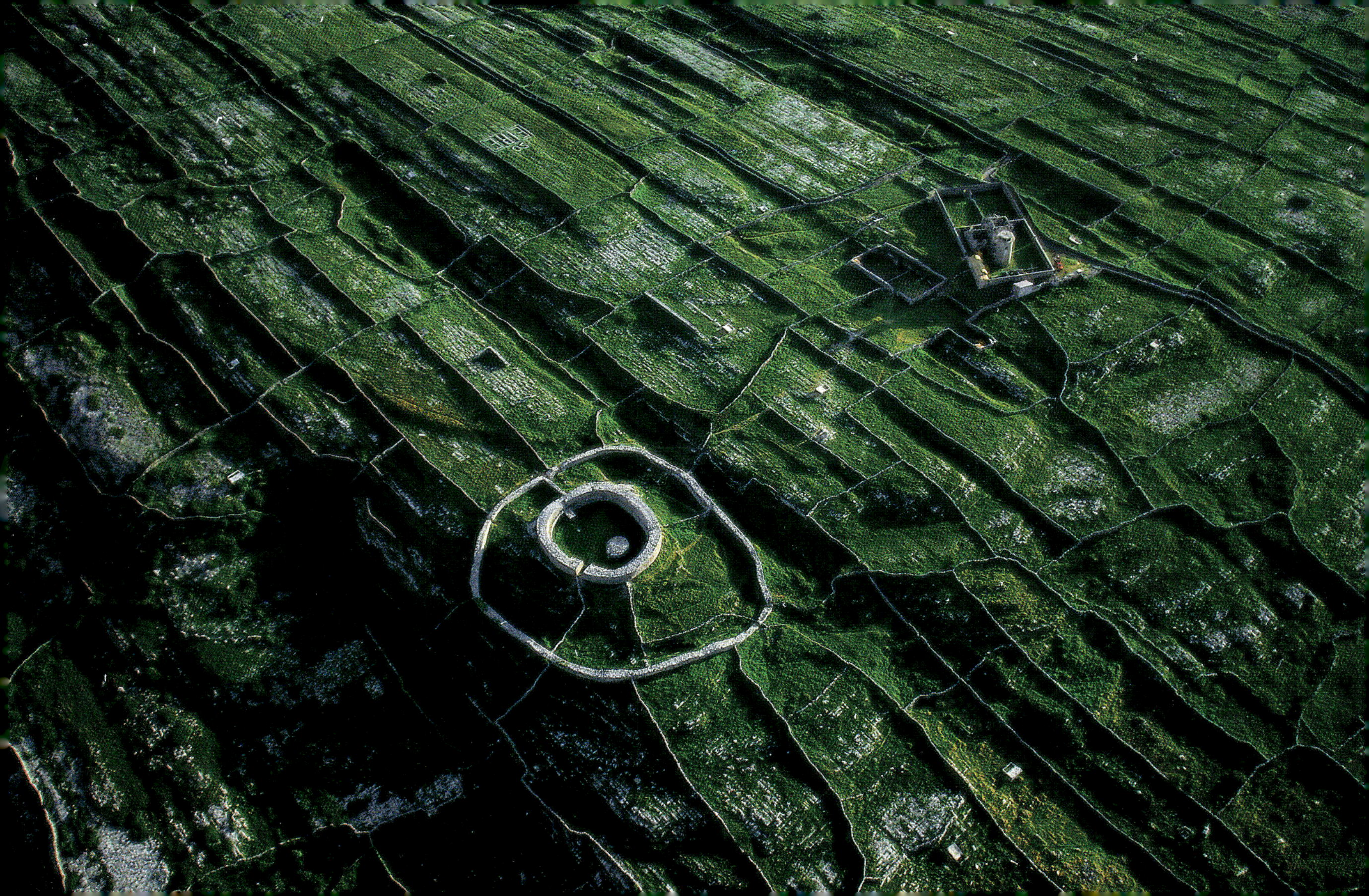

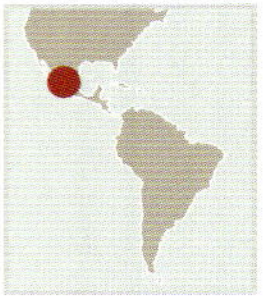

Kirche von San Juan Parangaricutiro, am Fuße des Vulkans Paricutín, Michoacán, Mexiko (19° 27′ nördlicher Breite – 102° 14′ westlicher Länge)

Die parallel zur Südwestküste verlaufende transmexikanische Vulkanlinie zählt über 300 Vulkane. Der jüngste davon ist der 2800 Meter hohe Paracutín. Im Februar 1943 bemerkte ein Bauer aus Michoacán Rauchschwaden über einem Maisfeld. Sie kündigten einen Vulkanausbruch an. Wenige Monate später stand an der gleichen Stelle ein 450 Meter hoher Kegel aus Asche, und die benachbarten Häuser versanken im Lavastrom. Neun Jahre lang blieb der junge Vulkan aktiv, doch Menschen kamen nicht zu Schaden. Vom Weiler Paracutín überlebte allerdings nur der Name, den man auf den Vulkan übertrug. Vom Dorf San Juan Parangaricutiro ragen heute nur noch der Kirchturm und das Kirchenschiff aus der erkalteten Lava hervor. Touristen oder – wie hier auf dem Foto von der Osternacht – fromme Pilger bringen Farbe in die Mondlandschaft. 90 Prozent der mexikanischen Bevölkerung sind katholisch, folglich ist das Leben geprägt von religiösen Bräuchen und Festen. Am 12. Dezember feiert man das Fest der heiligen Jungfrau von Guadalupe, der Patronin des Landes. Ihr zu Ehren finden in ganz Mexiko rund 1500 Prozessionen statt, die zum Teil auf Züge von bis zu 100 000 Menschen anwachsen.

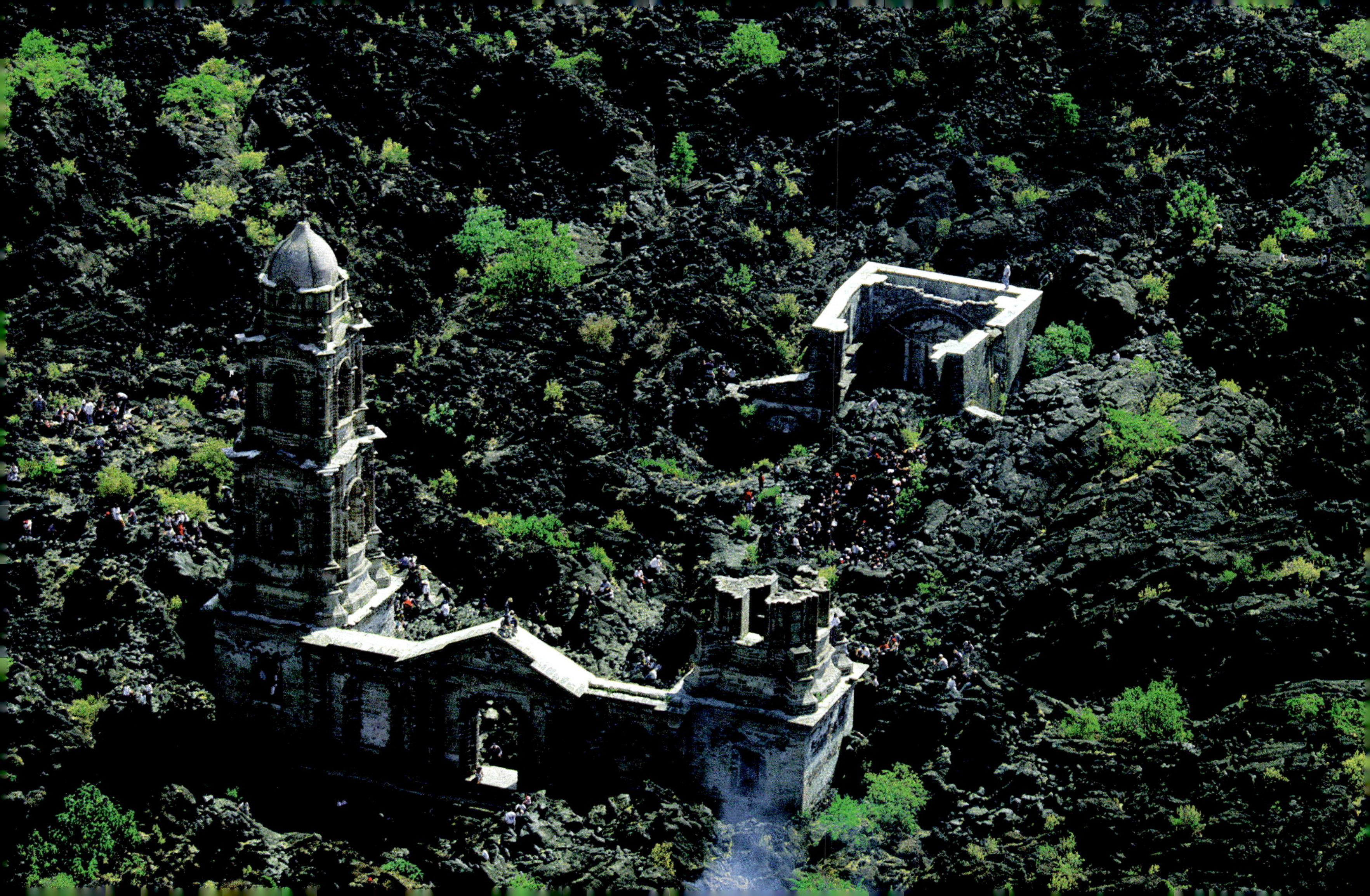

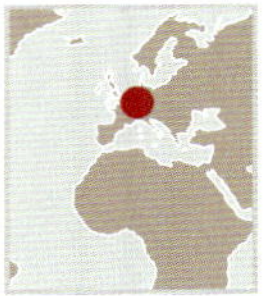

Antennenanlage in Raisting, Bayern, Deutschland

(47° 58′ nördlicher Breite – 11° 07′ östlicher Länge)

Die mächtigen Parabolantennen am friedlichen Südufer des Ammersees südöstlich von München sind auf die Satelliten, die Meilensteine der unsichtbaren Informationswege, gerichtet. Der Zugang zu diesem Kommunikationsnetz ist ungleich verteilt: 20 Prozent der Weltbevölkerung, nämlich die Bewohner der reichsten Länder, verfügen über 74 Prozent der Telefonverbindungen. Die 20 Prozent aus den ärmsten Ländern haben lediglich einen Anteil von 1,5 Prozent. 95 Prozent der ans Internet angeschlossenen Rechner stehen in den reichen Ländern. In Finnland gibt es mehr Mobiltelefone (nämlich 572 auf 1000 Einwohner) als feste Telefonleitungen. Die Zahl der PCs nimmt in der Europäischen Gemeinschaft pro Jahr um zehn Prozent zu, liegt aber immer noch hinter den Werten in den USA, wo auf 1000 Einwohner 460 Rechner kommen. In den armen Ländern kommen auf 1000 Einwohner 162 Fernsehgeräte (1990 waren es noch 95). Das Internet schließlich bietet ganz neue Kommunikationsmöglichkeiten: Der Informationsaustausch zwischen den Völkern der Erde ist vielfältiger geworden.

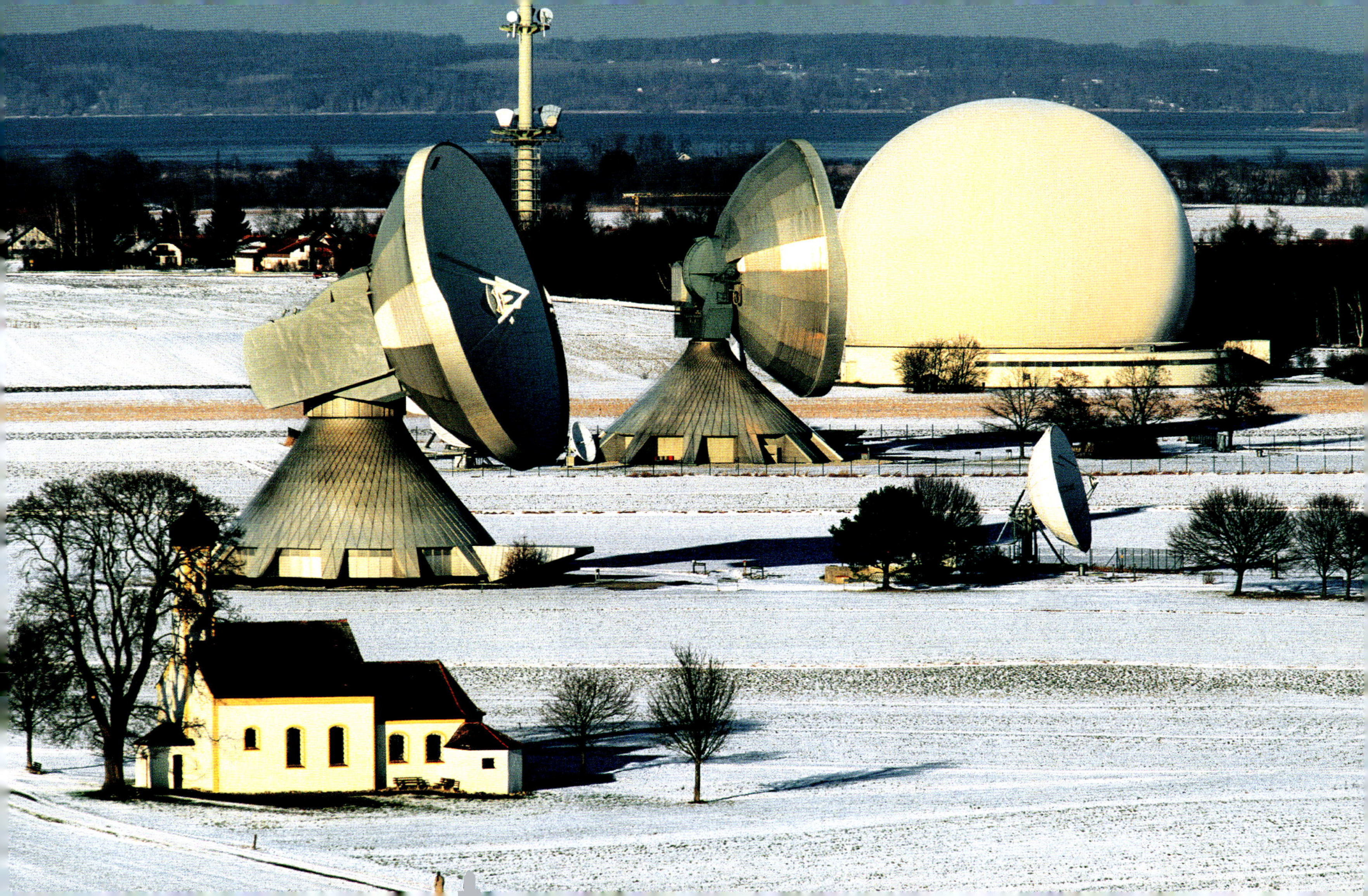

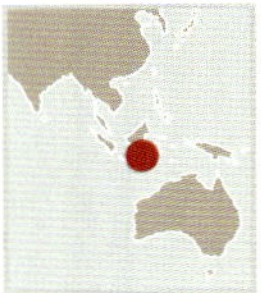

Algenernte auf Bali, Indonesien

(08° 17′ südlicher Breite – 115° 06′ östlicher Länge)

Nicht nur das Ackerland, auch das Wasser liefert Nahrungsmittel für den Handel. Was für die Landwirtschaft die Geflügelzucht ist, ist für die Aquakultur die Fischzucht. In den Algenkulturen ist die von Kornfeldern bekannte Struktur mit ihren Pflanzreihen und Furchen wieder zu erkennen. Die Algenzucht ist vor allem für die Vulkaninseln mit ihren schmalen Küstengebieten ein rentabler Wirtschaftszweig, der den Indonesiern, von denen 27 Prozent unterhalb der Armutsgrenze leben, zusätzliche Nahrungsmittel liefert. Der durchschnittliche Jahreslohn eines Indonesiers macht nicht einmal zehn Prozent des durchschnittlichen Jahreslohns eines Schweizers aus.

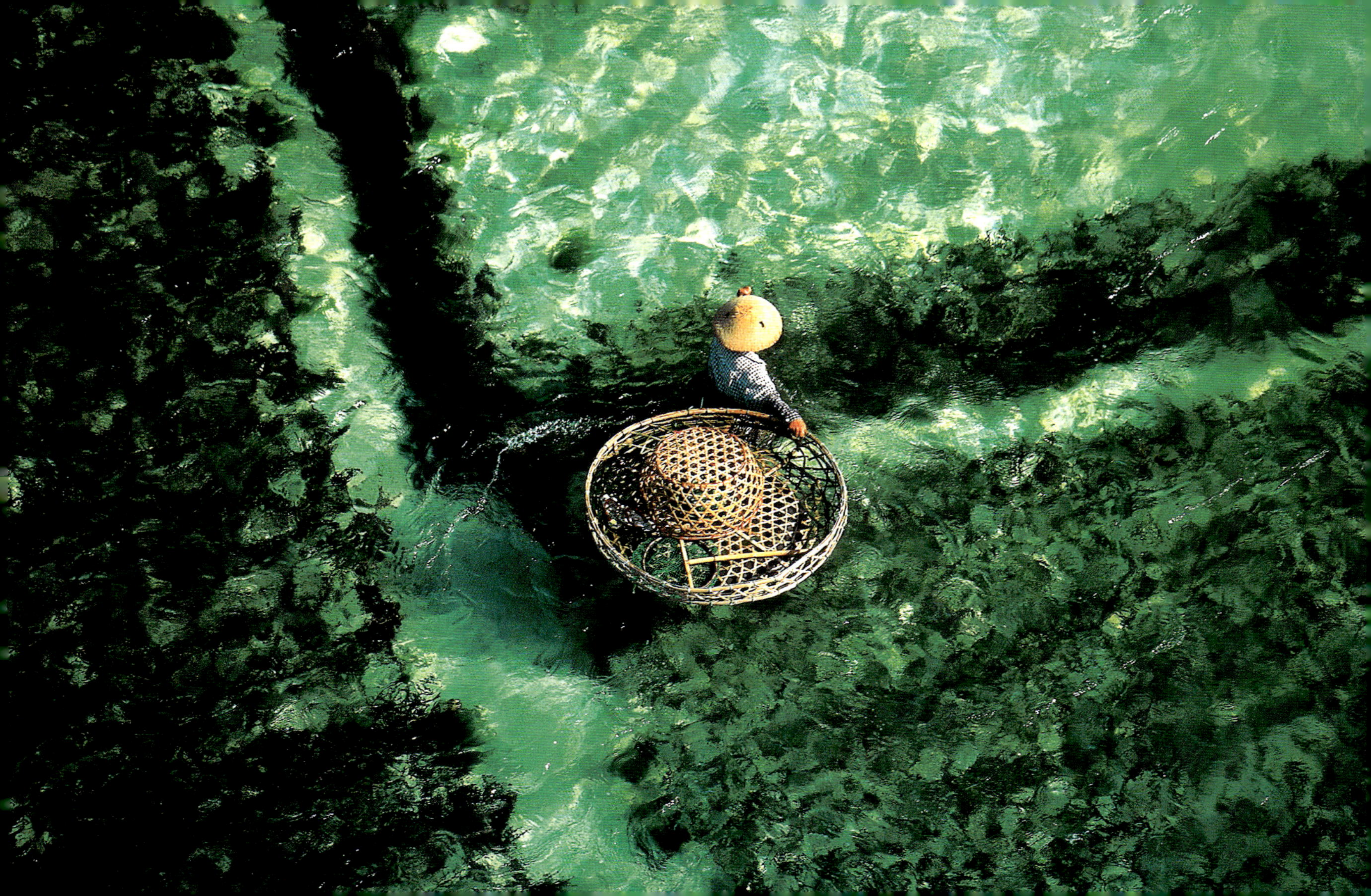

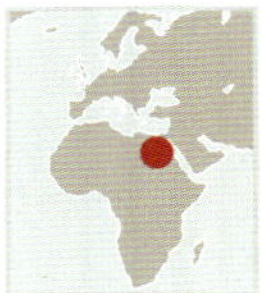

Unvollendeter Obelisk, Assuan, Ägypten

(24° 01′ nördlicher Breite – 32° 58′ östlicher Länge)

Dieser Obelisk wird für immer in seinem Riesenbett im Steinbruch von Assuan liegen bleiben und nie seiner eigentlichen Bestimmung überführt werden, denn kurz vor seiner Fertigstellung beendete ein tiefer Riss im Stein sämtliche Bauarbeiten. Aber auch liegend unterstützt der größte aller Obelisken (1200 Tonnen schwer und 42 Meter lang) den Tourismus, die wichtigste Deviseneinnahmequelle Ägyptens. Trotz schwerer Einbußen durch den Golfkrieg (1991) und das Attentat von Luxor (1997) mit 62 Toten (davon 58 Touristen) brachte der Fremdenverkehr im Jahr 2000 4,3 Milliarden Dollar ein. In Ländern, in denen die Wirtschaft vor allem vom Tourismus getragen wird (dies ist vor allem in Entwicklungsländern der Fall), haben solche Tragödien – selbst wenn sie sich in weiter Ferne abspielen – fatale Folgen: 1998 gingen die ägyptischen Einnahmen aus dem Tourismus um zwei Milliarden Dollar zurück. Auch nach dem 11. September 2001 sanken am Nil die Besucherzahlen deutlich.

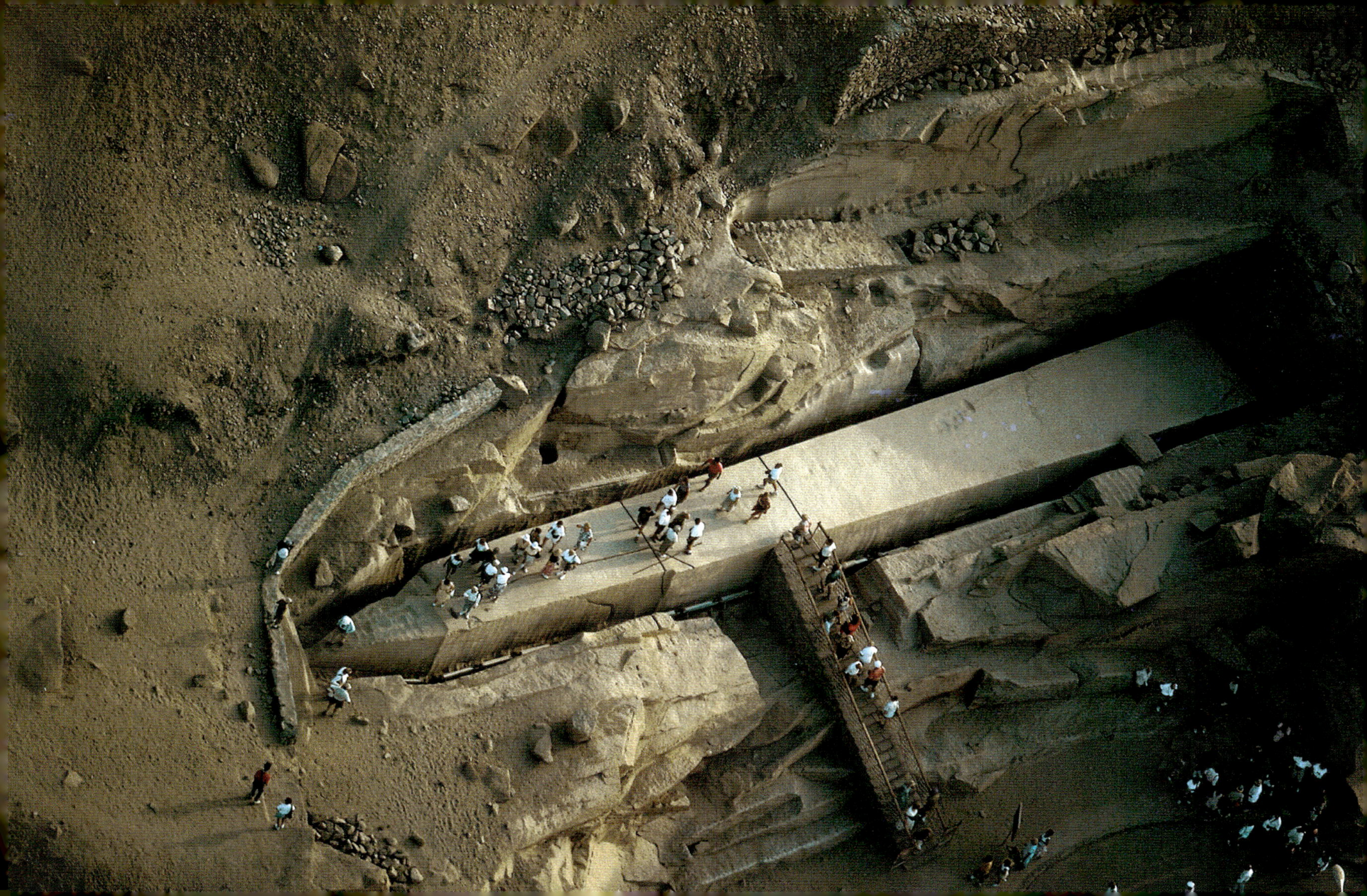

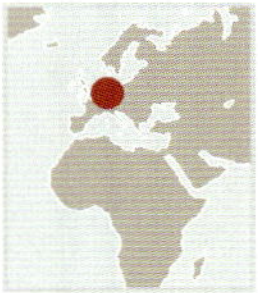

Mühle auf freiem Feld, Provinz Nordholland, Niederlande

(52° 57′ nördlicher Breite – 4° 45′ östlicher Länge)

Die Niederlande tragen ihren Namen zu Recht: Ein Drittel der Landesfläche – die so genannten Polder – liegt einen Meter bis 4,5 Meter unter dem Meeresspiegel. Seit dem 14. Jahrhundert wurden diese Flächen über ein komplexes Deich-, Schleusen- und Kanalsystem entwässert. Mithilfe von Mühlen wurde das Wasser abgepumpt, im 19. Jahrhundert traten Dampfmaschinen und schließlich elektrische Pumpen an deren Stelle. Die Polder eignen sich hervorragend als Agrarland und sind weitgehend besiedelt. Mit der Klimaerwärmung und dem damit einhergehenden Anstieg des Meeresspiegels um schätzungsweise 50 Zentimeter könnte ein Teil dieser Gebiete wieder verloren gehen. Auf diese Weise büßen die Niederlande möglicherweise sechs Prozent ihrer Fläche ein. Auch andere Länder sind bedroht. Bangladesh beispielsweise könnte 17 Prozent seiner Fläche verlieren. Die Regierungen dieser Länder suchen schon jetzt nach Möglichkeiten, um der Gefahr zu begegnen.

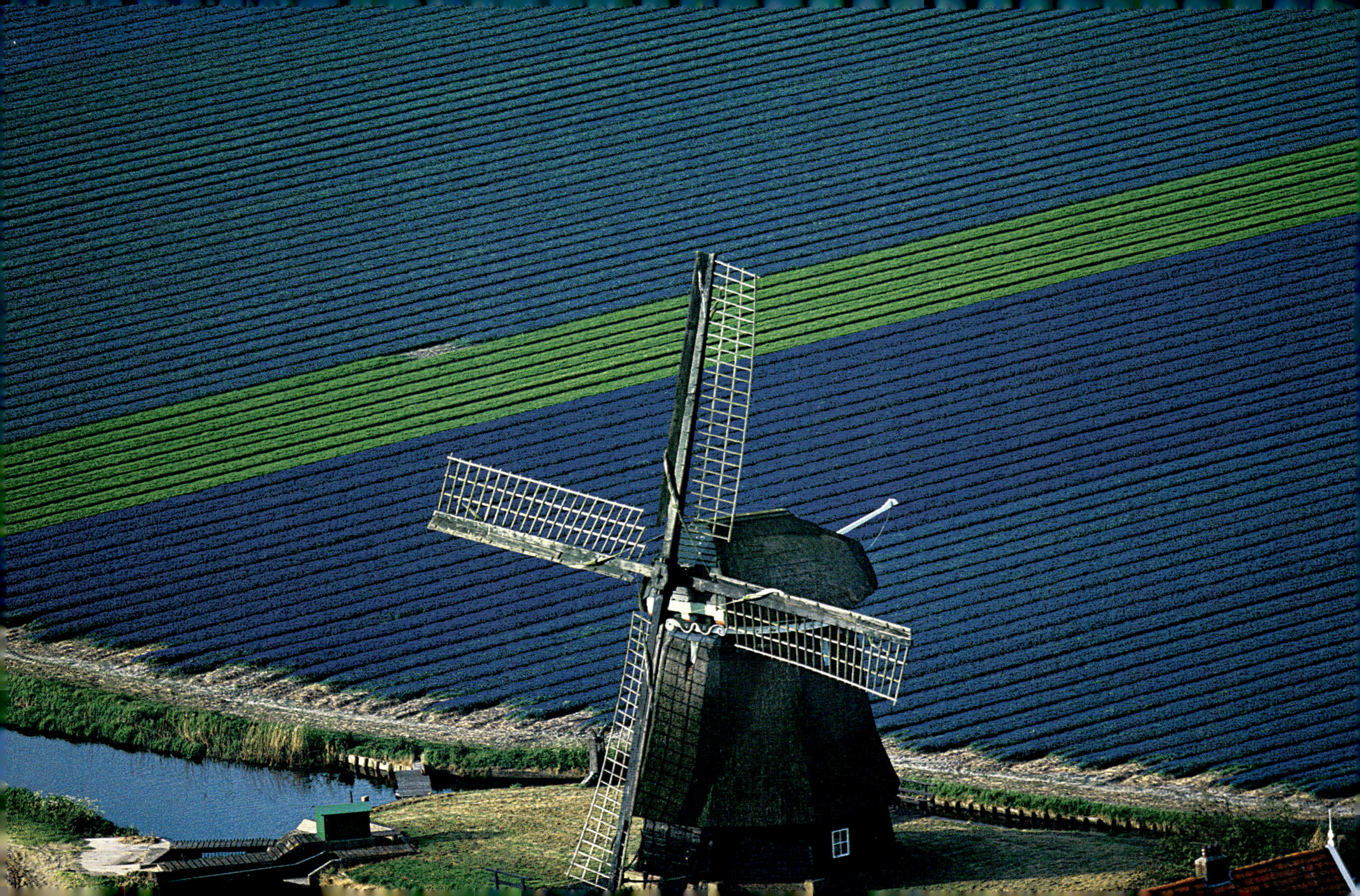

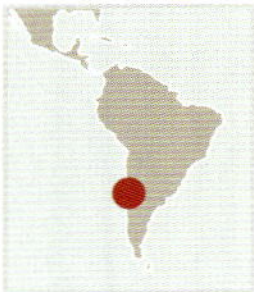

Sanddüne am Eingang des Valle de la Luna (Mondtal), Chile

(22° 52′ südlicher Breite – 68° 19′ westlicher Länge)

Die weiße Salzoberfläche des Mondtals glänzt so stark im Mondlicht, dass sie dem Erdtrabanten durchaus Konkurrenz macht. Für einen der berühmten Sonnenuntergänge scheuen die Touristen nicht einmal den Weg durch die Atacama-Wüste, die nach der Antarktis die trockenste Region der Erde ist. Für denjenigen, der auf der Sanddüne steht, ist dieses Naturschauspiel besonders beeindruckend. Der Ökotourismus ist im Kommen. Leider bleibt auch er in bestimmten Weltregionen nicht ohne Folgen für die Umwelt: Die Versorgung der Touristen beansprucht große Mengen an Strom und Wasser. Die Menschen stören die Tierwelt, Müllberge verschandeln die Landschaft. Deshalb wird heute ein nachhaltiger Tourismus gefördert, der neben den wirtschaftlichen auch die ökologischen und menschlichen Faktoren berücksichtigt. Nutznießer davon wären vor allem die südlichen Länder, die von den Einnahmen der zahlreichen Ferienclubs bislang nicht mehr als 30 Prozent erhalten, denn das Personal dieser Ferienzentren kommt zum großen Teil aus den nördlichen Ländern.

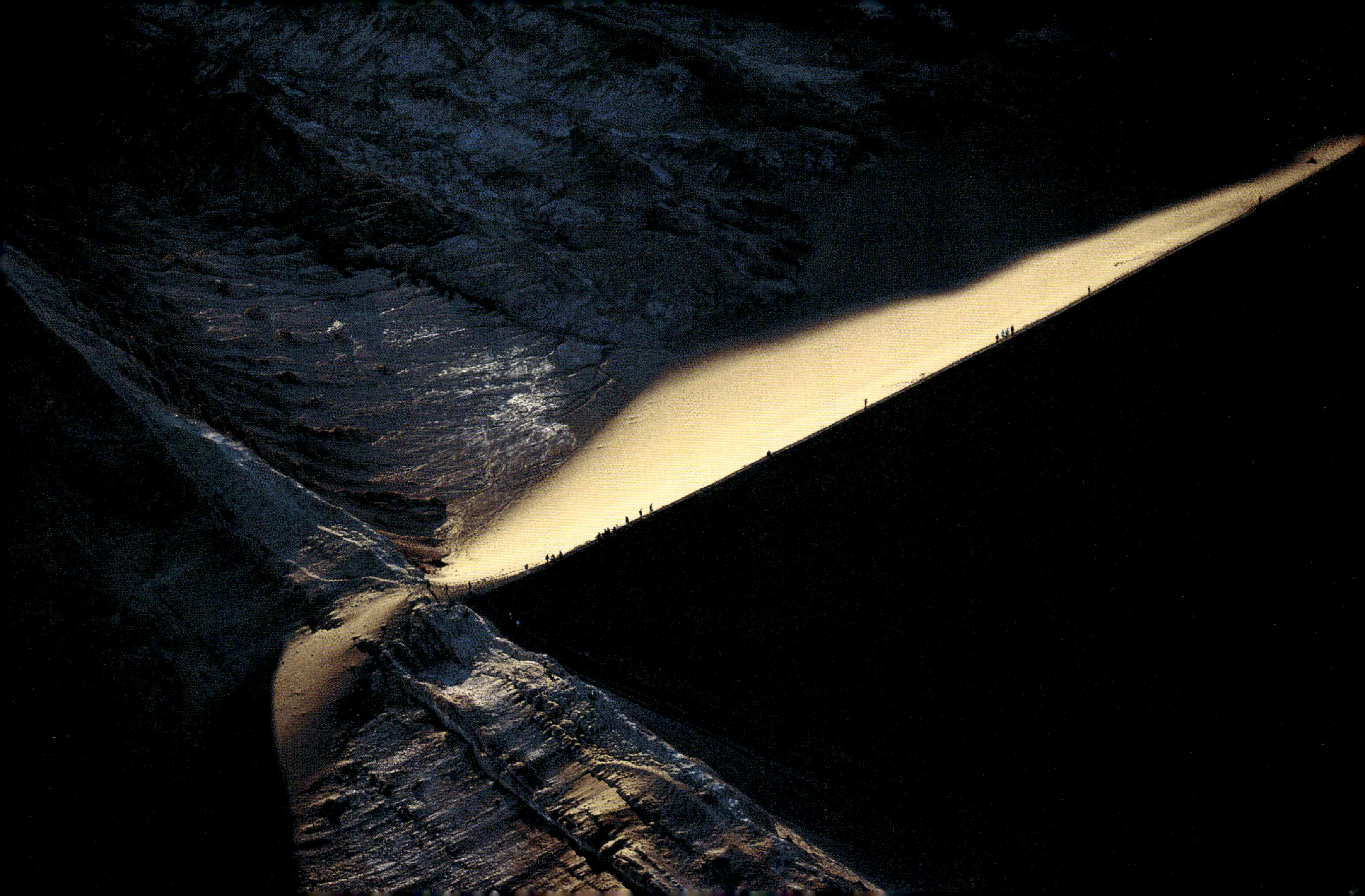

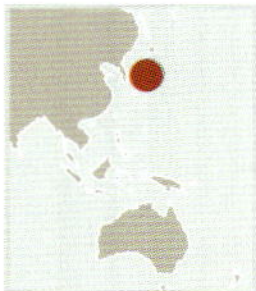

Detail der Burg Himeji westlich von Osaka, Honshu, Japan

(34° 49′ nördlicher Breite – 134° 42′ östlicher Länge)

Der Name Himeji bedeutet »Tempel der Sonnentochter«, doch wegen der Eleganz und der leuchtend weißen Mauern sprechen die 500 000 Einwohner der sich zu ihren Füßen ausbreitenden Stadt auch von der Burg des weißen Reihers. Der gesamte Burgkomplex mit 83 Gebäuden und einem Labyrinth von Wegen und Geheimgängen wurde 1993 in die UNESCO-Liste des Weltkulturerbes aufgenommen. Die größte Feudalburg Japans zählt nicht zu den typischen Wehranlagen des Landes. Toyotomi Hideyoshi, der übermächtige General des Japanischen Reiches, begann den Bau in den 70er Jahren des 16. Jahrhunderts. Fertig gestellt wurde er jedoch erst zu Beginn des 17. Jahrhunderts unter Ikeda Terumasa, dem Schwiegersohn des Shoguns Tokugawa Ieyasu. Er verbindet die militärische Funktion mit einer raffinierten Ästhetik, die bereits die späteren Prunkschlösser vorwegnimmt. Ein Beispiel dafür sind die Shachinoko-Skulpturen auf der obersten Etage des Wohnturms: Aus der Fantasie entsprungene Delfinfiguren schützen das Dach vor Feuer. In der westlichen Welt hatten schon rund 100 Jahre früher die schönen Renaissanceschlösser die mittelalterlichen Wehranlagen ersetzt. Die Burgmauern konnten den Kanonen, den neuesten waffentechnischen Errungenschaften, nicht mehr standhalten. Aus der Burg wurde das Schloss, aus der Verteidigungsanlage ein Kunst- und Lustobjekt.

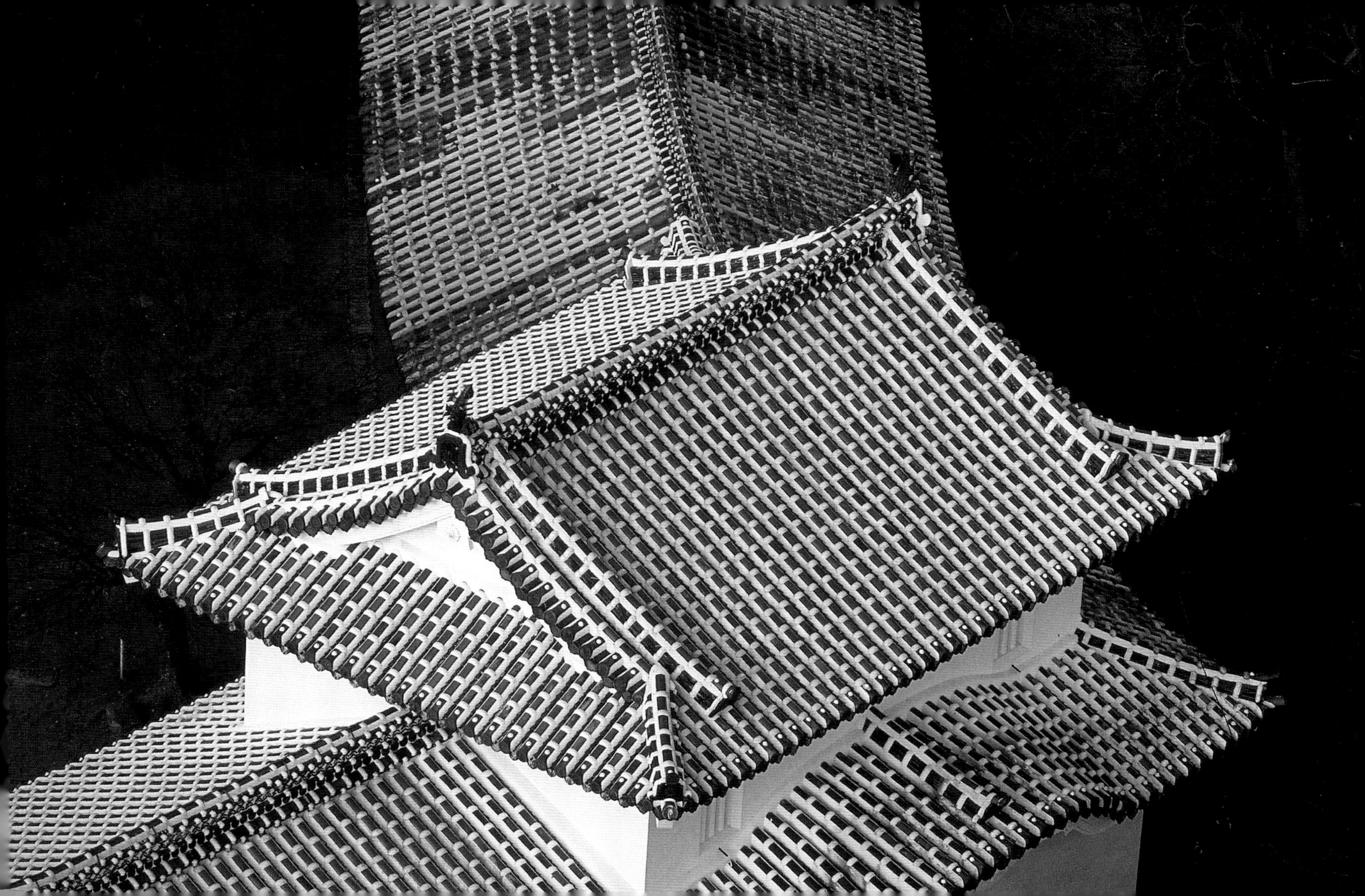

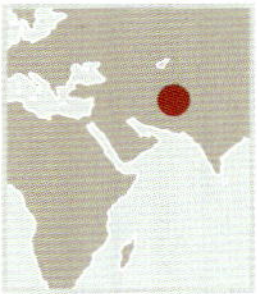

Gestrandete Schiffe, Aralsee, Region Aralsk, Kasachstan

(46° 39′ nördlicher Breite – 61° 11′ östlicher Länge)

Bis in die 1960er Jahre war der Aralsee in Kasachstan mit 66 500 Quadratkilometern das viertgrößte Binnenmeer der Welt. Seit dem Bau einer großen Bewässerungsanlage für die Baumwoll-Monokulturen der Region führen die beiden Zuflüsse Amou Daria und Syr Daria deutlich weniger Wasser. Die Folgen für den Aralsee waren beträchtlich: Er verlor 50 Prozent seiner Fläche und 75 Prozent seines Wasservolumens. Das Wasser zog sich 60 bis 80 Kilometer weit zurück und setzte die Fischkutter, mit denen in früheren Zeiten auf dem See Fischfang betrieben wurde, aufs Trockene. Mit der schwindenden Wassermenge steigt deren Salzgehalt. Mit 30 Gramm Salz pro Liter ist die Salzkonzentration des Aralseewassers heute dreimal so hoch wie noch vor 30 Jahren. Folge: Über 20 Fischsorten sind verschwunden. Und selbst im weiteren Umkreis ist die gesamte Vegetation verbrannt, denn die getrockneten Salzkristalle werden vom Wind mehrere hundert Kilometer weit transportiert. Der Aralsee ist zwar das bekannteste, aber nicht das einzige Beispiel: Weltweit sollen die künstlich bewässerten Gebiete, die mit einem zu hohen Salzgehalt und somit mit deutlichen Ernteverlusten zu kämpfen haben, 600 000 Quadratkilometer (75 Prozent davon in Asien) ausmachen.

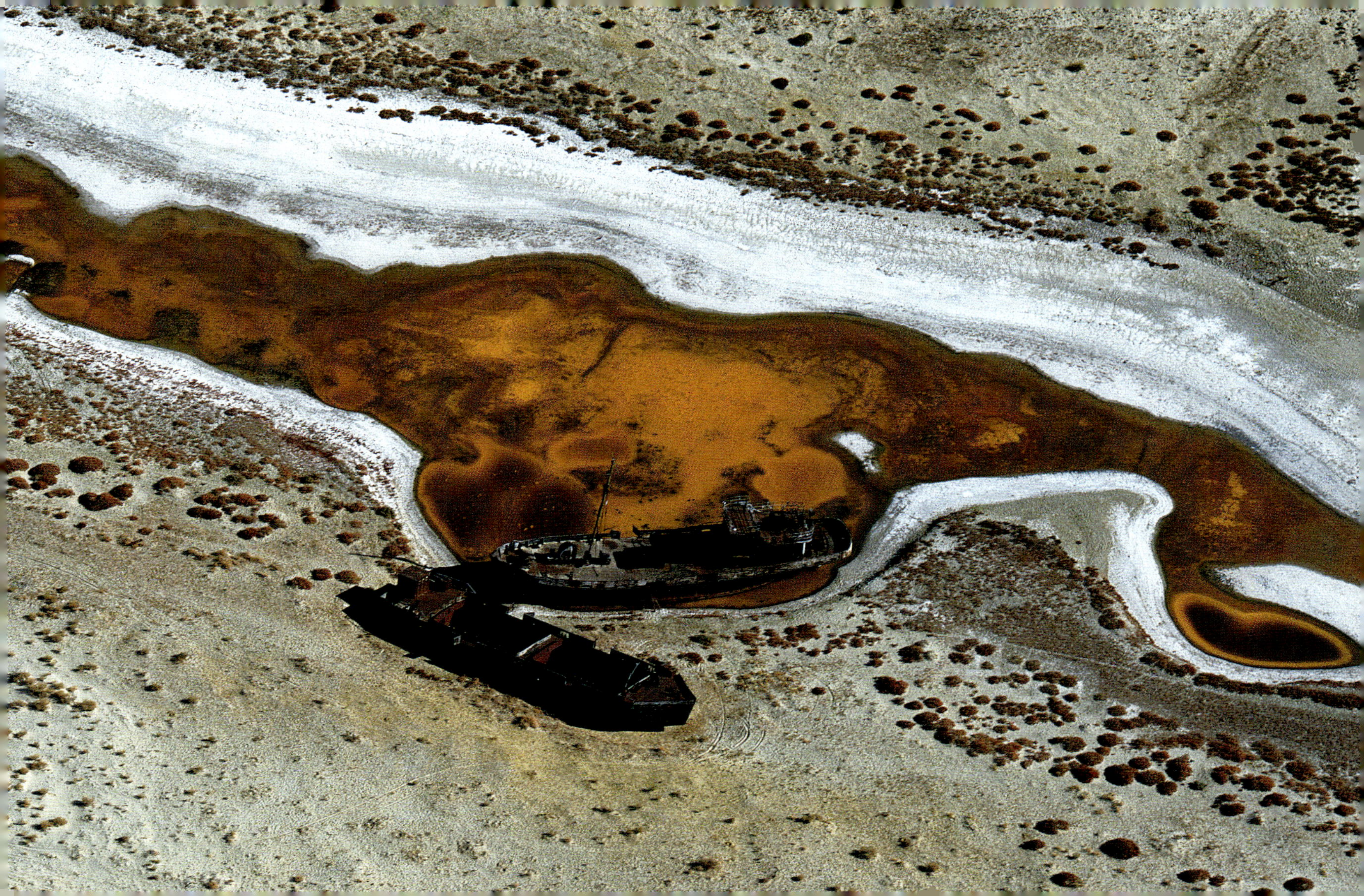

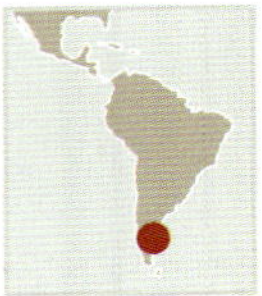

Lago Argentino, Provinz Santa Cruz, Argentinien

(50° 13′ südlicher Breite – 72° 25′ westlicher Länge)

Der Lago Argentino mitten in den patagonischen Anden ist mit seinen 1414 Quadratkilometern der größte See des Landes und Endstation für manchen der insgesamt 47 Gletscher des Los-Glaciares-Nationalparks, der 1937 ins Leben gerufen wurde und seit 1981 auch auf der UNESCO-Liste des Weltkulturerbes steht. Die Eisblöcke, die sich ab und zu von diesen Gletschern lösen, sind aufgrund ihres Alters und der hohen Dichte leicht türkisfarben. Ihr Schmelzwasser gibt dem See eine milchig blaue Farbe, die Argentinier nennen es *dulce de glaciar* (dt. Gletschercreme). Nach der Antarktis und Grönland ist Patagonien von der drittgrößten Eisschicht der Welt bedeckt. Ihre Fläche hat in den letzten 50 Jahren um 500 Quadratkilometer abgenommen, in der gleichen Zeit stieg die Globaltemperatur um 0,6 Grad Celsius. Upsala, der größte Gletscher des Nationalparks, soll in den letzten 60 Jahren um durchschnittlich 60 Meter pro Jahr zurückgegangen sein. Die Entwicklung schreitet voran. Es ist anzunehmen, dass der Rückzug der Gletscher vor allem auf die Wasserversorgung der Trockengebiete unseres Planeten einen verheerenden Einfluss haben wird.

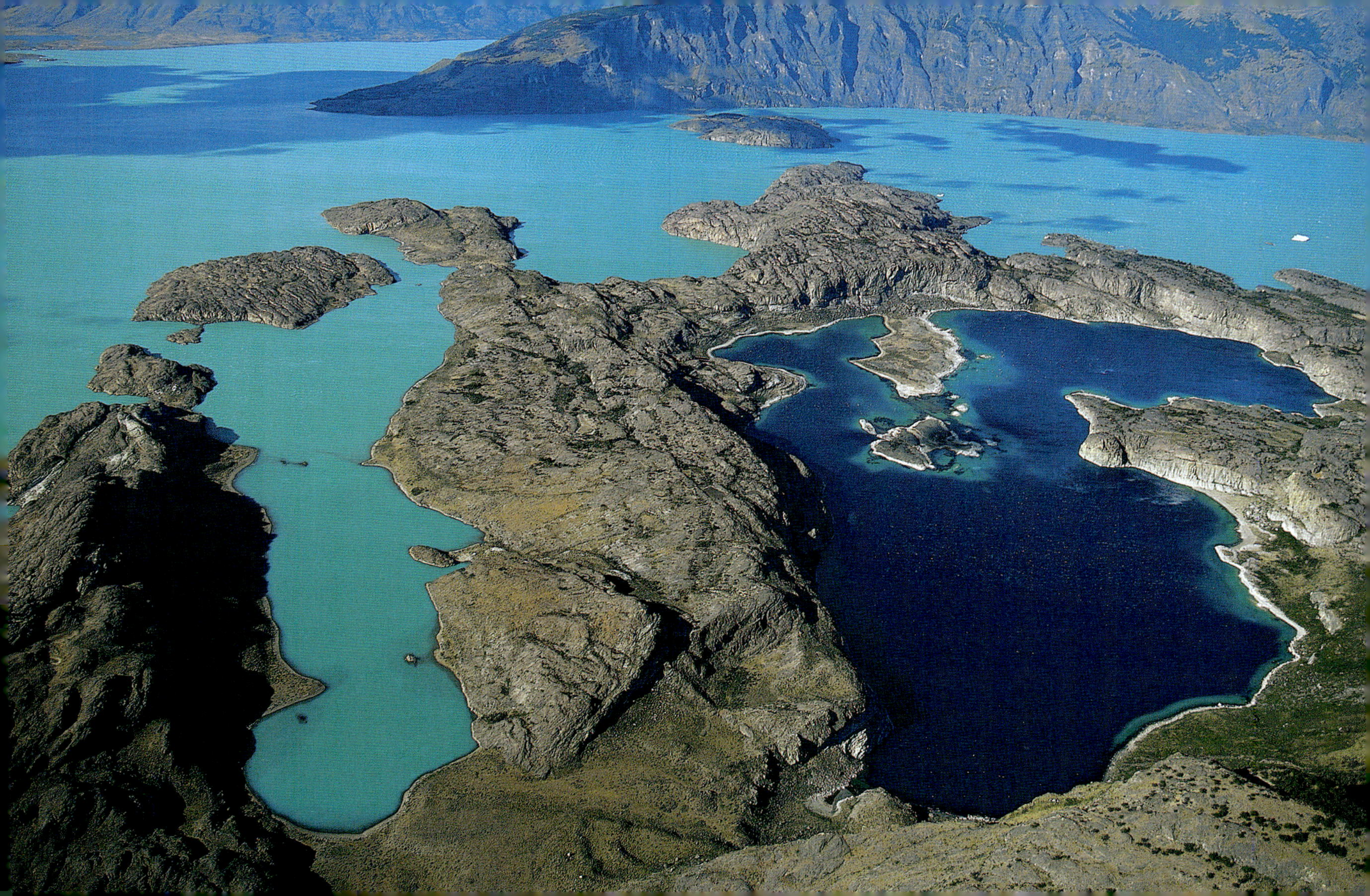

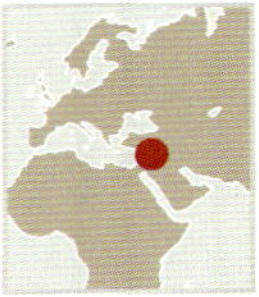

Die römische Siedlung von Baalbek, Libanon

(34° 00′ nördlicher Breite – 36° 13′ östlicher Länge)

Im Zentrum der fruchtbaren Bekaa-Ebene liegt die Stadt Baalbek mit ihren seit 1984 auf der UNESCO-Liste stehenden römischen Architekturdenkmälern. Unter der römischen Besatzung wurde die dem Gott Baal geweihte Phönizierstadt dem römischen Sonnengott Jupiter gewidmet. Von dem einstigen Jupitertempel, dem größten Sakralbau der römischen Welt (88 Meter lang und 48 Meter breit), stehen immer noch sechs Säulen. Der Baubeginn fiel in die Regierungszeit von Kaiser Augustus (27 v. Chr. bis 14 n. Chr.). Fertig gestellt wurde der Tempel allerdings erst im Jahr 60 n. Chr. Mit dem imposanten Bau wollte Rom auch dort, wo die Wiege des Christentums lag, die Vorherrschaft der römischen Götter dokumentieren. Heute gilt die Stadt als Zentrum der fundamentalistisch-schiitischen Hisbollah-Bewegung, was zu schweren Belastungen des ohnehin schon gespannten Verhältnisses zwischen dem Libanon und Israel führt.

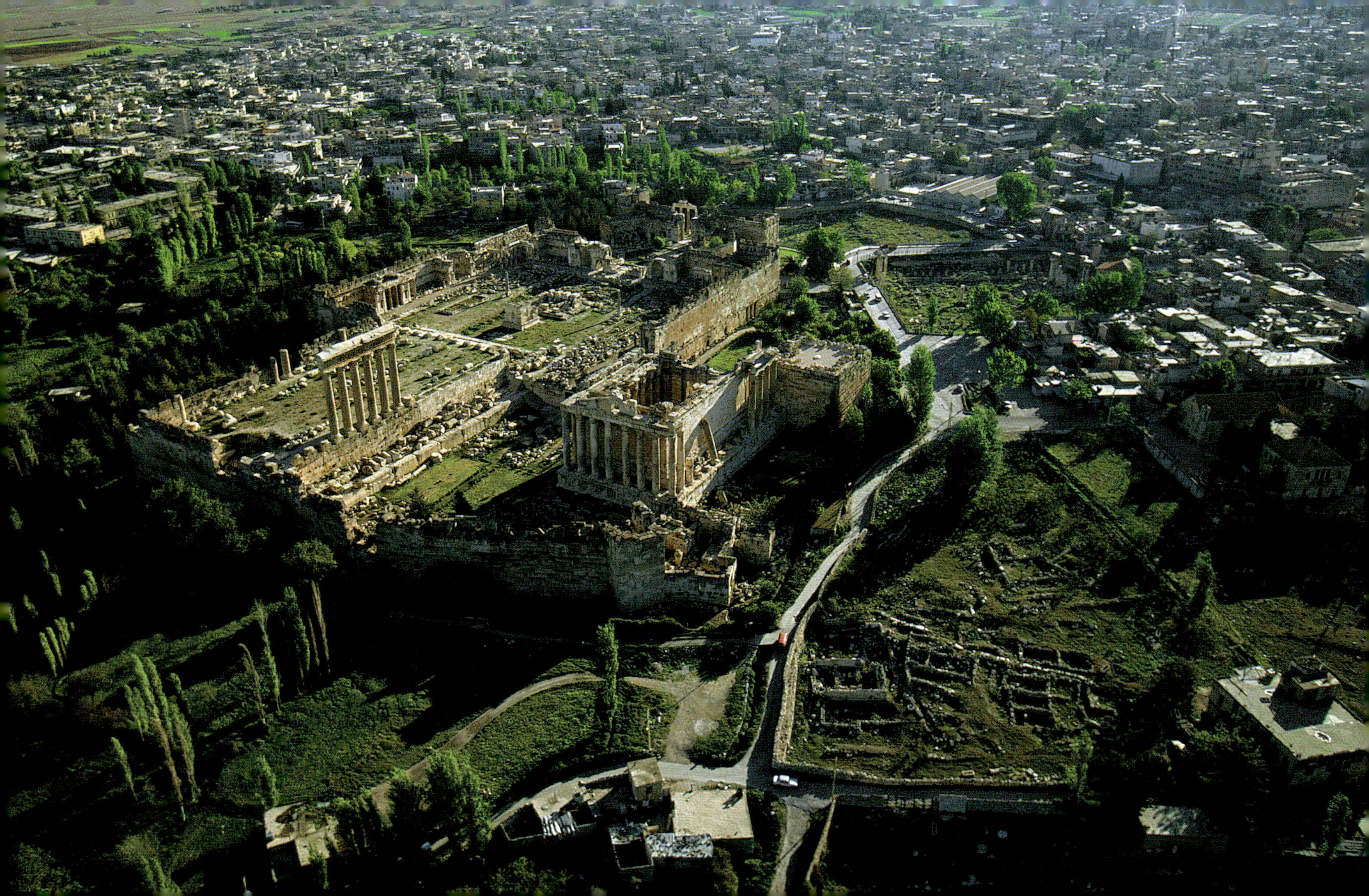

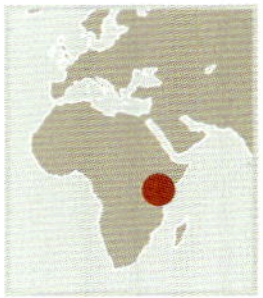

Kristallformation auf dem Magadi-See, Kenia

(1° 50′ südlicher Breite – 36° 15′ östlicher Länge)

Vor 40 Millionen Jahren spaltete sich die Erdkruste. So entstanden der 7000 Kilometer lange ostafrikanische Graben und eine ganze Reihe von Seen: größere, wie der Turkana-See, der Victoria-See und der Tanganyika-See, und kleinere, beispielsweise der Magadi-See. Er ist der südlichste See Kenias und erhält durch das die benachbarten Vulkanhänge hinabfließende und deshalb stark mineralhaltige Regenwasser regelmäßigen Zufluss. Folglich hat der See eine hohe Konzentration an Natriumkarbonat. An seinen Ufern befinden sich die ältesten Salzbergwerke Kenias. Stellenweise glänzen auf der dunklen Wasseroberfläche bunte Kristallfiguren. Ganz ohne Leben ist das Brackwasser jedoch nicht: Millionen von kleinen Flamingos ernähren sich von den Algen, Garnelen und Krebstieren, die sich in diesem Milieu stark vermehren.

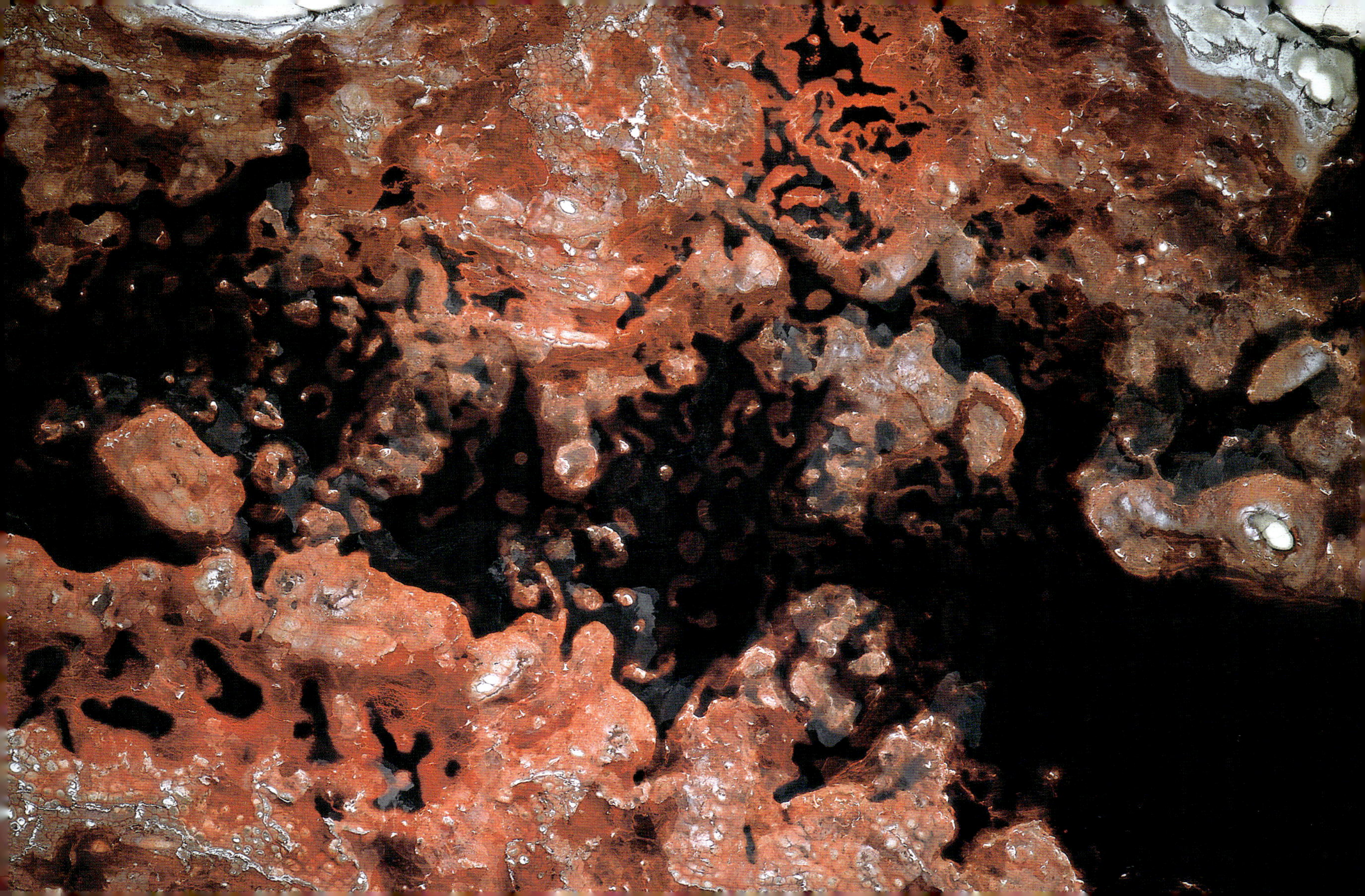

14. April

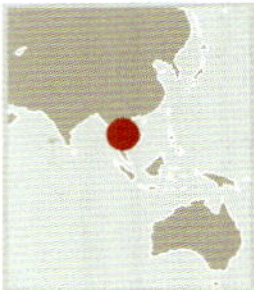

Frauen bei der Reisernte bei Siem Reap, Kambodscha

(13° 22′ nördlicher Breite – 103° 51′ östlicher Länge)

Das Mädchen rechts trägt die *krama*, die traditionelle Kopfbedeckung der Khmer. 2002 machten die Reisfelder mit ihren 20 000 Quadratkilometern elf Prozent der Landesfläche aus. Nach dem dramatischen Rückgang des Reisanbaus unter dem Terrorregime der Roten Khmer, dem eine Million Menschen zum Opfer fielen, ist die Landwirtschaft heute wieder im Aufwind und jährlich werden über vier Millionen Tonnen Reis produziert. Der Wiederanstieg der Reisproduktion ist für die Kambodschaner von größter Bedeutung, denn 85 Prozent der Bevölkerung verdienen mit dem Reisanbau ihren Lebensunterhalt. Die schweren Überschwemmungen von 2001 zerstörten allerdings 15 Prozent der Reisfelder. Und die schätzungsweise acht Millionen Minen, die in der gesamten Region verteilt sind und jeden Monat rund 60 Menschen verstümmeln, behindern die agrarische Entwicklung entscheidend.

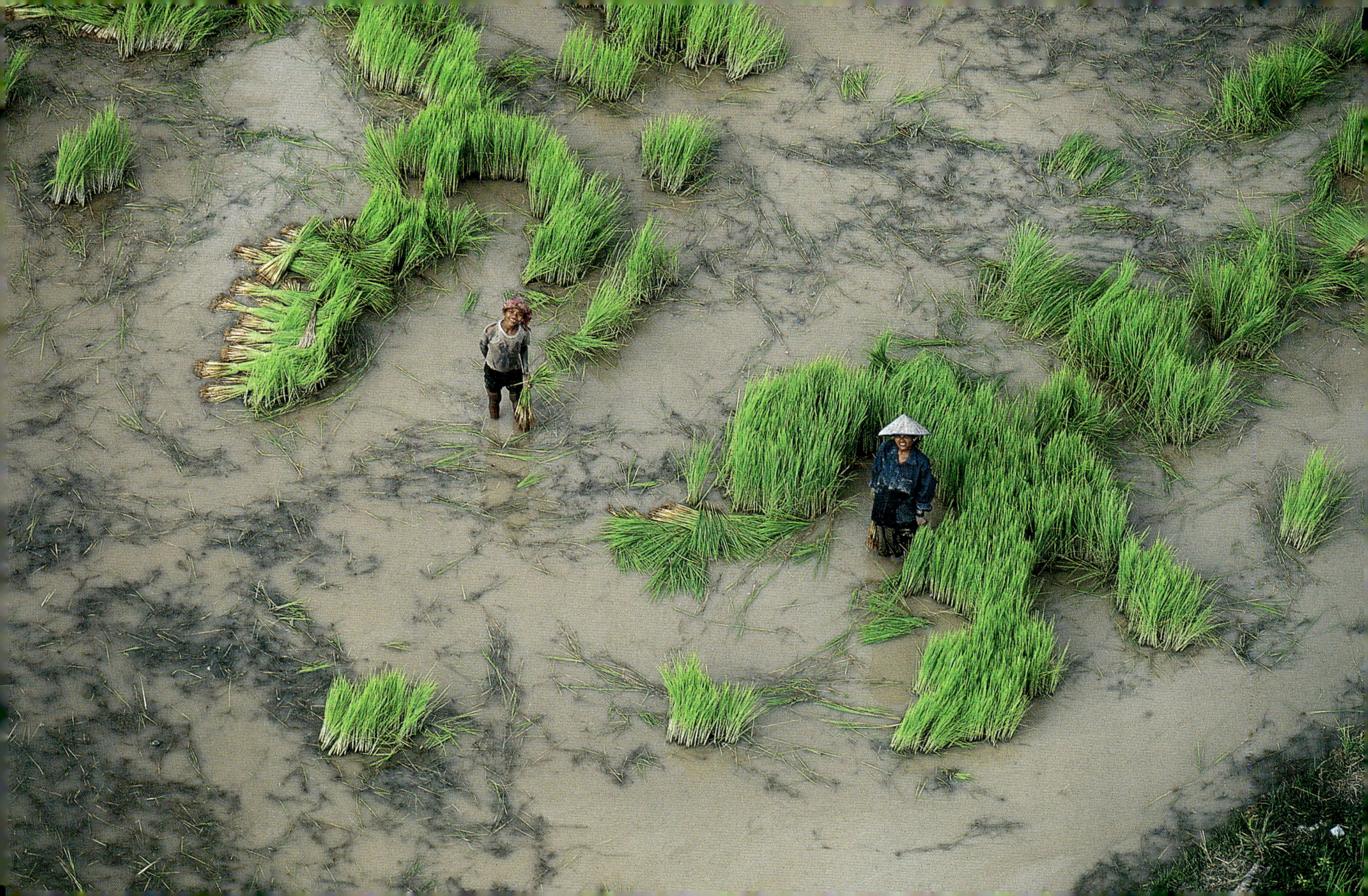

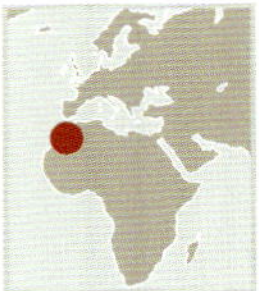

Lederstücke in einem verlassenen Friedhof bei Fès, Marokko

(33° 55′ nördlicher Breite – 4° 57′ westlicher Länge)

Schon im Mittelalter war Fès für Europa der Lieferant von Ziegen- und Schafsleder. Das traditionelle Gerbverfahren mit natürlichen Pflanzenmitteln wird zwar immer noch praktiziert, wird heute jedoch weitgehend durch die Industriemethode mit Chrom ersetzt. Das giftige Metall belastete die oft direkt in die Kanalisation geleiteten Abwasser. Deshalb wurde mit staatlichen und kommunalen Mitteln vor den Toren von Fès eine neue Klär- und Chromrecyclinganlage gebaut, die trotz der gesteigerten Produktion den Schutz der Umwelt garantiert. Der Bau der Anlage ist Teil eines umfassenden städtischen Sanierungsprogramms, denn die seit 1981 auf der UNESCO-Liste des Weltkulturerbes stehende Kulturhauptstadt Marokkos ist stark sanierungsbedürftig. 50 Prozent der Bausubstanz sind in einem schlechten Zustand und die historischen Denkmäler, Gebetshäuser und Friedhöfe verfallen.

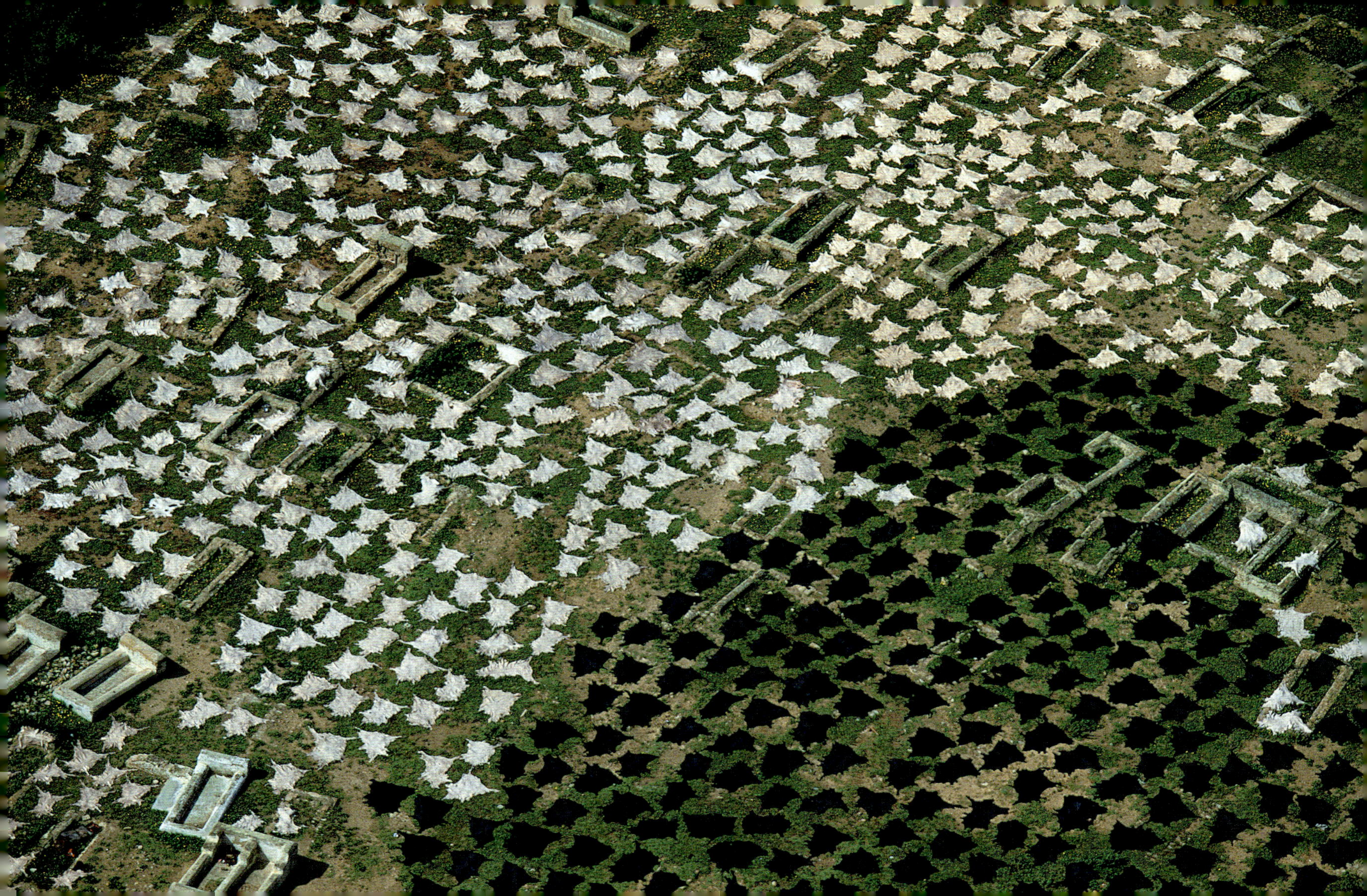

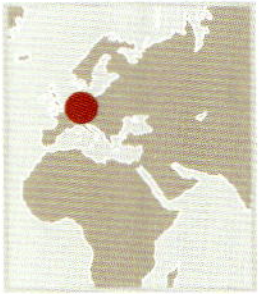

Lager der Daimler-Benz-Werke in Wörth (Rhein) bei Karlsruhe, Rheinland-Pfalz, Deutschland (49° 03′ nördlicher Breite – 8° 16′ östlicher Länge)

Auf dem Parkplatz rüsten sich die LKWs zur Fahrt. 44 Prozent des europäischen Warenverkehrs werden heute über die Straße abgewickelt, 1970 waren es nur 31 Prozent. In der gleichen Zeit fiel der Anteil des Schienenverkehrs von 21 auf acht Prozent. In den letzten zehn Jahren nahm der Straßentransport um 35 Prozent zu. Diese Tendenz hält trotz des immer stärker werdenden Treibhauseffekts weiter an. Obwohl mit schadstoffarmen Autos, öffentlichen Verkehrsmitteln, Fahrrädern, Eisenbahn und Schiff umweltfreundlichere Transportmittel zur Verfügung stehen, hat sich in den letzten 30 Jahren die Zahl der Autos verdoppelt.

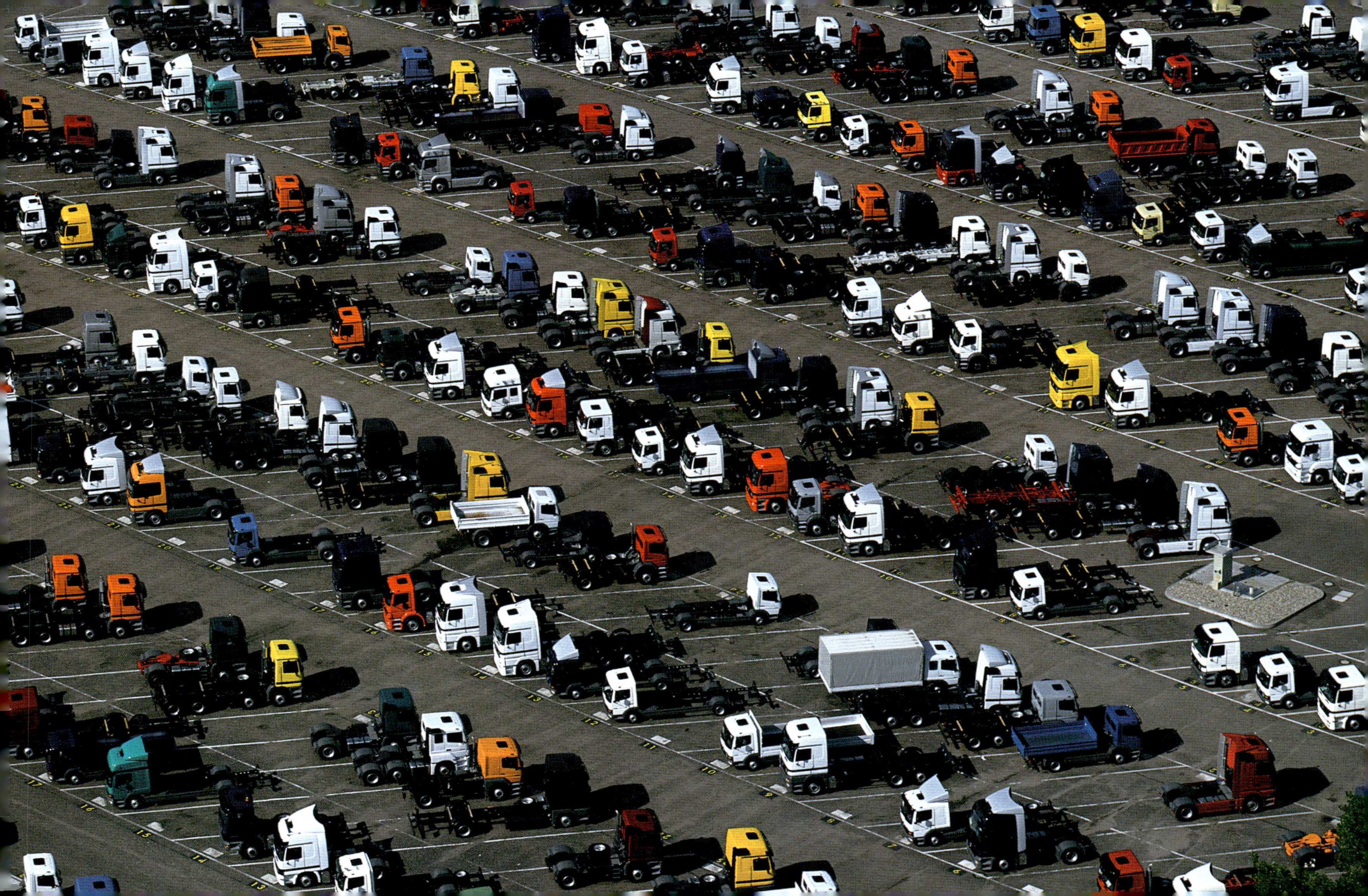

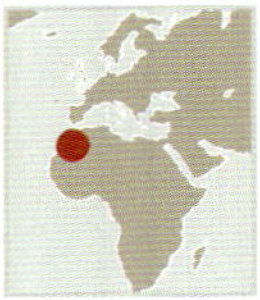

Zuckerrohrfelder in der Ebene von Gharb, Marokko

(34° 45′ nördlicher Breite – 6° 00′ westlicher Länge)

Der Jahresverbrauch an Rohrzucker liegt bei 125 Millionen Tonnen weltweit. Im Jahr 2000 produzierte Marokko rund vier Millionen Tonnen Zucker, eine verhältnismäßig kleine Menge im Vergleich zu den Produktionszahlen aus Brasilien, Indien oder China. Auch in den USA, in Frankreich oder Deutschland wird mehr Zucker hergestellt. Selbst in manchen Industrieländern ist die Bedeutung der Zuckerindustrie für die heimische Wirtschaft so groß, dass sie mit Subventionen oder mit Schutzzöllen für Importzucker gefördert wird. Diese Politik drückt den Zuckerpreis. Ein großer Nachteil für die Entwicklungsländer, die wirtschaftlich stark vom Export abhängig sind. Die fallenden Zuckerpreise haben für die auf den marokkanischen Zuckerrohrfeldern arbeitenden Menschen einen Lohnrückgang und eine Verschlechterung der Lebens- und Arbeitsbedingungen zur Folge. In manchen Ländern liegt die durchschnittliche Lebenserwartung eines in den Zuckerrohrfeldern beschäftigten Arbeiters bei weniger als 30 Jahren.

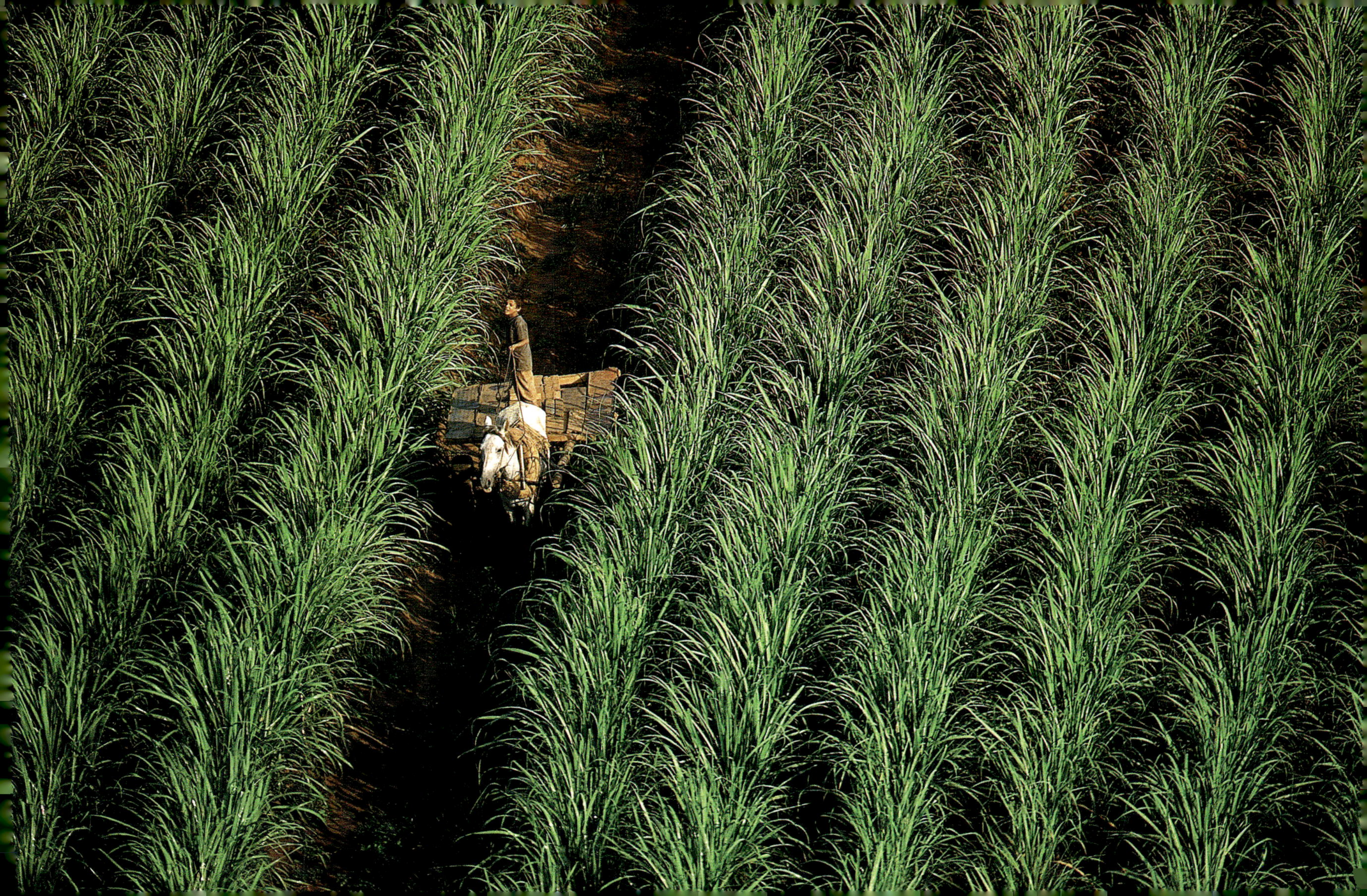

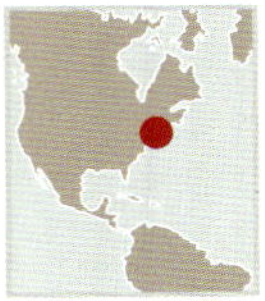

Golfübungsplatz in Chelsea Piers, New York, USA

(40° 43′ nördlicher Breite – 74° 01′ westlicher Länge)

Die vor wenigen Jahren eröffneten Chelsea Piers sind das größte Sportzentrum von New York. Es liegt mitten im Chelsea-Viertel, das mit seinen Hochbahnen, seinen gusseisernen Fassaden und seiner bunten, auf die Einwanderer des 19. Jahrhunderts zurückgehenden Bevölkerung noch stark von der industriellen Vergangenheit New Yorks geprägt ist. In den Chelsea Piers sind alle Sportarten möglich – von Basketball über Volleyball bis hin zum Boxen. Auch das Golfspiel ist längst nicht mehr den Reichen vorbehalten, sondern hat die Mittelschichten und Arbeiterklassen erobert. Heute sind die USA das Land mit den meisten Golfspielern. Auch die Zahl der kleineren Golfübungsplätze, die nur dem Training vorbehalten sind, nimmt zu. Doch die Golfleidenschaft hat ihren Preis: Das Anlegen von Golfplätzen geht in den Entwicklungsländern oft mit der Verlegung ganzer Dörfer und der Enteignung von Feldern einher. Außerdem erfordert die Pflege eines Golfrasens viel Wasser und große Mengen an Pestiziden.

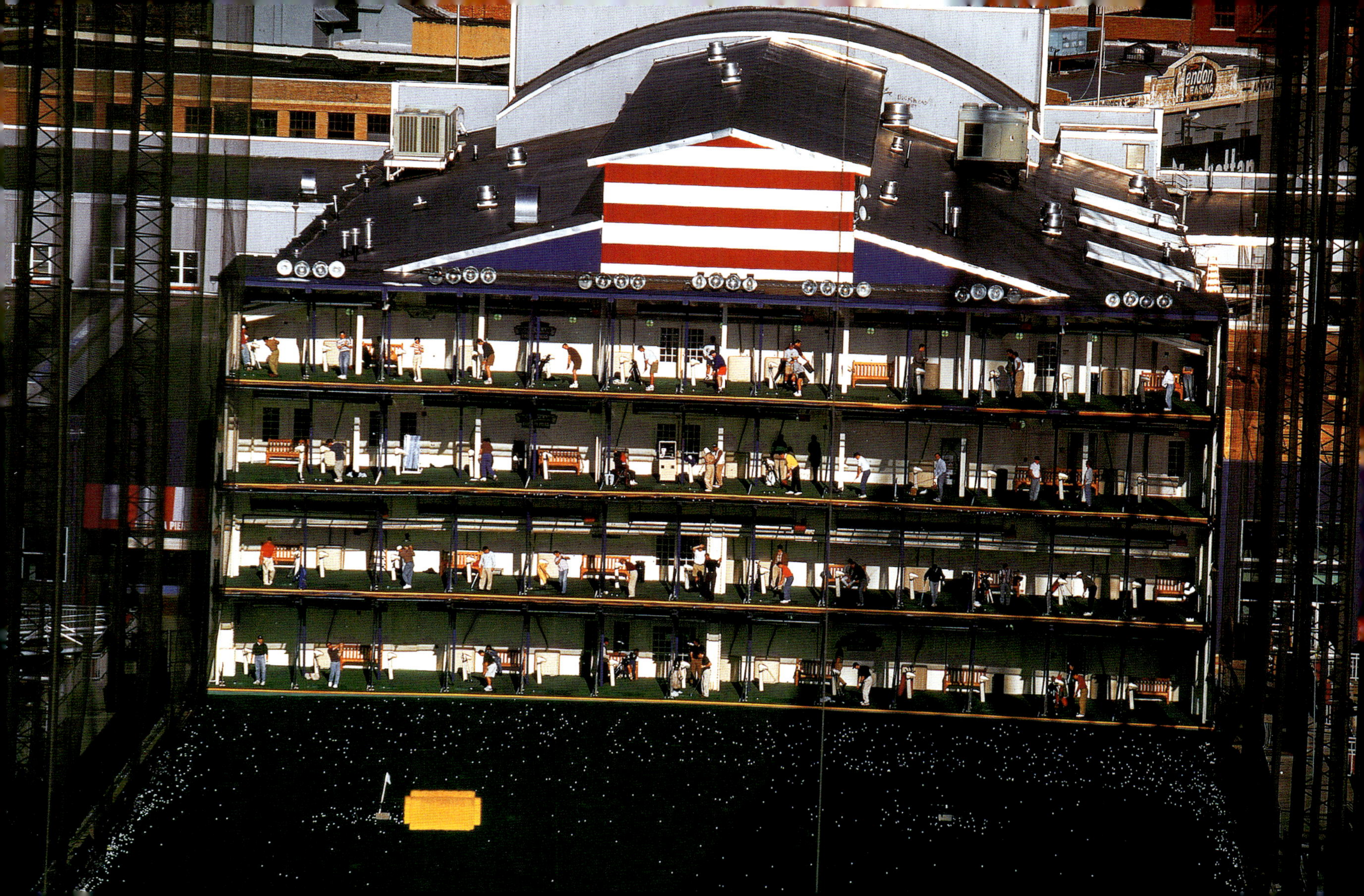

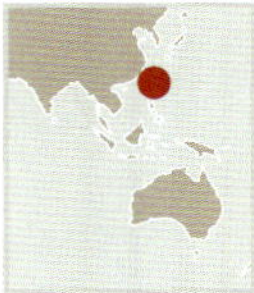

Traditioneller Friedhof bei Pingtung, Taiwan

(22° 40′ nördlicher Breite – 120° 29′ östlicher Länge)

Für den gläubigen Chinesen hat die Welt der Toten Einfluss auf die Welt der Lebenden. Wer will, dass seine Familie in Glück und Frieden lebt, sollte sich um das Wohlergehen seiner verstorbenen Ahnen kümmern. Deshalb lässt er deren letzte Ruhestätte nach den Regeln des Feng Shui errichten. Aus diesem Grund liegen die Gräber in Taiwan im Schutze eines Hügels und sind auf eine offene Landschaft (Meer, See) hin ausgerichtet. Außerdem sollte das mit Rasen überzogene Grab die Form eines Sessels haben. Die chinesische Grabstätte strahlt nicht nur Komfort und Würde, sondern auch Macht und Reichtum aus. Sie ist ein idealer Ort zur inneren Sammlung. Jedes Jahr treffen sich die Familien zum Qingming-Fest an der letzten Ruhestätte ihrer Vorfahren. Man pflegt die Gräber und veranstaltet ein Picknick mit den Toten. Doch das moderne Taiwan hat nicht genug Platz, um alle Toten nach herkömmlicher Sitte zu bestatten. Außerdem kosten die traditionellen Friedhöfe viel Geld. Deshalb entscheiden sich immer mehr Familien für die Feuerbestattung, und man versammelt sich auf den großen Rasenflächen vor den Urnengräbern.

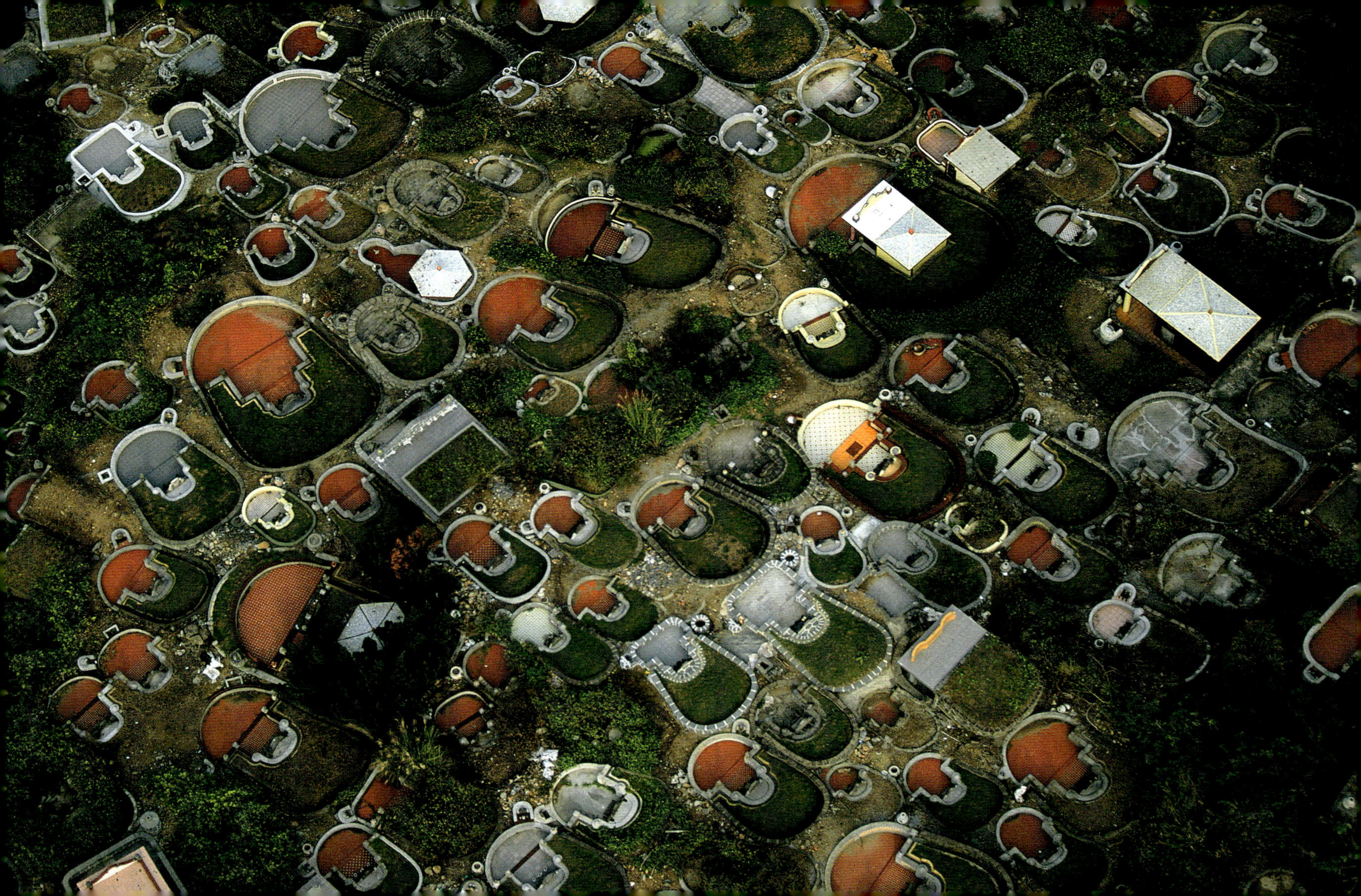

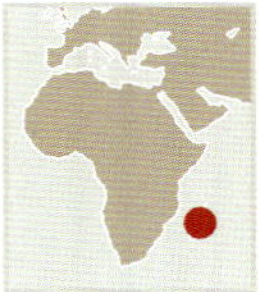

Tsingy de Bemaraha, Region Morondava, Madagaskar

(18° 47′ südlicher Breite – 45° 03′ östlicher Länge)

Tsingy de Bemaraha ist ein einzigartiges geologisches Phänomen im Westen Madagaskars. Der verkarstete Kalksteinboden ist das Ergebnis einer sich über Jahrhunderte hinziehenden Erosion: Der saure Regen fraß sich immer tiefer in den Kalkstein und formte scharfkantige, bis zu 30 Meter lange Klippen, die sich mit tiefen Schächten und Kesseln abwechseln. Das Felsenlabyrinth ist praktisch unpassierbar, worauf auch der Name anspielt: *Tsingy* ist der madagassische Ausdruck für »auf den Zehenspitzen gehen«. Auch die Pflanzen- und Tierwelt in diesen beeindruckenden Steinformationen ist von einer ganz besonderen Art und wurde bisher noch recht wenig erforscht. Die 587 000 Quadratkilometer große Insel Madagaskar kennt überhaupt sehr viele – zum Teil recht archaische – Tier- und Pflanzenarten, die sonst nirgendwo auf der Welt zu finden sind. Ein Großteil der rund 9500 Pflanzen-, 150 Säugetier- und 200 Vogelarten sind nur dort zu Hause. An die 300 von ihnen sind jedoch vom Aussterben bedroht.

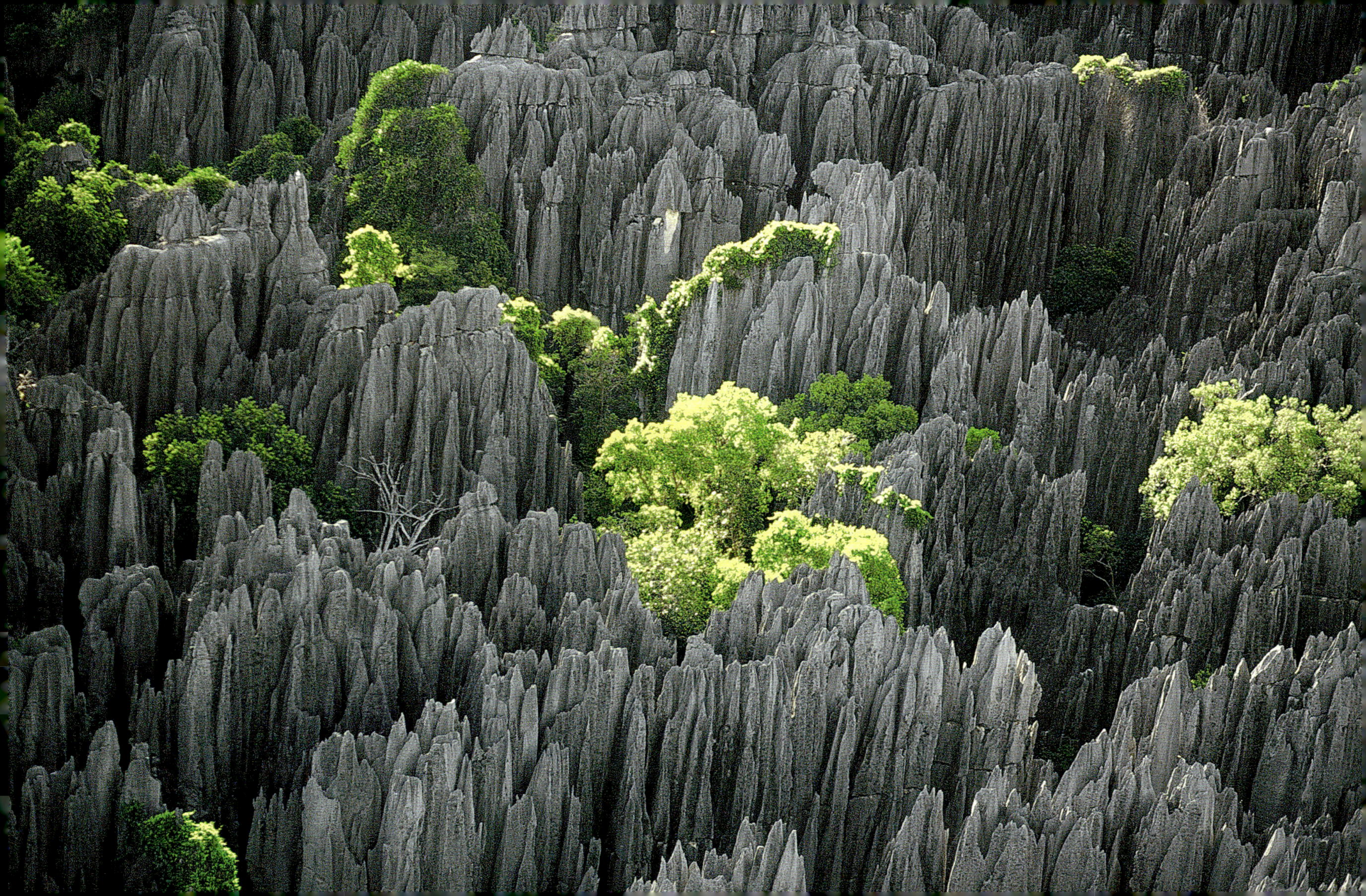

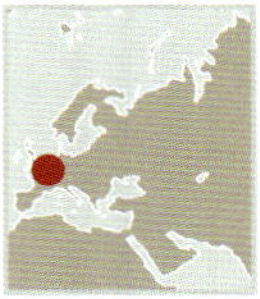

Atomium, Brüssel, Belgien

(50° 53′ nördlicher Breite – 4° 20′ östlicher Länge)

Das 110 Meter hohe Atomium von Brüssel wurde für die Weltausstellung von 1958 errichtet. Die 150-milliardenfache Vergrößerung eines Eisenatoms steht für den wissenschaftlichen Fortschrittsglauben der 1950er und 1960er Jahre. Neun Kugeln von je 18 Metern Durchmesser zählt die mit Aluminium verkleidete Stahlstruktur. Sie bietet in erster Linie Platz für ein Restaurant und Ausstellungsflächen. Durch über 29 Meter lange Röhren kann der Besucher zwischen den einzelnen Kugeln hin- und herwandern. Seit den 1970er Jahren widmen sich die Weltausstellungen verstärkt der Frage nach der Zukunft der Menschheit. An der im Juni 2000 in Hannover eröffneten 21. Weltausstellung beteiligten sich 190 Nationen. Das Grundthema lautete: »Mensch, Natur, Technologie, eine neue Welt entsteht«. Rund 25 Millionen Besucher wurden registriert.

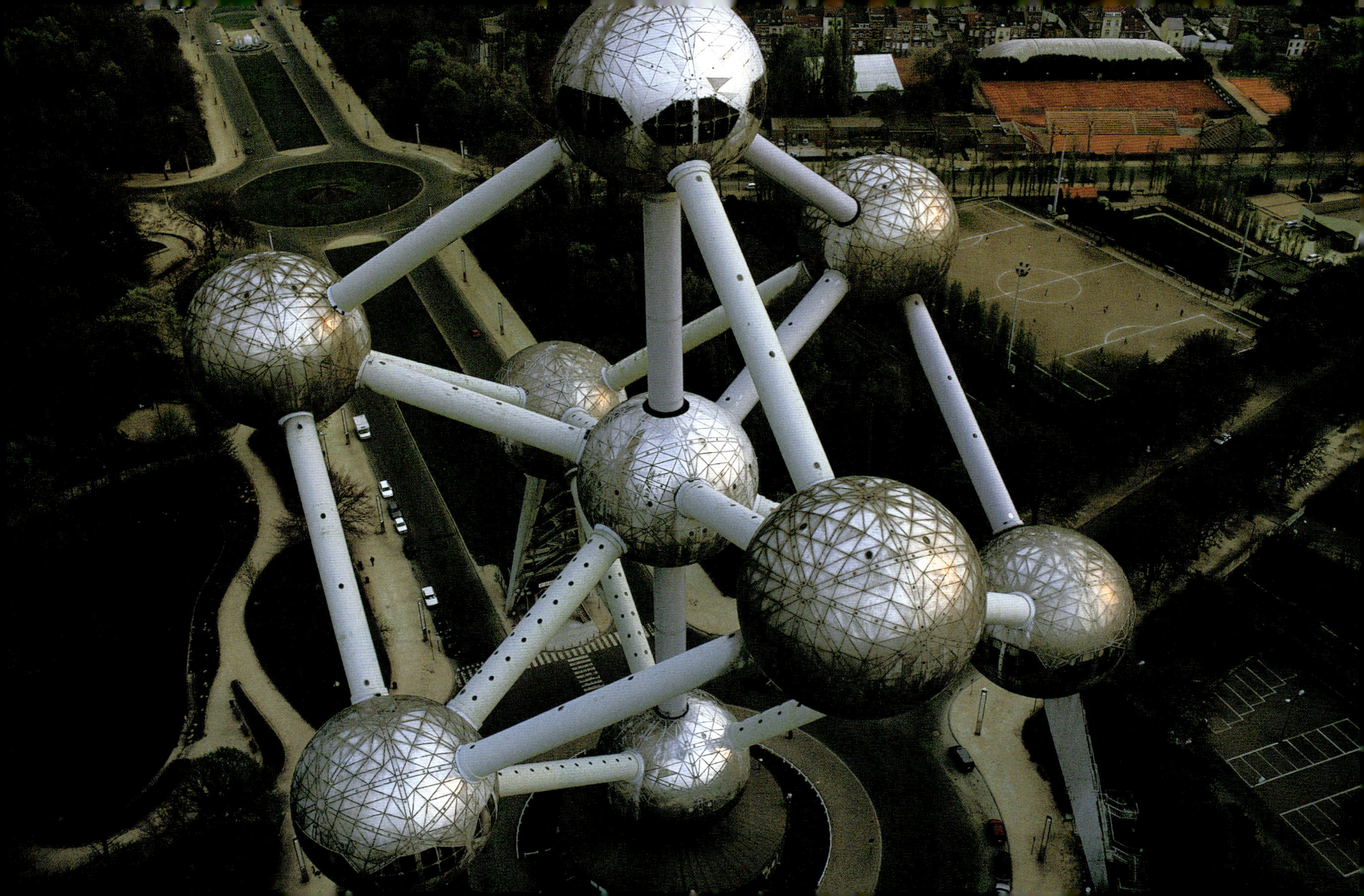

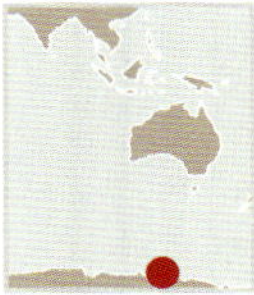

Eisberge und Pinguine in Adélieland, Antarktis

(66° 00′ südlicher Breite – 141° 00′ östlicher Länge)

Die Antarktis hat eine Fläche von ca. zwölf Millionen Quadratkilometern, weitere zwei Millionen Quadratkilometer Eisfläche auf dem Meer kommen hinzu. Der sechste Kontinent ist für atmosphärische und klimatische Untersuchungen geradezu prädestiniert, denn die im Eis eingeschlossene Luft gibt Auskunft über viele Millionen Jahre Erdgeschichte. Doch das Packeis schmilzt. Ein Phänomen, das durch die globale Erwärmung wahrscheinlich verstärkt wird. Noch in den 1960er Jahren war das Packeis an den beiden Erdpolen durchschnittlich 3,12 Meter dick. Heute liegt der Durchschnittswert bei 1,80 Metern. Auch die Ökosysteme in den Hochgebirgen sind weltweit direkt vom globalen Temperaturanstieg betroffen. Der Kilimandscharo z. B. verlor innerhalb von 40 Jahren 55 Prozent seiner Eismassen. Die Eisschmelze bedroht zahlreiche Wohngebiete. Die Eis- und Felsbrocken, die sich 1970 in Peru vom Berg Huascarane lösten, forderten 15 000 Todesopfer. Wenn die augenblickliche Tendenz anhält, sind zahlreiche Gletscher in weniger als 100 Jahren spurlos verschwunden.

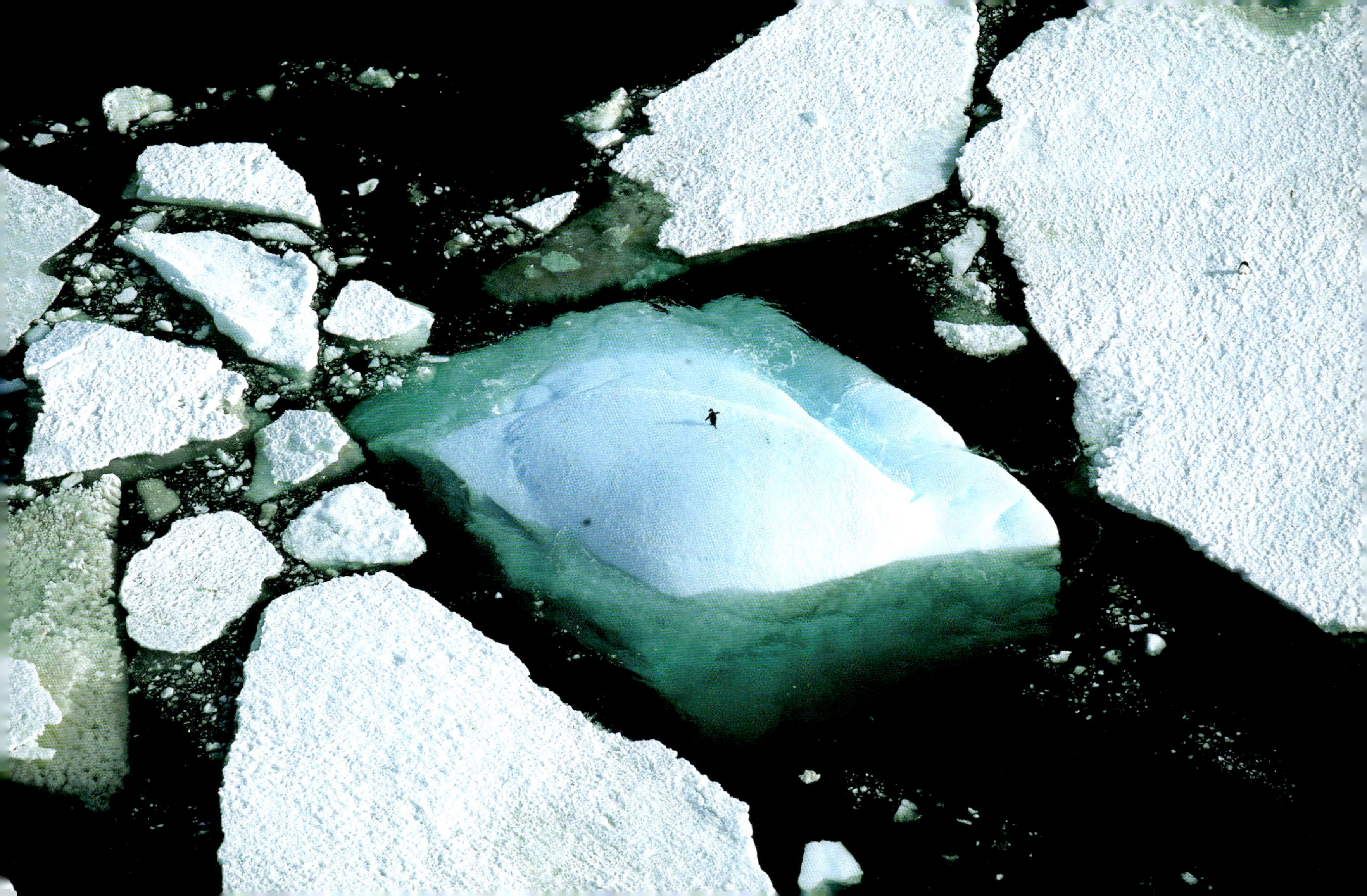

23. April

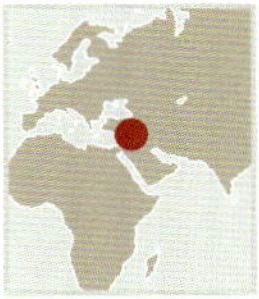

Ed-Deir-Tempel, Petra, Region Ma′an, Jordanien

(30° 20′ nördlicher Breite – 35° 26′ östlicher Länge)

Jordanien ist ein strategisch wichtiger Punkt zwischen dem Mittelmeer und dem Roten Meer. Im 4. Jahrhundert v. Chr. errichteten die Nabatäer, ein Nomaden- und Händlervolk, an einem Schnittpunkt von sechs Karawanenrouten im südlichen Jordanien ihr Handelszentrum und nannten es Petra (griech. Felsen bzw. Felsenstadt), denn die Behausungen wurden in die roten und gelben Sandsteinfelsen geschlagen. Die Nabatäer handelten vor allem mit Luxusgütern – Weihrauch aus Arabien, Gewürze aus Indien, Gold aus Ägypten, Seide aus China, Elfenbein aus Nubien. Durch die Zolleinnahmen entlang der Karawanenrouten wurden sie reich. 106 v. Chr. wurde Petra von den Römern erobert. Der über der Stadt thronende Tempel Ed-Deir (42 Meter hoch, 45 Meter breit) beherrscht heute noch die rund 800 Denkmäler der archäologischen Anlage. Nach dem Niedergang der nabatäischen Kultur zogen byzantinische Mönche in den Prachtbau ein, daher der Name Ed-Deir (dt. Kloster). Petra, seit 1985 auf der UNESCO-Liste des Weltkulturerbes, gab in den letzten Jahren Anlass zur Sorge: Die Mineralsalze des Grundwassers dringen in die steinerne Basis der Denkmäler ein und machen sie porös. Die Erosionskraft des Windes tut ein Übriges.

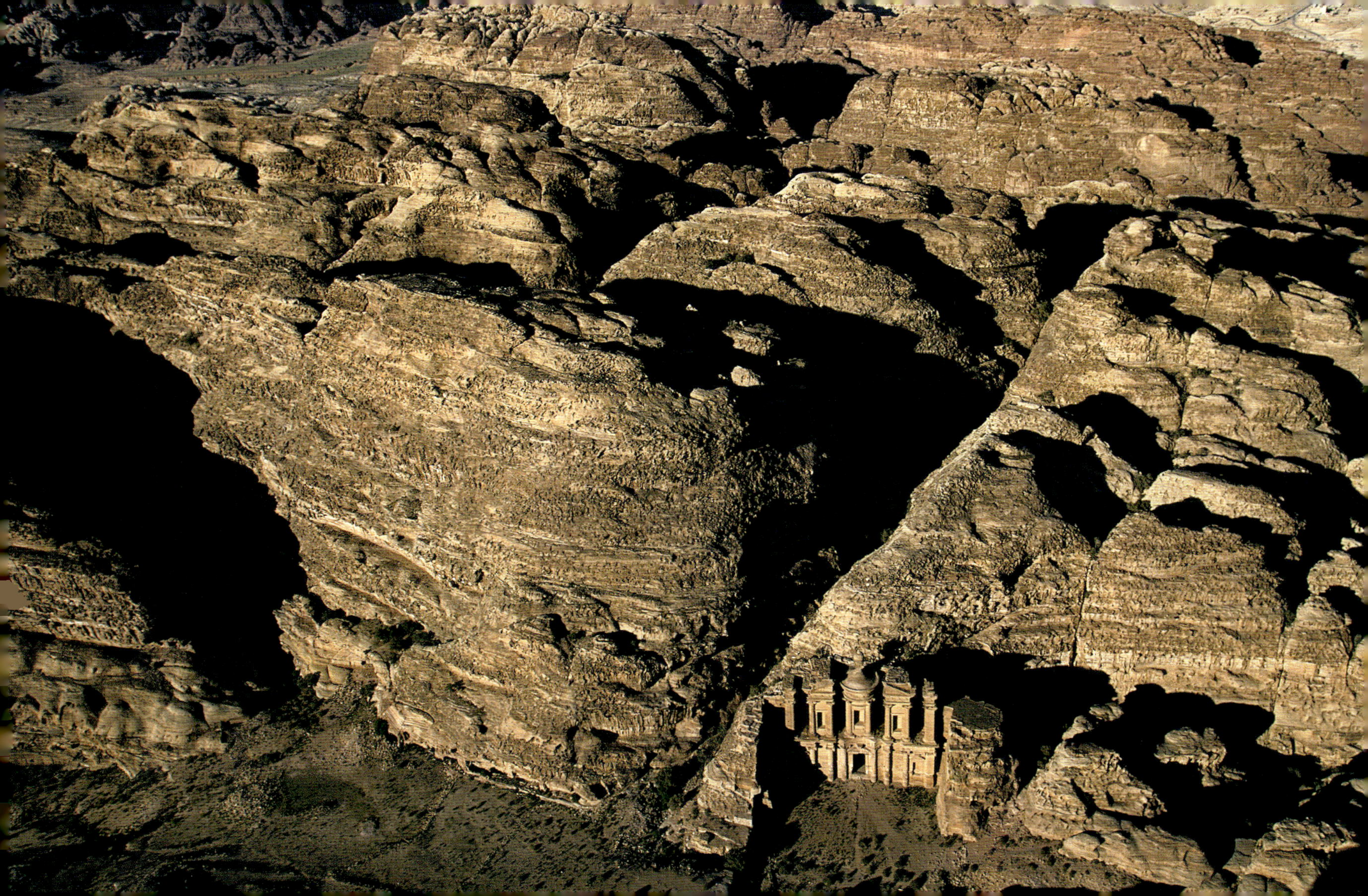

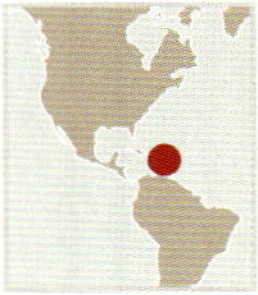

Inseln und tiefes Meer, Exuma Cays, Bahamas

(24° 26′ nördlicher Breite – 76° 44′ westlicher Länge)

Der Name »Bahamas« geht auf das spanische *baja mar* (dt. tiefe See) zurück. Der Archipel bildet einen rund 1200 Kilometer langen Bogen von Florida bis Santo Domingo. Von den rund 700 Inseln mit insgesamt 14 000 Quadratkilometern Fläche sind 29 ständig bewohnt. Hinzu kommen tausende von aus dem Meer ragenden Felsen und Korallenriffs, die so genannten *cayes*. Auf einer Insel der Bahamas – vermutlich auf der Samana Cay – landete am 12. Oktober 1492 Christoph Kolumbus auf seiner ersten Reise in die Neue Welt. Im 16. und 17. Jahrhundert waren die Bahamas ein Piratenzentrum. Erst 1718 kamen sie in britischen Besitz und blieben es bis zu ihrer Unabhängigkeit im Jahr 1973. Heute ist das Land ein Steuerparadies: Das Einkommen wird nicht mit Abgaben belastet. Die meisten Einnahmen werden durch Bankgeschäfte (20 Prozent vom Bruttosozialprodukt) und den Tourismus (60 Prozent vom Bruttosozialprodukt) erzielt. Zwei Drittel der Bevölkerung arbeiten in der Touristikbranche. Außerdem fahren mehr als 1000 Schiffe (rund drei Prozent der internationalen Handelsflotte) unter der bahamaischen Flagge. Im Übrigen fungieren die Bahamas als Drehscheibe für den auf die USA ausgerichteten Drogenhandel mit Cannabis und Kokain.

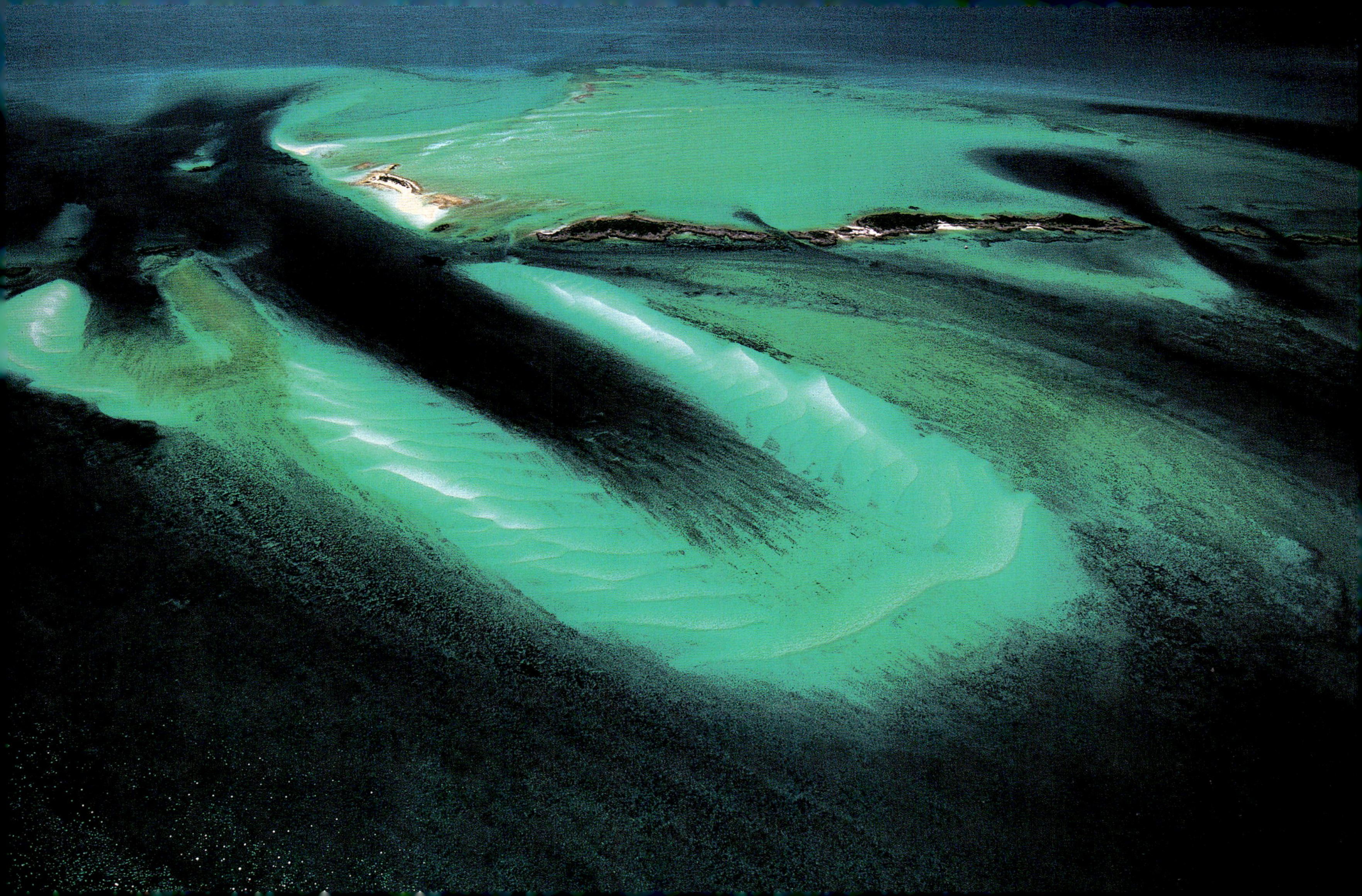

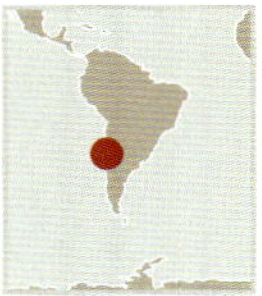

Bei den Kupferminen von Chuquicamata, Chile

(22° 19′ südlicher Breite – 68° 56′ westlicher Länge)

Die riesige Jakobsmuschel ist aus Erde. Ein Kran ordnet die »Muscheln« in Reih und Glied, bevor mithilfe eines Siebs die Erde vom Kupfermetall getrennt wird. Anschließend wird das Metall in der Gießerei von Chuquicamata veredelt. Dank moderner Einrichtungen können heute 95 Prozent des bei diesem Verfahren frei werdenden Schwefeldioxids und 97 Prozent des Arseniks gefiltert werden. Die dieses Kupferbergwerk betreibende Gesellschaft Codelco-Chile musste dafür mehrere dutzend Millionen Dollar investieren. Sie reagierte damit auf das 1992 von der Regierung erlassene Gesetz zur Reduzierung von Abgasen, die die Umwelt belasten. Trotzdem konnten die Kapazitäten erhöht werden: Ab 2004 wird man in den Kupferminen von Chuquicamata im Jahr 750 000 Tonnen Kupfer fördern. Zum Vergleich: 2001 waren es 630 000 Tonnen.

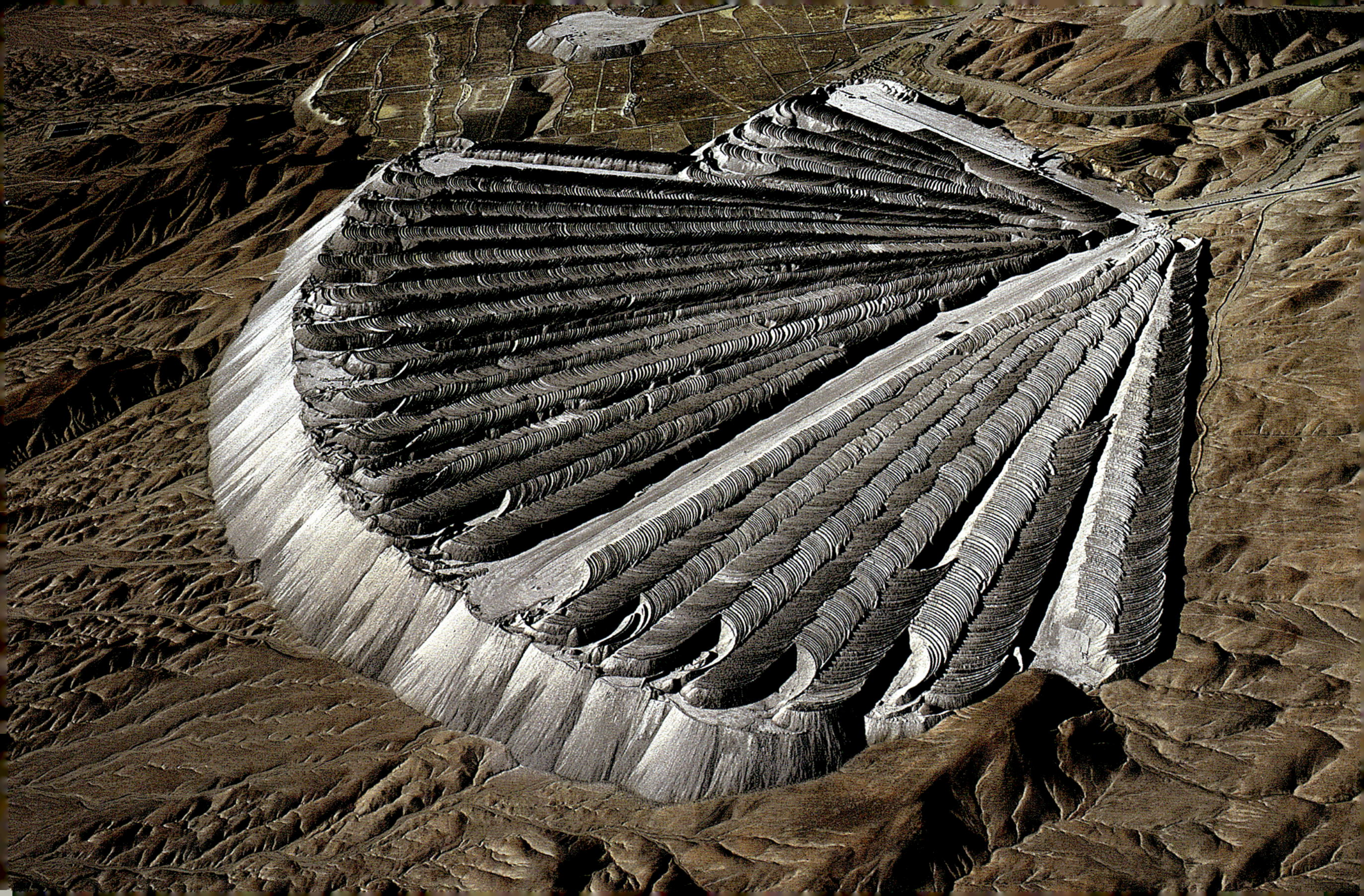

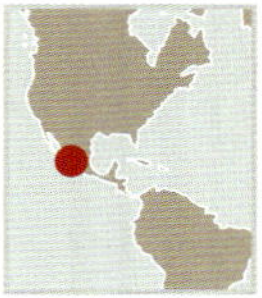

Villa »Westsonne«, Costa Careyes, Bundesstaat Jalisco, Mexiko

(19° 22′ nördlicher Breite – 105° 01′ westlicher Länge)

Die Architektur der Costa Careyes an der mexikanischen Pazifikküste wurde von dem italienischen Architekten Gianfranco Brignone geprägt. Er baute dort ein Dutzend seiner Luxusvillen nach eigenen Ideen, aber unter Berücksichtigung der traditionellen Bauformen: So wählte er kräftige Fassadenfarben und einfache Materialien. Das ökologische Konzept ist beachtenswert: Dächer aus Palmzweigen und die in der Sonne gebrannten Tonziegelwände ersetzen die Klimaanlage. Die rosafarbene Villa »Westsonne« und der gelb getünchte Zwillingsbau »Ostsonne« liegen beide hoch über der Bucht und bewachen sie von beiden Seiten. Die Steilküste Costa Careyes zwischen Pazifik und tropischem Regenwald ist das neue Eldorado für einige Superreiche. Das Vermögen der drei reichsten Menschen der Welt übersteigt das gesamte Bruttoinlandsprodukt der 48 ärmsten Länder. Vier Prozent des Gesamtvermögens der 225 reichsten Menschen (insgesamt rund 1000 Milliarden Dollar) würden für die Ausbildung, Ernährung und Grundpflege der ärmsten Bevölkerungsgruppen weltweit ausreichen.

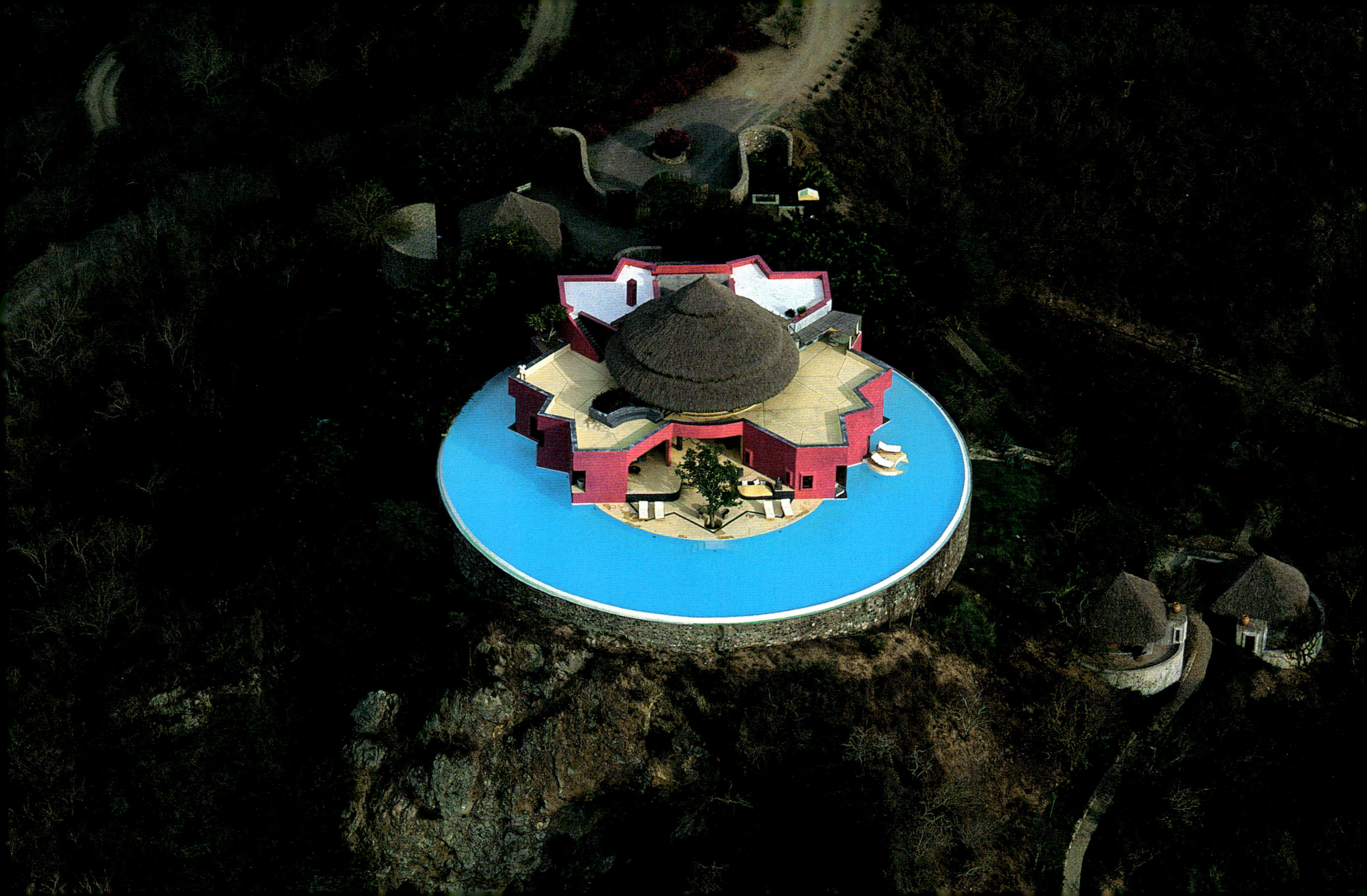

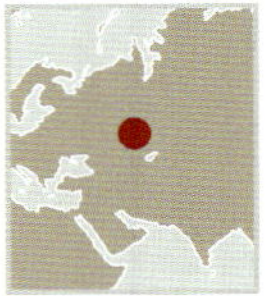

Eine Kirche in der Stadt Samara, Russland

(53° 13′ nördlicher Breite – 50° 10′ östlicher Länge)

Wo der Fluss Samara in die Wolga mündet liegt das Industriegebiet (Mechanik, Petrochemie, Luftfahrt und Lebensmittel) der Stadt Samara. Dorthin hatte sich die Sowjetregierung während des deutschen Einmarsches im Zweiten Weltkrieg geflüchtet. Später wurde aus der Sowjetstadt wieder eine russische Metropole. Davon zeugt diese moderne Kirche im Industriegebiet der Stadt. 1914 standen in ganz Russland 50 000 Kirchen für den Gottesdienst offen, 1941 waren es weniger als 1000. Im Juni 1988, zur Tausendjahrfeier der Christianisierung Russlands, war der Zeitpunkt für die Versöhnung zwischen Staat und Kirche gekommen. Seitdem schießen in Russland die Kirchen wie Pilze aus dem Boden. Neben den Orthodoxen genießen auch die Katholiken, Baptisten, Juden und die Hare-Krishna-Sekte Religionsfreiheit. Religiöse Verfolgungen gehören der Vergangenheit an. Nur an den renovierten und wieder aufgebauten Kirchenbauten sieht man deutlich, dass diese Zeiten noch nicht so lang zurückliegen.

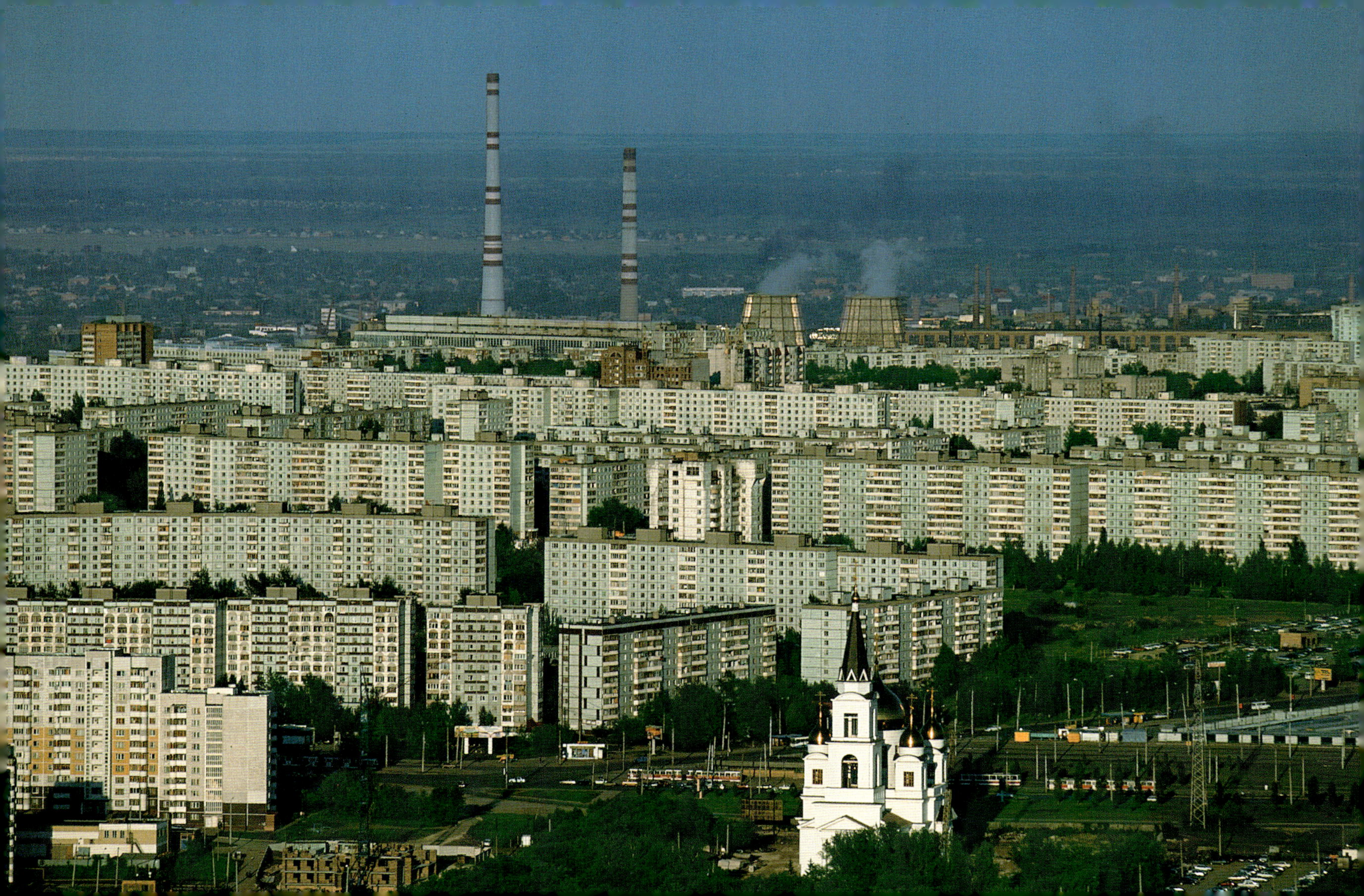

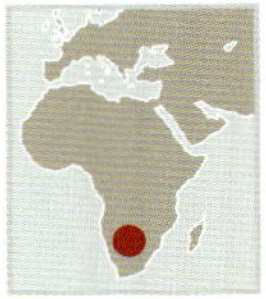

Sumpfgebiet im Binnendelta des Okavango, Botswana

(18° 45′ südlicher Breite – 22° 45′ östlicher Länge)

Im hohen Schilfrohr und Papyrusdickicht des Okavango-Deltas ist die Antilope vor den Jägern sicher. Jedes Jahr leisten sich 45 000 Touristen eine Luxussafari in Botswana. Selbst die hohen Gebühren, die an den botswanischen Staat zu entrichten sind, schrecken die Safarifreunde nicht ab. Doch das Okavango-Delta ist als Schutzgebiet von allen Jagdgenehmigungen ausgenommen. Nicht einmal die Landwirtschaft ist in diesem fruchtbaren Gebiet voll üppiger Vegetation erlaubt. Nur auf dem wenig einträglichen, trockenen Boden des südlichen Landesteils darf Ackerbau betrieben werden. Dort sind die Erträge allerdings so gering, dass sie nicht einmal zehn Prozent des nationalen Getreidebedarfs decken. Der Getreideanbau am Okavango wäre eine große Erleichterung. Das Deltagebiet steht zwar seit der Ramsar-Konvention von 1996 auf der Liste der international wichtigen Feuchtgebiete, dies bedeutet jedoch nicht, dass die Landwirtschaft grundsätzlich verboten ist. Der Vertrag schreibt lediglich die Wahrung des natürlichen Gleichgewichts vor und plädiert für eine soziale und wirtschaftlich nachhaltige Entwicklung.

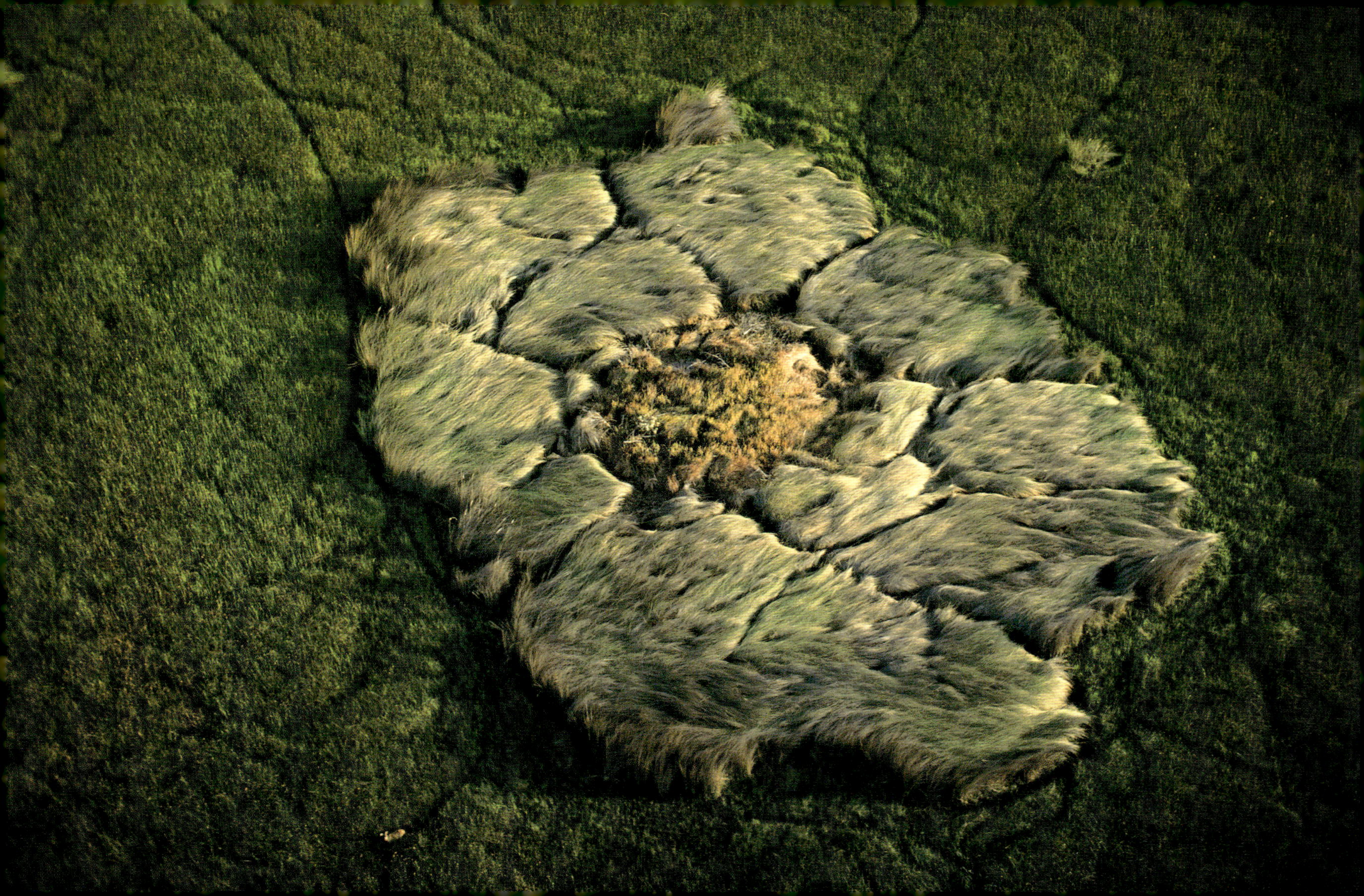

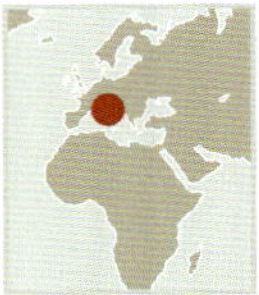

Insel San Giulio, Orta-See, Piemont, Italien

(45° 48′ nördlicher Breite – 8° 24′ östlicher Länge)

Mitten im Orta-See liegt die Insel San Giulio mit ihrer romanischen Basilika und dem Benediktinerinnen-Kloster. Nicht nur auf dieser Insel, sondern in ganz Italien und Europa sind es die Kirchenbauten, die mit unterschiedlichen Architekturstilen – Romanik, Gotik, Barock, Klassizismus bis hin zum Kubismus des 20. Jahrhunderts – sowohl ländliche Regionen als auch Stadtlandschaften prägen. Heute sind Aufträge für Kirchenbauten eher rar. Trotzdem verfügt die Kirche vor allem in Europa nach wie vor über immense Besitztümer, die sie im Laufe ihrer 2000-jährigen Geschichte zusammengetragen hat. Die Kirche zählt zu den reichsten Grundbesitzern der italienischen Halbinsel.

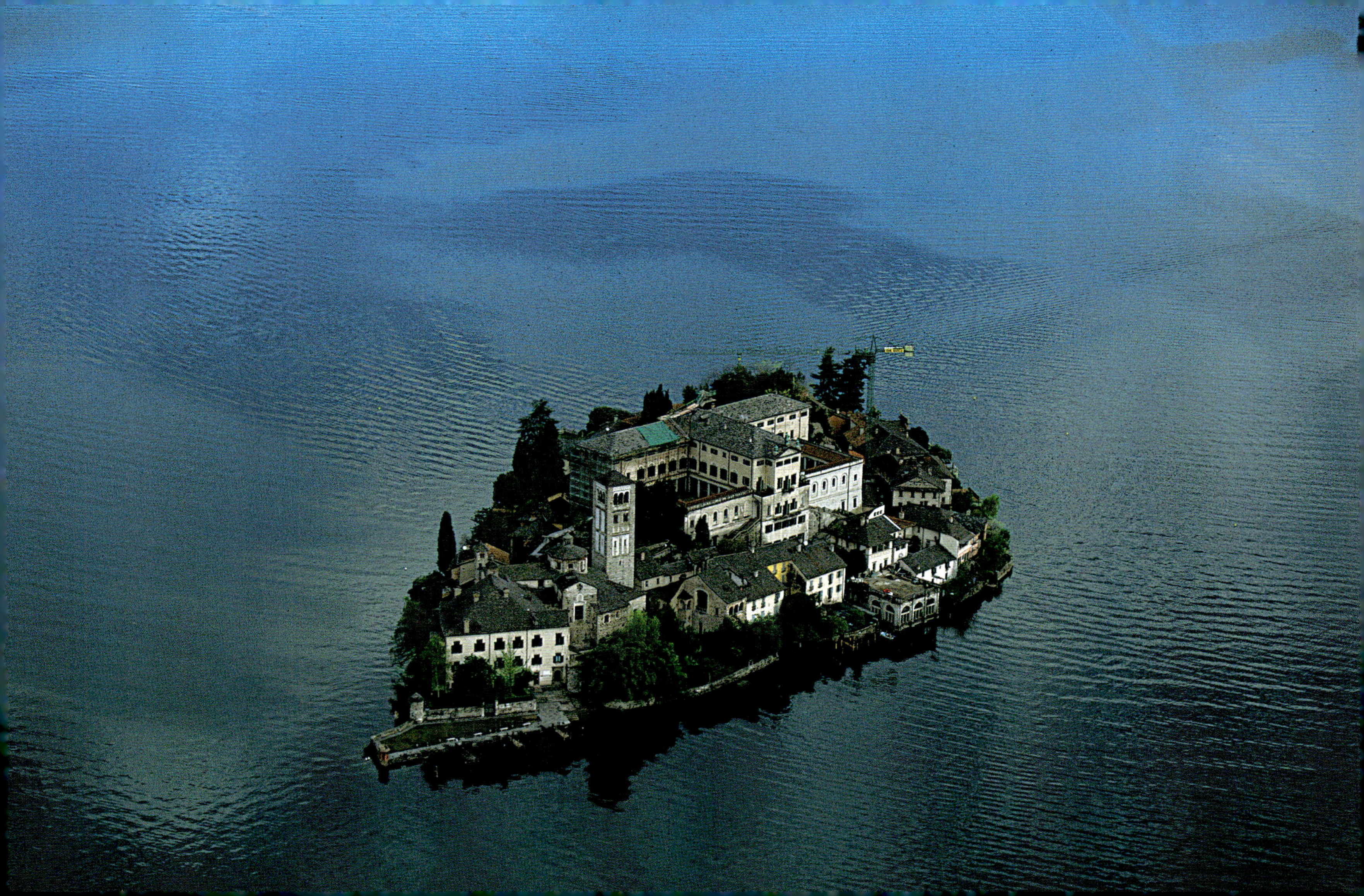

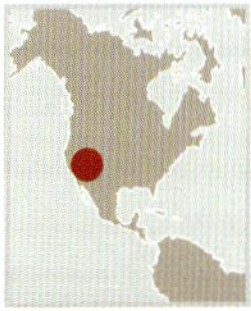

Flugzeugfriedhof der Luftwaffenbasis Davis-Monthan bei Tucson, Arizona, USA (32° 11′ nördlicher Breite – 110° 53′ westlicher Länge)

Im Luftwaffenstützpunkt Davis-Monthan warten 5000 Militärflugzeuge auf ihre Demontage, unter anderem die Grumman A-6E, die ihre Ziele auch ohne Sichtflug traf. Sie kam besonders 1991 im Golfkrieg zum Einsatz. Heute muss sie leistungsstärkeren Modellen weichen, die die Schlagkraft der amerikanischen Armee auf dem neuesten Stand halten. Eine Kostprobe ihrer Stärke gab die US-Armee im März 2003, als sie ohne die Zustimmung des Sicherheitsrates der UNO gegen den Irak vorging. Dies führte innerhalb der UNO zu einer hitzigen Debatte, die international verfolgt wurde. Am 16. Februar 2003 kamen weltweit Millionen von Menschen zu einer Friedensdemonstration von bisher nicht gekannter Größenordnung zusammen: Eine neue Variante der Globalisierung.

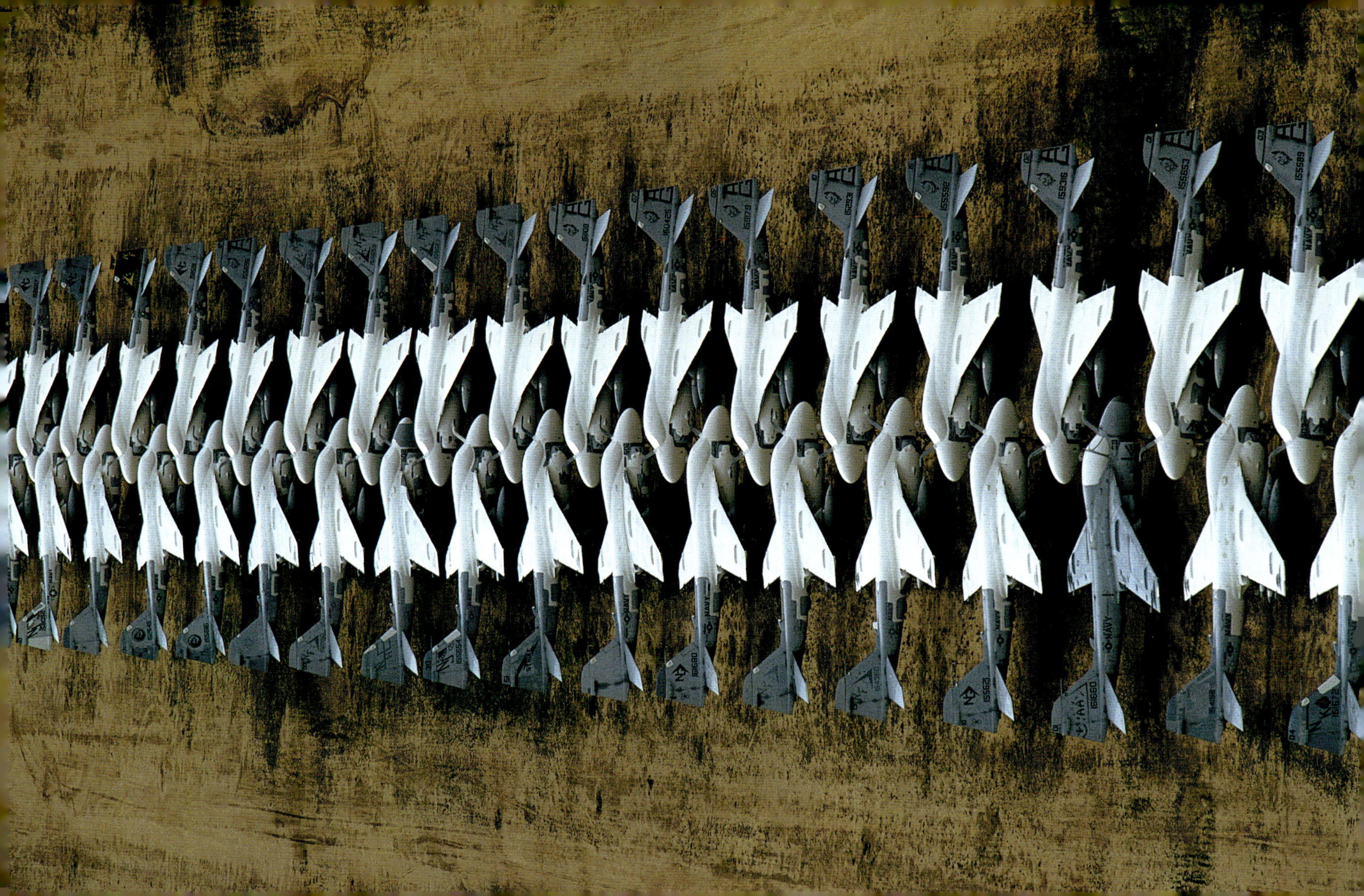

Meere und Ozeane

Unser Planet ist ein Planet der Meere und Ozeane. Sie sind die Teile, die Leben ermöglichen. Sie sind der Motor unseres Klimas. Wo auch immer wir auf der Welt sind, spüren wir den Einfluss des Meeres.

Die fast schon altvertrauten Satellitenaufnahmen der Erde zeigen, dass sie in der Tat ein »blauer Planet« ist. Die Ozeane bedecken sieben Zehntel ihrer Oberfläche. Die Biosphäre, derjenige Teil des Planeten, in dem Leben möglich ist, umfasst auch die Meere. Noch 4000 Meter unter ihrer Oberfläche, in den schwarzen Tiefen des Atlantiks, gibt es Lebewesen. Im Meer finden wir Lebensformen mit einer völlig anderen Grundlage als auf dem Land. In der Regel ist auch dort das Leben von der Strahlungsenergie der Sonne abhängig, die vor allem von den Pflanzen genutzt und umgewandelt wird. Aber in den Tiefen der Meere wurden vor kurzem Lebensformen entdeckt, die ihre Energie aus den thermischen Strömungen beziehen, deren Ursprung der flüssige Kern der Erde ist. Das Leben in den Ozeanen ist überaus vielfältig: Die Artenvielfalt in einem Meeresarm ist nicht geringer als im tropischen Regenwald. Deshalb sind die Meere ein gewaltiges Sammelbecken des Lebens. Sie bilden ein riesiges, weltumspannendes Kreislaufsystem, das an dasjenige der Atmosphäre gekoppelt ist. Beide beeinflussen sich gegenseitig und bilden den Motor des Klimas, in dem und mit dem wir leben und leben müssen. New York in den Vereinigten Staaten hat sehr kalte Winter, während im Sommer die Luftfeuchtigkeit fast unerträglich ist. Lissabon in Portugal liegt auf derselben geografischen Breite und ist ebenfalls eine Hafenstadt, hat aber nicht unter solchen Klimaextremen zu leiden. Den Unterschied machen Meeresströmungen aus.

Diese Kreislaufsysteme sind allerdings nicht stabil. Schwankungen in den großen Systemen des Stillen

Ozeans haben Auswirkungen auf die ganze Erde. Von Zeit zu Zeit führen solche Schwankungen dazu, dass die normale kalte Südströmung vor der Küste Perus von warmem Wasser verdrängt wird. Vor den Küsten Perus wird dann weniger Fisch gefangen, und da diese Strömungsänderung meist um die Weihnachtszeit eintritt, erhielt das Phänomen die Bezeichnung El Niño (spanisch »Christkind«). Dessen Auswirkungen bleiben nicht auf diese Weltregion begrenzt. El Niño kann das Wetter weltweit beeinflussen. Stürme, Überschwemmungen und Dürre, die 1982/83 durch El Niño ausgelöst wurden, verursachten von Indien über Tahiti bis Bolivien Schäden von über acht Milliarden Dollar.

Die meisten Menschen leben in den Küstenregionen. Wir sind ganz erheblich auf Nahrung aus dem Meer angewiesen: In Asien stammen 40 Prozent des vom Menschen aufgenommenen Eiweißes vom Fisch. Die Meere und das pflanzliche Leben in ihnen binden einen großen Teil des auf der Erde vorhandenen Kohlendioxids. Wie die Kommission für nachhaltige Entwicklung der Vereinten Nationen festgestellt hat, bieten die Meere lebenswichtige Ressourcen, die für das Wohlergehen heutiger und künftiger Generationen, für wirtschaftliches Gedeihen, die Bekämpfung von Armut und die Ernährung der Menschheit genutzt werden müssen.

Unser Wohlergehen hängt daher vom Wohlergehen der Meere ab. Und doch schädigen wir sie in vielfältiger Weise. Es gibt heute sieben Haupt-Bedrohungen:

1. Die Überfischung gefährdet die künftige Verfügbarkeit einer der bedeutendsten Nahrungsmittelressourcen. Nur ein nachhaltig betriebener Fischfang kann die weltweite Nahrungsversorgung und den Lebensunterhalt für gegenwärtige und künftige Generationen sicherstellen. Aber wir haben viele Fischbestände geplündert, und bei fast allen wichtigen Arten ist die Grenze der Nachhaltigkeit erreicht. Deshalb machen wir uns auf die Suche nach weiteren nutzbaren Arten. Die Evolution hat es mit sich gebracht, dass es auf vielen

unterseeischen Bergen wie auf Inseln Arten gibt, die nirgendwo sonst zu finden sind. Auch diese einzigartigen Ressourcen sind heute durch Überfischung bedroht.

2. Ohne die Seefahrt wäre kein Welthandel möglich. Die Weltwirtschaft ist auf den Seetransport angewiesen. Aber Schiffe in schlechtem technischem Zustand dürfen potenziell gefährliche Fracht wie Öl transportieren, das bei Unfällen das Meer und die Küsten in verheerender Weise verschmutzt.

3. Nach wie vor wird Müll in großem Umfang im Meer »entsorgt«. Manche Staaten sind nicht bereit, ihren Abfall in ihrem eigenen Land zu beseitigen, weshalb sie ihn ins Meer kippen.

4. Abfall von Aktivitäten an Land wird über Flüsse und Rohrleitungen ins Meer geleitet. Mit industriellen Abfällen gelangen Schadstoffe in das maritime Ökosystem, die die Brut von Fischen und Schalentieren bedrohen und dazu führen, dass diese nicht mehr für den menschlichen Verzehr geeignet sind. Die Abwässer von Städten können zu einer lokalen Anreicherung von Nährstoffen führen, die das natürliche Ökosystem aus dem Gleichgewicht bringt. Der Sauerstoffgehalt des Meeres sinkt, und die Fische sterben.

5. Die Zersiedlung der Küsten bedeutet eine weitere Belastung des Meeres durch den Menschen. Man denke nur an die Touristenhochburgen am Mittelmeer: Mehr Abwässer und Erosion vernichten durch Sedimentation von Schwebstoffen die Laichgründe der Fische. Die Zerstörung von Feuchtgebieten raubt wild lebenden Tieren ihren natürlichen Lebensraum. Weltweit wächst der Druck.

6. Weiterhin werden die Ozeane immer mehr als Rohstofflager entdeckt. Auf dem Meeresboden werden Öl und Gas gefördert. Sand und Kies für den Bau werden vom Meeresgrund gewonnen, wodurch Laichplätze zerstört werden. Selbst der Abbau von Erzen ist jetzt geplant. Von der Rohstoffindustrie gehen immer erheb-

liche Eingriffe in die Umwelt aus; daran ändert auch die Tatsache nichts, dass dies weniger augenfällig ist, weil es draußen vor den Küsten geschieht.

7. Die Veränderung des globalen Klimas durch menschliche Aktivitäten wirkt sich ebenfalls auf die Meere aus. Die erhöhte UV-Strahlung auf Grund des Ozonlochs in manchen Teilen der Welt schädigt die Fischbrut. Die globale Erwärmung wird Auswirkungen auf die Meeresströme haben – mit schwer abschätzbaren Folgen.

Aber noch ist nicht alles verloren. In den letzten 30 Jahren hat die internationale Gemeinschaft ernsthafte Anstrengungen unternommen, diesen Bedrohungen zu begegnen. Die Internationale Seeschifffahrtsorganisation versucht, die Standards des Seeverkehrs zu verbessern. Die Ernährungs- und Landwirtschaftsorganisation der Vereinten Nationen hat Aktionspläne für die Fischerei erarbeitet. Im Rahmen des UN-Umweltprogramms wurde ein globaler Maßnahmenkatalog gegen die Umweltverschmutzung zu Lande beschlossen. Weltweit setzen sich die 18 regionalen Meeresorganisationen mit den Problemen auseinander.

Allerdings benötigen diese Anstrengungen mehr politischen Rückhalt, damit die erzielten Vereinbarungen auch umgesetzt werden. Zusagen wurden gegeben. Aufgabe der Regierungen und der Interessenvertreter ist es jetzt, die Vereinbarungen durchzusetzen, damit angesichts der Bedrohungen die Chance genutzt wird, eine nachhaltige Nutzung der Meere zum Wohle des ganzen Planeten zu erreichen.

Alan Simcock

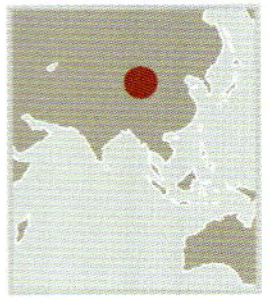

Berge im Gurvan-Saïkhan-Nationalpark, Ömnögov (dt. Gobi des Südens), Mongolei (45° 30′ nördlicher Breite – 107° 00′ östlicher Länge)

Der Gurvan-Saïkhan-Nationalpark wird auch der »Park der drei Schönheiten« genannt. Gemeint sind drei besonders schöne Gipfelgruppen, die als »Schönheiten des Ostens, der Mitte und des Westens« aus der majestätischen Gebirgskette herausragen. Diese ist teilweise vulkanischen Ursprungs und genauso alt wie die herzynischen Gebirgsketten in Europa (Schwarzwald, Vogesen) oder die amerikanischen Appalachen. Der Naturpark besitzt eine außergewöhnlich reiche Tier- und Pflanzenwelt: Zahlreiche Heilpflanzen und zwei Drittel der in der Mongolei vorkommenden endemischen Arten wachsen hier. 50 verschiedene Säugetierarten finden Zuflucht. Acht davon gehören zu den zwölf meistbedrohten Tierarten der Mongolei, beispielsweise das Argali, der Schneeleopard oder der sibirische Steinbock. Außerdem gibt es 240 verschiedene Vogelsorten. Den größten Schaden brächte diesem labilen Ökosystem der Abbau seiner Bodenschätze: Steinkohle, Wolfram, Kupfer, Eisen, Gold, Fluorit, Molybdän und verschiedene Halbedelsteine.

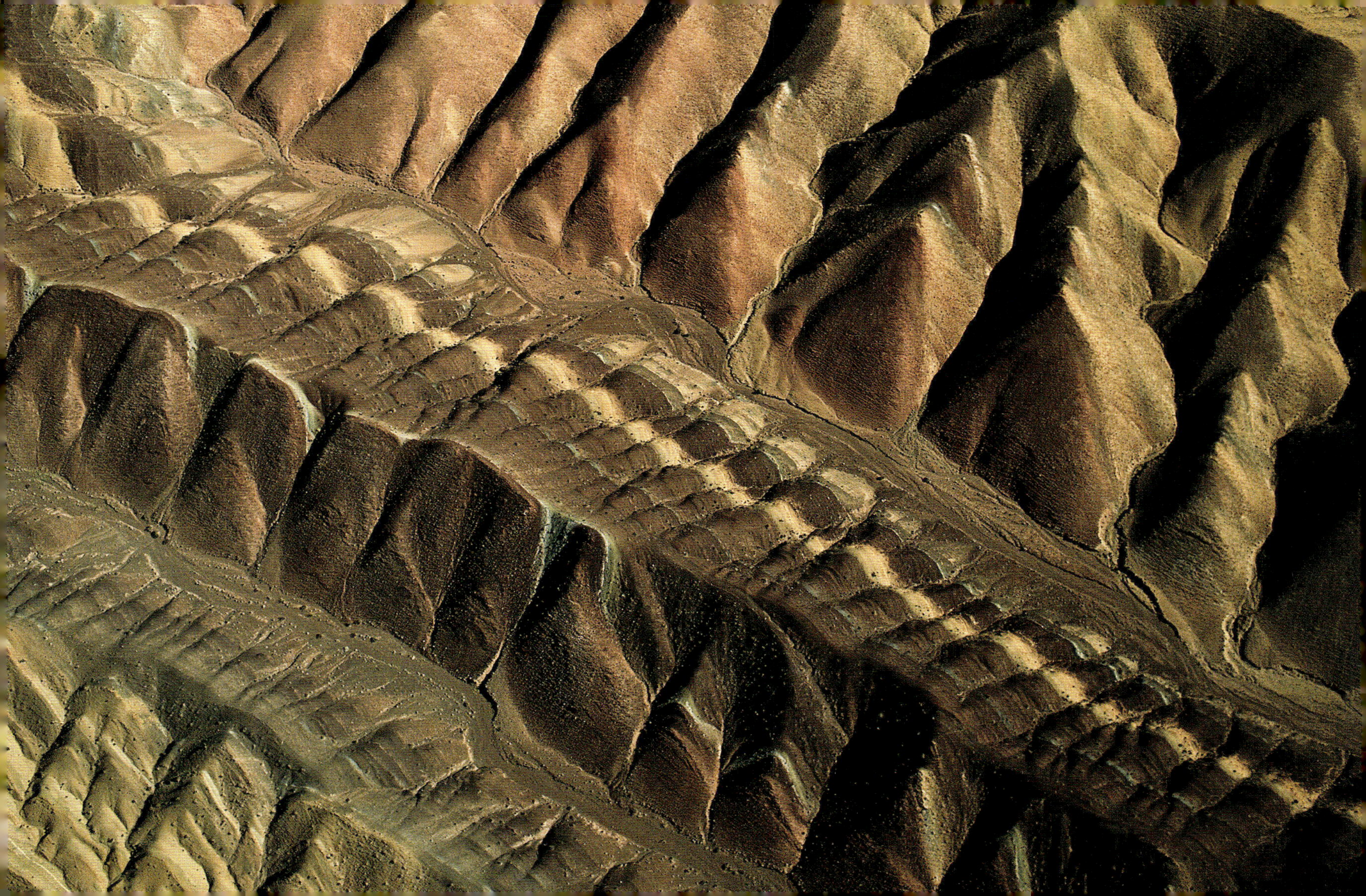

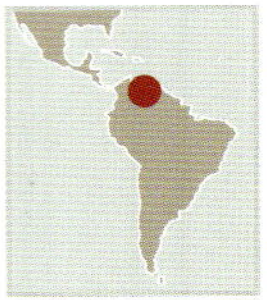

Fliegende Ibisse bei Pedernales, Amacuro-Delta, Venezuela

(9° 57′ nördlicher Breite – 62° 21′ westlicher Länge)

Mehr als ein Drittel der venezolanischen Landesfläche machen Feuchtgebiete aus. Sie reichen von den Llanos-Ebenen bis zum Amacuro-Delta, dem Mündungsgebiet des Orinoco, und sind der bevorzugte Lebensraum der Roten Ibisse *(eudocimus ruber)*. Die Ibisse gehören zu den Stelzvögeln und brüten in großen Kolonien in den Mangrovenwäldern. Die Nahrung – hauptsächlich Garnelen, Krebse und andere Krustentiere – suchen sie in einem Umkreis von wenigen Kilometern. Das Karotin dieser Tiere gibt ihrem Federkleid die typische Färbung. Mit den Federn des Roten Ibis schmückten die Eingeborenen früher ihre Kleider. Heute ist das Federkleid bei den Herstellern von Kunstblumen sehr begehrt. Der Rote Ibis wird aber nicht nur wegen seiner Federn, sondern auch wegen seines Fleisches gejagt und zählt deshalb zu den bedrohten Tierarten: In Mittel- und Südamerika, seinem eigentlichen Verbreitungsgebiet, gibt es heute nicht einmal mehr 200 000 Exemplare von seiner Art.

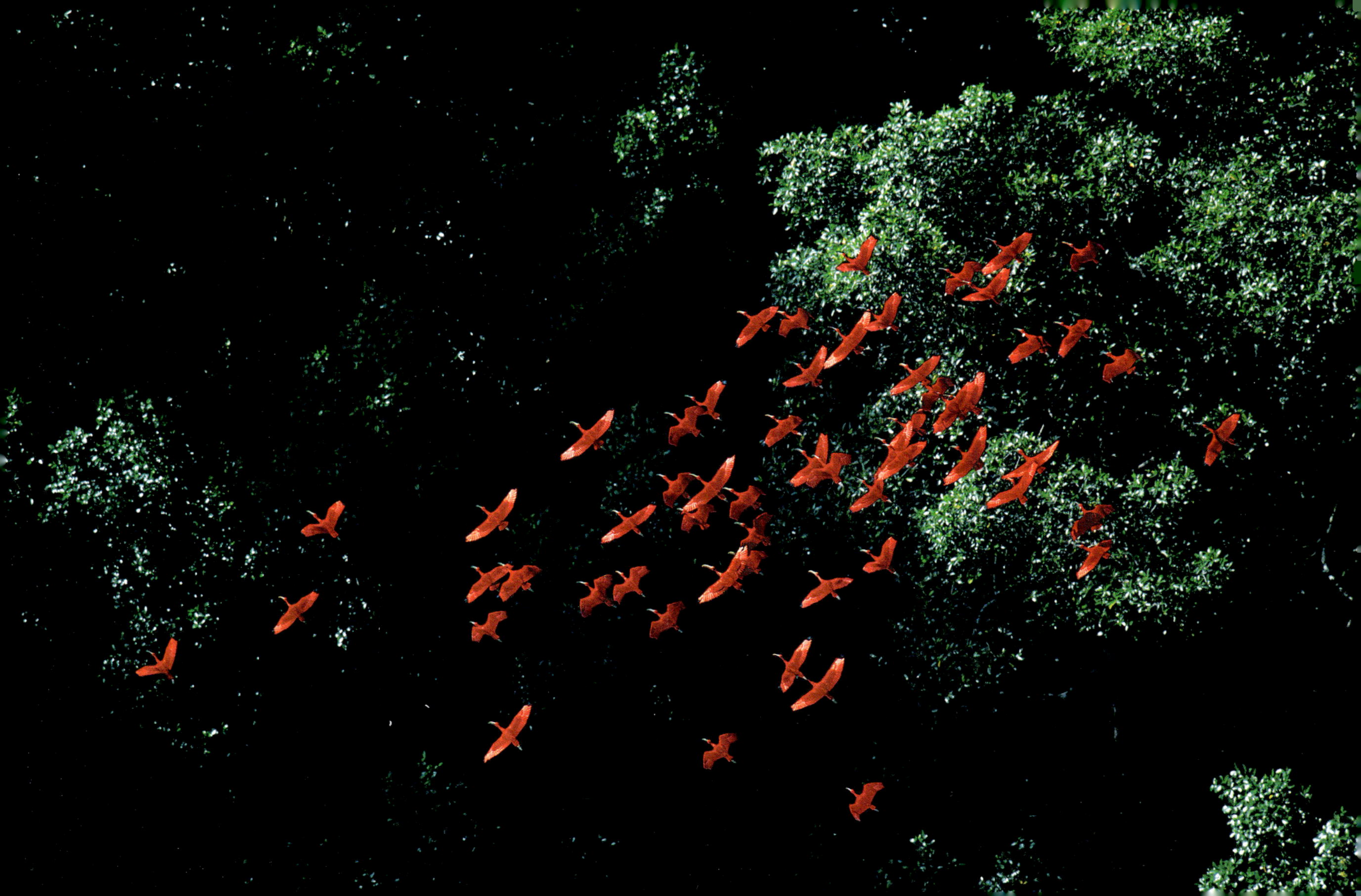

3. Mai

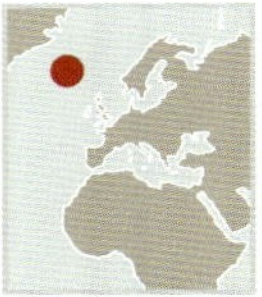

Die Vulkankette von Lakagigar, Island

(64° 04′ nördlicher Breite – 18° 15′ westlicher Länge)

Die Gegend um Lakagigar im Süden Islands ist immer noch von einem der schwersten Vulkanausbrüche der Neuzeit gezeichnet. 1783 öffneten sich am Laki-Vulkan zwei insgesamt 25 Kilometer lange Spalten und schleuderten 15 Kubikmeter glühendes Felsgestein in die Erdatmosphäre. Ein 580 Quadratkilometer großes Gebiet wurde von der Lava zugedeckt. Es war der größte Lavafluss seit Menschengedenken. Über ganz Island schwebte eine Wolke aus Kohlenstoff, trockenem Schwefel und Asche und vergiftete die Weiden und die oberen Schichten des Wassers. Drei Viertel des Viehbestands wurden vernichtet. Als es 1785 zu einer neuen Eruptionswelle kam, machte sich eine Hungersnot breit, die ein Viertel der Bevölkerung, mehr als 10 000 Menschen, hinweggraffte. Heute sind die 115 Krater zählenden Spalten von Lakagigar wieder geschlossen, und das Lavafeld ist von einer dicken Moosschicht überzogen. Island besitzt über 200 aktive Vulkane, aus denen in den letzten 500 Jahren ein Drittel der in der ganzen Welt registrierten Lavaströme ausgetreten sind.

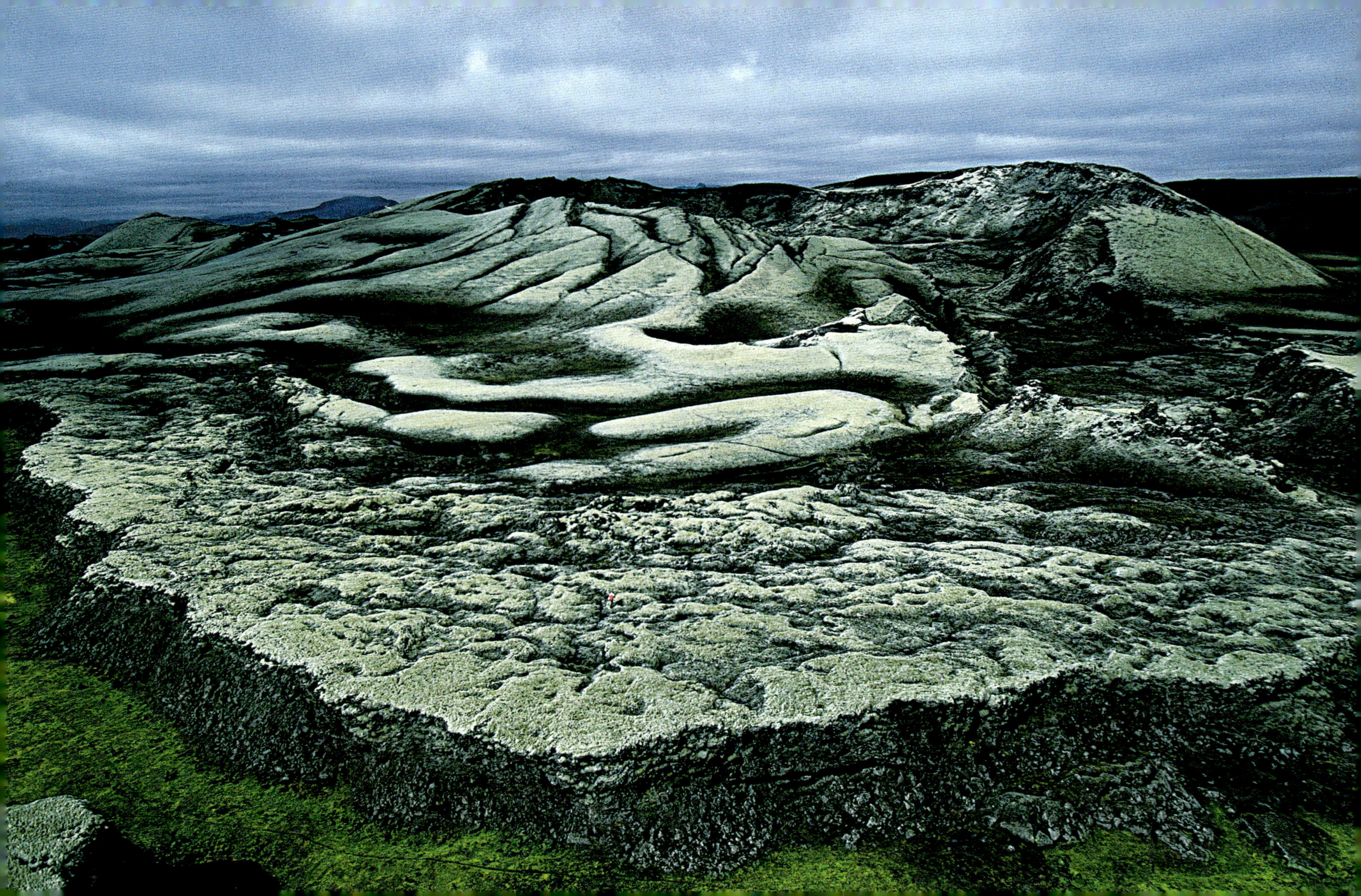

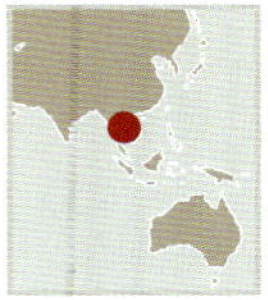

Wasserbüffel in der Nähe von Siem Reap, Kambodscha

(13° 22′ nördlicher Breite – 103° 51′ östlicher Länge)

Die zentrale Schwemmlandebene Kambodschas ist die Reiskammer des Landes. Der Wasserreichtum macht das Gebiet zu einem Paradies für die Wasserbüffel, die im ärmsten Land Südostasiens überall in der Landwirtschaft eingesetzt werden und für die Bevölkerung der wichtigste Lieferant tierischer Proteine sind. Trotzdem bleibt der Fleischkonsum in einem Land, in dem drei Viertel des täglichen Kalorienbedarfs durch Reis abgedeckt werden, eine Seltenheit. Bei der Hälfte der Kinder führt die Unterernährung zu Wachstumsstörungen, auch bei einem Drittel der Frauen zeigen sich die Symptome der mangelhaften Ernährung. Besonders schwer wiegende Folgen hat der Mangel an Vitamin A. Denn die Erblindung von jährlich 500 000 Kindern in aller Welt ist hauptsächlich darauf zurückzuführen.

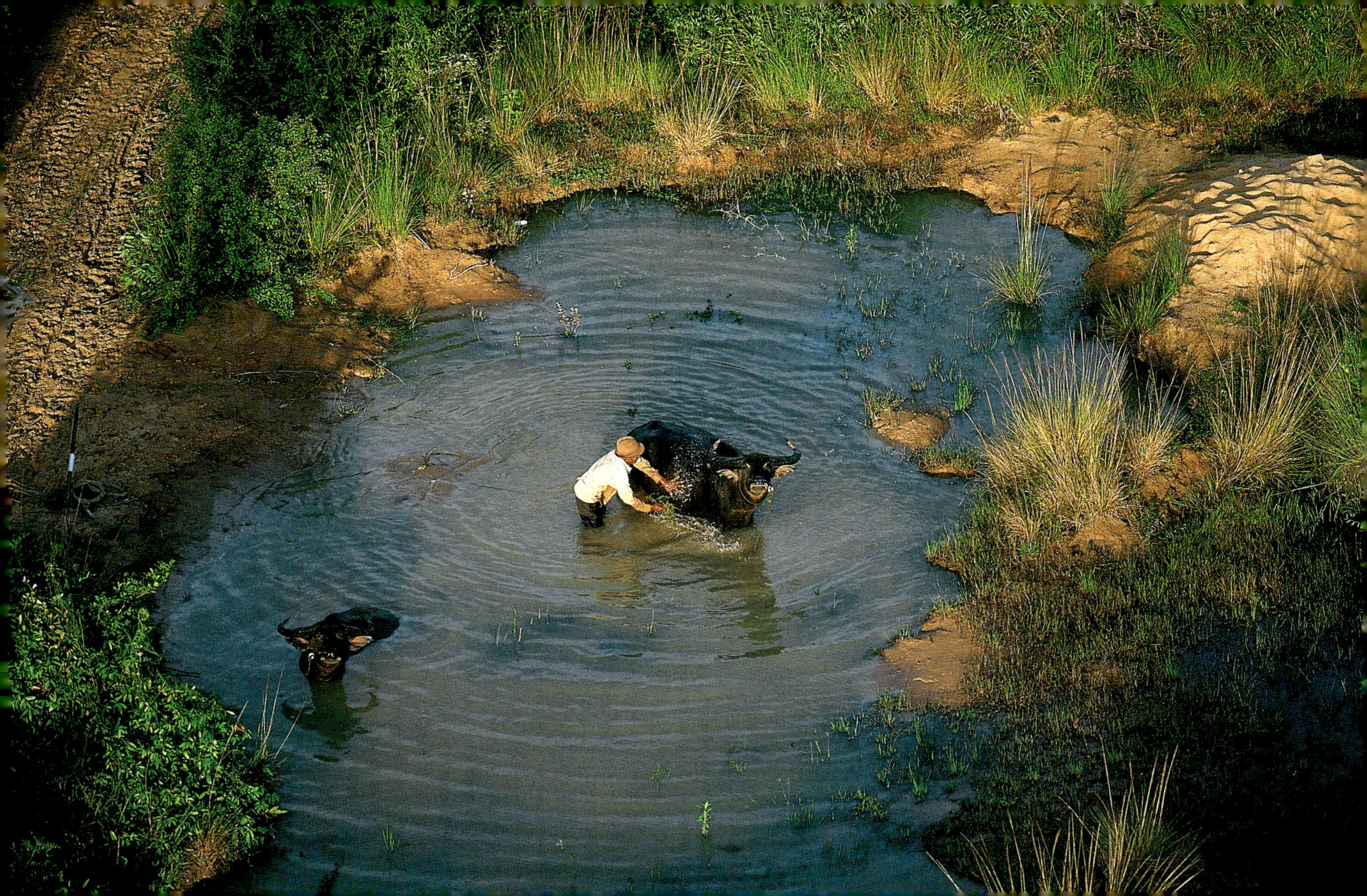

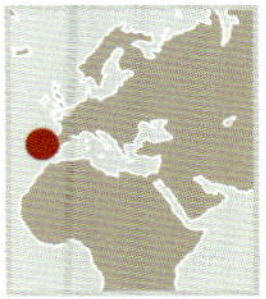

Palacio da Pena, Serra de Sintra, Portugal

(38° 47′ nördlicher Breite – 9° 22′ westlicher Länge)

Der fantastisch-prunkvolle Pena-Palast belebt die strenge Granitlandschaft der Serra de Sintra nordwestlich von Lissabon. Die von Zinnen bekrönten Pecherker erinnern an die Märchenschlösser aus Pappmaché in den Freizeitparks. Aber das unglaubliche Architekturkonglomerat mit Elementen aus Gotik, Renaissance und maurischer Kunst war ein Auftragswerk von Ferdinand von Sachsen-Coburg-Gotha, dem Ehemann der im 19. Jahrhundert regierenden Königin Maria II. Mit dem Bau wurde der deutsche Architekt Baron von Eschwege beauftragt. 1885 war der Prunkbau der deutschen Romantik fertig. Noch im gleichen Jahr starb Ferdinand. Sein Palast lieferte jedoch das Modell für weitere prächtige Residenzen, und so wurde die Serra de Sintra zu einer architektonischen Hochburg der europäischen Romantik. Heute ist die Landschaft geprägt von den Gartenanlagen und Parks dieser Prunkbauten. Seit 1995 steht die Serra de Sintra auf der UNESCO-Liste des Weltkulturerbes.

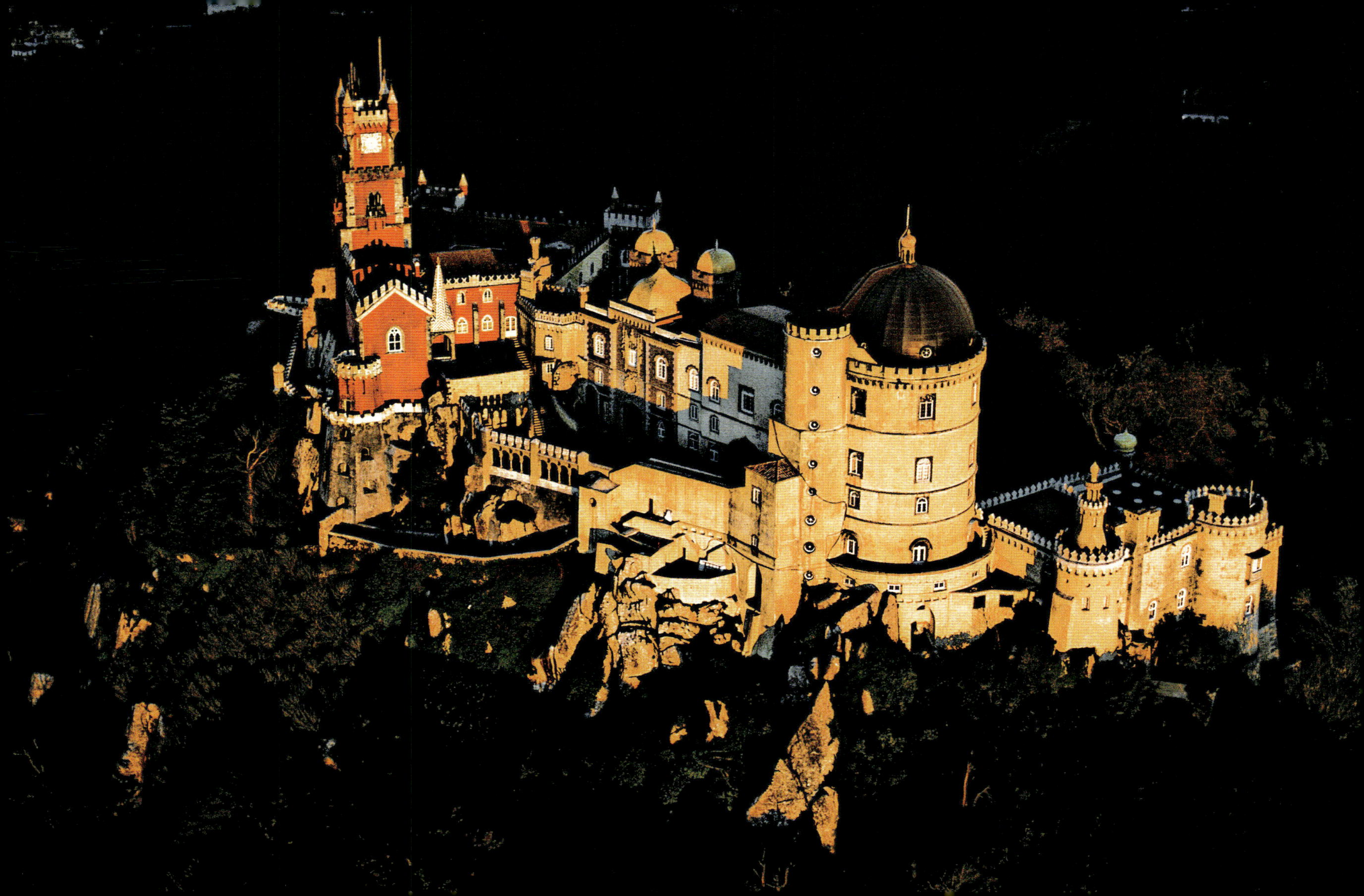

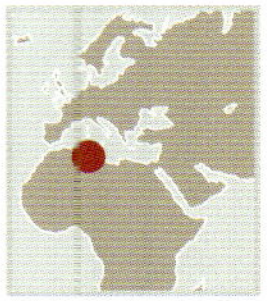

Felder bei der Stadt Hammamet, Gouvernement Nabeul, Tunesien

(36° 24′ nördlicher Breite – 10° 37′ östlicher Länge)

In Nordosttunesien wird schon seit langem künstlich bewässert. 30 bis 40 Prozent der landwirtschaftlichen Investitionen sind für die Bewässerungsanlagen bestimmt. Innerhalb von 30 Jahren hat sich das bewässerte Gebiet vervierfacht und umfasst heute 380 000 Hektar. Dies entspricht der demografischen Entwicklung: In den letzten 25 Jahren hat sich die Bevölkerung Tunesiens verdoppelt. Für die Landwirtschaft werden 82 Prozent des tunesischen Wassers gebraucht. Kein Wunder, dass man auf der Suche nach dem blauen Gold immer tiefer bohrt. Doch wenn allzu viel Grundwasser an die Oberfläche gepumpt wird, besteht vor allem in den Küstenbereichen die Gefahr, dass Meerwasser in die Grundwasserschichten nachströmt. Die Verschlechterung der Bodenqualität ist ein weiteres Problem. Als Reaktion darauf hat die tunesische Regierung für die Jahre 1991 bis 2000 ein Programm zur Wahrung der Wasser- und Bodenqualität verabschiedet. Weltweit sind 20 Prozent der künstlich bewässerten Flächen durch die Versalzung unfruchtbar geworden. Jedes Jahr sind 1,5 Millionen Hektar von diesem Phänomen betroffen.

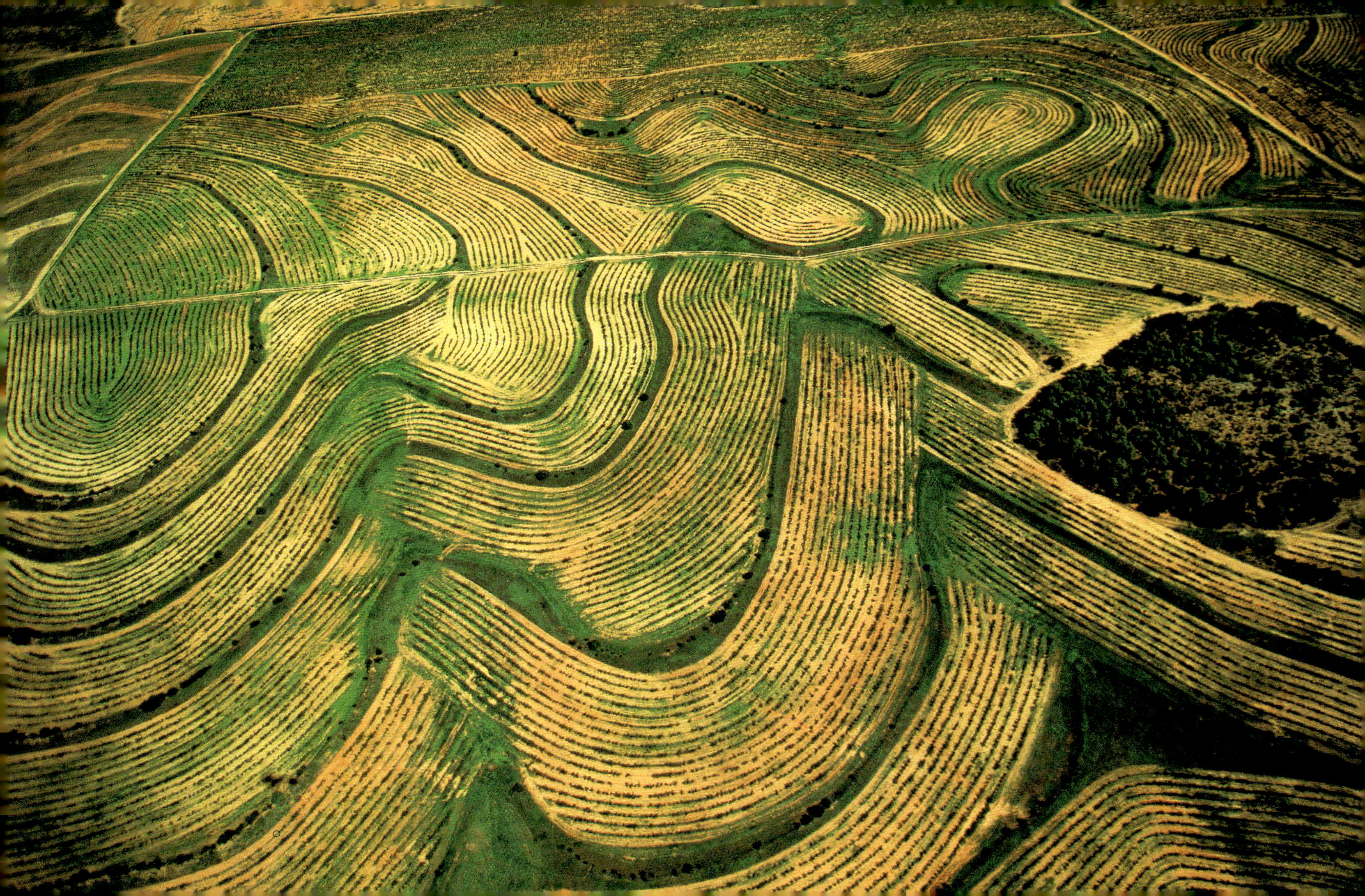

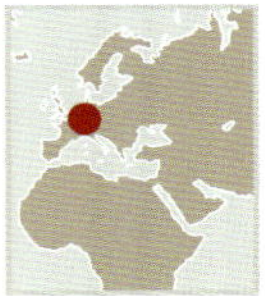

Mit dem Fahrrad im Tiergarten, Berlin, Deutschland

(52° 30′ nördlicher Breite – 13° 22′ östlicher Länge)

Jedes Jahr steigen mehr Berliner auf das Fahrrad um und radeln durch die weite Parklandschaft im Zentrum der Hauptstadt. Im 21. Jahrhundert ist das Fahrrad wohl das zukunftsträchtigste innerstädtische Verkehrsmittel, denn in den alten Metropolen kommt man mit dem Auto immer langsamer voran. In London oder Paris ist das Verkehrsaufkommen inzwischen so hoch, dass man heute mit dem Auto nicht schneller ist als vor 100 Jahren mit einer Kutsche. Und an den schadstoffreichen Abgasen sollen im Jahr weltweit drei Millionen Menschen sterben. Das Fahrrad ist wirtschaftlich, leise, umweltverträglich und nimmt auf der Straße sechsmal weniger Platz ein als ein Auto. Ein abgestelltes Rad benötigt sogar nur den zwanzigsten Teil eines Autoparkplatzes. Die Radfahrer sind schwer im Aufwind: In den Niederlanden stellen sie 30 Prozent der innerstädtischen Verkehrsteilnehmer und selbst in den Schweizer Bergen sind es bereits zehn Prozent.

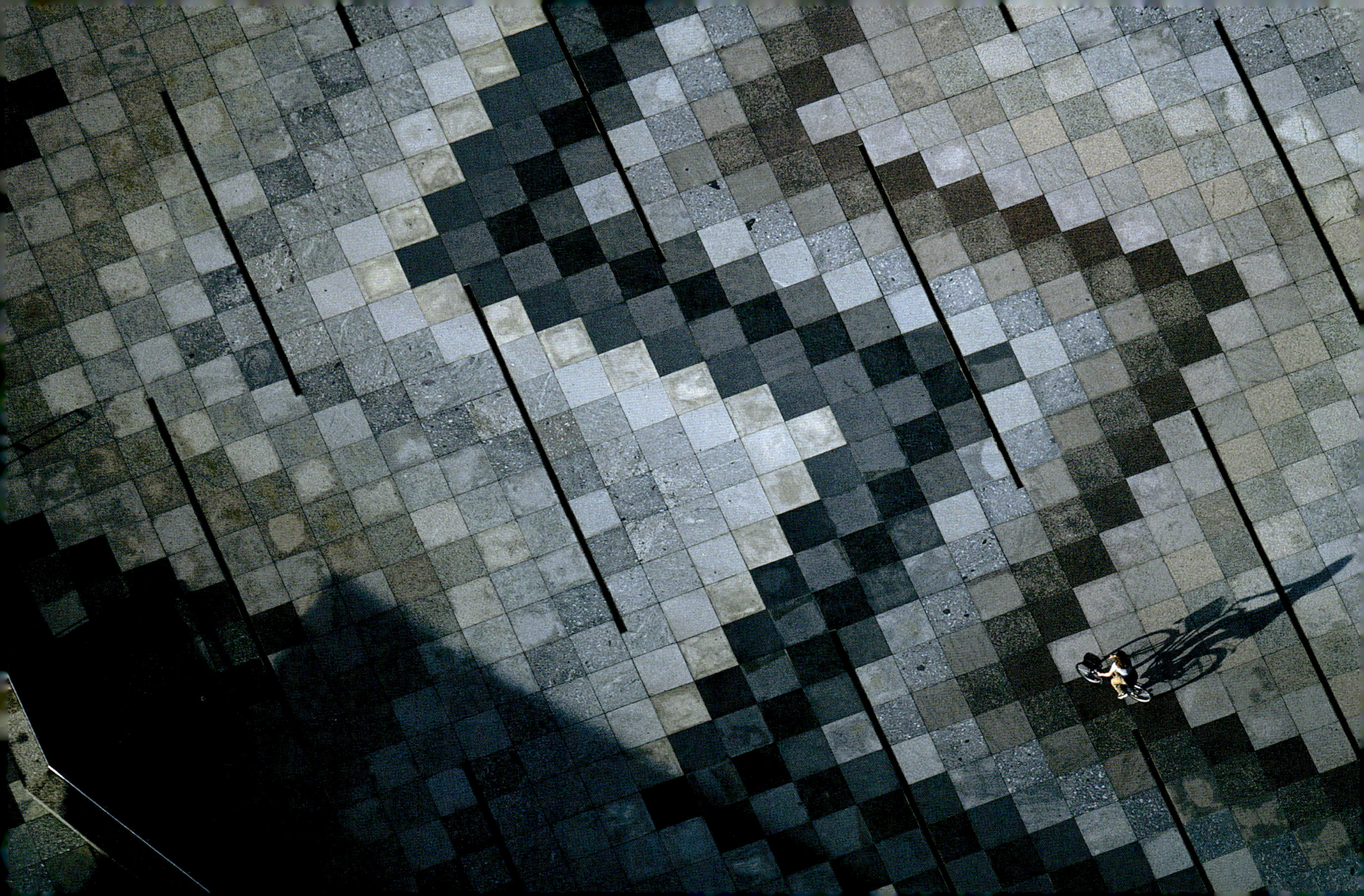

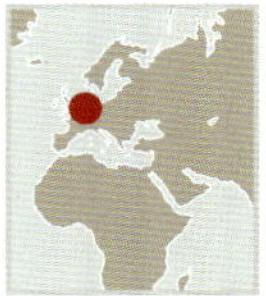

Tulpenfelder in Nordholland, Niederlande

(52° 15′ nördlicher Breite – 04° 37′ östlicher Länge)

In jedem Frühling verwandelt sich Nordholland für kurze Zeit in eine farbenprächtige Landschaft. 1594 blühten in den Niederlanden zum ersten Mal die Tulpen. Die Zwiebeln hatte der österreichische Botschafter aus dem Osmanischen Reich mitgebracht. Vier Jahrhunderte lang wurde gezüchtet und ausgewählt: Heute gibt es über 800 Tulpensorten. Der holländische Tulpenanbau dient vor allem dem Zwiebelverkauf. Auf über 20 000 Hektar Landfläche mit 50 Prozent Tulpen und 25 Prozent Lilien züchten die Niederlande 65 Prozent der weltweiten Blumenzwiebelproduktion und 59 Prozent des weltweiten Schnittblumenexports. Die niederländische Landwirtschaft zählt zu den intensivsten der Welt und beschäftigt fünf Prozent der arbeitenden Bevölkerung. Als Exporteur von Agrarprodukten liegen die Niederlande nach den USA und Frankreich auf Platz drei der Weltrangliste. Das stolze Ergebnis wird aber teuer erkauft, denn durch die intensive Nutzung nimmt die Bodenqualität deutlich ab. Heute sehen sich die Niederlande gezwungen, im Kampf gegen Schädlinge und Krankheiten verstärkt auf natürliche Produkte zurückzugreifen. Vor allem in der Blumenzucht wurden bisher überwiegend chemische Mittel eingesetzt.

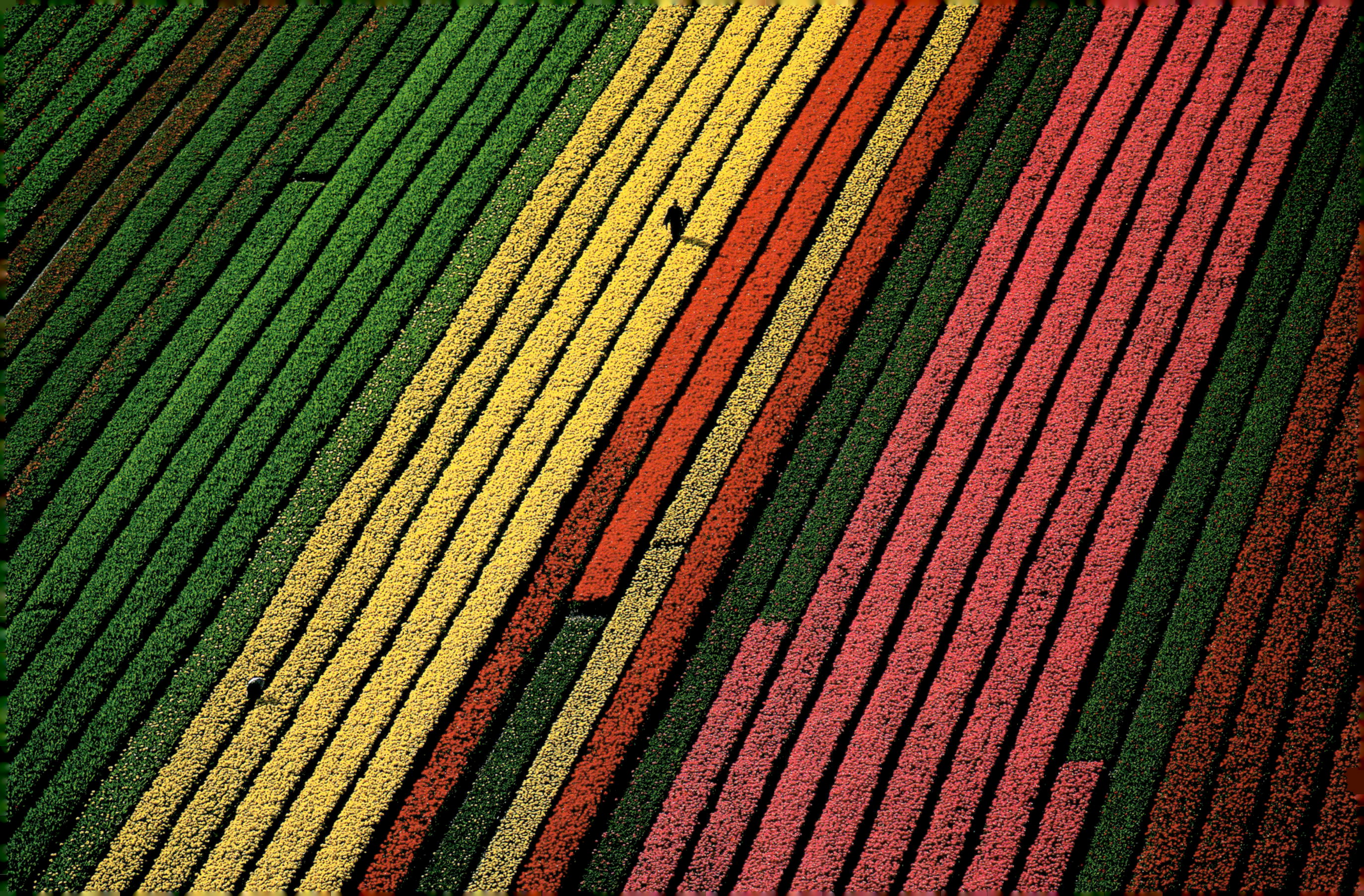

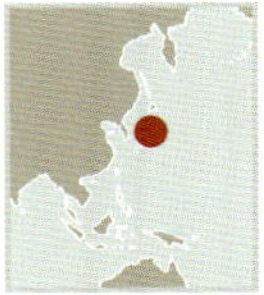

Rinderzucht bei Fukuyama östlich von Hiroshima, Honshu, Japan

(34° 31′ nördlicher Breite – 133° 20′ östlicher Länge)

Bis zum Zweiten Weltkrieg widmeten sich die japanischen Bauern hauptsächlich dem Getreideanbau und hatten durchschnittlich nicht mehr als zwei oder drei Kühe im Stall. Doch in den letzten 50 Jahren ist die Milch nach dem Reis zum wichtigsten Agrarprodukt geworden. Zwischen 1975 und 1990 hat der japanische Viehbestand deshalb um 160 Prozent zugenommen. In der gleichen Zeit nahm die Zahl der Höfe stetig ab. Man spezialisiert sich entweder auf den Getreideanbau oder auf die Milchproduktion. Diese Tendenz ist nicht ohne Folgen für die Vielfalt der Nahrungsproduktion geblieben. Aber auch für die Umwelt ist diese Entwicklung schlecht, denn die natürliche Bodenregenerierung mithilfe der organischen Stoffe der weidenden Kühe unterbleibt bei den Getreidebauern.

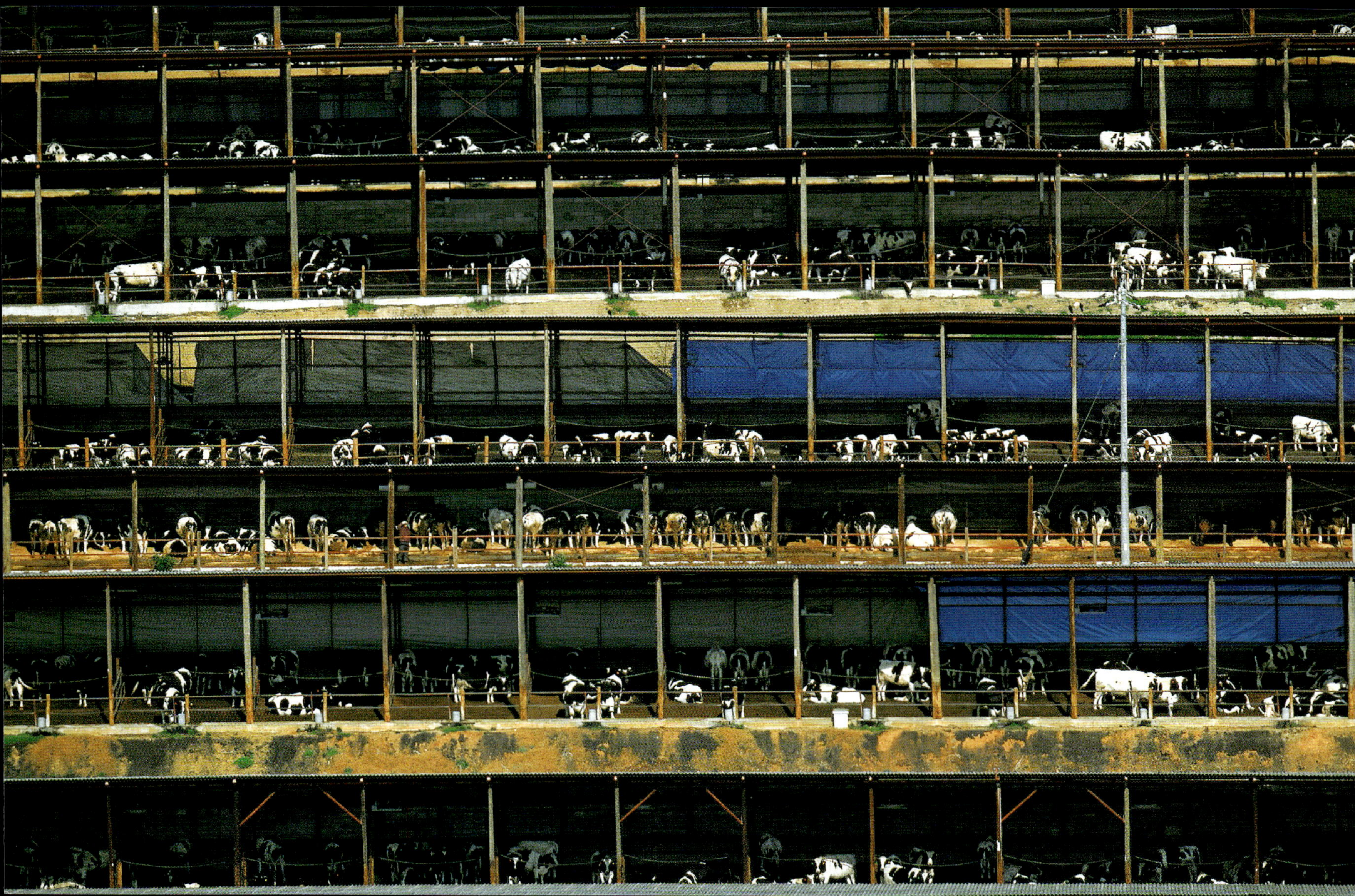

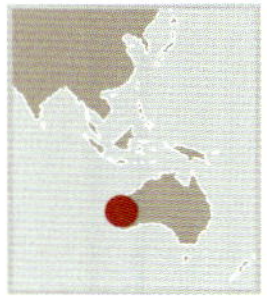

Cap Peron, Shark Bay, Australien

(25° 54′ südlicher Breite – 113° 34′ östlicher Länge)

Die Shark Bay (dt. Haifischbucht) im äußersten Westen Australiens wurde auf Grund ihrer außerordentlichen biologischen Vielfalt 1991 in die UNESCO-Liste des Weltnaturerbes aufgenommen. Von den ausgedehnten Seegraswiesen ernähren sich beachtliche Kolonien von Dugongs, zur Familie der Seekühe gehörende Meeressäugetiere. Der Geologe reist jedoch in erster Linie wegen der Stromatolithen in die Shark Bay. Diese Einzeller, so genannte Cyanobakterien, existieren schon seit 3,5 Milliarden Jahren in der Bucht. Sie zählen mit Sicherheit zu den ältesten Lebensformen auf unserer Erde. Andernorts haben sie nur als Fossilien die Zeiten überdauert. Man schätzt, dass die aktuellen Kolonien nur fünf Prozent des ursprünglich weltweiten Bestands ausmachen. Auch das Aussterben ist also ein natürlicher Prozess. Wir leben heute allerdings in einer Zeit, in der dieser Prozess überhand genommen hat. Rund 24 Prozent aller Säugetierarten sind vom Aussterben bedroht.

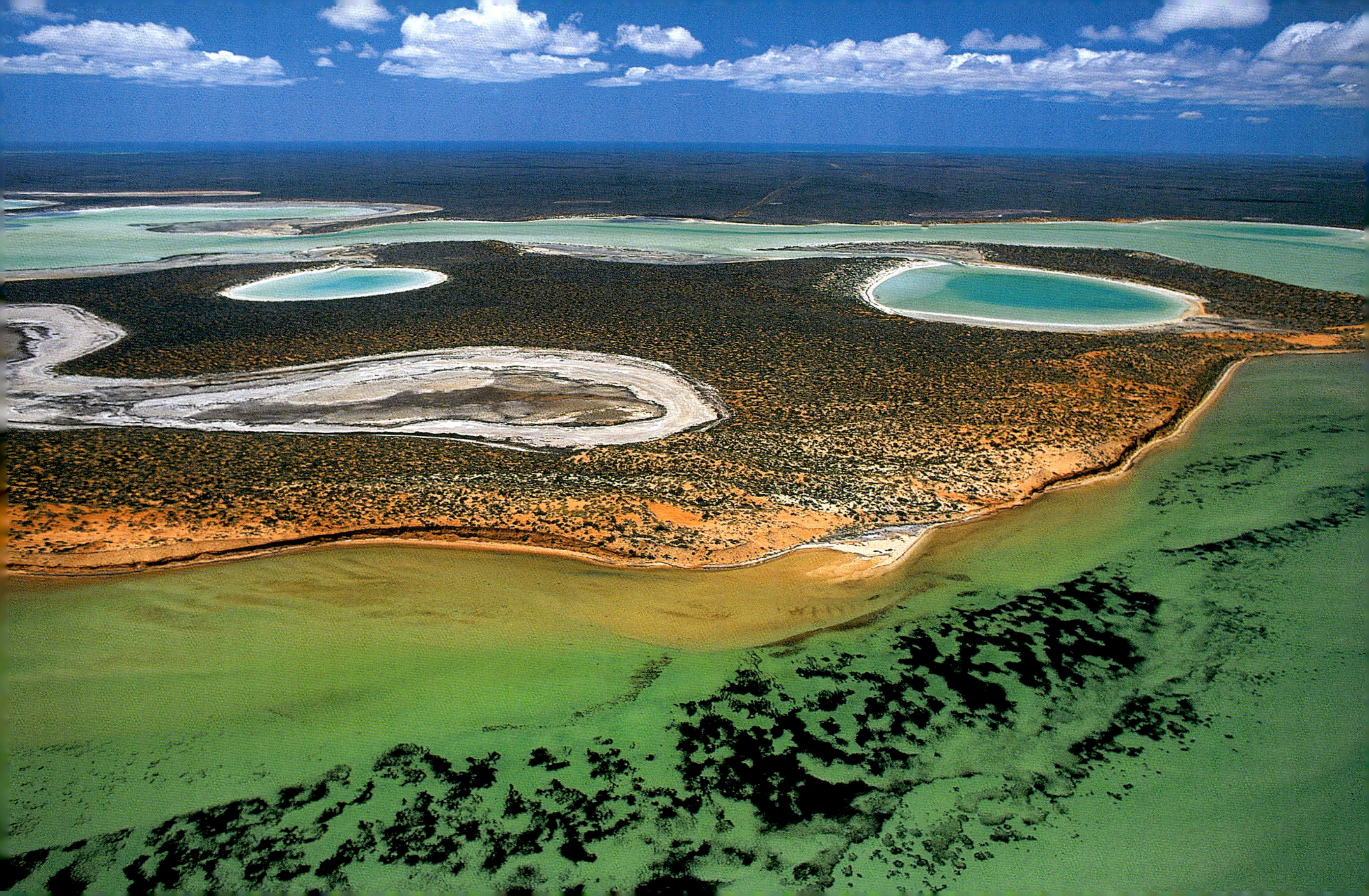

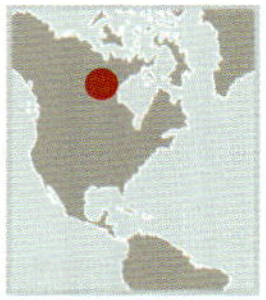

Eisbrücke, Territory Nunavut, Kanada

(75° 57′ nördlicher Breite – 92° 28′ westlicher Länge)

Nunavut bedeutet in der Sprache der Inuit-Indianer »unser Land«. 20 000 Angehörige dieses Volksstammes leben in dem im April 1999 geschaffenen kanadischen Bundesstaat Nunavut. Der von Wasser und Eis umgebene Archipel reicht weit über den Polarkreis hinaus und macht mit seinen 2 000 000 Quadratkilometern ein Fünftel der kanadischen Landfläche aus. Im Winter, wenn die Temperaturen auf bis zu –37 Grad Celsius absinken, reicht das Packeis der zentralen Arktis bis zu den zugefrorenen Mündungstrichtern und Buchten der Nunavut-Küste und bildet so Eisbrücken, auf denen auch Hundeschlitten und Motorfahrzeuge fahren können. Im Sommer bricht das Eis, und Wale und Versorgungsboote bahnen sich wieder einen neuen Weg zwischen den schwimmenden Eisschollen. In den letzten Jahren setzte diese sommerliche Eisschmelze früher ein als sonst. Im Sommer 2000 konnten die Schiffe sogar ohne Eisbrecher die Nordwestpassage benutzen. Für den Seeweg zwischen Asien und Europa bietet sich in Zukunft als Alternative zum Panama-Kanal auch die Route über die Nunavut-Inseln an.

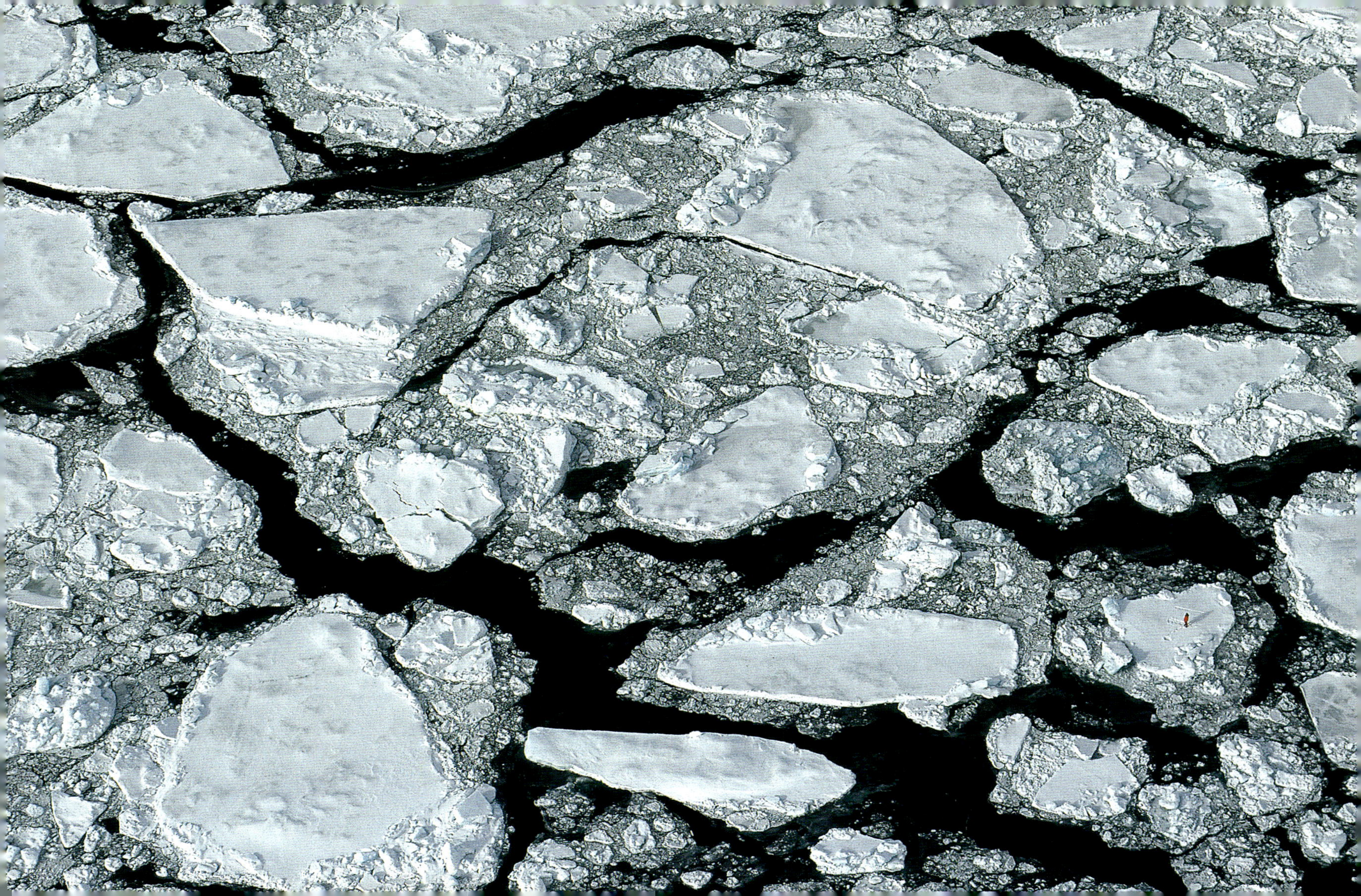

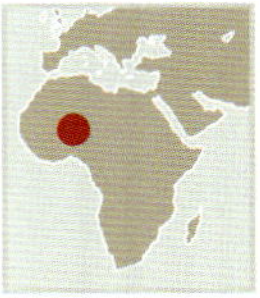

Dorf bei Timbuktu, Mali

(16° 46′ nördlicher Breite – 3° 00′ westlicher Länge)

Die Hecken markieren die Grenzen zwischen den Feldern und Weideflächen der Fulbe. Den Tieren ist die dunkle Erde in der ansonsten trockenen Landschaft zu verdanken. Denn mit ihrem Mist wird der Boden regelmäßig gedüngt und vor Übersäuerung geschützt. Die Fulbe betreiben noch nicht lange Landwirtschaft. Erst die Dürren der Jahre 1973 bis 1975 und 1983 bis 1985 zwangen das Hirten- und Nomadenvolk zur Sesshaftigkeit. Die Fulbe stellen 14 Prozent der malischen Bevölkerung. Die traditionelle Lebensweise der nomadischen Volksgruppen verschwindet mehr und mehr. Auch die Regierung fördert die Sesshaftwerdung, weil sie sich davon eine höhere Produktivität verspricht. Dies hat allerdings eine stärkere Bodenbewirtschaftung zur Folge. Auf lange Sicht ist das Nomadentum für die trockene Sahelzone die einzig mögliche Wirtschaftsform.

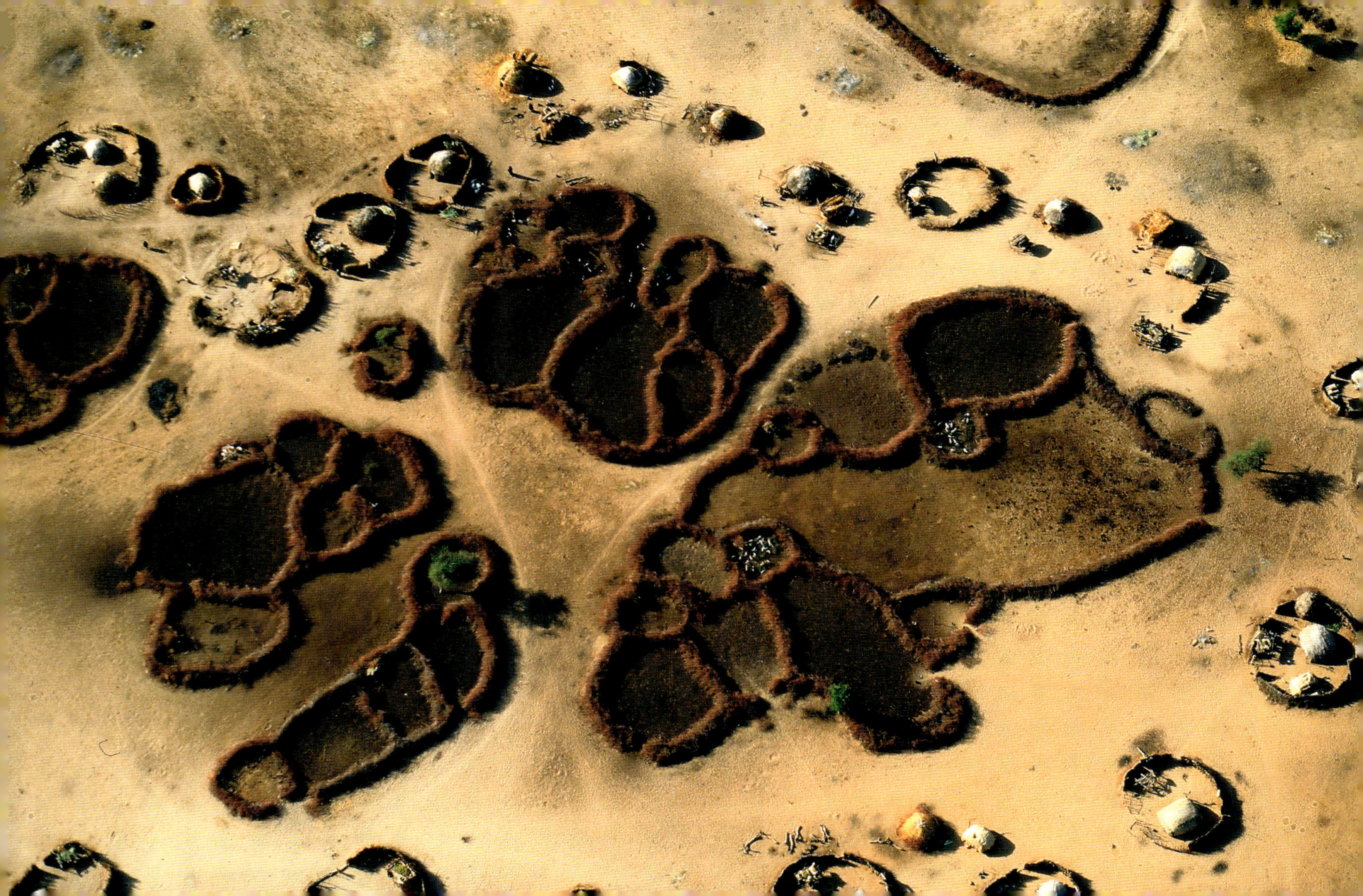

13. Mai

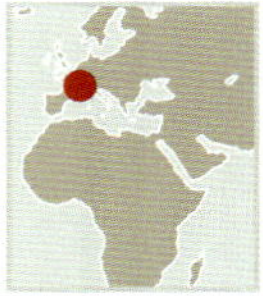

Bäume im Wasser bei Taponas, Département Rhône, Frankreich

(46° 07′ nördlicher Breite – 04° 45′ östlicher Länge)

Bei Taponas, zwischen den Bergen des Beaujolais und den zahlreichen kleinen Seen des Dombes-Gebiets, ist die Saône zwischen dem 20. und 23. März 2001 deutlich über die Ufer getreten. Ein Naturphänomen, das in diesen Niederungen immer wieder vorkommt. Trotzdem ging die Überschwemmung weit über das »Natürliche« hinaus: In der ganzen Welt nehmen die Flussüberschwemmungen zu, und überall sind sie gewaltsamer als in vergangenen Zeiten. Über Satelliten kann der Mensch das Wetter beobachten und so den Katastrophen vorbeugen, doch die Niederschläge sind von allen meteorologischen Werten am schwersten vorauszusagen. Weltweit ist ein Drittel aller wirtschaftlichen Verluste auf Überschwemmungen zurückzuführen. 70 Prozent aller Hauszerstörungen und die Hälfte aller Todesfälle, die in den letzten 15 Jahren im Zusammenhang mit Naturkatastrophen registriert wurden, gehen auf Überschwemmungen zurück. 560 000 Menschen haben in diesem Zeitraum ihr Leben durch eine Naturkatastrophe verloren, lediglich 22 000 von ihnen kamen in den Industrieländern um.

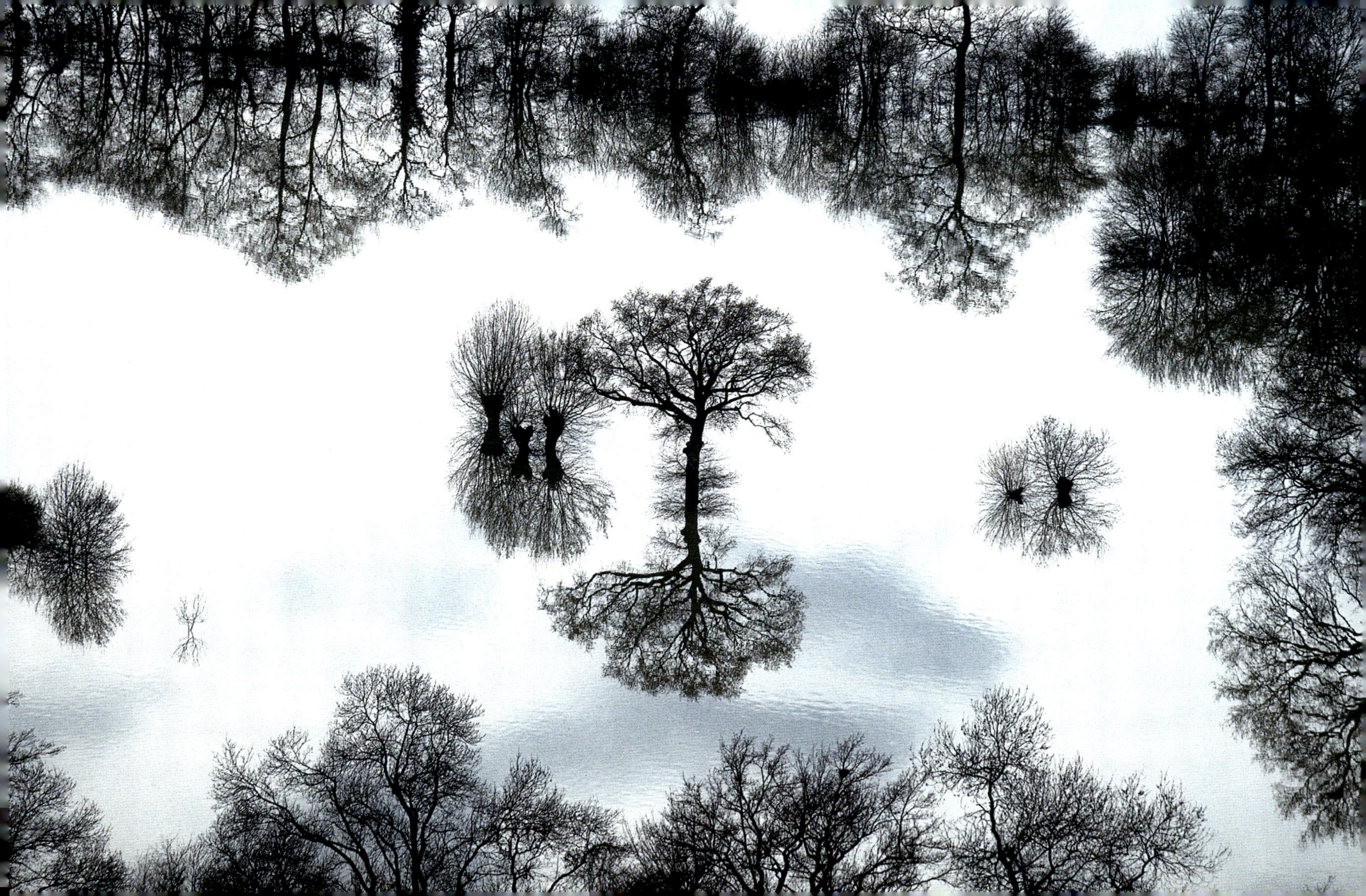

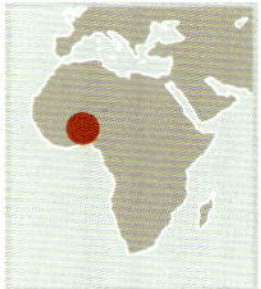

Menschenmenge in Abengourou, Elfenbeinküste

(6° 44′ nördlicher Breite – 3° 29′ westlicher Länge)

Afrika zählt 800 Millionen Einwohner, das sind 13 Prozent der Weltbevölkerung. Die Aufnahme von der bunten, den Fotografen freudig begrüßenden Menge stammt aus Abengourou im Osten der Elfenbeinküste. Die vielen Kinder und Jugendlichen machen deutlich, wie jung dieses Land ist. Wie in allen anderen afrikanischen Ländern sind 40 Prozent der Bevölkerung unter 15 Jahre alt. Die Geburtenrate liegt bei 5,1 Prozent. Dies entspricht dem afrikanischen Durchschnittswert, während der weltweite Durchschnittswert bei 2,8 Prozent liegt. Mit zunehmender Modernisierung und der Entwicklung kultureller und sozialwirtschaftlicher Strukturen nimmt die Geburtenrate mehr und mehr ab. Erst in einigen Jahrzehnten ist jedoch mit einer Stabilisierung der Bevölkerung Afrikas zu rechnen. Andererseits wirken sich die Verluste, die die Aidsepidemie in den Ländern südlich der Sahara fordert, deutlich auf die Bevölkerungsentwicklung dieser Region aus. Hier leben 70 Prozent der 36,1 Millionen Menschen, die weltweit infiziert sind. Jeden Tag fallen in Afrika 6000 Menschen dem Aids-Virus zum Opfer, und weitere 11 000 Afrikanerinnen und Afrikaner werden täglich infiziert.

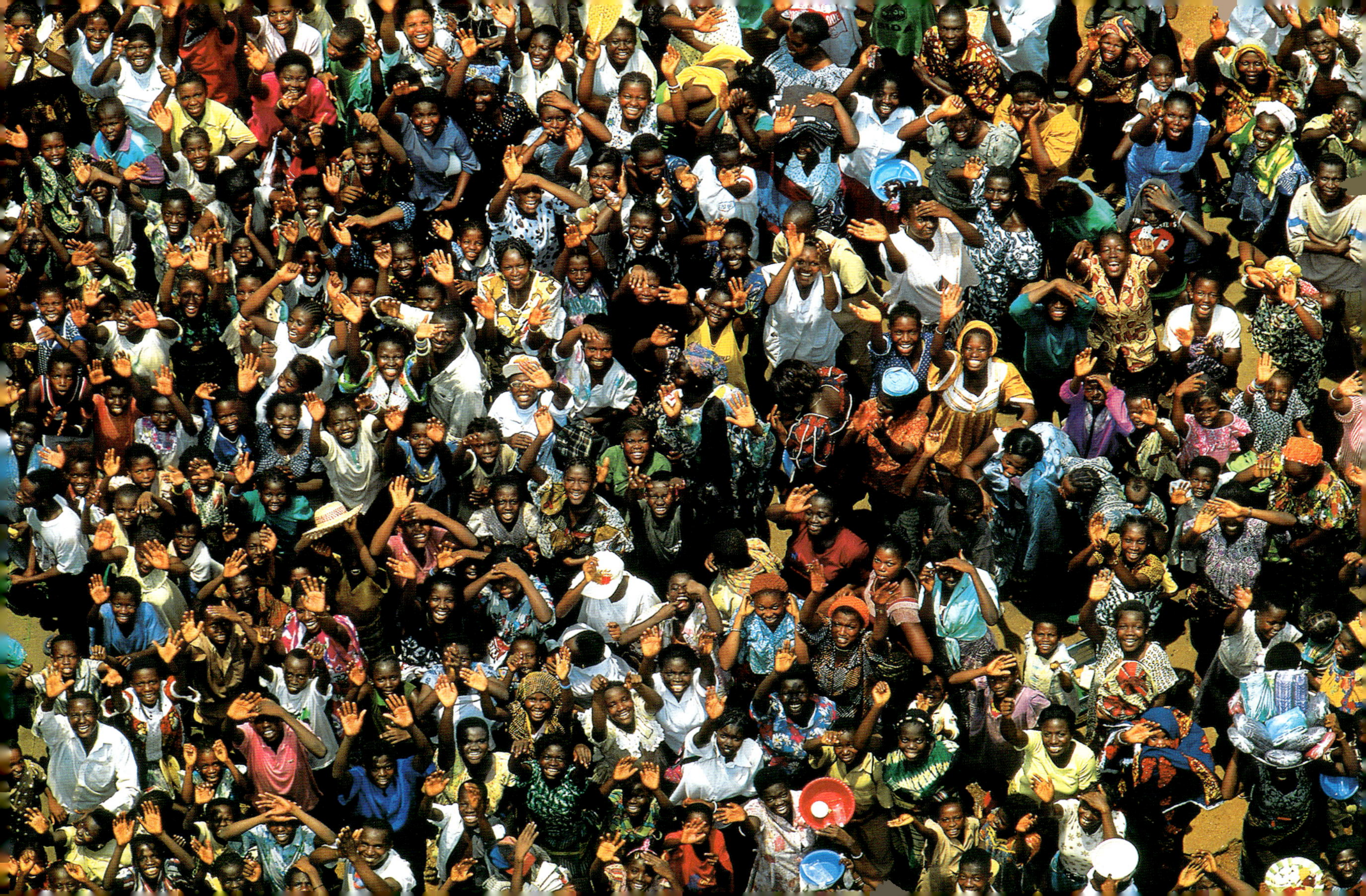

15. Mai

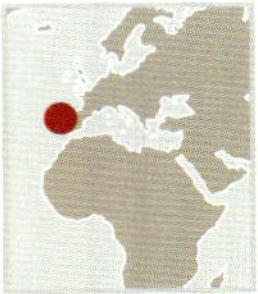

Christo-Rei-Denkmal am Tejo, Lissabon, Portugal

(38° 43′ nördlicher Breite – 09° 08′ westlicher Länge)

Seit 1959 steht diese Christus-Statue in Lissabon an der Atlantikküste. Zehn Jahre lang arbeitete Francisco Franco an dem 28 Meter hohen Monument, das stark an sein Pendant über Rio de Janeiro erinnert. Es steht auf einem 82 Meter hohen Betonsockel am Mündungstrichter des Tejo und bringt den religiösen Eifer der iberischen Völker deutlich zum Ausdruck. 85 Prozent der Bevölkerung Lateinamerikas bekennen sich zum Katholizismus. Heinrich der Seefahrer (1394–1460) eröffnete den Reigen der portugiesischen Kapitäne, die sich auf allen Weltmeeren als Pioniere hervortaten und zu Beginn des 16. Jahrhunderts die Grenzen des portugiesischen Reiches bis nach Indien verschoben. Auf die politische Eroberung folgte die religiöse Unterwerfung. Christianisierung und Kolonisierung bedingten sich gegenseitig. Durch die Erinnerung an die Zwangsbekehrung vergisst man jedoch häufig, dass nicht wenige Menschen aus den Reihen der Kirche sich im Kampf gegen die Armut hervortaten: Beispielsweise der Dominikanermönch Bartolomeo de Las Casas (1474–1566), der als erster Weißer auf die Unterdrückung der indianischen Bevölkerung aufmerksam machte. Für das 20. Jahrhundert sind der 1980 ermordete Salvadorianer Oscar Romero y Galdames und der gegen die Apartheid kämpfende Desmond Tutu zu nennen.

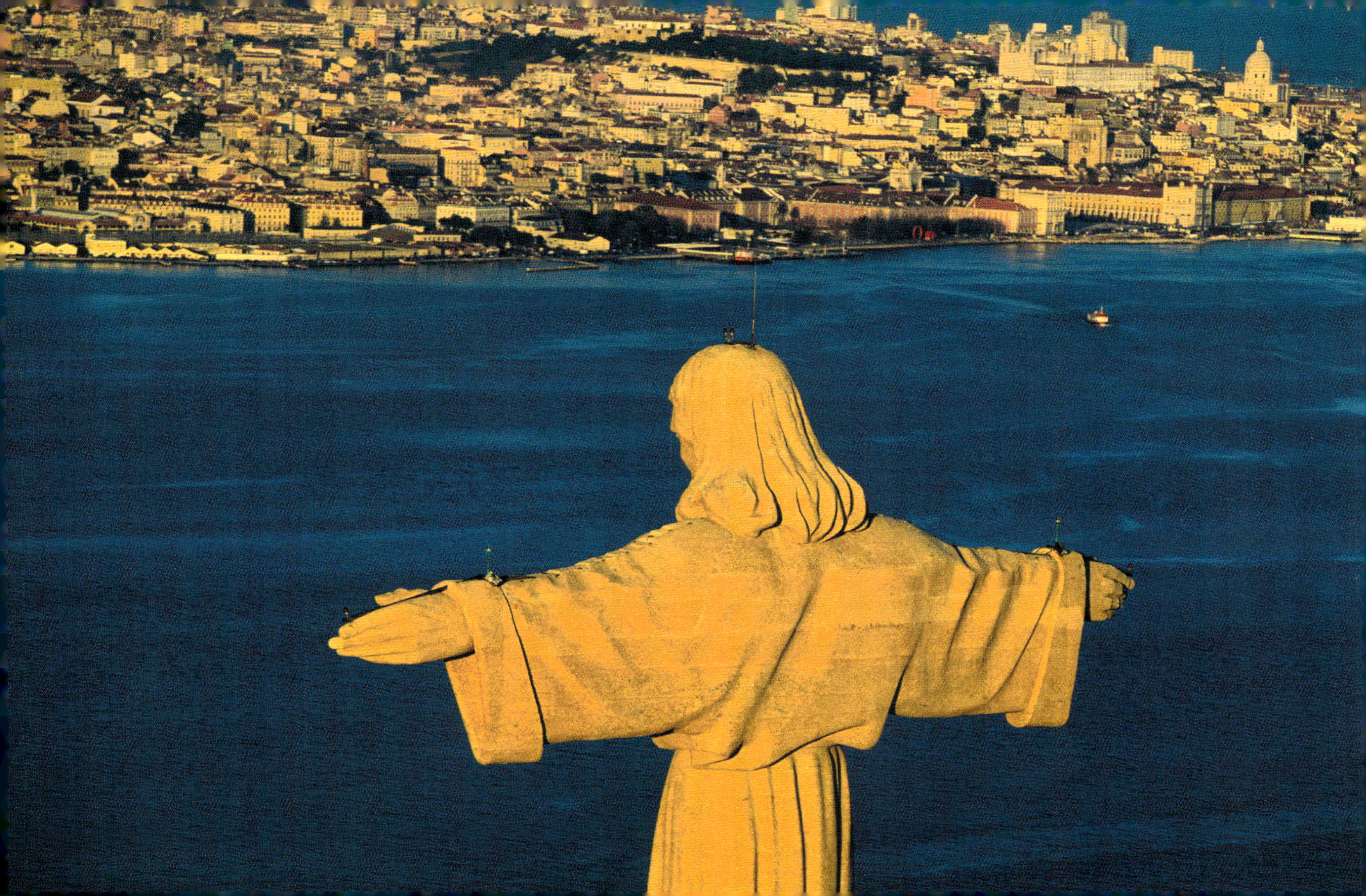

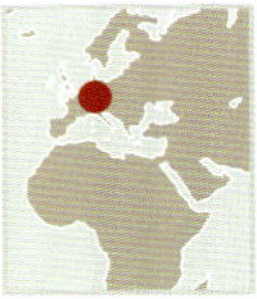

Die Love Parade im Berliner Tiergarten, Deutschland

(52° 30′ nördlicher Breite – 13° 21′ östlicher Länge)

1989 startete ein Berliner Discjockey mit 150 Liebhabern elektronischer Musik die erste Love Parade. 13 Jahre später beteiligten sich eine Million Menschen an der inzwischen gigantischen Straßenparade. Von zwei Seiten – vom Ernst-Reuter-Platz und vom Brandenburger Tor aus – startet die im Techno-Rausch tanzende Menge und zieht weiter über die Straße des 17. Juni. Am Fuße der Siegessäule im Tiergarten treffen die beiden Kolonnen aufeinander. Der grandiose Erfolg dieses Riesenspektakels führte in Zürich, Paris, Genf und Newcastle zu Nachahmungen. Selbst in den Straßen Moskaus sollte 2001 eine Parade nach dem Berliner Vorbild stattfinden. Doch die städtischen Behörden der russischen Kapitale legten ein Veto ein. Manchmal resultiert die Ablehnung aus einer Verwechslung mit der »Lesbian & Gay Pride«-Parade, mit der die Homosexuellen-Bewegung für das Recht auf alternative Lebensformen kämpft. In vielen Ländern werden Homosexuelle immer noch diskriminiert und zum Teil auch zu Opfern gewalttätiger Repressionen.

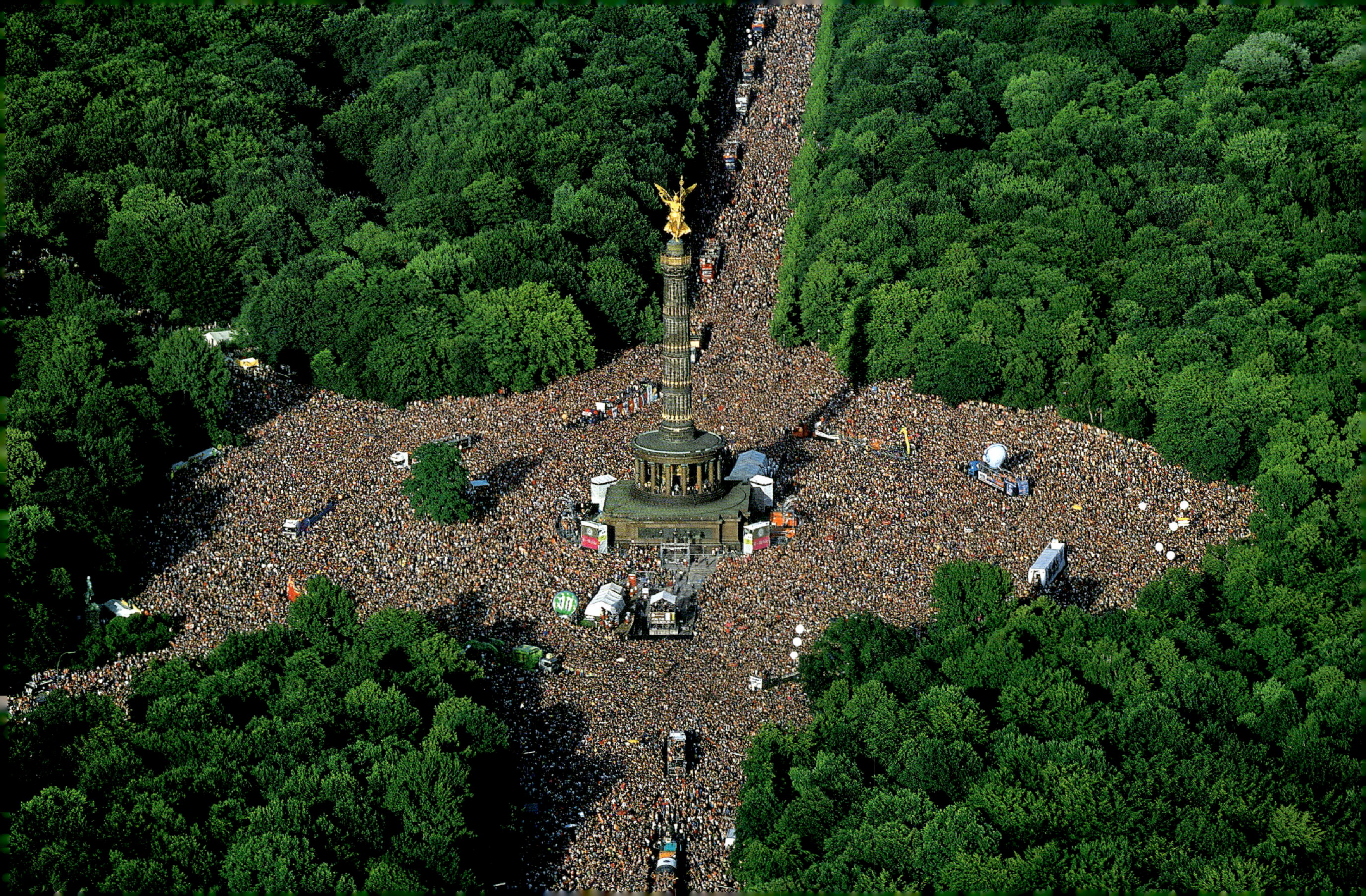

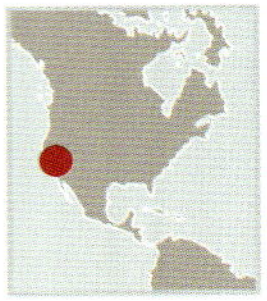

Ausgetrocknete Wasserläufe am Soda-See, Kalifornien, USA

(35° 09′ nördlicher Breite – 116° 04′ westlicher Länge)

Die 250 000 Hektar große Carrizo-Ebene mit ihren Hirsch- und Antilopenherden und dem selten gewordenen kalifornischen Kondor wurde am 17. Januar 2001 zu einem nationalen Naturdenkmal erklärt. Sie ist der letzte Rest eines Ökosystems, das einst den zentralen Teil Kaliforniens ausmachte. Nur vier Prozent dieser ehemaligen Präriegebiete sind erhalten, doch die Vielfalt der Pflanzenwelt ist einzigartig: In Kalifornien wachsen 4426 verschiedene Pflanzenarten. Davon sind 2000 endemisch, d. h. sie treten nur hier auf. Das sind mehr als im gesamten Nordosten Nordamerikas. Die drastische Verkleinerung dieses Naturraums erklärt sich durch die unglaubliche Wirtschaftsentwicklung, die Kalifornien zum »Land der unbegrenzten Möglichkeiten« schlechthin machte. Die kalifornische Wirtschaft zählt zu den leistungsstärksten der Welt, und die kalifornische Landwirtschaft produziert die Hälfte aller in den USA konsumierten Agrarprodukte.

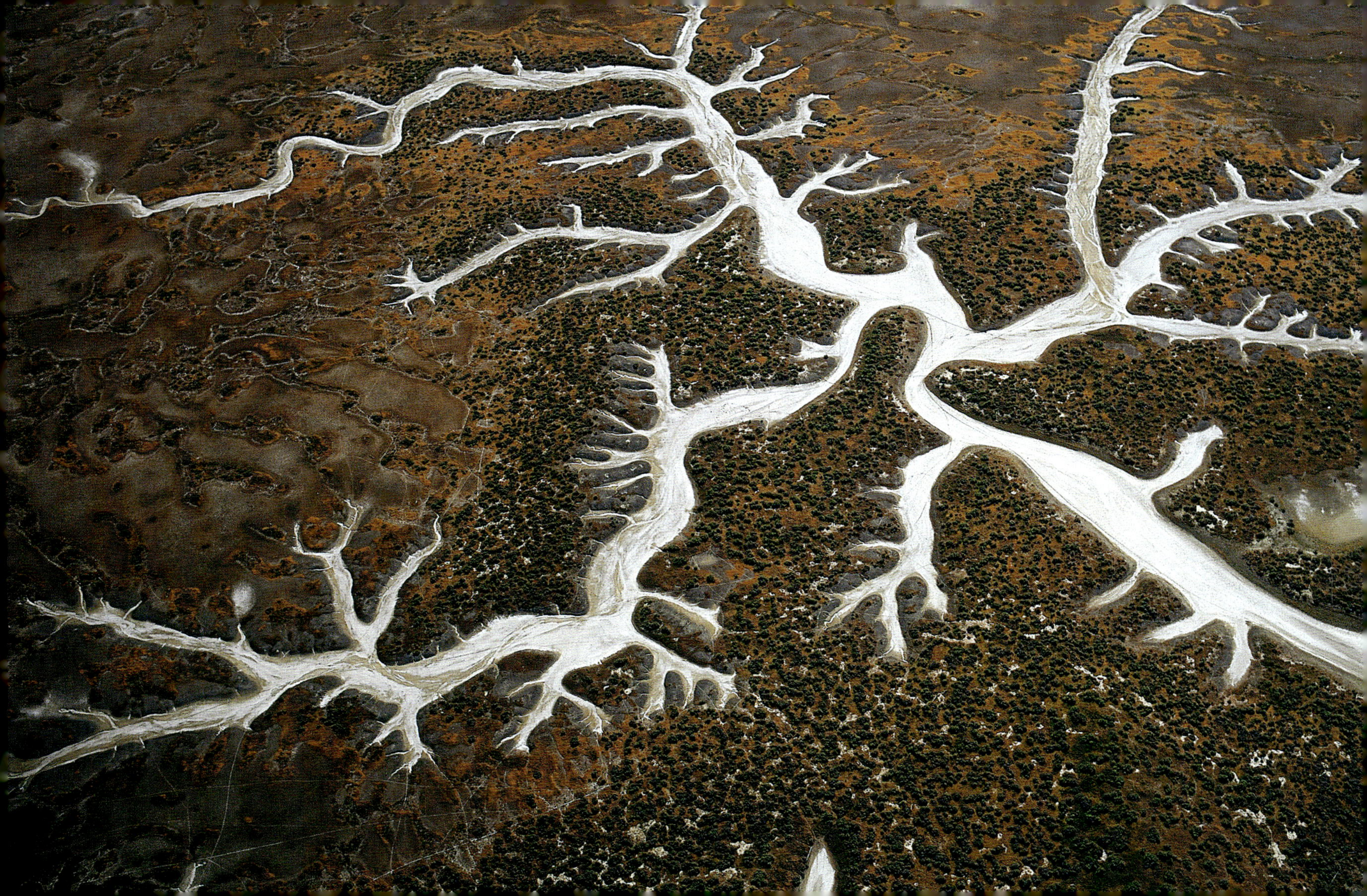

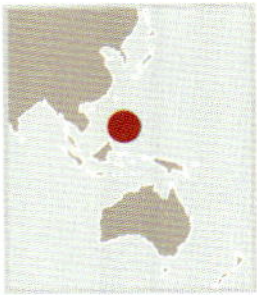

Abfälle des Goldbergbaus an der Küste der Insel Mindanao, Philippinen (6° 52′ nördlicher Breite – 126° 03′ östlicher Länge)

Die Goldminen der Insel Mindanao sind für den philippinischen Staat ein wirtschaftliches Standbein. In den letzten Jahren lag der durchschnittliche Jahresertrag bei acht Tonnen Gold. Leider werden die Abfälle und das bei der Goldförderung anfallende Geröll tagtäglich in die Flüsse und ins Meer geworfen. Das trübe Wasser ist eine Bedrohung für Wassertiere und Wasserpflanzen – nicht nur im Küstenbereich, sondern auch auf offener See. Vor allem das Überleben der Korallen hängt in starkem Maße vom Lichteinfall ab. Auch die für die Reinigung der Goldpartikel verwendeten Stoffe, Quecksilber und Salzsäure, werden über das Wasser entsorgt und führen so zu einer zusätzlichen Belastung des Meerwassers. Der ungarische Fluss Tisza war im Januar 2000 durch den Goldbergbau stark belastet: Die Verantwortlichen einer rumänischen Goldmine hatten den bei der Förderung eingesetzten Sprengstoff kurzerhand in den Richtung Ungarn fließenden Fluss geleitet.

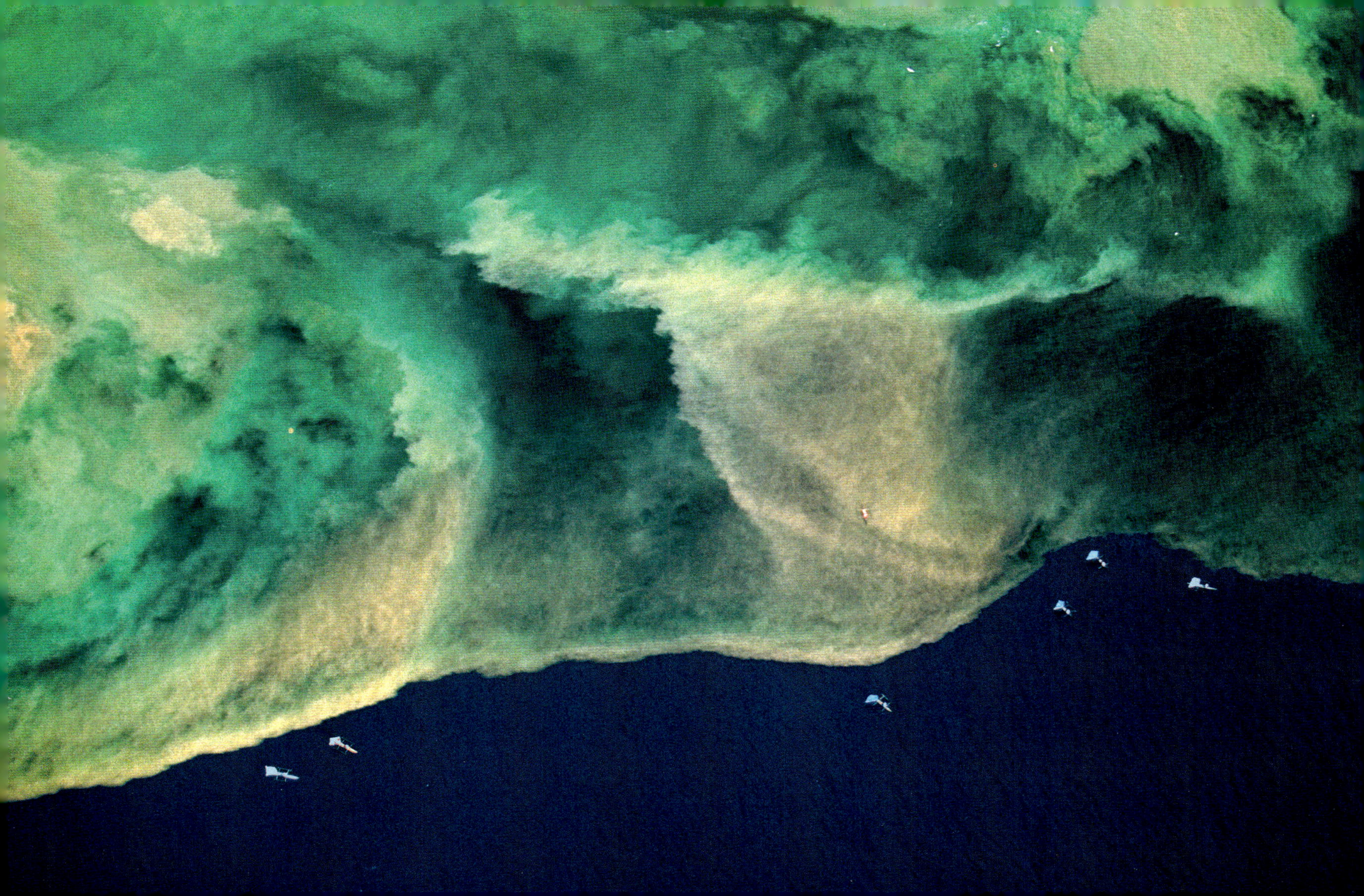

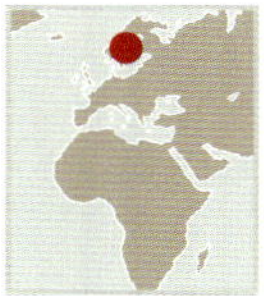

Holzlager vor einer Papierfabrik bei Mörrum, Provinz Blekinge, Schweden (56° 11′ nördlicher Breite – 14° 45′ östlicher Länge)

Trotz aller Maßnahmen, die die neun Anliegerstaaten der Ostsee in den letzten 30 Jahren getroffen haben, bleibt die Verschmutzung des nur über die dänischen Meerengen mit der Nordsee und dem Atlantischen Ozean verbundenen Binnenmeeres ein ernstes Problem. Hauptursache sind die chemischen Substanzen, die über das Abwasser in die Ostsee gelangen. Der landwirtschaftliche und industrielle Abfall und die Luftverschmutzung tun ein Übriges. Lange Zeit trugen auch zahlreiche Papierfabriken zur Verunreinigung der Ostsee bei. Doch inzwischen wurde die Entsorgung der Abfallprodukte dieser Branche geregelt. Die Aufnahme zeigt einen Papierhersteller bei Blekinge in Südschweden. In den letzten 40 Jahren hat sich der Papierverbrauch weltweit verdreifacht und erreicht heute einen Jahresdurchschnitt von 317 Millionen Tonnen. 70 Prozent dieses Verbrauchs fallen auf Nordamerika, Westeuropa und Japan, d. h. auf 20 Prozent der Weltbevölkerung. Wenn China, das im Augenblick einen Pro-Kopf-Papierverbrauch von 35 Kilogramm im Jahr meldet, die USA (338 Kilogramm) einholen würde, könnte die aktuelle Papierproduktion nicht einmal den chinesischen Bedarf decken. Wäre dagegen der Anteil an wieder aufbereitetem Altpapier überall so hoch wie in Deutschland (43 Prozent), könnte ein Drittel des für die weltweite Papierherstellung benötigten Holzes eingespart werden.

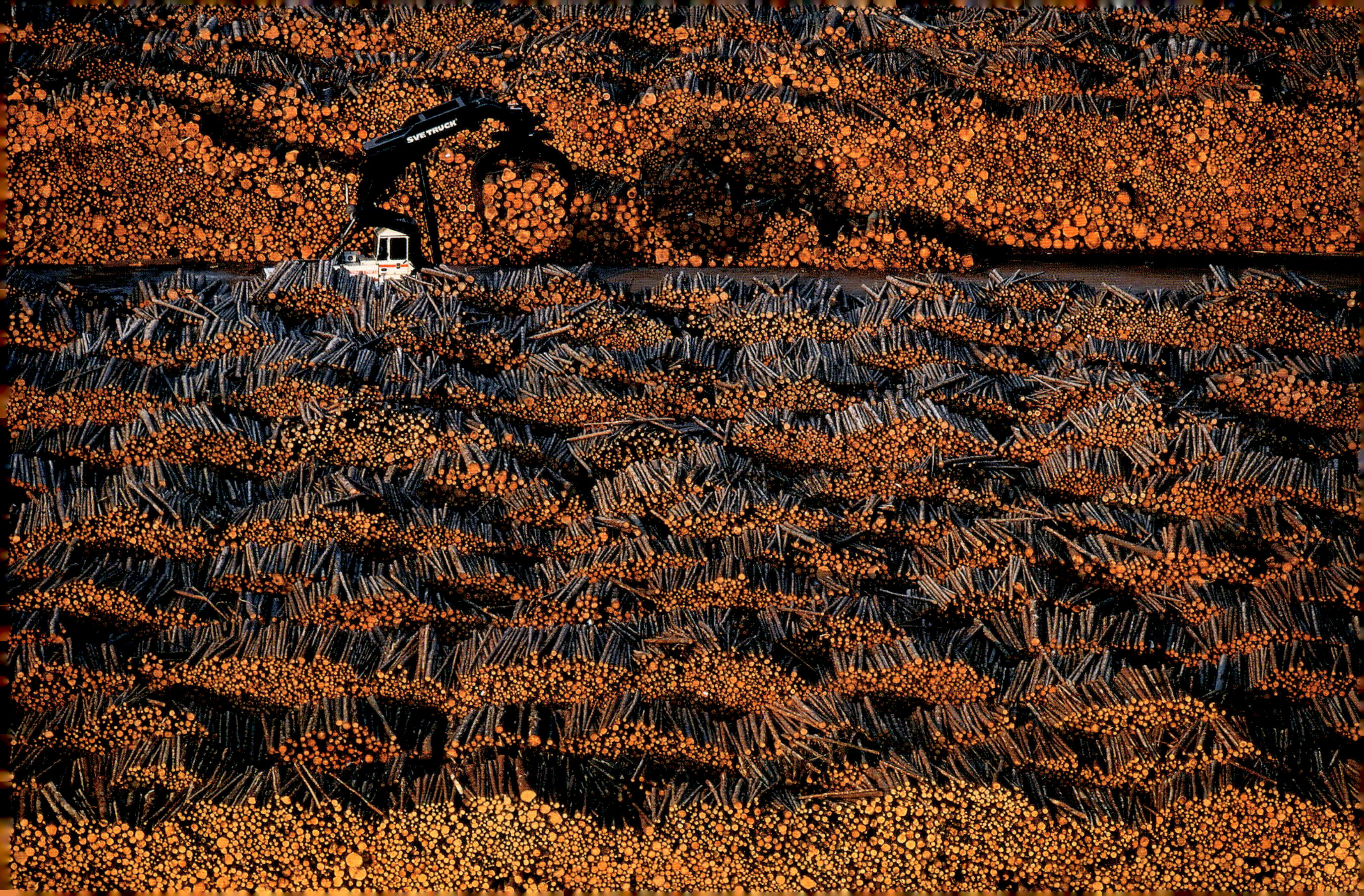
SVETRUCK

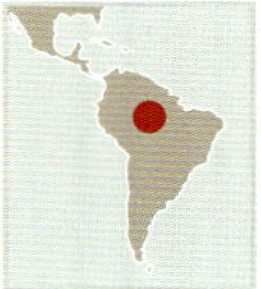

Entwaldung im Amazonas-Gebiet, Rondônia, Brasilien

(12° 38′ südlicher Breite – 60° 12′ westlicher Länge)

Im Amazonas-Gebiet gehen jedes Jahr mehrere Millionen Hektar Wald verloren. Obwohl die Rodungsaktionen noch zunehmen, profitiert die einheimische Bevölkerung recht wenig davon. Die Rodung bringt vor allem zusätzliches Ackerland, auf dem zu Billigpreisen Futter (in erster Linie Soja) für die Tierfarmen der reichen Länder angebaut wird. Der Futtermittelexport bringt Devisen ein. Deshalb vernichten die großen Landwirtschaftsunternehmen ein Stück Wald nach dem anderen. Und wenn sie nicht roden, vertreiben sie die Kleinbauern von ihren Äckern und zwingen diese, sich durch Rodung in den Waldgebieten neue Felder anzulegen. Der expandierenden Landwirtschaft, der Holzindustrie und dem Straßenbau fallen jährlich 15,2 Millionen Hektar Tropenwald zum Opfer, eine Fläche, deren Summe der gesamten Fläche der Niederlande, Belgiens, Dänemarks und der Schweiz entspricht.

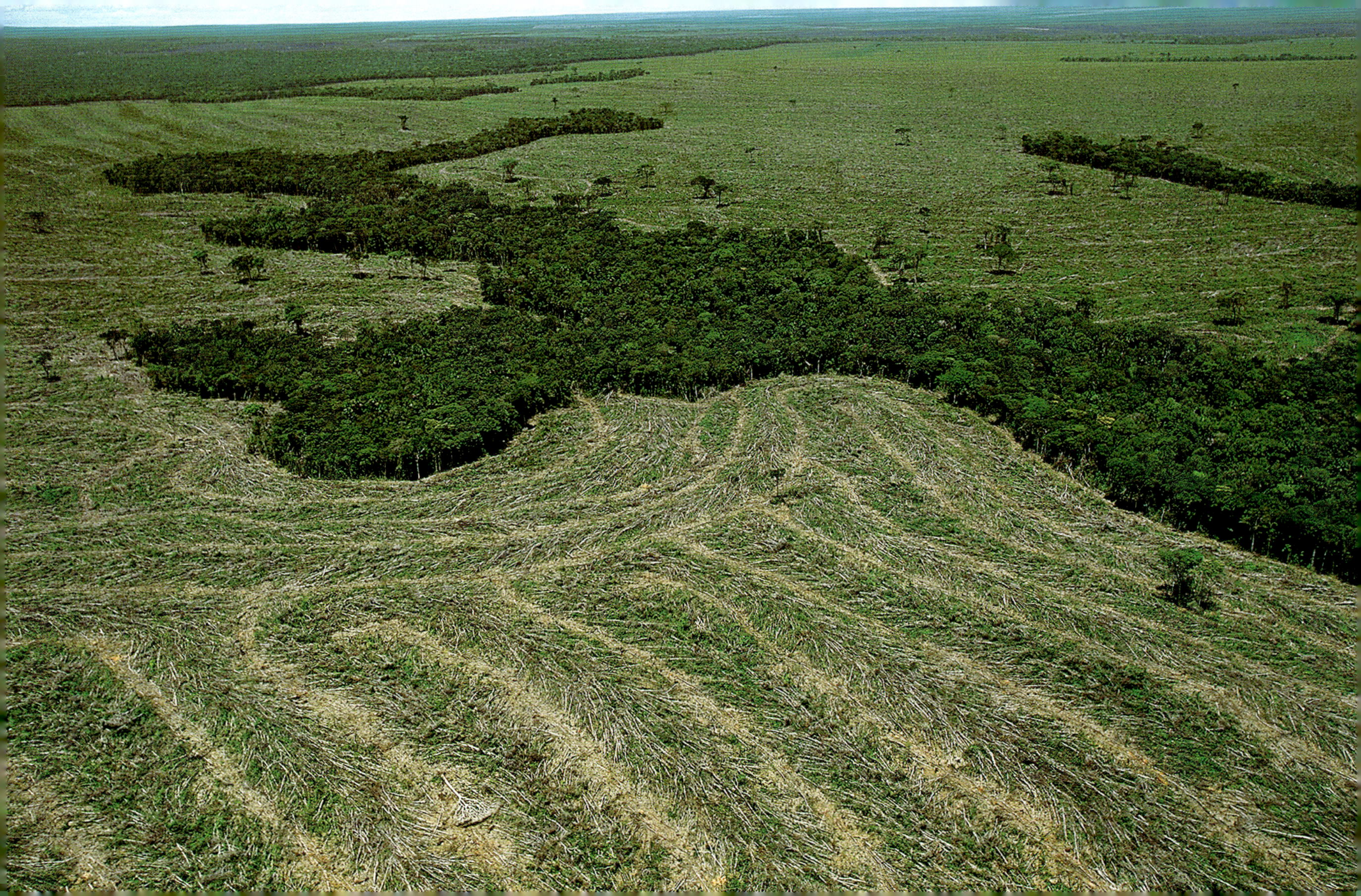

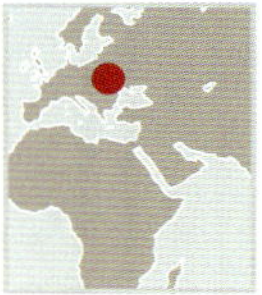

Radioaktiv verseuchte Fahrzeuge in Rassorva, Region Tschernobyl, Ukraine (51° 20′ nördlicher Breite – 30° 10′ östlicher Länge)

Im April 1986 kam es im Kernkraftwerk Tschernobyl zu einer Reaktorexplosion. Dies führte zur größten zivilen Nuklearkatastrophe aller Zeiten. Aus dem zerstörten Reaktor strömte eine radioaktive Wolke aus und verseuchte die Ukraine und die beiden Nachbarländer Weißrussland und Russland. Anschließend verteilte der Wind die radioaktive Wolke über ganz Europa. Die 120 Ortschaften in der Nähe des Kraftwerks wurden erst relativ spät evakuiert. Genaue Opferzahlen gibt es nicht. Doch man vermutet, dass mehrere Millionen Menschen an Krankheiten leiden, die mit dieser Verstrahlung zusammenhängen (Krebs, Immunschwäche und andere). Im Dezember 2000 wurde in Tschernobyl der letzte Reaktor abgeschaltet. Er lieferte in jenem Jahr immerhin noch neun Prozent des ukrainischen Stroms. Mit einer westlichen Hilfszahlung von 2,3 Milliarden Dollar konnte die Ukraine zwei weitere Kernkraftwerke bauen. Die Atomindustrie hat das Entsorgungsproblem des auf lange Zeit schwer radioaktiv verseuchten Abfalls immer noch nicht gelöst. In 32 Ländern stehen 433 Reaktoranlagen, die ihren verstrahlten Müll in eigens dafür eingerichteten Zwischenlagern horten.

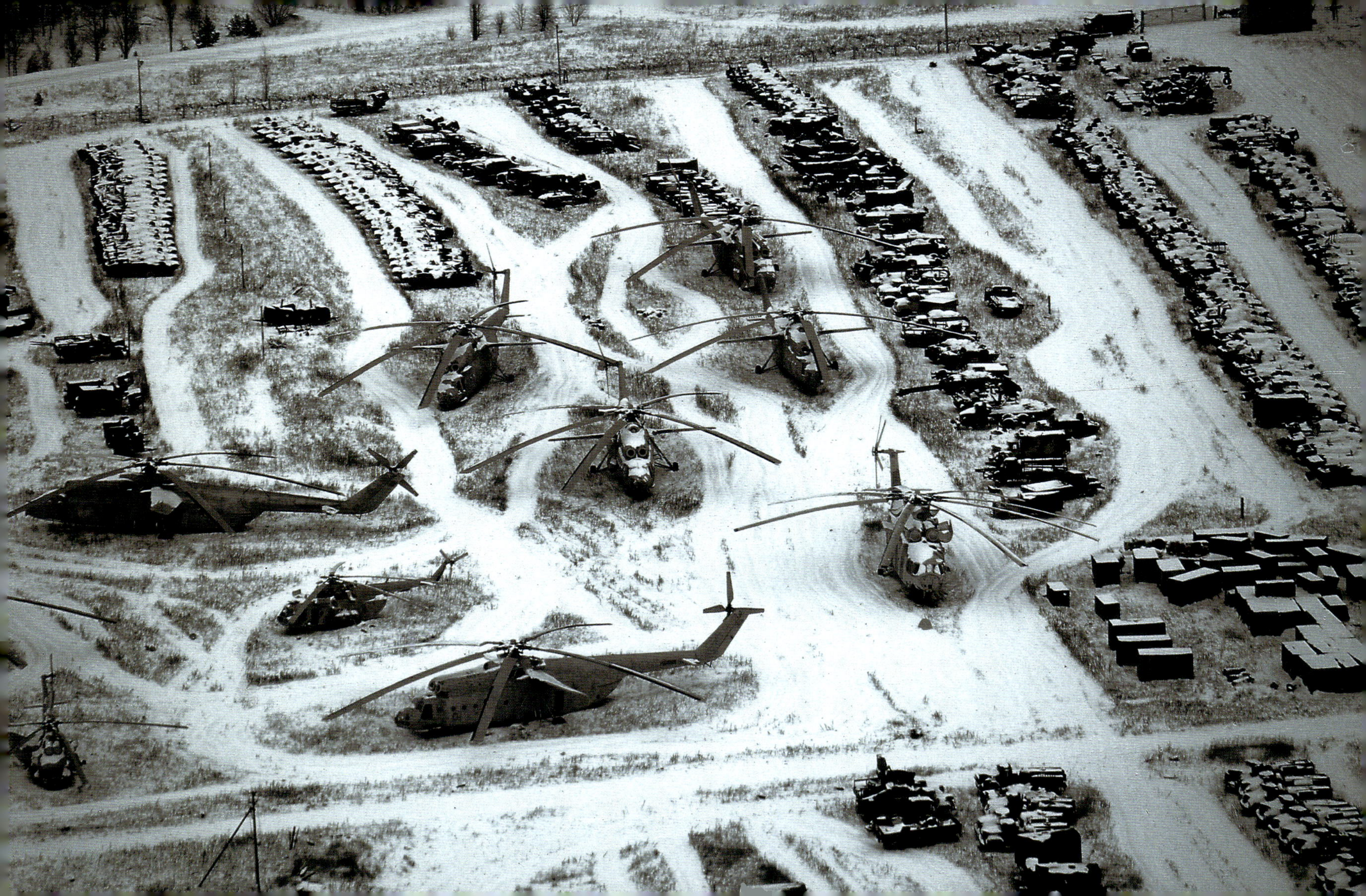

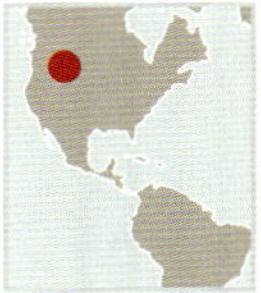

Banff Nationalpark, Alberta, Kanada

(51° 38′ nördlicher Breite – 116° 22′ westlicher Länge)

Die grandiose Landschaft macht den Banff Nationalpark (6641 Quadratkilometer) zu einem Juwel der kanadischen Rocky Mountains. Wegen seiner imposanten Bergwelt und der Vielzahl von Seen und heißen Quellen war er 1885 zum ersten kanadischen Nationalpark erklärt worden. Unter anderem auf Grund seiner reichen Tierwelt wurde er 1984 in die UNESCO-Liste des Weltkulturerbes aufgenommen. Das hat auch seine Schattenseiten: Im Jahr 2000 besuchten 4 700 000 Touristen den Park und die Tiere bezahlten diesen »grünen Tourismus« teuer. 90 Prozent der toten Grislibären kamen in menschlicher Nähe ums Leben, nicht zuletzt durch bewaffnete Spaziergänger oder unvorsichtige Autofahrer. Dies führte am 19. Februar 2001 zur Verabschiedung eines Gesetzes zum »Schutz der ökologischen Unversehrtheit« der kanadischen Naturparks. Damit will man den Kommerz und Unterhaltungswert in den Schutzgebieten deutlich reduzieren und die 224 466 Quadratkilometer der kanadischen Nationalparks wirksam schützen.

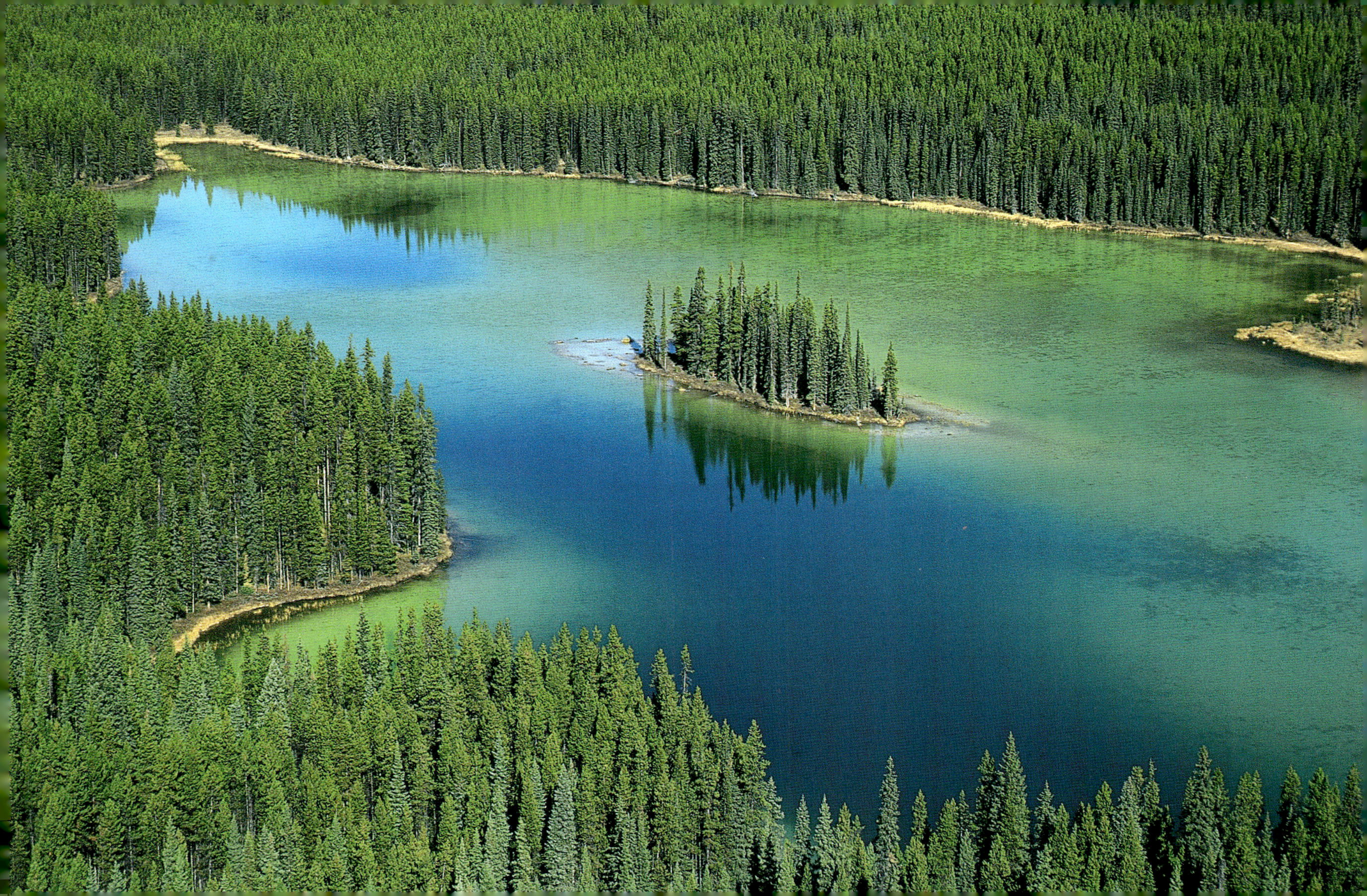

23. Mai

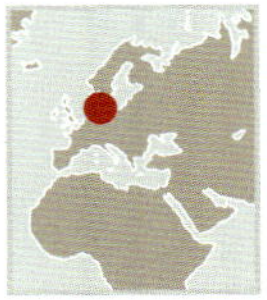

Energieproduktionsanlage in Hvidovre an der Ostsee, Dänemark

(55° 39′ nördlicher Breite – 12° 29′ östlicher Länge)

Seit zwei Jahren wird an der Ostseeküste im Südosten von Kopenhagen nicht nur aus erneuerbaren Energieformen wie der Windkraft, sondern auch aus brennbaren Stoffen wie Öl oder Kohle Energie gewonnen. Dank eines neuen Verfahrens reduzieren sich die toxischen Emissionswerte jedoch laut Betreiber um 20 Prozent. Durch thermische Reaktoren und Autos belastet der Mensch die Erdatmosphäre am meisten. Kinder und ältere Menschen sind besonders gefährdet. Nach Angaben der Weltgesundheitsorganisation sterben jedes Jahr fast drei Millionen Menschen an den Folgen der Luftverschmutzung. Schon zahlreiche Länder – vor allem in Südamerika – haben den Autofahrern in den großen Städten Beschränkungen auferlegt.

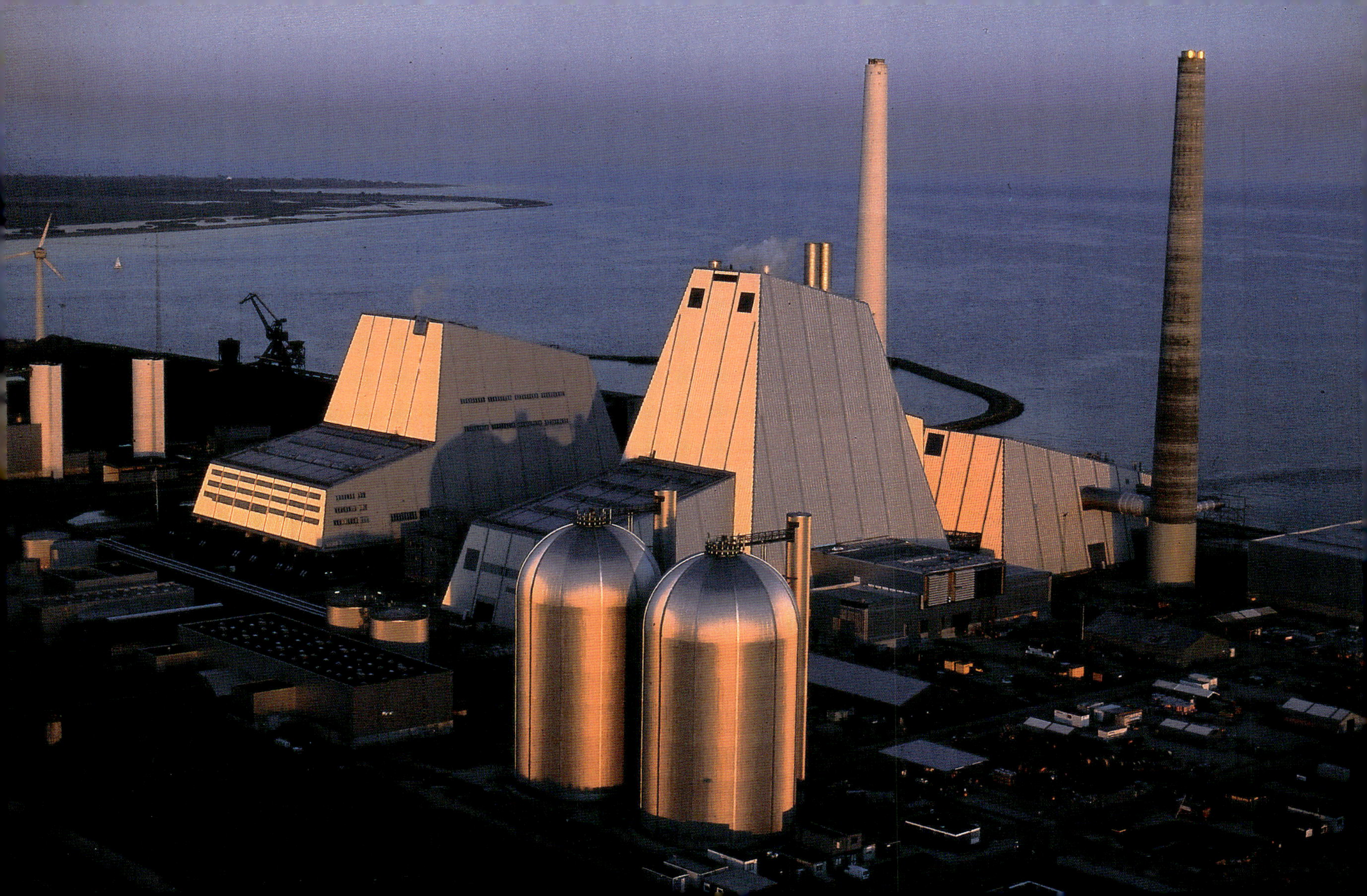

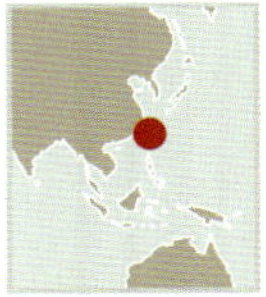

Fischer vor der Lagune von Tungkang, Taiwan

(22° 26′ nördlicher Breite – 120° 27′ östlicher Länge)

Die nahe gelegene Stadt Tungkang ist der zweitgrößte Fischereihafen der Insel. Taiwan tut sich vor allem im Haifischfang hervor: Mit seiner jährlichen Fangquote von 50 000 Tonnen liegt der Inselstaat weltweit an fünfter Stelle. Nirgends gibt es so viele verschiedene Haifischarten wie in der Straße von Formosa, die Taiwan vom chinesischen Festland trennt. Auf dem asiatischen Markt nimmt die Nachfrage nach Haifisch stetig zu: 1950 lag die weltweite Fangquote noch bei 272 000 Tonnen, 1996 wurde ein Rekord von 760 000 Tonnen gemeldet. Die Biologen warnen vor einem drastischen Rückgang des Haifischbestands: Von den 100 meistgejagten Haifischarten sind 20 bereits vom Aussterben bedroht. Die größte Gefahr – nicht nur für die Haifische, sondern für alle Meerestiere – geht von der illegalen Fischerei aus. Deshalb erarbeitete die Ernährungs- und Landwirtschaftsorganisation der Vereinten Nationen (FAO) Anfang 2001 einen Maßnahmenkatalog zur internationalen Bekämpfung dieses Schwarzhandels.

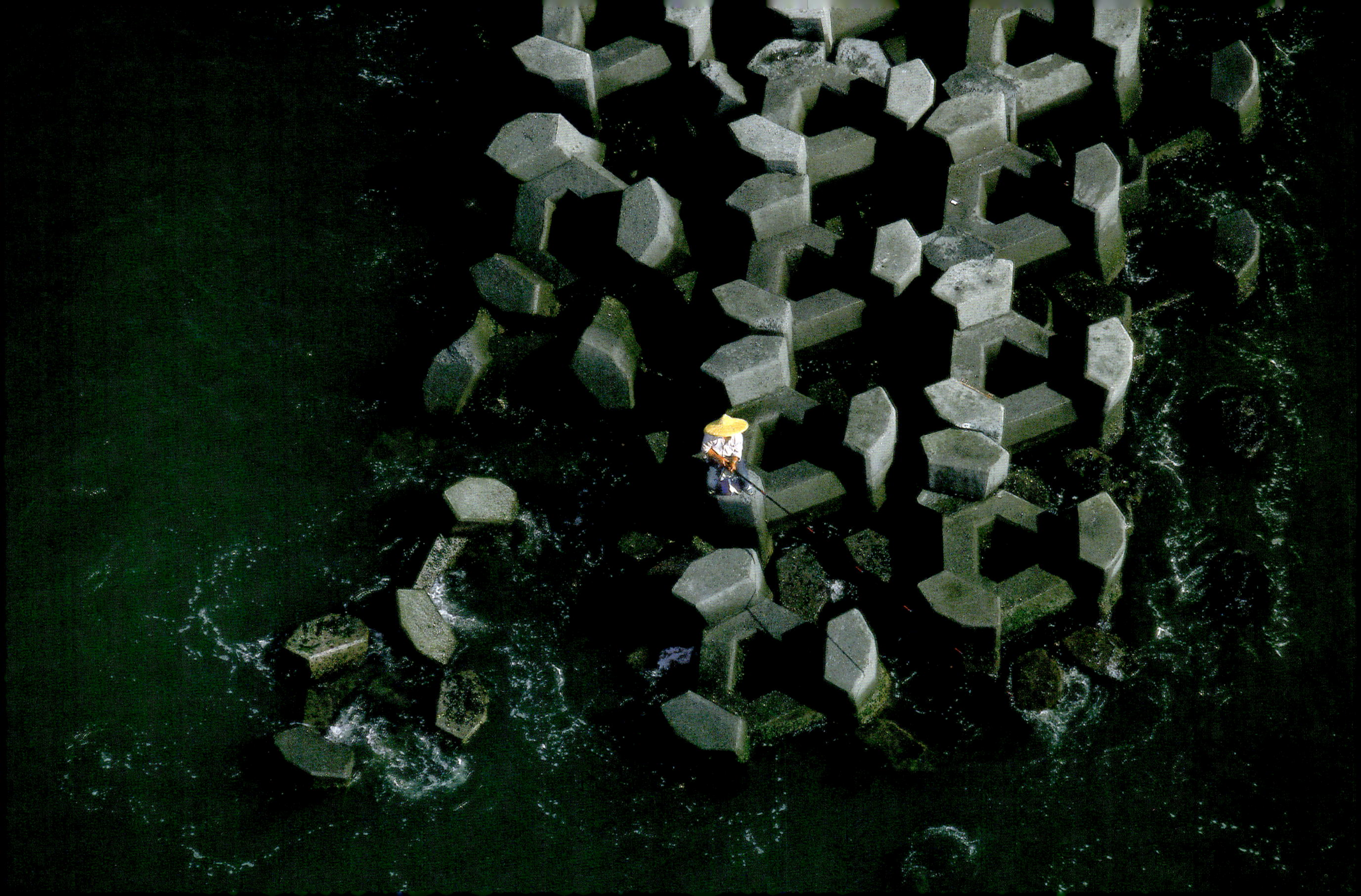

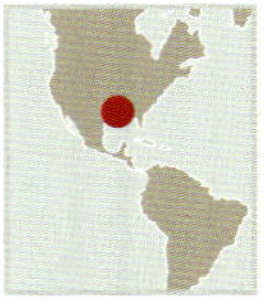

Pelikankolonie in Louisiana, USA

(29° 50′ nördlicher Breite – 90° 13′ westlicher Länge)

Mehrere dutzend Pelikane drängen sich an einem See im Mississippi-Delta, südlich von New Orleans. Der große Vogel mit einer Flügelspannweite von bis zu drei Metern ist seit 1912 das offizielle Wappentier des amerikanischen Bundesstaates Louisiana. Bis in die 1970er Jahre ging das Verbreitungsgebiet dieses Wasservogels deutlich zurück. Doch inzwischen hat sich der Bestand des nordamerikanischen Pelikans stabilisiert. Heute leben 100 000 Pelikanpaare auf dem nordamerikanischen Kontinent. Somit ist die Art nicht mehr unmittelbar vom Aussterben bedroht. Auch der Bestand des Weißkopfseeadlers, ebenfalls ein amerikanisches Wappentier, konnte gesichert werden. 1963 zählte man nur noch 417 Paare von seiner Art. Die Jagd, die seine Eierschalen angreifenden Pestizide und der schwindende Lebensraum waren und sind die großen Gefahren für den Weißkopfseeadler. Doch inzwischen ist sein Bestand wieder auf 6000 Paare angewachsen.

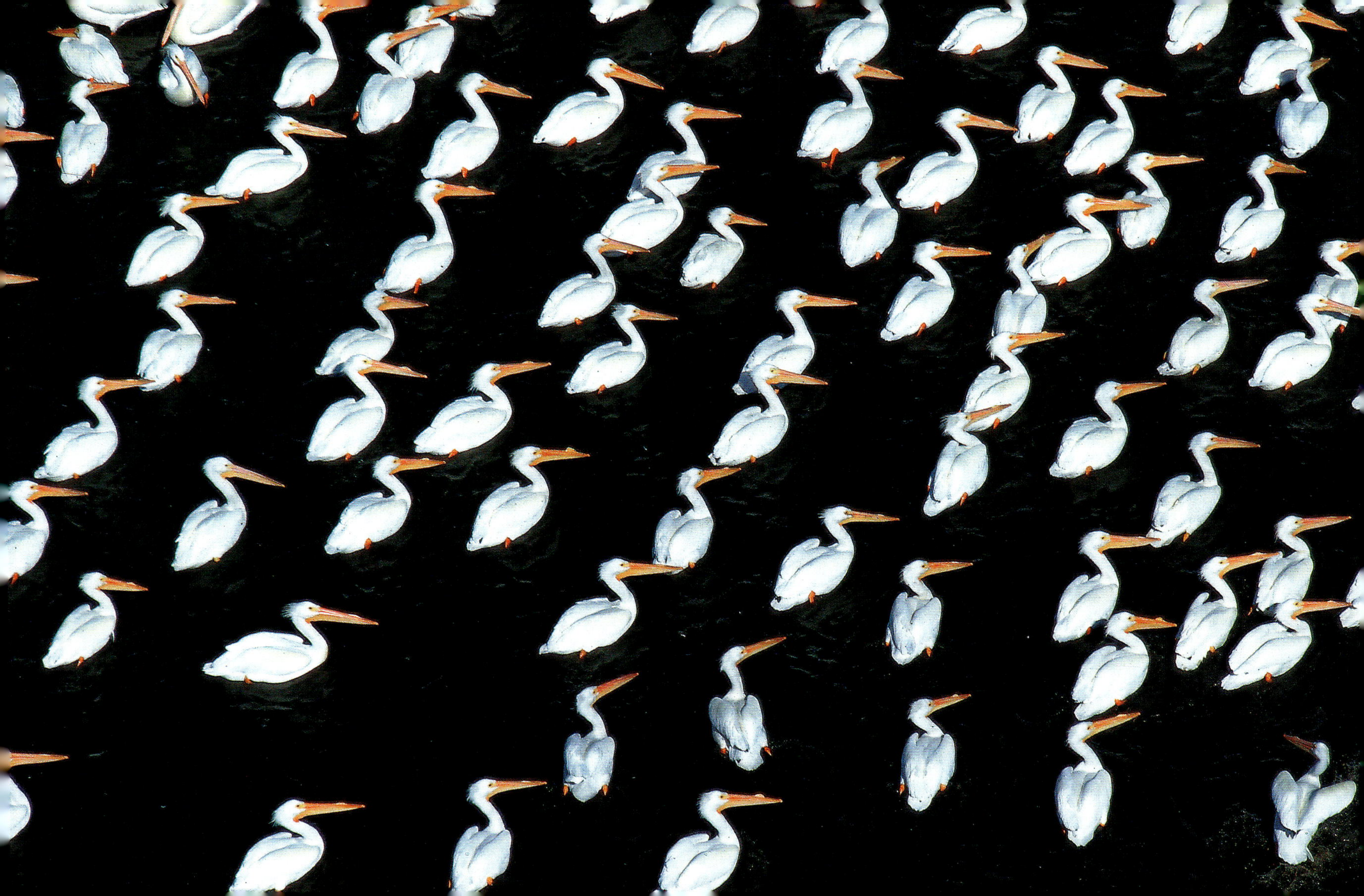

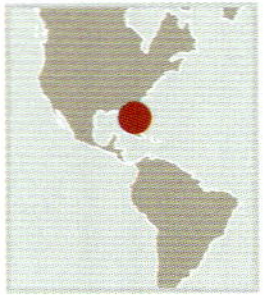

County Orange nach einem Tornado, Süd-Orlando, USA

(28° 25′ nördlicher Breite – 81° 20′ westlicher Länge)

Am 23. Februar 1998 verwüstete ein Tornado der Stärke vier (Windgeschwindigkeiten von 300 Kilometern pro Stunde) drei Counties im mittleren Florida. Sein Endpunkt war County Osceola. 42 Menschenleben und mehrere hundert Häuser fielen ihm zum Opfer. Tornados dieser Größenordnung werden meist dem Klimaphänomen El Niño zugeordnet, das sich im Durchschnitt alle fünf Jahre weltweit bemerkbar macht. Naturkatastrophen diesen Ausmaßes haben jedoch in jüngerer Zeit zugenommen. Der Mensch hat die natürlichen Ökosysteme nachhaltig gestört und so deren Widerstandskraft und Reaktionsvermögen auf solche klimatischen Extremsituationen entscheidend geschwächt. Auch durch die Besiedlung von klimatisch gefährdeten Gebieten nehmen die Risiken zu. Die Zahl der Naturkatastrophen war in den 1990er Jahren viermal so hoch wie in den 1950er Jahren. Auch der Schaden lag mit 608 Milliarden Dollar weit über dem der 1950er Jahre.

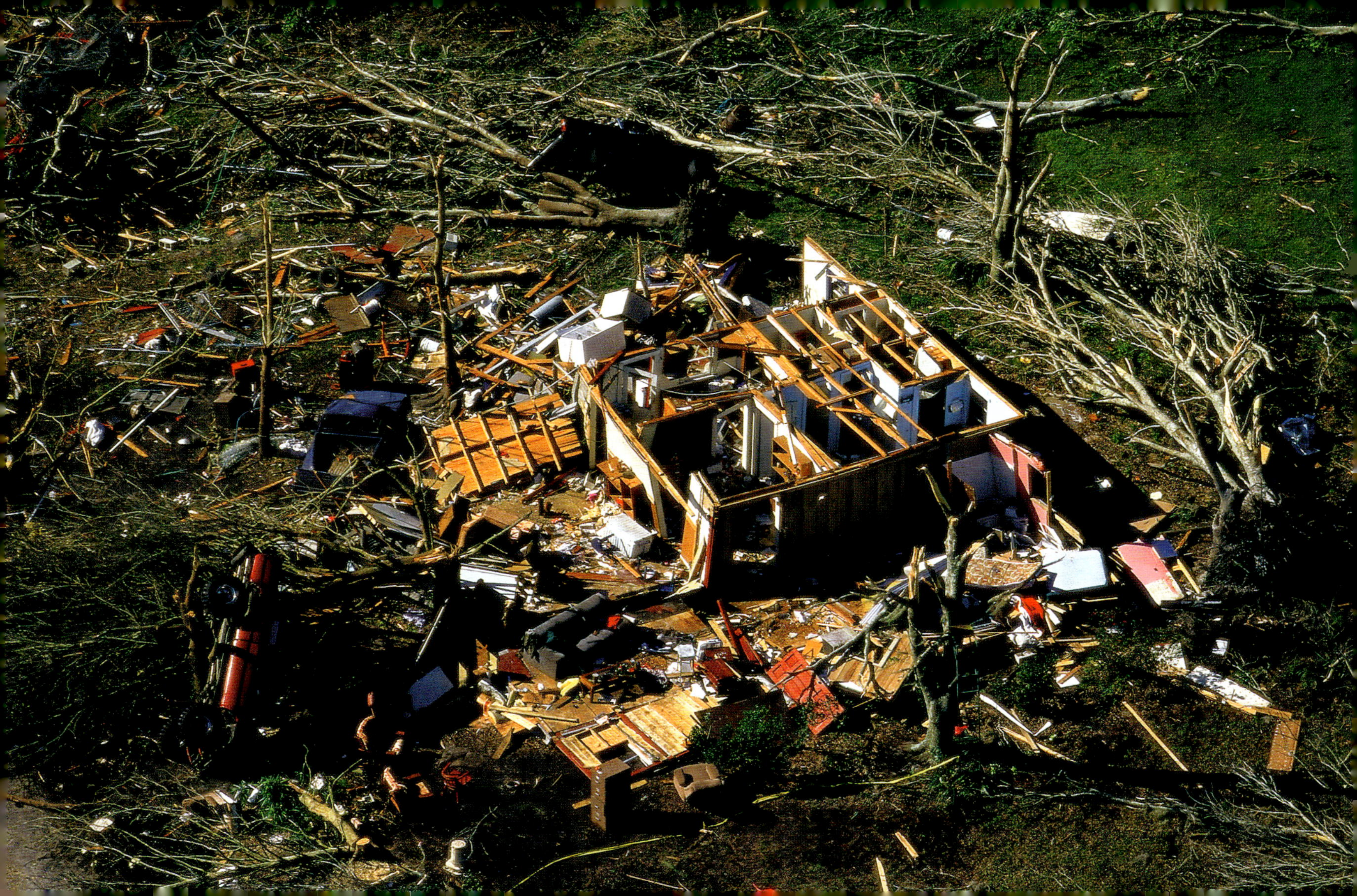

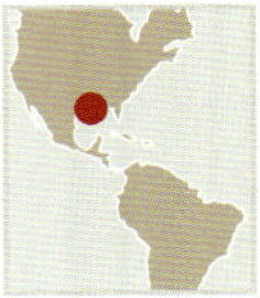

Mündung des Mississippi, Louisiana, USA

(29° 36′ nördlicher Breite – 89° 49′ westlicher Länge)

Der Mississippi entspringt im Itascasee im nördlichen Bundesstaat Minnesota und legt bis zu seiner Mündung in den Golf von Mexiko 3780 Flusskilometer zurück, mit dem Missouri zusammen sogar 6020 Flusskilometer. Der Fluss hat ein riesiges Einzugsgebiet (3 100 000 Quadratkilometer, das sind 31 Prozent der gesamten US-amerikanischen Fläche) und führt dementsprechend viel Schwemmmaterial mit sich. Dies brachte ihm den Spitznamen »Old Muddy« (dt. schlammiger Alter) ein. Im Mündungsdelta südlich von New Orleans lagert er alles ab: So entstand eine 400 Kilometer lange und 200 Kilometer breite Sumpfebene, in der sich im Laufe der Jahrtausende je nach Flussverlauf unterschiedliche Schwemmlandzonen herausgebildet haben. Im salzigen Brackwasser der Nebenarme und ehemaligen Schleifen des Mississippis entwickelte sich eine Amphibienwelt mit zahlreichen Alligatoren und Wasservögeln. Die Geografen verstehen unter dem Mississippidelta den Ort, wo der Fluss sich ins Meer ergießt. Mit dem Namen verbindet man jedoch die ganze Region bis nach Memphis und Vicksburg am Zusammenfluss von Yazoo und Mississippi. Dies ist auch die Heimat des Blues.

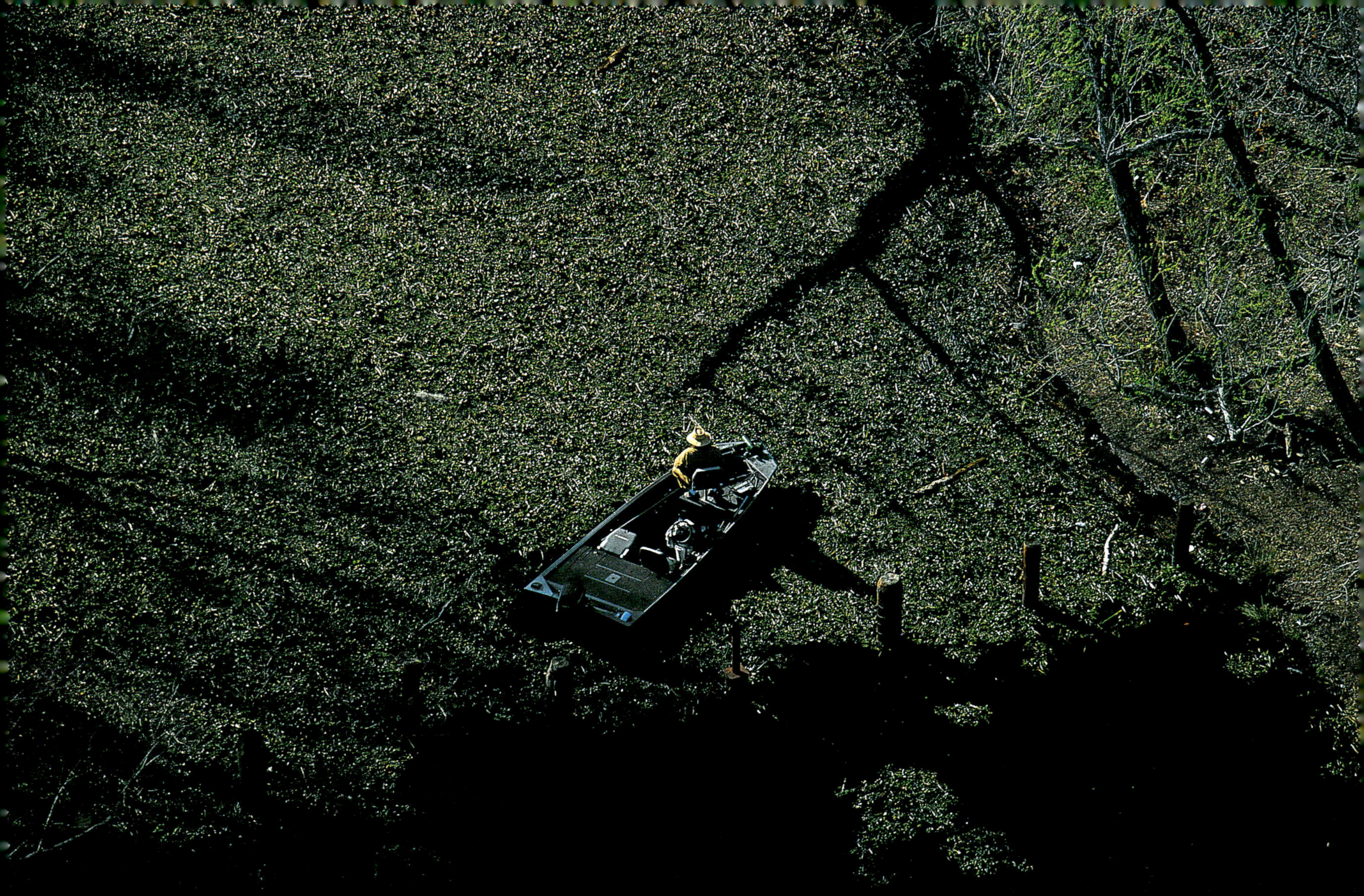

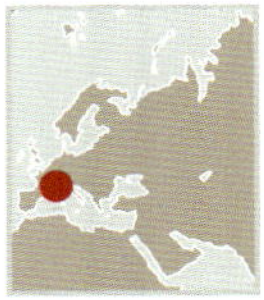

Strand von Saint-Raphaël, Côte d'Azur, Frankreich

(43° 25′ nördlicher Breite – 06° 46′ östlicher Länge)

Die überfüllten Strände und bebauten Küsten lassen den natürlichen Farbreichtum der französischen Mittelmeerküste manchmal kaum mehr erahnen – das glitzernde Blau des Wassers und des Himmels und die ockerfarbene Vulkanerde des Hinterlandes. Aus dem einfachen Fischerdorf Saint-Raphaël ist ein mondänes, internationales Seebad geworden. Schon die vornehmen Römer fuhren zur Erholung in diese herrliche Küstenlandschaft und ließen dort ihre großzügigen Villen errichten. Im 19. Jahrhundert war Saint-Raphaël ein beliebter Treffpunkt für Schriftsteller, Künstler und Musiker: Charles Gounod komponierte dort 1865 seine Oper *Romeo und Julia*.

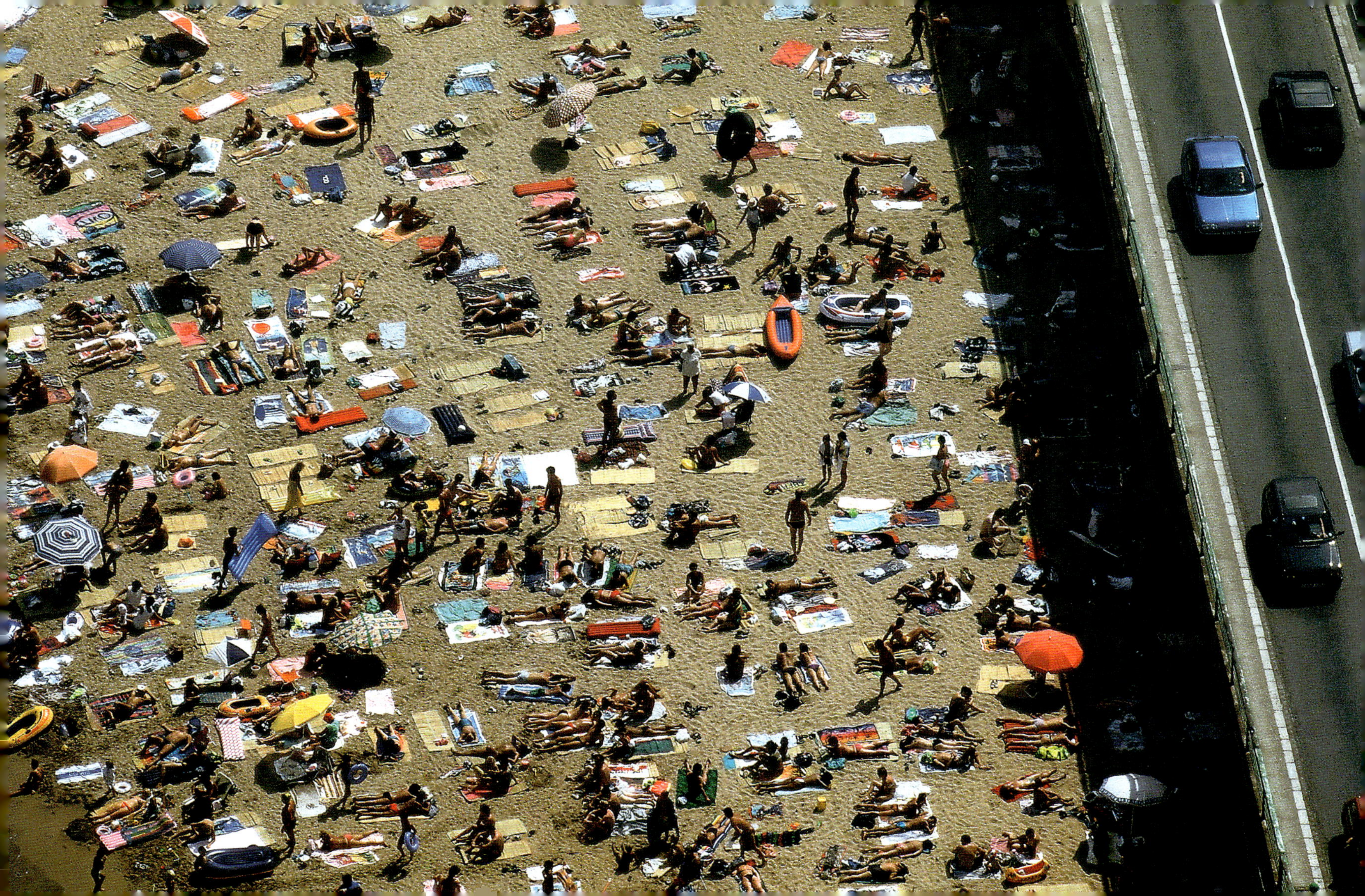

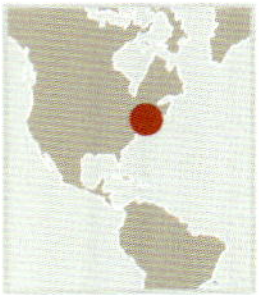

Financial District, Manhattan, New York, USA

(40° 45′ nördlicher Breite – 73° 59′ westlicher Länge)

Vier Monate nach dem Terroranschlag vom 11. September 2001 herrscht im Herzen von Lower Manhattan, New Yorks neuralgischem Punkt, eine gähnende Leere. Die Trümmer des World Trade Centers wurden restlos geräumt. Doch trotz der Wunde hofft die Stadt auf einen Neuanfang. Nicht nur Chicago und San Francisco waren im Laufe der Geschichte vom Feuer zerstört worden, auch New York erlebte 1776 und 1835 zwei schwere Brandkatastrophen. Jedes Mal wurden die den Flammen zum Opfer gefallenen Gebäude wieder aufgebaut. Auch der Financial District von Manhattan wird wieder auferstehen. Schon kurze Zeit nach dem Attentat setzte sich eine Gruppe von Architekten, Städteplanern und Historikern mit den Behörden der Stadt zusammen und beriet über die künftige Gestaltung des zerstörten Platzes. Der Wiederaufbau gilt als beschlossene Sache – nicht zuletzt, um den Opfern dieses Anschlags ein würdiges Denkmal zu setzen.

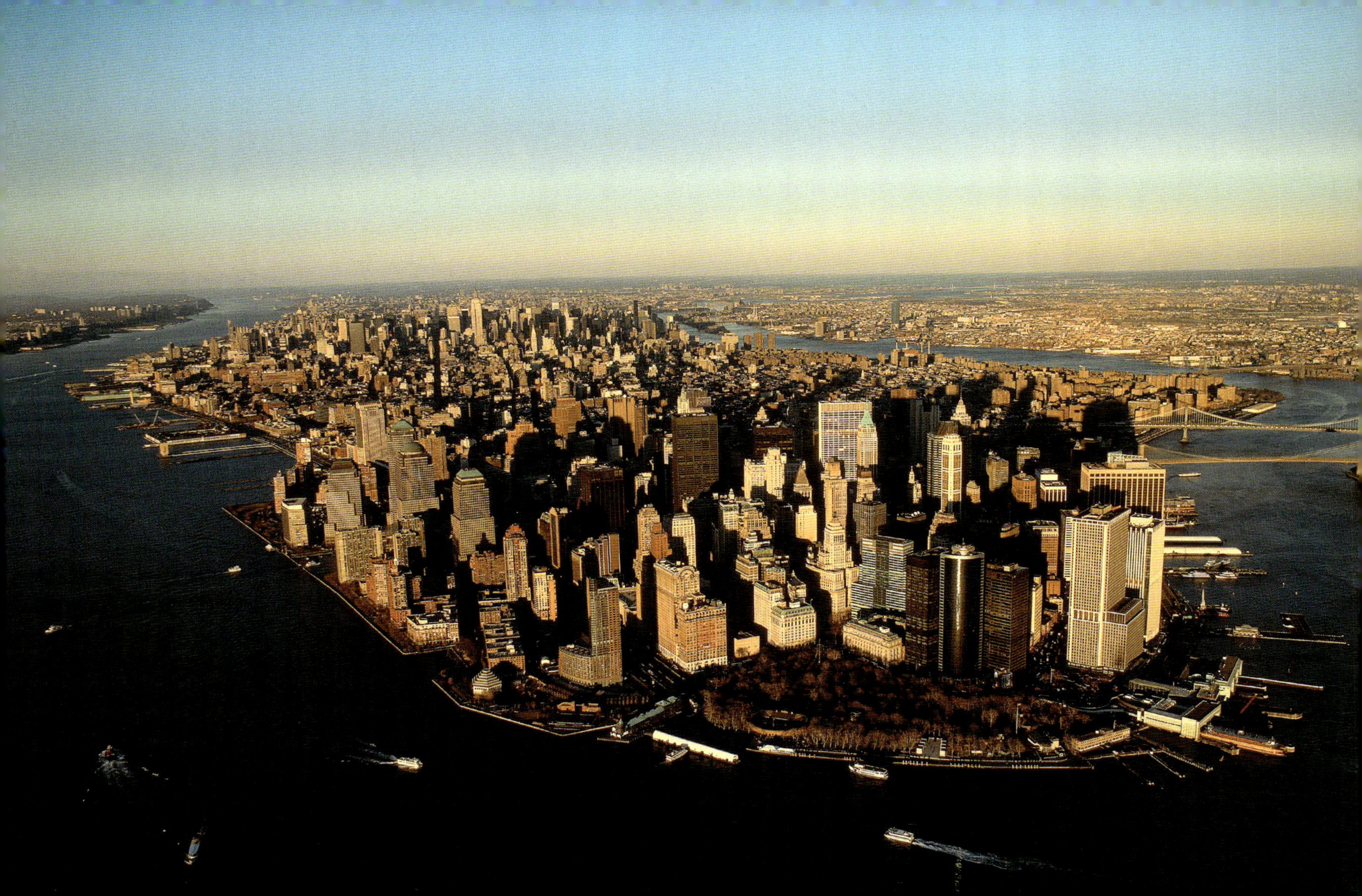

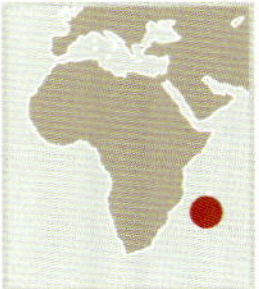

Traditionelles Dorf nördlich von Antananarivo, Madagaskar

(18° 49′ südlicher Breite – 47° 32′ östlicher Länge)

Madagaskar zählt zu den 15 ärmsten Ländern der Welt. 1998 waren seine Ausgaben für das Gesundheitswesen die niedrigsten ganz Afrikas (nämlich 15 Dollar pro Einwohner). Trotzdem ist Madagaskar eines der wenigen afrikanischen Länder südlich der Sahara, das von der HIV-Epidemie relativ verschont geblieben ist. Rund 20 Jahre nach ihrer Entdeckung nimmt die Krankheit auf dem schwarzen Kontinent alarmierende Ausmaße an. 2002 lebten auf der Welt 39 Millionen Menschen mit einer HIV-Infektion, davon 70 Prozent in Afrika. Im gleichen Jahr starben 2 400 000 Menschen an dieser Krankheit (davon 8000 in Westeuropa). In vier ostafrikanischen Ländern ist die HIV-Rate unter den Erwachsenen ganz besonders Besorgnis erregend: 38 Prozent in Botswana, 31 Prozent in Lesotho, 33,4 Prozent in Swasiland und 33,7 Prozent in Simbabwe. Die hohen Todeszahlen wirken sich inzwischen sogar auf die afrikanische Wirtschaft aus. Fatalerweise nimmt die Entwicklung weiterhin zu. Von einer Entwarnung kann keine Rede sein. Die internationale Gemeinschaft hat auf diese Katastrophe noch nicht angemessen reagiert.

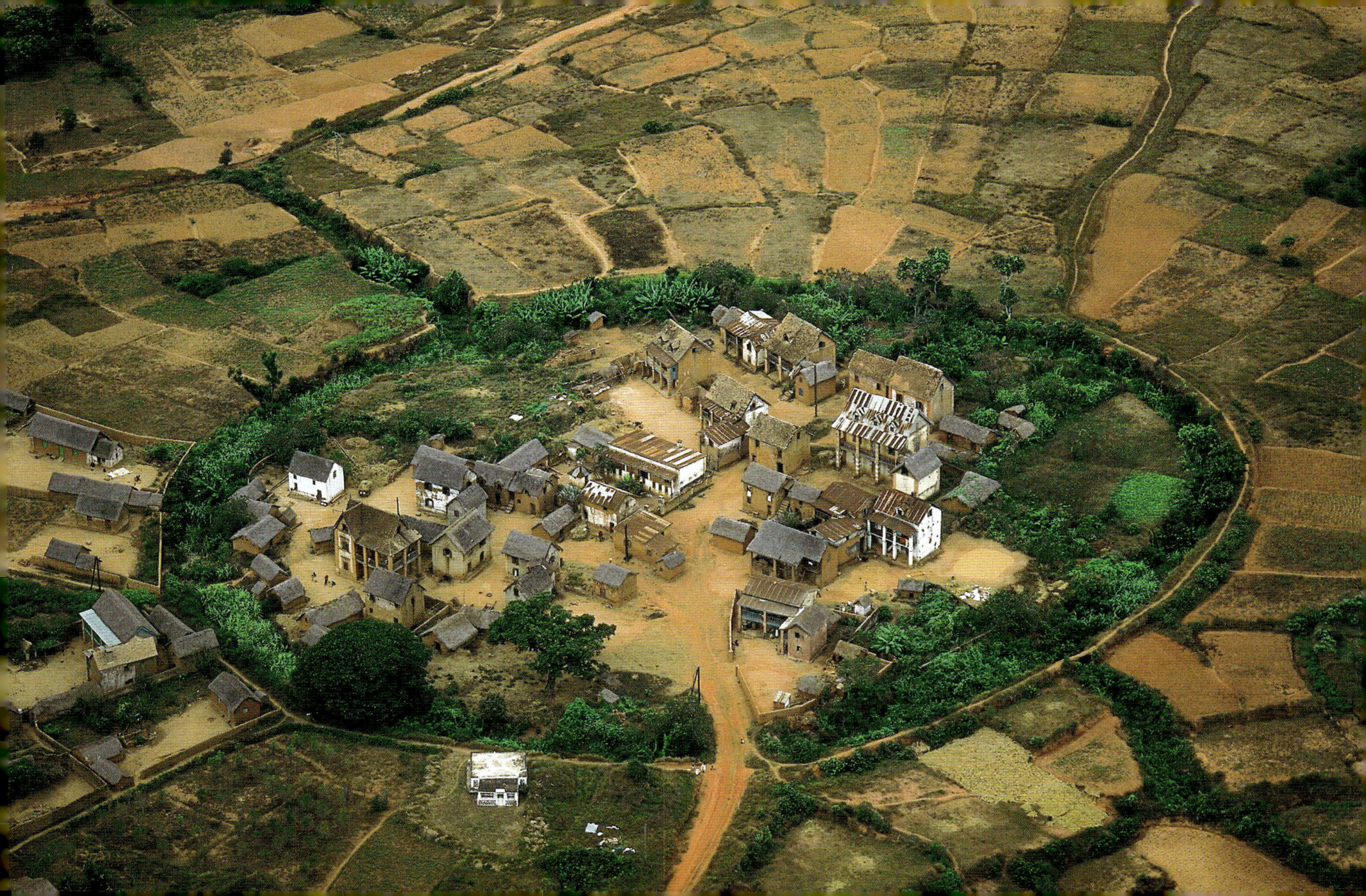

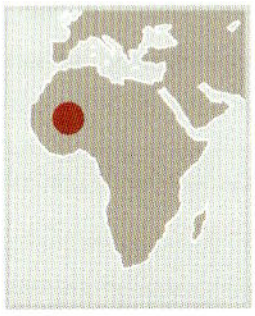

Einbaum auf dem Niger, Region Timbuktu, Mali (16° 39′ nördlicher Breite – 3° 00′ westlicher Länge)

Die bunte Mischung der Menschen auf dem Fluss steht für die heterogene Bevölkerung Malis. Sie besteht aus elf unterschiedlichen Volksgruppen. Die Tuareg erkennt man an der weißen Tunika (siehe Foto). Sie nehmen in der Geschichte des Landes eine Sonderstellung ein, denn sie waren die ersten Einheimischen, die im frühen 20. Jahrhundert gegen die französische Kolonialmacht rebellierten. 1990 war es die Republik Mali (genauer gesagt die Militärdiktatur unter General Moussa), die sich mit den aufständischen Tuareg auseinander setzen musste. Die Rebellen flüchteten in die Berge der Sahara und fügten der Regierungsarmee von dort aus schwere Verluste zu. Dafür rächte sich die Armee an der Zivilbevölkerung. Man geht davon aus, dass die Armeen der Republik Mali und des Nachbarstaates Niger zwischen 1990 und 1996 rund 10 000 Zivilisten getötet haben. Auch wenn die malische Regierung im März 2002 den sechsten Jahrestag der Wiedereingliederung der Tuareg feierte, täuscht dies nicht darüber hinweg, dass die »Nation« der Tuareg das gesamte Sahara-Gebiet für sich beansprucht. Politisch verteilt sich die Sahara jedoch auf elf verschiedene Länder.

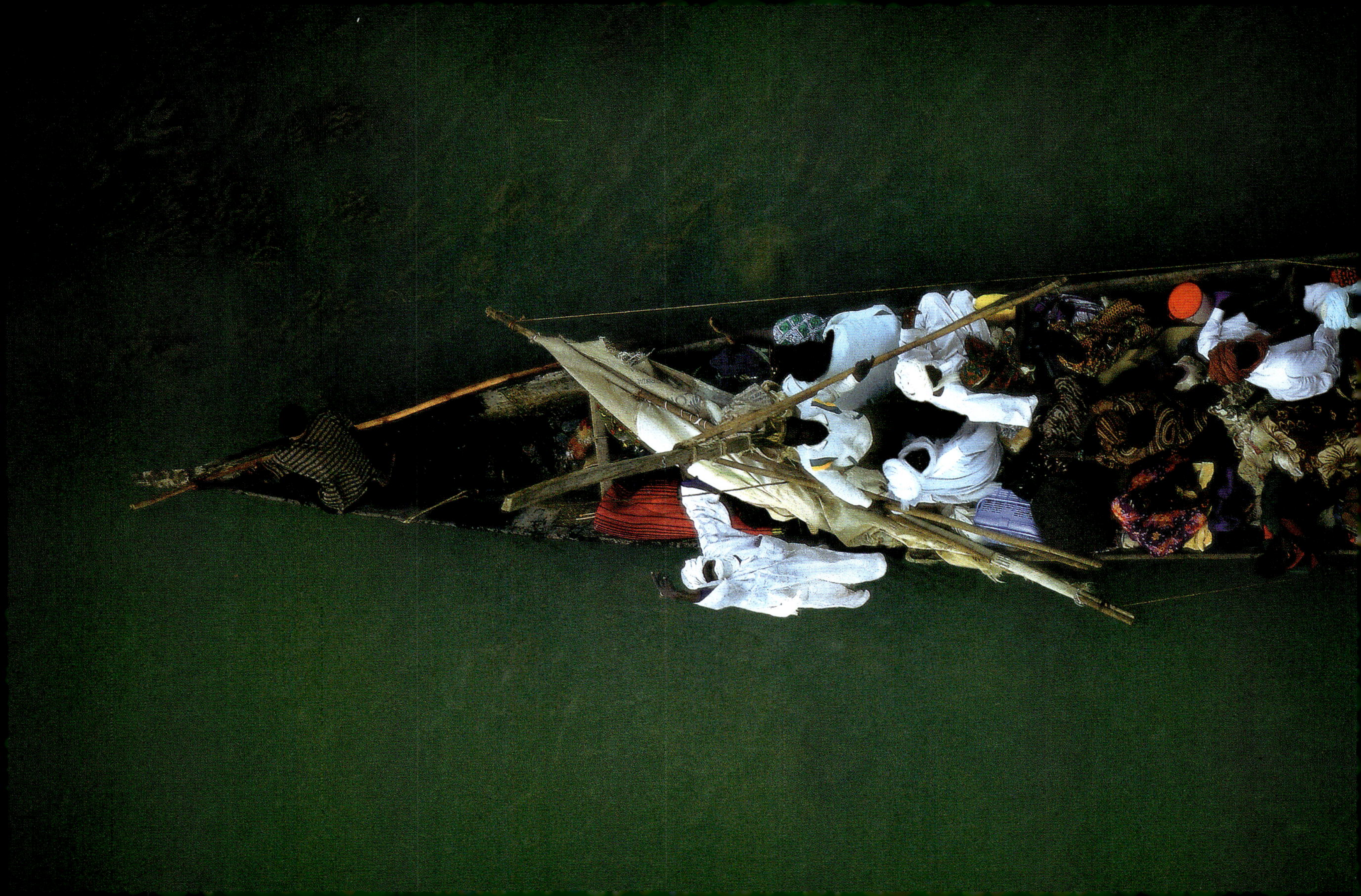

Süßwasser

Wir nennen unseren Planeten »Erde«, aber die wichtigste und wertvollste Ressource, die wir am wenigsten entbehren können, ist Süßwasser. Von der Verfügbarkeit von Süßwasser hingen und hängen das Schicksal ganzer Völker, der Wohlstand von Gesellschaften und die Gesundheit der Bevölkerung ab. Der Mensch kann lange Zeit ohne feste Nahrung überleben, aber nur wenige Tage ohne Wasser. Die Geschichte der menschlichen Zivilisation ist eng mit der Geschichte unseres Umgangs mit dem verfügbaren Süßwasser verbunden. Die ersten Ackerbaugesellschaften entstanden dort, wo regelmäßige Niederschläge und ständig Wasser führende Flüsse den Anbau von Feldfrüchten ermöglichten. Mithilfe einfacher Bewässerungssysteme konnten mehr Früchte angebaut und mehr Münder gestopft werden. Mit dem Wachsen der menschlichen Siedlungen musste die Wasserversorgung verbessert werden; so entstanden die Ingenieurskünste der Wasserbautechnik und der Abwasserentsorgung. Die ersten Industrienationen nutzten die Wasserkraft, um Maschinen anzutreiben und die Muskelkraft des Menschen zu vervielfältigen.

Riesige Mengen von Wasser sind in den Ozeanen, den Polkappen, im Grundwasser, in Flüssen, Seen, Wolken und im Gewebe von Lebewesen vorhanden. Durch Verdunstung, Niederschlag und Abfluss befindet es sich in einem ständigen Kreislauf. Aber nur ein winziger Bruchteil des auf der Welt vorhandenen Wassers ist Süßwasser, nicht einmal drei Prozent der gesamten Vorräte, und davon ist wiederum der größte Teil in den Polkappen, in den Gletschern Grönlands und im Tiefengrundwasser gebunden. Mit dem Rest muss der Bedarf der Menschen und derjenige der natürlichen Ökosysteme gedeckt werden. Mit der wachsenden Weltbevölkerung wird auch der Wettbewerb um dieses

Wasser zunehmen, was zu politischen, wirtschaftlichen und ökologischen Spannungen führen wird.

Wir leben heute im Zeitalter des Wassers. Die Ernährung von sechs Milliarden Menschen ist nur mit intensiver Bewässerung möglich. Nur 20 Prozent der Ackerflächen der Welt sind bewässert, aber von diesen Flächen stammen 40 Prozent der Nahrungsmittel der Welt. Die übervölkerten Städte wären ohne die komplexen Systeme von Speicherbecken, Versorgungs- und Abwasserleitungen nicht überlebensfähig. Fast alle unsere größeren Flüsse wurden aufgestaut, um ihre in elektrischen Strom verwandelte Energie an unersättliche Verbraucher zu liefern. Dank verbesserter Abwassersysteme sind in den wohlhabenderen Ländern Cholera, Typhus und andere hygienebedingte Krankheiten, einst die Geißel ganzer Landstriche, praktisch ausgerottet.

Aber während für viele Religionen Wasser ein Geschenk Gottes ist, behandeln wir es mehr und mehr als Ware oder einen Rohstoff, den wir verkaufen und ausbeuten und um den wir gewaltsame Auseinandersetzungen führen. Trotz gewisser Fortschritte bei der Bekämpfung der Armut, trotz des Siegeszugs der Informationstechnik in den reicheren Ländern muss sich die Hälfte der Weltbevölkerung mit einer Wasserversorgung begnügen, die schlechter ist als diejenige der alten Griechen und Römer. Über eine Milliarde Menschen haben keinen Zugang zu sauberem Trinkwasser; fast 2,5 Milliarden Menschen verfügen über keine angemessenen sanitären Einrichtungen. Durch vermeidbare, durch Wassermangel bedingte Krankheiten sterben täglich 10 000 bis 20 000 Kinder, und es scheint, dass wir immer weniger im Stande sind, dieses Problem zu lösen. In den ärmsten Regionen Lateinamerikas, Afrikas und Asiens wütet weiter die Cholera. Millionen von Menschen in Bangladesch und Indien trinken Wasser, das gefährlich hoch mit Arsen belastet ist.

Durch unseren Umgang mit Wasser schaden wir nicht nur unserer Gesundheit. Ganze Städte und Siedlungen wurden und werden für den Bau von Stauseen evakuiert. Über 20 Prozent der Süßwasserfischarten sind durch die menschlichen Eingriffe in Flüsse und Seen mehr oder weniger akut gefährdet. Der Aralsee wird bald verschwunden sein, weil ihm sein Wasser für die Bewässerung von Baumwollfeldern entzogen wird. Bewässerung kann die Boden- und Wasserqualität beeinträchtigen. In Teilen Indiens, Chinas, der Vereinigten Staaten, des Persischen Golfs und anderswo wird das Grundwasser schneller verbraucht, als es sich regenerieren kann. Immer mehr wichtige Flüsse wie der Hwangho in China, der Colorado in den Vereinigten Staaten und Mexiko, der Jordan im Nahen Osten und der Nil in Nordafrika erreichen heute das Meer nicht mehr, weil der Mensch ihr ganzes Wasser verbraucht. Auseinandersetzungen über die gemeinsame Nutzung von Wasserressourcen haben bereits zu lokalen und sogar internationalen Spannungen und Gewalt geführt.

Wir haben heute zwei Möglichkeiten. Wir können fortfahren wie bisher und den Bau von großen Infrastrukturen wie Dämmen, Aquädukten, Stauseen und zentralen Wasseraufbereitungsanlagen weiter vorantreiben. Dieser im 20. Jahrhundert verfolgte Weg hat für hunderte von Millionen von Menschen außerordentliche Verbesserungen gebracht, aber es wird uns erst allmählich bewusst, welchen wirtschaftlichen, ökologischen und gesellschaftlichen Preis wir dafür bezahlt haben. Und Milliarden von Menschen blieben von diesen Entwicklungen ausgeschlossen.

Die Alternative ist ein »sanfter« Weg, der auf die Vorzüge einer angemessenen Infrastruktur nicht verzichtet, zugleich aber verstärkt auf dezentrale Einrichtungen, wirksame Technologien und Verfahren und die kluge Nutzung von Kapital und menschlicher Arbeitskraft setzt. Der sanfte Weg versucht, die Wassernutzung zu optimieren, statt unaufhörlich neue Ressourcen erschließen zu wollen. Wenn wir effektiver mit Wasser umzugehen lernen, können wir mehr Nahrungsmittel, mehr Stahl und mehr Computer erzeugen und trotzdem den Wasserverbrauch senken. Der sanfte Weg erfordert, dass Regierungen, Gemeinden und private Betriebe im Hinblick auf die Wassernutzung enger zusammenarbeiten, statt bloß die Versorgung sicherzustellen. Es müssen die lokalen Gemeinden gehört und leistungsfähige neue Techniken ebenso wie traditionelle Verfahren genutzt werden, die einem jahrhundertealten Erfahrungs- und Wissensschatz entspringen.

Das Wasser, das unsere Landschaften durchfließt, erfreut uns mit seiner Kraft und Schönheit; es inspiriert die Dichter und Sänger. Aber es ist noch mehr: Wasser ist eine lebenswichtige und kostbare Ressource, die für die grundlegenden menschlichen Bedürfnisse und die natürlichen Ökosysteme unverzichtbar ist. Am Beginn des neuen Jahrtausends müssen wir einsehen, dass wir ohne den Schutz unseres kostbaren Trinkwassers zukünftig weder eine gesunde Umwelt noch eine gesunde Gesellschaft haben werden. Die Zeit ist reif für ein Umdenken hinsichtlich des Wassers. Die Geschichte hat gelehrt, dass der Zugang zu sauberem Trinkwasser das Überleben einer Zivilisation nicht garantieren kann, aber umgekehrt können ohne Wasser Zivilisationen ganz sicher nicht überleben.

Dr. Peter H. Gleick

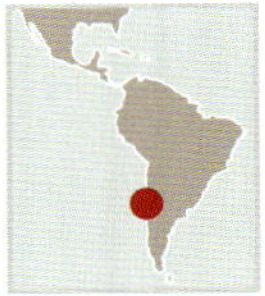

LKW-Wäsche in einem Stahlwerk von San Felipe, Chile

(32° 45′ südlicher Breite – 70° 44′ westlicher Länge)

Das erhitzte, flüssige Eisenerz wird mit LKWs zu Tankanlagen transportiert und dort mit Sauerstoff und Kalk versetzt. Der so gewonnene Rohstahl wird in der Raffinerie von San Felipe (Region Santiago) weiterverarbeitet. Um die chilenische Hauptstadt konzentriert sich fast die gesamte Industrie des Landes. Dementsprechend schlecht ist die Luft, denn die Abgase können durch die umliegenden Berge nur schlecht entweichen. Im Osten von Santiago liegen die Anden, im Westen erhebt sich das Küstengebirge. Im Kampf um eine bessere Luftqualität haben die Behörden deshalb 1990 ein Programm zur Verringerung der Staub- und Treibhausgasemission aufgestellt. Doch die steigende Zahl der zugelassenen Fahrzeuge und die wachsende Industrie könnten diese Maßnahmen wieder zunichte machen. Jedes Jahr sterben weltweit drei Millionen Menschen an der vor allem in den Ballungszentren quälenden Luftverschmutzung. Diese Situation wird sich voraussichtlich verschlimmern, denn 2050 werden 65 Prozent der Menschheit in Städten leben. Zum Vergleich: Heute sind es noch 47 Prozent und vor 50 Jahren waren es sogar nur 35 Prozent.

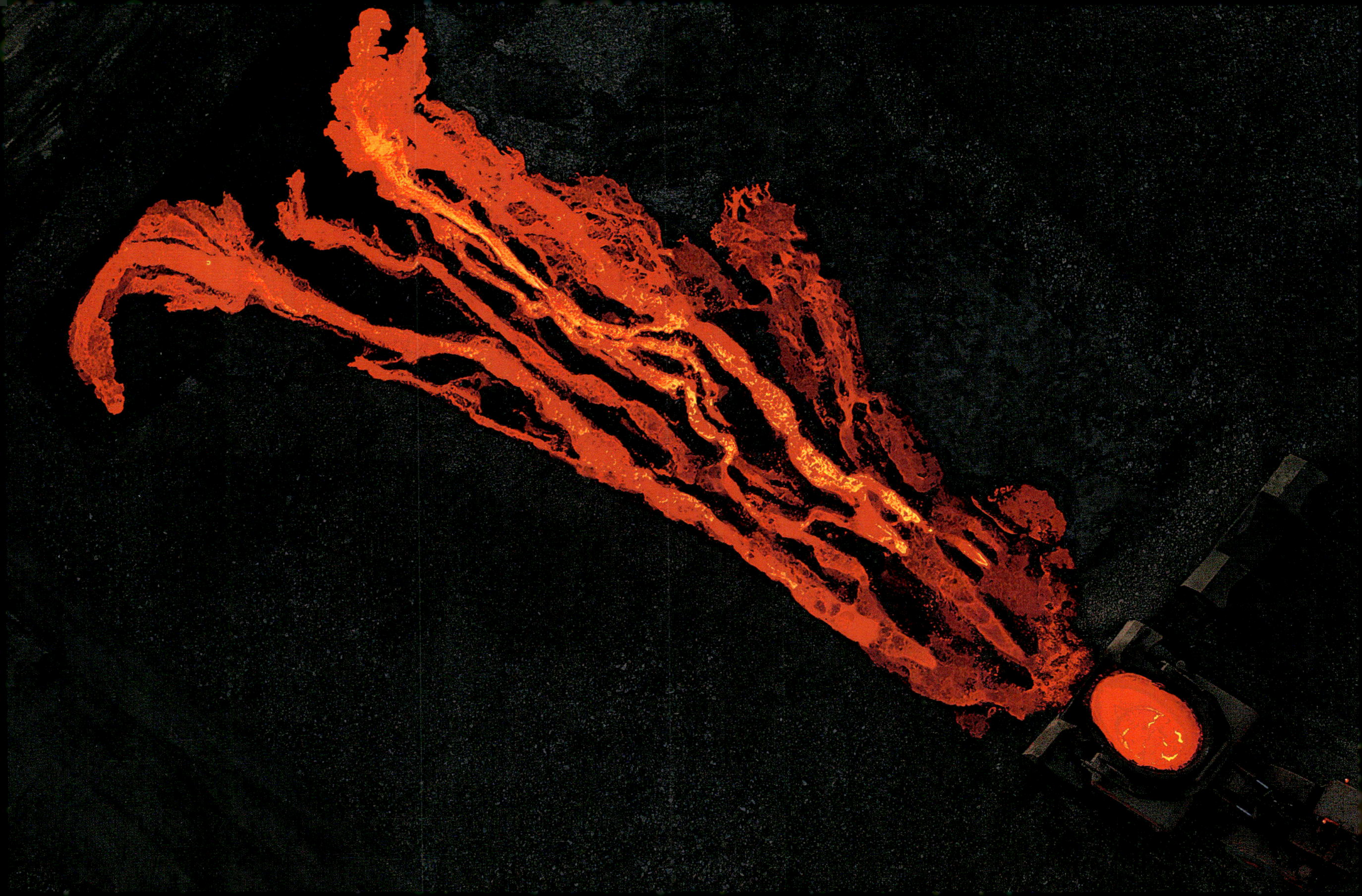

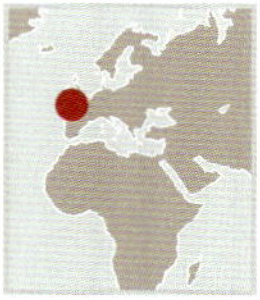

Katamaran vor dem Glénan-Archipel, Finistère, Frankreich

(47° 44′ nördlicher Breite – 4° 00′ westlicher Länge)

Rund 15 Kilometer südlich der Küste von Concarneau in der Bretagne liegt der Glénan-Archipel: Fünf Hauptinseln mit zahlreichen kleineren Inselchen auf einer hellen Granitplatte mitten im Atlantik. Die wilde Schönheit dieser Inselgruppe zieht zahlreiche Segelsportler an. Besondere Erwähnung verdient die Glénan-Narzisse: Die Pflanze mit der weißen Blütenkrone wächst nur auf diesem Archipel, nirgendwo sonst auf der Welt. Aber auch hier konnte sie ihren Lebensraum vor den alles überwuchernden Brombeersträuchern und Farnkräutern nur schwer behaupten. Deshalb wurde 1974 zum Schutz der Pflanze ein Naturreservat auf der Insel Saint Nicolas eingerichtet. In der Folge stieg die Zahl der blühenden Pflanzen dieser Narzissenart von 6500 (1985) auf 120 000 (1998). Auch die Störung durch den Menschen wurde durch verschiedene Maßnahmen auf ein Minimum beschränkt: Man errichtete ökologische Toilettenanlagen und bringt den Müll wieder auf das Festland zurück. Außerdem sammelt man das Regenwasser und legt jedem Besucher nahe, die markierten Wege nicht zu verlassen. Mit Solar- und Windenergieanlagen bemüht man sich um eine Umwelt schonende Form der Stromgewinnung.

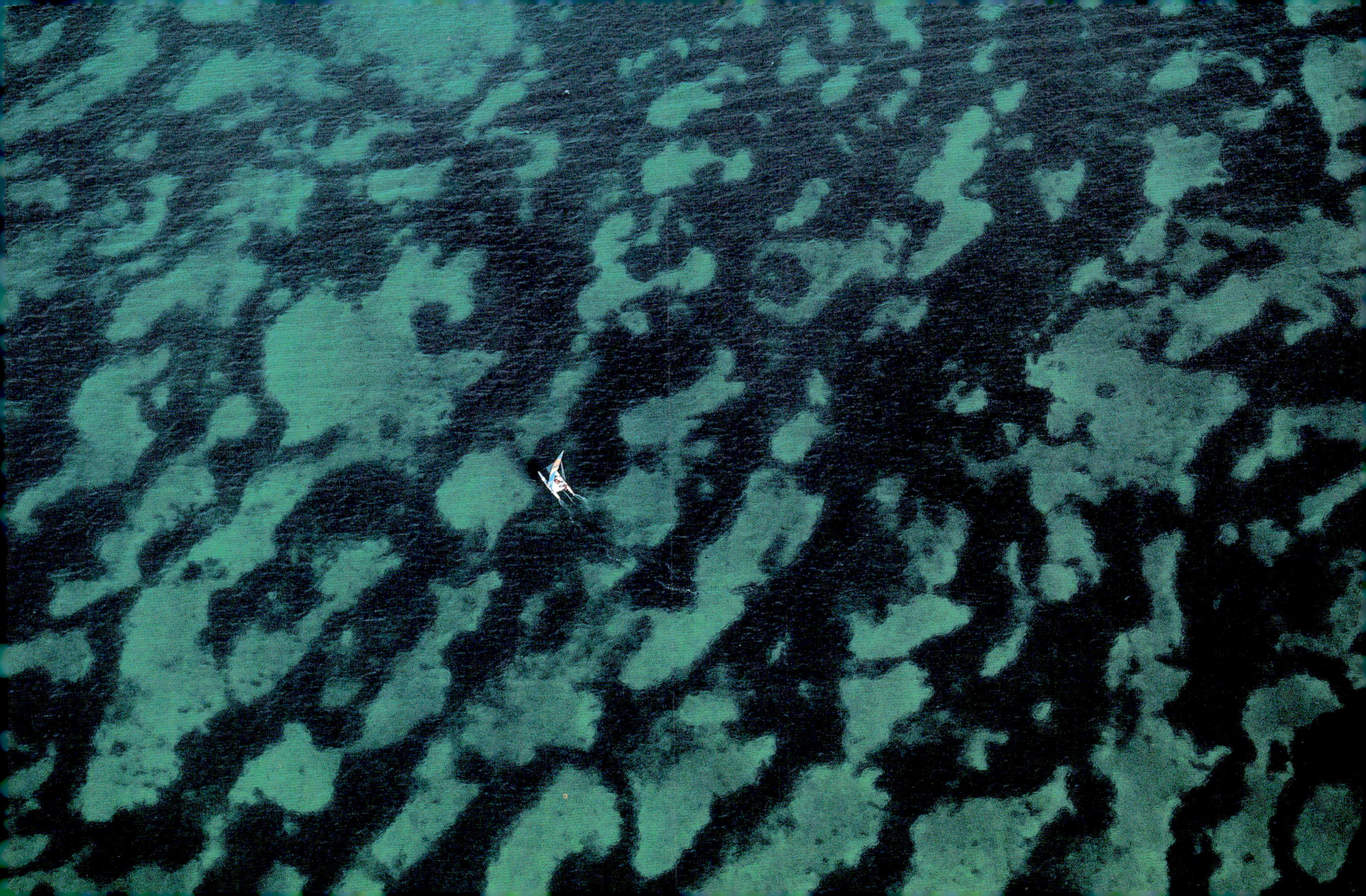

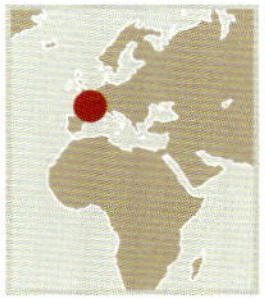

Gletscher Vallée Blanche unterhalb vom Aiguille du Midi, Mont-Blanc-Massiv, Frankreich (45° 50′ nördlicher Breite – 6° 53′ östlicher Länge)

In Begleitung eines ortskundigen Führers ist die 20 Kilometer lange Skiabfahrt vom Vallée-Blanche-Gletscher im Mont-Blanc-Massiv ein unvergessliches Erlebnis. Jedes Jahr lassen sich 80 000 Skifahrer von dieser zauberhaften Eis- und Schneewelt begeistern. Mit einem Skilift erreicht man die Aiguille du Midi, den 3842 Meter hohen Startpunkt der Abfahrtsroute. Von dort geht es über das Vallée Blanche zum Tacul-Gletscher und zum Mer de Glace. Bei besonders guten Schneeverhältnissen kann man bis Chamonix hinunterfahren. Doch die Eismasse nimmt ab. Das Mer de Glace hat sich seit 1820 um zwei Kilometer zurückgezogen. In der gleichen Zeit stiegen die Temperaturen um durchschnittlich 0,5 Grad Celsius. Möglicherweise kommt die Eisschmelze um das Jahr 2050 auf einer Höhe von 1800 Metern zum Stillstand. Bis dahin hätte das Mer de Glace aber weitere drei Kilometer von seiner aktuellen Länge eingebüßt. Die Klimatologen rechnen für dieses Jahrhundert mit einem Temperaturanstieg von zwischen drei und sechs Grad Celsius. Mit der Entwicklung erneuerbarer Energien, einem sparsameren Energieverbrauch und einer Beschränkung des Autoverkehrs könnten die für die Klimaerwärmung verantwortlichen Treibhausgase reduziert werden.

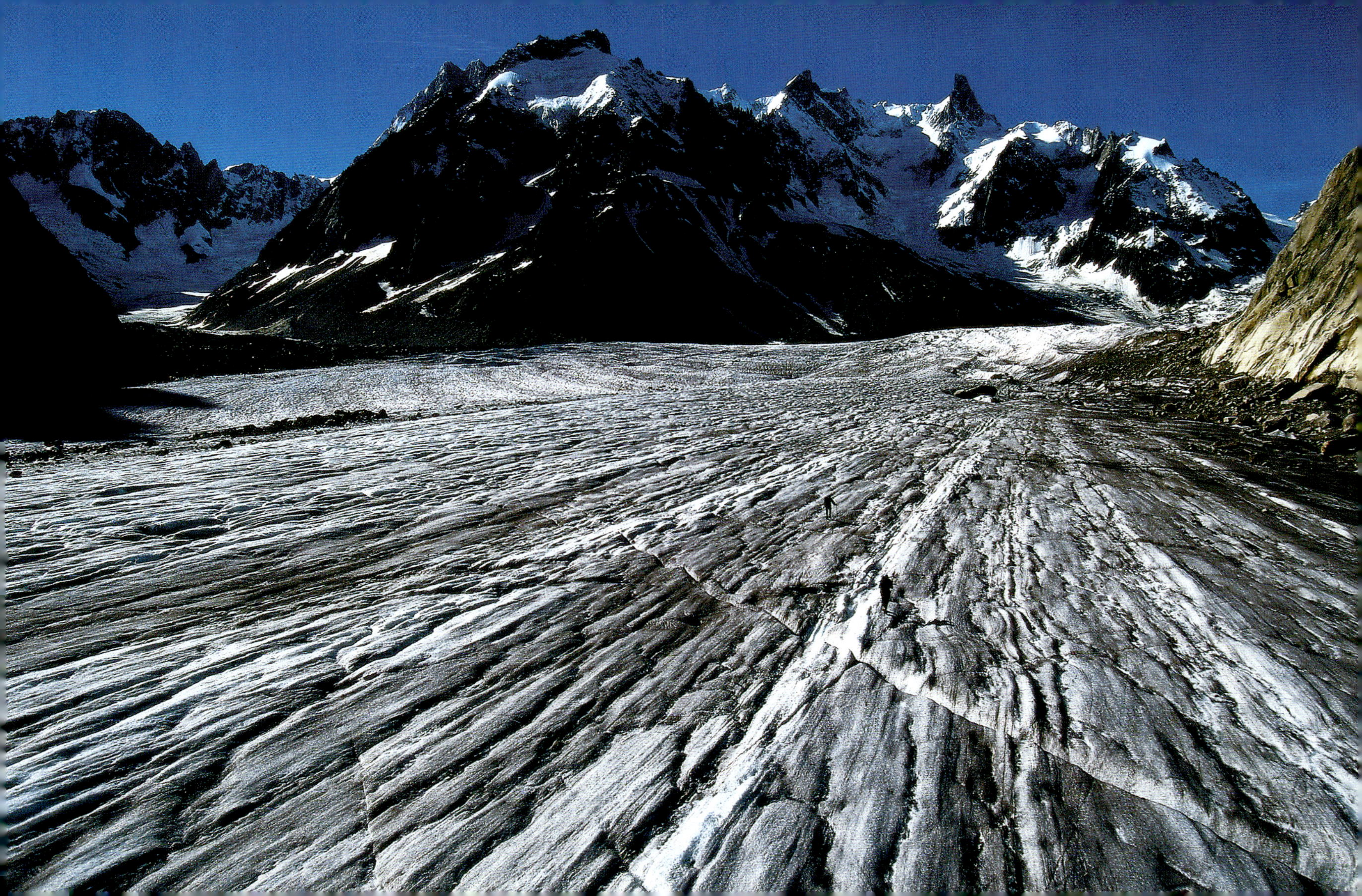

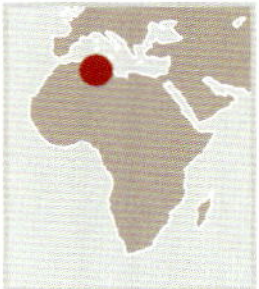

Kebili-Oase, Nefzaoua, Tunesien

(33° 42′ nördlicher Breite – 8° 58′ östlicher Länge)

Die Kebili-Oase ist die wichtigste des südtunesischen Distrikts Nefzaoua. Wie in allen Oasen speiste der relativ hohe Grundwasserspiegel zahlreiche Quellen. Mithilfe von Motorpumpen verwandelte man die Steppe in ein modernes, sich immer weiter ausdehnendes Agrargebiet. In der Folge sank der Grundwasserspiegel schnell ab. Mit Bohrungen stieß man in tiefere Grundwasserschichten vor, aber auch diese waren bald erschöpft. Irgendwann wird man mit neuen Bohrungen kein Wasser mehr gewinnen können. Man hat offensichtlich vergessen, dass das Wasser sich wahrscheinlich nicht endlos regeneriert. Unter dem Einfluss des Menschen verschlechtert sich der Zustand der Steppe zusehends. Der vom Wind angewehte Sand häuft sich auf den brach liegenden Flächen zu immer größeren Dünen. Die Wüste greift auf die Oase über. Naturphänomene und menschliche Aktivitäten haben eine Ausweitung der Sahara zur Folge – nicht nur in Tunesien: In der Sahelzone am Südrand der Sahara lassen sich vergleichbare Erscheinungen beobachten. Von der zunehmenden Trockenheit und der Ausweitung der Wüstengebiete sind weltweit rund eine Milliarde Menschen in über 110 Ländern bedroht.

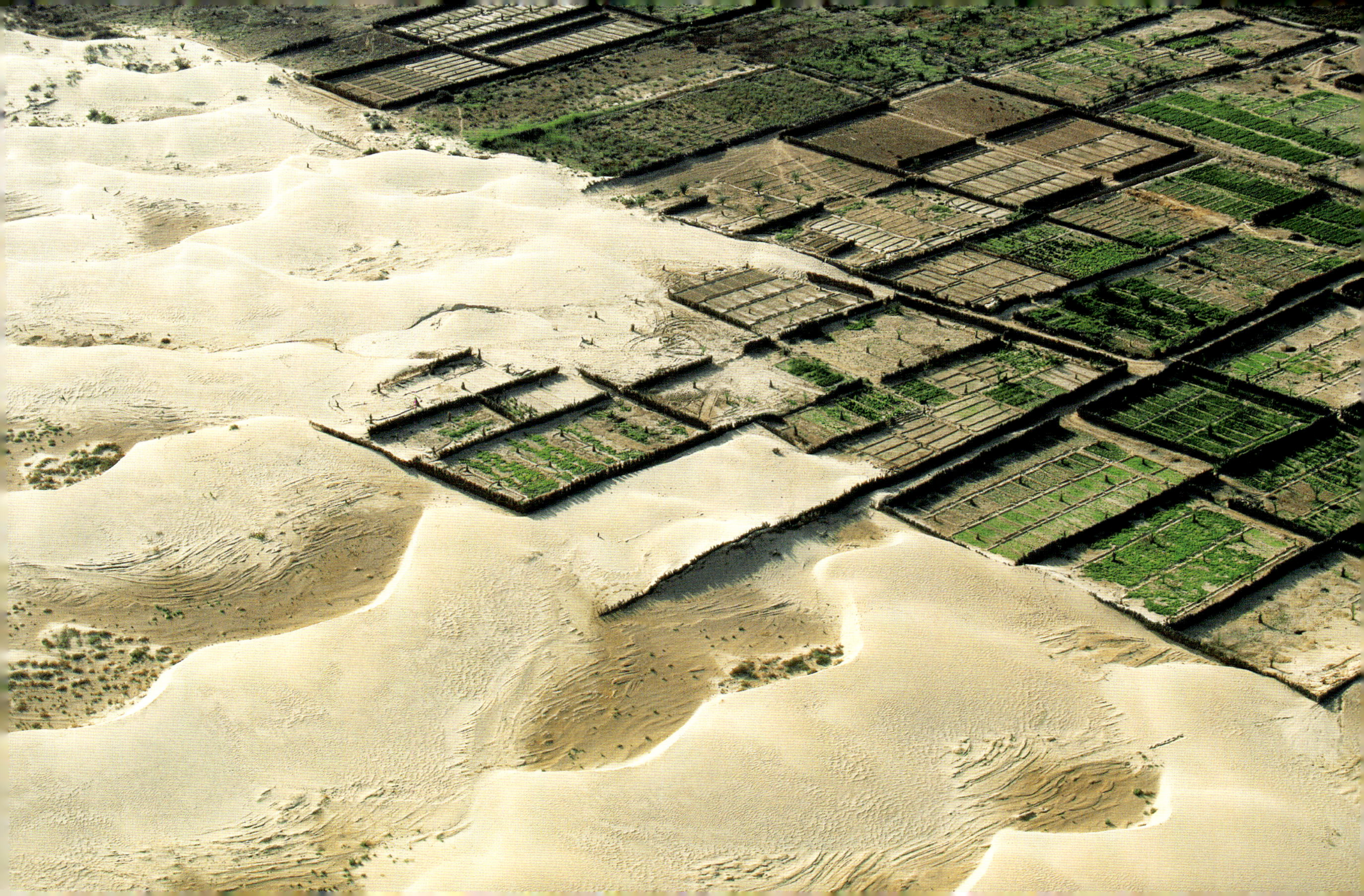

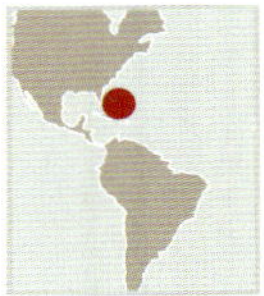

Exuma Cays, Bahamas

(24° 00′ nördlicher Breite – 76° 10′ westlicher Länge)

Zwei James-Bond-Filme wurden auf den Exuma Cays gedreht. Die zu den Bahamas zählende Inselkette (365 Inseln und Korallenriffe) mit ihren weißen Sandstränden und dem smaragdgrünen Wasser ist tatsächlich ein idealer Drehort und zieht sowohl sonnenhungrige Touristen als auch Naturliebhaber an. Der Exuma-Nationalpark mit seinen bunten Fischen, exotischen Vögeln und den für die Bahamas typischen Leguanen lockt jedes Jahr mehr Besucher an. Der Ökotourismus auf den Bahamas steckt zwar immer noch in den Kinderschuhen, wird aber inzwischen durch regierungspolitische Maßnahmen stark gefördert. Die Einnahmen durch den Tourismus sollen mehr als bisher in die Taschen der Einheimischen fließen. Bisher konnte die lokale Bevölkerung nur untergeordnete Tätigkeiten in den Touristenzentren übernehmen. Wie fast überall auf der Welt sind die touristischen Einrichtungen fest in den Händen ausländischer Investoren, die nur 30 Prozent ihrer Einnahmen an die Ferienregionen abgeben.

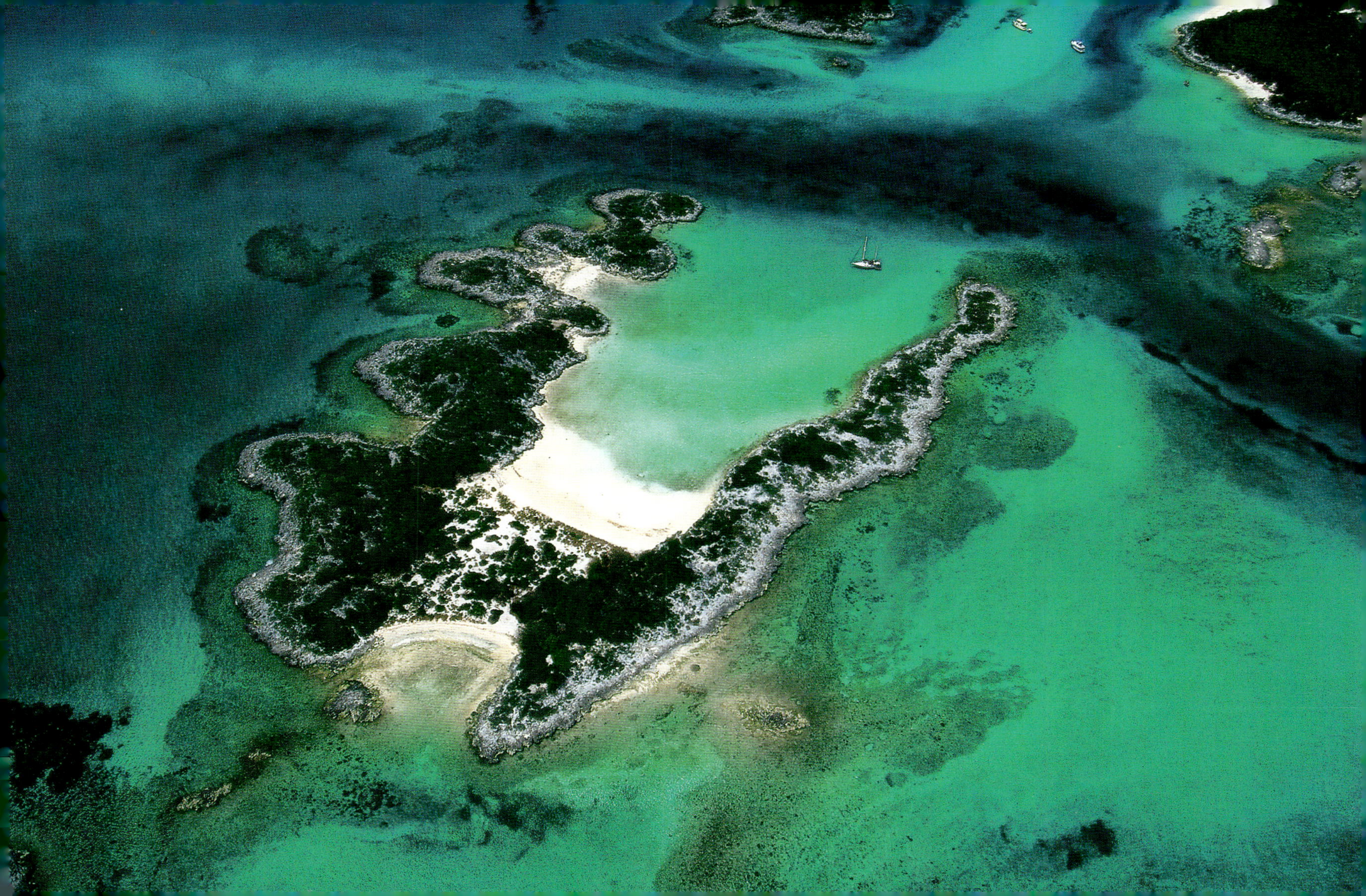

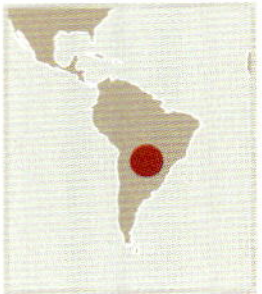

Felder in der Provinz Misiones, Argentinien

(27° 00′ südlicher Breite – 55° 00′ westlicher Länge)

An der Nordspitze Argentiniens herrscht subtropisches Klima. Dort befindet sich die Provinz Misiones, das Ursprungsland des bei den Argentiniern sehr beliebten Matetees. Schon vor der Ankunft der Jesuitenmissionare im 16. Jahrhundert kannten die Guarani-Indianer diesen theinhaltigen Trunk. Seit 1953 achtet man beim Pflanzen der Stechpalmen, aus deren Blättern und Triebspitzen der Matetee hergestellt wird, auf die Bodenformation, denn die Felder müssen sich dem Landschaftsrelief anpassen. Mit dieser Vorschrift will man die Plantagen vor den Auswirkungen der Erosion durch oft sturzartige Regenfälle schützen. Die Landwirtschaft ist von der augenblicklichen Wirtschaftskrise des Landes ganz besonders betroffen. 90 Prozent der Matetee-Hersteller kämpfen mit großen wirtschaftlichen Schwierigkeiten. Der Anbau genmanipulierter Produkte hat in Argentinien zwischen 1996 und 2001 um das 30fache zugenommen. Damit belegt das südamerikanische Land in der weltweiten Produktion genmanipulierter Pflanzen hinter den USA den zweiten Platz.

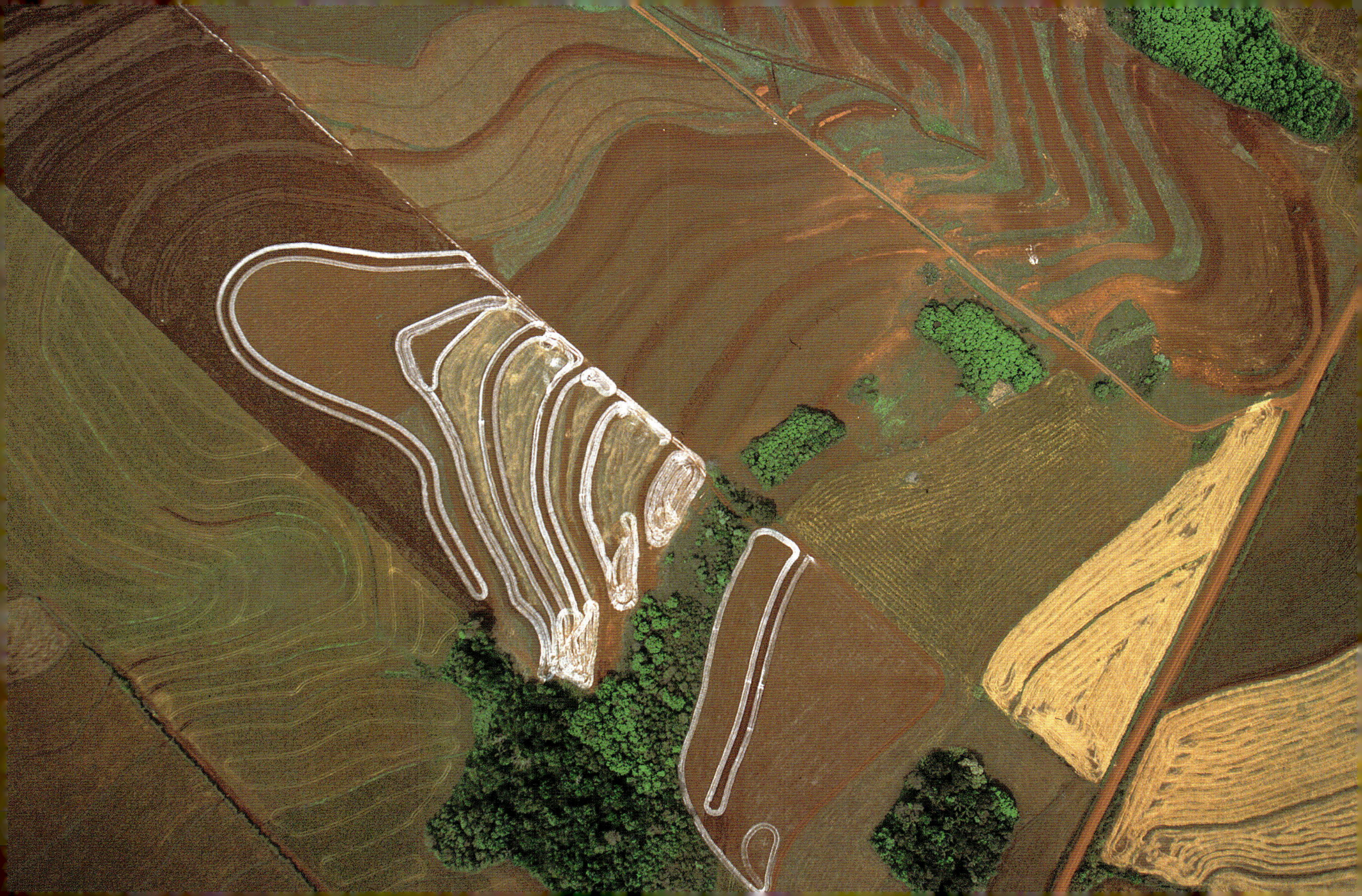

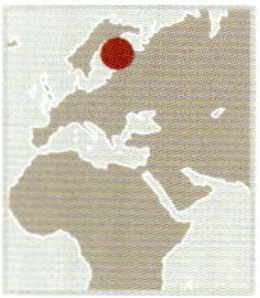

Fährschiff vor der Insel Houtsala, Archipel von Turku, Finnland

(60° 15′ nördlicher Breite – 21° 50′ östlicher Länge)

Der Archipel von Turku vor der finnischen Südwestküste bildet mit seinen 22 000 Granitfragmenten eine Vielzahl von Inseln. Sie grenzen den Bottnischen Meerbusen von der Ostsee ab. In diesem Biosphärenreservat geht es in erster Linie darum, die auf Fischerei und Landwirtschaft fußenden traditionellen Lebensformen der Menschen zu erhalten. Weiterhin soll sichergestellt werden, dass auch für die neuen kommerziellen Aktivitäten das Prinzip der Umweltschonung maßgeblich wird. Im Winter können sich die Versorgungsschiffe auf der zugefrorenen Ostsee nur mithilfe der Eisbrecher bewegen. Der Schiffstransport produziert 80-mal weniger Treibhausgas als der Lufttransport. Trotzdem schlägt der Flugverkehr alle Wachstumsrekorde (sechs Prozent im Jahr). Eine wichtige Grundlage der finnischen Wirtschaft sind die Nadel- und Birkenwälder. Sie bedecken 70 Prozent der Landesfläche und machen ein gutes Drittel der Exporteinnahmen aus. Die Abfälle der Holz- und Forstwirtschaft liefern als Brennstoffe wertvolle Energie. Im Jahr 2000 konnte Finnland damit 20 Prozent seines Energieverbrauchs und zehn Prozent seines Strombedarfs decken.

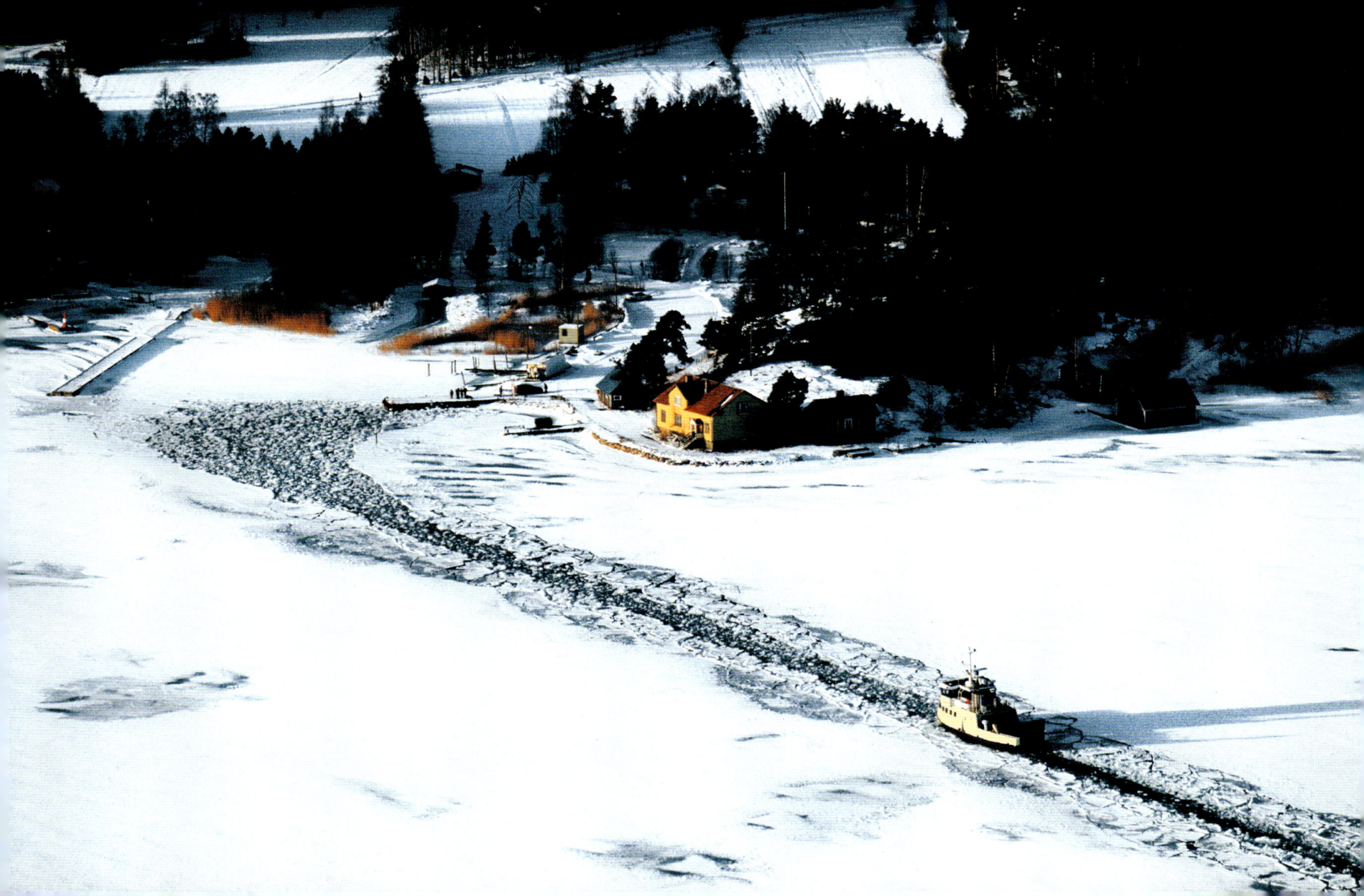

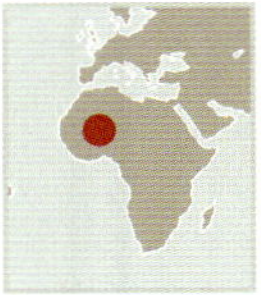

Gehöft in einem Dorf bei Nara, Mali

(15° 10′ nördlicher Breite – 7° 17′ westlicher Länge)

Das traditionelle afrikanische Dorf besteht aus mehreren Gehöften, in denen die Menschen und Tiere bestimmte Hüttenformen bewohnen. Die größte Hütte ist dem Paar oder der Frau mit den Kindern vorbehalten. Die kleineren Hütten dienen als Küche, Stall oder Getreidespeicher. Die Wände bestehen aus einer Mischung aus Erde, Stroh und Sand, die Dächer aus Schilf, Reet oder getrockneten Palmblättern. Keine dieser Hütten hält den Wettereinflüssen lange stand. In weniger als zehn Jahren verfallen sie und werden aufgegeben. Mit dem Einverständnis der lokalen Honoratioren, der »Gebietshäuptlinge«, baut sich die Familie ein neues Gehöft. Nach regionaler Tradition gehört das Land zum Gemeinschaftseigentum und die Gemeinschaft bestimmt über die Zuteilung einzelner Grundstücke.

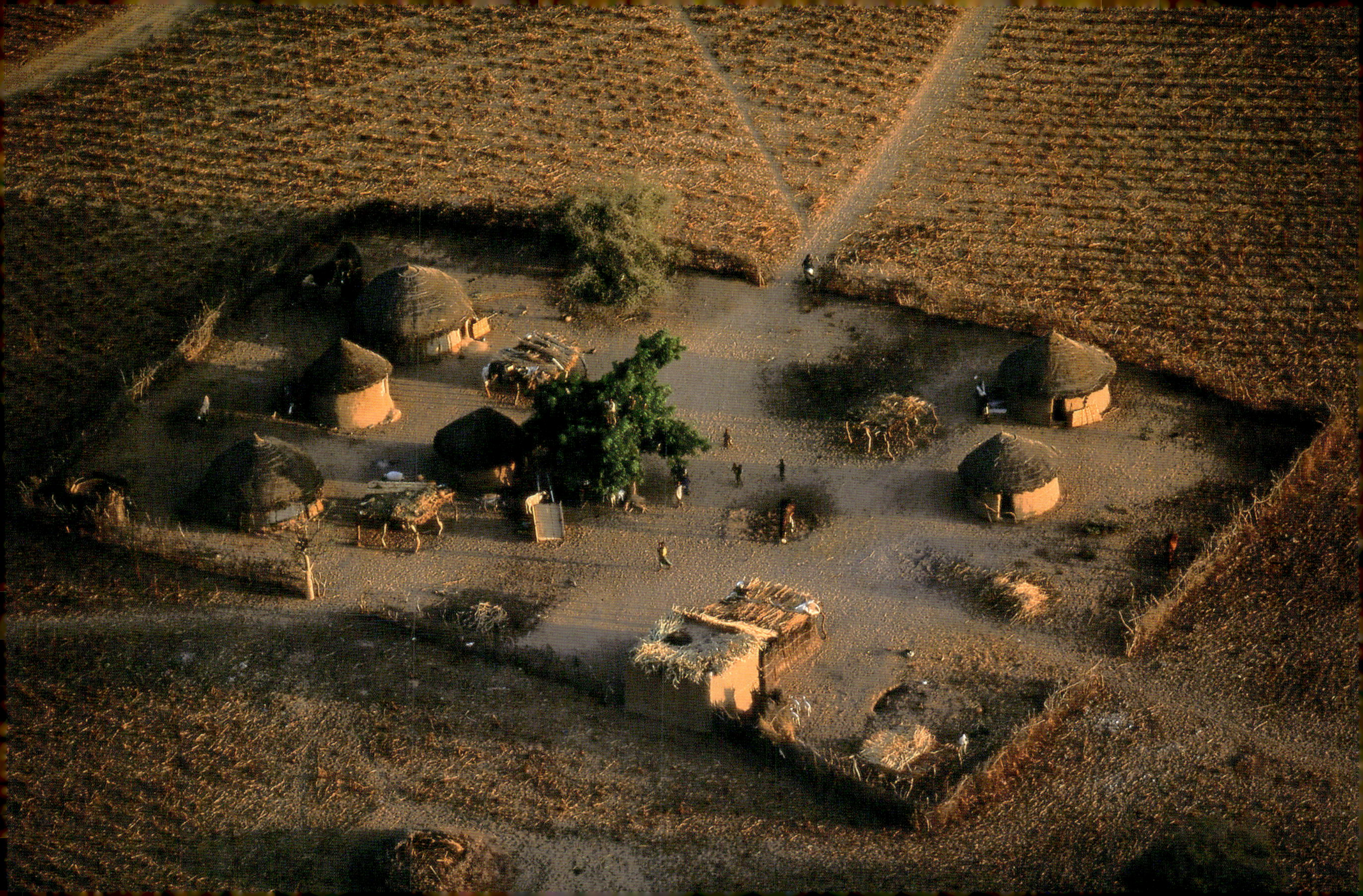

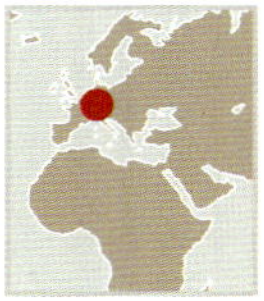

Oberfränkische Landschaft, Bayern, Deutschland

(50° 12′ nördlicher Breite – 11° 30′ östlicher Länge)

Die oberfränkische Industrie in Nordbayern hat durch ihre zentrale Lage innerhalb Deutschlands einen guten Standort. Produziert werden Textilien (heute unter starkem Konkurrenzdruck durch osteuropäische und asiatische Textilwaren), Porzellanwaren, Elektroartikel, Kunststoffprodukte und mechanische Erzeugnisse. Das Landschaftsbild wird aber auch durch den Wald und die Landwirtschaft bestimmt. Europa besteht zu einem guten Drittel aus Wald (123 Millionen Hektar). In Deutschland macht er 30 Prozent der Fläche aus, in Irland dagegen lediglich neun Prozent. Nach einer stark rückläufigen Tendenz im 18. und 19. Jahrhundert nahm der Waldbestand im 20. Jahrhundert gegenüber der landwirtschaftlichen Nutzfläche wieder deutlich zu. Dank entsprechender Fördermaßnahmen wurden zwischen 1993 und 1997 0,5 Millionen Hektar aufgeforstet. Bei guter Forstpflege und geschickter Auswahl der Baumsorten und der Aufforstungsgebiete leistet der Wald einen entscheidenden Beitrag zum Erosionsschutz, zur Regulierung des Wasserhaushalts und im Kampf gegen den Treibhauseffekt.

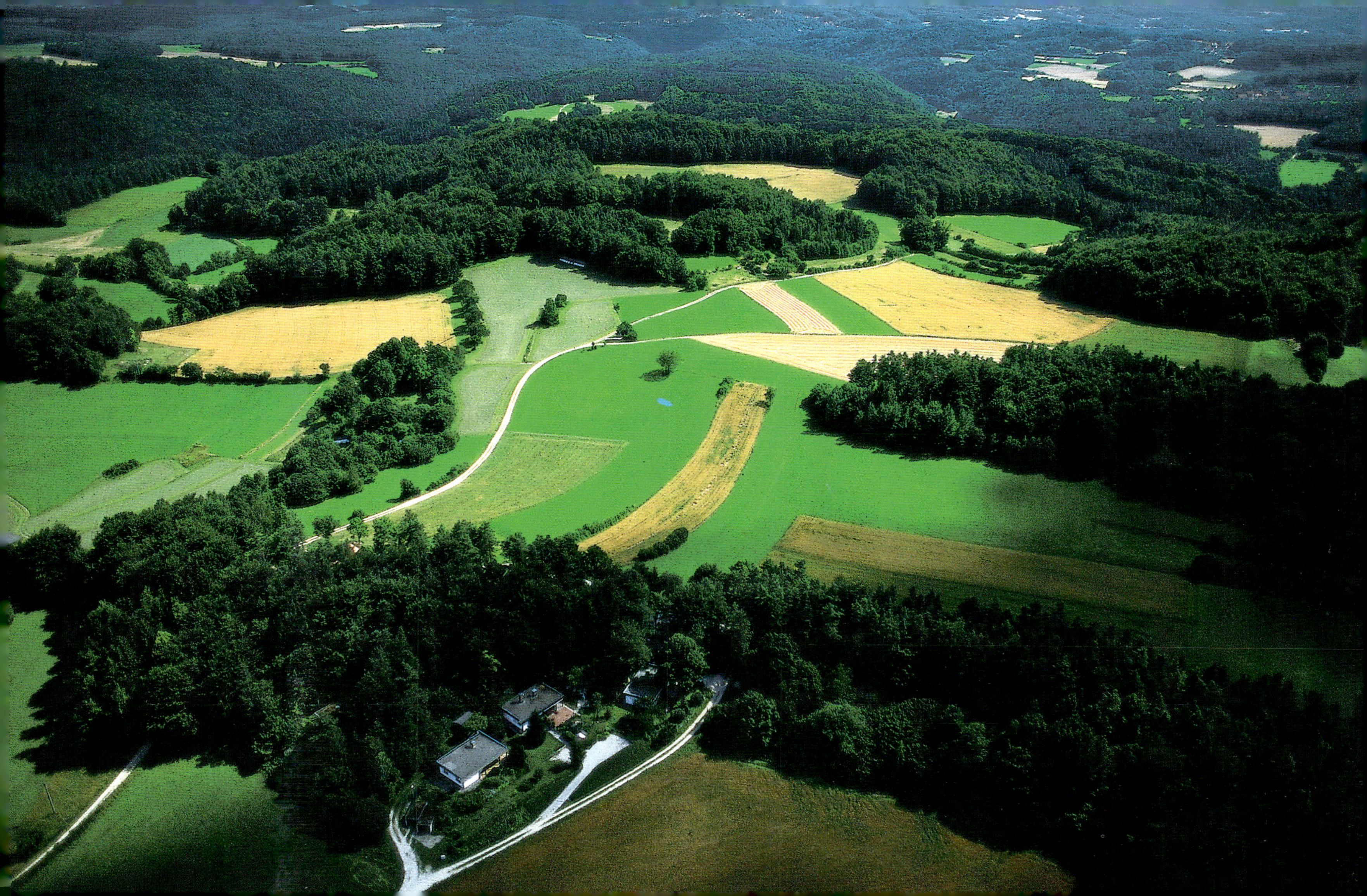

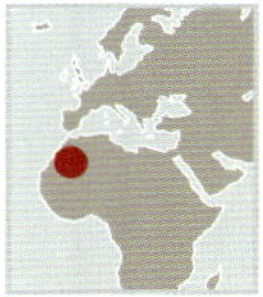

Salzseen in Oualidia, Marokko

(32° 41′ nördlicher Breite – 9° 05′ westlicher Länge)

Oualidia ist ein kleiner Badeort 175 Kilometer südwestlich von Casablanca. Die topografischen, klimatischen und geologischen Bedingungen für die Salzgewinnung sind gegeben mit einem flachen, wasserundurchlässigen Boden, Temperaturen, die die Verdunstung fördern, und regelmäßigen regenfreien Perioden. Da das Salz heute der Allgemeinheit zu günstigen Preisen zur Verfügung steht, dient es auch zur Vorbeugung gegen Jod- und Fluormangel. Weltweit leiden 760 Millionen Menschen an Jodmangel, in 50 Millionen Fällen hat dies zu einer Geistesschwäche geführt. Deshalb sind heute 70 Prozent des im Welthandel erhältlichen Salzes jodiert. Folge: Seit 1990 konnten die Kretinismuserscheinungen bei den Neugeborenen um die Hälfte reduziert werden. Im Augenblick beschäftigt sich die Forschung mit Möglichkeiten, das Salz mit Eisen anzureichern. Doch der Weg ist noch weit: Zwei Milliarden Menschen leiden an Mineral- oder Vitaminmangel.

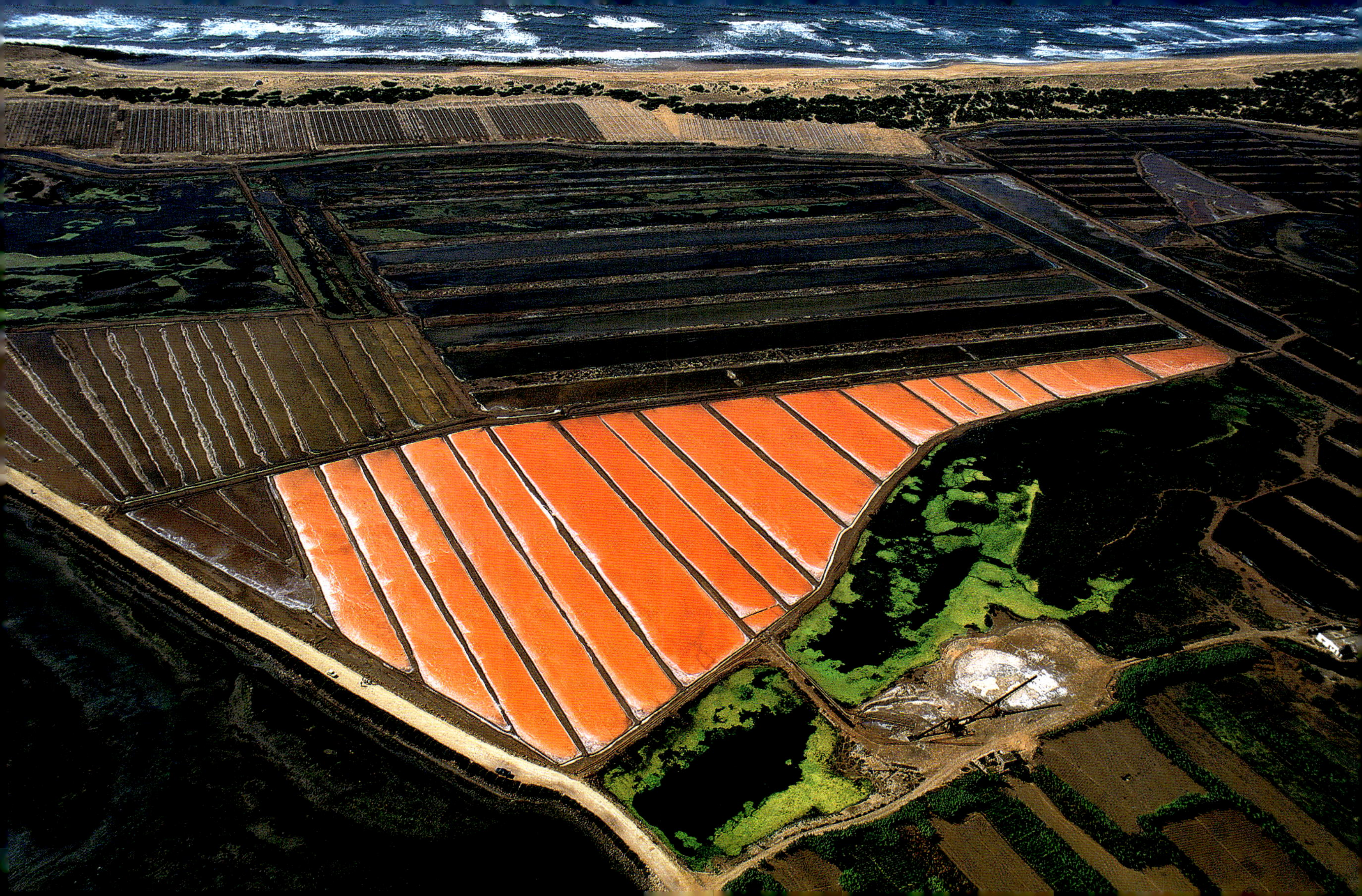

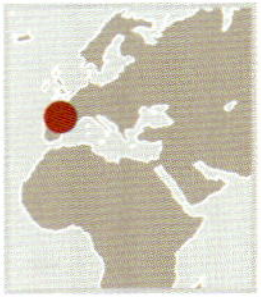

Einsammeln fester Ölrückstände vom Tanker Prestige, Biarritz, Frankreich (43° 40′ nördlicher Breite – 1° 35′ westlicher Länge)

Drei Monate nach der Havarie des liberianischen Tankers Prestige hatte man an der französischen Küste bereits über 13 500 Tonnen kohlenwasserstoffhaltige Rückstände eingesammelt. Bei den Säuberungsaktionen auf offener See kamen vor allem der Kescher, präparierte Schleppnetze für den Muschelfang und an der Oberfläche treibende Fischernetze zum Einsatz. Für die direkt von der Katastrophe Betroffenen ist der FIPOL zuständig, der internationale Entschädigungsfond für die Opfer von Kohlenwasserstoffverschmutzungen. Die von der Ölindustrie finanzierte internationale Organisation kommt für eine solche Katastrophe mit 180 Millionen Euro auf. Dies reicht bei weitem nicht aus, denn die durch die Tankerunglücke verursachten Kosten gehen in die Milliarden, ganz zu schweigen von den übrigen Kosten, die der Ölkonsum verursacht und die von der Ölsteuer nicht aufgefangen werden. Die Besteuerung greift ohnehin zu kurz, denn zum einen leitet daraus mancher ein Recht auf Umweltverschmutzung ab und zum andern wird dadurch die bessere Ausrüstung der Tanker nicht gefördert, denn der Steuerbetrag ist unabhängig vom Zustand der Schiffe.

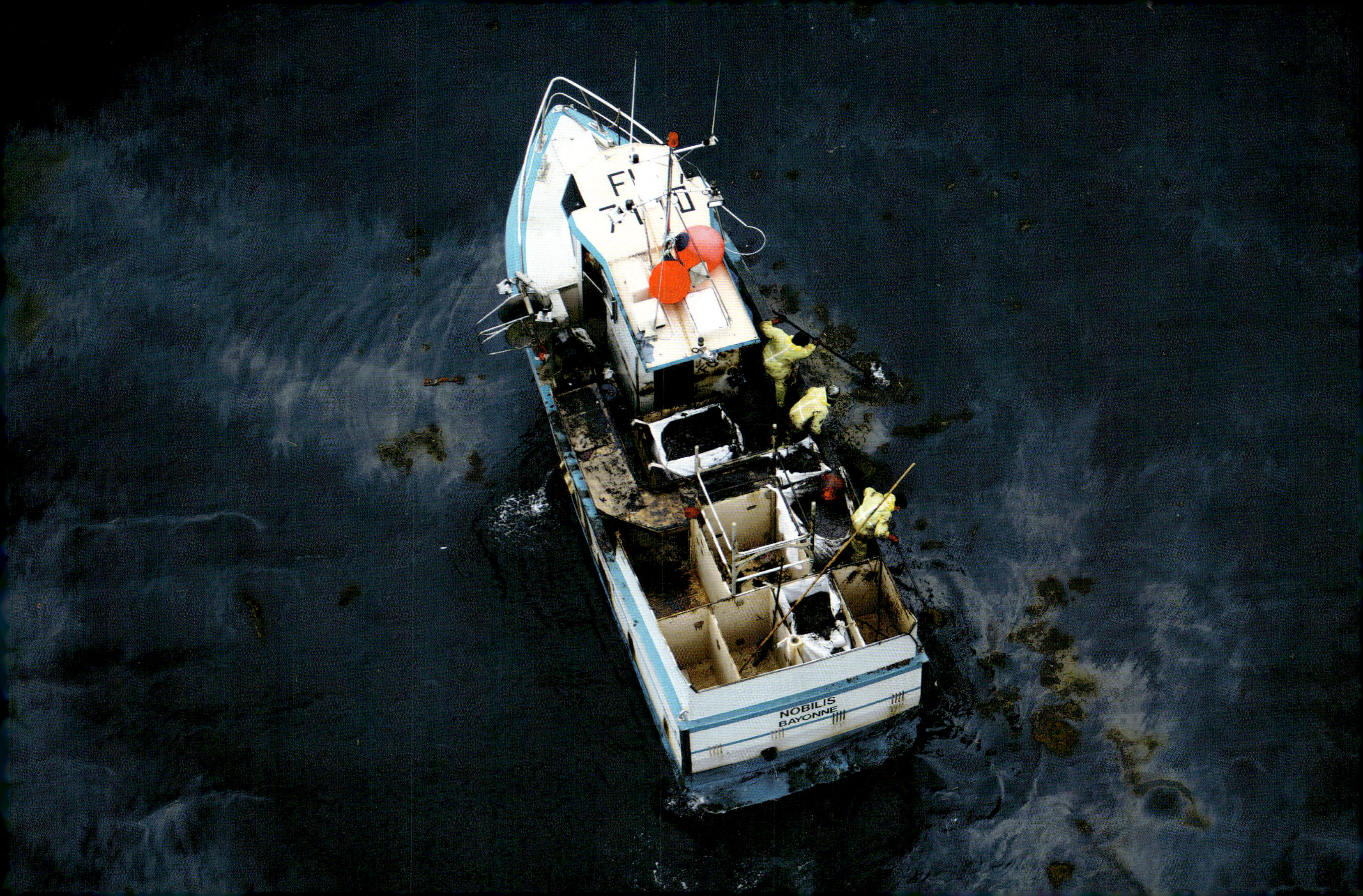
NOBILIS
BAYONNE

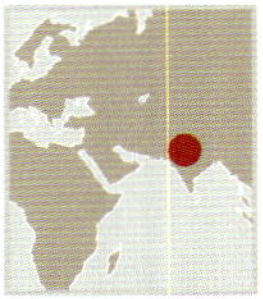

Altstadt von Jodhpur, Rajasthan, Indien

(26° 17′ nördlicher Breite – 73° 02′ östlicher Länge)

Jodhpur liegt am Eingang des früheren Reiches von Marwar, dem »Land des Todes«, am Rand der Wüste Thar. In ihrer Bemühung um eine optische Erfrischung sollen die Brahmanen die Häuser blau bemalt haben. So erstrahlt die ganze Stadt in der Farbe des Wassers, des kostbarsten Gutes in der trockenen Region. In Anbetracht der mangelhaften Wasserversorgung und der steigenden Kosten für eine entsprechende Infrastruktur haben viele Länder (einschließlich Indien) einen Großteil der Wasserwerke privatisiert. Im Augenblick kontrollieren diese Privatunternehmen nur fünf Prozent des weltweiten Wassernetzes, erzielen jedoch bereits einen Umsatz von 200 Milliarden Dollar. Aber auch die Privatisierung ist keine Garantie für die Trinkwasserversorgung der ärmsten Bevölkerungsschichten. In Südafrika trugen die privaten Wasserwerke 2001 und 2002 die Verantwortung für die größte Cholera-Epidemie in der Geschichte des Landes. Denn denjenigen, die die Gebühren nicht bezahlten, stellten sie die Wasserleitung ab. Folglich holten die ärmsten Bevölkerungsschichten das Wasser aus den verschmutzten Flüssen und Brunnen …

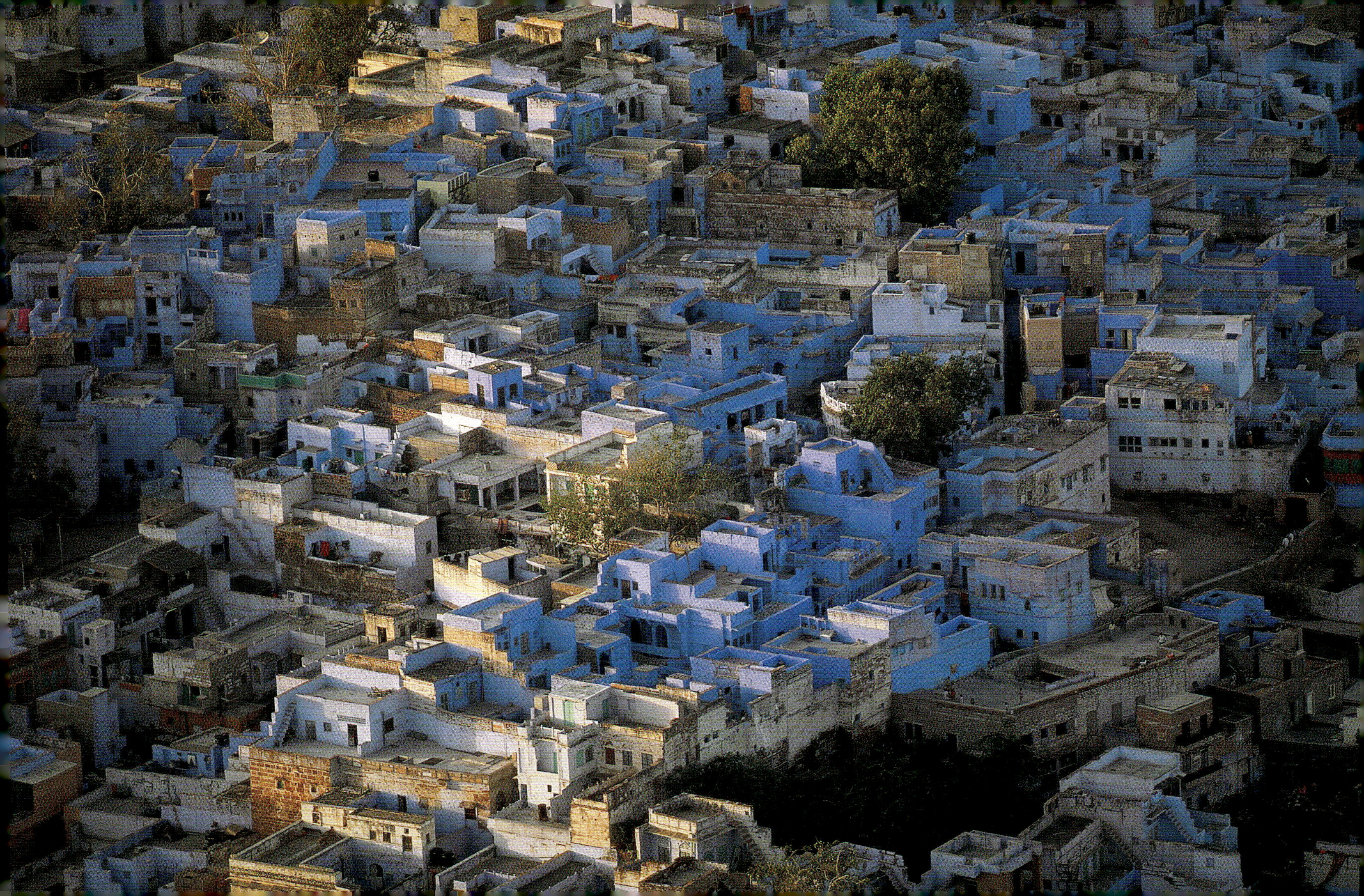

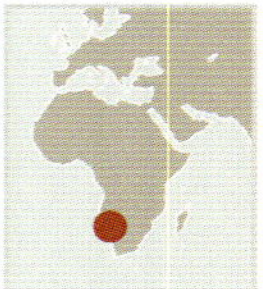

Anfänge der Namib-Wüste, westlich vom Gamsberg, Region Windhoek, Namibia (22° 35′ südlicher Breite – 17° 02′ östlicher Länge)

Die Route von der namibischen Hauptstadt Windhoek zum Seebad Walfischbai führt über den 2334 Meter hohen Gamsberg. Auf der anderen Seite liegt die bis zum Atlantik reichende Namib-Wüste. Sie entstand vor 100 Millionen Jahren und gilt deshalb als die älteste Wüste der Welt. In weiten Teilen ist die Namib eine Steinwüste, sie besitzt jedoch auch 34 000 Quadratkilometer Sanddünen, die mit einer Höhe von bis zu 300 Metern zu den höchsten der Welt zählen. Nur in der Namib wächst auch eine der geheimnisvollsten Pflanzen der Erde, die *welwitschia mirabilis*. Einige Exemplare sollen 1500 Jahre alt sein. Zwei Nationalparks von zusammen 66 400 Quadratkilometern Größe – also einem Viertel der Landfläche Namibias – helfen, das Gleichgewicht dieses Ökosystems zu bewahren. Der Tourismus ist unter Kontrolle und wird nur in seiner sanften Form geduldet.

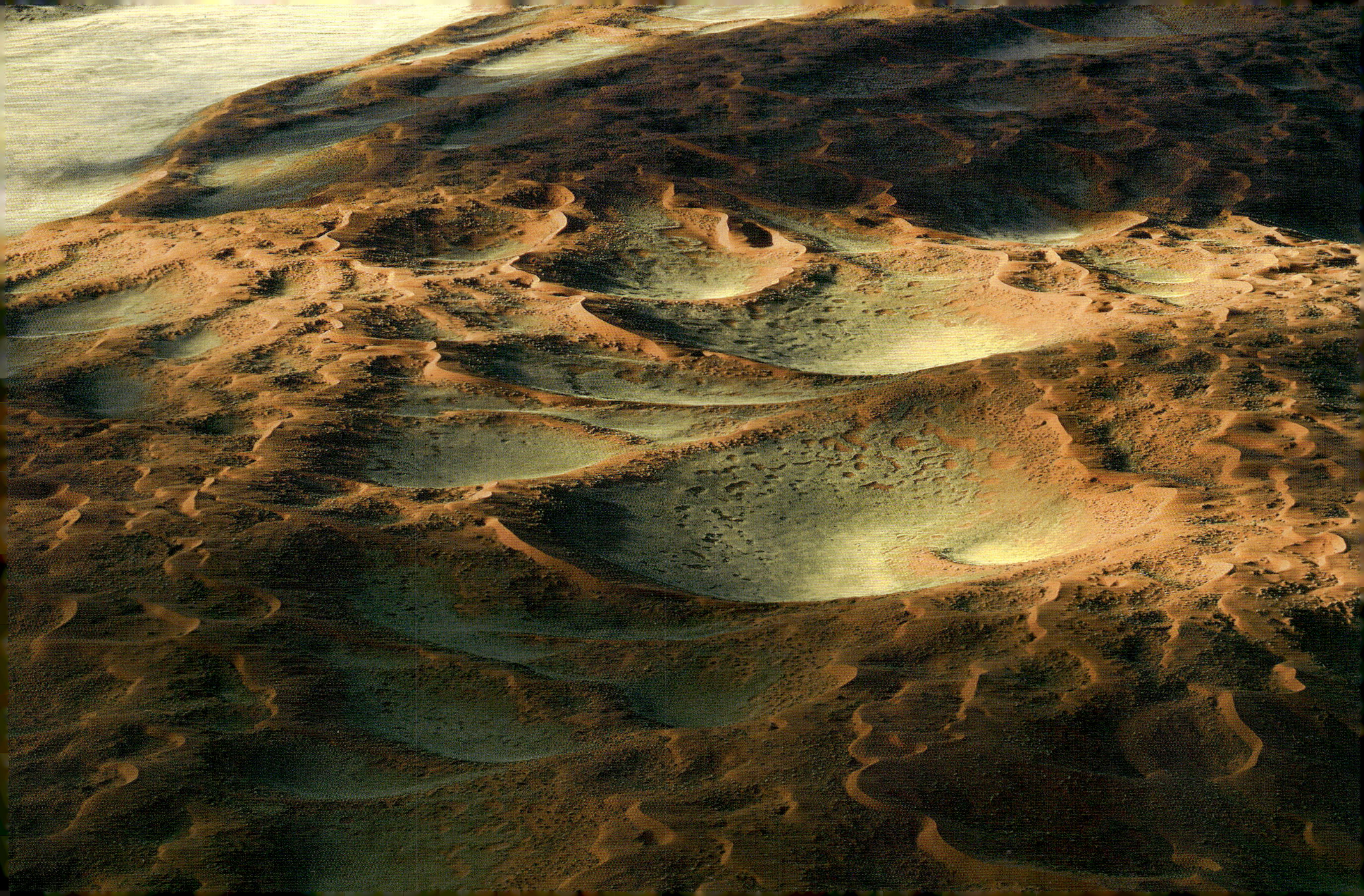

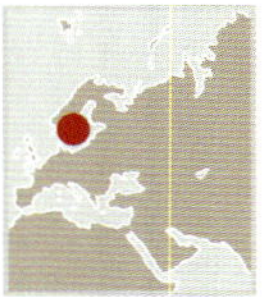

Sturm über dem Meer zwischen Kalmar und der Insel Öland, Schweden (56° 39′ nördlicher Breite – 16° 25′ östlicher Länge)

Jeden Tag kommt es auf der Welt zu rund 50 000 Stürmen. Es sind schnell aufsteigende, feuchte Luftmassen, die dieses meteorologische Phänomen verursachen: Die aufsteigende Luft kühlt ab und kondensiert, denn das maximale Fassungsvermögen für Wasserdampf ist erreicht. Es kommt zur Bildung einer Riesenwolke, die auf niedrigen Breitengraden bis zu 25 Kilometer breit und 16 Kilometer hoch sein kann, und entsprechenden Wolkenbrüchen. Die Bewegung elektrisch geladener Luftschichten führt zu Blitz und Donner. Diese Stürme verursachen überall auf der Welt schwere Schäden in der Landwirtschaft und an Gebäuden, gefährliche Luftturbulenzen und Störungen der Kommunikationssysteme. Sie kosten das Leben von hunderten von Menschen und tausenden von Tieren. Mit der Erwärmung unseres Planeten nimmt auch der Wasserdampfgehalt der Atmosphäre zu. Dies hat nicht nur stärkere Niederschlagsmengen zur Folge, sondern auch die häufigere Entladung meteorologischer Spannungen durch Stürme, Tornados oder Hurrikans.

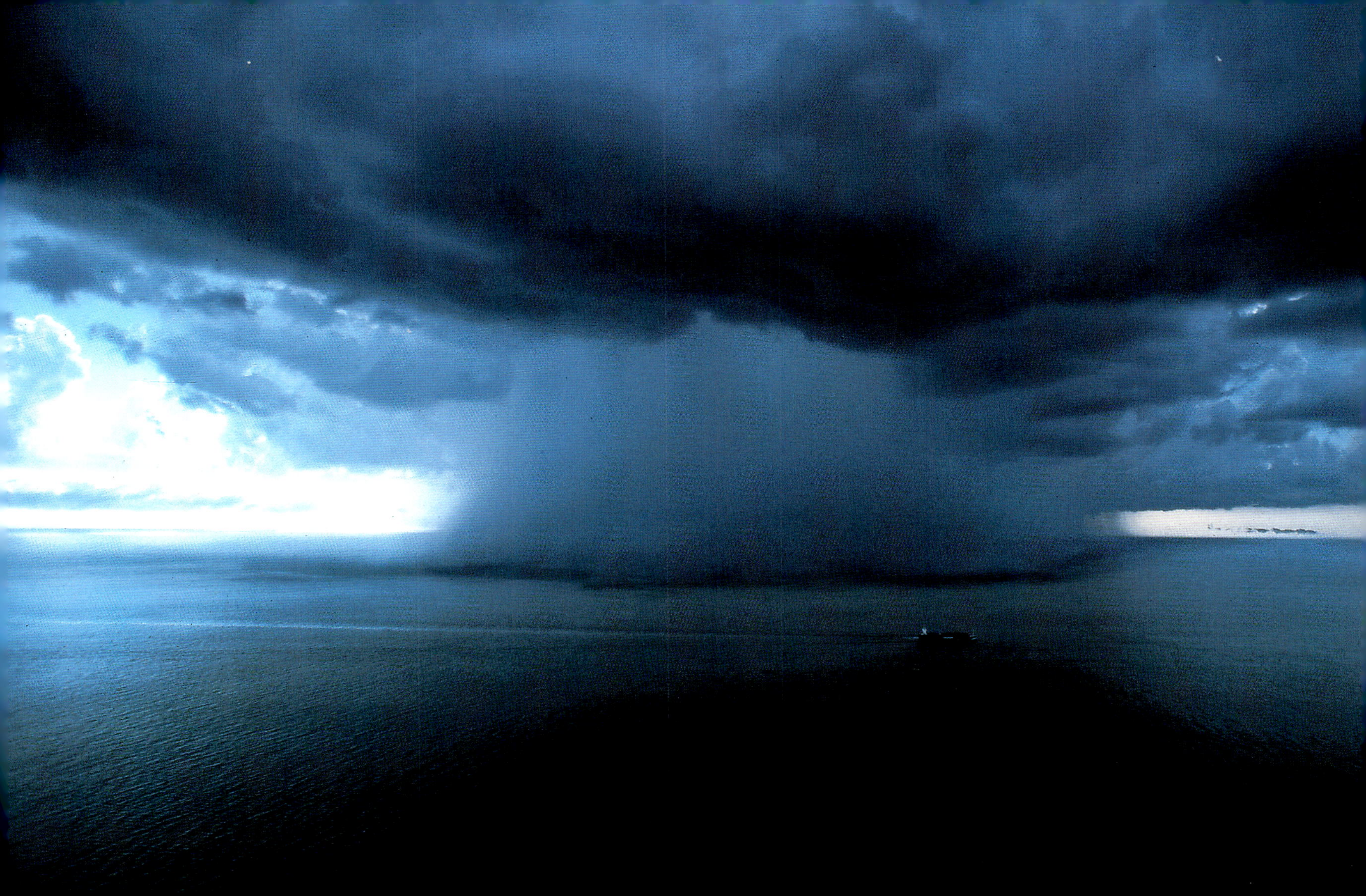

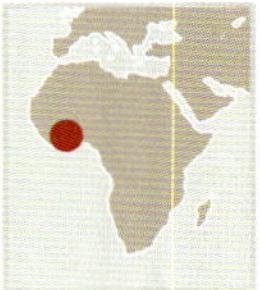

Ananasernte in Abidjan, Elfenbeinküste

(5° 19′ nördlicher Breite – 4° 02′ westlicher Länge)

Die Elfenbeinküste ist für die Europäische Union der wichtigste Exporteur von frischer Ananas. Doch die lateinamerikanischen Länder sind für den afrikanischen Ananashandel eine ernst zu nehmende Konkurrenz, und die EU stellt vor allem in Bezug auf die chemischen Restbestände immer höhere Anforderungen. Die Ananas- und Bananenproduzenten machen die offiziellen Handelskontore mit verantwortlich für den starken Preisverfall: 2003 deckte der Verkaufspreis nicht einmal mehr die Produktionskosten. Seit dem 19. September 2002 haben innenpolitische Streitereien und die damit einhergehenden Straßenblockaden die Krise zusätzlich verschärft. Dabei ging es zunächst um die Forderung nach einer gerechteren Verteilung des fruchtbaren Bodens. Bereits 2001 warfen die Einheimischen den hauptsächlich aus Burkina Faso und Mali eingewanderten Fremden, die inzwischen mehr als 30 Prozent der Gesamtbevölkerung ausmachen, eine unangemessene Bereicherung vor. In Bonoua wurde den Einwanderern sogar der Ananasanbau – die wichtigste Einnahmequelle der Region – verboten.

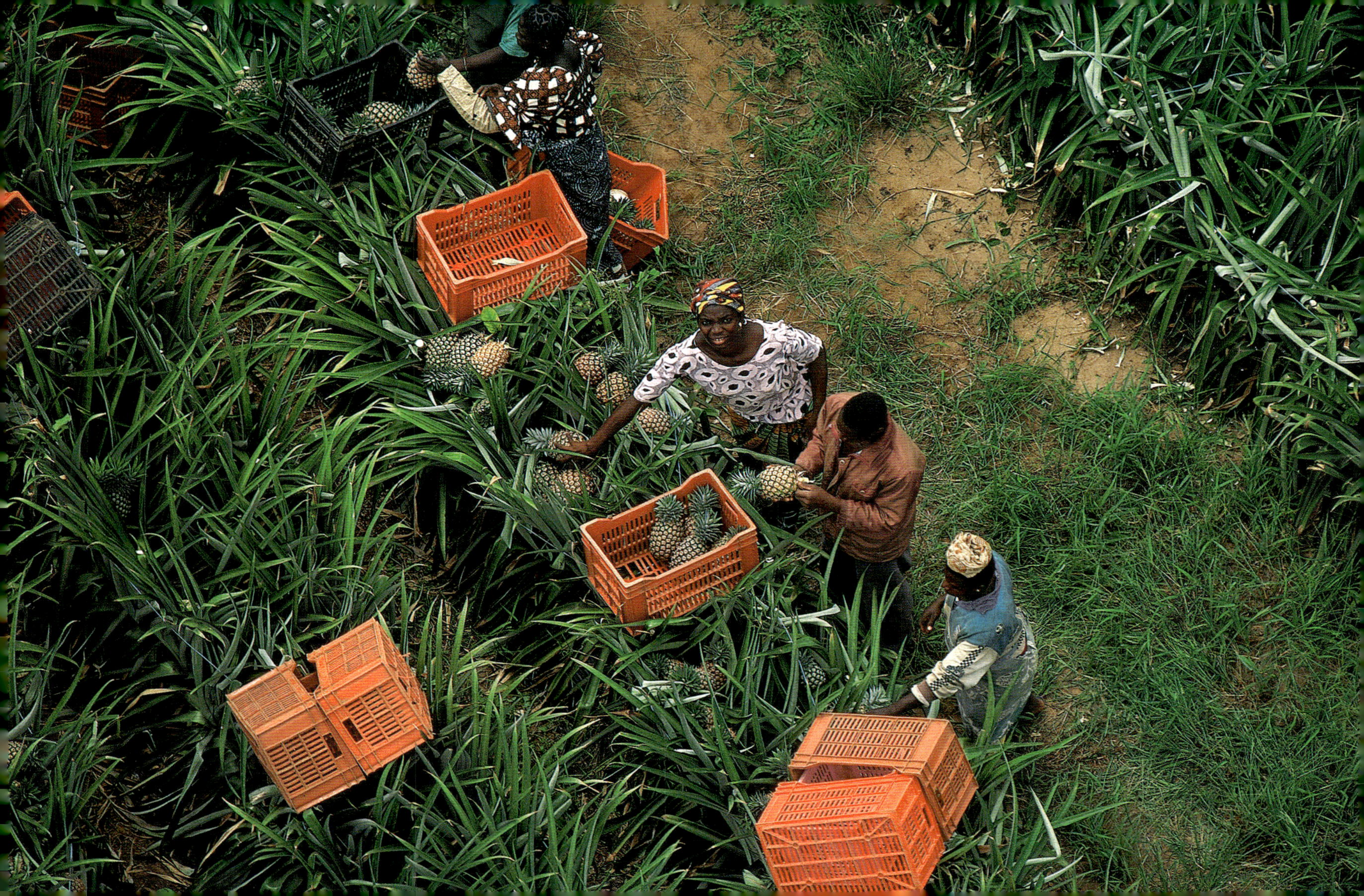

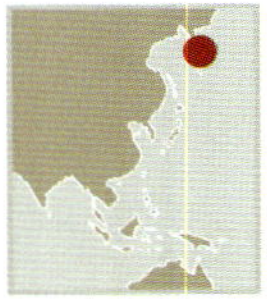

Die Caldera des Uson-Vulkans, Kamtschatka, Russland

(54° 31′ nördlicher Breite – 159° 48′ östlicher Länge)

Der flache, mehrere hundert Quadratkilometer große Grund des Kraters ist von großen, 200 bis 800 Meter breiten Terrassen eingefasst. Nach der Eruption kann das Magma die Hitze über mehrere Jahrtausende halten. Deshalb wird das einzigartige Schauspiel in der Caldera noch einige Zeit andauern. Sämtliche Effekte beruhen auf der in dem Magma gespeicherten Hitze: Jeder See und jeder Fluss gehen auf eine heiße, dampfende Quelle zurück. Die Konzentration an Bor, Silizium und Ammoniak ist außergewöhnlich hoch. An den Verdunstungsstellen bilden sich bunte Kristalle und auf dem Wasser schwimmen Blasen aus Schwefelwasserstoff, die sich zu einem bunten Teppich verdichten. Der warme Boden und die heißen Quellen schaffen einen einzigartigen Mikrokosmos mit einer bunten Tier- und Pflanzenwelt.

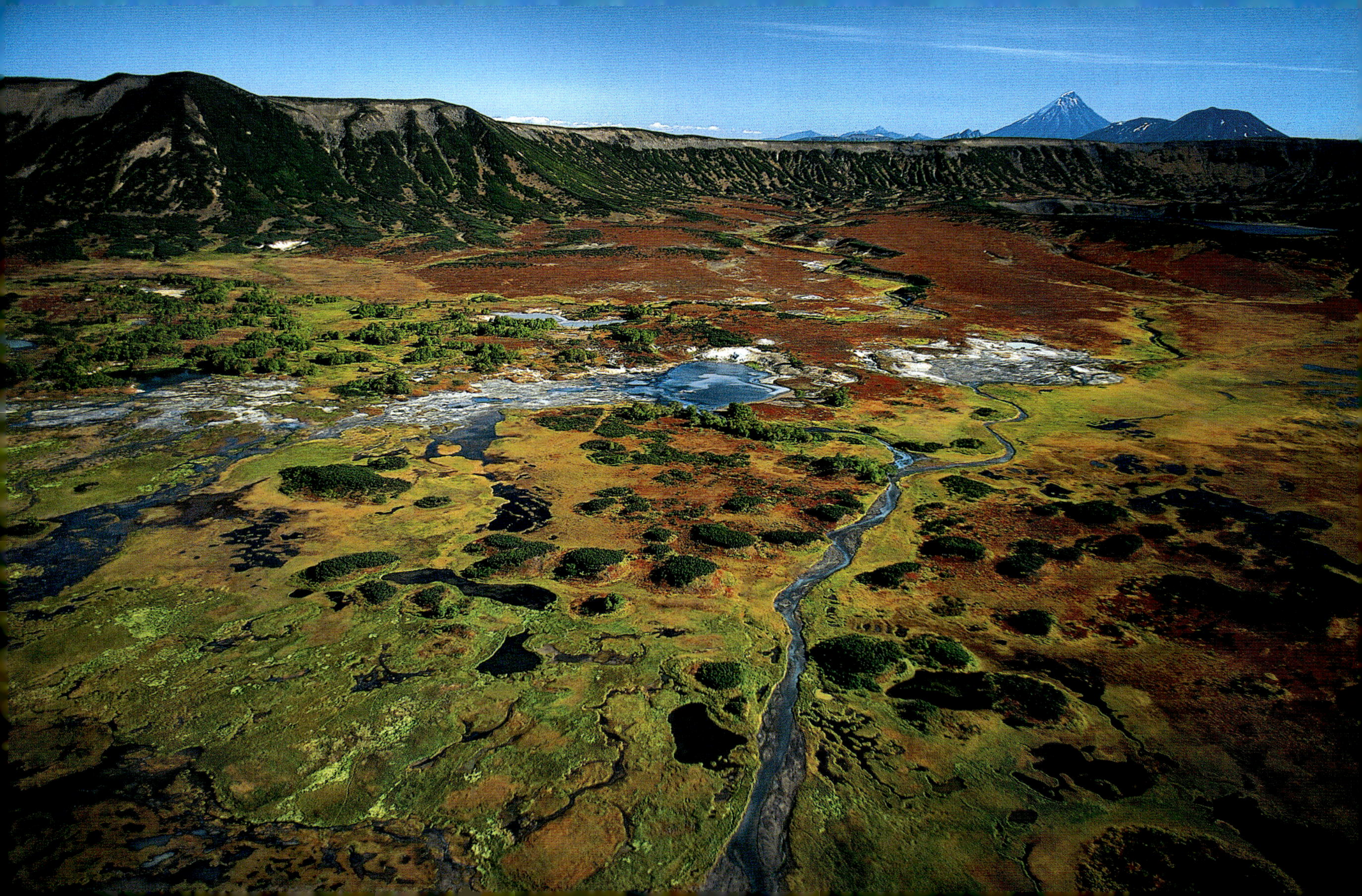

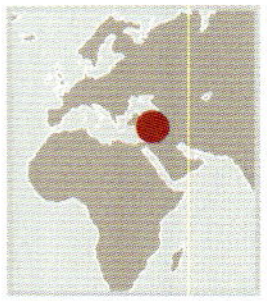

Schafherde bei Kefraïya, Libanon

(33° 39′ nördlicher Breite – 35° 43′ östlicher Länge)

Die Schafe zeichnen eine eigenartige Arabeske auf die kahlen Weideflächen des Libanongebirges. Früher standen auf diesen Bergen jahrhundertealte Zedernwälder. Heute sind davon nur noch klägliche Reste übrig. Zwischen 1972 und 1994 fielen 60 Prozent des libanesischen Waldbestands dem Bürgerkrieg, der zunehmenden Verstädterung und den zahlreichen Waldbränden zum Opfer. Die kahlen Hänge sind verstärkt der Erosion ausgesetzt, besonders während der starken Regenfälle, die für das mediterrane Klima in den Wintermonaten typisch sind. Die übermäßige Beweidung vollendet diese fatale Entwicklung: Das Land wird zunehmend unfruchtbarer. Die allzu starke Bewirtschaftung ist der Hauptgrund für die weltweite Verschlechterung des Bodens. Experten gehen davon aus, dass 20 Prozent aller Weidegebiete inzwischen unfruchtbar geworden sind.

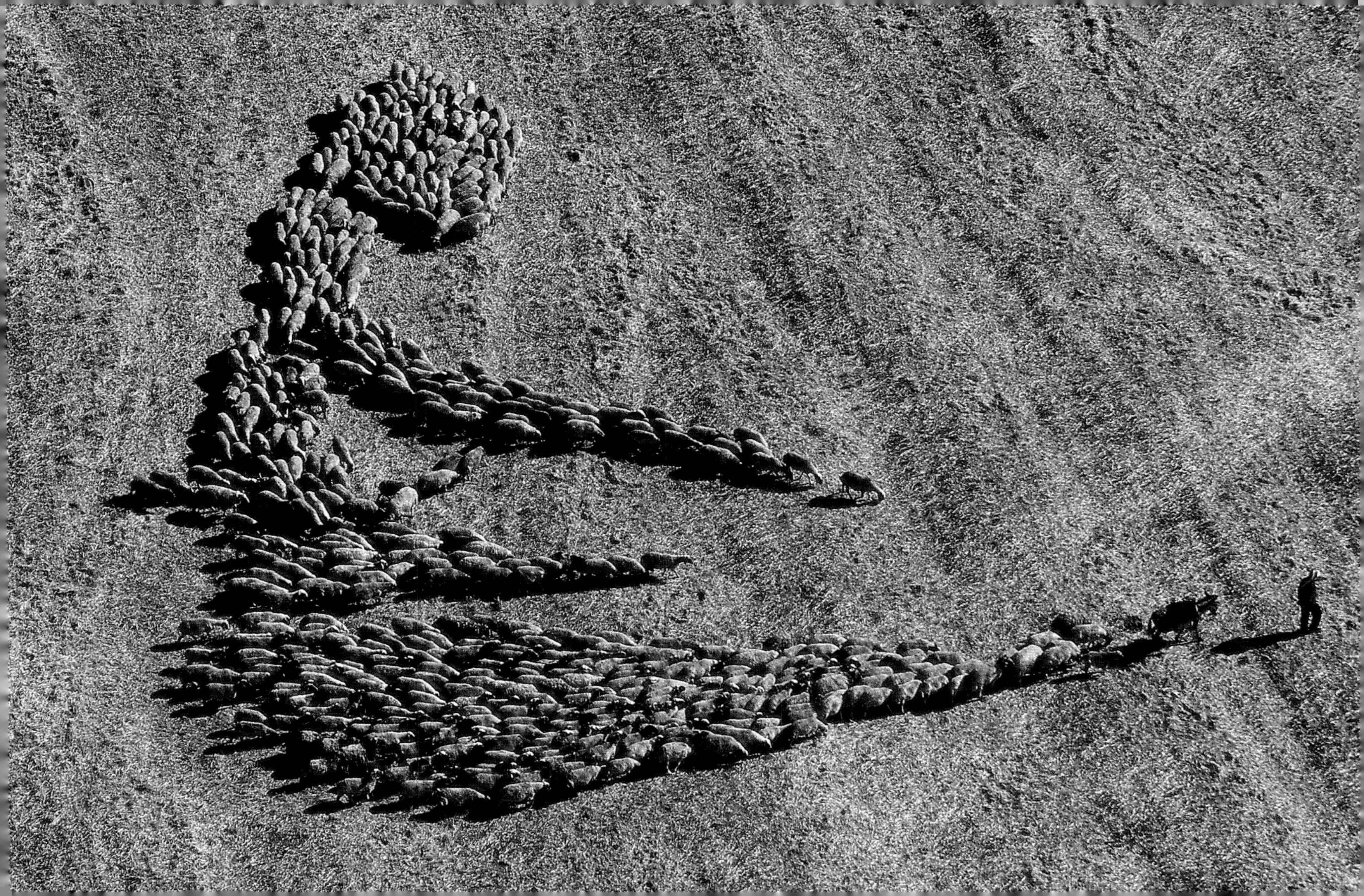

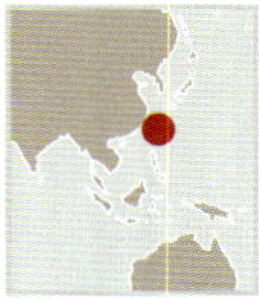

Sauerstoffzufuhr für eine Garnelenzuchtanlage, Lagune Tungkang, Taiwan (22° 26′ nördlicher Breite – 120° 28′ östlicher Länge)

Das Brackwasser der Lagune Tungkang im Südwesten Taiwans eignet sich hervorragend für die Aquakultur, insbesondere für die einträgliche Garnelenzucht. Zur Bekämpfung des weißen Schaums, der sich aus den Ausscheidungen der Garnelen bildet, wird dem Wasser in den Zuchtbecken Sauerstoff zugeführt. In den letzten 20 Jahren hat die Garnelenzucht weltweit stark zugenommen: 1999 wurden 814 000 Tonnen Garnelen gezüchtet, das sind 16-mal mehr als 1980 (damals waren 50 000 Tonnen registriert worden). 80 Prozent der Produkte aus der Garnelenzucht weltweit kommen aus Asien. Die Garnelen können sich nur im warmen Wasser entwickeln. Aus diesem Grund liegen die Garnelenzuchtanlagen in den tropischen Küstenregionen, insbesondere im Mangrovengürtel. Dieser bildet als Lebensraum vieler Fische und Krebstiere ein einzigartiges, aber fragiles Ökosystem. Nicht nur die zahlreichen Absonderungen der riesigen Zuchtanlagen, auch die massiv eingesetzten Antibiotika stellen eine schwere Belastung für die Gewässer der näheren Umgebung dar. Man schätzt, dass für ein Kilogramm gezüchteter Garnelen 447 Gramm Fische und Garnelen aus dem natürlichen Ökosystem vernichtet werden – zum Nachteil der einheimischen Bevölkerung, die von der am Export orientierten Garnelenzucht im großen Stil nicht profitiert.

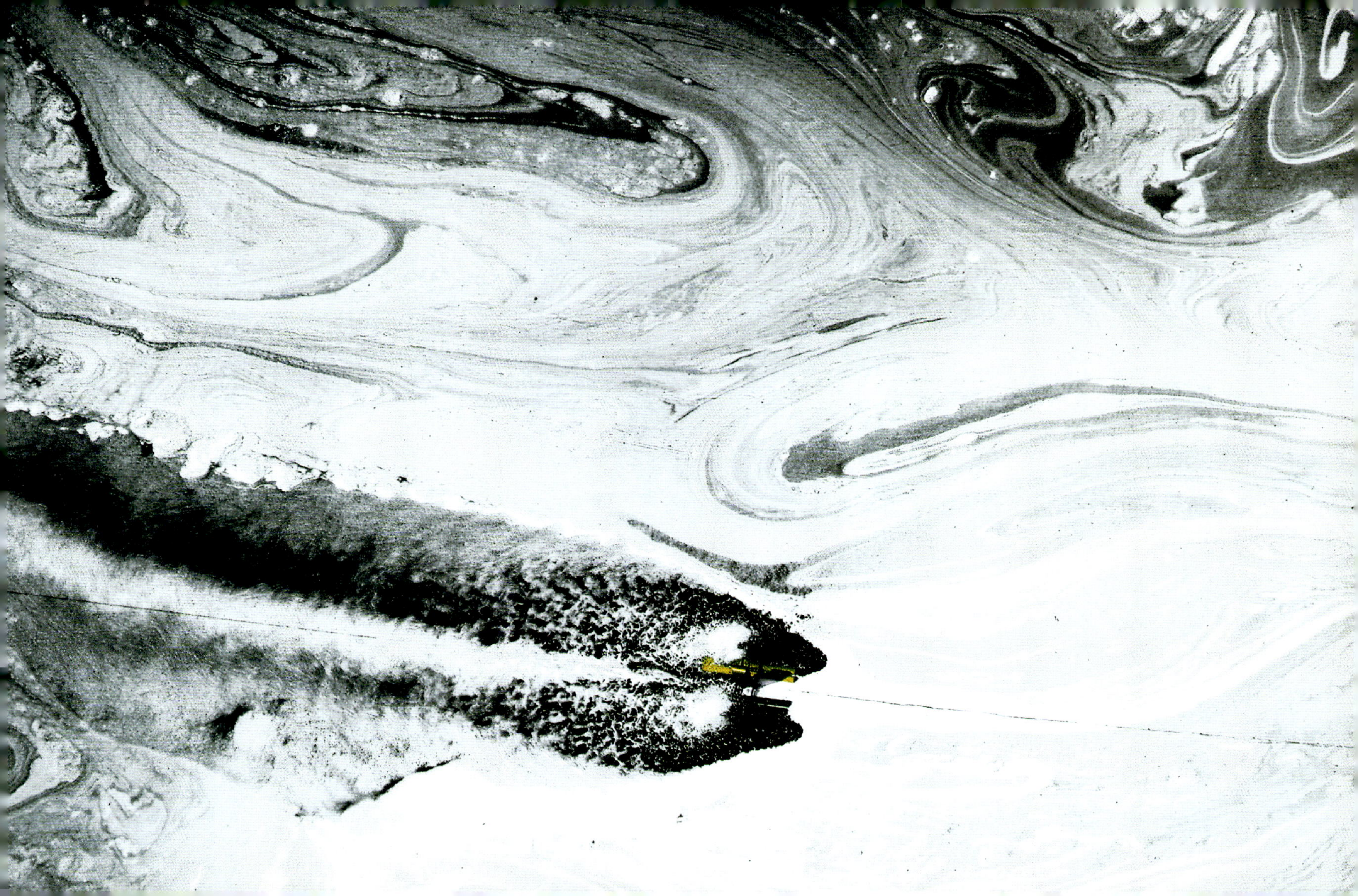

Die Schokoladehügel der Bohol-Insel, Philippinen

(9° 50′ nördlicher Breite – 124° 00′ östlicher Länge)

Im östlichen Zentrum der Bohol-Insel erheben sich auf einer Fläche von 50 Quadratkilometern eigenartige Hügel. In der Trockenzeit nimmt das hohe Gras dieser Hügel eine braune Farbe an, daher der Name »Schokoladehügel«. Das Landschaftsbild geht auf Erosionskräfte zurück. In den Kalkregionen löst das meist unterirdisch fließende Wasser die Calciumcarbonat-Verbindungen auf und arbeitet die unterschiedlichsten Steinformationen heraus. Die Insel mit diesen sonderbaren Hügeln als Hauptattraktion wurde für den Fremdenverkehr erschlossen. Doch bis jetzt kommen nur wenige ausländische Touristen. Die meisten von ihnen zeigen Respekt gegenüber den natürlichen Ressourcen der Insel.

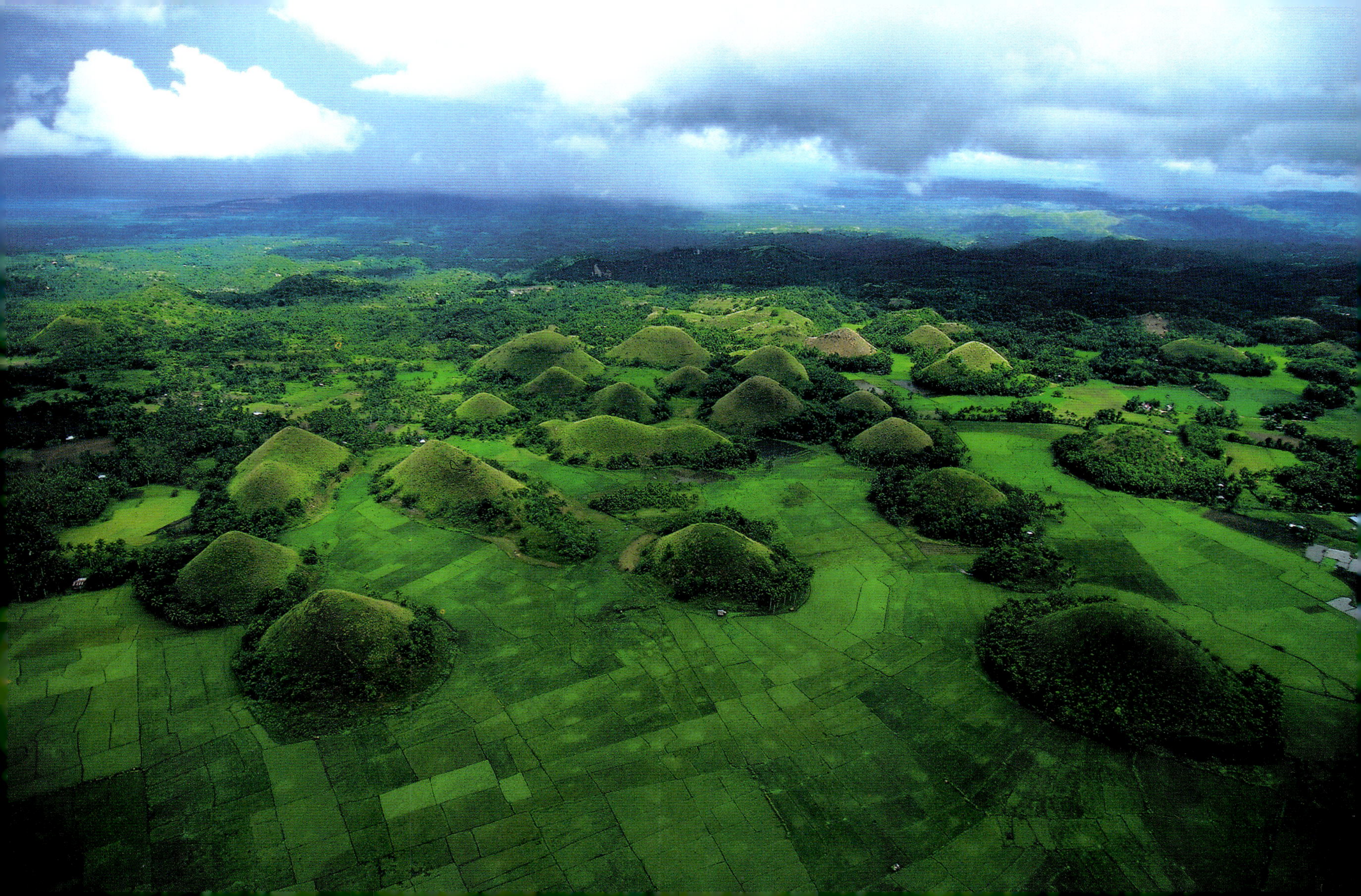

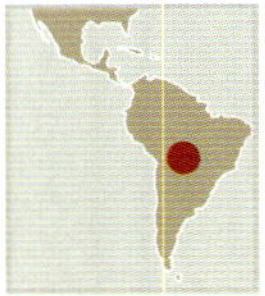

Chipaya-Bauten, Salar de Uyuni, Altiplano, Bolivien

(19° 45′ – 20° 34′ südlicher Breite – 68° 09′ westlicher Länge)

In den bolivianischen Hochebenen stößt man wie überall in den Anden auf riesige Salzfelder. Das Foto zeigt die größte Salzwüste der Erde. Sie liegt 3600 Meter hoch und erstreckt sich über 12 000 Quadratkilometer. Am Rand dieser Wüste bauten sich die Chipaya-Indianer ihre Rundbauten aus Salzblöcken. Sie fördern das kostbare Salz, das anschließend in Lastwagen direkt zum Verbraucher transportiert wird. Bolivien ist heute das ärmste Land Südamerikas. 70 Prozent seiner Bevölkerung leben unterhalb der Armutsgrenze. Im Jahr 2000 hat Bolivien mit 188 anderen Staaten ein UNO-Abkommen unterzeichnet und sich verpflichtet, bis 2015 die Zahl derer, die mit weniger als einem Dollar pro Tag auskommen müssen, auf die Hälfte zu reduzieren. Im Augenblick sind es weltweit 1,2 Milliarden Menschen.

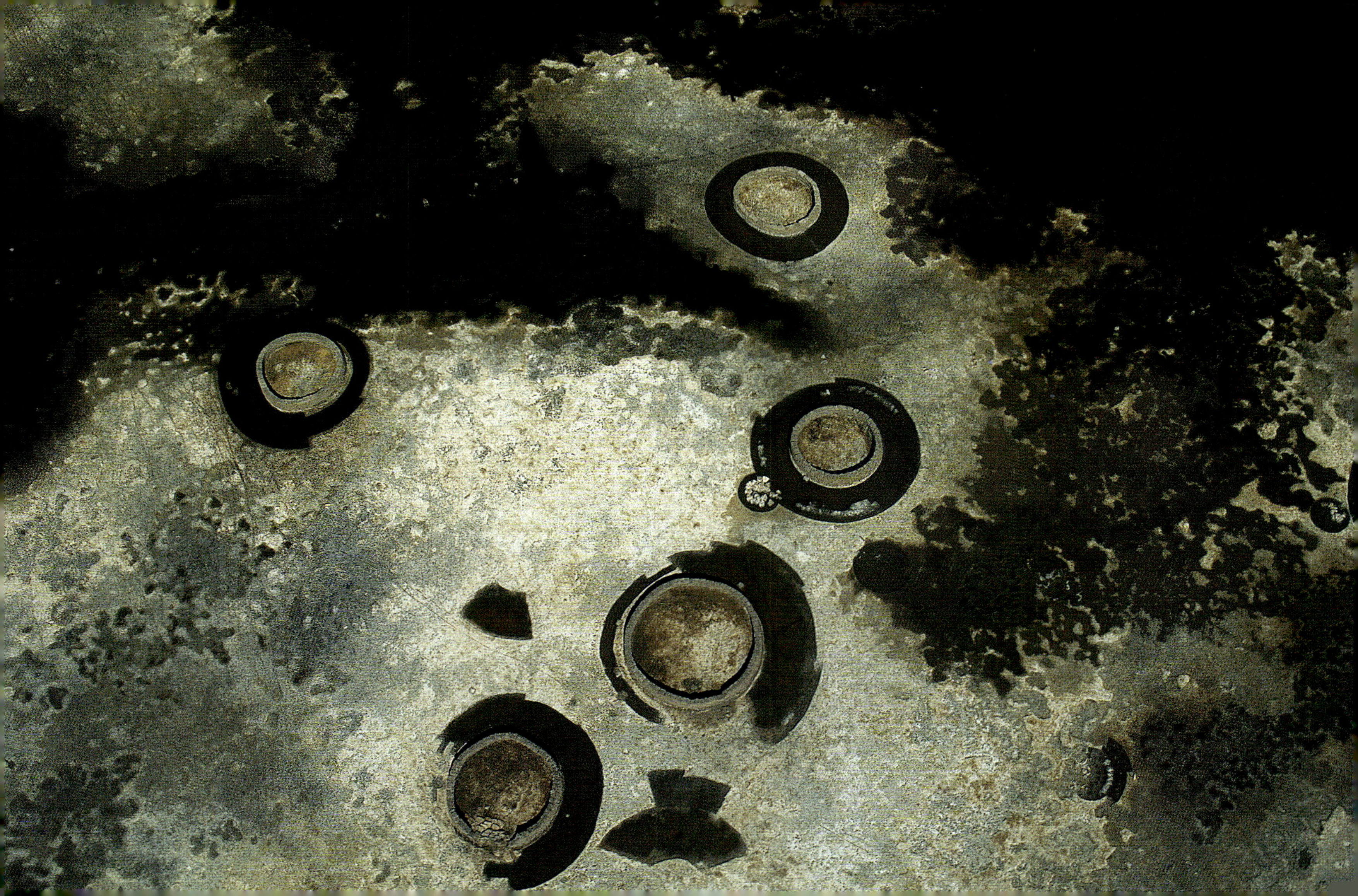

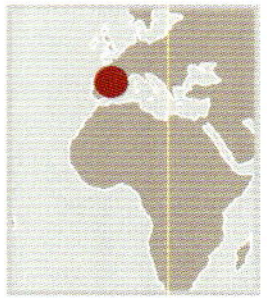

Nicht vollendetes Kernkraftwerk von Arminza, Baskenland, Spanien (43° 25′ nördlicher Breite – 2° 54′ westlicher Länge)

1984 erließ die spanische Regierung ein Moratorium für die Inbetriebnahme von Kernkraftwerken, das 1992 erneuert wurde. An allen geplanten oder bereits im Bau befindlichen Reaktoren wurden mit sofortiger Wirkung die Arbeiten eingestellt. Seitdem gibt es in Spanien fünf nicht vollendete Kernkraftwerke, eines davon steht in Arminza. Neun spanische Reaktoren sind in Betrieb und decken 30 Prozent des spanischen Strombedarfs. In der Frage der Kernenergie verfolgen die europäischen Länder unterschiedliche Richtlinien: Frankreich – mit 59 Reaktoren an der europäischen Spitze – setzt voll und ganz auf die Kernenergie, die 72 Prozent des französischen Strombedarfs liefert. Österreich, Dänemark und Italien hingegen haben diese Energieform praktisch aufgegeben. Die Nukleartechnologie reduziert zwar die Treibhausgasemissionen, ist aber dennoch voller Risiken durch radioaktive Abfälle, Reaktorunfälle oder mögliche Attentate. Außerdem sind die weltweiten Vorräte an Uran, dem wichtigen Basisstoff der Kernenergie, begrenzt. Wenn wir die Treibhausgasemissionen wirklich verringern wollen, müssen wir unseren Energiebedarf deutlich reduzieren. Ansonsten könnten sich die Emissionen bis 2100 verdreifachen und bis 2150 sogar vervierfachen.

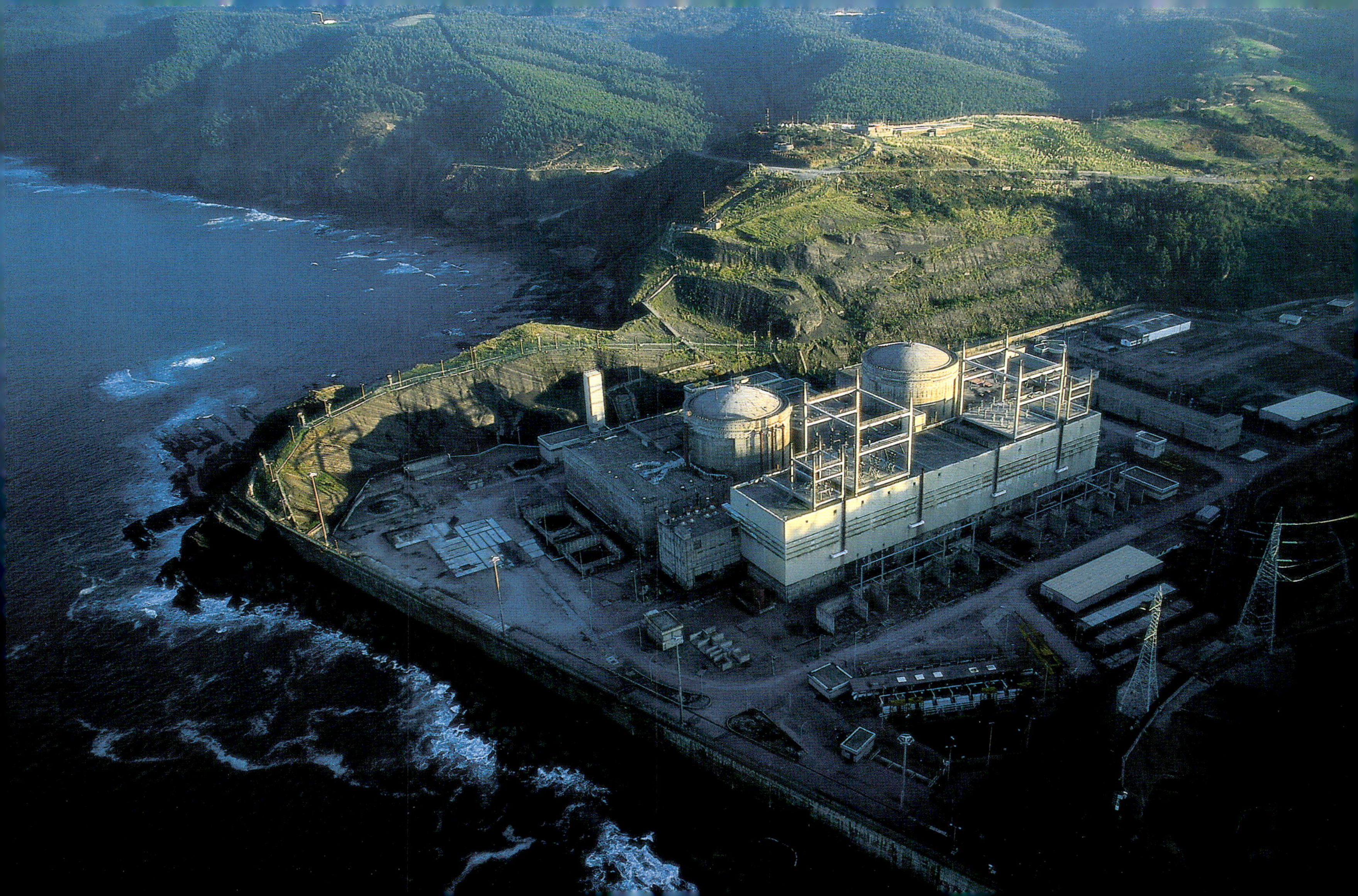

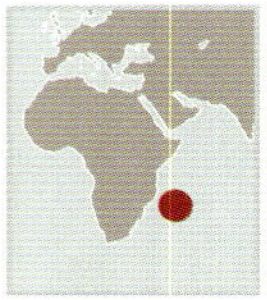

Fischer auf der Insel Sainte Marie, nördlich von Toamasina, Madagaskar (16° 50′ südlicher Breite – 49° 55′ östlicher Länge)

Die Insel Sainte Marie vor der madagassischen Ostküste ist ein wahres Tropenparadies. Die Bewohner arbeiten noch mit traditionellen Fischfangmethoden, hauptsächlich mit Booten aus ausgehöhlten Baumstämmen. Die madagassischen Fischbestände zählen zu den reichsten und vielfältigsten des westlichen Indischen Ozeans, der Fischfang ist dort die wichtigste Nahrungs- und Einnahmequelle. Doch die internationale Fischindustrie mit ihren skandalösen Fangmethoden zerstört den natürlichen Lebensraum der Tiere: Korallenriffe, Mangrovenküsten und Sumpfgebiete. Der Rückgang des Fischbestands ist alarmierend. Vermutlich sind bereits zehn Prozent der madagassischen Korallenriffe zerstört. Wenn sich die Fangmethoden nicht drastisch ändern, werden bis 2025 60 Prozent vernichtet sein.

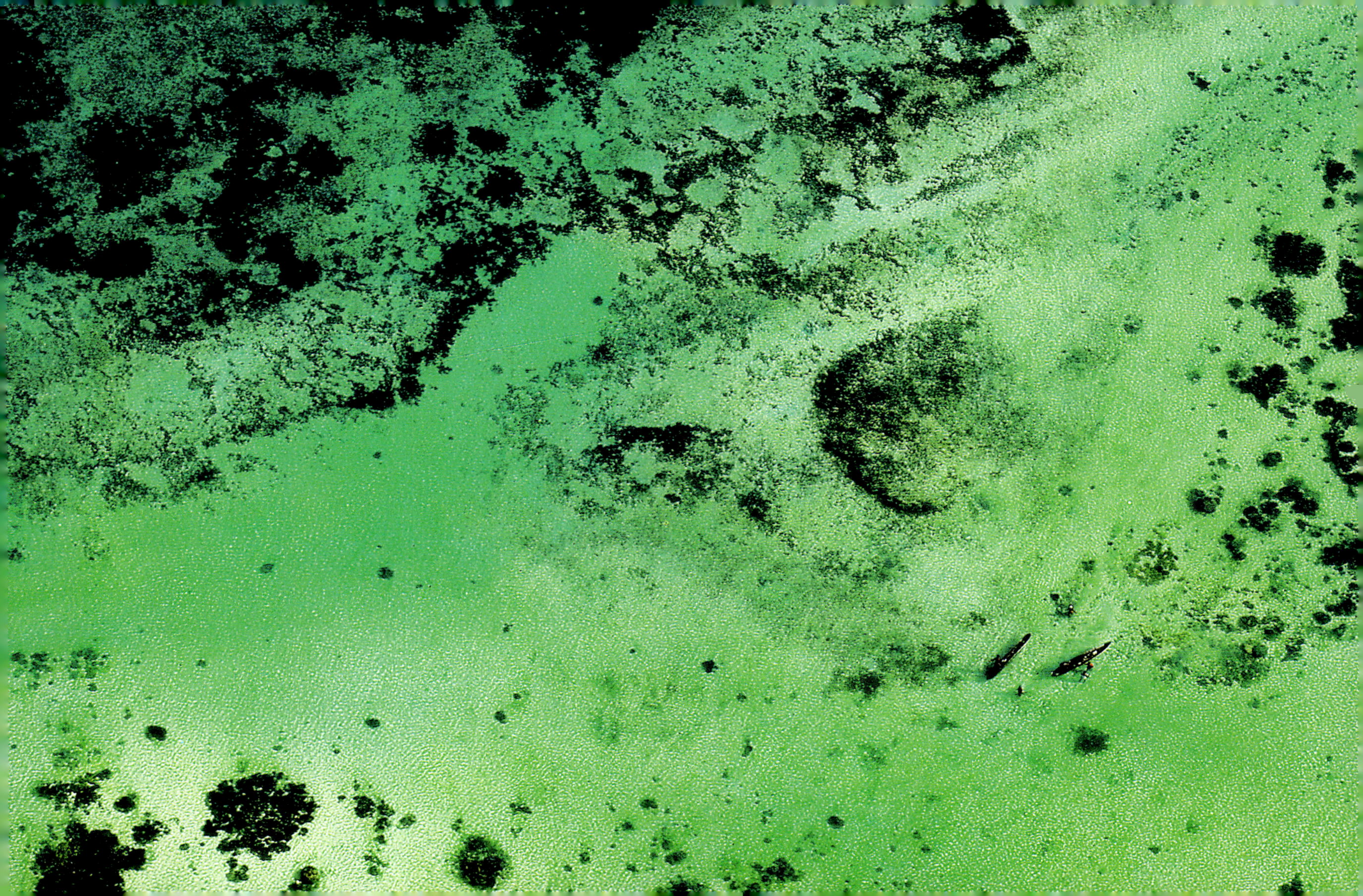

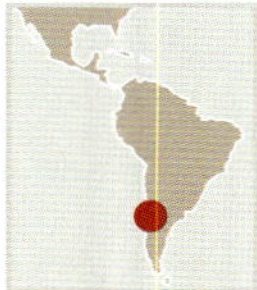

Herabstürzendes Gletschereis, Lagune San Rafael, Chile

(46° 38′ südlicher Breite – 73° 60′ westlicher Länge)

Im Licht der Abenddämmerung nimmt das Eis eine bläuliche Farbe an. Es stürzt im stolzen Alter von 30 000 Jahren in die mit dem Pazifik verbundene Lagune San Rafael und treibt als Eisberg in Richtung Meer. Dies ist der einzige Gletscher Südamerikas, der bis auf Meereshöhe herunterreicht. Krachend und klirrend wandert das Eis langsam in die Tiefe. Ausgangspunkt ist das Campo de Hielo Norte, ein 4200 Quadratkilometer großes Eisfeld, das dank der starken Niederschläge in der Region (3500 mm pro Jahr – 6-mal mehr als in London und 95-mal mehr als im saudi-arabischen Riad) ausreichenden Zufluss hat. Ein beachtlicher Süßwasservorrat bildet sich, der allerdings nur in kleinen Mengen verfügbar ist. Denn nur tröpfchenweise wandert dieses Wasser in die umliegenden Flüsse und Seen. In den Gletschern und dem ewigen Eis lagern 50 Prozent des weltweiten Süßwasservorrats. Der Rest ist zum großen Teil schwer belastet oder unerreichbar. Dies erklärt, warum trotz der riesigen Mengen an Süßwasser ein Drittel der Weltbevölkerung nur beschränkten Zugang zu dieser Ressource hat.

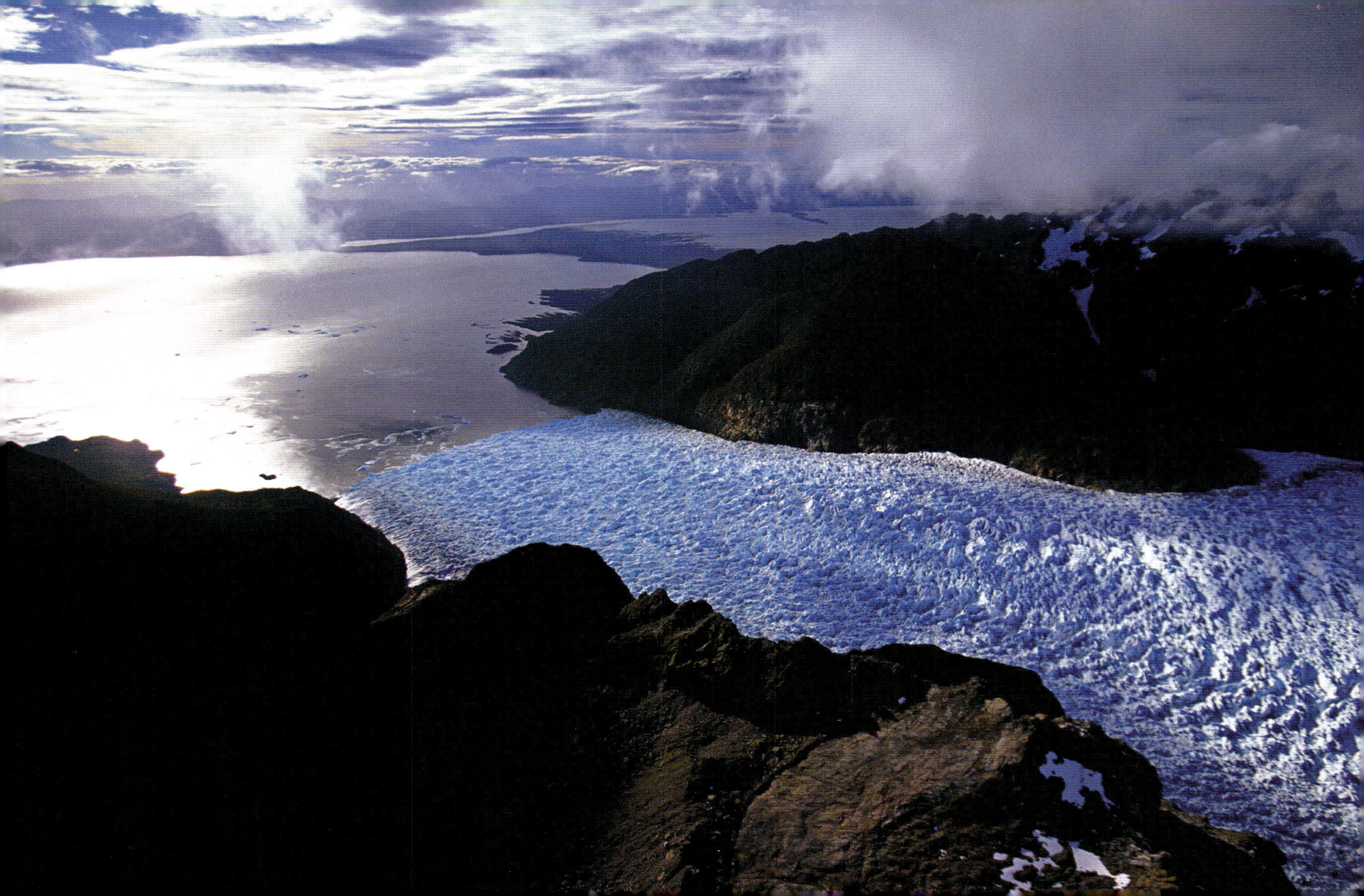

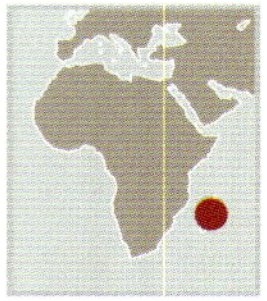

Reisfelder am Itasy-See, Region Antananarivo, Madagaskar

(18° 55′ südlicher Breite – 47° 31′ östlicher Länge)

In der Region um den Itasy-See wurde in den letzten zwei Jahrhunderten intensiv Reis angebaut. In dieser künstlich bewässerten Monokultur konnte sich die Malaria ungehindert verbreiten. Denn die Wachstumsperiode der Reispflanze deckt sich mit der Fortpflanzungszeit einer Mückenart *(anopheles funestus)*, die sich hervorragend als Krankheitsüberträger eignet. Jedes Jahr erliegen weltweit mindestens eine Million Menschen der Malaria. Die ärmsten Länder haben die meisten Opfer zu beklagen. Schon in den 1950er Jahren hatte die Weltgesundheitsorganisation dieser Krankheit den Kampf angesagt, doch es fehlt das Geld für die Forschung und die Medikamente. 1992 dienten 90 Prozent der für die medizinische Forschung zur Verfügung gestellten Geldbeträge lediglich zur Bekämpfung von zehn Prozent der unseren Planeten heimsuchenden Krankheiten. Aus diesem Grund wurde 2001 ein weltweiter Gesundheitsfonds eingerichtet.

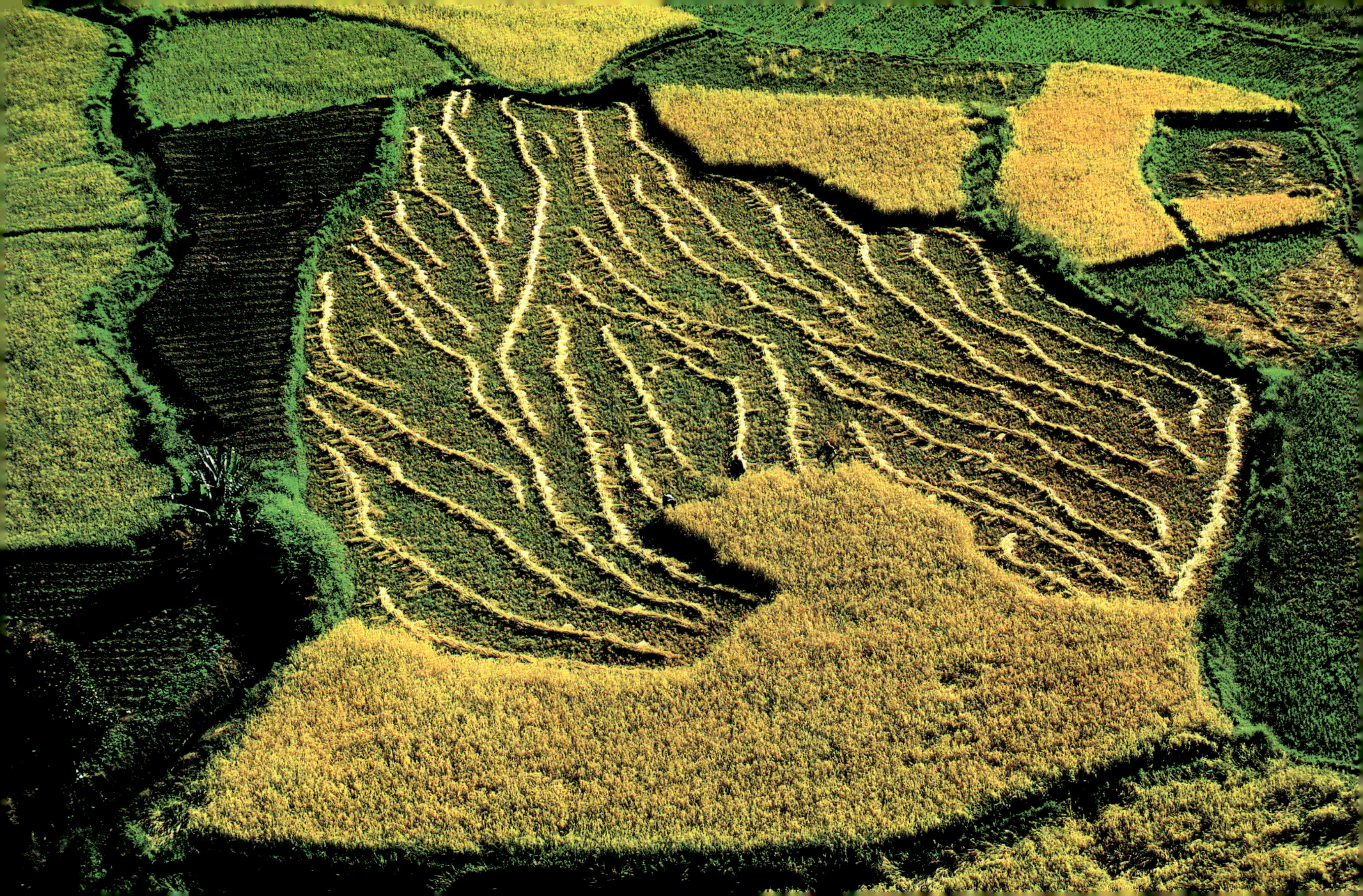

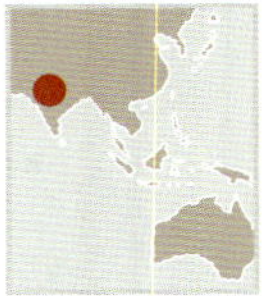

Festungsstadt Jaisalmer, Bundesstaat Rajasthan, Indien

(26° 55′ nördlicher Breite – 70° 54′ östlicher Länge)

Die Region Rajputana (heute Rajasthan) im nordwestlichen Indien ist das »Land der Königssöhne« und bestand früher aus einem Konglomerat von rund 20 Fürstentümern. Die Festung Jaisalmer wurde 1156 vom Fürsten Rao Jaisal für den Clan der Bhatti errichtet. Sie liegt an einem strategisch wichtigen Punkt der von Zentralasien nach Indien führenden Gewürzstraße. Die Festungsanlagen dienten als Schutz vor den Belagerungen durch muslimische Glaubensanhänger aus dem Sultanat Delhi. Als die Stadt sich dennoch ergeben musste, wählten die Männer und Frauen den freiwilligen Opfertod durch die Flammen. Im 16. Jahrhundert widersetzte sich die Stadt lange erfolgreich den mongolischen Angriffen, ergab sich aber schließlich doch. Es begann eine Blütezeit, von der heute noch die prächtigen Sandsteinfassaden mit den Goldschmiedearbeiten und den fein ziselierten Balkonsäulen in der Kaufmannssiedlung der Unterstadt zeugen. Die Eröffnung der Seehandelswege führte im 19. Jahrhundert zum wirtschaftlichen Niedergang der Stadt.

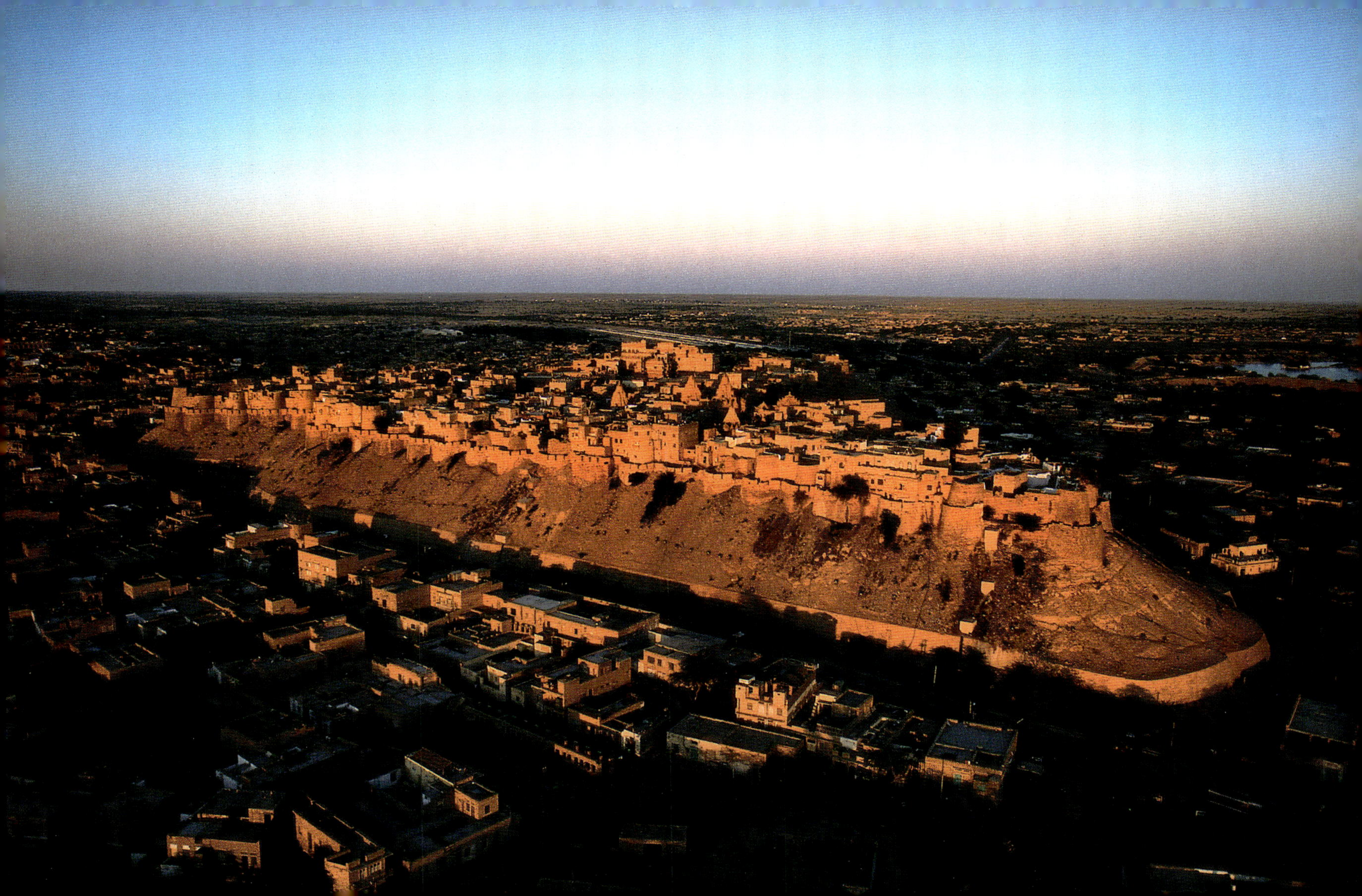

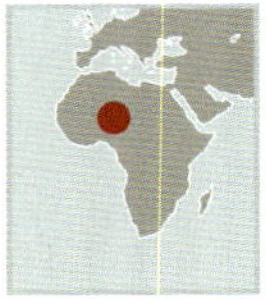

Einbaum auf dem Niger, Region Gao, Mali

(16° 12′ nördlicher Breite – 0° 01′ westlicher Länge)

Der Niger entspringt im Fouta-Djalon-Massiv in Guinea. Mit 4184 Kilometern ist er nach dem Nil und dem Zaïre-Fluss der drittlängste Strom Afrikas. Auf einer Länge von 1700 Kilometern fließt er durch malisches Gebiet und streift, bevor er einen großen Bogen nach Süden macht, die Südspitze der Sahara. Für die großen Ballungsräume Timbuktu und Gao ist sein Wasser unverzichtbar. Der Einbaum, der sich hier seinen Weg durch die Wasserpflanzen sucht, ist für die Menschen am Niger ein allgemein übliches Transportmittel. Der Wasserstand des Flusses schwankt, abhängig von der Trocken- oder Regenzeit. Trotzdem können ungefähr 5000 Quadratkilometer Land für den Reis- oder Gemüseanbau ständig bewässert werden. Für rund 80 Prozent der malischen Bevölkerung ist der Niger die wichtigste Wasserversorgungsquelle.

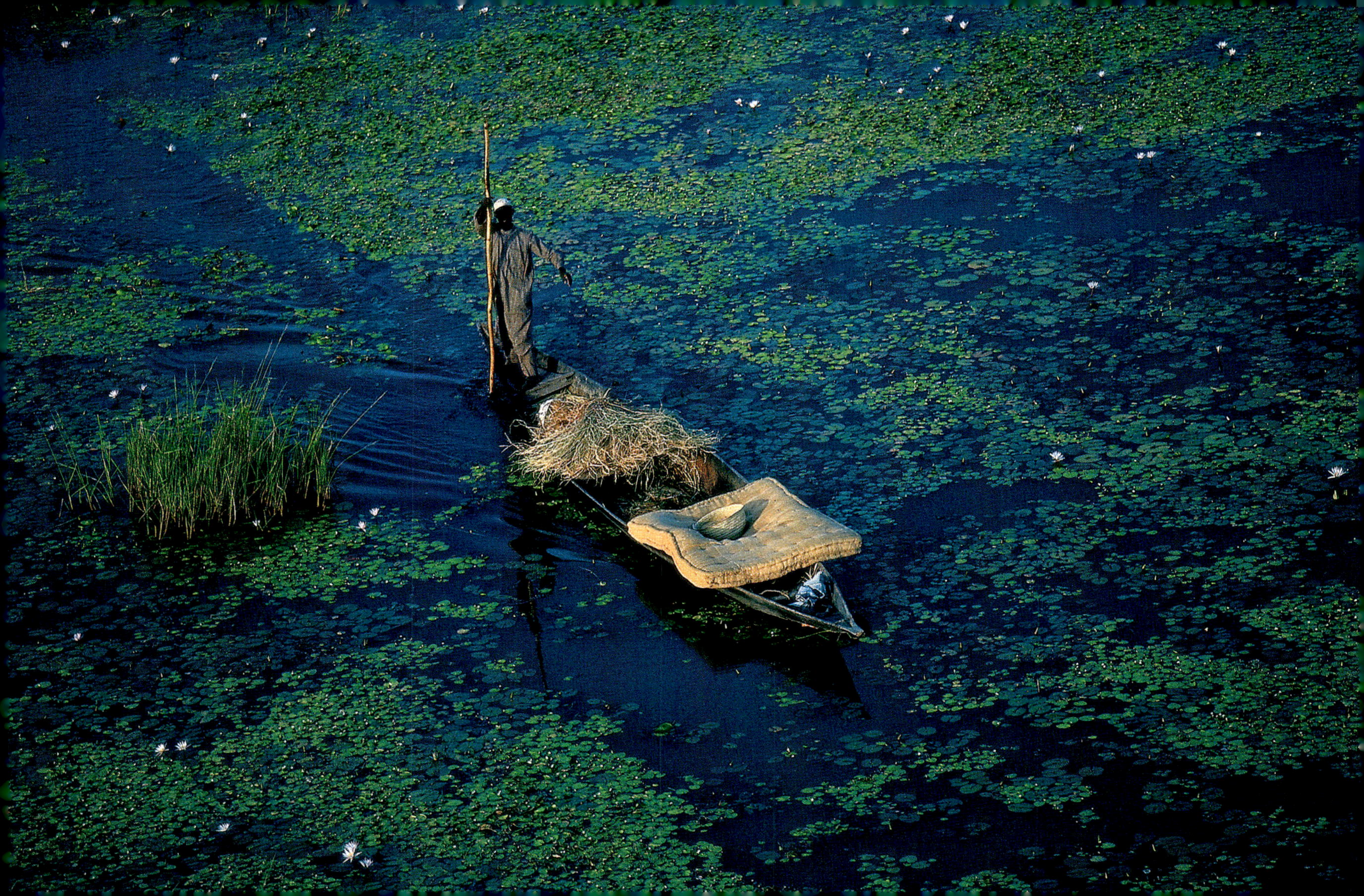

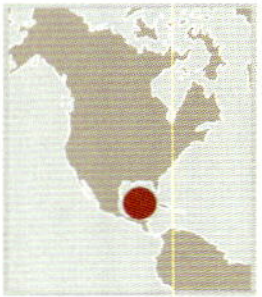

Der Tempel von Chichén Itzá, Yucatán, Mexiko

(20° 41′ nördlicher Breite – 88° 35′ westlicher Länge)

Die Stadt Chichén Itzá wurde im 6. Jahrhundert vom Mayastamm der Itzá gegründet, aber im 10. Jahrhundert von den aus Nordmexiko kommenden Tolteken erobert. Ihre Ruinen zeugen eindrucksvoll von der Verschmelzung der beiden Kulturen. Der Tempel hat die Form einer Pyramide, seine Plattform ist von allen vier Seiten über 91 Stufen zu erreichen. Der ganze Ruinenkomplex symbolisiert die 365 Tage des Kalenderjahres der Maya. Während der Tag-und-Nacht-Gleichen im Frühjahr und im Herbst erkennt man an der Nordseite im Licht-und-Schatten-Spiel eine Schlange, das Hauptsymbol der Toltekenkunst. Die teilweise auf die Mayas zurückgehenden indianischen Volksgruppen machen heute zehn Prozent der mexikanischen Bevölkerung aus. Mit einem Monatseinkommen, das nur einem Viertel des nationalen Durchschnitts entspricht, zählen die Indios zu den Ärmsten des Landes. Die Säuglingssterblichkeitsrate liegt 40 Prozent über derjenigen von Mexiko-Stadt, und ein Drittel der Indiokinder besucht keine Schule. Im südlich angrenzenden Bundesstaat Chiapas fordern die Indios seit 1994 bessere Lebensbedingungen und umfassendere Rechte.

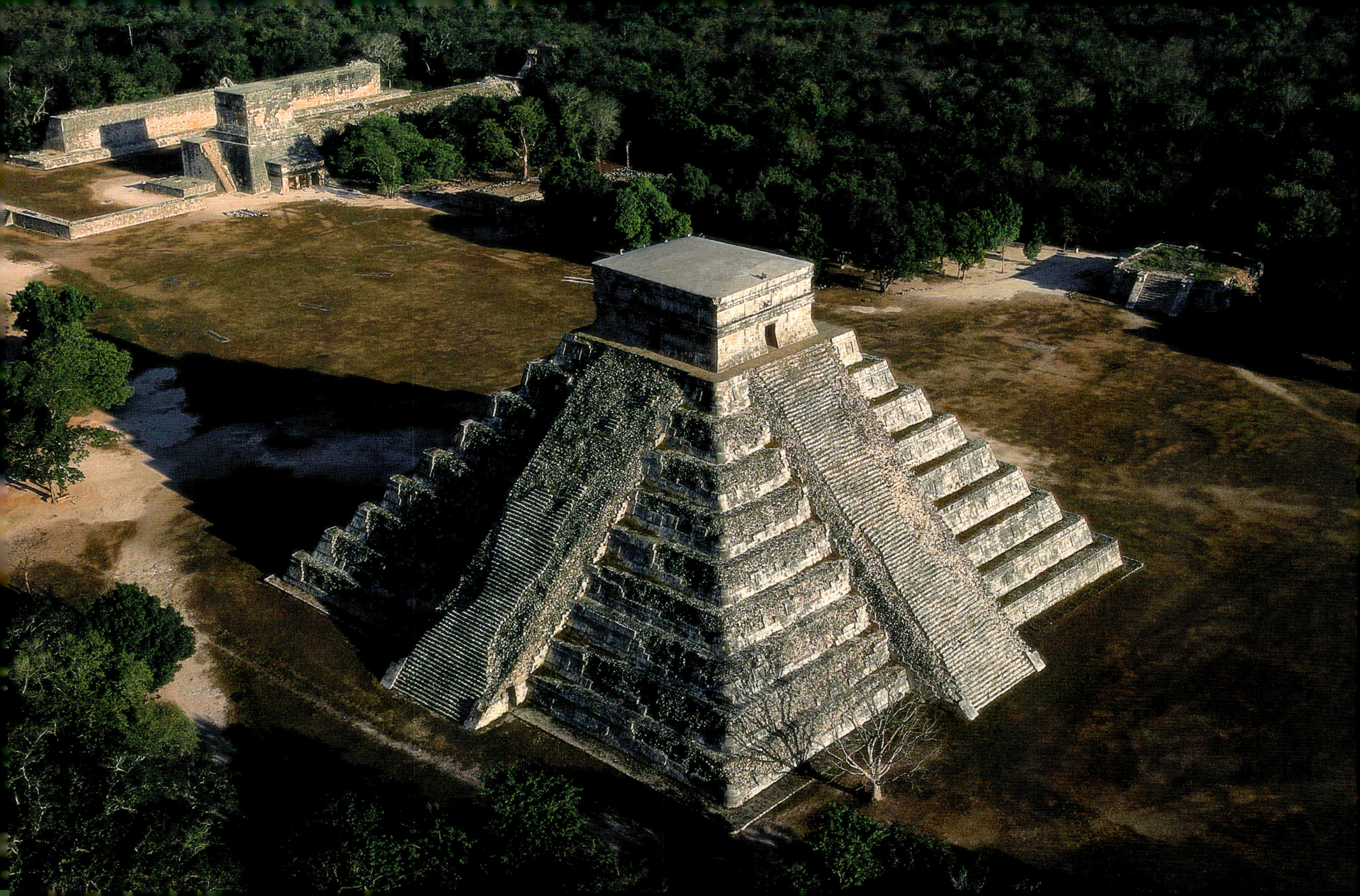

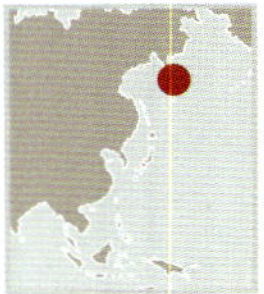

Eruption des Karymsky, Kamtschatka, Russland

(54° 05′ nördlicher Breite – 159° 43′ östlicher Länge)

Die gebirgige Halbinsel Kamtschatka ist vulkanischen Ursprungs. Sie liegt im äußersten Osten Sibiriens und führt schon auf Grund ihrer Entfernung von Moskau (über 6000 Kilometer) ein Schattendasein innerhalb der Russischen Föderation. Seit der Auflösung der UdSSR wurde die Entwicklung der Halbinsel von den Moskauer Behörden nicht sonderlich gefördert. Dennoch ist der Einfluss der Region Kamtschatka auf die russische Wirtschaft nicht zu unterschätzen: Reiche Wälder, Landwirtschaft, aufstrebende Küstenstädte und bedeutender Fischfang. Die Bevölkerung lebt vorwiegend in den Städten und besteht hauptsächlich aus Russen. Die Ureinwohner der Region, die Kamtschadalen (auch Itelmen genannt), sind in der Minderheit. Es sind Nomaden, die ihre traditionelle Lebensform beibehalten haben und vorwiegend vom Fischfang leben. Heute zählt diese ethnische Minderheit, die einst die Halbinsel beherrscht hat, nicht mehr als 2500 Angehörige.

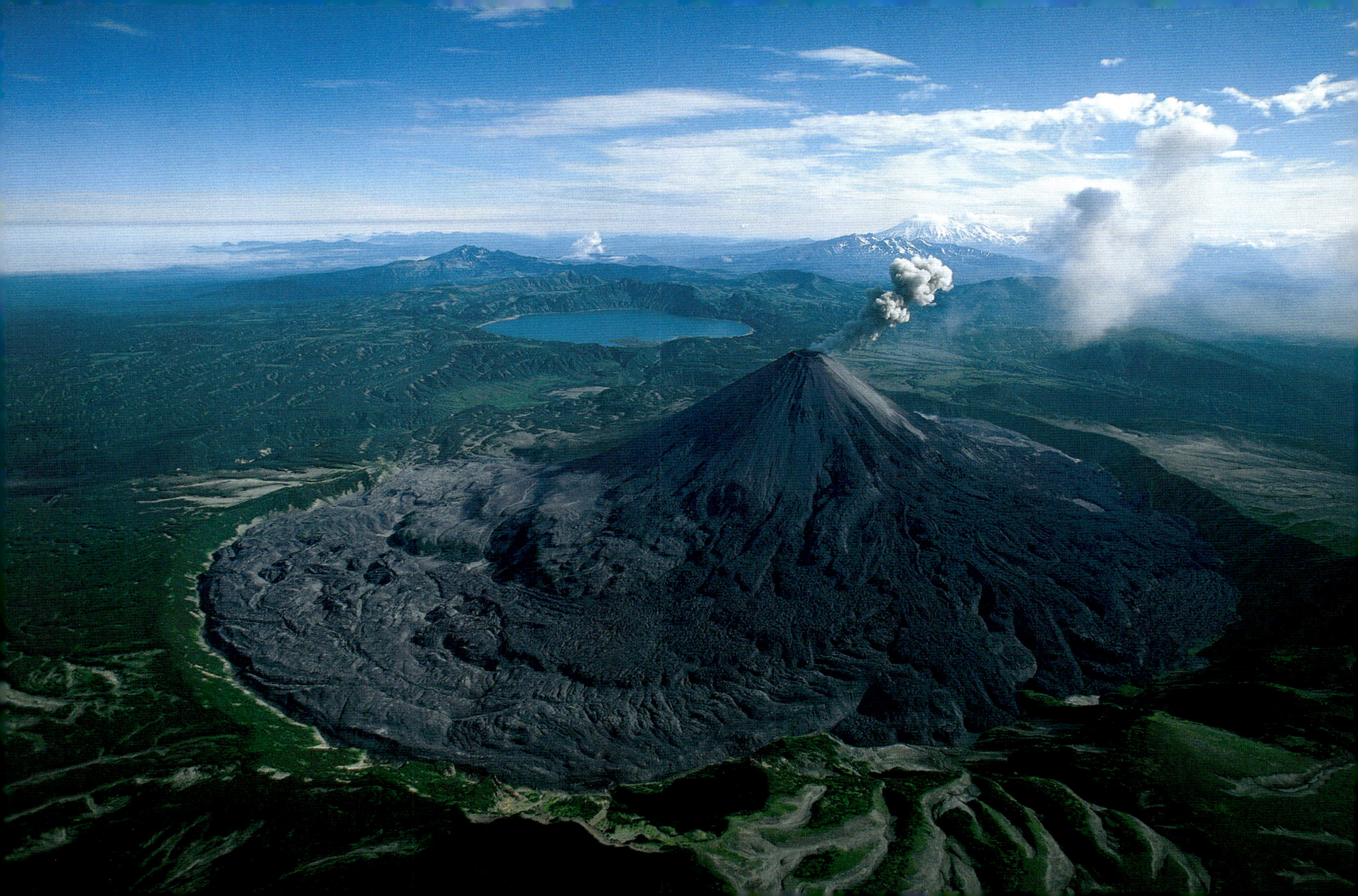

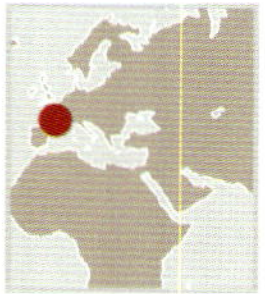

Industriekamin nach einer Explosion, Toulouse, Frankreich

(43° 36′ nördlicher Breite – 1° 27′ östlicher Länge)

Am 21. September 2001 kam es im südlichen Toulouse zu einer mörderischen Explosion. In einem Tochterunternehmen des Total-Fina-Elf-Konzerns gab es 30 Tote und über 3000 Verletzte. Der Explosionsdruck war innerhalb der Stadt in einem Umkreis von mehreren Kilometern zu spüren. Durch die Katastrophe lebte die Debatte über die Gefahren und Risiken von Industriebetrieben innerhalb von Ballungsräumen wieder auf. Sowohl in der Politik als auch in der Industrie sollten folgende Grundsätze gelten: Bereits am eigentlichen Gefahrenherd das Risiko auf ein Minimum reduzieren, die innerhalb der Städte ausgewiesenen Industrie- und Gewerbeflächen überwachen und den Bürger informieren.

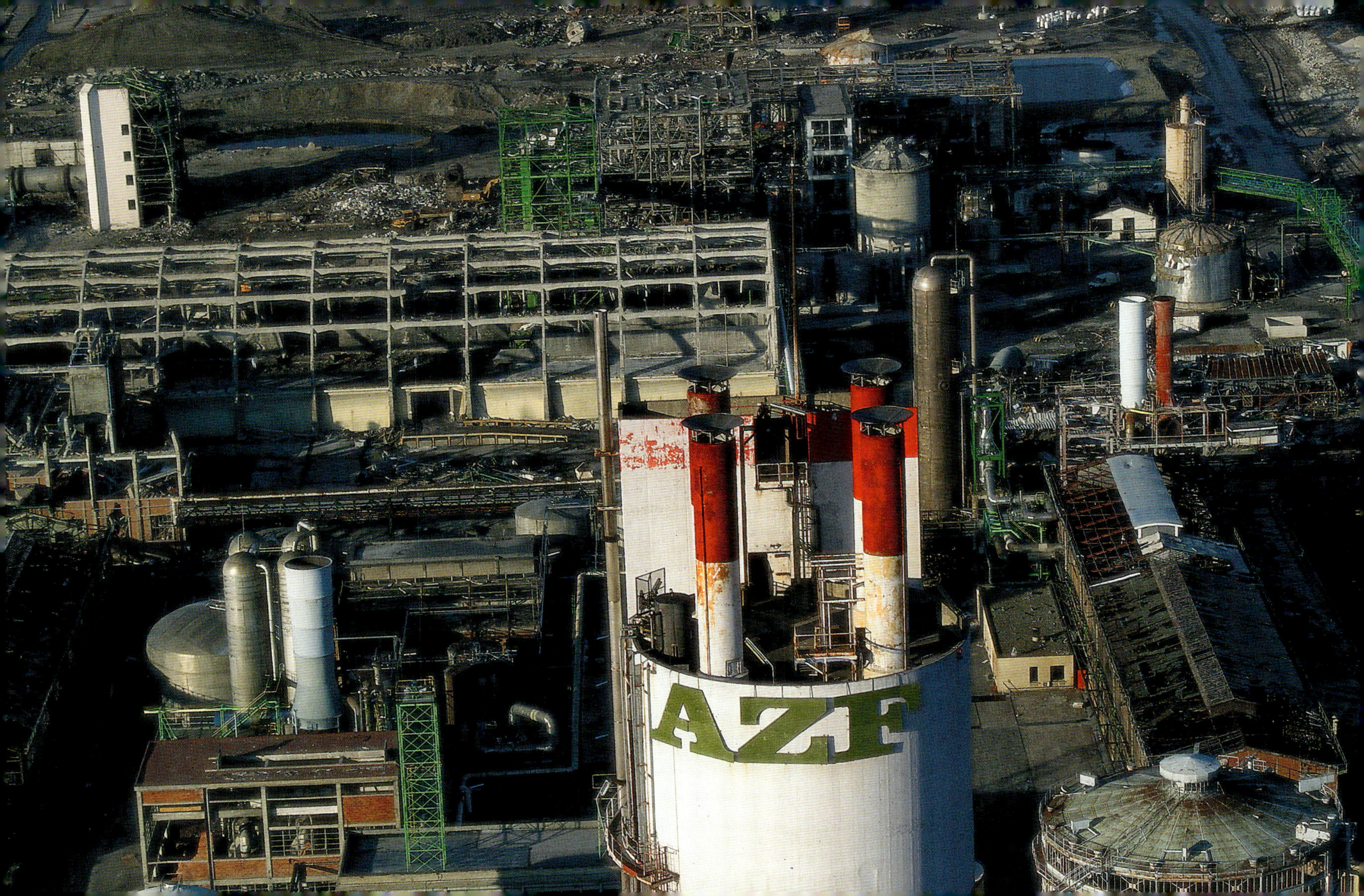
AZF

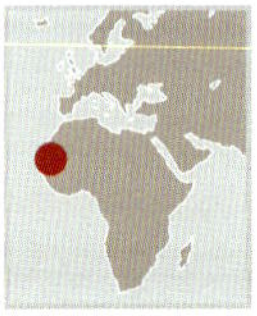

Dromedar-Karawane bei Nouakchott, Mauretanien (18° 09′ nördlicher Breite – 15° 29′ westlicher Länge)

In Mauretanien – wie in allen anderen Anrainerstaaten der Sahara – machen die hervorragend an das Wüstenklima angepassten Dromedare einen großen Teil des nationalen Tierbestands aus. Nach jahrtausendelanger Zähmung konnte der Mensch mithilfe des Dromedars die Wüste erobern und Handelswege quer durch die Sahara einrichten. Das Tier ist ein wahres »Wüstenschiff«: Es braucht pro Tag nur zehn bis 20 Kilogramm pflanzliche Nahrung und kann in der kühleren Jahreszeit (insgesamt drei Monate) ganz auf Wasser verzichten. Im Sommer hingegen hält es das einhöckerige Dromedar nur wenige Tage ohne Wasser aus. Ein Mensch würde unter den gleichen Bedingungen schon nach 24 Stunden verdursten. Die Fettreserven im Höcker regulieren den Temperaturhaushalt: Der Körper erträgt Erwärmung, ohne sich über die Transpiration abkühlen zu müssen. In Mauretanien werden die Dromedare für die Milch- und Fleischproduktion gezüchtet. Aber auch die Wolle und das Leder sind begehrt. 2001 lebten in Mauretanien rund eine Million Dromedare.

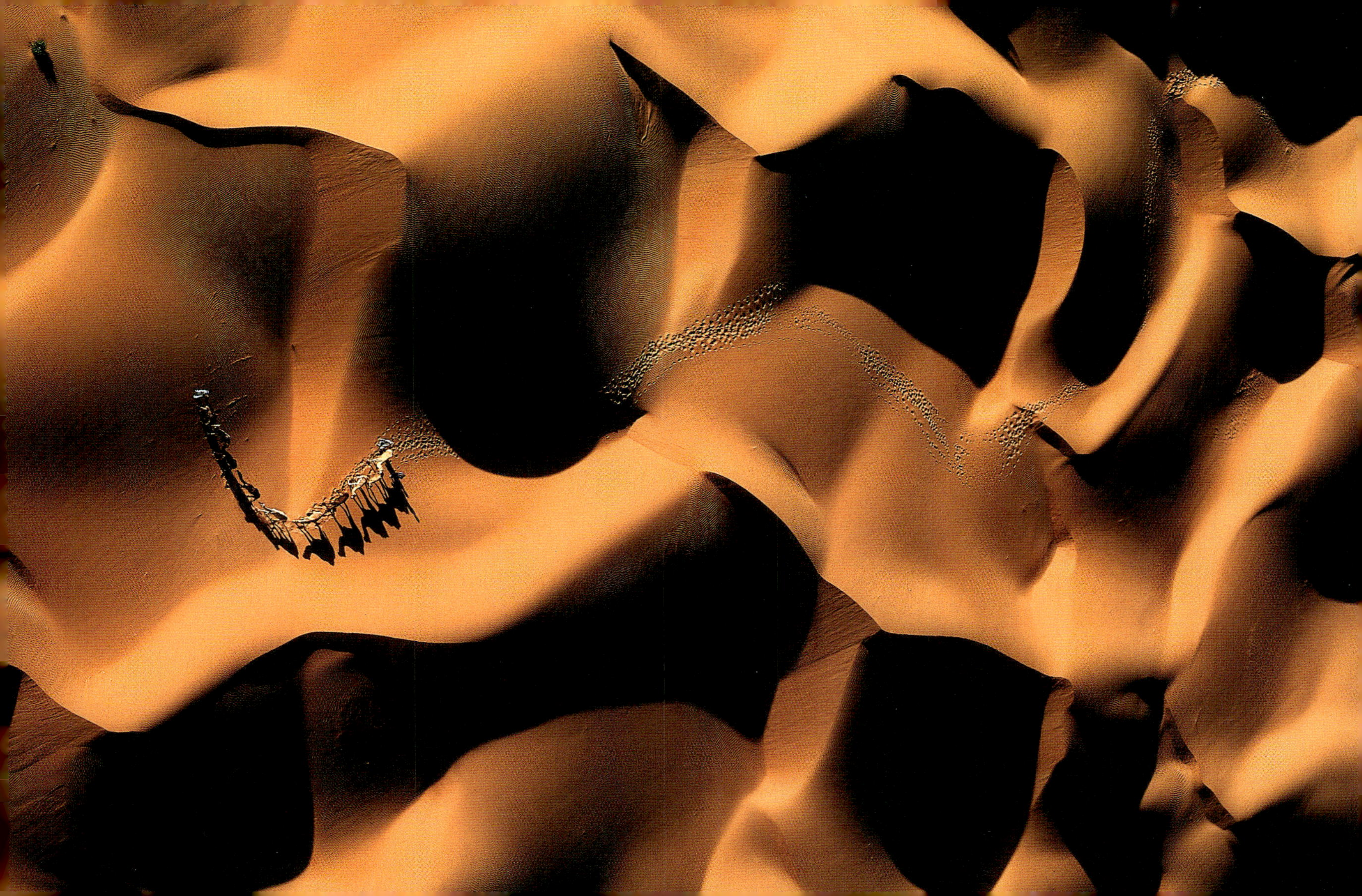

Pluralität in der Landwirtschaft – eine kontrollierte Globalisierung

Die landwirtschaftlich genutzten Flächen dieser Welt bieten dem Betrachter am Himmel die gleiche Vielfalt wie die übrigen Landschaften unseres Planeten. Man sieht die Spuren, die der Mensch mit seinem Erfindungsreichtum und Arbeitseifer in der Natur hinterlassen hat, man spürt die Zwänge, mit denen die teilweise mit sehr viel Geschick vorgehenden Bauern und Tierzüchter leben müssen. An den Kulturen der Völker lassen sich ihre Siedlungsgeschichte und ihre Wanderbewegungen deutlich ablesen. Ganz gleich, ob die Bauern ihr Land an den Steilhängen der Vulkaninseln von Kap Verde bebauen, oder ob sie auf den terrassenförmig angelegten Reisfeldern der indonesischen Hügellandschaft arbeiten, der menschliche Eingriff in die Ökosysteme der Natur ist deutlich zu erkennen. Vom Boden aus betrachtet ist die Landwirtschaft jedoch mehr und mehr in die Weltwirtschaft integriert: Der Handel mit Agrarprodukten wächst, doch an die Stelle von Vielfalt tritt die Uniformierung des Marktes, und die unterschiedlichen Anbaumethoden weichen einheitlichen Technologien.

Die Vielfalt der Agrarsysteme und deren unterschiedliche Anpassung an die jeweilige Umgebung sind durch die Globalisierung der Wirtschaft gefährdet. Eine weitere Bedrohung ergibt sich durch die größte Herausforderung des 21. Jahrhunderts: Das Bevölkerungswachstum und der damit einhergehende steigende Bedarf an Lebensmitteln.

Das Bevölkerungswachstum kommt im Landschaftsbild bereits klar zum Ausdruck. Seit Beginn des Agrarzeitalters ist die Waldfläche weltweit um 20 Prozent zurückgegangen. In den letzten 20 Jahren nahm dieser Waldschwund deutlich zu. Jedes Jahr verschwanden rund zehn Millionen Hektar Wald von der Weltkarte, am stärksten betroffen war der tropische Regenwald. Hauptursache für diesen Waldverlust ist der hohe Landbedarf der Landwirtschaft.

Die steigende Nachfrage nach Lebensmitteln äußert sich in zunehmendem Wasserbedarf für die künstliche Bewässerung der Felder: 70 Prozent des gespeicherten Wassers sind für die Landwirtschaft bestimmt. Die Zuwächse in der Agrarproduktion sind weniger dem technischen Fortschritt als vielmehr einem umfassenderen Bewässerungssystem zu verdanken. Doch die Folgen dieser verstärkten Bewässerung sind fatal: Versalzung des Bodens, Absinken des Grundwasserspiegels, chemische Belastung der Flüsse und Felder. Schließlich werden die Ackerflächen mit der Bewässerung meist auch chemisch gedüngt. Die Austrocknung des Aralsees und die Verseuchung seiner Umgebung sind Beispiele für die ökologischen Katastrophen, die die wirtschaftlichen Zwänge im Agrarsystem mit sich bringen können. Auch durch die Globalisierung der Essgewohnheiten ist die Vielfalt der Agrarsysteme bedroht: Mithilfe endlos scheinender Plastikbahnen können heute Obst und Gemüse beinahe unabhängig von der Saison angebaut werden. Dies hat das Bild ganzer Landschaften radikal verändert. Bei der Auswahl der anzubauenden Sorte orientiert man sich heute am Weltmarkt. Dies führt in den einzelnen Ökosystemen innerhalb kürzester Zeit zu folgenschweren Veränderungen: Oft werden heimische Sorten für immer durch marktgängige verdrängt. Auch die technologische Globalisierung hat eine Vereinheitlichung der Anbauprodukte zur Folge. Der genetische Grundstock dieser marktgängigen Pflanzen ist klein. Heute arbeiten ganze Weltregionen mit nicht mehr als zehn verschiedenen Weizen- oder Reissorten. Ein mexikanischer Kleinbauer kultiviert hingegen bereits auf seiner eigenen Parzelle zehn verschiedene Maissorten.

Die Mechanismen des internationalen Marktes haben auch einen entscheidenden Einfluss auf die unterschiedlichen Anbaumethoden: Es lässt sich nicht leugnen, dass die Preise für Agrarprodukte auf lange Sicht fallen werden. Je nach Ware sinken sie um ein bis 1,5 Prozent im Jahr. Dieser Preisverfall ist eine Folge der steigenden Agrarproduktivität und des technischen Fortschritts, von dem allerdings nicht alle gleichermaßen profitieren: Ein US-amerikanischer oder europäischer Bauer kann inzwischen 10 000 Zentner Getreide im Jahr produzieren. Ein Landwirt in den Anden oder im Sudan hingegen kommt höchstens auf einen Jahresertrag von 20 Zentnern. Die unterschiedlich hohen Ertragsmengen sind sicherlich auch auf Klimaunterschiede zurückzuführen, vor allem aber auf das in die Mechanisierung und den Verbrauch von Ressourcen (Energie, Düngemittel, Wasser, Pestizide) investierte Kapital. Kleine arbeitsintensive Agrarbetriebe wetteifern mit kapitalintensiven Großunternehmen. Das bedeutet allerdings nicht, dass die modernen Agrarsysteme auch immer die effektivsten sind: Die US-amerikanischen und europäischen Agrarbetriebe produzieren zwar viel, bekommen aber auch beachtliche staatliche Fördergelder. Da die hoch entwickelten Industrieländer ihre Landwirtschaft und ihren Export subventionieren, kommt es zu ungleichen Wettbewerbsbedingungen und zu einer entscheidenden Schwächung der bäuerlichen Kleinbetriebe. Insgesamt geben die Industrieländer pro Jahr 365 Milliarden Dollar für ihre Landwirtschaft aus. Das übersteigt das gesamte Jahreseinkommen jener 900 Millionen Menschen, die in den Agrargebieten unseres Planeten unterhalb der Armutsgrenze leben. Ohne diese marktpolitischen Verzerrungen könnten die bäuerlichen Kleinbetriebe ihre Produktion für den internationalen Handel und somit ihre Einkünfte erheblich steigern. Ein Mindestmaß an Infrastruktur (Straßen, Kredite und technische Ausstattung) ist allerdings Voraussetzung.

Die Landwirtschaft ist für die Entwicklungsländer nach wie vor ein entscheidender Wirtschaftsfaktor. In den reichen, hoch entwickelten Ländern hingegen ist ihre Bedeutung für das Bruttosozialprodukt sekundär (in Europa vier Prozent). Zum Vergleich: In den ärmsten Ländern macht die Landwirtschaft etwa 35 Prozent des Bruttosozialproduktes aus. In Afrika stellt sie 70 Prozent der Arbeitsplätze. Der Erhalt der landwirtschaftlichen Vielfalt ist also eine entscheidende Maßnahme im Kampf gegen Hunger und Armut. Über eine Veränderung des Weltmarktes könnten wir uns diese Vielfalt erhalten. Denn nur der Handel zwischen gleichberechtigten Partnern würde der Bedeutung der Landwirtschaft für die ärmeren Länder Rechnung tragen und wäre so eine größere Garantie für ein gerechtes Weltwirtschaftssystem.

Der Erhalt der landwirtschaftlichen Vielfalt dient aber auch dem Schutz unserer Umwelt. Dies setzt allerdings voraus, dass die Bauern in ihrem Kampf ums Überleben nicht die letzten Wasser- und Landreserven verbrauchen müssen. Mit einer Globalisierung, die diese Grundsätze berücksichtigt, könnten wir uns die natürlichen Ressourcen und das kulturelle Erbe unseres Planeten bewahren. Eine schlecht gesteuerte Globalisierung trägt jedoch nur zu deren Untergang bei.

Laurence Tubiana

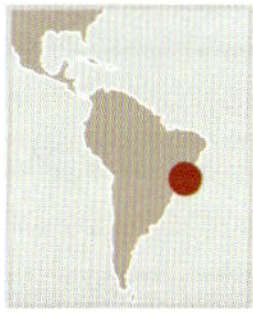

Favelas in Rio de Janeiro, Brasilien

(22° 55′ südlicher Breite – 43° 15′ westlicher Länge)

Rund ein Viertel der zehn Millionen Einwohner Rios wohnt in den 500 Elendsvierteln des brasilianischen Ballungszentrums, den Favelas. Diese Slums wachsen seit Beginn des 20. Jahrhunderts ständig an und sind inzwischen zu Hochburgen der Kriminalität geworden. Die meisten der Armenviertel liegen an den Hängen der umliegenden Hügel und kämpfen bei starken Regenfällen regelmäßig mit schweren Erdrutschen, die oft Todesopfer fordern. Die mittleren und wohlhabenden Schichten, insgesamt 18 Prozent der Bevölkerung, leben in den Wohnvierteln an der Küste. Dieser soziale Gegensatz gilt für ganz Brasilien: Zehn Prozent der Brasilianer verfügen über das Vermögen des Landes, und rund die Hälfte der Bevölkerung lebt unterhalb der Armutsgrenze. Weltweit wohnen rund 600 Millionen Menschen in den Armutsvierteln der großen Ballungszentren. Die Gesundheit und das Leben dieser Menschen sind durch die katastrophalen hygienischen Verhältnisse ernsthaft bedroht – eine fatale Folge der zunehmenden Verstädterung.

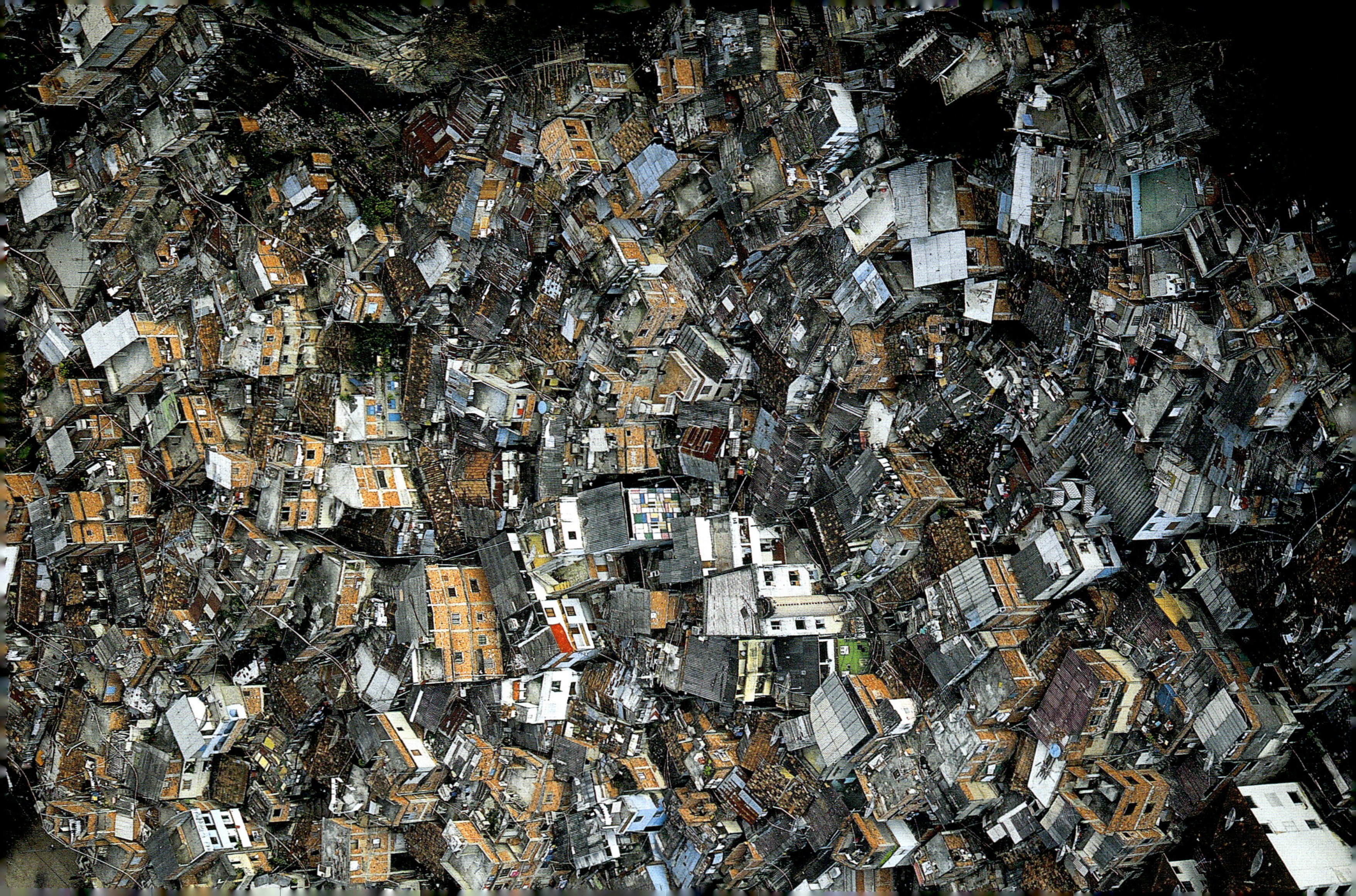

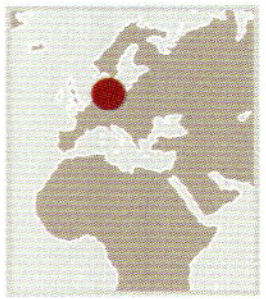

Schwimmendes Haus in Christianshavn (Christiania), Dänemark

(55° 40′ nördlicher Breite – 12° 35′ östlicher Länge)

Die ehemalige Kaserne Christianshavn mitten im Kopenhagener Kanalviertel ist einmalig in Europa. 1971 besetzten Hippies die heruntergekommenen Gebäude und riefen eine »Freie Stadt« aus. Nach jahrelangen Streitigkeiten mit den Behörden gilt Christiania heute als »soziales Modellprojekt«. Die 2000 Bewohner leben dort nach eigenen architektonischen Regeln in einer weitgehend unberührten Natur, in der man sich vor allem mit dem Fahrrad bewegt. Der Haschischkonsum ist geduldet, doch harte Drogen werden unerbittlich bekämpft. Das Viertel wurde zu Beginn des 17. Jahrhunderts auf Pfählen errichtet, um eine Verbindung zwischen den Kopenhagener Hafenkanälen und der Insel Amager zu schaffen. In den letzten 30 Jahren entstanden dort originelle Häuser, in denen die Kreativität ihrer Bewohner deutlich zum Ausdruck kommt. Das abgebildete Gebäude schwimmt auf dem Wasser und wurde aus den natürlichen, umweltverträglichen Materialien Holz und Metall gebaut. Mit großen, nach Süden ausgerichteten Glasfenstern wird die Sonnenwärme genutzt.

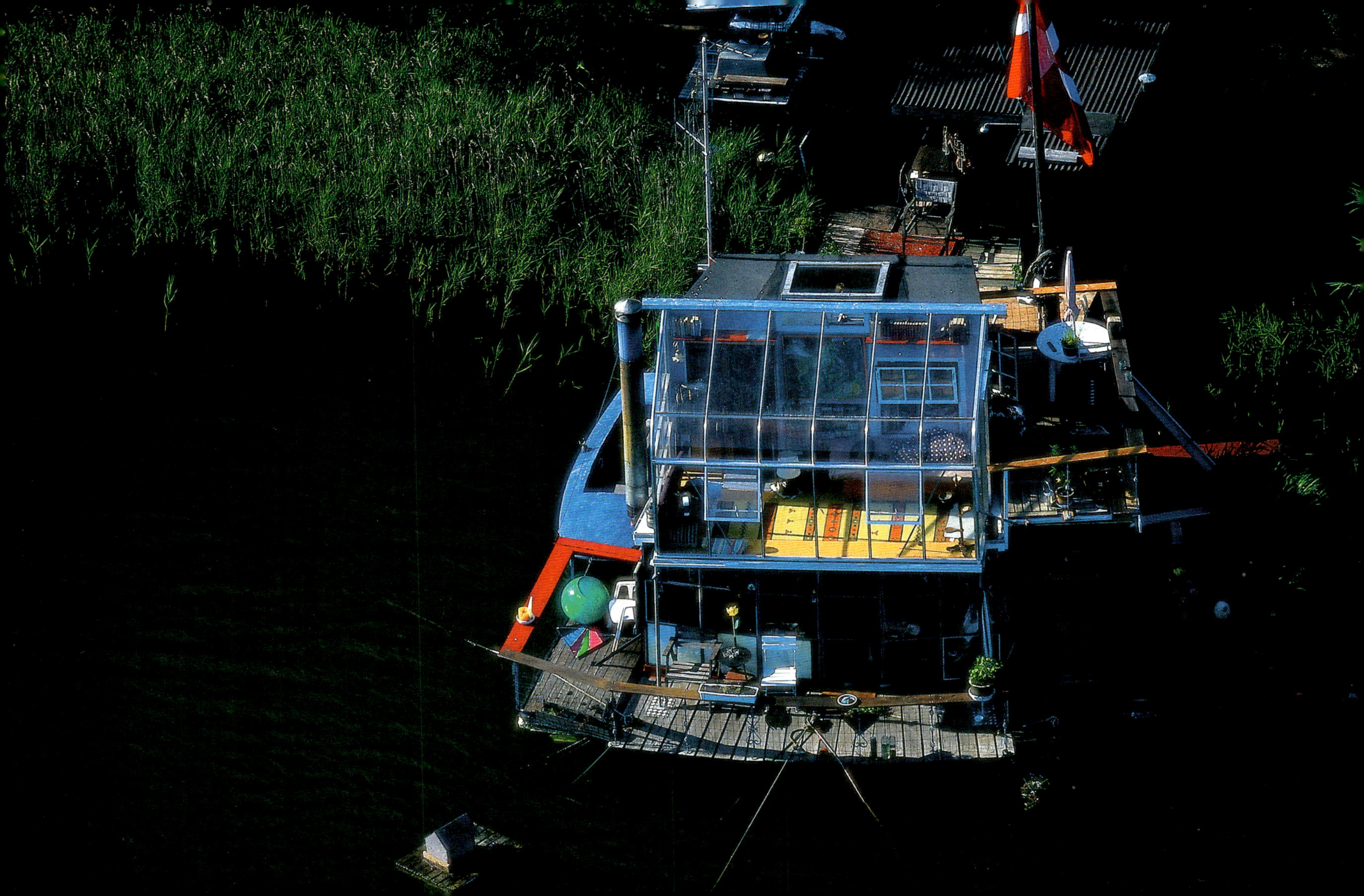

Die Gobi von Gurvan Sajchan, Mongolei

(43° 50′ nördlicher Breite – 103° 30′ östlicher Länge)

Die Gobi der Mongolei – eine steinige, wüstenhafte Beckenlandschaft ohne Wasser – erstreckt sich über ein Drittel des Landes und dehnt sich fortwährend aus, denn die Region ist seit Jahren von starken Dürreperioden betroffen. Wie alle kontinentalen Klimazonen leidet auch Zentralasien stark unter dem Treibhauseffekt, der die Durchschnittstemperatur in diesem Jahrhundert um bis zu sechs Grad Celsius nach oben treiben soll. Auch wenn das für den Treibhauseffekt verantwortliche Kohlendioxid vorwiegend in Nordamerika, Europa und Russland freigesetzt wird, verteilt es sich gleichmäßig in der Erdatmosphäre. Die Umweltverschmutzung kennt keine Grenzen. Bei einem internationalen Abkommen zum Schutz des Klimas verpflichteten sich die unterzeichnenden Industriestaaten, ihre Kohlendioxidemission im Vergleich zu den Werten von 1990 um durchschnittlich fünf Prozent zu reduzieren.

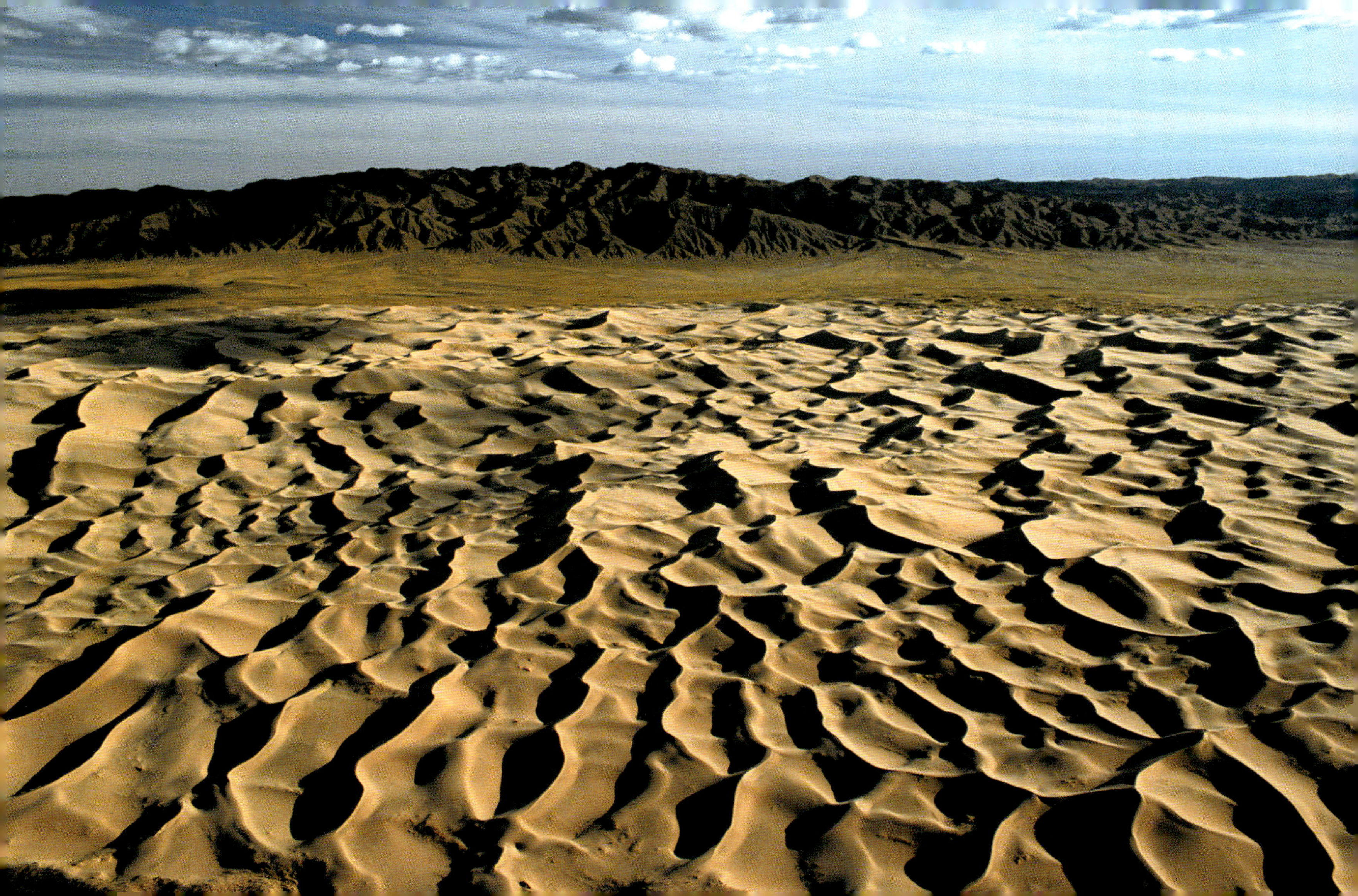

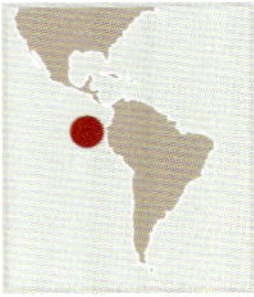

Insel Tortuga, Galápagos-Archipel, Ecuador

(1° 00′ südlicher Breite – 90° 52′ westlicher Länge)

Auf Grund ihrer lang gestreckten Form erinnert die Insel Tortuga an das Rückgrat eines riesigen Meeresungeheuers. Der Krater ist nicht einmal eine Million Jahre alt. Noch heute werden die 128 großen und kleinen Inseln des Galápagos-Archipels regelmäßig von Eruptionen und seismischem Beben umgeformt. Schon Darwin schätzte den Archipel wegen seiner biologischen Vielfalt – zu Land und zu Wasser. Bei den Inseln treffen die milden Strömungen aus dem Golf von Panama auf den kalten Humboldtstrom. Und so findet man in dem 80 000 Quadratkilometer großen, unter Naturschutz stehenden Meeresgebiet nicht nur Haie und Seeleguane, sondern auch Robben und Pinguine, die sonst nur in kälteren Breiten vorkommen. Doch trotz ständiger Bewachung werden die Bestände immer wieder von Fischern bedroht. Manchmal kommen diese sogar aus Südostasien und erlegen auf der Jagd nach Haifischflossen tausende von Haien.

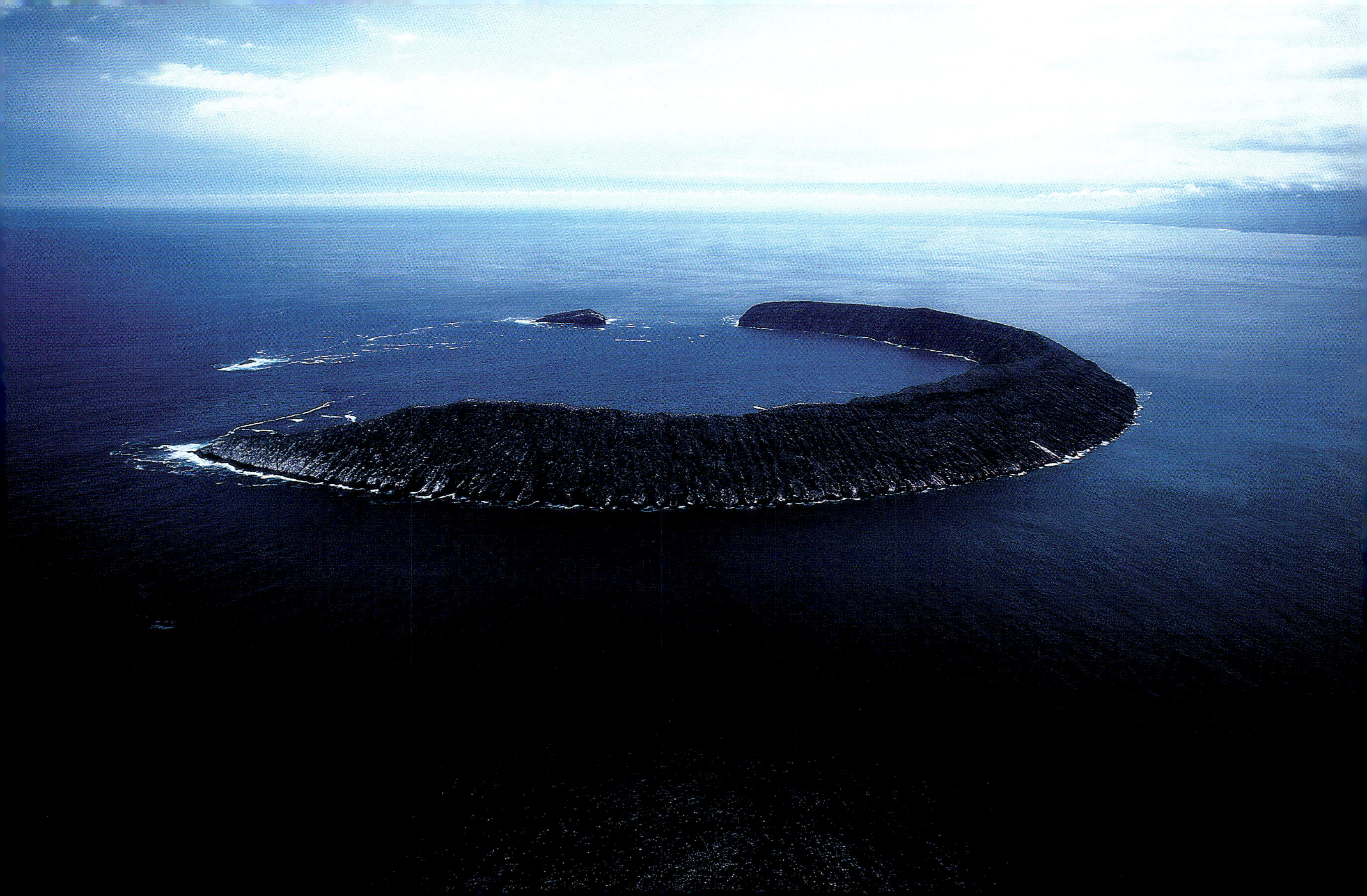

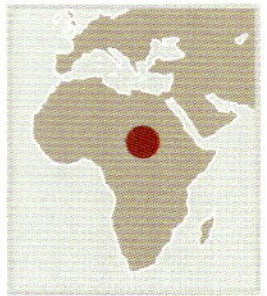

Trocknende Wäsche am Chari, Region N'Djamena, Tschad

(12° 07′ nördlicher Breite – 15° 03′ östlicher Länge)

In der Umgebung der Hauptstadt N'Djamena gibt es sehr viele Sandbänke im Chari. Sie werden zum Trocknen von Teppichen, Wandbehängen und Stoffen aller Art genutzt. Doch neben der Textilreinigung dient der Chari auch der täglichen Toilette und spendet das Wasser für die Essenszubereitung, denn Süßwasserquellen sind in der zur Sahelzone gehörenden Region sehr selten. Nur 27 Prozent der Bevölkerung des Tschad verfügen über einen Zugang zu sauberem Trinkwasser. Folglich wird das Flusswasser vielfältig genutzt und ist dementsprechend belastet. Neben Afghanistan und Äthiopien zählt der Tschad zu den schlimmsten Krisengebieten unseres Planeten – auch ohne die geplante, von der Weltbank unterstützte Ölpipeline, die die Grundwasserqualität im Tschad und in Kamerun durch austretendes Öl zusätzlich bedrohen würden. 1990 litten 13 afrikanische Länder unter der Wasserknappheit. Bis 2025 könnte sich diese Zahl verdoppeln.

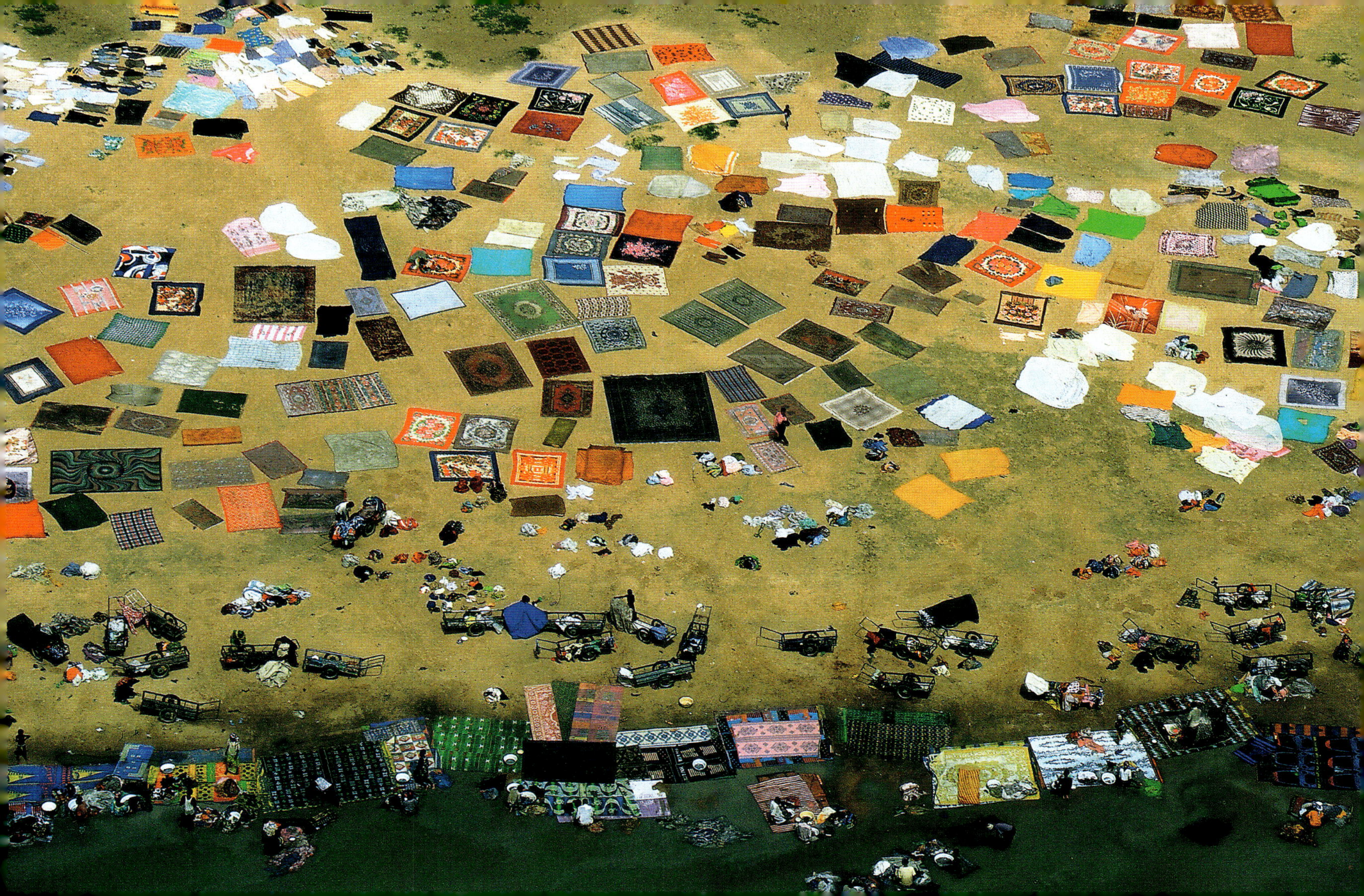

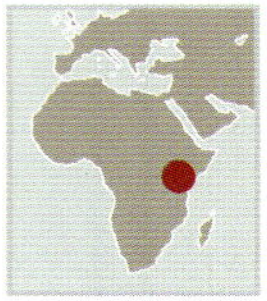

Winzige Felder, Region Kisii, Kenia

(0° 40′ südlicher Breite – 34° 46′ östlicher Länge)

Die Hügel in der Umgebung von Kisii sind außerordentlich fruchtbar und wurden schon sehr früh von Bantu-Bauern, den so genannten Gusii, mit Tee und Kaffee bepflanzt. Im Gegensatz zu den Großgrundbesitzern des Nordens sind die Gusii und ihre Nachbarn Kleinbauern. Die hohe Geburtenrate und die intensive Landwirtschaft führten zu einer immer stärkeren Aufteilung der Felder. Nach Indien und Sri Lanka ist Kenia heute der drittgrößte Teeproduzent der Welt. Seit August 1997 herrschen Spannungen zwischen den Stämmen der Gusii und der Massaï. Viele Gusii sind zum Überleben auf die Felder der Massaï angewiesen. Doch seit dem Ausbruch der Feindseligkeiten ist ihnen der Zutritt zu diesen Feldern verwehrt. Zwischen den einzelnen afrikanischen Stämmen kommt es regelmäßig zu gewalttätigen Auseinandersetzungen. Allein in Ruanda forderte der Bürgerkrieg von 1994 rund 500 000 Zivilopfer.

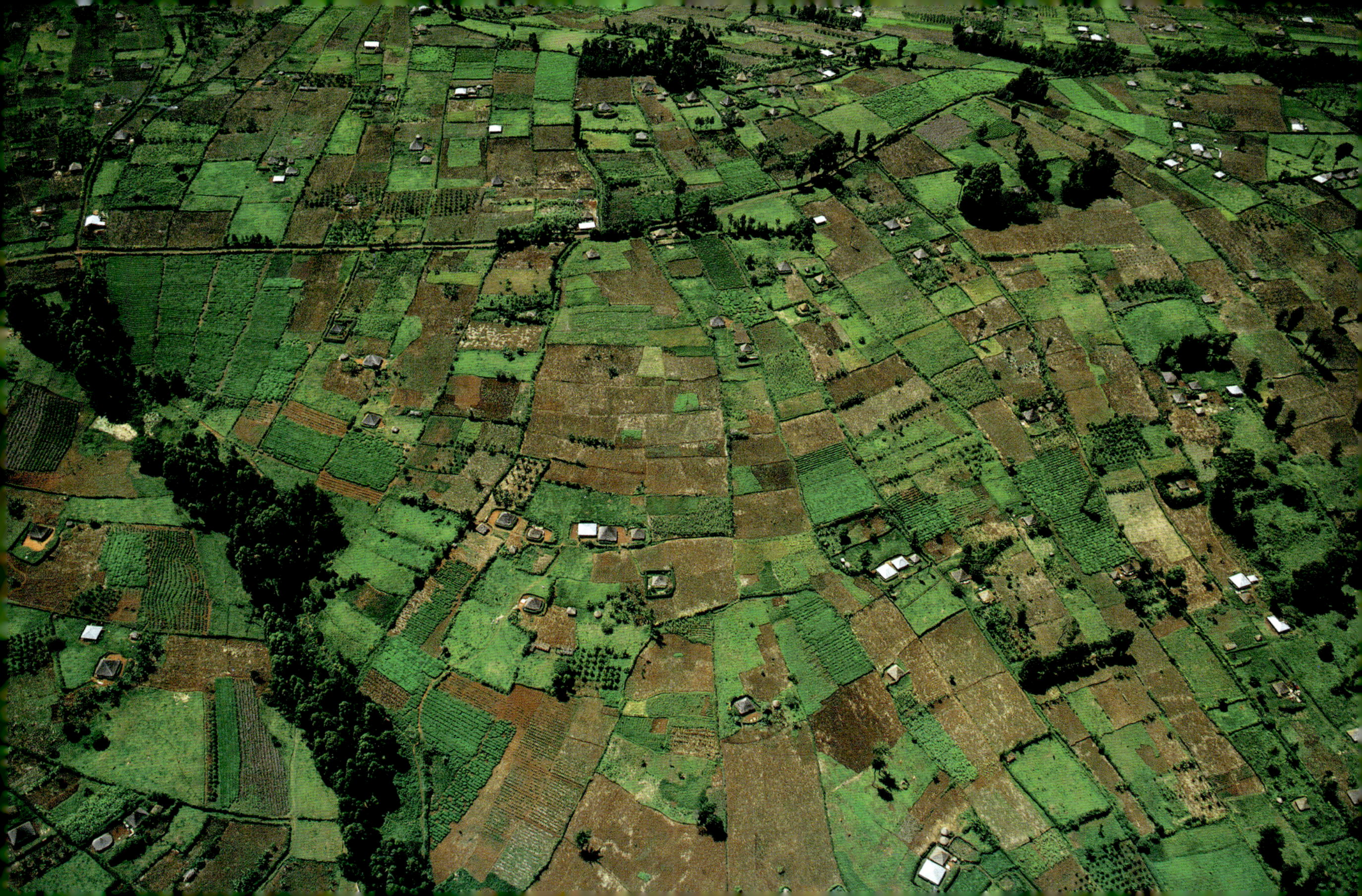

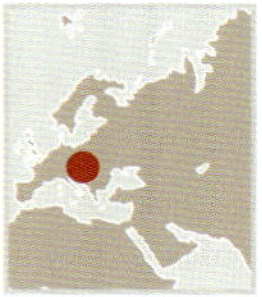

Bischofskirche umringt von modernen Bauten, Székesfehérvár, Ungarn (47° 12′ nördlicher Breite – 18° 25′ östlicher Länge)

Die 1000 Jahre alte Stadt Székesfehérvár liegt zwischen Budapest und dem Plattensee und war fünf Jahrhunderte lang die Hauptstadt des ungarischen Königreichs. Ihre architektonische Vielfalt zeugt von den Glanzzeiten der ungarischen Geschichte. 1777 wurde sie Bischofssitz und wurde mit reichen Kirchenbauten im Barockstil ausgeschmückt. Die Bischofskirche ist eines der wenigen noch existierenden Gebäude aus dieser Zeit. Die modernen Bauten wurden unter dem sozialistischen Regime errichtet, sie stehen auf der ehemaligen Festungsanlage. Seit dem Sturz der sozialistischen Regierung im Jahr 1989 erlebt Ungarn – wie alle osteuropäischen Länder – eine deutliche Wiederbelebung des Christentums. Die katholischen und protestantischen Kirchen werden häufig aufgesucht. 50 Jahre lang war die Kirche in Osteuropa verfolgt worden. Während des Zweiten Weltkriegs waren 3000 Priester im KZ Dachau interniert. Unter den Kommunisten war die Religionsausübung zwar nicht offiziell verboten, geschah aber dennoch mehr oder weniger heimlich, denn viele Geistliche lebten in Haft oder wurden sogar umgebracht.

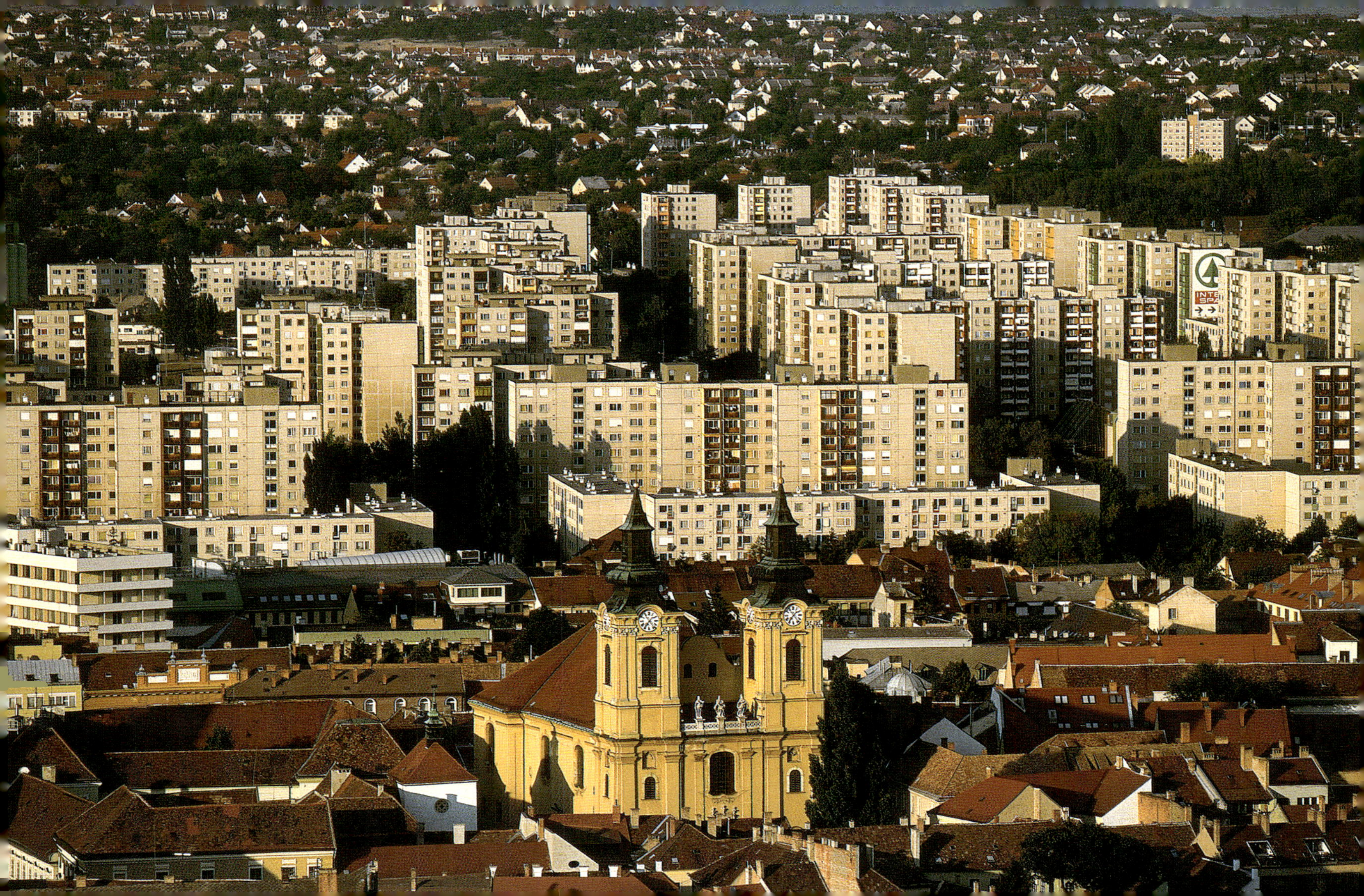

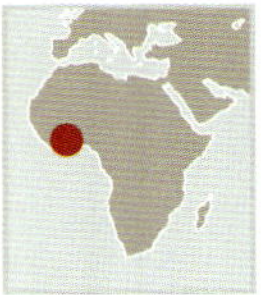

Bauern beim Staudamm von Buyo, Elfenbeinküste

(6° 15′ nördlicher Breite – 7° 05′ westlicher Länge)

Seit dem Bau eines Wasserkraftwerks im Jahr 1980 hat das Leben im Dorf Buyo sich verändert: Die Felder werden jetzt künstlich bewässert und somit zählt das Dorf zum »Kaffeegürtel« der Elfenbeinküste. Dies zog tausende von fremden Bauern an, die den Wald nicht schnell genug abholzen konnten, um Platz für ihre Häuser und Kaffeepflanzen zu schaffen. Heute klagen sie alle über die schlechte Qualität des Trinkwassers. Denn zur Erhöhung der Erträge hatten sie ihre Felder mit Pestiziden voll gepumpt und zwar mit Produkten, die wegen ihres hohen Giftgehalts in vielen Ländern verboten sind. Im Wasser sammeln sich nun Giftstoffe, die Krebskrankheiten und Entwicklungsstörungen hervorrufen. Auch die schon früher durch verunreinigtes Wasser übertragenen Krankheiten wie Malaria oder Diarrhö nehmen wieder deutlich zu. Mit der um sich greifenden Armut schwinden für die Bevölkerung sämtliche Chancen: In dem seit 1996 von der Kaffeekrise betroffenen Land brach im September 2002 ein Bürgerkrieg aus.

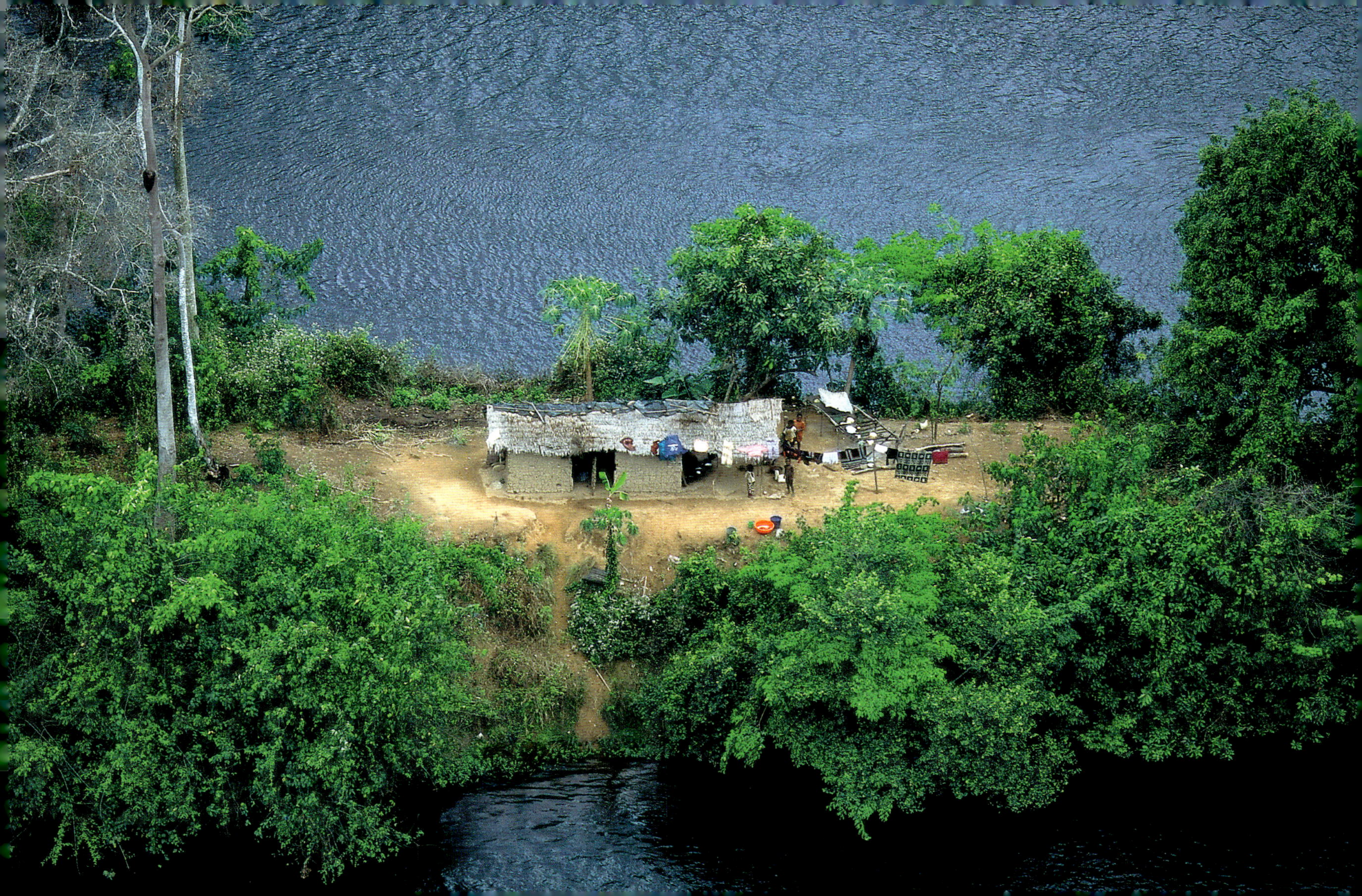

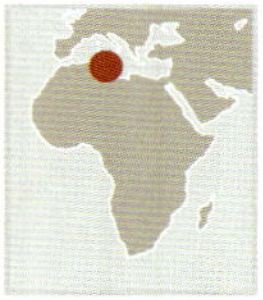

Fischer in Tunesien

(34° 15′ nördlicher Breite – 11° 00′ östlicher Länge)

Der Fischer, einer von den 6200, die mit ihren kleinen Booten im Golf von Gabès zu überleben versuchen, wurde von den motorisierten Kollegen ins Schlepptau genommen. Im Mittelmeerraum findet man alle Arten von Fischerbooten. Je nach Größe arbeiten sie mit unterschiedlichen Fallen und Netzen. In Nordafrika, Albanien und der Türkei manchmal auch mit solchen, die in der EU verboten sind, weil die scharfen Maschen die versehentlich ins Netz gehenden Delfine verletzen. Manche Länder gehen in ihren Maßnahmen zum Schutz der Meeressäuger noch weiter: In Irland beispielsweise sind kostenlose Einkaufstüten aus Plastik verboten, denn manche Delfine hielten die im Meer schwimmenden Plastiktüten für Quallen und starben qualvoll, weil sie sie verschluckten. Seit März 2002 werden solche Tüten in den irischen Geschäften nur gegen eine Gebühr von 15 Cent abgegeben. Der Verbrauch an Plastikeinkaufstüten hat sich seitdem in Irland um 90 Prozent reduziert. Taiwan und Korsika sind dem Beispiel gefolgt. Auf der Verbraucherseite stößt diese Maßnahme auf wenig Widerstand. Denn die Plastiktüten belasten auch die Luft: Bei der Verbrennung in den Deponien setzen sie giftige Gase frei.

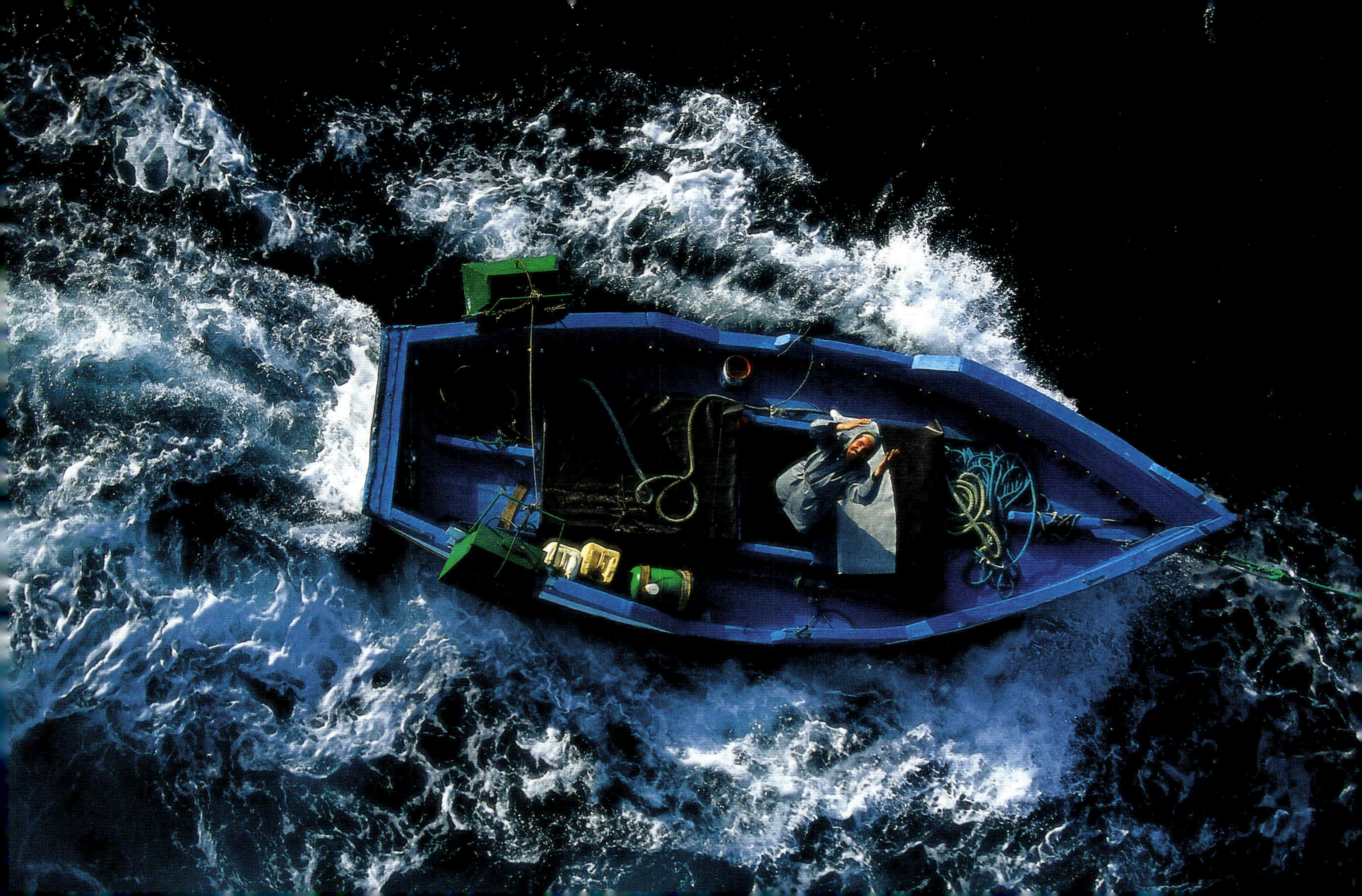

10. Juli

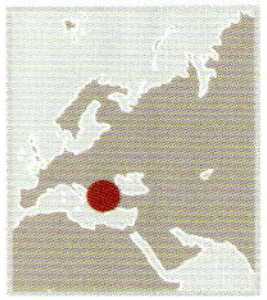

Akropolis, Athen, Griechenland

(37° 58′ nördlicher Breite – 23° 43′ östlicher Länge)

Auf einer etwas weniger als drei Hektar großen Hochfläche baute griechischer Genius eines der bedeutendsten Architekturensembles der Menschheitsgeschichte. In ihm fand die athenische Demokratie unter Perikles einen ehrwürdigen Ausdruck. Heute ist die Akropolis das offizielle Emblem der UNESCO und wird mithilfe eines umfassenden EU-Programms restauriert. Der Gebäudekomplex steht nicht nur für die Glanzzeit der griechischen Kultur, sondern auch für den Ursprung der europäischen Identität: Der griechische Göttervater Zeus verführte Europa und zeugte mit ihr Kinder. Mehr denn je ist Europa ein ideeller Wert, auch wenn seine reale Gestalt immer deutlichere Konturen annimmt: Davon zeugt der symbolträchtige Vertrag mit den zehn Beitrittskandidaten, der am 16. April 2003 unter der griechischen EU-Präsidentschaft am Fuße der Akropolis unterzeichnet wurde.

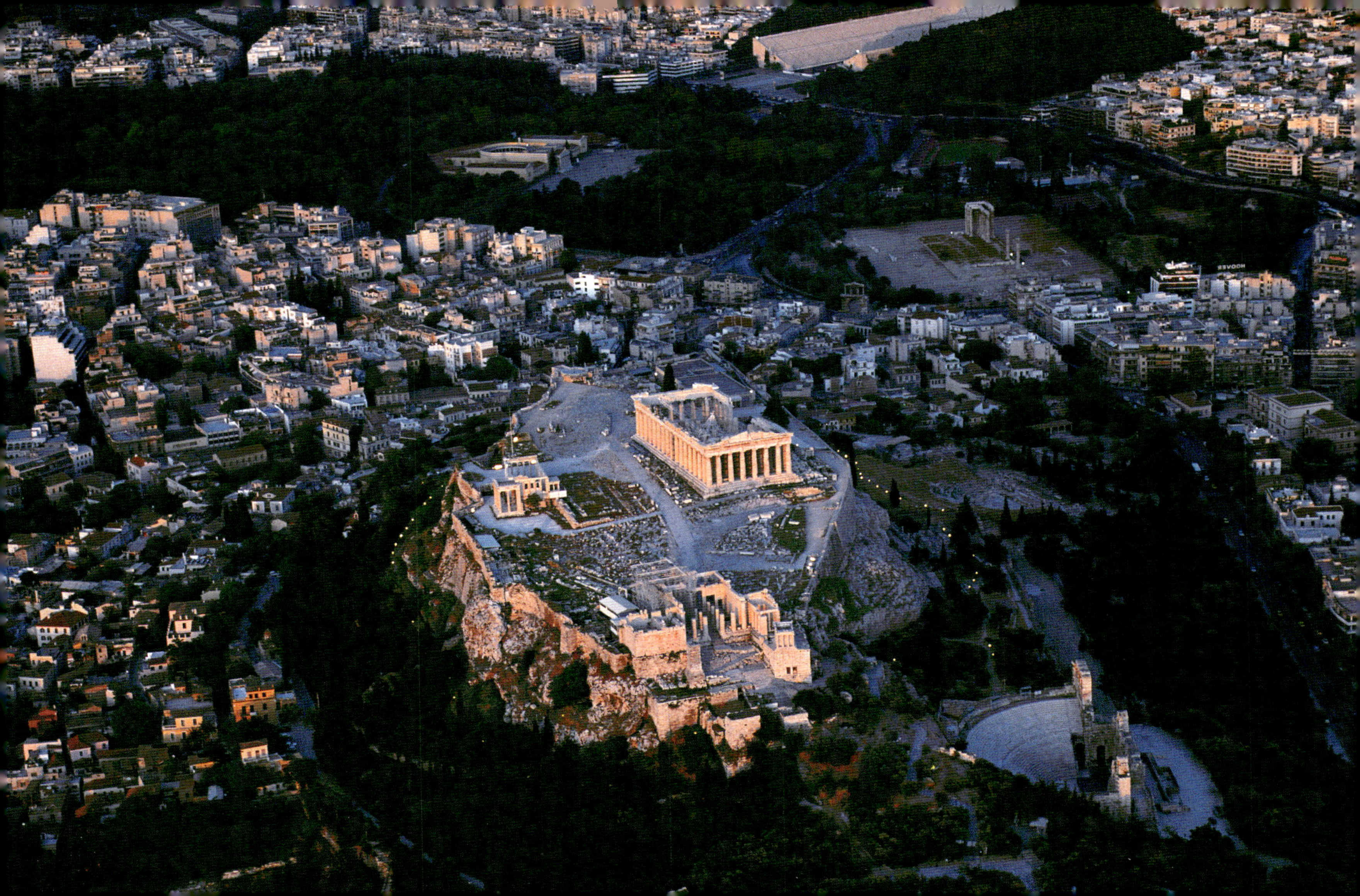

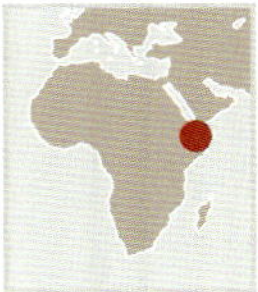

Vulkanlandschaft zwischen dem Ghoubet-El-Kharâb-See und dem Assal-See, Djibouti (11° 41′ nördlicher Breite – 42° 20′ östlicher Länge)

Das Gebiet um den Assal- und Ghoubet-See ist von ganz besonderem Interesse: Hier entsteht nach und nach der eritreische Ozean. Am äußersten Südostende des Assal-Grabens löst sich der Kontinentalsockel zusehends auf, die Kluft zwischen Afrika und der Arabischen Halbinsel wird größer. Es kommt zu zahlreichen Verwerfungen, und der Boden sinkt tiefer und tiefer. Der Assal-See ist mit seinen 157 Metern unter dem Meeresspiegel der tiefste Punkt Afrikas. Die an der Erdoberfläche ausströmende Lava formt sich zu dunklen Vulkankegeln, die eines Tages wieder in den Fluten des entstehenden Ozeans versinken werden. Um den Assal-See herum bildet die Erde eine neue Kruste. Teile der alten Erdkruste werden überlagert und wieder ins Erdinnere zurückgedrängt.

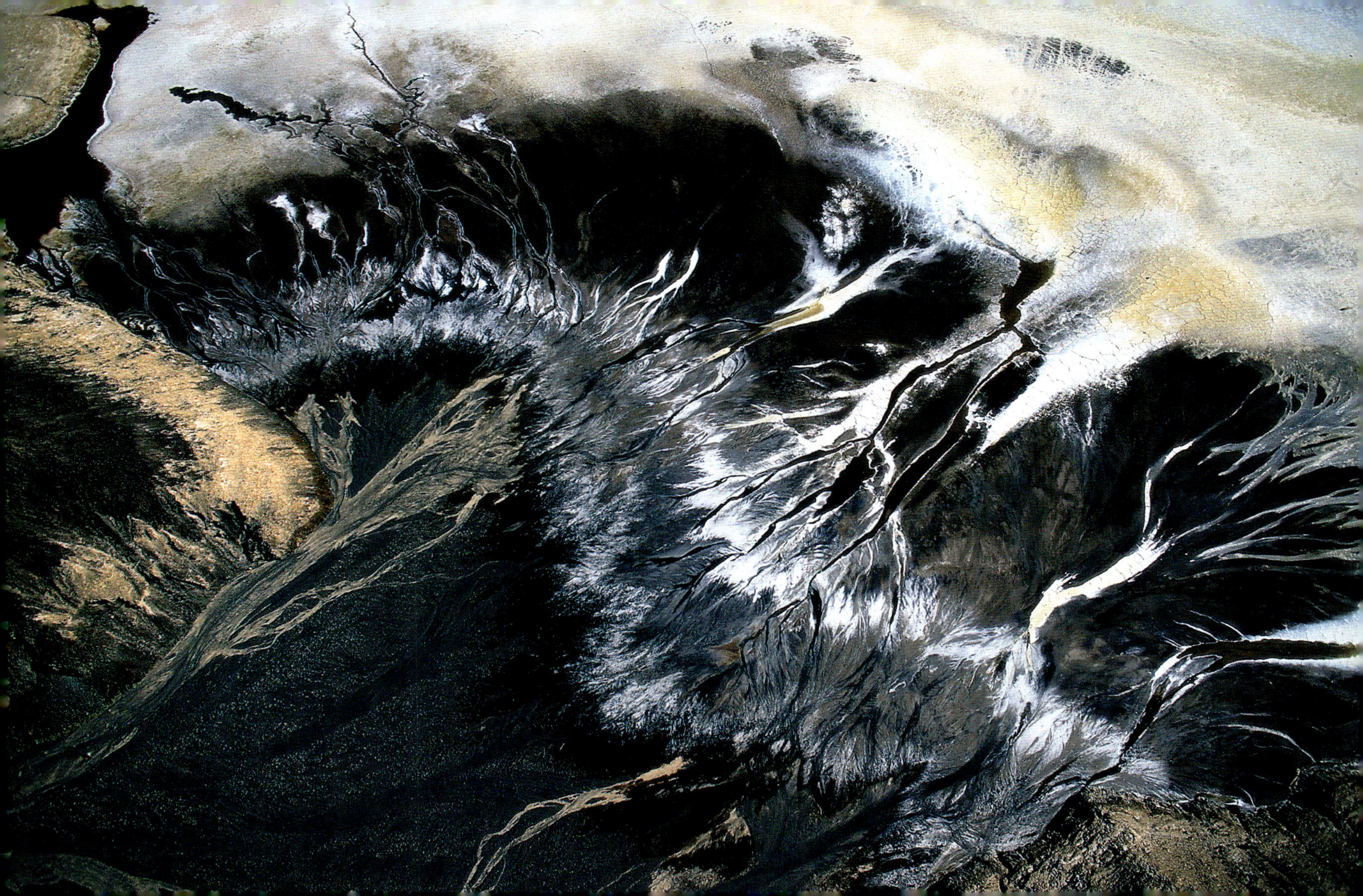

12. Juli

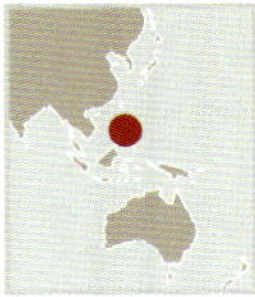

Behausungen im Sumpfgebiet bei Malolos, Insel Luzon, Philippinen

(14° 50′ nördlicher Breite – 120° 50′ östlicher Länge)

Auf Luzon, der größten und nördlichsten Philippinen-Insel, liegen Reichtum und Elend dicht beieinander. Die Zentralebene Luzons ist eine regelrechte Reiskammer. Doch 40 Prozent der Philippiner müssen mit weniger als einem Dollar pro Tag auskommen, und deshalb lassen sich viele von ihnen direkt in den sumpfigen Reisfeldern nieder. Die Häuser sind meist aus Holz oder Bambus, das Dach ist aus Wellblech. Trotz großer Anstrengungen im Kampf gegen die Armut hat das Elend der Landbevölkerung in den letzten Jahren zugenommen. Außerdem sind die Bewohner dieser behelfsmäßigen Baracken permanent von Schlammmassen und Überschwemmungen bedroht. Rund 30 schwere Stürme toben im Jahresdurchschnitt auf den Philippinen.

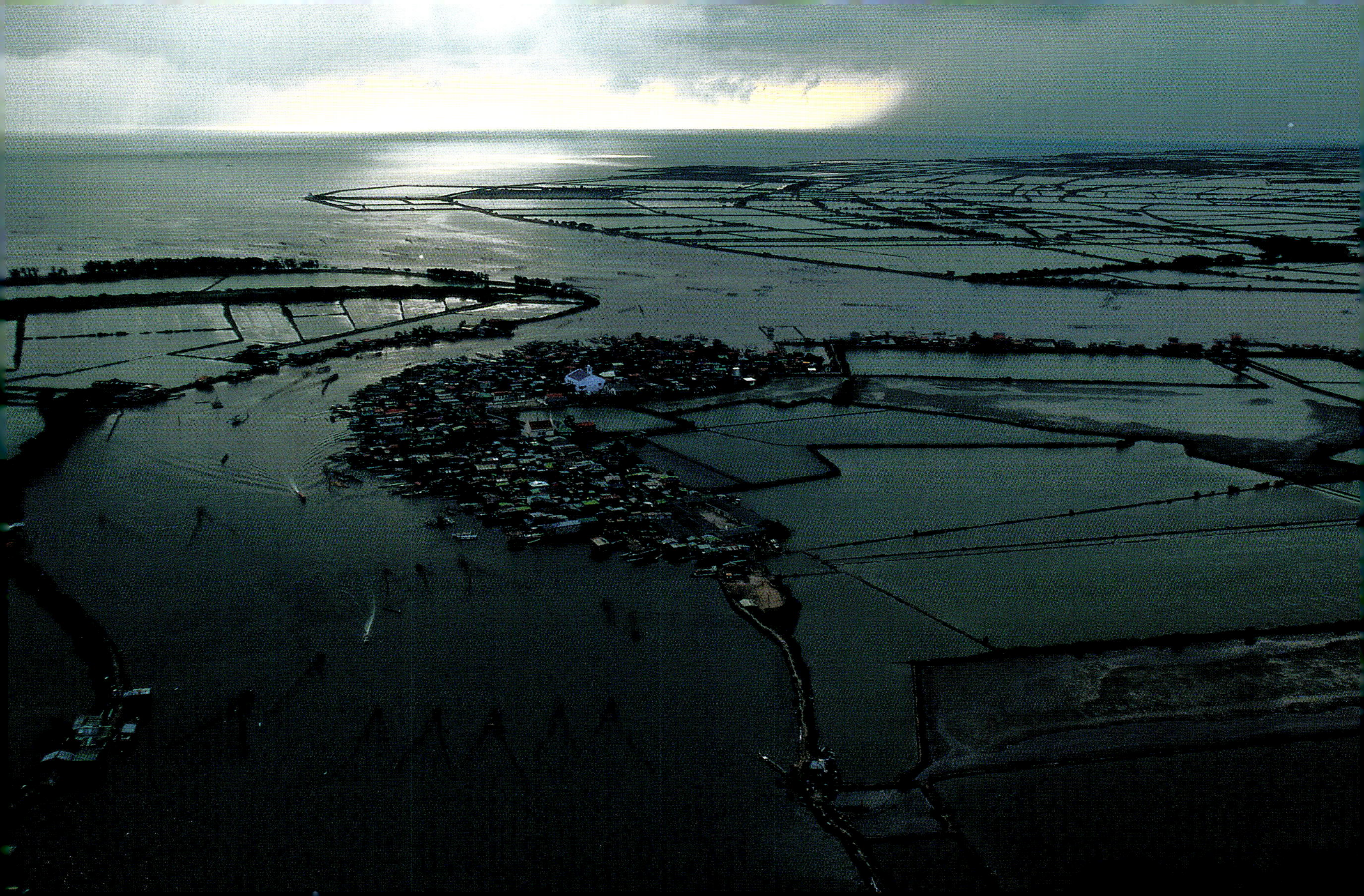

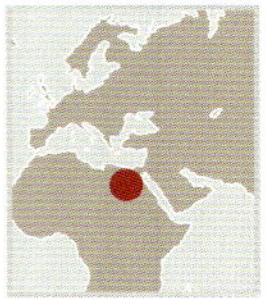

Hotel »Ecolodge«, Adrere Amellal, Oase Siwa, Ägypten

(29° 12′ nördlicher Breite – 25° 31′ östlicher Länge)

Das »Ecolodge« am Ufer der salzhaltigen Seen der Oase Siwa unterhalb des »Weißen Berges« ist ein Luxushotel. Trotz der Hitze der ägyptischen Wüste stehen den Gästen jedoch weder Strom noch eine Klimaanlage zur Verfügung. Beim Bau des sich kaum von der Landschaft abhebenden Komplexes stützte man sich auf das Wissen und die Erfahrung der Einheimischen, die dort seit 2500 Jahren leben. Das Material für die Mauern lieferte der salzige Grund der Seen, es wurde von der heißen Wüstensonne gebrannt. Alles wurde von den 150 ortsansässigen Handwerkern entworfen und aus heimischen Stoffen hergestellt: Dach, Isolierung, Gips, Ventilatoren, Möbel und Einrichtungsgegenstände. Durch die kurzen Wege war der Energiebedarf beim Bau klein. Außerdem führte die Aufwertung der einheimischen Arbeitskräfte zu einer wirtschaftlichen Belebung der Region. Seit der Eröffnung des »Ecolodge« im Jahr 1997 leben rund 600 Menschen dauerhaft vom wiedererwachten Interesse an der Architektur der Oase Siwa.

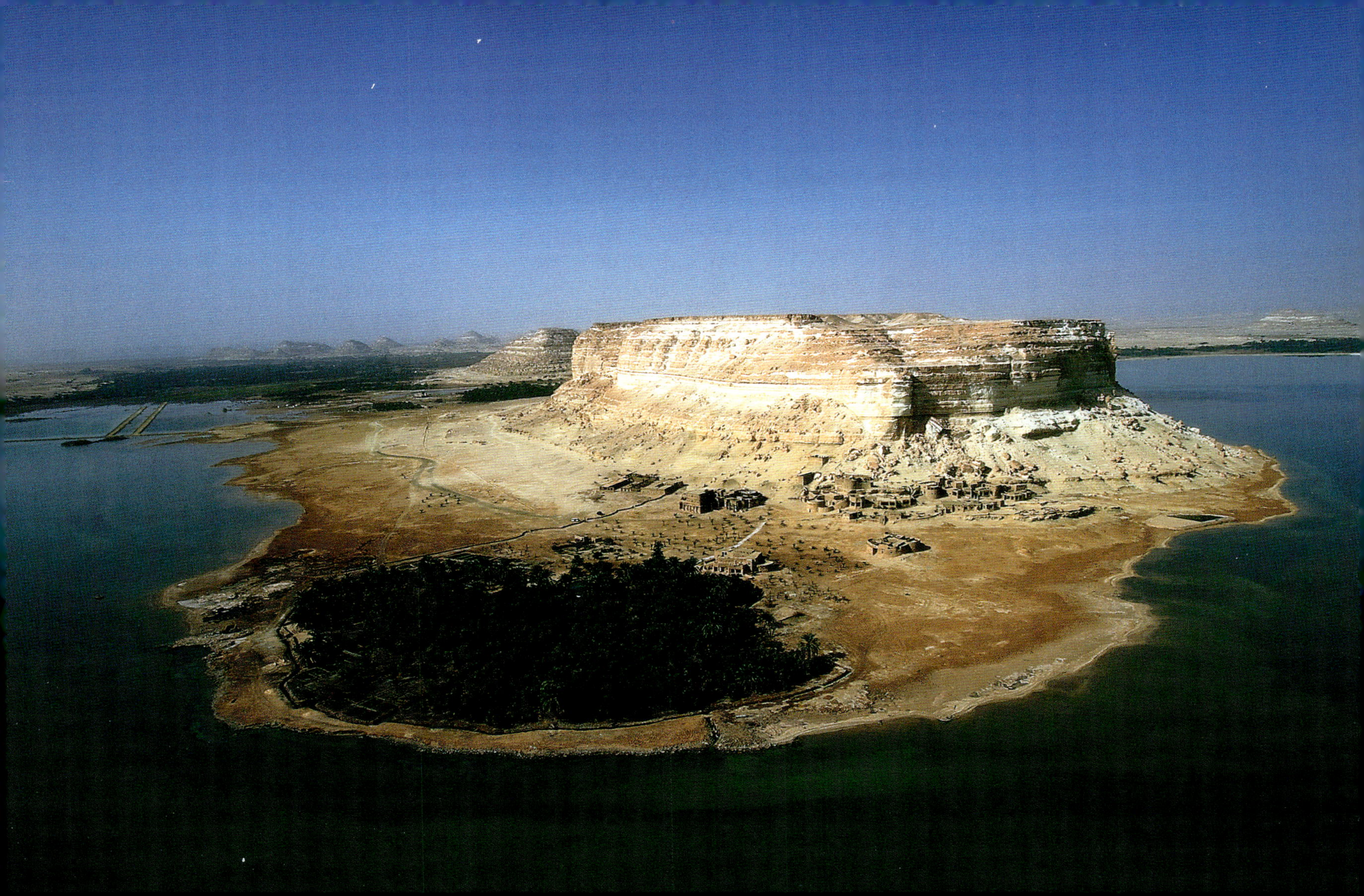

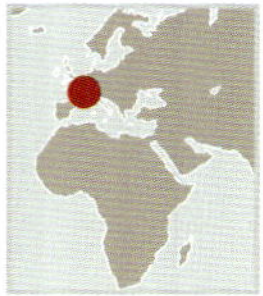

Puy de Côme, Auvergne, Frankreich

(45° 47′ nördlicher Breite – 2° 57′ östlicher Länge)

Die rund 80 erloschenen Vulkane des Massif Central sind mit ihren 15 000 Jahren außerordentlich jung. Die Hochebenen zu ihren Füßen sind reich an Thermalquellen. Die Entstehung dieser Landschaft hängt eng mit den Alpen zusammen: Der Druck, den die Alpenkette auf die Erdkruste ausübt, verlagert sich auf die Nachbarregionen und so kommt es auch dort zu Erdfaltungen und tektonischen Bewegungen. An den Stellen, an denen die Erdkruste besonders stark zusammengedrückt wird, ist sie besonders heiß. So erklärt sich auch das außergewöhnliche thermische Potenzial des von Norditalien bis in die Slowakei reichenden Gebietes. Es ist Gegenstand zahlreicher Studien, denn mancher Forscher träumt davon, diese Energie in den Dienst der Menschheit zu stellen.

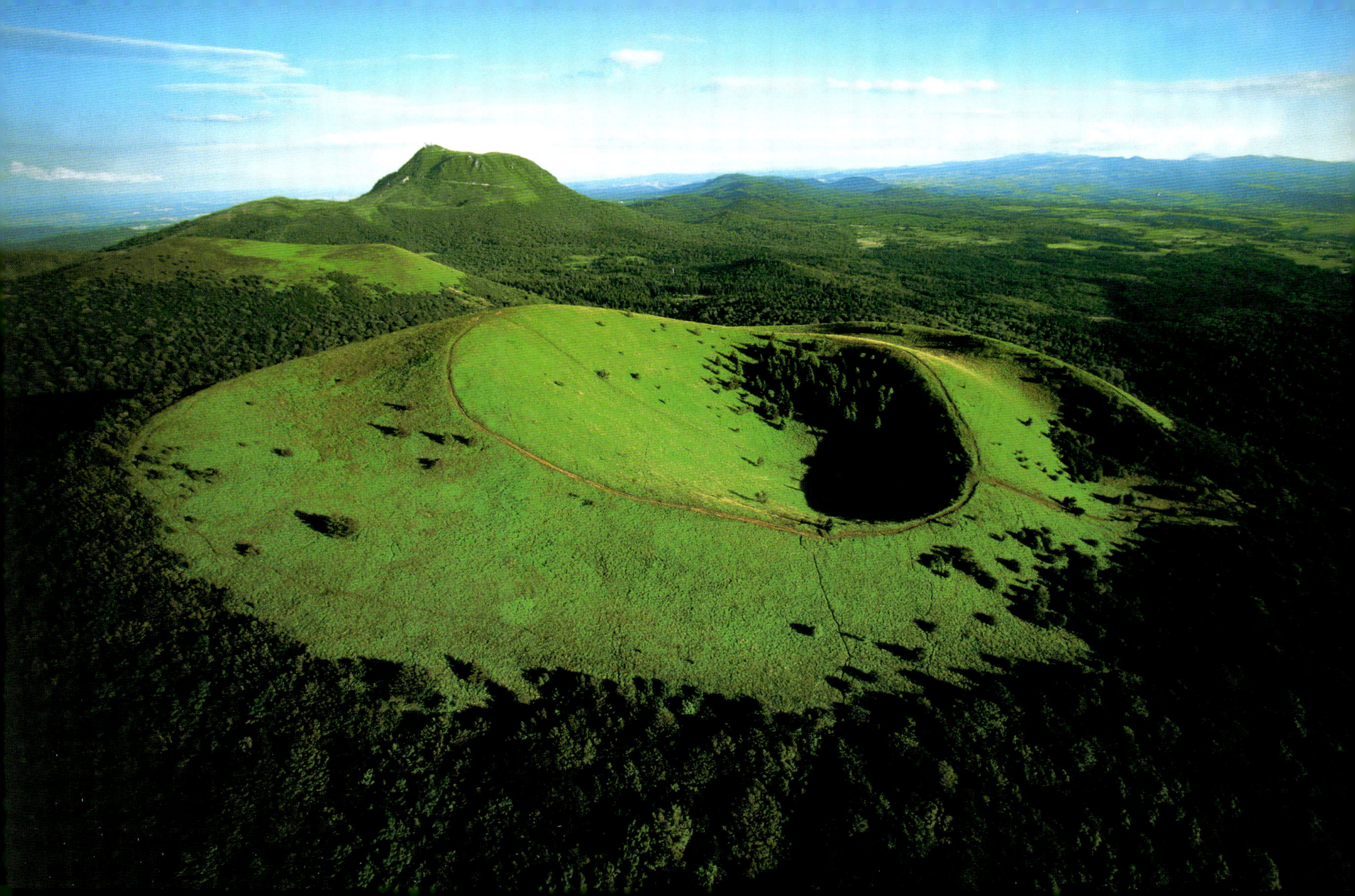

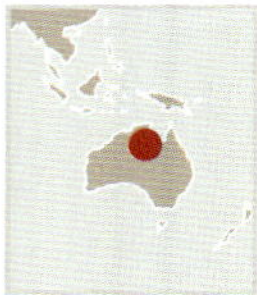

Uranbergwerk im Kakadu-Nationalpark, Northern Territory, Australien

(12° 41′ südlicher Breite – 132° 53′ östlicher Länge)

Die Uranerze im australischen Kakadu-Nationalpark machen zehn Prozent des weltweiten Uranvorkommens aus. Obwohl der Park seit 1981 auf der UNESCO-Liste des Weltkulturerbes steht, sollte für die Minen per Gesetz der Schutzstatus aberkannt werden. Das Vorhaben löste eine heftige Kontroverse über mögliche Umweltschäden aus. Auch die australischen Ureinwohner, die sich als die eigentlichen Eigentümer dieses heiligen Bodens betrachten, legten heftigen Protest ein und mobilisierten die internationale Öffentlichkeit. Schließlich wurde nur einem Teil des Parks der Schutzstatus entzogen. Seitdem sorgen große Sprühanlagen für eine regelmäßige Berieselung des Bergwerkareals. Damit will man den von den Sulfathalden ausgehenden Staub binden. In Australien befinden sich noch zwei weitere Uranlagerstätten. Nach allgemeinen Schätzungen birgt das Land ein Viertel aller Uranvorkommen weltweit. Im Jahre 2000 wurden global 34 000 Tonnen Uran gefördert, 20 Prozent davon in Australien. Das radioaktive Schwermetall dient als Brennstoff für den weltweiten Nuklearpark, der sich hauptsächlich auf die USA, Frankreich und Japan verteilt.

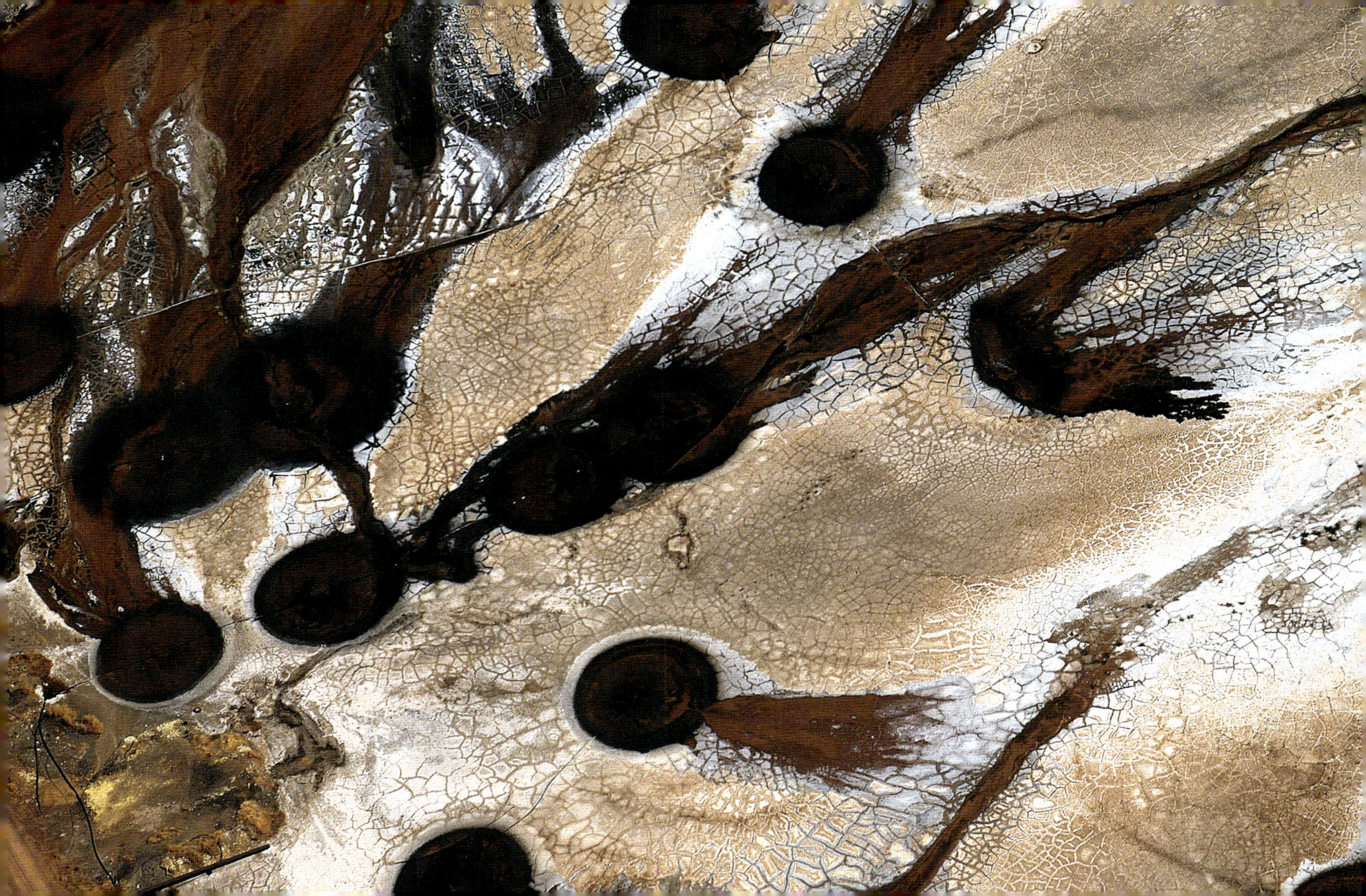

16. Juli

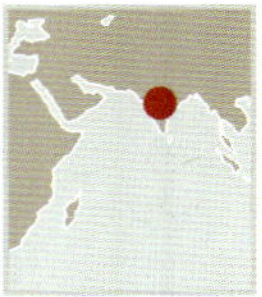

Baderitus am Gangesufer in Varanasi, Bundesstaat Uttar Pradesh, Indien (25° 20′ nördlicher Breite – 83° 00′ östlicher Länge)

Ghats nennt man nicht nur die riesigen Ebenen zwischen dem Himalaja-Gebirge und dem Ganges, sondern auch die Treppen am Gangesufer in Varanasi. Über sie steigen die hinduistischen Pilger zum Wasser hinunter, um sich im heiligen Fluss zu reinigen oder um ihre Toten zu verbrennen. Wer ein tugendhaftes Leben führt und seinen Pflichten nachkommt, hat nach hinduistischem Glauben größere Chancen, in einer höheren Kaste wieder geboren zu werden. Das indische Kastensystem ist 2000 Jahre alt und weist jedem Einzelnen durch die Geburt seinen Platz in der Gesellschaft zu. Rund 170 Millionen Inder (d. h. ein Sechstel der Bevölkerung) sind von den vier großen Kasten – Priester, Krieger, Kaufleute oder Diener – ausgeschlossen. Obwohl jegliche Diskriminierung auf Grund der Kastenzugehörigkeit verboten ist, dürfen diese »Unberührbaren«, die so genannten *dalit*, kein Land besitzen. Sie leben isoliert in bestimmten Vierteln, müssen die niedrigsten Arbeiten verrichten und die Missachtung ihrer Grundrechte in Kauf nehmen. Nach Schätzungen der UNESCO aus dem Jahr 2001 sind zwei Drittel der *dalit* Analphabeten und lediglich sieben Prozent von ihnen haben Zugang zu Trinkwasser, Strom und Toiletten.

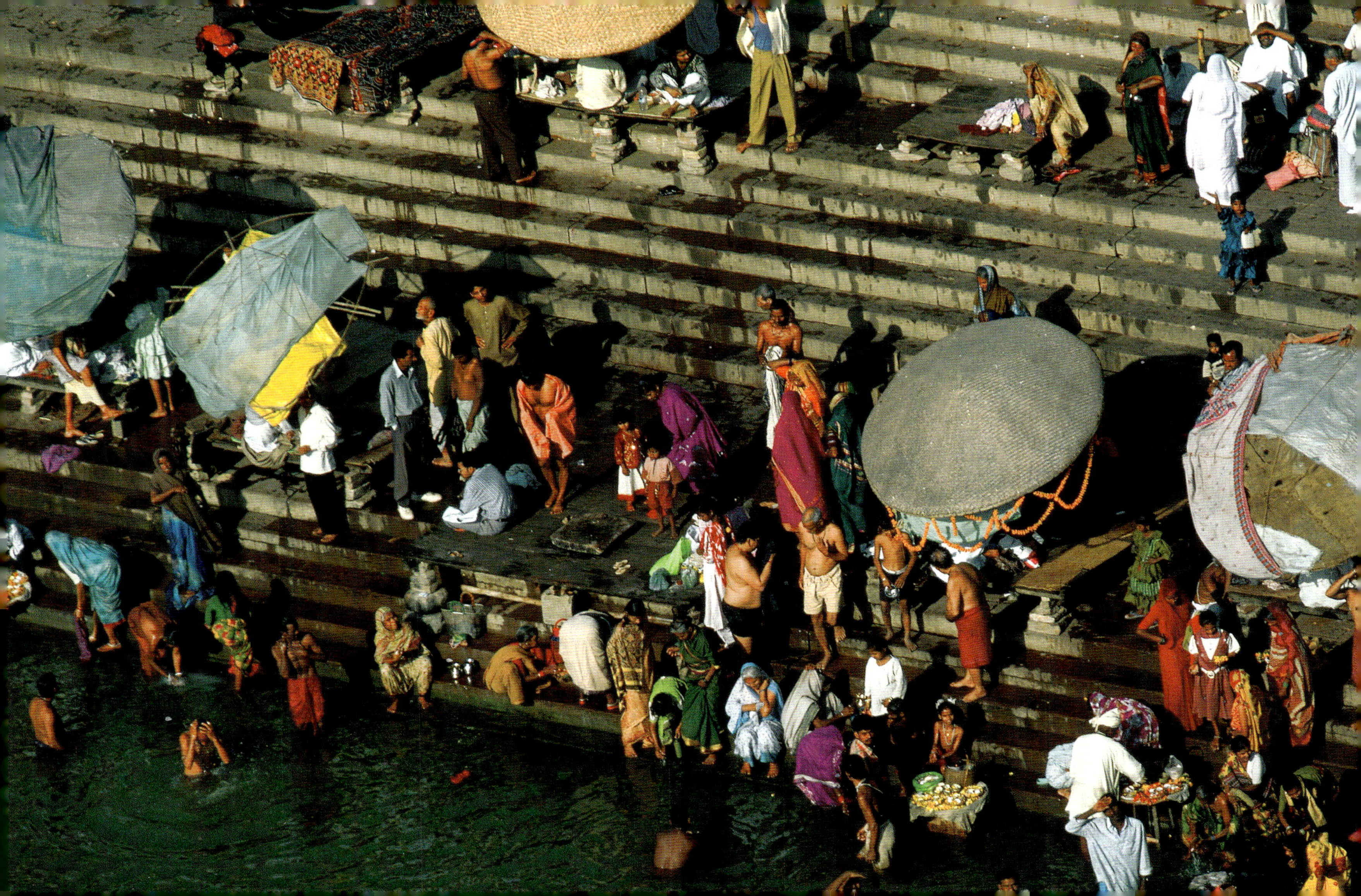

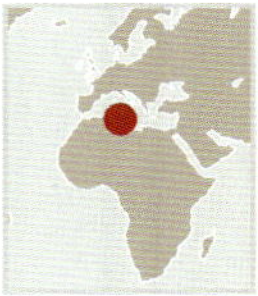

Traditioneller Fischfang im Golf von Gabes, Tunesien

(34° 40′ nördlicher Breite – 11° 10′ östlicher Länge)

Die Charfia-Fallen bestehen aus Palmzweigen, die in V-Form gesteckt sind. Sie lenken die Fische wie ein Trichter in Käfige, *drina*, aus denen es kein Entkommen gibt. Seit dem 17. Jahrhundert werden Charfia-Lizenzen von einer Generation auf die nächste Generation übertragen. Dadurch bleiben die Zahl der Fischer und das Fangvolumen überschaubar. Auch die Fischfangindustrie kann auf diese Weise fern gehalten werden. Die tunesische Regierung bemüht sich um juristischen Schutz und finanzielle Hilfen für dieses Lizenzsystem. Noch vor 20 Jahren setzte auch Tunesien auf eine Fischfangindustrie im großen Stil. Doch heute sind im Fischfang Nachhaltigkeit und Verantwortungsbewusstsein gefragt. Tunesien befolgt die Richtlinien der Ernährungs- und Landwirtschaftsorganisation der Vereinten Nationen (FAO) und versucht so, die Fischbestände und damit die Lebensgrundlage für die Fischer zu erhalten. Weltweit leben 36 Millionen Menschen vom Fischfang.

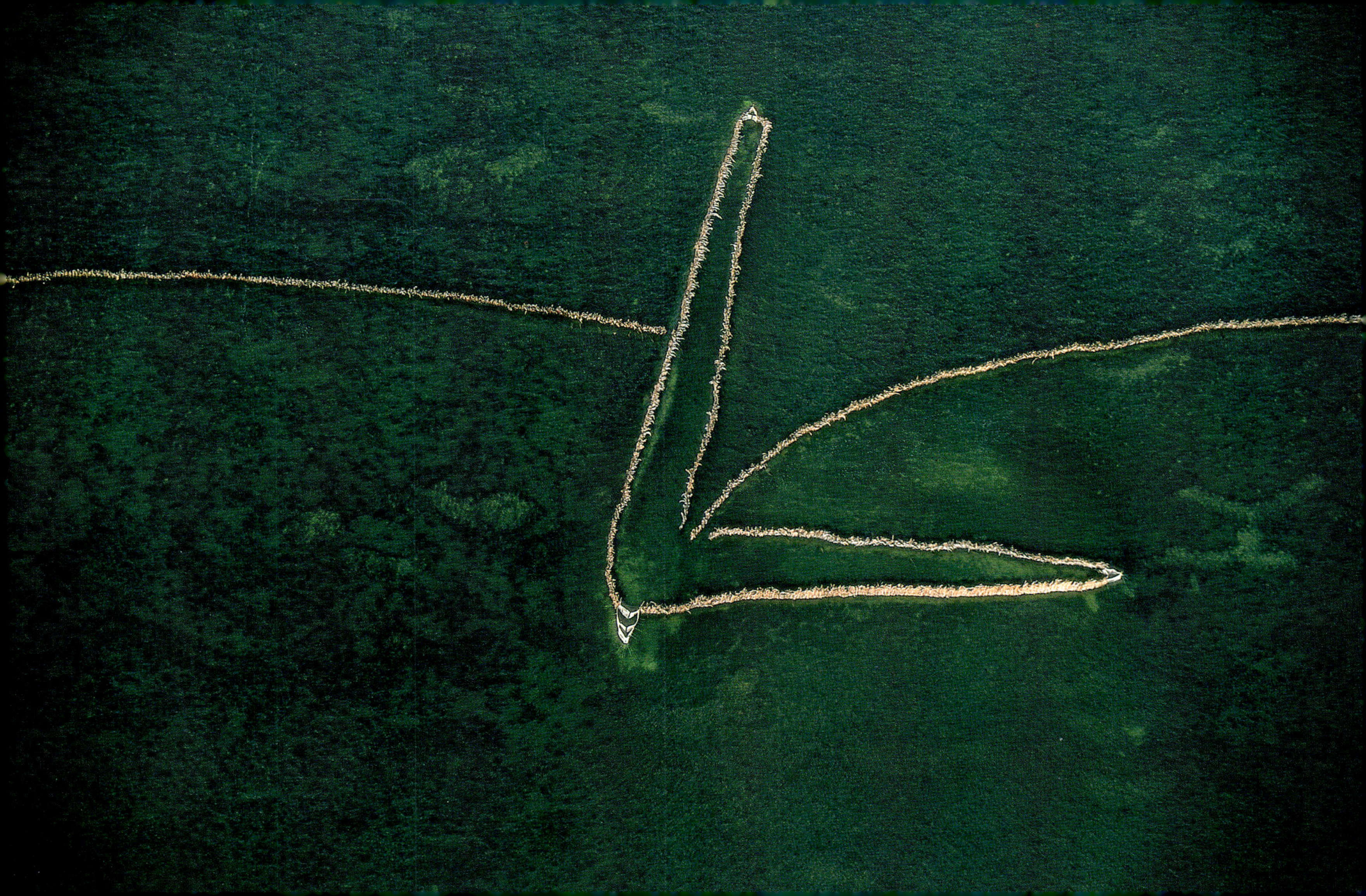

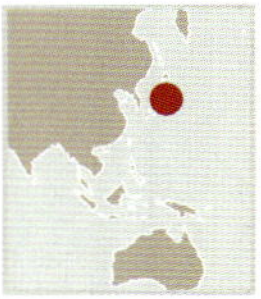

Autobahnnetz beim Hafen von Yokohama, Japan

(35° 26′ nördlicher Breite – 139° 38′ östlicher Länge)

Mit der Anbindung an das japanische Eisenbahnnetz im Jahr 1872 begann die rasante Entwicklung des damals noch bescheidenen Fischereihafens. Heute ist Yokohama Japans größter internationaler Hafen und nach Tokio die zweitgrößte Stadt des Landes. Das große Autobahnnetz Yokohamas steht für den wirtschaftlichen Aufschwung, den die Stadt vor allem dem Straßentransport zu verdanken hat. Da die meisten Industrieländer diesem Wirtschaftsmodell folgen, haben die Straßenflächen auf der ganzen Welt drastisch zugenommen. Die Zahl der Fahrzeuge stieg auf fast 800 Millionen. Sie konzentrieren sich vor allem auf die Industrieländer: Allein auf die USA entfallen 29 Prozent, auf ganz Afrika hingegen lediglich 2,4 Prozent. Dementsprechend ungleich ist die Pro-Kopf-Verteilung: In den USA kommen auf 1000 Einwohner 790 Fahrzeuge, in Indien sind es lediglich acht. Trotz der Umweltbelastung nimmt der Automobilpark stetig zu. Das Transportwesen ist der Hauptverursacher der Treibhausabgase. Seit dem Umweltschutzgipfel von Rio im Jahre 1992 hat die Industrie ihre Emissionen reduziert. Im Transportwesen hingegen nahmen die Emissionen im gleichen Zeitraum um 75 Prozent zu.

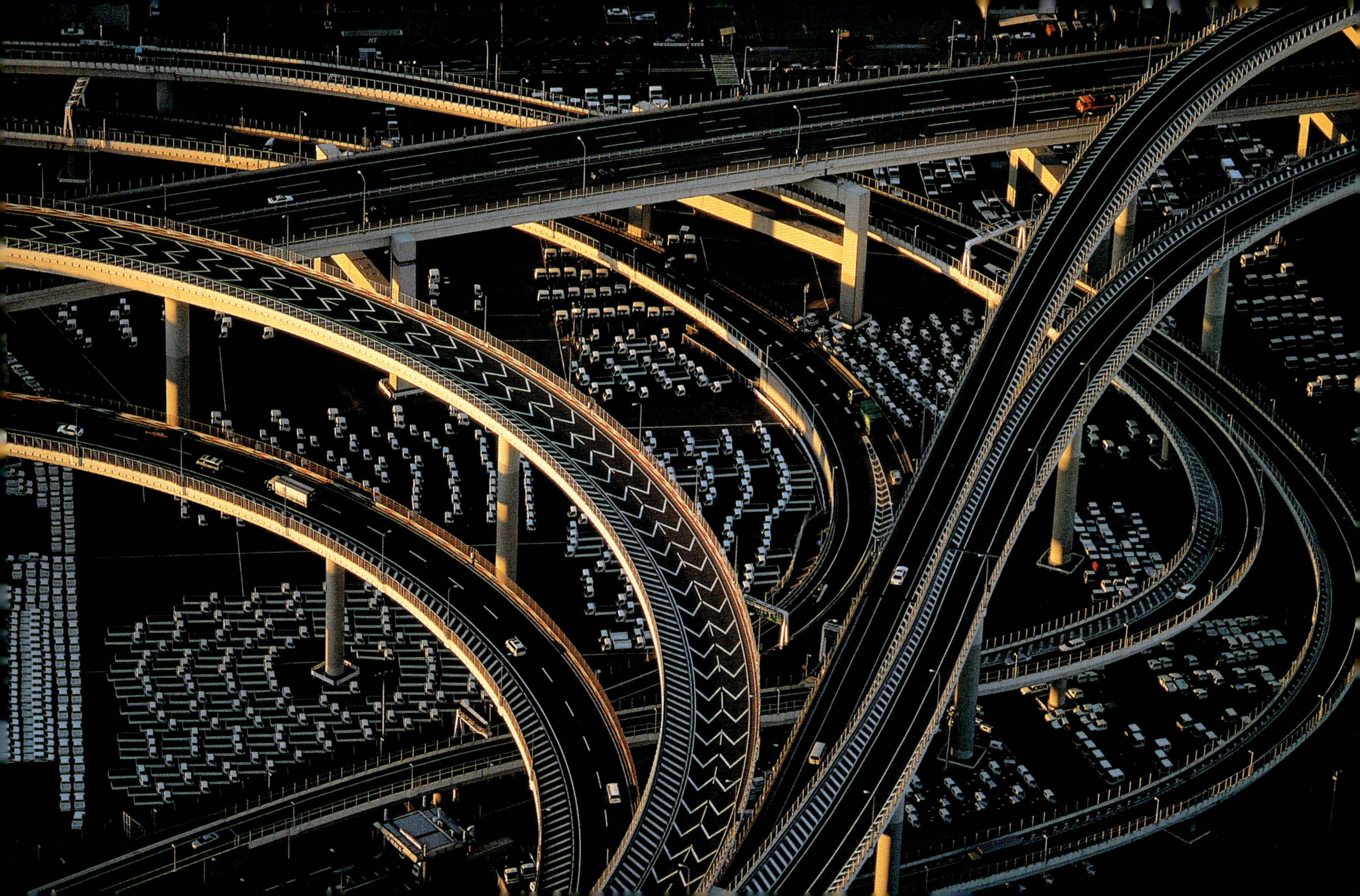

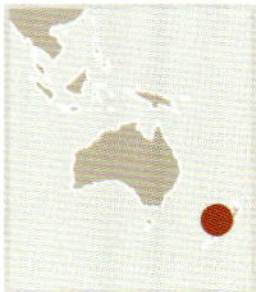

Buckelwal vor der Halbinsel Kaikoura, Jade-Insel, Neuseeland

(42° 25′ südlicher Breite – 173° 43′ östlicher Länge)

Die Halbinsel Kaikoura an der Ostküste der neuseeländischen Nordinsel ist ein unter Walforschern beliebter Beobachtungsposten. Dort tummeln sich nicht nur Buckelwale, sondern auch Delfine und Pottwale. Die Beobachtung der marinen Säugetiere wird jedoch mehr und mehr zu einer Touristenattraktion: 1998 verzeichnete dieser Zweig des Ökotourismus mehr als neun Millionen Buchungen und meldete einen Gewinn von 300 Millionen Dollar. Mit solchen Reisen wird natürlich die Öffentlichkeit auf das Schicksal der Wale aufmerksam gemacht. Andererseits sind diese Touristenveranstaltungen eine zusätzliche Bedrohung für die Meeresriesen: Jedes Jahr kommt es zu Zusammenstößen zwischen den Walen und den mit Schaulustigen voll besetzten Booten, die für die Meeressäuger tödlich enden. Einige der Walarten stehen ohnehin kurz vor dem Aussterben, beispielsweise der Blauwal, der Finnwal und der Grönlandwal.

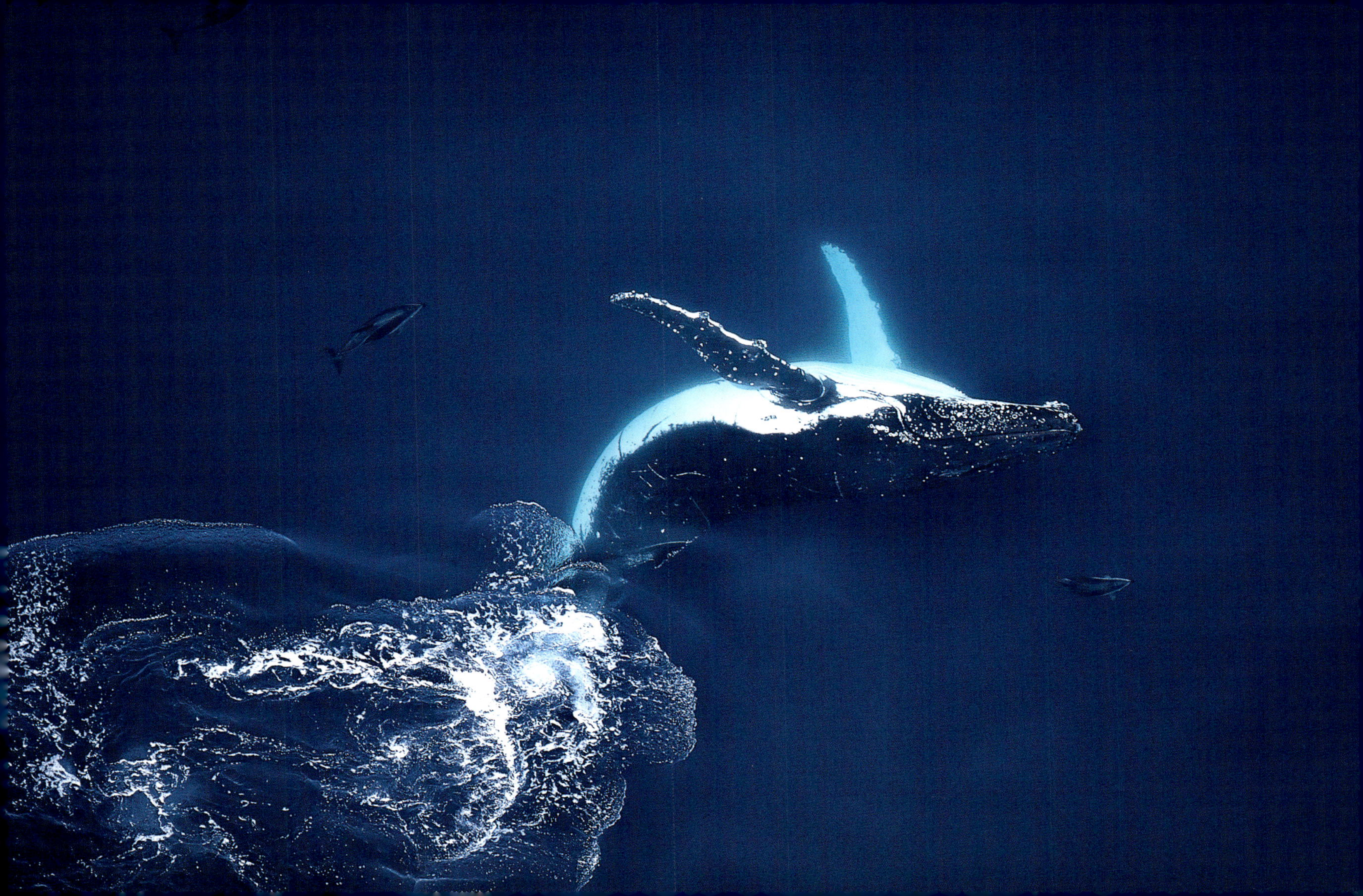

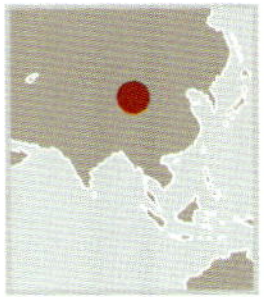

Ziegen im Naturreservat Khustaïn Nuruu, Mongolei

(45° 50′ nördlicher Breite – 106° 50′ östlicher Länge)

Wie lange wird es in der mongolischen Steppenlandschaft noch Kaschmirziegen geben? Ein Drittel der in der Mongolei gezüchteten Tiere sind Ziegen. Sie sind robust, und ihre Wolle ist begehrt. Doch wo die Nomaden verschwinden, verschwinden auch sie. Der Preis für die Wolle sinkt zusehends, und die mongolische Industrie leidet trotz deutlicher Fortschritte schwer unter der chinesischen Konkurrenz. Mit staatlicher Unterstützung versuchen die Nomaden, den Bestand ihrer Herden zu erweitern, doch die extrem trockenen Sommer und außergewöhnlich harten Winter (Im Februar 2000 sanken die Temperaturen auf -60 Grad Celsius) führten zur völligen Austrocknung der Steppen und somit zum Tod von Millionen von Tieren. Nach Meinung mancher Experten der Weltbank hat das Nomadentum keine Zukunft mehr. Doch trotz vieler Schwierigkeiten sind sowohl die Regierung als auch die Bevölkerung anderer Ansicht.

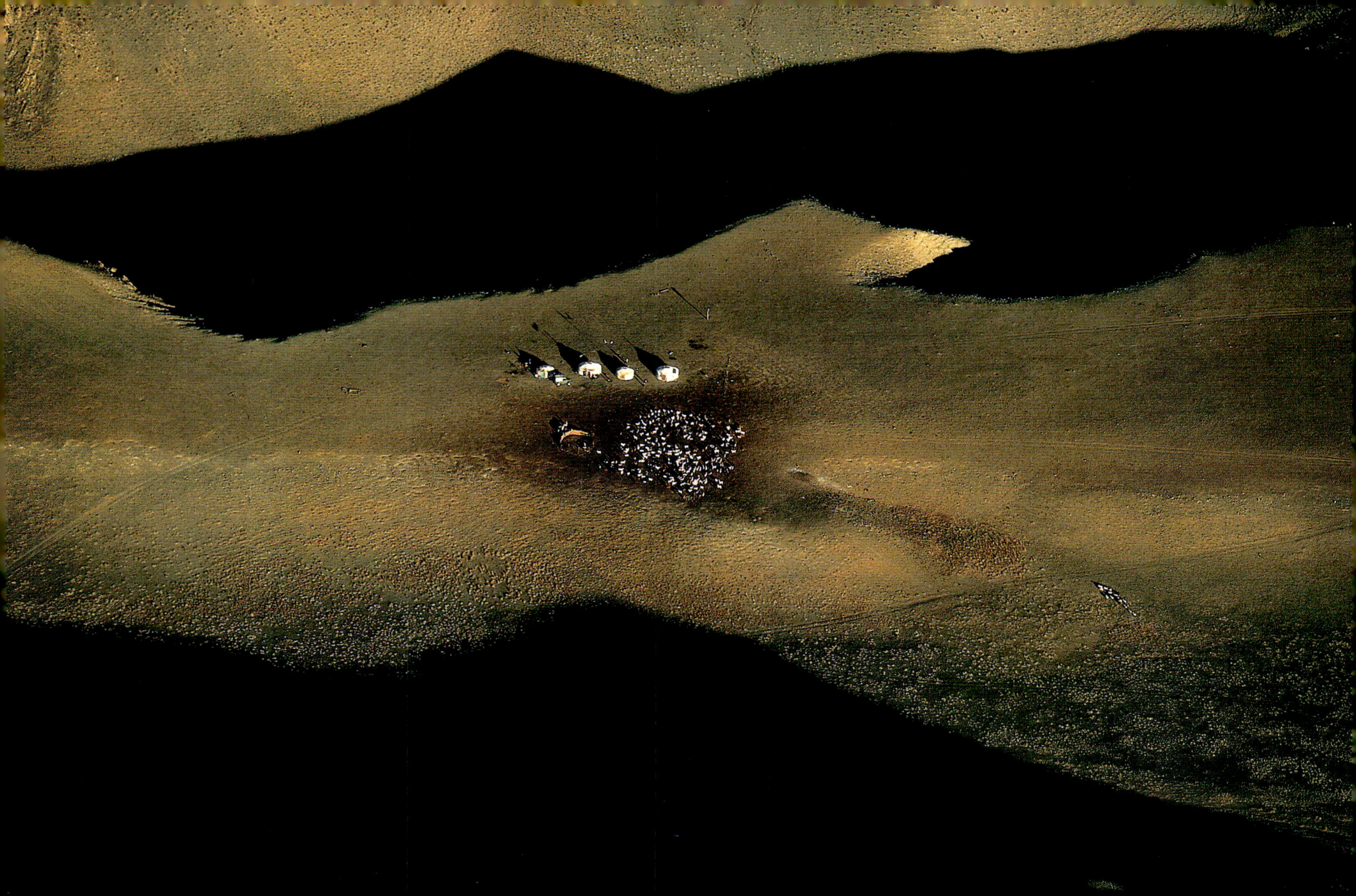

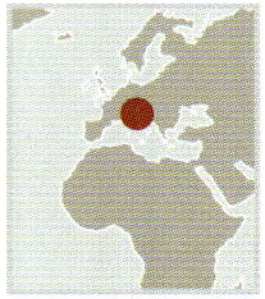

Gesamtansicht von Venedig, Venetien, Italien

(45° 35′ nördlicher Breite – 12° 34′ östlicher Länge)

Venedig ist keine Insel, sondern ein Archipel aus 118 Inseln mit 160 Kanälen und 400 Brücken. Der Canale Grande ist die Hauptader der Stadt. An seinen Ufern baute der venezianische Adel seine schönsten Renaissance- und Barockpaläste. Auch die wichtigsten Kirchen der Stadt finden sich dort. Der Markusplatz, der Dogenpalast und das Fenice-Theater sind weitere berühmte Sehenswürdigkeiten. Sie symbolisieren das außergewöhnliche, eng mit der Seeherrschaft verbundene Schicksal der »Serenissima«. Schon um das Jahr 1000 baute Venedig mit zahlreichen Handelsniederlassungen seine Vormachtstellung aus, zunächst rund um die Adria, dann im gesamten Mittelmeerraum bis hin zum Schwarzen Meer. Bis zum 16. Jahrhundert waren es die Seemächte, die in der Welt das Sagen hatten: Athen, Rom, Genua, Venedig, die Niederlande und England. Dann gewannen die Kontinentalmächte die Oberhand, und Venedig verschwand aus der internationalen Handelsszene. Heute sieht es so aus, als ob die »Serenissima« mit der Zeit auch physisch im Wasser verschwinden würde: Die Verbreiterung der Kanäle, der sinkende Boden und der jedes Jahr um sechs Millimeter steigende Meeresspiegel sind Gründe dafür, warum die venezianischen Paläste immer öfter im Wasser stehen.

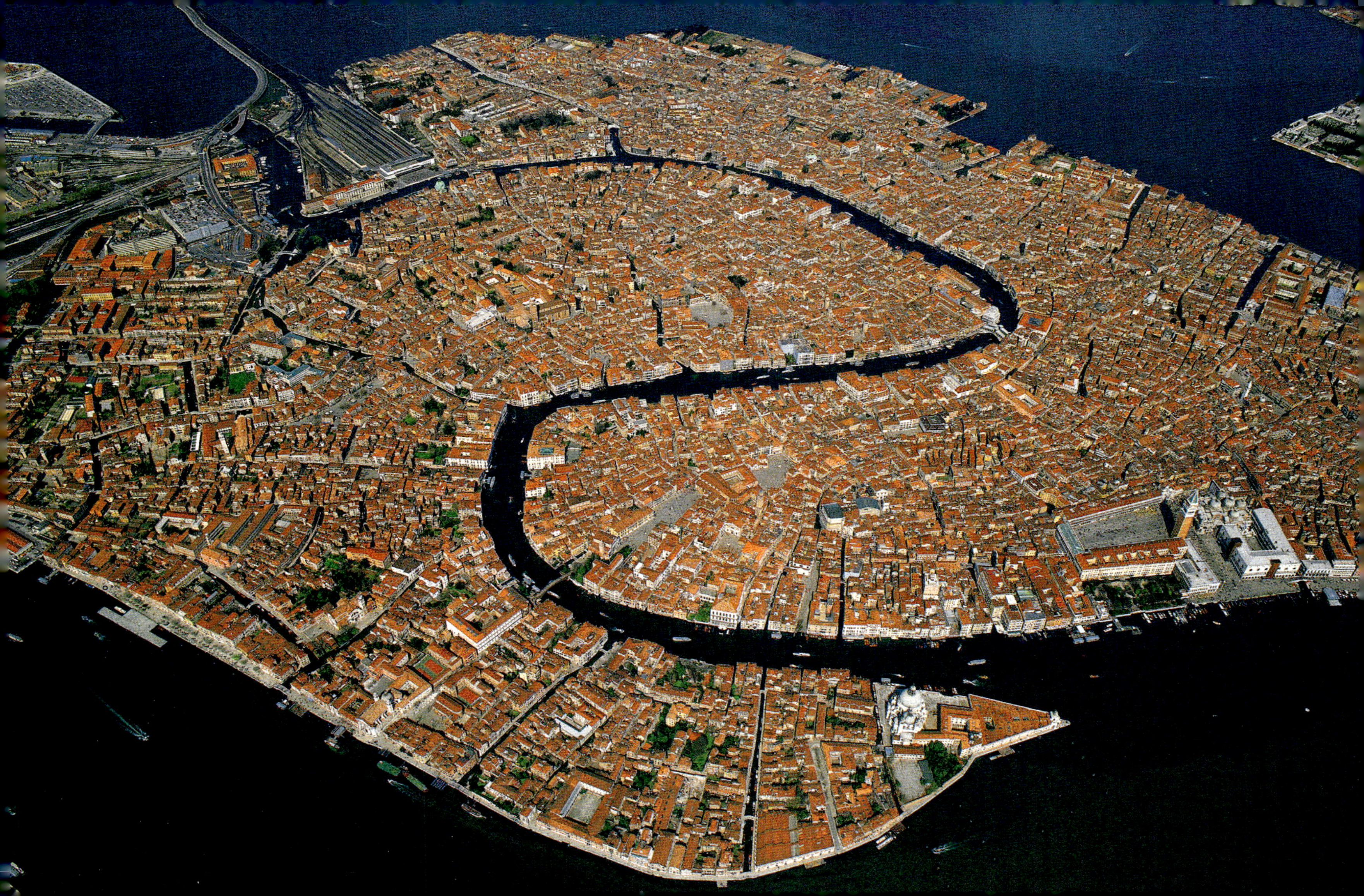

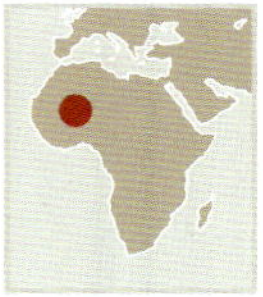

Moschee des Dorfes Kowa, Region Mopti, Mali

(14° 29′ nördlicher Breite – 4° 01′ westlicher Länge)

Die malischen Dörfer am Niger sind bekannt für ihre beeindruckenden Moscheen. 1324 pilgerte Mansa Musa, der berühmte Kaiser des Mali-Reiches, nach Mekka. Der zum Islam bekehrte Herrscher war der Erste, der den Bau von prächtigen, weithin sichtbaren Moscheen anordnete. Dies war ungewöhnlich, denn die Kultstätten der traditionellen afrikanischen Religionen blieben dem Blick des Fremden verborgen. Nun aber entwickelten sich die Moscheen im »sudanesischen« Stil zum Blickfang der malischen Städte und Dörfer. Heute bekennen sich 90 Prozent der malischen Bevölkerung zum Islam. Der rohe Ziegel und die als Bindemittel dienende Tonerde erlauben waghalsige architektonische Konstruktionen. Trotz ihrer Eigentümlichkeit wahren die malischen Moscheen den traditionellen Grundriss. Das schönste Exemplar befindet sich in Djenne, unweit des Hafens der Stadt Mopti. Seit 1988 steht dieser Bau auf der UNESCO-Liste des Weltkulturerbes.

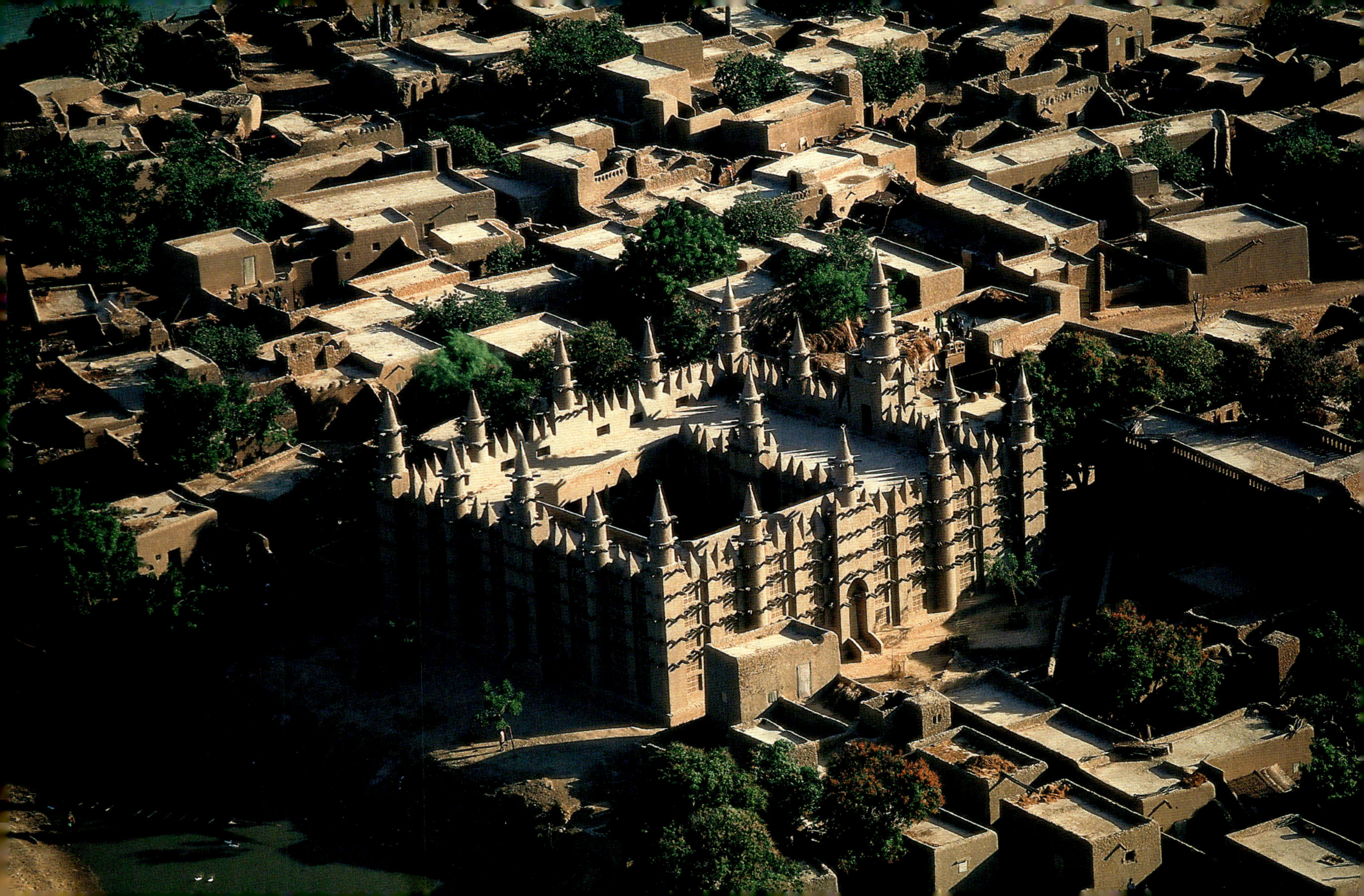

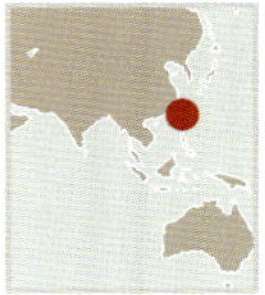

Militärische Übungen in Makung, Insel Penghu, Taiwan

(23° 34′ nördlicher Breite – 119° 34′ östlicher Länge)

Die politische Lage der Insel Taiwan ist kompliziert. Nach dem Sieg des Kommunismus in der Volksrepublik China erklärte sich der Inselstaat 1950 für unabhängig und schuf eine eigene Regierung und Armee. Doch seit rund 30 Jahren ist für die UNO und die USA, die die taiwanesische Armee immer befürwortet haben, nur noch Peking der offizielle chinesische Gesprächspartner. In Taipeh, der Hauptstadt Taiwans, gibt es modernste Waffen und eine 300 000 Mann starke Armee. Doch die Angst vor einem chinesischen Waffengang, der die Insel zwingen könnte, in einem »einzigen China« aufzugehen, ist groß. Aber die wirtschaftlichen Verbindungen über die Formosastraße hinweg werden enger: Die Rezession, an der der »kleine asiatische Drache« seit 2001 leidet, bewog viele Unternehmer, ihre Produktion auf dem chinesischen Festland anzubieten. Die ersten Schritte für eine wirtschaftliche Integration sind gemacht. Doch Peking hat auch die politische Dimension im Auge.

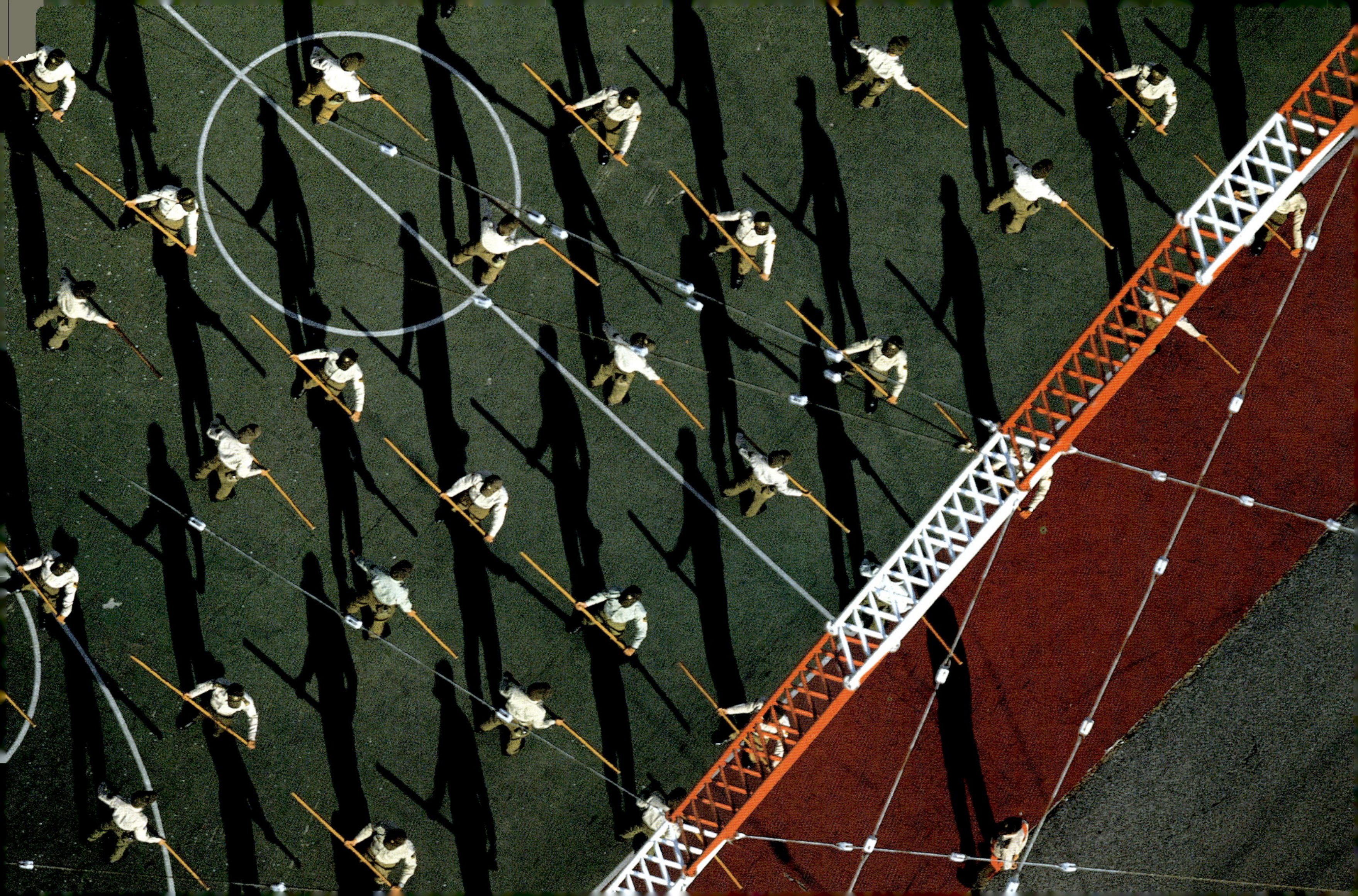

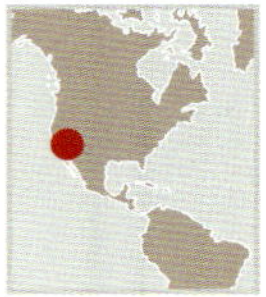

Ölfelder bei Bakersfield, Kalifornien, USA

(35° 22′ nördlicher Breite – 119° 01′ westlicher Länge)

Das kalifornische Erdöl ist schwer und zähflüssig wie Teer. Um es hochpumpen zu können, muss man es erst erhitzen und mit Wasserdampf verflüssigen. Für das an Wasserbeständen nicht gerade reiche Kalifornien ist das nicht nur eine kostspielige, sondern auch eine viel Wasser verschwendende Methode. Doch die USA können solche Ressourcen nicht ungenutzt lassen. Obwohl sie nach Saudi-Arabien weltweit der zweitgrößte Ölproduzent sind, müssen sie dennoch ansehnliche Mengen dieses schwarzen Goldes importieren. Kurz: Alle Industrieländer benötigen den Rohstoff, insbesondere für das Verkehrswesen und für die Kunststoffproduktion. Die noch verbleibenden Erdölbestände entsprechen heute in etwa der Menge, die bereits verbrannt oder verarbeitet ist. Das Erdöl wird mit der Zeit nicht nur schwieriger zu fördern sein, sondern auch seltener und teurer werden. Das Umsteigen auf erneuerbare Energien wie Wind, Sonnenenergie oder Erdwärme ist deshalb unvermeidbar.

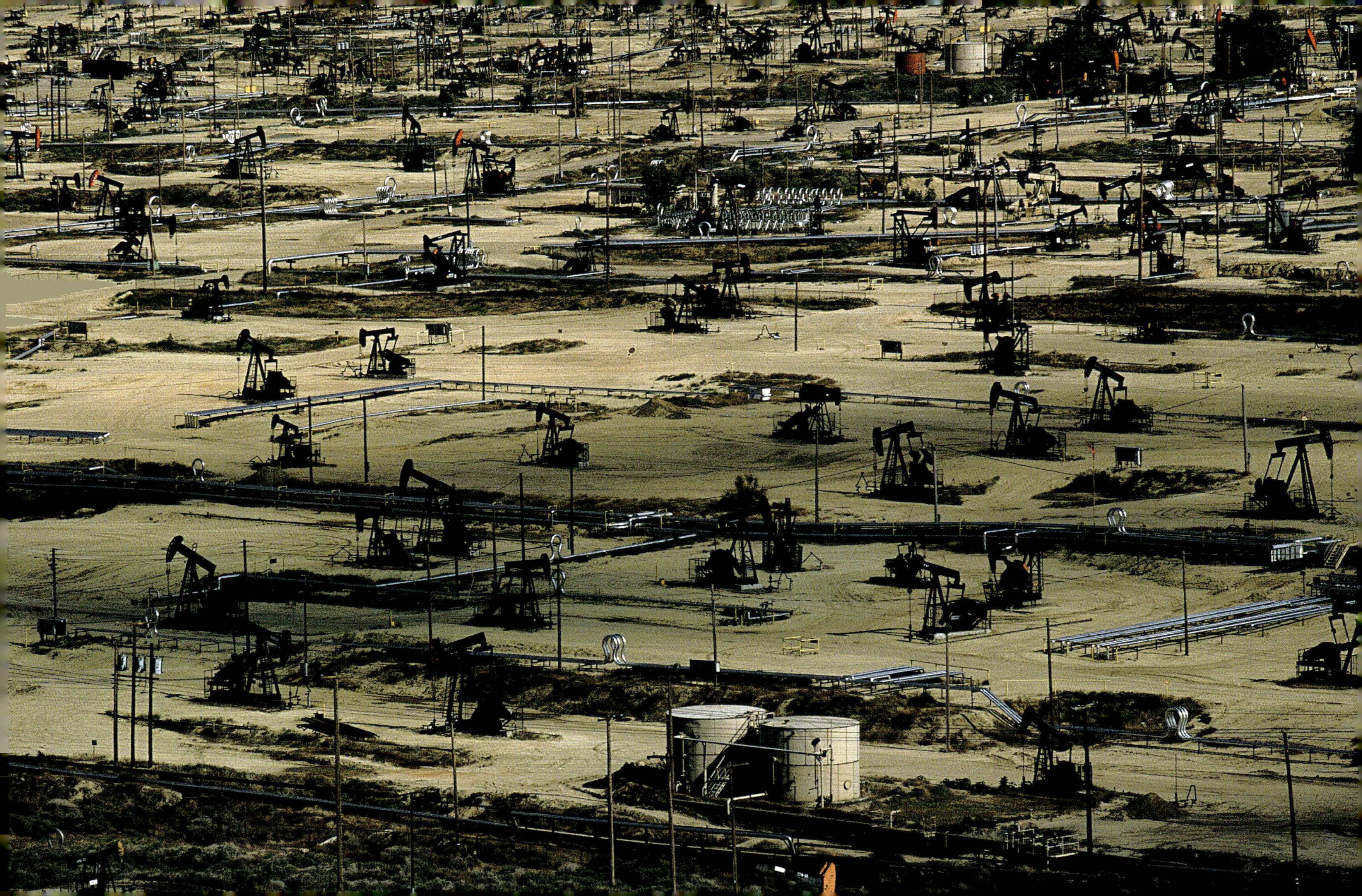

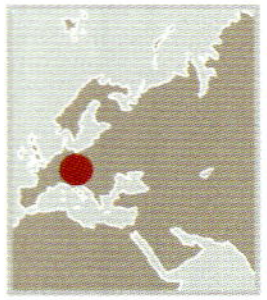

Der See Velence, Ungarn

(47° 12′ nördlicher Breite – 18° 35′ östlicher Länge)

Ungarn zählt rund 1200 natürliche und künstliche Seen. Der größte und bekannteste ist der Plattensee. In derselben Region liegt auch der See Velence (50 Kilometer südwestlich von Budapest). Weite Teile des bei Fischern und Surfern beliebten Sees sind mit Schilf zugewachsen. Die Bedeutung der Seen als lebensnotwendige Trinkwasserspeicher ist inzwischen allgemein bekannt. Sie fungieren aber auch als natürliche Filter: Denn sie schützen die Ökosysteme zumindest teilweise vor der zunehmenden Umweltverschmutzung. In den Ballungsräumen dienen sie als Auffangbecken und verhindern so manche Überschwemmungskatastrophe. Die Landwirtschaft und das Bauwesen haben das Süßwassersystem unserer Erde schwer beeinträchtigt. Rund die Hälfte der Feuchtgebiete ist im Laufe des 20. Jahrhunderts verschwunden. Mithilfe der Ramsar-Konvention können seit 1971 einige von ihnen geschützt werden. Doch lediglich acht Prozent sind als Schutzgebiete ausgewiesen, 84 Prozent sind nach wie vor bedroht.

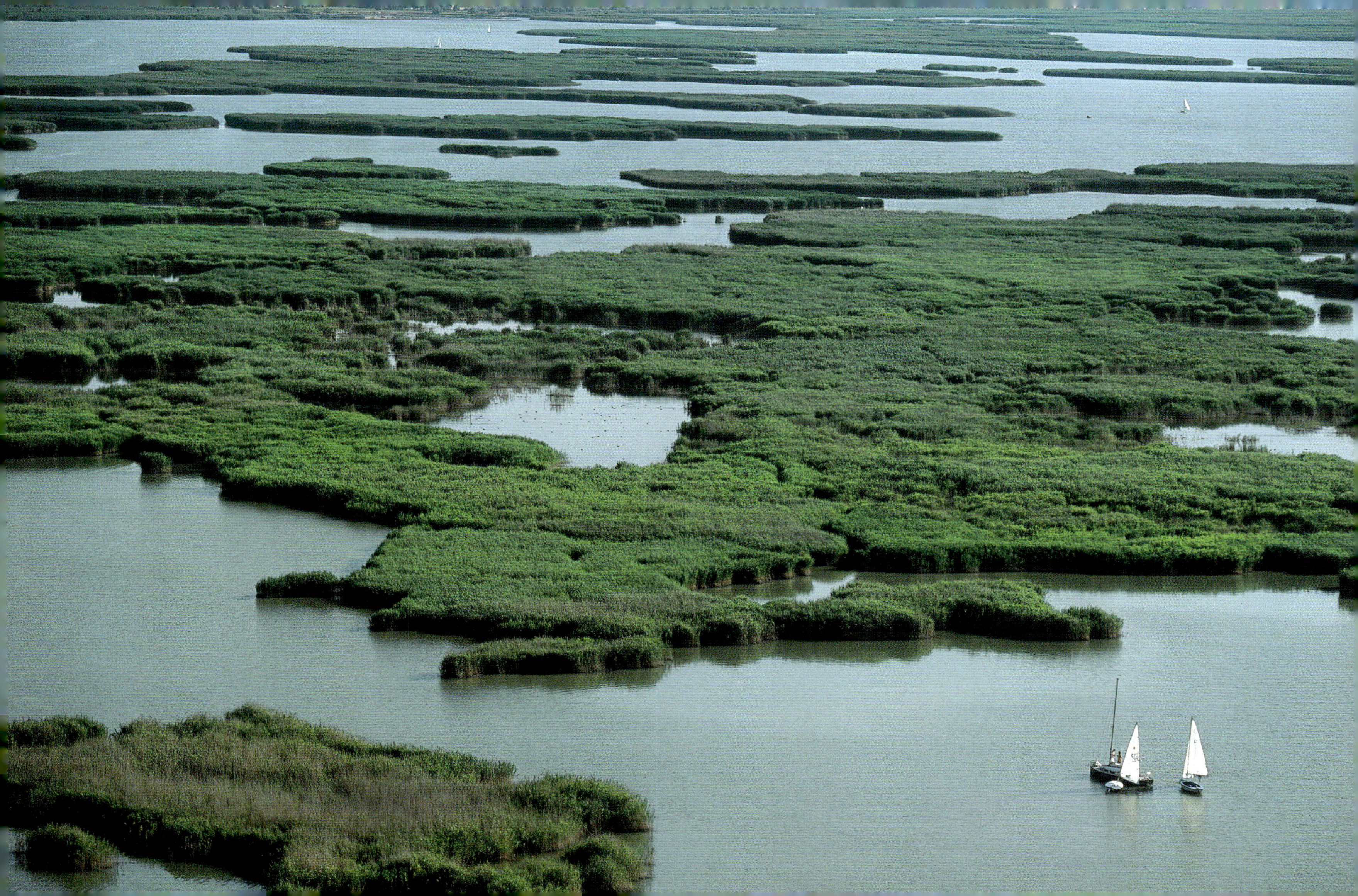

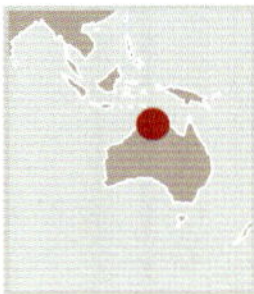

Nationalpark von Bungle Bungle, County Halls Creek, Kimberley, Australien (17° 27′ südlicher Breite – 128° 35′ östlicher Länge)

Mitten im nordwestaustralischen Nationalpark von Bungle Bungle – bei den Eingeborenen heißt er Purnululu – liegt ein 770 Quadratkilometer großes Felsenlabyrinth. Die Felsblöcke bestehen aus den erodierten Überresten längst verschwundener Berge und bildeten unter den tektonischen Bewegungen der Erdkruste die unterschiedlichsten Formen. Die schwarzrote Schraffierung ist das Ergebnis unterschiedlicher Gesteinsschichten. Obwohl das interessante Gebiet bei den Eingeborenen schon seit Jahrhunderten bekannt ist, geriet es erst 1982 in das Blickfeld einer breiteren Öffentlichkeit. 1987 wurde es zum Nationalpark erklärt.

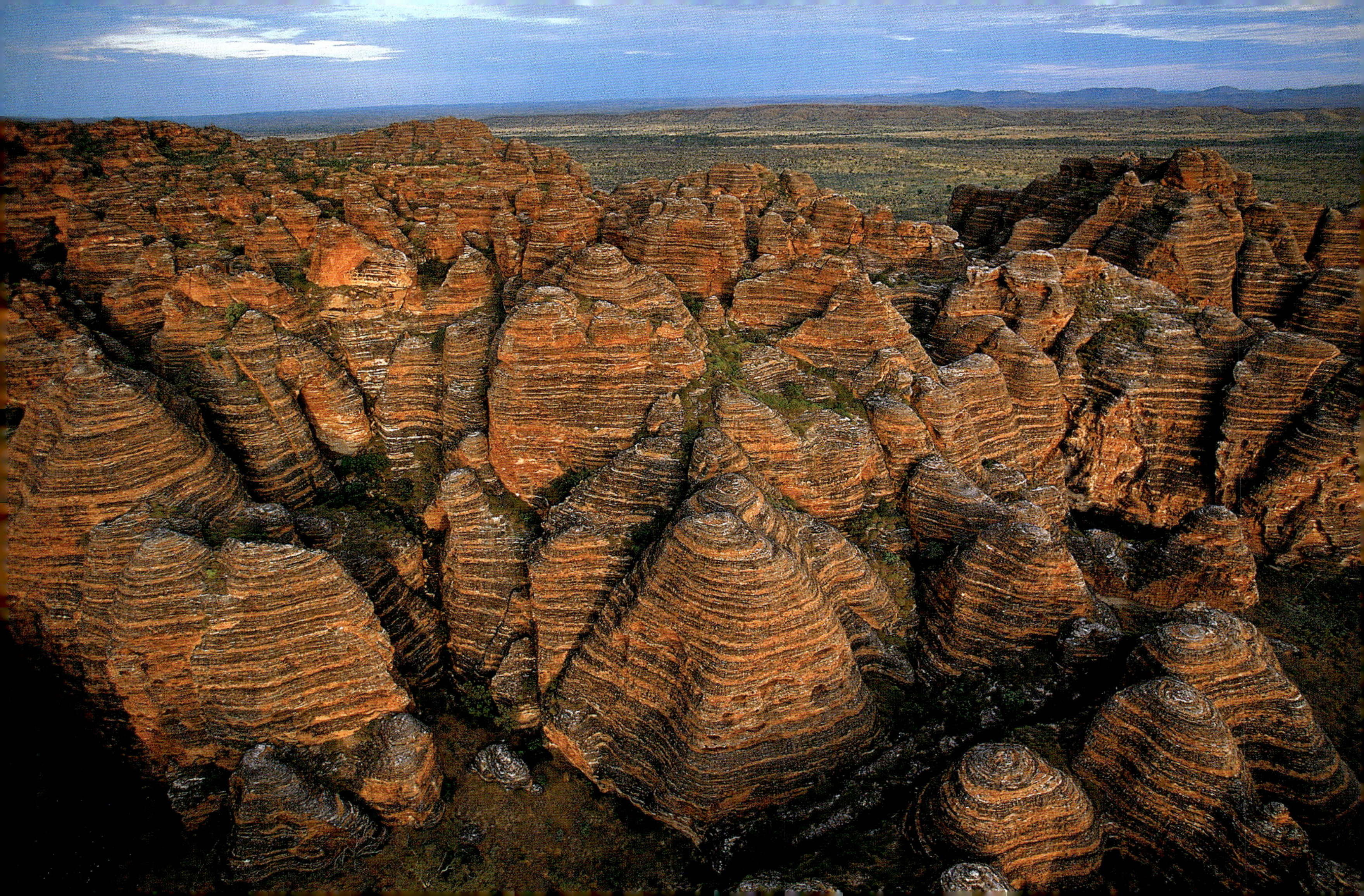

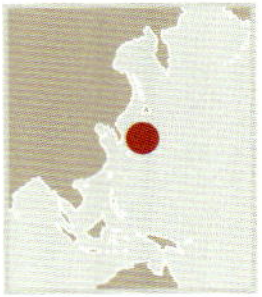

Tokio, Stadtteil Shinjuku, Japan

(35° 42′ nördlicher Breite – 139° 40′ östlicher Länge)

Erst 1868 wurde aus dem ursprünglichen Fischerdorf Edo die Residenzstadt Tokio, die »Hauptstadt des Ostens«. Die aufstrebende Handelsstadt wurde zweimal zerstört: 1923 durch ein Erdbeben und 1945 durch Bomben. Doch beide Male richtete sie sich aus den Trümmern wieder auf. Heute erstreckt sich die Metropole Tokio über 70 Kilometer und zählt mit dem Umland 28 Millionen Einwohner. 1950 waren es nur 6,4 Millionen. Tokio ist damit der größte Ballungsraum der Welt. Er entwickelte sich ohne geordnete Stadtplanung und besitzt mehrere Zentren, beispielsweise den Verwaltungsbezirk Shinjuku mit seinen beeindruckenden Verwaltungsgebäuden und dem 243 Meter hohen Rathaus. Um 1800 hatte nur London mehr als eine Million Einwohner. Heute überschreiten weltweit 326 Städte die Millionengrenze, davon liegen 180 in Entwicklungsländern. 16 dieser Städte zählen – wie Tokio – sogar mehr als zehn Millionen Einwohner. Der Anteil der Stadtbewohner an der Weltbevölkerung hat sich seit 1950 verdreifacht.

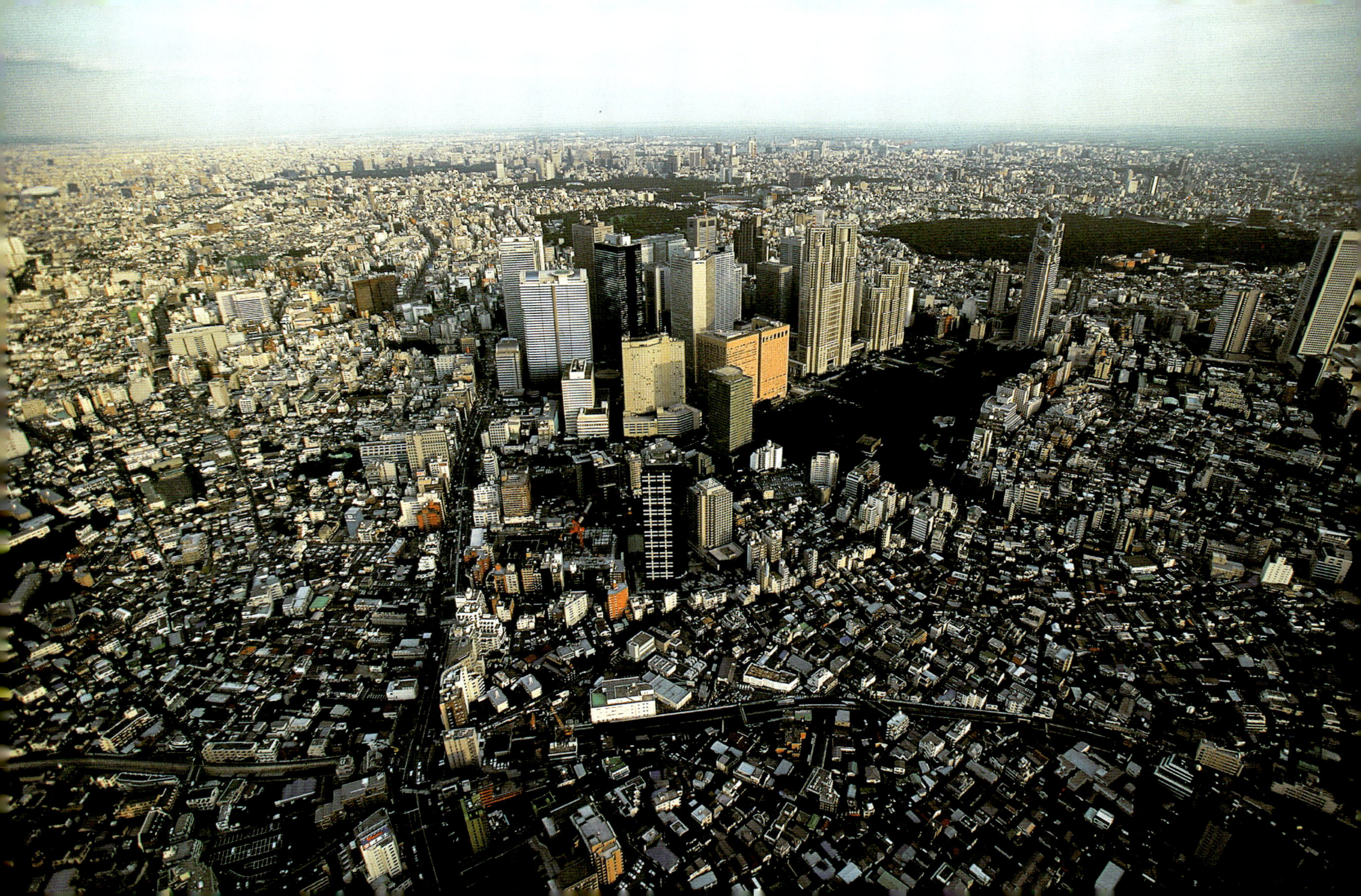

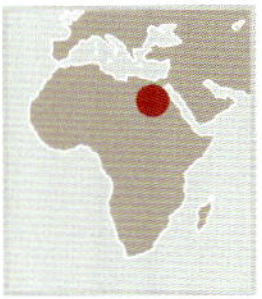

Oase Siwa, Ägypten

(29° 33′ nördlicher Breite – 25° 10′ östlicher Länge)

Bereits vor dem Besuch Alexanders des Großen im Jahre 331 v. Chr. war die Oase Siwa berühmt. Dort stand eine der größten Tempelanlagen zu Ehren Amons, der mächtigsten Gottheit im alten Ägypten. Für das Orakel von Siwa durchquerte der mazedonische König Alexander der Große die ägyptische Wüste. Der Legende nach sollen die Priester dem stürmischen Eroberer die göttliche Abstammung bestätigt haben. Ein weiser Spruch, denn schließlich war Alexander kurz zuvor zum Pharao gekrönt worden. Unter der römischen Besatzung geriet der Amontempel in Vergessenheit. Doch die Oase hat die Zeiten überdauert. Die für ihre Heilkräfte bekannten Quellen haben unzählige Karawanen mit Wasser versorgt. Noch heute findet man in Siwa zahlreiche Überreste ägyptischer, römischer und mittelalterlicher Baudenkmäler. Der ägyptische Staat bemüht sich um eine Aufnahme Siwas in die UNESCO-Liste des Weltkulturerbes. Dann müsste er nicht mehr allein den Unterhalt der archäologischen Stätten bestreiten, sondern könnte auf die Hilfe von 175 Mitgliedsstaaten zählen.

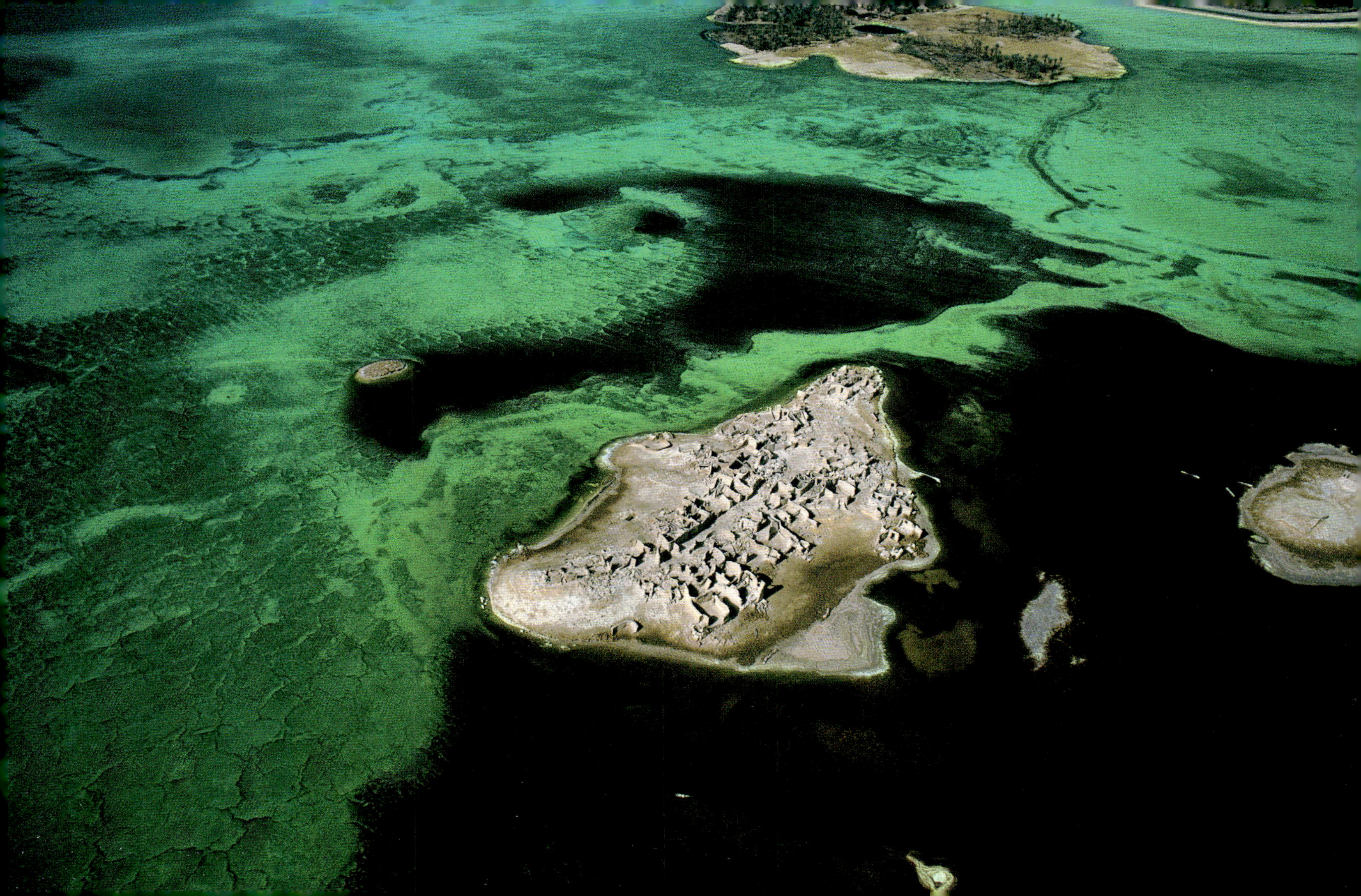

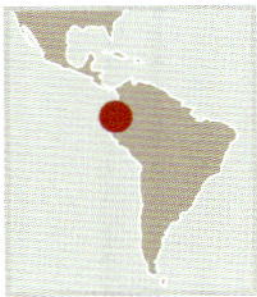

Felder bei Quito, Ecuador

(0° 13′ südlicher Breite – 78° 30′ westlicher Länge)

Seit 1822 ist Ecuador vom spanischen Mutterland unabhängig, doch die kolonialen Altlasten sind immer noch deutlich zu spüren, beispielsweise an der Stellung der indianischen Bauern. Zwar wurde das Huasipungo-System, das die amerikanischen Ureinwohner zum Dienst bei den Haciendados, den kreolischen Großgrundbesitzern, verpflichtete, 1964 abgeschafft. Dennoch hat sich die Situation in der Landwirtschaft seit der Unabhängigkeit nicht wesentlich verändert. Immer noch arbeiten zahlreiche Indianer auf den Haciendas an der Pazifikküste, wo die einträglichsten Ländereien liegen und die für den Export bestimmten Produkte (Bananen, Kakao, Kaffee) angebaut werden. Andere versuchen, mit den wenigen Parzellen in den Anden zu überleben, die ihnen nach der Agrarreform zugesprochen wurden. Doch viel Ertrag werfen die im Gebirge liegenden Grundstücke nicht ab. Die soziale Kluft zwischen den Kreolen und den indianischen Ureinwohnern ist in allen Bereichen unübersehbar, nicht nur in der Landwirtschaft. Die Wirtschaftskrise und die Naturkatastrophen machen eines immer wieder deutlich: Die Ärmsten sind von solchen Tragödien am stärksten betroffen.

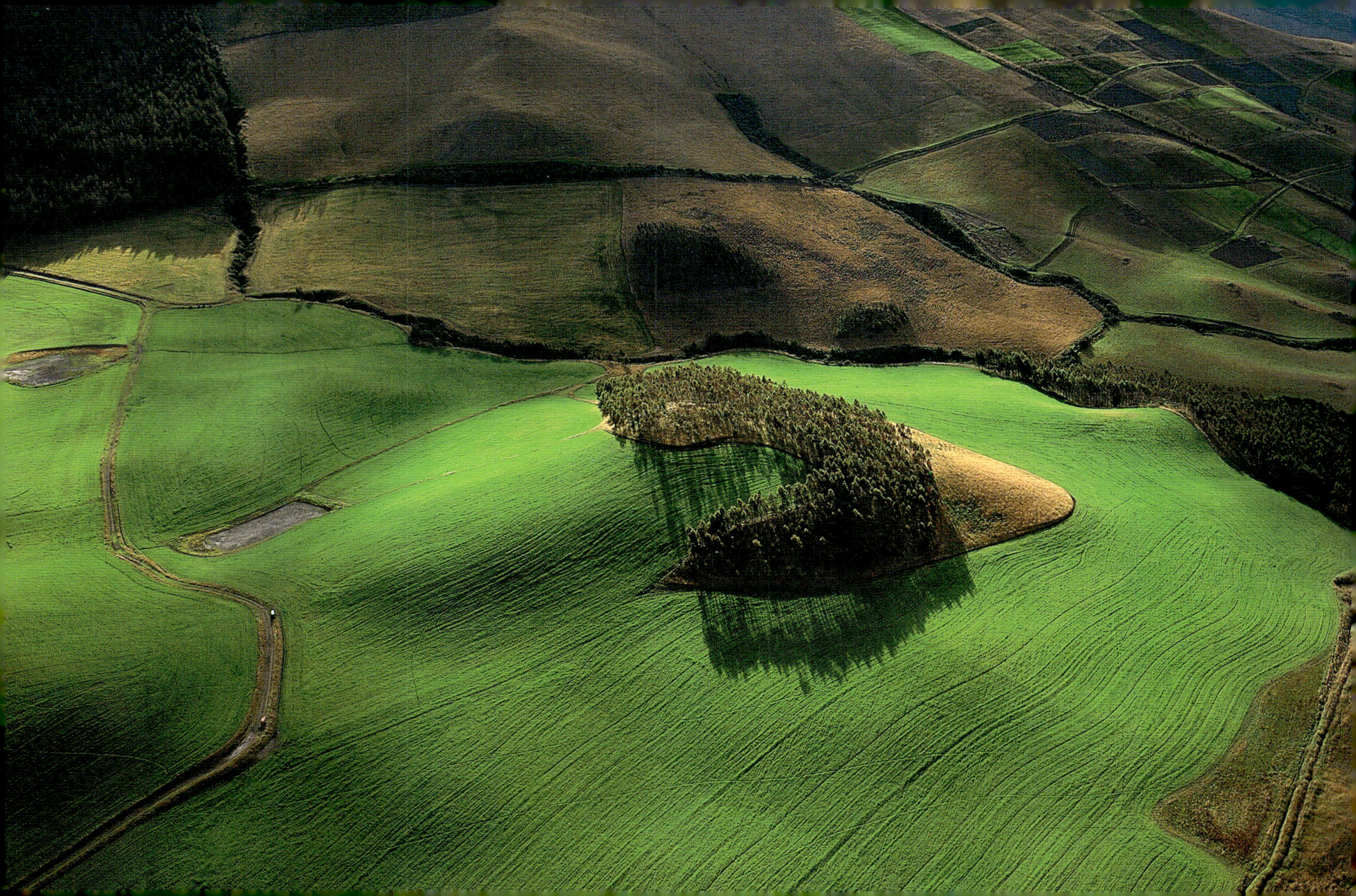

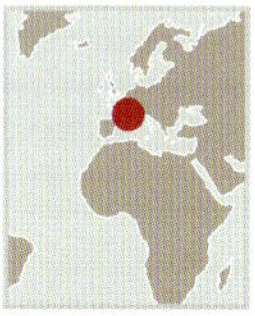

Formel-1-Rennen 2001, Fürstentum Monaco (43° 42′ nördlicher Breite – 7° 23′ östlicher Länge)

Jedes Jahr Ende Mai findet in Monaco ein Formel-1-Rennen statt. Das erste Rennen am 14. April 1929 gewann Williams, der mit seinem Bugatti 35 B die 100 Runden bei einer durchschnittlichen Geschwindigkeit von 80 Kilometern pro Stunde in drei Stunden und 56 Minuten zurücklegte. Inzwischen wurde das Rennen auf 78 Runden verkürzt, damit verringerte sich die Rennstrecke von 318 auf 262,6 Kilometer. Die augenblickliche Rekordzeit liegt bei einer Stunde und 47 Minuten. Hunderte von Zuschauern lehnen am Terrassengeländer des Ermanopalastes, fasziniert von den Rennwagen, die mit 260 Kilometern pro Stunde vorbeidonnern. Von der Terrasse oberhalb der Sainte-Dévote-Kurve hat man einen ungestörten Blick auf die berühmte monegassische Rennstrecke. Terrasseneintritt pro Person: 2000 bis 3000 Euro. Ein Trinkgeld im Vergleich zu dem, was die Rennfahrer verdienen: Michael Schumacher, der vierfache Formel-1-Weltmeister und fünffache Sieger von Monaco, gilt mit seinem geschätzten Jahresverdienst von 65 Millionen Euro als der bestbezahlte Sportler der Welt. Ihm folgen der Golfspieler Tiger Woods mit 62 Millionen Euro und der Boxer Mike Tyson mit 56 Millionen Euro.

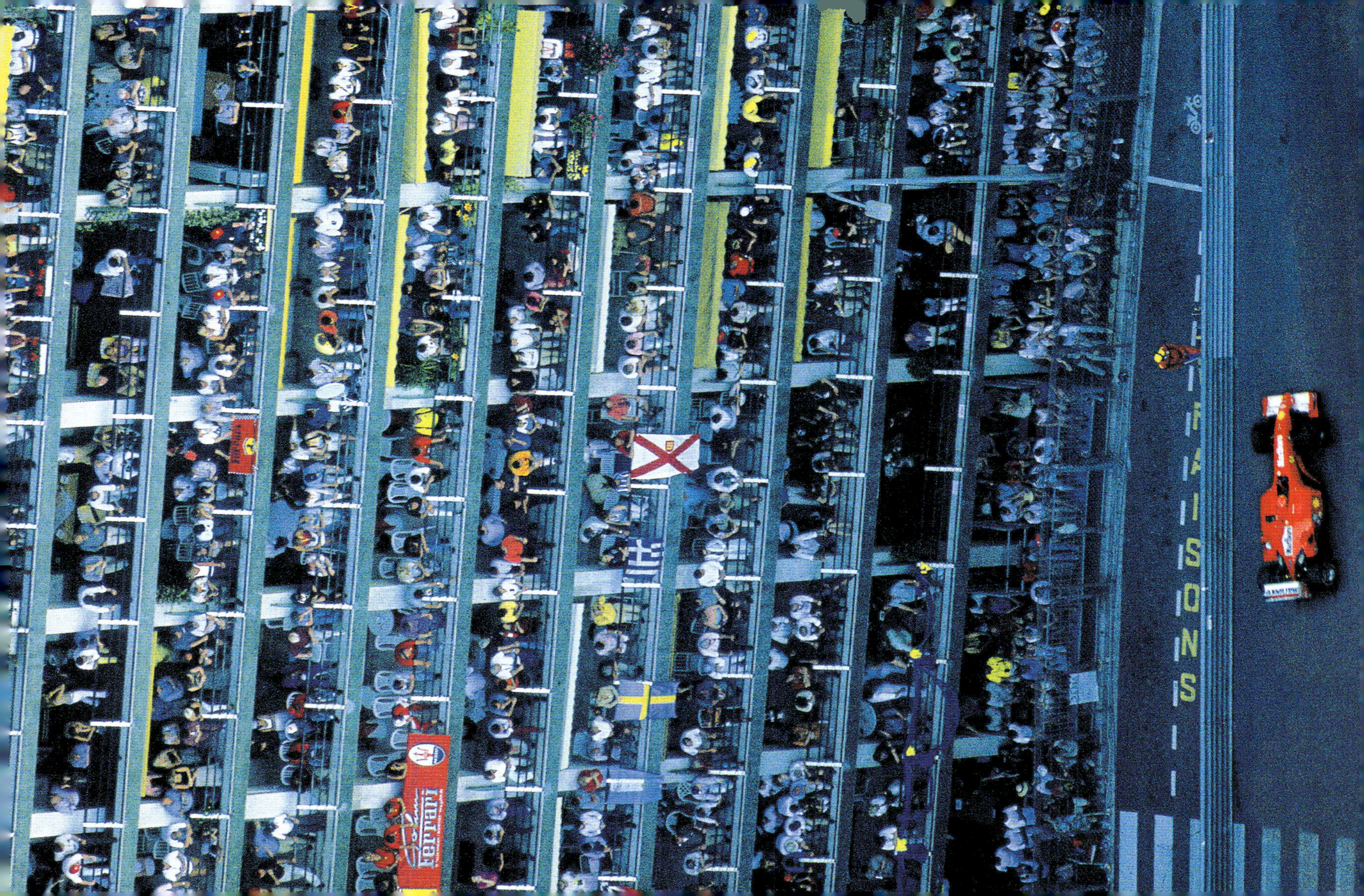

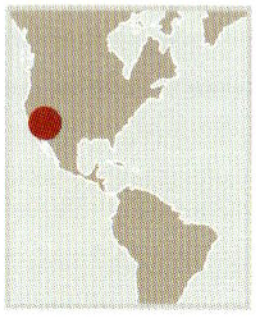

Die San-Andreas-Störung, Carrizo Plain, Kalifornien, USA (35° 08′ nördlicher Breite – 119° 40′ westlicher Länge)

In Kalifornien faltet sich die Erdkruste rund 100-mal. Die dort bekannteste Erdfalte ist die von San Andreas: Sie ist etwa 1000 Kilometer lang und ist die Fortsetzung einer Verwerfung auf dem Meeresgrund des östlichen Pazifiks. Ihren Anfang nimmt sie im äußersten Norden des zu Mexiko gehörenden Golfs von Kalifornien und läuft durch den ganzen Staat bis nach San Francisco. Die Felsen links und rechts der Verwerfung folgen den tektonischen Bewegungen der jeweiligen Platte. Die dadurch entstehende Verschiebung macht 5,5 Zentimeter im Jahr aus. Bei gleich bleibender Geschwindigkeit würden die Städte San Francisco und Los Angeles in rund zehn Millionen Jahren aufeinander treffen. Die Spannungen im Felsgestein sind hoch. Wenn sie sich entladen, kann dies für die Region – vor allem für die Gebäude – katastrophale Folgen haben. Beim Erdbeben von 1906 wurden zwei Drittel der Stadt San Francisco zerstört.

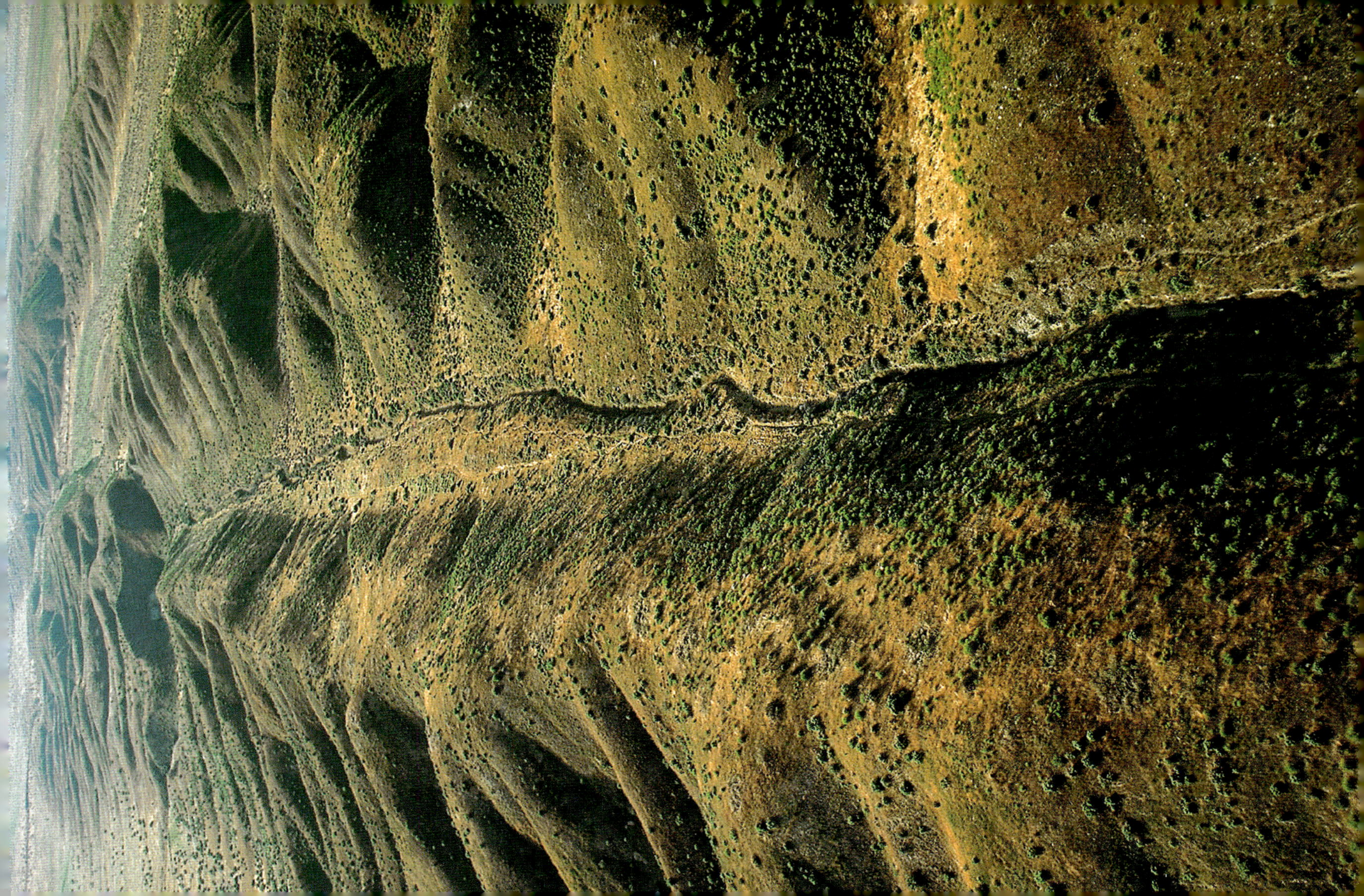

Erneuerbare Energieformen

Die sich mit Energiefragen beschäftigenden Organisationen und Verbände gehen davon aus, dass sich in Anbetracht des globalen Bevölkerungswachstums der Energieverbrauch zwischen 1990 und 2020 verdoppeln wird: 1990 entsprach der Energieverbrauch dem Wert von neun Milliarden Tonnen Öl, 2020 wird er voraussichtlich bei 18 Milliarden Tonnen liegen. Diese Entwicklung wirft einige Fragen auf, denn der weltweite Energieverbrauch wird immer noch zu 85 Prozent durch fossile Energieformen (Erdöl, Erdgas, Kohle) abgedeckt. Die Ressourcen dieser fossilen Energieformen sind allerdings begrenzt, und ihre Nutzung setzt Treibhausgase frei.

Der massiv steigende Bedarf an fossiler Energie wird über kurz oder lang Versorgungsprobleme aufwerfen. Die Experten sind sich einig, dass die fossilen Energieressourcen in wenigen Jahrzehnten aufgebraucht sein werden. Die Versorgungslage wird zunehmend schwieriger werden. Die politischen Spannungen nach den Ereignissen des 11. September 2001 und die US-amerikanischen Interventionen im Irak deuten das Problem bereits an. Der Zugang zu den Energievorkommen wird immer komplizierter werden, von den steigenden Förderkosten ganz zu schweigen.

Der Wasserstoff ist als Energieträger keine vernünftige Alternative. Er setzt zwar im Turbinenbetrieb keine umweltschädlichen Gase frei, verbraucht aber selbst sehr große Energiemengen, die nur über die Verbrennung fossiler Energieträger oder über die Kernkraft bereitgestellt werden können. Der Energieverschleiß ist also beträchtlich.

Aus diesem Grund müssen die Bemühungen der Politik und der Industrie auf dem Gebiet der erneuerbaren Energien intensiver werden. Schon heute müsste man einen Finanzhaushalt aufstellen, mit dessen Hilfe die erneuerbaren Energieformen im großen Stil genutzt werden könnten. Dank eines starken politischen Willens und modernster Technologien kann die EU mittlerweile demonstrieren, dass der Anteil der erneuerbaren Energie innerhalb der gesamten Energieproduktion durchaus zunehmen kann. Bis zum Jahre 2010 will die EU zwölf Prozent ihres Energieverbrauchs und 22,1 Prozent ihres Strombedarfs mit erneuerbaren Energieformen abdecken.

In Dänemark übernahm die Windkraft im Jahre 2001 bereits 13 Prozent des nationalen Strombedarfs, das entspricht dem Verbrauch von rund einer Million dänischer Haushalte. Nach Angaben der Danish Wind Energy Association konnte das Land dank der Windräder 3,5 Millionen Tonnen CO_2-Emissionen, 6450 Tonnen Schwefeldioxid-Emissionen und 6000 Tonnen Stickoxid-Emissionen vermeiden. 2002 ging in Horns Rev die größte Offshore-Windkraftanlage der Welt mit einer Leistung von 160 Megawatt ans Netz. Dieses Jahr soll in Rodstand eine vergleichbare Anlage ihren Betrieb aufnehmen. Damit würde Dänemark 20 Prozent seines Strombedarfs über die Windkraft abdecken.

Die Fortschritte in Deutschland sind nicht weniger spektakulär. Obwohl die Zahl der deutschen Wasserkraftwerke relativ niedrig ist, konnte der Anteil des aus erneuerbarer Energie gewonnenen Stroms innerhalb von zehn Jahren verdoppelt werden: 1993 lag er noch bei vier Prozent, 2002 stieg er dank zahlreicher Windkraftanlagen und Elektrizitätswerke, die sich auf die Verwertung von Holz- und organischen Industrieabfällen spezialisiert haben, bereits auf über acht Prozent an. Für die Warmwasseraufbereitung wurden auf deutschen Dächern inzwischen rund fünf Millionen Quadratmeter Solarzellen installiert.

Auch in den übrigen EU-Ländern haben die erneuerbaren Energieformen inzwischen einen festen Platz innerhalb der nationalen Stromproduktion. Sie sind

nicht als Gegensatz sondern als Ergänzung zu den herkömmlichen Energieformen zu verstehen.
Jedes Land hat seine eigenen industriellen und technologischen Besonderheiten, so wie auch die politischen Machtstrukturen von Land zu Land verschieden sind. In Finnland und Schweden beispielsweise bildet die Holzwirtschaft die Grundlage für die nationale Energieversorgung. Dänemark, Spanien und Deutschland hingegen sind die Spitzenreiter in Sachen Windkraftanlagen. Frankreich wiederum ist führend bei den aus biologischen Quellen gewonnenen Treibstoffen, Italien in der Erdwärme und Großbritannien in Sachen Biogas. Allein diese Vielfalt macht deutlich, dass die EU – was die erneuerbaren Energieformen angeht – an der Spitze des technologischen Fortschritts steht.
Es gibt noch andere Energiegewinnungsmethoden, mit denen sich die Wissenschaftler zurzeit beschäftigen. Die Nutzung heißer Felssteine beispielsweise scheint sehr viel versprechend. Auch die Stromproduktion mithilfe der Meeresströmung nimmt zu. Mit den Unterwasserturbinen hofft man die immensen Energieressourcen der Meere nutzen können. Große Erwartungen setzt man zurzeit auch in das aus Holzabfällen und diversen Biomassen gewonnene Biogas.
Die erneuerbaren Energien stehen heute an einem entscheidenden Punkt ihrer Entwicklung. Inwieweit sich die Entwicklungsländer ihnen öffnen, hängt stark davon ab, in welchem Maße es den Industrieländern gelingt, diese Energieformen in ihr Programm aufzunehmen. Auch in Asien gibt es Länder mit einem starken Wirtschaftswachstum, die sich mehr und mehr für die erneuerbaren Energien interessieren. Indien beispielsweise entwickelt im Augenblick eine eigene Industrie für moderne Windräder. Und China produziert weltweit die meisten thermischen Solarzellen. In diesen Ländern ist eine zentrale Energieversorgung, wie wir sie aus den westlichen Industrieländern kennen, nicht ratsam. Es ist sinnvoller, wenn sie den Aufbau von Einrichtun-

gen zur Stromproduktion auf die Ballungsräume beschränken und die Bewohner der dünner besiedelten Provinzen mit Fotovoltaikanlagen versorgen.

Doch all diese Bemühungen machen wenig Sinn, wenn der Verbrauch von Primärenergie, insbesondere der von Kohlenwasserstoff, weiterhin zunimmt. Wir sollten uns darüber im Klaren sein, dass wir mit den erneuerbaren Energieformen nur dann die Herausforderungen des 21. Jahrhunderts meistern, wenn wir gleichzeitig unseren gesamten Energieverbrauch zu kontrollieren lernen.

Alain Liébard

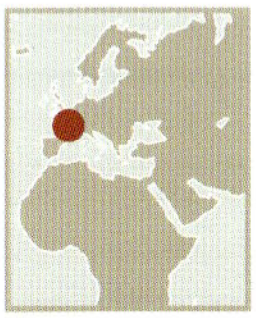

Lieferung für die Airbus-Werke in Toulouse, Haute Garonne, Frankreich

(43° 38′ nördlicher Breite – 1° 22′ östlicher Länge)

2001 lieferten die deutschen Airbus-Werke in Hamburg und die südfranzösische Partnerfirma in Toulouse zusammen 325 Flugzeuge. Insgesamt montierte das europäische Unternehmen fünf verschiedene Modellgruppen. 2006 kommt mit dem Modell A 380, das mit 550 Passagieren an Bord starten kann, ein weiterer Maschinentyp für den Großtransport hinzu. Obwohl der Luftverkehr mit seinen Unmengen an Kohlendioxidabgasen der Haupturheber der globalen Erwärmung ist, nimmt er nach wie vor um sechs Prozent pro Jahr zu. Bei der gleichen Anzahl von Passagieren produziert er doppelt so viel Kohlendioxid wie der Autoverkehr und sechsmal so viel wie der Schienenverkehr. Auch im Warentransport stößt ein Flugzeug sechsmal so viel Kohlendioxid aus wie ein LKW und 80-mal so viel wie ein Schiff oder ein Zug. Um die Klimaschäden zu mildern, müsste man die Kohlendioxidabgase weltweit auf die Hälfte oder gar ein Drittel reduzieren, d. h. bei sechs Milliarden Menschen dürfte jeder Einzelne nicht mehr als 500 Kilogramm Kohlendioxid pro Jahr produzieren. Im Augenblick kommen auf einen US-Amerikaner im Durchschnitt sechs Tonnen, auf einen Europäer zwei Tonnen und auf einen Inder lediglich 300 Kilogramm. Mit einem einzigen Transatlantikflug haben die Passagiere ihr »500-Kilogramm-Guthaben« bereits aufgebraucht.

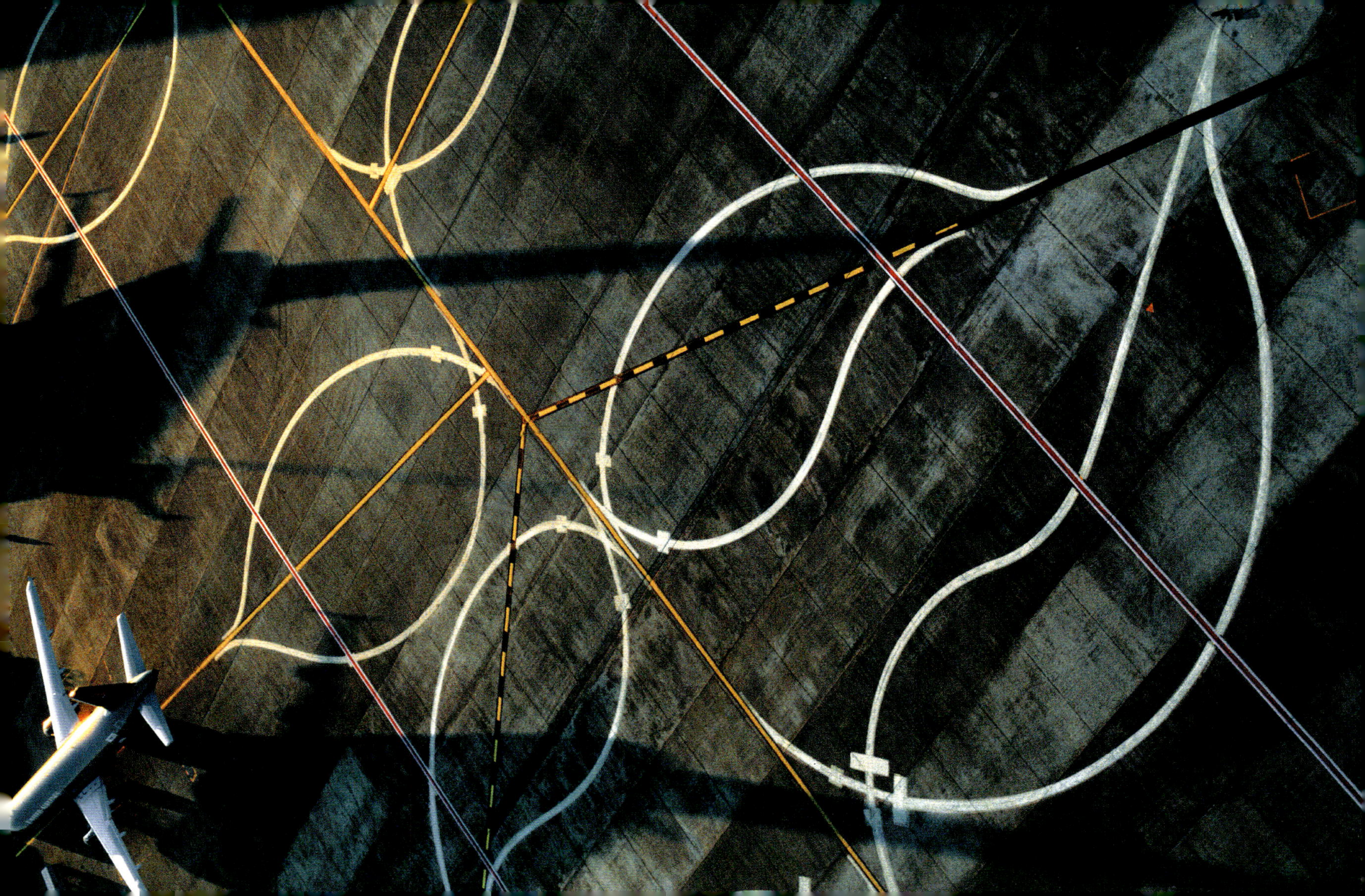

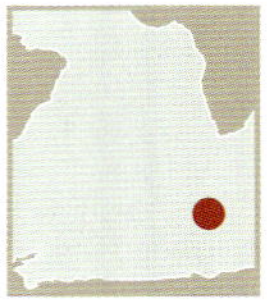

Wissenschaftliche Expedition auf dem Weg zur europäischen Station Concordia, Antarktis (Südpol)

(75° 00′ südlicher Breite – 124° 00′ östlicher Länge)

Mit dem Vertrag von Washington, der 1959 den Südpol ausschließlich der zivilen Forschung überantwortete, wurde allen nationalen Ansprüchen ein Ende gesetzt. Die Analyse der im Eis archivierten Luftblasen gibt Aufschluss über eine 400 000-jährige Klimageschichte. Direkt unterhalb der russischen Station Vostok entdeckte man 1996 einen unter dem Eis gelegenen, 500 Meter tiefen See von der Größe des Ontariosees. Die Forscher bohrten sich durch die darüber liegende 3750 Meter dicke Eisschicht bis auf 120 Meter an die Wasseroberfläche heran. Inzwischen wurden die Bohrungen eingestellt, und man überlegt, wie man das Wasser erreicht, ohne es zu verseuchen und ohne das seit einer Million von Jahren unversehrte Milieu unwiederbringlich zu zerstören. Das Protokoll von Madrid untersagt den Abbau von Rohstoffen und verpflichtet alle, ihren Müll wieder mitzunehmen. Auch der Schutz der Tier- und Pflanzenwelt und die Erhaltung der Schutzzonen werden streng überwacht. Die Folgen jedes Eingriffs werden genau bedacht. Hier zeigen sich die internationalen Bemühungen, den nahezu unberührten Kontinent der Nachwelt zu erhalten. Die Touristen in der Eiswelt (bereits 15 000 pro Jahr) sollten diese Vorschriften ebenfalls respektieren.

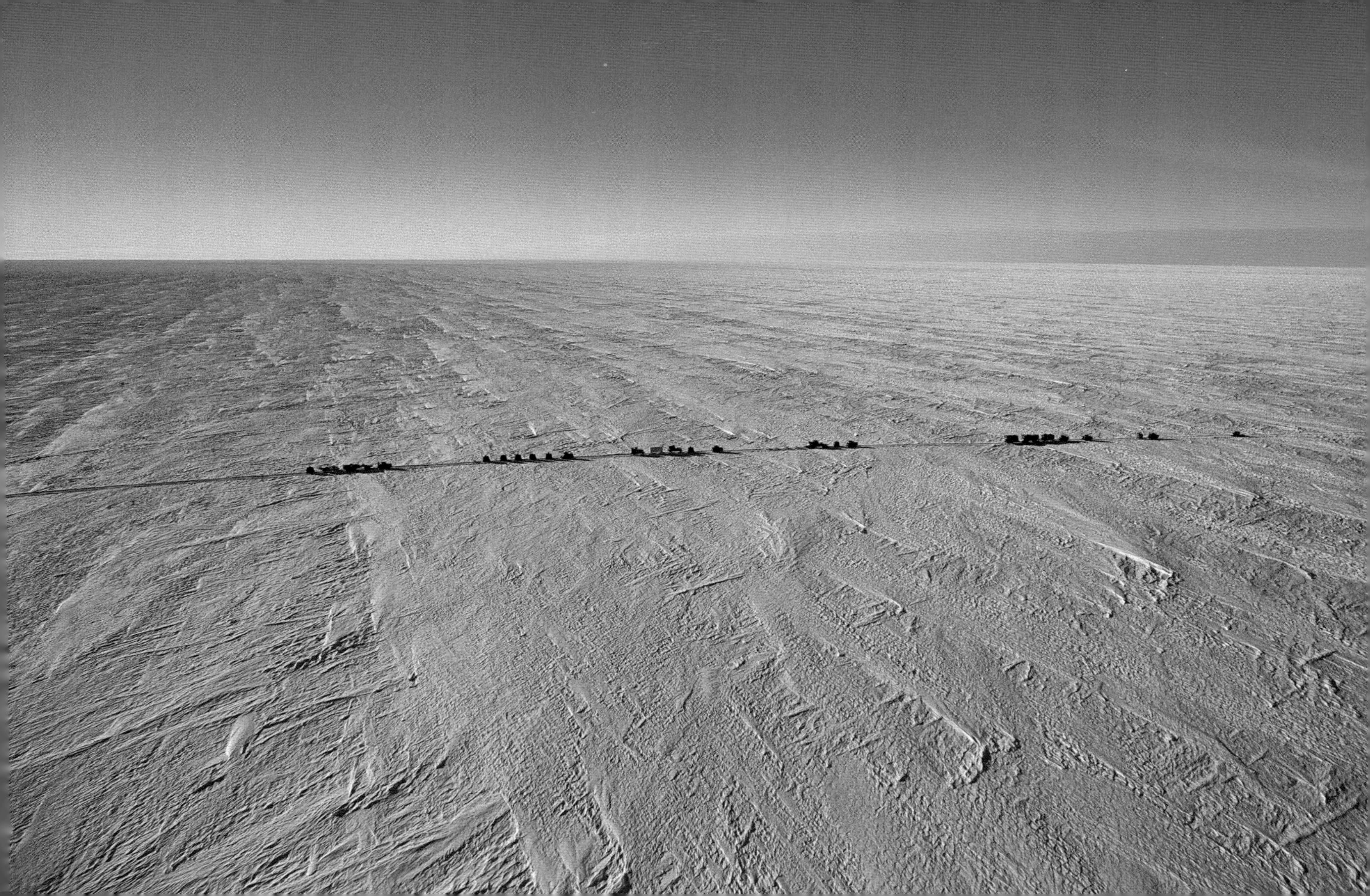

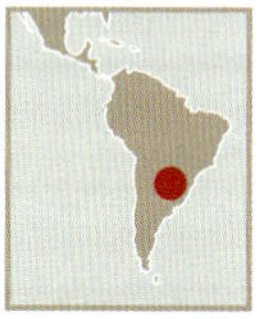

Die Wasserfälle von Iguazú, Provinz Misiones, Argentinien (25° 41′ südlicher Breite – 54° 26′ westlicher Länge)

Die etwa 70 Meter hohen Wasserfälle von Iguazú im argentinisch-brasilianischen Grenzgebiet bilden einen 2700 Meter breiten Halbkreis und werden jedes Jahr von 1,5 Millionen Touristen bewundert. Auf argentinischer Seite sind sie in den Iguazú-Nationalpark integriert, der seit 1984 auf der UNESCO-Liste des Weltkulturerbes steht. In dem unberührten Überbleibsel des südamerikanischen Atlantikwaldes sind 44 Prozent der in Argentinien heimischen Tierarten vertreten. Das einzigartige Ökosystem gehört zu den subtropischen Wäldern und erstreckt sich von der brasilianischen Küste bis kurz hinter die argentinische und paraguayische Grenze. Vor allem im Zusammenhang mit der Erhaltung der Artenvielfalt unseres Planeten kommt diesem Gebiet eine große Bedeutung zu: Allein auf dem Gebiet des Iguazú-Nationalparks gibt es ca. 2000 Pflanzen-, 450 Vogel- und 80 Säugetierarten, von denen viele ausschließlich in dieser Region vorkommen. Über ein Drittel der 1668 Wirbeltierarten leben nur dort. Doch diese Artenvielfalt ist bedroht: Durch Rodung und Urbanisierung schrumpfte die ursprüngliche Größe des Gebietes bereits um 90 Prozent.

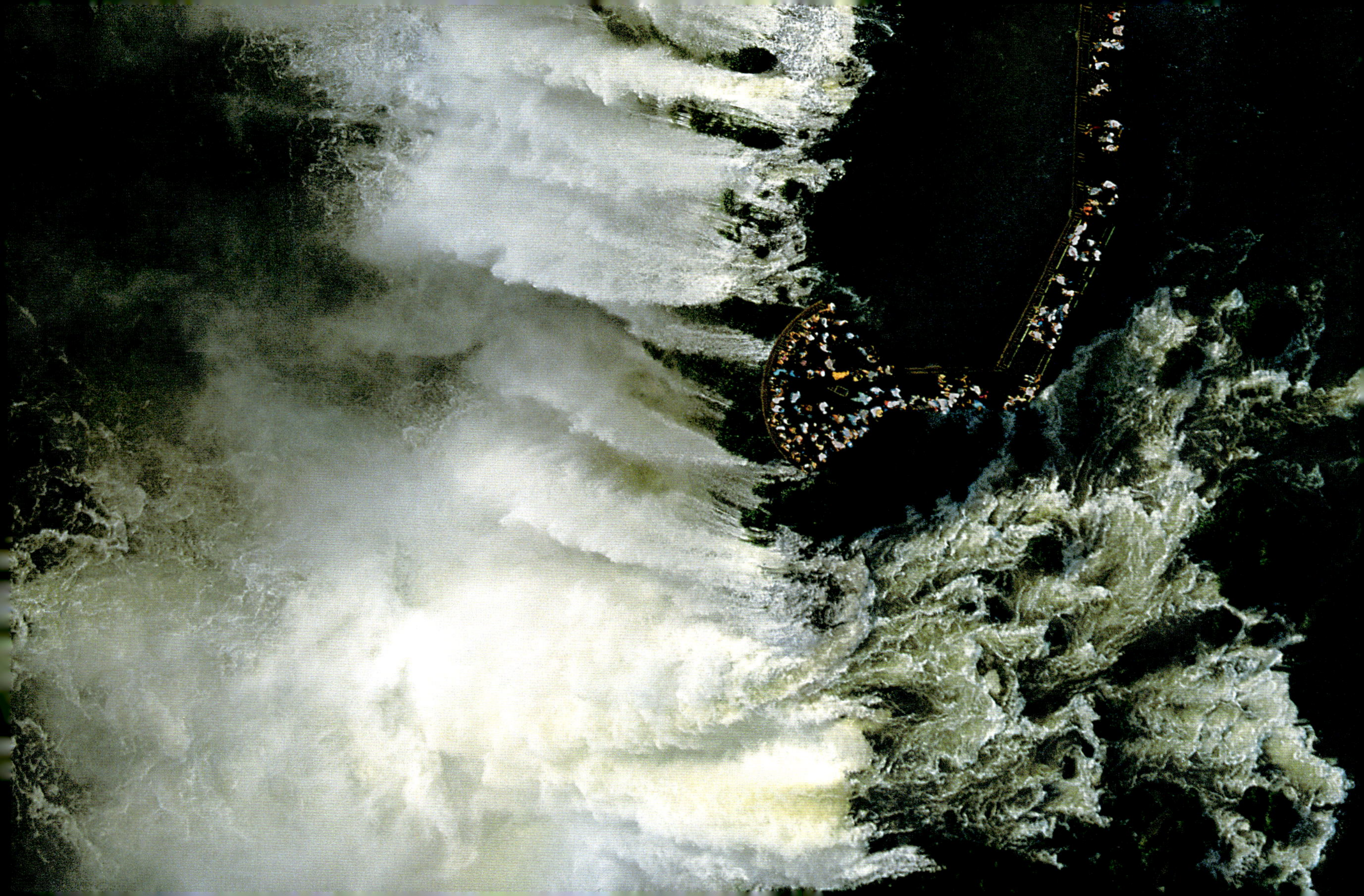

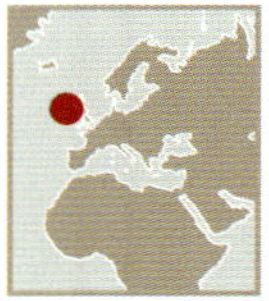

Inseln im Upper Lough Erne, Nordirland (Ulster), Großbritannien

(54° 13′ nördlicher Breite – 7° 30′ westlicher Länge)

Der Fluss Erne bildet den Abfluss des zur Republik Irland gehörenden Gownasees und mündet nach 105 Flusskilometern in die Donegalbucht an der Nordwestküste der irischen Insel. Kurz nachdem er die Grenze nach Ulster passiert hat, fließt er langsamer und bildet den 80 Kilometer langen Ernesee, genauer gesagt einen Untersee (Lower Lough) und einen Obersee (Upper Lough). Seine 154 Inseln sind bei Anglern sehr beliebt. Das Flussufer ist überzogen von einem Netzwerk aus Büschen. Sie markieren die Grenzen der kleinräumigen Parzellen und Wegränder und waren an der Atlantikküste vor allem im 18. Jahrhundert ein weit verbreiteter Windschutz. Trotz ihrer großen Bedeutung für das ökologische Gleichgewicht – als Erosionsschutz und als Lebensraum für zahlreiche Tier- und Pflanzenarten – sind diese Heckenlandschaften in manchen Regionen Europas völlig verschwunden. Schuld daran war in erster Linie die Flurbereinigung zwischen 1960 und 1990, die den Bauern zu großen, zusammenhängenden Feldern verhalf. Paradoxerweise haben gerade in den Städten – weitab von der großflächigen chemischen Düngung – viele Arten überlebt: In einem Park mitten in München wurden 260 Schmetterlingsarten registriert.

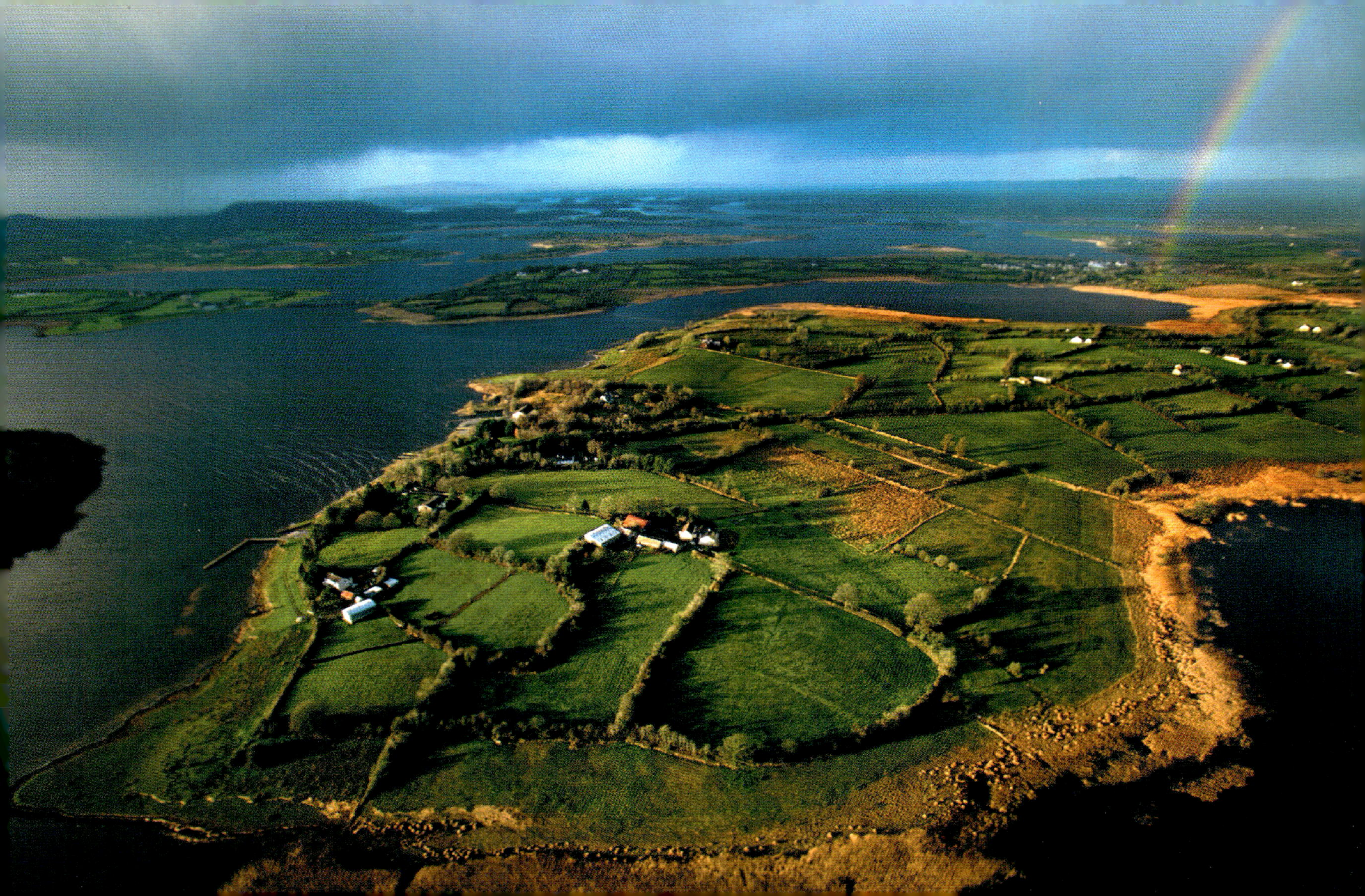

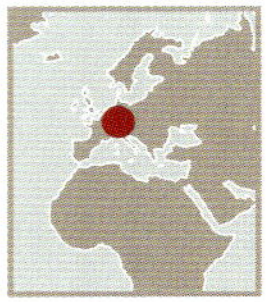

Kohlekraftwerk Jänschwalde bei Peitz, Brandenburg, Deutschland

(51° 51′ nördlicherer Breite – 14° 29′ östlicher Länge)

Jänschwalde ist eins von zehn Elektrizitätswerken im deutsch-polnisch-tschechischen Dreiländereck. Die hohe Konzentration an Kraftwerken ist auf die immensen Braunkohlebestände dieser Region zurückzuführen. Im Vergleich zu anderen fossilen Energieträgern gibt die Braunkohle bei der Verbrennung die größte Kohlendioxidmenge an die Atmosphäre ab. Da die Braunkohle allerdings von allen nicht regenerierbaren Ressourcen am häufigsten an der Erdoberfläche vorkommt, ist sie der wichtigste Lieferant der Elektrizitätswerke. 50 Prozent des weltweiten Strombedarfs werden durch Braunkohle abgedeckt. 1999 waren 38 Prozent der Kohlendioxidemissionen auf die Stromproduktion zurückzuführen. Folglich ist diese Branche der Hauptverursacher des Treibhausgases. Das Transportwesen folgt an zweiter Stelle mit 24 Prozent der Kohlendioxidemissionen.

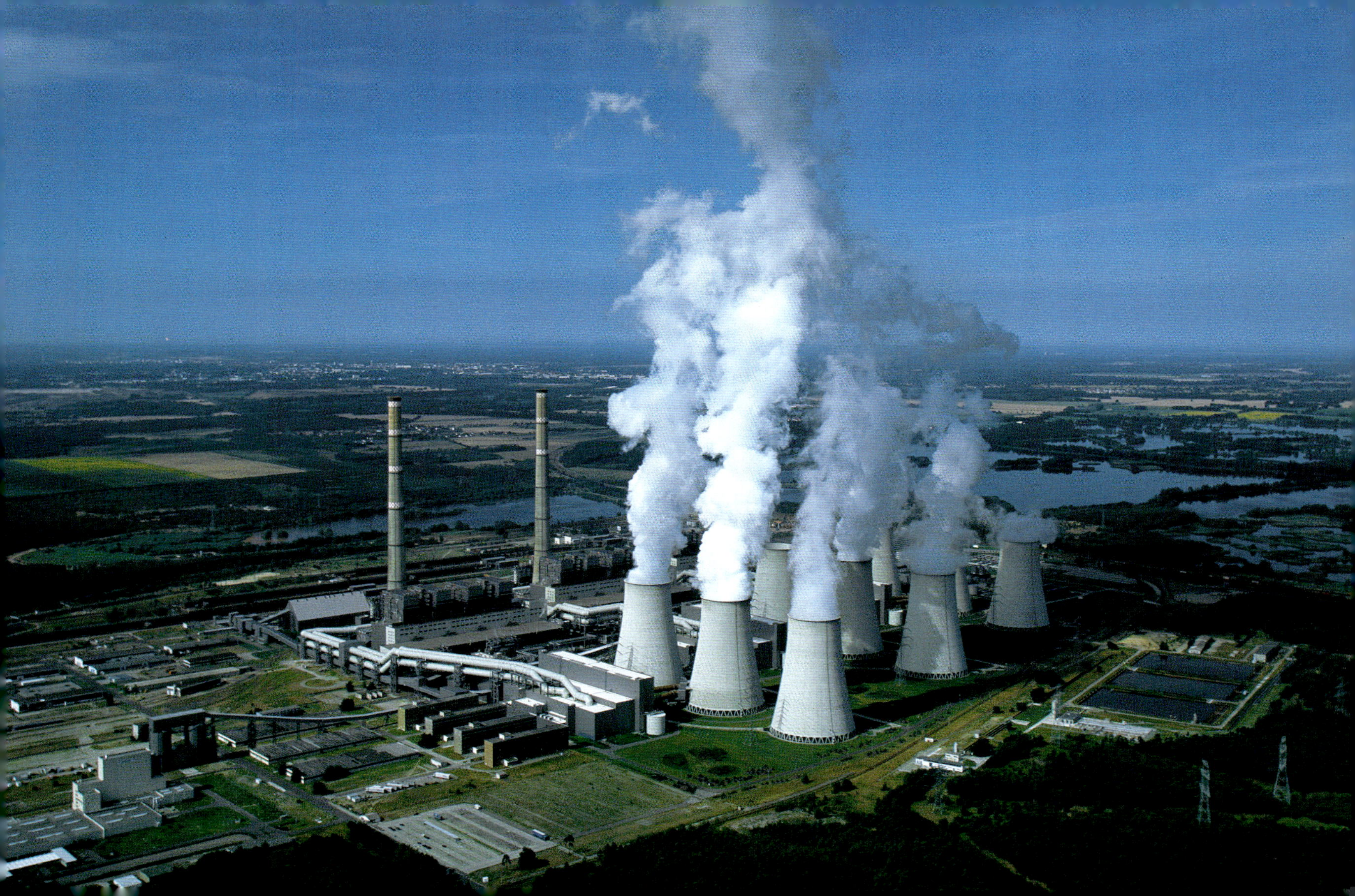

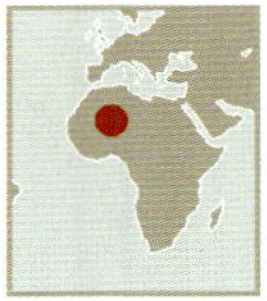

Das Dorf Araouane nördlich von Timbuktu, Mali

(18° 54′ nördlicher Breite – 3° 33′ westlicher Länge)

Das Dorf Araouane liegt im malischen Teil der Sahara, 270 Kilometer nördlich von Timbuktu. Als Etappenpunkt der von Nordmali nach Mauretanien (oder umgekehrt) ziehenden Karawanen war Araouane in früheren Zeiten stark frequentiert. Die zahlreichen Brunnen waren die Grundlage für den einstigen Reichtum des Dorfes. Auch heute noch wird der Ort der Brunnen wegen von den Nomaden aufgesucht. Doch die festungsartigen, wegen der Hitze und der Sandstürme fensterlosen Häuser werden allmählich von den Dünen zugedeckt. Das Dorf verschwindet im Sand. Die sich über elf afrikanische Länder erstreckende Sahara ist mit ihren 9 000 000 Quadratkilometern die größte Wüste der Welt. Sie ist keine ausschließliche Sandwüste, sondern auch eine Steinwüste mit hohen Gebirgsmassiven (Hoggar, Air, Tibesti), die 20 Prozent der Gesamtfläche ausmachen. Trotz dieser schwierigen Lebensbedingungen gibt es in der Sahara Dörfer und Städte, in denen rund 1,5 Millionen Menschen leben.

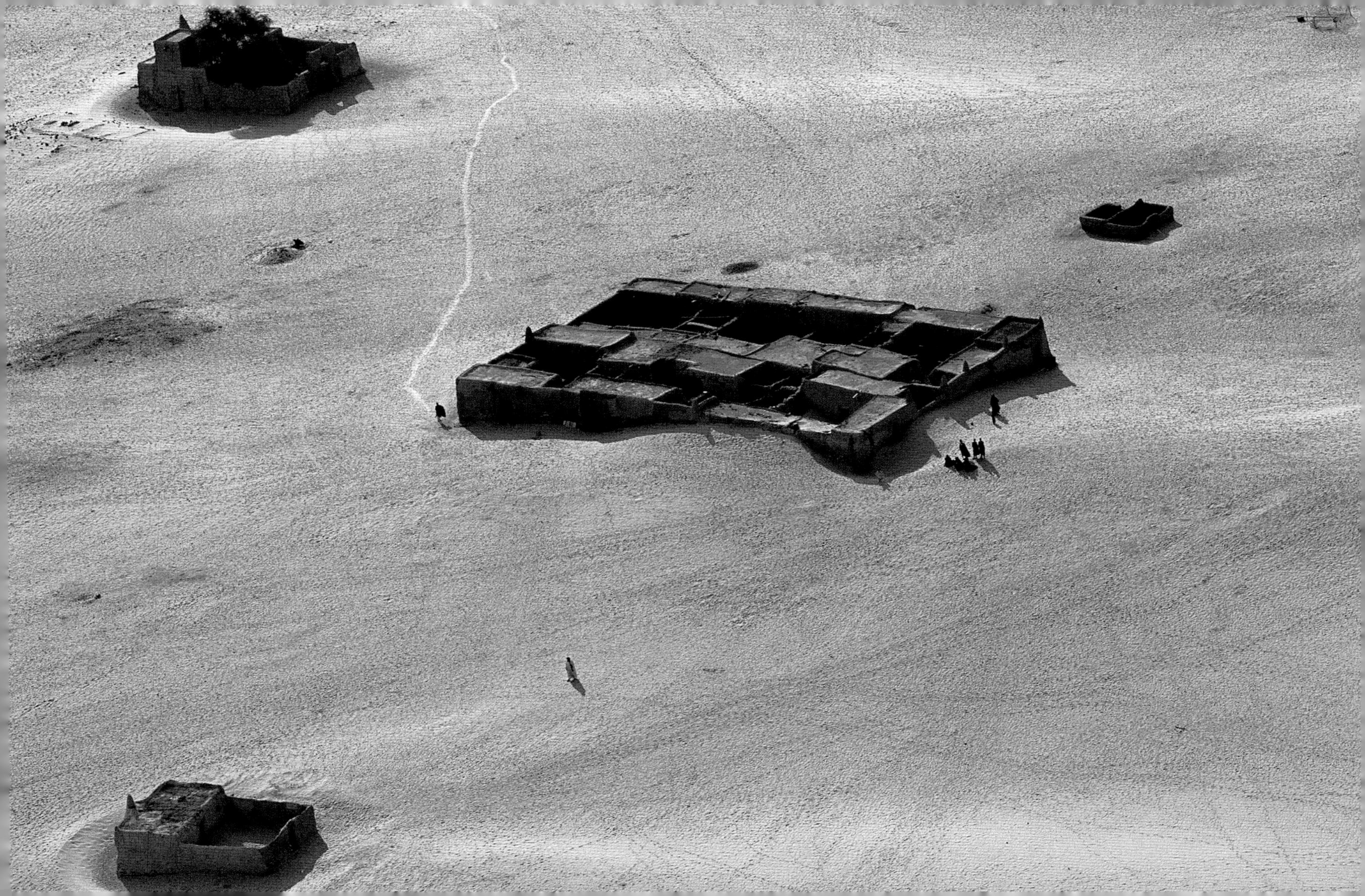

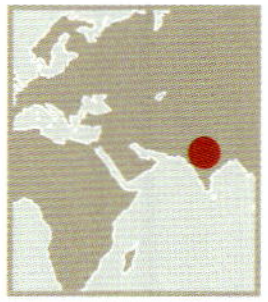

Seepalast und Stadtpalast, Udaipur, Rajasthan, Indien

(24° 35′ nördlicher Breite – 73° 41′ östlicher Länge)

Die Glanzzeit der 728 gegründeten Stadt Udaipur fällt in die Regierungszeit des Maharadscha Udai Singh II. Im Jahre 1567 machte er sie zum Mittelpunkt des Königreichs Mewar. Das fruchtbare Reich von Mewar im Südosten von Rajasthan ist durch das 700 Kilometer lange Aravalli-Gebirge vom Reich von Marwar, dem »Land des Todes«, getrennt. Ersteres profitiert vom maritimen Klima, Letzteres liegt in der Wüste und verzeichnet eine jährliche Niederschlagsmenge von 200 Millimetern. In Udaipur ließ Jagat Singh II. 1746 auf einer kleinen Insel einen marmornen Seepalast bauen, der der königlichen Familie als Sommerresidenz diente. Seit der Unabhängigkeit des indischen Staates wird der mit dem Wechsel von Wasser und Marmor spielende Märchenpalast als Hotel genutzt. Die Fassade spiegelt sich im Wasser. Innerhalb des Gebäudes findet das nasse Element in den zahlreichen Brunnen und Becken seine Fortsetzung. Man mag es bedauern, dass der Palast fast ausschließlich den Hotelgästen und Restaurantbesuchern vorbehalten ist.

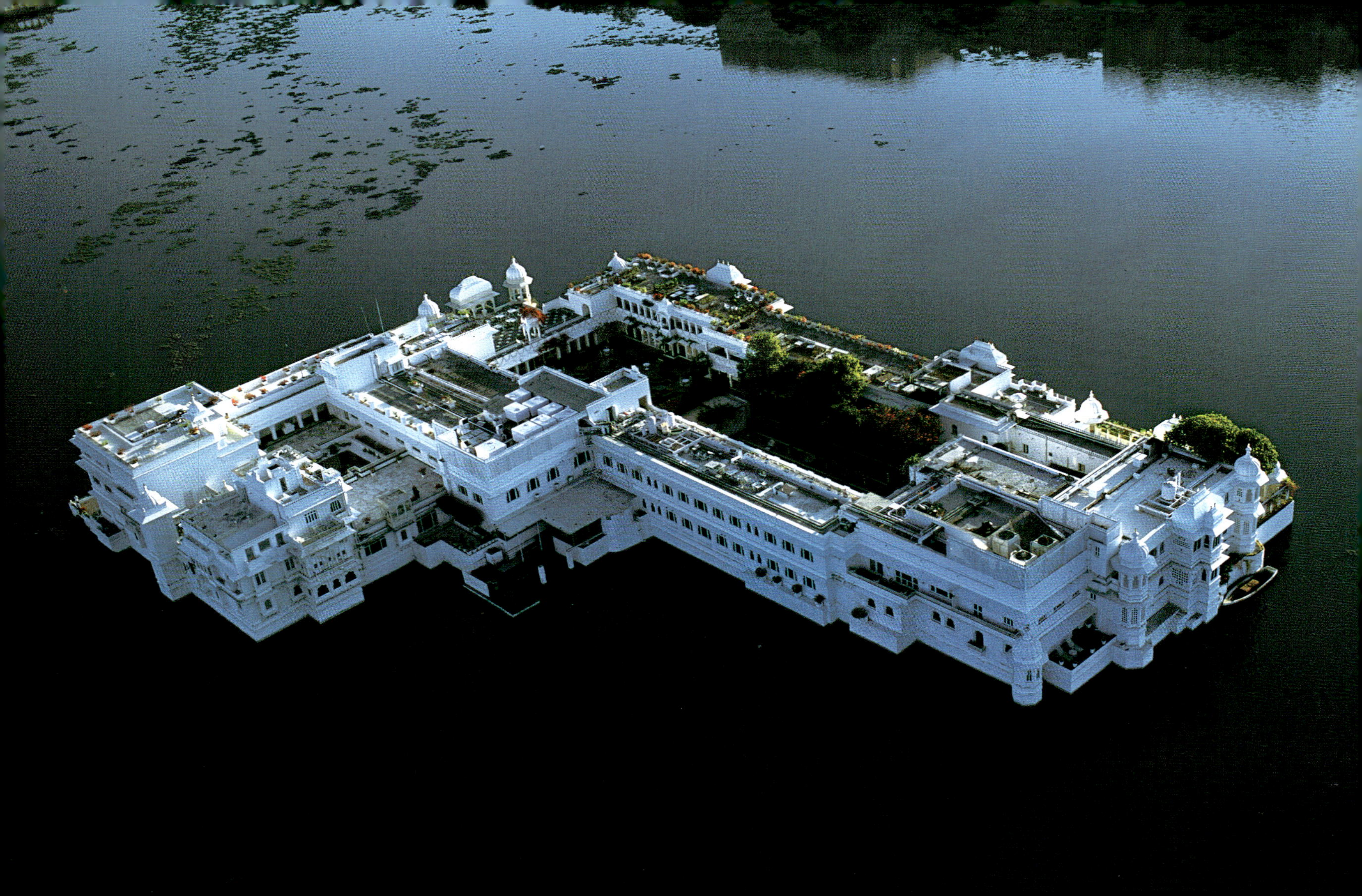

8. August

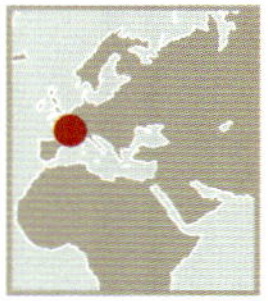

Bunte Felder bei Sarraud, Vaucluse, Frankreich

(44° 01′ nördlicher Breite – 05° 24′ östlicher Länge)

Die kalkhaltige und trockene Hochebene von Vaucluse bietet mit ihrer mediterranen Sommerhitze ideale Bedingungen für den Lavendelanbau. Mittels Destillation gewinnt man aus den Pflanzen stark duftende Essenzen, und so wurden die ersten Felder für die Parfümindustrie um 1920 angelegt. Mit der Lavandinpflanze und den aufkommenden synthetischen Produkten bekam der Lavendelanbau jedoch eine starke Konkurrenz. Zwischen 1960 und 1992 sank die Jahresproduktion um über 80 Prozent auf 25 Tonnen. Der Rückgang gab Anlass zur Sorge, denn der Lavendelanbau war für die von der Landwirtschaftskrise stark betroffenen Bergregionen eine Möglichkeit, den trockenen Boden wirtschaftlich zu nutzen. Folglich startete man 1994 ein Förderprogramm sowie Modernisierungsmaßnahmen für den Lavendelanbau. Im Jahr 2000 erwirtschaftete man auf 4000 Hektar 65 Tonnen Lavendelessenz, das sind 70 Prozent der Weltproduktion. Weitere 500 Hektar sind von den Blüten und Sträußen bedeckt, die für den Verkauf an die Floristikbranche bestimmt sind. Die duftenden Teppiche in leuchtendem Lila sind außerdem eine Touristenattraktion des Hinterlandes der Provence. Innerhalb weniger Jahrzehnte hat diese kleine Pflanze der Wirtschaft der Region entscheidenden Auftrieb gegeben.

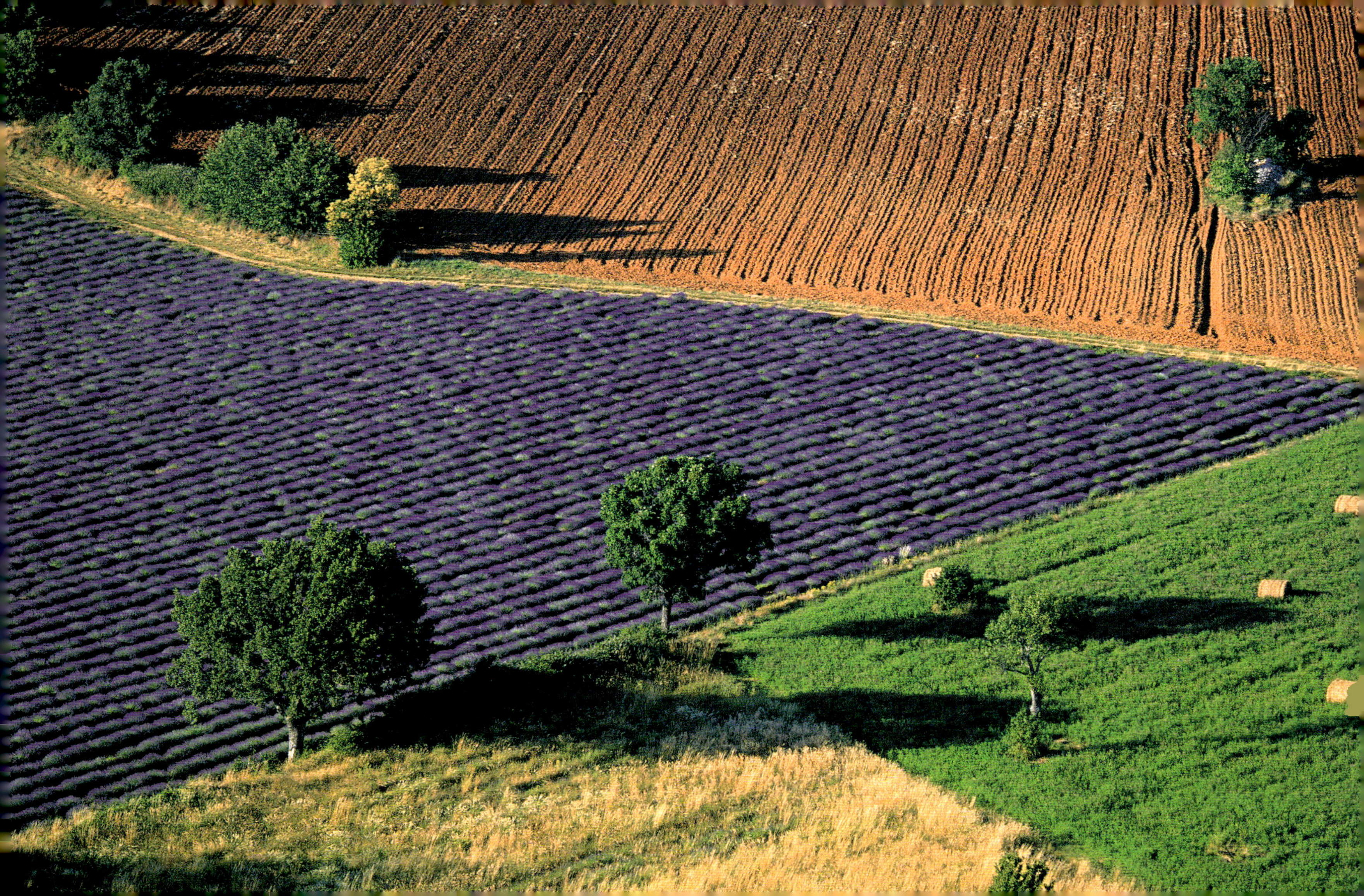

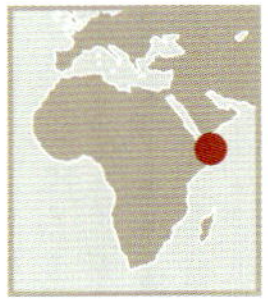

Terrassenanbau bei Shiikh Abdaal, Somaliland (Somalia)

(9° 59′ nördlicher Breite – 44° 48′ östlicher Länge)

Die selbst proklamierte Republik Somaliland und Somalia haben große Probleme mit der Ernährung der Bevölkerung. Nur zwei Prozent der gesamten Landesfläche dienen dem Gemüseanbau, wie die hier abgebildeten Terrassen, auf denen Tomaten und Melonen wachsen. Neben der häufig wiederkehrenden Trockenheit ist die instabile politische Lage ein weiterer Grund für die prekäre Ernährungslage. Durch den bewaffneten Kampf zwischen den rivalisierenden Stämmen ist das Land kaum zu bebauen. Die ostafrikanischen Länder Somalia, Äthiopien und Eritrea haben alle das gleiche Problem: 2002 waren es zwölf Millionen Menschen, die an Hunger litten. Trockenheit und innenpolitische Kämpfe sind jedoch nicht die einzigen Gründe. Der Import billiger Lebensmittel und die Lieferung von Hilfsgütern kommen als erschwerende Faktoren hinzu: Sie lähmen den Verkauf heimischer Produkte und bremsen eine eigenständige landwirtschaftliche Entwicklung. Nach Schätzungen der Welthandelsorganisation haben die reichen Länder 2001 zwar 57 Milliarden Dollar in die Entwicklungshilfe investiert, die eigenen Bauern wurden im gleichen Jahr jedoch mit 350 Milliarden Dollar unterstützt.

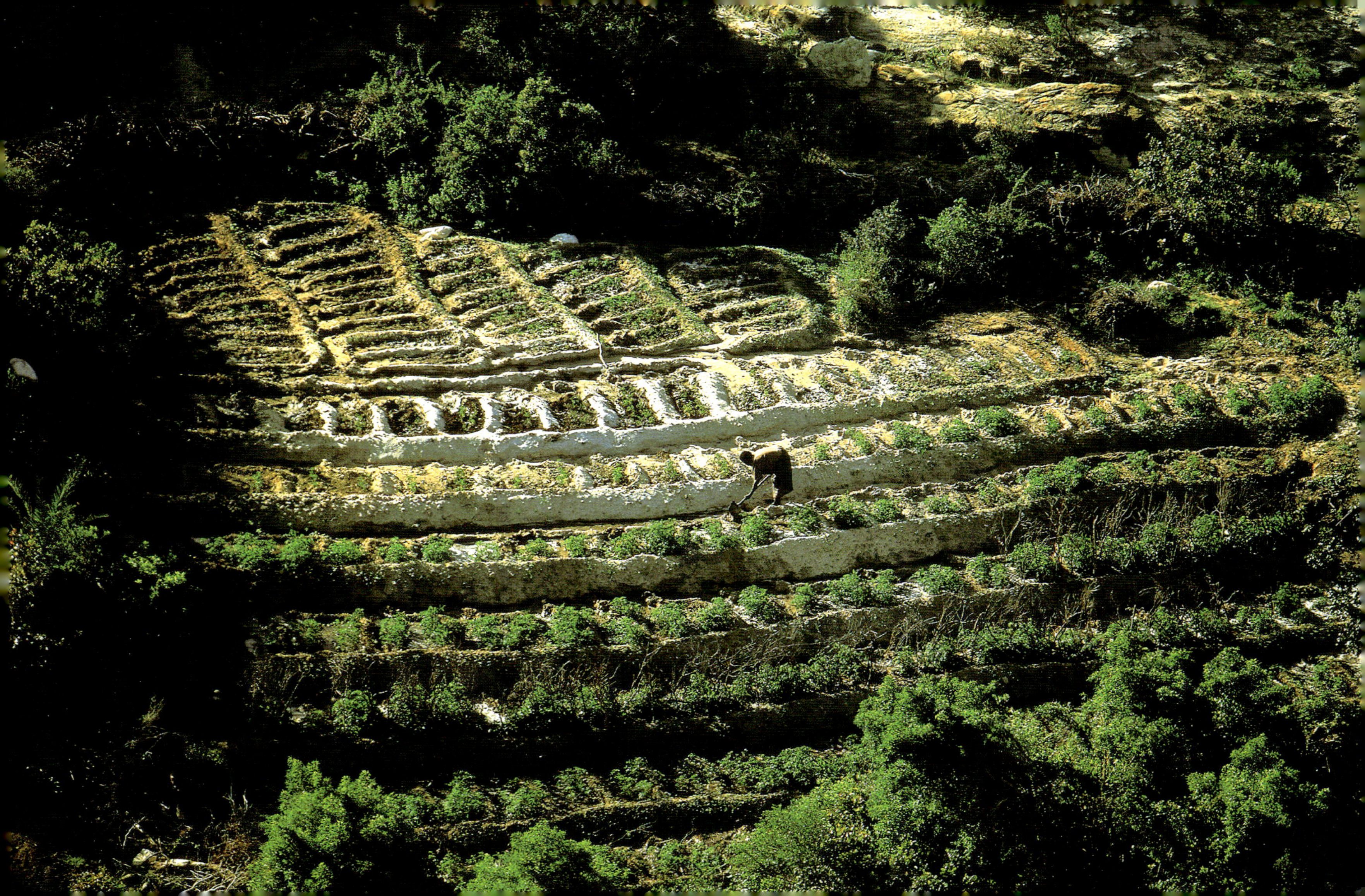

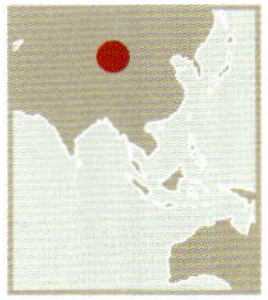

Jurten in einem Vorort von Ulan Bator, Mongolei

(47° 55′ nördlicher Breite – 106° 53′ östlicher Länge)

Die Mongolei ist dreimal so groß wie Frankreich, hat aber nur 2,4 Millionen Einwohner. 1,4 Millionen davon leben von der Viehzucht. Die Hauptstadt Ulan Bator liegt in einer Steppenlandschaft südwestlich der Hentii-Gebirgskette. Ein Viertel der mongolischen Bevölkerung lebt dort, vor zehn Jahren war es noch ein Achtel. Seitdem zwang die zunehmende Trockenheit des Landes zehntausende von nomadischen Viehzüchtern, ihre Herden aufzugeben und sich unter oft prekären Bedingungen in der Stadt niederzulassen. Die Jurte, ein Rundzelt aus weißer Wolle und Holzstangen, ist die traditionelle Behausung der Nomadenfamilien. Seit dem Jahr 2000 nimmt die Landflucht deutlich zu. Auf eine außergewöhnliche Trockenheit folgte ein extrem harter Winter, der 45 Prozent der Bevölkerung in Mitleidenschaft zog. 2,4 Millionen Tiere verendeten.

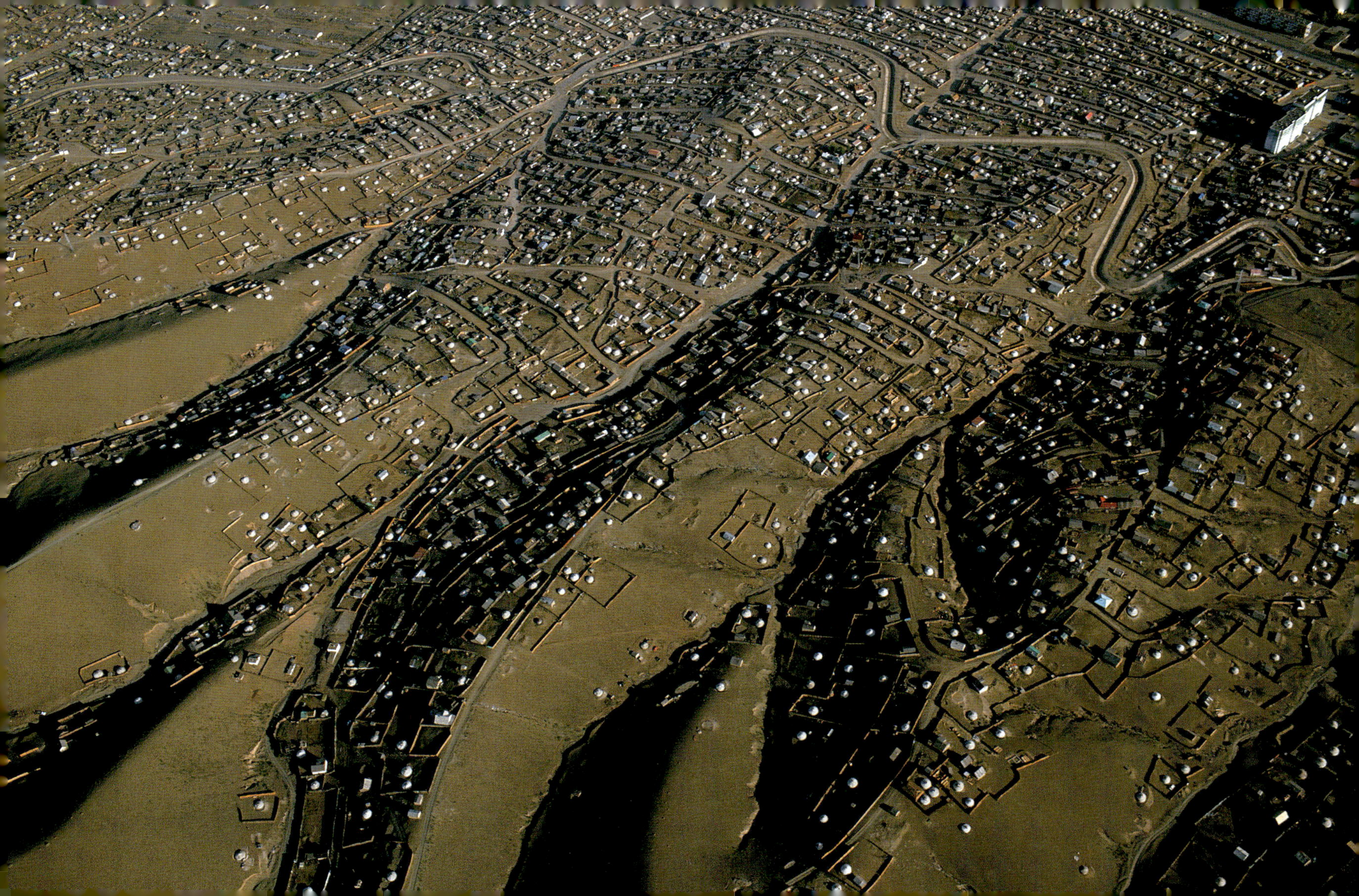

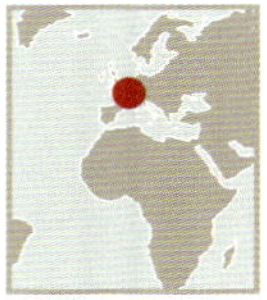

Skipiste Loisinord, Noeux-les-Mines, Frankreich

(50° 29′ nördlicher Breite – 2° 40′ östlicher Länge)

Skifahrer, Lifte, Kälte, alles ist da ... nur der Schnee fehlt. Im Norden Frankreichs schneit es selten, deshalb hat man das Weiß in Loisinord durch einen grünen Teppich ersetzt. Damit die Skier gleiten können, wird er ständig berieselt. Die 320 Meter lange synthetische Skipiste von Loisinord ist zwar die längste, aber nicht die einzige Skipiste dieser Art in Nordeuropa. In Großbritannien gibt es 110 solcher Pisten, alle – wie in Loisinord – auf ehemaligen Kohlehalden. Wenn die Bevölkerung schon mit den Halden leben muss, so soll sie wenigstens Nutzen daraus ziehen: Man verwandelte sie in Skisportzentren, in Startpisten für Gleitschirmflieger, in Freiluftbühnen und Vogelschutzgebiete – in Attraktionen, die den bisher in Sachen Fremdenverkehr nicht gerade bevorzugten Regionen scharenweise Touristen bescherten. In die ehemaligen Kohlebecken, die seit der Schließung der Minen hohe Arbeitslosenzahlen meldeten, hat der Tourismus neuen Aufschwung gebracht.

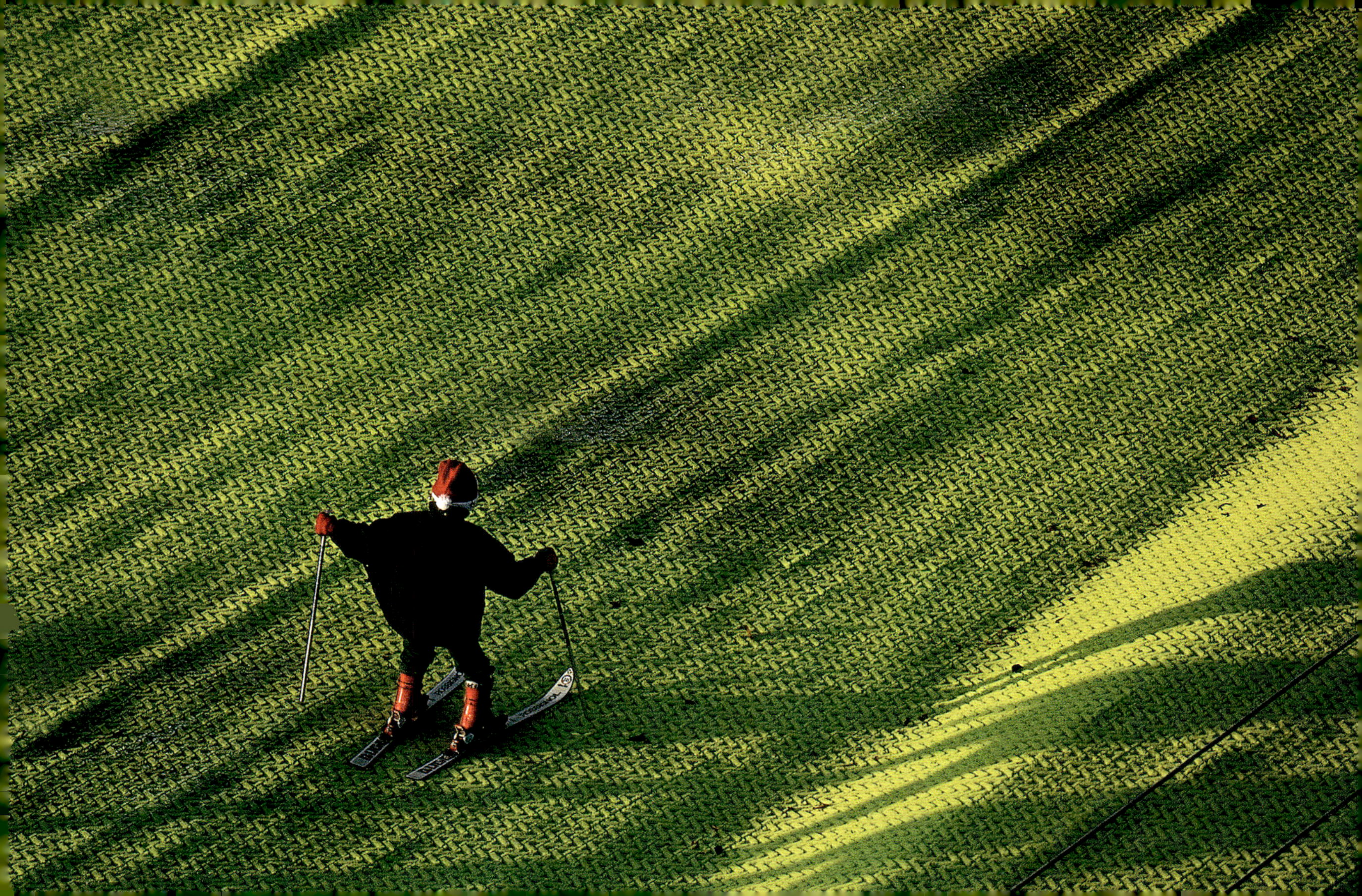

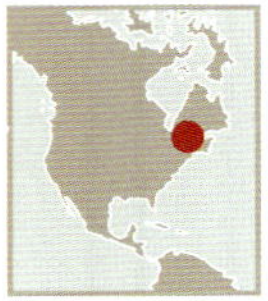

Holztransport im Fluss Saint Maurice, Quebec, Kanada

(46° 21′ nördlicher Breite – 72° 31′ westlicher Länge)

Die spektakulären Flusstransporte von zu regelrechten Riesenteppichen zusammengebundenen Baumstämmen gehören der Vergangenheit an. Nach zahlreichen Protesten der Anlieger und Umweltschützer wurden sie 1993 verboten. Denn der Wassertransport der Baumstämme hatte dem ökologischen Flusssystem schwer geschadet: Durch die Erosion im Uferbereich kam es zu deutlichen Veränderungen des Flussbettes. Außerdem entzogen die zahlreichen Ablagerungen organischer Stoffe auf dem Flussgrund dem Wasser sämtlichen Sauerstoff. Die Zunahme der Schweinezucht hatte für die Flüsse der Provinz Quebec die gleichen fatalen Folgen: Der übermäßig hohe Jaucheanteil im Wasser führte zu einer explosionsartigen Vermehrung der pflanzlichen Stoffe, die bei ihrer Verwesung dem Wasser wiederum allen Sauerstoff nehmen. Nach einer weltweiten Schätzung sind 250 der 500 größten Flüsse unseres Planeten schwer verseucht.

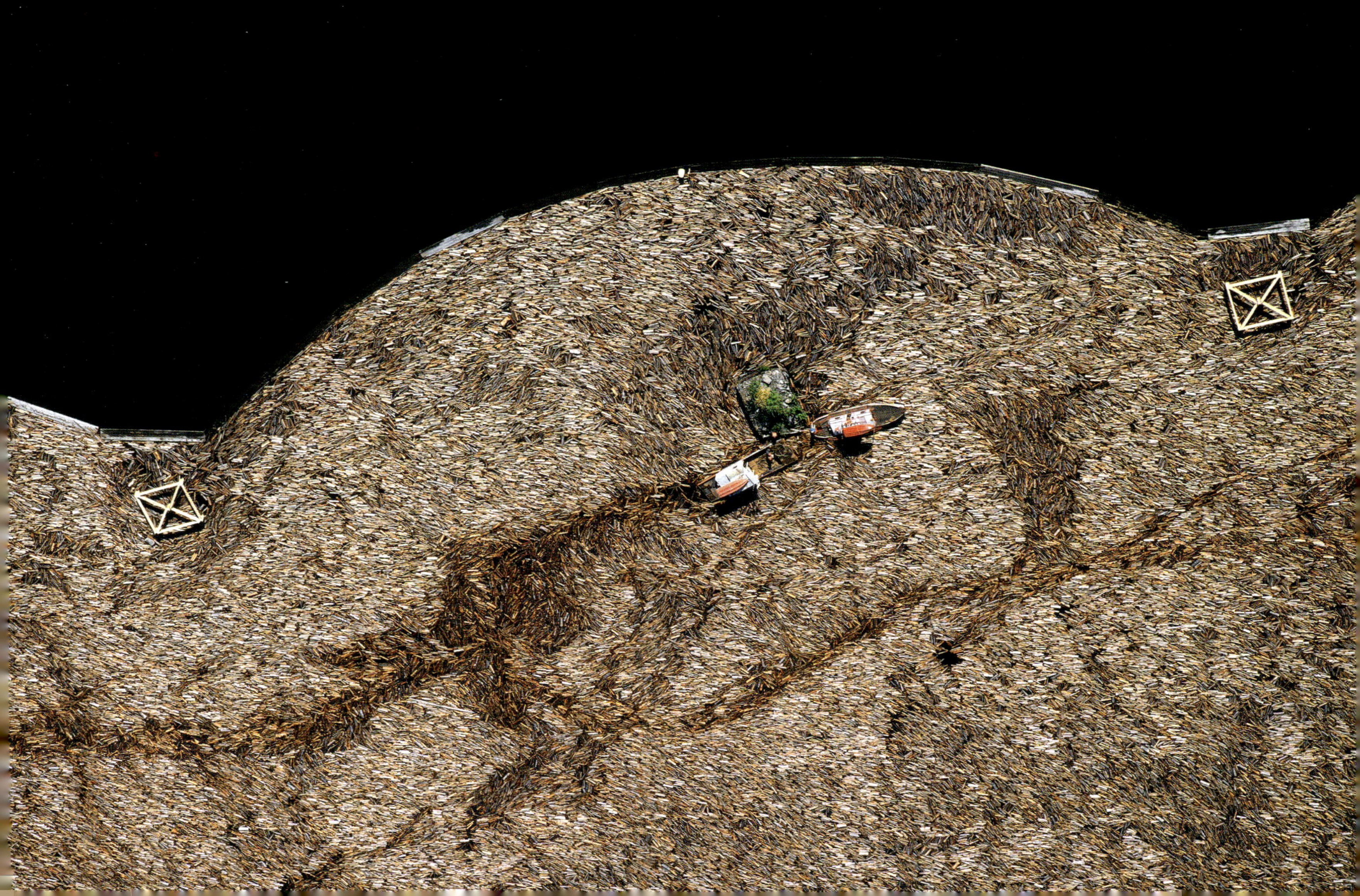

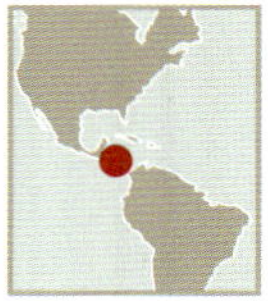

Vom Hochwasser zerstörtes Haus, San Pedro Sula, Honduras

(15° 27′ nördlicher Breite – 88° 02′ westlicher Länge)

Das Hochwasser des Flusses Ulua zählt zu den fatalen Folgen des Orkans Mitch. Seinen Ausgangspunkt hatte der Wirbelsturm im südlichen Jamaika. Als er am 30. Oktober 1998 das mittelamerikanische Festland erreichte, war der Höhepunkt (Windgeschwindigkeiten von bis zu 288 Kilometern pro Stunde) bereits überschritten. Doch die Orkanböen, die zwei Tage lang über Honduras hinwegfegten, waren immer noch gewaltig. Begleitet wurden sie von sintflutartigen Regenfällen und reißenden Schlammströmen, die ganze Städte unter sich begruben. Bilanz: Mehrere tausend Tote. Der Schaden belief sich auf mindestens 58 Millionen Dollar. Durch Unwetter ausgelöste Hochwasserkatastrophen nahmen in den letzten Jahrzehnten fortwährend zu. In den Entwicklungsländern sind die Folgen solcher Katastrophen besonders fatal. Allein in den 1980er Jahren nahm die Zahl der direkt von den Naturkatastrophen Betroffenen um 50 Prozent zu.

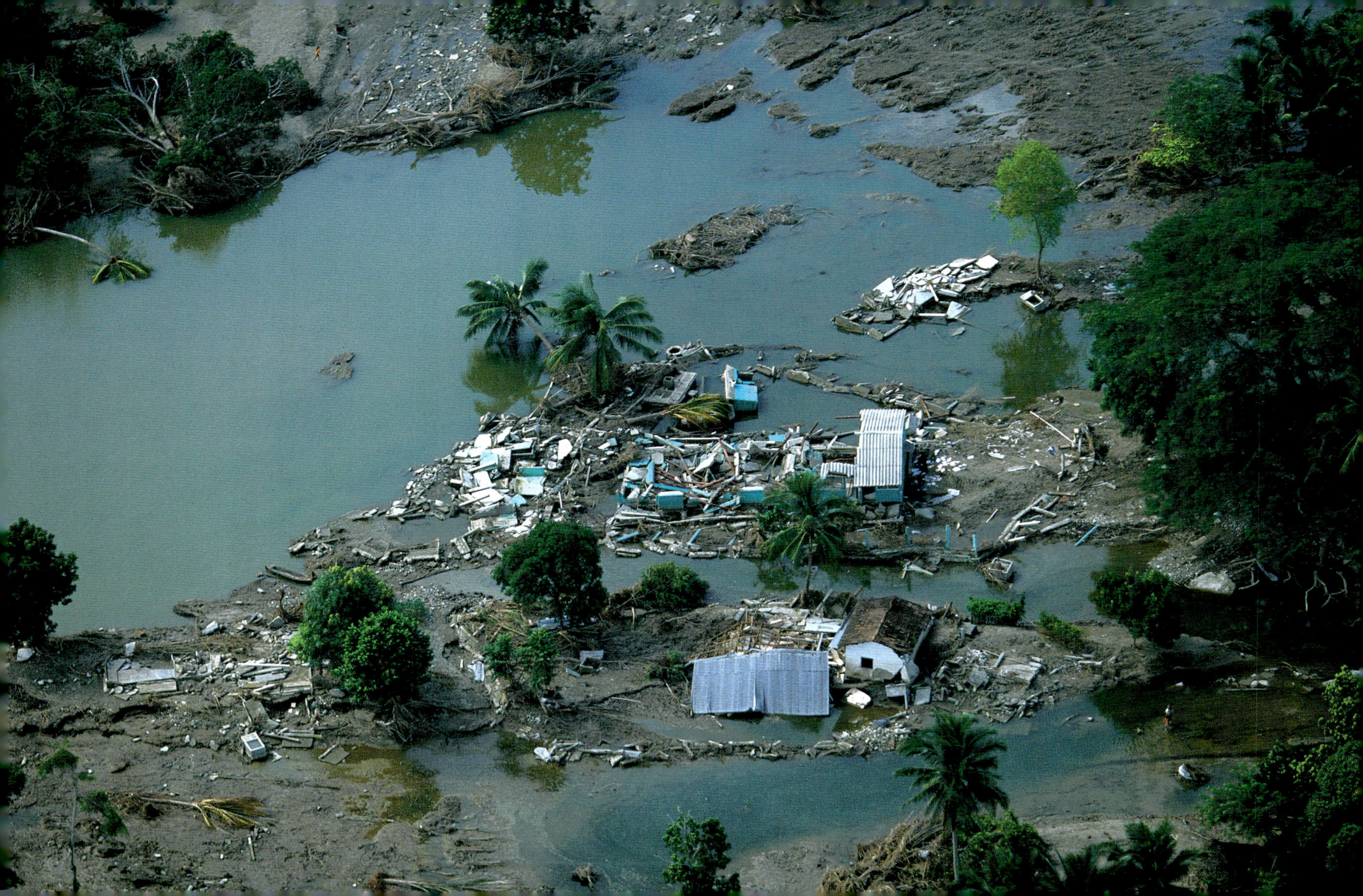

14. August

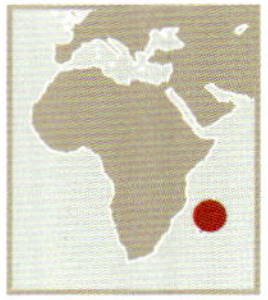

Der Fluss Mahajilo in der starker Erosion ausgesetzten Hochebene östlich von Miandrivazo, Madagaskar

(19° 31′ südlicher Breite – 45° 28′ östlicher Länge)

Die vom Regenwasser ausgewaschenen Hochebenen zeigen tiefe Risse, sie erinnern an Hautstriemen nach einem Krallenhieb. Diese Schluchten, auch *lavakas* genannt, führen dem Fluss Wasser und jede Menge Erde zu. Die Landschaft ist stark erosionsgefährdet, denn es gibt keine Bäume, die den lockeren Boden festhalten könnten. Brandrodung und übermäßige Weidewirtschaft haben die Wälder zerstört. Heute sind diese Praktiken zwar verboten, werden aber mehr denn je angewandt, weil sich die Bevölkerung Madagaskars in den letzten 30 Jahren verdoppelt hat. Die Bauern tragen die Folgen: Auf dem erosionsgeschädigten Boden ist an Ackerbau nicht mehr zu denken. Lediglich fünf Prozent der gesamten Insel sind landwirtschaftlich nutzbar. Manch einer versucht durch Brandrodung zusätzlichen Boden zu gewinnen. Weltweit wurden rund zwei Milliarden Hektar Boden vernichtet. In 30 Prozent der Fälle wird die Zerstörung der Wälder dafür verantwortlich gemacht.

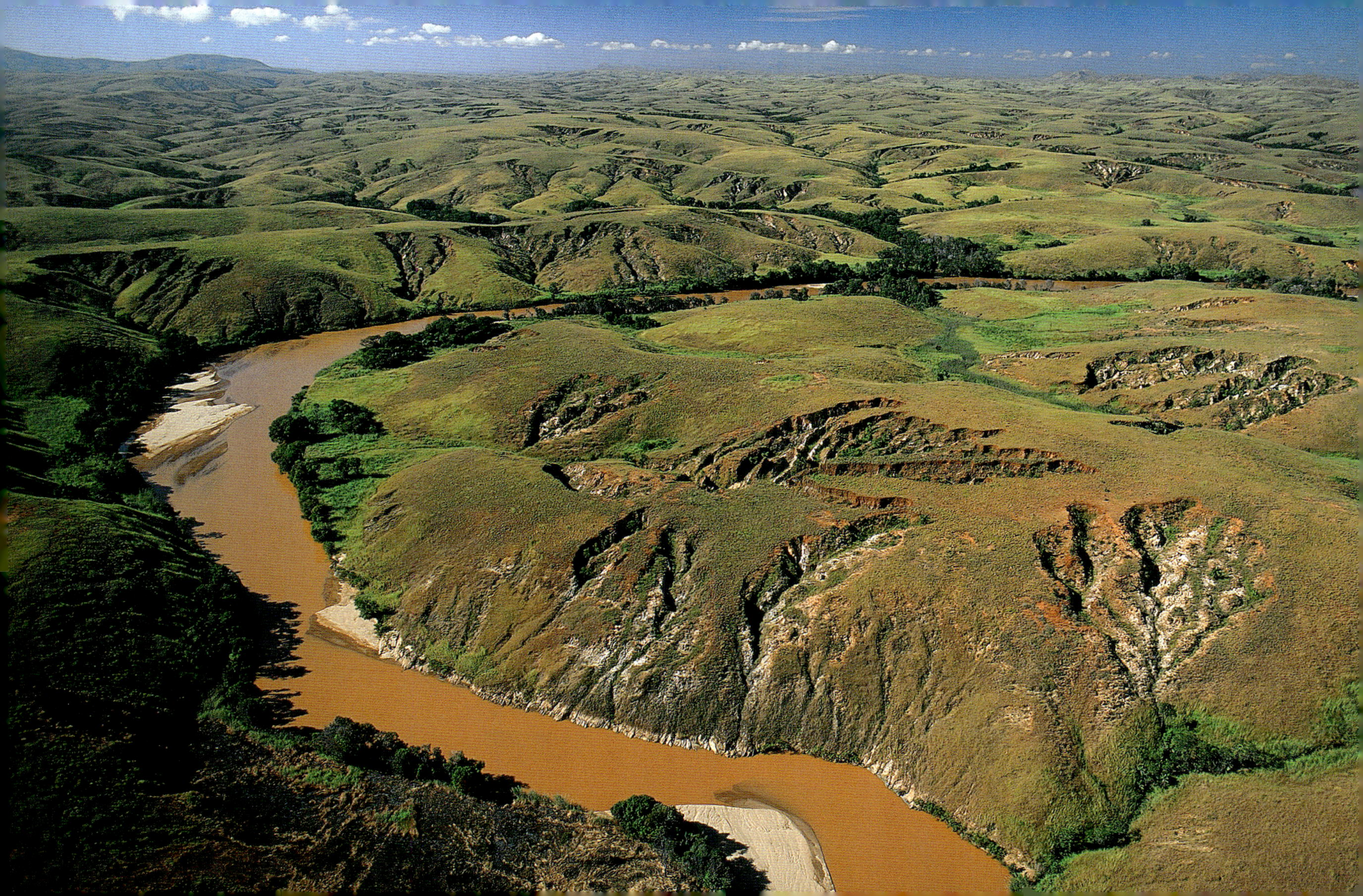

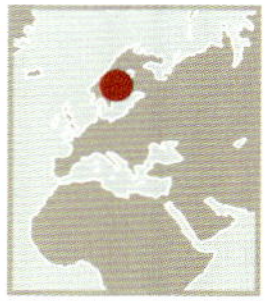

Insel vor Göteborg, Schweden

(57° 38′ nördlicher Breite – 11° 46′ östlicher Länge)

Mehr als 150 000 Inseln sind der schwedischen Küste vorgelagert, so auch dieser rosafarbene Granitfelsen westlich von Göteborg, der zweitgrößten Stadt des Landes. Diese Inseln sind beliebte Ausflugsziele für die Freizeitsegler, die gleich dutzendweise über ein noch so kleines Eiland herfallen. Jeder fünfte schwedische Haushalt verfügt über ein Segelboot. Kein Wunder, dass Schweden zu den wenigen Ländern gehört, die auch im Schiffsverkehr Staus kennen. Im europäischen Vergleich liegt das Land mit seinem Bruttoinlandsprodukt an erster Stelle, auch mit seinen Ausgaben für das Bildungswesen hält es den Rekord. Der Individualismus und das Familienleben werden dort groß geschrieben. Allerdings ist Schweden auch das Land mit der höchsten Krankschreibungsrate. Dies ist einerseits ein Beweis für die hohe soziale Sicherheit, die den Bürgern geboten wird. Andererseits ist es ein Grund, sich über die entmenschlichte Atmosphäre am Arbeitsplatz Gedanken zu machen. Jedenfalls kosten die vielen Krankmeldungen den Staat dreimal so viel Geld wie das Bildungswesen. Seit dem Jahr 2003 geht die schwedische Regierung gezielt dagegen vor.

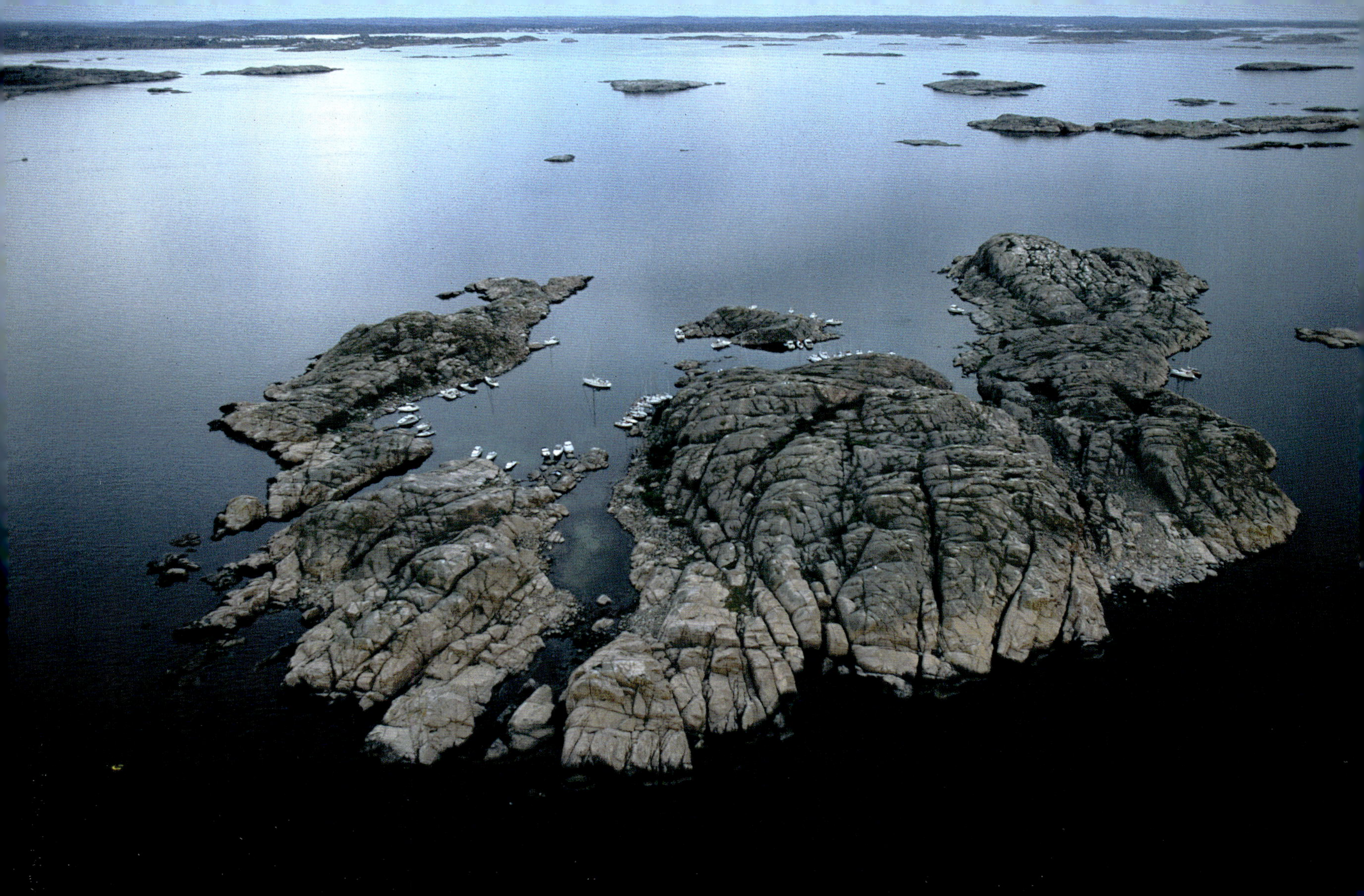

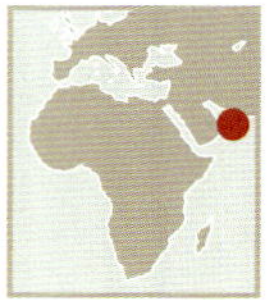

Terrassenanbau am Djebel Akhdar, Oman

(23° 30′ nördlicher Breite – 56° 56′ östlicher Länge)

Die tiefen, schluchtartigen Täler, die so genannten *wadis*, des 3075 Meter hohen Djebel Akhdar sind das Werk reißender Gebirgsströme. Trotz der geringen Niederschlagsmengen wird auf diesen Bergen seit Jahrhunderten Landwirtschaft betrieben. Dank eines komplexen, 2000 Jahre alten Bewässerungssystems werden Datteln, Zitronen und Aprikosen geerntet. Das Wasser wird oft in einer Tiefe von dutzenden von Metern gefasst und durch künstliche, unterirdische und mehrere Kilometer lange Gänge an die Erdoberfläche gebracht. Die Wassernutzung folgt einem streng hierarchischen Prinzip: Zunächst dient es als Trinkwasser, dann steht es Männern für die rituellen Waschungen zur Verfügung. Schließlich folgen die »Frauenbrunnen«, und zuletzt dient es der Bewässerung der Felder. In den frühen 1990er Jahren kam es zu einer Intensivierung der Landwirtschaft. Seitdem nehmen der Grundwasserbestand und die Qualität des Wassers ab.

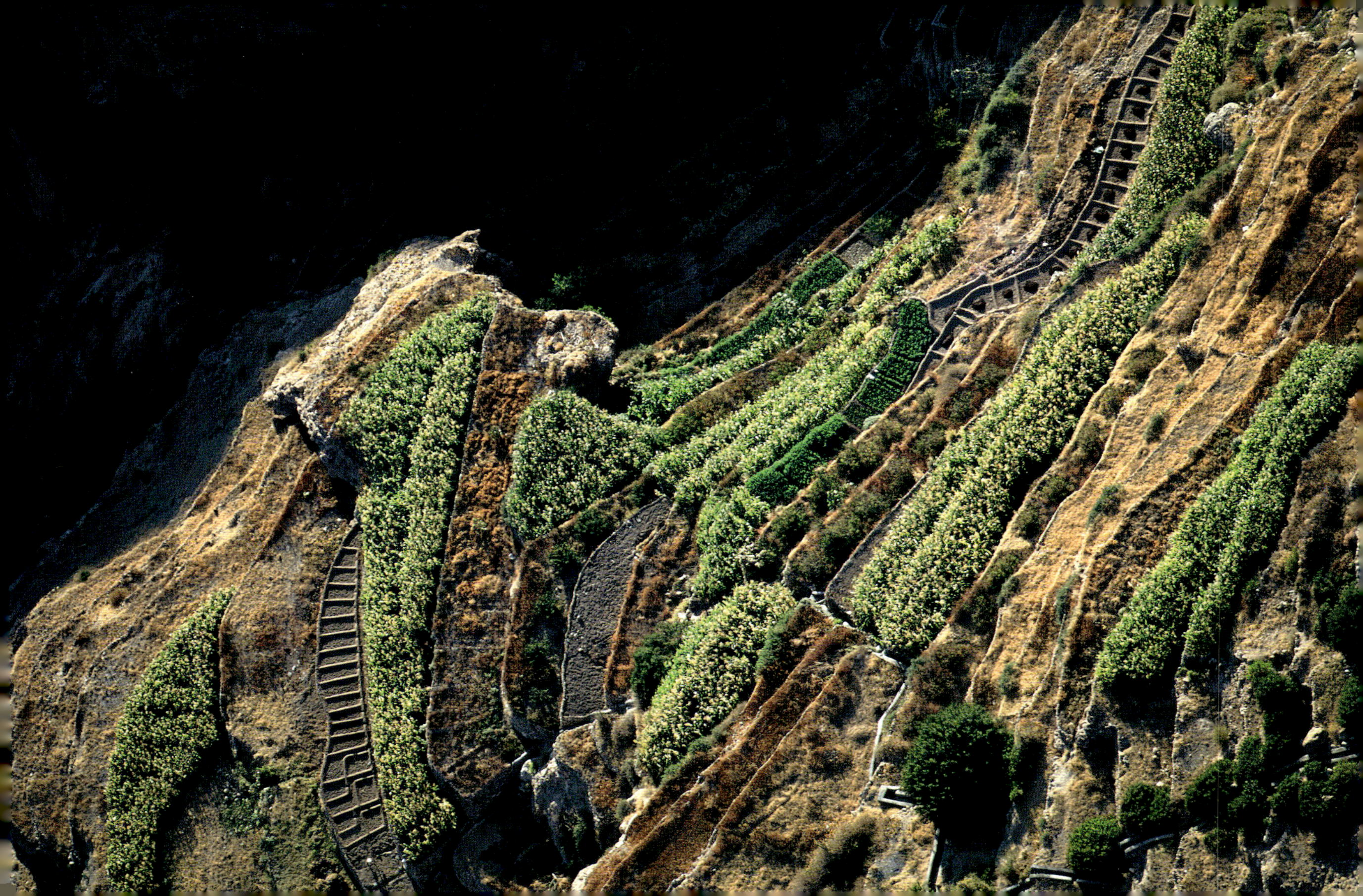

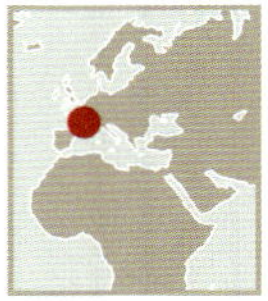

Lager auf dem Mont Blanc bei der Vallot-Hütte, Hochsavoyen, Frankreich (45° 49′ nördlicher Breite – 6° 51′ östlicher Länge)

1786 wurde der Mont Blanc zum ersten Mal von dem Bergführer Jacques Balmat und dem Arzt Gabriel Paccard aus Chamonix bestiegen. Ein Jahrhundert später hatten schon rund 3000 Menschen den Versuch gewagt, den höchsten Berg Europas zu besteigen. Die Hälfte von ihnen, darunter 67 Frauen, haben es geschafft. Heute zieht der Mont Blanc jedes Jahr an die 3000 Bergsteiger in seinen Bann. Sie arbeiten sich über den Tacul und den Mont Maudit vor, oder sie steigen über die Bergkuppel Goûter auf. In der Hochsaison drängen sich täglich 300 bis 400 Menschen auf dem berühmten Gipfel. Dieser Bergtourismus ist zwar einerseits die wichtigste Einnahmequelle des Tals, andererseits birgt er jedoch auch Gefahren für den majestätischen Berg: Bei den Reinigungsarbeiten der Jahre 1999 bis 2002 wurden ungefähr zehn Tonnen Müll entsorgt. Für das empfindliche Hochgebirge sind die Auswirkungen des Massentourismus fatal.

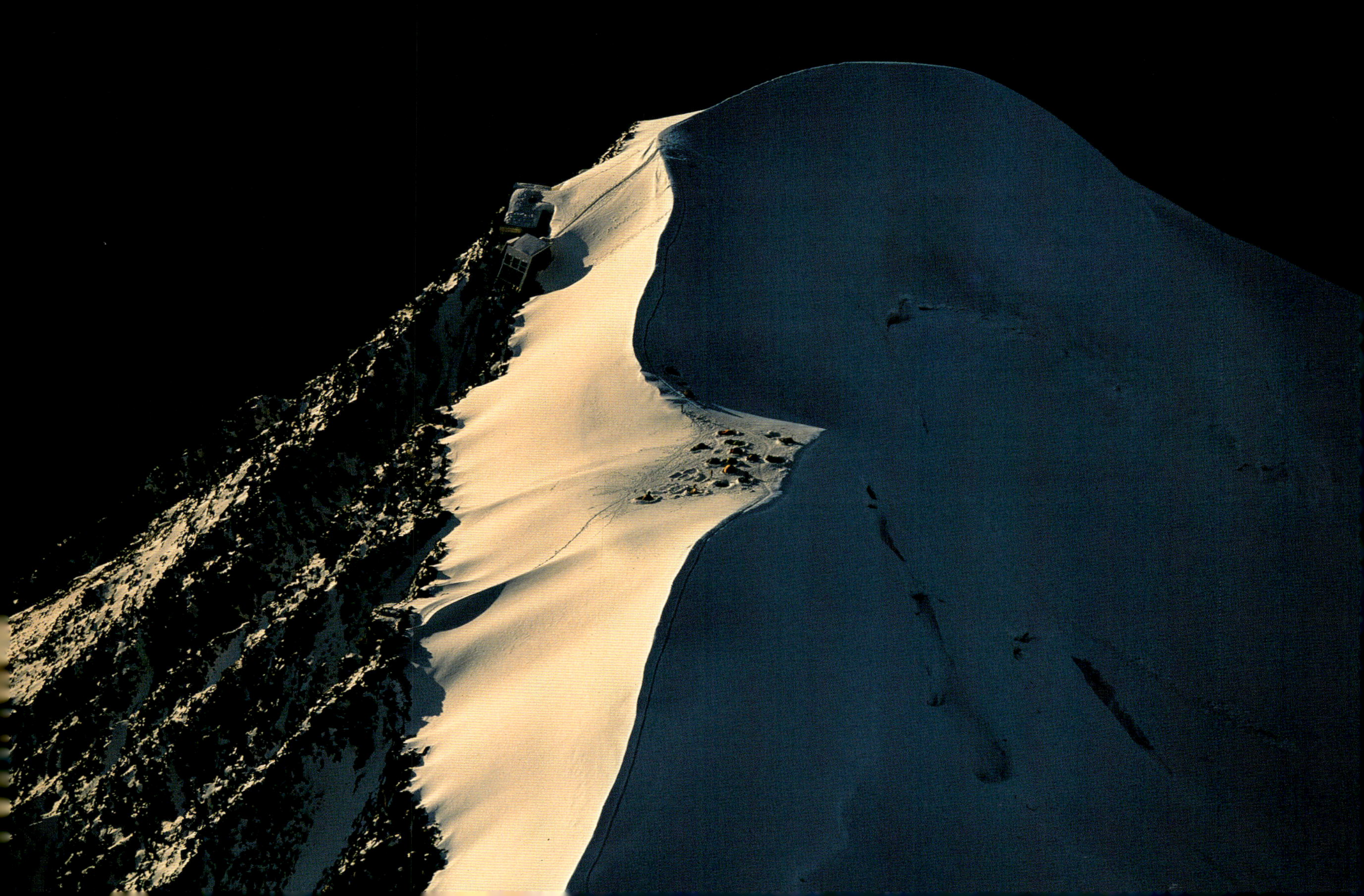

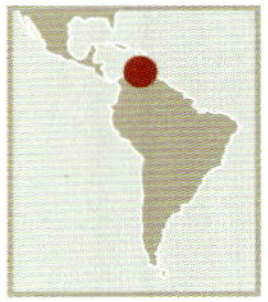

Bohrinsel auf dem Maracaibo-See, Venezuela

(9° 50′ nördlicher Breite – 71° 37′ westlicher Länge)

An den zahlreichen Bohrtürmen wird deutlich, wie sehr die Entdeckung von Öllagerstätten im Jahre 1920 die venezolanische Wirtschaft verändert hat. Seitdem lebt das Land in Abhängigkeit vom Ölpreis. 1972 begannen paradiesische Zeiten, denn der Anstieg des Ölpreises machte Venezuela zum führenden Land Lateinamerikas mit dem höchsten Pro-Kopf-Einkommen und der schnellsten Wirtschaftsentwicklung. Doch bereits bei den Kursstürzen von 1983 spürten die Venezolaner ihre allzu starke Abhängigkeit vom Schwarzen Gold. Der Geldsegen hatte ein kapitalistisches System hervorgebracht, das mehr auf Spekulation als auf gesunden Unternehmergeist ausgerichtet war. Und trotz aller Bemühungen der Politik gelang der Landwirtschaft kein Neuanfang. Es entwickelte sich zwar eine starke Mittelschicht, doch die Einkünfte aus dem Ölexport waren so ungerecht verteilt worden, dass die sozialen Ungleichheiten bestehen blieben. Ein Drittel der Bevölkerung kann sich immer noch nicht alle Grundnahrungsmittel leisten.

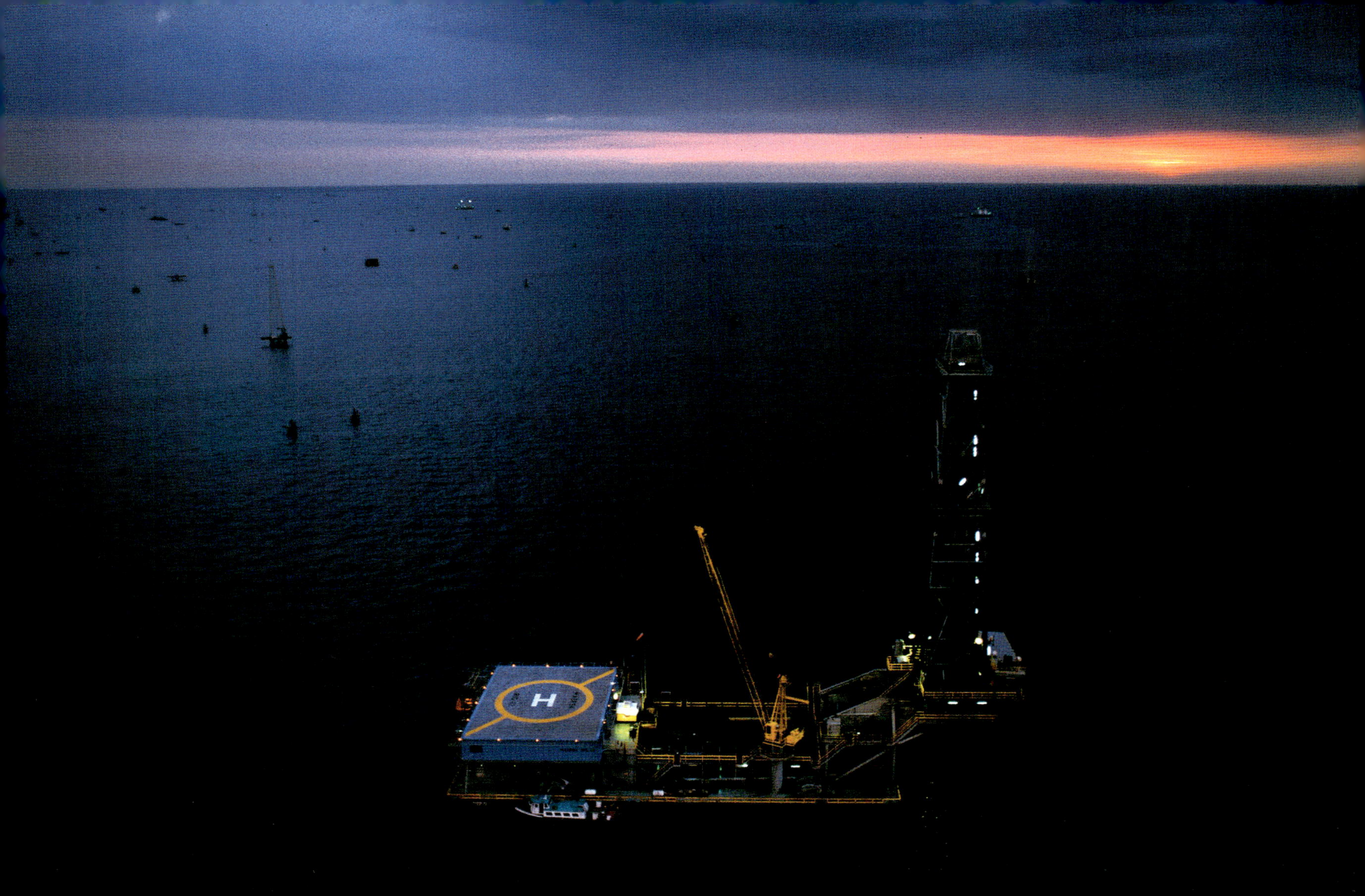

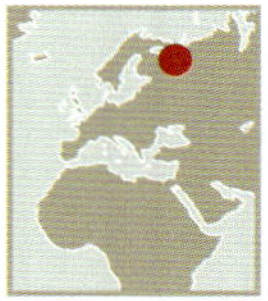

Die Kirche der Verklärung auf der Insel Kishi, Karelien, Russland

(62° 00′ nördlicher Breite – 35° 15′ östlicher Länge)

Auf den Inseln im südkarelischen Onegasee war Holz das elementare Baumaterial. Das Architektur-Ensemble vom Pogost Kishi steht seit 1990 auf der UNESCO-Liste des Weltkulturerbes. Seine Krönung ist die 1714 erbaute Kirche der Verklärung mit ihren 22 Kuppeln aus Silberpappelholz. Der Bau ist ein Meisterwerk der damaligen Zimmermannskunst. Trotz der komplexen Formen mit ihren harmonischen Linien wurde kein einziger Nagel verwendet. Heute kämpfen die mit der Restauration der Kirche beauftragten Experten jedoch mit Problemen: Große Temperaturunterschiede, Pilzbefall, denkmalpflegerische Kompromisse wegen der in der jüngeren Vergangenheit aufgestellten Metallstruktur. Trotz der Hilfsangebote der UNESCO konnte man sich noch nicht auf eine Restaurationsmethode einigen.

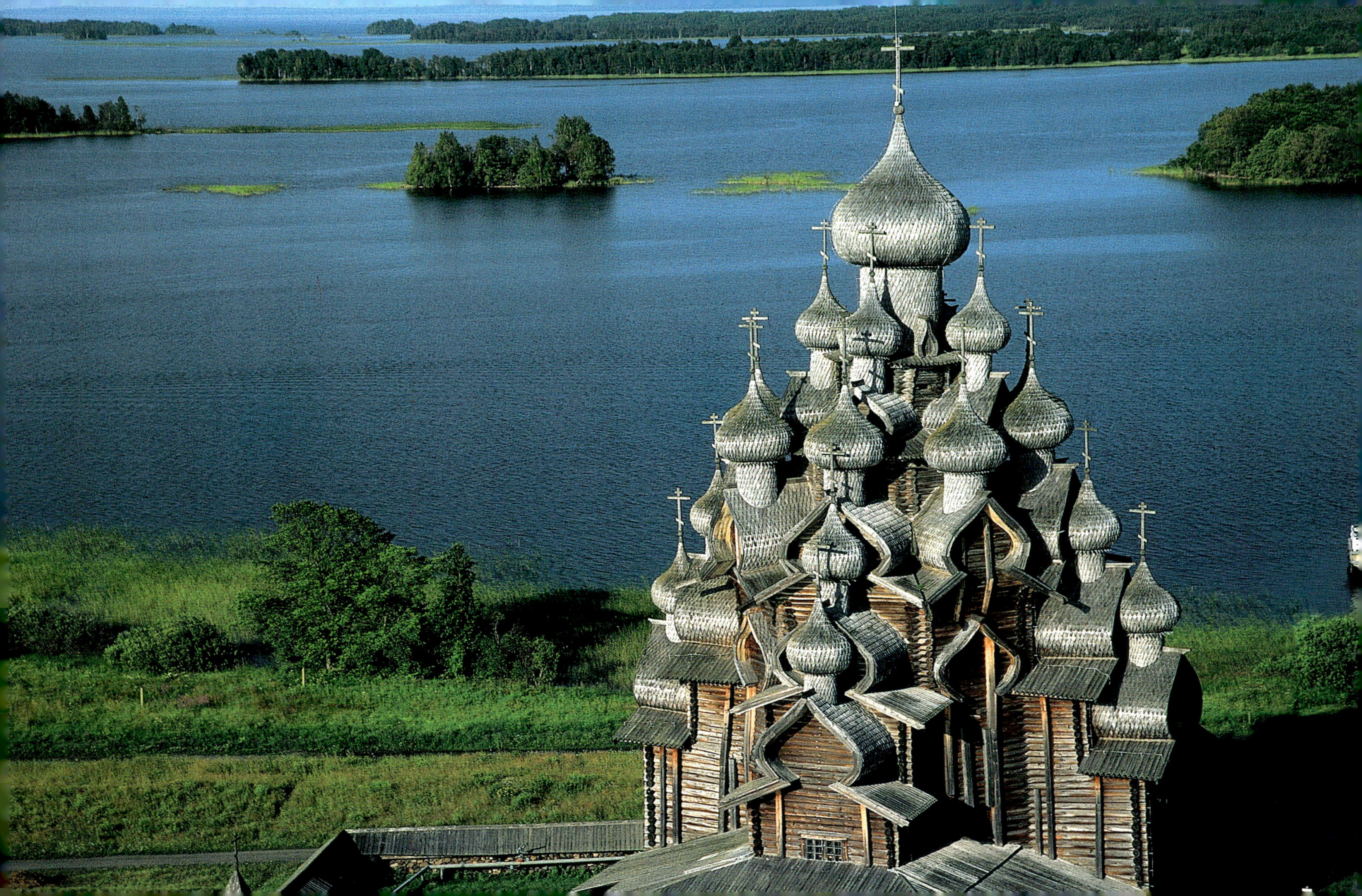

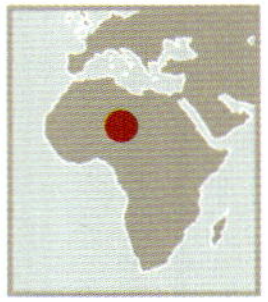

Ténéré-Wüste bei Fachi, Niger

(18° 14′ nördlicher Breite – 11° 40′ östlicher Länge)

Die Tuareg handeln traditionell mit Salz. Ihre Karawanen ziehen zwischen der Stadt Agadez und den Salinen von Bilma hin und her, wobei eine Wegstrecke 610 Kilometer beträgt. Trotz Temperaturen, die im Schatten bis zu 46 Grad Celsius erreichen, und bis zu 100 Kilogramm schweren Lasten legen die Dromedare im Tagesdurchschnitt 40 Kilometer zurück. Fachi ist die einzige größere Ortschaft an dieser Salzkarawanenroute und deshalb ein obligatorisches Etappenziel. Früher bestand eine Karawane aus bis zu 20 000 Tieren, heute sind es selten mehr als 100 Tiere. Der Lastwagen hat vielfach die Funktion des Transportmittels übernommen. Ein LKW ersetzt 250 Dromedare. Die Zahl der Motorfahrzeuge stieg seit 1945 von 40 Millionen auf 680 Millionen. In den Entwicklungsländern gibt es zwar noch relativ wenig zugelassene Fahrzeuge, doch die Rate, mit der ihre Zahl zunimmt, ist dort am höchsten. Wenn alle Länder so stark motorisiert wären wie die USA, würden sich auf der Welt drei Milliarden Autos bewegen.

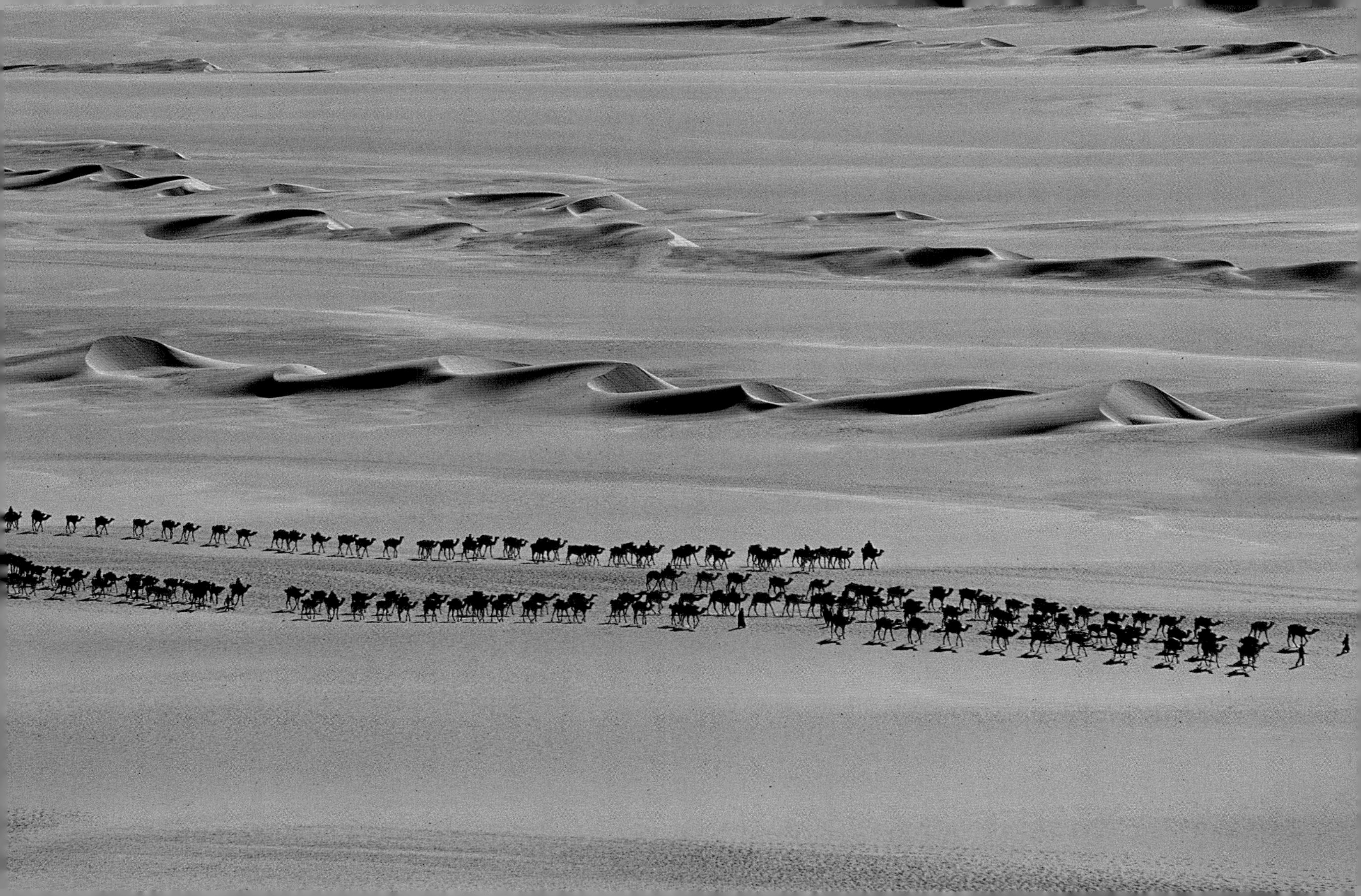

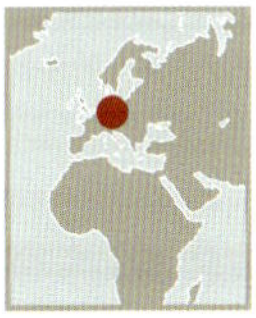

Grube Johannes, Industriegebiet Bitterfeld nördlich von Leipzig, Sachsen-Anhalt, Deutschland (51° 37′ nördlicher Breite – 12° 20′ östlicher Länge)

In der Grube Johannes wurde seit 1843 Braunkohle gefördert. Seit den 1930er Jahren diente die Zeche der umliegenden Industrie als Mülldeponie. Bis 1990 wurde hier der Giftmüll eines Betriebes der Zellulosefaserproduktion eingelagert. Der Ort erinnert in trauriger Weise an die gescheiterte Wirtschafts- und Umweltpolitik der ehemaligen DDR. Der so genannte »Silbersee« steht aber auch für die enormen Anstrengungen, die das wiedervereinigte Deutschland zur Lösung dieser Umweltprobleme unternimmt. In der Grube Johannes soll der durch den Menschen angerichtete Schaden mithilfe der Natur behoben werden: Die grünen Säcke auf dem Foto riegeln als biologische Filter den Boden hermetisch ab. Sie enthalten zerkleinerte Baumrinde. Entscheidend sind die in dieser Rinde lebenden Mikroorganismen, denn sie zersetzen den gefährlichen Schwefelwasserstoff des Industrieschlamms in geruchlose Sulfate.

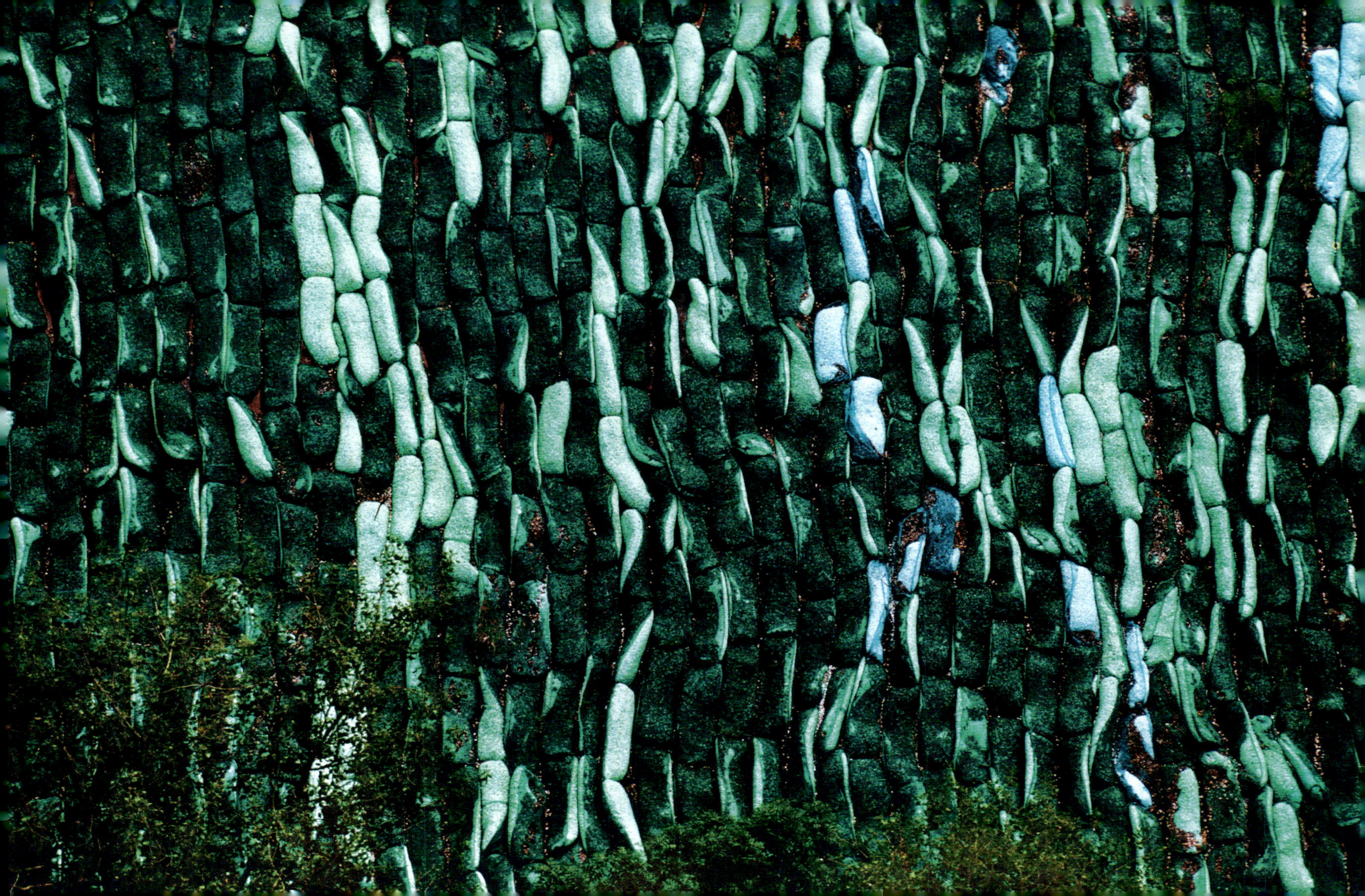

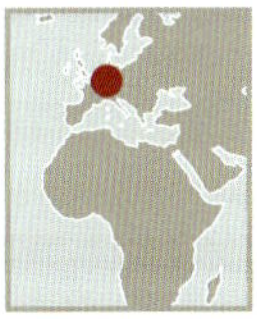

Jüdisches Museum in Berlin, Deutschland (52° 30′ nördlicher Breite – 13° 23′ östlicher Länge)

Das Erdgeschoss dieses Museums ist ganz bewusst leer. Der Direktor Michael Blumenthal, Sohn eines nach Buchenwald deportierten deutschen Juden, will damit die Erinnerung an die während des Dritten Reiches ermordeten sechs Millionen Juden wach halten. Der amerikanische Architekt Daniel Libeskind wählte für das Gebäude die gebrochene Form des Davidsterns, Sinnbild für eine der schlimmsten Gräueltaten der Geschichte. Das am 9. September 2001 eröffnete Museum zeichnet 1700 Jahre jüdischer Geschichte in Deutschland nach und erinnert an den größten Völkermord des 20. Jahrhunderts: den Holocaust des Zweiten Weltkriegs. Die jüngere Vergangenheit sah weitere Völkermorde, beispielsweise den der Türken an den Armeniern in den Jahren 1915/16 (1,2 Millionen Opfer), den der Roten Khmer an den Kambodschanern zwischen 1975 und 1979 (1,7 Millionen), den an den Tutsi in Ruanda im Jahre 1994 (500 000). Seit 1948 gilt der Völkermord nach internationalem Strafrecht als Verbrechen.

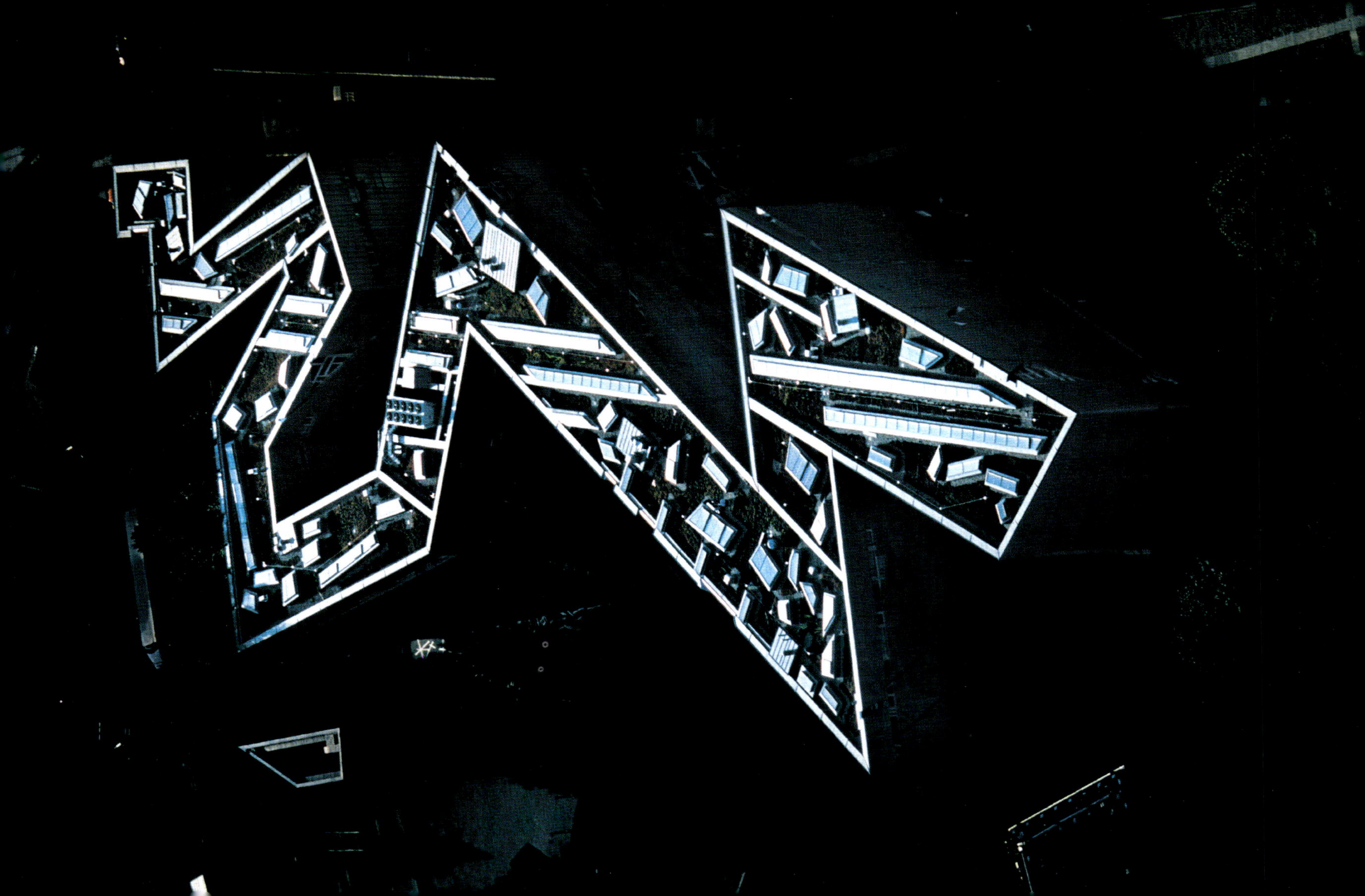

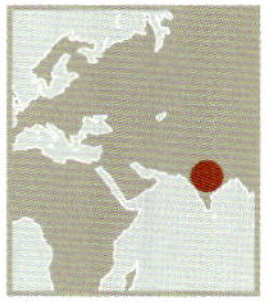

Ziegelbrennerei östlich von Agra, Uttar Pradesh, Indien

(27° 04′ nördlicher Breite – 78° 53′ östlicher Länge)

Am Rande der Millionenstadt Agra im Bundesstaat Uttar Pradesh, wo ein Sechstel der indischen Bevölkerung lebt, sind zahlreiche Ziegelbrennereien entstanden. Es sind Kleinunternehmen, die Arbeitsplätze schaffen, was in einem Land mit so hohen Arbeitslosenzahlen wie Indien von großer Bedeutung ist. Am Bruttoinlandsprodukt gemessen lag Indien 1999 auf Platz 144 der Weltrangliste. Der Handel mit den Ziegelsteinen aus gebrannter Erde ist in erster Linie auf die urbanen Zentren ausgerichtet. Die Landbevölkerung begnügt sich in der Regel mit Häusern aus billigeren, aber auch weniger stabilen Lehmwänden. In Anbetracht der rasanten Entwicklung der Agglomeration Agra, wo die Bevölkerung innerhalb von 20 Jahren um 50 Prozent wuchs, sind die Zukunftsaussichten für die Produzenten von Baumaterialien hervorragend.

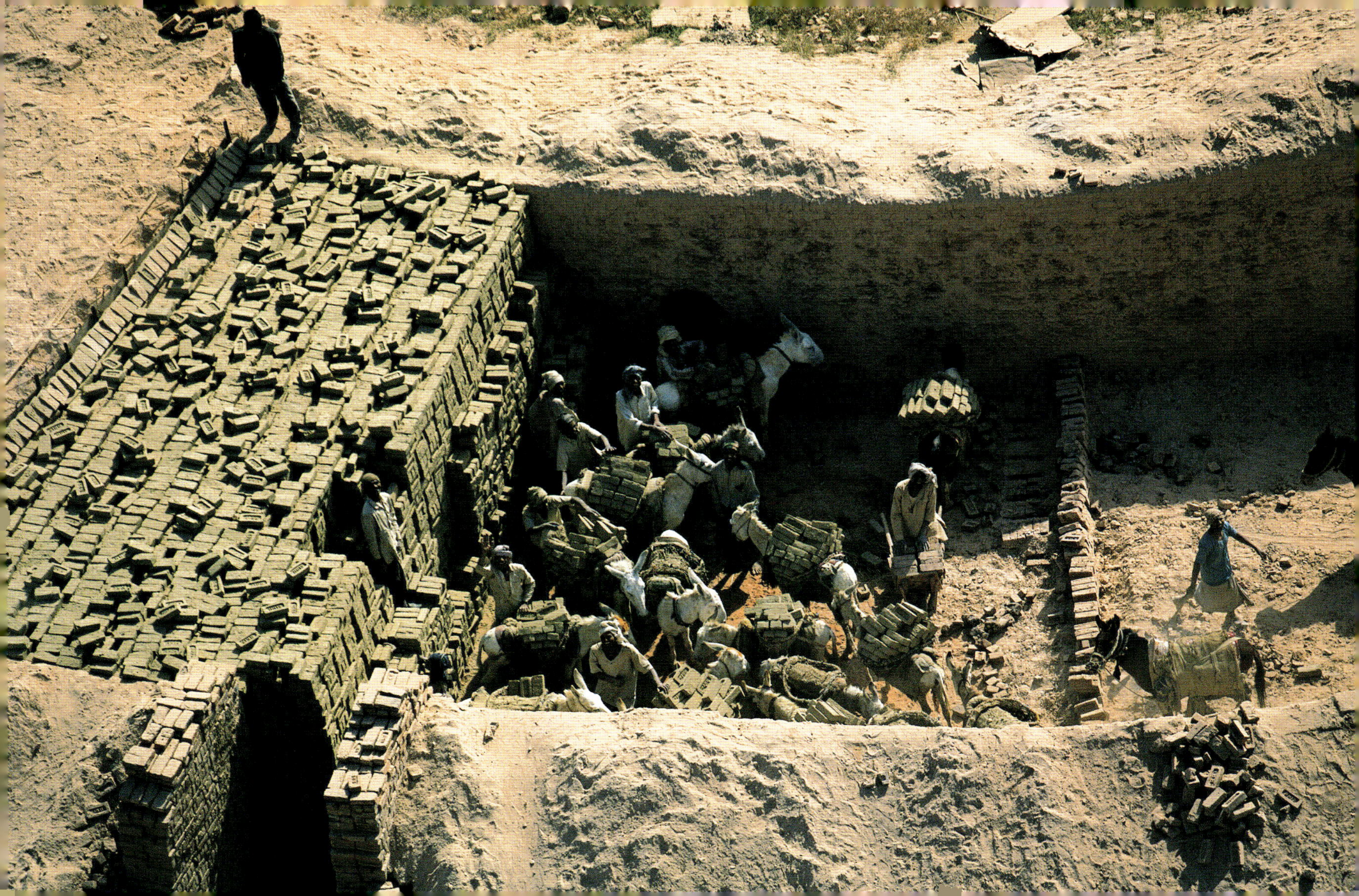

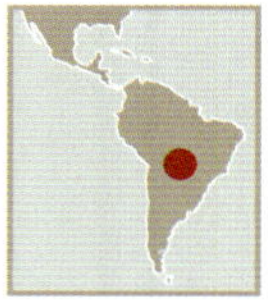

Fazenda (Ranch) im Pantanal-Gebiet, vom Rio Vermelho umspült, Bundesstaat Mato Grosso, Brasilien

(17° 00′ südlicher Breite – 56° 54′ westlicher Länge)

Paraguay, Bolivien und die beiden brasilianischen Bundesstaaten Mato Grosso und Mato Grosso do Sul teilen sich die große Schwemmlandebene des Pantanal (*pantano* bedeutet »Sumpf«), ein 140 000 Quadratkilometer großes Feuchtgebiet. Der Fluss Paraguay fließt quer durch den Pantanal und bildet mit seinen zahlreichen Zuflüssen aus den umliegenden Hochplateaus ein Flusssystem mit regelmäßigen Überschwemmungen, denn das Gefälle ist minimal und die Niederschlagsmengen sind hoch (1250 Millimeter im Jahr). Die saftigen Weiden eignen sich in der Trockenzeit hervorragend für die Viehzucht. Von November bis März sind sie jedoch überschwemmt: Aus den riesigen Wasserflächen schauen nur kleine Inseln (*cordilheiras*) heraus, auf denen der Viehbestand Zuflucht findet. Eine Bedrohung für dieses einzigartige Ökosystem mit etwa 650 Vogelarten sind die durch Rodung und Bergwerksarbeiten verschmutzten und versandeten Flüsse. Mehr als 500 000 Tiere verschwinden jährlich aus dem Pantanal. Sie werden heimlich in die Versuchslabore der reichen Länder verschleppt oder illegal gejagt. Der Kaiman wird heute des heiß begehrten Leders wegen gezüchtet und ein Teil dieser in der Gefangenschaft geborenen Alligatoren wird wieder im Pantanal ausgesetzt.

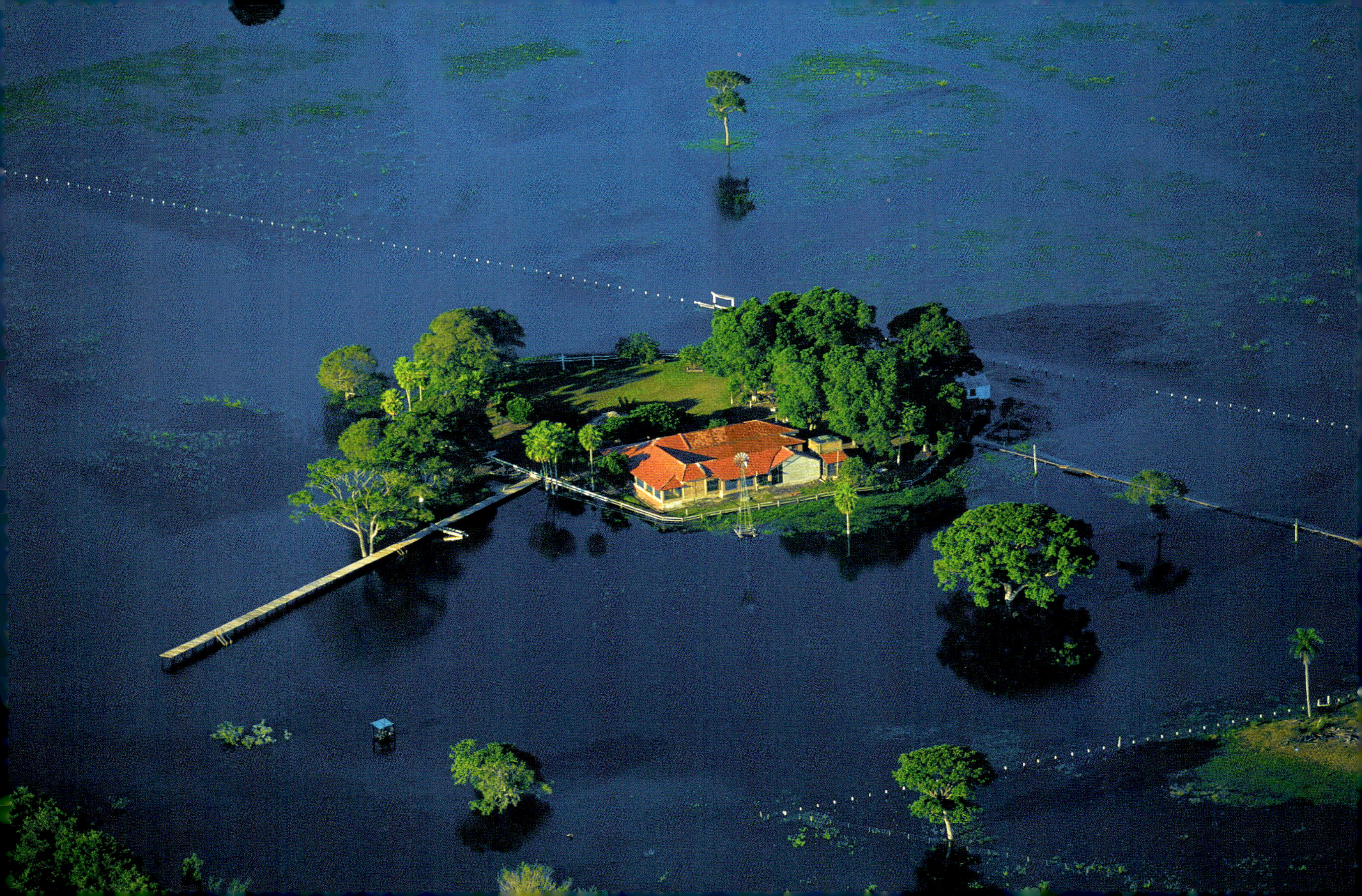

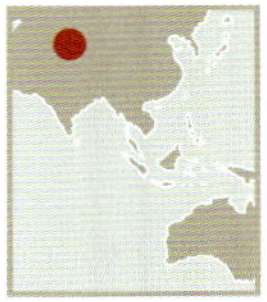

Reisfelder nördlich von Pokhara, Nepal

(28° 14′ nördlicher Breite – 83° 59′ östlicher Länge)

Das Himalaja-Gebirge trennt den Norden Nepals vom chinesischen Nachbarland. Auf der Erde gibt es 14 Bergmassive, die über 8000 Meter hoch sind. Acht davon befinden sich in Nepal, das zu den ärmsten Ländern der Welt zählt. Die wirtschaftliche Basis des Landes ist die Landwirtschaft. In diesem Bereich sind 80 Prozent der arbeitenden Bevölkerung beschäftigt, und er deckt 41 Prozent des Bruttoinlandsproduktes ab. Generationen von Bauern haben die steilen Gebirgshänge bearbeitet und das fruchtbare Land durch Terrassenanlagen vor der Erosion geschützt. Bis in Höhenlagen von 3000 Metern reichen die Reisfelder. Sie machen in Nepal 45 Prozent der landwirtschaftlich genutzten Fläche aus. Für drei Milliarden Asiaten ist der Reis das Hauptnahrungsmittel. Weltweit werden jedes Jahr 400 Millionen Tonnen Reis konsumiert. Dieser Verbrauch verteilt sich jedoch recht unterschiedlich auf die einzelnen Kontinente: In Asien liegt der jährliche Pro-Kopf-Verbrauch bei 100 Kilogramm, in Afrika und Lateinamerika bei zwischen 40 und 60 Kilogramm und in Europa bei lediglich fünf Kilogramm. In Asien kommen jedes Jahr 50 Millionen weitere Reiskonsumenten hinzu, in Afrika fünf Millionen und in Lateinamerika 2,5 Millionen.

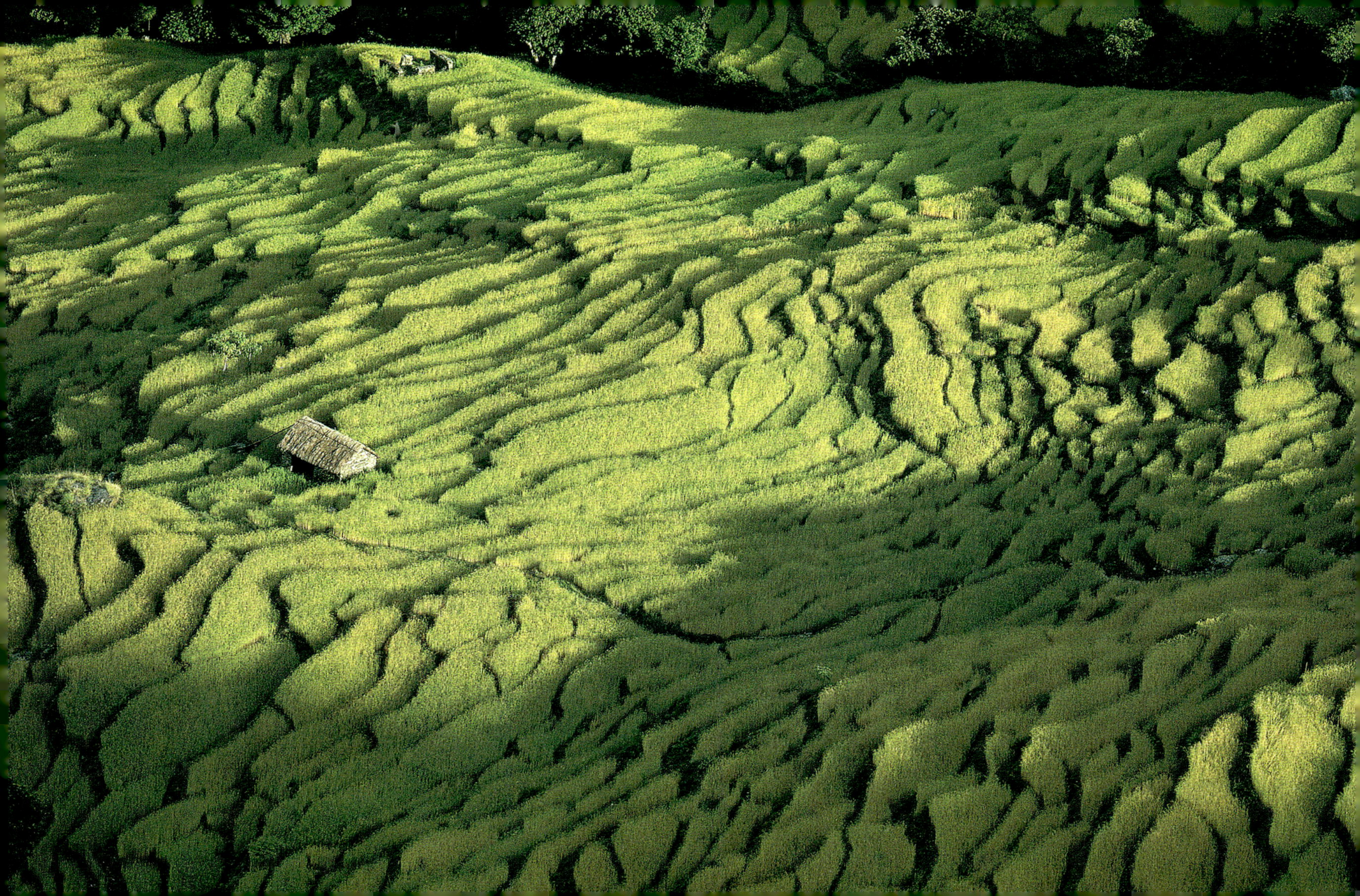

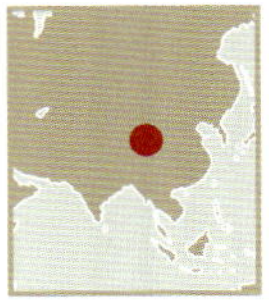

Nomaden auf dem Züün Saikan, Ömnögov, Mongolei

(45° 32′ nördlicher Breite – 107° 00′ östlicher Länge)

Die heutige Mongolei – zwischen Russland und China gelegen – bezeichnet man auch zur Unterscheidung von ihrer chinesischen Schwester, der »Inneren Mongolei«, als die »Äußere Mongolei«. Sie liegt im Durchschnitt 1580 Meter über dem Meeresspiegel. Die Menschen leben hauptsächlich als Nomaden und zählen zu den Mongolen und Turkvölkern, die die größten Eroberer der Geschichte hervorgebracht haben. Zum Schutz gegen sie entstand bereits im 3. vorchristlichen Jahrhundert die Große Mauer in China. Der Mongolenfürst Dschingis Khan herrschte im 13. Jahrhundert über das größte Reich der Menschheitsgeschichte. In seiner Blütezeit reichte es vom Pazifik bis zur Wolga, von Kambodscha bis zum Iran. Später wurde es zwischen den Türken, Russen und den Mandschu aufgeteilt. Zwischen 1691 und 1911 war die Mongolei fest in den Händen der Mandschu. Teile der äußeren Mongolei wurden 1911 unabhängig. Es folgten 70 Jahre Kommunismus. Gegen Ende des 20. Jahrhunderts begann eine schwierige wirtschaftliche Restrukturierung. Eine Jahrhunderttrockenheit kam erschwerend hinzu. Als Folge davon lebt eine Drittel der Mongolen unter der Armutsgrenze.

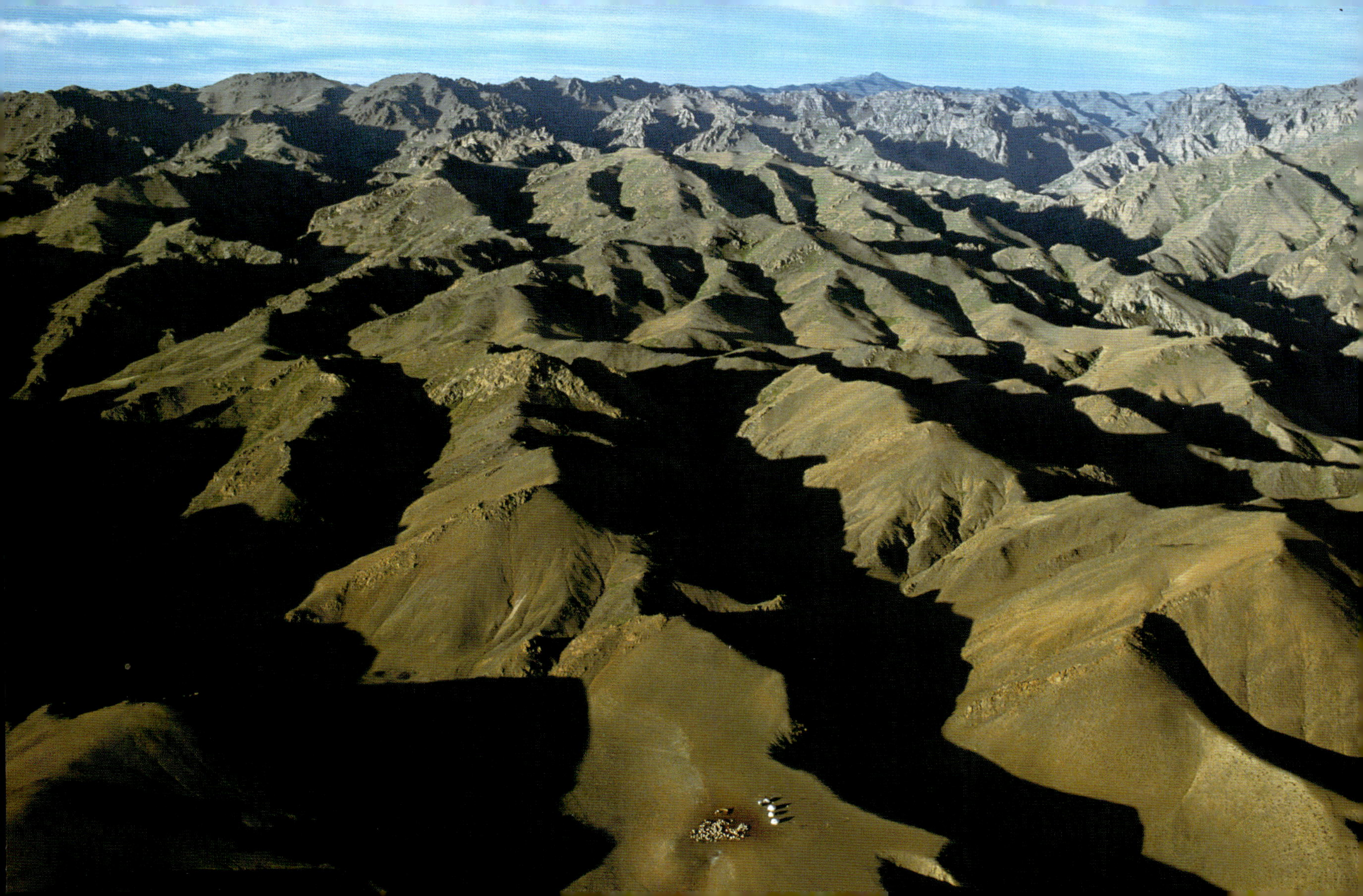

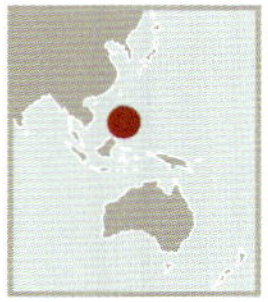

Dorf auf der Insel Panducan, Philippinen

(6° 15′ nördlicher Breite – 120° 36′ östlicher Länge)

Die Insel Panducan gehört zu den Sulu-Inseln, wo der Volksstamm der Tausug lange Zeit vom Schmuggel lebte. Heute sind Handel und Fischfang die Lebensgrundlagen für die 400 000 Angehörigen dieses »Volks der Meeresströmungen«. Sie leben in kleinen Ansammlungen von Pfahlbauten aus Bambus an den zerklüfteten Korallenküsten. Die philippinischen Korallenriffe mit ihrer außergewöhnlichen biologischen Vielfalt machen neun Prozent des weltweiten Korallenbestands aus. Sie zählen jedoch auch zu den am meisten bedrohten und sind bereits zu 70 Prozent beschädigt. Der Fischfang mit Sprengsätzen hat eine verheerende Wirkung auf die Korallenriffe und die dazugehörige Wassertierwelt. Auch die Versandung ist für die Korallenwelt eine ernsthafte Gefahr. Sie ist eine indirekte Folge des Vegetationsrückzugs, denn nur durch den Pflanzenbewuchs wird die Bodenfestigkeit garantiert. Die Situation ist ernst, denn für die Menschen an diesen Küsten sind die Korallen lebenswichtig.

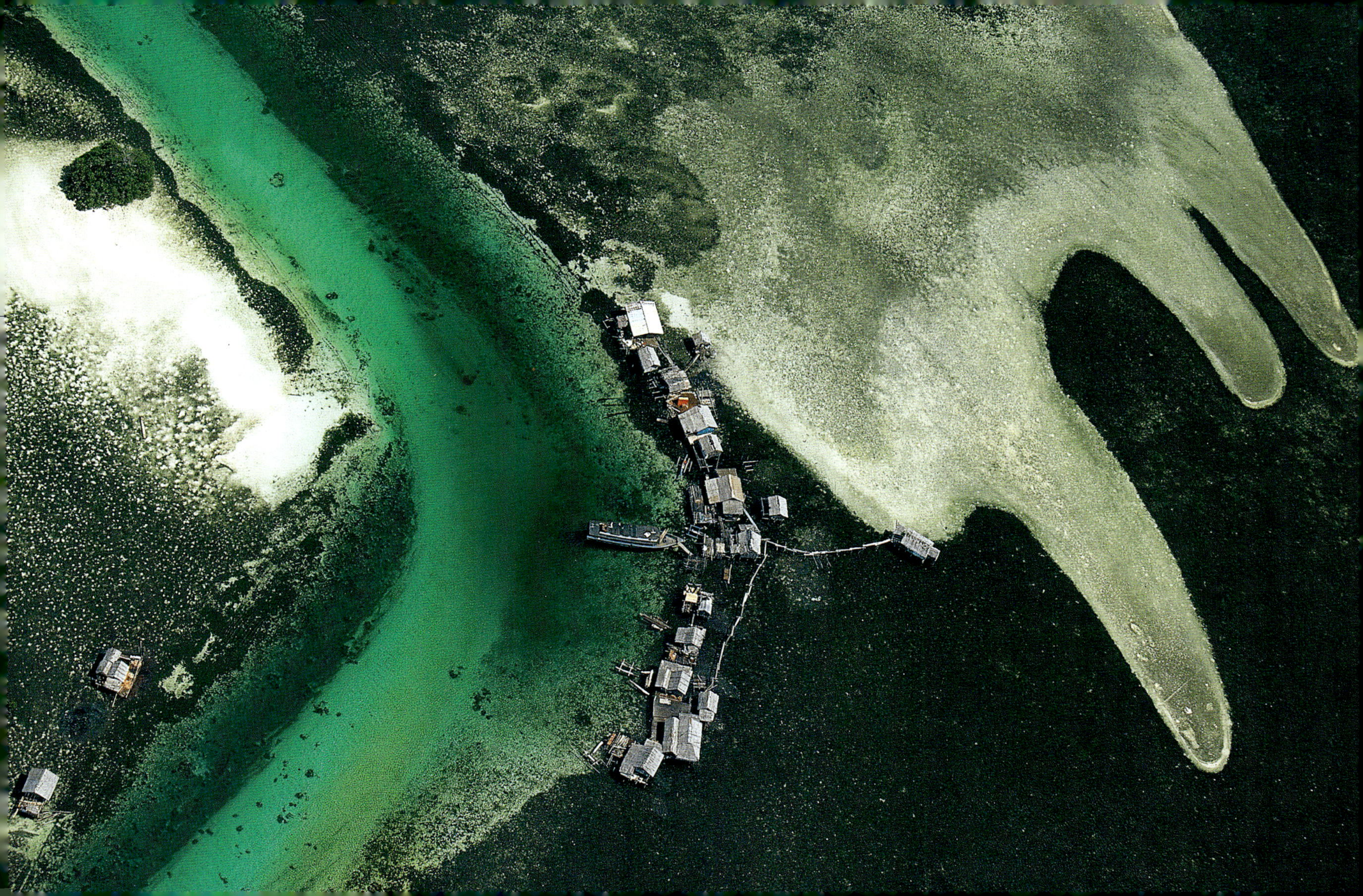

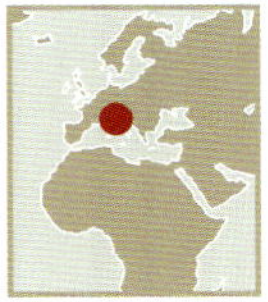

Marmorförderung in Carrara, Apuanische Alpen, Italien

(44° 05′ nördlicher Breite – 10° 06′ östlicher Länge)

Rund zehn Kilometer vor dem Ligurischen Meer gehen die Apuanischen Alpen in etwa 800 Meter Höhe in ein glänzendes Weiß über. Hier wird seit der Römerzeit der berühmte weiße Carrara-Marmor abgebaut. Dank seiner außergewöhnlichen Reinheit war er in der Renaissance bei den Bildhauern sehr begehrt – und zwar nicht nur bei Michelangelo, sondern in ganz Europa. Bereits im 15. Jahrhundert ging der Handel mit dem Carrara-Marmor weit über die Grenzen des Mittelmeerraums hinaus. Auch nach England und Holland wurde der kostbare Stein exportiert. Heute wird der Carrara-Marmor nicht mehr so häufig für Statuen verwendet, sondern wieder – wie bei den alten Römern – für die Verkleidung öffentlicher Prunkbauten.

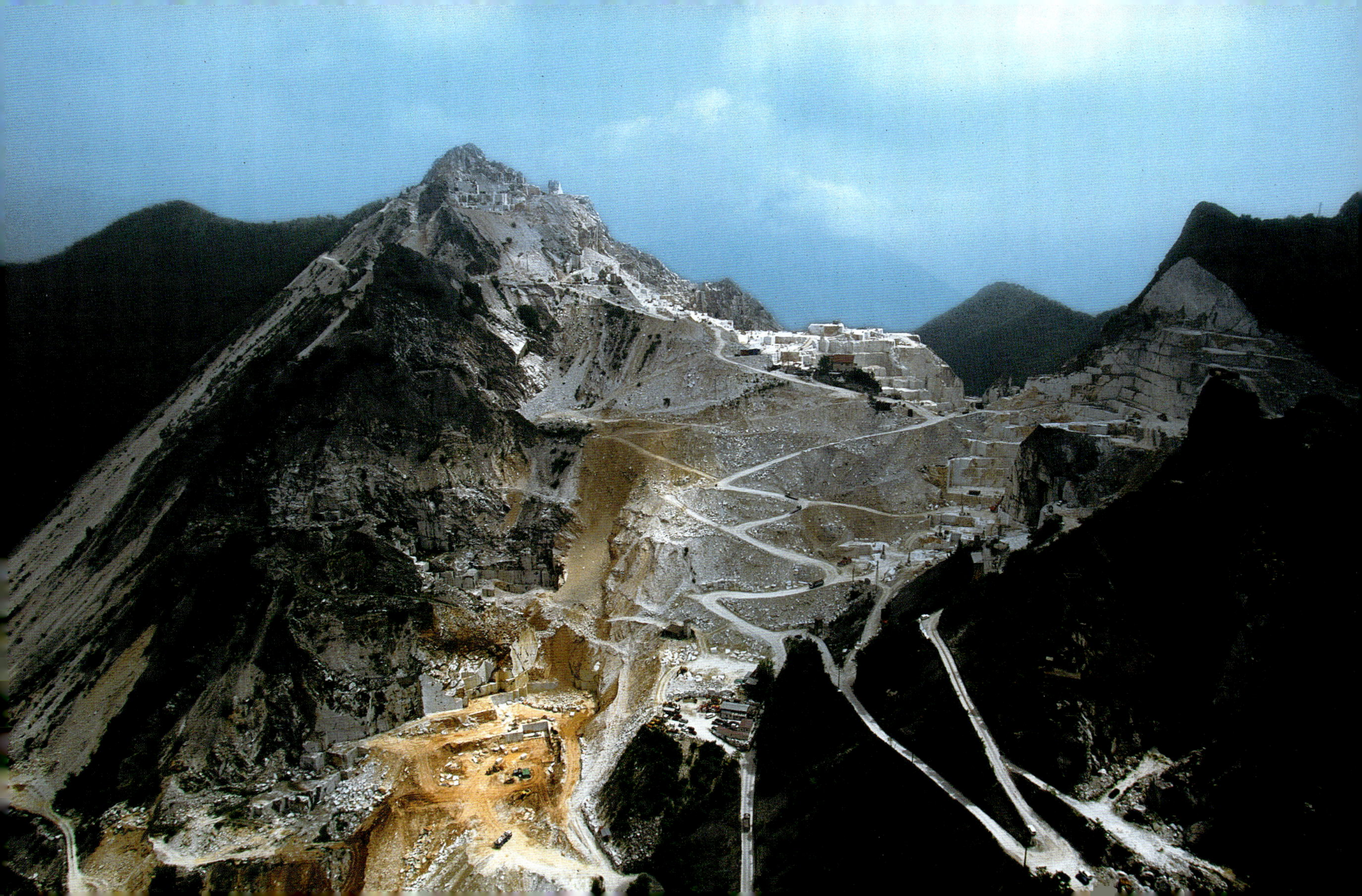

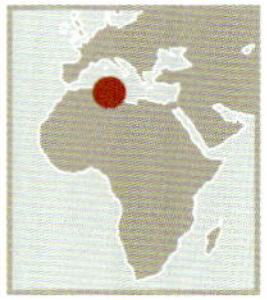

Ölflüsse in der Wüste, Tunesien

(34° 00′ nördlicher Breite – 9° 00′ östlicher Länge)

In der Natur lagert das schwarze Gold zwischen zwei Gesteinsschichten und bildet keine Flüsse an der Erdoberfläche. Es sei denn, die Pipeline ist leck, wie beispielsweise auf unserer Aufnahme der tunesischen Wüste. Die Ölleitungen der Welt haben eine Gesamtlänge von 580 000 Kilometern, das entspricht dem 14-fachen Erdumfang. An undichten Stellen (meistens Abnutzungserscheinungen, aber auch Folgen von Naturkatastrophen oder Fahrlässigkeit) tritt das Öl aus und verseucht das Grundwasser und die fruchtbaren Felder. Bereits bei der Förderung in den Ländern am Persischen Golf versickern rund zehn Prozent unbeabsichtigt im Boden und landen im Meer. Während des ersten Golfkriegs zu Beginn des Jahres 1991 fanden 1,5 Milliarden Liter Öl den Weg ins Meer. Auch in einer französischen Raffinerie liefen am 4. August 1990 aus Unachtsamkeit 13 000 Kubikmeter Treibstoff ins Grundwasser. Dank sofortiger Hilfsmaßnahmen konnte der Schaden für die Umwelt schnell behoben werden. In abgelegeneren Regionen fehlt es allerdings an den entsprechenden Hilfsmitteln, um in solchen Situationen schnell reagieren zu können.

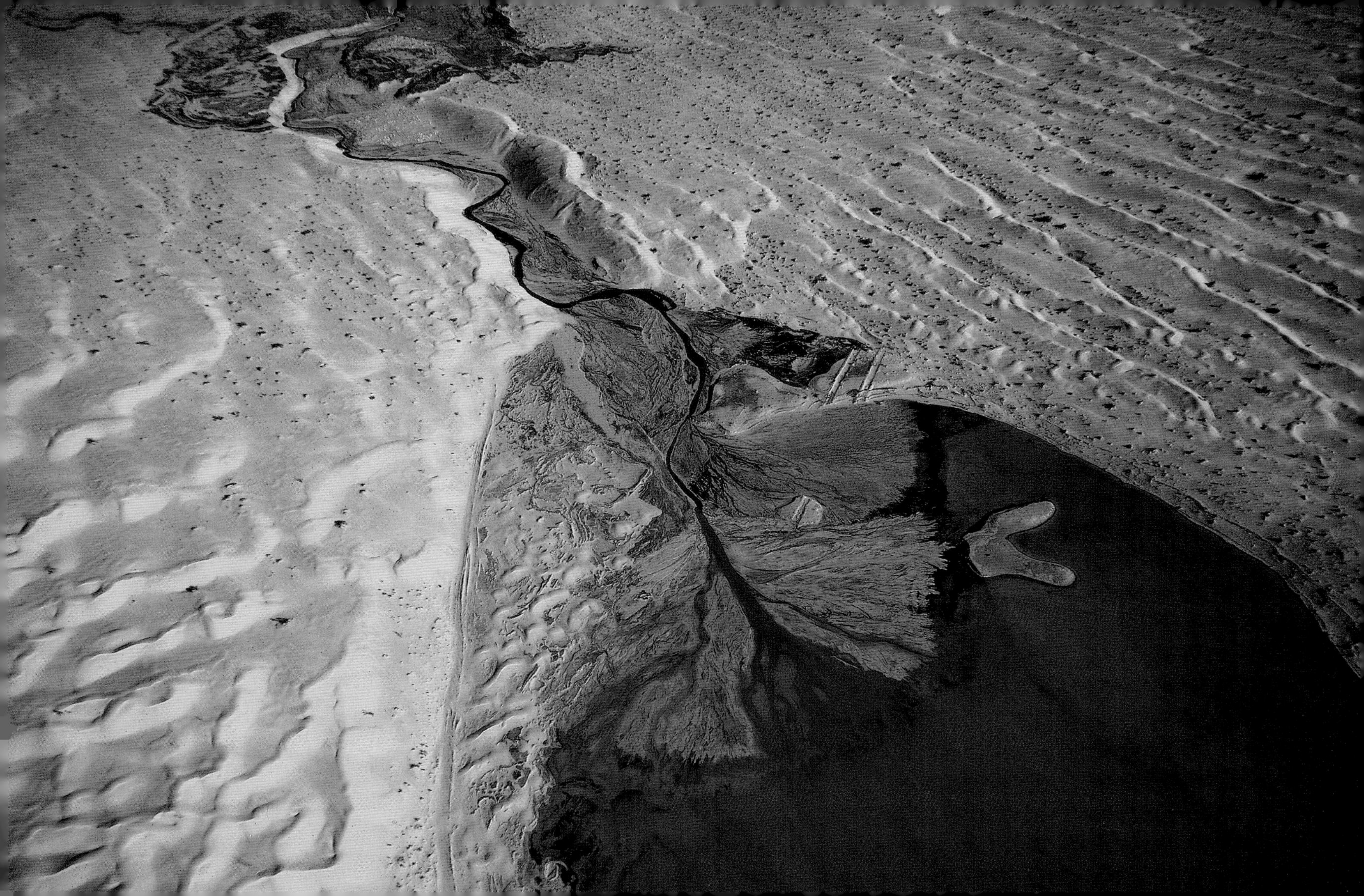

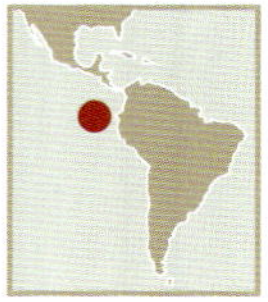

Vulkane auf dem Galápagos-Archipel, Ecuador

(0° 20′ südlicher Breite – 90° 35′ westlicher Länge)

Die 19 Vulkaninseln des Galápagos-Archipels hoben sich vor drei bis fünf Millionen Jahren aus den Fluten des Pazifiks. Auch wenn sie äußerlich einer Mondlandschaft gleichen, sind sie doch voller Leben: Auf den Galápagos-Inseln findet man die größten Seeleguan-Kolonien der Welt. Und nicht zu vergessen die Riesenschildkröten, die dem Archipel seinen Namen gegeben haben. Darwin entwickelte dort seine Evolutionstheorie. Seit 1959 stehen die Inseln unter Naturschutz. 1978 wurden sie in die UNESCO-Liste des Weltnaturerbes aufgenommen. Trotzdem sind das Bevölkerungswachstum und der – seit 1998 streng reglementierte – Tourismus für dieses natürliche Evolutionslabor eine Bedrohung. Glücklicherweise blieb der Archipel von den 600 Tonnen Öl des im Januar 2001 gesunkenen Tankers Jessica verschont. Andere Küstengebiete hatten weniger Glück.

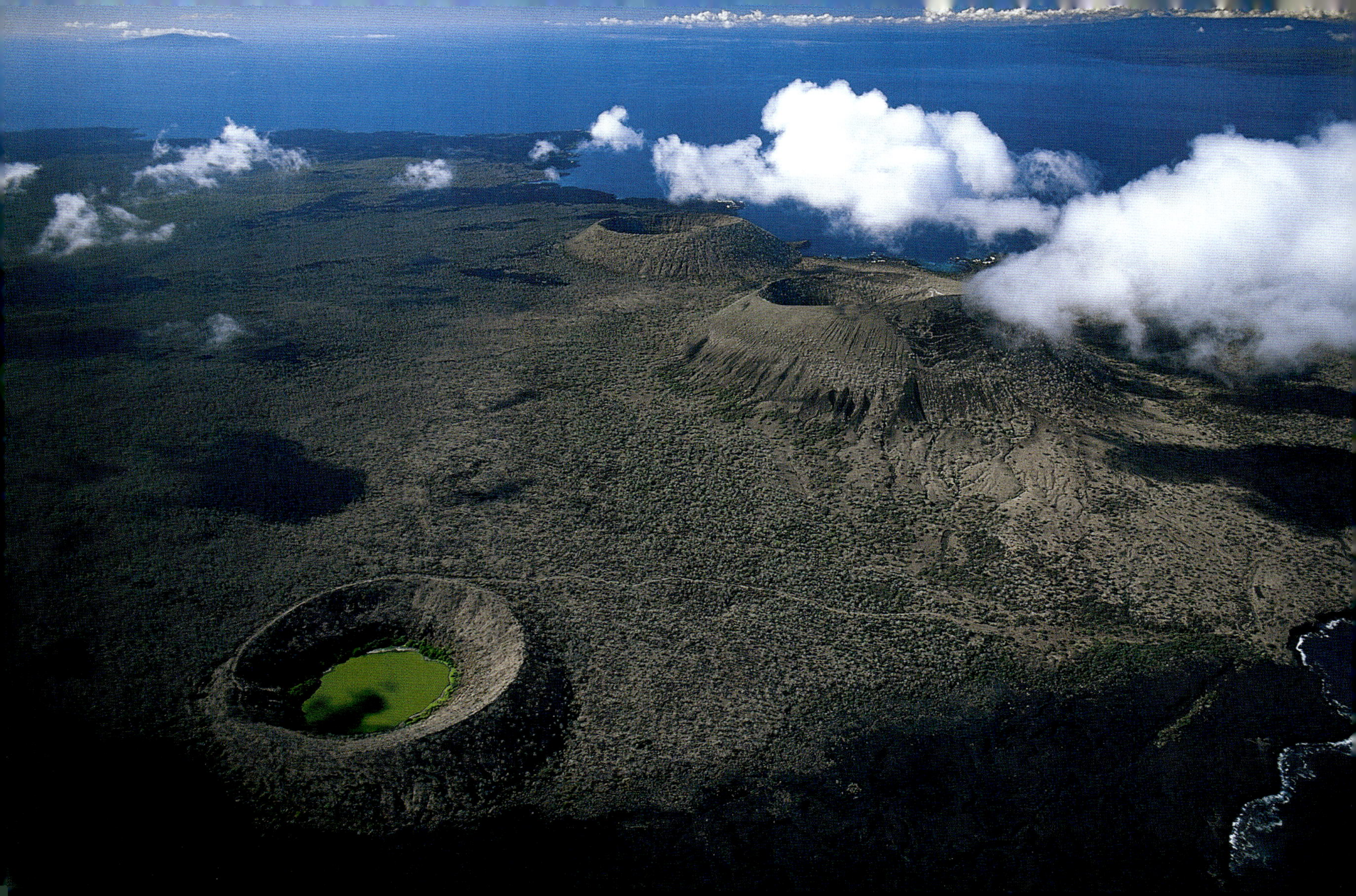

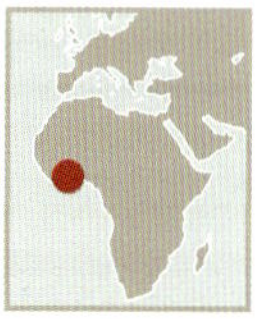

Waldwirtschaft nordöstlich von Yamoussoukro, Elfenbeinküste

(06° 50′ nördlicher Breite – 5° 15′ westlicher Länge)

Der Wald zählte lange Zeit zu den einträglichsten Naturschätzen der Elfenbeinküste. Das viel gepriesene »Wirtschaftswunder der Elfenbeinküste« war in erster Linie das Ergebnis einer intensiven Waldwirtschaft. 1960 verfügte das Land noch über einen Waldbestand von zwölf Millionen Hektar, 1994 waren es nur noch zwei Millionen. Als Reaktion begann die Regierung mit einem Wiederaufforstungsprogramm. Außerdem startete man für die Bevölkerung Aufklärungskampagnen: Man empfahl andere Brennstoffe und riet von Brandrodungen dringend ab. Seit 1995 ist der Holzexport verboten. Man konzentriert sich auf die Holzverarbeitung, die heute 80 Prozent des Umsatzes in diesem Sektor ausmacht. Trotzdem leidet die Holzindustrie an den hohen Produktionskosten und den teuren Ersatzteilen für die Maschinen, die alle importiert sind. Lediglich 20 Prozent der Betriebe schreiben schwarze Zahlen.

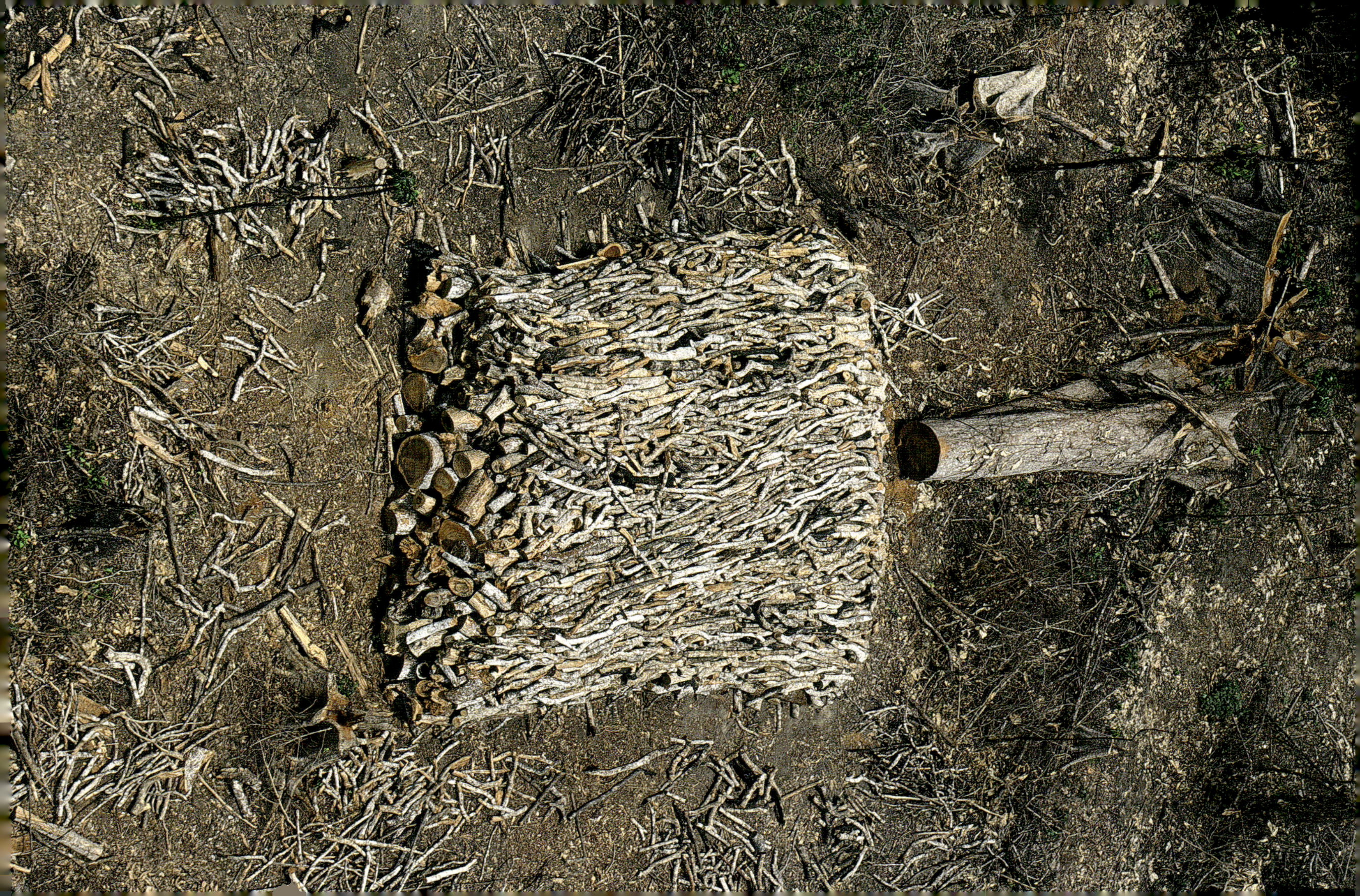

Globale Transportprobleme

In den heutigen Gesellschaften spielen Transport und Verkehr eine entscheidende Rolle. Eine fehlende Infrastruktur behindert in Afrika, Bangladesch und Teilen Indiens die wirtschaftliche Entwicklung, und Frauen müssen Wasser, Brennstoffe und Feldfrüchte über hunderte von Kilometern transportieren. In anderen Teilen der Welt hat intensiver Verkehr den Kollaps der Innenstädte, Umweltverschmutzung und Atemwegserkrankungen der Kinder zur Folge. In Kalifornien, im Südosten Großbritanniens und im Einzugsbereich der deutschen Großstädte bringt das hohe Verkehrsaufkommen Milliardenverluste für die Wirtschaft und erhebliche Beeinträchtigungen des täglichen Lebens mit sich. Verkehrsunfälle mit täglich über 3000 Toten belasten das Gesundheitswesen und führen dazu, dass in den Entwicklungsländern Fußgänger, Radfahrer und Busbenutzer ständig mit einem hohen Risiko leben müssen. Diese Probleme verschärfen sich immer mehr, je mobiler die Weltbevölkerung wird und je mehr in den Ausbau von Straßen, Schienenwegen und Flughäfen investiert wird. Die Investitionen zehren einen hohen Anteil des Steueraufkommens auf, und dies in einer Zeit, in der die Kosten für Gesundheit, Renten und soziale Infrastruktur in allen Teilen der Welt explodieren und jeder Steuer-Euro so kostbar ist wie nie zuvor.

Das wachsende Verkehrsaufkommen ist ein wesentlicher Faktor für den steigenden Ausstoß von Treibhausgasen und die drohende Klimaveränderung. Die Zunahme des Verkehrs scheint gegen alle Diskussionen über nachhaltige Entwicklung und die Förderung umweltfreundlicher Transportarten, insbesondere Gehen und Rad fahren, immun zu sein. Die meisten Menschen halten es für unvermeidlich, dass sie Jahr für Jahr für die alltäglichsten Aktivitäten, wie den Weg zur

Schule und zur Arbeit, immer weiter fahren müssen. Selbst wenn man das neueste schadstoffarme Auto fährt, wird dieser Vorteil durch die wachsende Kilometerzahl wieder zunichte gemacht und der Ausstoß an Treibhausgasen weiter erhöht. Je mehr wir reisen, und je weniger wir dabei umweltfreundliche Fortbewegungsmittel benutzen, desto mehr schädigen wir die globale Umwelt.

Auch der beschleunigte Ausbau des Straßennetzes schafft Umweltprobleme. Die neuen Autobahnen in den ehemals kommunistischen Ländern Osteuropas gefährden empfindliche Ökosysteme und verschmutzen Atmosphäre und Gewässer. Mit den neuen Straßen in Großbritannien, wie z. B. der Birmingham Northern Relief Road, fressen sich Beton und Teer immer weiter in eine einst geschützte offene Landschaft hinein. Diese Straßen fördern die Zunahme des Individualverkehrs. Sie verändern das Landschaftsbild und tragen zur Zersiedlung bei. Die Ausbreitung von Einkaufs- und Firmenzentren im Grünen und die weitläufigen Vorortanwesen in den USA, in Großbritannien und selbst im indischen Kalkutta sind eine Folge des Straßenbaus.

Die britische Regierung hat festgestellt, dass Investitionen in den Straßenbau vor allem den Wohlhabenden zugute kommen. Die Ausgaben hierfür sind sozial ungerecht. Reiche fliegen und fahren mehr als Arme, und die meisten öffentlichen Investitionen werden für diejenigen getätigt, die weiter und schneller reisen als andere. In Großbritannien unterstützt der Steuerzahler die Vielflieger jährlich mit etwa 14 Milliarden Euro, und die Folgen des Luftverkehrs für die Umwelt (u. a. Luftverschmutzung und Lärm) treffen die Armen härter als die Reichen.

Die Antwort der Politik auf die schwer wiegenden Verkehrs- und Transportprobleme besteht traditionell in Investitionen in die Infrastruktur: Mehr Straßen, mehr Flughäfen und mehr Hochgeschwindigkeitszüge. Selbst in den Entwicklungsländern, wo Steuergelder noch kostbarer sind, wird bevorzugt in solche Prestigevorhaben investiert. Die Bedürfnisse der armen Landbevölkerung und der Menschen in den Elendsvierteln von Bombay und anderen asiatischen Städten spielen keine Rolle.

Im kolumbianischen Bogotá wurde aber vor kurzem gezeigt, dass es auch anders geht. Der ehemalige Bürgermeister der Stadt hat eine Kehrtwendung in der Verkehrspolitik vollzogen und die verfügbaren Mittel zu Gunsten der Armen umgeschichtet, so dass sie denjenigen zugute kommen, die kurze Wege zur Arbeit und in die Schule in ihrer Nachbarschaft zurücklegen.

In Bogotá werden die Hauptverkehrsstraßen jeden Sonntag für sieben Stunden gesperrt, so dass man dort Rad fahren, Joggen und Bürgerfeste feiern kann. 120 Kilometer innerstädtischer Hauptverkehrsstraßen sind inzwischen für den Verkehr gesperrt. Über 300 Kilometer gesicherter Radwege wurden angelegt, und das Angebot wird sehr gut angenommen. Öffentliche Investitionen in Höhe von fünf Millionen US-Dollar in jeden Kilometer der Trans-Milenio-Busstrecken haben bewirkt, dass heute täglich über 540 000 Busfahrten unternommen werden.

Die Maßnahmen in Bogotá haben einen Meilenstein hinsichtlich einer umweltfreundlichen, nachhaltigen und sozial ausgewogenen Politik gesetzt. London hat mit der Einführung einer Staugebühr im Februar 2003 eine ähnliche Vorreiterrolle übernommen. Diese Gebühr beträgt fünf Pfund (sieben Euro) pro Tag und erbringt derzeit etwa 500 000 Pfund (700 000 Euro) täglich. Der größte Teil davon wird für das Busnetz und für Geh- und Radwege in der Stadt ausgegeben. Dies ist sozial gerechte Verkehrspolitik. Nur 20 Prozent der täglichen Fahrten nach London werden mit dem Auto unternommen, aber diese Minderheit von Fahrten stellt eine schwere Belastung für ärmere Londoner dar, die sich die teuren Häuser am Stadtrand nicht leisten können, um der Umweltverschmutzung zu entgehen. Die Staugebühr hat zum Wohle aller das Verkehrsaufkommen um etwa 20 Prozent gesenkt, und Radfahrer und Busbenutzer finden heute Bedingungen vor wie seit 70 Jahren nicht mehr.

Es ist möglich, in allen Städten der Welt und in den ärmsten ländlichen Gegenden die Lebens- und Arbeitsbedingungen zu verbessern. Wir haben nichts zu verlieren und viel zu gewinnen. Das einzige Hemmnis ist eine konservative Politik, die verzerrte Wahrnehmung von Politikern, die befürchten, dass sie ein umweltfreundliches und sozial gerechtes Engagement Stimmen kosten könnte. Es ist eine grundlose Befürchtung. Die Zeit ist reif für ein neues Paradigma in der Verkehrspolitik, das die Fußgänger und Busbenutzer belohnt und die Kraftfahrer und den Schwertransport die Kosten für die Umweltschäden tragen lässt, die sie der Gesellschaft als Ganzes aufbürden. Es gibt hoffnungsvolle Ansätze in diese Richtung, aber damit wirklich etwas geschieht, brauchen wir Menschen mit der Entschlusskraft und Weitsicht eines Enrique Peñalosa, des ehemaligen Bürgermeisters von Bogotá, oder eines Ken Livingstone, des Bürgermeisters von London. Eines ist klar: Wir haben alles verkehrstechnische Know-how, das wir brauchen, und wir kennen sowohl die Probleme als auch die Lösungen dafür. Wir können also eine nachhaltige, lebenswerte, sozial gerechte und kinderfreundliche Zukunft schaffen. Was uns fehlt, ist lediglich der politische Wille.

John Whitelegg

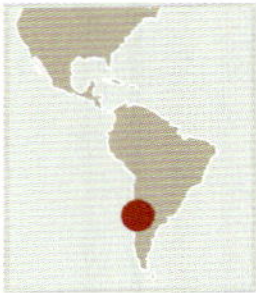

Sägemehlverladung nördlich von Calbuco, Chile

(41° 45′ südlicher Breite – 73° 10′ westlicher Länge)

Das Laufband befördert das Sägemehl direkt aufs Schiff. Von dort geht es in die Zellulose- und Papierproduktion oder in Fabriken, die sich auf Sperrholzmöbel spezialisiert haben. Das Sägemehl ist in erster Linie für den Export bestimmt, es stammt aus den chilenischen Regenwäldern, aber auch aus speziellen Baumpflanzungen. Denn seit den 1970er Jahren wurden die durch Abholzung geschädigten Waldgebiete verstärkt wieder aufgeforstet. Diese Pflanzungen decken zwar zu 85 Prozent den Holzbedarf der chilenischen Industrie, ein Ersatz für die abgeholzten Wälder sind sie jedoch nicht. Sie bestehen nämlich fast ausschließlich aus exotischen Baumarten, beispielsweise Eukalyptus (zwölf Prozent) oder Kiefer (80 Prozent). Deshalb regenerieren sie nicht das für die Pflanzenwelt notwendige ursprüngliche Ökosystem. Auch die 20 000 Hektar Wald, die Chile jedes Jahr verliert, können sie nicht ersetzen. Jahr für Jahr werden weltweit neun Millionen Hektar Wald verheizt oder zu Sägemehl und Möbeln verarbeitet. Anders ausgedrückt: Auf jeden Erdbewohner kommen augenblicklich 6000 Quadratkilometer Wald. Laut FAO verringerte sich diese Fläche im Jahr 2002 um zwölf Quadratkilometer.

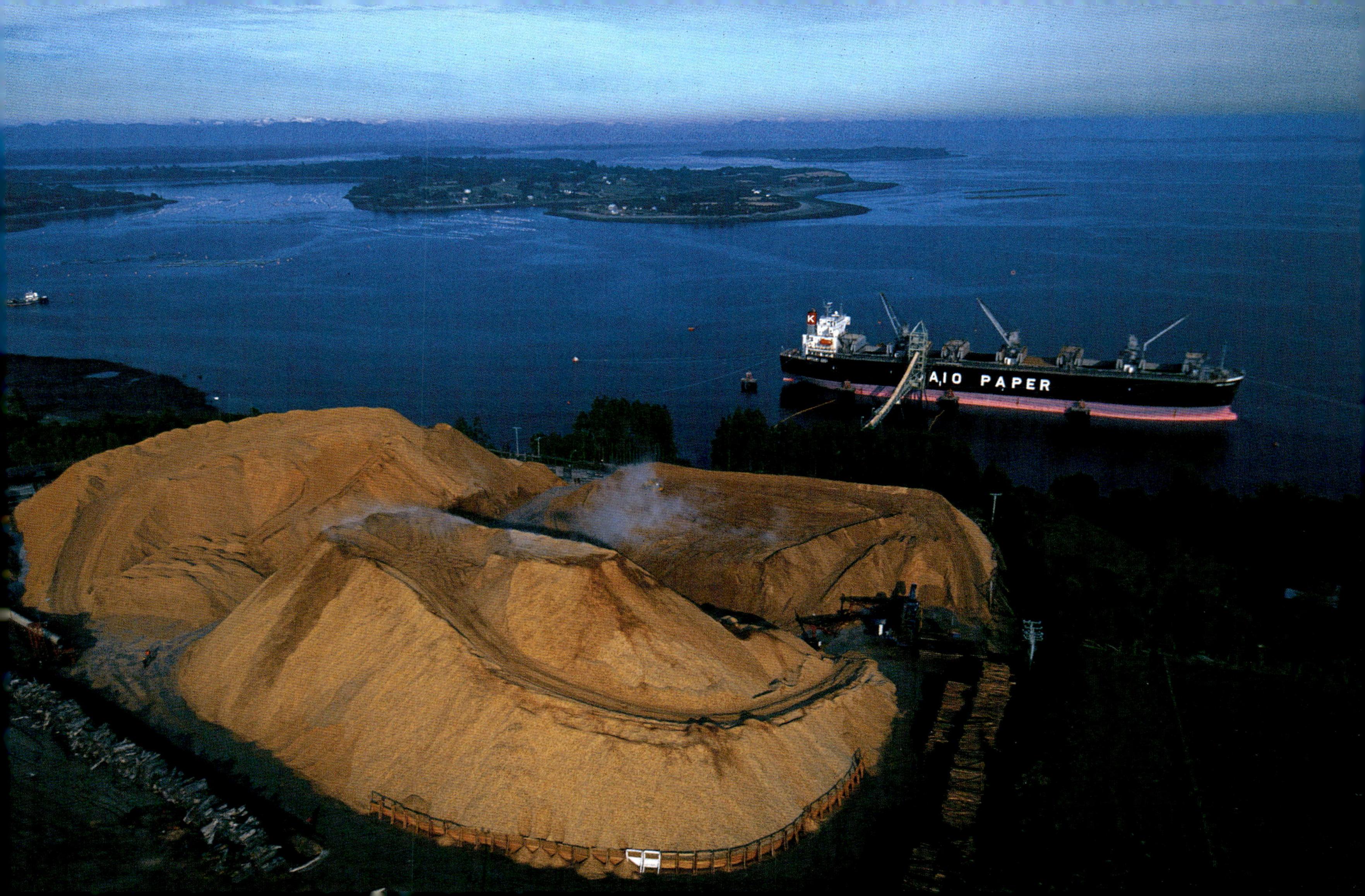
AIO PAPER

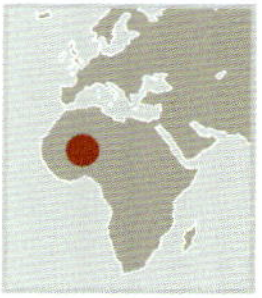

Gemüseanbau bei Timbuktu, Mali

(16° 46′ nördlicher Breite – 3° 00′ westlicher Länge)

In der trockenen Region von Timbuktu im Zentrum von Mali sind die Bedingungen für den Gemüseanbau schwierig. Der sandige Boden ist nicht sonderlich fruchtbar und die klimatischen Verhältnisse sind extrem: Die Tagestemperaturen können bis auf 50 Grad Celsius steigen und die jährliche Niederschlagsmenge liegt selten über 150 Millimetern. Für die Wasserversorgung muss das Grundwasser herhalten. Gefördert wird es über herkömmliche Brunnenschächte, die mit gemauerten Steinen oder mit Beton Kelle für Kelle gefestigt werden. Solche Brunnenanlagen halten selten länger als 20 Jahre. Die »Sandgärten« bestehen aus Beeten, die einen Meter breit sind, und in denen hauptsächlich für den lokalen Bedarf Gemüse (Erbsen, Bohnen, Linsen, Kohl, Salat, Erdnüsse) angepflanzt wird. Der zunehmende Gemüseanbau in Mali ist eine Folge der starken Trockenheit, unter der das Land in den Jahren 1973 bis 1975 und 1983 bis 1985 ganz besonders litt. Im Norden des Landes gingen dabei große Teile des Viehbestands ein. Dies zwang manchen Nomaden zur Sesshaftigkeit und zum Ackerbau.

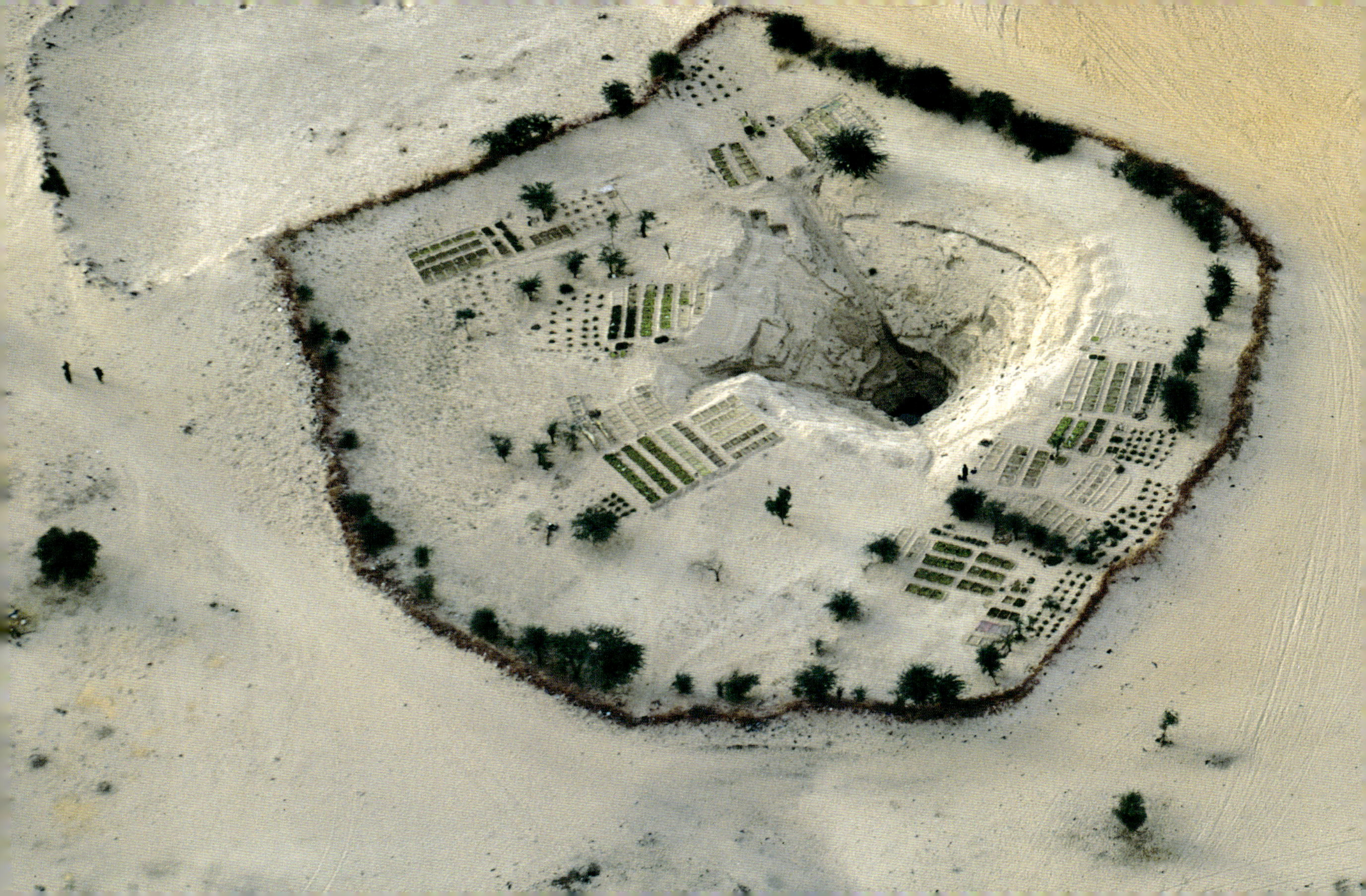

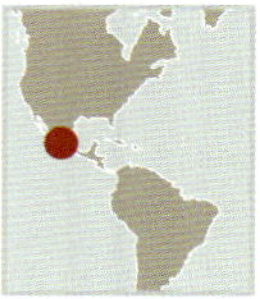

Mexcaltitán, Nayarit, Mexiko

(21° 54′ nördlicher Breite – 105° 28′ westlicher Länge)

Das Dorf Mexcaltitán im mexikanischen Bundesstaat Nayarit liegt auf einer 400 Meter langen, der Pazifikküste vorgelagerten Sandbank, inmitten einer sumpfigen Lagunenlandschaft. Am Ende der Regenzeit im September sind die Sträßchen des Dorfes vom Wasser der Lagune überflutet, und die Bewohner müssen auf das Kanu als Fortbewegungsmittel umsteigen. Mancher Historiker hält das »mexikanische Venedig« für die mythische Insel Aztlán, von der die Azteken stammen sollen. Mexcaltitán ist sowohl eine Land- als auch eine Wassersiedlung, umgeben von reichen Naturschätzen: Ein Netz von Wasserarmen mit über 300 verschiedenen Fischsorten zieht sich durch die tropische Küstenlandschaft. Der Artenreichtum dieser Region ist nahezu einmalig auf unserem Planeten: In Mexiko mit seinem Anteil von 1,4 Prozent an der gesamten Landmasse der Erde sind knapp 500 Säugetierarten und zehn Prozent aller bekannten Pflanzen- und Tiergattungen zu Hause. Diese Zahlen werden von keinem anderen Land übertroffen.

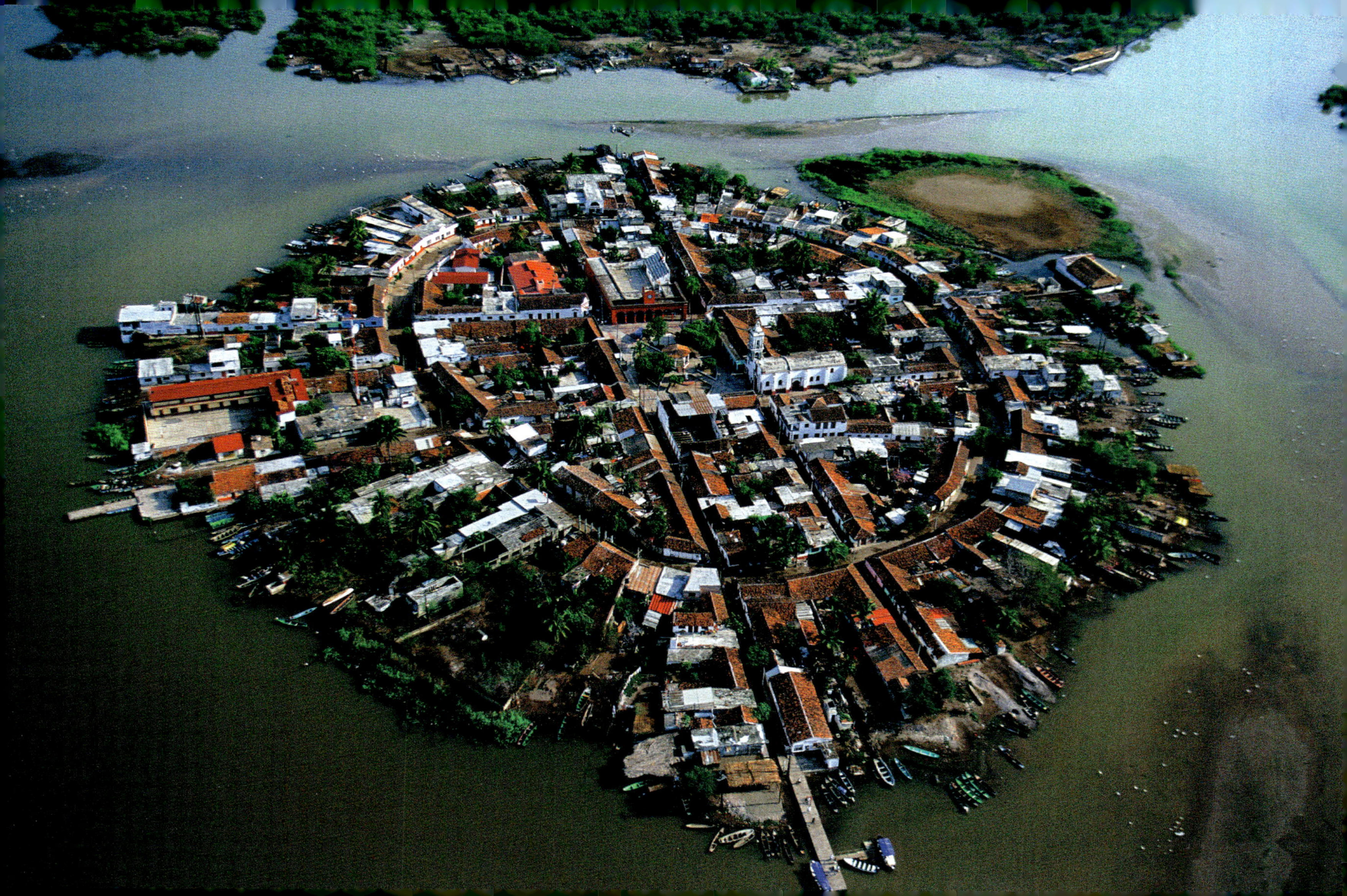

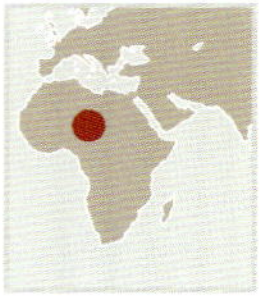

Abfall der Uranminen von Arlit, Aïr-Massiv, Niger

(19° 00′ südlicher Breite – 7° 38′ östlicher Länge)

Das Aïr-Massiv, der höchste Bergrücken der Republik Niger, ist das Stammland der zu den Tuaregs gehörenden Kel-Aïr-Nomaden, die einst die ganze West-Sahara beherrschten. 1965 entdeckte man in dieser Trockenzone Uranerz, und so kamen in der Hoffnung auf Arbeit ganze Völkerscharen aus dem gesamten westafrikanischen Raum nach Arlit. Seitdem werden dort jährlich rund 3000 Tonnen Uran gefördert, das sind acht Prozent der weltweiten Uranproduktion. Die Republik Niger ist nach Kanada und Australien der drittgrößte Lieferant für den internationalen Uranmarkt. Von 2000 auf 2001 gingen die Exporteinnahmen des Landes jedoch um 16 Prozent zurück, eine Folge des Preisverfalls auf dem europäischen Nuklearmarkt. Trotz der reichen Bodenschätze, ohne die manches westliche Industrieland seinen hohen Energiebedarf nicht decken könnte, ist die Republik Niger das zweitärmste Land der Welt.

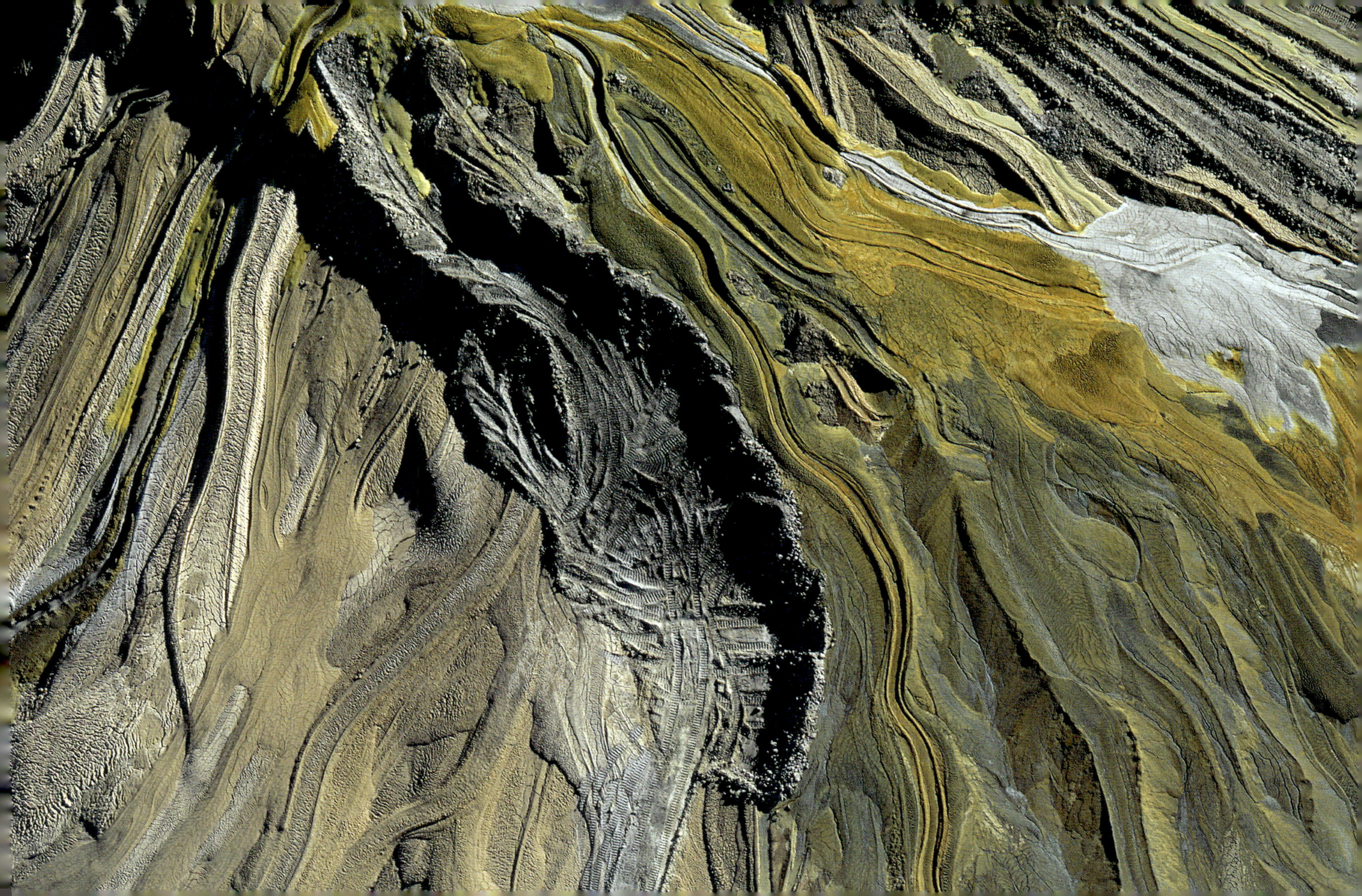

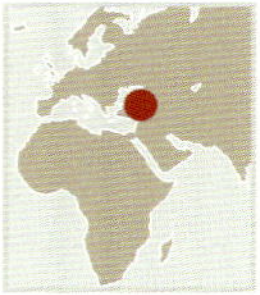

Schneefelder im Libanongebirge, Libanon

(34° 09′ nördlicher Breite – 35° 59′ östlicher Länge)

Die Schneefelder am Westhang der bis auf 3088 Meter ansteigenden libanesischen Gebirgskette schmelzen langsam in der Frühlingssonne. In den erosionsbedingten Furchen der sandigen Steilhänge hält sich der Schnee. Übertriebene Weidewirtschaft und rücksichtsloses Abholzen (1300 Hektar pro Jahr) schufen eine kahle Berglandschaft. Von der Erosion sind 65 Prozent des Landes betroffen. Dem zukunftsträchtigen Wintersport verdankt die libanesische Tourismusbranche ein Jahreswachstum von zehn Prozent (742 000 Besucher im Jahr 2000). Vor dem Krieg wurden 20 Prozent des Bruttoinlandsproduktes durch den Fremdenverkehr erwirtschaftet (1,5 Millionen Touristen im Jahr 1974). In der Sommersaison 2002 kamen hauptsächlich Besucher aus den arabischen Ländern. Denn seit dem 11. September 2001 fühlen sich diese Touristen im Libanon, wo sich die arabische und die westliche Kultur mischen, wohler als in den westlichen Ländern.

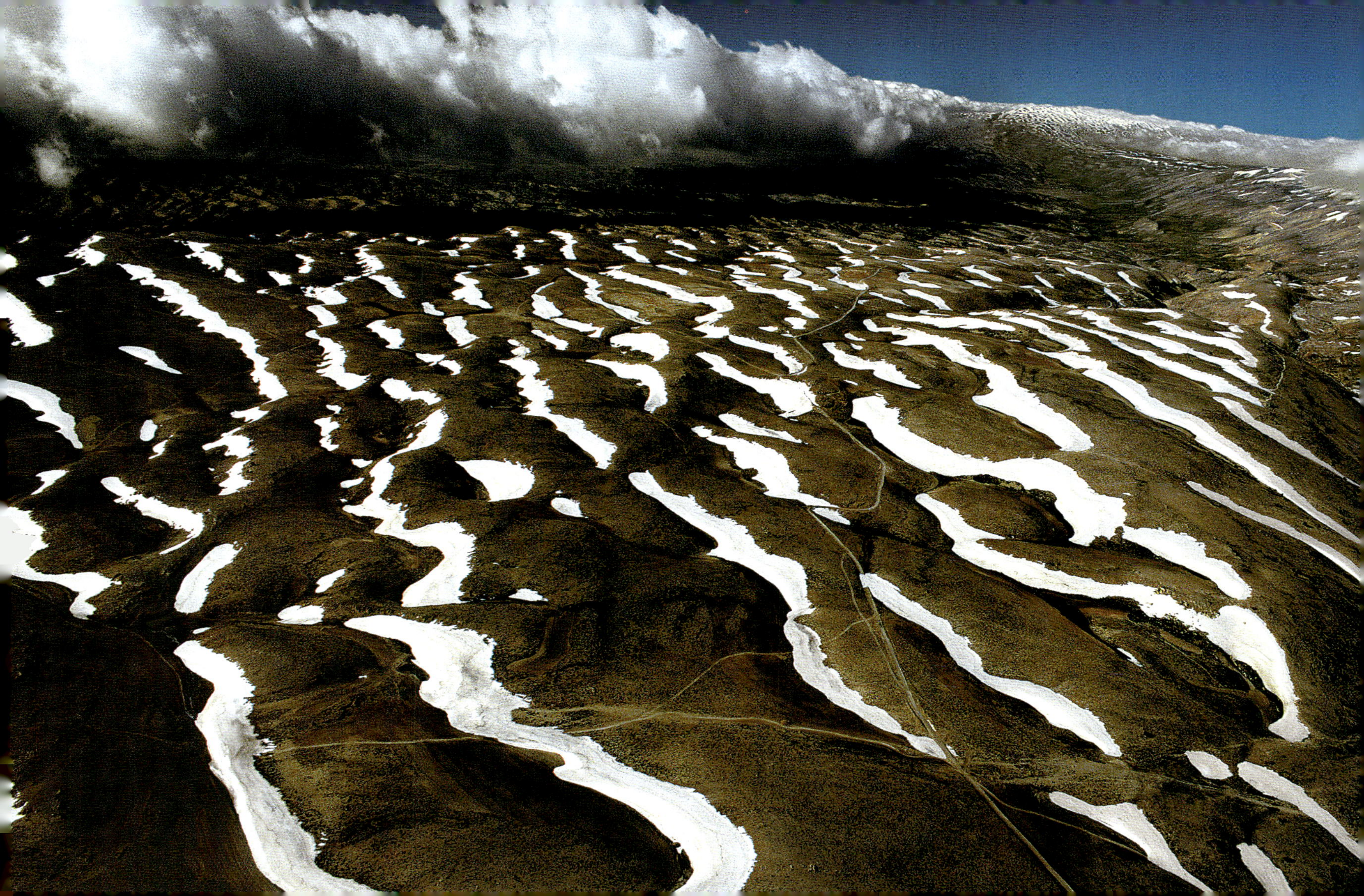

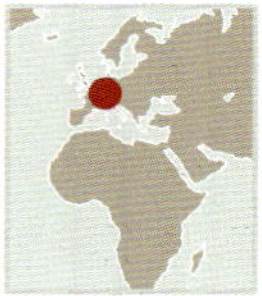

Der Reichstag mit Kuppel, Berlin, Deutschland

(52° 31′ nördlicher Breite – 13° 25′ östlicher Länge)

Das neue Berlin nimmt Gestalt an. Die Jahre seit der deutschen Wiedervereinigung waren vom Wiederaufbau bestimmt, der die deutsche Hauptstadt verändert hat: Aus dem einstigen Symbol der deutschen Teilung ist ein Ort der Begegnung zwischen Ost und West geworden. In Berlin mischt sich der moderne Städtebau mit historischen Bauformen. Die Architekturen des 19. und 20. Jahrhunderts vereinen sich mit Glas und Stahl. Der nach Plänen von Paul Wallot zwischen 1884 und 1894 erbaute Reichstag ist heute Sitz des Deutschen Bundestags. Beim Reichstagsbrand 1933 war die imposante Kuppel zerstört worden. Doch der talentierte britische Architekt Sir Norman Foster hat das Gebäude zwischen 1995 und 1999 renoviert und gab ihm seine ursprüngliche Form zurück. Im gläsernen Nachbau der Kuppel windet sich eine Rampe spiralenförmig nach oben und führt zum 47 Meter hohen Scheitelpunkt. Der Panoramablick über die Stadt zog bereits am Eröffnungstag 24 000 Besucher an.

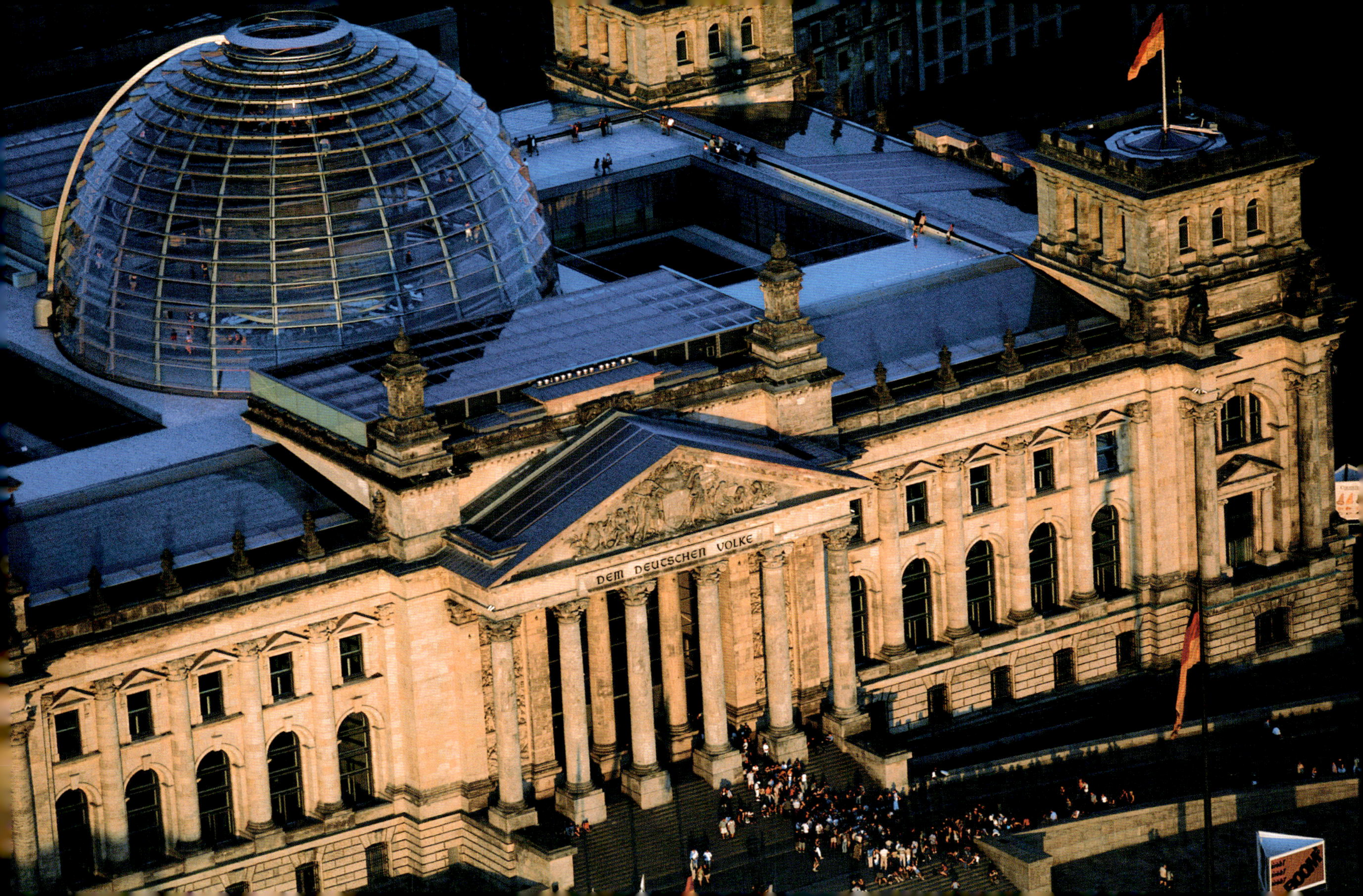
DEM DEUTSCHEN VOLKE

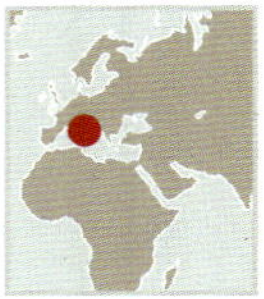

Toskanische Landschaft bei Siena, Italien

(43° 19′ nördlicher Breite – 11° 19′ östlicher Länge)

Die Toskana zählt zu den schönsten Regionen der italienischen Halbinsel. Es ist eine Hügellandschaft voller Weinberge, Olivenbäume, Roggen- und Maisfelder und mittelalterlicher Dörfer. Sie lieferte den Städten der Region mit ihrer ockergelb-rötlichen Erde den für die ganze Toskana typischen Farbton. Die Toskaner wissen sehr wohl, dass vor allem die harmonischen Formen den Charme ihrer Landschaft ausmachen. Sie kennen auch die Gefahren der Immobilienspekulation, des Massentourismus (37 Millionen Besucher im Jahr) und der Industrialisierung. Deshalb beschritten sie einen für Europa neuen Weg und entwickelten zur Wahrung und Nutzung ihres Natur- und Kulturerbes den »Agrotourismus«: Seitdem bemühen sich viele lokale Betriebe vor allem der Leder-, Marmor-, Textil- und Möbelbranche um das für eine besonders ökologische und soziale Unternehmensführung verliehene »SA 8000«-Prädikat. Eine durchaus sinnvolle Form der Wirtschaftsförderung.

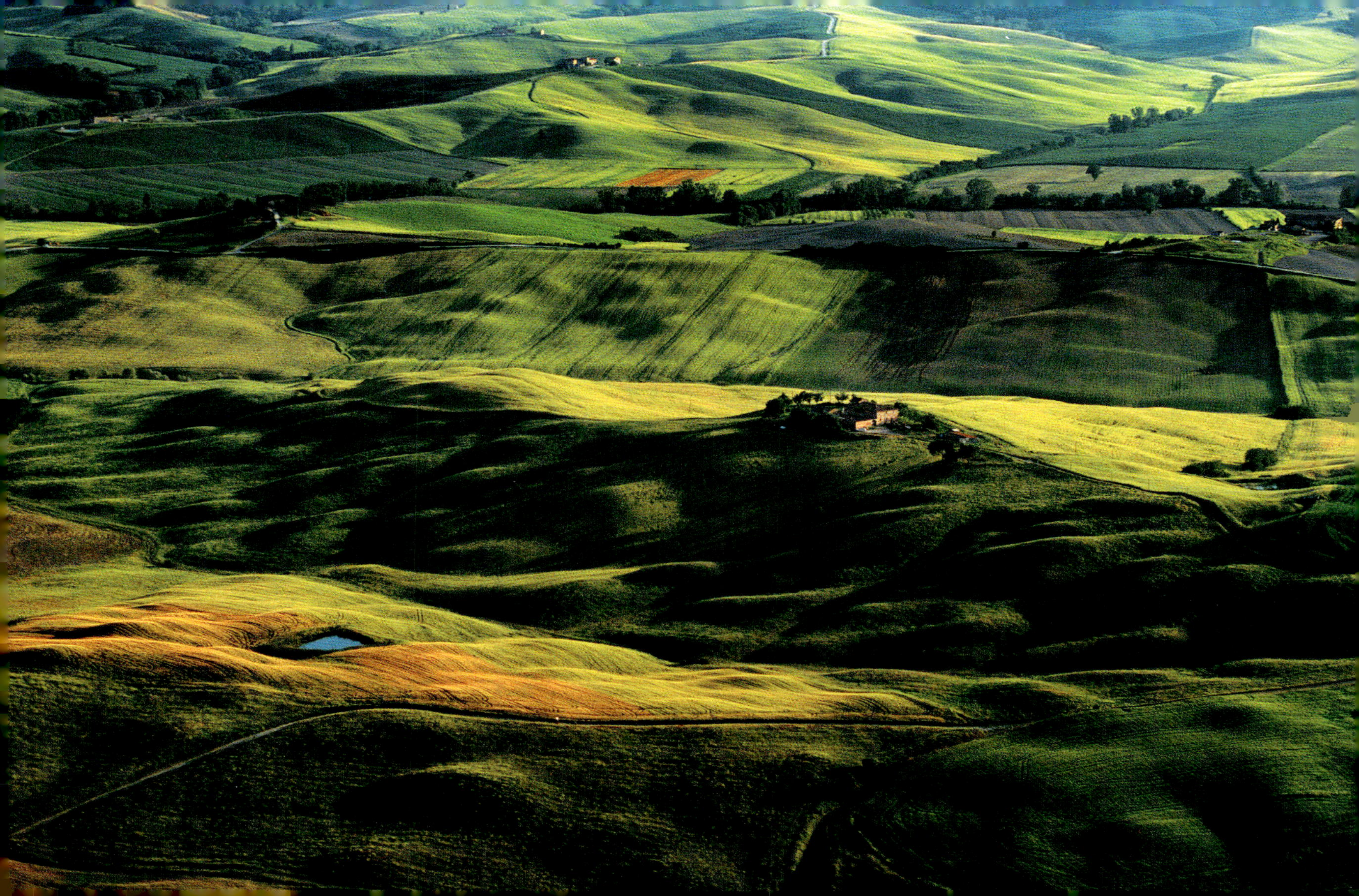

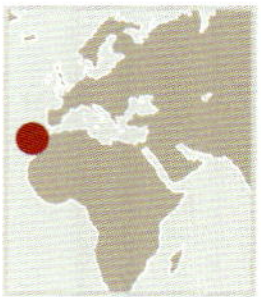

Der Montaña de Taco bei Buenavista del Norte auf Teneriffa, Kanarische Inseln, Spanien (28° 21′ nördlicher Breite – 16° 48′ westlicher Länge)

Der 322 Meter hohe Vulkankrater des Montaña de Taco beherrscht die bäuerlich geprägte Region von Buenavista. In ihm wird das Wasser für die künstliche Bewässerung der Bananenkulturen im Nordwesten Teneriffas gespeichert. Der fruchtbare Vulkanboden und das subtropische Klima sind ideale Voraussetzungen für den Bananenanbau. Bananen machen ein Drittel der kanarischen Agrarproduktion aus. Die Inseln leiden jedoch schwer unter dem Wassermangel. Die Niederschlagsmengen sind gering, und Flüsse gibt es nicht. Auf zwei von sieben Inseln besteht das Trinkwasser fast ausschließlich aus entsalztem Meerwasser. 20 Prozent der Insulaner kämpfen bereits jetzt mit einer unzureichenden Trinkwasserversorgung. Doch der Wasserbedarf wird in Anbetracht des steigenden Touristenstroms noch zunehmen.

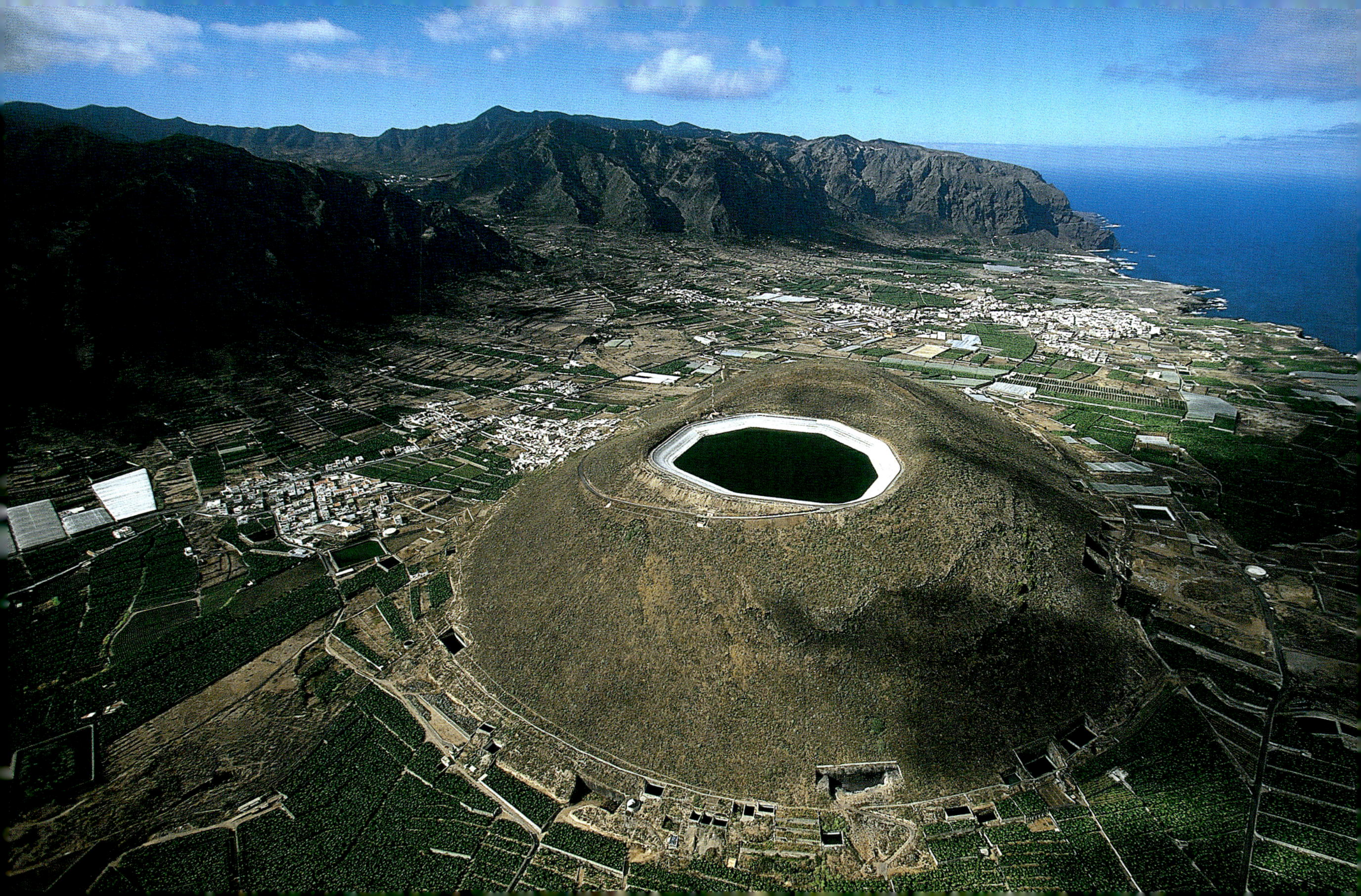

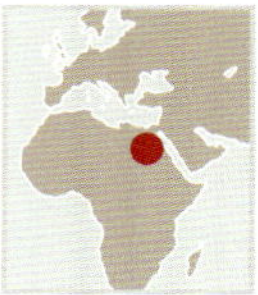

Moderner Friedhof in Assiut, Niltal, Ägypten

(27° 11′ nördlicher Breite – 31° 11′ östlicher Länge)

Der Glaube an das ewige Leben kommt in Ägypten seit jeher in der Grabarchitektur zum Ausdruck. Jedes Grab erfüllt zwei Funktionen: Zum einen beweist es die Existenz des Toten, zum anderen dient es als Schutz für die sterbliche Hülle und die Gebrauchsgegenstände, die dem Toten das Dasein im Jenseits erleichtern sollen. Die Friedhöfe liegen in unmittelbarer Nachbarschaft zu den Städten, die Welt der Toten existiert neben der Welt der Lebenden. Eine ägyptische Totenstadt kann sich über mehrere Kilometer hinziehen und bietet wie eine richtige Stadt ganz unterschiedliche Architekturstile und Plätze. Mit der Zeit mischte sich die Welt der Lebenden immer stärker mit der Welt der Toten: In Anbetracht einer chaotischen Mietpolitik und fehlender Sozialwohnungen hat sich mancher auf den Friedhöfen häuslich eingerichtet. Viele von den heutigen Friedhofsbewohnern waren ohne Entschädigung auf die Straße gesetzt worden. In der Totenstadt der 14-Millionen-Metropole Kairo wohnen schätzungsweise zwischen 500 000 und 1 000 000 Mittellose, mindestens 20 000 von ihnen schlafen in den Gräbern.

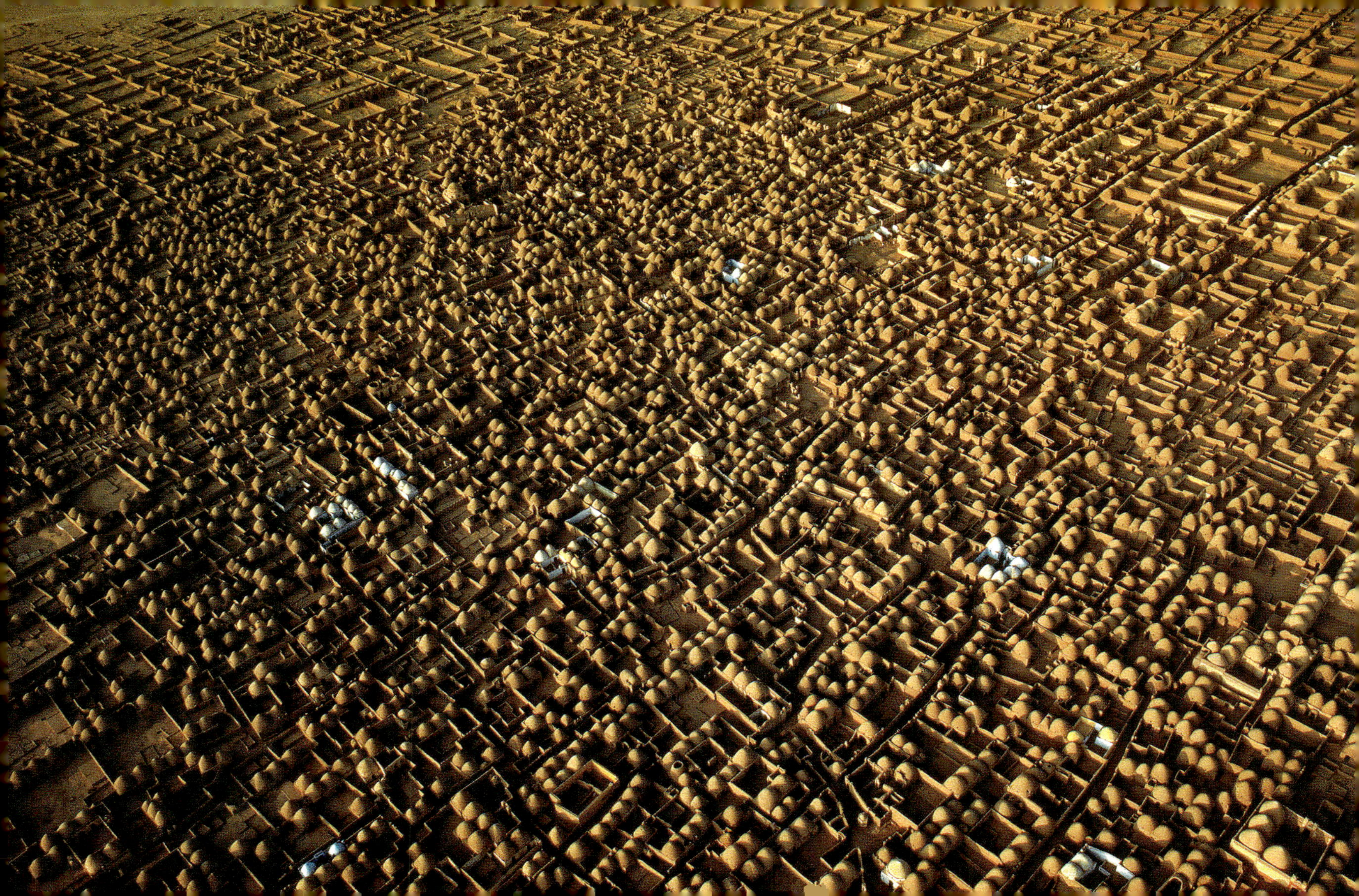

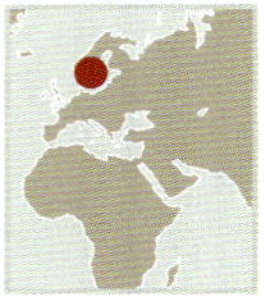

Gamla Stan, Stockholm, Schweden

(59° 20′ nördlicher Breite – 18° 03′ östlicher Länge)

In Stockholm trifft das Süßwasser des Mälarsees auf das Salzwasser der Ostsee. Für die schwedische Schriftstellerin Selma Lagerlöf war die Hauptstadt Schwedens »die Stadt auf dem Wasser«. Sie verteilt sich auf 14 Inseln, die über 40 Brücken und zahlreiche Fähren miteinander verbunden sind. Sie gehören zum großen Skärgården-Archipel, der sich aus 24 000 Ostseeinseln zusammensetzt. Die Aufnahme zeigt Stockholm während der Feierlichkeiten zum 750. Jubiläum der Stadtgründung. Aus diesem Anlass versammelten sich im Frühjahr 2002 tausende der 750 000 Einwohner in den gepflasterten Gassen der *gamla stan*, der »alten Stadt«. Im mittelalterlichen Stadtzentrum liegt auch das königliche Schloss, *kungliga slottet*, ein imposanter Rechteckbau, der auf dem Foto deutlich zu sehen ist. Die erste UNO-Konferenz zum Schutz der Umwelt fand 1972 in Stockholm statt. Doch der Mensch hält immer noch an zahlreichen kurzsichtigen Verhaltensweisen fest, die der Umwelt schaden und somit »das Wohlbefinden der Menschheit und die weltwirtschaftliche Entwicklung entscheidend beeinträchtigen«.

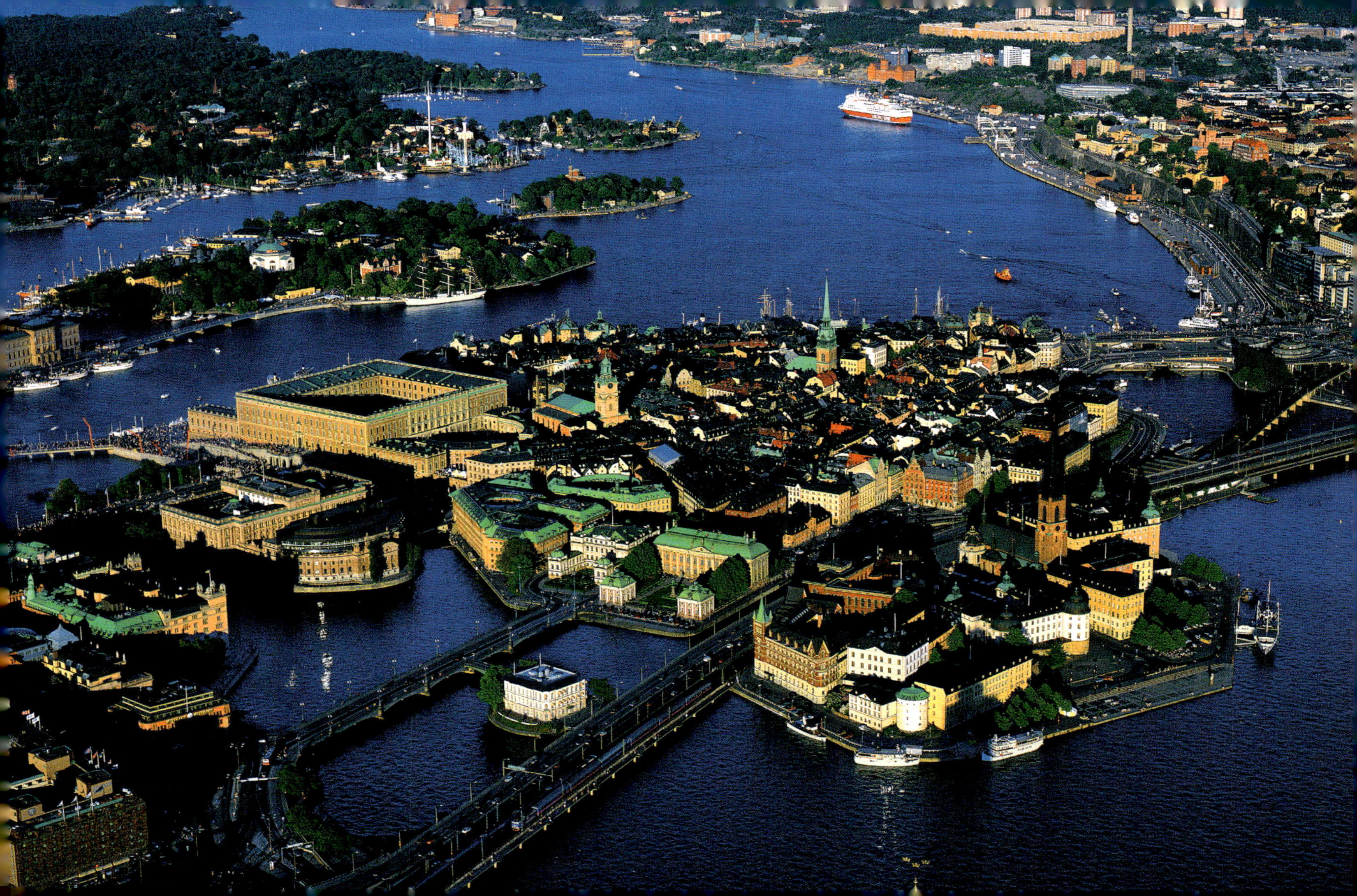

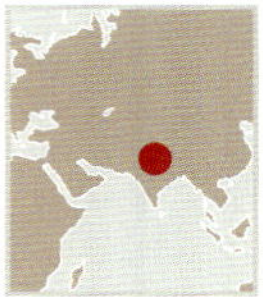

Reisfelder westlich von Katmandu, Nepal

(27° 45′ nördlicher Breite – 88° 15′ östlicher Länge)

Das subtropische Klima, der starke Monsunregen und das fruchtbare Schwemmland schaffen in Nepal günstige Voraussetzungen für den Reisanbau. Kein Wunder also, dass der Reis das wichtigste nepalesische Agrarprodukt ist. Es fehlt jedoch an Investoren. Außerdem deckt die Landwirtschaft auf Grund der starken Parzellierung der Felder ausschließlich den Lebensunterhalt, zumal die nepalesische Wirtschaft nach wie vor auf dem Tauschhandel beruht. Nepal zählt zu den ärmsten und am wenigsten entwickelten Ländern der Welt: 42 Prozent der Bevölkerung leben unterhalb der Armutsgrenze. Die durchschnittliche Lebenserwartung liegt bei 59 Jahren. Zum Vergleich: In der Schweiz liegt sie bei 79 Jahren. Unter der Armut leiden die Kinder ganz besonders: 82 von 1000 Kindern sterben vor der Vollendung des ersten Lebensjahres. Obwohl die nepalesische Verfassung für die Arbeit in der Industrie ein Mindestalter von 16 Jahren und für die Arbeit in der Landwirtschaft ein Mindestalter von 14 Jahren vorschreibt, stehen 40 Prozent der 6,2 Millionen nepalesischen Kinder zwischen fünf und 14 Jahren voll im Erwerbsleben. Die übrigen 60 Prozent versuchen, die Arbeit mit der Schule zu verbinden.

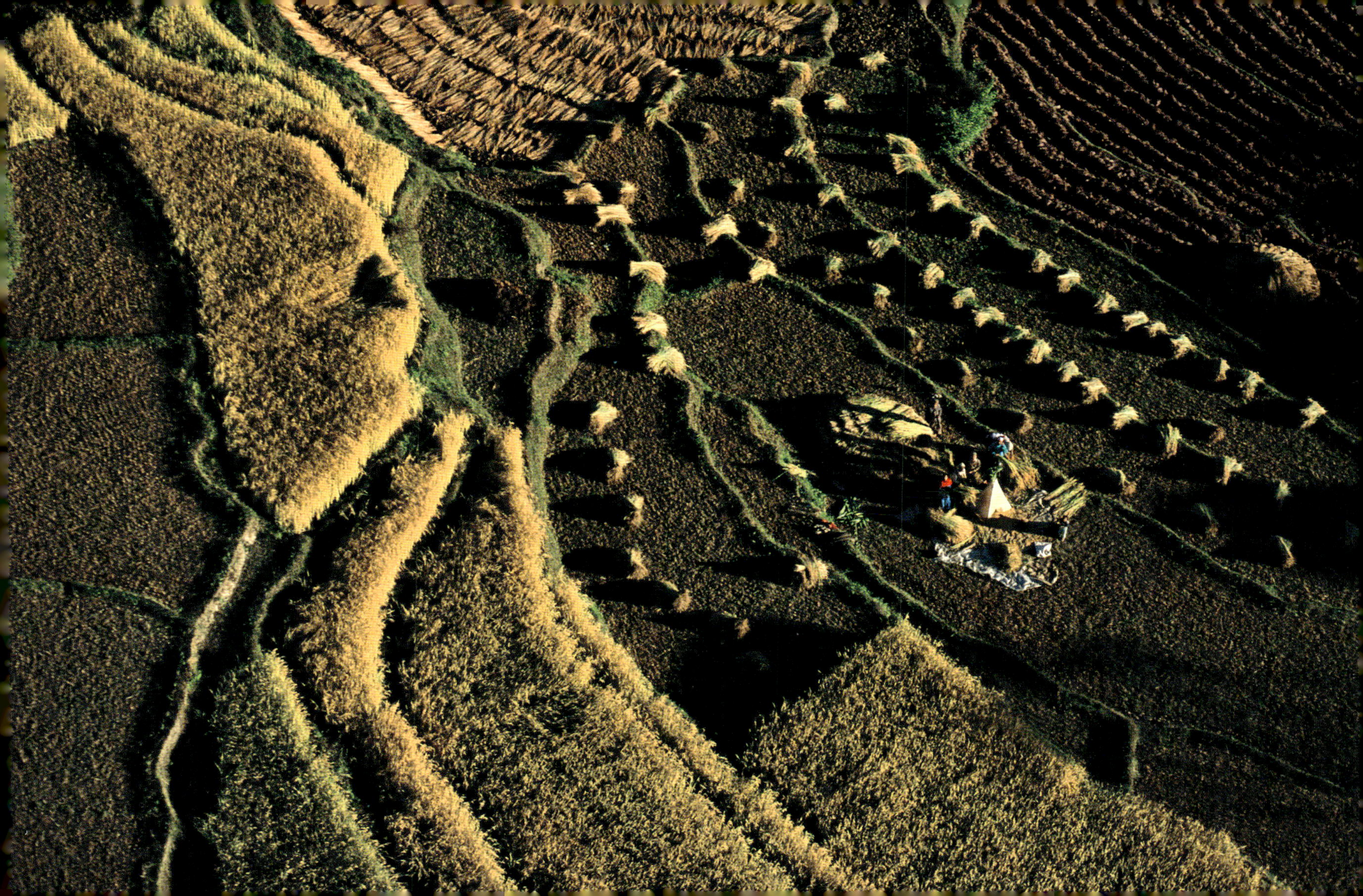

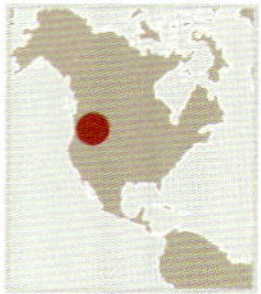

Überlandleitungen in der Nähe von Idaho Falls, Idaho, USA

(43° 28′ nördlicher Breite – 112° 02′ westlicher Länge)

Die amerikanische Bevölkerung lebt vor allem in den Ballungsräumen an der Atlantik- und Pazifikküste. Riesige Gebiete des Hinterlandes sind fast menschenleer. Die weiten Ebenen und felsigen Gebirge dienen der Energiegewinnung und der Nahrungsproduktion. In Idaho, nördlich der Rocky Mountains, wurde der Snake River (dt. Schlangenfluss) für die Stromversorgung an mehreren Stellen aufgestaut. Die Rückhaltebecken ermöglichen außerdem die Bewässerung des fruchtbaren Agrarlandes. Großunternehmen und Genossenschaften betreiben die Landwirtschaft und den Bau der Stauwehre im großen Stil und mit hoch entwickelten Maschinen. So paradox es auch klingen mag: Die Betriebe erinnern an die ehemaligen sowjetischen Kolchosen. Die hohen Erträge und der geringe Einsatz menschlicher Arbeitskraft sichern den USA die Wettbewerbsfähigkeit und den Status des weltweit größten Getreideexporteurs.

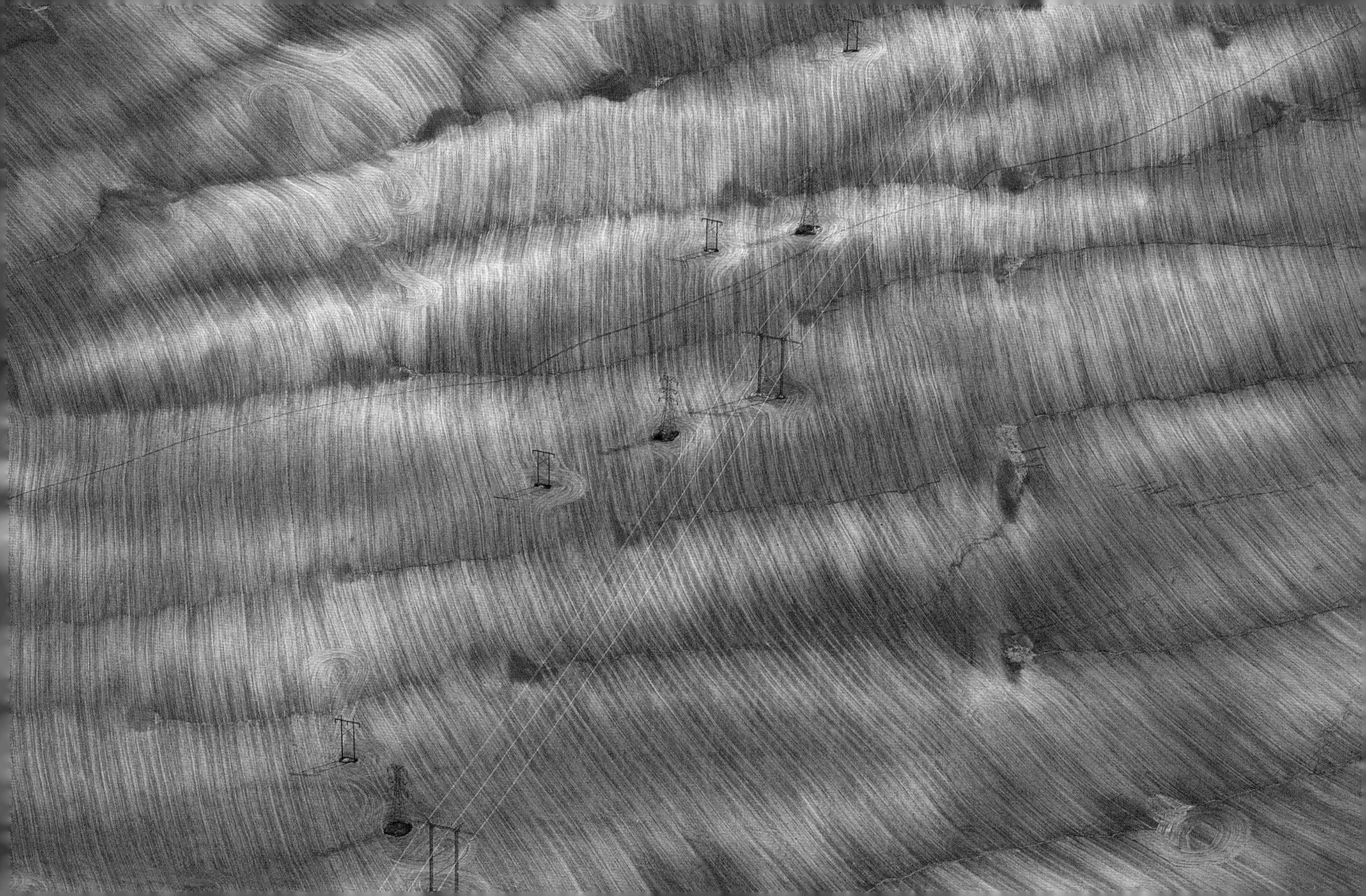

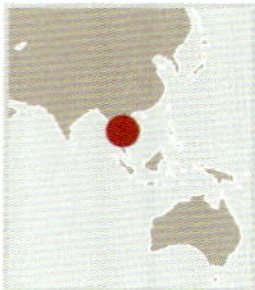

Das Dorf Phumi Kantrab auf dem Tonle Sap, Kambodscha

(13° 11′ nördlicher Breite – 103° 57′ östlicher Länge)

Der Tonle Sap ist ein regelrechtes Binnenmeer. Die UNESCO stellte ihn 1997 als Biosphärenreservat unter ihren Schutz. Die Größe der Wasseroberfläche variiert beträchtlich: 3000 Quadratkilometer während der Trockenzeit, 10 000 Quadratkilometer während des Monsuns. Zu seinen natürlichen Aufgaben gehört die Regulierung des Mekong. Dank dieses natürlichen Kreislaufs und der reichen Waldbestände zählt das kambodschanische Feuchtgebiet zu den fruchtbarsten Ökosystemen unseres Planeten. Im Tonle Sap leben 850 verschiedene Fischarten, darunter auch der bis zu drei Meter lange Katzenfisch. In den überschwemmten Wäldern siedelt die größte Wasservogelkolonie Südostasiens. Von diesem Reichtum an Nahrung profitieren 170 Dörfer, die entweder auf Pfählen ins Wasser gebaut sind oder direkt auf dem Wasser schwimmen. Das Gebiet ist jedoch durch eine erosionsbedingte Sedimentation bedroht, die durch das Abholzen der Wälder noch verstärkt wird. Außerdem plant man zahlreiche Stauwehre am laotischen und chinesischen Mekongabschnitt. Sie würden die natürliche Regulierung des Flusses und somit den gesunden Wasserhaushalt des Sees empfindlich stören.

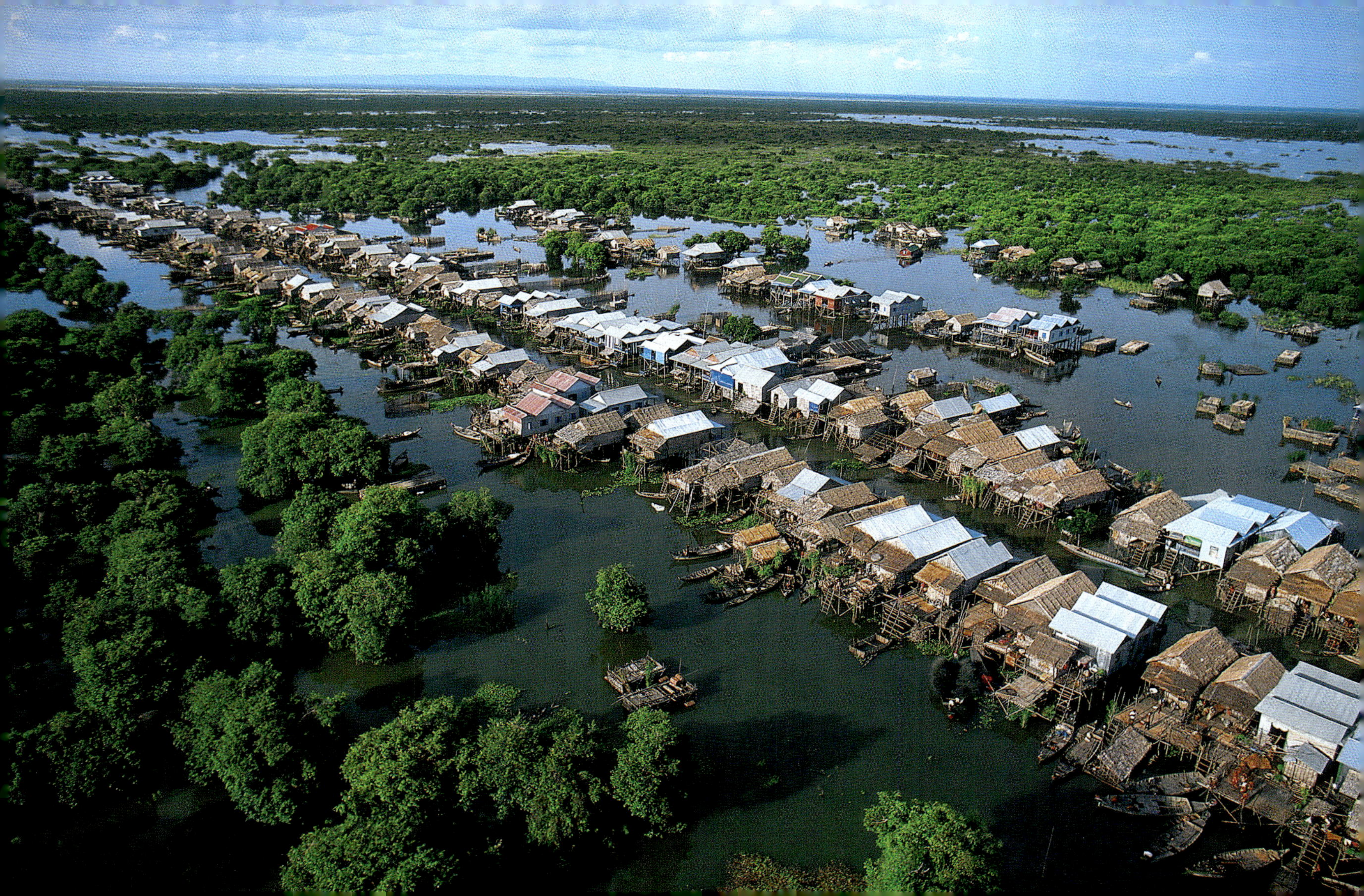

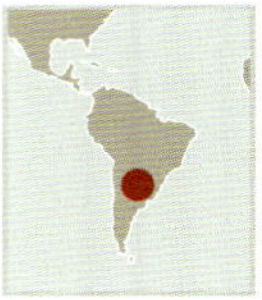

Reitende Gauchos, Provinz Neuquén, Argentinien

(39° 00′ südlicher Breite – 70° 00′ westlicher Länge)

Die Gauchos mit ihren schwarzen Hüten und zweifarbigen Indianerponchos sind untrennbar mit der weiten Pampa verbunden. Die geschickten Reiter sind Mestizen, indianisch-europäische Mischlinge, und führen oft ein unstetes, abenteuerreiches Leben. Erst Ende des 18. Jahrhunderts wurden die freiheitsliebenden Nomaden sesshaft und übernahmen die Verantwortung für die riesigen Herden. In den entlegenen Gebieten Argentiniens ist die Gauchokultur heute noch lebendig. Sie ist eng verbunden mit den argentinischen Großfarmen, den *estancias*, die ihr Land lange Zeit zum weltweit größten Rindfleischexporteur gemacht haben. Im Jahr 2002 belegte Argentinien immer noch den vierten Platz im Lebensmittelexport. Trotzdem leiden 20 Prozent der argentinischen Kinder an Unterernährung. Mit der sich seit Dezember 2001 abzeichnenden wirtschaftlichen und politischen Krise hat sich die soziale Situation verschärft. Von 2001 auf 2002 nahm die Zahl der Armen im Land um 40 Prozent zu, heute lebt jeder zweite Argentinier unterhalb der Armutsgrenze.

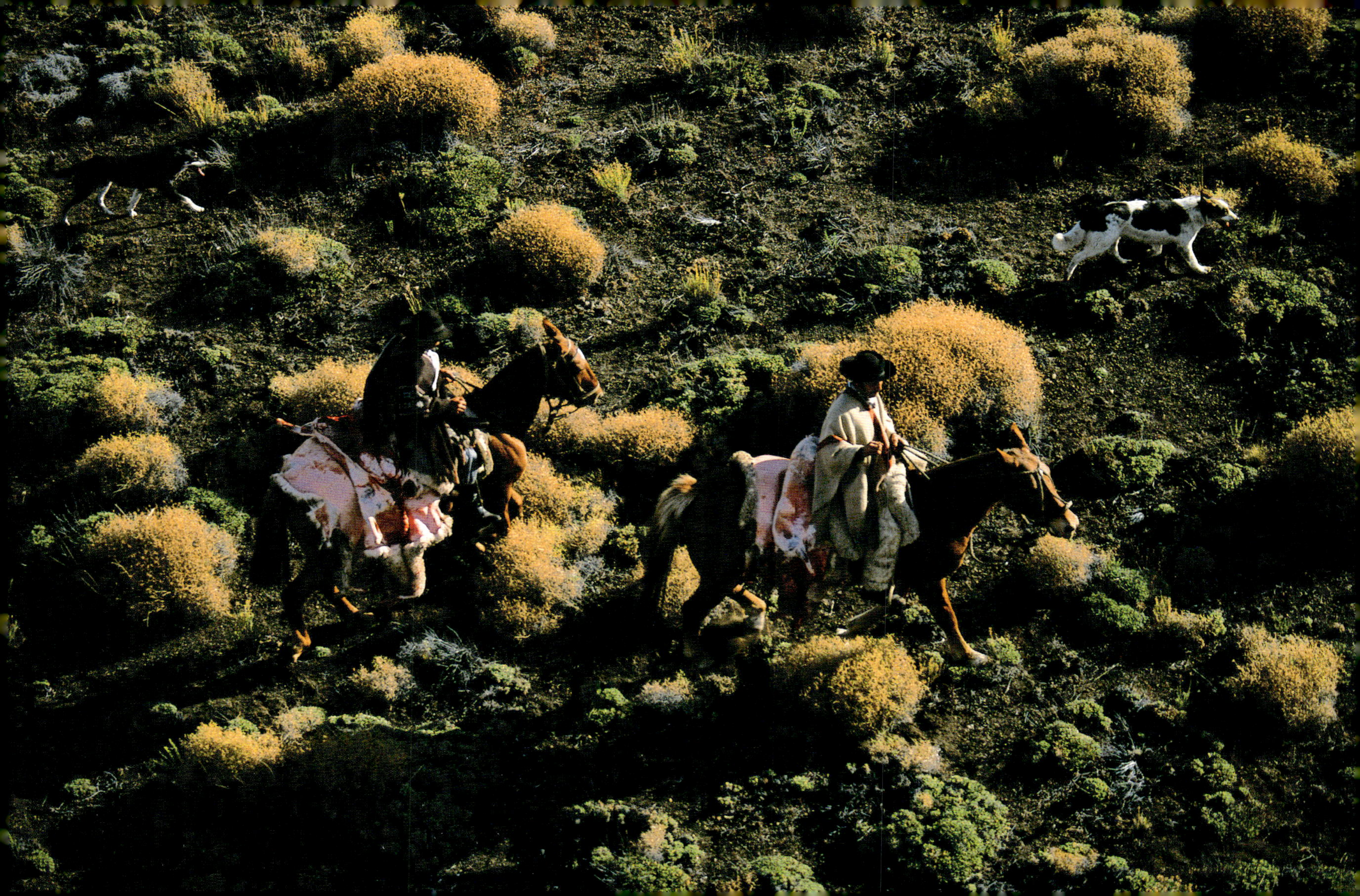

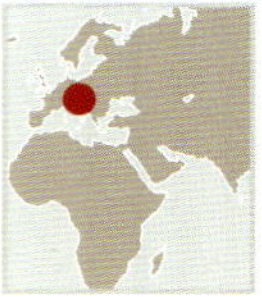

Sonnenuntergang am Großglockner, Hohe Tauern, Österreich

(47° 04′ nördlicher Breite – 12° 42′ östlicher Länge)

Das Jahr 2002 wurde weltweit zum »Internationalen Jahr des Gebirges« erklärt. In diesem Zusammenhang wiesen die Vereinten Nationen vor allem auf die prekäre Lage der Hochgebirgsregionen hin, deren Schutz von immenser Bedeutung ist. Die Alpen sind das größte Gebirgssystem Europas. Es erstreckt sich über 1000 Kilometer, von der französischen Mittelmeerküste bis nach Wien. Österreich ist zu zwei Dritteln vom östlichen Alpenbogen bedeckt, rund 680 seiner Berggipfel liegen über 3000 Meter hoch. Die österreichischen Abfahrtspisten haben eine Gesamtlänge von mehr als 22 000 Kilometern, die Langlaufloipen summieren sich auf 16 000 Kilometer. Außerdem zählt das Land über 500 bewachte Berghütten. Der Hohe-Tauern-Nationalpark an der Ostseite des Großglockners (mit 3797 Metern der höchste Berg Österreichs) wurde 1981 begründet und umfasst 1800 Quadratkilometer. Mit ihm schuf man einen harmonischen Ausgleich zwischen den wirtschaftlichen Interessen der Tourismuszentren und den Bemühungen um den Erhalt eines einzigartigen Natur- und Kulturerbes.

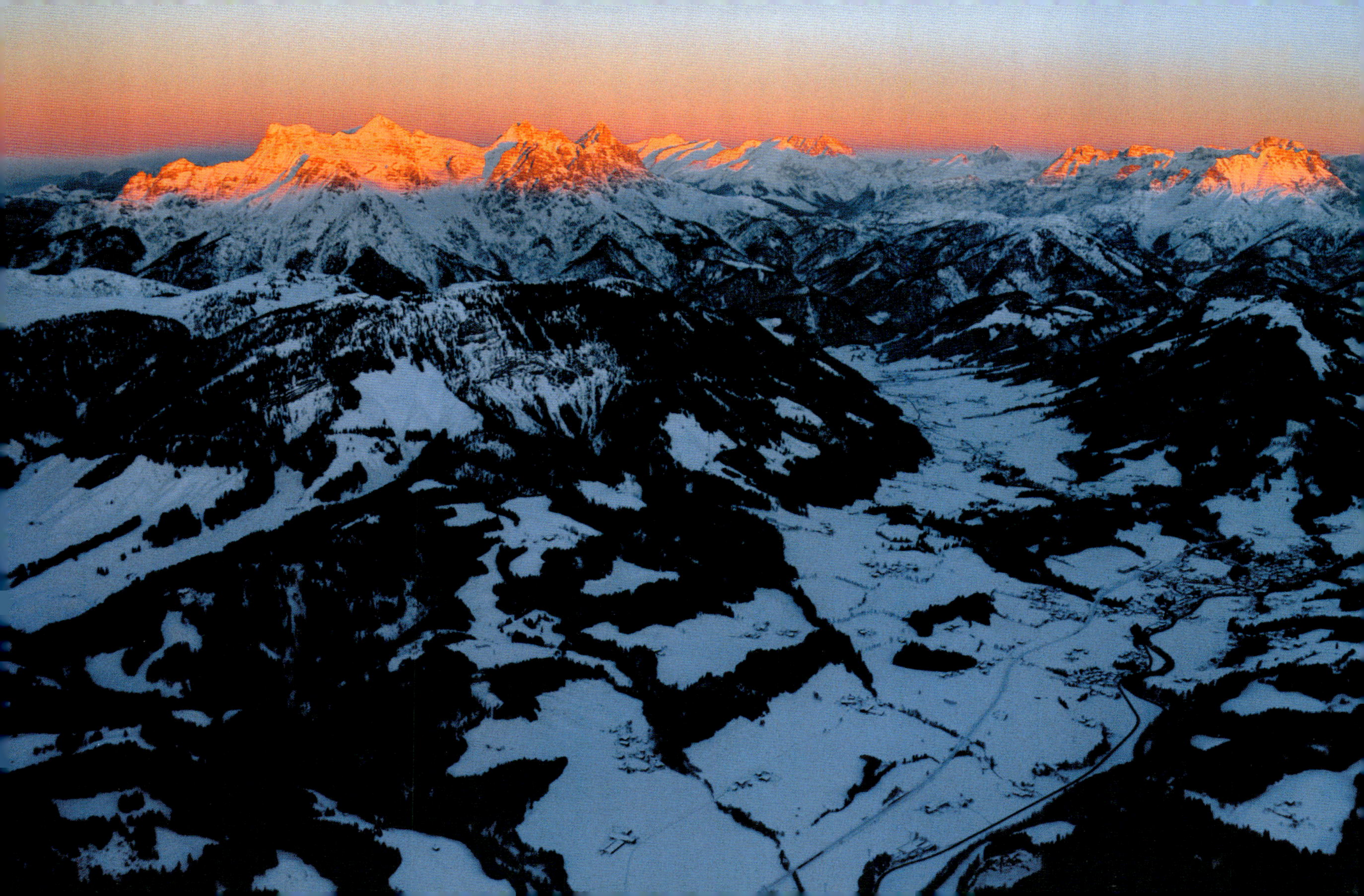

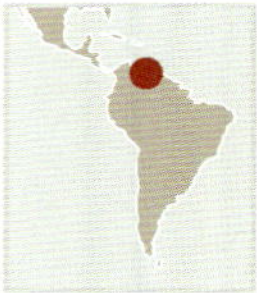

Brandrodung beim Speicherbecken von Guri, Region Bolivar, Venezuela (7° 30′ nördlicher Breite – 62° 50′ westlicher Länge)

In Guri im venezolanischen Bundesstaat Bolivar steht einer der größten Staudämme der Welt. In der Umgebung des riesigen Speicherbeckens werden Maniok oder Mais auf ständig wechselnden Feldern angebaut, die zuvor durch Brandrodung »gesäubert« werden. Eine fatale Praxis, denn nach zwei bis drei Ernten werden diese Felder unfruchtbar. Die Brandrodung gilt als die Hauptursache für den südamerikanischen Waldschwund. Noch ist die Hälfte des südamerikanischen Kontinents natürlich bewaldet. Doch der Waldbestand nimmt rapide ab. In den letzten 30 Jahren wurden 190 Millionen Hektar Wald zerstört, die verloren gegangene Waldfläche entspricht der Größe Mexikos. Jedes Jahr verschwinden weitere 7,5 Millionen Hektar Wald (0,77 Prozent). In Mittelamerika und Mexiko ist der jährliche Waldverlust mit 1,6 Prozent am größten.

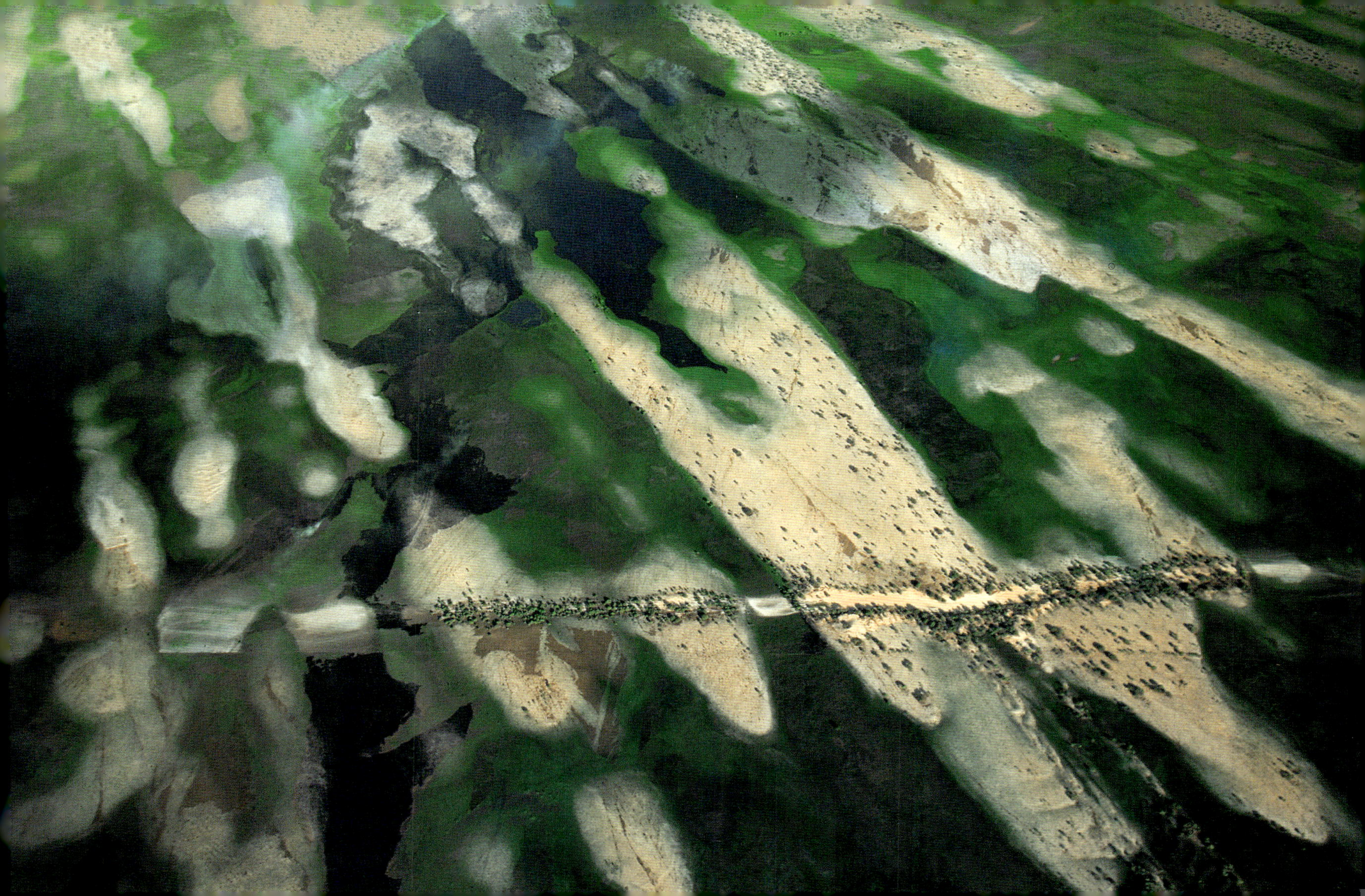

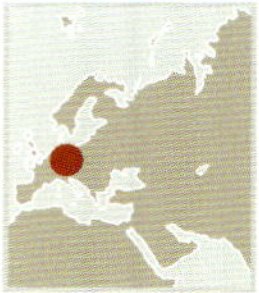

Braunkohlebergwerk Heuersdorf, Sachsen, Deutschland

(51° 10′ nördlicher Breite – 12° 22′ östlicher Länge)

Die zahlreichen Anlagen südlich von Leipzig, in denen Braunkohle abgebaut wurde, gehören zum Kulturerbe. Braunkohle liegt in geringer Erdtiefe und wird deshalb, wie in Heuersdorf, im großflächigen Tagebau gefördert. Seit Herbst 1990 werden die Industriegebiete entgiftet und man führte ökologische Normen ein. Außerdem war die Energieausbeute zu verbessern und das Lohngefälle zwischen West und Ost auszugleichen. Dies verschlang ungeheure Geldsummen. Der durch die 40-jährige Trennung entstandene Graben ist immer noch nicht vollständig geschlossen. So ist die Arbeitslosenquote in den neuen Bundesländern mit 18 Prozent doppelt so hoch wie in den alten Bundesländern. Die Bundesregierung investierte zehn Jahre lang 600 Milliarden Euro in die deutsche Wiedervereinigung. Die Europäische Gemeinschaft hingegen will – wenn sie 2004 zehn neue Mitgliedsstaaten aufnimmt – nur den 15. Teil dieses Betrags (nicht mehr als 0,08 Prozent ihres jährlichen Bruttosozialprodukts) über drei Jahre hinweg zahlen.

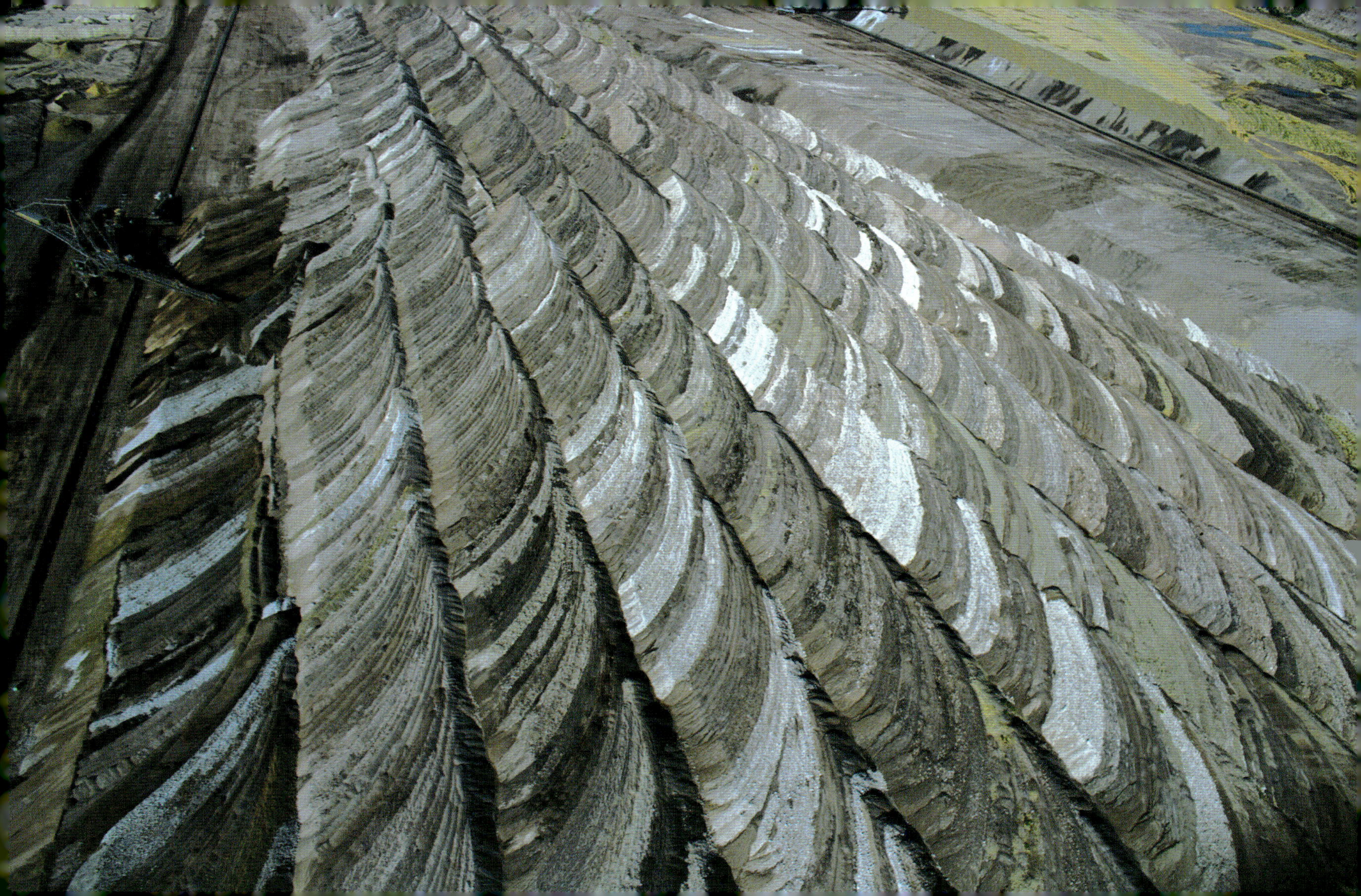

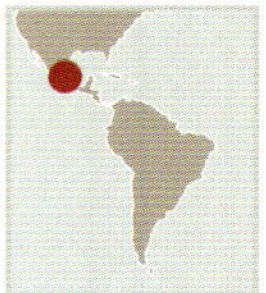

Bemalte Gebäude im Bundesstaat Mexiko, Mexiko

(19° 20′ nördlicher Breite – 99° 45′ westlicher Länge)

Die Graffiti-Bewegung entwickelte sich während der mexikanischen Revolution von 1910 und ist eng mit der Geschichte des Landes und der Arbeiterbewegung verbunden. Sie steht für eine expressionistische, typisch mexikanische Kunstform, den Muralismo, der damals die ganze Welt in Erstaunen und Aufruhr versetzte. Zunächst waren die Mauern ein willkommenes Forum, das keiner Zensur unterlag. Doch bereits 1921 wurden aus den Wandmalern mehr oder weniger offizielle Staatskünstler, mit denen die neue Regierung für ihre politischen Kampagnen werben wollte. Auf den Wänden der öffentlichen Gebäude entstanden gigantische Fresken, die dem Volk alle möglichen Botschaften vermitteln sollten. In der Gebäudemalerei fand die mexikanische Kunst ihren eigenen Stil, der heute vor allem wegen seiner Ideen- und Ausdrucksvielfalt bewundert wird und auf ganz Lateinamerika und zahlreiche US-amerikanische Städte, besonders San Francisco, einen großen Einfluss hatte.

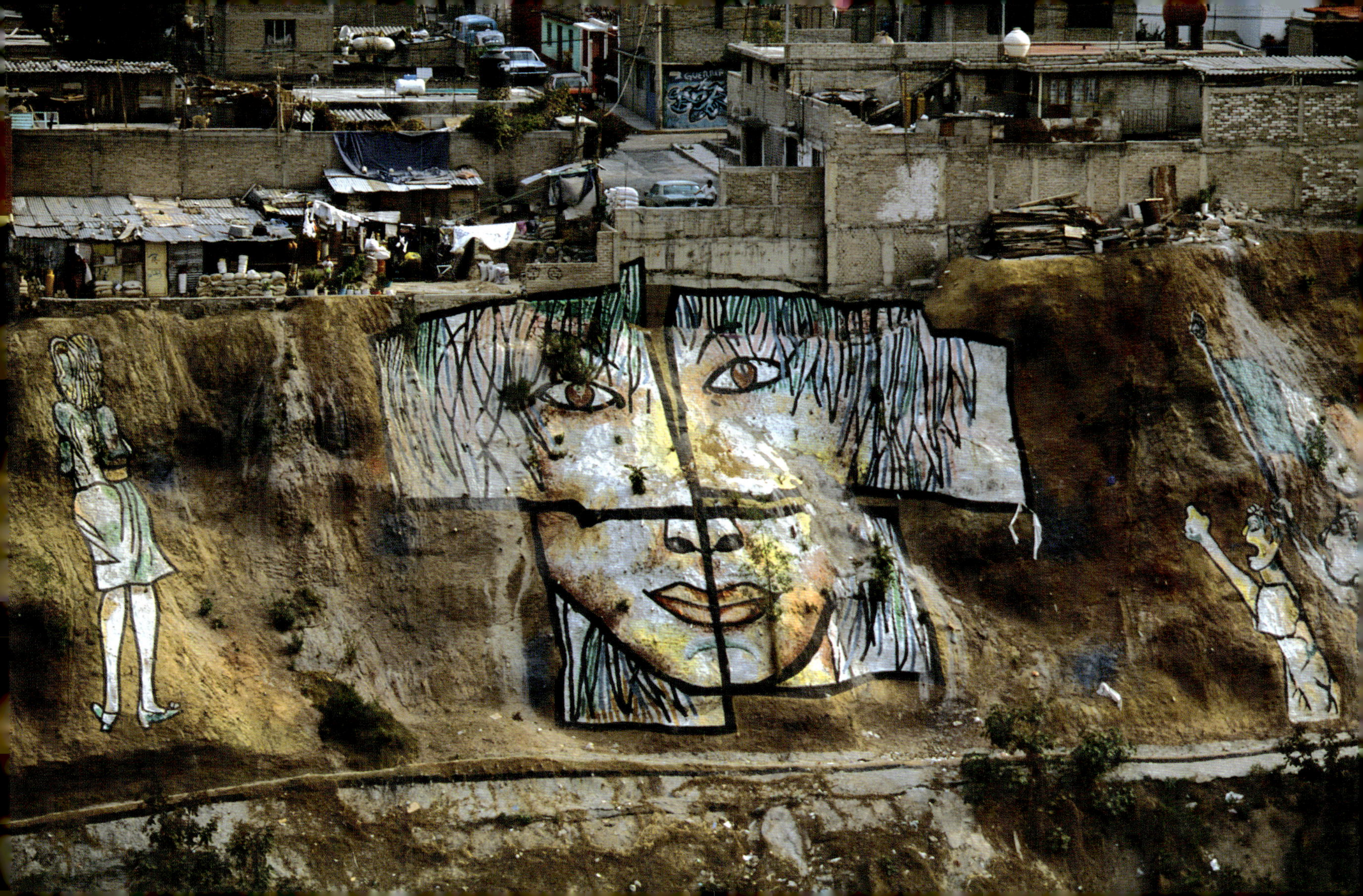

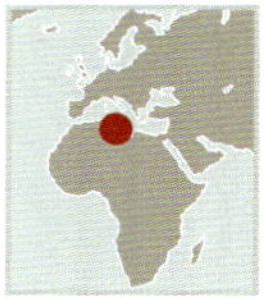

Getreidefeld auf den Hügeln des Ksartals, Bezirk Tataouine, Tunesien

(33° 08′ nördlicher Breite – 11° 25′ östlicher Länge)

Die Tiergestalt auf den Hügeln ist eine für den Getreideanbau angelegte Parzelle. Die künstlichen Terrassen orientieren sich am natürlichen Geländeverlauf und können so das Wasser der seltenen, aber sintflutartigen Niederschläge halten. Folglich können die bescheidenen Wassermengen für die Landwirtschaft genutzt werden, und der kostbare Boden bleibt erhalten. Die Bekämpfung der Bodenerosion und die Speicherung des Regenwassers sind die beiden vordringlichsten Aufgaben der tunesischen Politik. Jedes Jahr verliert das Land 15 000 Hektar Erde, und man geht davon aus, dass im gleichen Zeitraum 500 Millionen Kubikmeter Wasser ungenutzt ins Meer fließen. In ganz Afrika ist die zunehmende Verschlechterung des Bodens ein ernst zu nehmendes Problem. In Anbetracht des demografischen Zuwachses und der Armut der Bevölkerung ist in manchen Gegenden mit einer übermäßigen Abholzung der Wälder zu rechnen. Die Menschen brauchen Nahrung, Brennstoff, Medikamente und Baumaterial. Der nackte Boden aber ist der Erosion wesentlich stärker ausgesetzt.

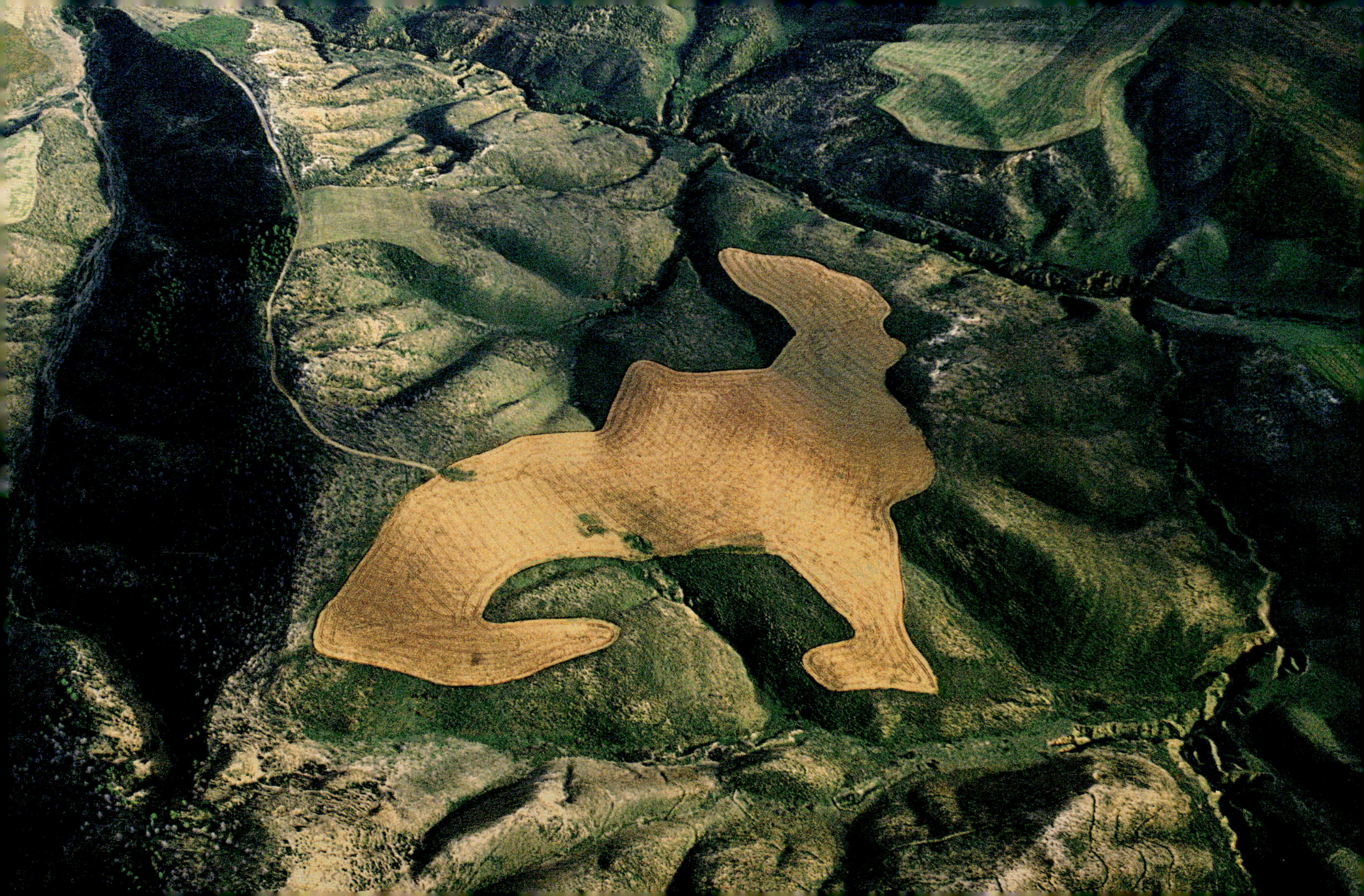

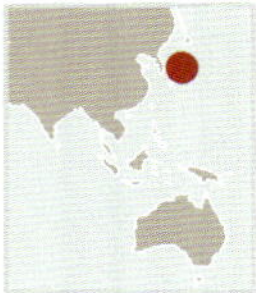

Goldener Pavillon in Kyoto, Japan

(35° 00′ nördlicher Breite – 135° 45′ östlicher Länge)

Elf Jahrhunderte lang, von 794 bis 1868, residierte das japanische Kaiserhaus in Kyoto. Dort schrieb die Hofdame Murasaki Shikibu um das Jahr 1000 eines der herausragendsten Werke der Weltliteratur: *Genji monogatari* (dt. Die Geschichte des Prinzen Genji). Die Beschreibung des damaligen Hoflebens besticht vor allem durch feine Psychologisierung. Die Autorin gilt als die erste Romanschriftstellerin der Weltliteratur. Kyoto war jahrhundertelang eine Hochburg der Kunst. Davon zeugt auch der Goldene Pavillon, den der japanische Regent, der Schogun Ashikaga Yoshimitsu, 1397 im Shoin-Stil mit Reismatten und mobilen Wänden errichten ließ. Er diente vielen späteren Bauten als Vorbild. Die japanische Kunst hat den Westen stark beeinflusst. Ganz besonders deutlich wurde dies im Jugendstil und im Art-Deco-Stil.

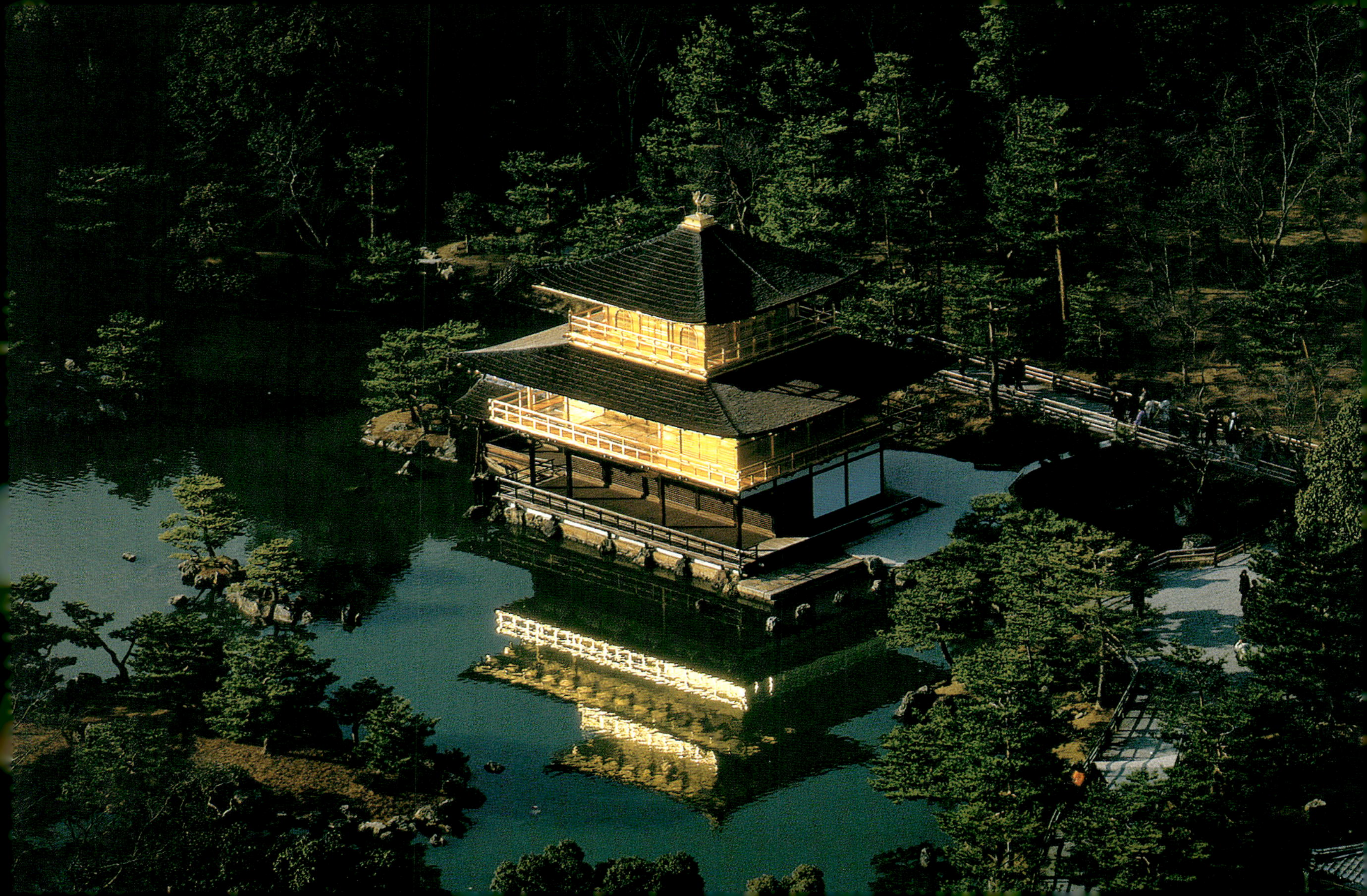

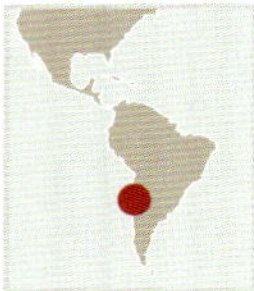

Kupferminen in Chuquicamata, Chile

(22° 19′ südlicher Breite – 68° 56′ westlicher Länge)

In Chuquicamata steht die größte Kupfer-Tagebauanlage der Welt: drei Kilometer lang, zwei Kilometer breit und über 700 Meter tief. Das Mineralgestein von Chuquicamata hat weltweit den höchsten Kupfergehalt. Leider ist auch der Sulfatgehalt relativ hoch. Das giftige Element findet sich außerdem in den Staubwolken, die die Förderarbeiten ständig begleiten, und wird von den Arbeitern eingeatmet. Obwohl niemand länger als drei Jahre in den Minen beschäftigt sein darf, ist das Risiko einer Lungenkrebserkrankung nicht auszuschließen. Auch die übrigen Bewohner der Region sind von der Sulfatverseuchung betroffen: In der nahe gelegenen Stadt Chuquicamata ist die Zahl der Atemwegserkrankungen überdurchschnittlich hoch. In den Entwicklungsländern sterben jedes Jahr 500 000 Menschen an einem allzu hohen Schwefeldioxidgehalt der Luft.

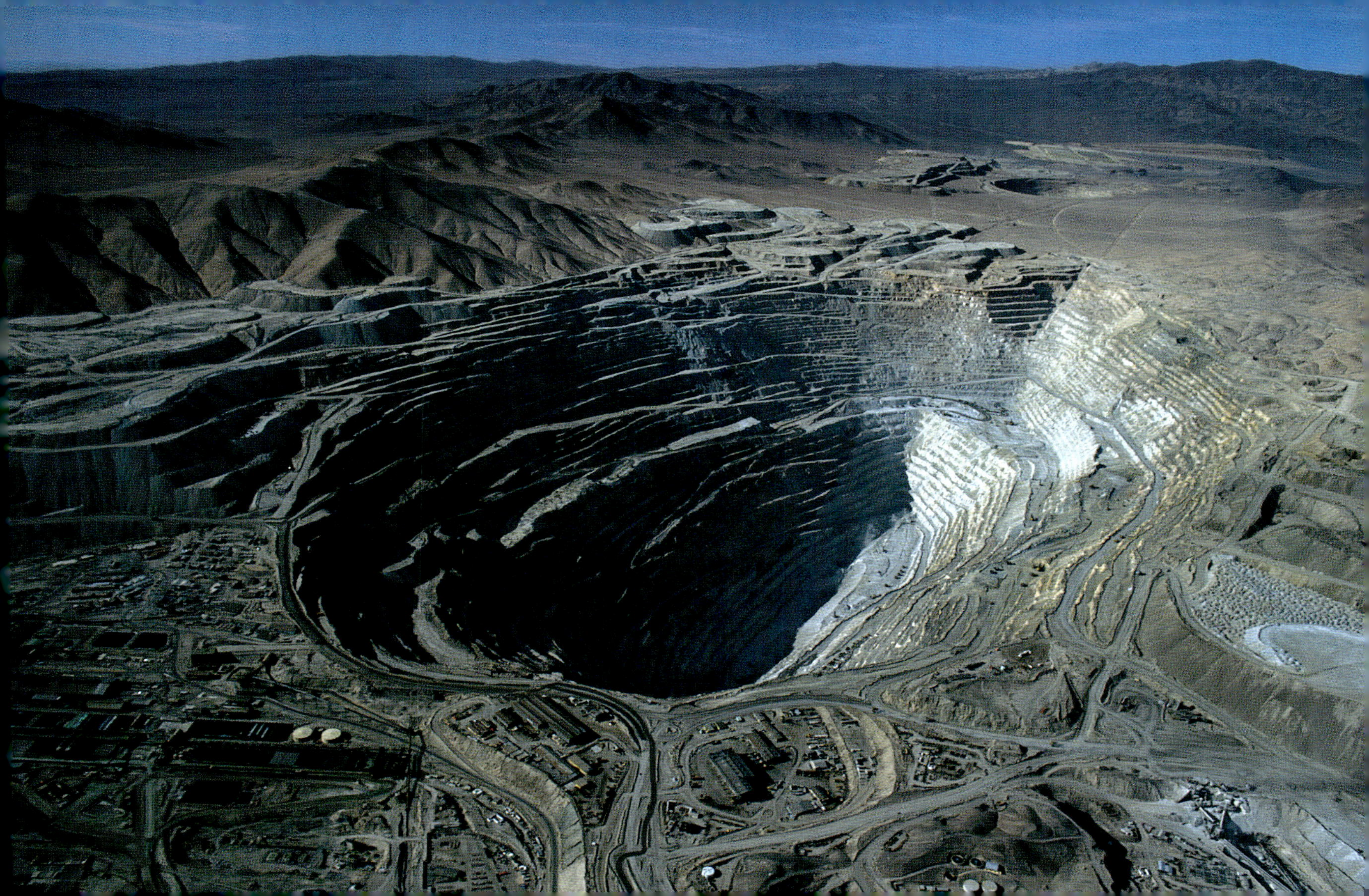

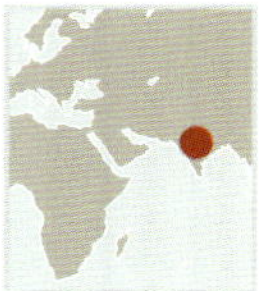

Brunnen in Fatehpur Sikri, Uttar Pradesh, Indien

(27° 06′ nördlicher Breite – 77° 40′ östlicher Länge)

1569 gründete der indische Großmogul Akbar aus Anlass seines Sieges über die Afghanen die Stadt Fatehpur Sikri. 38 Kilometer von der Kaiserstadt Agra entfernt errichtete er für sich und seinen Hof einen Palast aus rotem Sandstein. Doch bereits 15 Jahre nach Beendigung der Bauarbeiten wurde Fatehpur Sikri wieder aufgegeben. Warum? Wahrscheinlich war der Grundwasserspiegel durch den Unterhalt des Parks drastisch gesunken. Darauf weist zumindest die ungewöhnliche Tiefe der heute noch von den Bauern benutzten Brunnen hin. In Indien übersteigt der Wasserverbrauch den natürlichen Regenerierungsrhythmus des Grundwassers. In weiten Teilen des Landes ist der Grundwasserspiegel um ein bis drei Meter gesunken. Damit sind die Lebensmittelversorgung und der Bestand der Flüsse, Seen und übrigen Feuchtgebiete Indiens ernsthaft bedroht.

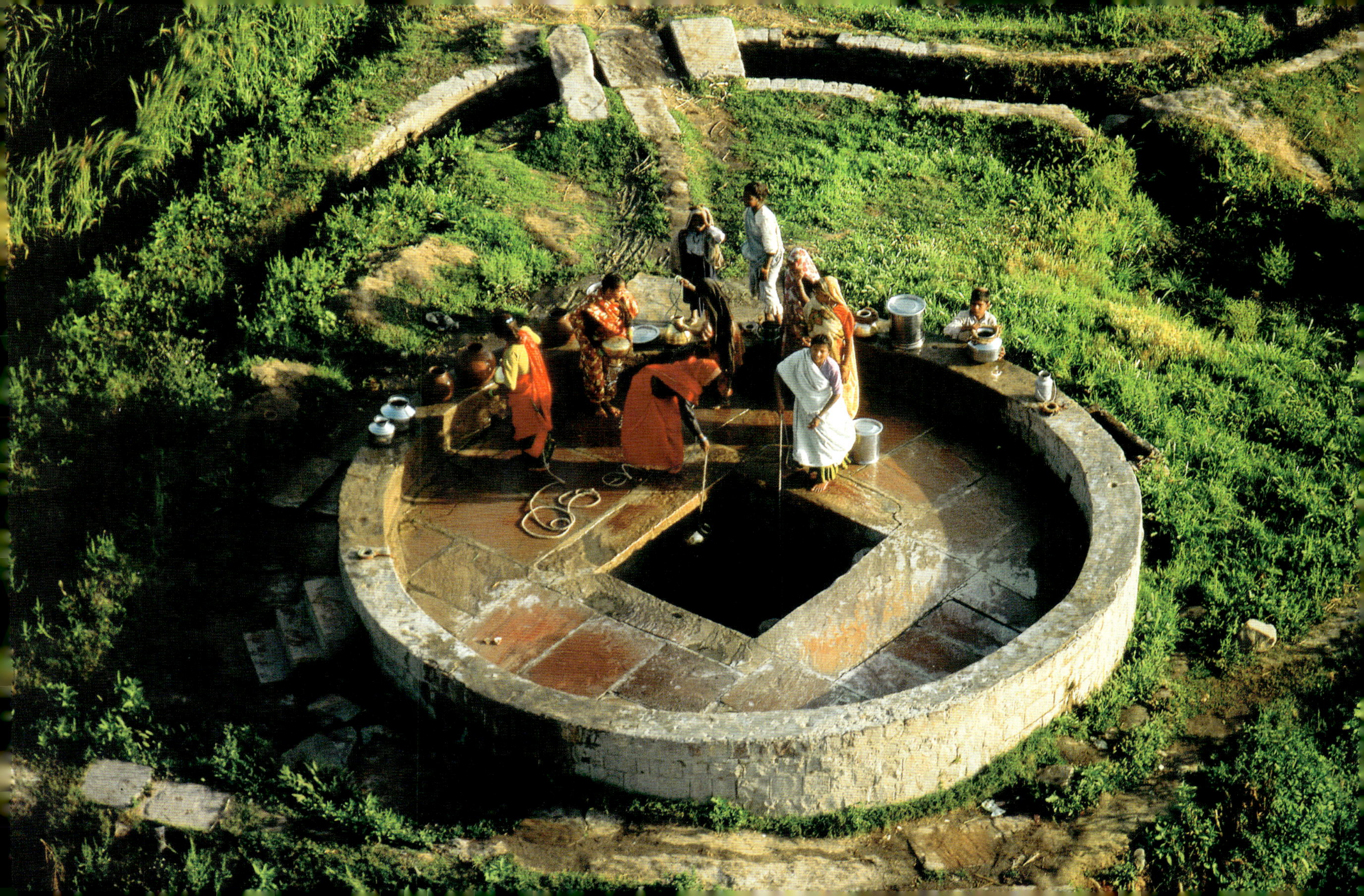

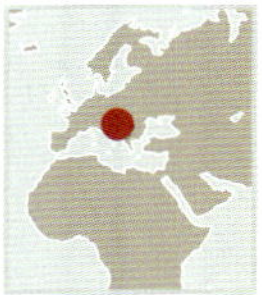

Mittelalterlicher Stadtkern von Dubrovnik, Kroatien

(42° 39′ nördlicher Breite – 18° 04′ östlicher Länge)

»Die Freiheit lässt sich nicht kaufen, auch nicht für alles Geld der Welt.« Dieser Spruch schmückt den Eingang zur Stadt Dubrovnik an der dalmatinischen Küste. Die »Perle der Adria« ist eine Gründung des 7. Jahrhunderts und war bis zum 18. Jahrhundert eine ernsthafte Rivalin Venedigs. Erst mit dem Einmarsch der napoleonischen Truppen im Jahr 1808 verlor die Stadt ihre Unabhängigkeit. Für den irischen Bühnenautor Bernard Shaw war sie das »Paradies auf Erden«. Beeindruckend sind immer noch die Festungsanlagen, die Kirchen- und Klostergebäude und die herrschaftlichen Wohnhäuser der Gotik, Renaissance und Barockzeit. Als Reaktion auf die kroatische Unabhängigkeitserklärung bombardierte die serbische Armee unter Milosevic im Herbst 1991 dieses einmalige Architekturensemble und beschädigte 563 der 824 Gebäude. Daraufhin nahm die UNESCO die gefährdete Stadt in die Liste des Weltkulturerbes auf. 1998 waren die herausragenden Kulturdenkmäler dank des unermüdlichen Arbeitseinsatzes vieler Architekten, Steinmetze und Restauratoren gerettet. Doch der sechs Monate auf kroatischem Gebiet tobende Krieg kostete 13 000 Menschenleben. 40 000 Verwundete und mehrere hunderttausend Flüchtlinge vervollständigen die traurige Bilanz.

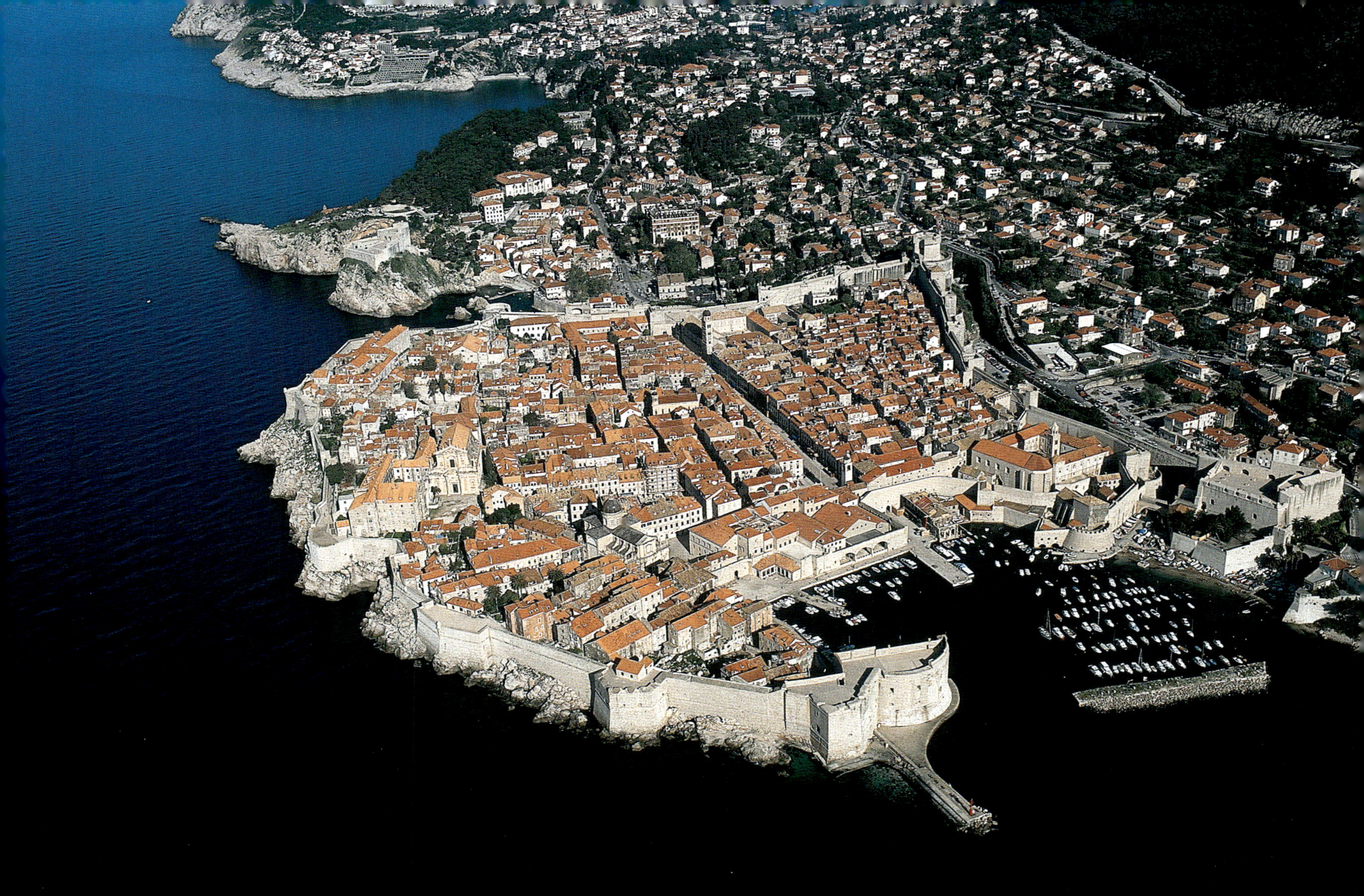

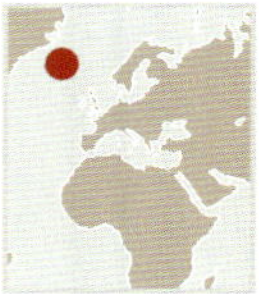

Insel Surtsey, Vestmanna-Inseln, Island

(63° 16′ nördlicher Breite – 20° 32′ westlicher Länge)

Die Insel Surtsey ist die jüngste Insel der Welt. Rund 20 Kilometer vom Vestmanna-Archipel entfernt teilte sich am 14. November 1963 das brodelnde Meerwasser und gab unter heißem Ascheregen Land frei. Erst vier Jahre später endeten die Eruptionen. Vier neue Vulkaninseln waren entstanden, doch nur eine konnte mit ihren gewaltigen Lavamengen den Angriffen von Wind und Wasser trotzen. In Anlehnung an den germanischen Gott Surtur, der das Feuer in die Welt gebracht haben soll, heißt sie Surtsey. 40 Jahre später ist das Eiland durch die Erosion um die Hälfte auf zwei Quadratkilometer geschrumpft. Surtsey ist als Schutzgebiet ausgewiesen: Hier können die Wissenschaftler auf einem völlig unberührten Stück Land bar jeden menschlichen Lebens die Entstehung eines Ökosystems beobachten. In dem Naturlabor haben 50 verschiedene Pflanzenarten Fuß gefasst. Der Samen wird angeweht oder angeschwemmt. Auch über die Vögel erreicht er die Insel. Sieben Vogelarten nisten auf Surtsey, und weitere 30 fliegen die Insel regelmäßig an.

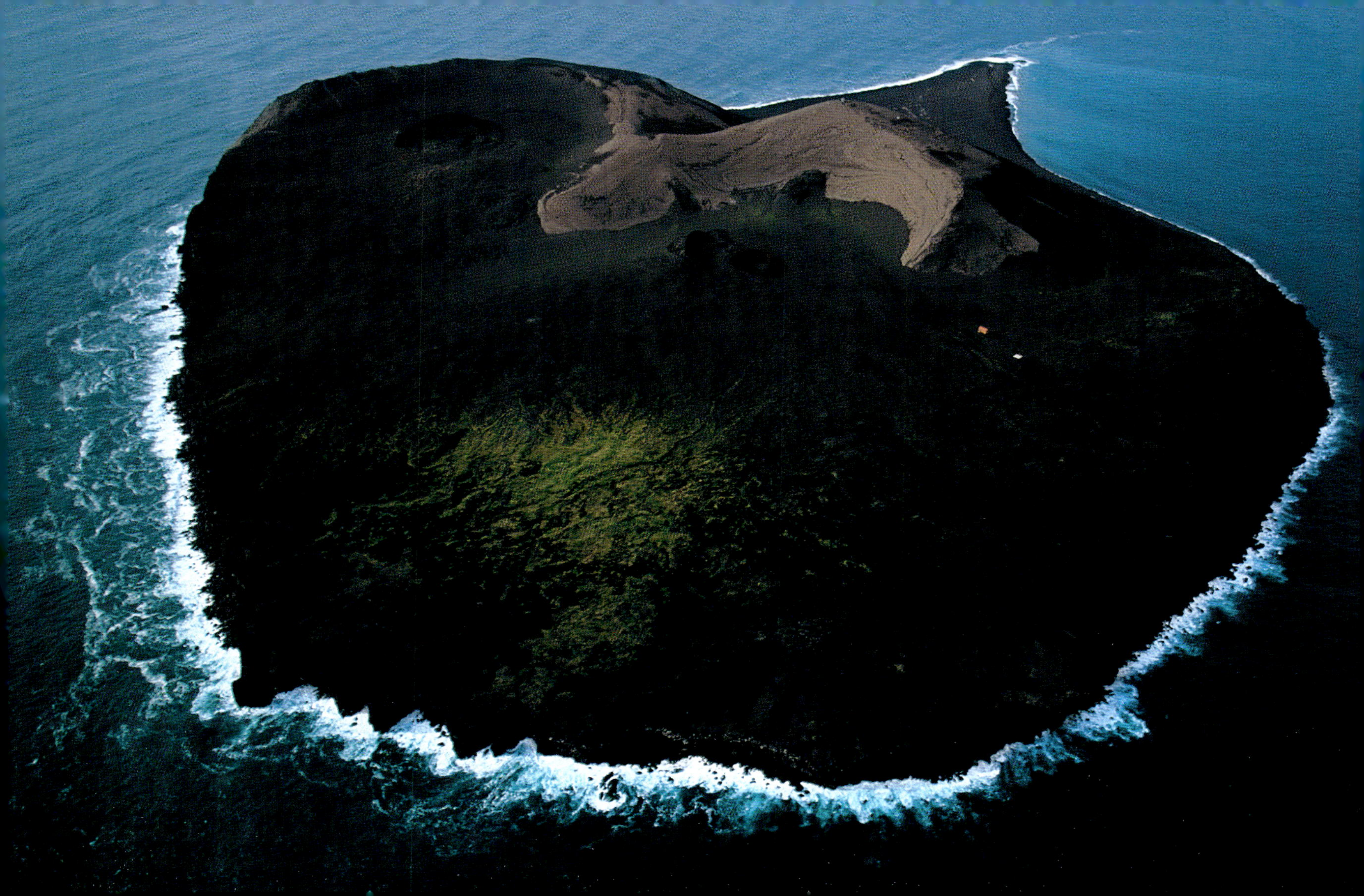

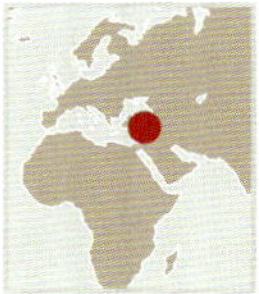

Überreste einer steinzeitlichen Jagdfalle zwischen As Safawi und Qasr Burqu, Mafraq, Jordanien (32° 28′ nördlicher Breite – 37° 34′ östlicher Länge)

Im gesamten Nahen Osten gibt es zwischen 700 und 800 »*desert kites*«. »Wüsten-Drachen« wurden die steinzeitlichen Jagdfallen in den 1920er Jahren von den Piloten der britischen Luftpost getauft. Sie wurden von Jägern in der Steinzeit gebaut, die vermutlich als Nomaden lebten. Wahrscheinlich hofften sie, Gazellenherden zwischen die beiden ein bis zwei Kilometer langen Mauern treiben und erlegen zu können. Die trichterförmige Anlage mündet in ein mehrere hundert Meter breites, abgesperrtes Gelände, in dem die in die Enge getriebenen Tiere von den mit Lanzen bewaffneten Jägern erwartet wurden. Solche Jagdszenen wurden zwischen dem Kaukasus und dem Sinai gern in steinernen Reliefbildern festgehalten. Die Künstler benutzten die felsige Oberfläche als Landschaftsrelief und schufen Miniaturmodelle dieser Fallenanlagen.

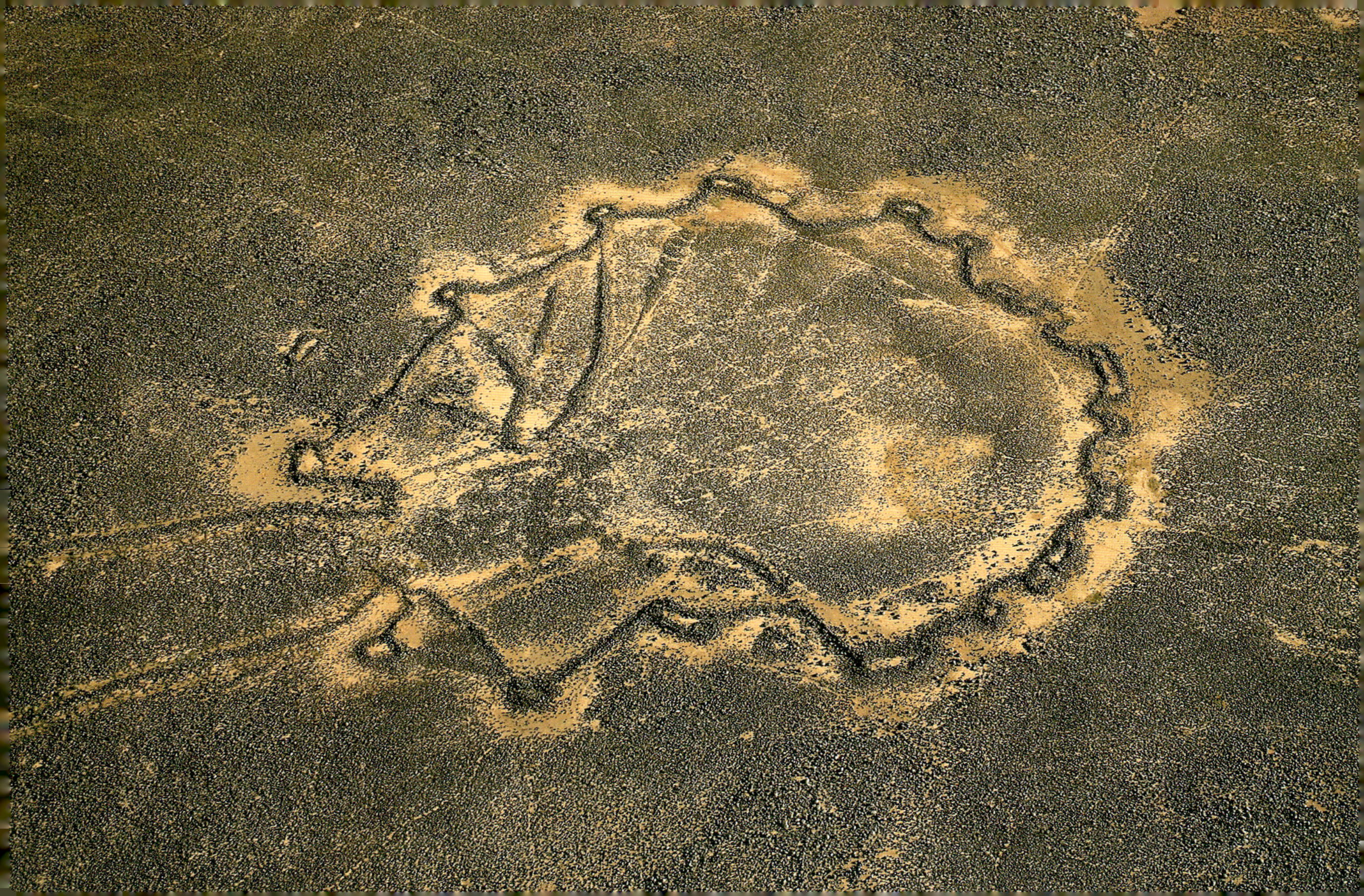

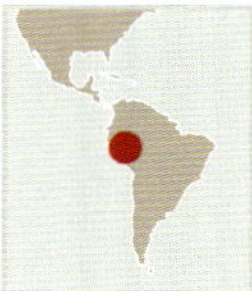

Inkasiedlung Machu Picchu, Region Cuzco, Peru

(13° 09′ südlicher Breite – 72° 30′ westlicher Länge)

Die Inkasiedlung Machu Picchu im Urubamba-Tal, ca. 100 Kilometer nordwestlich von Cuzco, entstand um 1450. Das Heiligtum aus behauenen Steinblöcken liegt 2500 Meter hoch auf dem Grat eines Andenausläufers. Das Gelände wurde terrassenförmig angelegt, um den Häuserbau und die Landwirtschaft zu erleichtern. Noch heute fügt sich die Siedlung hervorragend in das Landschaftsbild ein. Seit 1982 steht das wunderbare Ensemble auf der UNESCO-Liste – und zwar sowohl als Natur- als auch als Kulturerbe. Doch die Inkasiedlung ist bedroht: Auf Grund ihrer exponierten Lage ist sie permanent den Erosionskräften des Regens ausgesetzt. Noch mehr Anlass zur Sorge gibt allerdings der Tourismus. Die Behörden müssen sich entscheiden: Geht es um den Schutz eines einzigartigen Kulturguts der Menschheitsgeschichte oder um die Einnahmen aus der größten Touristenattraktion des Landes?

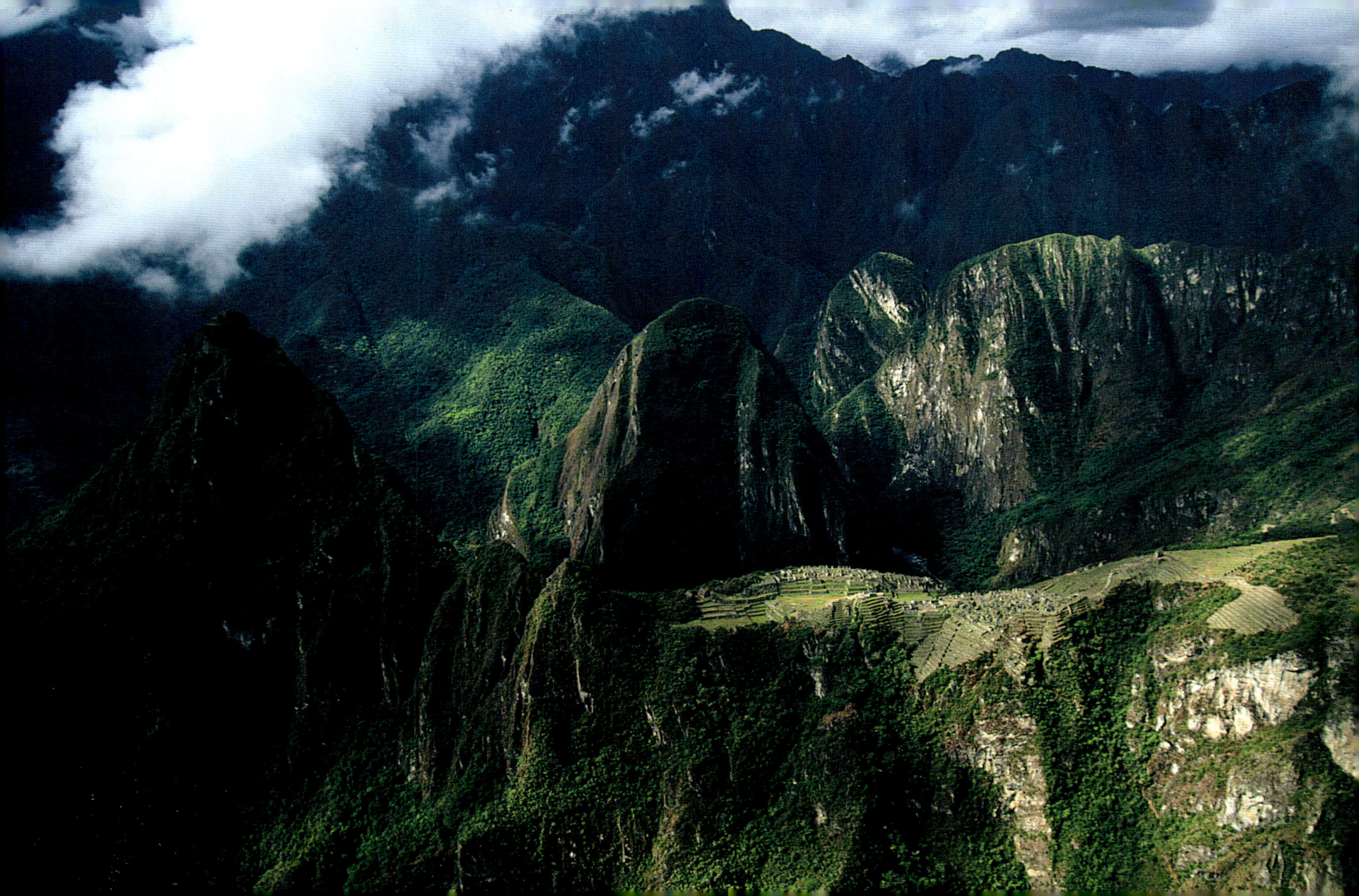

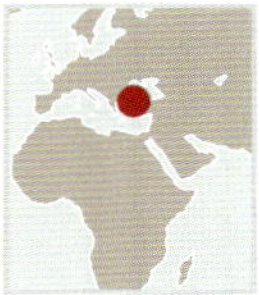

Die Süleiman-Moschee in Istanbul, Türkei

(41° 00′ nördlicher Breite – 28° 57′ östlicher Länge)

Die im Auftrag von Sultan Süleiman vom Architekten Sinan errichtete Moschee beherrscht das Goldene Horn. Sie wurde zwischen 1550 und 1557 erbaut und bildet heute noch das Zentrum eines komplexen Architekturensembles, zu dem fünf Schulen, ein Imaret zur Speisung der Armen, ein Hospiz für die kostenlose Aufnahme von Reisenden, ein Krankenhaus und mehrere Badeanlagen gehören. Kurz vor seinem Niedergang schuf das Osmanische Reich, das damals noch über die ganze arabische Welt und Europa strahlte, mit diesem Komplex seinen intellektuellen und künstlerischen Mittelpunkt. Heute steht die Türkei wieder an einem historischen Wendepunkt: 1999 wurde der türkische Antrag auf EU-Beitritt zwar grundsätzlich angenommen, doch die geforderten Maßnahmen wurden von der Regierung in Ankara immer noch nicht umgesetzt. Es gilt, ein schwieriges Erbe zu bewältigen: Die Kurdenfrage ist zu lösen, die Verständigung mit Griechenland muss geregelt werden, und die Einhaltung der Menschenrechte muss gewährleistet sein. Für die Türkei sind dies schwere Hindernisse auf dem Weg in die Europäische Union. Auch wenn die Zahl der Folterungen und willkürlichen Festnahmen seit dem ersten Halbjahr 2000 deutlich zurückgegangen ist, sitzen immer noch rund 10 000 politische Gefangene in den türkischen Gefängnissen.

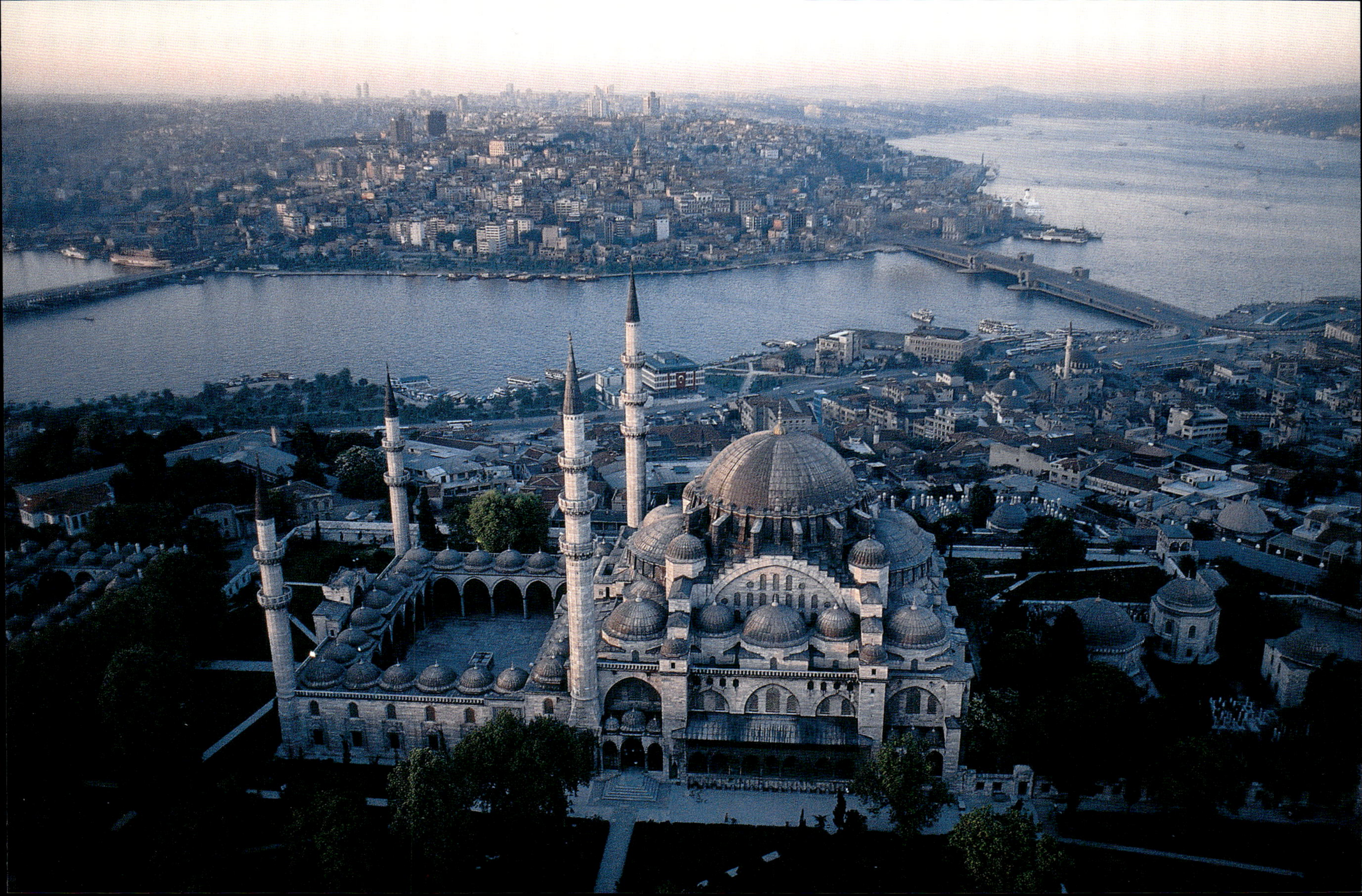

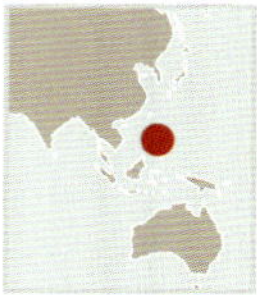

Der Vulkan Pinatubo nördlich von Manila, Insel Luzón, Philippinen

(15° 08′ nördlicher Breite – 120° 21′ östlicher Länge)

Beim Ausbruch des Pinatubo 1991, der größten Vulkaneruption des 20. Jahrhunderts, wurden etwa 20 Millionen Tonnen vulkanischen Materials bis zu 25 Kilometer hoch in die Erdatmosphäre geschleudert. Diese Aerosolwolke breitete sich weltweit in der Atmosphäre aus und reduzierte die Sonneneinstrahlung, so dass die globale Temperatur in den Jahren 1992 und 1993 um mehrere Zehntelgrade niedriger lag als in anderen Jahren. Auch beim Ausbruch des Agung in Indonesien (1963) und des El Chichón in Mexiko (1982) waren – zeitlich begrenzte – Auswirkungen auf die Atmosphäre und das Klima registriert worden. Die von den Menschen verursachte globale Klimaerwärmung stellt allerdings alles in den Schatten: Sie ist auf das Abholzen der Wälder zurückzuführen, aber auch auf den steigenden Verbrauch brennbarer Fossilien. Dieser vervierfachte sich in den letzten 50 Jahren, die Weltbevölkerung hat sich hingegen im gleichen Zeitraum lediglich verdoppelt.

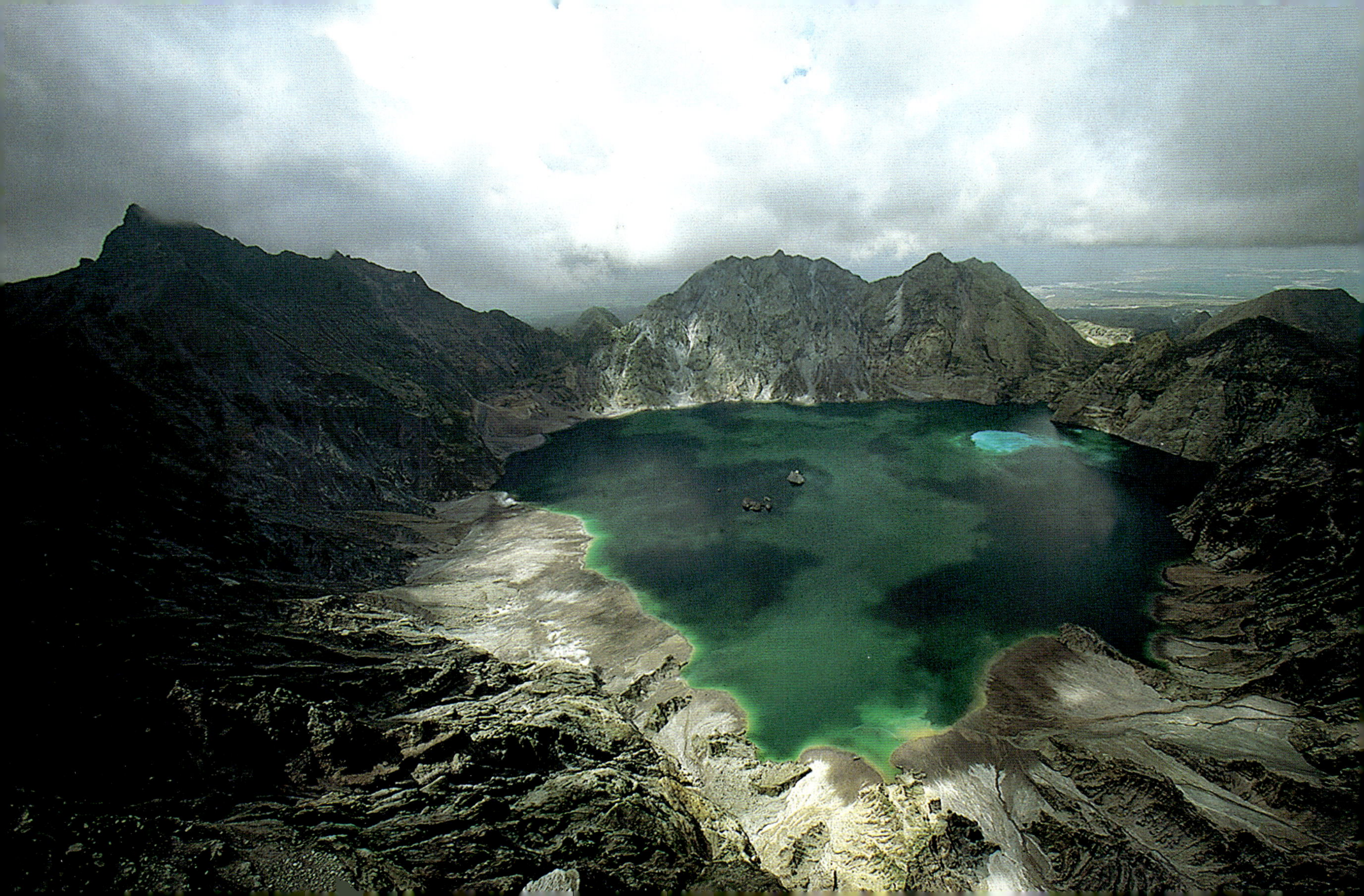

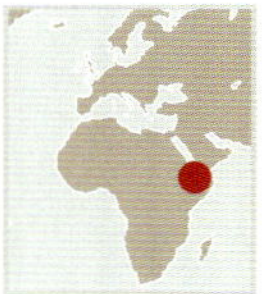

Ziegenherde am Abhesee, Djibouti

(11° 06′ nördlicher Breite – 41° 50′ östlicher Länge)

Durch die geografischen Gegebenheiten sind die Lebensbedingungen in der Republik Djibouti schwierig: Das Wüstenklima mit seinen unregelmäßigen Niederschlägen sorgte in den letzten Jahren für zunehmende Trockenheit. Besonders schlimm traf es die Region 1980, als nahezu der gesamte Viehbestand einging. Die Vegetation ist spärlich, die dornigen Büsche und Sträucher ernähren die Ziegen-, Schafs- und Kamelherden mehr schlecht als recht. In den letzten 30 Jahren nahm die durchschnittliche Niederschlagsmenge zwischen sechs und 15 Prozent ab. Als Folge davon ging das traditionelle Nomadentum stetig zurück. Die Zahl der Hirten, die als Vollnomaden durch das Land ziehen, liegt bei 80 000. Sie gehören den beiden größten Volksgruppen Djiboutis an: den Afar (37 Prozent) und den Issa (50 Prozent). Mit dem Ende des Kolonialismus kamen die Geschäfte auf den traditionellen Handelsrouten zum Orient hin zum Erliegen, ein schwerer Schlag für Djibouti. Noch härter traf es allerdings die auf der anderen Seite des Roten Meeres liegende Stadt Aden, die einst für die britischen Schiffe auf dem Seeweg nach Indien ein obligatorischer Haltepunkt war.

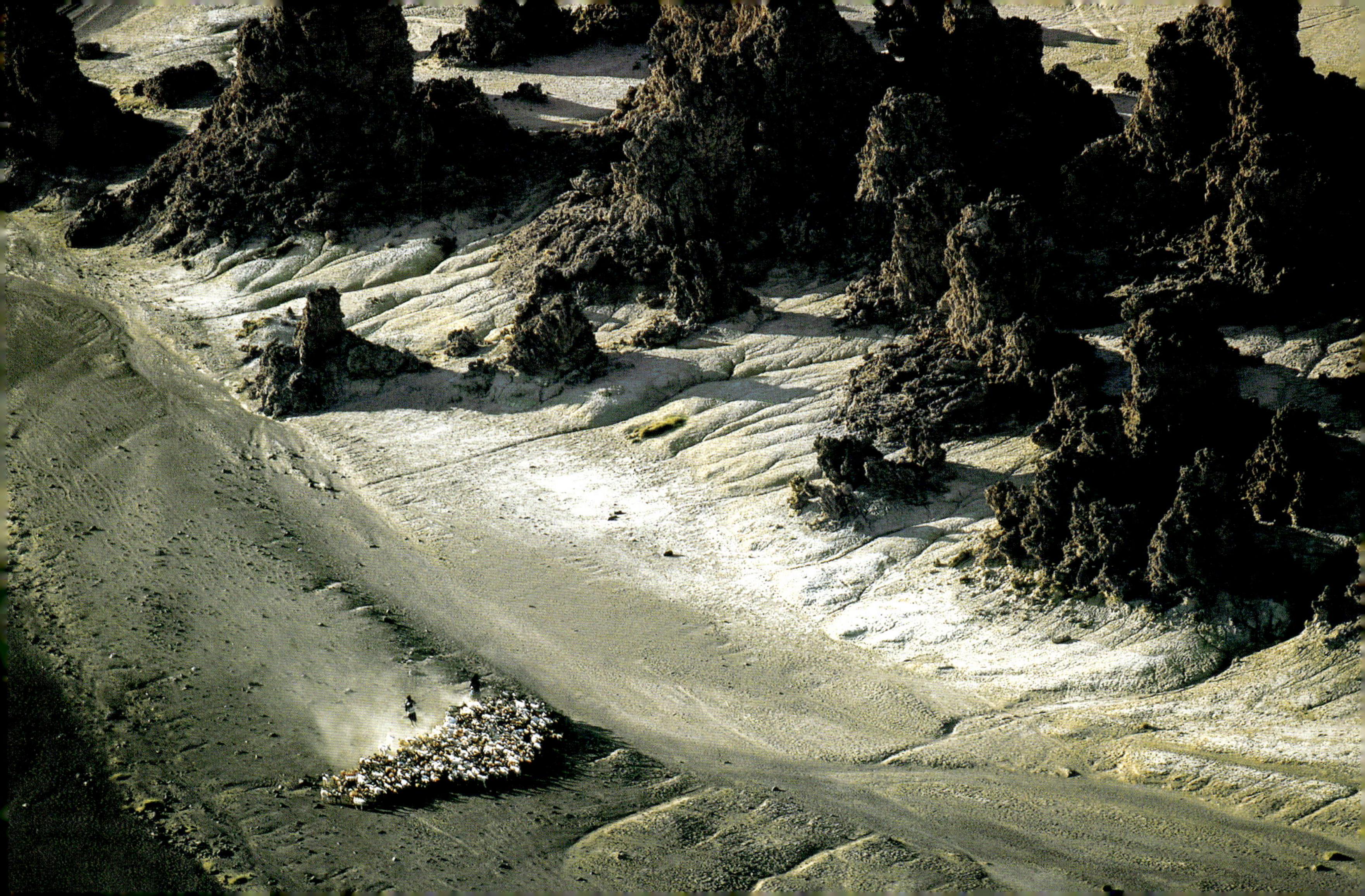

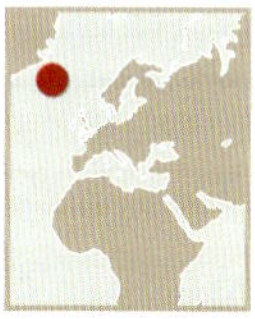

Der Grabenbruch von Thingvellir, östlich von Reykjavik, Island (64° 18′ nördlicher Breite – 21° 08′ westlicher Länge)

Der unter der Spannung auseinander gebrochene Felsen sollte für die Einheimischen eigentlich ein Hinweis darauf sein, dass die tektonischen Kräfte einen langen Atem haben und auch nach einer Ruhepause von zehn Generationen nach wie vor präsent sind. Island liegt auf der Bruchlinie zweier tektonischer Platten. Vulkanische Kräfte treiben diese beiden Platten – und somit Europa und Nordamerika – jedes Jahr rund zwei Zentimeter auseinander. In diesem Rhythmus arbeiten die Kräfte unserer Erde. Welch ein Gegensatz zur rastlosen Betriebsamkeit des Menschen! Die kleine Straße am Rande dieses Grabenbruchs zeugt wie die Häuser am Wasser von der Unbekümmertheit des Menschen, von seinem blinden Vertrauen in die Natur. Jede ruhig durchschlafene Nacht scheint denjenigen Recht zu geben, die das unheimliche Brodeln in der Erde ignorieren – bis die Naturgewalten erneut zuschlagen.

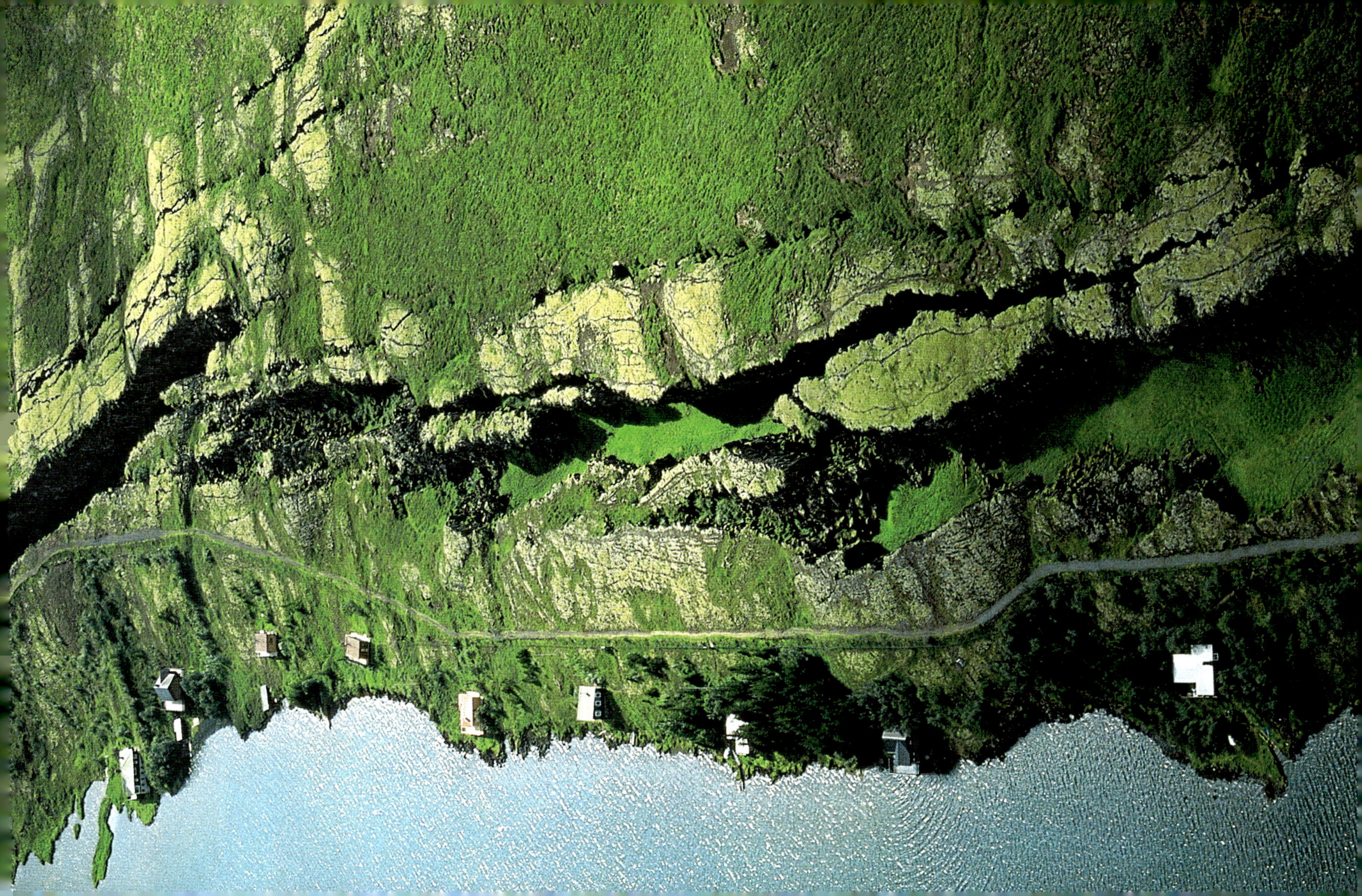

Armut – eine Verletzung der Menschenrechte

Wir leben in einer Welt, die reich ist an wirtschaftlichen und natürlichen Ressourcen, und in einem Zeitalter nie da gewesenen Wohlstands und technischer Möglichkeiten. Aber zugleich leben heute 1,2 Milliarden Menschen in menschenunwürdigen Verhältnissen. Mehr als 400 Millionen Menschen über 65 leben in Armut. Millionen von Kindern und Erwachsenen in den Städten der Welt sind obdachlos und schlafen an unsicheren öffentlichen Orten, auf dem Straßenpflaster, in Baustellen und auf Friedhöfen. In vielen Ländern mit niedrigem Durchschnittseinkommen liegt die Kindersterblichkeit bei zehn bis 20 Prozent. Weltweit sterben jährlich über acht Millionen Kinder an Krankheiten, die durch Luft- und Wasserverschmutzung bedingt sind. Und wir wissen, dass diese Zahlen ein optimistisches Bild zeichnen.

Angesichts dieser inakzeptablen Tatsachen hat die Weltgemeinschaft im Jahr 2000 beschlossen, bis zum Jahr 2015 den Anteil der Weltbevölkerung zu halbieren, deren Tageseinkommen weniger als einen Dollar beträgt. Dieses begrüßenswerte Ziel ist daran orientiert, dass die internationalen Geldinstitute die Armutsgrenze auf ein Einkommen von weniger als einem US-Dollar pro Tag festgelegt haben. Aber dies ist schon im Ansatz falsch: Anzunehmen, dass jemand, der von 1,5 oder zwei Dollar täglich leben muss, nicht arm sei, heißt die Augen vor dem Elend von Millionen von Bewohnern dieses Planeten zu verschließen. Darüber hinaus ist die ganze Realität der Armut nicht über die Definition einer Einkommensgrenze zu fassen. Armut ist nicht bloß eine Frage des Einkommens: Den Mittellosen werden Grundrechte verweigert. Armut besteht in Machtlosigkeit, in Entwürdigung, in der gesellschaftlichen Isolation und Deprivation. Armut ist sowohl Ursache als auch Folge einer Verweigerung von Menschenrechten.

Armut ist aber kein schicksalhaftes Verhängnis. Sie ist eine von Menschen geschaffene soziale und wirtschaftliche Realität. Die Armen sind nicht deshalb arm, weil sie anderen, die in besseren Umständen leben, physiologisch oder geistig unterlegen wären, oder weil sie ein anderes Wertesystem hätten. Armen sind im Gegenteil Dinge wichtig, die anderen gleichgültig geworden sind: Glück, Familie, Kinder, Lebensunterhalt, Frieden, Sicherheit. Ihre Armut ist oft die direkte oder indirekte Folge der Tatsache, dass es der Gesellschaft nicht gelungen ist, Gleichheit und Gerechtigkeit zur Grundlage ihrer sozialen und wirtschaftlichen Beziehungen zu machen.

Armut hat viele Ursachen, und zwar auf der regionalen Ebene ebenso wie der internationalen. Zwei der komplexesten und politisch umstrittensten Bereiche sind die Verteilung von Macht und Ressourcen auf den verschiedenen staatlichen Ebenen und die Qualität der Regierungsführung hinsichtlich Bürgernähe, Verlässlichkeit, Transparenz und Engagement. Aber was kann man tun, um die Regierungen in Industrie- wie in Entwicklungsländern zu mehr Engagement für die Armen zu bewegen?

Auf der Menschenrechtskonferenz des Jahres 1993 in Wien wurde festgestellt, dass Armut eine Verletzung der Menschenrechte ist. Wenn dem so ist, dann ist es die Pflicht der internationalen Gemeinschaft, sich für die Abschaffung der Armut in derselben Weise wie für die Abschaffung der Sklaverei, der Folter und der Apartheid einzusetzen. Die Menschenrechte ruhen auf der Überzeugung, dass es fundamentale Prinzipien gibt, die im Umgang mit allen Menschen beachtet werden müssen. Staaten haben die Pflicht, das Leben, die Freiheit und die Sicherheit ihrer Bürger zu schützen und dafür zu sorgen, dass das grundlegende menschliche Bedürfnis nach einem würdevollen Leben befriedigt wird. Armut entwürdigt die Hälfte der Menschheit – und die andere Hälfte ignoriert dies. Dass ein solches massives und systematisches tägliches Unrecht nicht das Gewissen von Millionen aufrüttelt, ist sicherlich eines der schwerwiegendsten moralischen Probleme unserer Zeit. Während einerseits ein Lippenbekenntnis zur Gleichberechtigung der Menschen abgelegt wird, besteht andererseits die Ungleichheit hinsichtlich der Verteilung der Güter fort und wird von einer ungerechten Politik auf der nationalen und globalen Ebene festgeschrieben. Wollte man Armut wirklich als Menschenrechtsverletzung ächten, müsste man über die Konzeption einer internationalen Gerechtigkeit hinausgehen, die die Beziehungen zwischen Staaten regelt, und zur Forderung einer globalen Gerechtigkeit in den Beziehungen zwischen Menschen gelangen, die ohne Ansehen ihrer Rasse, ihrer Religion, ihres Geschlechts und ihres Alters gleich sind. Denn diese Menschen leben in einer globalisierten Gesellschaft und haben absolute und unveräußerliche Rechte wie das Recht auf Leben, die von der internationalen Gemeinschaft garantiert werden müssen. Auf diese Rechte besteht ein unverbrüchlicher Anspruch, und Staaten haben diesen zu sichern. Daneben hat aber auch jeder Einzelne von uns die moralische Pflicht, zur Beseitigung der Armut beizutragen, vor allem dort, wo Staaten dies nicht können oder nicht wollen. Der Grundsatz der globalen Gerechtigkeit schafft daher die Voraussetzungen für eine gerechtere Verteilung von Ressourcen unter den Menschen und für die Gewährleistung bestimmter absoluter Rechte.

Würden wir die Armut wirklich abschaffen wollen, weil sie eine systematische und permanente Verletzung der Menschenrechte ist, dann bekäme ihr Fortbestand eine andere Dimension: Sie wäre nicht mehr eine bedauerliche Begleiterscheinung, und wir könnten sie nicht mehr als gegeben hinnehmen, sondern sie wäre Unrecht. Mit einer solchen Umkehrung der Beweislast hätten die Armen Anspruch auf eine Entschädigung, weil ihre Armut die Folge einer Vorenthaltung bürgerlicher, kultureller, wirtschaftlicher, sozialer und politischer Rechte ist.

Dafür müsste allerdings die öffentliche Meinung zugunsten der universellen Gerechtigkeit mobilisiert werden. Unter anderem dank der Menschenrechtsdeklaration und der Konferenz von Rom, die den Internationalen Strafgerichtshof geschaffen hat, haben wir heute die Möglichkeit dazu. Einen weltweiten Konsens herzustellen, dass die Existenz von Armut als Verstoß gegen die universelle Gerechtigkeit begriffen wird, ist aber nur ein Schritt.

Es kommt die Notwendigkeit einer politischen Willensbildung auf der nationalen und internationalen Ebene hinzu. Wir brauchen gesetzgeberische Maßnahmen, mit denen Verstöße geahndet werden können. Ein solcher gesetzlicher Rahmen würde den Armen die Möglichkeit geben, ihre Ansprüche durchzusetzen.

Natürlich sind die Menschen verschieden. Natürlich ist kulturelle Vielfalt ebenso eine Tatsache wie biologische Vielfalt. Und natürlich sind wir alle einzigartig – diese Welt ist von sechs Milliarden einmaligen Menschen bevölkert. Dies macht gerade unser Menschsein aus. Wir haben die moralische, ethische und rechtliche Pflicht, die Armut weltweit abzuschaffen, denn nur so können langfristig Frieden und Wohlstand auf unserem Planeten gesichert werden. Dies muss uns allen zu einer Gewissensangelegenheit werden.

Pierre Sané

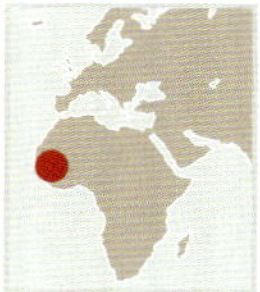

Boote auf dem Rosa-See (auch Retba-See) bei Dakar, Senegal

(14° 50′ nördlicher Breite – 17° 15′ westlicher Länge)

Diese Männer paddeln nicht, mit einem Stock brechen sie die im Wasser schwimmende Salzkruste. Vor 20 Jahren war der Rosa-See, dessen Farbe sich von den im Wasser lebenden Mikroorganismen ableitet, bei den Fischern wegen seiner reichen Fischbestände sehr begehrt. Die winterlichen Regenfälle brachten den notwendigen Wasserzulauf. Doch wegen der lang anhaltenden Trockenheit ist die Oberfläche des Sees deutlich zurückgegangen, und auf Grund der starken Verdunstung ist der Salzgehalt des Wassers dem des Toten Meeres vergleichbar: 320 Gramm pro Liter. Zum Vergleich: Der Atlantik hat einen Salzgehalt von 30 Gramm pro Liter. An die Stelle des Fischfangs ist der Handel mit den Salzkristallen getreten. Jeden Tag werden 30 Tonnen Salz aus dem See gefördert. Der Senegal ist wie die anderen Länder der Sahelzone von einer zunehmenden Trockenheit bedroht. Trotzdem steht das Land im Vergleich zu den anderen afrikanischen Ländern in Sachen Trinkwasserversorgung an vorderster Stelle: 78 Prozent der Senegalesen haben einen direkten Zugang zum Trinkwasser.

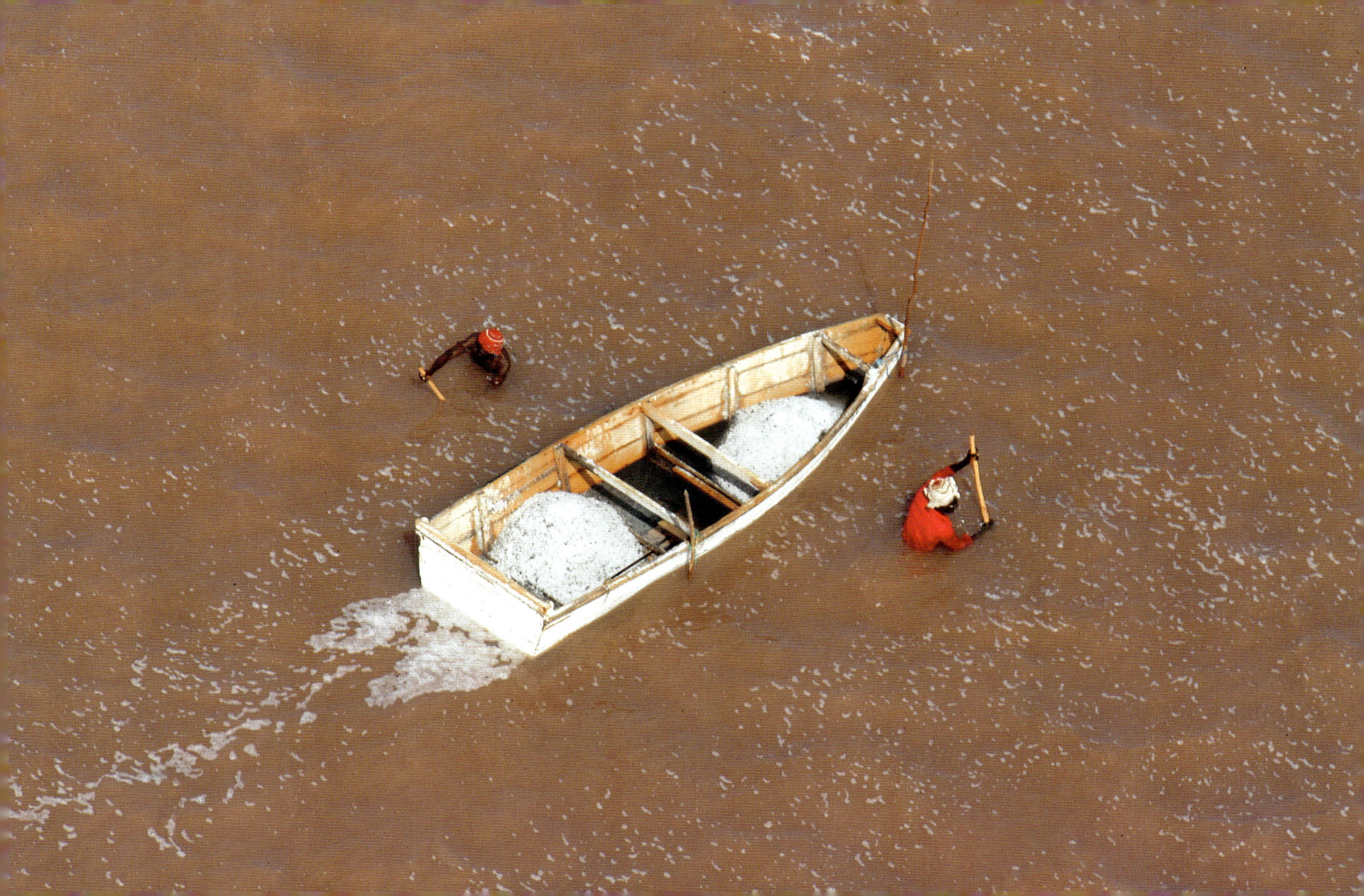

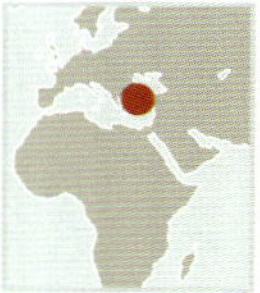

Erdbeben in Gölcük am Marmarameer, Türkei

(40° 43′ nördlicher Breite – 29° 48′ östlicher Länge)

Das Beben, das am 17. August 1999 um 3.02 Uhr die Region Izmit erschütterte, hatte laut Richterskala eine Stärke von 7,4. Zum Vergleich: Der Höchstwert auf der Richterskala ist neun. Das Zentrum des Erdbebens lag in Gölcük, einer Industriestadt mit 65 000 Einwohnern. Nach offiziellen Angaben kamen 15 500 Menschen ums Leben, sie wurden im Schlaf von den Trümmern verschüttet. 50 000 Häuser stürzten ganz oder teilweise ein. Mancher Bauunternehmer musste sich dem Vorwurf stellen, dass er nicht nach den Normen einer erdbebensicheren Bauweise geplant habe. Quer durch die Türkei verläuft der nordanatolische Graben, der sich im Jahr um rund 2,5 Zentimeter verschiebt, allerdings nicht gleichmäßig, sondern ruckartig in Form von Erdstößen: Beim Beben von Izmit hat er sich in weniger als einer Minute um drei Meter verschoben. Die Regionen in den Randbezirken der tektonischen Platten sind besonders erdbebengefährdet, denn der transasiatische Graben verläuft von den Azoren über die Türkei, Armenien und den Iran bis nach Indonesien. Ein Erdbeben ereignet sich seltener als ein Tornado oder eine Überschwemmung. Trotzdem fanden zwischen 1985 und 2000 rund 169 000 Menschen bei tektonischen Beben den Tod.

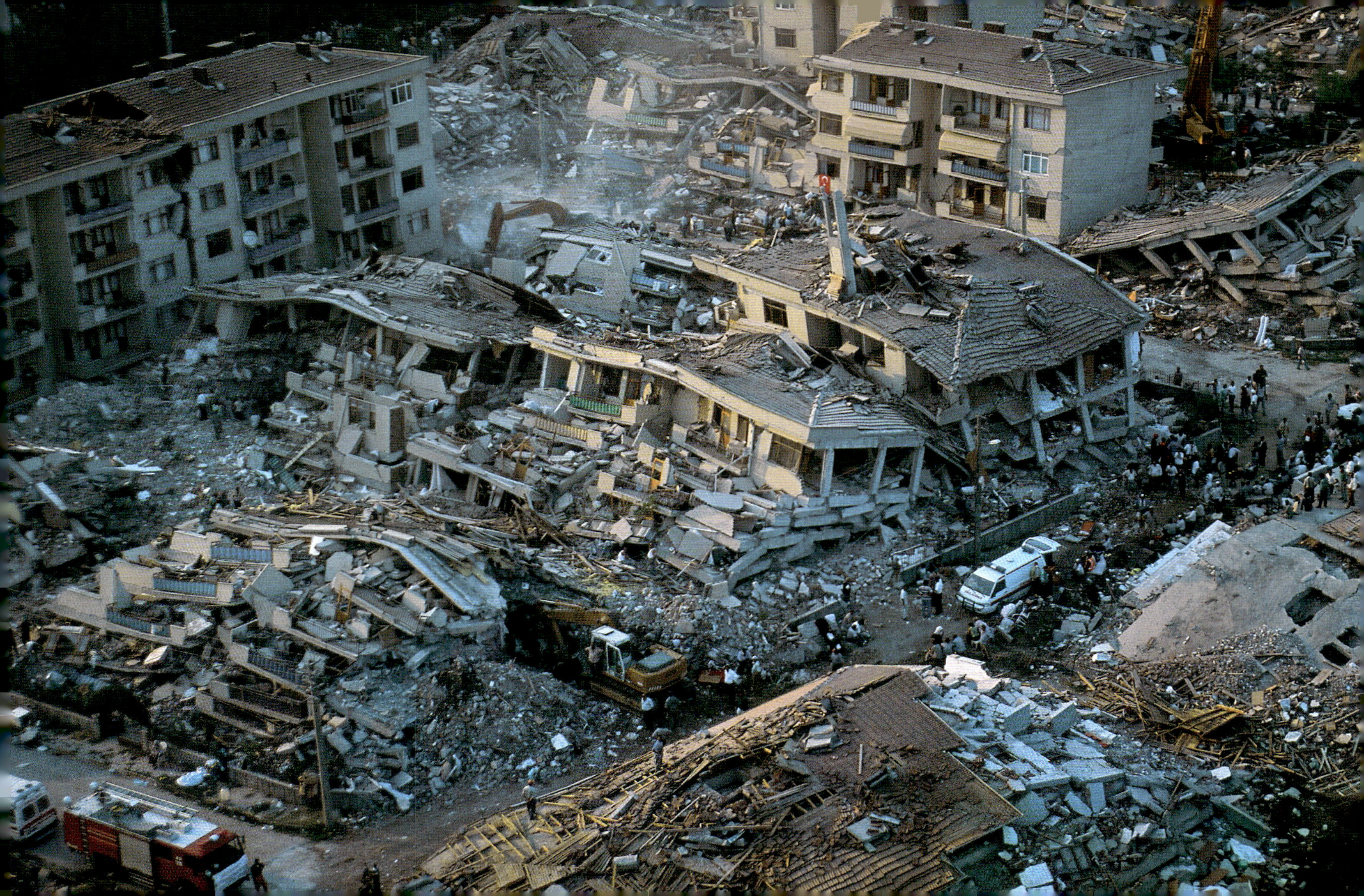

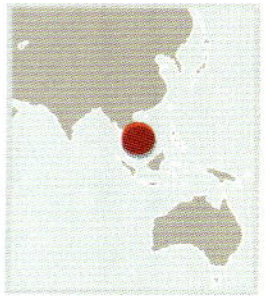

Die Insel Phi Phi Le, Phuket, Thailand

(8° 00′ nördlicher Breite – 98° 22′ östlicher Länge)

Die unbewohnte Insel Phi Phi Le liegt 40 Kilometer vor der thailändischen Küste. Sie steht unter besonderem Schutz, denn die Regierung will den Schwarzhandel mit Vogelnestern unterbinden. Es handelt sich um die Nester einer Mauerseglerart, die in den Höhlen der bis zu 374 Meter hohen Steilküste nistet. Mit dünnen Bambusgerüsten sammeln die Fischer in waghalsigen Aktionen die wegen der getrockneten Speichelfäden begehrten Nester ein. Dem Speichel der Vögel wird eine den menschlichen Körper belebende Wirkung nachgesagt. Für ein Kilogramm dieses »weißen Goldes« werden bis zu 3000 Euro gezahlt. In den frühen 1990er Jahren brachte der Handel mit den Nestern 65 Millionen Euro ein. Zwischen 1995 und 1999 wurden pro Jahr 1,5 Millionen in der Natur gefangene Vögel, 150 000 Felle und rund eine Million Schlangenhäute verkauft. Die Konvention über den internationalen Handel geschützter und vom Aussterben bedrohter Tier- und Pflanzenarten trat im Januar 1975 in Kraft und wurde inzwischen von 150 Ländern unterzeichnet. Mit ihr versucht man, 30 000 bedrohte Tier- und Pflanzenarten vor dem Schwarzhandel zu schützen.

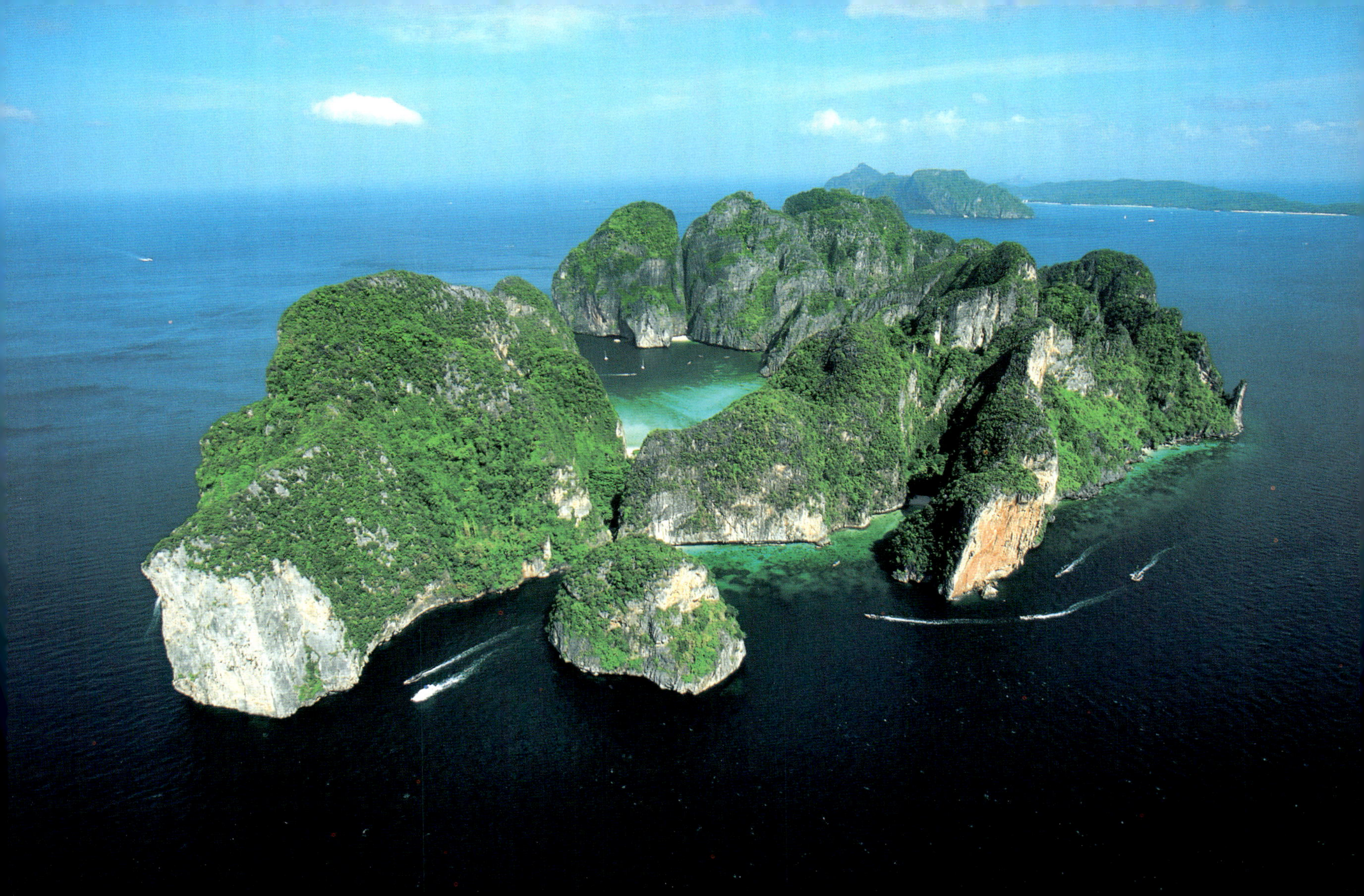

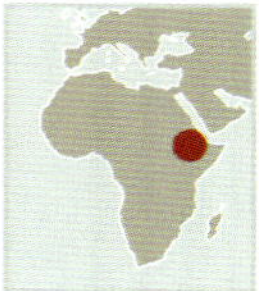

Höhlenkirche von Bieta Ghiorghis, Lalibela, Äthiopien

(12° 02′ nördlicher Breite – 39° 02′ östlicher Länge)

Im Zentrum der westäthiopischen Hochebene steht die kreuzförmige Kirche von Biela Ghiorghis: Das elf Meter hohe Kirchengebäude wurde direkt aus dem roten Sandsteinfelsen herausgehauen. Es ist das Hauptwerk des aus insgesamt elf Felsenkirchen bestehenden Architekturensembles von Lalibela. Das christliche Heiligtum ist eine Gründung des 13. Jahrhunderts. König Gadla Lalibela wollte den Christen eine alternative Pilgerstätte für das an die Moslems verloren gegangene Jerusalem schaffen. Heute pilgern immer noch jedes Jahr zehntausende von Menschen – meist orthodoxe Kopten – zu den aus den Felsen gehauenen Kirchen, die seit 1978 auf der UNESCO-Liste des Weltkulturerbes stehen. In Äthiopien bekennen sich 30 Millionen zum orthodoxen Christentum und 25 Millionen zum Islam. Doch unabhängig von der Konfession sind nahezu alle äthiopischen Frauen beschnitten.

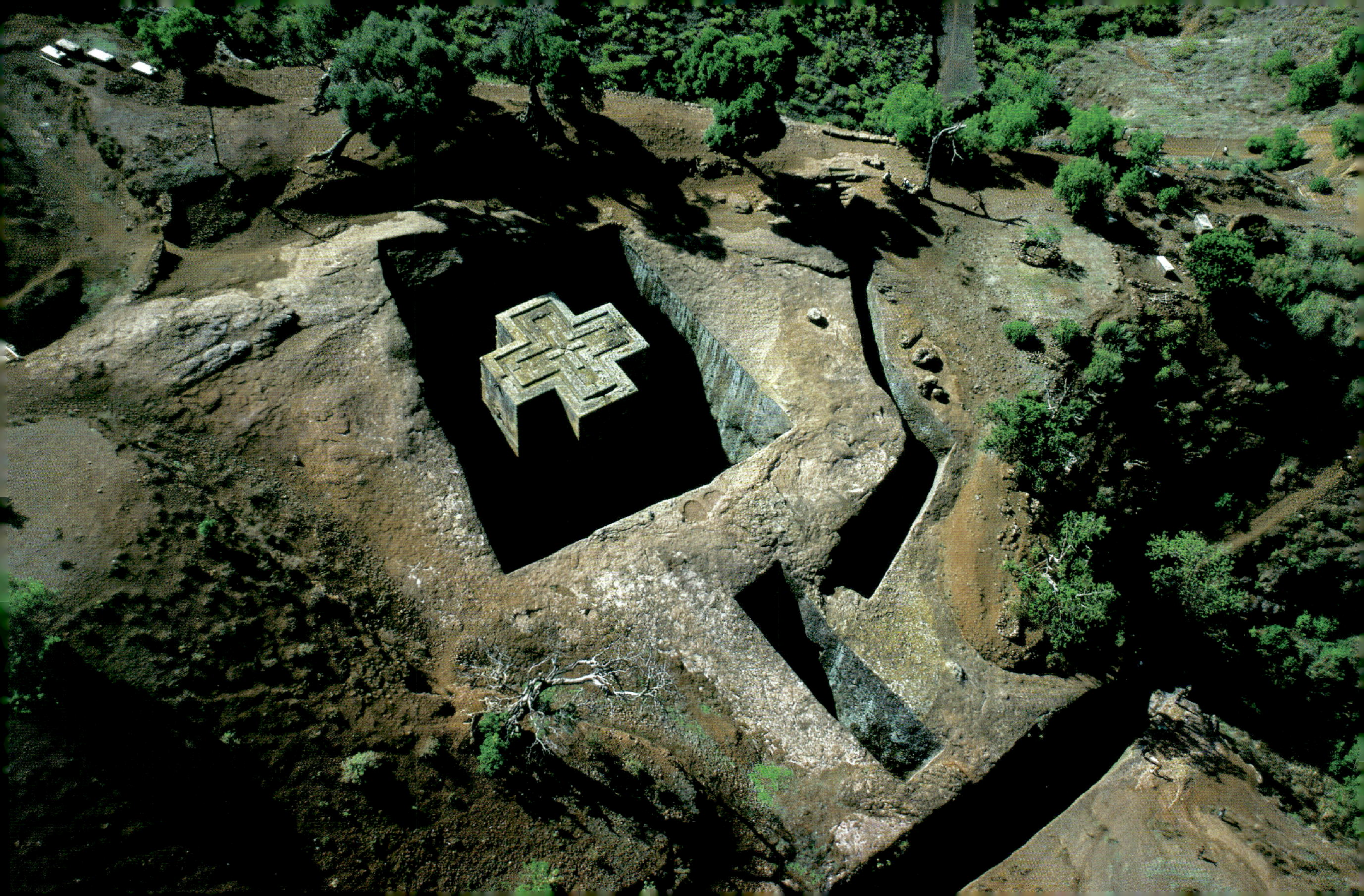

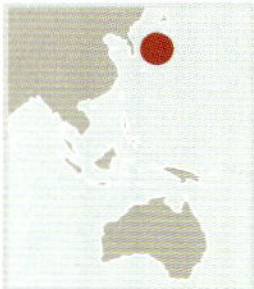

Straßenszene in Tokio, Honshu, Japan

(35° 42′ nördlicher Breite – 139° 46′ östlicher Länge)

Aus dem ehemaligen Edo machte der Kaiser Meiji 1868 die »Hauptstadt des Ostens«. Heute ist das Ballungszentrum Tokio mit seinen 28 Millionen Einwohnern die größte Metropole der Welt. Der Halbkreis, den die am Pazifik liegende Stadt beschreibt, hat einen Radius von 140 Kilometern. Nach schweren Brandkatastrophen, Erdbeben und zahlreichen Bombardierungen während des Zweiten Weltkriegs ist Tokio in ständiger Veränderung begriffen. Die kühnsten Baukonstruktionen schießen aus dem Boden. Doch neben großen Verkehrsadern und Wolkenkratzern gibt es auch ein Tokio mit nahezu dörflichem Charakter, mit kleinen Einzelhäusern, zwischen denen die Fußgänger und die Radfahrer das Straßenbild bestimmen. Auch in der anonymen Großstadt kann es ein menschlich-nachbarschaftliches Miteinander geben. Die Kriminalitätsrate von Tokio zählt zu den niedrigsten der Welt. Die hohe Zahl der in den Geschäften oder bei der Tokioter Metroverwaltung abgegebenen Fundstücke ist beeindruckend.

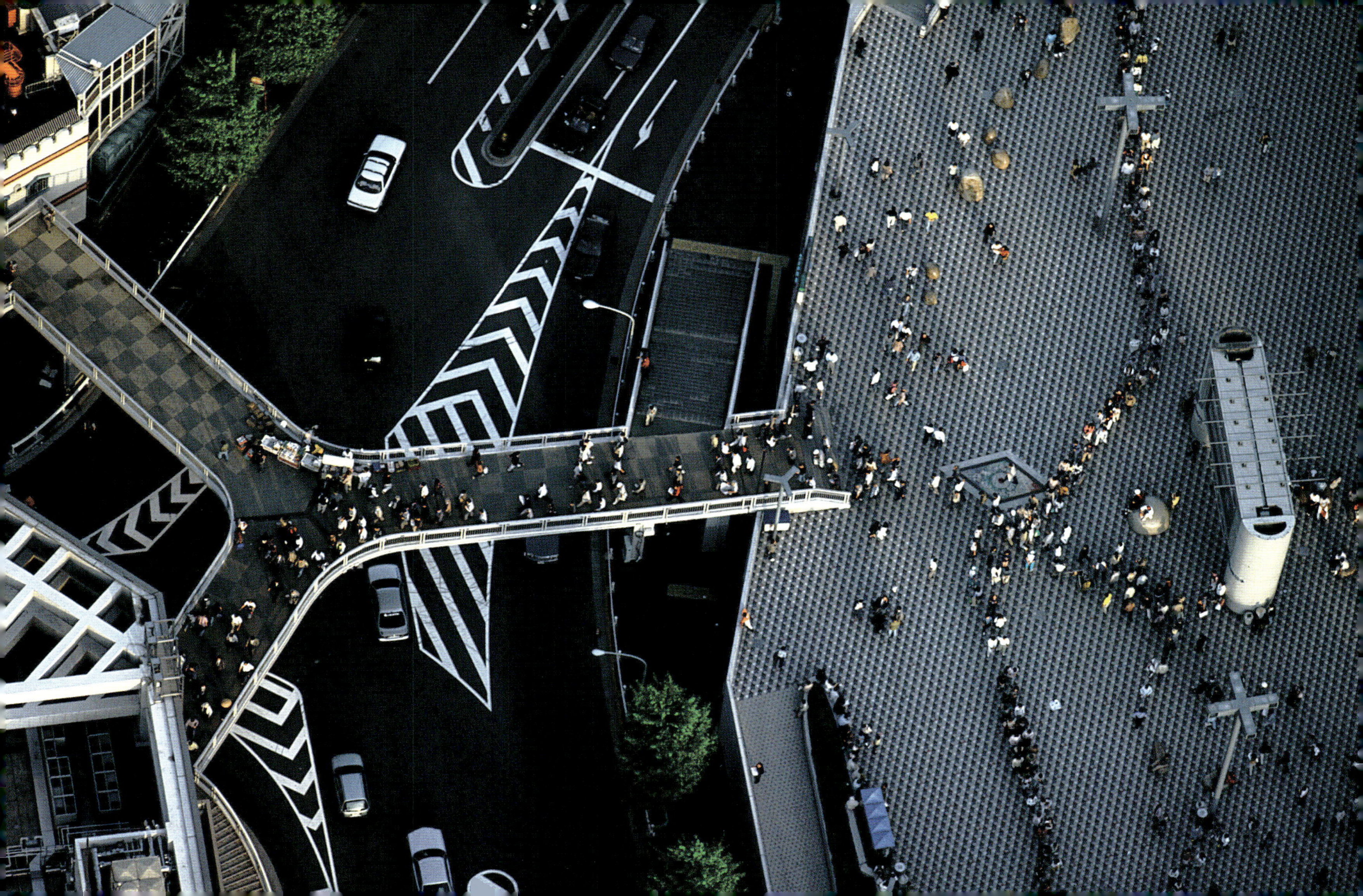

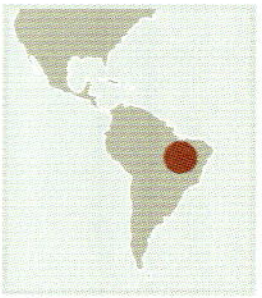

Goldbergbau bei Poconé, Mato Grosso do Norte, Brasilien

(16° 15′ südlicher Breite – 56° 37′ westlicher Länge)

Der eigenartige Glanz dieser Goldminen ist ein Hinweis darauf, dass das Gold mit Quecksilber angereichert wurde – eine Technik, die wenig kostet, leicht durchführbar und sehr effizient ist. Doch die Quecksilberdämpfe sind für alle Minenarbeiter äußerst schädlich. Aber gesundheitliche Gesichtspunkte spielen beim Bergbau eine untergeordnete Rolle. Außerdem wird die Gefahr durch Quecksilber oft unterschätzt. Folglich werden entsprechende Schutzmaßnahmen als zu kostspielig verworfen. Man vermutet, dass in Lateinamerika seit den späten 1970er Jahren 5000 Tonnen Quecksilber in den Boden geflossen sind.

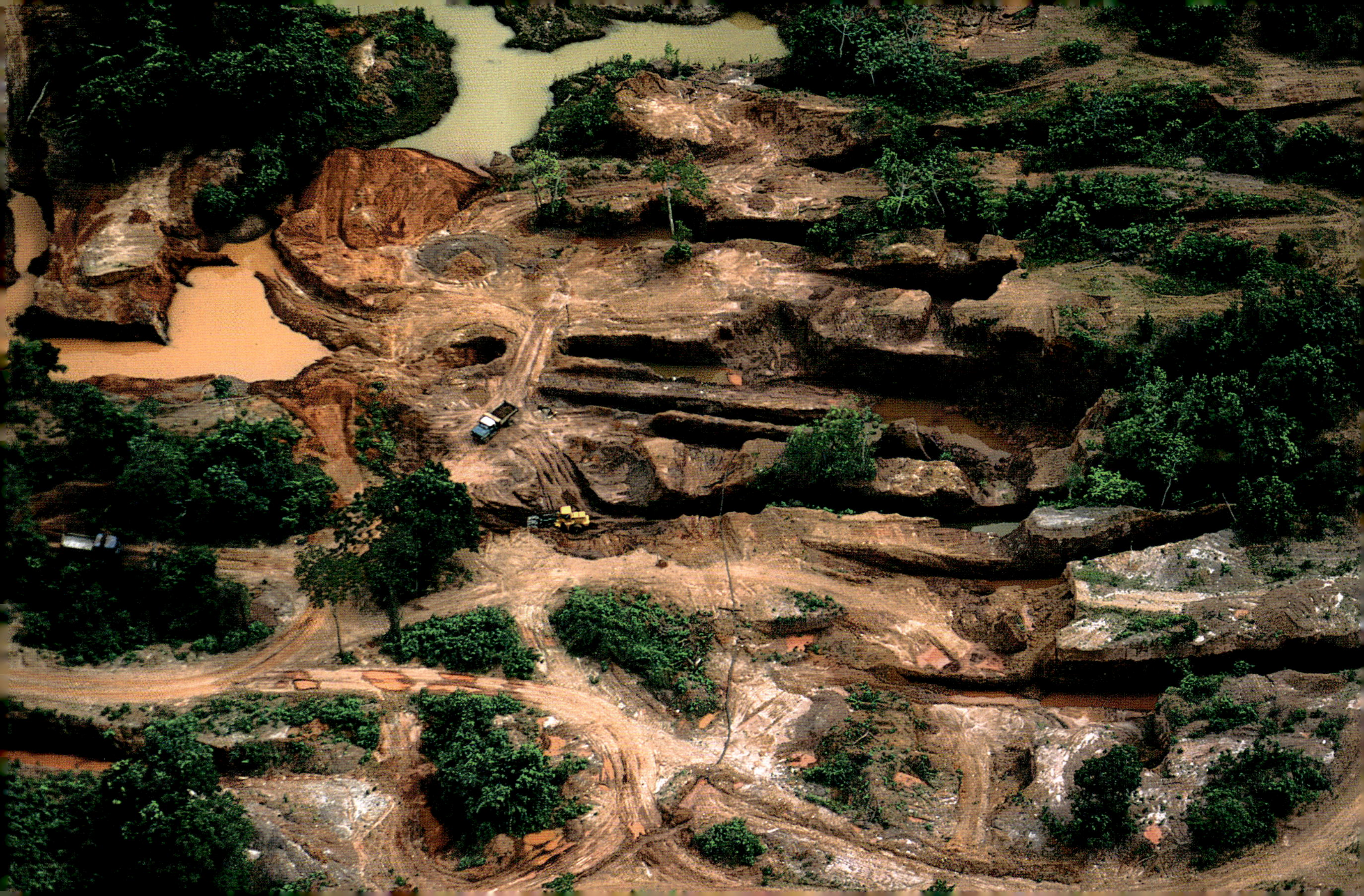

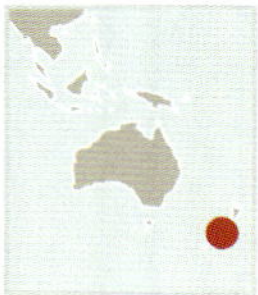

Der Fluss Rakaia bei den Canterbury Plains auf der Südinsel von Neuseeland (43° 20′ südlicher Breite – 171° 26′ östlicher Länge)

Östlich der neuseeländischen Südalpen liegt die ausgedehnte Schwemmlandebene des Rakaia-Flusses mit seinen zahlreichen Mäandern und Kiesbänken. Mehrere Flüsse in den Canterbury Plains haben noch ihren ursprünglichen Lauf bewahrt. Sie bilden ein natürliches Ökosystem, das es sonst in dieser Größenordnung nur noch im Himalaja oder in Nordamerika gibt. Auf den zahlreichen Flussinseln leben 26 verschiedene Wasservogelarten. Sie legen ihre Eier zwischen die Steine und ernähren sich von den Insektenschwärmen und den üppigen Fischbeständen. Mehrere der leider vom Aussterben bedrohten Stelzvogelarten gibt es nur in dieser unberührten Schwemmlandebene: Dazu gehört der elegante schwarze Strandreiter, von den Biologen *himantopus novazelandiae* genannt. Im Jahr 2000 zählte man nur noch 48 Exemplare seiner Art. Der Bau von Deichen und Staudämmen ist der Hauptgrund für die biologische Verarmung dieses Milieus.

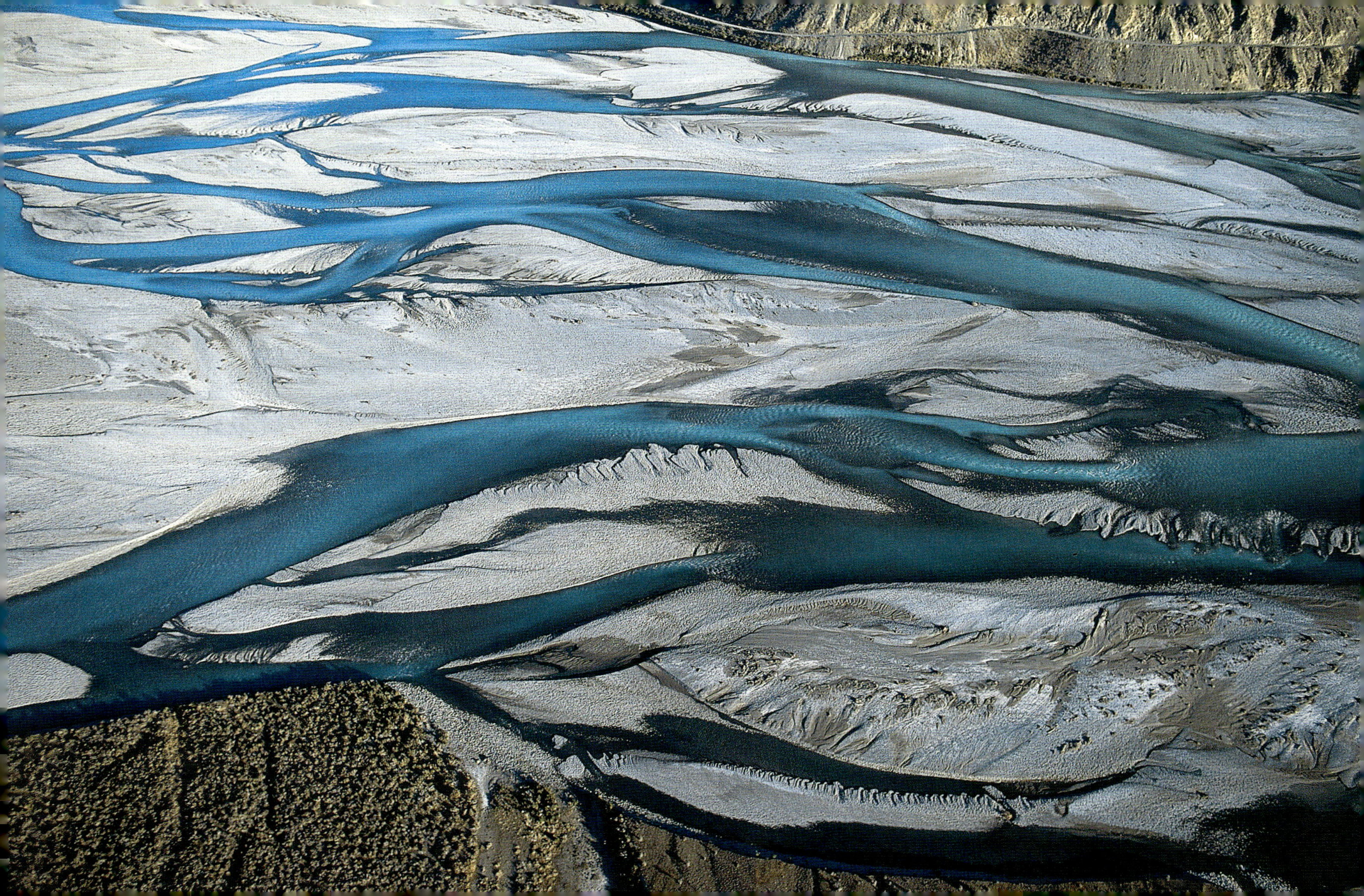

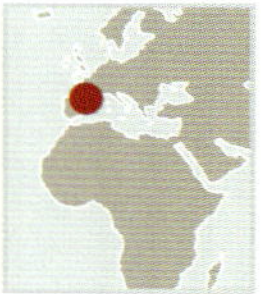

Guggenheim-Museum in Bilbao, Baskenland, Spanien

(43° 15′ nördlicher Breite – 2° 58′ westlicher Länge)

Das Guggenheim-Museum in Bilbao wurde 1997 eingeweiht, drei Jahre nach der Grundsteinlegung. Der Bau des Museums ist Teil eines Projekts zur Neugestaltung der baskischen Industriestadt und kostete 100 Millionen Dollar. Die Pläne stammen vom kalifornischen Architekten Frank O. Gehry und wurden mit Computerprogrammen gezeichnet, die sonst in der Raumfahrt Anwendung finden. Die zum Teil mit Titan überzogenen Strukturen aus Glas, Stahl und Kalkstein erinnern an die Schiffsbautradition der Stadt. Das Museum hat eine Gesamtfläche von 24 000 Quadratmetern. Die in 19 Räume aufgeteilte Ausstellungsfläche ist 11 000 Quadratmeter groß, und dazu gehört auch eine der größten Galerien der Welt (130 Meter mal 30 Meter). Wie zahlreiche andere Museen, die durch die von dem berühmten Mäzen Salomon R. Guggenheim gegründete Stiftung in Amerika und Europa unterhalten werden, ist auch dieses Museum der zeitgenössischen Kunst gewidmet. Durch diese Kulturattraktion stiegen die jährlichen Besucherzahlen Bilbaos von 260 000 auf über eine Million. Die Wirtschaft der Region erfuhr eine deutliche Belebung: Das Bruttoinlandsprodukt hat sich im Baskenland verfünffacht, und die Stadt bekam neue Impulse.

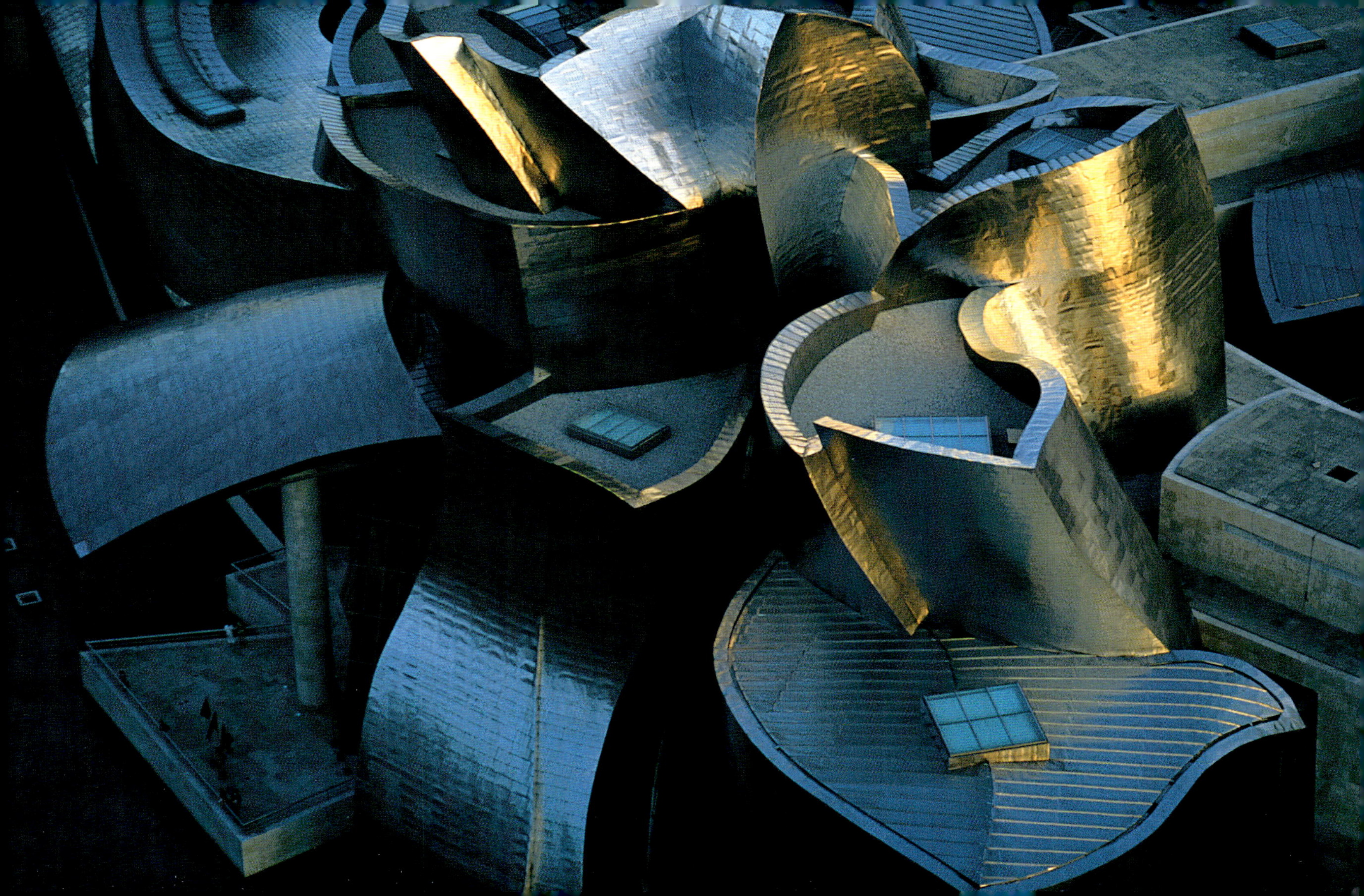

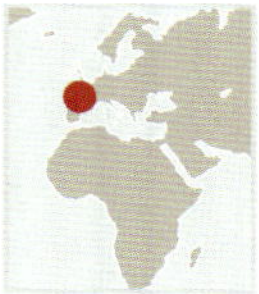

Ebbe im Golf von Morbihan, Frankreich

(47° 34′ nördlicher Breite – 2° 49′ westlicher Länge)

Die Vogelwelt tummelt sich in den bei Ebbe zum Vorschein kommenden Küstenniederungen. Die Landschaft des Golfs von Morbihan wird hauptsächlich durch die Gezeiten geformt. Sie sind auf die Anziehungskraft der die Erde umkreisenden Himmelskörper zurückzuführen. Vor allem der Mond, der unserem Planeten am nächsten steht, hat auf die Gezeiten einen entscheidenden Einfluss. Wenn Sonne und Mond in einer Achse stehen, sind die Gezeiten besonders stark (so genannte Springflut). Im Golf von Morbihan wird die Gezeitenströmung durch die zahlreichen Wasserpflanzen deutlich gebremst. Die üppige Flora dient den 130 000 überwinternden Vögeln als Nahrung. Dies war sicherlich auch ein Grund, weshalb man sich auf der Konferenz von Ramsar entschloss, den Golf von Morbihan auf die Liste der Feuchtgebiete zu setzen, die von globaler Bedeutung sind.

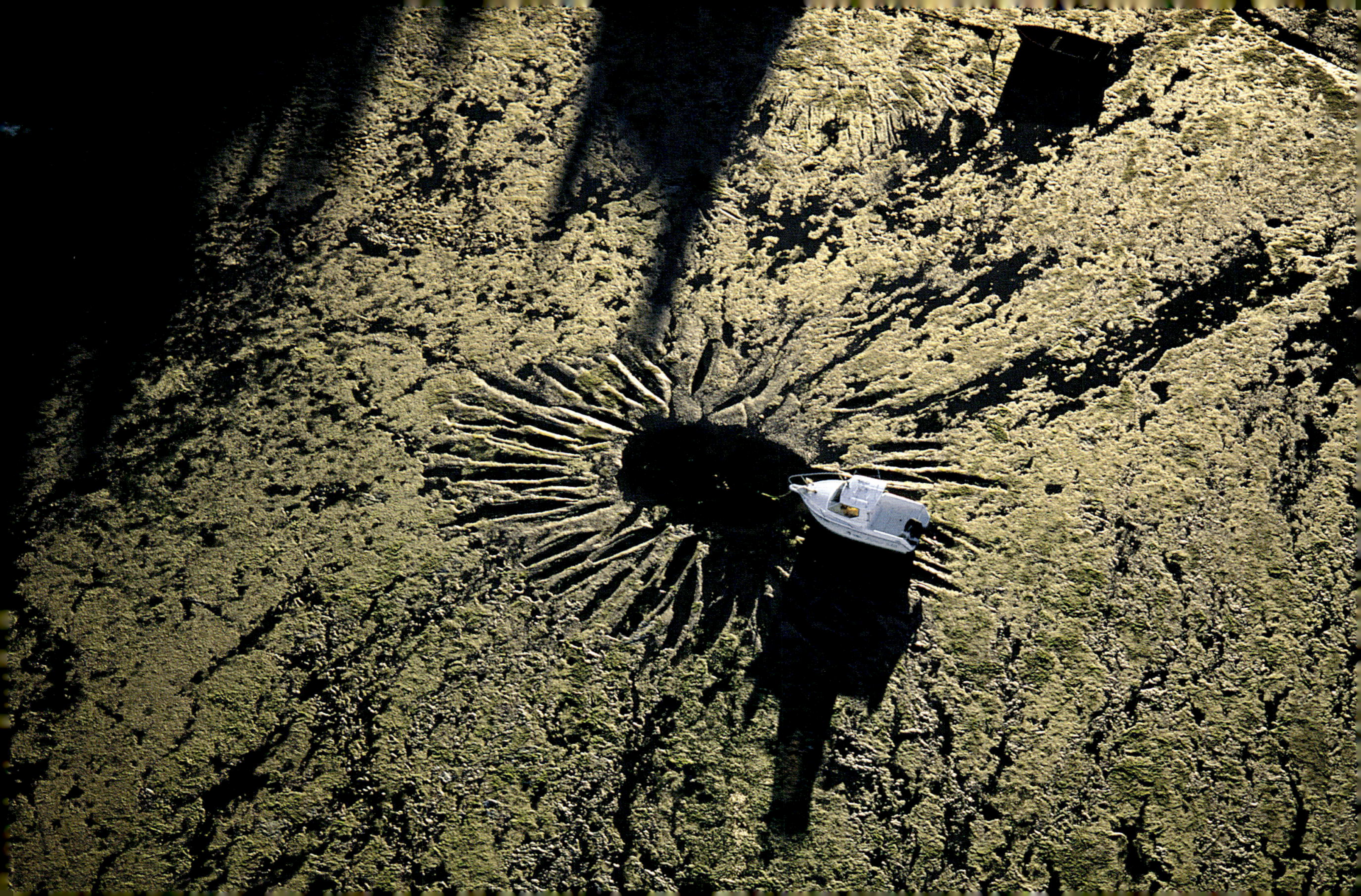

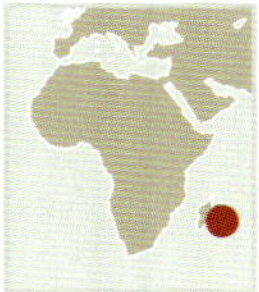

Hubschrauber über der Insel Réunion, Frankreich

(21° 01′ südlicher Breite – 55° 32′ östlicher Länge)

Das Zentrum der Vulkaninsel Réunion ist gebirgig. Die bewachsenen Steilhänge des Talkessels von Salazie geben den Wasserfällen einen grandiosen Rahmen. Der 100 Quadratkilometer große Krater erinnert an den vulkanischen Charakter der Insel, die wie die Inseln Maurice und Rodrigues zu den Maskarenen gehört. Die Inselgruppe hält einen traurigen Rekord: Denn seit der Ankunft der ersten Europäer im 16. Jahrhundert sind nirgendwo anders so viele Tier- und Pflanzenarten für immer verschwunden. Sieben endemische Vogel- und rund 100 endemische Pflanzenarten wurden auf den Inseln ausgerottet und sind damit für alle Zeiten von unserem Planeten verschwunden. Eine ebenfalls endemische Falkenart der Insel Mauritius konnte jedoch im letzten Moment gerettet werden: 1974 gab es nur noch vier frei lebende Exemplare dieser Vogelart. 1996 war der Bestand dieser Falken durch den strengen Schutz ihres Lebensraums und die Auswilderung von in der Gefangenschaft aufgezogenen Artgenossen wieder auf 400 Paare angewachsen.

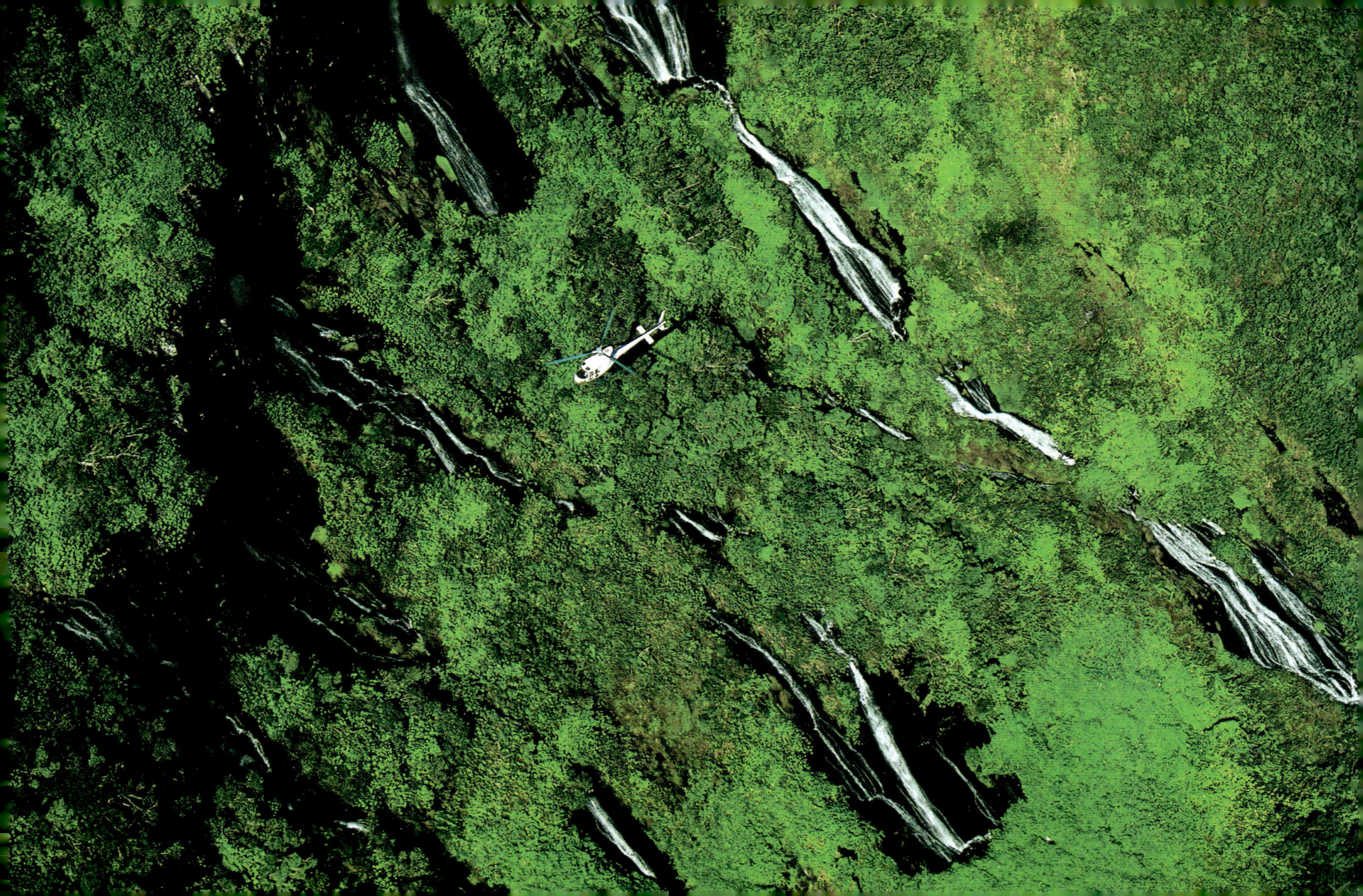

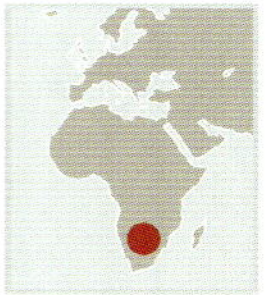

Antilopen im Becken des Okavango, Botswana

(18° 45′ südlicher Breite – 22° 45′ östlicher Länge)

Noch vor zwei Millionen Jahren standen die Flüsse Okavango und Limpopo miteinander in Verbindung: Sie vereinigten sich und flossen in den Indischen Ozean. Doch tektonische Verwerfungen zwangen den Okavango, seinen ursprünglichen Verlauf zu ändern. So endet der »Fluss, der nie das Meer findet«, in einem sumpfigen, etwa 15 000 Quadratkilometer großen Binnendelta. In diesem Becken ist Platz für eine reiche Tierwelt: 400 Vogel-, 95 Reptilien-, 70 Fischarten und 40 Arten von Großsäugern. Die Vegetation bietet Nahrung und gleichzeitig Schutz vor den Raubtieren. Auch die *cobes lechwe*, eine in feuchten Sumpfgebieten lebende Antilopenart, ist im Becken des Okavango zahlreich vertreten. Seit 1996 steht das Binnendelta auf der Liste der Ramsar-Konvention. Dort sind die 1075 wichtigsten Feuchtgebiete unseres Planeten registriert, und man sucht nach Lösungen, die den wirtschaftlich-sozialen Interessen und dem Wunsch nach Erhaltung des natürlichen Gleichgewichts gerecht werden.

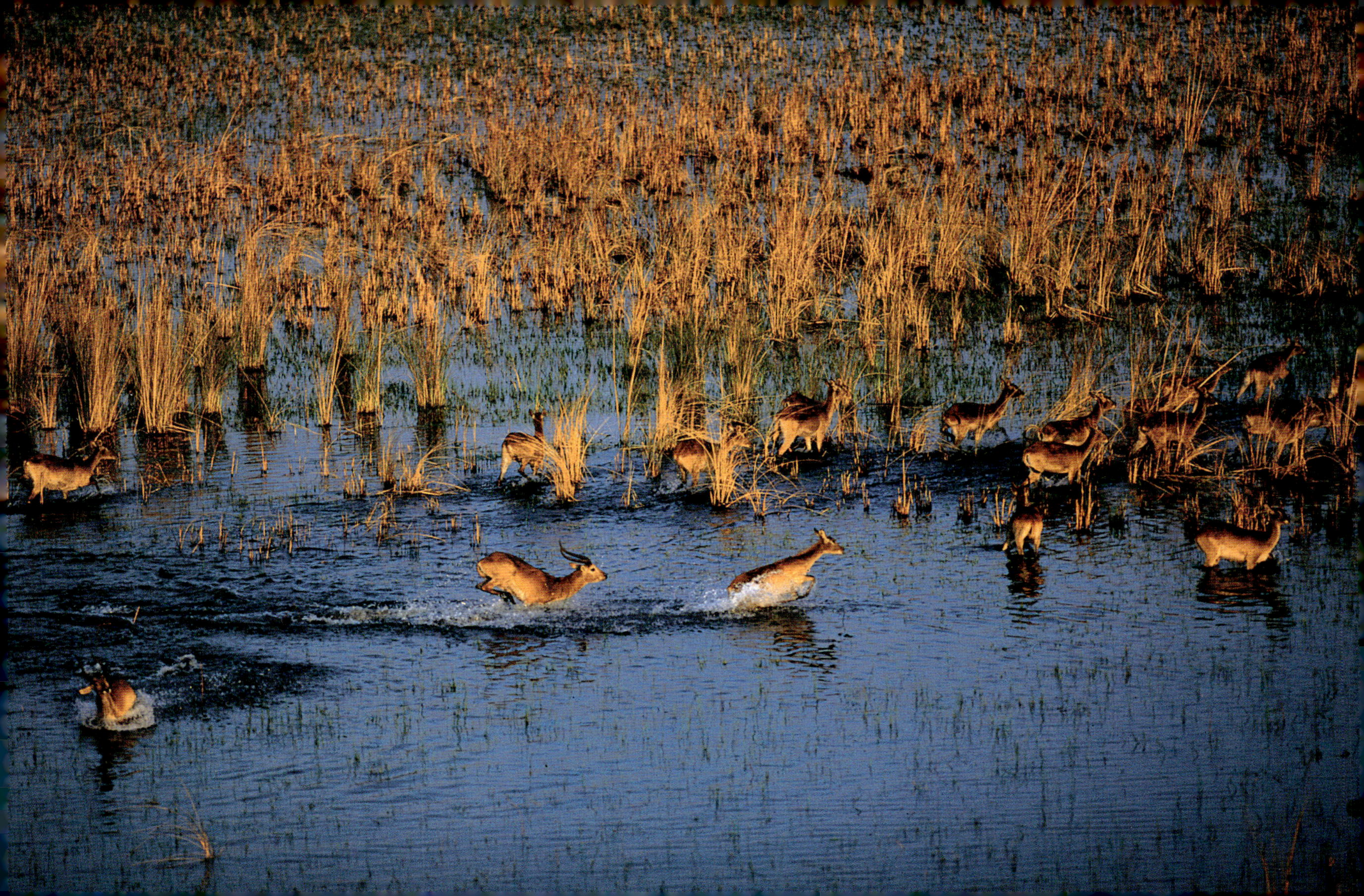

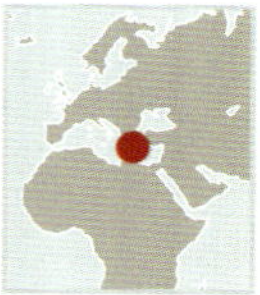

Bauer auf seinem Feld, Region Lassithi, Kreta, Griechenland

(35° 09′ nördlicher Breite – 25° 35′ östlicher Länge)

In der gebirgigen Landschaft Kretas sind die Bedingungen für den Ackerbau schwierig: Der Esel, das traditionelle Fortbewegungs- und Transportmittel, ist für Kreta sicherlich ideal und wird auch immer noch auf der ganzen Insel eingesetzt, auch auf der fruchtbaren Hochebene von Lassithi. Das kretische Klima gilt als eines der mildesten und gesündesten ganz Europas und ist zweifelsohne einer der Gründe für die außergewöhnlich lange Lebenserwartung der Einheimischen. Mit ausschlaggebend ist aber sicherlich auch die kretische Küche, deren fester Bestandteil die Olive und das Olivenöl sind. Die Kreter sind jedoch nicht die einzige Gemeinschaft der Hundertjährigen. Auch im Vilcabamba-Tal in Ecuador gibt es auffallend viele Hundertjährige. Dank des medizinischen Fortschritts und der allgemeinen Verbesserungen im hygienischen Bereich ist die allgemeine Lebenserwartung des Menschen unaufhörlich gestiegen und liegt heute bei 66 Jahren. Global betrachtet fällt sie allerdings sehr unterschiedlich aus: In Japan und Kanada wird man im Durchschnitt 80 Jahre alt. In den ärmsten Entwicklungsländern hingegen sterben drei Viertel der Menschen vor ihrem 50. Lebensjahr.

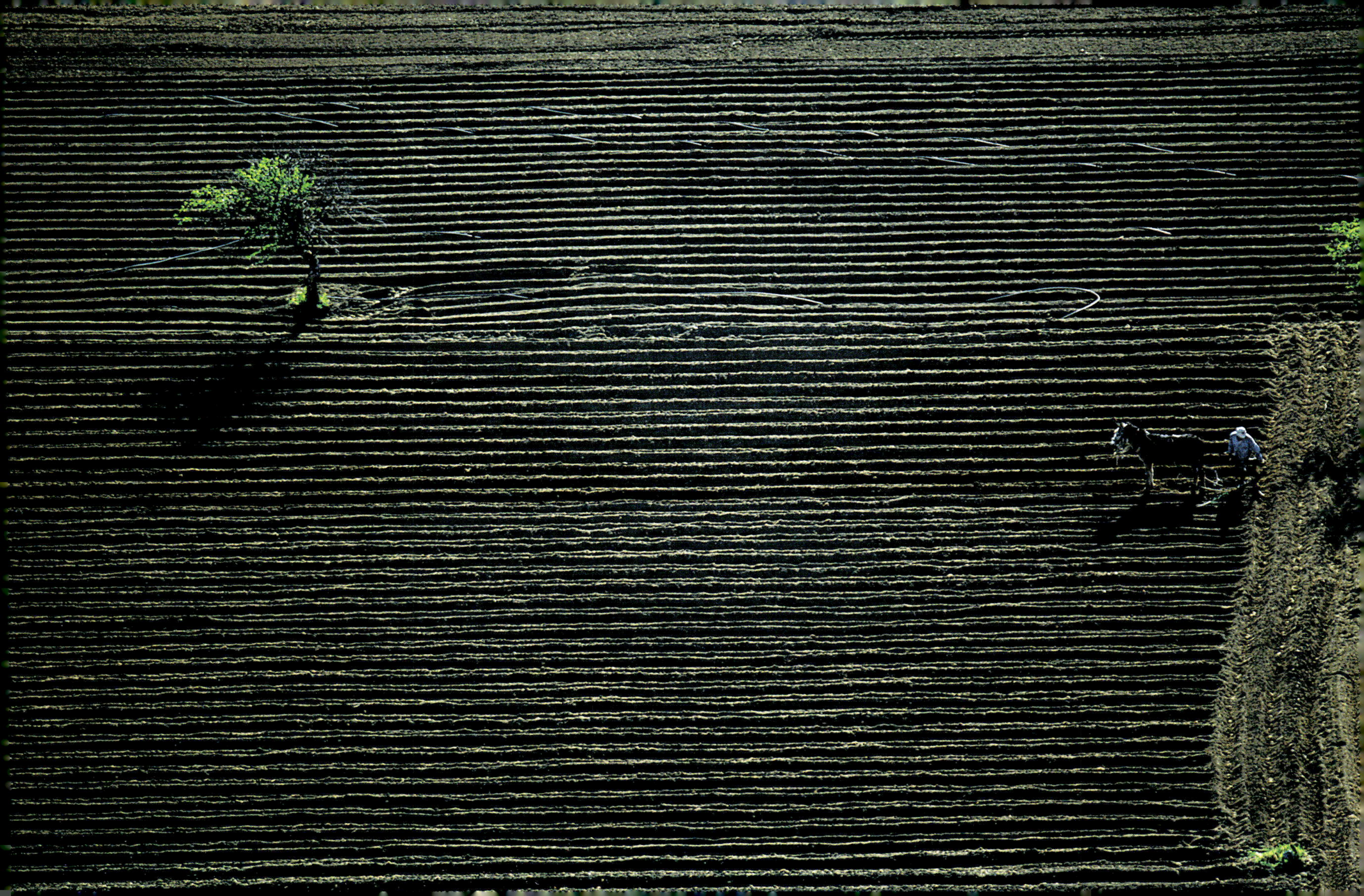

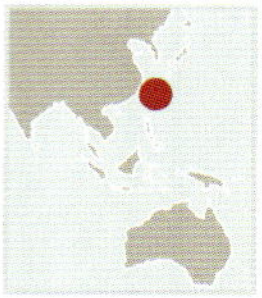

Gestrandetes Wrack beim Pescadores-Archipel, Taiwan

(23° 37′ nördlicher Breite – 119° 33′ östlicher Länge)

Die Pescadores-Inseln (dt. Fischerinseln) zwischen Taiwan und dem chinesischen Festland erinnern mit ihrem Namen an die spanische Besiedlung im 16. Jahrhundert. Das Wrack steht für den starken Schiffsverkehr vor den Küsten Taiwans – der Inselstaat ist der fünftgrößte Hafenumschlagplatz der Welt. Am 14. Januar 2001 versank ein griechischer Öltanker vor der Südküste Taiwans und zerstörte auf Jahre hinaus den Korallen- und Fischbestand des nahe gelegenen Naturparks Lungkeng. Die Korallenriffe Taiwans zählen zu den prächtigsten der Welt (über 300 verschiedene Korallenarten und rund 1200 Fischarten). Am meisten bedroht werden sie jedoch nicht von der Ölflut, sondern von den fatalen Fischfangmethoden mit Dynamit. 27 Prozent des weltweiten Korallenbestands sind bereits vernichtet und weitere 14 Prozent werden in den nächsten zehn bis 20 Jahren das gleiche Schicksal erfahren.

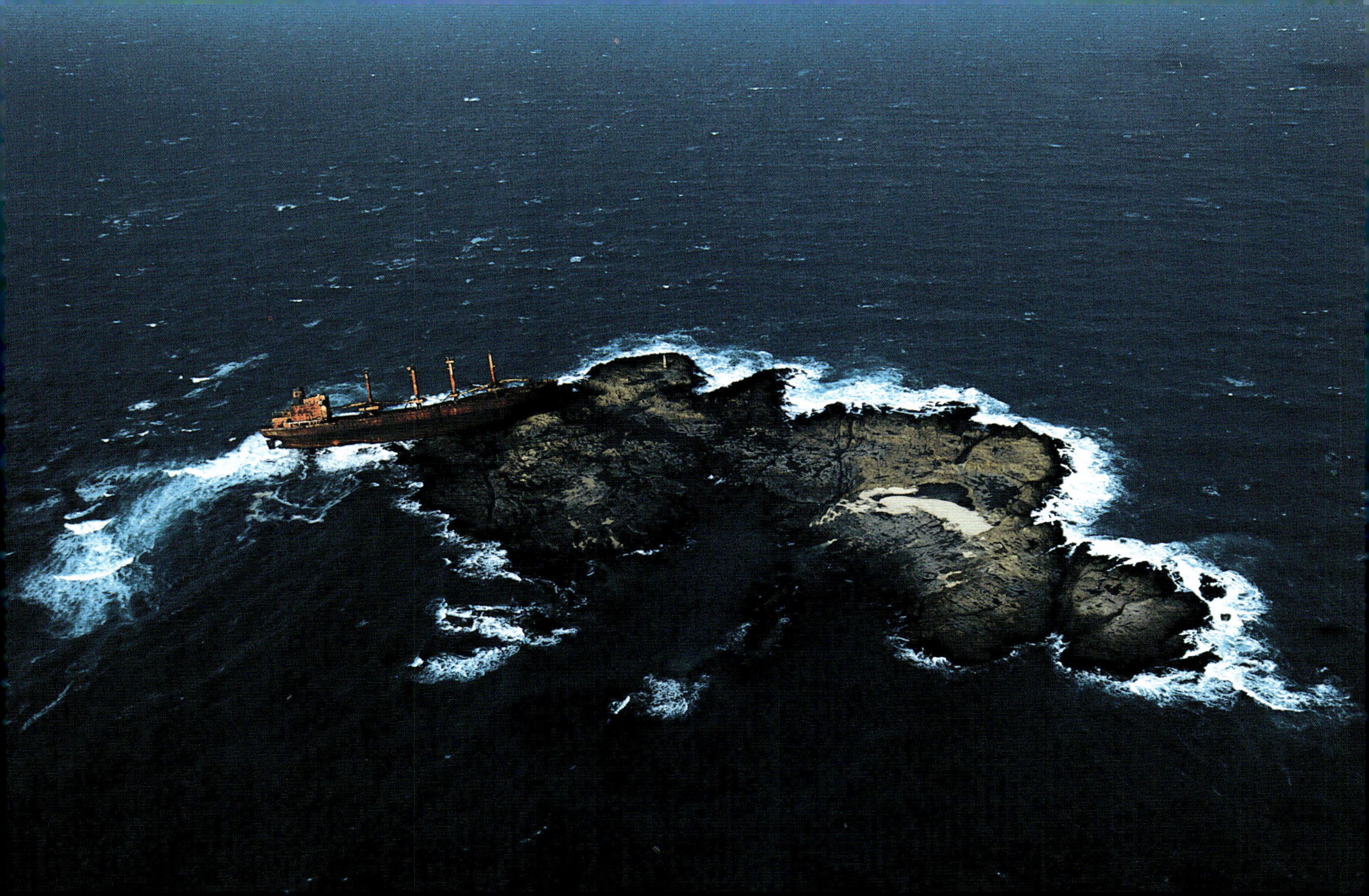

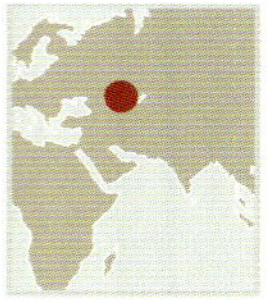

Feuerrodung bei Kasalinsk, Kasachstan

(45° 46′ nördlicher Breite – 62° 07′ östlicher Länge)

Endlose Steppenlandschaft soweit das Auge reicht. Die kasachische Ebene reicht vom kaspischen Meer bis zur chinesischen Nordgrenze. Sie umfasst 2 700 000 Quadratkilometer, auf denen rund neun Millionen Nomaden leben, Abkömmlinge von im 15. Jahrhundert islamisierten Turk- und Mongolenstämmen. Heute machen die Kasachen lediglich die Hälfte der Landesbevölkerung aus. Der andere Teil setzt sich zusammen aus Russen, Ukrainern, Usbeken und Deutschen. Die deutsche Minderheit wurde unter Stalin nach Kasachstan verschleppt, denn bis 1991 gehörte das Land zur Sowjetunion. Auf den Getreideanbau der Deutschen stützte sich eine Zeit lang die Hoffnung, aus Kasachstan die Kornkammer des Ostens zu machen. Doch der ständige Ackerbau zehrte den schon von Anfang an armen und vom Wind erodierten Boden völlig aus. Bis 2025 wird Kasachstan rund die Hälfte seines Ackerbodens verlieren. Damit ist die Existenzgrundlage eines Fünftels der Bevölkerung ernsthaft bedroht. Weltweit haben mindestens eine Milliarde Bauern und Viehzüchter in den kommenden Jahren mit einer Verschlechterung des Bodens zu rechnen.

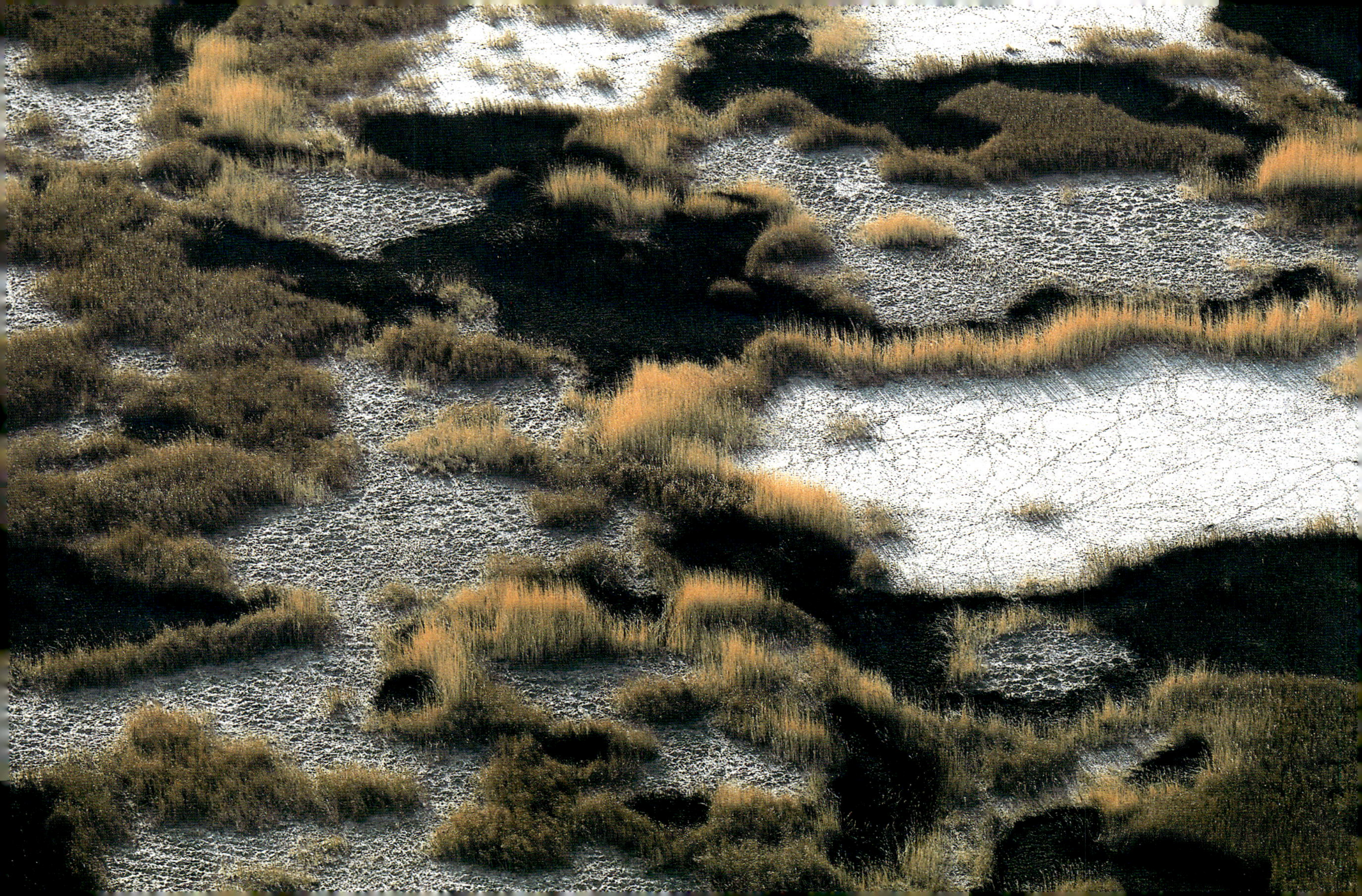

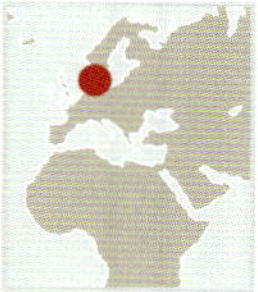

Landwirtschaftlicher Betrieb bei Kalundborg, Seeland, Dänemark

(55° 41′ nördlicher Breite – 11° 06′ östlicher Länge)

Die dänischen Bauern zählen zu den produktivsten der Welt: Jeder von ihnen kann rund 140 Menschen ernähren. In Dänemark wurde eine hoch technologische Landwirtschaft entwickelt, die auf dem Gebiet des Umweltschutzes richtungsweisend ist. Die Flussufer, Wald- und Straßenränder wurden dicht bepflanzt, um das Durchsickern des Regenwassers zu verhindern und so die Flüsse und das Grundwasser von Pestiziden und Düngemitteln freizuhalten. Die landwirtschaftliche und industrielle Düngung führt in den Flüssen und Mündungstrichtern zu einer verstärkten Algenbildung. Dies wiederum hat eine ernste Bedrohung der im Wasser lebenden Tierwelt zur Folge. Auch die unkontrollierte Müllentsorgung und der maßlose Verbrauch von Reinigungsmitteln beeinträchtigen die Wasserqualität. Diesen Umweltproblemen müssen sich die Industrieländer stellen.

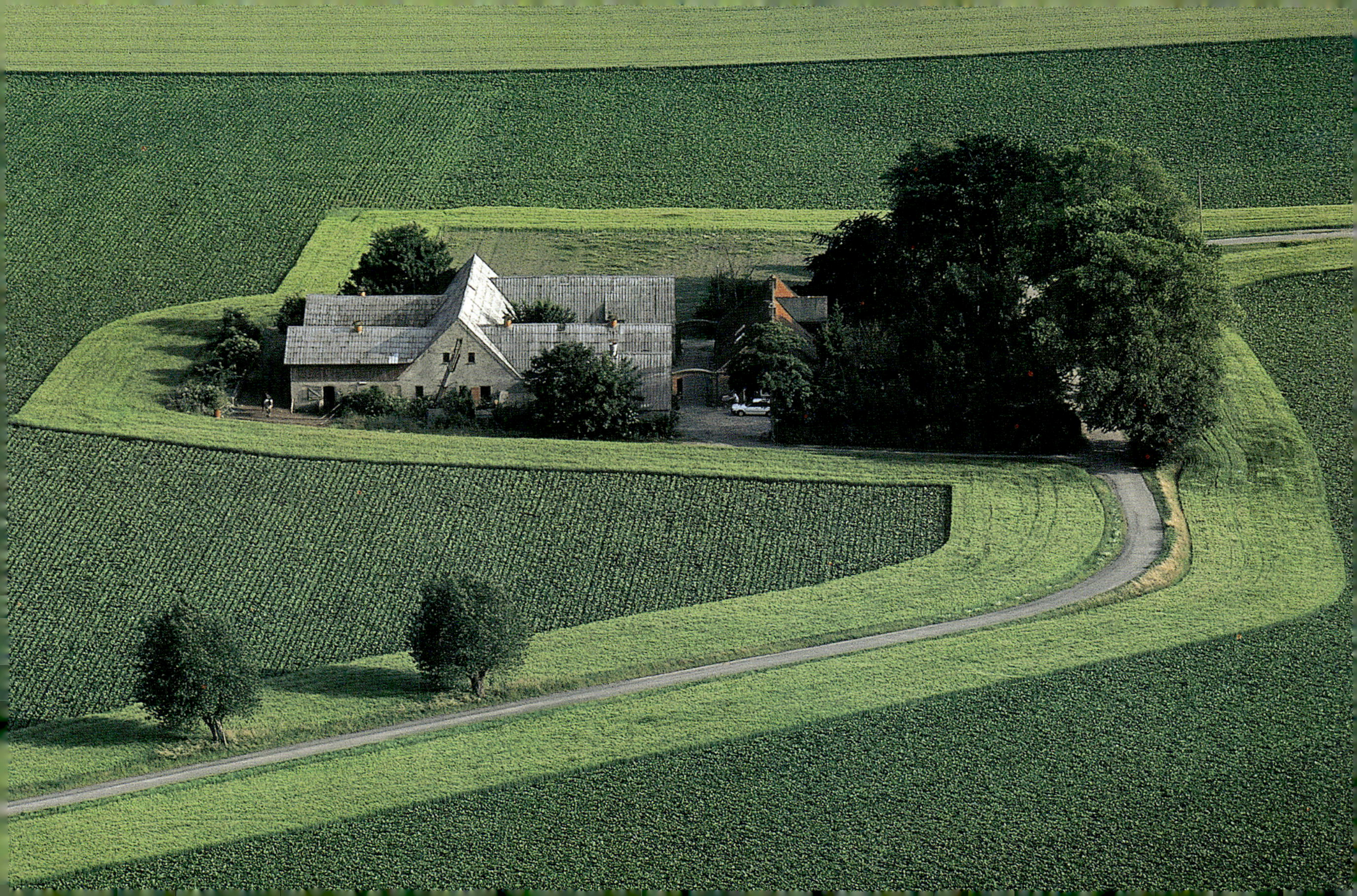

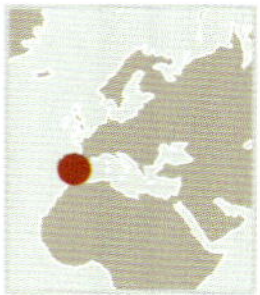

Olivenbäume am Rande des Rückhaltebeckens von Vadomojon, Provinz Jaén, Spanien (37° 37′ nördlicher Breite – 4° 12′ westlicher Länge)

Das Wasserrückhaltebecken von Vadomojon liegt inmitten trockener Olivenbaumhaine an der Grenze zwischen den Provinzen Jaén und Cordoba. Diese beiden andalusischen Verwaltungsbezirke liefern 40 Prozent der weltweiten Olivenernte. Spanien liegt als Olivenproduzent einsam an der Spitze, weit vor den anderen Ländern des Mittelmeerraums. Die Olivenbaumpflanzungen machen ein Drittel der Provinz Jaén aus und bestimmen den Arbeitsmarkt: Im Sommer liegt die Arbeitslosenquote bei 45 Prozent, während der Olivenernte sinkt sie auf zehn Prozent. Um möglichst viel vom grünen Gold profitieren zu können, wurden zwischen 1990 und 2000 vorwiegend mit EU-Geldern die künstlich bewässerten Flächen der Region verdoppelt. Folge: Andalusien leidet unter schwerem Wassermangel. Aus diesem Grund wurde 2000 ein nationaler Wasserversorgungsplan vorgelegt, der den südspanischen Wasserbedarf durch Wasser aus Nordspanien und durch den Bau von 70 neuen Staudämmen decken will. Seitdem werden in Spanien die heftigsten Debatten geführt.

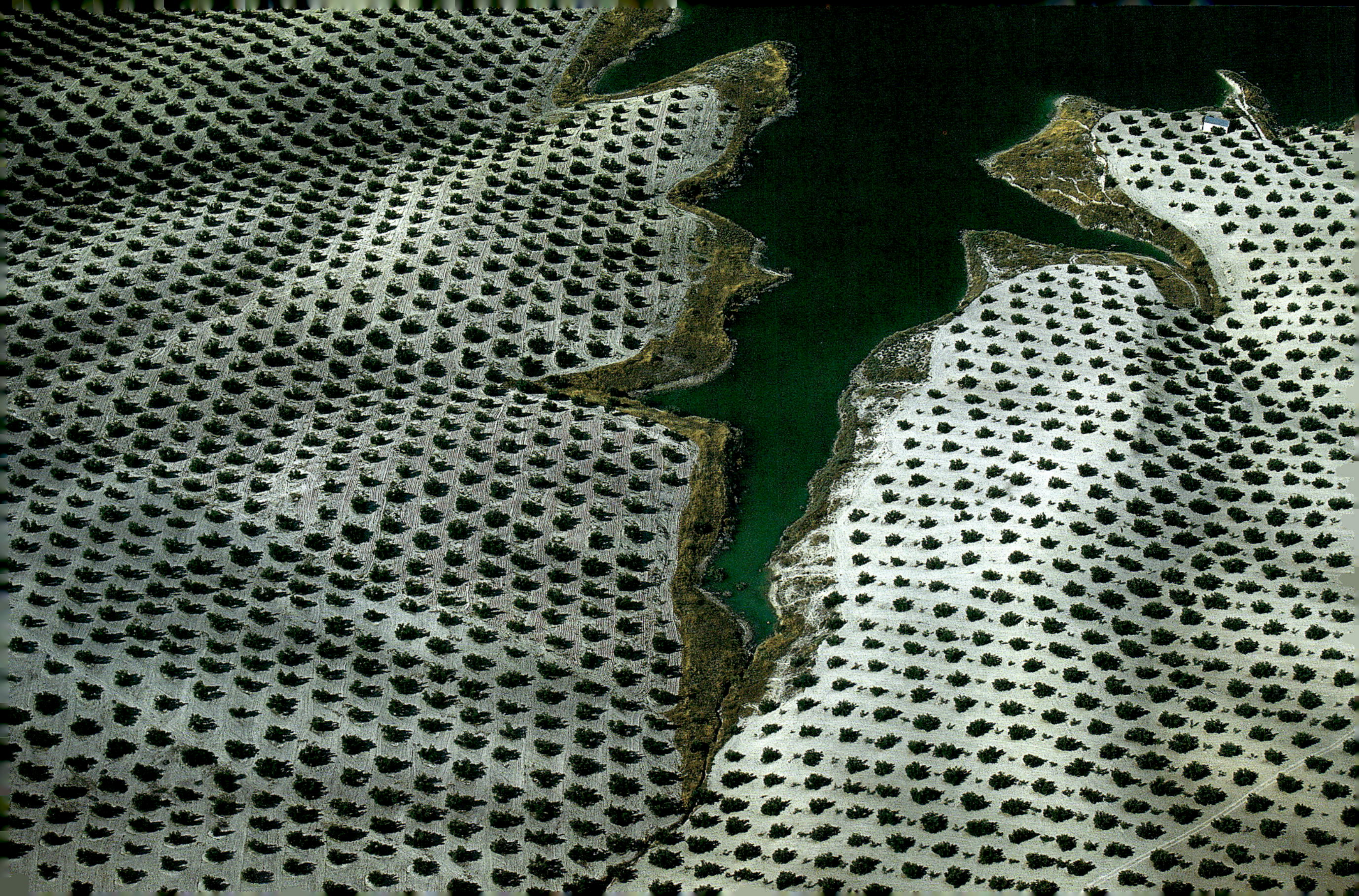

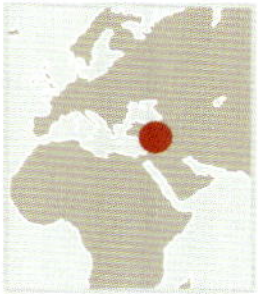

Der »Snipers-Turm« in Beirut, Libanon

(33° 53′ nördlicher Breite – 35° 29′ östlicher Länge)

Das Innere dieses von Munitionseinschlägen gezeichneten Turms ist voller Graffitis. Es sind Darstellungen der Friedenstaube. In manchen Stadtvierteln Beiruts sind die Spuren des libanesischen Bürgerkriegs heute noch deutlich sichtbar. 16 Jahre lang (1975 bis 1991) tobten die gewaltsamen Auseinandersetzungen zwischen Christen und Moslems. Sie kosteten etwa 150 000 Menschen das Leben und hinterließen eine Ruinenlandschaft. Doch inzwischen geht es mit dem Libanon aufwärts. Das Stadtzentrum von Beirut ist fast vollständig wiederhergestellt. Bis 1998 schrieb man beim Bruttoinlandsprodukt wieder starke Wachstumsraten. Seit der gerechteren Aufteilung der politischen Macht ließen die Spannungen zwischen den beiden Glaubensgemeinschaften deutlich nach: Der Präsident wird nun von den christlichen Maroniten, der Premierminister von den Moslems gestellt. In jüngster Zeit sorgt allerdings die Anwesenheit von 30 000 syrischen Soldaten wieder für Aufregung, denn die Christen betrachten die militärische Präsenz des islamischen Nachbarlandes mit Argwohn. Als am 5. August 2001 unter den Christen 200 militante Gegner der syrischen Politik verhaftet wurden, zeichnete sich erneut eine politische Krise ab.

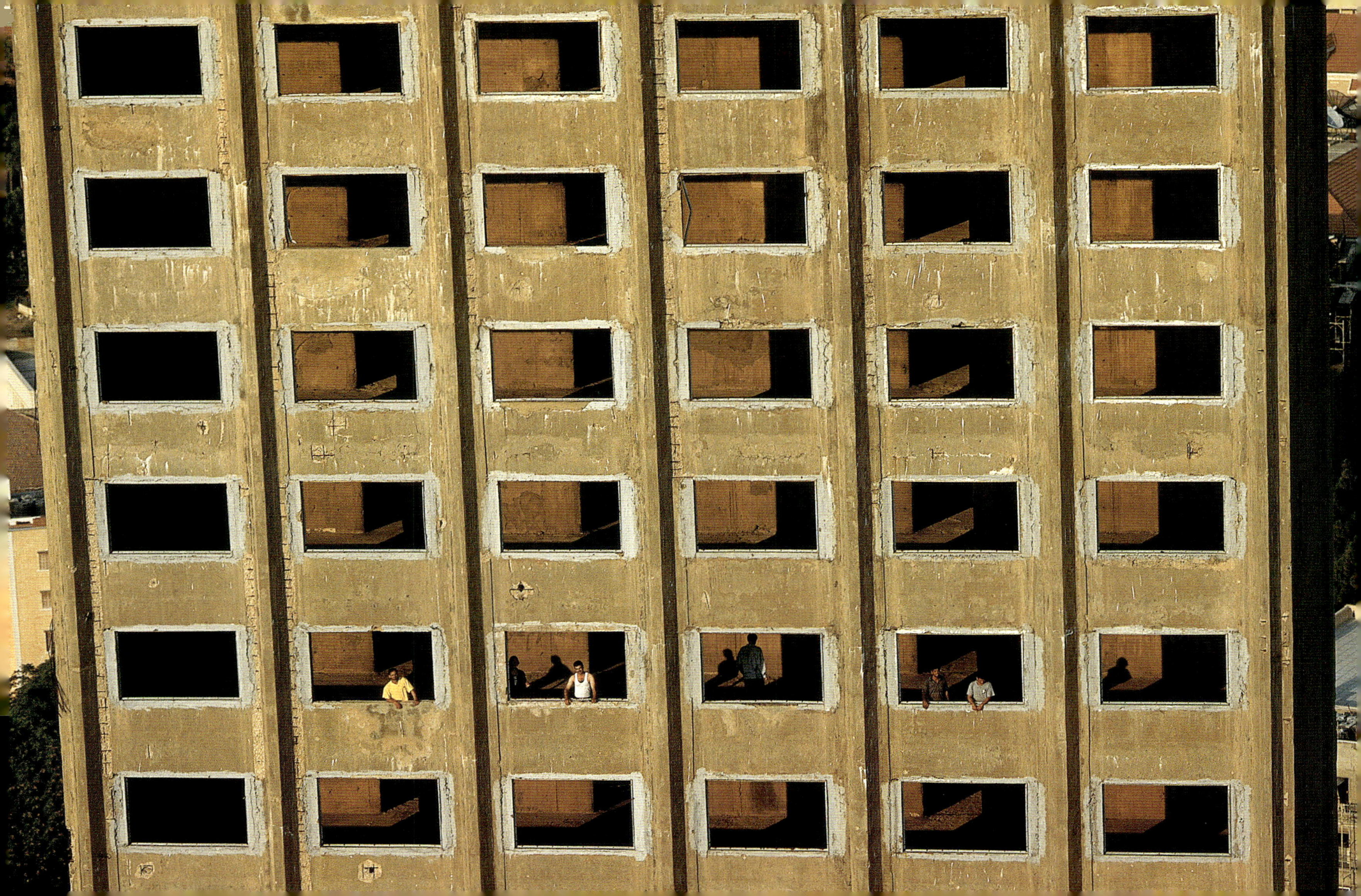

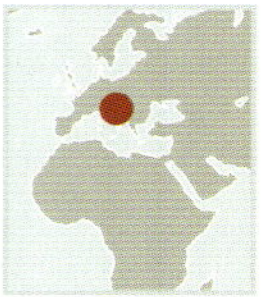

Insel Kornat, Nationalpark Kornati-Archipel, Dalmatien, Kroatien

(43° 50′ nördlicher Breite – 15° 16′ östlicher Länge)

An der Ostküste der Adria liegt der kroatische Kornati-Archipel mit seinen 150 Inseln. Die größte dieser Inseln ist Kornat (32,5 Quadratkilometer, das sind zwei Drittel der gesamten Archipelfläche). Die Faltung des Kornati-Gebirges bildete sich beim Zusammenstoß der europäischen Festlandplatte mit der adriatischen Platte heraus. Mit der Eisschmelze nach der letzten Eiszeit (vor 20 000 Jahren) stieg der Meeresspiegel: Aus dem Gebirge wurde ein Archipel und die Erosionskräfte des Meeres und des Windes formten feine Kalkriffe. Die Steinmauern wurden vor rund 100 Jahren von den Bewohnern der Nachbarinseln zum Schutz ihrer Schafherden und zur Begrenzung ihrer Olivenhaine und Weinberge errichtet. Die allzu starke Bewirtschaftung des mageren Bodens hatte jedoch eine große Beeinträchtigung der Flora und Fauna zur Folge. Der ausgetrocknete Boden kontrastiert mit der Üppigkeit des unter Wasser stehenden Teils des Archipels, wo die meisten mediterranen Fisch- und Weichtierarten zu finden sind. Durch den starken, zum Teil mit illegalen Methoden betriebenen Fischfang sind jedoch auch die Ressourcen unter Wasser bedroht. Weltweit sind 30 Prozent aller Fischarten entweder bereits ausgestorben oder vom Aussterben bedroht.

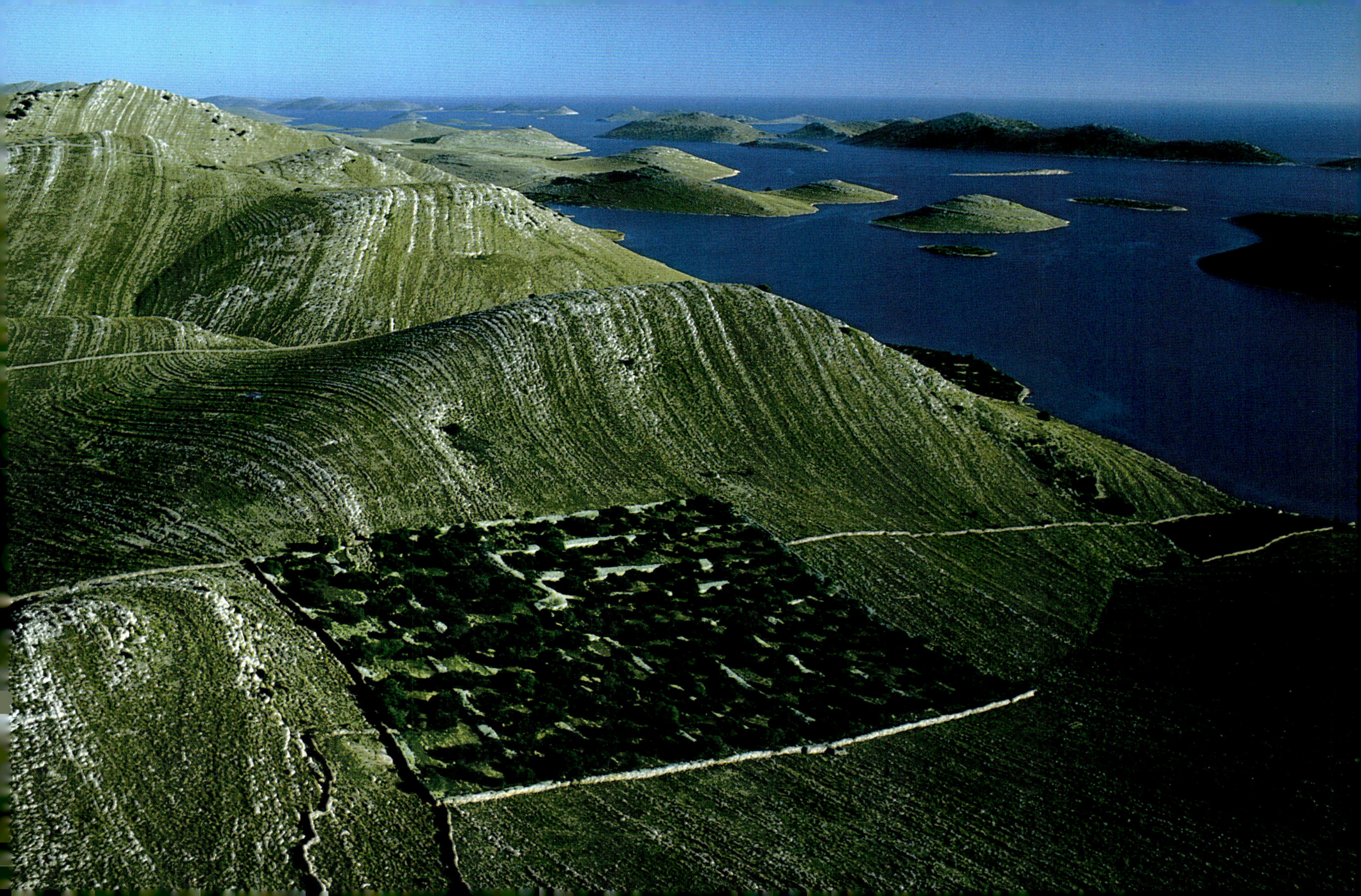

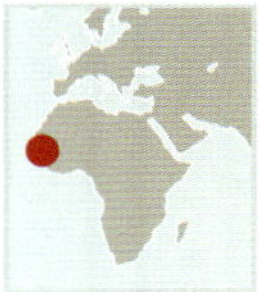

Rückkehr vom Fischfang, Saint Louis, Senegal

(16° 02′ nördlicher Breite – 16° 30′ westlicher Länge)

Die 700 Kilometer lange senegalesische Küste profitiert vom jahreszeitlichen Wechsel zwischen den kalten, aber mineralhaltigen Strömungen der Kanarischen Inseln und den warmen Meeresströmungen des Äquatorgebiets und besitzt deshalb einen vielfältigen Fischbestand. Gute Bedingungen für den Fischfang, der in Senegal immer noch zu 80 Prozent auf Handarbeit beruht: mit Netzen oder Angeln in Einbäumen aus dem Holz des Affenbrotbaums. Der reiche Fischbestand lockt jedoch auch die leistungsstärkeren europäischen Fischkutter an, die nach Abschluss der Verhandlungen mit den senegalesischen Behörden die Fischressourcen intensiv nutzen. Die kleinen Fischer vor Ort haben das Nachsehen. Mit 400 000 Tonnen Jahresertrag ist der Fischfang nach wie vor Senegals wichtigstes wirtschaftliches Standbein und der größte Lieferant für den heimischen Markt: Tunfisch, Sardinen und Seehecht werden am gleichen Strand verkauft, an der Anlegestelle der Einbäume. Fisch ist nicht nur für die Senegalesen, sondern für etwa eine Milliarde Menschen in den Entwicklungsländern lebensnotwendig: Er liefert 40 Prozent ihres Eiweißbedarfs.

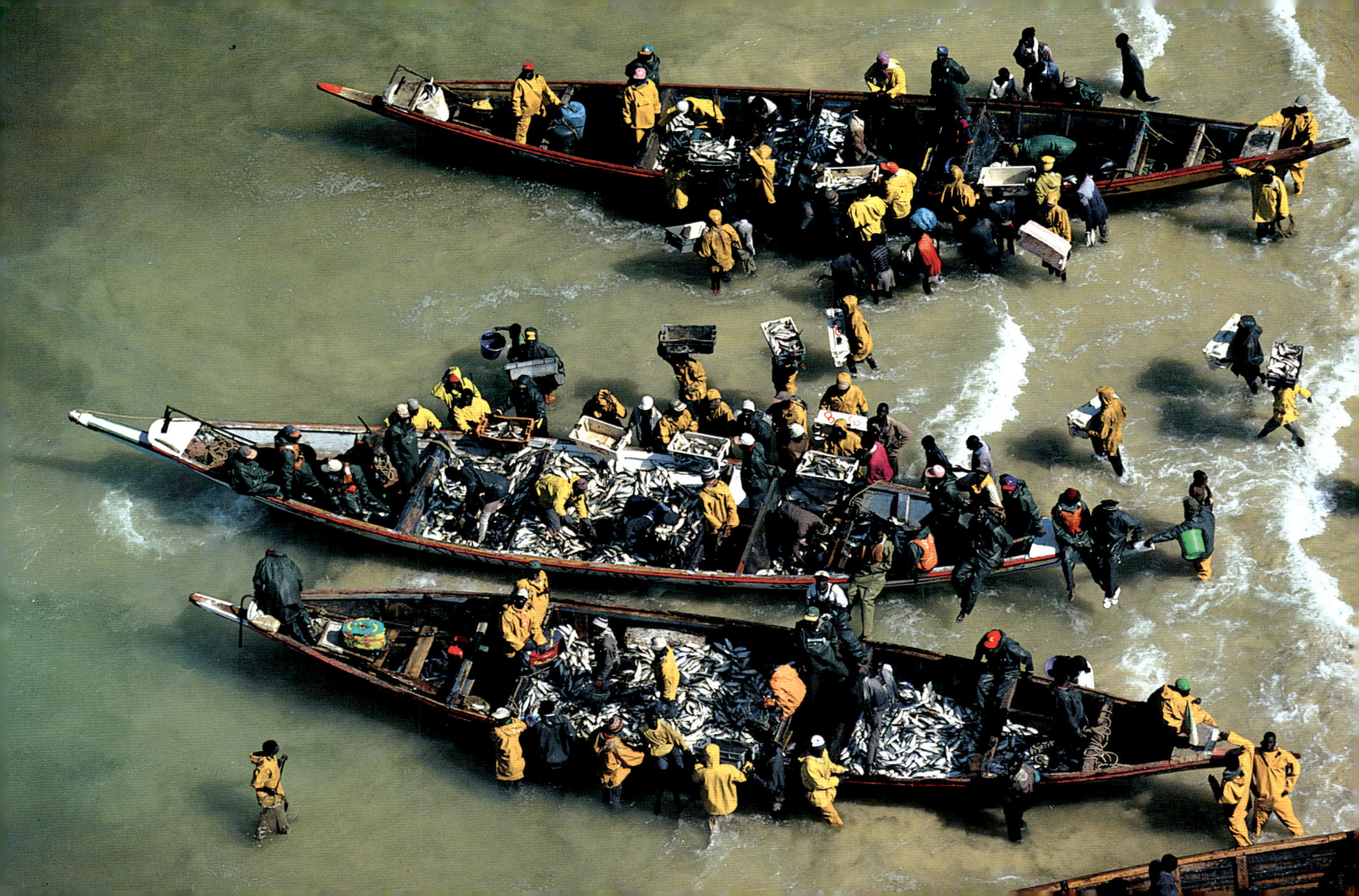

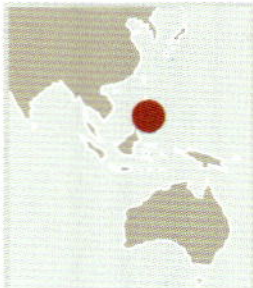

Das Dorf Bacolor unter einer Schlammlawine, Insel Luzon, Philippinen

(14° 59′ nördlicher Breite – 120° 39′ östlicher Länge)

Nach einem sechs Jahrhunderte währenden Schlaf erwachte der Vulkan Pinatubo auf der Philippinen-Insel Luzon am 15. Juni 1991 zu neuem Leben und schleuderte 18 000 000 Kubikmeter Schwefel und Asche bis zu 35 Kilometer hoch in die Atmosphäre. In einem Umkreis von 14 Kilometern war alles Leben zerstört. Sintflutartige Regenfälle sorgten in den Tagen nach der Eruption für Schlammlawinen, die alles unter sich begruben. 1995, wenige Jahre nach dem Pinatubo-Ausbruch, wiederholte sich das mörderische Wasser-Schlamm-Szenario. Die Aufnahme des Dorfes Bacolor stammt aus jenem Jahr. Glücklicherweise hatte man bereits vor dem Ausbruch 60 000 Menschen evakuiert. Dadurch ließ sich die grauenvolle Bilanz in Grenzen halten: 875 Tote. Rund eine Million Menschen kamen bei dieser Katastrophe zu Schaden. Weltweit leben an die 600 Millionen Menschen in einem vulkanischen Risikogebiet. Trotzdem zählt der Vulkanismus nicht zu den schlimmsten Bedrohungen. Von den 560 000 Menschen, die in den letzten 15 Jahren durch Naturkatastrophen ihr Leben verloren, starben 15 Prozent durch schwere Stürme, 30 Prozent durch Erdbeben und 50 Prozent durch Überschwemmungen. Durch den Einfluss des Menschen haben die Überschwemmungskatastrophen sowohl in ihrer Häufigkeit als auch in ihrem Ausmaß deutlich zugenommen.

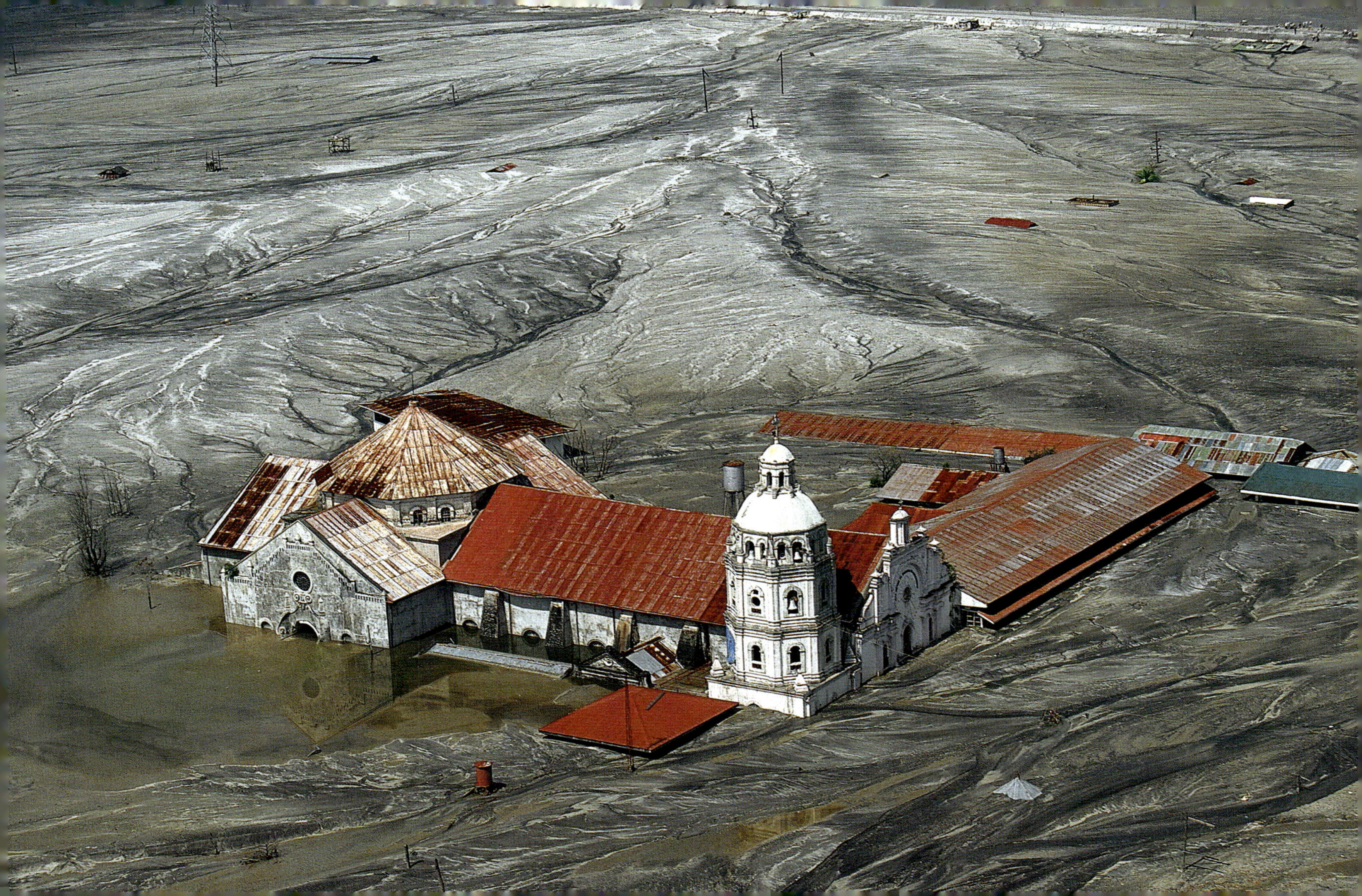

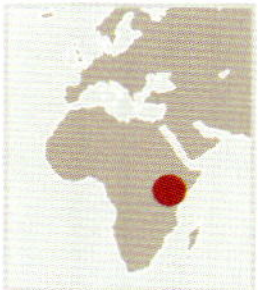

Untergegangenes Schiff vor der Küste von Lamu, Kenia

(02° 16′ südlicher Breite – 40° 55′ östlicher Länge)

Nur die Brücke des Oberdecks schaut noch aus dem Wasser heraus. Das Schiff ist wahrscheinlich auf ein Korallenriff aufgelaufen und liegt nun im Niedrigwasser vor der kenianischen Küste. Alle drei Tage versinkt irgendwo in der Welt ein großes Schiff in den Fluten. Nicht immer ist ein Schiffsunglück die Ursache. Es gibt Reeder, die ihre alten Schiffe einfach im Ozean entsorgen. Manche von ihnen nehmen sich vorher nicht einmal die Zeit, ihre Kähne zu säubern. Oft sind die Schiffe in einem solch schlechten Zustand, dass sie selbst für den Schrotthändler nicht mehr von Interesse sind. Doch bei der Wiederverwertung von einer Tonne Stahl könnte man 1,5 Tonnen Eisenerz und 0,5 Tonnen Koks einsparen. Außerdem wird bei der Wiederaufbereitung von Stahl dreimal weniger Energie verbraucht als bei der Neuproduktion. Von der Umweltbelastung durch die Stahlwerke und den Riesenmengen von Abfall, die bei der Neuproduktion von Stahl anfallen, ganz zu schweigen.

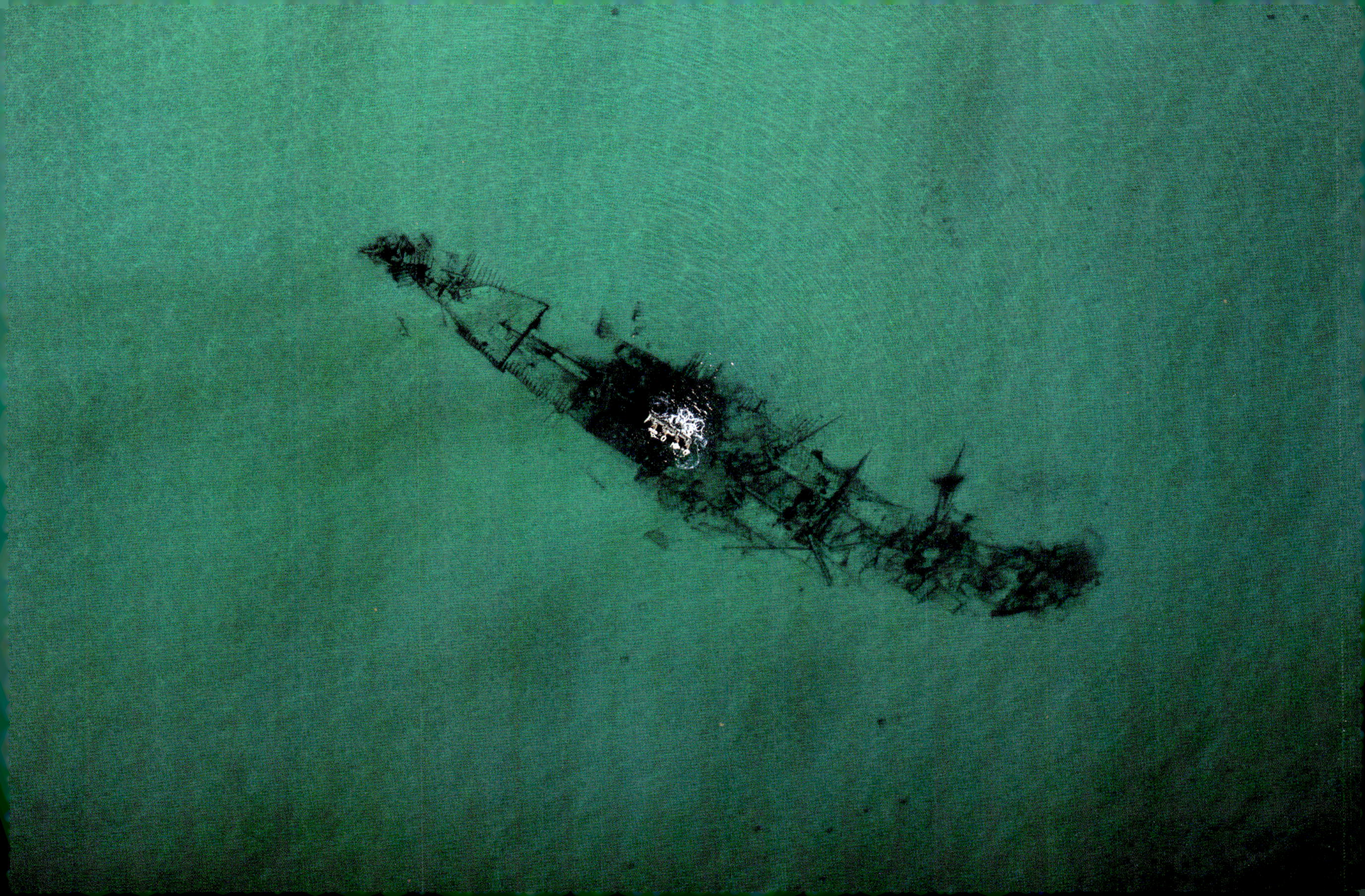

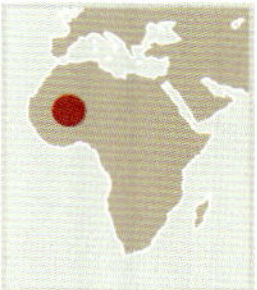

Dorf bei Mopti, Mali

(14° 40′ nördlicher Breite – 4° 15′ westlicher Länge)

Die Häuser und die zentrale Moschee dieses malischen Dorfes scheinen direkt aus dem Boden zu wachsen. Die Steine wurden aus Erde und Pflanzenfasern gebrannt und müssen zum Schutz vor dem Regen jedes Jahr neu verputzt werden. Aus diesem Grund ist die Fassade eingerüstet. Nach der Ernte wird das Korn (meist Hartweizen oder Hirse) auf den Dachterrassen getrocknet. Doch die Selbstversorgung des Landes steht auf schwachen Füßen: Die Bevölkerung wächst jedes Jahr um drei Prozent. Aber auch die Wüste vergrößert sich. Auf einer Front von 2000 Kilometern dehnt sie sich jedes Jahr um weitere fünf Kilometer aus. Mit dem Einzug der Demokratie im Jahre 1991 hat sich die allgemeine Situation Malis jedoch verbessert, insbesondere im Erziehungswesen. Es entstanden Grundschulen und weiterführende Schulen. 1996 wurde in Bamako sogar eine Universität gegründet. Dies sind allerdings nur kleine Fortschritte, denn das Land steckt bis zum Hals in Auslandsschulden. 48 Prozent der Staatseinnahmen sind für ihre Abzahlung reserviert.

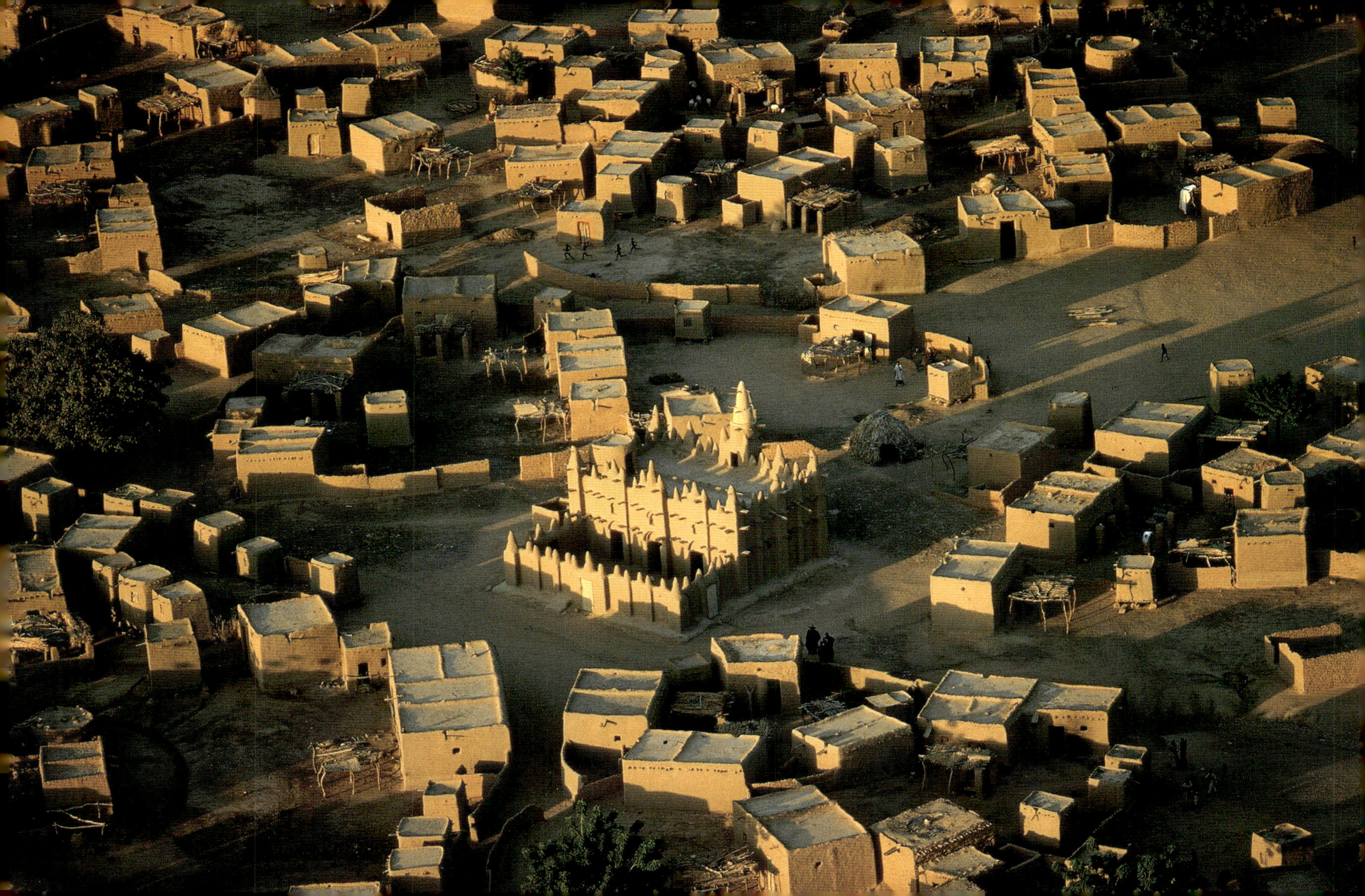

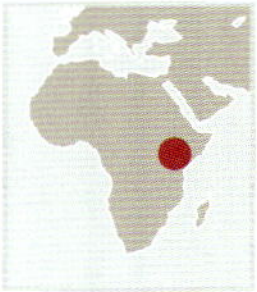

Sturm über den Hügeln von Loita, Kenia

(1° 50′ nördlicher Breite – 35° 08 ′ östlicher Länge)

Die Monate April bis Juni und November bis Mitte Dezember sind für Kenia die eigentlichen Regenzeiten. Doch die Niederschläge sind unregelmäßig und gehen oft mit schweren Stürmen einher. Auf dem Foto sind die Hügel von Loita über gewaltigen Wassersäulen regelrecht an den Himmel geschmiedet. Trotzdem gehört Kenia zu den acht afrikanischen Ländern, die häufig unter einer extremen Trockenheit leiden. Auf Grund ihrer Abhängigkeit von der Landwirtschaft reagiert die kenianische Wirtschaft sehr stark auf die klimatischen Schwankungen. Bedingt durch die Trockenheiten von 1999 und 2000 kam es bei den Wasserkraftwerken zu erheblichen Betriebsstörungen. Deshalb war nicht nur das Wasser, sondern auch der Strom rationiert. Das Bruttoinlandsprodukt ging im Vergleich zu den Vorjahren deutlich zurück. Mit der zu erwartenden globalen Klimaveränderung werden diese Katastrophen, denen schon 1984 eine Million Äthiopier zum Opfer gefallen sind, wahrscheinlich zunehmen.

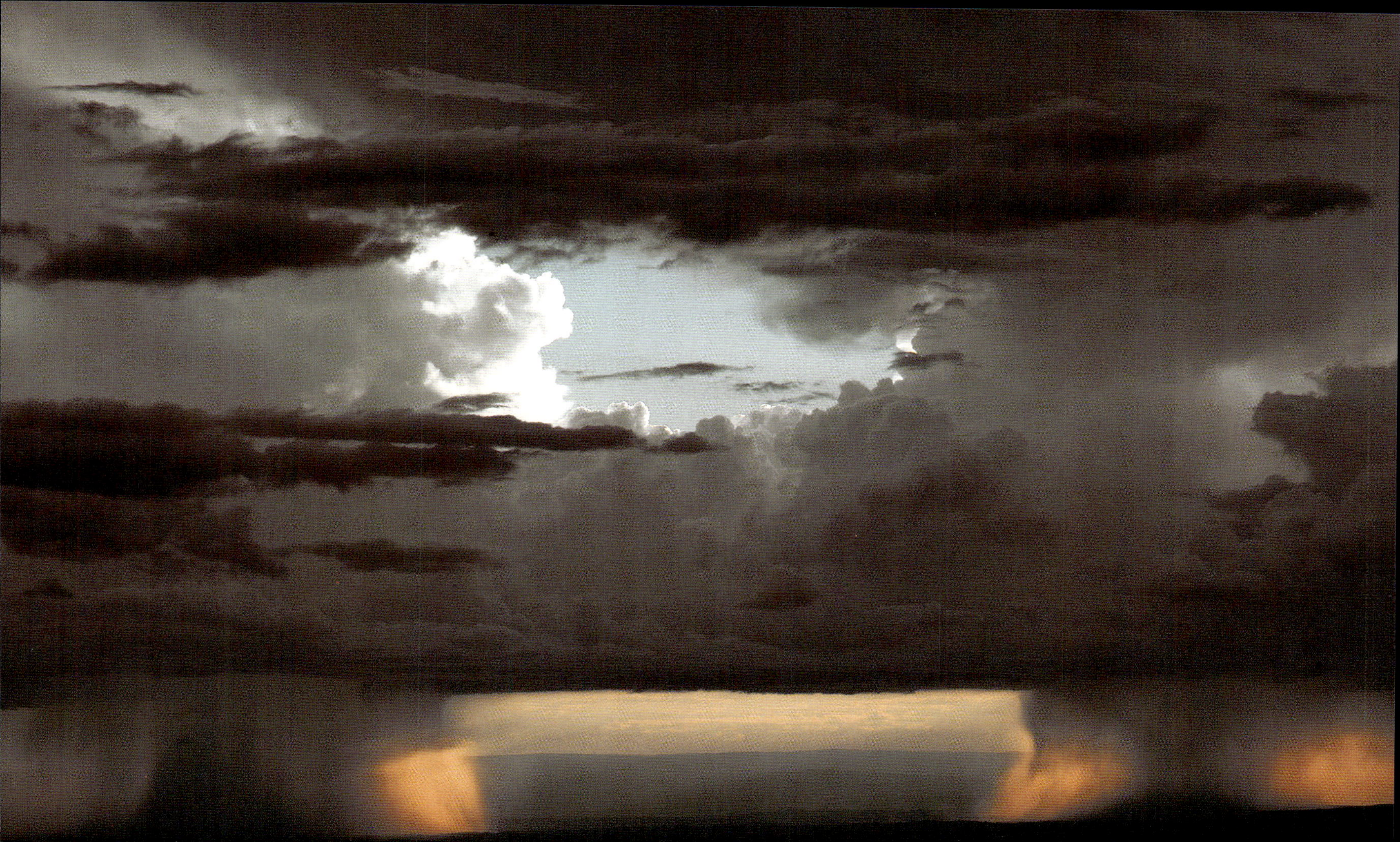

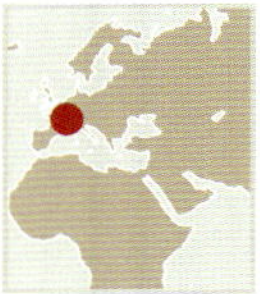

Sturmschaden in den Vogesen, Frankreich

(48° 39′ nördlicher Breite – 7° 14′ östlicher Länge)

Am 26. Dezember 1999 fiel in 348 von den 515 Gemeinden des Département Vosges der Strom aus. Zehn Prozent des Baumbestands der Vogesen hatte der Sturm geknickt, die Zugtrassen waren nicht passierbar und 60 000 Telefonleitungen waren unterbrochen. 79 Todesopfer wurden aus ganz Frankreich gemeldet. Seit Menschengedenken hatte es dort keine vergleichbare Sturmkatastrophe gegeben. Heftige Windböen – in Paris wurden Windgeschwindigkeiten von 169 Kilometern pro Stunde gemessen – entwurzelten insgesamt über 300 Millionen Bäume. Die nationale Forstverwaltung orientiert sich nun bei der Wiederaufforstung an einem biologisch vielfältigen und deshalb von Natur aus widerstandsfähigeren Wald. Auch die Pflanzung in Baumreihen soll in Zukunft vermieden werden.

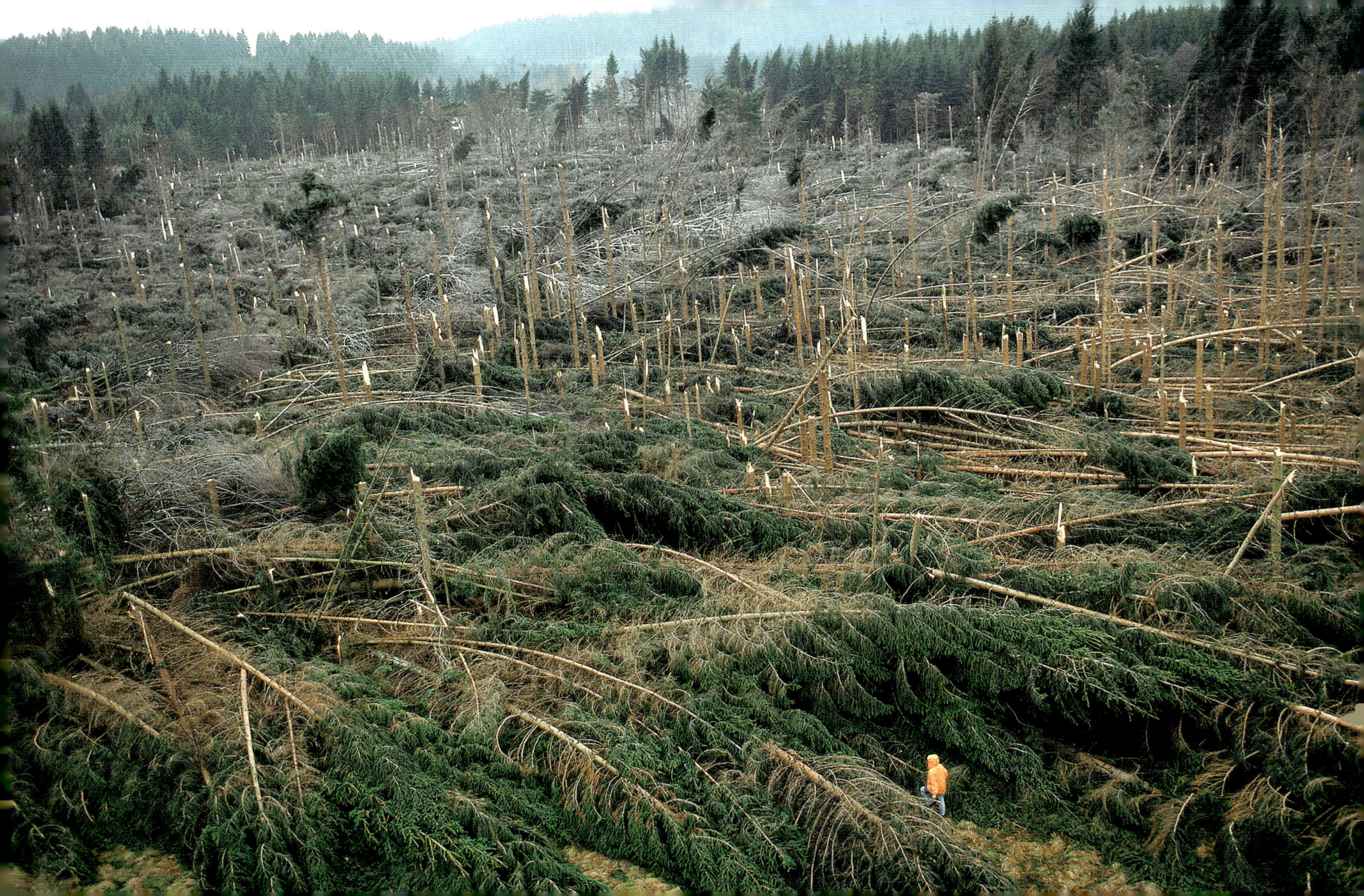

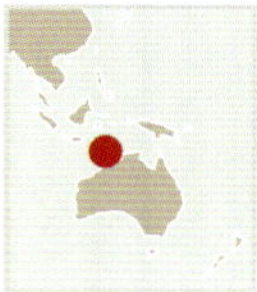

Buccaneer-Archipel, West-Kimberley, Australien

(16° 17′ südlicher Breite – 123° 20′ östlicher Länge)

Vor der zerklüfteten Nordwest-Küste Australiens liegen unzählige unberührte kleine Inseln, so auch der Buccaneer-Archipel. Da an der Küste kaum Industrie oder Landwirtschaft betrieben werden, sind die Voraussetzungen für die Timor-See – so der offizielle Name für den Meeresabschnitt, in dem diese Inseln liegen – günstig: In dem relativ sauberen Wasser können auch empfindlichere Arten gedeihen, etwa *pinctada maxima*, eine Austernart. Die Austern entwickeln sich in ihrer natürlichen Umgebung und sind deshalb die Trümpfe der australischen Perlenzucht, die 70 Prozent der Südseeproduktion bestreitet. Die australischen Perlen haben eine durchschnittliche Größe von zwölf Millimetern und sind nach Auskunft der Experten schöner als die japanischen Perlen. Japan spielte allerdings bereits im frühen 20. Jahrhundert eine Vorreiterrolle in der Perlenzucht und produziert nach wie vor die meisten Perlen.

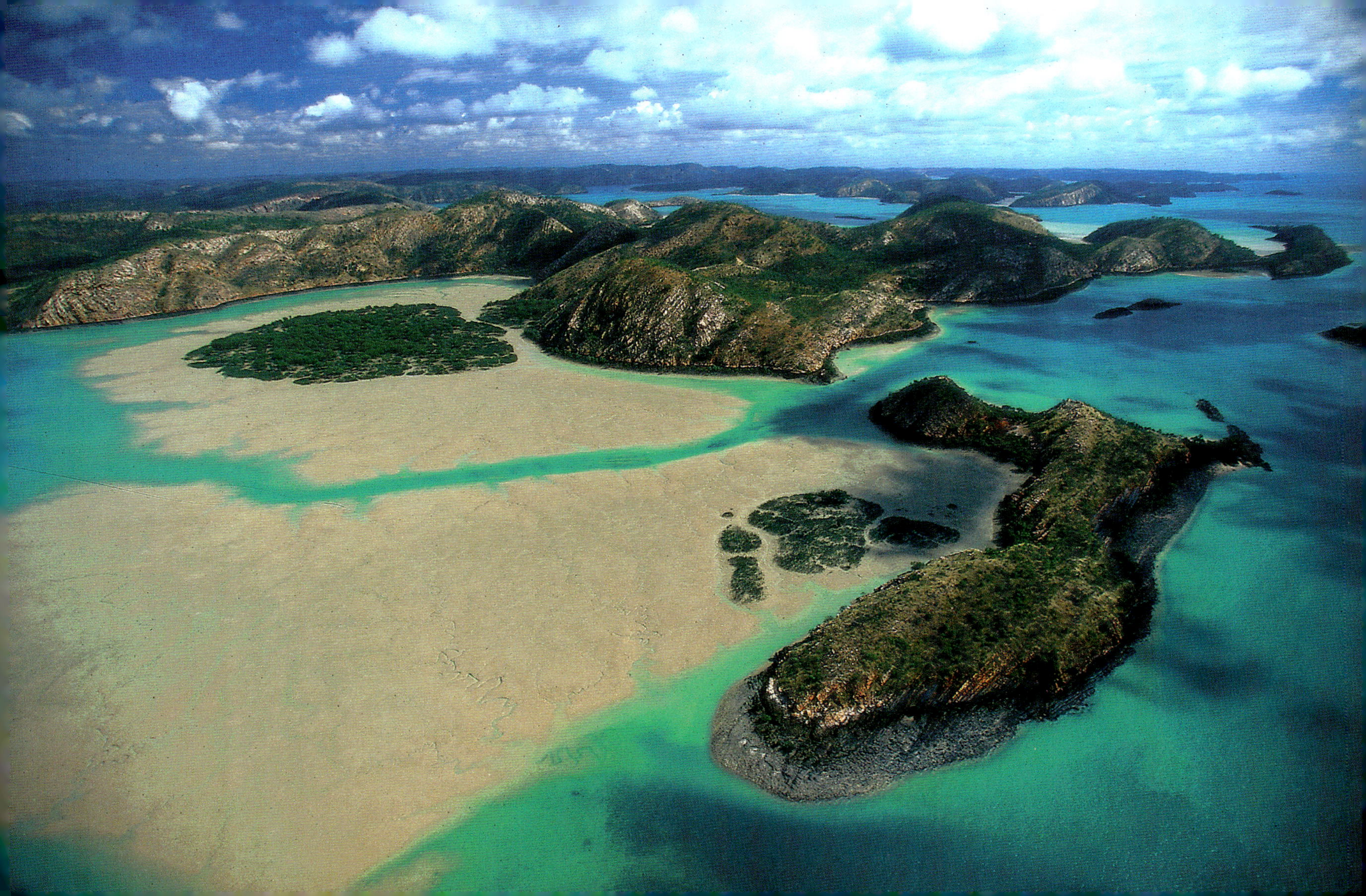

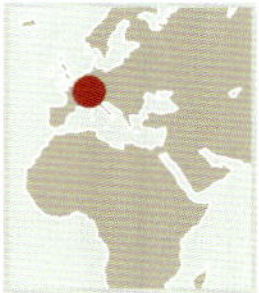

Schloss Neuschwanstein, Bayern, Deutschland

(47° 33′ nördlicher Breite – 10° 45′ östlicher Länge)

Die Romantische Straße durchquert Bayern und führt durch das Lechtal an den Alpenrand nach Füssen. Dort ließ der Bayernkönig Ludwig II. an der Grenze zu Österreich die neofeudalistische Festung Neuschwanstein errichten. Auf dem Felssporn thront ein Juwel aus grauem Granit mit etlichen Türmen und Giebeln. Das extravagante Schloss aus dem Reich der Träume, mit dessen Bau man 1868 nach den Plänen des Bühnenbildners Christian Jank begann, hat Walt Disney nachhaltig beeinflusst. 18 Jahre später, als der Monarch starb, waren die Bauarbeiten noch nicht abgeschlossen. Nur 172 Tage hatte er in seinem königlichen Schloss gewohnt. Auf Schloss Neuschwanstein unterzeichnete Ludwig II. am 10. Juni 1886 seine Abdankungsurkunde. Man hatte ihn für geisteskrank erklärt. Die Traum- und Märchenbilder aus Stein (Schloss Linderhof, Neuschwanstein, Herrenchiemsee) waren für den bauwütigen Monarchen und für den Staat eine enorme finanzielle Belastung. Doch heute sind sie die Trümpfe des bayerischen Fremdenverkehrs. Bayern ist das von Touristen meistbesuchte deutsche Bundesland. Fast ein Viertel aller ausländischen Gäste reist dorthin.

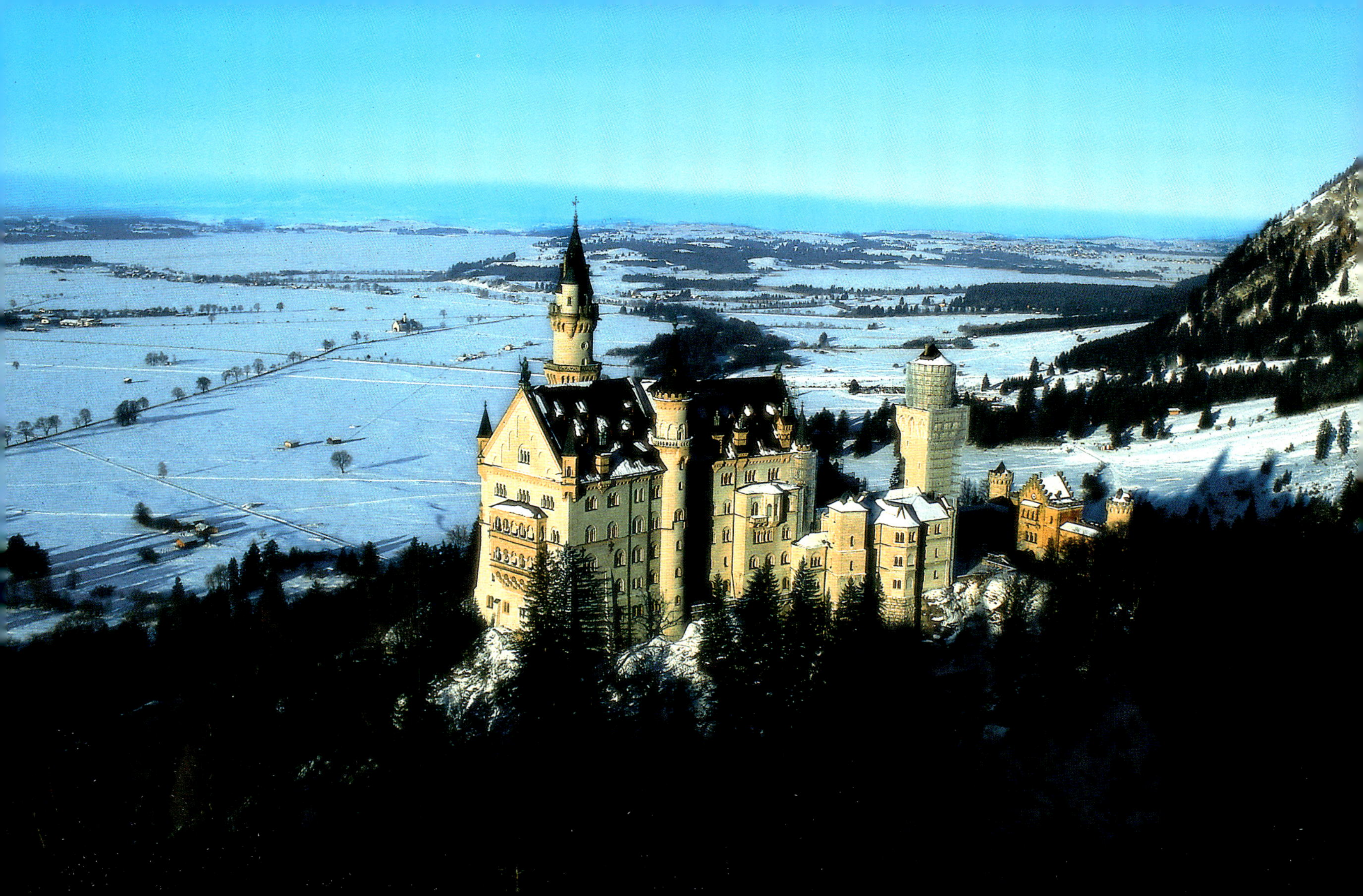

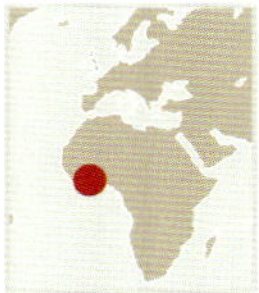

Hydraulische Wasserpumpe in einem Dorf bei Doropo, Region Bouna, Elfenbeinküste (9° 47′ nördlicher Breite – 3° 19′ westlicher Länge)

Das Wasserholen gehört in ganz Afrika zum Aufgabenbereich der Frau. Auch in diesem Dorf bei Doropo im Norden der Elfenbeinküste ist das so. Die meist von Hand zu bedienenden hydraulischen Wasserpumpen ersetzen immer mehr den traditionellen Dorfbrunnen, so wie Plastik- und Aluminiumbehälter allmählich die großen Tonkrüge und Kalebassen ersetzen. Die Pumpen stoßen bis zum Grundwasserspiegel vor und liefern deshalb Wasser, das unter hygienischen Gesichtspunkten weniger bedenklich ist. Denn 70 Prozent der traditionellen Brunnen enthalten Wasser, das zum Trinken nicht geeignet ist. Auch heute noch haben 20 Prozent der Weltbevölkerung in ihrer unmittelbaren Umgebung kein Trinkwasser zur Verfügung. In Afrika gilt dies für 40 Prozent der Bevölkerung, in ländlichen Gegenden sogar für über 50 Prozent. In den Entwicklungsländern ist die hohe Kindersterblichkeit in erster Linie auf das nicht einwandfreie Trinkwasser zurückzuführen. Jedes Jahr fallen 2,2 Millionen Kinder unter fünf Jahren der Diarrhö zum Opfer. In Anbetracht des zu erwartenden Bevölkerungswachstums ist sowohl in Afrika als auch in Asien die Verbesserung des Trinkwasserzugangs eine der Hauptaufgaben der kommenden Jahrzehnte.

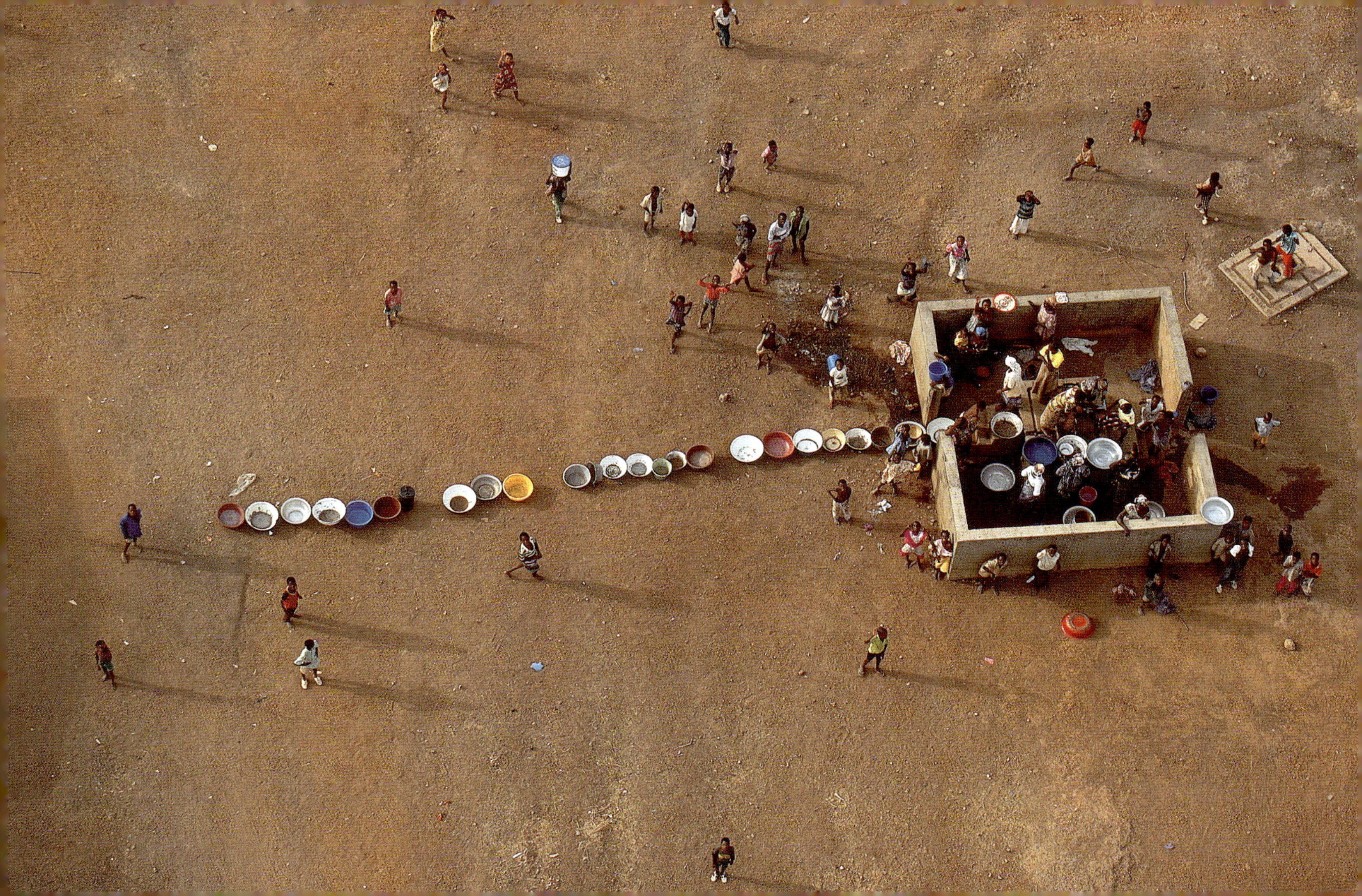

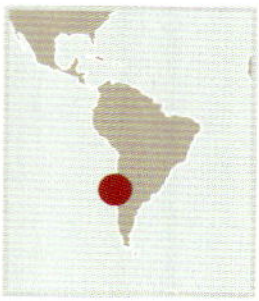

Salar de Los Infieles, Anden, Chile

(25° 53′ südlicher Breite – 68° 53′ westlicher Länge)

Der Gebirgszug der Anden wurde durch das Aufeinandertreffen des amerikanischen Festlandssockels mit der Pazifik-Platte aufgefaltet. Auf Grund des großen Salzvorkommens nannten die Spanier die Anden auch die »Salzkordilleren«. Als die Erdkruste sich unter dem tektonischen Druck faltete, wurden Teile des Pazifiks zu Binnengewässern, die trotz des Zuflusses von Gletscherwasser allmählich austrockneten und ein reiches Lager an Meer- und Vulkansalzen zurückließen. Manches Unternehmen interessiert sich für diese üppigen Salzvorkommen, doch mit der Entwicklung einer Salzindustrie ginge ein massiver Grundwasserverbrauch einher. Dadurch wäre das lokale Ökosystem ernstlich bedroht.

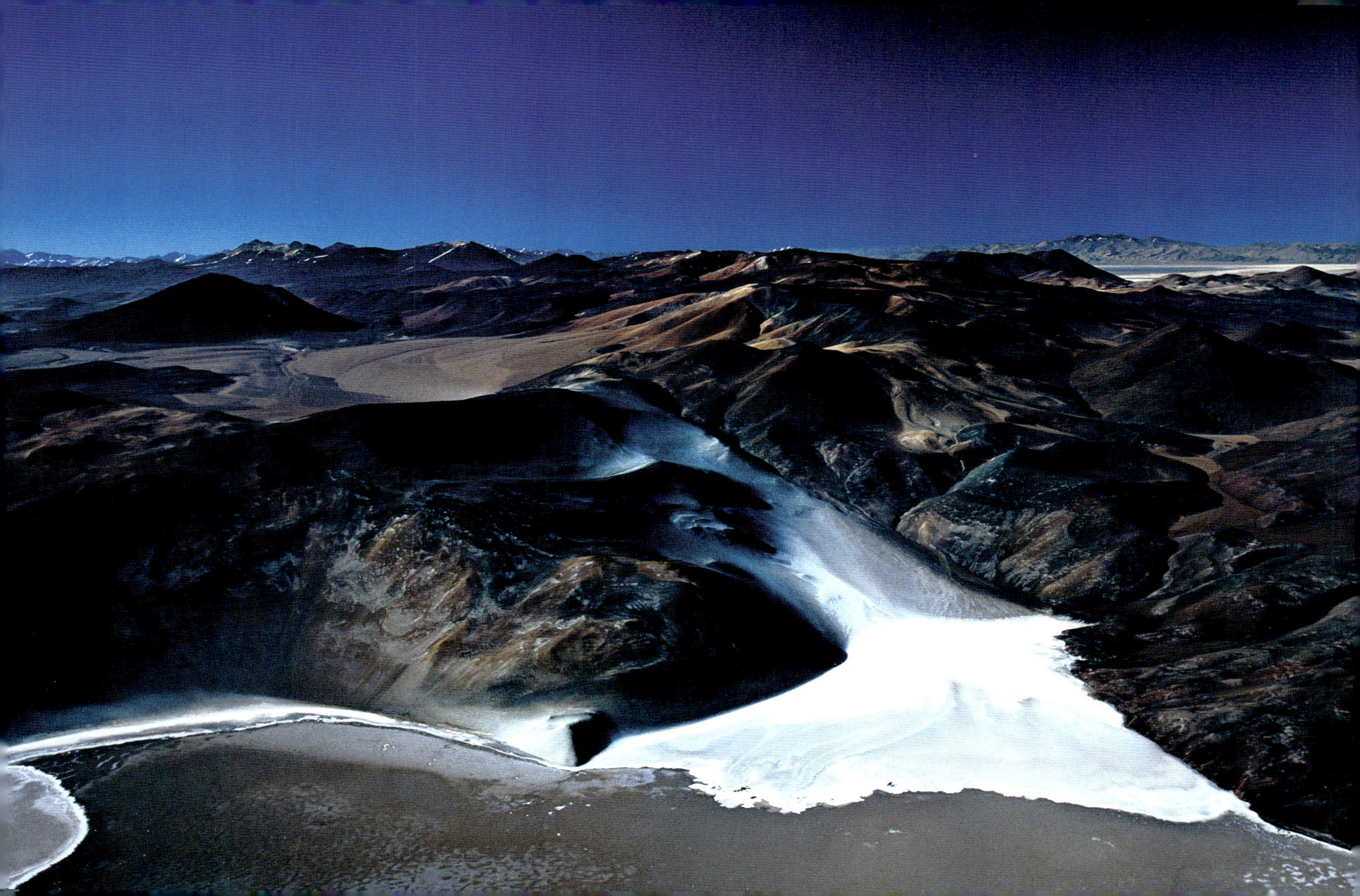

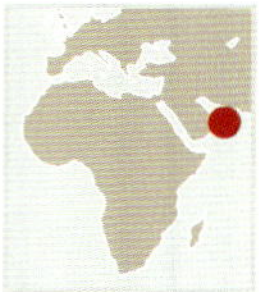

Fischernetze am Strand von Saham, Oman

(24° 10′ nördlicher Breite – 56° 53′ östlicher Länge)

Mit viel Sorgfalt haben die Fischer die Netze neben ihren Booten zurechtgelegt. Alles ist für den nächsten Einsatz bereit. Mit diesen herkömmlichen Fischfangmethoden decken die Omaner 80 Prozent ihres Fischbedarfs. Doch im Sultanat Oman denkt man über eine Modernisierung des Fischfangs nach: In Anbetracht der begrenzten Ölreserven (700 Millionen Tonnen Rohöl) ist der Aufbau eines zweiten wirtschaftlichen Standbeins ratsam. Einen Schwerpunkt will man dabei auf die Fischerei legen. Die Hauptaufgabe der omanischen Fischfangexperten wird sein, trotz Erhöhung der Fangquoten den Fischbestand zu bewahren. Obwohl der Golf von Oman reich an Fischen ist, sind einige Fischarten vom Aussterben bedroht. Die allzu starke Ausbeutung des Fischbestands ist jedoch ein globales Problem und hängt eng mit dem Verfall der Fischpreise zusammen. Im Nordatlantik beispielsweise, einer stark frequentierten Fischereizone, sind die Preise seit 1970 um 25 Prozent gesunken.

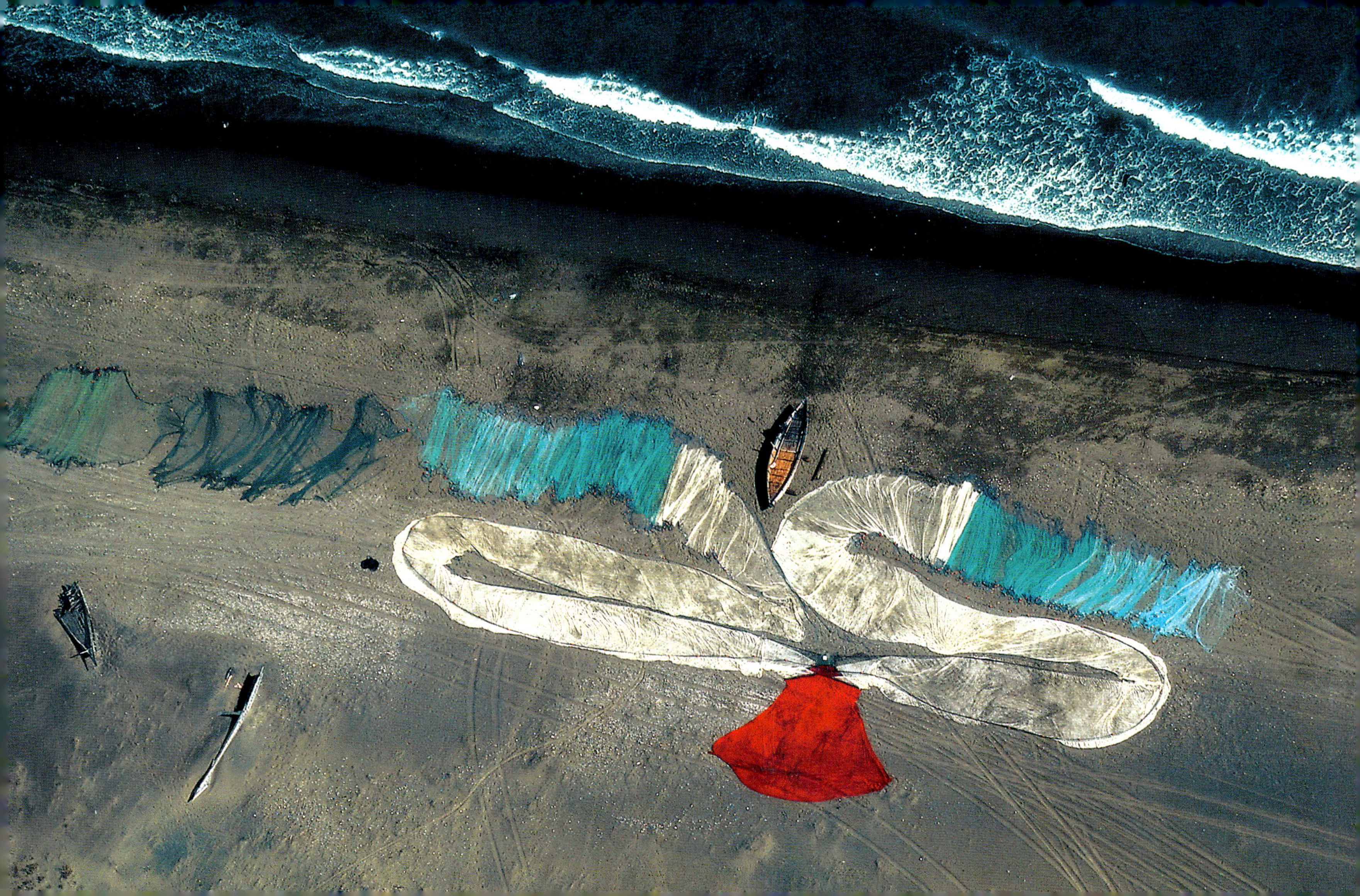

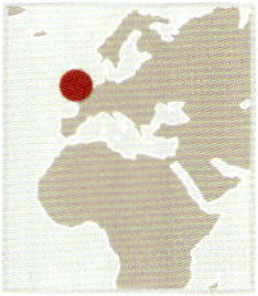

Tower Bridge, London, Großbritannien

(51° 30′ nördlicher Breite – 0° 06′ westlicher Länge)

London zählt zu den größten Ballungsräumen unseres Planeten. Das Herz dieser Metropole ist nicht nur ein Zentrum der Politik und Finanzwelt, sondern auch der Spitzentechnologie und der Mode. London besitzt außerdem Baudenkmäler von Weltrang, beispielsweise Westminster Abbey oder die weltberühmte Tower Bridge. Nach acht Jahren Bauzeit wurde die Themsebrücke 1894 fertig gestellt. Sie wird täglich von rund 150 000 Fahrzeugen benutzt und öffnet sich mehr als 900-mal im Jahr, um Schiffe aller Art passieren zu lassen. Wer die Brückentürme besucht, wird in die faszinierende Welt der Technik entführt: Das Hydrauliksystem der Hebebrücke stammt aus viktorianischer Zeit und wurde früher mit Dampf betrieben. Der Bau der Brücke einschließlich der Türme verschlang 11 000 Tonnen Stahl, der anschließend nicht nur aus ästhetischen Gründen, sondern auch zum Schutz mit Granit aus Cornwall und Portlandstein verkleidet wurde.

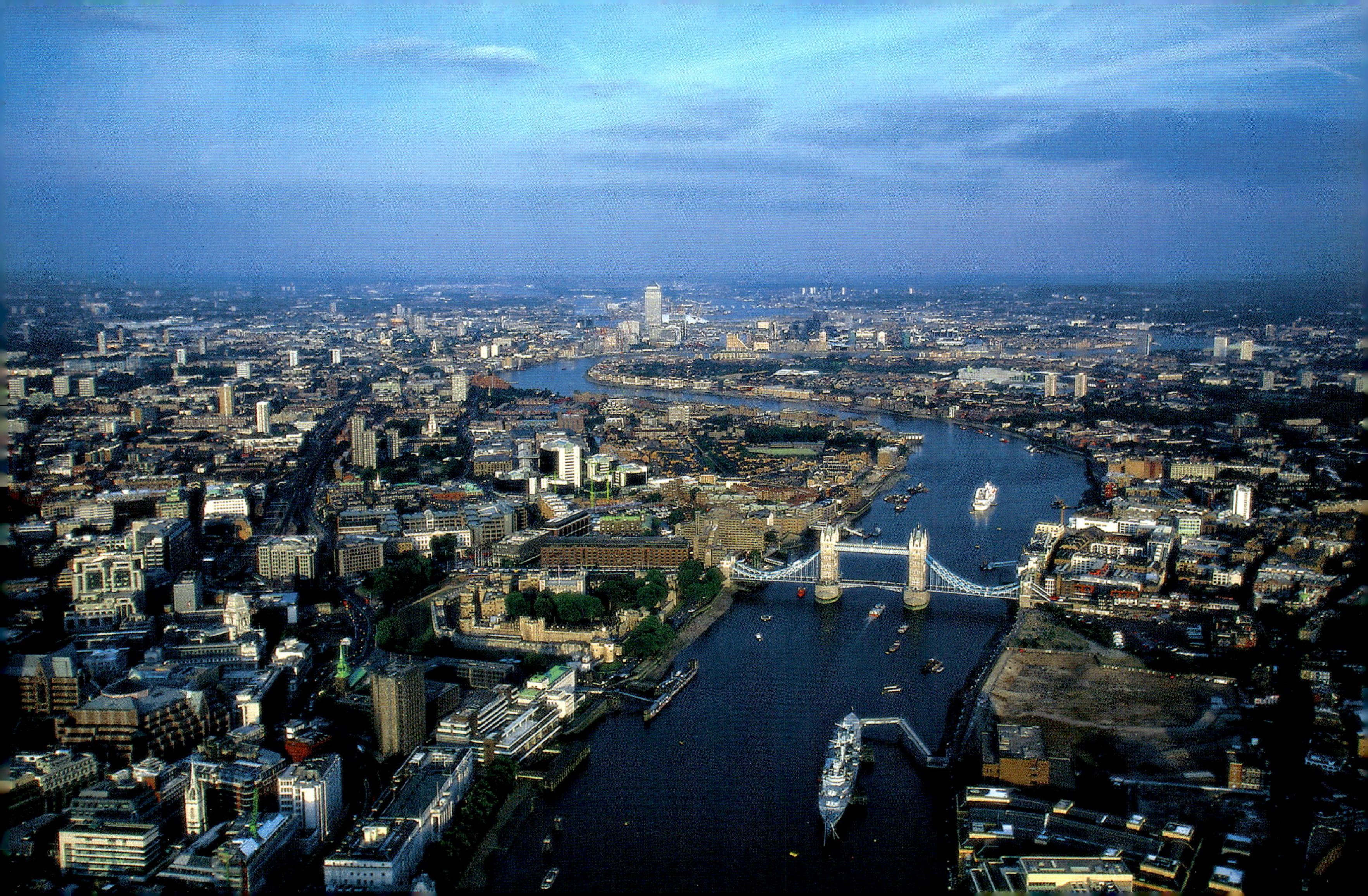

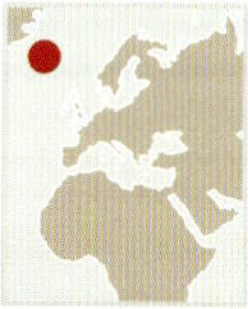

Erkaltete Lavamassen am Maelifell, Region Myrdalsjökull, Island (63° 40′ nördlicher Breite – 19° 05′ westlicher Länge)

Der Berg Maelifell entstand durch eine Eruption unter dem Eis: Die Asche staute sich, und die austretende Lava wurde sofort hart. Die Landschaft bildete sich durch das Zusammentreffen von Feuer und Eis – ein anschauliches Beispiel für Islands einzigartige Geologie. Die Kräfte, die unseren Planeten formen, sind auf dieser Insel ständig aktiv. Die hier abgebildete Lavafalte wirft ein Licht auf die Entstehung Islands: Die Insel liegt auf dem mittelatlantischen Graben zwischen der nordamerikanischen und europäischen Platte, die kontinuierlich auseinander driften. Aus diesem Grund dehnt sich Island pro Jahr um rund zwei Zentimeter aus. Die Insel ist mit ihren 60 Millionen Jahren relativ jung. Alle vier bis fünf Jahre kommt es zu einem Vulkanausbruch und alle 100 Jahre zu einem Erdbeben, das auf der Richterskala den Wert sieben erreicht. Auch das Eis, von dem das Land zu zwölf Prozent bedeckt ist, ist stets in Bewegung.

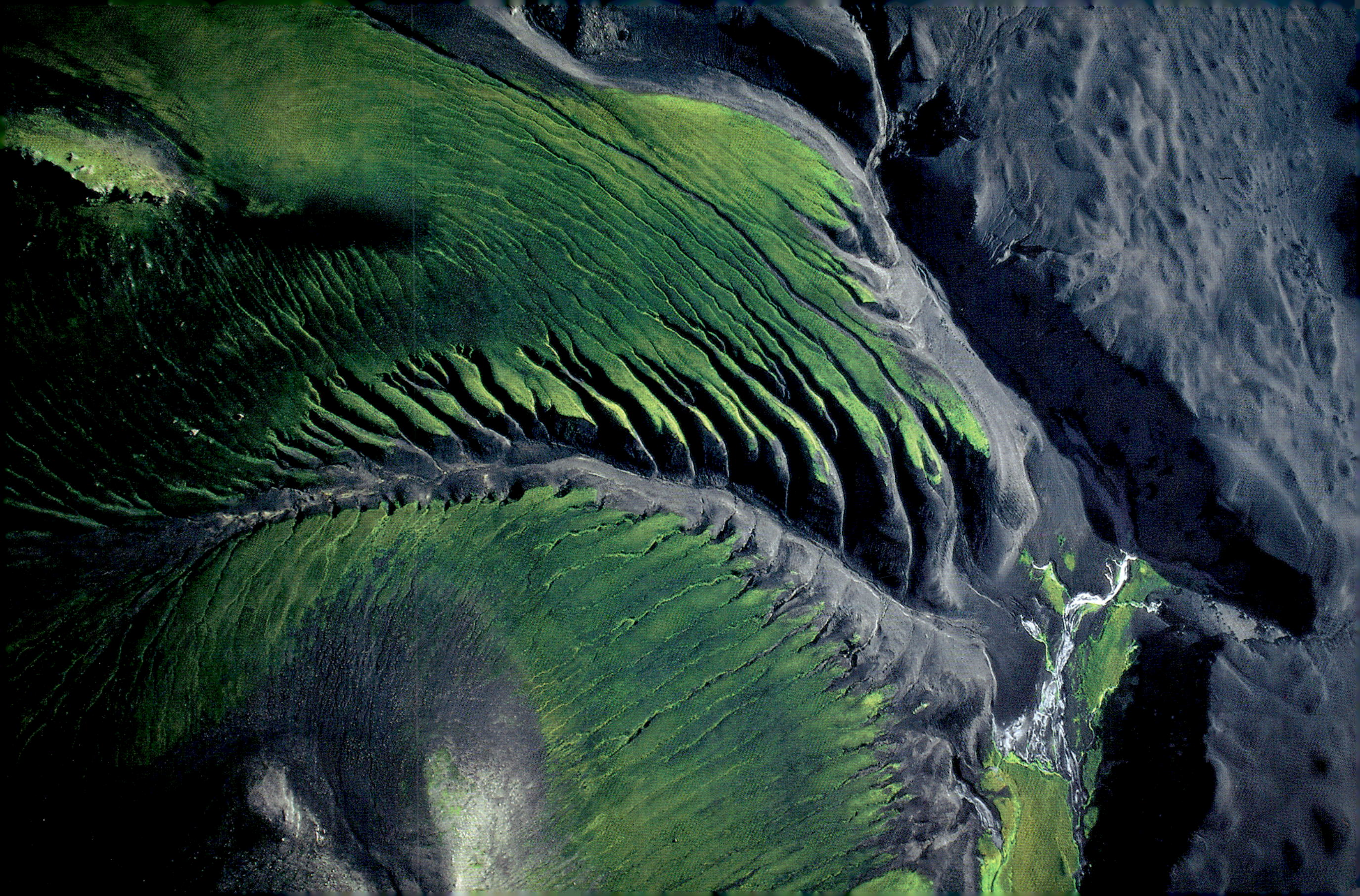

Wachstum und nachhaltige Entwicklung

Ziel der Wirtschaft ist die Umwandlung der Natur, um den Bedürfnissen des Menschen in einem hohen Maße genügen zu können. Mit der elektronischen Datenverarbeitung erleben wir einen technischen Wandel von einer nie da gewesenen Größenordnung. Der Schwerpunkt verlagert sich vom Energiebereich (Dampf, Elektrizität, Erdöl) in den Bereich des Immateriellen und der Information. Was das Verhältnis zur Natur angeht, befindet sich die Welt in einem Übergangsstadium:

- Die Vergangenheit war energetisch und durch eine beachtliche Zerstörungskraft gegenüber der Umwelt gekennzeichnet.
- Die Zukunft rückt die Information in den Mittelpunkt. Damit eröffnen sich Perspektiven für eine weniger zerstörerische ökonomische Entwicklung.

Ende des 18. Jahrhunderts hatte der deutsche Chemiker Lichtenberg einen eigenartigen Traum: Als er sich wieder einmal rühmte, dass es keinen Gegenstand gäbe, dessen Zusammensetzung er nicht bestimmen könne, erschien ein seltsamer Alter, zog einen kugelförmigen Gegenstand aus seiner Tasche und bat ihn um eine Analyse des Materials. Der Wissenschaftler nahm die Herausforderung an. Er nahm die Kugel auseinander, mischte die Einzelteile wieder neu und konnte recht bald alle Elemente, aus denen sich das Gebilde zusammensetzte, bestimmen: Kohlenstoff, Wasserstoff, Sauerstoff, Stickstoff, Schwefel, Phosphor. »Sehr gut«, antwortete der Alte, »aber diese Kugel war die Erde«. Da begriff der Wissenschaftler mit einem Schlag, dass er vor dem Schöpfer stand und dass er nur den materiellen Aspekt des von ihm zerstörten Gegenstandes beachtet hatte.

Die Erde ist mehr als ein Gegenstand. Sie ist ein komplexes System voller Funktionen und Regulierungen, das bei der Entstehung und Entfaltung des Lebens entscheidend mitwirkt. Die Wirtschaft sollte sich also nicht nur auf die materielle Dimension der Dinge beschränken, sondern sich auch um den Erhalt der natürlichen Mechanismen und Kreisläufe kümmern, denn diese stehen letzten Endes für das Leben und die produktive Aktivität des Menschen.

Lange Zeit stellte sich dieses Problem überhaupt nicht. Solange sich das ökonomische Leben im Minimalbereich abspielte und die wirtschaftlichen Aktivitäten keine umweltschädlichen Folgen hatten, war der Wunsch nach »mehr« ausschließlich auf die Erfüllung der Elementarbedürfnisse ausgerichtet (mehr Getreide), so wie es auch heute noch in der armen Bevölkerung der Fall ist.

Das eindimensionale und rein quantitativ verstandene Wachstumskonzept fand im steigenden Bruttosozialprodukt seinen Ausdruck und war damals mit der Wirtschaftsentwicklung identisch.

Mit der zunehmenden Umweltzerstörung kam Anfang der siebziger Jahre der Umschwung. Der 1972 veröffentlichte Bericht des Club of Rome *(Grenzen des Wachstums)* machte deutlich, dass das Wachstum in seiner gegenwärtigen Form die Natur zerstört: Es braucht die Ressourcen auf und hinterlässt große Abfallmengen.

In den achtziger Jahren wurden dann die globalen Umweltschäden bekannt: Das Ozonloch, der Treibhauseffekt, die Abnahme der Artenvielfalt. Inzwischen waren also sogar die lebenserhaltenden Kreisläufe und Mechanismen unseres Planeten betroffen. Man konnte nicht mehr von Fehlfunktionen sprechen, sondern musste eingestehen, dass das Prinzip des Wirtschaftswachstums und der Regenerierungskreislauf der Biosphäre nicht miteinander vereinbar waren.

Es kommt zu einer Unterscheidung zwischen »Entwicklung« und »Wachstum«. François Perroux hatte diesen Unterschied bereits in den sechziger Jahren gemacht.

1979 schließlich verglich ich die Wirtschaftsentwicklung mit der zerstörerischen Schöpferkraft der Sonnenstrahlen (sie sind ohne Zweifel schädlich, liefern aber die zur Entstehung und Entfaltung des Lebens notwendige Energie). Die Wirtschaft zerstört die Biosphäre nur, wenn sie die Grenzen dieses Regenerierungsprozesses überschreitet. Das Wachstum ist nur dann eine Entwicklung, wenn es den Reproduktionsmechanismus der menschlichen und der natürlichen Sphäre respektiert.

1987 kam mit dem *Brundtland-Bericht* der Begriff der nachhaltigen Entwicklung auf: Sie «erfüllt die gegenwärtigen Bedürfnisse, ohne den zukünftigen Generationen die Möglichkeit zu nehmen, sich ihre eigenen Bedürfnisse zu erfüllen».

Die Bedrohung der Natur liegt also im Wesentlichen in der produktivistischen Wirtschaftskonzeption. Sie reduziert die wirtschaftliche – und menschliche – Entwicklung einzig und allein auf die quantitative Zunahme der Bruttosozialprodukte. Diesen Fehler machten sowohl die Planwirtschaften des Ostens als auch die Marktwirtschaften des Westens. Und mit dem heute vorherrschenden »Aktien«-Wirtschaftssystem begeht man diesen Irrtum erst recht: Seit den achtziger Jahren wird dem weltweit freien Kapitalfluss die oberste Priorität eingeräumt. Dadurch unterliegen die Wirtschaftssysteme einer Denkweise, die in erster Linie die schnelle Vermehrung des finanziellen Reichtums im Auge hat. Die kurzfristige Finanzpolitik führt zu langfristigen Schäden im natürlichen Kreislaufsystem. Die Natur, das Leben, ja selbst die Menschheit, alles dient mehr und mehr als Mittel zu diesem Zweck. Der Glaube an das wirtschaftliche Wachstum wird, wenn er die Bedingungen, die die Biosphäre für ihre Regenerierung braucht, nicht einhält, die Welt in den Untergang führen. Im Augenblick sind die Rollen von Mittel und Zweck vertauscht. Es wird höchste Zeit, die Wirtschaft und den Menschen wieder an die richtige Stelle zu setzen.

René Passet

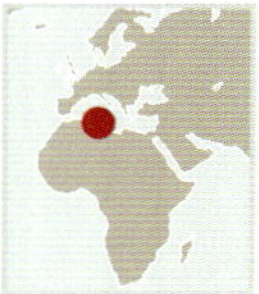

Kuppelgräber in Jebel Krefane, Gouvernement Tozeur, Tunesien

(33° 55′ nördlicher Breite – 08° 08′ östlicher Länge)

Bereits Ende des 7. Jahrhunderts drangen die Araber in Nordafrika ein. Doch erst im 11. Jahrhundert nahmen Arabisierung und Islamisierung wirklich Gestalt an. Wie in allen anderen relativ spät islamisierten Gebieten war auch in Nordafrika der Sufismus die bestimmende Glaubensrichtung. Sie stützte sich vor allem auf die Marabuts, die ursprünglich als kriegerische Mönche in Klosterfestungen lebten. Später bezeichnete man auch Persönlichkeiten, die sich durch Frömmigkeit, Barmherzigkeit, religiöses Wissen oder Heilskräfte auszeichneten, als Marabuts. Man bestattete sie in Kuppelgräbern, die schnell zu Pilgerstätten für die eifrigen Schüler und Nachahmer wurden. Heute trifft man überall auf diese Kuppelgräber, sowohl in der Stadt als auch auf dem Land. Der spirituelle Einfluss der Marabuts ist groß, er prägt nicht nur den Alltag der Gläubigen, sondern auch das politische Leben.

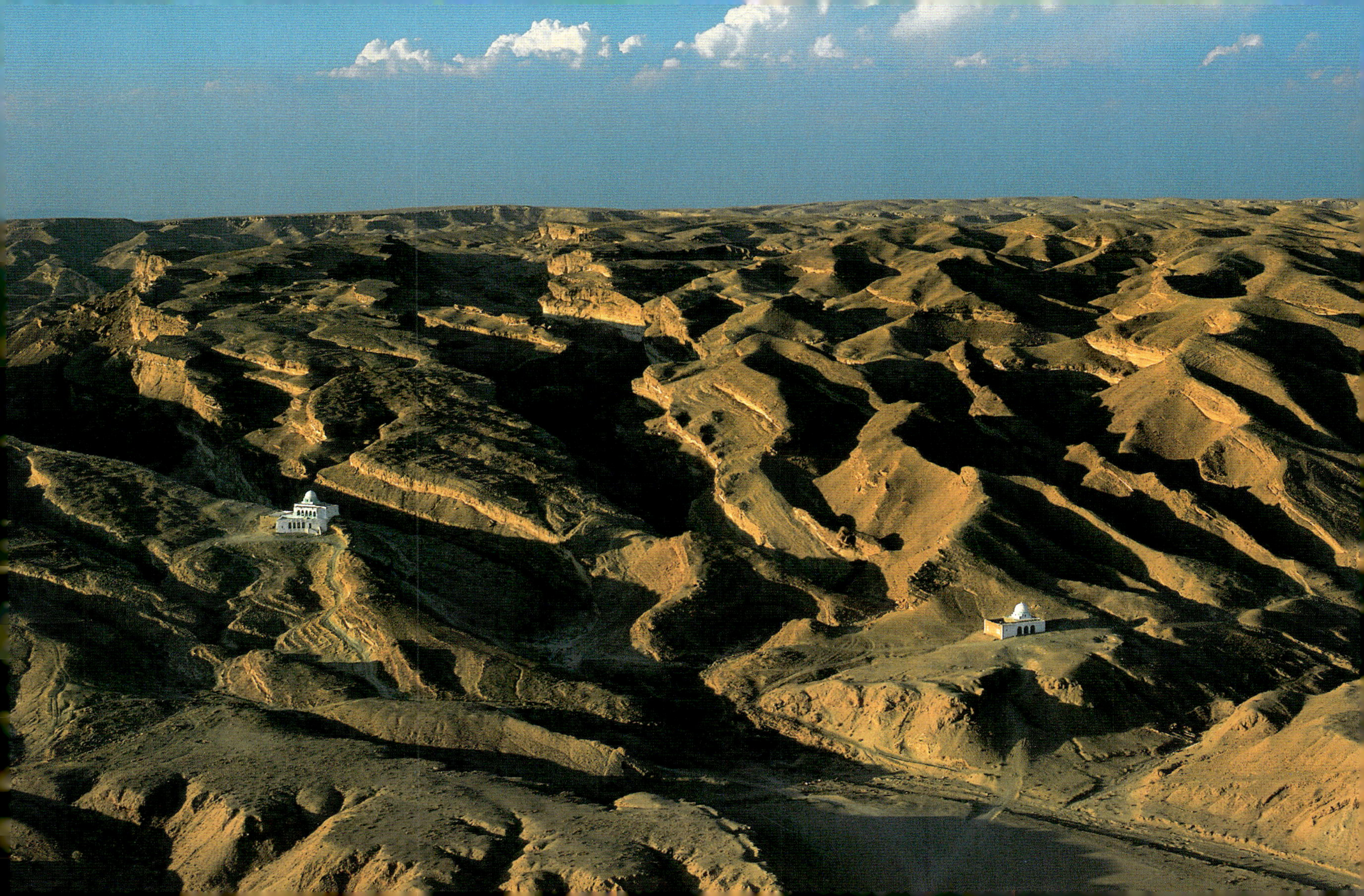

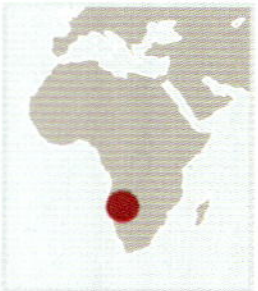

Himba-Paar, Kaokoveld, Namibia

(18° 15′ südlicher Breite – 13° 26′ östlicher Länge)

Im Kaokoveld im nördlichen Namibia wohnen 10 000 bis 15 000 Himba. Der noch ganz in seinen Traditionen verhaftete Nomadenstamm lebt von der Vieh- und Ziegenzucht an den Ufern des Flusses Kunene. Die 1980er Jahre waren für die Himba eine schlimme Phase: Eine außergewöhnliche Trockenheit raffte drei Viertel des Viehbestands hinweg, und der Krieg zwischen der südafrikanischen Armee und der SWAPO (South West Africa People's Organization) tat ein Übriges. Und die Himba kommen auch jetzt nicht zur Ruhe: Das geplante Wasserkraftwerk an den Epupa-Fällen ist für sie erneut eine ernsthafte Bedrohung. Das Kraftwerk soll den für eine Entsalzungsanlage notwendigen Strom liefern. Denn Namibia leidet nicht nur unter chronischem Wassermangel, auch den Energiebedarf muss das Land zur Hälfte durch Importe decken. Doch mit dem Bau des Wasserkraftwerks würden 400 Quadratkilometer Weideland unter Wasser gesetzt, und dies würde das Ende für das Hirtenvolk der Himba bedeuten.

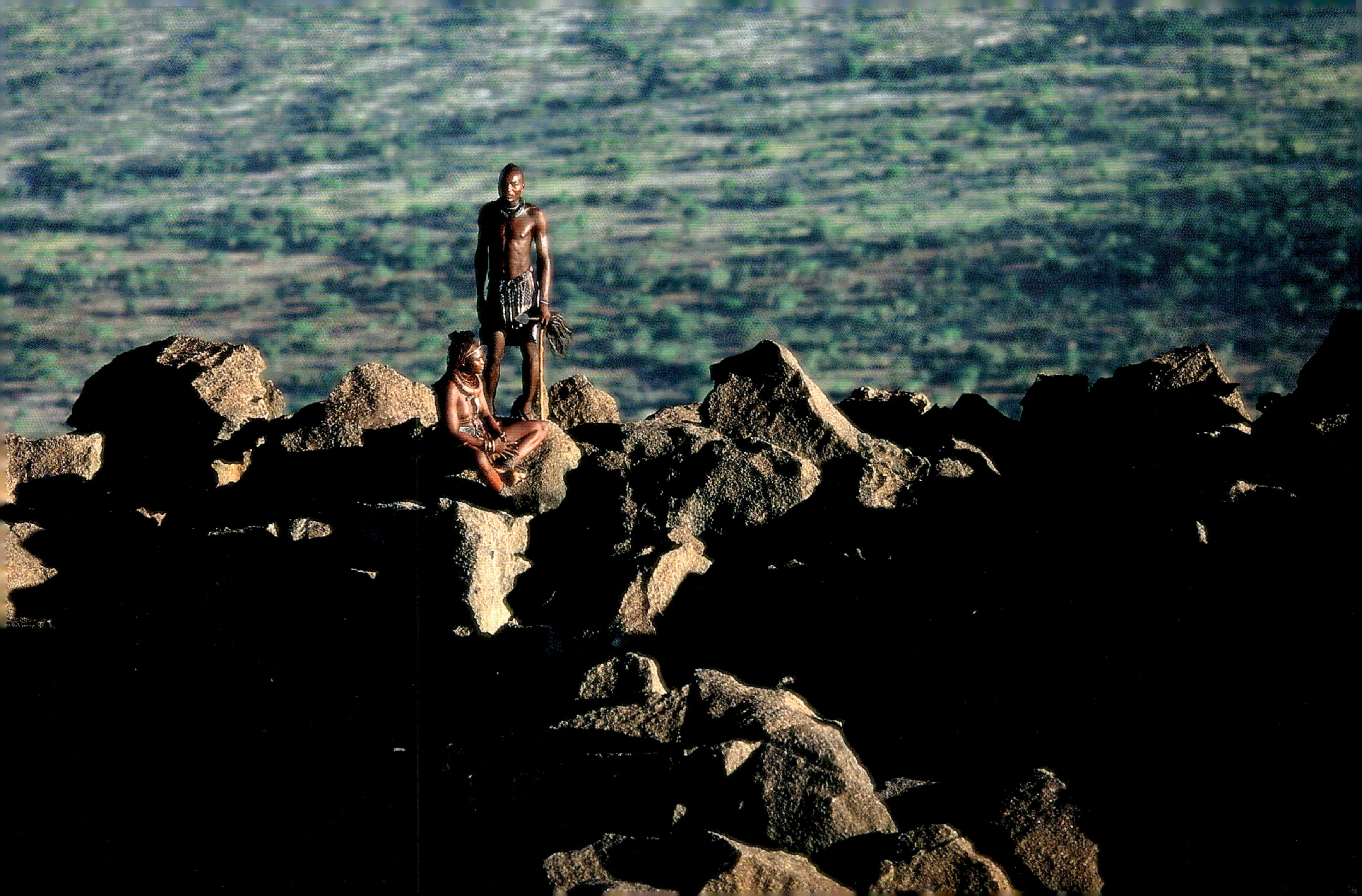

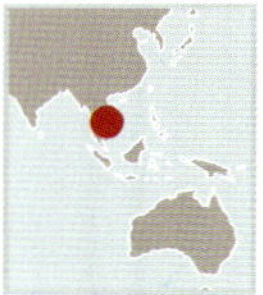

Die Königsgräber des Wat Phra si Sanphet (Sanphet-Tempels), Ayutthaya, Thailand (14° 20′ nördlicher Breite – 100° 34′ östlicher Länge)

Ayutthaya, die künstliche Insel am Zusammenfluss der Flüsse Chao Phraya, Prasak und Lopburi, war über vier Jahrhunderte lang (von 1350 bis 1767) das Zentrum des Reiches von Siam. Im 17. Jahrhundert strahlte die kulturelle und wirtschaftliche Kraft dieses Reiches bis nach Europa. Der gewaltige Sanphet-Tempel, der seit 1491 auch als königliche Grabstätte diente, zeugt noch von dieser Blütezeit. Von der gesamten Tempelanlage stehen nur noch drei *chedi*, die Thai-Variante des indischen Stupa. Ihre Säulen symbolisieren die einzelnen Stufen auf dem Weg ins Nirvana und bergen die Asche der Siam-Könige. 95 Prozent der Thailänder sind Buddhisten. Das einheitliche Bekenntnis zu dieser Religion hat das Land zusammengeschweißt. Die buddhistischen Tempel stehen nach wie vor im Mittelpunkt des öffentlichen Lebens. Fast jeder thailändische Mann zieht in bestimmten Phasen seines Lebens die Mönchskutte an, manchmal für wenige Wochen, oft aber auch während der dreimonatigen Monsunzeit.

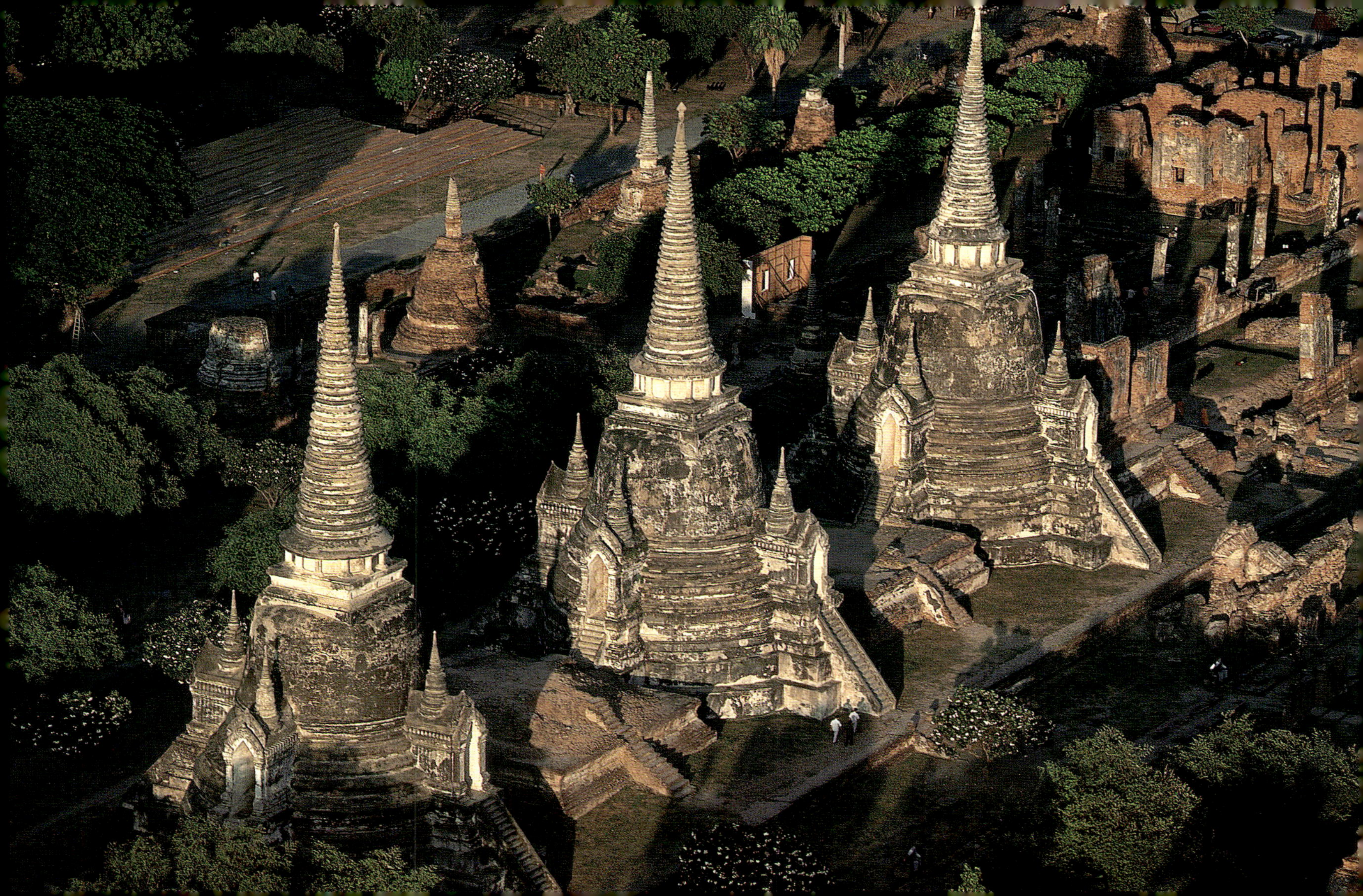

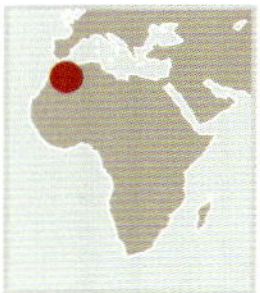

Dorf im Ourika-Tal, Marokko

(30° 44′ nördlicher Breite – 6° 33′ westlicher Länge)

Im Gegensatz zu den grünen Terrassen des Ourika-Tals, die sich deutlich vom benachbarten Atlasgebirge abheben, passen sich die Berberhütten an die Felsenlandschaft an. Die Wände bestehen aus einer Mischung von Lehm, Stroh und Kieselsteinen und sind äußerst solide. Lediglich Überschwemmungen halten sie nicht stand. Deshalb liegen die Berberdörfer ausnahmslos an den Berghängen. Während der Schneeschmelze oder nach einem Sommergewitter verwandelt sich der Ourika nämlich in einen reißenden Strom, der bis zu 1000 Kubikmeter Wasser in der Sekunde führt. Nach den fatalen Überschwemmungen von 1995 trafen die marokkanischen Behörden jedoch vorbeugende Maßnahmen, die bereits bei den Katastrophen von 1999 und 2001 ihre Wirkung zeigten.

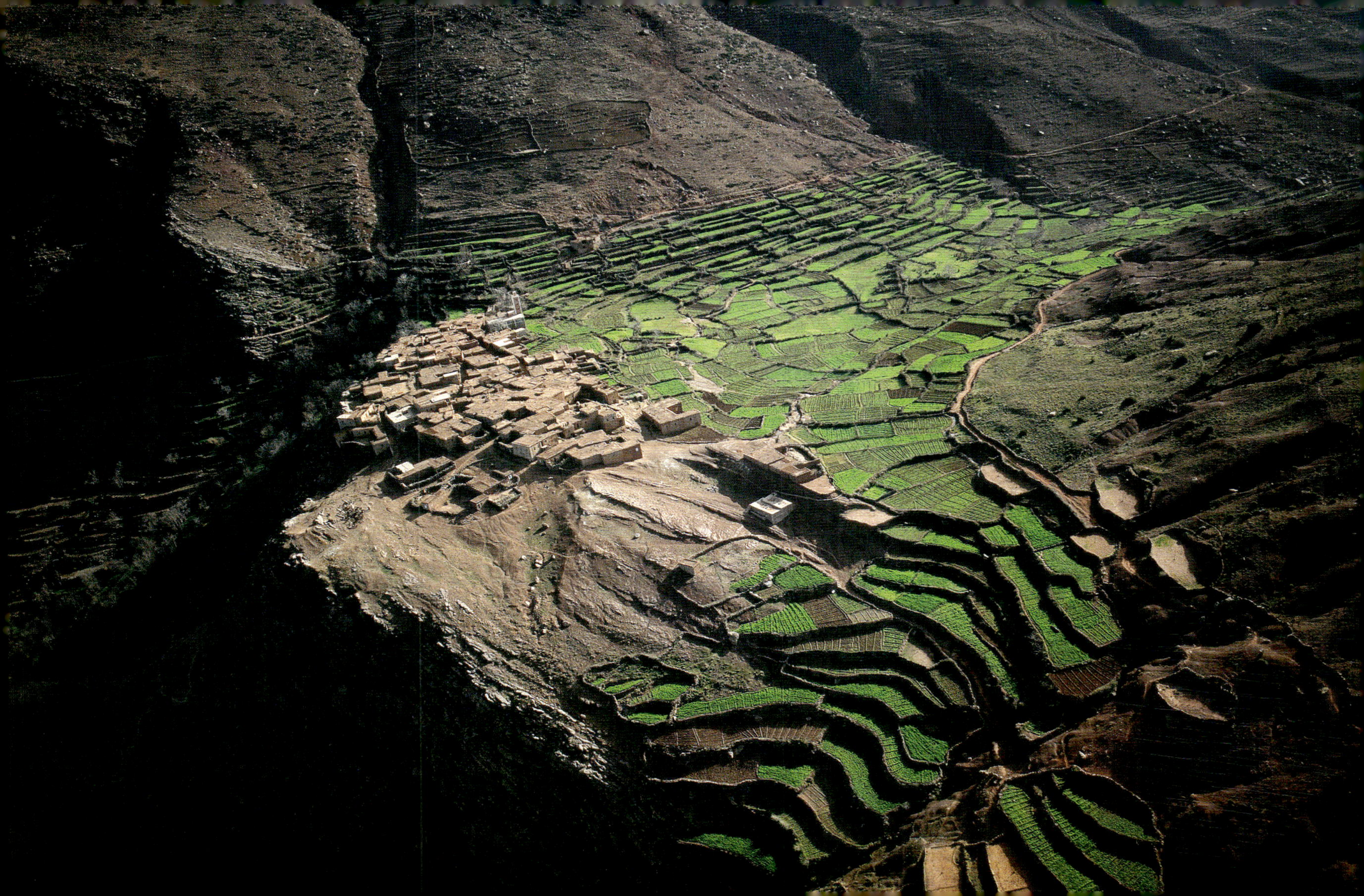

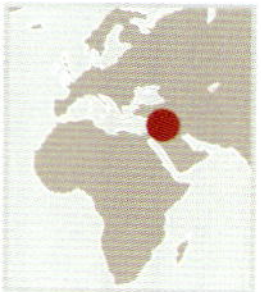

Die Zitadelle von Enfé (Anfeh), Bezirk El Koura, Libanon

(34° 20′ nördlicher Breite – 35° 41′ östlicher Länge)

Die kleine Küstenstadt Enfé südlich von Tripoli lebt von der Fischerei, von ihren Olivenhainen, Weinbergen und Salzgärten. Der ehemals phönizische Hafen wird unter dem Namen Ampi auf den Al-Amarna-Tontafeln aus dem 14. vorchristlichen Jahrhundert erwähnt. Anfang des 12. Jahrhunderts wurde die Stadt von den Kreuzfahrern besetzt. Auf der 400 Meter weit ins Mittelmeer hineinragenden Halbinsel stand einst die imposante, 12-türmige Burg Nephin, die durch einen an der Landenge in den Fels gehauenen Graben vom Festland abgeschnitten war. 1289 wurde sie von den Mamelucken zerstört. Als Zeugen einer jahrtausendealten Vergangenheit blieben die Ruinen geschützt. Auf dem Küstenstreifen (16 Prozent der Landesfläche) leben 70 Prozent der libanesischen Bevölkerung (im Durchschnitt 1610 Einwohner pro Quadratkilometer). Die anarchische und nur schlecht überwachte Verstädterung, die hier seit den 1980er Jahren um sich greift, bedroht das Kulturerbe und die Umwelt. Die aufstrebende Wirtschaft und die wachsende Tourismusbranche müssen auf diese Warnrufe reagieren.

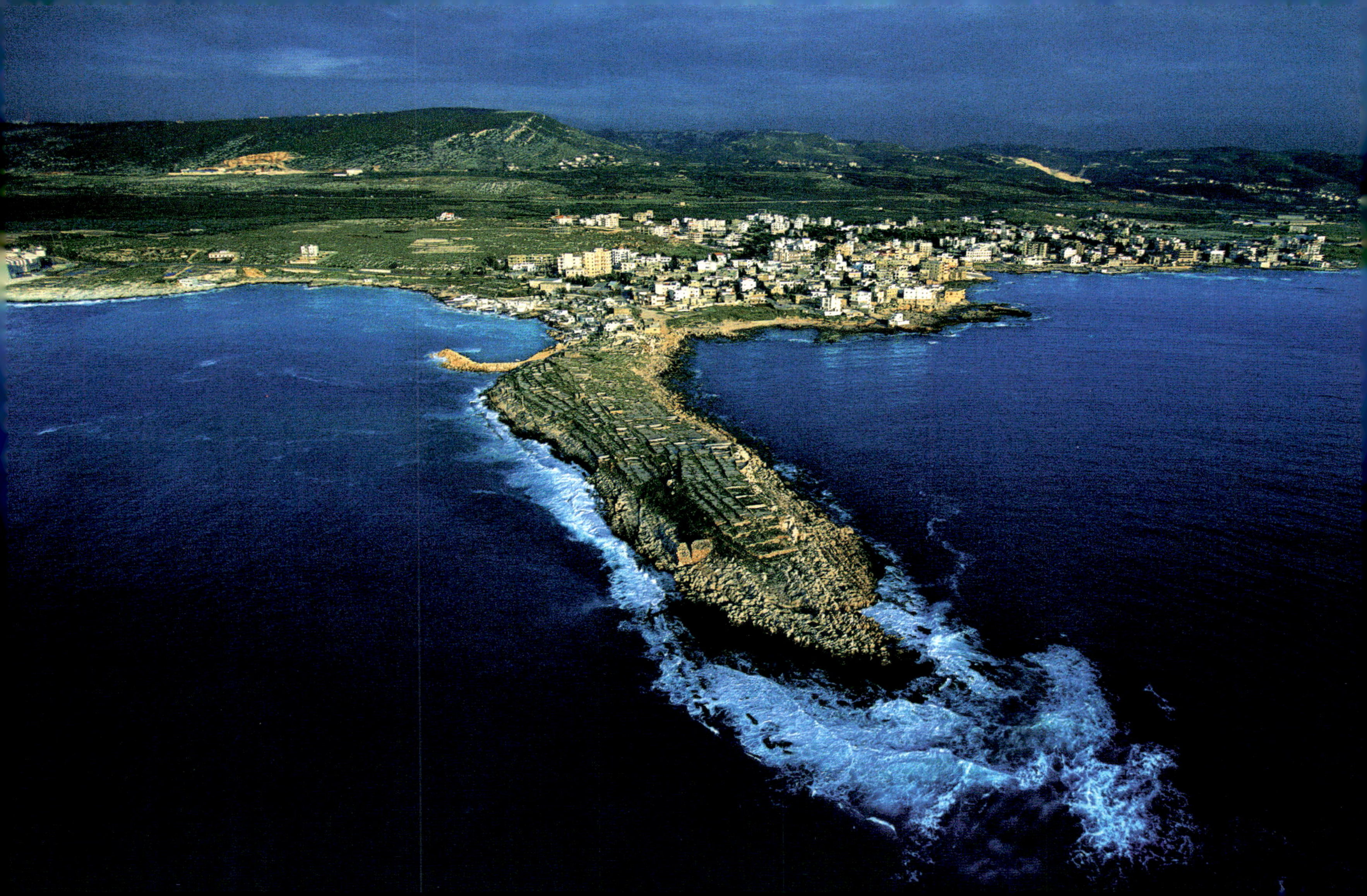

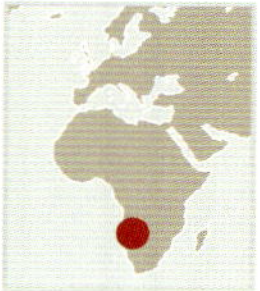

Sandwich Harbour, Region Swakopmund, Namibia

(23° 21′ südlicher Breite – 14° 29′ östlicher Länge)

Sandwich Harbour liegt an der namibischen Atlantikküste, 50 Kilometer südlich der Stadt Walfischbai. Der Name geht auf das englische Walfangboot »Sandwich« zurück, das im 18. Jahrhundert in dieser Gegend operierte und in der Lagune regelmäßig seine Trinkwasservorräte auffüllte. Heute ist das Gebiet von Sandwich Harbour nur mit einer speziellen Genehmigung zugänglich. Diese Maßnahme gilt dem Schutz von bis zu 250 000 Zugvögeln. Auch 40 Prozent der westafrikanischen Flamingos leben in diesem Küstenabschnitt. An der namibischen Küste gibt es große Wasservogelkolonien: Kormorane, Pinguine, Seeschwalben und andere Vogelarten. Sie alle profitieren vom kalten, fischreichen Benguelastrom. Durch bestimmte Fischfangtechniken sind diese Wasservögel jedoch zusehends bedroht, beispielsweise durch die im Pazifik üblichen, 60 bis 80 Kilometer langen Angelleinen, deren Köder natürlich auch die Vögel anziehen. Die unglücklichen Tiere verfangen sich in den Angelhaken und ertrinken.

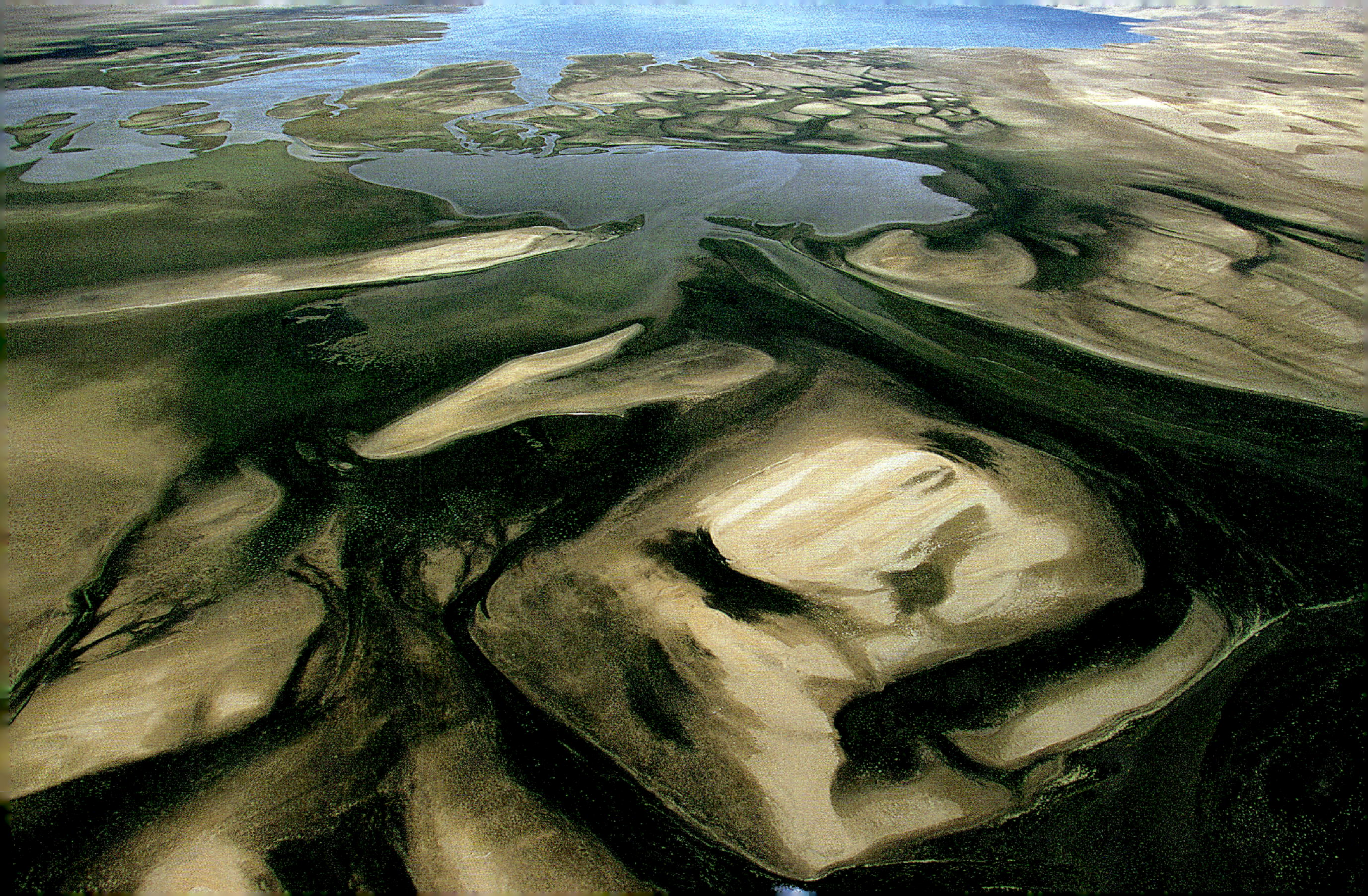

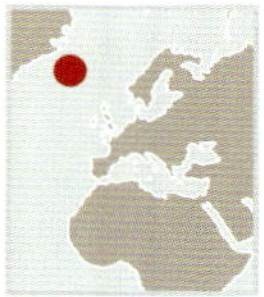

Mündung des Markarfljót, Myrdalsjökull, Island

(63° 32′ nördlicher Breite – 20° 05′ westlicher Länge)

Der Fluss Markarfljót erhält sein Wasser vom Myrdalsjökull, einem 800 Quadratkilometer großen Gletscher im Süden Islands. Auf seinem Weg zum Atlantik streift er einen zweiten Gletscher, den kleinen Eyjatfjallajökull. Dann fließt er langsam über ein breites Basaltbett und einen Strand aus schwarzem Sand ins offene Meer. Wie alle Gletscherabflüsse durchzieht er ein breites Feld voller Gletscherablagerungen in einem verworrenen Netz mäandernder Wasserarme, die ihren Lauf ständig ändern. Das meiste Wasser führt er im Juli und August während der Eisschmelze. Die globale Klimaerwärmung könnte diesen jahreszeitlichen Rhythmus stören. Isländische Gletscherexperten haben bereits darauf hingewiesen, dass die Schneehaube des Gletschers Vatnajökull jedes Jahr um rund einen Meter zurückgeht, denn die Schneefallgrenze ist auf 1000 Meter angestiegen. Der Vatnajökull ist übrigens mit 8300 Quadratkilometern Islands größter Gletscher. Seine Fläche entspricht der Summe aller Gletscherflächen des europäischen Festlandes. Bei gleich bleibender Tendenz wird der Gletscher Vatnajökull bis zum Jahre 2100 völlig verschwunden sein.

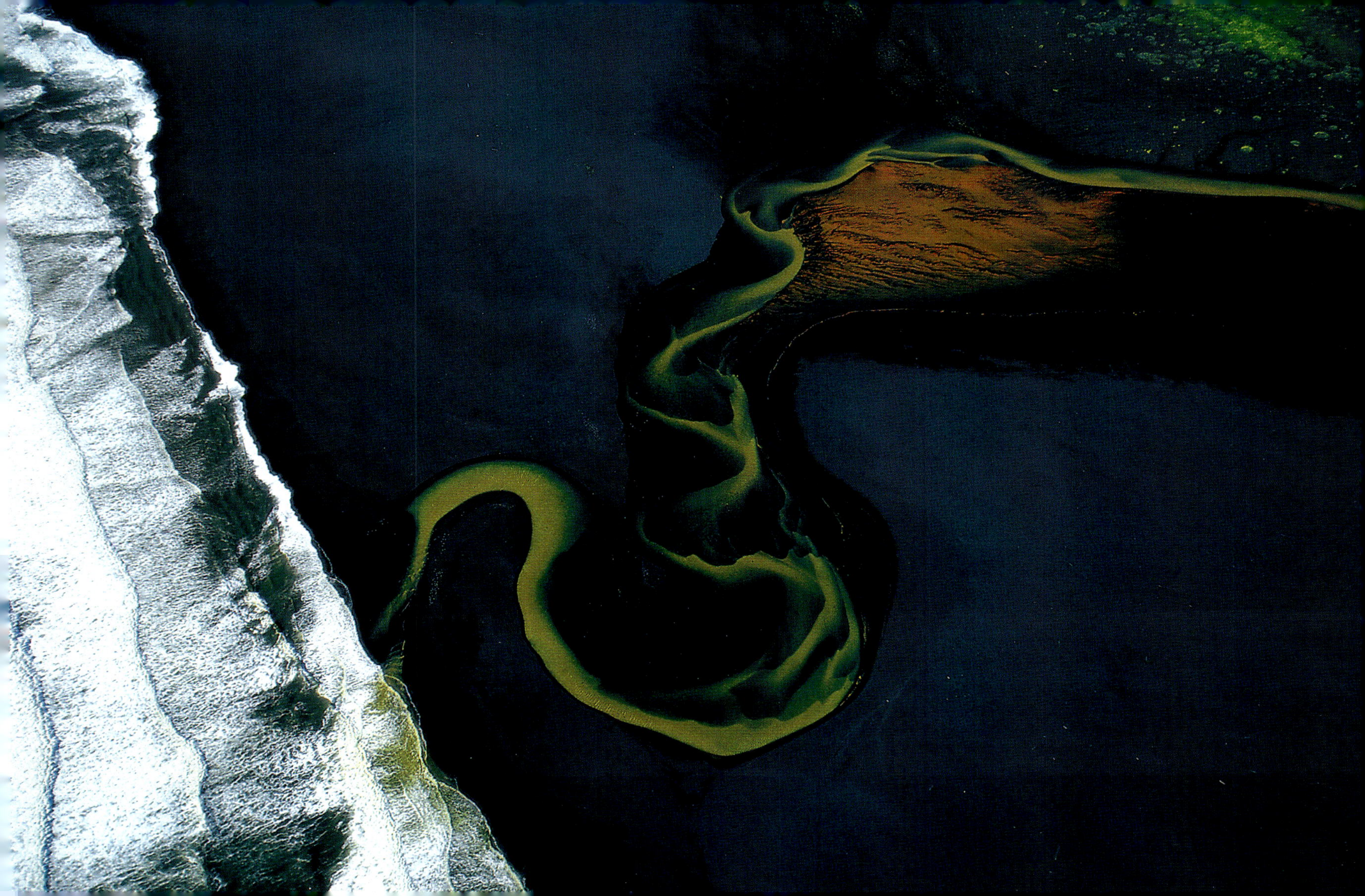

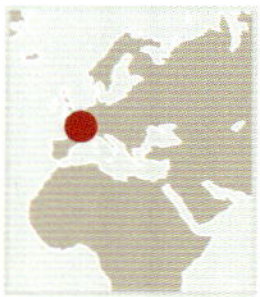

Karte der Europäischen Union im Schulhof des André-Malraux-Gymnasiums in Montereau-Fault-Yonne, Seine et Marne, Frankreich

(48° 23′ nördlicher Breite – 2° 57′ östlicher Länge)

Nur die Schüler des André-Malraux-Gymnasiums in Montereau-Fault-Yonne südöstlich von Paris können in Griechenland den Unterricht nachbereiten, in Portugal das Pausenbrot zu sich nehmen und in Dänemark mit ihren Mitschülern diskutieren. Im April 2002 haben sie mithilfe eines Lehrers auf dem Schulhof die Karte der Europäischen Gemeinschaft nachgezeichnet. Im gleichen Jahr wurde in 12 der 15 Länder der EU der Euro als gemeinsame Währung eingeführt. Die Staatsgrenzen verlieren in Europa mehr und mehr an Bedeutung, andere Barrieren sind schwerer abzubauen: Zwischen Basken und Spaniern, zwischen Wallonen und Flamen, zwischen Katholiken und Protestanten in Belfast gibt es keine Annäherung. Die Ostgrenze der EU öffnet sich demnächst für zehn weitere Mitgliedsländer, die sich alle nach einem von Demokratie und Wohlstand geprägten Europa sehnen. Die Gemeinschaft wird für die zehn neuen Mitgliedsländer in den ersten drei Jahren 25 Milliarden Euro aufbringen, das sind 0,08 Prozent des gesamten EU-Bruttosozialproduktes und nicht einmal zehn Prozent der Kosten, die Deutschland seit 1990 für seine Wiedervereinigung bezahlt hat. Die Schüler des André-Malraux-Gymnasiums jedenfalls freuen sich darauf, 2004 wieder den Pinsel in die Hand nehmen zu dürfen.

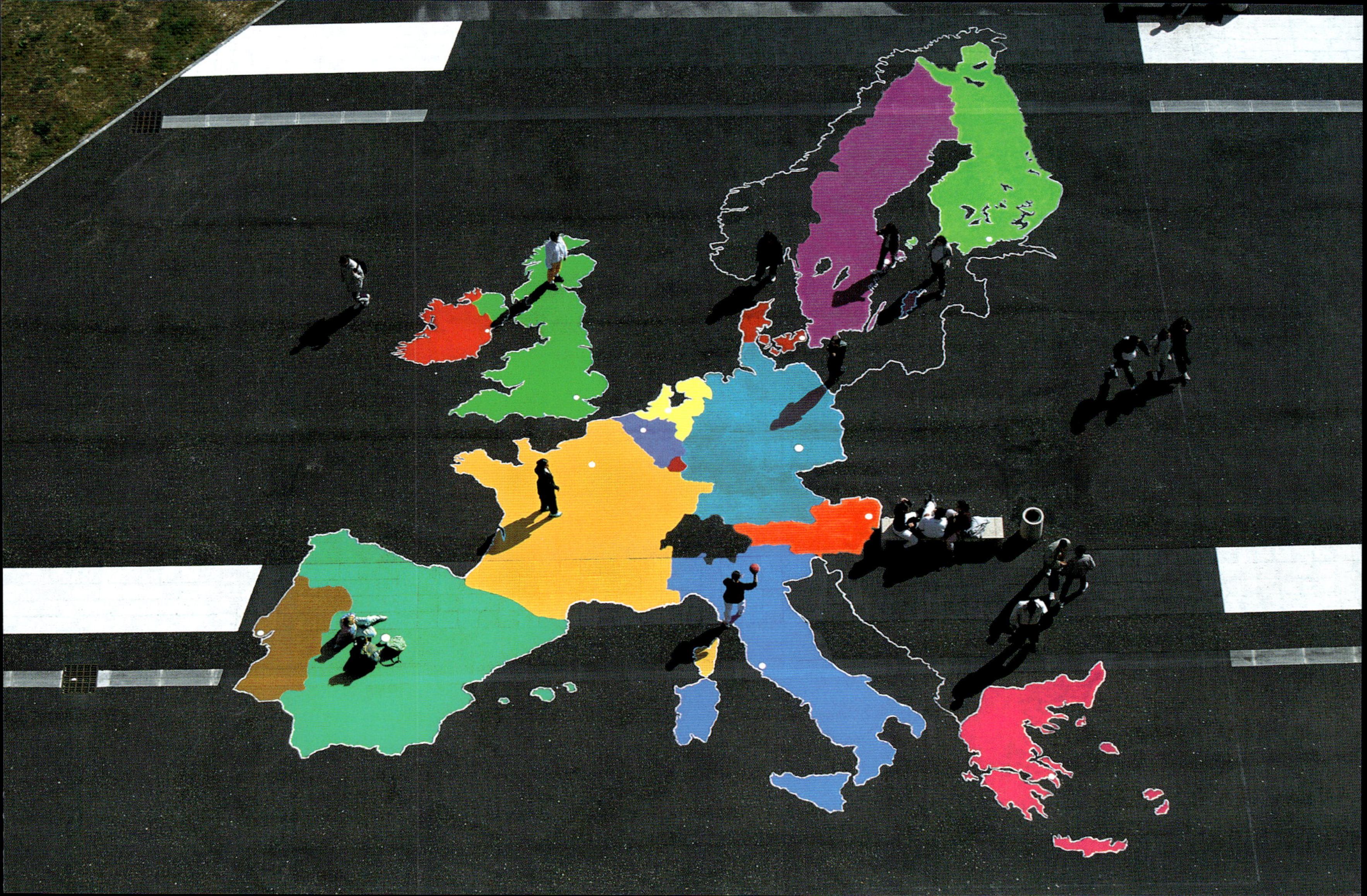

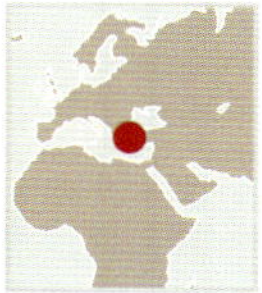

Dorf an der Nordspitze der Insel Santorin, Kykladen, Griechenland

(36° 27′ nördlicher Breite – 25° 22′ östlicher Länge)

Die Insel Santorin liegt in der östlichen Ägäis. Sie besteht aus den Überresten eines vor über 3500 Jahren gesprengten Vulkankegels. 1967 entdeckte der griechische Archäologe Marinatos auf der Insel Überreste einer Kultur, die stark an die minoische Kultur auf Kreta erinnert. Er stellte die Hypothese auf, dass vor dem Vulkanausbruch die Inseln Kreta und Santorin zusammenhingen und Heimat jener hoch entwickelten Kultur waren, von der Platon berichtet, dass sie in Wasser und Flammen unterging. Die Eruption löste eine gewaltige Springflut aus, und der Aschenregen verdunkelte den Himmel mehrere Jahre lang. Rätselhaft bleibt, ob Santorin zu der von Plato beschriebenen Kultur gehörte. Die minoische Kultur jedenfalls starb mit dem Vulkanausbruch. Seit 1950 »schläft« der Vulkan. Ein weiterer Ausbruch kann jedoch nicht ausgeschlossen werden. Absolut sicher können sich die 10 000 Einwohner und die zahlreichen Touristen also nicht fühlen.

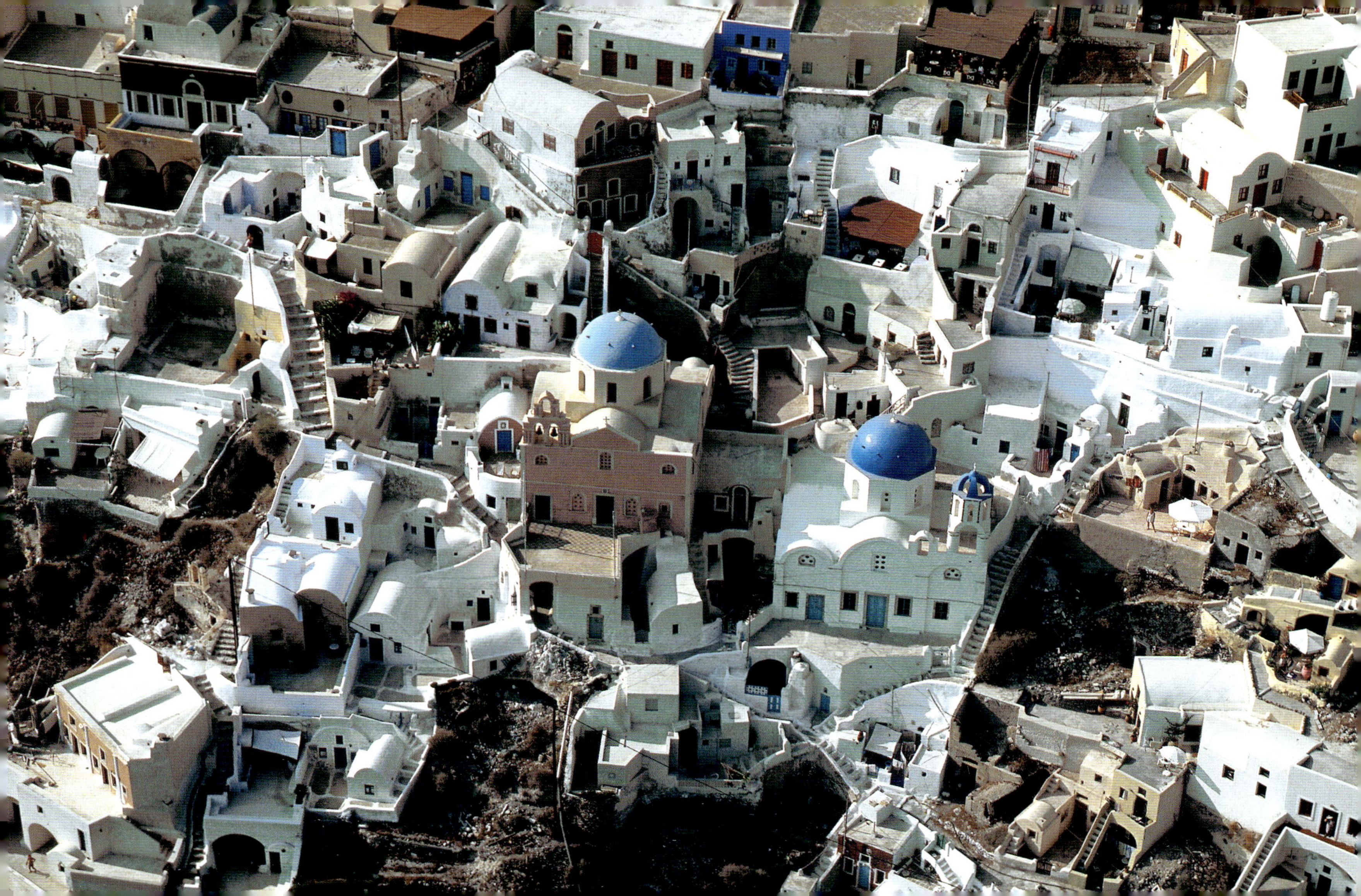

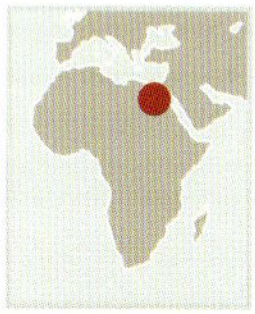

Körbe für die Dattelernte, Niltal, Ägypten (25° 40' nördlicher Breite – 32° 35' östlicher Länge)

Jedes Jahr werden in Ägypten 800 000 Tonnen Datteln geerntet und getrocknet. Damit liegt das Land am Nil in der Dattelproduktion auf Platz zwei der Weltrangliste. Trotzdem reicht die Ernte nicht aus. Was für die gesamte ägyptische Agrarwirtschaft gilt, gilt auch für die Dattelpalmen: Sie können der Nachfrage der jährlich um 1,69 Prozent wachsenden ägyptischen Bevölkerung nicht mehr genügen. Bis zum Jahre 2025 wird die Zahl der Menschen am Nil von 69 Millionen auf voraussichtlich 100 Millionen ansteigen, doch die Landwirtschaft wird sich nach wie vor auf die wenigen bewässerten Flächen beschränken. Bereits die Hälfte der Lebensmittel muss in Ägypten eingeführt werden. Eine Abhängigkeit, die die Regierung gerne reduzieren würde. Doch das Wasser ist knapp. Noch vor 2025 könnte der Wassermangel für zwei Drittel der Menschheit – so auch für die Ägypter – zu einem ernsthaften Problem werden. Durch die Bevölkerungsexplosion und die zunehmende künstliche Bewässerung und Industrialisierung wird der weltweite Wasserverbrauch um 40 Prozent steigen. Damit bleibt dem Wasser keine Zeit mehr, sich selbst zu reinigen.

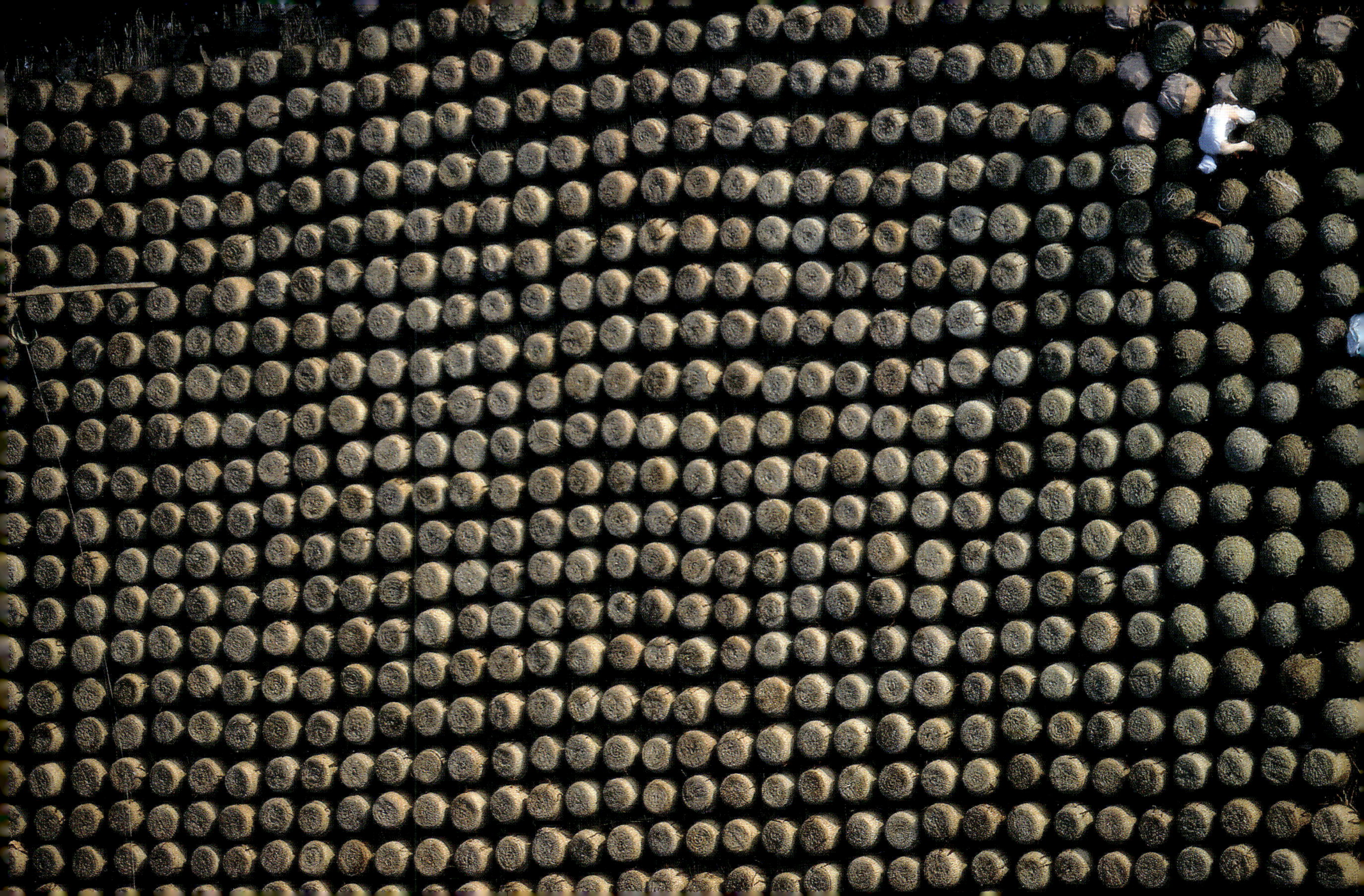

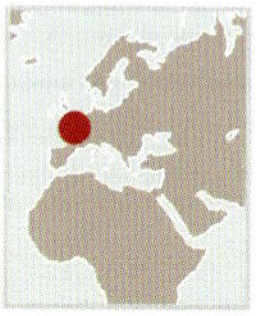

Soldatenfriedhof »Notre-Dame de Lorette« bei Ablain-Saint-Nazaire, Département Pas-de-Calais, Frankreich

(50° 23′ nördlicher Breite – 02° 42′ östlicher Länge)

Zwei Weltkriege mussten Europa erschüttern, bevor man den Worten von Victor Hugo (1802–1885) glauben konnte: »Keine Armeen und keine Grenzen mehr, eine einzige Kontinentalwährung […]. Der Tag wird kommen, an dem euch die Waffe aus der Hand fällt.« Bevor Europa sich zusammenschloss, war es Schauplatz von zwei grauenvollen Kriegen, die acht Millionen bzw. 45 Millionen Menschen das Leben kosteten. Vom Oktober 1914 bis zum Oktober 1915 kämpften Franzosen und Deutsche in der Schlacht von Lorette um strategisch wichtige Stellungen im äußersten Norden Frankreichs. Über 100 000 Männer sind auf dem Schlachtfeld geblieben. Die 20 000 Kreuze auf dem 13 Hektar großen Soldatenfriedhof und die acht Massengräber, in denen mehr als 22 000 unbekannte Soldaten liegen, sollen an diese Gefallenen erinnern. Zitieren wir noch einmal Hugo: »Eines Tages wird es keine anderen Schlachtfelder mehr geben als die für den Handel offenen Märkte und die für Ideen offenen Geister.« Dieser Tag ist längst da, doch der Ausgang der Handels- und Ideenschlacht ist nach wie vor ungewiss.

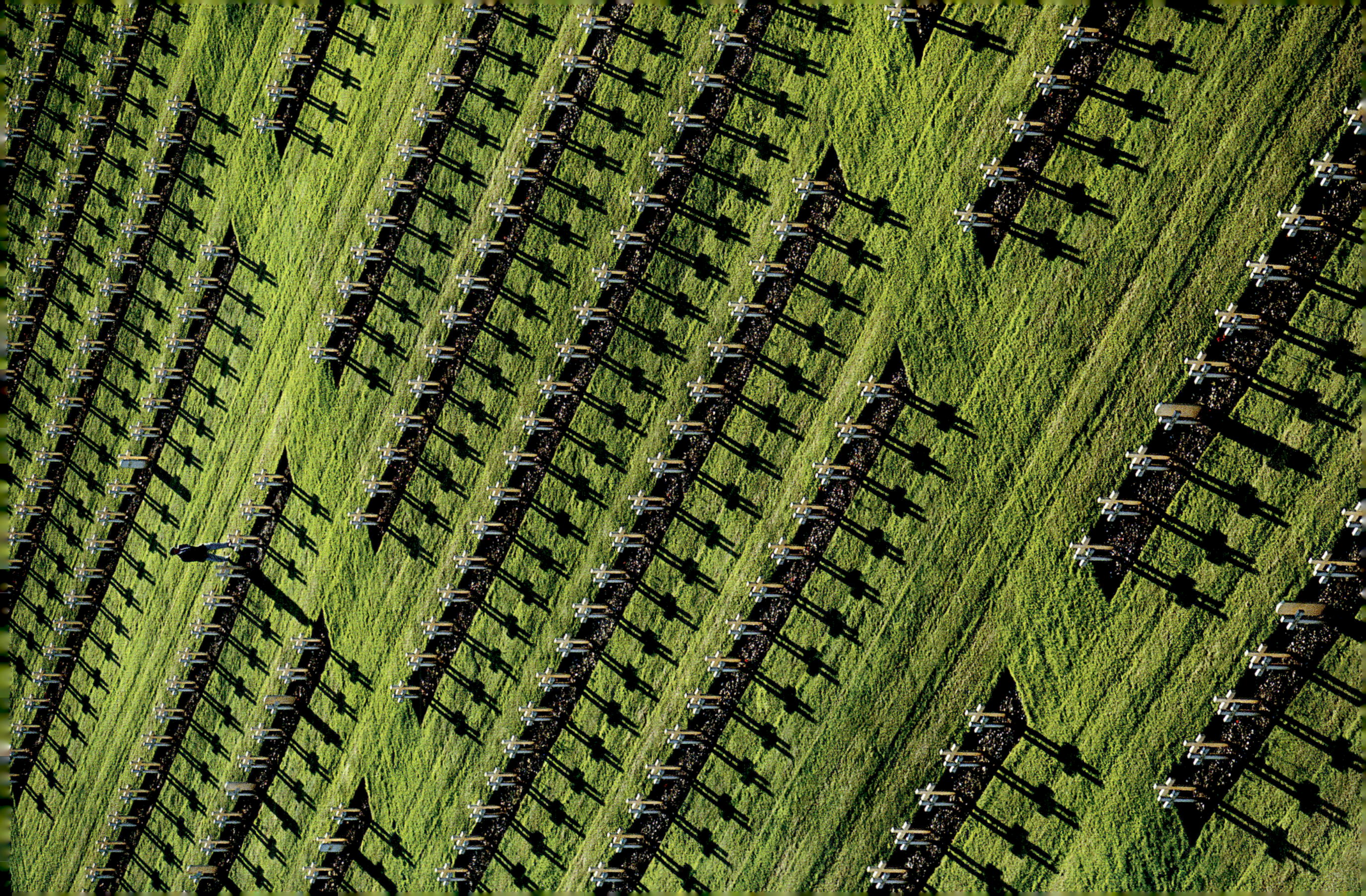

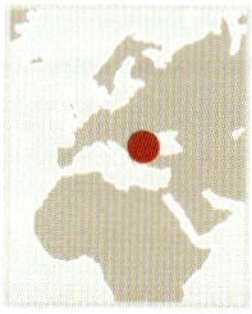

Meteora-Klöster, Thessalien, Griechenland (39° 43′ nördlicher Breite – 21° 36′ östlicher Länge)

Auf unzugänglichen Felsen im Nordosten der thessalischen Ebene haben sich im 11. Jahrhundert Mönche auf der Suche nach Einsamkeit niedergelassen. Aus einer einfachen Ansiedlung entwickelte sich zwischen dem 14. und 16. Jahrhundert ein Ensemble von 24 Klöstern in einer Höhe von 200 bis 600 Metern über dem Pindos-Tal. Lange Zeit erreichte man die Klöster nur mithilfe von Seilwinden. Erst 1920 wurden die ersten Treppen und Stege gebaut, um den Touristen den Besuch der seit 1988 auf der UNESCO-Liste des Weltkulturerbes stehenden Sehenswürdigkeiten zu ermöglichen. Von den meisten dieser *meteorisa monasteria* (dt. hängende Klöster) stehen heute nur noch Ruinen. Lediglich fünf von ihnen sind für Besucher geöffnet, davon sind drei nach wie vor bewohnt.

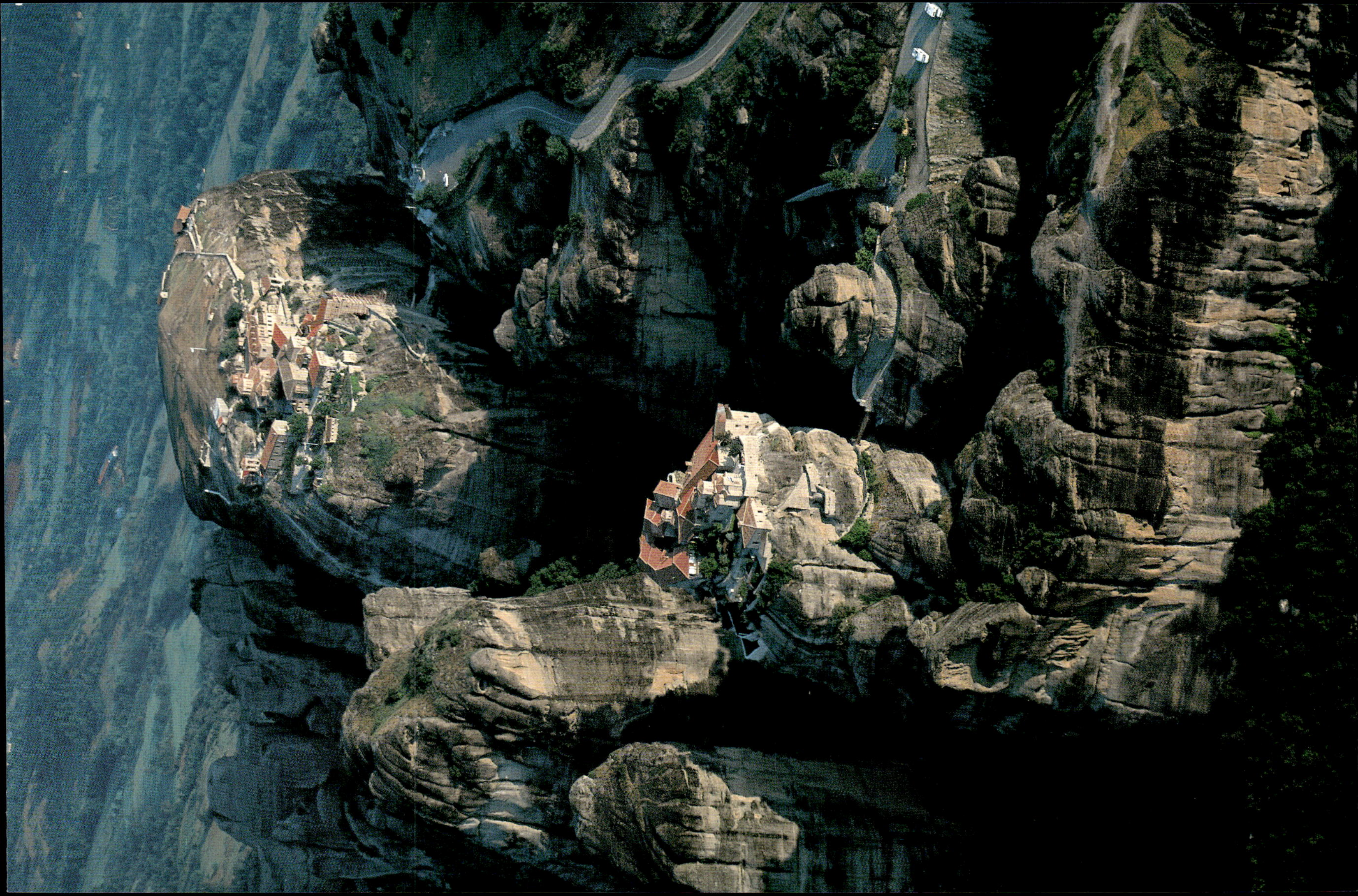

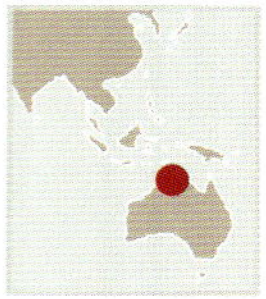

Der Mount Trafalgar im Biosphären-Reservat Prince Regent, West Kimberley, Australien (15° 16′ südlicher Breite – 125° 03′ östlicher Länge)

Die Kimberley-Hochebene zählt zu den am dünnsten besiedelten Gebieten der Erde. Sie liegt zwischen dem Timor-Meer und der Gibson-Wüste und ist ein typisches Beispiel für das westaustralische *outback*, jenes unzugängliche, aber fast ein Drittel des Kontinents umfassende Land, in dem nur 1,8 Millionen Menschen wohnen. Das Prince-Regent-Flussbecken wurde wegen seiner Unberührtheit von der UNESCO zum Biosphären-Reservat erklärt. 2002 durchzog noch keine Straße dieses Gebiet. An das Reservat grenzen die Territorien der Aborigines, der australischen Ureinwohner. Sie wurden von den Europäern stark dezimiert. Heute zählen sich 265 000 Menschen zu dieser Bevölkerungsgruppe. Drei Viertel von ihnen sind Mischlinge. Für die Aborigines symbolisiert der Mount Trafalgar die Harmonie zwischen den Menschen einerseits und der Erde, den Felsen und den anderen von den Geistern der Vorfahren geschaffenen Lebewesen andererseits.

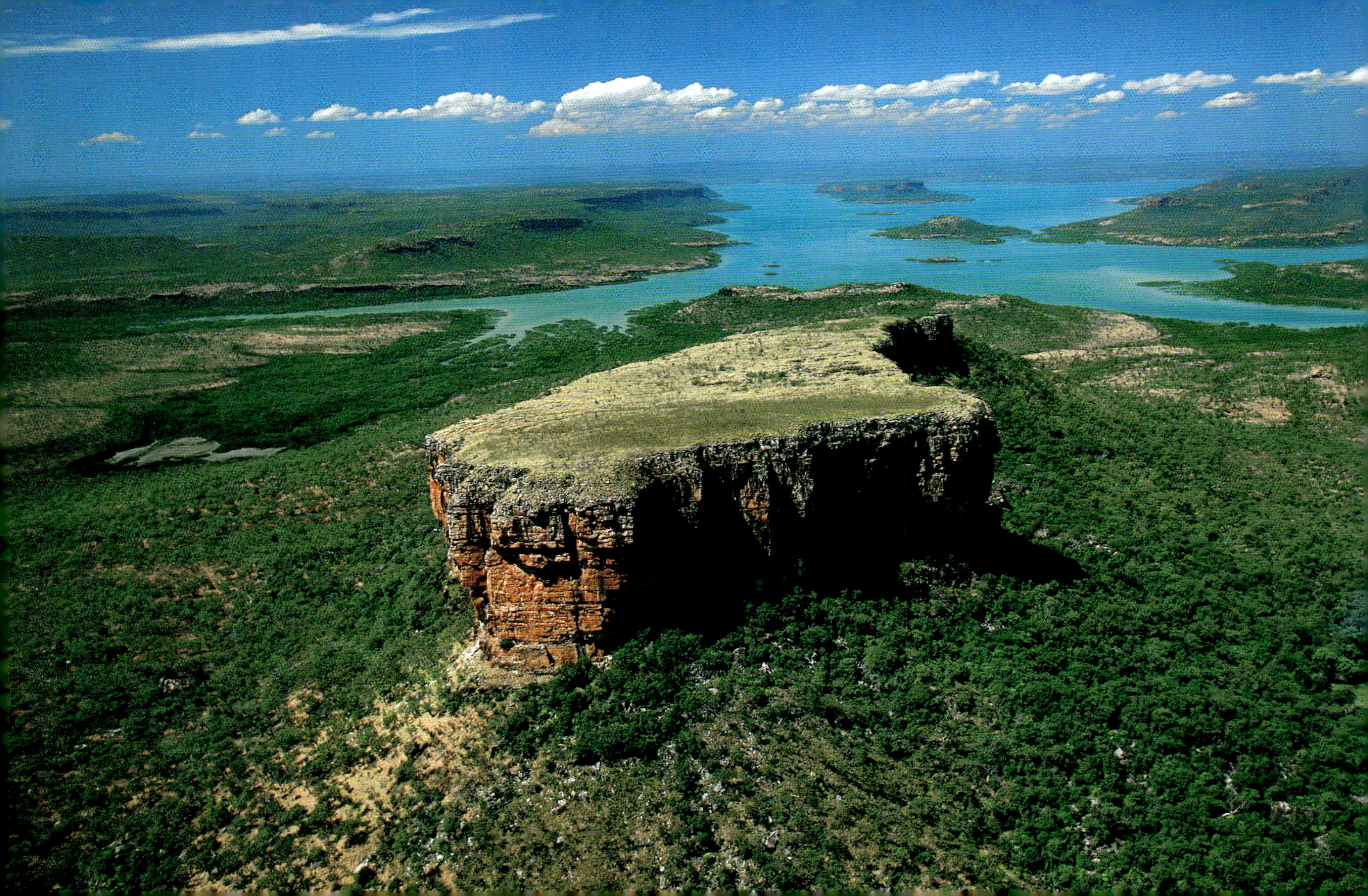

Der Tempel Angkor Vat, Kambodscha

(13° 26′ nördlicher Breite – 103° 52′ östlicher Länge)

Die fünf aus dem Dschungel herausragenden Türme des Tempels von Angkor Vat symbolisieren den Berg Meru. Für die Hindus ist er Weltachse und Wohnort der Götter zugleich. Der Tempel stammt aus dem 12. Jahrhundert und ist nicht nur das größte, sondern auch das besterhaltene der insgesamt 700 Denkmäler, die heute noch innerhalb der 400 Quadratkilometer großen Tempelanlage von Angkor zu sehen sind. Die ehemalige Hauptstadt des Khmer-Reiches hatte ihre Blütezeit zwischen dem 9. und 15. Jahrhundert. Ihre baulichen Überreste waren lange Zeit der Vegetation und Plünderungen ausgesetzt. Doch 1992 nahm die UNESCO den größten Archäologiepark der Welt in die Liste des Weltkulturerbes auf. Er spielt eine wichtige Rolle für den Tourismus, die florierendste Wirtschaftsbranche Kambodschas. 2002 wurden 400 000 Besucher registriert. Bis zum Jahr 2010 sollen die jährlichen Besucherzahlen die Millionengrenze erreichen. Dafür muss auf Kosten der umliegenden Wälder die Infrastruktur verbessert werden. Noch sind 60 Prozent des Landes bewaldet. Doch der tropische Regenwald, der 1960 noch 13 Millionen Hektar umfasste, ist heute bereits um zwei Millionen Hektar zurückgegangen. Die illegalen Rodungsarbeiten nehmen weiterhin zu.

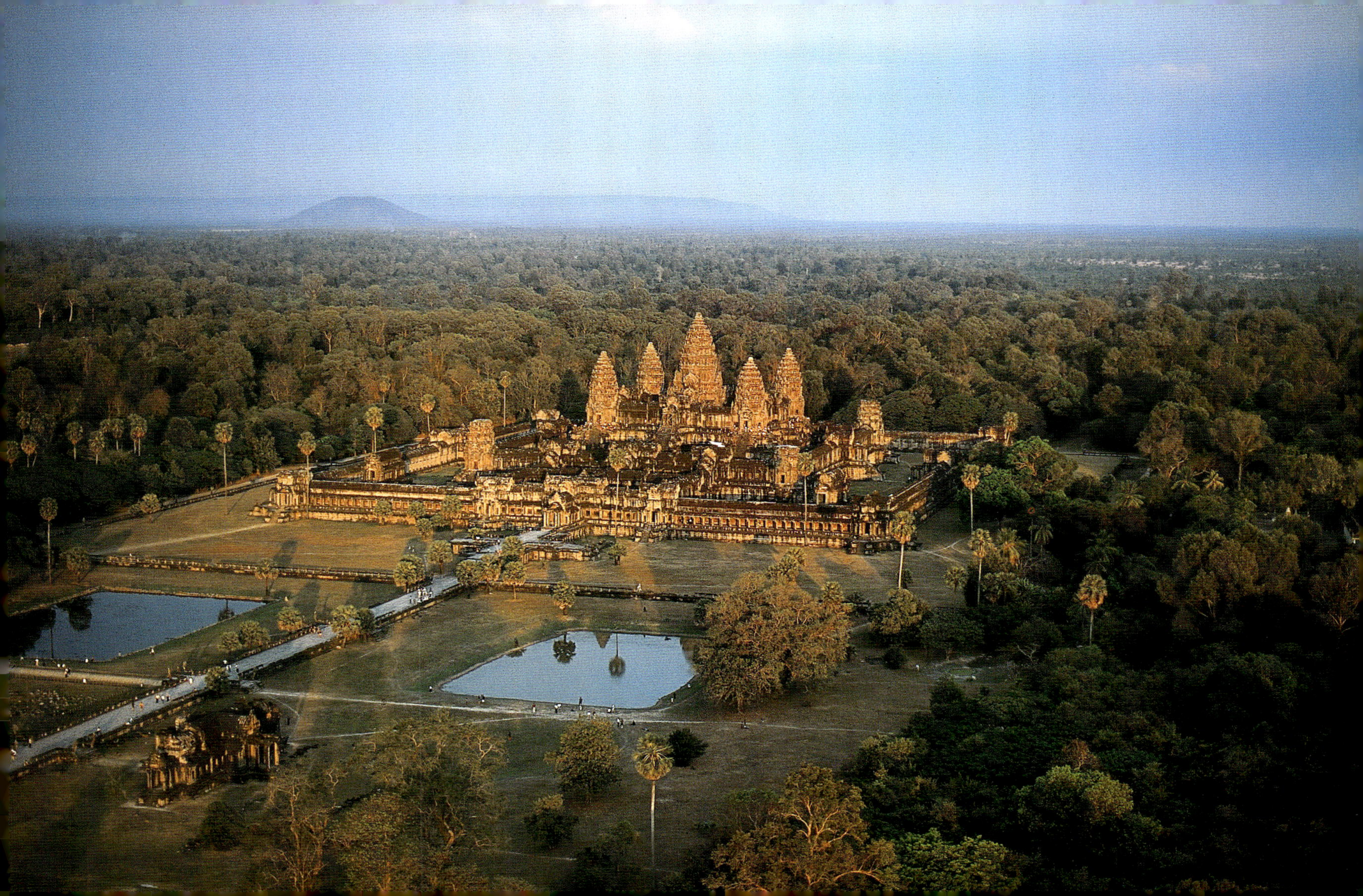

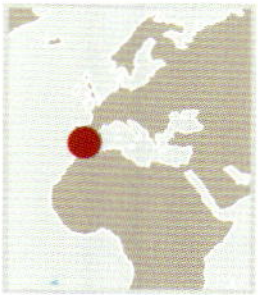

Felsen von Gibraltar, britisches Hoheitsgebiet, Gibraltar

(36° 08′ nördlicher Breite – 05° 21′ westlicher Länge)

Das berühmte Felsmassiv von Gibraltar am südlichsten Punkt der Iberischen Halbinsel bietet auf einer Fläche von sechs Quadratkilometern Wohnraum für 30 000 Menschen. 1704 wurde Gibraltar im Rahmen des Spanischen Erbfolgekriegs von einer englisch-niederländischen Flotte erobert und ist seitdem eine britische Enklave, auf die Spanien nach wie vor Anspruch erhebt. Die gleichnamige Meerenge verbindet das Mittelmeer mit dem Atlantik. Die marokkanische Küste ist an dieser Stelle nur 15 Kilometer von der Iberischen Halbinsel entfernt. Viele illegale Einwanderer sehen in dieser Meerenge das Tor zum europäischen Eldorado. Wenn das Meer ruhig ist, sind es pro Tag hunderte von Menschen, die meist in überladenen Booten die Überfahrt riskieren. In den letzten fünf Jahren fand man allein an der spanischen Küste 4000 Leichen junger Menschen meist marokkanischer Herkunft, die bei der Überquerung der Straße von Gibraltar ertrunken waren.

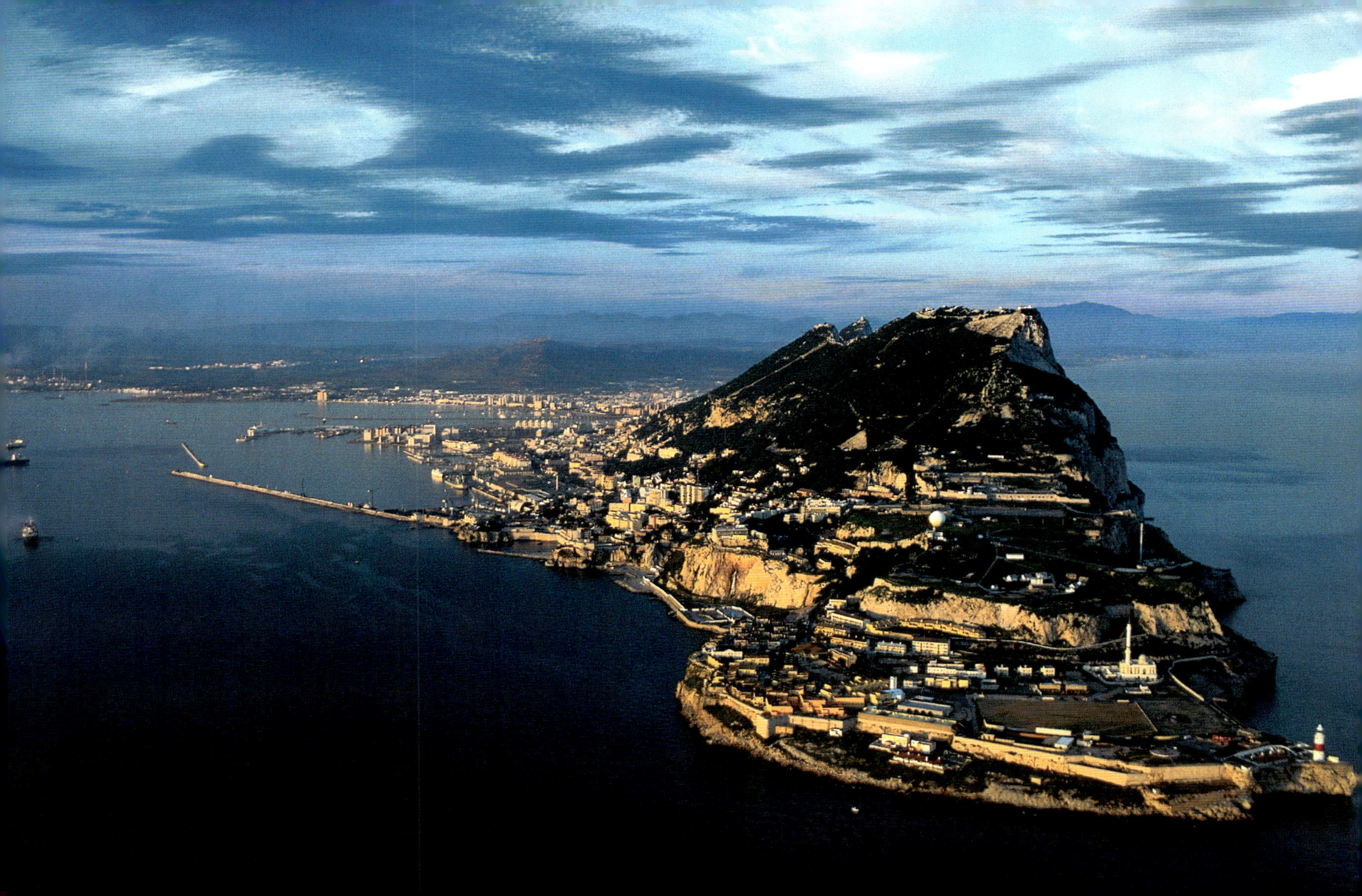

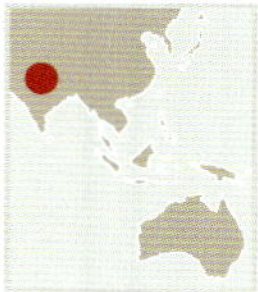

Mount Everest, Himalaja, Nepal

(27° 59′ nördlicher Breite – 86° 56′ östlicher Länge)

Mit 8850 Metern ist der Mount Everest der höchste Punkt der Erde. Er gehört zum Himalaja-Gebirge, das die natürliche Grenze zwischen Nepal und China bildet, und trägt eine ganze Reihe von Namen: *Sagarmatha* (der, dessen Kopf den Himmel berührt) nennen die Nepalesen den Berg, *Chomolongma* (Göttin und Mutter der Erde) die Tibeter. Die Europäer tauften ihn nach Sir George Everest, dem britischen Oberst, der zwischen 1852 und 1854 den indischen Subkontinent kartografierte. Am 29. Mai 1953 war es dann so weit: Der Neuseeländer Edmund Hillary und der nepalesische Sherpa Tenzing Norgay betraten als erste Menschen das Dach der Welt. Seitdem wurde der Mount Everest über 300-mal bezwungen und kostete rund 100 Menschen das Leben. Doch mit dem Zustrom der letzten Jahrzehnte – bis zu 300 Alpinisten können sich im Basislager aufhalten – kamen auch die Probleme: Umweltverschmutzung und hoher Brennholzverbrauch, denn jede Expedition benötigt sieben Tonnen Brennholz. Die abgeholzten Hänge sind der Erosion preisgegeben. Durch strengere Reglementierungen und Reinigungsaktionen – allein 30 Tonnen Müll sammelte man im Basislager – konnte in den letzten zehn Jahren die Zerstörung dieser fragilen Gebirgswelt verhindert werden. Solaranlagen wurden errichtet, und die Teilnehmer der Expeditionen müssen den notwendigen Brennstoff mitbringen. 1976 wurde das Mount-Everest-Gebiet zum Nationalpark erklärt.

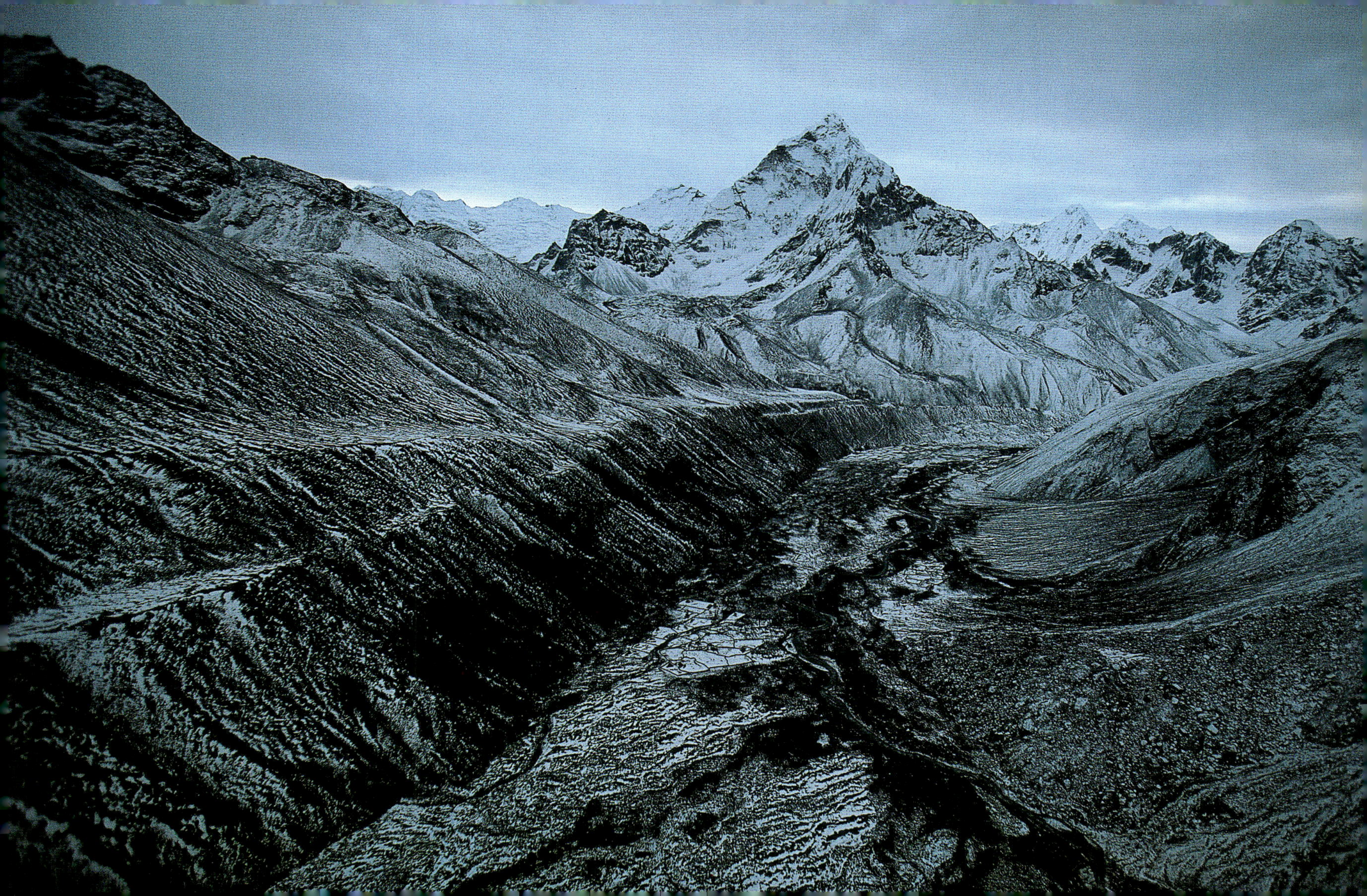

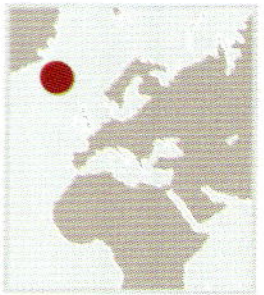

Allein stehendes Haus am Gletscher Snaefellsjökull, Halbinsel Snaefellnes, Island (64° 50′ nördlicher Breite – 23° 00′ westlicher Länge)

1000 Jahre lang war Island von der übrigen Welt abgeschnitten. Dementsprechend homogen sind die genetischen Merkmale der Isländer. Wenn man weiß, dass viele von ihnen über die sorgfältig geführten Kirchenbücher ihren Familienstammbaum bis ins 11. Jahrhundert zurückverfolgen können, versteht man, warum die genetische Forschung ein so ungemein großes Interesse an der isländischen Bevölkerung hat. Mit Leichtigkeit lässt sich ermitteln, welche genetischen Defekte für welche Krankheiten verantwortlich sind. 1998 hat das isländische Parlament der Forschungsgesellschaft DeCode Genetics für zwölf Jahre den Zugriff auf eine stetig wachsende Datenbank mit medizinischen, genealogischen und genetischen Informationen über die Insulaner gestattet. Diese Rechte sind vor allem deshalb umstritten, weil sie den Zugang zu Informationen über noch lebende Zeitgenossen mit einschließen. In einigen Ländern gibt es bereits Versicherungsgesellschaften, die Personen, bei denen laut Genanalyse schlimme Erkrankungen zu erwarten sind, vom Versicherungsschutz ausschließen.

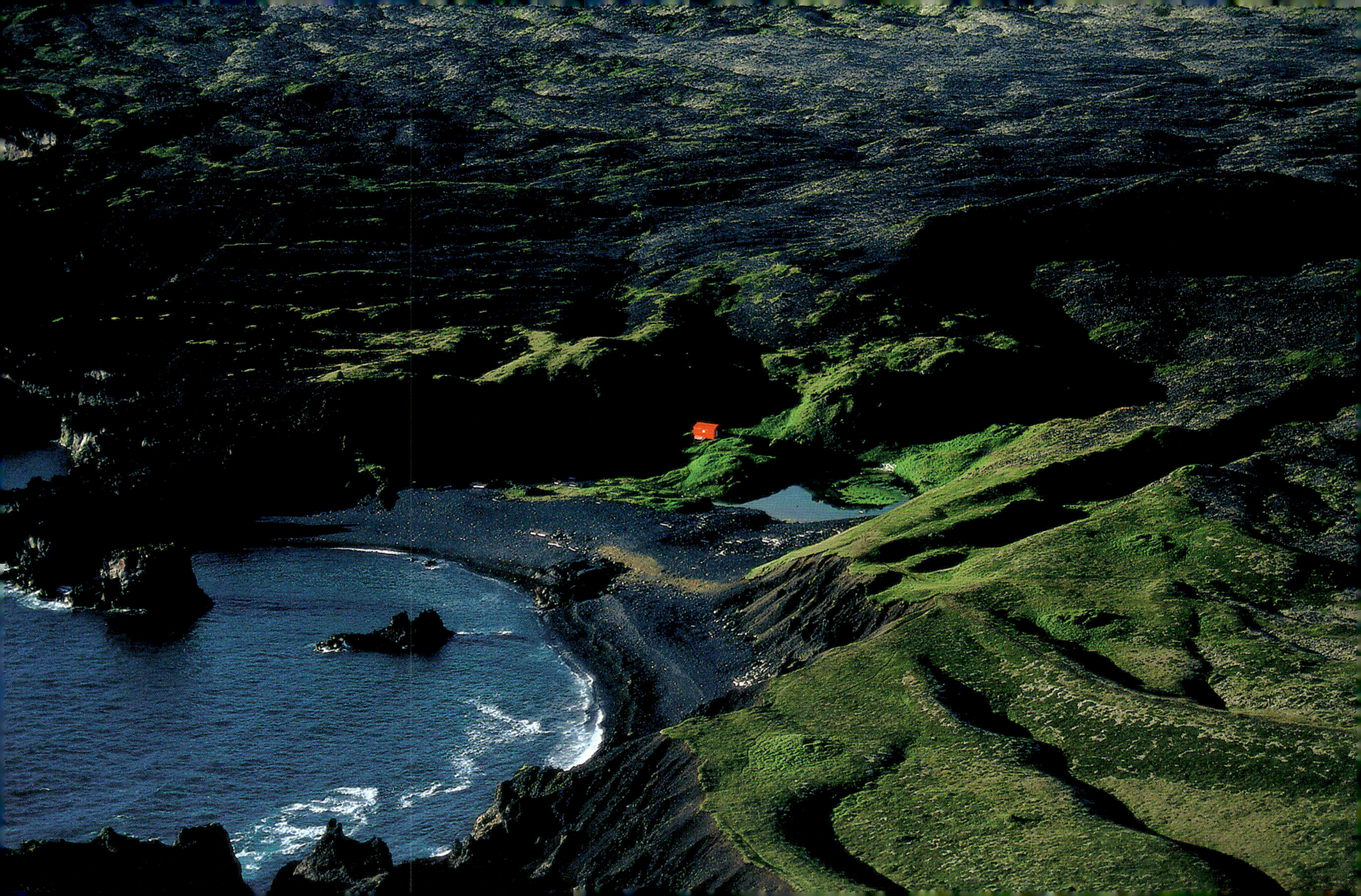

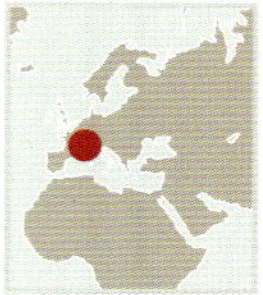

Ozeanografisches Museum »Le Rocher«, Monaco

(43° 44′ nördlicher Breite – 7° 24′ östlicher Länge)

Das ozeanografische Museum von Monaco thront in einer Höhe von 85 Metern direkt über dem Mittelmeer. 1910 wurde es nach elfjähriger Bauzeit von Prinz Albert I. eingeweiht. Zu Füßen dieser Pilgerstätte für alle Liebhaber von Meerestieren und -pflanzen begann vor rund 20 Jahren der tief greifende ökologische Umbruch, den wir heute überall am Mittelmeer beobachten. 1982 erstand der damalige Museumsleiter Jacques Cousteau eine grüne Alge, *caulerpa taxifoli*, die bald nur noch »Killeralge« genannt wurde. Wenig später wurde ein Teil des Aquariumswassers ins Meer geleitet und die Alge begann sich unter den Fenstern des Museums auszubreiten. Heute sind vor allem in den tieferen Meeresschichten rund 10 000 Hektar von Spanien bis Kroatien verseucht. Die Alge tötet nicht, aber sie zerstört die Artenvielfalt des maritimen Ökosystems. *Caulerpa taxifolia* uniformiert die Fischbestände und die Wasserlandschaft. Heute versucht man, die Algen von Hand einzusammeln. Oder man importiert tropische Schneckenarten, die sich vor allem von Algen ernähren. Doch weder die mechanische noch die biologische Methode zeigt Wirkung.

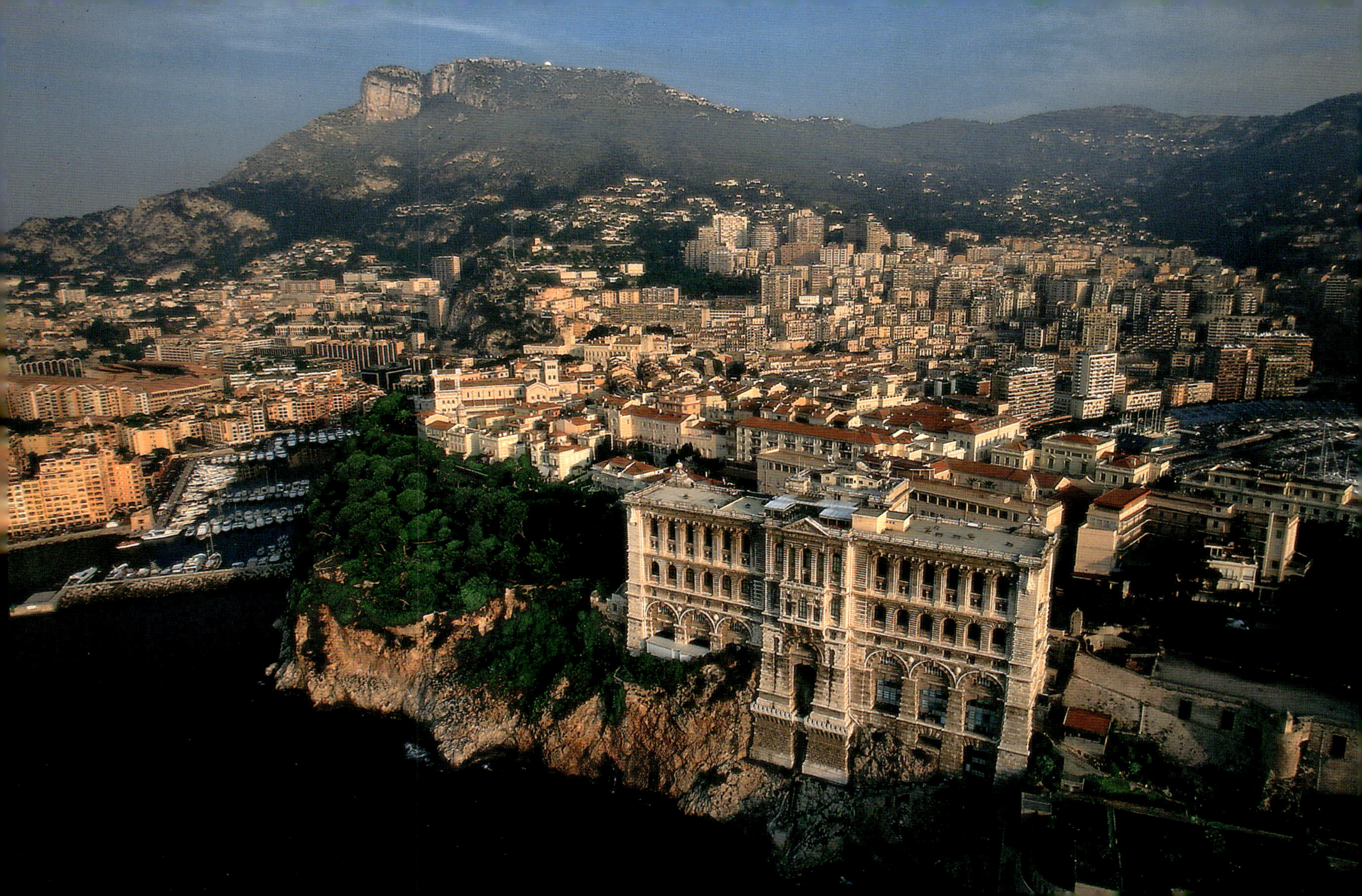

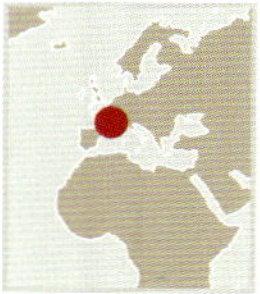

Kirschbäume bei Bessenay, Monts du Lyonnais, Rhône, Frankreich

(45° 46′ nördlicher Breite – 4° 33′ östlicher Länge)

Das Département Rhône steht mit einem Jahresertrag von 8000 Tonnen Kirschen in Frankreich an dritter Stelle. Die Kirschbäume an den Hängen von Bessenay, der »Stadt der Kirschen« im Westen von Lyon, verteilen sich über eine Gesamtfläche von 400 Hektar und erbringen eine Jahresernte von rund 3000 Tonnen. Der leichte, magnesiumhaltige Boden der 300 bis 700 Meter hohen Terrassen ist für den Kirschanbau ideal. Die Bäume sind relativ jung, jeder zweite von ihnen ist keine zehn Jahre alt. In den letzten zwölf Jahren ging die Zahl der kleinen Obstbaubetriebe im Département Rhône um 30 Prozent zurück. Seit 1988 schließen hier jedes Jahr rund 250 landwirtschaftliche Betriebe (in ganz Frankreich sind es 28 000). Doch immer noch gibt es rund 1000 Obstbauern, die auf 3100 Hektar Kirschen, Birnen, Äpfel, Aprikosen und Pfirsiche anbauen.

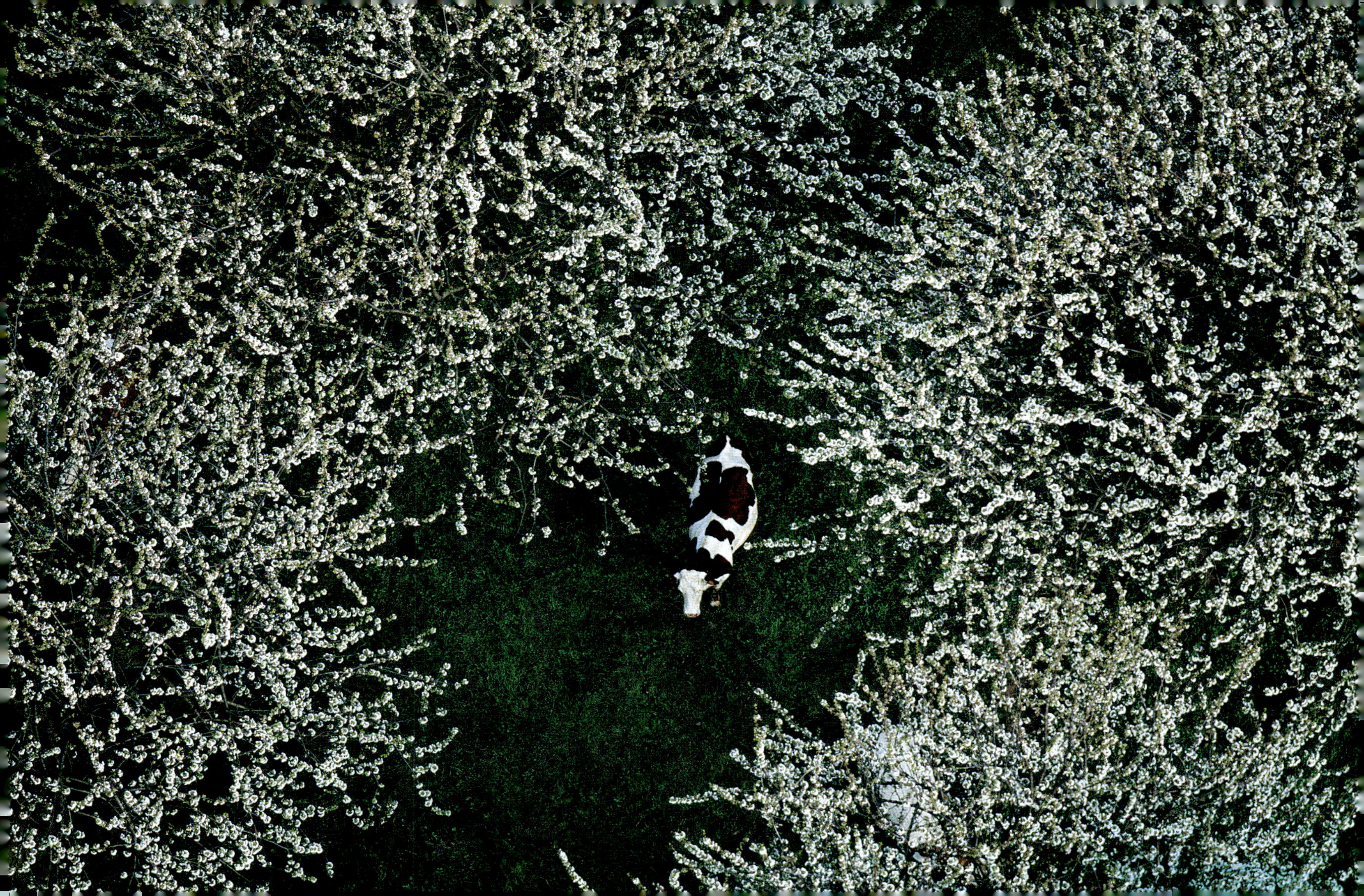

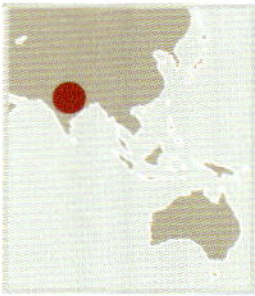

Schlachthaus bei Neu Delhi, Indien

(28° 36′ nördlicher Breite – 77° 12′ östlicher Länge)

In den letzten 50 Jahren stieg die weltweite Fleischproduktion von 44 auf über 200 Millionen Tonnen und wuchs damit doppelt so schnell wie die Weltbevölkerung. Man produziert hauptsächlich Schweinefleisch (40 Prozent), Geflügelfleisch (28 Prozent) und Rindfleisch (26 Prozent) und benötigt für die Aufzucht der Tiere ein gutes Drittel der weltweiten Getreideernte. Bei industrieller Zucht (ohne Weideland) und entsprechender Mästung braucht man sieben Kilogramm Getreide, um ein Kilogramm Rindfleisch zu produzieren. Für ein Kilogramm Geflügelfleisch benötigt man zwei Kilogramm Getreide. In einer Welt, in der jeder fünfte Mensch unterernährt ist und die weltweite Getreideproduktion immer langsamer zunimmt, wird die Verwendung solch großer Getreidemengen als Tierfutter mehr und mehr kritisiert. Der BSE-Skandal brachte Futtermittel aus tierischen Abfällen in die Schlagzeilen. Auch das Füttern der Tiere mit wachstumsfördernden Hormonen geriet immer stärker in die Kritik. Angesichts der Auswüchse und Grenzen dieser Produktionsmodelle wurden in den letzten Jahren die Stimmen gegen den steigenden Fleischkonsum immer lauter.

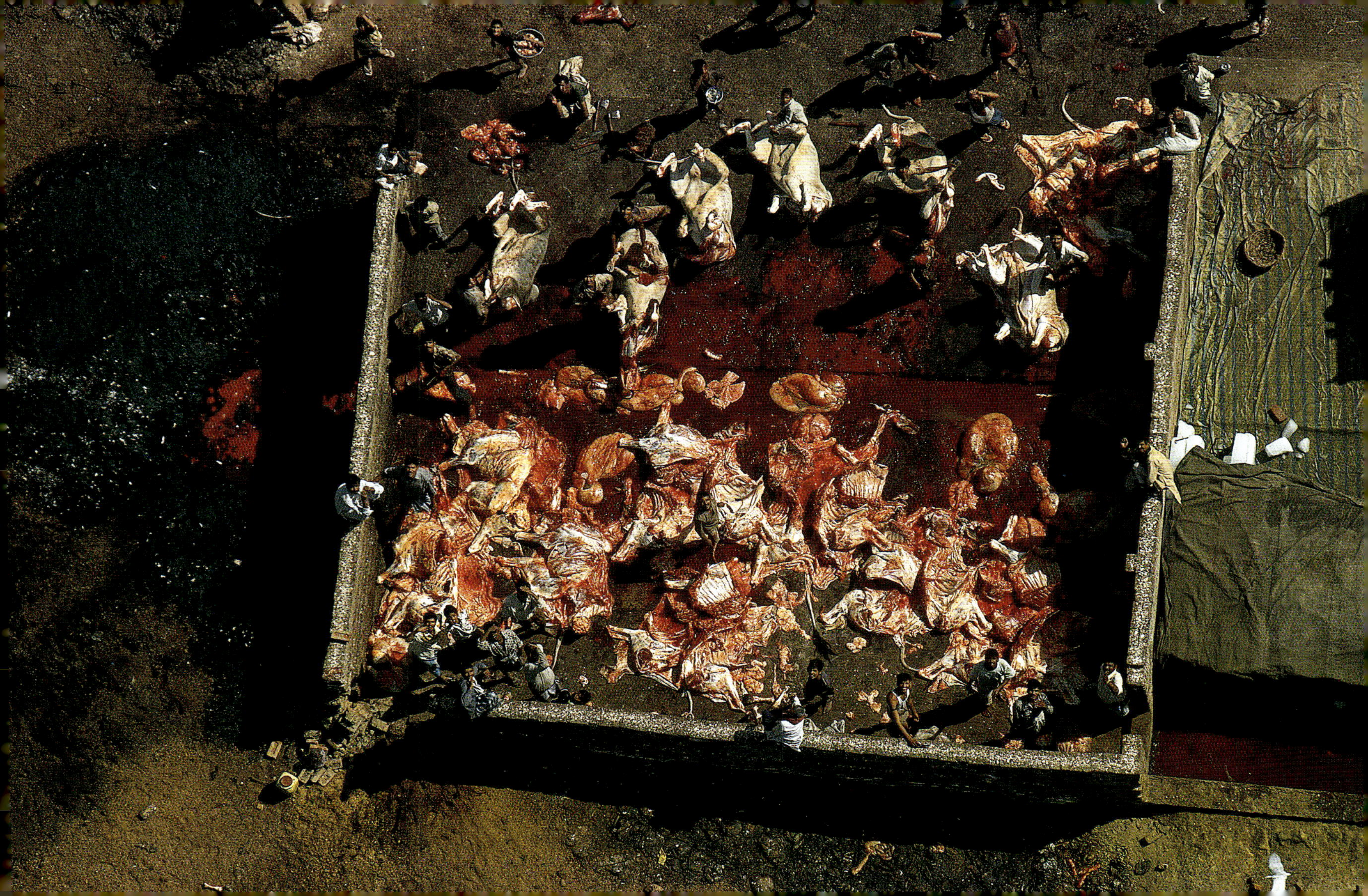

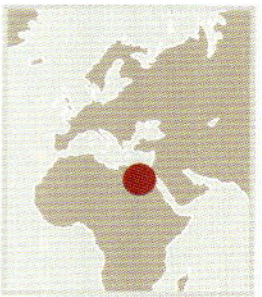

Trockenanlage für Datteln in einem Palmenhain südlich von Kairo, Niltal, Ägypten (29° 43′ nördlicher Breite – 31° 17′ westlicher Länge)

Die Dattelpalmen wachsen nur in warmen, trockenen Gebieten mit ausreichenden Wassermengen, beispielsweise in den Oasen. Weltweit werden jährlich fünf Millionen Tonnen Datteln geerntet. Im Mittleren Osten und im Maghreb ist der größte Teil der Ernte für den Binnenmarkt bestimmt, nur fünf Prozent werden exportiert. In Ägypten, dem zweitgrößten Dattelproduzenten nach dem Iran, werden jedes Jahr 800 000 Tonnen Datteln geerntet. Der jährliche Pro-Kopf-Verbrauch von Datteln liegt am Nil bei zehn Kilogramm. Die je nach Sorte roten oder gelben Früchte werden nach einem bestimmten Verfahren in der Sonne getrocknet und haltbar gemacht: Mit Lehmmauern und Zweigen wird die kostbare Ware vor Wind und Wasser geschützt und nach dem Trocknen in Körben aus geflochtenen Palmblättern aufbewahrt. Die meisten Datteln werden in diesem Zustand verzehrt. Nur ein kleiner Teil wird von Hand oder industriell zu Sirup, Mehl, Essig, Zucker, Alkohol oder Süßspeisen weiter verarbeitet.

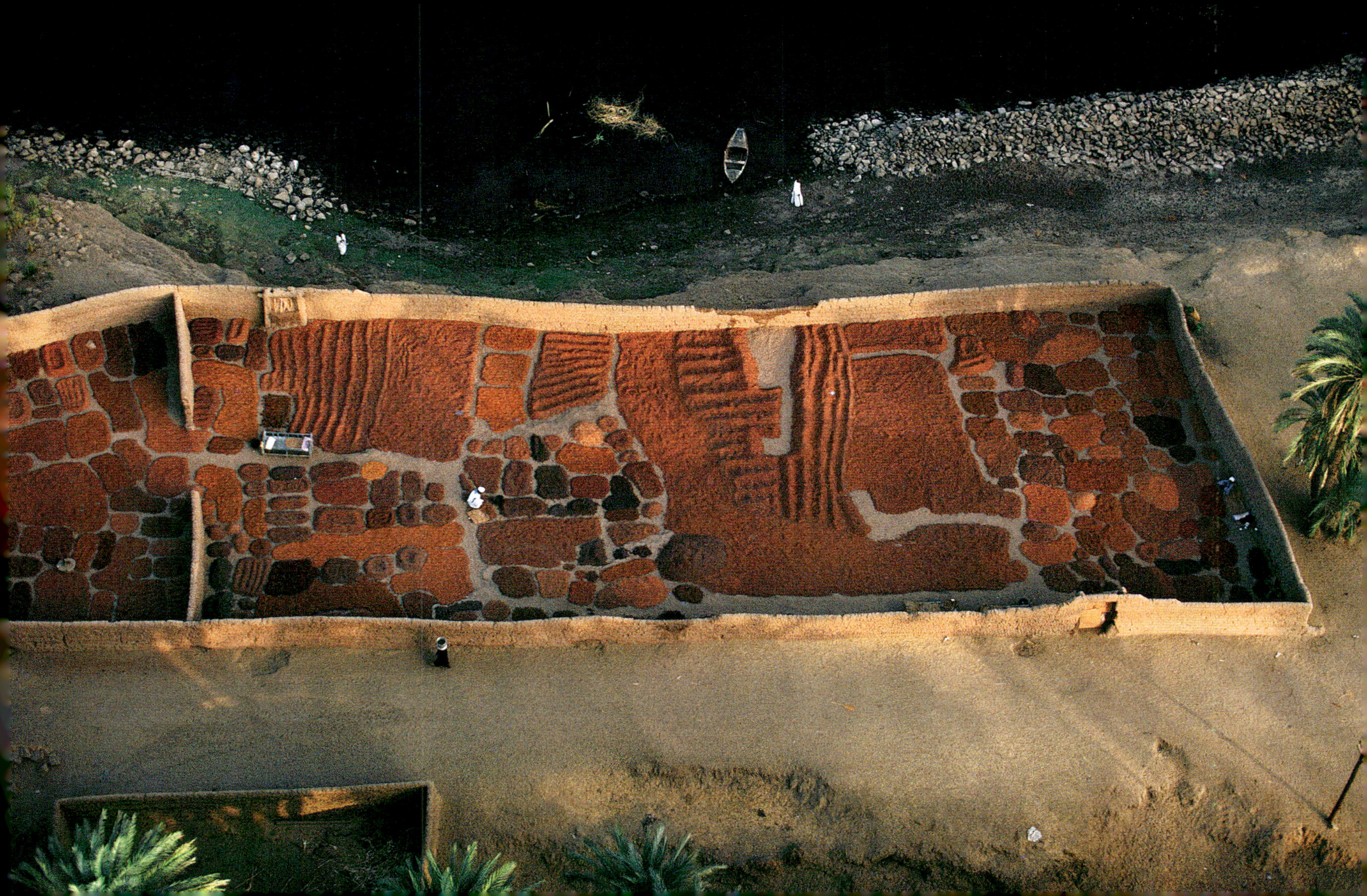

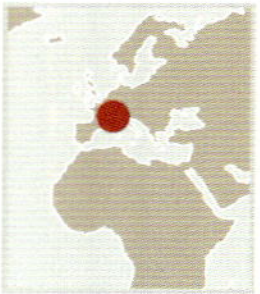

Olivenernte bei Les Baux-de-Province, Côte d'Azur, Frankreich

(43° 44′ nördlicher Breite – 4° 47′ östlicher Länge)

Zwischen November und Februar werden im Mittelmeerraum die Oliven geerntet. Heute werden oft Erntemaschinen eingesetzt, doch an manchen Orten wird immer noch mit der Hand gepflückt. Dies ist zwar wesentlich arbeitsaufwändiger, schont aber den Boden, denn die Maschinen sind schwer. Außerdem ergibt die manuelle Ernte ein besonders gutes Öl. Auf Grund seines hohen Nährwertes und feinen Geschmacks wird das Olivenöl in der ganzen Welt geschätzt und hat inzwischen in vielen Küchen seinen festen Platz. Die Nachfrage hat seit 1990 um 50 Prozent zugenommen, und der Verbrauch stieg innerhalb von zehn Jahren von 1,6 Millionen Tonnen auf 2,4 Millionen Tonnen. Mit 840 Millionen Ölbäumen zählt der Olivenanbau im Mittelmeerraum zu den zukunftsträchtigsten Wirtschaftszweigen. Dort, wo der Boden trocken und der Wasservorrat begrenzt ist, zählt der Olivenanbau zu den besten Beispielen einer nachhaltigen Bodennutzung. Außerdem bietet er der Bevölkerung in den landwirtschaftlich geprägten Randgebieten eine Lebensgrundlage. Er muss deshalb auch in den Regionen, in denen durch den wachsenden Tourismus der Boden knapp wird, seinen Platz behalten.

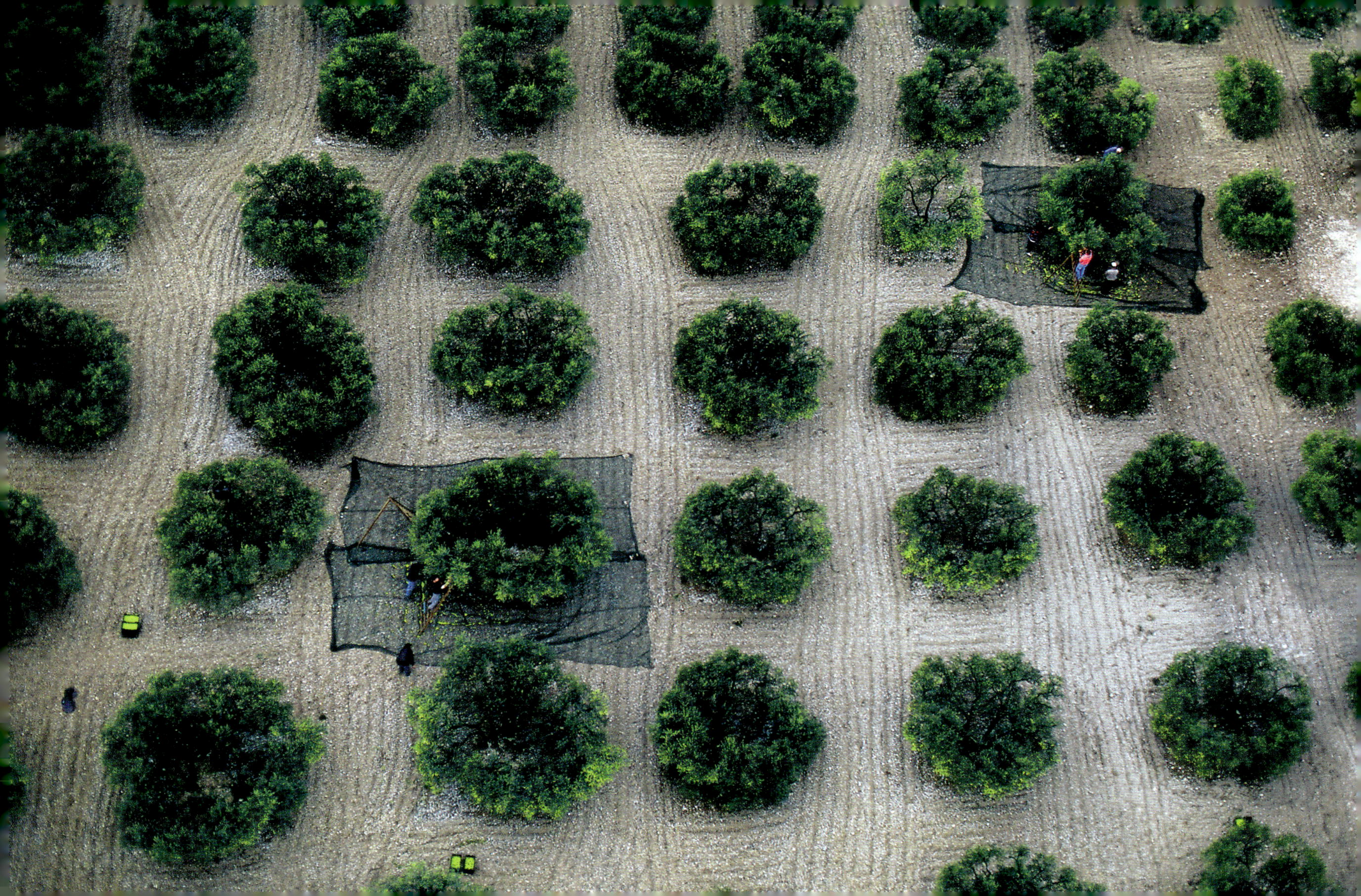

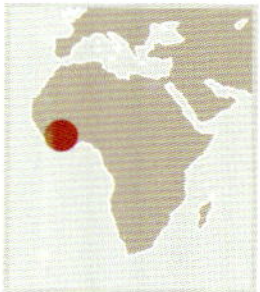

Öffentliche Schutthalde bei Abidjan, Elfenbeinküste

(5° 20′ nördlicher Breite – 4° 00′ westlicher Länge)

Die Deponien der großen Städte und die unregelmäßige Müllabfuhr sind für die Elfenbeinküste ein großes Problem. Doch der mangelhafte hygienische Zustand im »afrikanischen Manhattan« ist im weltweiten Vergleich nicht mehr als ein schmutziger Wassertropfen. In den Industrieländern gibt die Müllfrage größeren Anlass zur Sorge. Ein US-Amerikaner verursacht 53-mal so viel Müll wie ein Bürger der Elfenbeinküste. Abgesehen davon muss der Mensch für jedes Kilo seiner Endprodukte der Natur eine weitaus größere Menge an Ressourcen und Energien entziehen. Für die Fabrikation eines Computers beispielsweise werden zwischen acht und 14 Tonnen nicht regenerierbaren Rohstoffs verbraucht. In den Industrieländern konsumiert jeder Einzelne bei gleich bleibendem Lebensstandard im Jahresdurchschnitt rund 100 Tonnen nicht regenerierbaren Rohstoffs. 500 Tonnen Trinkwasser kommen hinzu. Das ist die 30- bis 50fache Menge dessen, was den ärmsten Ländern zur Verfügung steht.

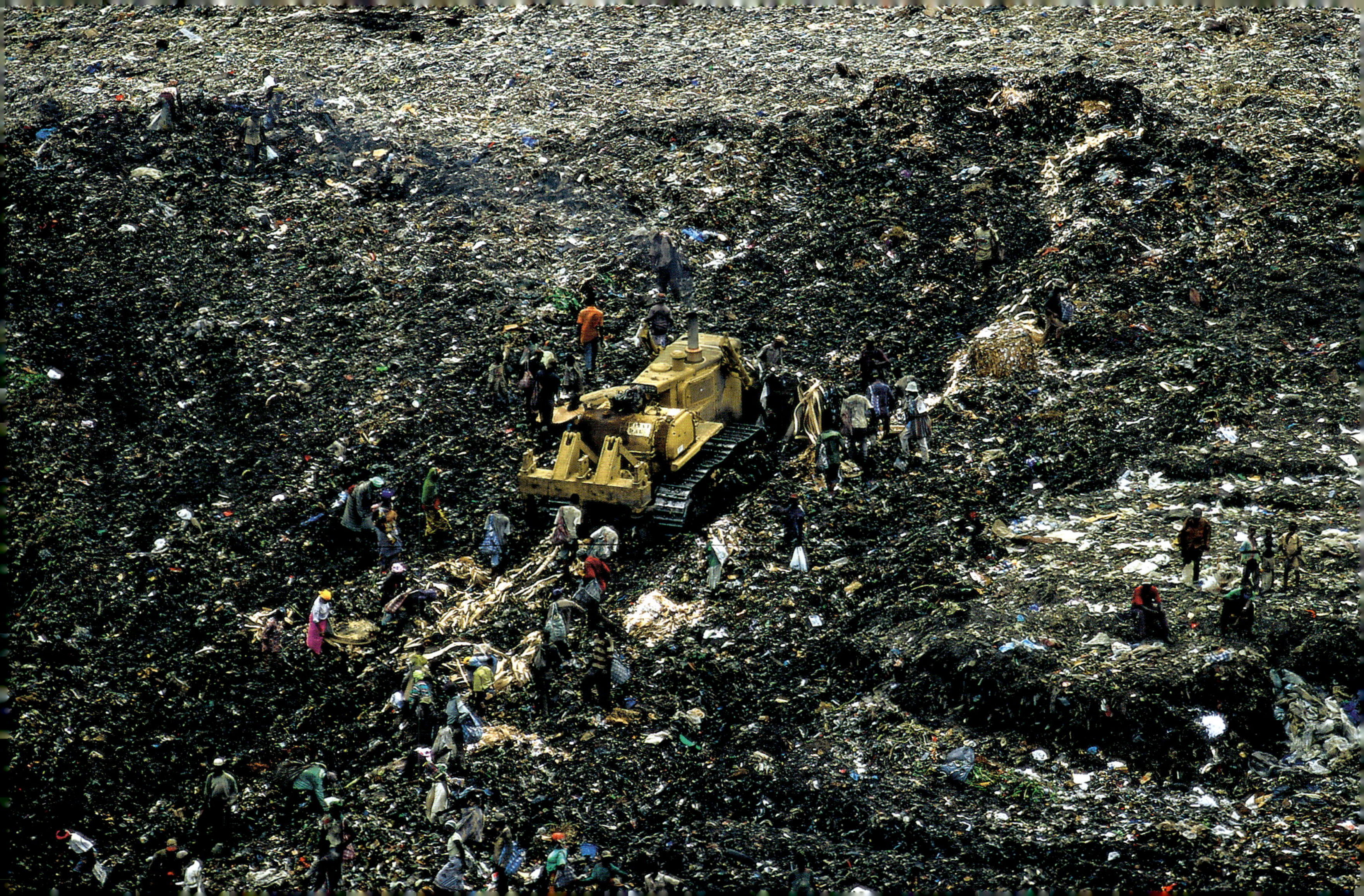

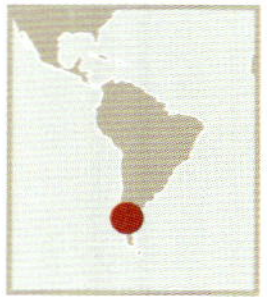

Kühe auf der Weide zwischen den Dünen, Provinz Maule, Chile

(35° 16′ südlicher Breite – 72° 24′ westlicher Länge)

Durch das maritime Klima in der Provinz Maule wird der Boden mit so viel Feuchtigkeit versorgt, dass das Gras schnell wachsen kann. Eine günstige Voraussetzung für die Viehzucht. Chile besitzt eine außergewöhnliche Form: Das Land ist in Nord-Süd-Richtung 4200 Kilometer lang und zieht sich damit über 35 Breitengrade. Seine Breite variiert jedoch lediglich zwischen 100 und 450 Kilometern. Im extrem trockenen Norden bestimmen Kupfer-, Eisen- und Schwefelabbau die regionale Wirtschaft. Im eher mediterran geprägten, mittleren Landesteil liegen nicht nur die wichtigsten chilenischen Industriezentren, sondern auch die Kerngebiete der Landwirtschaft (vor allem Obst, Gemüse und Wein). Im maritimen Klima des Südens tritt die Weidewirtschaft an die Stelle des Gemüse- und Weinanbaus. Große Wälder und Seen prägen die Landschaft. Noch weiter südlich schließt sich die endlose Gletscherwelt Patagoniens an. Das chilenische Staatsgebiet endet am südlichsten Punkt des amerikanischen Kontinents, kurz vor dem südlichen Polarkreis.

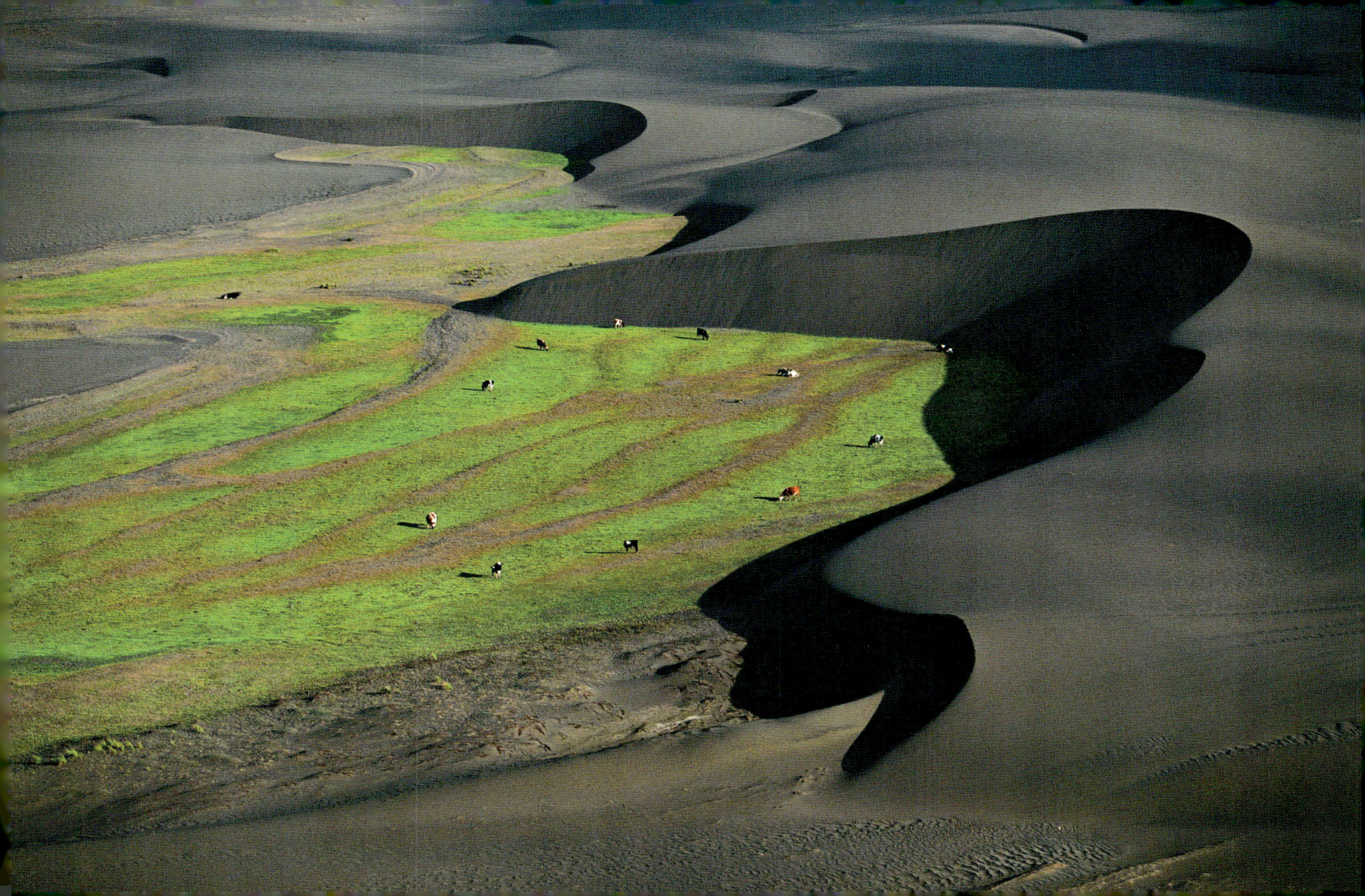

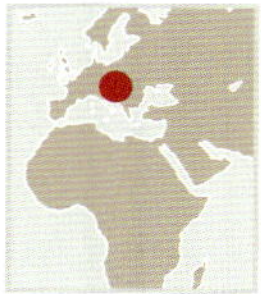

Szentendre, Ungarn

(47° 41′ nördlicher Breite – 19° 03′ östlicher Länge)

Die an der Donau, 20 Kilometer nördlich von Budapest, liegende Stadt Szentendre ist eine serbische Gründung aus dem 17. Jahrhundert. Heute zählt sie 21 000 Einwohner. Die engen Gassen, die hübschen Plätze und die zahlreichen orthodoxen Kirchen prägen das Stadtbild. Ungarn verzeichnet ein starkes Wirtschaftswachstum (5,2 Prozent im Jahr 2000). Doch der Übergang zur Marktwirtschaft trieb viele Ungarn in die Armut. Der Unterschied zwischen Arm und Reich ist groß. In den 1990er Jahren gingen ca. 1,5 Millionen Arbeitsplätze verloren. Auch die hohe Sterblichkeitsrate (2001: 13,3 Prozent auf 1000 Einwohner) und die niedrige Geburtenrate bieten Anlass zur Sorge. Zwischen 1995 und 2001 ging die Bevölkerung jedes Jahr um ca. 0,3 Prozent, d. h. um etwa 28 000 Menschen, zurück.

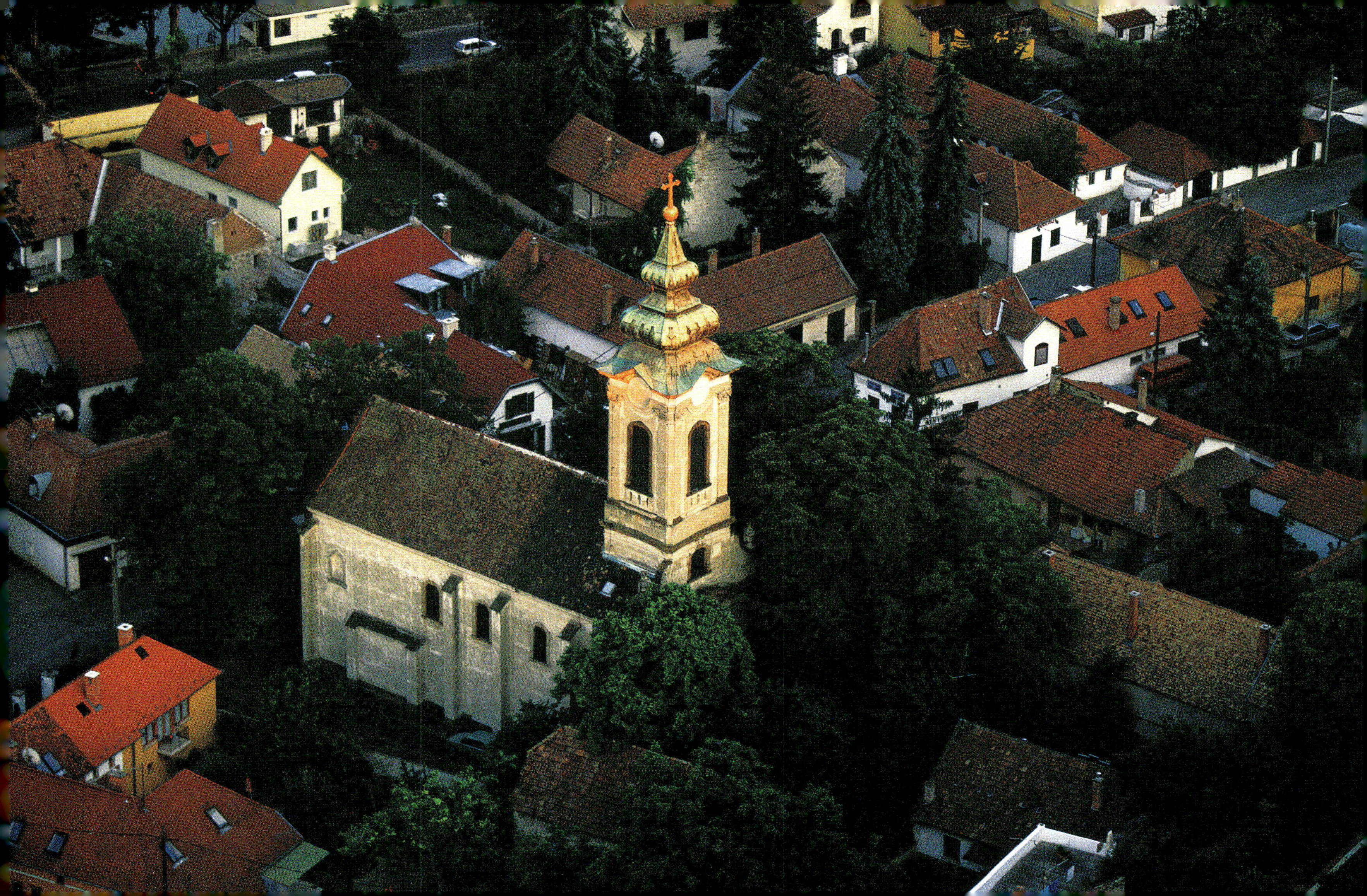

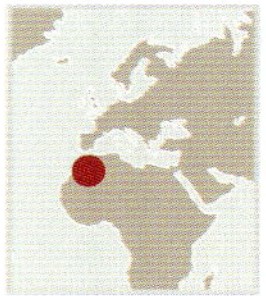

Dadès-Schlucht, Marokko

(30° 55′ nördlicher Breite – 06° 47′ westlicher Länge)

Von dem bescheidenen Flüsschen zwischen dem Atlasgebirge und dem Antiatlas leben viele der an den Felswänden des Dadès-Tals klebenden Berber-Dörfer. Die aus Erde und Stroh gebauten Häuser heben sich farblich kaum von ihrer Umgebung ab. Trotzdem ist die Präsenz des Menschen nicht zu übersehen: Das zarte Grün der Gärten gibt der Felsenlandschaft einen milderen Anstrich. Es sind meist winzige Korn- oder Kartoffelfelder, deren Erzeugnisse für den Eigenbedarf bestimmt sind. Was das Tal am meisten prägt, ist der Rosenanbau. Aus den Blütenblättern wird in Genossenschaften über ein Destillierverfahren Rosenwasser produziert. Wenn die Bauern die Ware gemeinsam vertreiben, können sie sogar annehmbare Preise erzielen. Wer den Verkauf allein organisiert, muss sich auf den lokalen Märkten mit wesentlich bescheideneren Einnahmen zufrieden geben. Doch abgesehen vom Rosenanbau findet der Genossenschaftsgedanke wenig Anklang. Viele Menschen im Dorf halten es nicht für nötig, ihre Gewohnheiten zu ändern.

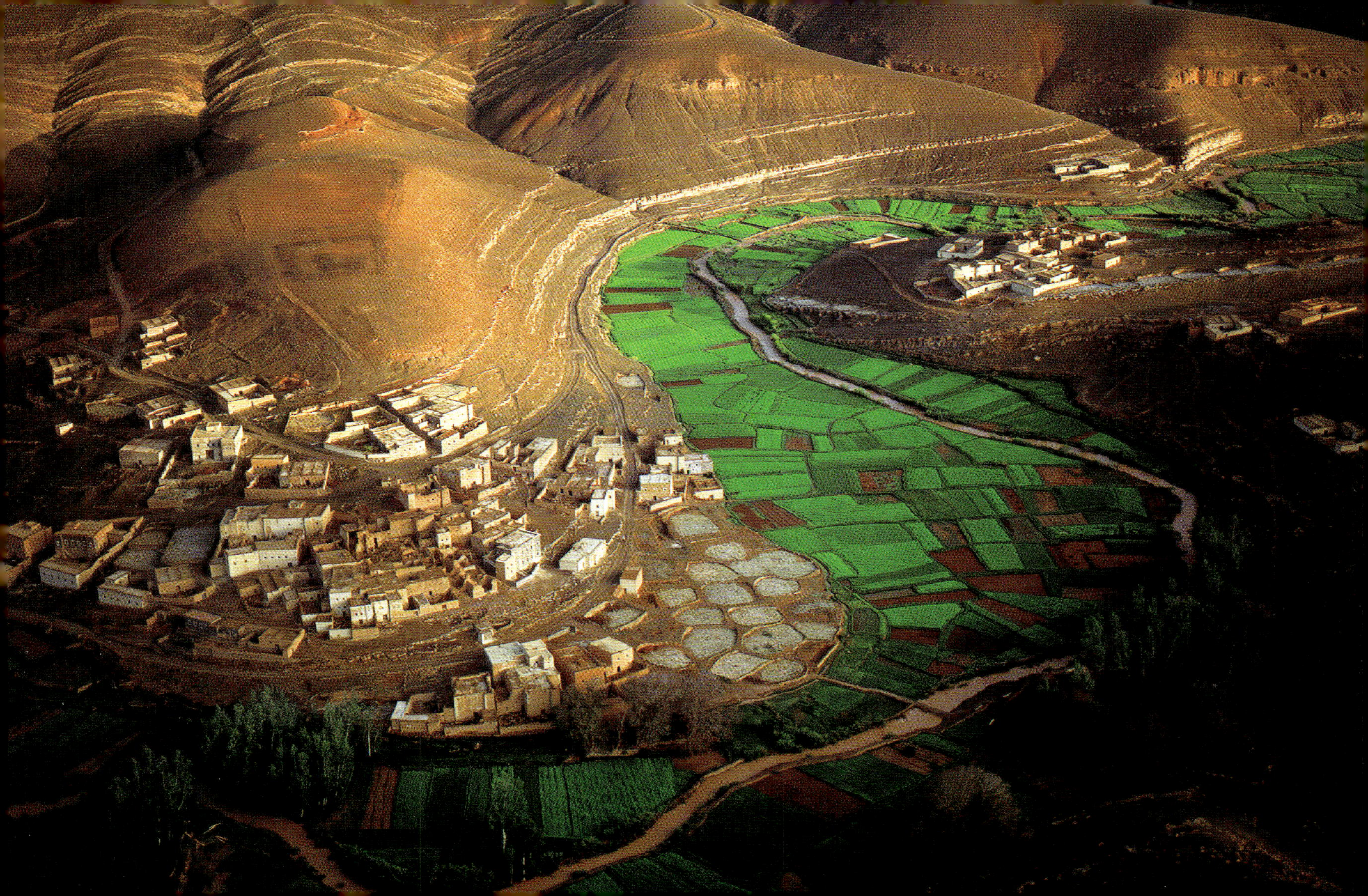

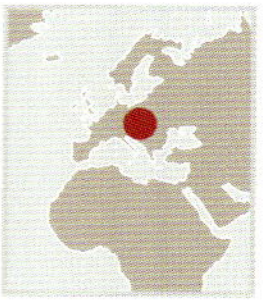

Werbung am Plattensee, Ungarn

(46° 50′ nördlicher Breite – 17° 45′ östlicher Länge)

Der Plattensee ist das beliebteste Ferienziel der Ungarn und zieht jedes Jahr Millionen von Touristen an. Mit einer Länge von 70 Kilometern zählt er zu den größten Binnengewässern Europas. Als noch der Eiserne Vorhang Europa trennte, war der Plattensee ein beliebter Treffpunkt von Ost- und Westdeutschen. Seit dem Fall der Berliner Mauer können sich die Urlauber auf ihren Luftmatratzen an schwimmenden Werbeobjekten treffen – eine friedliche Welt der freien Marktwirtschaft. In Europa zeigt sich deutlich, dass der freie Austausch die besten Argumente für ein friedliches Miteinander liefert. Und zwar nicht nur der freie Austausch von Waren, sondern auch von Information, wozu die Werbung zweifelsohne gehört. Und so können sich die schönsten Plätze auch in Werbeplattformen verwandeln.

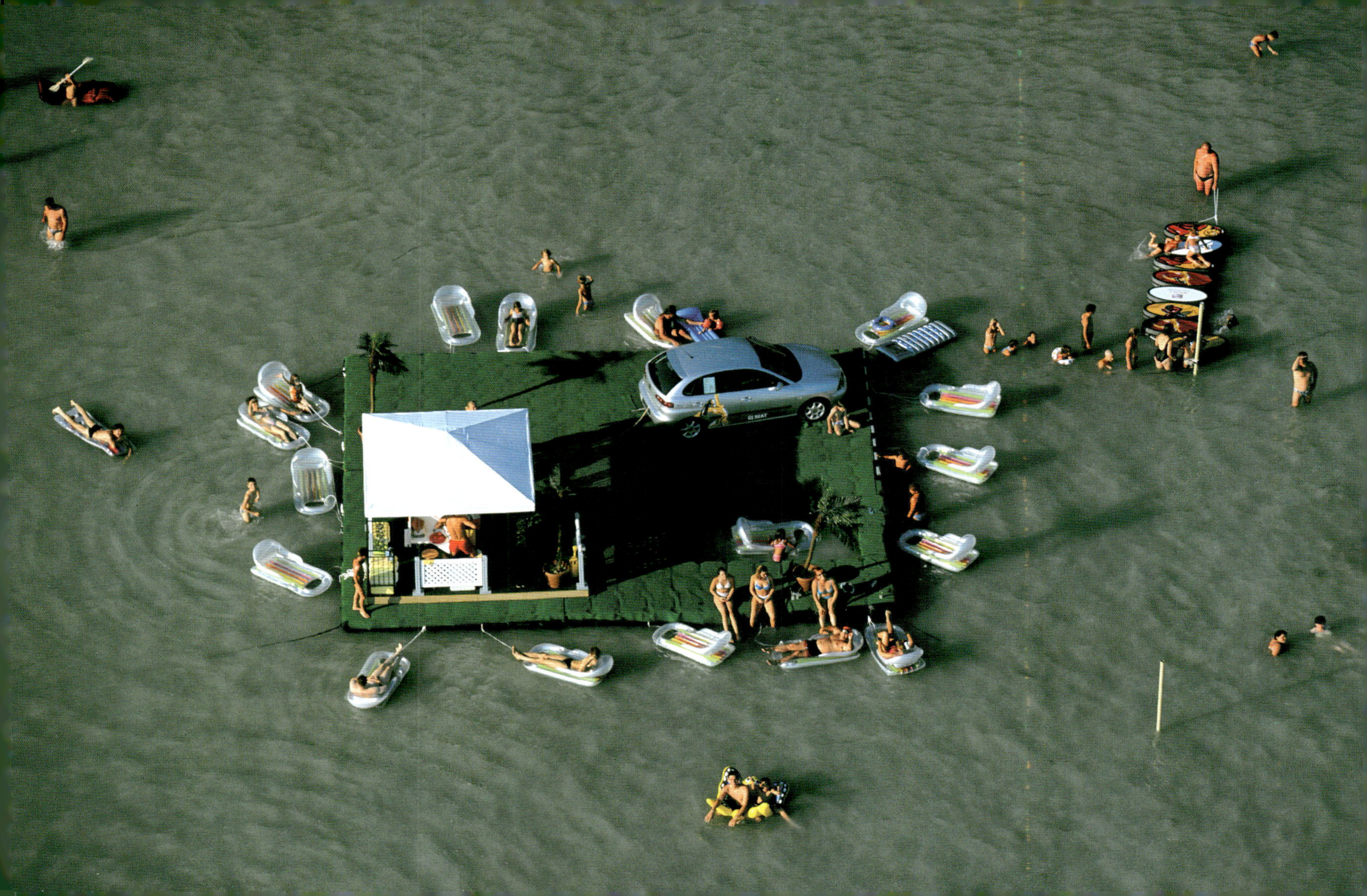

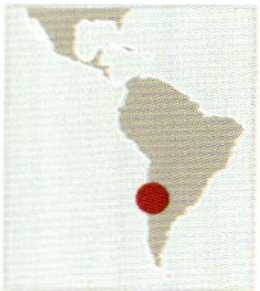

Salar de Atacama, Chile

(23° 30′ südlicher Breite – 68° 15′ westlicher Länge)

Die wenigen rosafarbenen Flamingos sind die einzigen Farbtupfer im Landschaftsbild von Salar de Atacama. Das Wasser des Flusses San Pedro zieht sie an. Doch sie verweilen nicht lange: Wenn sie genug Nahrung und Flüssigkeit zu sich genommen haben, verschwinden sie. Es ist, als ob sie in der trocken-heißen Luft der 3000 Quadratkilometer großen Salzwüste einfach verdunsten würden. Der 2700 Kilometer lange Wüstenstreifen von Atacama bildet das Grenzland zwischen Peru und Chile und gilt nach der Antarktis als die trockenste Region der Erde. Die extreme Trockenheit hat einen doppelten Grund: Der kalte Humboldtstrom an der chilenischen Pazifik-Küste verhindert jegliche Verdunstung. Hinzu kommt ein warmer Hochdruck, der die trockene Luft an den Boden bindet und nicht nach oben entweichen lässt. Gelegentlich fällt Nieselregen. Das klimatische Phänomen des alle zwei bis sieben Jahre auftretenden El Niño bringt sogar starke Regenfälle mit sich, die jedoch zuweilen – beispielsweise 1983 und 1997 – katastrophale Formen annehmen.

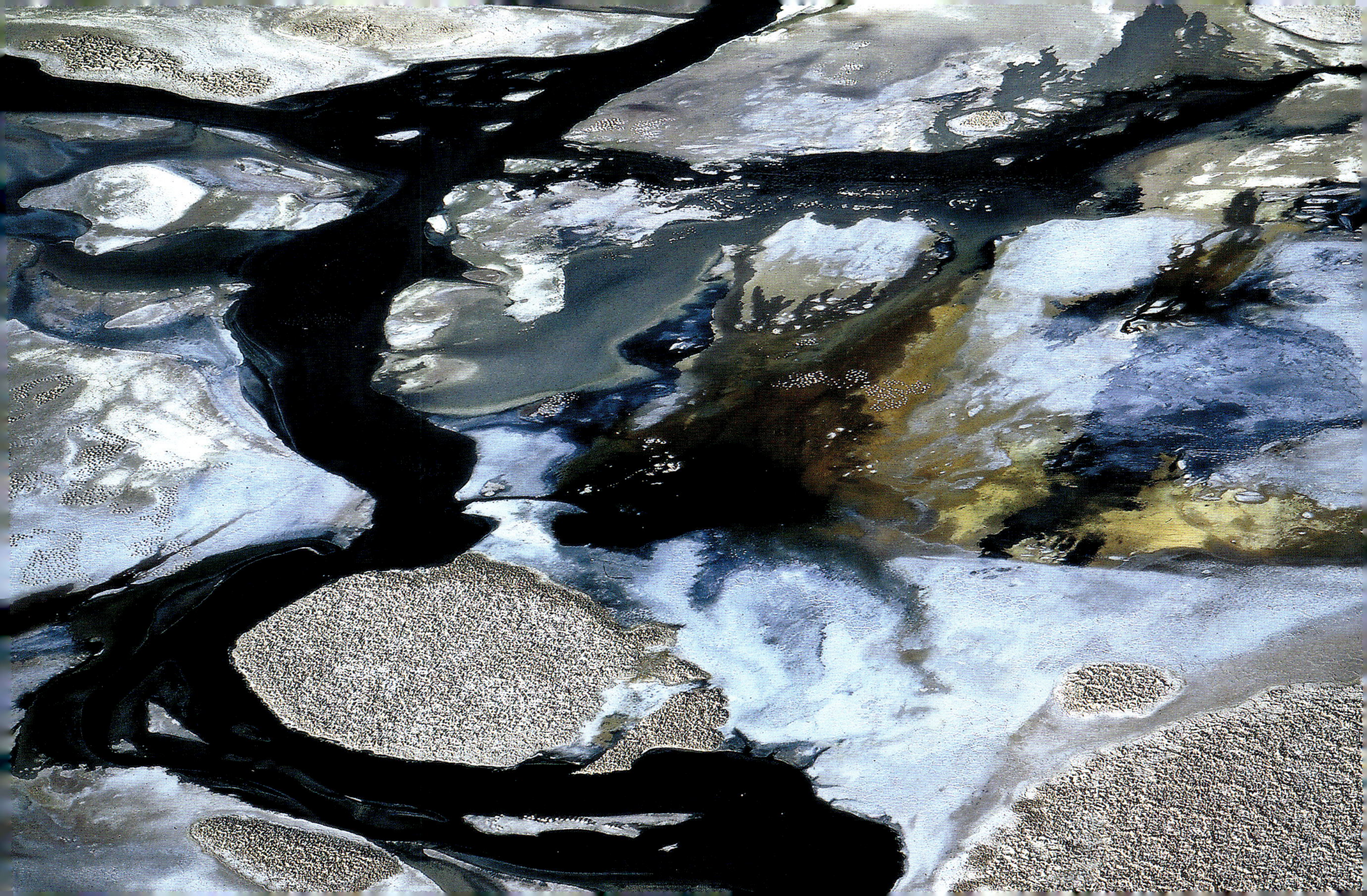

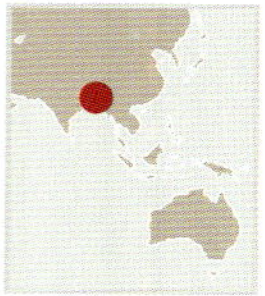

Häuser unter Wasser, südlich von Dhaka, Bangladesch

(23° 24′ nördlicher Breite – 90° 31′ östlicher Länge)

Bangladesch besteht aus einem breiten Mündungsdelta, das alljährlich von Hochwassern überflutet wird. An die 300 Flüsse, u. a. Ganges, Brahmaputra und Meghna, durchziehen das Land. Sie kommen aus dem Himalaja und münden in den Golf von Bengalen. In den Monaten von Juni bis September löst der Monsun sintflutartige Regenfälle aus: Die Flüsse treten über die Ufer und setzen das halbe Land unter Wasser. Die Bevölkerung ist an diesen Rhythmus der Natur gewöhnt und baut ihre Häuser auf Erdwällen, die vor dem Hochwasser geschützt sind. 1998 standen jedoch zwei Drittel des Landes mehrere Monate lang unter Wasser. Es war die schlimmste Überschwemmung des 20. Jahrhunderts: 1300 Tote und 31 Millionen Obdachlose waren zu beklagen. Mit einer Bevölkerungsdichte von 864 Einwohnern pro Quadratkilometer zählt Bangladesch nicht nur zu den am dichtesten besiedelten, sondern auch zu den ärmsten Ländern der Welt. 32 Prozent der Bevölkerung müssen mit weniger als einem Dollar pro Tag auskommen. Mit dem Anstieg des Meeresspiegels, würde sich die Lage für Bangladesch noch verschlimmern. Denn ein großer Teil der Reisfelder würde für immer in den Fluten versinken.

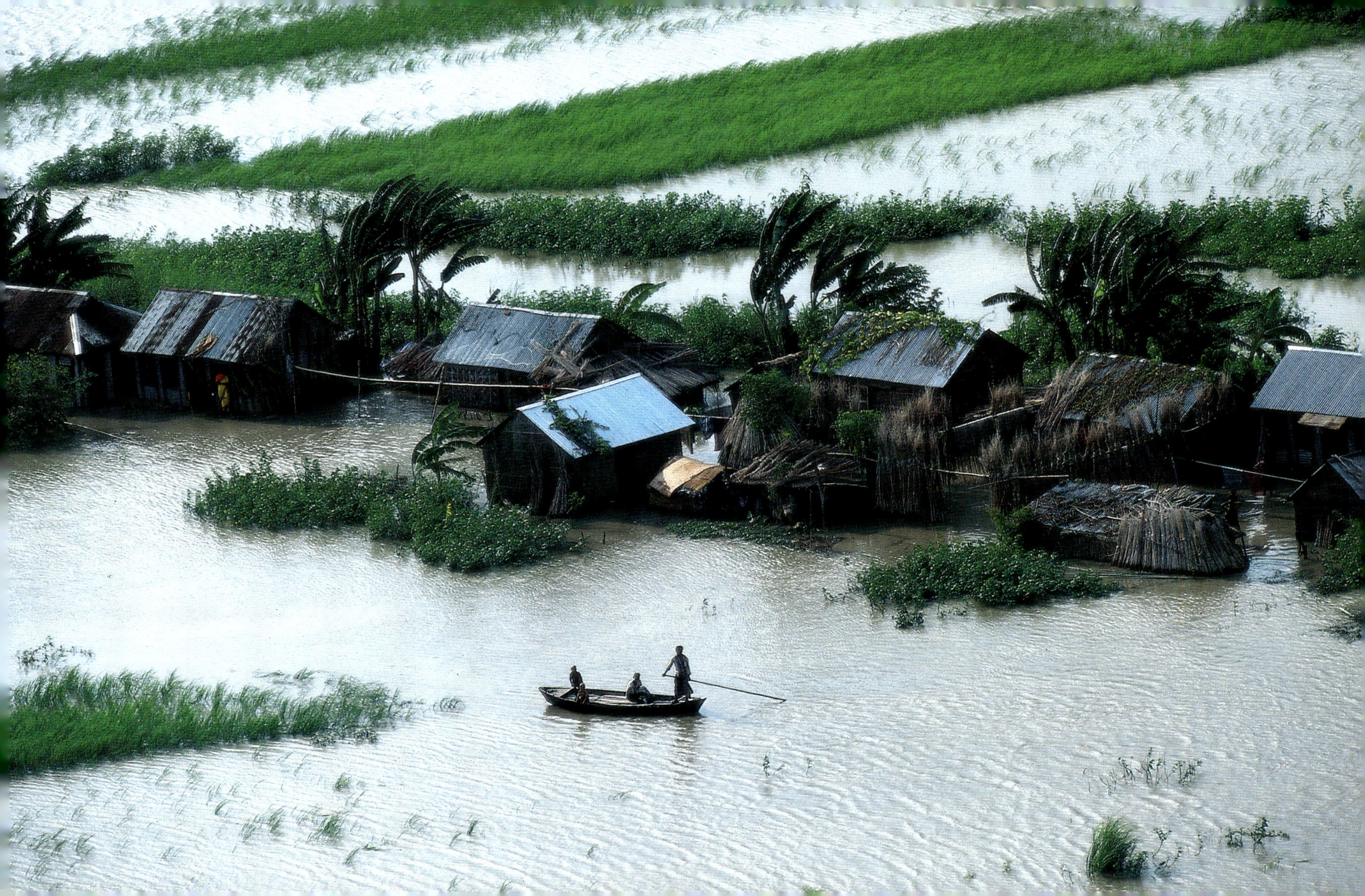

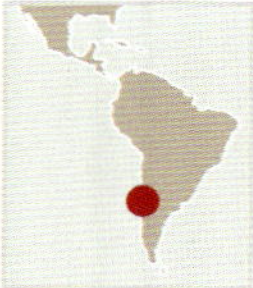

Dünenfelder am Stadtrand von Concón, Chile

(32° 55′ südlicher Breite – 71° 31′ westlicher Länge)

Die Kinder scheinen sich in den Dünen am Rande des Seebades Concón zu amüsieren. Nach der Aufnahme zu urteilen, deckt der Sand bald die ganze Stadt zu. Doch das Gegenteil ist der Fall: Immer mehr Häuser und Straßen drängen die Natur zurück. Concón, 1996 gegründet, ist das jüngste Seebad der chilenischen Ferienregion Viña del Mar mit ihren rund 25 Kilometer langen Stränden. Eingeengt durch die Berge im Osten, die Küste im Westen und den Hafen von Valparaiso im Süden konnte sich diese Ferienregion nur auf Kosten der Dünen im Norden ausdehnen. Aber nicht nur der rasanten Entwicklung des Tourismus, sondern auch dem Wachstum der Weltbevölkerung überhaupt fallen zahlreiche unberührte Landschaften zum Opfer.

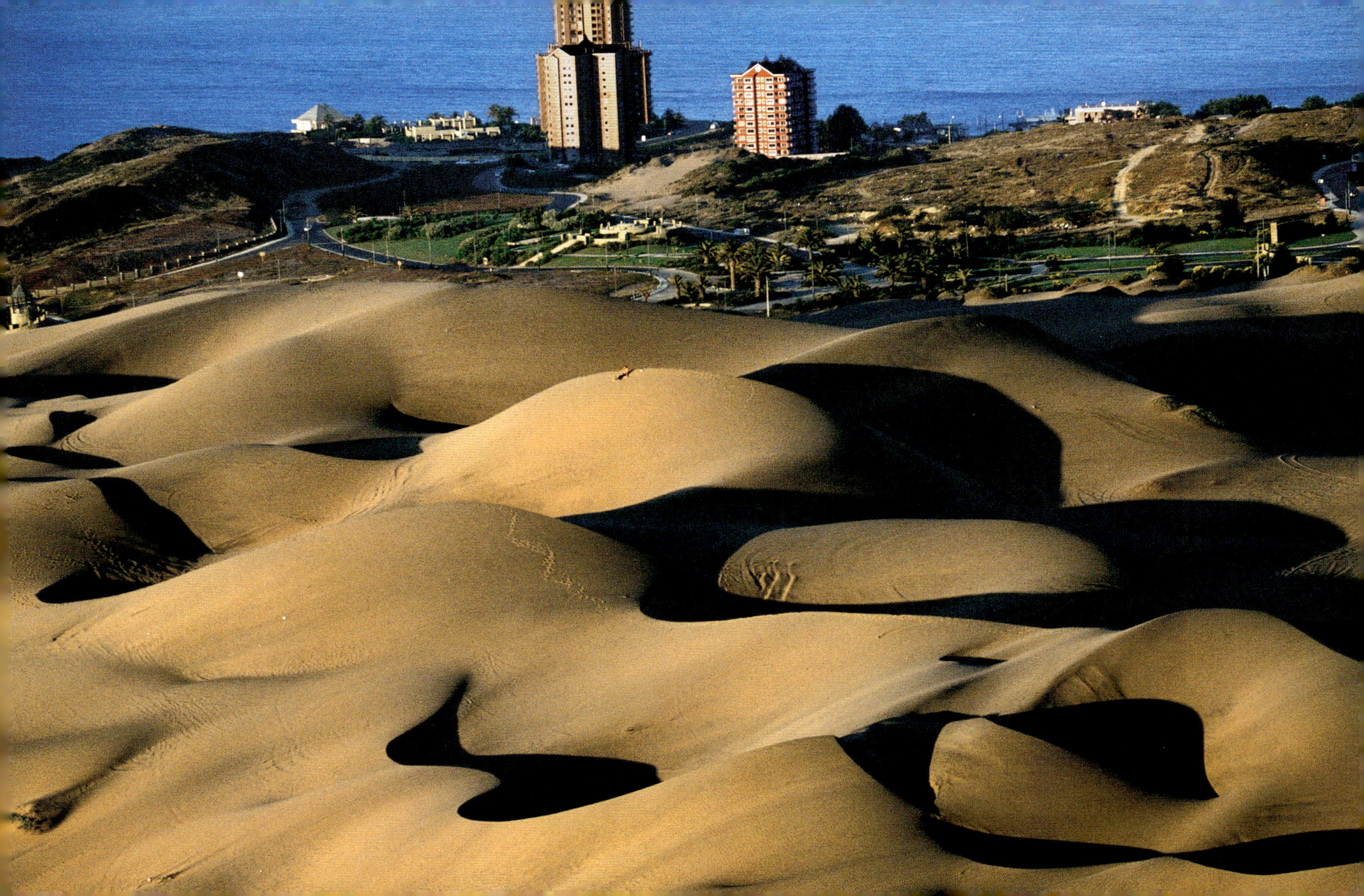

Auf dem Weg zu größerem Verantwortungsbewusstsein und stärkerer Nachhaltigkeit

Die Verfügbarkeit preisgünstiger und relativ ungefährlicher Energieressourcen (Erdöl, Kohle) war die Voraussetzung für die beachtlichen Fortschritte, die die Menschheit in den letzten zwei Jahrhunderten gemacht hat.

Im Laufe des 21. Jahrhunderts wird die Weltbevölkerung voraussichtlich die 10-Milliarden-Grenze erreichen. Davon werden über 80 Prozent in den Entwicklungsländern leben, in Ländern also, in denen die Lebensqualität mangels verfügbarer Energie zu wünschen übrig lässt. Durch dieses Bevölkerungswachstum und den Wunsch der Menschen in den Entwicklungsländern nach einem dem Westen vergleichbaren Lebensstandard wird der weltweite Energiebedarf in den nächsten 20 Jahren um zwei Drittel steigen.

Die effiziente und verantwortungsbewusste Berücksichtigung dieser gesteigerten Energienachfrage ist eine Grundforderung. Mit dem zunehmenden Energiebedarf steigen auch die täglichen Treibhausgasemissionen. Und diese wiederum beschleunigen die Klimaveränderung. Man kann also nicht einen höheren, aber den gleichen Bedingungen folgenden Energieverbrauch anstreben und gleichzeitig auf eine gesündere Umwelt hinarbeiten. Wenn wir die Bedürfnisse der Menschen nicht auf Kosten zukünftiger Generationen erfüllen wollen, müssen wir unser Verhalten grundlegend ändern. Das Postulat der Nachhaltigkeit ist eine Herausforderung für die ganze Menschheit.

Den Unternehmen fällt dabei eine wichtige Rolle zu, denn sie besitzen die entscheidenden Mittel, um sich dieser Herausforderung zu stellen. Dazu gehören vor allem der Organisationsapparat, die Flexibilität, die Kreativität und die Möglichkeit, über Ländergrenzen hinweg zu agieren und zu investieren. Sie können die für die Annahme dieser Herausforderung notwendigen Veränderungen einleiten.

Die Shell-Gruppe verfügt auf Grund ihrer globalen Dimension über entscheidende Strukturen und Mittel, um eine nachhaltige Entwicklung zu fördern und die Welt von morgen »lebenswerter« zu machen.

In unserem gegenwärtigen Engagement für eine nachhaltige Entwicklung berücksichtigen wir auch die Fehler der Vergangenheit. Beispielsweise die Kritik der wirtschaftlichen, politischen oder sozialen Missstände, die bei den Menschen im Niger-Delta, wo die Shell-Gruppe Öl fördert, laut wurde. Oder die Entrüstung über die symbolische Meeresverschmutzung im Zusammenhang mit der Brent-Spar-Bohrinsel, die trotz heftiger Proteste der Umweltschützer von der Shell-Gruppe in der Nordsee versenkt wurde. Dank dieser Erfahrungen hat sich unsere Weltsicht seit 1995 stark verändert.

In einer Welt, in der der Wissensstand sich fortlaufend ändert, mussten auch wir sehr viel lernen. Wir hatten aber auch den Willen und die Möglichkeiten, diesen Lernprozess zu systematisieren und voranzutreiben. In die richtige Richtung zu gehen, war unser oberstes Ziel.

Nachhaltige Entwicklung bedeutet für uns, wirtschaftliche, soziale und ökologische Aspekte in unsere kurz- und langfristigen Strategien mit einzubeziehen. Dieser neue Denkansatz hat unsere Arbeitsweise verändert.

Wir haben tatsächlich neue Formen der Verantwortung gegenüber der Gesellschaft übernommen. Wie in der Vergangenheit deutlich wurde, hat unsere Aktivität direkte Auswirkungen auf unsere Umwelt und unsere Gesellschaft. Deshalb können wir auch bei der Gestaltung der zukünftigen Gesellschaft unseren Einfluss geltend machen. Natürlich können wir über die Richtung, welche die Gesellschaft einschlagen soll, nicht allein entscheiden. Deshalb bemühen wir uns um ein besseres Verständnis der von Seiten der Mitbürger und Verbraucher formulierten Bedürfnisse und Erwartungen und verbürgen uns für die Transparenz unserer Aktivitäten.

Wir treffen uns regelmäßig mit Regierungsgremien und Bürgerverbänden und nehmen deren Warnungen ernst. Vor allem bei der Definition konkreter Zielvorgaben wird die bei diesen Treffen vorgetragene konstruktive Kritik von uns berücksichtigt. Mit anonymen Umfragen innerhalb unserer Betriebe ermitteln wir auch das Meinungsbild unserer Mitarbeiter, und über das Internet stehen wir mit einer breiten Öffentlichkeit in Kontakt.

Unser Einsatz äußert sich in konkreten Aktionen, über die wir im *Shell Report*, unserem allen zugänglichen Jahresbericht, ausführlich berichten.

– Was die Suche nach alternativen Energieformen betrifft, bemühen wir uns intensiv um adäquate Lösungen: Wir investieren in die Forschung, in die Entwicklung erneuerbarer Energieformen und in die Entwicklungshilfe.

– Was den Kampf gegen den Treibhauseffekt angeht, hatten wir uns für 2002 vorgenommen, unsere Emissionen im Vergleich zu 1990 um zehn Prozent zu reduzieren. Diese Reduktion bezieht sich natürlich auf unsere Produktionsbetriebe und nicht auf die Emissionen, die durch den Verkauf unserer Produkte an den Verbraucher zu Stande kommen. Wir haben dieses Ziel 2002 erreicht. Das Protokoll von Kyoto hätte uns dafür bis 2010 Zeit gelassen.

Doch die Shell-Gruppe hat sich höhere Ziele gesetzt: Wir begnügen uns heute nicht mehr mit einer Verbesserung unserer Produktionsmodalitäten, sondern bemühen uns auch um neue Energielösungen, mit denen die Welt ihren zukünftigen Energiebedarf decken könnte.

Wir sind überzeugt, dass eine Politik der nachhaltigen Entwicklung auf lange Sicht für unser Unternehmen gut ist, denn sie fördert das Verständnis für die vom Verbraucher formulierten Bedürfnisse und Erwartungen, die Produktivität und Erneuerung. Die auf Nachhaltigkeit ausgerichtete Forschung und das Engagement unseres Unternehmens sind für uns zwei Grundvoraussetzungen für den Fortschritt.

Alle Unternehmen müssen Engagement zeigen, wenn die Gesellschaft sich an einer nachhaltigen Entwicklung orientieren soll. Doch für die konkreten Realisierungen auf diesem Weg des Fortschritts benötigen wir hohe Investitionen. Die Unternehmen müssen also wirtschaftlich bleiben, wenn sie ihrer Verpflichtung zum Engagement nachkommen wollen. Die Wirtschaftlichkeit und der Erfolg eines Unternehmens hängen in starkem Maße davon ab, inwieweit dieses Unternehmen auf die Sorgen und Erwartungen der Verbraucher eingehen kann. Denn auch der Verbraucher hat einen entscheidenden Einfluss auf die nachhaltige Entwicklung. Nur wenn wir uns alle gemeinsam engagieren, wird unser Planet wirklich eine nachhaltige Entwicklung erfahren. Lasst uns also handeln!

Christian Balmes

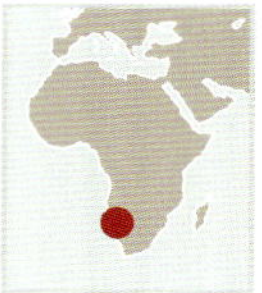

Abhang der Zebra Mountains im Kaokoveld, Namibia

(17° 20′ südlicher Breite – 13° 00′ östlicher Länge)

Die Zebra Mountains mit ihren Geröllfeldern aus schwarzem Granit und den Vegetationsstreifen sind eine eigenartige Landschaft. Der Fluss Kunene teilt das Gebirge. An seinen Ufern ist auf der Höhe der Epupa-Fälle ein großes Wasserkraftwerk geplant. Es soll Namibia die Abhängigkeit von der südafrikanischen Energieversorgung nehmen und das Land wirtschaftlich voranbringen. Doch die Wasserkraftanlage hat auch negative Folgen: Sie zerstört das Weideland der Himba und nimmt somit dem Stamm die wichtigste Einnahmequelle. Die namibische Regierung zeigt sich nicht offen für alternative Lösungen. Sie lehnt den Vorschlag ab, die Staumauer weiter flussabwärts in Baynes zu errichten, obwohl so nur 57 Quadratkilometer statt 380 Quadratkilometer unter Wasser gesetzt würden. Das Projekt wäre dann zwar nicht ganz so rentabel, hätte aber den Vorteil, dass sowohl die Himba-Kultur als auch die Touristenattraktionen der Region erhalten blieben.

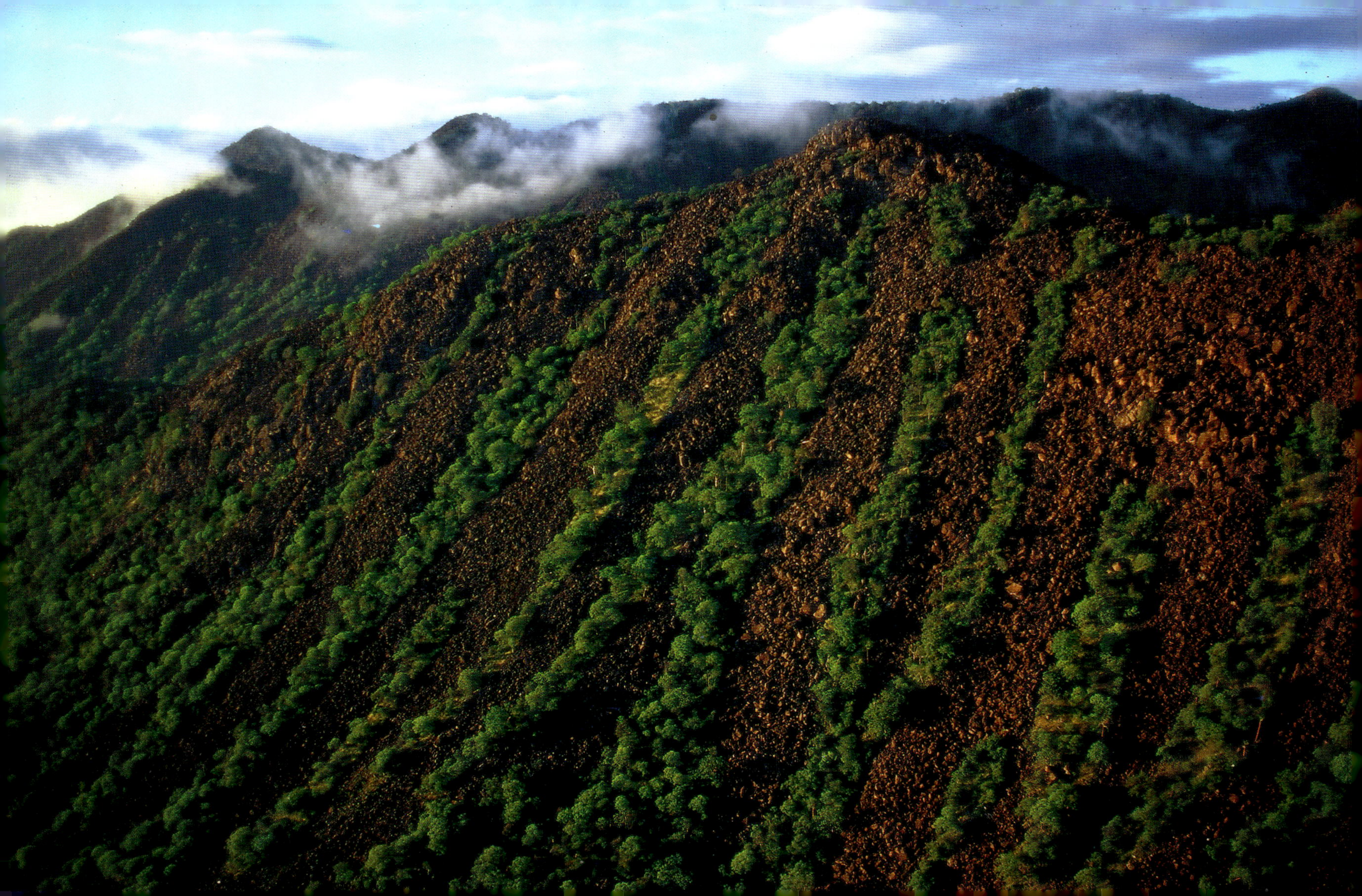

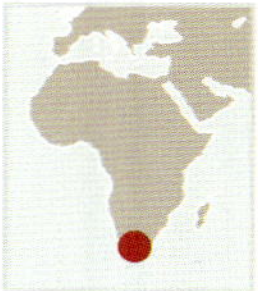

Robben auf einem Felsen bei Duiker Island, Kap-Provinz, Republik Südafrika (34° 05′ südlicher Breite – 18° 19′ östlicher Länge)

Die südafrikanischen Robben *(arctocephalus pusillus pusillus)* sind typische Herdentiere. Hauptsächlich zur Paarung und zur Aufzucht der Jungen lassen sie sich in Kolonien von mehreren hundert Einzeltieren in den Küstengebieten nieder. Die Säugetierart bewegt sich im Wasser wesentlich leichter als auf dem Land und verbringt deshalb die meiste Zeit mit der Nahrungssuche im Küstengewässer. Sie ernährt sich von Fischen und Krebstieren. Die abgebildeten Robben kommen ausschließlich an den südafrikanischen Küsten, vom namibischen Cross-Kap bis zur Algoa-Bucht in Südafrika, vor. Ihr Bestand wird auf 850 000 Tiere geschätzt. Bei den Robben unterscheidet man drei Untergattungen: Ohrenrobben, Walrosse und Hundsrobben. Die Robben sind in allen Meeresregionen der kalten und gemäßigten Zonen weit verbreitet. Der weltweite Bestand liegt bei 50 Millionen Tieren.

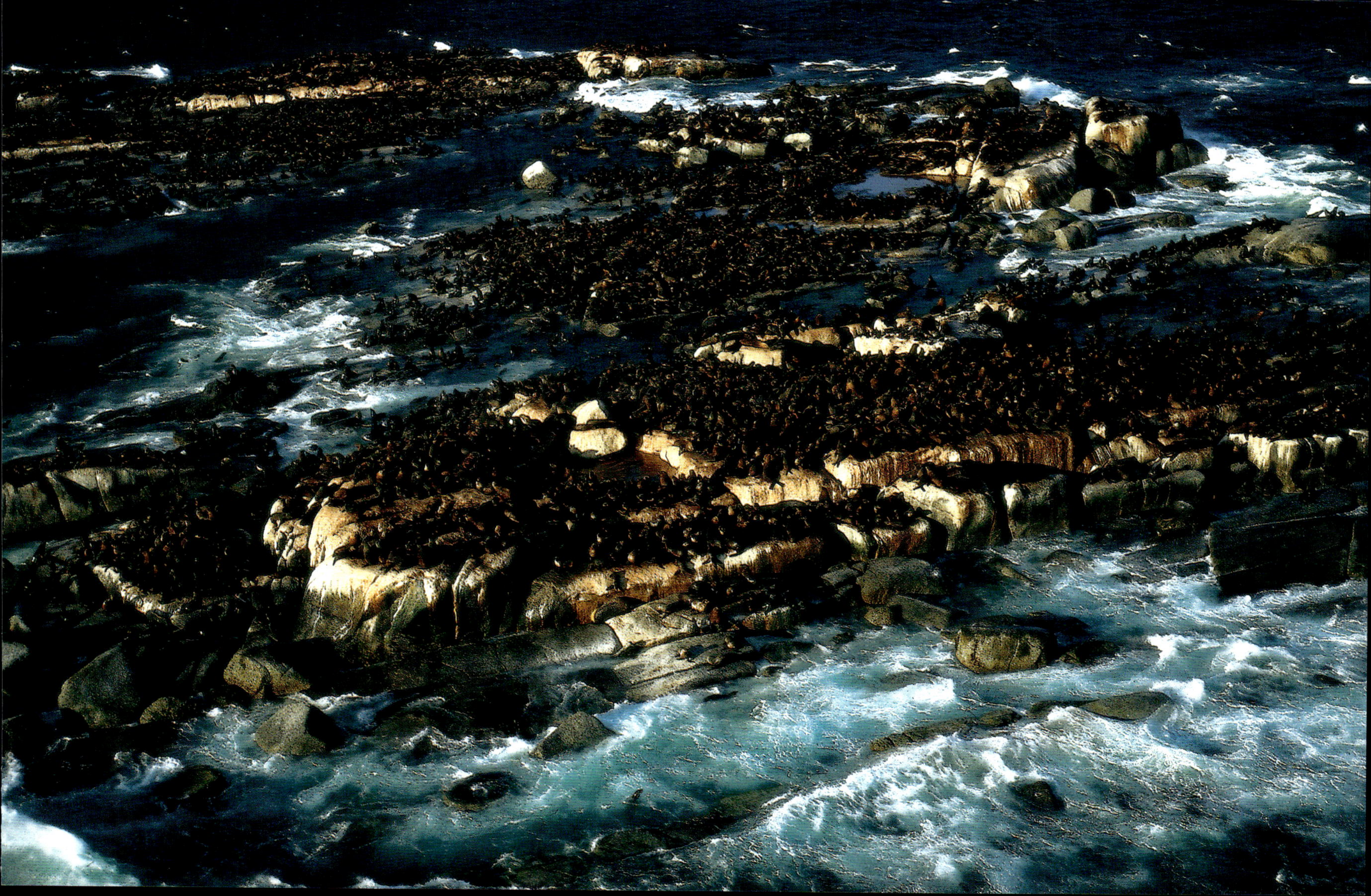

Mäander des Flusses Tuul südlich von Lün, Mongolei

(47° 52′ nördlicher Breite – 105° 15′ östlicher Länge)

Der Fluss Tuul ist 819 Kilometer lang und entspringt im Hentii-Gebirge. Er fließt durch die Hauptstadt Ulan Bator und mündet in Russland in den Baikalsee. In der weiten Steppe unterhalb von Ulan Bator nimmt das Gefälle ab, der Fluss mäandert zwischen Sandbänken und hellen Salzablagerungen. Auf den kleinen Inseln wachsen kurze Gräser und Sträucher. Dort schlagen die Nomaden ihre weißen Rundzelte, die so genannten Jurten, auf. Dank der umfassenden Maßnahmen der mongolischen Regierung zur Schaffung von Naturreservaten blieb die Landschaft weitgehend unzerstört. Durch das starke Anwachsen der Hauptstadt (ihre Einwohnerzahl hat sich in den letzten zehn Jahren verdoppelt) wird die Umwelt jedoch stark belastet. Der Müll, den der Fluss Tuul mit sich führt, hat den Boden der Flussniederungen verseucht. Auch die Luft in Ulan Bator ist durch den zunehmenden Autoverkehr schwer belastet. Allein im Jahr 2002 nahm die Zahl der zugelassenen Kraftfahrzeuge um 30 Prozent zu.

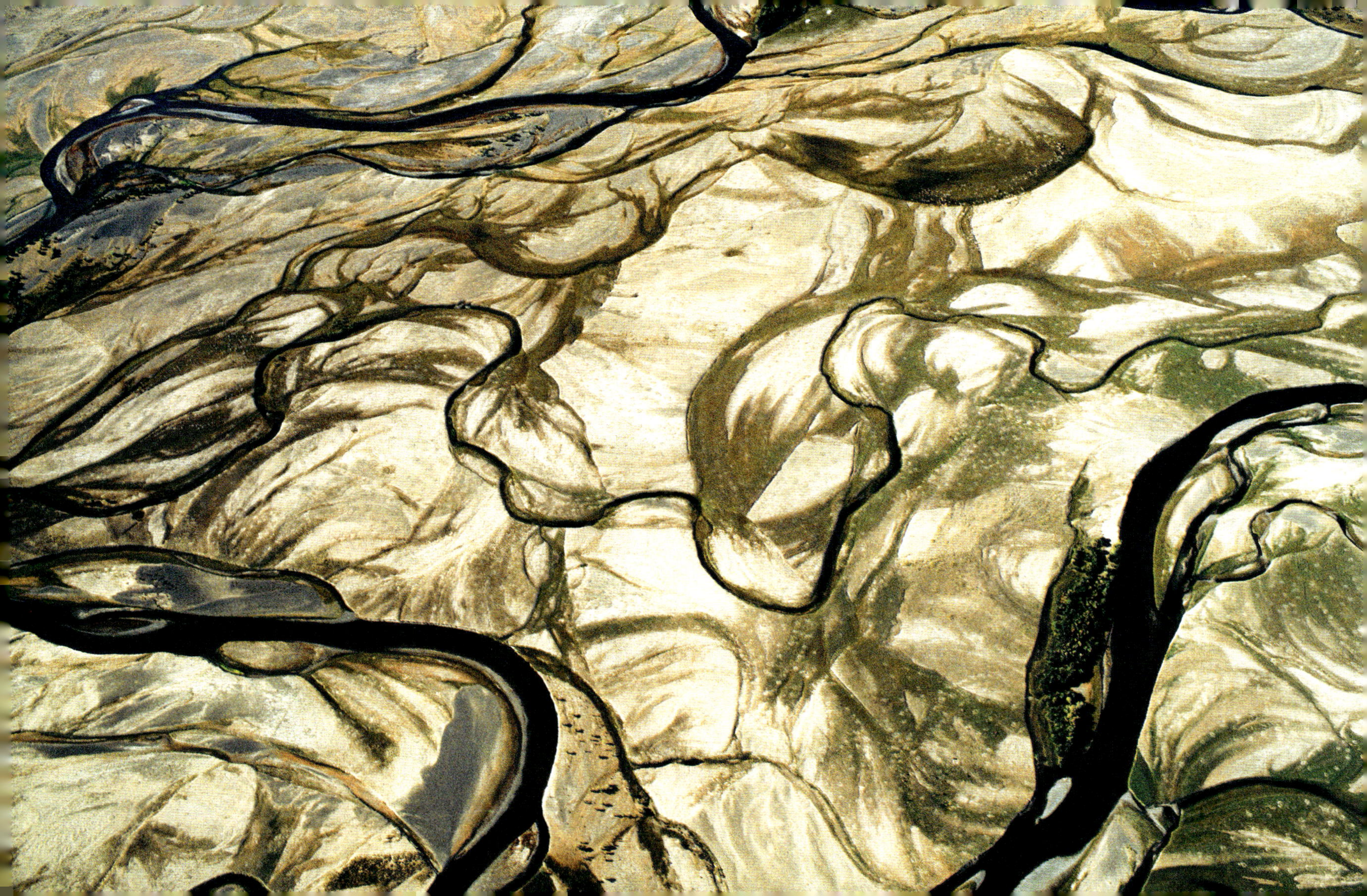

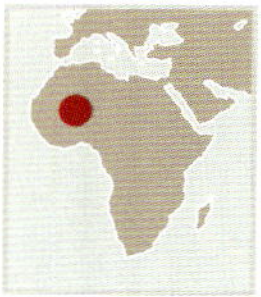

Die Sanddüne von Koïma, Region Gao, Mali

(16° 15′ nördlicher Breite – 00° 05′ westlicher Länge)

Die 120 Meter hohe Sanddüne liegt am rechten Ufer des Niger. Der 4170 Kilometer lange Fluss ist die größte Verkehrsader Westafrikas. Bis ins 17. Jahrhundert hinein profitierte Mali von dem sich über ihn abspielenden Handel. Doch dann verlagerte sich der Kommerz immer mehr an die Atlantikküste, und für das westafrikanische Hinterland begann der Niedergang. Rund zwei Drittel der malischen Bevölkerung leiden unter der Armut. Die Folge sind eine hohe Analphabetenrate, ein mangelhafte Ernährung, eine niedrige Lebenserwartung, unhygienische Wohnverhältnisse und fehlende Anteilnahme am wirtschaftlichen und sozialen Leben. Obwohl sich auf der ganzen Welt diese sozialen Indikatoren deutlich verbessert haben, hat sich die Situation in den meisten afrikanischen Ländern südlich der Sahara verschlechtert.

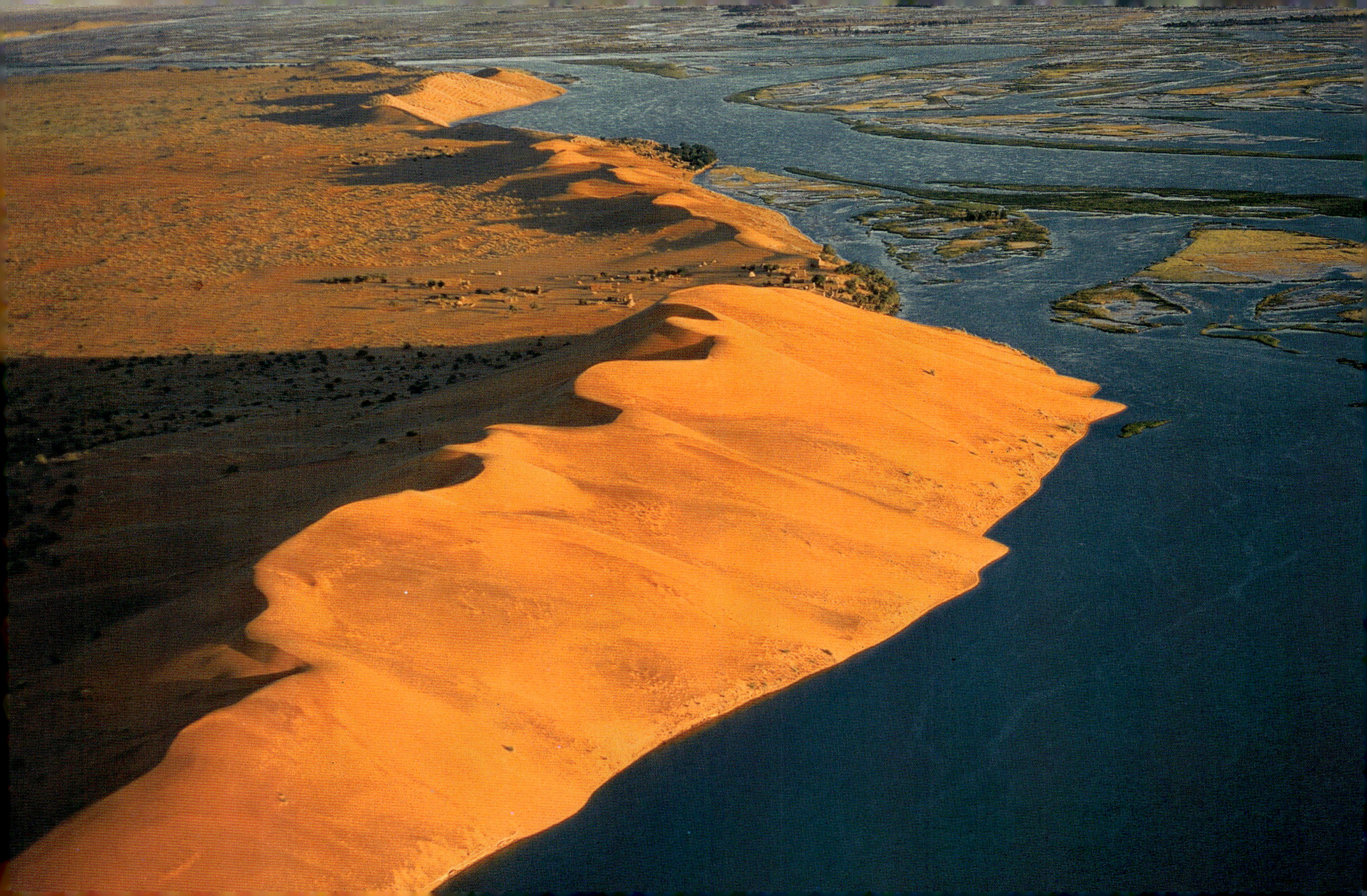

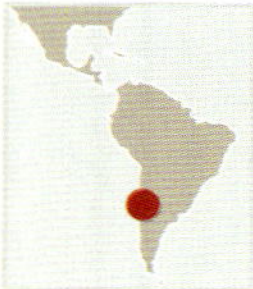

Der Salzsee von Maricunga, Chile

(26° 55′ südlicher Breite – 69° 05′ westlicher Länge)

Die Salzwüste von Maricunga ist nicht völlig ausgetrocknet. Ihre smaragdgrünen Teiche sind ein Paradies für die Flamingos und Wildenten. Die stark salzhaltigen Seen stehen mit den Lagunen von Santa Rosa und Negro Francisco in Verbindung: Ein Feuchtgebiet inmitten der Anden, in dem 41 verschiedene Vogelarten leben, darunter auch drei bedrohte Flamingoarten. Die Gold- und Kupferförderung birgt jedoch eine ernst zu nehmende Gefahr für dieses Vogelparadies: Für die Förderung werden nämlich dem Grundwasser und den Lagunen beachtliche Wassermengen entnommen. Deshalb hat die Ramsar-Konferenz 1996 diese Lagunen in die Liste der schützenswerten Feuchtgebiete aufgenommen. Man vermutet, dass seit 1990 die Hälfte aller Feuchtgebiete unserer Erde zerstört wurde.

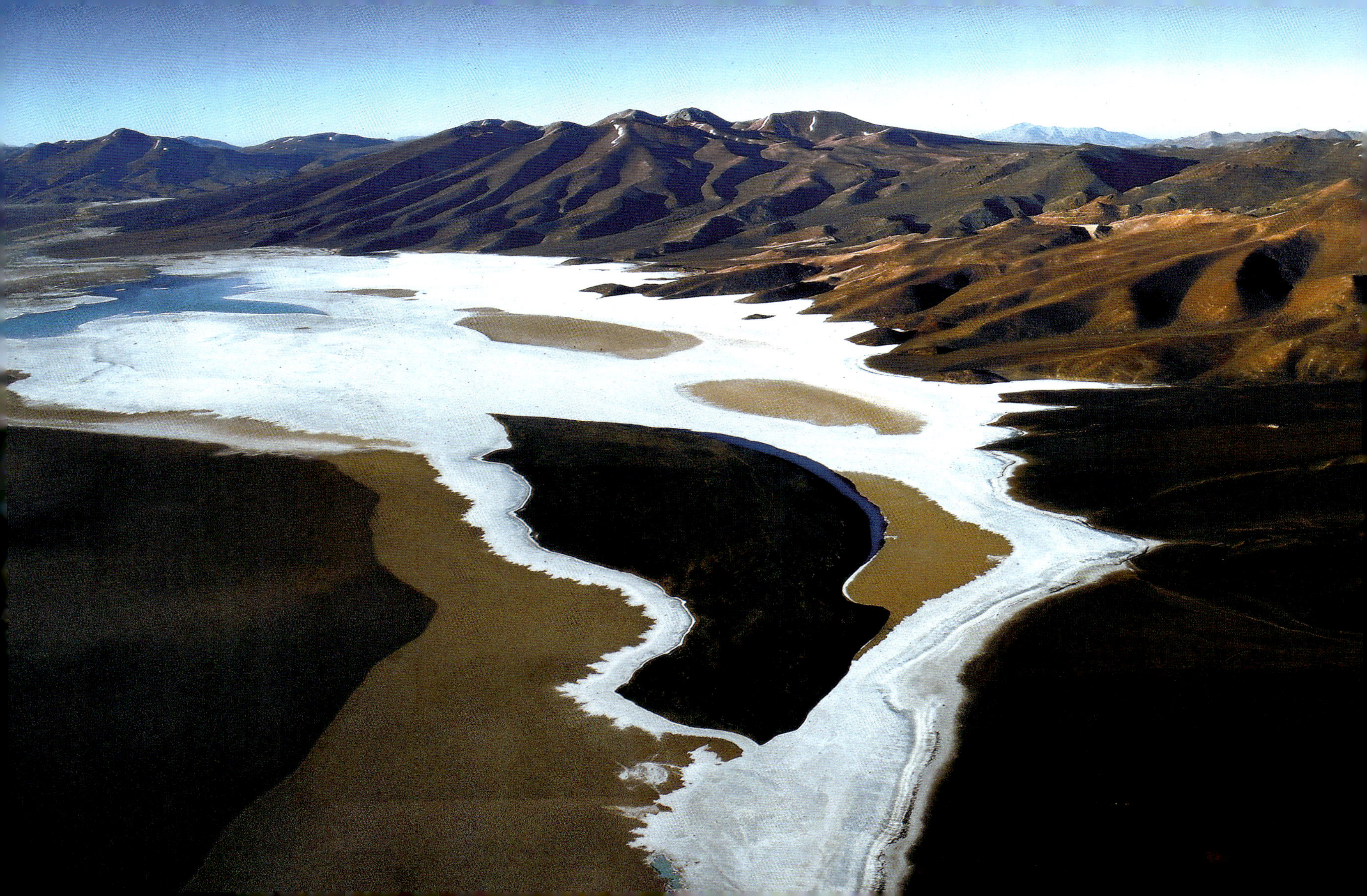

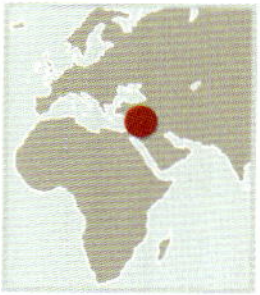

Schiff auf dem Toten Meer in der Nähe einer Kalifabrik, Region Al Karak, Jordanien (30° 50′ nördlicher Breite – 35° 30′ östlicher Länge)

Das Tote Meer, ein 75 Kilometer langes und 15 Kilometer breites Binnenmeer, liegt 408 Meter unter dem Meeresspiegel. Damit ist es der tiefste Punkt der Erde. Das grünliche Wasser ist von weißen Spuren durchzogen, sichtbare Zeichen seines hohen Salzgehalts. Zum Vergleich: Die Salzkonzentration ist neunmal stärker als die der Weltmeere. Neben dem gewöhnlichen Kochsalz (Natriumchlorid) ist das Tote Meer reich an Kalisalzen. Jordanien liegt in der Weltrangliste der Kaliproduzenten auf dem achten Platz. In diesem Teil des Jordantals ist weder tierisches noch pflanzliches Leben möglich. Seit 1972 hat das Tote Meer 20 Prozent seiner Wasserfläche eingebüßt: Das Wasser wurde zur Bewässerung der Wüste Negev abgezweigt. Außerdem sank durch die übermäßige Nutzung des Grundwassers der Grundwasserspiegel drastisch, und das eindringende Salzwasser führte zu einer deutlichen Verschlechterung der Wasserqualität. In der syrischen und jordanischen Steppe stieg der Salzgehalt des Grundwassers pro Liter um mehrere Gramm. Das Leben zahlreicher Tier- und Pflanzenarten ist ernsthaft bedroht.

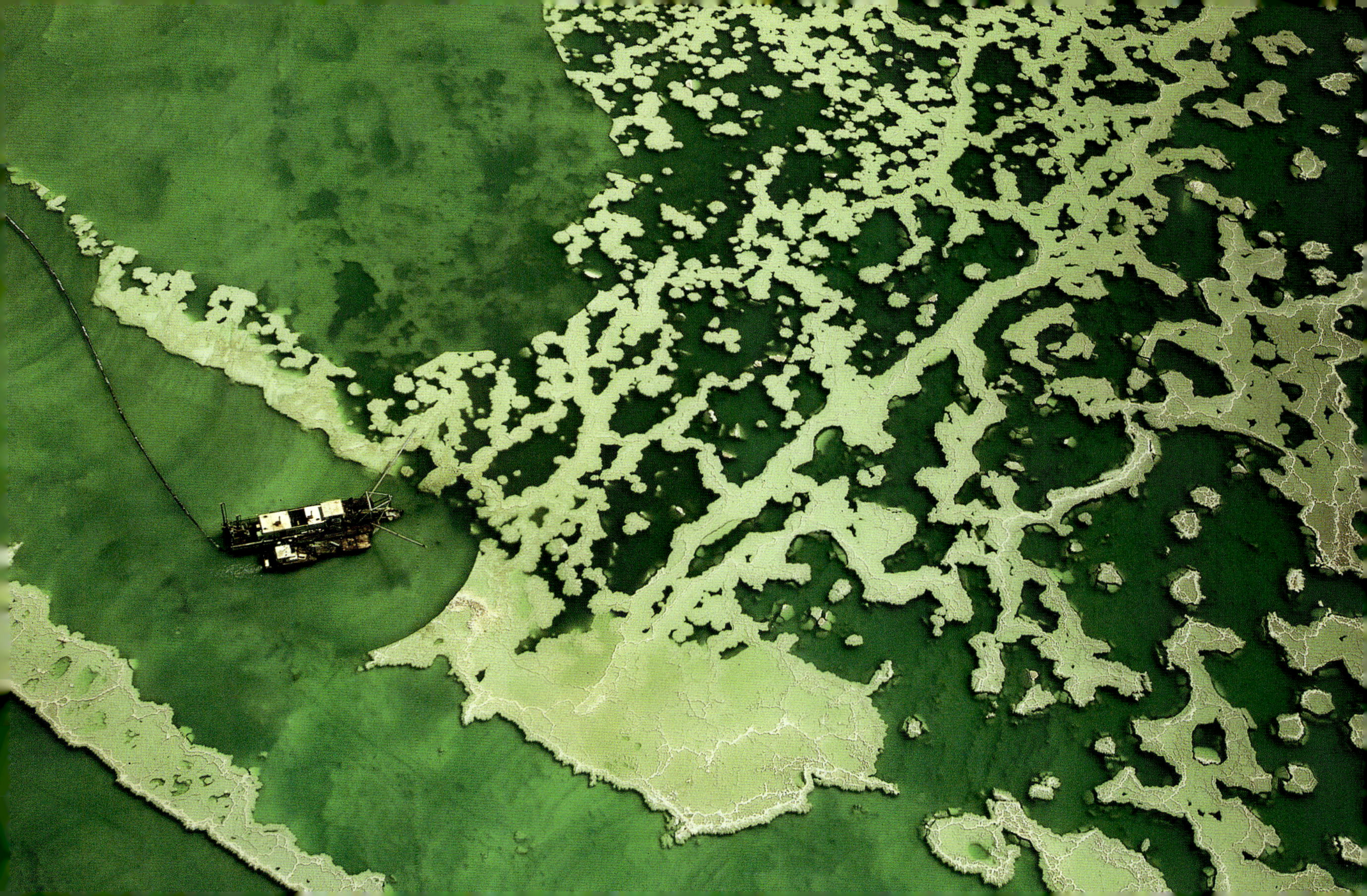

Reisfelder zwischen den Städten Chiang Mai und Chiang Rai, Thailand (19° 25′ nördlicher Breite – 98° 55′ östlicher Länge)

Die Frauen arbeiten in den Reisfeldern der nordthailändischen Gebirgsregion. Die bunten Stoffe schützen sie vor der intensiven Sonnenbestrahlung. Wie überall in dieser Region wird der Reis von Hand geerntet. Meist sind es kleine Familienbetriebe, die vom Reisanbau auf diesen unwirtlichen Hochebenen mehr schlecht als recht leben. Schwere Waldbrände führten in den letzten Jahren zu einer verheerenden Entwaldung. Extreme Trockenheit und Rodungsarbeiten unterstützten diese fatale Entwicklung, der zwischen 1990 und 2000 in Thailand rund 112 000 Hektar Wald zum Opfer fielen. Ein trauriges Phänomen, das in ganz Südostasien zu beobachten ist und überall zur Bildung von dunklen Schmutzwolken führt. Eine Verminderung der Sonneneinstrahlung und eine Zunahme des sauren Regens sind die Folgen – mit ernsten Konsequenzen für die Landwirtschaft und das Klima im südostasiatischen Raum.

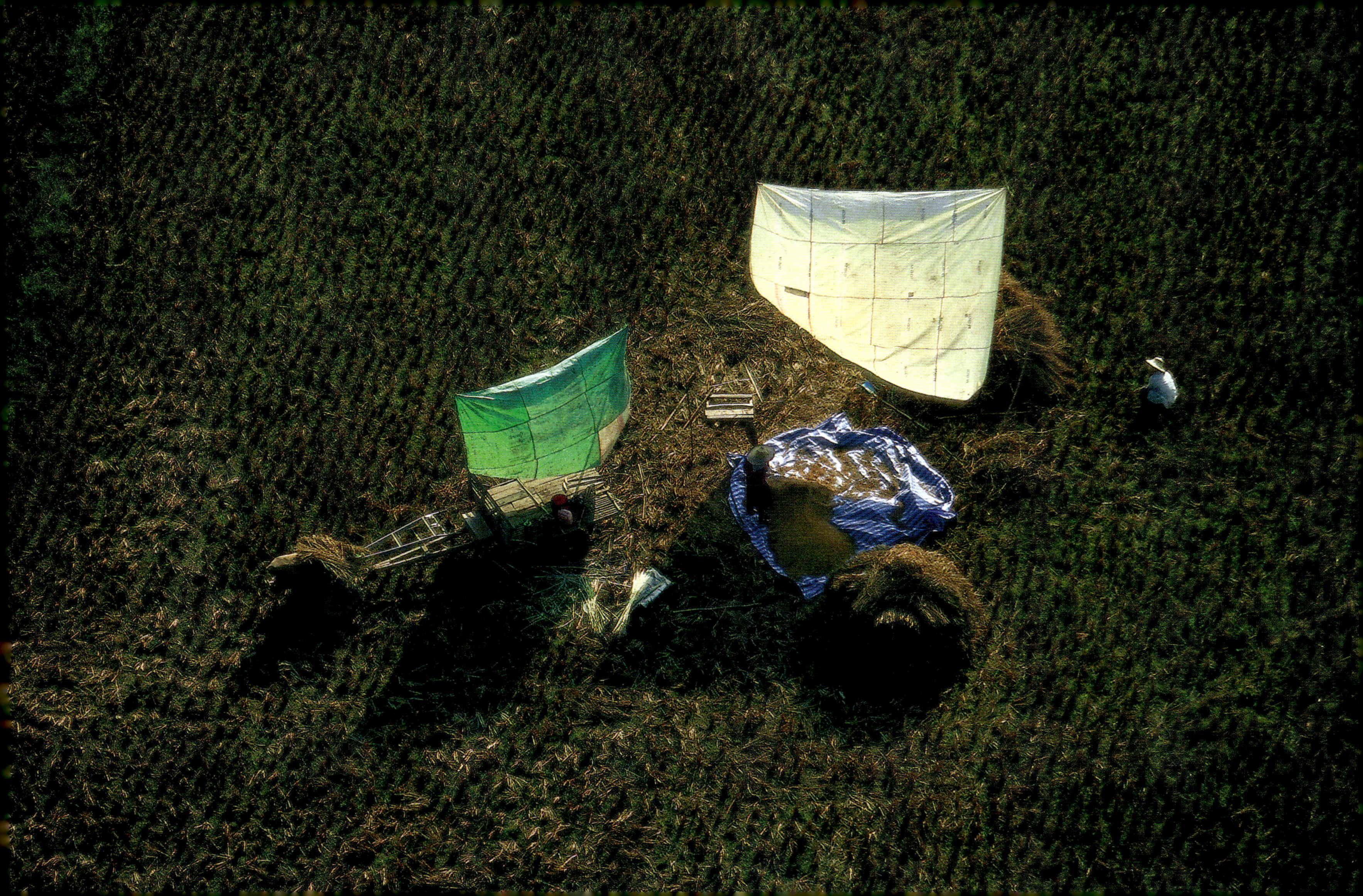

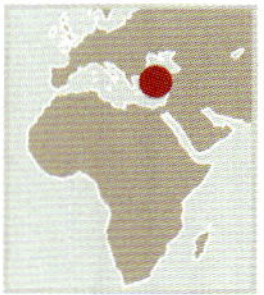

Der Göreme-Nationalpark in Kappadokien, Anatolien, Türkei

(38° 39′ nördlicher Breite – 34° 50′ östlicher Länge)

Das Göreme-Tal ist nicht nur wegen seiner Vulkanlandschaft, sondern auch wegen seiner Architektur- und Kunstdenkmäler berühmt. Bereits im 4. Jahrhundert flohen die ersten Eremiten in diese weltabgeschiedene Gegend. Viele Christen flüchteten vor der römischen Besatzungsmacht ins Göreme-Tal und hauten beachtliche Kirchenbauten und ganze Wohnanlagen in die Steinschichten des kappadokischen Gebirges. Nach der Ankunft der Osmanen traten viele zum Islam über, doch die Kirchen mit ihren byzantinischen Fresken wurden nicht zerstört. Seit 1985 steht der Göreme-Nationalpark auf der UNESCO-Liste des Weltkulturerbes. Die Baudenkmäler zählen heute zu den wichtigsten türkischen Touristenattraktionen. Jedes Jahr reisen neun Millionen Menschen in die Türkei.

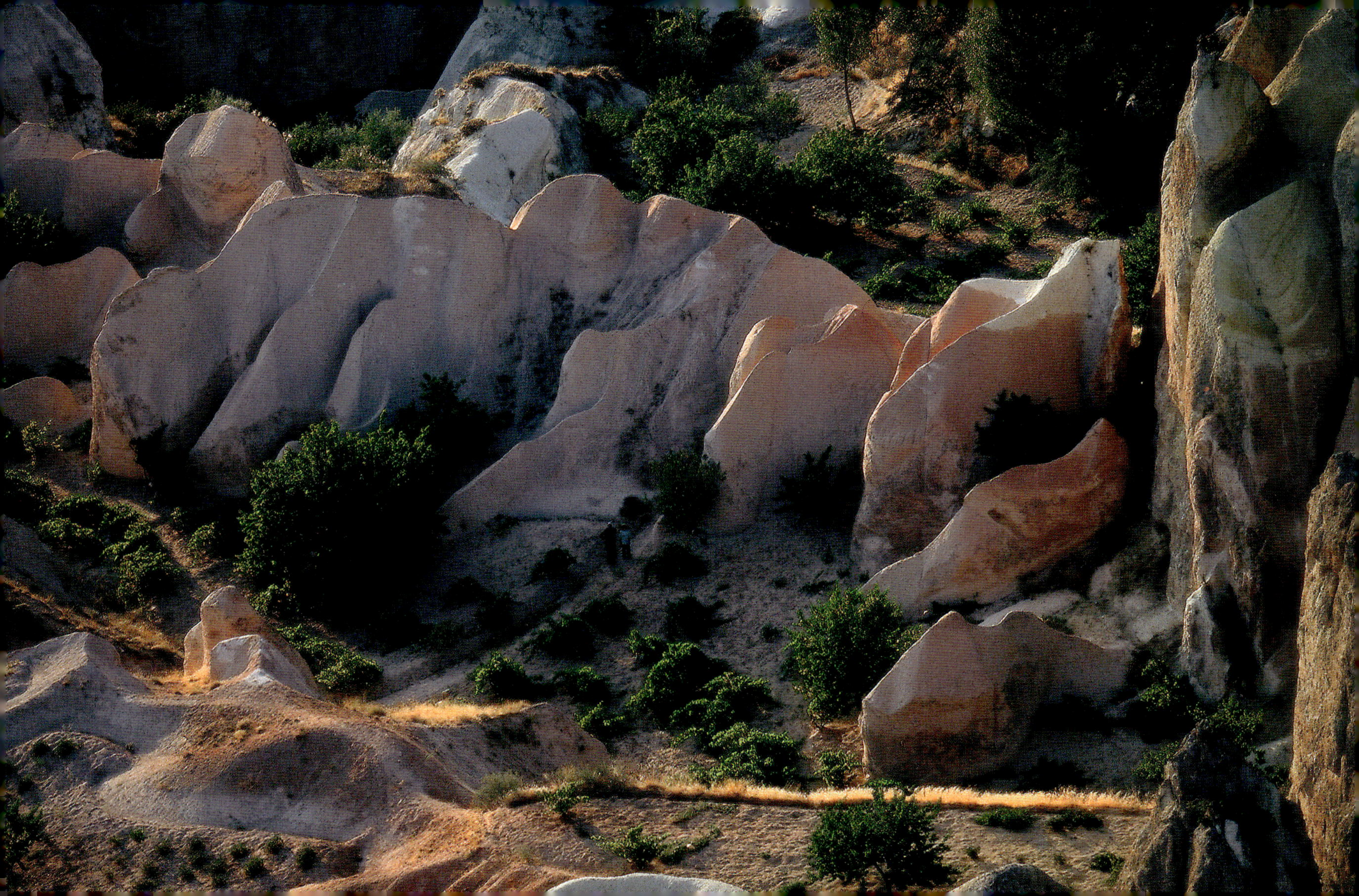

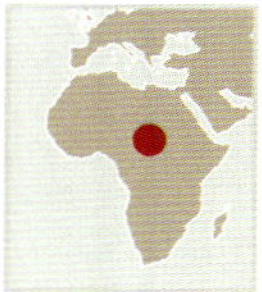

Dorf am Nordufer des Tschadsees, Tschad

(13° 28′ nördlicher Breite – 14° 43′ östlicher Länge)

Auf den Inseln im nördlichen Teil des Tschadsees wohnen die Budumas, eine von den 200 im Tschad lebenden ethnischen Gruppierungen. Das Land leidet unter den Spannungen zwischen dem vorwiegend arabisch und islamisch geprägten Norden und dem »schwarzen« Süden, wo hauptsächlich Christen und Anhänger afrikanischer Naturreligionen leben. Seit Mitte der 1960er Jahre führte dieser Gegensatz zu bürgerkriegsähnlichen Zuständen. Die Diktatur von Hissein Habré (1982–1990) kostete 40 000 Zivilisten das Leben. Aber auch der aktuelle, demokratisch gewählte Präsident Idriss Déby räumt die Oppositionellen gewaltsam aus dem Weg. 1996 veröffentlichte Amnesty International einen Bericht über die im Tschad üblichen Foltermethoden. Zu Beginn des dritten Jahrtausends wird in 40 Ländern mit Elektroschock gefoltert. In 30 Ländern gehören Schläge auf die nackten Fußsohlen, scheinbares Ersticken und vorgetäuschte Hinrichtungen zu den üblichen Verhörmethoden.

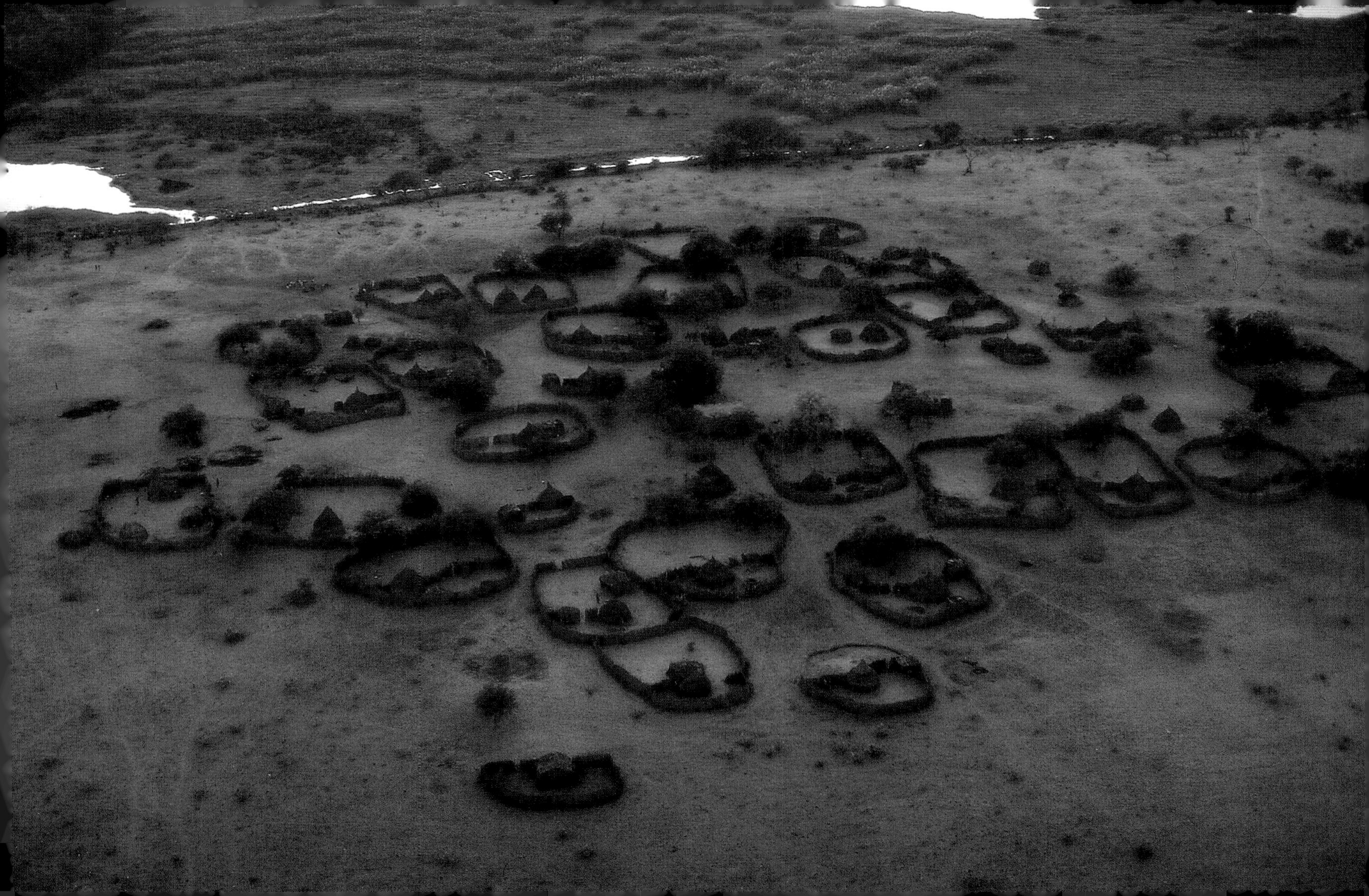

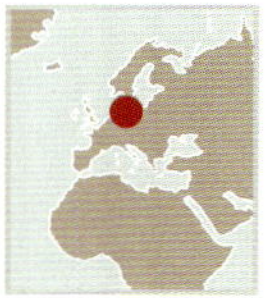

Wohnsiedlung im Kopenhagener Vorort Brøndby, Seeland, Dänemark

(55° 34′ nördlicher Breite – 12° 23′ östlicher Länge)

Um das Bedürfnis nach Sicherheit und Komfort mit einer optimalen Raumaufteilung verbinden zu können, wurde die Wohnsiedlung von Brøndby am Südwestrand von Kopenhagen kreisförmig angelegt. Jede Parzelle ist 400 Quadratmeter groß. In den Außenbezirken der Arbeitsplätze bietenden Ballungszentren entstehen immer öfter funktional ausgerichtete Wohnviertel dieser Art. Auf Grund der zunehmenden Industrialisierung und der nach wie vor hohen Anziehungskraft der Städte hat die Zahl der Stadtbewohner in den letzten 50 Jahren weltweit um mehr als 13 Prozent zugenommen. Die Tendenz ist weiterhin steigend. Fast die Hälfte der Weltbevölkerung (45 Prozent) lebt heute in Städten. 2025 wird es 25 Metropolen geben, in denen zwischen sieben Millionen und 25 Millionen Menschen leben werden. Dann wird es auf der Welt eine Milliarde mehr Stadtbewohner geben, von denen drei Viertel in den südlichen Ländern leben werden.

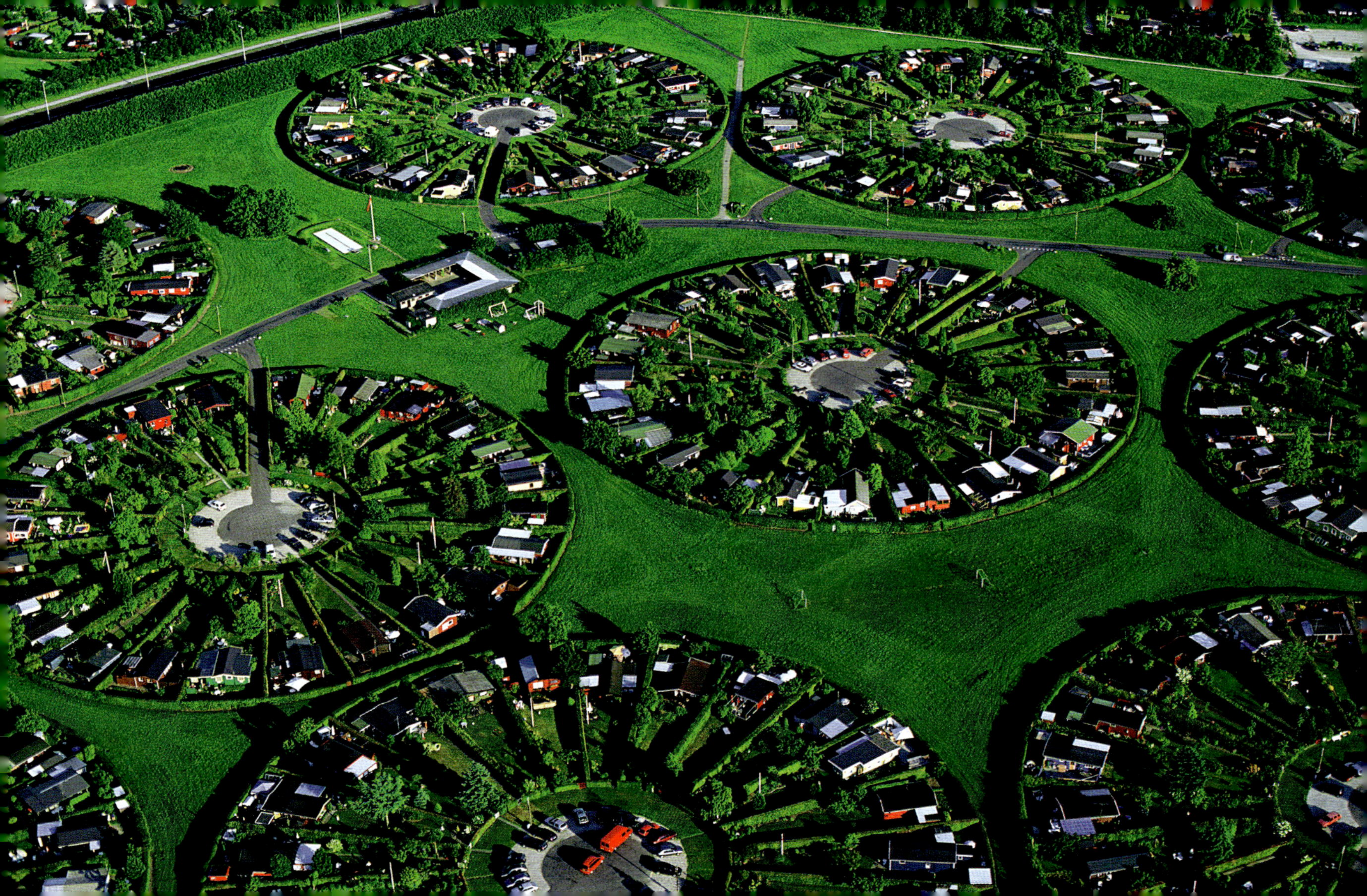

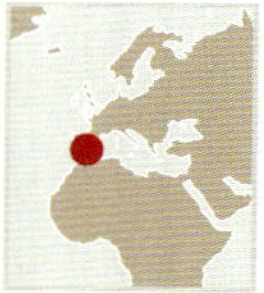

Fischernetz vor Cartagena, Provinz Murcia, Spanien

(37° 30′ nördlicher Breite – 0° 59′ westlicher Länge)

Dieses Fischernetz wurde einige Meilen vor der südspanischen Hafenstadt Cartagena ausgeworfen. Die Länder rings um das Mittelmeer fangen pro Jahr 1,3 Millionen Tonnen Fisch – 1,5 Prozent der weltweiten Fangquote – und verbrauchen über drei Millionen Tonnen. Spanien liegt an der Spitze mit einem jährlichen Pro-Kopf-Verbrauch von rund 40 Kilogramm. Die Fangquoten einiger Fischsorten – beispielsweise des Seehechts, der Seezunge oder des Seebarsches – übersteigen bereits deren natürliche Fortpflanzungskapazität. Die Bevölkerung der Mittelmeerländer hingegen – 450 Millionen, in den Touristenzeiten kommen weitere 150 Millionen hinzu – nimmt in den nächsten 25 Jahren nach Schätzungen um 50 Prozent zu. Das Wasser des nicht ganz geschlossenen Binnenmeeres ist belastet: Jedes Jahr fließen große Mengen an Schwermetallen (7500 Tonnen), an chemischen Stoffen aus der Landwirtschaft (200 000 Tonnen) und an Rohöl (bis zu einer Million Tonnen) ins Mittelmeer. In der jüngsten Vergangenheit mehrten sich jedoch dank internationaler Abkommen die Bemühungen um einen verbesserten Schutz der biologischen Ressourcen des Mittelmeeres.

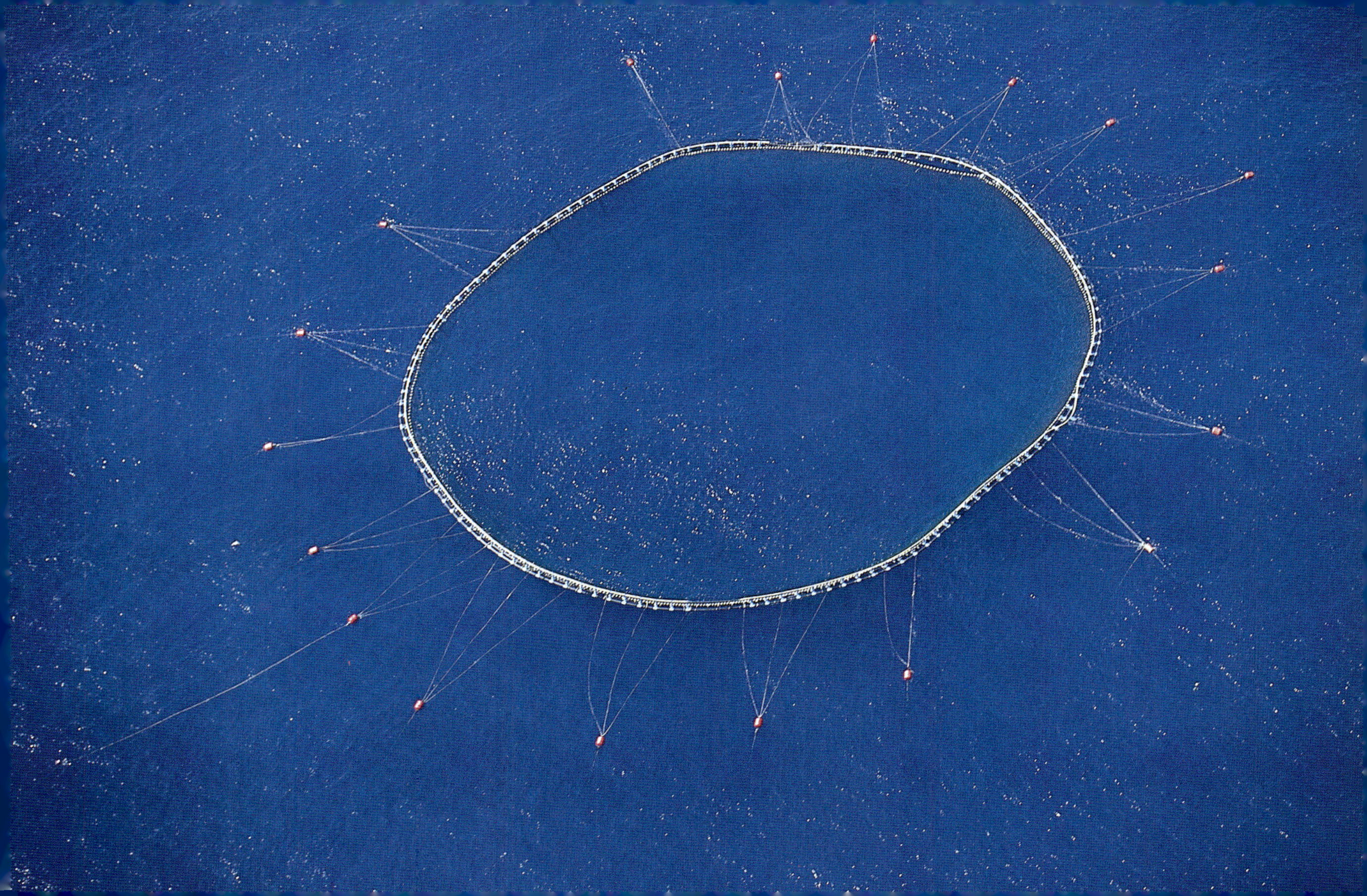

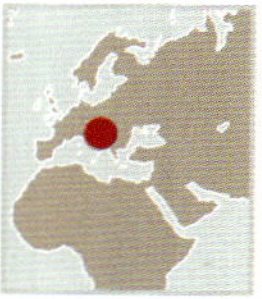

Landschaft bei Kukës, Albanien

(42° 05′ nördlicher Breite – 20° 24′ östlicher Länge)

Der 2753 Meter hohe Korab in der nordostalbanischen Region Kukës gehört zur höchsten Gebirgskette des Landes. In dieser abgeschiedenen Region wehrte man sich von jeher gegen die Einführung der Blutrache, die so genannte *kanun*. Die patriarchalisch strukturierten Familienclans im Norden des Landes orientieren sich hingegen immer noch an diesem 500 Jahre alten Gewohnheitsrecht – trotz aller politischen und juristischen Reformen der unterschiedlichsten Regierungen: Osmanen, König Zog, Kommunisten. Seit dem Fall des Kommunismus ist die *kanun* sogar wieder im Vormarsch. Man schätzt, dass rund 10 000 Menschen mehr oder weniger schwer durch sie bedroht sind. Die Zahlenangaben über die Kinder, die 2002 aus Angst vor der *kanun* keine Schule besuchen konnten, schwanken zwischen 150 und 800.

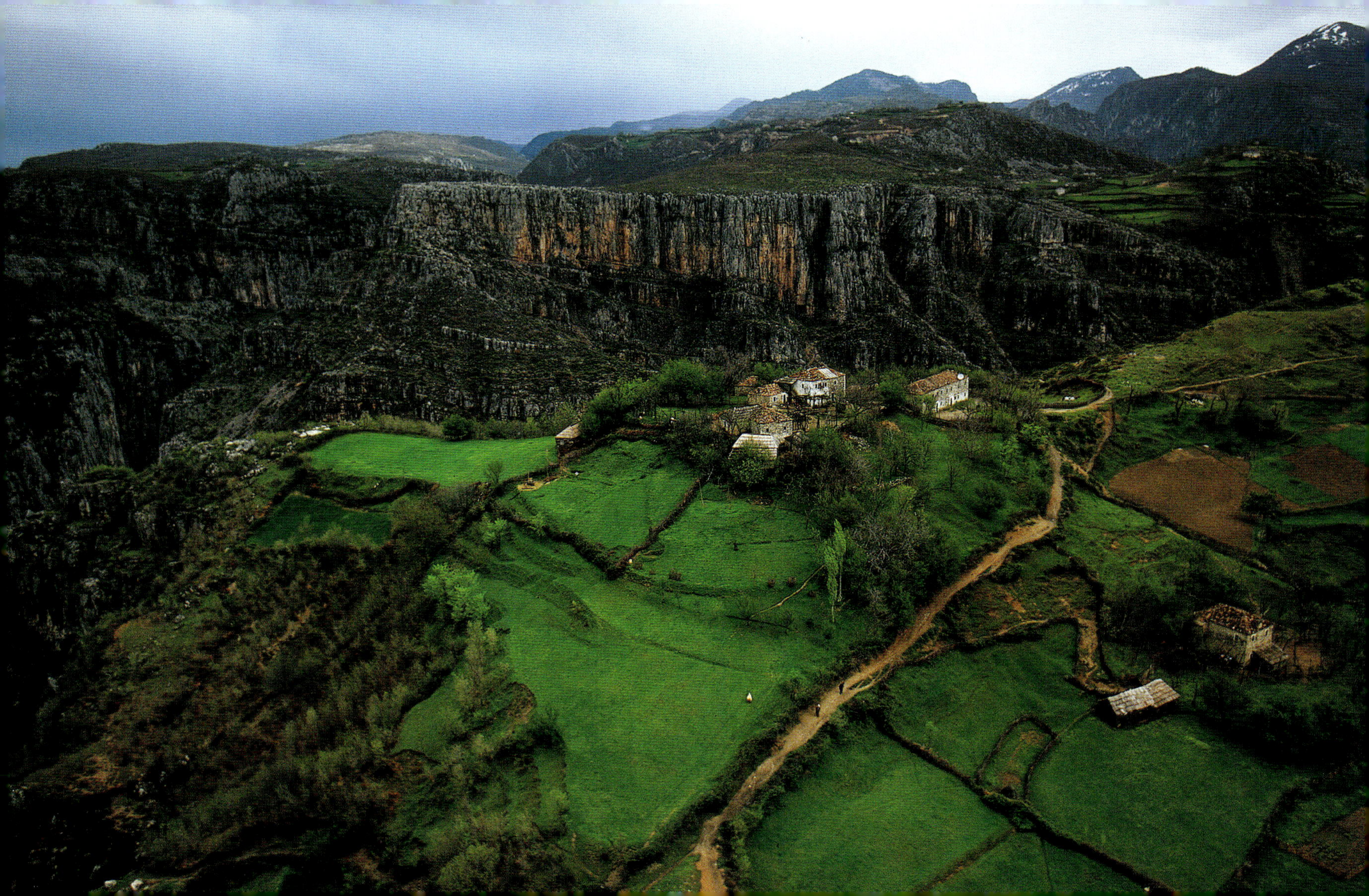

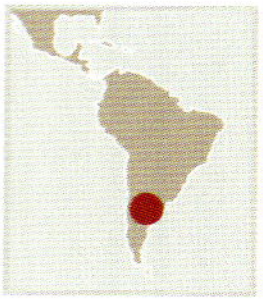

Andenkondor, Provinz Neuquén, Argentinien

(39° 00′ südlicher Breite – 70° 00′ westlicher Länge)

Ein Andenkondor, *vultur gryphus*, gleitet über die bunten Herbstwälder Patagoniens. Seine Spannweite misst drei Meter. Von den Inkas als heiliges Tier verehrt, ist der größte flugfähige Vogel der Welt nach wie vor ein Symbol für die wilde Gebirgswelt der Anden. Vor der Ankunft der spanischen Siedler waren sie überall in den Anden zu Hause, von Venezuela über die peruanische Küste bis Feuerland. Später wurden die Aasfresser stark verfolgt und sind deshalb in zahlreichen Regionen, beispielsweise in Venezuela oder Kolumbien, völlig ausgerottet. In beiden Ländern versucht man allerdings inzwischen, die Tiere wieder anzusiedeln. Lediglich in Argentinien und Chile gibt es noch ausreichende Bestände. Dank einer weltweit wachsenden Sensibilisierung für Artenschutz werden heute wieder überall in der Welt Schutzmaßnahmen für Greifvögel gestartet. Trotzdem geht man davon aus, dass zwölf Prozent aller Vogelarten ernsthaft vom Aussterben bedroht sind.

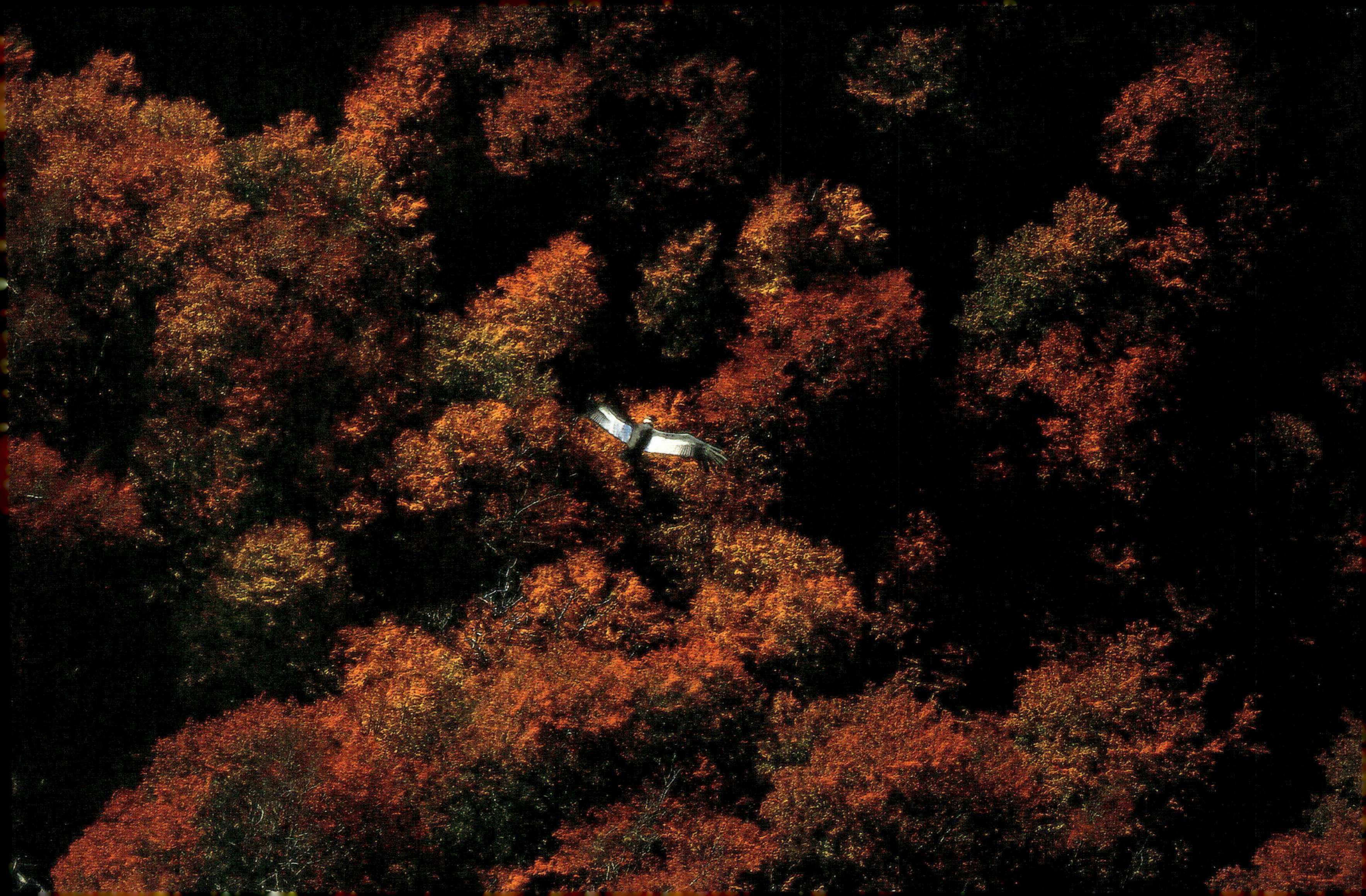

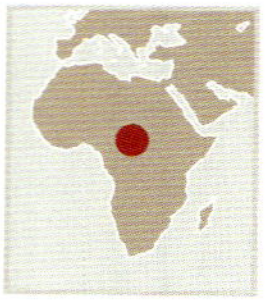

Einbaum auf dem Tschadsee bei Bol, Tschad

(13° 28′ nördlicher Breite – 14° 43′ östlicher Länge)

Der schmale Einbaum bahnt sich seinen Weg durch das Schilf und den Papyrus. Auf dem viertgrößten See Afrikas ermöglicht dieses Transportmittel einen regen internationalen Verkehr zwischen den Ländern Tschad, Niger, Nigeria und Kamerun. Diese Warenbewegungen sind nur schwer zu kontrollieren und deshalb den staatlichen Behörden ein Dorn im Auge: Auf dem fischreichen Tschadsee wird häufig illegal gefischt. Oft kommen gut ausgerüstete Fischer aus Nigeria, ja sogar aus Ghana und Mali, und machen den nur bescheiden ausgestatteten und hoch besteuerten Bürgern des Tschads Konkurrenz. Der Fischfang ist für das fünftärmste Land der Welt eine unersetzliche Versorgungsquelle. Doch langsam scheint der Tschad sich zu erholen: 2002 meldete das afrikanische Land eine Steigerung des Bruttoinlandsproduktes um elf Prozent. Dieser Aufschwung hängt eng mit der geplanten Ölleitung zusammen, die ab 2004 jeden Tag rund 225 000 Barrel Erdöl von den Quellen in Doba (südlicher Tschad) zur kamerunischen Hafenstadt Douala bringen soll.

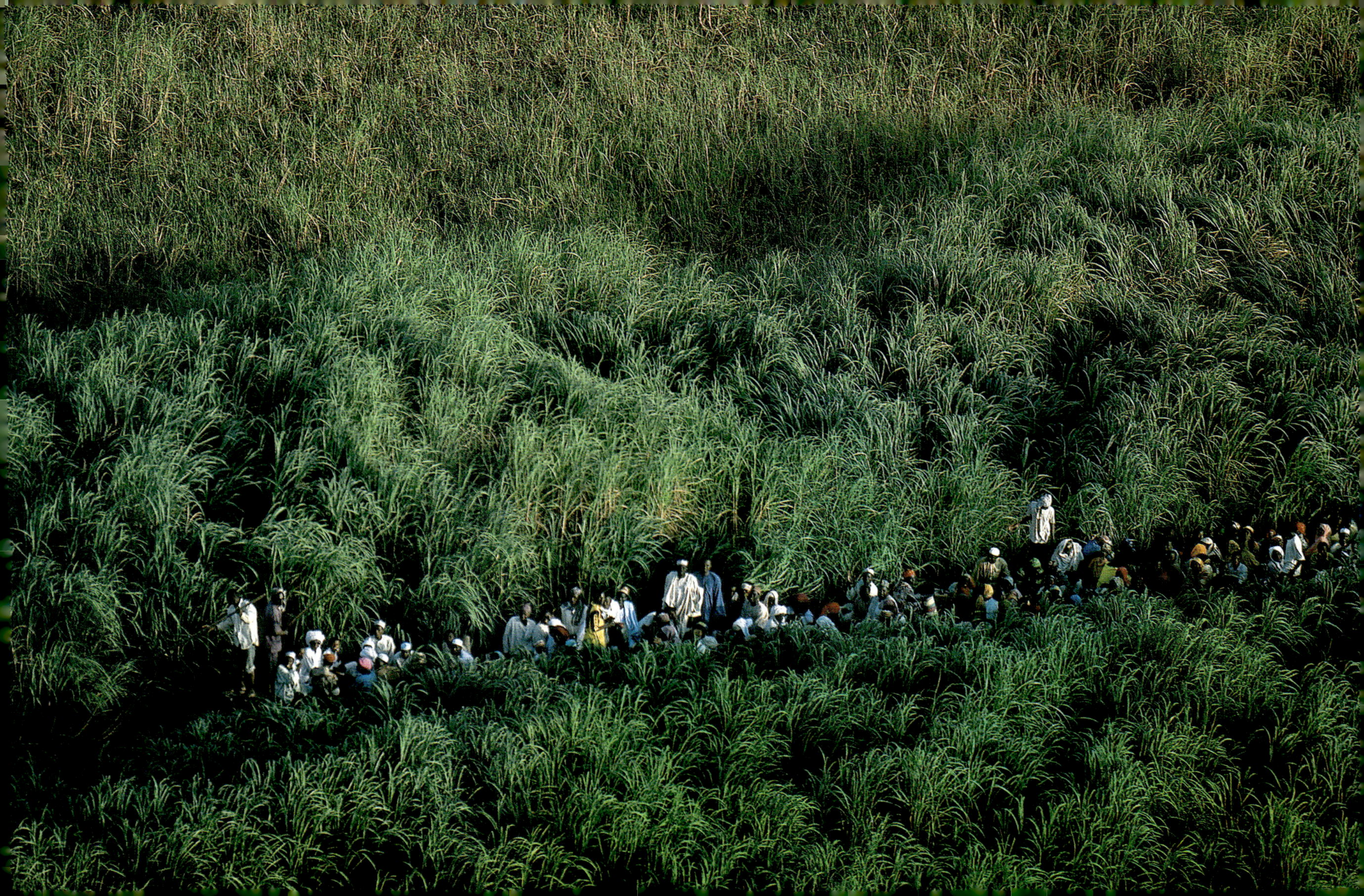

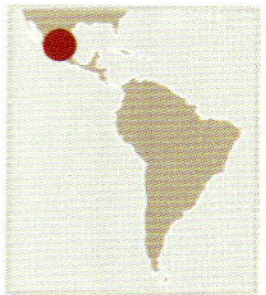

Fischer auf dem Patzcuaro-See, Bundesstaat Michoacan, Mexiko

(19° 35′ nördlicher Breite – 101° 35′ westlicher Länge)

Am nördlich von der Sierra Madre del Sur gelegenen Patzcuaro-See leben die Tarasken und die Purhepecha. Die beiden Indianervölker sind bekannt für ihr Kunstgewerbe, betreiben auf den umliegenden Hügeln aber auch Landwirtschaft. Ein weiterer Erwerbszweig ist die Fischerei. Mit den großen, libellenförmigen Netzen fängt man den Pecito, einen weißen Fisch, der unter Feinschmeckern sehr begehrt ist. Leider haben die Pecito-Bestände auf Grund des starken Fischfangs und einer neuen Landwirtschaftsform deutlich abgenommen. Die intensive Rodung, die mit der Zerstörung der herkömmlichen Terrassen einhergehende Flurbereinigung und die Aufgabe der Dreifelderwirtschaft sind verantwortlich für die mangelhafte Festigkeit des Bodens. In der Regenzeit wird die fruchtbare Erde von den Hügeln geschwemmt und sammelt sich auf dem Seegrund. Auch die Düngemittel landen letzten Endes im Seewasser und sorgen auf Kosten des Fischbestandes für eine starke Algenvermehrung. Heute werden die Hügel wieder mit Bäumen bepflanzt und die Felder mit Mauern eingefasst, die die Erde halten sollen. Dies sind entscheidende Maßnahmen zur Erhaltung der Lebensgrundlage. Leider sind die Einwohnerzahlen mancher Dörfer am See bereits auf die Hälfte geschrumpft.

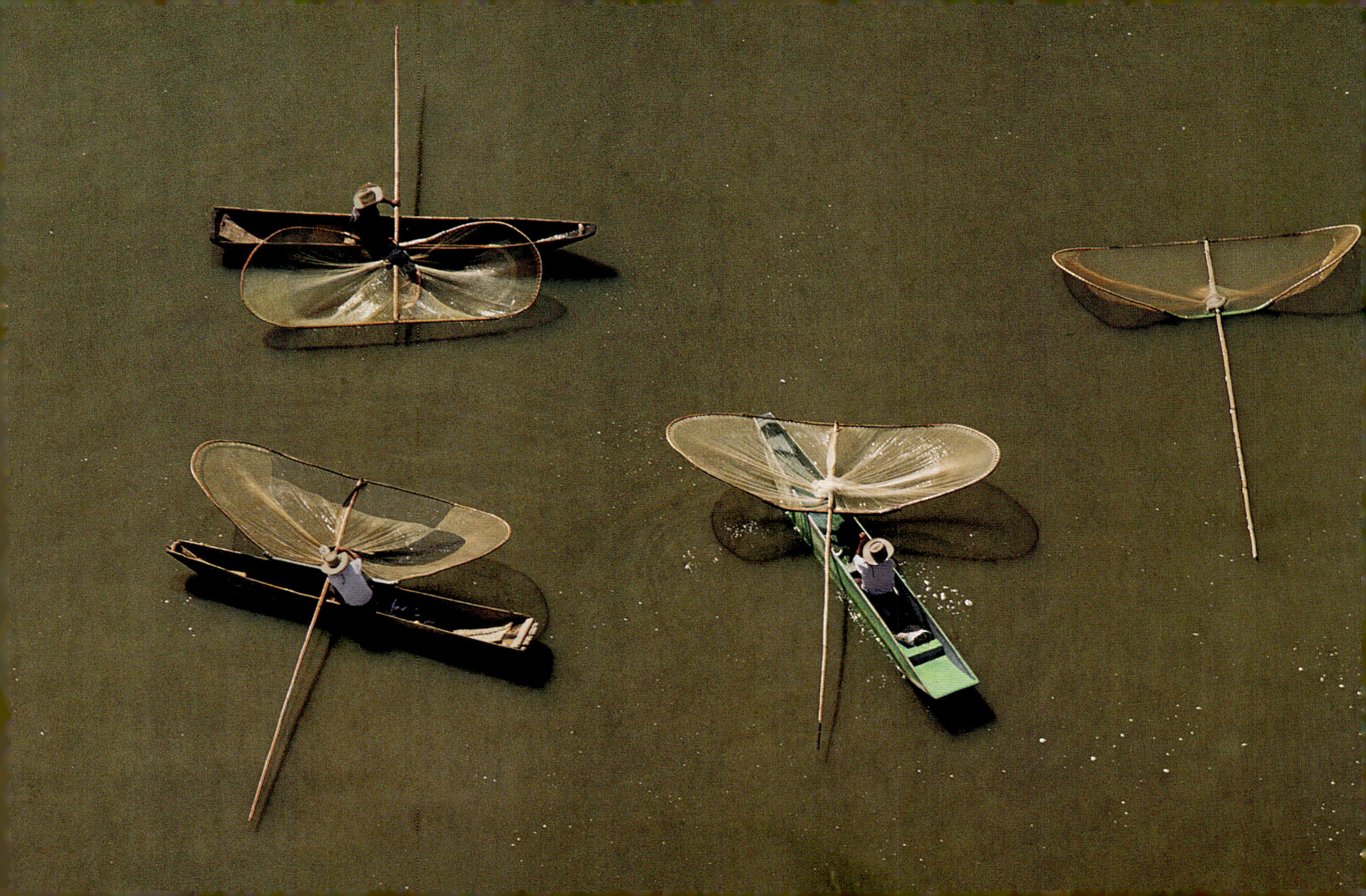

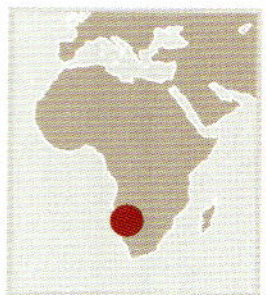

Giraffen im Etosha-Nationalpark, Namibia

(19° 00′ südlicher Breite – 15° 50′ östlicher Länge)

Mit 114 Säugetier-, 340 Vogel- und 16 Amphibien- und 110 Reptilienarten ist der Etosha-Park das größte Tierreservat Afrikas. Der Park liegt am Rande einer Salzwüste und erstreckt sich über eine 22 000 Quadratkilometer große Savannenlandschaft. An den wenigen Wasserstellen trifft sich die vielfältige Tierwelt. Doch trotz dieses immensen Schutzgebiets sind auch in Namibia zahlreiche Tierarten bedroht, beispielsweise der Elefant oder das Wüsten-Rhinozeros. Beide Gattungen sind einer unbarmherzigen Wilderei ausgesetzt. Der Umsatz des Schwarzhandels mit den afrikanischen Tieren und Pflanzen wird weltweit auf 4,5 Milliarden Euro geschätzt und nimmt nach den Drogen und Waffen den dritten Platz im illegalen internationalen Warenhandel ein. Die Lage der zentralafrikanischen Nationalparks ist ganz besonders prekär, denn die von einer riesigen Armee von Wachsoldaten kontrollierten ehemaligen Jagdgebiete leiden nicht nur unter den Wilderern, sondern auch unter den fatalen Folgen der Bürgerkriege.

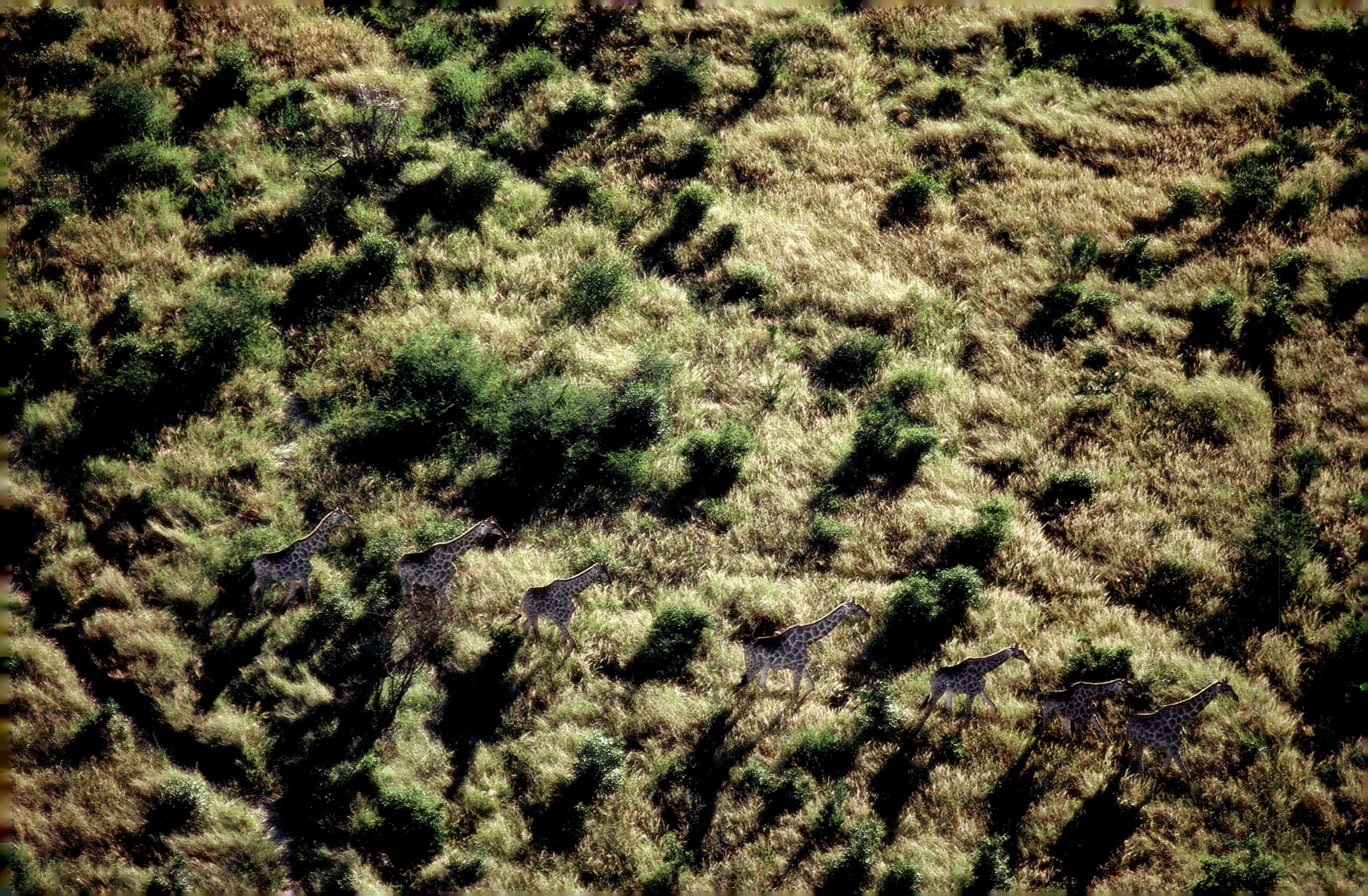

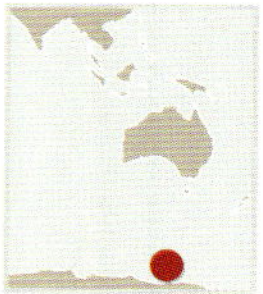

Eisberge vor der Küste von Adélie-Land, Antarktis

(67° 00′ südlicher Breite – 139° 00′ östlicher Länge)

Diese Eisberge haben sich vor noch nicht allzu langer Zeit vom antarktischen Eisblock gelöst. Ihre quaderförmige Gestalt und die noch sichtbaren Bruchstellen an den Seiten weisen deutlich darauf hin. Der Vergleich zum Menschen zeigt die riesigen Ausmaße des schwimmenden Eisblocks, von dem nur ein Fünftel aus dem Wasser ragt. Jedes Jahr lösen sich 2000 Kubikmeter Eis. Die Eisblöcke werden durch die Erosionskraft von Wind und Wellen immer kleiner und lösen sich schließlich auf. Die 14 000 000 Quadratkilometer große Antarktis ist ein Kontinent der Extreme: Die Temperaturen sinken auf bis zu –70 Grad Celsius, und der Wind erreicht Spitzengeschwindigkeiten von 300 Kilometern pro Stunde. Die Antarktis hält 90 Prozent des weltweiten Eisbestandes und 70 Prozent des Süßwassers. Den Kampf um territoriale Ansprüche auf die Antarktis beendete 1959 der Vertrag von Washington. Seitdem hat der sechste Kontinent einen internationalen Status und wird ausschließlich für wissenschaftliche Zwecke genutzt. In der russischen Station Vostok bohrte man bis zu 3623 Meter tief und entnahm Eisproben, die über das Klima der zurückliegenden 420 000 Jahre und die Zusammensetzung der Erdatmosphäre Auskunft geben. Der atmosphärische Gehalt an Kohlendioxid, dem in erster Linie für die Klimaerwärmung verantwortlichen Treibhausgas, war zuletzt vor 160 000 Jahren so hoch wie heute.

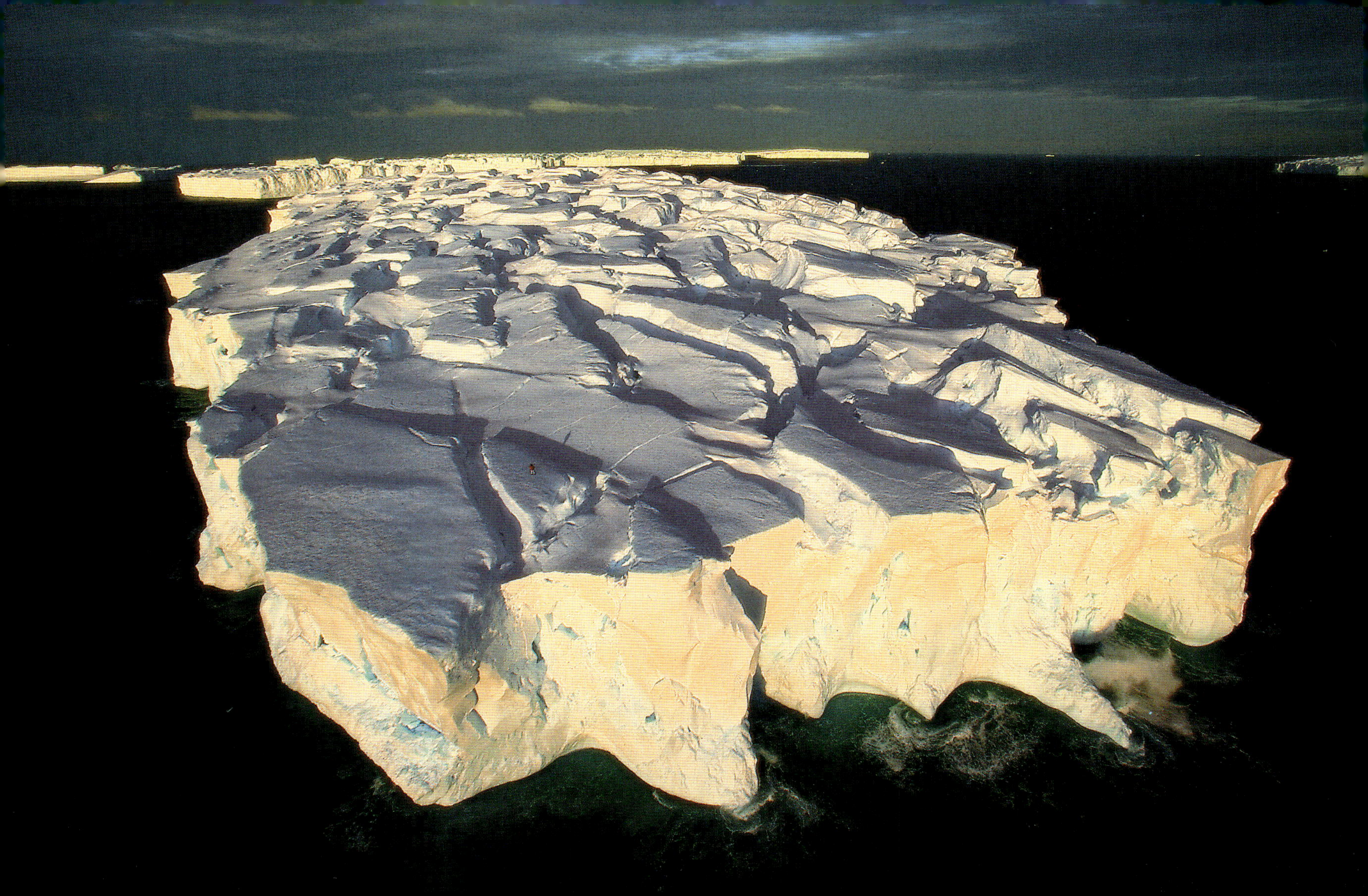

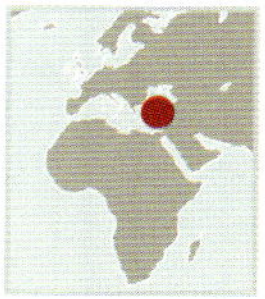

Feldlandschaft zwischen Ankara und Hattousa, Anatolien, Türkei

(37° 34′ nördlicher Breite – 38° 13′ östlicher Länge)

Die trockenen Hochebenen und Steppen Anatoliens sind die Wiege der Turkvölker und das Stammland des traditionellen Nomadentums. In der von Euphrat und Tigris durchflossenen Region wird seit 1977 ein groß angelegtes Bauprogramm realisiert. Bis 2010 sollen in diesem Gebiet 22 Staudämme und 19 Kraftwerke entstehen. Die künstlich bewässerten Flächen würden um 50 Prozent zunehmen, und die türkische Stromerzeugung würde sich verdoppeln. Dafür werden den beiden Flüssen allerdings beachtliche Wassermengen entnommen. Kein Wunder also, wenn dies zu schweren Spannungen mit den türkischen Nachbarländern Syrien, Iran und Irak führt. Auch die Untersuchungsausschüsse der Vereinten Nationen meldeten 2001 schwere Bedenken an, denn das Ökosystem des Zweistromlandes ist von globalem Interesse. Die geplanten Veränderungen sind von großer Tragweite: In den Gebirgstälern des Quellgebiets wird das Wasser auf hunderten von Kilometern aufgestaut. Im Unterlauf der beiden Flüsse würde sich der Wasserspiegel durch die künstliche Bewässerung allerdings deutlich senken. Von diesen Veränderungen wäre vor allem die auf irakischem und iranischem Gebiet liegende mesopotamische Sumpflandschaft betroffen.

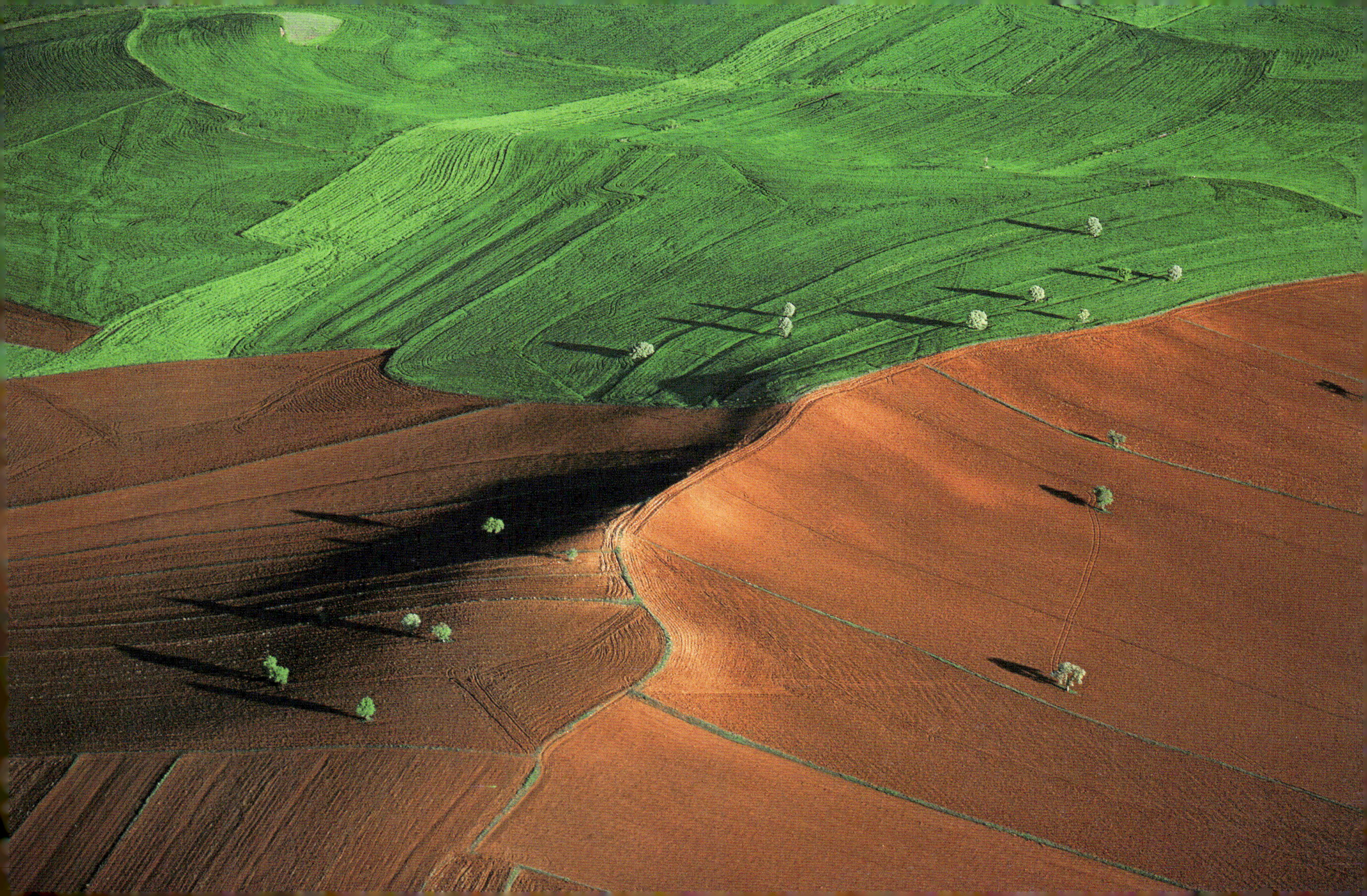

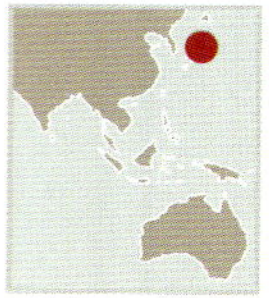

Tempel von Meiji Jingu, Tokio, Honshu, Japan

(35° 40′ nördlicher Breite – 139° 42′ östlicher Länge)

Tokio erlebte zahlreiche Erdbeben und während des Zweiten Weltkriegs schwerste Bombardierungen. Nur wenige Tempelbauten haben diese Katastrophen überlebt, etwa das von Kaiser Meiji in Auftrag gegebene und 1920 fertig gestellte Shinto-Heiligtum von Meiji Jingu. Hier feiern die Tokioter das Neujahrsfest. Für den Schintoismus ist das Verhältnis des Menschen zu den ihn umgebenden Dingen klar umrissen. Dies ergänzt sich sehr gut mit dem eher metaphysisch ausgerichteten Buddhismus. Im Alltagsleben der Japaner kommt es oft zu Überschneidungen dieser beiden Religionen.

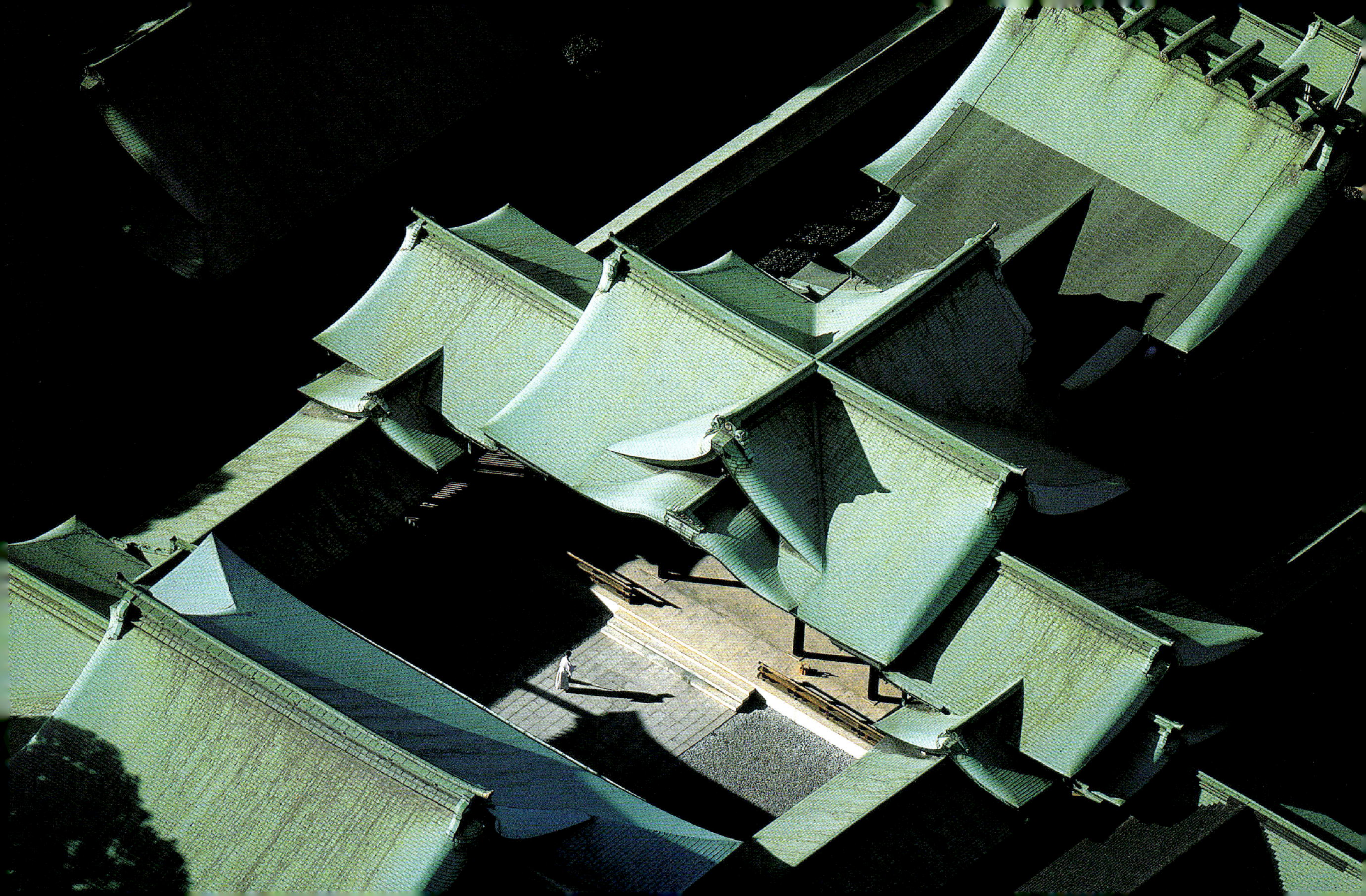

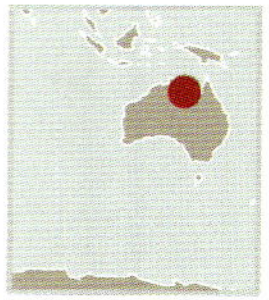

Die Diamantmine von Argyle, Australien

(16° 00′ südlicher Breite – 128° 45′ östlicher Länge)

Argyle besitzt die größten diamanthaltigen Gesteinsschichten der Welt und bestreitet 20 Prozent der weltweiten Diamantproduktion. Es handelt sich allerdings vorwiegend um Diamanten von minderer Qualität, die hauptsächlich in der Industrie für Bohreinsätze oder Sägeblätter Verwendung finden. Lediglich fünf Prozent der geförderten Steine werden zu Schmuck verarbeitet. Die teuersten unter ihnen, die rosafarbenen Diamanten, können in geschliffenem Zustand Preise von mehreren zehntausend Dollar erzielen. Die noch wertvolleren farblosen Diamanten erwerben die Fachleute eher in Afrika. Seit Januar 2003 sollten die Händler sich jedoch vergewissern, dass die dort gekauften Steine keine »Kriegsdiamanten« sind, mit denen die blutigen Auseinandersetzungen in Angola, Sierra Leone oder in der Demokratischen Republik Kongo finanziert werden. Auch wenn sie einen eher kleinen Teil des Diamantenmarktes ausmachen, werden sie doch international geächtet.

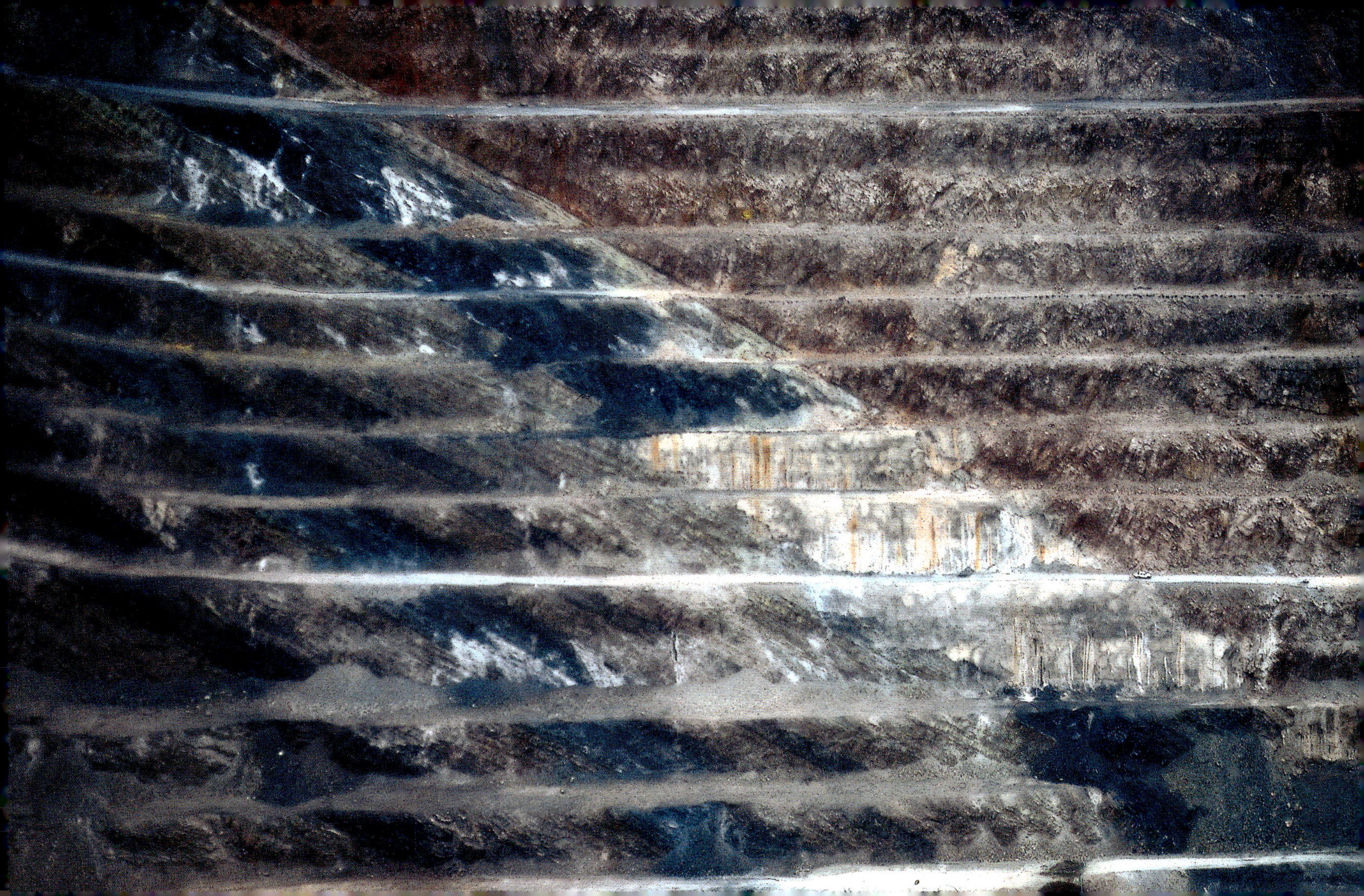

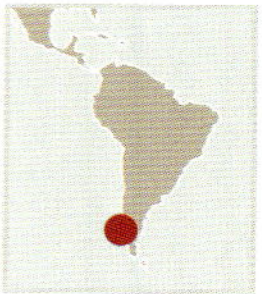

Lachszuchtanlage bei Mechuque, Chauques-Inseln, Chile

(42° 17′ südlicher Breite – 73° 34′ westlicher Länge)

Das kalte und saubere Wasser der Chauques-Inseln schafft günstige Bedingungen für die Lachszucht. Chile, nach Norwegen der zweitgrößte Lachsproduzent der Welt, profitiert von dem beträchtlichen Aufschwung, den die Aquakultur seit den 1970er Jahren erlebt. In Anbetracht der schwindenden Bestände ist die Fischzucht sicherlich eine ernst zu nehmende Alternative, doch in den meisten Zuchtanlagen gibt es keine Kontrollmaßnahmen zum Schutze der Umwelt. Denn die hohe Fischkonzentration und die damit einhergehenden hohen Ausscheidungsmengen und die in den Fischkäfigen aufgelösten Nahrungsstoffe sorgen für eine starke Algenvermehrung und einen hohen Sauerstoffverlust. Durch den Einsatz von Medikamenten und Antibiotika – selbst für die Lachse nur schwer verträglich – sind auch die in unmittelbarer Nachbarschaft der Zuchtanlagen lebenden Fischarten bedroht. Der massive Druck der Tierschützer und Endverbraucher führte zu einer Reihe von Verbesserungen in den Geflügelfarmen und Zuchtbetrieben für Schlachttiere. Die Zuchtanlagen im Meerwasser waren bis jetzt allerdings nur selten Gegenstand von Untersuchungen.

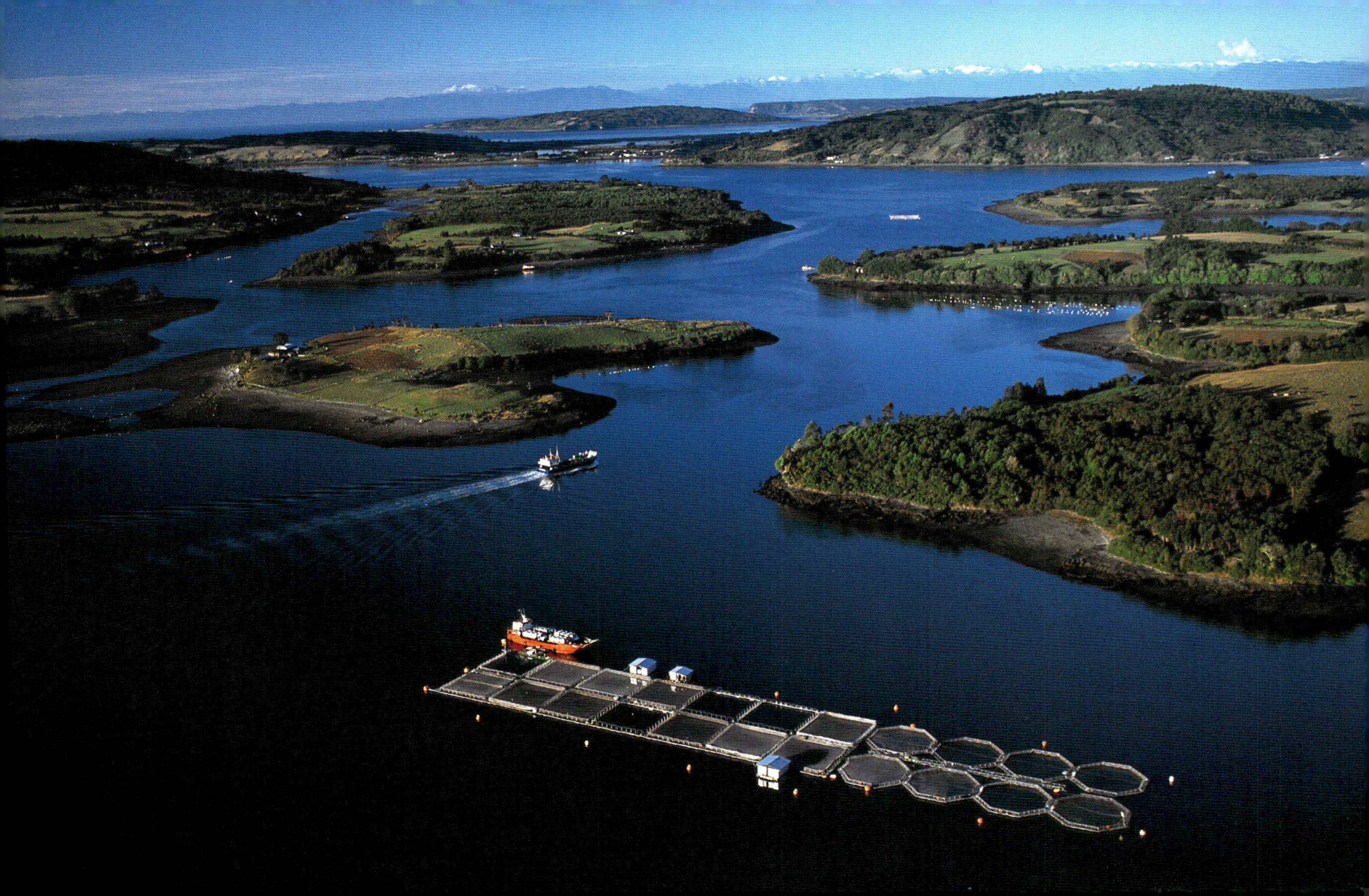

22. Dezember

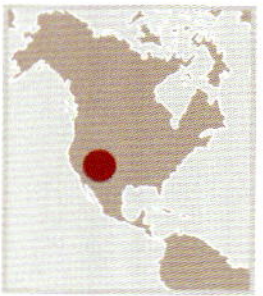

Barringer-Meteoritenkrater bei Flagstaff, Nord-Arizona, USA

(35° 02′ nördlicher Breite – 111° 01′ westlicher Länge)

Mit ein paar Astronauten wäre die Mondlandschaft perfekt. Wenn man Glück hat, kann man sie dort sogar antreffen, denn der im Südwesten der USA bei Winslow gelegene Meteoritenkrater ist ein offizielles Trainingsgelände der NASA. Vor rund 25 000 Jahren traf in diesem Gebiet ein Meteor mit einer vermuteten Geschwindigkeit von 64 000 Kilometern pro Stunde auf die Erdoberfläche. Der bei diesem Einschlag entstandene Krater ist heute noch deutlich zu sehen: Er ist 170 Meter tief und hat einen Durchmesser von 1,2 Kilometern. Der Geologe Daniel Barringer hatte den Meteoritenkrater bereits Anfang des 20. Jahrhunderts als solchen erkannt, doch damals stieß er noch auf heftigen Widerspruch. Die zahlreichen Vulkankrater in der näheren Umgebung schienen seiner These zu widersprechen. Die modernen Satellitenbilder geben jedoch Barringer Recht. Über eventuelle Meteoritenkrater auf dem Meeresgrund kann die heutige Wissenschaft allerdings immer noch keine Auskunft geben. Wir kennen heute die Oberfläche des Mars besser als den Meeresgrund unserer Erde.

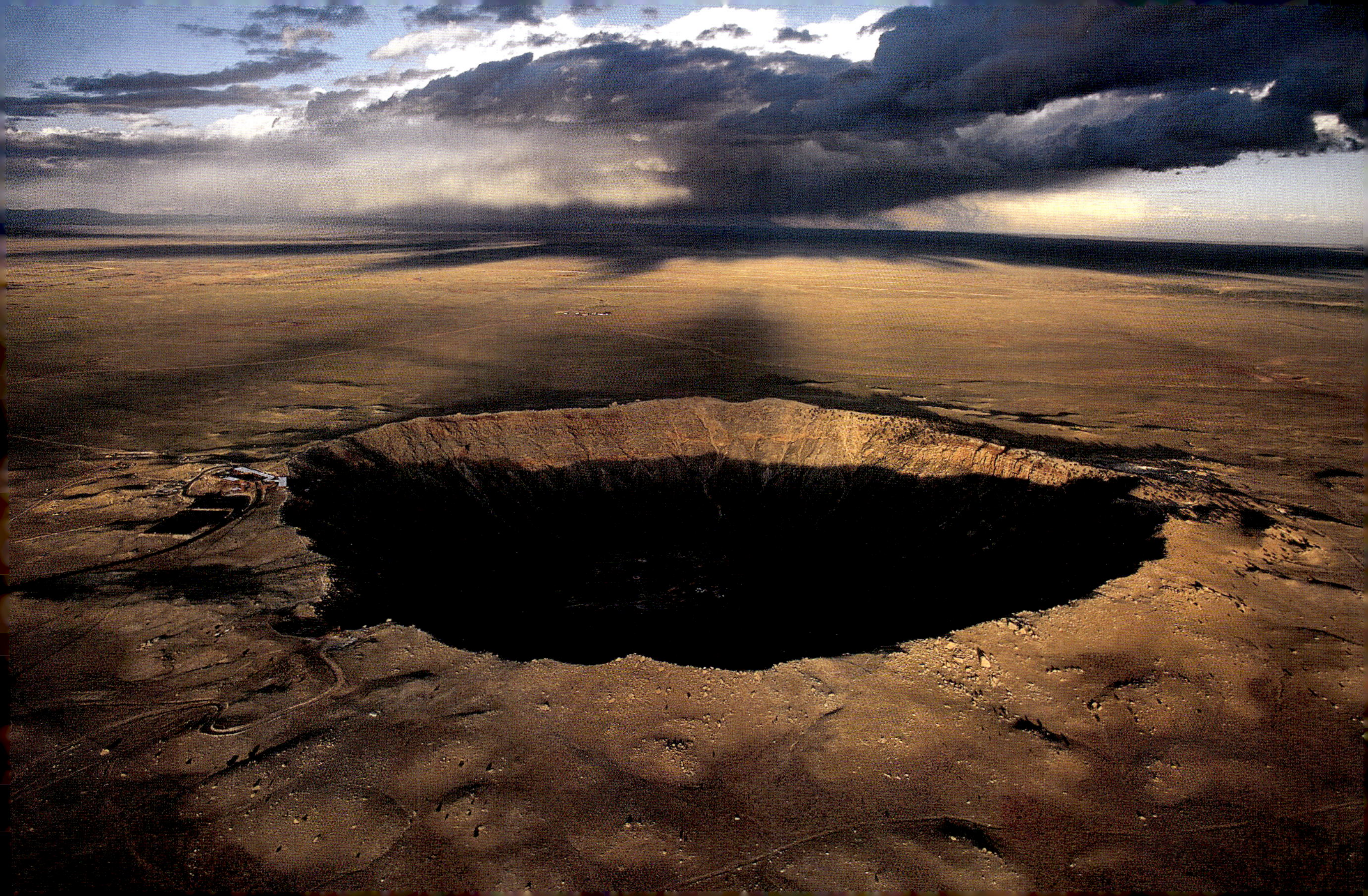

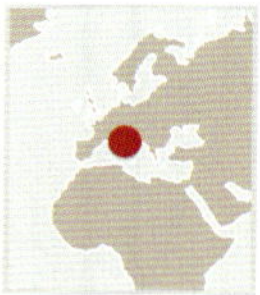

Das Dorf Scheggino bei Perugia, Umbrien, Italien

(42° 43′ nördlicher Breite – 12° 50′ östlicher Länge)

Umbrien, das »grüne Herz Italiens«, ist die einzige Region der Apenninenhalbinsel ohne Zugang zum Meer – eine Hügellandschaft fernab der Küste mit wehrhaften Dörfern aus dem Mittelalter und berühmten kunst- und geschichtsträchtigen Städten (Assisi, Perugia, Orvieto). Östlich von Spoleto hängt das Dorf Scheggino wie in einem Nest 367 Meter über dem Flusstal der Nera. Hinter den Wallanlagen aus dem 12. Jahrhundert drängt sich der historische Ortskern um die Kirche San Nicolo (13. Jahrhundert). In ganz Europa gruppieren sich die Dörfer um den Kirchturm, und an den Straßengabelungen stehen Wegkreuze. Auch wenn die Kirche der Menschheit viel Leid und zahlreiche Eroberungskriege beschert hat, ist selbst das laizistische Europa nach wie vor stark vom Christentum geprägt. Scheggino kann auch mit gastronomischen Trümpfen aufwarten, mit Forellen und Krebsen aus seinen kristallklaren Bächen und mit hervorragenden Trüffeln. 40 Prozent der Trüffelernte weltweit stammen aus Umbrien.

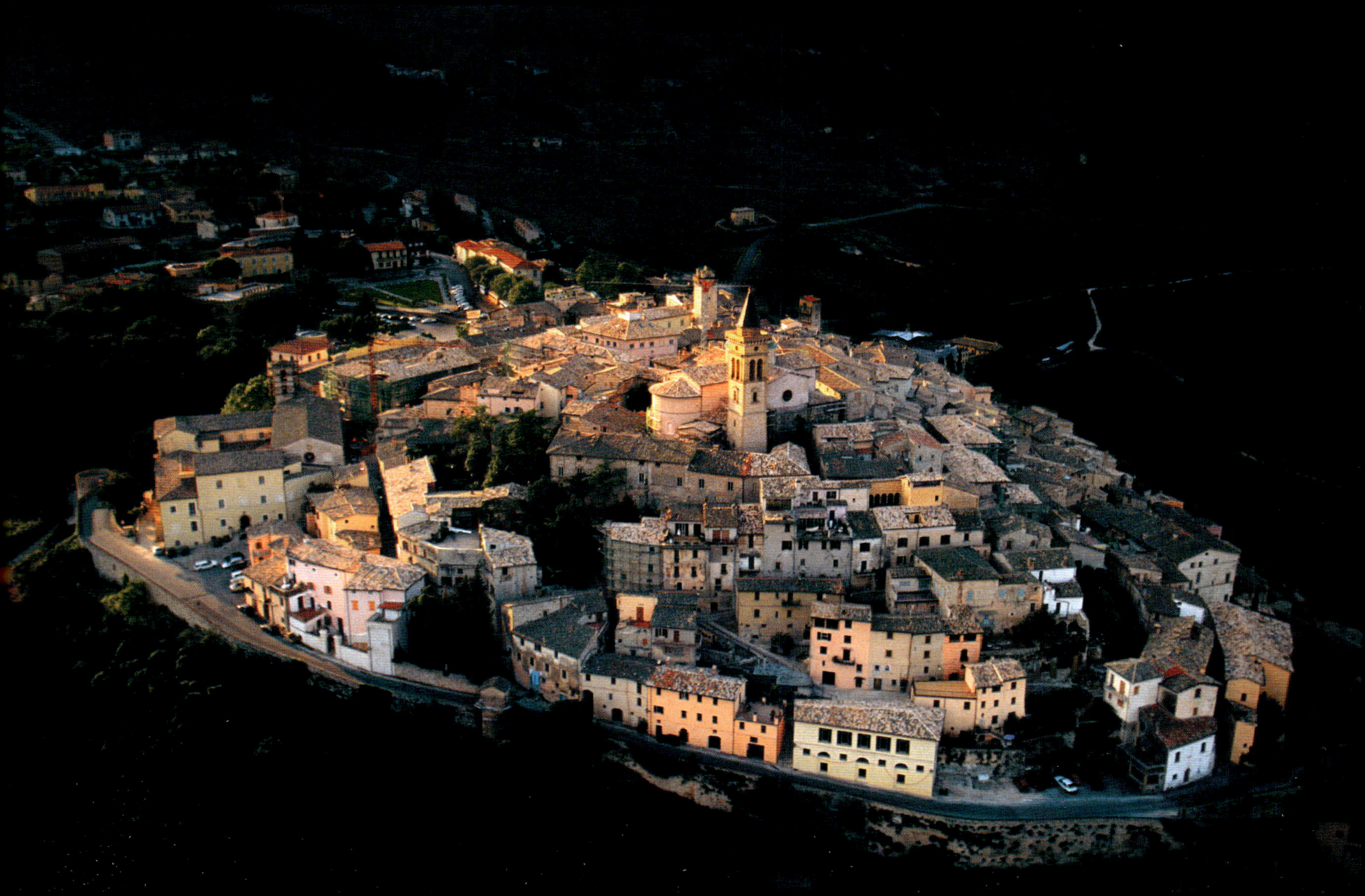

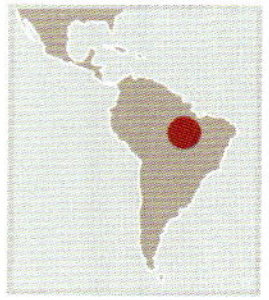

Flussschleifen des Amazonas auf der Höhe von Manaus, Brasilien

(03° 10′ südlicher Breite – 60° 00′ westlicher Länge)

Der Amazonas ist der Fluss mit der weltweit größten Wasserfläche: Sieben Millionen Quadratkilometer, die sich auf sieben südamerikanische Länder verteilen. Über ihn dringt die Holzindustrie bis ins Herz des Amazonasgebietes vor. Doch vor allem durch den Bau neuer Straßen wird die Entwicklung der Holzbranche und somit die Rodung der Wälder vorangetrieben. Dies ist nicht nur eine Bedrohung für die Artenvielfalt und die Gesamtheit der Ökosysteme, sondern auch für die einheimische Bevölkerung. 1993 wurde zum Schutz des weltweiten Waldbestandes eine international gültige Kennzeichnung eingeführt, über die der Verbraucher sich vergewissern kann, dass das von ihm gekaufte Holz aus Unternehmen stammt, die auf Nachhaltigkeit achten und die Rechte der einheimischen Bevölkerung respektieren. So kann man über ein verantwortungsbewusstes Verbraucherverhalten auf die Waldwirtschaft der Holz exportierenden Länder Einfluss nehmen.

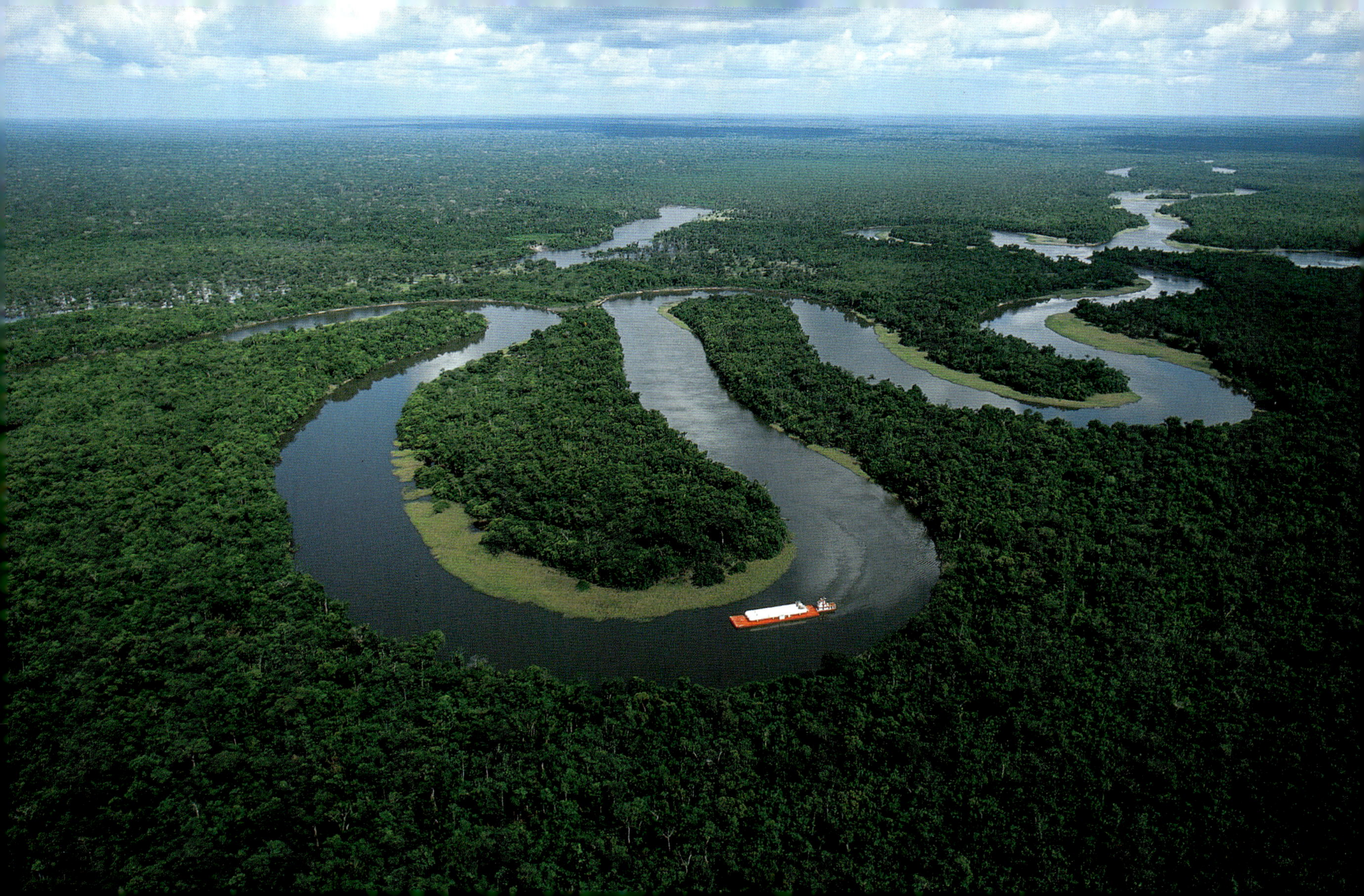

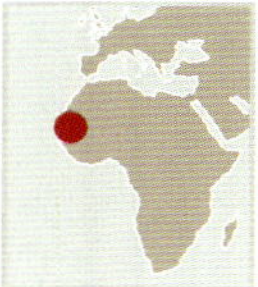

Dromedarkarawane in den Dünen bei Nouakchott, Mauretanien

(18° 09′ nördlicher Breite – 15° 29′ westlicher Länge)

Die Sahara ist mit ihren 9 000 000 Quadratkilometern, das entspricht ungefähr der Größe der USA, die größte Wüste der Welt. Sie erstreckt sich über elf Länder. An ihrem Westrand liegt Mauretanien. Das Land besteht zu drei Vierteln aus Wüste und leidet deshalb ganz besonders an den Folgen der auf den Menschen zurückgehenden Wüstenbildung (Desertifikation). Zu starke Beweidung, Rodung und eine allzu intensive landwirtschaftliche Nutzung führten zu einer allmählichen Verdrängung der die Bodenfestigkeit garantierenden Vegetation. Gleichzeitig förderten sie die immer breitere Ausdehnung der Sandflächen. Heute sind bereits Städte wie die mauretanische Hauptstadt Nouakchott vom Sand bedroht. Das Ackerland in Trockengebieten und Steppen bedarf einer gewissenhaften Pflege: Bei einer allzu intensiven landwirtschaftlichen Nutzung verschlechtert sich die Bodenqualität innerhalb weniger Jahre. 65 Prozent des afrikanischen Ackerlandes haben aus diesem Grund in den letzten 50 Jahren deutlich an Qualität verloren. Rückgang der Erträge und unsichere Ernährungslage sind die weiteren Folgen. Der Teufelskreis ist nur schwer zu durchbrechen, denn die Armut ist nicht nur eine Folge, sondern auch die Ursache für die immer schlechter werdende Bodenqualität und die nachlassende landwirtschaftliche Produktivität.

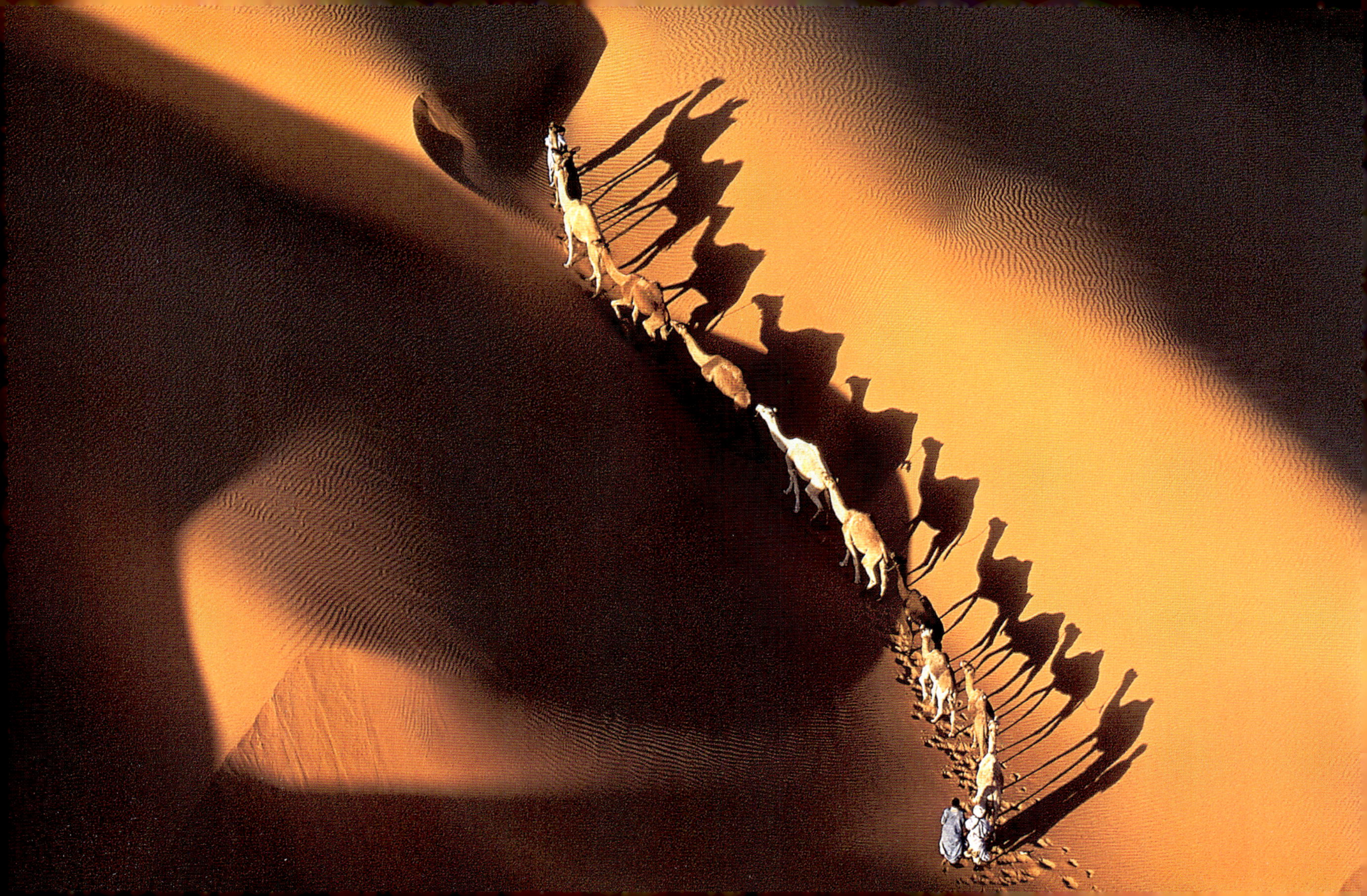

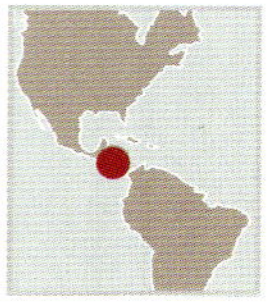

Die Lagune Los Micos, Region San Pedro Sula, Honduras

(15° 47′ nördlicher Breite – 87° 35′ westlicher Länge)

Die von Mangrovenwäldern umgebene Lagune Los Micos (dt. die Affen) besticht durch ihre tropische Artenvielfalt. Sie liegt im Herzen des Jeannette-Kawas-Nationalparks. Der Parkname erinnert an die engagierte Umweltschützerin, die 1995 im Kampf gegen Touristikprojekte in dieser einmaligen Küstenlandschaft ermordet wurde. In den letzten Jahren wurden zwar einige wenige Hotelkomplexe gebaut, doch trotz der herrlichen Strände ist der Tourismus in Honduras noch von bescheidenem Umfang. Die Wirtschaft des Landes stützt sich in erster Linie auf den Bananenanbau, der ausschließlich von amerikanischen Gesellschaften kontrolliert wird. Auf Grund der Armut sind die Folgen von Naturkatastrophen für die Bevölkerung besonders fatal. 1998 zählte man nach dem Orkan Mitch 7000 Tote und 10 000 Vermisste. Zwei der insgesamt 6,6 Millionen Einwohner waren direkt von dem Orkan betroffen.

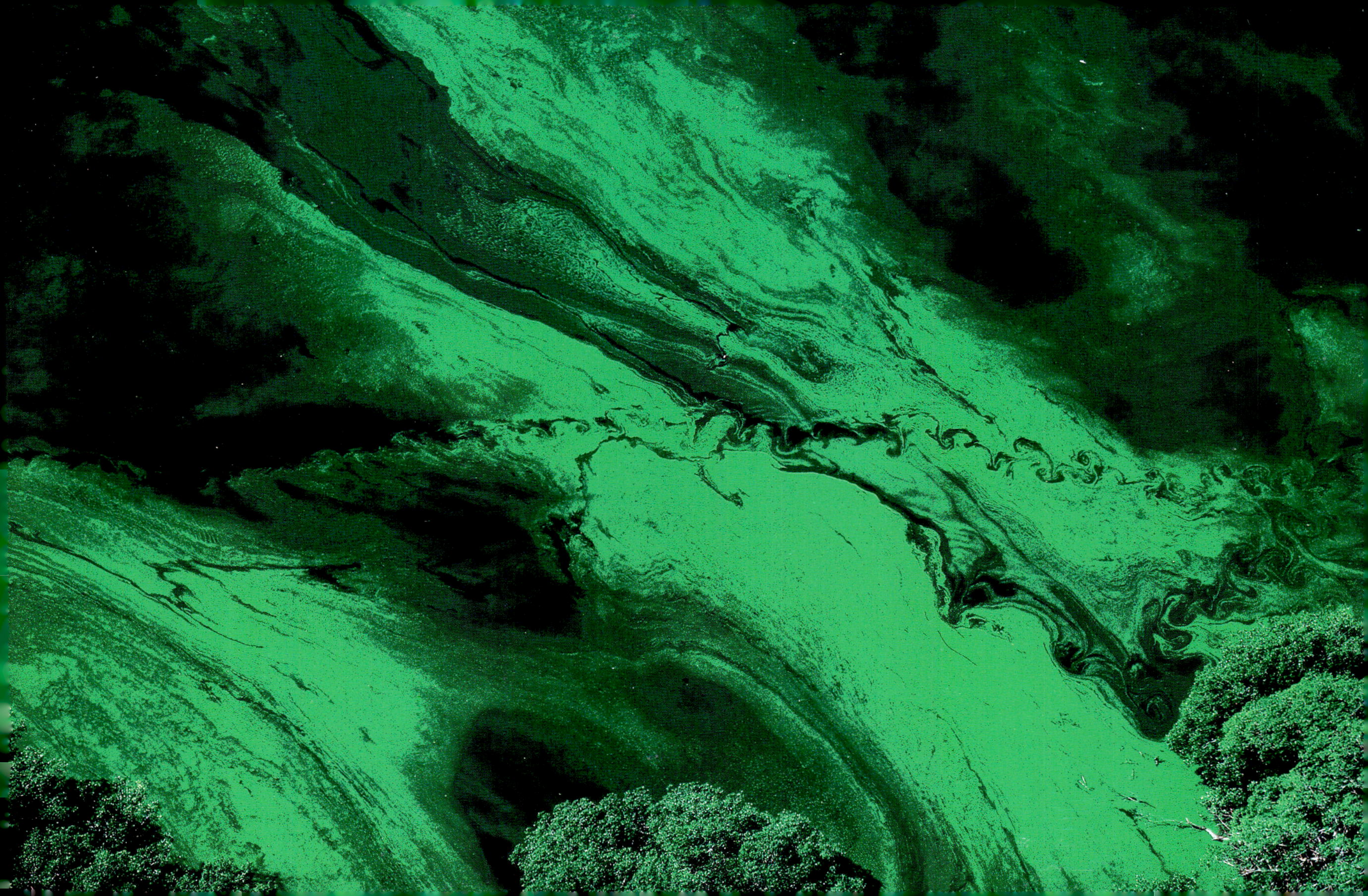

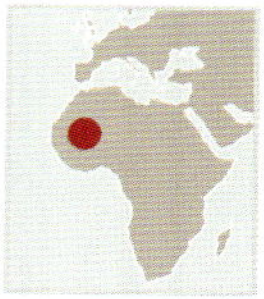

Hütten auf einer Insel im Niger zwischen Bourem und Gao, Mali

(16° 30′ nördlicher Breite – 0° 12′ westlicher Länge)

Der Flussname Niger leitet sich von einem Begriff der Tuareg ab – *egerou n-igereou* bedeutet »Fluss der Flüsse«. Die Berber wollten damit vor allem seine Unberechenbarkeit unterstreichen. Der »westliche Nil« zieht einen weiten Bogen durch Westafrika und bahnt sich in Mali seinen Weg durch den Sand der Sahara. Zwischen Juli und Dezember verlässt er regelmäßig sein Flussbett. Doch für die einheimische Bevölkerung ist dies kein Grund zur Panik. Sie passt sich dem jahreszeitlichen Rhythmus an und weiß sehr wohl, welchen Vorteil diese Überschwemmungen für die Fruchtbarkeit des Bodens und den Fischbestand haben. Von einer Eindeichung des Flusses will niemand etwas wissen. Konsequenterweise baut man die Hütten auf Hügeln, die auch während der Überschwemmungen trocken bleiben und wie Inseln aus dem Wasser ragen. Einzige Sorge ist die zunehmende Trockenheit. In den letzten 30 Jahren gingen die alljährlichen Überflutungen deutlich zurück.

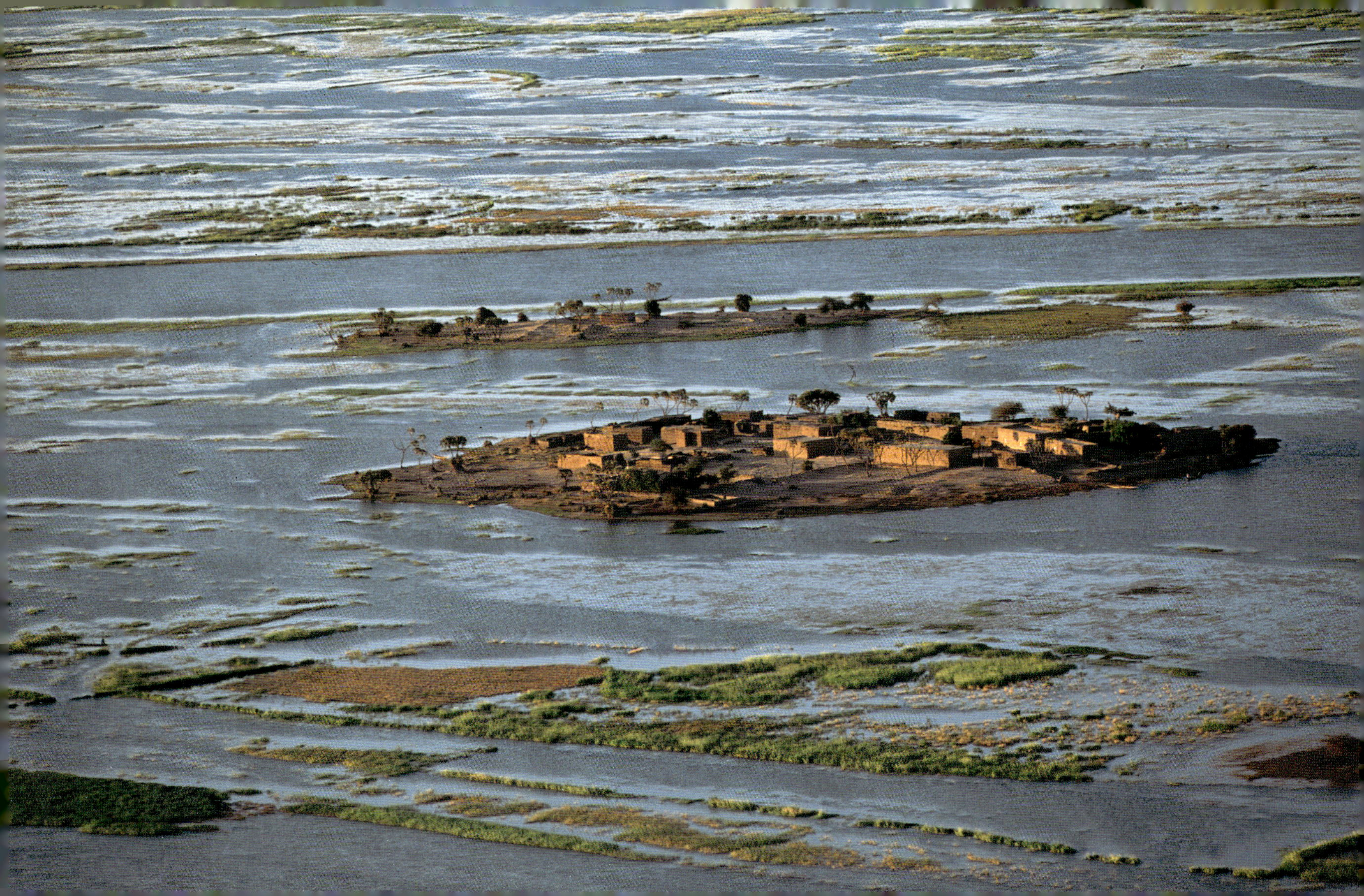

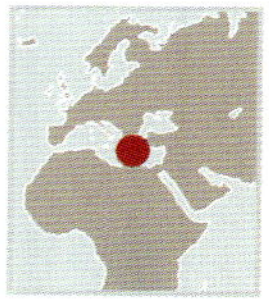

Schafherde, Kreta, Griechenland

(35° 19′ nördlicher Breite – 24° 42′ östlicher Länge)

Die Schafzucht ist ein wichtiges Standbein innerhalb der kretischen Landwirtschaft. Jedes Jahr begleiten die Hirten ihre Schafe auf der Suche nach Gras. Auf Schotterwegen geht es in die mageren, hoch gelegenen Weideflächen des Gebirges, wo die rund 90 000 Schafe der Insel sich auf die jungen Baumpflanzen stürzen. Auf den ersten Blick erscheint dies Besorgnis erregend. Doch die Weidewirtschaft ist ein wichtiger Bestandteil des Landschaftsschutzes: Denn wenn der Wald im Gebirge überhand nehmen würde, wäre die Insel bald undurchdringlich. Außerdem werden auf diese Weise nicht nur Waldbrände, sondern auch Lawinen verhindert: Auf kurzem Gras rutscht der Schnee wesentlich schlechter als auf langem.

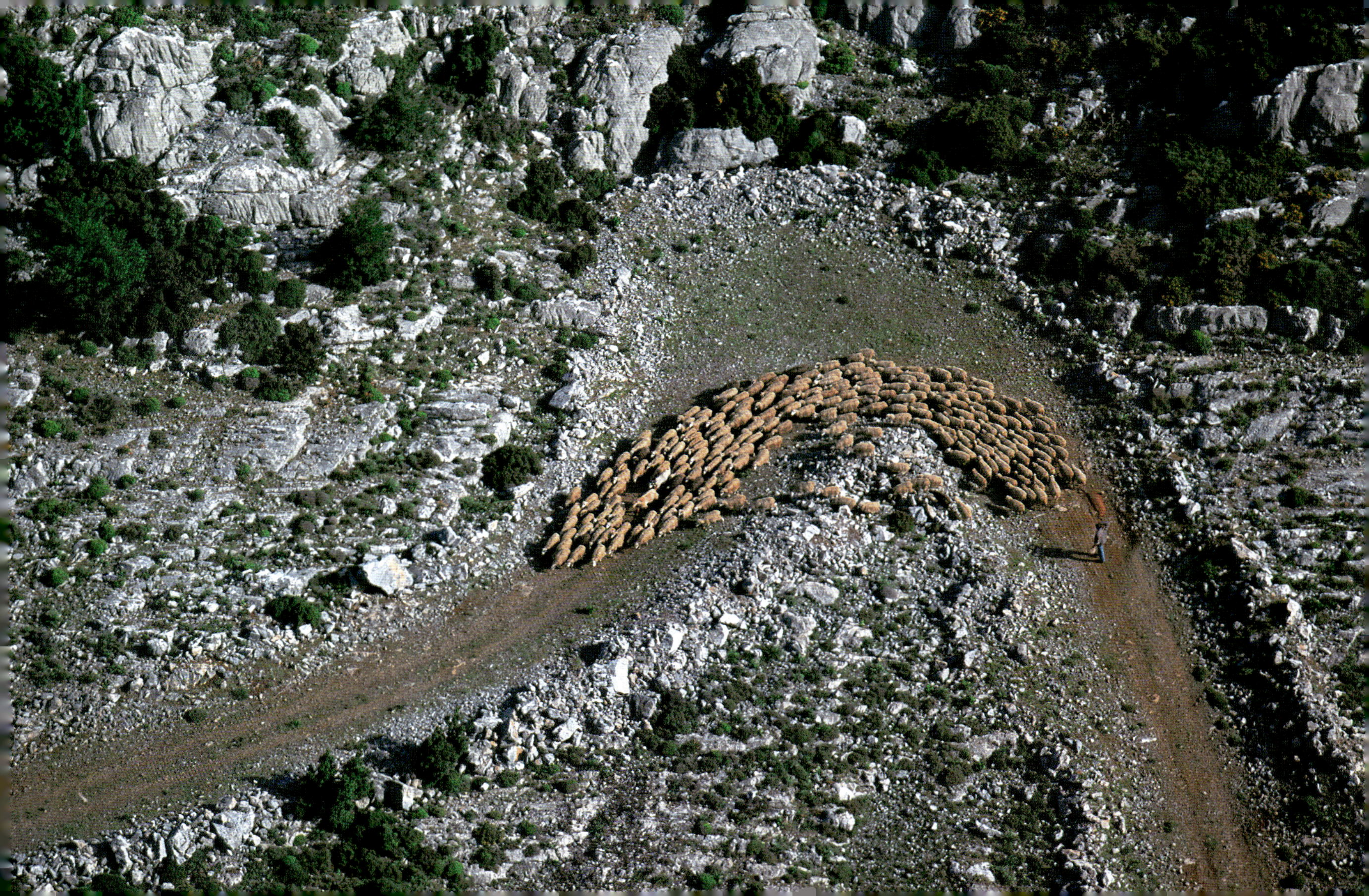

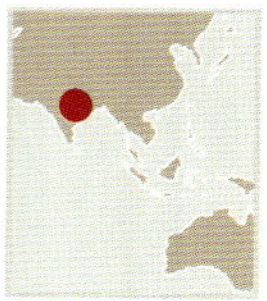

Boot auf dem Ganges bei Allahabad, Bundesstaat Uttar Pradesh, Indien (25° 27′ nördlicher Breite – 81° 51′ östlicher Länge)

Die Ebene des Ganges macht ein Viertel des indischen Subkontinents aus. Zwei eisige Gebirgsbäche mit Wasser aus den höchsten Schneelagen unseres Planeten bilden den Ursprung des Flusses, weitere Zuläufe von den Gipfeln des Himalaja kommen hinzu. Bei Rishikesh im Norden des indischen Bundesstaates Uttar Pradesh verlässt der mit 2700 Kilometern längste Fluss Indiens das Himalajagebirge. Bis er in den Golf von Bengalen mündet, erfüllt er die unterschiedlichsten Funktionen: Er dient als Schifffahrtsstraße und Wasserspeicher für die künstliche Bewässerung der Felder, ist aber auch heiliger Fluss, an dessen Ufer wichtige Pilgerstädte (Haridwar, Varanasi, Allahabad) liegen. Die Hindus vertrauen dem Ganges die Asche der Verstorbenen an. Jedes Jahr nimmt der Fluss die sterblichen Überreste von hunderttausenden von Menschen auf. 75 Prozent seiner alarmierenden Verschmutzung sind allerdings auf die Abwässer der an seinem Ufer liegenden Städte zurückzuführen. Qualität und Quantität des verfügbaren Trinkwassers zu steigern, zählt zu den Hauptaufgaben des 21. Jahrhunderts. Ein Umdenken ist notwendig: 17 Luxushotels in Delhi verbrauchen jeden Tag die gleiche Wassermenge (850 000 Liter) wie die 1,3 Millionen Bewohner der Armenviertel.

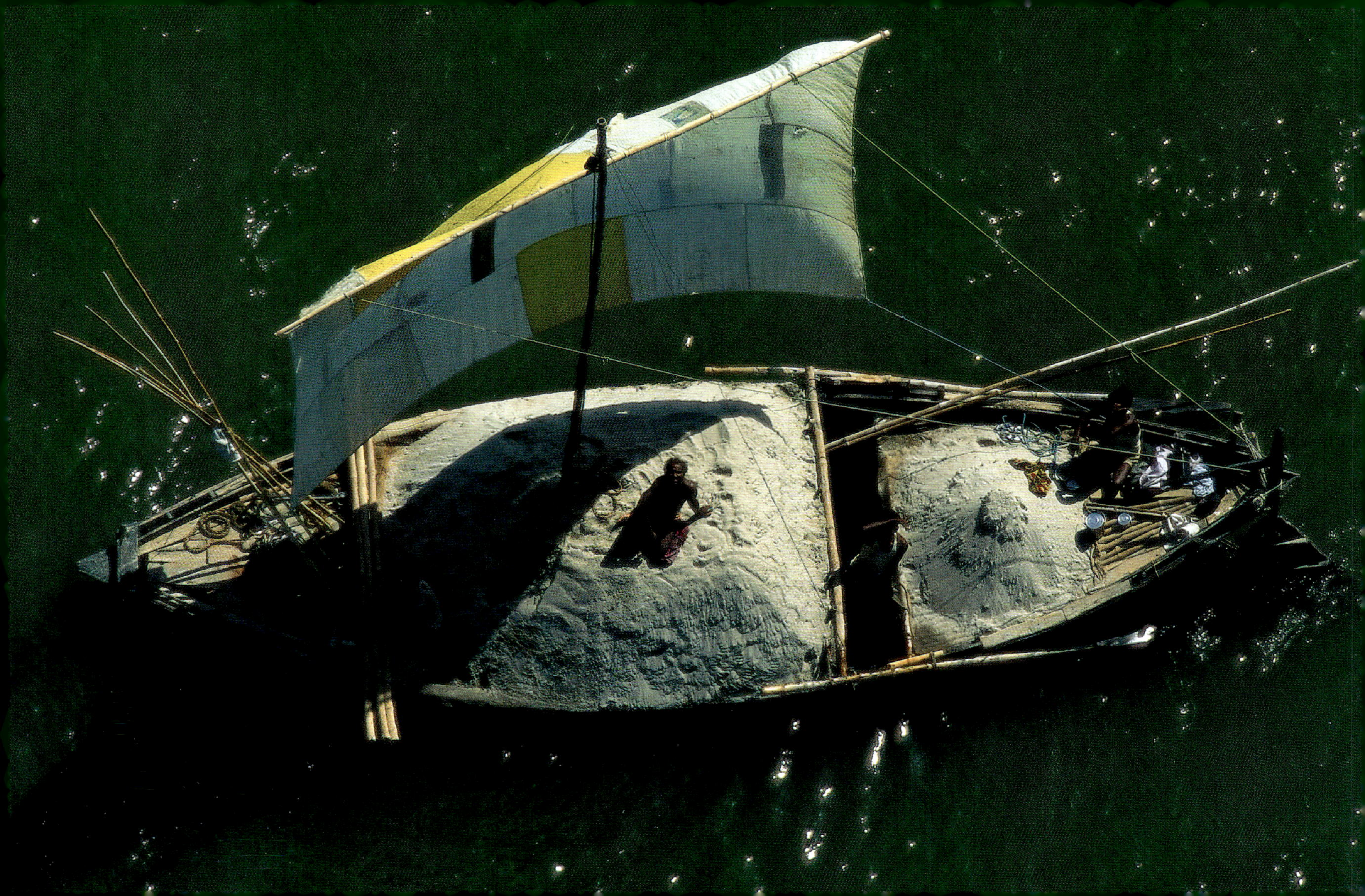

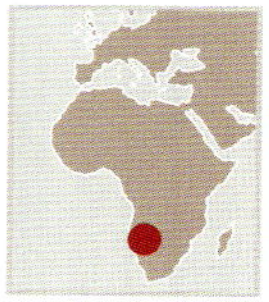

Oryxantilope in der Namib-Wüste, Region Swakopmund, Namibia

(24° 39′ südlicher Breite – 15° 07′ östlicher Länge)

Die Namib-Wüste erstreckt sich über einen 1300 Kilometer langen Abschnitt der namibischen Atlantikküste und reicht rund 100 Kilometer ins Landesinnere – insgesamt ein Fünftel der namibischen Landesfläche. *Namib* bedeutet in der Nama-Sprache »Ort, wo nichts ist«. Dennoch ist die Region von einer einzigartigen biologischen Vielfalt. Die Namib-Wüste birgt ein Geheimnis: Die feuchten, vom Atlantik kommenden Luftmassen bilden beim Kontakt mit der Bodenoberfläche Kondenswasser. So entwickelt sich an rund 100 Tagen im Jahr ein dichter Morgennebel, der einer jährlichen Niederschlagsmenge von 30 Millimetern entspricht – für die Namib-Wüste eine wichtige Wasser- und Lebensquelle. Im feuchten Sand der Namib-Wüste können zahlreiche Tier- und Pflanzenarten leben, insbesondere Insektenarten, die die Fähigkeit entwickelt haben, die Nebeltröpfchen aufzunehmen. Im Laufe der Evolution setzten sich nur solche Tier- und Pflanzenarten durch, die sich den extremen Bedingungen (Trockenheit, Hitze, wenig Nahrung) anpassen und überleben konnten, beispielsweise die große Oryxantilope, die in Namibia auch Gämsbock genannt wird.

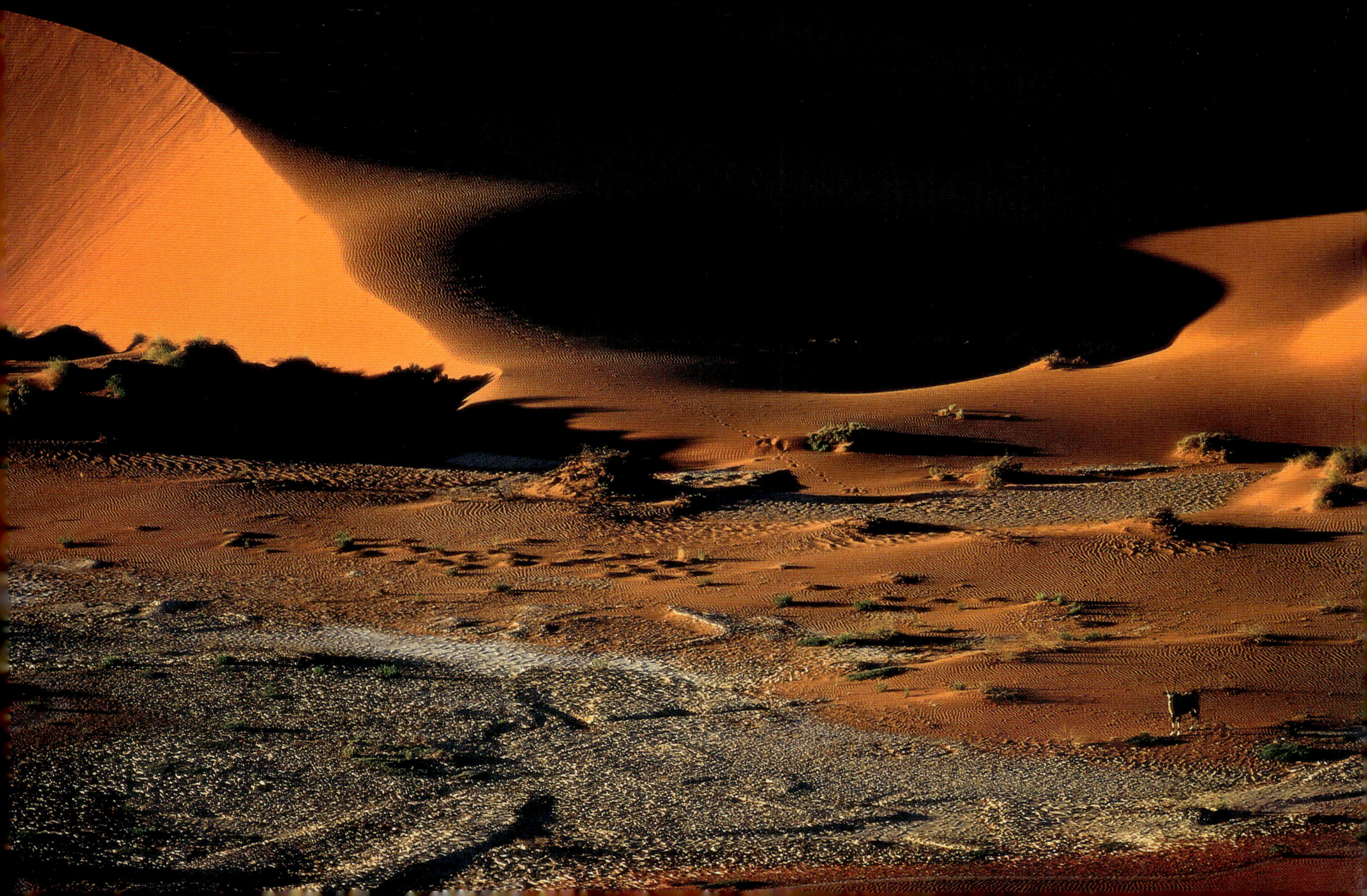

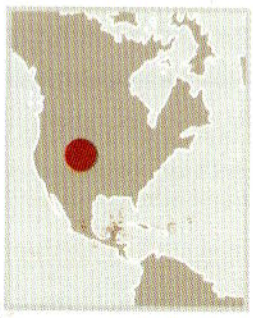

Ausgebesserte Straße bei Denver, USA (39° 45′ nördlicher Breite – 105° 00′ westlicher Länge)

Die Ausbesserungen dieser alten amerikanischen Straße heben sich deutlich vom Asphalt ab – wie ein Gesicht, das vom langen, entbehrungsreichen Leben gezeichnet ist. Die Verstädterung hat in den USA schon frühzeitig eingesetzt und ist immer noch nicht zu einem Stillstand gekommen. Sie wird sogar zunehmen, denn die Bevölkerung wächst, und die Mittelschichten zieht es immer mehr in die Vororte am Stadtrand. Die Städte dehnen sich weiterhin aus und verschlingen jedes Jahr über 9000 Quadratkilometer Ackerland. Sie verschlingen auch alle Wälder und Feuchtgebiete, die ihnen im Weg stehen. Dies geht auf Kosten der biologischen Vielfalt und der Luftqualität. Natürlich ginge es auch anders: Mit einer dichteren Bebauung und einer Neugestaltung der oft verlassenen Stadtzentren könnte man diese Entwicklung aufhalten. Im Übrigen würden sich auf diese Weise die sozialen Schichten besser mischen.

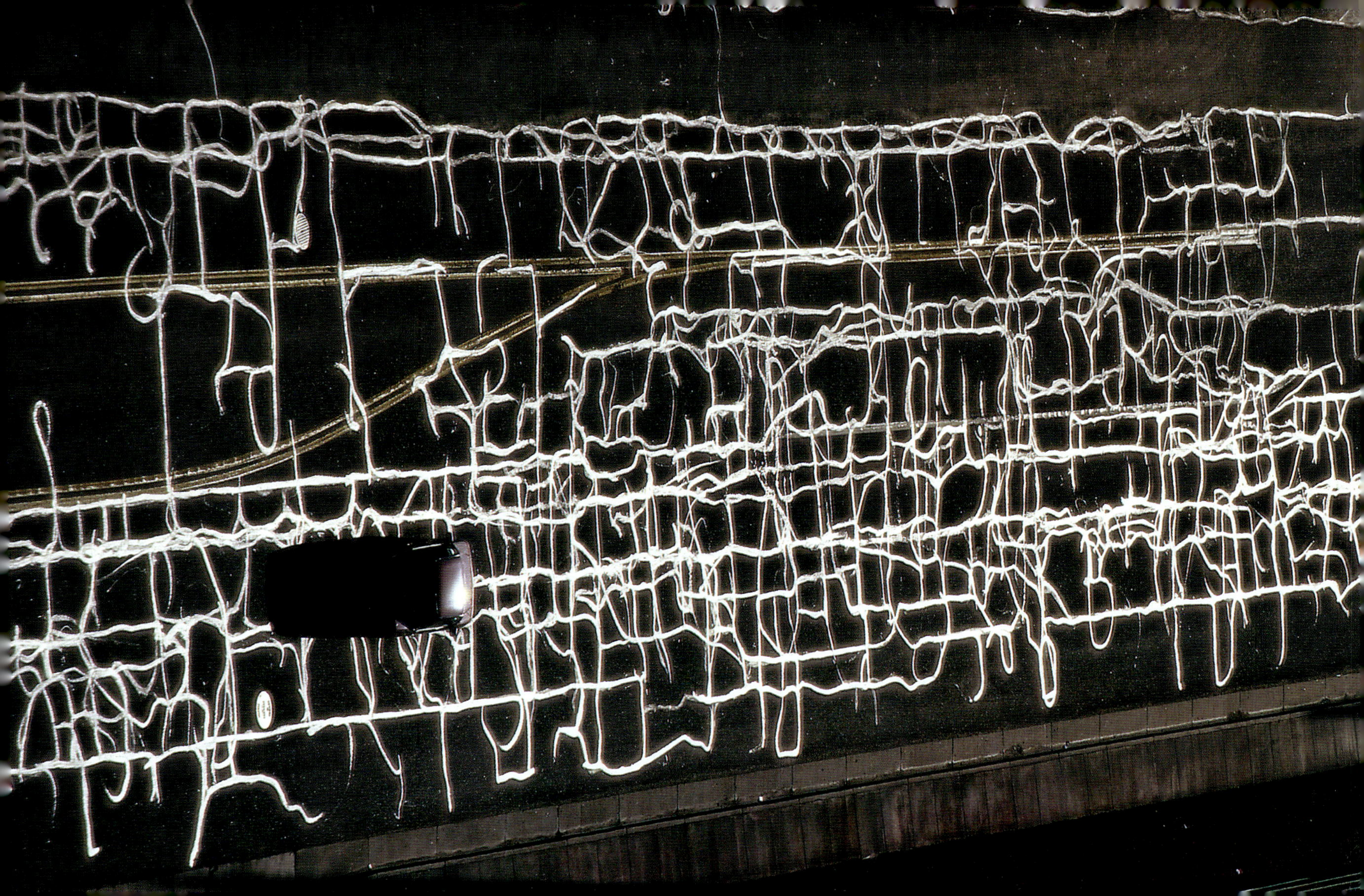

Register

Danksagung

UNESCO: Frederico Mayor, Generaldirektor; Pierre Lasserre, Direktor der Abteilung für Umweltwissenschaften; Mireille Jardin, Jane Robertson, Josette Gainche und Malcolm Hadley, Hélène Gosselin, Carlos Marquès, Herr Oudatchine, Abteilung für Öffentlichkeitsarbeit; Francesco di Castri und Jeanne Barbière, Koordinationsstelle für Umweltschutz; Gérard Huber für seine wohlwollende Unterstützung unseres Projektes.

Wir fürchten, dass wir beim Verfassen dieser Zeilen wegen der schönen Erinnerungen an all die unterschiedlichen Ecken dieses Planeten den einen oder anderen, der uns bei der Durchführung des Projekts geholfen hat, vergessen haben. Es tut uns Leid, und wir möchten deshalb an dieser Stelle ihnen allen ganz herzlich danken. Unser Dank gilt auch all den »anonymen« Helfern, die im Hintergrund ihren Beitrag für dieses verrückte Unternehmen geleistet haben.

FUJIFILM: Masayuki Muneyuki, Präsident; den Herren Toshiyuki »Todd« Hirai und Minoru »Mick« Uranaka von der Fujifilm-Zentrale in Tokio; Herrn Peter Samwell von der Fujifilm-Niederlassung Europa sowie Doris Goertz, Frau Develey, Marc Héraud, François Rychelewski, Bruno Baudry, Hervé Chanaud, Franck Portelance, Piotr Fedorowicz, Françoise Moumaneix und Anissa Auger von der Fujifilm-Niederlassung Frankreich.

CORBIS (von 1996 bis 1999): Den Herren Stephen B. Davis, Peter Howe, Malcolm Cross, Charles Mauzy, Marc Walsh und den Damen Vanessa Kramer, Tana Wollen und Vicky Whiley.

AIR FRANCE: François Brousse, Christine Micouleau, Dominique Gimet, Mireille Queillé und Bodo Ravoninjatovo.

EUROCOPTER: Jean-François Bigay, Xavier Poupardin, Serge Durand, Guislaine Cambournac.

ÄGYPTEN: Bernard Seguy, dem Organisator der Pharaonen-Rallye »Fenouil« und den beiden Piloten Michel Beaujard und Christian Thévenet; den Mannschaften von Paris-Dakar 2003 und Etienne Lavigne von der ASO.

ALBANIEN: ECPA – Oberstleutnant Aussavy; DICOD – Oberst Baptiste, Kapitän Maranzana und Kapitän Saint Léger; SIRPA – Charles-Philippe d'Orléans; DETALAT – Kapitän Ludovic Janot; sowie den Piloten der französischen Luftwaffe Etienne Hoff, Cyril Vasquèz, Olivier Ouakel, José Trouille, Frédéric Le Mou llour, François Dughin, Christian Abgral, Patrice Comerier, Guillaume Maury und Franck Novak.

ANTARKTIS: Herrn Gérard Jugie vom Institut Français pour la Recherche et la Technologie Polaires; den Herren Gérard R. Daudon und Alain Gaston von Astrolabe; dem Piloten Bruno Fiorese von der Heli Union France; sowie den Herren Augusto Leri und Mario Zucchelli vom Projetto Antartida der Italie Terra Nova.

ARGENTINIEN: Herrn Jean-Louis Larivière von den Ediciones Larivière sowie den Damen Mémé und Marina Larivière und Herrn Felipe C. Larivière; Dudú von Thielman; Virginia Taylor de Fernández Beschtedt; Cdt. Sergio Copertari, Pilot; den beiden Kopiloten Emilio Yañez und Pedro Diamante; Eduardo Benitez, Mechaniker; Herrn Kommissar Norberto Edgardo von der Flugstaffel der Bundespolizei; Gaudiero Capt. Roberto A. Ulloa, ehemaliger Gouverneur der Provinz Salta; Cdt. Daniel D. Pérez von der Gendarmerie von Orán (Provinz Salta); dem Militärgeografischen Institut; Herrn Kommissar Rodolfo E. Pantanali; sowie den Aerolineas Argentinas.

AUSTRALIEN: Helen Hiscocks; Kate Kenward, Gemma Tisdell und Paul Gauger von der Australian Tourism Commission; Jairow Helicopters; Simon Eders von Heliwork; Pascale Baret von den Thai Airways sowie den Niederlassungen vom Club Med in Lindeman Island und Byron Bay Beach.

BAHAMAS: Den Niederlassungen vom Club Med in Eleuthera, Paradise Island und Columbus Isle.

BANGLADESCH: Hossain Kommol und Salahuddin Akbar von der Abteilung Öffentlichkeitsarbeit des Außenministeriums; Tufail K. Haider, in Paris akkreditierter Botschafter von Bangladesch, und Chowdhury Ikthiar, Staatssekretär; Renee Veyret, französische Botschafterin in Dacca; Mohamed Ali und Amjad Hussain von den Biman Bangladesh Airlines sowie Vishawjeet; Herrn Nakada von der Fujifilm-Niederlassung Singapur und Herrn Ezaher vom Fujifilm-Labor Dacca; Mizanur Rahman, Direktor; Rune Karlsson, Pilot; J. Eldon. Gamble, Techniker; MAF Air Support; Muhiuddin Rashida vom Sheraton Hotel Dacca und Herrn Minto.

BELGIEN: Thierry Soumagne; Wim Robberechts; Daniel Maniquet; Bernard Seguy, Pilot.

BOTSWANA: Maas Müller, Chobe Helicopter.

BRASILIEN: Den Regierungen der Bundesstaaten Mato Grosso do Norte und do Sul; Erasmo Machado Filho von der Fundação Pantanal; Emmanuel Thévenin und Jean-Luc Sadorge von den Parcs Naturels Régionaux de France; Fernando Lemos; Herrn Pedreira, brasilianischer Botschafter bei der Unesco; Dr. Iracema Alencar de Queiros und Sohn Alexandro vom Instituto de Proteção Ambiental do Amazonas; dem Fremdenverkehrsamt von Brasilien; Luis Carlos Burti, Editions Burti; Carlos Marques von der OPI-Abteilung der Unesco; Ethel Leon, Anthea Communication; TV Globo; Golden Cross; José Augusto Wanderley und Juliana Marquès vom Hotel Tropical in Manaus; VARIG.

CHILE: Véronica Besnier; Luis Weinstein; Jean-Edouard Drouault, Eurocopter Chile; Kapitän Fernando Perez von der Aviación del Ejército de Chile; Kapitän Carlos Lopez, Pilot; Kapitän Patricio Gallo, Eurocopter Chile; Kapitän Carlos Ruiz, Pilot; Kapitän Gonzalo Maturana, Co-Pilot; Kapitän Yerko Woldarski, Pilot; Kapitän Hernán Soruco, Co-Pilot; David Espinoza, Korporal.

CHINA: Herrn Iskaros vom Fremdenverkehrsamt Hongkong; Herrn Caifangbo und Frau Li Beifen von der chinesischen Botschaft in Paris; Pierre Morel, französischer Botschafter in Peking; Herrn Shi Guangeng vom Außenministerium; Serge Nègre, Papierdrachen-Akrobat; Yann Layma.

DÄNEMARK: Der gesamten Mannschaft der »Over Europe«-Produktion von Weldon Owen Publishing; Stine Norden.

DEUTSCHLAND: Dem Piloten Peter Becker; den Damen Ruth Eichhorn und Geneviève Teegler sowie dem ganzen Redaktionsteam von *Geo*, Deutschland; Herrn Wolfgang Müller-Pietralla für die Autostadt sowie den Herren Frank Müller-May und Tom Jacobi vom *stern*.

DJIBOUTI: Dem Staatspräsidenten Ismaïl Omar Guelleh; Osman Ahmed Moussa, Ministerium für Präsidentschaftsangelegenheiten; Fathi Ahmed Houssein, Generalmajor; Hassan Said Khaireh, Vorsitzender des Militärkabinetts; Mouna Musong, Beraterin des Präsidenten; dem Fremdenverkehrsamt von Djibouti.

ECUADOR: Loup Langton und Pablo Corral Vega, Descubriendo Ecuador; Claude Lara vom ecuadorianischen Außenministerium; Herrn Galarza vom ecuadorianischen Konsulat in Frankreich; Eliecer Cruz, Diego Bouilla, Robert Bensted-Smith vom Parc Nal Galápagos; Patrizia Schrank und Jennifer Stone, European Friends of Galapagos; Danilo Matamoros, Jaime und Cesar, Taxi Aero Inter Islas M.T.B.; Etienne Moine, Latitude 0°; Abdon Guerrero vom Flughafen in San Cristobal.

ELFENBEINKÜSTE: Vitrail & Architecture; Pierre Fakhoury; Hugues Moreau und den Piloten Jean-Pierre Artifoni und Philippe Nallet von den Ivoire Hélicoptères; Patricia Kriton und Herrn Kesada von der Air Afrique.

FINNLAND: Dick Lindholm, Pilot.

FRANKREICH: Dominique Voynet, Ministerin für Raumplanung und Umwelt; Philippe Massoni und Frau Seltzer, Verteidigungsministerium/SIRPA Polizeipräfektur von Paris; den beiden Piloten Franck Arrestier und Alexandre Antunes von Montblanc Hélicoptères; Xavier Olivieri vom Korsischen Fremdenverkehrsamt; Cécile da Costa, Comite Départemental du Tourisme d' Auvergne: Charles Josselin und Gilles Pellan, Conseil Géneral des Côtes d' Armor; Jean-Marc Eysserick, Conseil Géneral de Savoie; Georges Pacque-

tet und Laurent Guette, Conseil Géneral de Haute-Savoie; Sylvie Grosgojeat und Cécile Alziary, Conseil Géneral des Alpes-Maritimes; Präsident Franck Borotra, Christine Boutin, Pascal Angenault und Odile Roussillon, Conseil Géneral des Yvelines; Remy Martin, Dominique Hériard-Dubreuil, Nicole Bru, Jacqueline Alexandre, Comité Départemental du Tourisme de la Loire; dem Art Director Philippe Pierrelee, Editions du Chêne; Jean Arcache, Hachette; Jean Berchon und Philippe des Roys du Roure, Moët und Chandon/Rallye GTO; Marie-Thérèse Perrin, Printemps de Cahors; Philippe van Montagu und Willy Gouere, Pilot SAF Hélicoptères, Christophe Rosset, Hélifrance, Héli-Union, Europe Hélicoptère Bretagne, Héeli Bretagne, Héli-Océan, Héli Rhône-Alpes, Hélicos Légers Services, Figari Aviation, Aéro service, Héli air Monaco, Héli Perpignan, Ponair, Héli-inter, Héli Est; La Réunion: René Barrieu und Michèle Bernard, Fremdenverkehrsamt La Réunion; Jean-Marie Lavèvre, Pilot, Hélicoptères Helilagon; Neukaledonien: Charles de Montesquieu und Daniel Pelleau, Héliocéan; Bruno Civet, Héli Tourisme; Antilles: Niederlassungen vom Club Med in Boucaniers und la Caravelle; Alain Fanchette, Pilot; Polynesien: Niederlassung vom Club Med in Moorea; Haute-Garonne: Carole Schiff, Alexandre Antunès, Pilot; Lyon und Umgebung: Beatrice Shawann, Christophe Schereich, Daniel Pujol (Pilot während der Saône-Überschwemmung, Taponas); Pyrénées-atlantiques: DICOD und SIRPA.
GIBRALTAR: David Durie, Gouverneur von Gibraltar; John Woodruffe vom Gouverneursbüro; Oberst Purdom; Leutnant Brian Phillips; Béatrice Quentin; Peggy Pere; Franck Arrestier, Pilot; Jérôme Marx, Mechaniker.
GRIECHENLAND: Dem griechischen Kultusministerium; Eleni Methodiou von der griechischen Unesco-Delegation; dem griechischen Fremdenverkehrsamt; den Niederlassungen vom Club Med in Korfu Ipsos, Gregolimano, Helios Korfu, Kos und Olympia; Olympic Airways; den beiden Piloten Dimitrios Prokopis und Konstantinos Tsigkas sowie Kimon Daniilidis, Interjet; dem Meteo Center in Athen.
GROSSBRITANNIEN: England: Aeromega und Mike Burns, Pilot; David Linley; Philippe Achache; Bob Davidson und David Palmer, Environment Agency; Press Office of Buckingham Palace; Schottland: Paula O'Farrel und Doug Allsop, Total oil marine Aberdeen; Iain Grindlay und Rod de Lothian, Helicopters Ltd Edinburgh.
GUATEMALA & HONDURAS: Direktor Giovanni Herrera und Pilot Carlos Llarena, Aerofoto Guatemala City; Rafael Sagastume, STP villas Guatemala City.
INDIEN: Dem in Paris akkreditierten indischen Botschafter Kanwal Sibal; Rahul Chhabra, Staatssekretär; General Sofat von der Luftbrigade; Herrn Lal, Herrn Kadyan und Frau Vivianne Tourtet; Teki E. Prasad und Manjish Grover vom Außenministerium; Herrn Singh vom Büro des Premierministers; Herrn Chidambaram, Parlamentsmitglied; den Herren Kumaran und Pande, Air Headquarters; Atul Jaidka, Mandoza Air Charters; Kapitän Sangha Pritvipalh, Indian International Airways; der französischen Botschaft in Neu Delhi; Claude Blanchemaison, französischer Botschafter in Neu Delhi; François Xavier Reymond, Staatssekretär.
INDONESIEN: Ananda Idris und Ilha Sutrisno, Total Balikpapan; Herrn und Frau Didier Millet.
IRLAND: Aer Lingus; dem Staatlichen Fremdenverkehrsamt von Irland; Kapitän David Courtney, Irish Rescue Helicopters; David Hayes, Westair Aviation.
ISLAND: Bergur Gislasson und Gisli Guestsson, Icephoto Thyrluthjonustan Helicopters; Peter Samwell vom Staatlichen Fremdenverkehrsamt in Paris.
ITALIEN: Herrn Michel Benard vom Pressedienst der französischen Botschaft in Rom; Greco Gianfranco, Fanzin Stefano und Godicio Pierino, Heli Frioula.
JAPAN: Shuji Kogi und Robert Delpire, Eu Japan Festival; Masako Sakata, IPJ; NHK TV; Japan Broadcasting Corp.; Teizo Umezu, Pressegruppe Asahi Shimbun.
JORDANIEN: Frau Sharaf und den Herren Anis Mouasher, Khaled Irani und Khaldoun Kiwan, Royal Society for Conservation of Nature; Royal Airforces; Riad Sawalha vom Royal Jordanian Regency Palace Hotel.
KAMERUN: Jacques Courbin, französischer Botschafter im Tschad; Yann Apert, Kulturbeauftragter; Sandra Chevalier-Lecadre und dem Personal der französischen Botschaft im Tschad; Lael Weyenberg und »A Day in the Life of Africa«; Thierry Miaillier, RJM Aviation; Jean-Marie Six und der Aviation Sans Frontières; den Piloten Bruno Callabat und Guy Bardet; Gérard Roso.
KANADA: Anne Zobenbuhler von der kanadischen Botschaft und dem kanadischen Fremdenverkehrsbüro in Paris; Barbara di Stefano und Laurent Beunier, Destination Québec; Cherry Kemp Kinnear vom Fremdenverkehrsamt in Nunavut; Huguette Parent und Chrystiane Galland von der Air Canada; First Air; Vacances Air Transat; André Buteau, Pilot; Essor Helicopters; Louis Drapeau, Canadian Helicopters; Canadian Airlines.
KASACHSTAN: Dem in Paris akkreditierten kasachstanischen Botschafter Nourlan Danenov; dem in Almaty akkreditierten französischen Botschafter Alain Richard; Josette Floch; Prof. René Letolle; Heli Asia Air und dem Piloten Anouar.
KENIA: Patrix Duffar, Universal Safari Tours Nairobi; Irvin Rozental, Transsafari.
KROATIEN: Franck Arrestier, Pilot.
KUWAIT: Prof. Abdullah Al Ghunaim und Dr. Youssef, Kuwait Centre for Research & Studies; Sulaiman Al Onaizi, Kuwait National Commission for Unesco; Dr. Al Salem und Al Baghly, kuwaitische Delegation bei der Unesco; Major Hussein Al-Mane, Staffel 32 von den Kuwait Airforces; Kapitän Emad Al-Momen, Kuwait Airways; Herrn Al Nafisy.
LIBANON: Lucien George, Georges Salem und der libanesischen Armee.
LUXEMBURG: Bernard Seguy, Pilot.
MADAGASKAR: Riaz Barday und Normand Dicaire, Pilot der Aéromarine; Sonja und Thierry Ranarivelo, Yersin Racerlyn, Pilot der Madagascar Hélicoptère; Jeff Guidez und Lisbeth.
MALAYSIA: Der Niederlassung vom Club Med in Cherating.
MALEDIVEN: Der Niederlassung vom Club Med in Faru.
MALI: Hubert Auriol, TSO – Rallye Paris-Dakar; Daniel Legrand, Arpèges Conseil und Daniel Bouet, Pilot von Cessna.
MAROKKO: General El Kadire und Oberst Hamid Laanigri, Gendarmerie Royale Marocaine; François de Grossouvre.
MAURETANIEN: Hubert Auriol, TSO – Rallye Paris-Dakar; Daniel Legrand, Arpèges Conseil und Daniel Bouet, Pilot von Cessna; Sidi Ould Kleib.
MEXIKO: Den Niederlassungen vom Club Med in Cancun, Sonora Bay, Huatulco und Ixtapa.
MONACO: Prinz Albert von Monaco; Oberst Lambelin; Oberst Jouan; Forum Catherine Alestchenkoff du Grimaldi; Patrick Lainé, Pilot.
MONGOLEI: Dem in der Mongolei akkreditierten französischen Botschafter Jacques-Olivier Manent; dem in Frankreich akkreditierten mongolischen Botschafter Louzan Gotovddorjiin; Tuya von der Mongolie Voyages; der mongolischen Armee.
NAMIBIA: Dem Fischereiministerium; Jean-Pierre Lahaye von der Französischen Mission für Zusammenarbeit; Nicole Weill, Laurent Billet und Jean Paul Namibian; Almut Steinmester, Tourist Friend.
NEPAL: Der nepalesischen Botschaft in Paris; Patrick Oudin, Terres d'Aventure; Ashok Basnyet, Great Himalayan Adventures; Herrn JB Rana von den Royal Nepal Airways; Jerôme Edou, Mandala Trekking; Bhuda Air; Patricia Tartour-Jonathan (Direktorin), Colette Vaquier und Fabienne Leriche, Maison de la Chine; Marina Tymen und Miranda Ford, Cathay Pacific.
NIEDERLANDE: Paris-Match; Franck Arrestier, Pilot.
NIGER: Hubert Auriol, TSO – Rallye Paris-Dakar; Daniel Legrand, Arpèges Conseil und Daniel Bouet, Pilot von Cessna.
NORWEGEN: Ted Juliussen, Pilot, Henry Hogi, Arvid Auganaes und Nils Myklebust, Airlift A.S.
OMAN: Dem Sultan Quabous ben Saïd al-Saïd; John Miller vom Verteidigungsministerium; William Perkins und Isabelle de Larrocha, Villa d'Alésia.
ÖSTERREICH: Hans Ostler, Pilot.
PERU: Dr. Maria Reiche und Anna Maria Cogorno-Reiche, Außenministerium; Juan Manuel Tirado; Policia Nacional del Perú; Cecilia Raffo und Alfredo Barnechea, Faucett Airline; Eduardo Corrales, Aero Condor.
PHILIPPINEN: Filipino Airforces; Jill Laidlaw, *Seven Days in the Philippines,* erschienen bei den Editions Millet.
PORTUGAL: Club-Med-Niederlassung in Da Balaia; Ana Pessoa und der ICEP; Magarida Simplício und HeliPortugal; IPPAR.

RUSSLAND: Yuri Vorobiov, stellv. Minister; Herrn Brachnikov, Emerkom; Nicolai Alexiy Timochenko, Emerkom in Kamtschatka; Valery Blatov, russische Delegation bei der Unesco.
SAINT-VINCENT UND DIE GRENADINEN: Paul Gravel, SVG Air; Jeanette Cadet, The Mustique Company; David Linley; Ali Medjahed, Bäcker; Alain Fanchette.
SCHWEDEN: Stine Norden.
SENEGAL: Hubert Auriol, TSO – Rallye Paris-Dakar; Daniel Legrand, Arpèges Conseil und Daniel Bouet, Pilot von Cessna; den Niederlassungen vom Club Med in Almadies und Cap Skirring.
SOMALIA: Dem Scheich Saud Al-Thani aus Katar; Majdi Bustami, E. A. Paulson und Osama, S.A.R.-Büro von Scheich Saud Al-Thani; Fred Viljoen, Pilot; Rachid J. Hussein, Unesco-Peer Hargeisa, Somalia; Nureldin Satti, Unesco-Peer Nairobi, Kenia; Shadia Clot, Korrespondentin des Scheichs in Frankreich; Waheed, Reisebüro Al Sadd, Katar; Cécile und Karl, Emirates Airlines, Paris.
SPANIEN: Jesus Ezquerra, spanischer Botschafter bei der Unesco; den Niederlassungen vom Club Med in Don Miguel, Cadaquès, Porto Petro und Ibiza; Kanaren: Tomás Azcárate und Bang, dem stellvertretenden Beauftragten für Umweltfragen Fernando Clavijo, Protección Civil de las Islas Canarias; Jean-Pierre Sauvage und Gérard de Bercegol, Iberia; Elena Valdés und Marie Mar vom Spanischen Fremdenverkehrsamt; Baskenland: Zuperia Bingen, Direktor des baskischen Regierungspräsidiums; Concha Dorronsoro und Nerea Antia von der Presseabteilung des baskischen Regierungspräsidiums; Juan Carlos Aguirre, Bilbao, Chef der Hubschraubereinheit der baskischen Polizei (Ertzaintza).
SÜDAFRIKA: SATCUR – Frau Salomone von den South African Airways; Jean-Philippe de Ravel und Victoria Junction vom Victoria Junction Hotel.
TAIWAN: Helene Lai, Abteilung zivile Luftfahrt des taiwanesischen Transportministeriums.
THAILAND: Viroj Pimanrojnagool, Pramote Kasemsap, Tawee Nootong und Amon Achapet, Royal Forest Department; Ruhn Phiama, NTC Intergroup Ltd.; Pascale Baret, Thai Airways; Juthaporn Rerngronasa und Watcharee, Lucien Blacher, Satit Nilwong und Busatit Palacheewa, Thailändisches Fremdenverkehrsamt; Herrn Supoj von der Fujifilm-Niederlassung Bangkok; Club Med Niederlassung Phuket.
TSCHAD: Jacques Courbin, im Tschad akkreditierter französischer Botschafter; Yann Apert, Kulturbeauftragter; Sandra Chevalier-Lecadre und dem Personal der französischen Botschaft im Tschad; Lael Weyenberg und »A Day in the Life of Africa«; Thierry Miailier, RJM aviation; Jean-Marie Six, Aviation Sans Frontières; den beiden Piloten Bruno Callabat und Guy Bardet; Gérard Roso.
TUNESIEN: Dem Staatspräsidenten Zine Abdine Ben Ali; Abdelwahad Abdallah und Haj Ali; Oberst Mustafa Hermi von der Luftwaffenbasis Laouina; dem in Paris akkreditierten tunesischen Botschafter und Mohamed Fendri; Raouf Jomni und Mamoud Khaznadar, Tunesisches Fremdenverkehrsamt; Mohamed und Karim Ben Smail, Editions Cérès; Jean-Pierre Auriol, Hotel The Residence; Laurent Chauvin, Basma-Hotel Club Paladien; Mohammed Allouche, Wetteramt Tunis.
TÜRKEI: Bulent Demirçi und Nasan Erol, Turkish Airlines; Ali Izmet, Öztürk und Seçal Sahin, Karatas Gulsah, Mach'Air Helicopters; Vedat Seyhan und Pilot Faruk, General Aviation; den Niederlassungen vom Club Med in Bodrum, Kusadasi, Palmiye, Kemer, Foça.
UKRAINE: Alexandre Demianyuk, Unesco-Generalsekretär; A. v. Grebenyuk, Verwaltungsdirektor der Tschernobyl-Sperrzone; Rima Kiselitza, Attachée bei Chernobylinterinform; Marie-Renée Tisné, Amt zum Schutz gegen ionisierende Strahlungen.
UNGARN: Den Angestellten der französischen Botschaft in Budapest; dem Bürgermeister von Budapest; dem Institut Français in Budapest.
USA: Wyoming: Marsha Karle und Stacey Churchwell vom Yellowstone National Park; Utah: Classic Helicopters; Montana: Mike Carisch, Carisch Helicopters; Kalifornien: Robin Petgrave und den Piloten Akiko K. Jones und Dennis Smith, Bravo Helicopters Los Angeles; Fred London, Cornerstone Elementary School; Nevada: John Sullivan und den Piloten Aaron Wainman und Matt Evans, Sundance Helicopters Las Vegas; Louisiana: Southwest Helicopters und Steve Eckhardt; Arizona: Southwest Helicopters und Jim McPhail; New York: Liberty Helicopters und Daniel Veranazza; Mike Renz, Analar Helicopters, John Tauranac; Florida: Rick Cook, Everglades National Park; Rick und Todd, Bulldog Helicopters Orlando; Chuck und Diana, Biscayne Helicopters Miami; der Club-Med-Niederlassung in Sand Piper; Alaska: Philippe Bourseiller; Yves Carmagnole, Pilot; Denver: Elaine Hood von der Raytheon Polar Services Company und Karen Wattenmaker.
USBEKISTAN: (nicht überflogen) Dem in Paris akkreditierten usbekischen Botschafter Mamagonov; Djoura Dekhanov, usbekischer Staatssekretär; dem in Usbekistan akkreditierten französischen Botschafter Jean Claude Richard; Jean Pierre Messiant, französischer Staatssekretär; René Cagnat und Natascha; Vincent Fourniau und Bruno Chauvel, Institut Français d'Etudes sur l' Asie Centrale (IFEAC).
VENEZUELA: Nelson Prato Barbosa, Centro de Estudios y Desarrollo; sowie den Hotels Intercontinental, Ultramar Express, Lagoven und Imparques; Herrn Luis Gonzales, Icaro.

Wir danken auch folgenden Unternehmen, die uns durch Aufträge oder Informationsaustausch geholfen haben:
AÉROSPATIALE: Patrice Kreis, Roger Benguigui und Cotinaud.
AOM: Françoise Dubois-Siegmund, Felicia Boisne-Noc und Christophe Cachera.
CANON: Guy Bourreau, Pascal Briard, Service Pro, Jean-Pierre Colly, Guy d'Assonville, Jean-Claude Brouard, Philippe Joachim, Raphael Rimoux, Bernard Thomas und natürlich Daniel Quint und Annie Remy, die uns während des gesamten Projekts unzählige Male geholfen haben.
CLUB MED: Philippe Bourguignon, Henri de Bodinat, Sylvie Bourgeois, Preben Vestdam und Christian Thevenet.
CRIE: Jérôme Lepert und der gesamten Mannschaft von Courrier Express Mondial.
DIA SERVICES: Bernard Crepin.
FONDATION TOTAL: Yves le Goffet und seiner Assistentin Nathalie Guillerme.
JANJAC: Jacques und Olivier Bigot, Jean-François Bardy und Eric Massé.
KONICA: Dominique Brugiére.
MÉTÉO FRANCE: Herrn Foidart, Marie-Claire Rullière, Alain Mazoyer und allen Meteorologen.
RUSH LABO: Denis Cuisy und allen unseren Freunden vom Labo.
WORLD ECONOMIC FORUM DAVOS: Dr. Klaus Schwab, Maryse Zwick und Agnes Stüder.

Das Team »Die Erde von oben«, Agentur Altitude:
Fotoassistenten: Franck Charel, Françoise Jacquot, Ambre Mayen und Erwan Sourget, die das ganze Projekt begleitet haben. Sibylle d'Orgeval und Arnaud Prade, die in den letzten beiden Jahren zu uns gestoßen sind, und all denen, die im Laufe der Flugjahre einander abgewechselt haben: Denis Lardat, Tristan Carné, Christophe Daguet, Stefan Christiansen, Pierre Cornevin, Olivier Jardon, Marc Lavaud, Franck Lechenet, Olivier Looren, Antonio López Palazuelo.
Pilot der Colibri EC 120 Eurocopter: Wilfrid Gouère, genannt Willi.
Koordinationsbüro: Produktionskoordination: Hélène de Bonis (von 1994 bis 1999) und Françoise Le Roch-Briquet.
Lektorat und Texte: Isabelle Delannoy mit Unterstützung von Emilie Tran-Phong, Nicolas Cennac, Julien Nennault und Audrej Salas sowie Nadia Auriat von der Unesco.
Koordination der Ausstellungen: Catherine Arthus-Bertrand, Tiphanie Babinet und Jean Poderos.
Produktionsbeauftragte: Antoine Verdet und Catherine Quilichini; für Russland: Gloria-Céleste Raad.
Redaktion: Danielle Laruelle, Judith Klein, Hugues Demeude, Sophie Hurel und PRODIG, Geografielabor, Marie-Françoise Courel, Lydie Goeldner und Frédéric Bertrand.
Bilddokumentation: Isabelle Lechenet, Florence Frutoso und Claire Portaluppi.
Sämtliche Fotografien dieses Buches wurden mit Fuji-Velvia-Filmen (50 ASA) aufgenommen. Yann Arthus-Bertrand arbeitete hauptsächlich mit Kameras vom Typ CANON EOS 1N und CANON-Objektiven der Serie L. Einige Aufnahmen wurden mit einer PENTAX 645N oder einer Panoramakamera FUJI GX 617 gemacht.

Bildnachweis:

Alle Aufnahmen in diesem Band sind von
Yann Arthus-Bertrand, bis auf die folgenden:
21. Januar, 1. Februar, 2. Februar, 27. Februar,
21. März, 14. April, 4. Mai, 10. Mai, 22. Mai,
19. Juli, 13. September, 4. Oktober, 7. Oktober,
14. November: © Helen Hiscocks
24. März © Max PPP/ Reuters
17. Mai © Jim Wark
16. Juni, 20. Juni, 16. Oktober, 11. Dezember:
© Philippe Bourseiller
12. August © François Jourdan
19. August © Renaud Van der Meeren

Titel der Originalausgabe: *366 Jours*
Erschienen bei Éditions de La Martinière, Paris, 2003

Bibliografische Information Der Deutschen Bibliothek
Die Deutsche Bibliothek verzeichnet diese Publikation in der Deutschen Nationalbibliografie;
detaillierte bibliografische Daten sind im Internet über http://dnb.ddb.de abrufbar.

Projektleitung Bildlegenden: Isabelle Delannoy
Textbeiträge von: Christian Balmes, Dominique Bourg, Hosny El-Lakany, Peter H. Gleick,
Brian Groombridge, Jean-Marc Jancovici, Alain Liébard, René Passet, Maximilien Rouer, Pierre Sané
und Nadia Auriat, Alain Simcock, Laurence Tubiana, John Whitelegg und Gary Haq

Für den Druck dieses Buches wurden ausschließlich umweltfreundliche Materialien verwendet.

Alle Abbildungen werden von der Agentur Altitude vertrieben, mit Ausnahme der Fotografie
vom 24. März.
Altitude@club-internet.fr
www.yannarthusbertrand.org

Deutsche Erstausgabe

Ein Unternehmen der La Martinière Groupe

Satz: satz & repro Grieb, München
Printed in Italy

ISBN 3-89660-181-4

www.knesebeck-verlag.de